江苏信息化年鉴

2008

江苏省发展和改革委员会　编

凤凰出版传媒集团
江苏科学技术出版社

南　京

图书在版编目（CIP）数据

江苏信息化年鉴 2008/江苏省发展和改革委员会编.
南京：江苏科学技术出版社，2008.11
ISBN 978-7-5345-6231-0

Ⅰ.江… Ⅱ.江… Ⅲ.信息工作-江苏省-2008-年鉴
Ⅳ.G203-54

中国版本图书馆 CIP 数据核字（2008）第 164759 号

江苏信息化年鉴 2008

编　　著	江苏省发展和改革委员会
责任编辑	宋　平
责任校对	郝慧华
责任监制	曹叶平
出版发行	江苏科学技术出版社（南京市湖南路 47 号，邮编：210009）
网　　址	http://www.pspress.cn
集团地址	凤凰出版传媒集团（南京市中央路 165 号，邮编：210009）
集团网址	凤凰出版传媒网　http://www.ppm.cn
经　　销	江苏省新华发行集团有限公司
照　　排	河海大学印刷厂照排中心
印　　刷	河海大学印刷厂
开　　本	889mm×1194mm　1/16
印　　张	39
插　　页	4
字　　数	1180 千字
版　　次	2008 年 11 月第 1 版
印　　次	2008 年 11 月第 1 次印刷
标准书号	ISBN　978—7—5345—6231—0
定　　价	300.00 元（精）

图书如有印装质量问题，可随时向我社出版科调换。

《江苏信息化年鉴》编辑委员会名单

名誉主任

赵克志　中共江苏省委常委
江苏省人民政府常务副省长

主　任

毛伟明　江苏省发展和改革委员会主任

副主任

朱晓明　江苏省发展和改革委员会副主任
魏　然　江苏省发展和改革委员会副主任
张　坊　江苏省信息产业厅副厅长
姚万华　江苏省信息中心主任
郑斯征　江苏省产业海外发展和规划协会会长

委　员

张建华　江苏省发展和改革委员会处长
丁荣余　江苏省发展和改革委员会办公室主任
金剑平　江苏省发展和改革委员会处长
陈玉金　江苏省信息中心副主任
王寅初　江苏省信息中心总经济师
周　萍　江苏省信息产业厅处长
金乐君　江苏省发展和改革委员会副处长
汤和银　江苏省发展和改革委员会助理调研员
李庆华　江苏省发展和改革委员会助理调研员
陈建生　江苏省信息中心副总经济师
李家勋　江苏省公共信用中心副主任

《江苏信息化年鉴》主编、副主编

主　　编

姚万华　江苏省信息中心主任

副　主　编

陈玉金　江苏省信息中心副主任

张建华　江苏省发展和改革委员会处长

丁荣余　江苏省发展和改革委员会办公室主任

金剑平　江苏省发展和改革委员会处长

编 辑 说 明

1.《江苏信息化年鉴》是全面记载一年一度江苏省信息化建设与发展历程和信息产业发展状况的综合性资料年刊，由江苏省发展和改革委员会主持编纂，江苏省信息中心负责编辑工作。《年鉴》通过全省各部门、各地区、各行业的翔实资料以及有关领导和学者的分析评论，全面反映江苏省信息产业发展、信息技术研究、信息化重大工程建设和信息化推广的新成就、新情况和新趋势。

2．本年鉴自2001年起，每年编印一卷。年鉴内容重点记载上一年与当年我省信息化建设发展的新情况。2008年卷各篇章收录了2007年全年和2008年的最新资料。

3．本年度《年鉴》共包括九个部分：

第一部分　信息化建设法规文献篇

第二部分　厅局长、市长论谈篇

第三部分　规划、专题研究篇

第四部分　产业篇

第五部分　行业篇

第六部分　地区发展篇

第七部分　企业（事业）、重大工程篇

第八部分　基础数据篇

第九部分　附录篇

4．本年鉴中有关信息化相关指标统计数据来自各地统计局以及广电、信息产业、电信等部门，部分数据由于统计口径和来源不同存在一些差异。

5．由于得到全省各级领导、各部门、各有关单位以及江苏科学技术出版社的大力支持，由于各资料提供单位和撰稿人付出了艰辛的努力，从而使2008卷年鉴编撰出版工作进展顺利，为此，我们谨表示诚挚的感谢。

《江苏信息化年鉴》编辑部

2008年10月

《江苏信息化年鉴》编辑出版人员

主　　　编　姚万华

副　主　编　陈玉金　张建华　丁荣余　金剑平

执行副主编　水家耀　汤和银

《江苏信息化年鉴》理事单位和专家理事

（以姓氏笔划为序）

省各部、委、厅、局、办部分

省辖市、县级市部分

《江苏信息化年鉴》(2008) 特约审稿人

(以姓氏笔画为序)

省各委、办、厅、局部分

尤学贵　江苏省教育管理信息中心主任
王　刚　江苏省粮油信息中心主任
王云飞　江苏省通信管理局办公室主任
王庆国　江苏省新闻出版局办公室主任
王志光　江苏省体育局办公室主任
刘　文　江苏省保密局科技处处长
刘建国　江苏省国家税务局信息中心高级工程师
朱卫星　江苏省气象局办公室主任
朱钟斌　江苏省民政信息中心副主任
汤苏文　江苏省司法厅办公室副主任
张　坊　江苏省无线电管理局局长
张建军　江苏省海洋与渔业局办公室主任
张春松　江苏省水利厅科技与对外合作处处长
张姬文　江苏省档案局科技处处长
张振宇　中国民用航空江苏安全监督管理办公室主任
张斌峰　江苏省劳动保障厅信息中心主任
李　健　江苏省经济贸易委员会科技处处长
李旭文　江苏省环境信息中心总工
李念农　南京海关技术处处长
李俊毅　江苏省对外贸易经济合作厅办公室主任
杨　旭　江苏省地方税务局计算机中心主任
陈宇昕　江苏省广播电视局科技处副处长
陈忠伟　江苏省煤炭工业局办公室主任
陈俊杰　江苏省统计局副局长
武　春　江苏省物价局监测中心主任
金　凌　江苏省交通厅科技处处长
姚新中　江苏省食品药品监督管理局副局长
洪　流　江苏省教育厅办公室主任
郭敏文　江苏省旅游局信息中心主任
钱志敏　江苏省国土资源厅科技处处长
高　翔　江苏省工商行政管理局信息中心主任
高华清　江苏省审计厅审计处处长
傅　兵　江苏省农林厅信息中心主任
程建东　江苏省公安厅信息通信处处长
程晓阳　人行南京分行科技处处长
潘志刚　江苏省质量技术监督局信息中心主任
稽亚林　江苏省文化厅办公室主任
穆广荣　江苏省测绘局局长

省辖市、县级市部分

王长庆　江苏省扬州市信息化办公室副主任
王国新　江苏省盐城市发展和改革委员会信息产业处处长
吉晓阳　江苏省常州市武进区信息办
宋京渝　江苏省徐州市信息中心主任
宋建平　江苏省淮安市信息中心主任
李向明　江苏省苏州市发展和改革委员会副处长
邵　宏　江苏省常州市信息化办公室信息化推进处处长
陆宝清　江苏省常熟市发展和改革委员会副主任
陈　忠　江苏省海门市发展改革与经济贸易委员会
陈风翔　江苏省镇江市信息产业局副局长
金海彬　江苏省南通市信息化办公室副主任
唐建荣　江苏省南京市发展和改革委员会副主任
夏伟忠　江苏省江阴市发展计划局副局长
陶延风　江苏省无锡市信息中心副主任
高永康　江苏省泰州市信息中心副主任
黄　箐　江苏省苏州市发展和改革委员会
黄雪林　江苏省昆山市信息中心主任
童隆俊　江苏省南京市信息中心主任
董作村　江苏省连云港市信息中心主任
蒋　卫　江苏省宿迁市发展和改革委员会副主任
樊　荣　江苏省太仓市发展和改革委员会副主任
穆　军　江苏省张家港市发展和改革委员会副主任

《江苏信息化年鉴》(2008) 特约撰稿人

（以姓氏笔画为序）

省各委、办、厅、局部分

王成书　江苏省信息产业厅
乔连玉　江苏省保密局科技处
孙　艳　江苏省地方税务局计算机中心
江　伟　江苏省旅游信息中心
吴　晓　江苏省档案局科技处
张　艺　江苏省邮政局
张建忠　江苏省国家税务局信息中心
李　锋　江苏省国土资源信息中心
李永亮　江苏省外经贸厅
杨　青　江苏省审计厅计算机审计处
杨　赟　江苏省工商行政管理局信息中心
肖吕宏　中国民用航空江苏安全监督管理办公室
陈　坚　江苏省公安厅信息通信处
陈　辉　江苏省水利厅科技处
陈其庆　江苏省广播电视局办公室
陈洪良　江苏省测绘局办公室
周　敏　江苏省教育厅教育管理信息中心
郁海琛　江苏省交通厅科技处
胡守荣　中国人民银行南京分行科技处
赵　楠　江苏省物价局
赵　霞　江苏省农林厅信息中心
徐　彤　江苏省体育局
徐　海　江苏省新闻出版局
殷　霞　南京海关技术处
耿　卫　江苏省文化厅
郭立新　江苏省无线电管理局
高　岑　江苏省气象局办公室
章学周　江苏省质量技术监督局信息中心
黄　华　江苏省环境信息中心
黄丹敏　江苏省民政厅办公室
黄道本　江苏省经济贸易委员会科技处
程建南　江苏省统计局网络信息办
谢伟军　江苏省海洋与渔业局信息中心
颜新颖　江苏省通信管理局网络管理处
戴文明　江苏省粮食局

省辖市、县级市部分

方立东　江苏省镇江市信息产业局
王　伟　江苏省扬州市信息化办公室
王　芳　江苏省常州市武进区信息办
石　云　江苏省海门市发展改革与经济贸易委员会
曲　杰　江苏省徐州市信息中心
朱　云　江苏省淮安市信息产业局
李　兵　江苏省苏州市信息中心
李忠良　江苏省张家港市发展和改革委员会
沈方君　江苏省泰州市信息中心
苏　英　江苏省常州市发展和改革委员会
陈　武　江苏省宿迁市发展和改革委员会
陈　铭　江苏省南京市信息中心
周　翔　江苏省盐城市发展和改革委员会
林　东　江苏省连云港市信息中心
林　峥　江苏省南京市发展和改革委员会
范潇渊　江苏省昆山市信息化办公室
金海彬　江苏省南通市发展和改革委员会
贺美华　江苏省金坛市信息化办公室
赵宽义　江苏省太仓市发展和改革委员会
倪自宏　江苏省无锡市信息中心
袁　震　江苏省常熟市信息中心
蒋泉喜　江苏省宜兴市政府信息中心

目　录

第一部分　信息化建设法规文献篇

第二部分　厅局长、市长论坛篇

第三部分　规划、专题研究篇

第四部分　产业篇

第五部分　行业篇

第六部分 地区发展篇

第七部分 企业（事业）、重大工程篇

第八部分 基础数据篇

第九部分 附录篇

第一部分

信息化建设法规文献篇

国家电子政务工程建设项目管理暂行办法

第一章　总　则

第一条　为全面加强国家电子政务工程建设项目管理，保证工程建设质量，提高投资效益，根据《国务院关于投资体制改革的决定》及相关规定，制定本办法。

第二条　本办法适用于使用中央财政性资金的国家电子政务工程建设项目（以下简称“电子政务项目”）。

第三条　本办法所称电子政务项目主要是指：国家统一电子政务网络、国家重点业务信息系统、国家基础信息库、国家电子政务网络与信息安全保障体系相关基础设施、国家电子政务标准化体系和电子政务相关支撑体系等建设项目。

电子政务项目建设应以政务信息资源开发利用为主线，以国家统一电子政务网络为依托，以提高应用水平、发挥系统效能为重点，深化电子政务应用，推动应用系统的互联互通、信息共享和业务协同，建设符合中国国情的电子政务体系，提高行政效率，降低行政成本，发挥电子政务对加强经济调节、市场监管和改善社会管理、公共服务的作用。

第四条　本办法所称项目建设单位是指中央政务部门和参与国家电子政务项目建设的地方政务部门。项目建设单位负责提出电子政务项目的申请，组织或参与电子政务项目的设计、建设和运行维护。

第五条　本办法所称项目审批部门是指国家发展改革委。项目审批部门负责国家电子政务建设规划的编制和电子政务项目的审批，会同有关部门对电子政务项目实施监督管理。

第二章　申报和审批管理

第六条　项目建设单位应依据中央和国务院的有关文件规定和国家电子政务建设规划，研究提出电子政务项目的立项申请。

第七条　电子政务项目原则上包括以下审批环节：项目建议书、可行性研究报告、初步设计方案和投资概算。对总投资在3000万元以下及特殊情况的，可简化为审批项目可行性研究报告（代项目建议书）、初步设计方案和投资概算。

第八条　项目建设单位应按照《国家电子政务工程建设项目项目建议书编制要求》（附件一）的规定，组织编制项目建议书，报送项目审批部门。项目审批部门在征求相关部门意见，并委托有资格的咨询机构评估后审核批复，或报国务院审批后下达批复。项目建设单位在编制项目建议书阶段应专门组织项目需求分析，形成需求分析报告送项目审批部门组织专家提出咨询意见，作为编制项目建议书的参考。

第九条　项目建设单位应依据项目建议书批复，按照《国家电子政务工程建设项目可行性研究报告编制要求》（附件二）的规定，招标选定或委托具有相关专业甲级资质的工程咨询机构编制项目可行性研究报告，报送项目审批部门。项目审批部门委托有资格的咨询机构评估后审核批复，或报国务院审批后下达批复。

第十条　项目建设单位应依据项目审批部门对可行性研究报告的批复，按照《国家电子政务工程建设项目初步设计方案和投资概算报告编制要求》（附件三）的规定，招标选定或委托具有相关专业甲级资质的设计单位编制初步设计方案和投资概算报告，报送项目审批部门。项目审批部门委托专门评审机构评审后审核批复。

第十一条　中央和地方政务部门共建的电子政务项目，由中央政务部门牵头组织地方政务部门共同编制项目建议书，涉及地方的建设内容及投资规摸，应征求地方发展改革部门的意见。项目审批部门整体批复项目建议书后，其项目可行性研究报告、初步设计方案和投资概算，由中央和地方政务部门分别编制，并报同级发展改革部门审批。地方发展改革部门应按照项目建议书批复要求审批地方政务部门提交的可行性研究报告，并事先征求中央政务部门的意见。地方发展改革部门在可行性研究报告、初步设计方案和投资概算审批方面有专门规定的，可参照地方规定执行。

第十二条　中央和地方共建的需要申请中央财政性资金补助的地方电子政务项目，应按照《中央预算内投资补助和贴息项目管理暂行办法》（国家发展和改革委员会令第31号）的规定，由地方政务部门组织编制资金申请报告，经地方发展改革部门审查并报项目审批部门审批。补助资金可根据项目建设进度一次或分次下达。

第十三条　项目审批部门对电子政务项目的项目建议书、可行性研究报告、初步设计方案和投资概算的批复文件是项目建设的主要依据。批复中核定的建设内容、规模、标准、总投资概算和其他控制指标原则上应严格遵守。

项目可行性研究报告的编制内容与项目建议书批复内容有重大变更的，应重新报批项目建议书。项目初步设计方案和投资概算报告的编制内容与项目可行性研究报告批复内容有重大变更或变更投资超出已批复总投资额度10%的，应重新报批可行性研究报告。项目初步设计方案和投资概算报告的编制内容与项目可行性研究报告批复内容有少量调整且其调整内容未超出已批复总投资额度10%的，需在提交项目初步设计方案和投资概算报告时以独立章节对调整部分进行定量补充说明。

第三章　建设管理

第十四条　项目建设单位应建立健全责任制，并严格执行招标投标、政府采购、工程监理、合同管理等制度。

第十五条　项目建设单位应确定项目实施机构和项目责任人，并建立健全项目管理制度。项目责任人应向项目审批部门报告项目建设过程中的设计变更、建设进度、概算控制等情况。项目建设单位主管领导应对项目建设进度、质量、资金管理及运行管理等负总责。

第十六条　电子政务项目采购货物、工程和服务应按照《中华人民共和国招标投标法》和《中华人民共和国政府采购法》的有关规定执行，并遵从优先采购本国货物、工程和服务的原则。

第十七条　项目建设单位应依法并依据可行性研究报告审批时核准的招标内容和招标方式组织招标采购，确定具有相应资质和能力的中标单位。项目建设单位与中标单位订立合同，并严格履行合同。

第十八条　电子政务项目实行工程监理制。项目建设单位应按照信息系统工程监理的有关规定，委托具有信息系统工程相应监理资质的工程监理单位，对项目建设进行工程监理。

第十九条　项目建设单位应于每年七月底和次年一月底前，向项目审批部门、财政部门报告项目上半年和全年建设进度和概预算执行情况。

第二十条　项目建设单位必须严格按照项目审批部门批复的初步设计方案和投资概算实施项目建设。如有特殊情况，主要建设内容或投资概算确需调整的，必须事先向项目审批部门提交调整报告，履行报批手续。对未经批准擅自进行重大设计变更而导致超概算的，项目审批部门不再受理事后调概申请。

第二十一条　项目建设过程中出现工程严重逾期、投资重大损失等问题，项目建设单位应及时向项目审批部门报告，项目审批部门依照有关规定可要求项目建设单位进行整改和暂停项目建设。

第四章　资金管理

第二十二条　项目建设单位在可行性研究报告批复后，可申请项目前期工作经费。项目前期工作经费主要用于开展应用需求分析、项目建议书、可行性研究、初步设计方案和投资概算的编制、专家咨询评审等工作。项目审批部门根据项目实际情况批准下达前期工作经费，前期工作经费计人项目总投资。

第二十三条　项目建设单位应在初步设计方案和投资概算获得批复及具备开工建设条件后，根据项目实施进度向项目审批部门提出年度资金使用计划申请，项目审批部门将其作为下达年度中央投资计划的依据。

初步设计方案和投资概算未获批复前，原则上不予下达项目建设资金。对确需提前安排资金的电子政务项目（如用于购地、购房、拆迁等），项目建设单位可在项目可行性研究报告批复后，向项目审批部门提出资金使用申请，说明要提前安排资金的原因及理由，经项目审批部门批准后，下达项目建设资金。

第二十四条　项目建设单位应严格按照财政管理的有关规定使用财政资金，专账管理、专款专用。

第五章　监督管理

第二十五条　项目建设单位应接受项目审批部门及有关部门的监督管理。

第二十六条　项目审批部门负责对电子政务项目进行稽察，主要监督检查在项目建设过程中，项目建设单位执行有关法律、法规和政策的情况，以及项目招标投标、工程质量、进度、资金使用和概算控制等情况。对稽察过程中发现有违反国家有关规定及批复要求的，项目审批部门可要求项目建设单位限期整改或遵照有关规定进行处理。对拒不整改或整改后仍不符合要求的，项目审批部门可对其进行通报批评、暂缓拨付建设资金、暂停项目建设、直至终止项目。

第二十七条　有关部门依法对电子政务项目建设中的采购情况、资金使用情况，以及是否符合国家有关规定等实施监督管理。

第二十八条　项目建设单位及相关部门应当协助稽察、审计等监督管理工作，如实提供建设项目有关的资料和情况，不得拒绝、隐匿、瞒报。

第六章　验收评价管理

第二十九条　电子政务项目建设实行验收和后评价制度。

第三十条　电子政务项目应遵循《国家电子政务工程建设项目验收工作大纲》（附件四，以下简称《验收工作大纲》）的相关规定开展验收工作。项目验收包括初步验收和竣工验收两个阶段。初步验收由项目建设单位按照《验收工作大纲》要求自行组织；竣工验收由项目审批部门或其组织成立的电子政务项目竣工验收委员会组织；对建设规模较小或建设内容较简单的电子政务项目，项目审批部门可委托项目建设单位组织验收。

第三十一条　项目建设单位应在完成项目建设任务后的半年内，组织完成建设项目的信息安全风险评估和初步验收工作。初步验收合格后，项目建设单位应向项目审批部门提交竣工验收申请报告，并将项目建设总结、初步验收报告、财务报告、审计报告和信息安全风险评估报告等文件作为附件一并上报。项目审批部门应适时组织竣工验收。项目建设单位未按期提出竣工验收申请的，应向项目审批部门提出延期验收申请。

第三十二条　项目审批部门根据电子政务项目验收后的运行情况，可适时组织专家或委托相关机构对建设项目的系统运行效率、使用效果等情况进行后评价。后评价认为建设项目未实现批复的建设目标或未达到预期效果的，项目建设单位要限期整改；对拒不整改或整改后仍不符合要求的，项目审批部门可对其进行通报批评。

第七章　运行管理

第三十三条　电子政务项目建成后的运行管理实行项目建设单位负责制。项目建设单位应确立项目运行机构，制定和完善相应的管理制度，加强日常运行和维护管理，落实运行维护费用。鼓励专业服务机构参与电子政务项目的运行和维护。

第三十四条　项目建设单位或其委托的专业机构应按照风险评估的相关规定，对建成项目进行信息安全风险评估，检验其网络和信息系统对安全环境变化的适应性及安全措施的有效性，保障信息安全目标的实现。

第八章　法律责任

第三十五条　相关部门、单位或个人违反国家有关规定，截留、挪用电子政务项目资金等，由有关部门按照《财政违法行为处罚处分条例》等相关规定予以惩处；构成犯罪的，移交有关部门依法追究刑事责任。

第三十六条　对违反本办法其他规定的或因管理不善、弄虚作假，造成严重超概算、质量低劣、损失浪费、安全事故或者其他责任事故的，项目审批部门可予以通报批评，并提请有关部门对负有直接责任的主管人员和其他责任人员依法给予处分；构成犯罪的，移交有关部门依法追究刑事责任。

第九章　附　则

第三十七条　本办法由国家发展和改革委员会负责解释。

第三十八条　本办法自二〇〇七年九月一日起施行。

附件一：

国家电子政务工程建设项目项目建议书编制要求（提纲）

第一章　项目简介

1. 项目名称
2. 项目建设单位和负责人、项目责任人
3. 项目建议书编制依据
4. 项目概况
5. 主要结论和建议

第二章　项目建设单位概况

1. 项目建设单位与职能
2. 项目实施机构与职责

第三章　项目建设的必要性

1. 项目提出的背景和依据
2. 现有信息系统装备和信息化应用状况
3. 信息系统装备和应用目前存在的主要问题和差距
4. 项目建设的意义和必要性

第四章　需求分析

1. 与政务职能相关的社会问题和政务目标分析
2. 业务功能、业务流程和业务量分析
3. 信息量分析与预测
4. 系统功能和性能需求分析

第五章　总体建设方案

1. 建设原则和策略
2. 总体目标与分期目标
3. 总体建设任务与分期建设内容
4. 总体设计方案

第六章　本期项目建设方案

1. 建设目标与主要建设内容
2. 标准规范建设
3. 信息资源规划和数据库建设
4. 应用支撑平台和应用系统建设
5. 网络系统建设
6. 数据处理和存储系统建设
7. 安全系统建设
8. 其他（终端、备份、运维等）系统建设
9. 主要软硬件选型原则和软硬件配置清单
10. 机房及配套工程建设

第七章　环保、消防、职业安全、职业卫生和节能

1. 环境影响和环保措施
2. 消防措施
3. 职业安全和卫生措施
4. 节能目标及措施

第八章　项目组织机构和人员

1. 项目领导、实施和运维机构及组织管理
2. 人员配置
3. 人员培训需求和计划

第九章　项目实施进度

第十章　投资估算和资金筹措

1. 投资估算的有关说明
2. 项目总投资估算
3. 资金来源与落实情况
4. 中央对地方的资金补贴方案

第十一章　效益与风险分析

1. 项目的经济效益和社会效益分析
2. 项目风险与风险对策

附表：

1. 项目软硬件配置清单
2. 应用系统定制开发工作量初步核算表
3. 项目总投资估算表
4. 项目资金来源表

附件：

项目建议书编制依据及与项目有关的政策、技术、经济资料。

附件二：

国家电子政务工程建设项目可行性研究报告编制要求（提纲）

第一章　项目概述

1．项目名称

2．项目建设单位及负责人、项目责任人

3．可行性研究报告编制单位

4．可行性研究报告编制依据

5．项目建设目标、规模、内容、建设期

6．项目总投资及资金来源

7．经济与社会效益

8．相对项目建议书批复的调整情况

9．主要结论与建议

第二章　项目建设单位概况

1．项目建设单位与职能

2．项目实施机构与职责

第三章　需求分析和项目建设的必要性

1．与政务职能相关的社会问题和政务目标分析

2．业务功能、业务流程和业务量分析

3．信息量分析与预测

4．系统功能和性能需求分析

5．信息系统装备和应用现状与差距

6．项目建设的必要性

第四章　总体建设方案

1．建设原则和策略

2．总体目标与分期目标

3．总体建设任务与分期建设内容

4．总体设计方案

第五章　本期项目建设方案

1．建设目标、规模与内容

2．标准规范建设内容

3．信息资源规划和数据库建设方案

4．应用支撑平台和应用系统建设方案

5．数据处理和存储系统建设方案

6．终端系统建设方案

7．网络系统建设方案

8．安全系统建设方案

9．备份系统建设方案

10．运行维护系统建设方案

11．其他系统建设方案

12．主要软硬件选型原则和详细软硬件配置清单

13．机房及配套工程建设方案

14．建设方案相对项目建议书批复变更调整情况的详细说明

第六章　项目招标方案

1．招标范围

2．招标方式

3．招标组织形式

第七章　环保、消防、职业安全和卫生

1．环境影响分析

2．环保措施及方案

3．消防措施

4．职业安全和卫生措施

第八章　节能分析

1．用能标准及节能设计规范

2．项目能源消耗种类和数量分析

3．项目所在地能源供应状况分析

4．能耗指标

5．节能措施和节能效果分析等

第九章　项目组织机构和人员培训

1．领导和管理机构

2．项目实施机构

3．运行维护机构

4．技术力量和人员配置

5．人员培训方案

第十章　项目实施进度

1．项目建设期

2．实施进度计划

第十一章　投资估算和资金来源

1．投资估算的有关说明

2．项目总投资估算

3．资金来源与落实情况

4．资金使用计划

5．项目运行维护经费估算

第十二章　效益与评价指标分析

1．经济效益分析

2．社会效益分析

3．项目评价指标分析

第十三章　项目风险与风险管理

1．风险识别和分析

2．风险对策和管理

附表：

1．项目软硬件配置清单

2．应用系统定制开发工作量核算表

3．项目招投标范围和方式表

4．项目总投资估算表

5．项目资金来源和运用表

6．项目运行维护费估算表

附件：

可研报告编制依据，有关的政策、技术、经济资料。

附件三：

国家电子政务工程建设项目初步设计方案和投资概算编制要求（提纲）

第一章　项目概述

1．项目名称

2．项目建设单位及负责人，项目责任人

3．初设及概算编制单位

4．初设及概算编制依据

5．建设目标、规模、内容、建设期

6．总投资及资金来源

7．效益及风险

8．相对可行性研究报告批复的调整情况

9．主要结论与建议

第二章　项目建设单位概况

1．项目建设单位与职能

2．项目实施机构与职责

第三章　需求分析

1．政务业务目标需求分析结论

2．系统功能指标

3．信息量指标

4．系统性能指标

第四章　总体建设方案

1．总体设计原则

2．总体目标与分期目标

3．总体建设任务与分期建设内容

4．系统总体结构和逻辑结构

第五章　本期项目设计方案

1．建设目标、规模与内容

2．标准规范建设内容

3．信息资源规划和数据库设计

4．应用支撑系统设计

5．应用系统设计

6．数据处理和存储系统设计

7．终端系统及接口设计

8．网络系统设计

9．安全系统设计

10．备份系统设计

11．运行维护系统设计

12．其他系统设计

13．系统配置及软硬件选型原则

14．系统软硬件配置清单

15．系统软硬件物理部署方案

16．机房及配套工程设计

17．环保、消防、职业安全卫生和节能措施的设计

18．初步设计方案相对可行性研究报告批复变更调整情况的详细说明

第六章　项目建设与运行管理

1．领导和管理机构

2．项目实施机构

3．运行维护机构

4．核准的项目招标方案

5．项目进度、质量、资金管理方案

6．相关管理制度

第七章　人员配置与培训

1．人员配置计划

2．人员培训方案

第八章　项目实施进度

第九章　初步设计概算

1．初步设计方案和投资概算编制说明

2．初步设计投资概算书

3．资金筹措及投资计划

第十章　风险及效益分析

1．风险分析及对策

2．效益分析

附表：

1．项目软硬件配置清单

2．应用系统定制开发工作量核算表

附件：

初步设计和投资概算编制依据，有关的政策、技术、经济资料。

附图：

1．系统网络拓扑图

2．系统软硬件物理布置图

附件四:

国家电子政务工程建设项目验收大纲（提纲）

一、验收时限

电子政务项目建设完成半年内，项目建设单位应完成初步验收工作，并向项目审批部门提交竣工验收的申请报告。

因特殊原因不能按时提交竣工验收申请报告的，项目建设单位应向项目审批部门提出延期验收申请。经项目审批部门批准，可以适当延期进行竣工验收。

二、验收任务

（一）审查项目的建设目标、规模、内容、质量及资金使用等情况。

（二）审核项目形成的资产情况。

（三）评价项目交付使用情况。

（四）检查项目建设单位执行国家法律、法规情况。

三、验收依据

（一）国家有关法律、法规，以及国家关于信息系统和电子政务建设项目的相关标准。

（二）经批准的建设项目项目建议书报告及批复文件。

（三）经批准的建设项目可行性研究报告及批复文件。

（四）经批准的建设项目初步设计和投资概算报告及批复文件。

（五）建设项目的合同文件、施工图、设备和软件技术说明书。

四、验收条件

（一）建设项目确定的网络、应用、安全等主体工程和辅助设施，已按照设计建成，能满足系统运行的需要。

（二）建设项目确定的网络、应用、安全等主体工程和配套设施，经测试和试运行合格。

（三）建设项目涉及的系统运行环境的保护、安全、消防等设施已按照设计与主体工程同时建成并经试运行合格。

（四）建设项目投入使用的各项准备工作已经完成，能适应项目正常运行的需要。

（五）完成预算执行情况报告和初步的财务决算。

（六）档案文件整理齐全。

五、验收组织

建设项目竣工验收一般分为初步验收和竣工验收两个阶段。

（一）建设项目的初步验收，由项目建设单位按照本大纲规定组织，并提出初步验收报告。

（二）建设项目的竣工验收一般由项目审批部门或其组织成立的电子政务项目竣工验收委员会组织；建设规模较小或建设内容较简单的建设项目，项目审批部门可委托项目建设单位组织验收。

六、初步验收

（一）项目建设单位依据合同组织单项验收，形成单项或专项验收报告。

（二）项目建设单位或相关单位组织信息安全风险评估，提出信息安全风险评估报告。

（三）项目建设单位对项目的工程、技术、财务和档案等进行验收，形成初步验收报告。

（四）项目建设单位向项目审批单位提交竣工验收申请报告。

七、竣工验收

（一）组织竣工验收的单位（机构）组建竣工验收委员会，下设专家组。

（二）专家组负责开展竣工验收的先期基础性工作，重点检查项目建设、设计、监理、施工、招标采购、档案资料、预（概）算执行和财务决算等情况，提出评价意见和建议。

（三）竣工验收委员会基于专家组评价意见提出竣工验收报告。

关于加强中央企业信息化工作的指导意见

国资发［2007］8号

各中央企业：

加强中央企业信息化工作，不仅对我国企业信息化建设可以发挥率先垂范的带动作用，而且可以从整体上提升我国经济信息化的发展水平。近年来，中央企业信息化工作取得了明显成效，许多中央企业处于全国企业信息化的前列，基本具备了大力全面推进信息化的基础。但从总体上来看，中央企业的信息化水平与企业做强做大、具备国际竞争力的要求相比仍存在较大差距，整个企业综合管理信息系统建设、信息系统安全等方面还存在问题，信息化高水平人才缺乏，这些问题制约了企业管理水平的提高、企业经营效益的改善以及市场竞争能力的增强。为加快推进中央企业信息化，促进中央企业做强做大，提高核心竞争力，确保国有资产保值增值，根据《2006—2020年国家信息化发展战略》，结合中央企业实际，现提出以下意见。

一、指导思想和基本原则

（一）指导思想

按照科学发展观的要求，坚持以信息化带动工业化、以工业化促进信息化，以体制创新和机制创新为动力，紧紧围绕转变经济增长方式、做强做大主业的中心任务，积极推广和应用信息技术，开发利用信息资源，提高企业管理水平，提高集中管控能力，增强企业核心竞争力，促进中央企业持续、快速、健康发展，更好地实现国有资产的保值增值。

（二）基本原则

1. 统筹协调，加强领导。站在战略高度，正确处理信息化与企业改革发展的关系，充分发挥信息化在企业改革发展中的支撑作用；以需求促应用、以应用促发展。真正把信息化工作列入重要议事日程，加强信息化建设与应用的组织协调与落实。

2. 统一规划，分步实施。紧紧围绕企业发展战略和主营业务需求，编制统一的信息化总体规划，坚持按照项目间的逻辑关系和优先级次序，制订年度建设计划，并统一组织实施。对于支撑企业主营业务的重大信息化项目，要统一标准、统一设计、统一建设、统一管理，防止各自为政，避免重复建设，确保建成并推广应用整个企业统一集成的信息系统。

3. 需求主导，实用高效。始终把提高业务运营水平和实现管理创新作为信息化工作的出发点和落脚点，立足于企业实际需求，通过持续完善、改进和优化，建设实用高效的信息系统，真正形成对企业管理决策和业务发展的全方位信息化支撑。

4. 集成应用，积极创新。采用科学的项目实施与管理方法，集成先进成熟技术，规避实施风险，缩短建设周期，提高项目成功率。要注重管理创新、流程优化和生产过程改造；着力信息技术的集成应用创新，逐步从以引进消化吸收与集成应用创新为主，过渡到以自主开发创新为主，增强企业自主创新能力。鼓励优先采用具有自主知识产权的国产软硬件产品和服务。

5. 强化管理，保障安全。坚持管理与技术并重，从管理体系、风险控制、技术设施和运行服务等方面入手，不断提高信息系统安全综合防护和不间断高效运行能力，确保网络和业务应用系统的安全运行，保证信息安全，以安全保发展，在发展中求安全。

二、发展目标和主要任务

（一）发展目标

到2010年，基本实现中央企业信息化向整个企业集成、共享、协同转变，建成集团企业统一集成的信息系统，多数中央企业的信息化基础设施、核心业务应用信息系统和综合管理信息系统达到或接近同行业的世界先进水平。

（二）主要任务

1．加快建设集团企业综合管理信息系统，强化科学管理和集中控制。大力建设集团企业综合管理信息系统，整合系统和信息资源，扩大信息共享范围，提高管理水平和集中控制能力。充分运用集团企业综合管理信息系统，加强对所属企业的战略管理、资产管理、财务管理、人力资源管理、风险管理、党建和纪检监察工作的管理，规范管理流程，提高决策与执行效率，支撑集团企业持续健康发展。

2．大力推进主营业务信息系统建设与应用，支撑主业做强做大。要与国际同行先进企业对标，抓紧建设和完善支撑主业发展、集成共享的主营业务信息系统，为做强做大主业提供可靠的信息化保障。要高度重视各种主营业务信息系统的推广应用，进一步提高主营业务自动化、智能化、网络化和自主创新水平，降低生产经营成本，节约资源能源消耗，快速响应市场需求，提升产品服务质量，提高生产效率和经济效益。

3．大力推进电子商务应用，增强市场竞争能力。要进一步发挥集团企业带动作用，以供应链管理为重点，整合上下游关联企业相关资源，建设以产业链为基础的电子商务平台，推进企业间电子商务，带动中小企业的应用。加大大宗原材料和重要物资的网上集中招标采购力度，降低采购成本。搭建面向全球的电子商务平台，充分利用国际国内两种资源、两个市场，提高参与国际分工合作和市场竞争的能力。

4．继续完善信息基础设施和基础应用，提升信息化服务水平。不断改善网络基础设施，保障信息系统高效运行。深化办公自动化应用，提高协同办公水平。普遍应用安全的电子邮件系统、视频会议系统、IP电话系统等，扩大信息共享范围，提高经营管理效率。建立上下统一的内部门户系统和外部门户网站，加强工作交流和知识管理，规范在线服务。

5．努力提高信息安全水平，保障信息系统稳定运行。要严格落实信息安全责任制，健全管理制度，加强检查教育，及时消除隐患，防止发生重特大信息系统事故。建立和完善信息系统安全应急处理机制，加强重特大风险的识别、防范和控制，提高信息系统的灾难恢复能力。按照国家信息安全等级保护要求，完善信息安全保障体系。把日常管理、技术手段和应急机制结合起来，强化网络运行和场地安全，确保重要数据安全和信息系统稳定运行。

6．加强信息化技术标准和管理规范建设，保障信息集成共享和管理科学高效。参与标准制订工作，要遵循国际标准和国家标准，制订符合企业特点的技术标准。加快信息代码、数据源定义、应用平台和业务流程等标准化建设。推进信息系统开发的标准化，确立统一的系统设计、程序开发和项目管理规范。推进系统间信息交换接口的标准化，实现系统集成。建立健全信息化管理规范体系，确立工作管理、规划计划、项目招投标、项目实施、项目验收、系统运行维护、安全和标准等管理办法及实施细则。要加大对技术标准和管理规范的执行力度。

三、措施和要求

（一）切实加强领导，建立健全企业信息化工作体制

从专职领导、专业管理、责任到位、制度健全等方面，切实加强对信息化工作的统一领导和重大项目的推进，建立健全企业信息化领导小组工作体制；有条件的企业要设由企业领导成员担任的总信息师（CIO）岗位，加强信息化统一领导的工作常规化和制度化建设。企业主要负责人要直接参与信息化重要决策，亲自协调推动重大信息化项目实施。建立健全企业信息化管理部门，落实机构和人员，强化统一管理职能，不断提高信息化决策的执行和组织实施水平。信息化管理部门要负责编制和组织实施信息化总体规划和实施计划，要在重大信息化建设项目中牵头组织协调各相关业务部门和用户单位，共同推进项目实施，保证项目成功建设和推广应用。企业各级领导要在信息系统应用方面起表率作用，带头营造信息化建设与应用的良好氛围。

（二）把信息化纳入企业发展规划和预算管理，确保信息化持续发展

紧紧围绕企业发展总体战略和主营业务，制定企业信息化总体规划，并纳入企业发展规划，确立信息化在企业发展中的战略地位。要依据总体规划制订并实施年度计划，统一组织信息系统建设。信息化总体规划和年度计划的预算要纳入企业预算管理，设立信息化专项资金，集中投入，统一管理，专款专用。保证系统建设和运行维护资金的持续投入，加强投资管理，提高资金使用效率。

（三）加强信息化绩效考核，建立健全激励约束机制

要研究制订具体、简便、合理、可行的信息化建设进度、质量、效果等考核指标，将信息化建设成效列入企业各部门和各成员单位，以及信息化组织领导、工作管理、建设应用、维护服务等各环节的年度工作考核内容，切实通过加强绩效考核工作，促进信息化建设责任与权利紧密结合，建立健全信息化建设激励约束机制。

（四）加强信息化队伍建设，提高全员信息化应用水平

要将人才培养与推进信息化结合起来，积极引进和培养企业急需的信息化专业人才和复合型人才。要制订企业全员信息化培训计划，开展针对企业领导、管理人员、技术人员和使用人员的信息化定期培训，不断提高企业对信息化的认识和应用水平。

（五）加强中央企业信息化绩效评价和咨询工作，总结交流推广信息化先进经验

要研究制订中央企业信息化绩效评价指标体系，尽快将企业信息化纳入企业管理绩效评价范围；同时，加强对涉及国计民生的基础信息网络和重要信息系统的安全考核。通过对企业信息化的绩效评价，评选表彰信息化先进企业。建立中央企业信息化专家咨询机构，加强对企业信息化的咨询和指导。积极组织开展中央企业信息化的研讨与交流，及时总结先进经验，大力推广企业信息化成果。

国家电子信息产业基地和产业园认定管理办法

第一章 总 则

第一条 为进一步规范国家电子信息产业基地和产业园的申报、认定、审批、考核及相关管理工作，根据《关于建设国家电子信息产业基地和产业园的意见》（信部规〔2003〕219号）制定本办法。

第二条 国家电子信息产业基地（以下简称“产业基地”）是指电子信息产业规模大、科研开发能力强、骨干企业相对集中、产业链和配套服务体系较为完善的中心城市；国家电子信息产业园（以下简称“产业园”）是指电子信息产业中的某一专业领域水平和规模处于全国领先地位的产业聚集区。

第三条 产业基地和产业园的认定管理遵循公平、公正、公开和统筹规划、合理配置资源的原则，依照透明、规范的程序进行。

第二章 管理机构及其职责

第四条 信息产业部国家电子信息产业基地和产业园认定委员会（以下简称“部认定委员会”）负责产业基地和产业园的认定、审批、考核及相关管理工作。部认定委员会的日常工作由部综合规划司负责。

各省、自治区、直辖市信息产业主管部门负责组织本地区产业基地和产业园的申报工作，并配合信息产业部对经认定的产业基地和产业园进行指导和管理。

第三章 认定条件

第五条 产业基地以地市级以上中心城市为主体进行申报，其认定条件如下：

（一）电子信息产业增加值占全行业的比重在2%以上，主营业务收入超过1000亿元。

（二）产业链相对完善，各类骨干企业规模和数量应至少符合以下五项标准中的四项：

1．营业收入大于100亿元（含100亿元）的综合类（以整机产品为主）企业不少于2家；

2．营业收入大于10亿元（含10亿元）的电子元器件企业不少于3家；

3．营业收入大于5亿元（含5亿元）的集成电路设计及软件企业不少于2家；

4．营业收入大于10亿元（含10亿元）的半导体与集成电路企业（含半导体分立器件、集成电路芯片制造、封装、测试）不少于1家；

5．营业收入大于2亿元（含2亿元）的电子材料、电子设备仪器企业不少于2家。

（三）具有较强的自主创新能力。

1．已建立服务于国家电子信息产业基地、专业特色突出的公共技术服务平台，初步具备为基地内企业提供共性技术服务、关键技术研究开发支持和软硬件测试验证环境的能力。

2．拥有5家以上（含5家）经省级（含省级）以上有关部门批准或认定的研发机构，其中，经国家有关部门批准或认定的研发机构不少于2家。同时，拥有2家以上（含2家）投资额超过1000万美元的外商投资研发中心。

（四）有比较完善的基础设施和配套服务体系。

（五）当地政府组织制定了较完善的电子信息产业基地建设发展三年滚动规划，并经省级以上信息产业主管部门论证通过。

（六）根据信息产业部《电子信息产业统计工作管理办法》，设立了统计人员或组成专门内设统计机构，并按照《电子信息产业统计报表制度》的要求，开展基地电子信息产业统计信息的采集和申报工作。

（七）有明确的信息产业归口管理部门，并已由地方信息产业主管部门或地方政府设立一定规模（不低于5000万元/年）的专项资金，用于产业基地建设与发展。

第六条 产业园以纳入《中国开发区审核公告目录》中的开发区为主体进行申报，其认定条件如下：

（一）电子信息产业园分为数字整机、核心基础产业和应用电子三类，其规模应符合以下标准：

1. 数字整机类产业园包括通信产业园、计算机与网络产品产业园、数字视听产业园及数字家用电子产品产业园，整机类产业园年主营业务收入应不低于300亿元。

2. 核心基础类产业园包括基础元器件产业园、显示器件产业园、光电子产业园、集成电路产业园，其中：

基础元器件（含电子材料、仪器、设备等）产业园年主营业务收入应不低于30亿元；

显示器件产业园年主营业务收入应不低于100亿元；

光电子产业园年主营业务收入应不低于50亿元；

集成电路产业园年主营业务收入应不低于80亿元。

3. 应用电子类产业园包括电力电子产业园、汽车电子产业园、医疗电子产业园、信息安全产业园，其中：

电力电子、汽车电子、医疗电子产业园年主营业务收入应不低于30亿元；

信息安全产业园年主营业务收入应不低于10亿元。

（二）集聚效应明显，区内基本形成以骨干企业为核心、上下游产业链较完善的产业配套体系。

（三）具有较强的自主创新能力。

1. 已建立服务于国家电子信息产业园区、专业特色突出的公共技术服务平台，初步具备为园区内企业提供共性技术服务、关键技术研究开发支持和软硬件测试验证环境的能力。

2. 研发机构建设应至少符合以下标准之一：

建有1家以上（含1家）经国家有关部门批准或认定的研发机构；

建有3家以上（含3家）经省有关部门批准或认定的研发机构；

建有2家以上（含2家）投资额超过1000万美元的外商投资研发中心。

（四）有明确的产业园管理机构，已纳入当地信息产业主管部门的行业管理，并已由产业园管理机构、地方信息产业主管部门或地方政府设立一定规模（不低于1000万元/年）的专项资金，用于产业园建设与发展。

（五）园区组织制定了较完善的电子信息产业园建设发展三年滚动规划，并经省级信息产业主管部门论证通过。

（六）根据信息产业部《电子信息产业统计工作管理办法》，设立了统计人员或组成专门内设统计机构，并按照《电子信息产业统计报表制度》的要求，开展园区电子信息产业统计信息的采集和申报工作。

第四章　认定程序及申报材料

第七条　申报程序：

（一）产业基地的认定申请由地市级以上中心城市人民政府报省级信息产业主管部门，省级信息产业主管部门审查后报信息产业部。其中，直辖市人民政府可直接向信息产业部申报。

（二）产业园的认定申请由开发区管理机构报当地人民政府同意后，经省级信息产业主管部门审查后报信息产业部。

第八条　申报材料：

（一）产业基地申报材料包括：

1. 申报方所在省、自治区信息产业主管部门、直辖市人民政府的上报文件；

2.《国家电子信息产业基地申报表》；

3. 申报方电子信息产业基地建设发展三年滚动规划及省级以上信息产业主管部门组织的专家论证意见（原件）；

4. 申报方电子信息产业发展基本情况及有关附件，附件主要包括：达标骨干企业近三年财务报表，公共技术服务平台批复文件，国家级和省级研发机构的批复或认定文件，外商投资研发中心有关批复及证明文件；

5. 申报方所在地政府财政主管部门出具的专项资金落实情况的有关文件。

（二）产业园申报材料包括：

1. 申报方所在省、自治区、直辖市信息产业主管部门的上报文件；

2.《国家电子信息产业园申报表》；

3. 申报方电子信息产业园建设发展三年滚动规划及省级信息产业主管部门组织的专家论证意见（原件）；

4. 申报方电子信息产业发展基本情况及有关附件，附件主要包括：骨干企业近三年财务报表，主要产品技术、规模处于国内领先水平的说明及证明文件，公共技术服务平台批复文件，国家级或省级研发机构的批复或认定文件，外商投资研发中心有关批复及证明文件；

5．申报方所在地政府财政主管部门出具的专项资金落实情况的有关文件。

（三）申报材料中的有关数据以行业统计为准。

（四）上述申报材料要求提供原件三份及电子版。（《国家电子信息产业基地申报表》和《国家电子信息产业园申报表》另发，并可在www.mii.gov.cn网站下载）。

第九条 审核：

部行业统计管理部门负责审核申报材料涉及的统计指标数据，部认定委员会组织有关专家根据认定条件对申报材料进行评估和必要的实地考察后形成评审意见，报部审核。

第十条 认定及授牌：

信息产业部对符合条件的产业基地和产业园进行批复、授牌。

第五章 管理与考核

第十一条 经认定的国家电子信息产业基地和产业园名录及发展情况将在信息产业部政府网站公布，并适时更新。

第十二条 国家电子信息产业基地和产业园每年4月30日前将上一年度电子信息产业发展情况及需协调解决的问题通过省级信息产业主管部门报信息产业部综合规划司。产业基地和产业园的调查统计报表按照《电子信息产业统计工作管理办法》的要求，按时上报部行业统计管理部门。

第十三条 信息产业部在发展规划、招商引资、对外合作、吸引人才、项目安排等方面，对产业基地和产业园予以指导和支持。

第十四条 信息产业部对产业基地和产业园施行动态管理，依据管理办法和批复的建设发展目标每三年进行一次复核，对合格的产业基地和产业园予以确认批复，对不合格的产业基地和产业园撤销原认定文件并摘牌。

第十五条 对已经授牌的产业基地和产业园，如发现弄虚作假予以摘牌，并暂停所在省、自治区、直辖市下一年度的申报工作。

第六章 附 则

第十六条 信息产业部将根据行业发展的实际情况，每三年对产业基地和产业园的认定管理办法作相应修订。

第十七条 本办法由信息产业部负责解释。

第十八条 本办法自发布之日起施行，信息产业部2003年发布的《国家电子信息产业基地和产业园认定管理办法》（试行）同时废止。

全国农业和农村信息化建设总体框架

农市发［2007］33号

为认真贯彻落实党的十七大有关精神及《中共中央关于积极发展现代农业扎实推进社会主义新农村建设的若干意见》（中发〔2007〕1号），科学指导各级农业部门加快推进农业和农村信息化工作，按照《2006—2020年国家信息化发展战略》总体部署，根据走中国特色农业现代化道路的基本要求，特制定《全国农业和农村信息化建设总体框架（2007—2015）》。

一、指导思想与目标

（一）指导思想。农业和农村信息化建设要坚持以邓小平理论、"三个代表"重要思想和党的十七大精神为指导，全面贯彻落实科学发展观，遵循"政府部门主导，社会力量参与，完善运行机制，实现多方共赢，服务亿万农民"的基本原则，以解放和发展农村生产力为核心，以优化配置信息资源为基础，以开发应用信息技术为支撑，以提升信息服务能力为重点，不断提高我国农业和农村信息化水平，充分发挥信息化在发展现代农业和建设社会主义新农村中的重要作用，推动形成城乡经济社会发展一体化新格局。

（二）发展目标。通过农业部门与相关部门及社会力量的共同努力，到2015年，农业和农村一体化信息基础设施装备水平有明显提高，信息化对现代农业、农村公共服务和社会管理的支撑能力显著增强，乡村两级信息化服务组织得到充分发展，农业和农村信息化可持续发展机制逐步完善，基本满足发展现代农业和建设社会主义新农村对信息化的需要。

二、框架构成

农业和农村信息化建设是一个统一的整体，具体内涵将随着经济社会的发展而出现变动。基本框架主要由作用于农村经济、政治、文化、社会等领域的信息基础设施、信息资源、人才队伍、服务与应用系统，以及与之发展相适应的规则体系、运行机制等构成。

（一）信息基础设施。这是农业和农村信息化建设的基本条件。主要包括信息网络、信息技术基本装备和信息安全设施、信息交换体系等部分。信息网络主要有计算机网络、通信网络和广播电视、报刊杂志、宣传栏等信息传播网络。信息技术基本装备主要指信息技术研发储备和推广应用所必需的设施设备。信息安全设施指为保障网络运行安全的设施设备和系统。信息交换体系指为满足各层级实时信息汇集、传递、交换与共享、服务的体系。

（二）信息资源。这是农业和农村信息化建设的重要内容。从形态上分，涉农信息资源有初始信息和经整理、分析的信息。从来源上分，有政务活动、市场运行和其他社会活动信息。从内容上分，有科技、市场、政策法规、文教卫生等信息。

（三）人才队伍。这是农业和农村信息化建设的主要支撑。要培养一支理念先进的管理队伍，推进管理方式创新，保证信息化建设的快速、有序推进。要打造一支善于攻关的科研队伍，加强信息技术创新，提供强有力的技术支持。要建设一支实用高效的服务队伍，加强信息服务模式创新，提高面向农村信息服务的适用性、有效性和科学性。

（四）服务与应用系统。这是农业和农村信息化建设的出发点和落脚点。主要包括信息服务和信息技术推广应用两个方面。信息服务要与农村经济、社会发展的实际相结合，与发展现代农业的要求相结合，与现有的信息化基础条件相结合，与农业产业化和农村合作经济、社团组织的需要相结合。应用系统必须做好顶层梳理和统筹规划，防止重复开发建设，讲求科学、实用，注重贴近基层、贴近农民的需求。

（五）规则体系。这是农业和农村信息化建设与发展的关键环节。规则体系是确保系统互联互通的技术基础，是工程项目规划设计、建设运行、绩效评估的管理规范，主要包括法规体系和标准体系。法规体系应涵盖涉农信息资源开发共享、网络（站）建设管理、信息服务、信息技术开发应用、安全防护、投入保障等内容。标准体系主要由总体标准、应用标准、安全标准、基础设施一体化建设标准、管理服务标准等组成。

（六）运行机制。运行机制是农业和农村信息化建设的根本保障。运行机制的构建要与政府职能转变、创新政府管理服务模式紧密结合起来，形成农业和农村信息化发展与深化行政管理体制改革相互促进、共同发展的机制。要与信息化建设发展模式紧密结合起来，逐步形成以政府主导、市场及其他社会力量合力参与的多元投入机制。要与“三农”问题的解决和走中国特色农业现代化道路紧密结合起来，形成农业和农村信息化的可持续发展机制。

三、主要任务

（一）以信息化推进现代农业发展。这是农业和农村信息化建设的首要任务，是走中国特色农业现代化道路的必然要求。

1．以信息化提高设施装备水平。积极推动全球卫星定位系统、地理信息系统、遥感系统、自动控制系统、射频识别系统等技术在农业生产经营中的应用，提高农业生产设施装备的数字化、智能化水平，发展精准农业。加快农业应急信息系统建设，提高农业自然灾害和重大动植物病虫害的预测、预报和预警水平，加强对突发事件的监控、决策和应急处理的能力。积极配合有关部门加快实施“村村通电话”、“村村通广播电视”等工程，加强乡村信息化基础设施建设，

2．以信息化促进农业科技推广。信息化是农业科技推广的一条重要渠道，要利用信息化手段，创新农业科技推广模式，提高农业科技推广成效。积极开发应用作物生长、畜禽水产养殖、节水灌溉等农业智能系统，改革农业耕作制度和种养殖方式，实行标准化生产。利用信息技术，大力发展测土配方施肥，推广诊断施肥和精准施肥，进一步提高肥料施用效益。建立农机监理服务信息平台，加强农机安全监理工作，提高农机服务水平。

3．以信息化推动现代农业产业形成。加强粮食生产预测预报，建立和完善粮食安全监测信息系统，构建粮食安全预警体系。建立重大动物疫情监测和应急处理信息系统、动物标识及疫病可追溯信息系统，健全饲料安全管理信息系统，积极推行健康养殖方式。促进农业企业信息化建设，提高农业产业化龙头企业、农民专业合作社信息化水平及信息服务能力，鼓励农业电子商务实践，积极构建农业产加销信息一体化服务体系。建设各地特色种养业、特色产品信息平台，促进“一村一品”发展。

4．以信息化健全农村市场体系。完善全国农产品批发市场信息网络和农村市场供求信息系统，建立国际农产品市场信息服务系统。与有关部门相互配合，大力促进农村网络增值服务、电子金融、连锁经营、专业信息服务等新型服务业务发展，改造提升传统农村市场服务业。开发应用农产品和农业生产资料质量安全监管信息系统，利用信息化手段提升农产品和农业生产资料质量安全监管能力。

5．以信息化培养新型农民。充分利用农业广播电视学校的教育资源，结合“阳光工程”、“跨世纪青年农民科技培训工程”、“百万中专生计划”、“新型农民创业培植工程”、“农村富裕劳动力转移就业培训工程”和“农业远程培训工程”等工程计划的推进，大力发展远程教育，强化面向农民的农业技能及就业培训，运用现代信息技术培养有文化、懂技术、会经营的新型农民。

（二）以信息化提升农村公共服务与社会管理水平。这是实现农村公共服务与社会管理决策科学化、管理现代化、服务人性化的重要途径，是缩小城乡“数字鸿沟”的紧迫任务。

1．推动农村电子政务。依托互联网，集约建设面向农村的公共服务门户网站，合理配置信息化公共服务资源，推动电子政务公共服务向农村延伸，提高办事效率。建立村务信息网络示范平台，实现农村财务、选举、固定资产、土地承包、计划生育等信息公开，为保证广大农民知情权建立信息通道。开设农村政务电子信箱，拓宽农村社情民意表达渠道，增强农民参政议政能力，促

进村民自治和民主管理。大力支持农村党建工作信息化，促进农村基层组织建设和党员素质提高，增强党员对农业和农村信息化的带动作用。加强对农民工的信息服务工作。

2．丰富农村文化生活。充分利用农业信息平台资源，推动农村文化信息资源共享建设，满足农民多方面的信息需求。制作农民喜闻乐见的广播电视节目、电子出版物，丰富农村文化生活。积极建立农村社区网页，促进信息交流。

3．服务农村家园建设。应用信息技术，开发乡村规划决策系统，根据各地资源禀赋和社会经济运行状况，对村容村貌进行系统规划，制定适合当地特点的农村建设方案。有条件的地区，可结合村舍改建，利用宽带、有线及闭路电视等手段，对农村生态环境现状与变化进行监测，为农村环境综合治理提供科学依据，为农民建设环境优美家园提供服务。

4．促进农村和谐发展。依托农业和农村信息化建设成果，提高种粮补贴、良种补贴、农机补贴、农资综合补贴等各项支农惠农政策的实施效率和监测能力。积极与相关部门合作，为广大农民提供就业、社会保障、计划生育、医疗卫生等方面的信息服务。

（三）建立健全乡村两级信息化服务组织。在乡镇建设信息服务站，在村建设信息服务点，是把农业和农村信息化工作落在实处的重要组织保障。乡村两级信息服务站（点）具有乡村事务管理、信息交流共享、信息服务聚合、农民信息培训、文化生活娱乐等综合功能。

1．建设乡村信息服务站（点）。依托乡镇农业各站，建立乡级农业信息服务站；村级信息服务点，可与党员远程教育点、科技（文化）书屋等合并，也可利用协会、合作组织以及经纪人、种养加大户的力量建点。乡村信息服务站（点）建设要具备人员、设备、场所、制度等基本条件，要面向实际、坚持实干、求得实效，让农民得实惠。分别建立城郊工矿区、粮食主产区、边远落后地区、特色农业区及乡村旅游区信息服务示范站（点），实行分类指导。

2．强化乡村信息服务站（点）功能。加强乡村信息服务站（点）与相关业务的协同，利用乡村信息站（点），提高乡村两级事务管理的信息化水平，代理代办政府事务，促进乡务村务公开，完善乡村事务管理；用“一站式”的信息服务，实现区域内的信息交流和资源共享；对农民进行技能培训，提高信息获取、信息应用能力；为村民提供多种形式的文化娱乐服务，推进农村精神文明建设。

3．创新乡村信息服务站（点）服务模式。积极鼓励乡村信息服务站（点）运用计算机网络、广播电视、电话等多种信息传播途径，开展面向农民的多元化信息服务。

四、保障措施

（一）加强组织领导与协调。在各级政府的统一领导下，各级农业部门要明确推进农业和农村信息化的组织协调机构，研究解决农业和农村信息化建设中出现的问题，加强部门间的协作配合，引导社会力量合力推进农业和农村信息化。

（二）建立健全法规与标准。加快研究制定农业和农村信息化建设相关法律法规，建立健全相关工作制度，推动农业和农村信息化建设规范化和制度化。研究制定相关软硬件技术标准、数据标准、信息采集和处理标准等，重点制定信息采集、存储、加工、处理标准和信息服务规范，加快制定农业信息分类和编码标准。

（三）加快信息资源整合与技术研发。完善信息共享机制，建设标准统一、实用性强的信息共享平台和公共数据库，推动农业各行业和其他涉农部门资源整合。积极鼓励科研部门、院校和企业研究开发低价位、易推广、简单实用的信息技术产品，为农业和农村信息化提供有力的技术支持。

（四）创新投入机制与运营机制。加强农业和农村信息化建设，是政府部门强化公共服务职能的重要任务，必须多渠道增加投入。要建立社会力量广泛参与的信息化投融资机制，建立农业与涉农部门之间、系统上下之间有效的组织协调机制，建立与电信运营、IT 企业、民间组织、农民之间的密切协作机制，为农业和农村信息化建设不断注入新的活力。

电子信息产业统计工作管理办法

第一章　总　则

第一条　为了科学、有效地组织实施电子信息产业统计工作，确保电子信息产业统计资料的真实、准确和安全，根据《中华人民共和国统计法》、《中华人民共和国统计法实施细则》等法律、行政法规，结合我国电子信息产业发展的实际，制定本办法。

第二条　在中华人民共和国境内从事电子信息产品的研究、开发、生产或者应用服务等经营性活动的法人和其他组织（以下称“电子信息产业调查统计对象”）适用本办法。

第三条　电子信息产业调查统计对象应当根据国务院信息产业主管部门或者省、自治区、直辖市人民政府信息产业主管部门（以下称“信息产业主管部门”）的要求如实填报调查统计报表，及时准确地反馈与调查统计有关的统计资料，配合信息产业主管部门进行电子信息产业统计。

第四条　本办法中下列用语的含义是：

（一）电子信息产业，是指为了实现制作、加工、处理、传播或接收信息等功能或目的，利用电子技术和信息技术所从事的与电子信息产品相关的设备生产、硬件制造、系统集成、软件开发以及应用服务等作业过程的集合。

（二）电子信息产品，包括电子雷达产品、电子通信产品、广播电视产品、计算机产品、家用电子产品、电子测量仪器产品、电子专用产品、电子元器件产品、电子应用产品、电子材料产品以及软件产品。

（三）电子信息产业统计工作，是指信息产业主管部门依法进行的搜集、整理、研究和分析电子信息产业调查统计对象原始记录、原始台账，编印调查统计报表并下发电子信息产业调查统计对象依法填报，对统计结果及其他统计资料进行分析和研究并形成统计分析报告的活动。

（四）统计资料，是指以纸制品、电子媒介等形式保存的，能够反映电子信息产业发展状况的数字、文字、图表等统计信息。统计资料包括电子信息产业调查对象的原始记录和原始台账、调查统计报表，以及经过分析、研究、加工或整理的统计分析报告。

第二章　监督与管理体制

第五条　电子信息产业统计工作属于国家统计工作中部门统计工作的组成部分，在国务院统计主管部门统一指导下，由国务院信息产业主管部门进行具体行业督导，实行国务院统计主管部门和国务院信息产业主管部门双重监督管理的体制。

第六条　国务院信息产业主管部门负责组织或实施全国范围内电子信息产业统计工作。

省、自治区、直辖市人民政府信息产业主管部门负责组织或实施本行政区域内电子信息产业统计工作。

第七条　国务院信息产业主管部门的电子信息产业统计工作应当接受国务院统计主管部门的业务指导。

省、自治区、直辖市人民政府信息产业主管部门的电子信息产业统计工作应当接受国务院信息产业主管部门的业务指导。

电子信息产业调查统计对象的电子信息产业统计工作应当接受其所在地省、自治区、直辖市人民政府信息产业主管部门和国务院信息产业主管部门的业务指导。

第八条　国务院信息产业主管部门应当依据政府决策的实际需要，拟定电子信息产业统计调查项目。

电子信息产业统计工作应当按照电子信息产业统计调查项目进行。

电子信息产业统计调查项目应当报国务院统计主管部门审批或者备案。

第九条　电子信息产业统计调查项目应当包括统计调查对象、统计调查计划以及统计调查标准等内容。

第十条　省、自治区、直辖市人民政府信息产业主管部门和电子信息产业调查统计对象，应当加强电子信息产业统计信息基础设施建设，配备专门用于电子信息产业统计工作的技术设备，建立采集、处理、传输电子信息产业统计信息的网络化管理系统。

第三章　统计人员和统计机构

第十一条　信息产业主管部门应当依法指定所属国家机关工作人员或委托其他相关人员作为电子信息产业统计工作人员（以下称“电子信息产业统计工作人员”）负责电子信息产业调查、统计与分析工作。

电子信息产业调查统计对象应当设立统计工作机构或者指定专门统计工作人员（以下称“统计机构及其统计人员”）从事电子信息产业统计信息的采集和申报工作。但是由于人员或其他资源有限、不具备统计工作相关条件的电子信息产业社会团体除外。

第十二条　国务院信息产业主管部门在电子信息产业统计工作中承担如下职责：

（一）对全国范围内电子信息产业统计工作进行业务指导；

（二）拟定电子信息产业统计调查项目，监督本办法及电子信息产业统计调查项目的执行和实施；

（三）组织实施全国范围内电子信息产业统计；

（四）对全国电子信息产业经济运行状况进行统计分析、统计预测和统计监督；

（五）指导并监督实施电子信息产业统计工作网络化系统的建设；

（六）依法审定、公布全国范围内电子信息产业调查统计报表、统计分析报告或其他统计资料；

（七）保管全国范围内电子信息产业统计调查报表；

（八）对全国电子信息产业统计工作和统计资料的保密工作进行监督指导；

（九）组织开展全国电子信息产业统计培训工作。

第十三条　省、自治区、直辖市人民政府信息产业主管部门在电子信息产业统计工作中承担如下职责：

（一）对本行政区域内电子信息产业调查统计对象的统计工作进行业务指导；

（二）监督电子信息产业统计调查项目在本行政区域内的执行和实施；

（三）组织实施本行政区域内的电子信息产业统计；

（四）对本行政区域内电子信息产业经济运行状况进行统计分析、统计预测和统计监督；

（五）在本行政区域内实施或指导电子信息产业调查统计对象开展电子信息产业统计工作网络化系统建设；

（六）依法审定、公布本行政区域内电子信息产业调查统计报表、统计分析报告或其他统计资料；

（七）按照国务院统计主管部门和国务院信息产业主管部门的有关规定，提供本行政区域内电子信息产业调查统计报表、统计分析报告或其他统计资料；

（八）保管本行政区域内电子信息产业统计调查报表；

（九）对本行政区域内电子信息产业统计工作和统计资料的保密工作进行监督指导；

（十）在本行政区域内组织开展电子信息产业统计培训工作。

第十四条　电子信息产业调查统计对象在电子信息产业统计工作中承担如下职责：

（一）对本单位各职能机构及其所属机构电子信息产业统计工作进行业务指导；

（二）填报电子信息产业调查统计报表，配合信息产业主管部门进行电子信息产业统计；

（三）按照信息产业主管部门的要求，及时、如实报送与统计调查有关的统计资料；

（四）对本单位执行统计计划情况和经营管理效益进行统计分析和统计监督；

（五）建立健全原始记录、原始台账的档案保管制度；

（六）按照信息产业主管部门的要求实施电子信息产业统计工作网络化系统的建设；

（七）管理本单位的统计资料。

第十五条　电子信息产业统计工作人员、统计机构及其统计人员依法享有下列权利：

（一）统计调查权。电子信息产业统计工作人员有权检查电子信息产业调查统计对象的原始记录和原始台账，调查、搜集有关资料，要求有关电子信息产业调查统计对象如实提供统计资料；

（二）统计报告权。电子信息产业统计工作人员、统计机构及其统计人员有权对调查统计报表予以整理和分析，依法向有关部门提出统计分析报告；

（三）统计监督权。电子信息产业统计工作人员、统计机构及其统计人员有权对电子信息产业调查统计对象的统计资料进行分析检查，责成有关电子信息产业调查统计对象改正不实的统计资料。

第十六条 电子信息产业统计工作人员、统计机构及其统计人员负有如下义务：

（一）如实提供或填报调查统计报表或其他统计资料，保证所报统计资料的真实性、准确性和完整性；

（二）不得私占、拒报、迟报、误报、漏报或者遗失统计资料；

（三）不得利用统计调查工作之便窃取、泄漏国家秘密或电子信息产业调查统计对象的商业秘密；

（四）对于其掌握的统计资料负有保密义务，不得擅自泄漏；对于涉及国家秘密或商业秘密的统计资料，应当按照国家有关保密规定进行管理；

（五）不得篡改统计资料或者编造虚假数据或信息。

第十七条 电子信息产业统计工作人员、统计机构及其统计人员不得为其私人目的，窃取、使用在统计工作过程中掌握的统计资料。

第十八条 电子信息产业调查统计对象负有如下义务：

（一）配合电子信息产业统计工作人员、统计机构及其统计人员依法开展的电子信息产业统计活动；

（二）如实提供统计资料，不得篡改、拒报、迟报、误报、漏报或者遗失统计资料；

（三）不得扣压统计分析报告；

（四）对于其掌握的统计资料负有保密义务，不得擅自泄漏；对于涉及国家秘密或商业秘密的统计资料，应当按照国家有关保密规定进行管理；

（五）及时答复并处理电子信息产业统计工作人员、统计机构及其统计人员所反映的问题。

第十九条 电子信息产业调查统计对象，省、自治区、直辖市人民政府信息产业主管部门，国务院信息产业主管部门及其相关直接负责人员负有如下义务：

（一）不得篡改统计资料；

（二）不得强令或者授意统计工作人员、统计机构或统计人员篡改统计资料或者编造虚假的数据或信息；

（三）不得对拒绝篡改统计资料和拒绝编造虚假数据或信息的统计工作人员、统计机构及其统计人员进行打击报复；

（四）发现调查统计报表或其他统计资料的来源、计量方法或计算标准有误的，应当向统计工作人员、统计机构及其统计人员指出，要求统计工作人员、统计机构及其统计人员核实和修正。

第四章 统计工作程序

第二十条 信息产业主管部门的统计工作人员可以采取普查、抽样调查、重点调查、经常性调查、一次性调查等方式进行电子信息产业统计。

第二十一条 国务院信息产业主管部门负责组织电子信息产业统计工作人员、统计机构及其统计人员实施全国范围内电子信息产业的重点调查、抽样调查。

省、自治区、直辖市人民政府信息产业主管部门负责组织本行政区域内电子信息产业统计工作人员、统计机构及其统计人员实施地方性电子信息产业的重点调查、抽样调查。

第二十二条 电子信息产业主管部门应当依据电子信息产业调查统计调查项目编印调查统计报表。

国务院信息产业主管部门拟订全国性的电子信息产业调查统计报表，报送国务院统计主管部门审核。

省、自治区、直辖市人民政府信息产业主管部门拟定地方性电子信息产业调查统计报表，经同级人民政府统计主管部门审查后，报送国务院信息产业主管部门审核。

第二十三条 调查统计报表应当载明电子信息产业调查统计调查项目中包含的调查统计对象、统计调查计划、统计调查标准等信息，并在右上角标明调查统计报表的表号、制表机关、批准或者备案文号和有效期限。

第二十四条 电子信息产业统计工作分为全

国性电子信息产业统计工作和地方性电子信息产业统计工作。

国务院信息产业主管部门依据其所拟定的电子信息产业统计调查项目组织实施全国性电子信息产业统计工作；省、自治区、直辖市人民政府信息产业主管部门根据国务院信息产业主管部门的委托，在本行政区域内配合国务院信息产业主管部门组织实施全国性电子信息产业统计工作。

省、自治区、直辖市人民政府信息产业主管部门组织实施本行政区域内的地方性电子信息产业统计工作。

第二十五条　省、自治区、直辖市人民政府信息产业主管部门在进行地方性电子信息产业统计工作之前，应将所拟定的调查统计报表报国务院信息产业主管部门审核。国务院信息产业主管部门对上报的调查统计报表的必要性、可行性和科学性进行审查。

有如下情形之一的，不得进行地方性电子信息产业统计：

（一）在已经完成的电子信息产业统计工作中，已经存在相同或相近的调查统计报表、统计分析报告或者其他统计资料的；

（二）拟采用的调查统计对象范围、调查统计项目、统计调查计划、统计调查标准与国务院信息产业主管部门拟定的电子信息产业统计调查项目不相一致的；

（三）对于通过抽样调查、重点调查即可满足政府调查统计目标需求的统计活动采取普查方式的；

（四）对于通过一次性调查即可满足政府调查统计目标需求的统计活动采取经常性调查方式的；

（五）对于通过年度调查即可满足政府调查统计目标需求的统计活动采取季度或月度调查统计的；

（六）对于通过季度调查即可满足政府调查统计目标需求的统计活动采取月度调查统计的；

（七）月度以下的周期性电子信息产业统计工作。

第二十六条　国务院信息产业主管部门进行的全国性电子信息产业统计工作，其调查统计对象超出本办法规定的适用对象范围的，应事先征得国务院统计主管部门的同意。

省、自治区、直辖市人民政府信息产业主管部门进行的地方性电子信息产业统计工作，其调查统计对象超出本办法规定的适用对象范围的，应事先征得同级人民政府统计主管部门的同意；其调查统计对象超出本行政区域范围的，应事先征得国务院信息产业主管部门的同意。

第二十七条　地方性电子信息产业统计工作的调查统计对象范围、调查统计项目、统计调查计划、统计调查标准不得与全国性电子信息产业统计工作发生重复或者冲突。

第二十八条　电子信息产业调查统计对象或其统计机构及其统计人员收到信息产业主管部门的调查统计报表后，应当对其本单位的相关原始记录和原始台账进行归纳和整理，由其相关负责人员予以审核并签署或盖章，在指定的时限内报送信息产业主管部门。

电子信息产业调查统计对象或其统计机构及其统计人员将调查统计报表报送后发现有误的，应在信息产业主管部门确定的期限内更正。

第二十九条　电子信息产业调查统计对象应当准确、如实、及时填报符合本办法要求的调查统计报表。

电子信息产业调查统计对象有权拒绝填报未按照本办法要求载明法定记载事项或者超过表面记载有效期限的调查统计报表。

国务院信息产业主管部门有权宣布未按照本办法要求载明法定记载事项或者超过表面记载有效期限的调查统计报表为无效的调查统计报表。

第三十条　国务院信息产业主管部门编印的调查统计报表和省、自治区、直辖市人民政府信息产业主管部门编印的经国务院信息产业主管部门审定同意的调查统计报表，任何组织和个人不得擅自修改统计报表所载明的法定记载事项，不得篡改电子信息产业调查统计对象如实申报的调查统计报表。

第三十一条　信息产业主管部门应当对电子信息产业调查统计对象填报的调查统计报表内容的完整性、准确性和真实性进行审查或复核，确定调查统计报表的有效性，并依据电子信息产业统计调查项目及其统计调查标准进行整理、加工和分析，形成统计分析报告。

第五章　统计资料的管理和公布

第三十二条　信息产业主管部门和电子信息

产业调查统计对象应当加强电子信息产业统计信息调查、收集、分类、处理、存贮、发布和使用过程中的保密管理。

第三十三条　信息产业主管部门和电子信息产业调查统计对象应当建立审核、登记、保管、借用、移交、销毁等统计资料档案管理制度。

信息产业主管部门和电子信息产业调查统计对象应当依据法律或行政法规有关档案管理规定管理档案中所保存的原始记录、原始台账、调查统计报表或其他统计资料。

第三十四条　电子信息产业调查统计对象应当依法妥善保管业务经营过程中形成的原始记录和原始台账。

省、自治区、直辖市信息产业主管部门应当妥善保管地方性电子信息产业统计工作中形成的调查统计报表及统计分析报告，保管期限应在1年以上。

国务院信息产业主管部门应当妥善保管全国性电子信息产业统计工作中形成的调查统计报表及统计分析报告，保管期限应在2年以上。

信息产业主管部门对涉及经济运行、行业发展的重要数据和年度报告，应当永久保存。

第三十五条　全国性电子信息产业统计资料由国务院信息产业主管部门公布。

地方性电子信息产业统计资料由省、自治区、直辖市人民政府公布。

电子信息产业调查统计对象在业务经营过程中形成的原始记录、原始台账、统计数据或其他统计信息的公布，由电子信息产业调查统计对象决定。

第三十六条　信息产业主管部门对电子信息产业调查统计对象上报的统计信息负有保密的义务。信息产业主管部门需要单独发布个别电子信息产业调查统计对象的统计信息的，应当事先征得电子信息产业调查统计对象同意。

未经信息产业主管部门同意，电子信息产业调查统计对象不得对外提供信息产业主管部门反馈的统计信息。

第三十七条　军工电子统计信息的整理、保存和传送工作应由专人负责，并在配置安全防护设施的专用房间内进行，所用计算机及相关设备应进行物理隔离，并通过军工主管部门许可的方式进行传送。

相关工作人员应当将军工电子统计信息保存于独立的存储介质中，并及时清空所用计算机中的相关内容。

单独携带存有保密信息的介质或设备外出的，应经主管领导批准，并采取相应的安全措施。

第三十八条　电子信息产业调查统计对象进行自身经济效益或工作成绩考核的，应当依据其所保管或信息产业主管部门公布的统计资料。

第三十九条　信息产业主管部门可以利用其已经公布或出版的统计资料向社会公众提供有关数据或信息的咨询等服务工作。

信息产业主管部门应当为以个人研究或学习或者以社会公益为目的的信息数据咨询服务对象免费提供有关数据或信息的咨询等服务工作。

信息产业主管部门向数据信息咨询服务对象提供有关数据或信息的咨询或服务工作，发现数据信息咨询服务对象将该咨询服务的结果用于商业途径的，有权依据法律或行政法规的有关规定收取一定数额的咨询服务成本费用或地方物价管理部门核定的其他费用。

第六章　法律责任

第四十条　电子信息产业调查统计对象有下列行为之一的，信息产业主管部门可以建议相关统计主管部门依法处理，对直接责任人员报请其所在单位的上级主管部门给予行政处分：

（一）虚报、瞒报统计资料的；

（二）伪造、篡改统计资料的；

（三）拒报或者屡次迟报统计资料的；

（四）转移、隐匿、毁弃原始记录、原始台账、调查统计报表以及与统计有关的其他数据或信息的；

（五）利用电子信息产业统计工作之便，损害社会公共利益或者进行欺诈活动的；

（六）干扰或阻挠统计工作人员依法进行统计监督的；

（七）擅自编制统计调查报表的；

（八）擅自公布统计资料的；

（九）未按规定的方式传送统计信息的。

第四十一条　电子信息产业统计工作人员、统计机构及其统计人员有下列行为之一的，信息产业主管部门可以报请其所在单位的上级主管部门依法给予行政处分；造成电子信息产业调查统计对象经济损失的，依法给予民事赔偿；构成犯罪的，依法移送司法机关追究其刑事责任：

（一）利用统计调查工作之便，窃取、私占、篡改、拒报、迟报、误报或漏报统计资料的；

（二）利用统计调查工作之便，窃取、泄漏国家秘密或电子信息产业调查统计对象商业秘密的；

（三）擅自泄漏统计资料的。

第四十二条　电子信息产业调查统计对象和信息产业主管部门的相关直接负责人员有下列行为之一的，信息产业主管部门可以报请其所在单位的上级主管部门依法给予行政处分；造成电子信息产业调查统计对象经济损失的，依法给予民事赔偿；构成犯罪的，依法移送司法机关追究其刑事责任：

（一）擅自修改或篡改统计资料的；

（二）强令或者授意统计工作人员、统计机构或统计人员篡改统计资料或者编造虚假的数据或信息的；

（三）对拒绝篡改统计资料和拒绝编造虚假数据或信息的统计工作人员、统计机构及其统计人员进行打击报复的；

（四）发现调查统计报表或其他统计资料的来源、计量方法或计算标准有误，未及时核实和修正的。

第四十三条　省、自治区、直辖市人民政府信息产业主管部门以及其他组织在进行地方性电子信息产业统计工作时，违反本办法第二十五规定的，由国务院信息产业主管部门责令其停止该项电子信息产业统计工作。

第四十四条　国务院信息产业主管部门发现地方性电子信息产业统计工作与其已经完成、正在进行或拟将开展的全国性电子信息产业统计工作相互重复或相互冲突的，有权责令改正。

电子信息产业统计工作人员、统计机构及其统计人员以及电子信息产业调查统计对象发现地方性电子信息产业统计工作与全国性电子信息产业统计工作相互重复或相互冲突的，应当向国务院信息产业主管部门报告。国务院信息产业主管部门调查属实后，责令省、自治区、直辖市信息产业主管部门予以纠正。

第七章　附　则

第四十五条　信息产业主管部门应当建立奖励和惩罚机制，定期评定电子信息产业统计机构及统计人员的工作表现，对评定优秀的统计机构和统计人员通报表扬，予以奖励；对评定不合格的统计机构和统计人员通报批评，依法追究相应的法律责任。

第四十六条　境外机构或人员需要在境内开展电子信息产业调查统计活动的，应当委托境内具有涉外调查统计资格的机构进行。

第四十七条　本办法规定的电子信息产业统计调查项目，由国务院信息产业主管部门另行拟定。

电子信息产业调查统计对象可以根据本办法制定本单位统计工作细则。

第四十八条　本办法自 2007 年 3 月 21 日起施行。

互联网视听节目服务管理规定

第一条 为维护国家利益和公共利益，保护公众和互联网视听节目服务单位的合法权益，规范互联网视听节目服务秩序，促进互联网视听节目服务健康有序发展，根据国家有关规定，制定本规定。

第二条 在中华人民共和国境内向公众提供互联网（含移动互联网，以下简称“互联网”）视听节目服务活动，适用本规定。

本规定所称互联网视听节目服务，是指制作、编辑、集成并通过互联网向公众提供视音频节目，以及为他人提供上载传播视听节目服务的活动。

第三条 国务院广播电影电视主管部门作为互联网视听节目服务的行业主管部门，负责对互联网视听节目服务实施监督管理，统筹互联网视听节目服务的产业发展、行业管理、内容建设和安全监管。国务院信息产业主管部门作为互联网行业主管部门，依据电信行业管理职责对互联网视听节目服务实施相应的监督管理。

地方人民政府广播电影电视主管部门和地方电信管理机构依据各自职责对本行政区域内的互联网视听节目服务单位及接入服务实施相应的监督管理。

第四条 互联网视听节目服务单位及其相关网络运营单位，是重要的网络文化建设力量，承担建设中国特色网络文化和维护网络文化信息安全的责任，应自觉遵守宪法、法律和行政法规，接受互联网视听节目服务行业主管部门和互联网行业主管部门的管理。

第五条 互联网视听节目服务单位组成的全国性社会团体，负责制定行业自律规范，倡导文明上网、文明办网，营造文明健康的网络环境，传播健康有益视听节目，抵制腐朽落后思想文化传播，并在国务院广播电影电视主管部门指导下开展活动。

第六条 发展互联网视听节目服务要有益于传播社会主义先进文化，推动社会全面进步和人的全面发展、促进社会和谐。从事互联网视听节目服务，应当坚持为人民服务、为社会主义服务，坚持正确导向，把社会效益放在首位，建设社会主义核心价值体系，遵守社会主义道德规范，大力弘扬体现时代发展和社会进步的思想文化，大力弘扬民族优秀文化传统，提供更多更好的互联网视听节目服务，满足人民群众日益增长的需求，不断丰富人民群众的精神文化生活，充分发挥文化滋润心灵、陶冶情操、愉悦身心的作用，为青少年成长创造良好的网上空间，形成共建共享的精神家园。

第七条 从事互联网视听节目服务，应当依照本规定取得广播电影电视主管部门颁发的《信息网络传播视听节目许可证》（以下简称《许可证》）或履行备案手续。

未按照本规定取得广播电影电视主管部门颁发的《许可证》或履行备案手续，任何单位和个人不得从事互联网视听节目服务。

互联网视听节目服务业务指导目录由国务院广播电影电视主管部门商国务院信息产业主管部门制定。

第八条 申请从事互联网视听节目服务的，应当同时具备以下条件：

（一）具备法人资格，为国有独资或国有控股单位，且在申请之日前三年内无违法违规记录；

（二）有健全的节目安全传播管理制度和安全保护技术措施；

（三）有与其业务相适应并符合国家规定的视听节目资源；

（四）有与其业务相适应的技术能力、网络资源和资金，且资金来源合法；

（五）有与其业务相适应的专业人员，且主要出资者和经营者在申请之日前三年内无违法违规记录；

（六）技术方案符合国家标准、行业标准和技术规范；

（七）符合国务院广播电影电视主管部门确定的互联网视听节目服务总体规划、布局和业务指导目录；

（八）符合法律、行政法规和国家有关规定的条件。

第九条　从事广播电台、电视台形态服务和时政类视听新闻服务的，除符合本规定第八条规定外，还应当持有广播电视播出机构许可证或互联网新闻信息服务许可证。其中，以自办频道方式播放视听节目的，由地（市）级以上广播电台、电视台、中央新闻单位提出申请。

从事主持、访谈、报道类视听服务的，除符合本规定第八条规定外，还应当持有广播电视节目制作经营许可证和互联网新闻信息服务许可证；从事自办网络剧（片）类服务的，还应当持有广播电视节目制作经营许可证。

未经批准，任何组织和个人不得在互联网上使用广播电视专有名称开展业务。

第十条　申请《许可证》，应当通过省、自治区、直辖市人民政府广播电影电视主管部门向国务院广播电影电视主管部门提出申请，中央直属单位可以直接向国务院广播电影电视主管部门提出申请。

省、自治区、直辖市人民政府广播电影电视主管部门应当提供便捷的服务，自收到申请之日起20日内提出初审意见，报国务院广播电影电视主管部门审批；国务院广播电影电视主管部门应当自收到申请或者初审意见之日起40日内作出许可或者不予许可的决定，其中专家评审时间为20日。予以许可的，向申请人颁发《许可证》，并向社会公告；不予许可的，应当书面通知申请人并说明理由。《许可证》应当载明互联网视听节目服务的播出标识、名称、服务类别等事项。

《许可证》有效期为3年。有效期届满，需继续从事互联网视听节目服务的，应于有效期届满前30日内，持符合本办法第八条规定条件的相关材料，向原发证机关申请办理续办手续。

地（市）级以上广播电台、电视台从事互联网视听节目转播类服务的，到省级以上广播电影电视主管部门履行备案手续。中央新闻单位从事互联网视听节目转播类服务的，到国务院广播电影电视主管部门履行备案手续。备案单位应在节目开播30日前，提交网址、网站名、拟转播的广播电视频道、栏目名称等有关备案材料，广播电影电视主管部门应将备案情况向社会公告。

第十一条　取得《许可证》的单位，应当依据《互联网信息服务管理办法》，向省（自治区、直辖市）电信管理机构或国务院信息产业主管部门（以下简称电信主管部门）申请办理电信业务经营许可或者履行相关备案手续，并依法到工商行政管理部门办理注册登记或变更登记手续。电信主管部门应根据广播电影电视主管部门许可，严格互联网视听节目服务单位的域名和IP地址管理。

第十二条　互联网视听节目服务单位变更注册资本、股东、股权结构，有重大资产变动或有上市等重大融资行为的，以及业务项目超出《许可证》载明范围的，应按本规定办理审批手续。互联网视听节目服务单位的办公场所、法定代表人以及互联网信息服务单位的网址、网站名依法变更的，应当在变更后15日内向省级以上广播电影电视主管部门和电信主管部门备案，变更事项涉及工商登记的，应当依法到工商行政管理部门办理变更登记手续。

第十三条　互联网视听节目服务单位应当在取得《许可证》90日内提供互联网视听节目服务。未按期提供服务的，其《许可证》由原发证机关予以注销。如因特殊原因，应经发证机关同意。申请终止服务的，应提前60日向原发证机关申报，其《许可证》由原发证机关予以注销。连续停止业务超过60日的，由原发证机关按终止业务处理，其《许可证》由原发证机关予以注销。

第十四条　互联网视听节目服务单位应当按照《许可证》载明或备案的事项开展互联网视听节目服务，并在播出界面显著位置标注国务院广播电影电视主管部门批准的播出标识、名称、《许可证》或备案编号。

任何单位不得向未持有《许可证》或备案的单位提供与互联网视听节目服务有关的代收费及信号传输、服务器托管等金融和技术服务。

第十五条　鼓励国有战略投资者投资互联网视听节目服务企业；鼓励互联网视听节目服务单位积极开发适应新一代互联网和移动通信特点的新业务，为移动多媒体、多媒体网站生产积极健康的视听节目，努力提高互联网视听节目的供给能力；鼓励影视生产基地、电视节目制作单位多生产适合在网上传播的影视剧（片）、娱乐节目，积极发展民族网络影视产业；鼓励互联网视听节目服务单位传播公益性视听节目。

互联网视听节目服务单位应当遵守著作权法律、行政法规的规定，采取版权保护措施，保护著作权人的合法权益。

第十六条 互联网视听节目服务单位提供的、网络运营单位接入的视听节目应当符合法律、行政法规、部门规章的规定。已播出的视听节目应至少完整保留 60 日。视听节目不得含有以下内容：

（一）反对宪法确定的基本原则的；

（二）危害国家统一、主权和领土完整的；

（三）泄露国家秘密、危害国家安全或者损害国家荣誉和利益的；

（四）煽动民族仇恨、民族歧视，破坏民族团结，或者侵害民族风俗、习惯的；

（五）宣扬邪教、迷信的；

（六）扰乱社会秩序，破坏社会稳定的；

（七）诱导未成年人违法犯罪和渲染暴力、色情、赌博、恐怖活动的；

（八）侮辱或者诽谤他人，侵害公民个人隐私等他人合法权益的；

（九）危害社会公德，损害民族优秀文化传统的；

（十）有关法律、行政法规和国家规定禁止的其他内容。

第十七条 用于互联网视听节目服务的电影电视剧类节目和其他节目，应当符合国家有关广播电影电视节目的管理规定。互联网视听节目服务单位播出时政类视听新闻节目，应当是地（市）级以上广播电台、电视台制作、播出的节目和中央新闻单位网站登载的时政类视听新闻节目。

未持有《许可证》的单位不得为个人提供上载传播视听节目服务。互联网视听节目服务单位不得允许个人上载时政类视听新闻节目，在提供播客、视频分享等上载传播视听节目服务时，应当提示上载者不得上载违反本规定的视听节目。任何单位和个人不得转播、链接、聚合、集成非法的广播电视频道、视听节目网站的节目。

第十八条 广播电影电视主管部门发现互联网视听节目服务单位传播违反本规定的视听节目，应当采取必要措施予以制止。互联网视听节目服务单位对含有违反本规定内容的视听节目，应当立即删除，并保存有关记录，履行报告义务，落实有关主管部门的管理要求。

互联网视听节目服务单位主要出资者和经营者应对播出和上载的视听节目内容负责。

第十九条 互联网视听节目服务单位应当选择依法取得互联网接入服务电信业务经营许可证或广播电视节目传送业务经营许可证的网络运营单位提供服务；应当依法维护用户权利，履行对用户的承诺，对用户信息保密，不得进行虚假宣传或误导用户、做出对用户不公平不合理的规定、损害用户的合法权益；提供有偿服务时，应当以显著方式公布所提供服务的视听节目种类、范围、资费标准和时限，并告知用户中止或者取消互联网视听节目服务的条件和方式。

第二十条 网络运营单位提供互联网视听节目信号传输服务时，应当保障视听节目服务单位的合法权益，保证传输安全，不得擅自插播、截留视听节目信号；在提供服务前应当查验视听节目服务单位的《许可证》或备案证明材料，按照《许可证》载明事项或备案范围提供接入服务。

第二十一条 广播电影电视和电信主管部门应建立公众监督举报制度。公众有权举报视听节目服务单位的违法违规行为，有关主管部门应当及时处理，不得推诿。广播电影电视、电信等监督管理部门发现违反本规定的行为，不属于本部门职责的，应当移交有权处理的部门处理。

电信主管部门应当依照国家有关规定向广播电影电视主管部门提供必要的技术系统接口和网站数据查询资料。

第二十二条 广播电影电视主管部门依法对互联网视听节目服务单位进行实地检查，有关单位和个人应当予以配合。广播电影电视主管部门工作人员依法进行实地检查时应当主动出示有关证件。

第二十三条 违反本规定有下列行为之一的，由县级以上广播电影电视主管部门予以警告、责令改正，可并处 3 万元以下罚款；同时，可对其主要出资者和经营者予以警告，可并处 2 万元以下罚款：

（一）擅自在互联网上使用广播电视专有名称开展业务的；

（二）变更注册资本、股东、股权结构，或上市融资，或重大资产变动时，未办理审批手续的；

（三）未建立健全节目运营规范，未采取版权保护措施，或对传播有害内容未履行提示、删除、报告义务的；

（四）未在播出界面显著位置标注播出标识、名称、《许可证》和备案编号的；

（五）未履行保留节目记录、向主管部门如实提供查询义务的；

（六）向未持有《许可证》或备案的单位提供代收费及信号传输、服务器托管等与互联网视听节目服务有关的服务的；

（七）未履行查验义务，或向互联网视听节目服务单位提供其《许可证》或备案载明事项范围以外的接入服务的；

（八）进行虚假宣传或者误导用户的；

（九）未经用户同意，擅自泄露用户信息秘密的；

（十）互联网视听服务单位在同一年度内三次出现违规行为的；

（十一）拒绝、阻挠、拖延广播电影电视主管部门依法进行监督检查或者在监督检查过程中弄虚作假的；

（十二）以虚假证明、文件等手段骗取《许可证》的。

有本条第十二项行为的，发证机关应撤销其许可证。

第二十四条　擅自从事互联网视听节目服务的，由县级以上广播电影电视主管部门予以警告、责令改正，可并处3万元以下罚款；情节严重的，根据《广播电视管理条例》第四十七条的规定予以处罚。

传播的视听节目内容违反本规定的，由县级以上广播电影电视主管部门予以警告、责令改正，可并处3万元以下罚款；情节严重的，根据《广播电视管理条例》第四十九条的规定予以处罚。

未按照许可证载明或备案的事项从事互联网视听节目服务的或违规播出时政类视听新闻节目的，由县级以上广播电影电视主管部门予以警告、责令改正，可并处3万元以下罚款；情节严重的，根据《广播电视管理条例》第五十条之规定予以处罚。

转播、链接、聚合、集成非法的广播电视频道和视听节目网站内容的，擅自插播、截留视听节目信号的，由县级以上广播电影电视主管部门予以警告、责令改正，可并处3万元以下罚款；情节严重的，根据《广播电视管理条例》第五十一条之规定予以处罚。

第二十五条　对违反本规定的互联网视听节目服务单位，电信主管部门应根据广播电影电视主管部门的书面意见，按照电信管理和互联网管理的法律、行政法规的规定，关闭其网站，吊销其相应许可证或撤销备案，责令为其提供信号接入服务的网络运营单位停止接入；拒不执行停止接入服务决定，违反《电信条例》第五十七条规定的，由电信主管部门依据《电信条例》第七十八条的规定吊销其许可证。

违反治安管理规定的，由公安机关依法予以处罚；构成犯罪的，由司法机关依法追究刑事责任。

第二十六条　广播电影电视、电信等主管部门不履行规定的职责，或滥用职权的，要依法给予有关责任人处分，构成犯罪的，由司法机关依法追究刑事责任。

第二十七条　互联网视听节目服务单位出现重大违法违规行为的，除按有关规定予以处罚外，其主要出资者和经营者自互联网视听节目服务单位受到处罚之日起5年内不得投资和从事互联网视听节目服务。

第二十八条　通过互联网提供视音频即时通讯服务，由国务院信息产业主管部门按照国家有关规定进行监督管理。

利用局域网络及利用互联网架设虚拟专网向公众提供网络视听节目服务，须向行业主管部门提出申请，由国务院信息产业主管部门前置审批，国务院广播电影电视主管部门审核批准，按照国家有关规定进行监督管理。

第二十九条　本规定自2008年1月31日起施行。此前发布的规定与本规定不一致之处，依本规定执行。

互联网交换中心网间结算办法

（信部电［2007］557号）

第一章　总　则

第一条　为促进互联网骨干网的网间互联和公平竞争，保障网间结算的实施，维护各互联单位的合法权益，制定本办法。

第二条　本办法适用于通过信息产业部指定的互联网交换中心（以下简称“交换中心”）进行互联的互联网骨干网之间的结算。

第二章　结算原则

第三条　各互联单位在进行互联网骨干网网间互联时，应依照本办法协商确定结算方式和结算费用。互联单位在协商结算时，应充分考虑网络规模、流量等因素。

第四条　中国电信集团公司、中国网络通信集团公司、中国教育和科研计算机网之外的互联单位，在与中国电信集团公司、中国网络通信集团公司进行互联网骨干网网间互联时，应依据网间数据通信速率，按照不高于本办法确定的标准（见附录），向中国电信集团公司、中国网络通信集团公司支付结算费用。非经营性互联单位结算费用标准减半。

除前款所述情形外，互联双方可自行协商确定结算方式和结算费用。

第五条　互联双方不能就网间结算达成一致的，按照《电信网间互联争议协调处理办法》（信息产业部令第15号），由信息产业部协调、做出行政决定。

第六条　结算在互联单位总部之间实施。结算双方应以协议方式明确双方的权利和义务及其他相关事宜，并报信息产业部备案。

第三章　结算数据采集及费用计算

第七条　结算按月进行，每月1日零时起至每月最后一日24时为当月结算周期。

第八条　结算数据采集点为直接与交换中心交换机相连的各互联单位的路由器。各互联单位应为结算数据采集提供必要的条件。

第九条　对于在交换中心进行互联结算的收费方网络A和付费方网络B，交换中心按每5分钟一次的频率，采集从A到B以及从B到A的数据通信速率，得到两组数据，分别将5%的最高值去掉，余下的最高值的算术平均值作为结算速率，并按照本办法确定的标准计算结算费用金额。

第十条　各交换中心将结算数据汇总，由北京交换中心于每月第7个工作日前向各互联单位提供上月结算费用金额和结算速率等相关原始数据。

第十一条　各互联单位依据交换中心提供的结算费用金额进行结算。

第四章　结算数据核对和争议处理

第十二条　互联单位可于每月第14个工作日之前（核对申请期）向交换中心书面提交对上月数据的核对申请，并提供相关技术信息。

第十三条　下列数据核对申请视为无效，交换中心可不予受理：

（一）数据采集和统计方法与本办法不符的；

（二）超过核对申请期的。

第十四条　交换中心应在收到有效的数据核对申请后1个月内，与提出申请的互联单位共同分析原因、完成复核，并出具书面结果。

第十五条　数据复核期间，互联单位应依据交换中心提供的结算数据按时结算，待复核完成后，从下一结算周期中冲抵。

第十六条　各方应当保证结算数据的真实性。任何一方有权对另一方的弄虚作假等违规行为向信息产业部提出申诉，并提交相关证据。信息产业部应进行调查并做出处理。

第五章　附　则

第十七条　本办法自2007年12月1日起施行。《互联网交换中心网间结算办法》（信部电［2006］648号）同时废止。

附录：互联网交换中心结算标准

结算费用（元/月）＝1000［元/（Mb/s）月］×结算速率（Mb/s）

江苏省个人信用征信管理暂行办法

第一章　总　则

第一条　为了规范个人信用征信活动，保障个人信用征信机构客观、公正地提供个人信用征信服务，保证个人信用信息的准确、安全以及正当使用，保护当事人的合法权益，根据有关法律、法规，结合本省实际，制定本办法。

第二条　本办法所称个人信用征信，是指个人信用征信机构（以下简称“征信机构”）对个人信用信息进行采集、储存、加工、使用等活动；所称个人信用信息，是指自然人在社会与经济活动中形成的履行义务记录和相关数据。

第三条　本办法适用于本省行政区域内个人信用信息的采集、加工、使用及其监督管理。

第四条　省人民政府信用管理机构负责对全省个人信用征信工作的指导和监督管理。设区的市人民政府信用管理机构负责对本辖区内个人信用征信工作的指导和监督管理。

省、设区的市人民政府其他有关部门按照各自职责，协同做好个人信用征信工作的指导和监督管理。

第五条　个人信用征信实行特许经营。特许经营权授予办法由省信用管理机构制定，报省人民政府批准。

第六条　征信机构应当通过合法的途径采集个人信用信息，客观记录信用信息，科学、公正制作个人信用产品。

第二章　个人信用信息的采集

第七条　个人信用信息包括下列内容：

（一）据以识别个人身份以及反映个人家庭、职业等情况的个人基本信息；

（二）个人与金融机构、住房公积金管理机构发生信贷关系而形成的个人信贷信息；

（三）个人与商业机构、公用事业单位发生赊购关系而形成的个人履约信息；

（四）行政机关、司法机关、行使公共管理职能的组织等在行使职权过程中形成的与个人信用相关的信息；

（五）其他与个人信用有关的信息。

第八条　行政机关、司法机关、行使公共管理职能的组织、公用事业单位、行业组织在个人信用信息生成之后，应当及时、准确、完整地向省政府指定的个人基础信用信息数据库提供。

具体提供信息的范围、时间、方式、格式等，由省信用管理机构商有关信息提供单位后，报省政府确定。

个人基础信用信息数据库应当对行政机关、司法机关、行使公共管理职能的组织、公用事业单位、行业组织提供信息查询服务。

第九条　征信机构可以从省政府指定的个人基础信用信息数据库获取个人信用信息。

征信机构可以自行采集个人信用信息。

第十条　采集个人信用信息，应当征得被征信人的书面同意，但有下列情形除外：

（一）在信用交易活动中受侵害一方当事人提供且属实的对方不良信用信息；

（二）鉴证、评估、经纪、咨询等中介服务行业的执业人员，因违反诚实信用原则受到行业组织惩戒的记录；

（三）行政机关、司法机关、行使公共管理职能的组织等在行使职权过程中形成的与个人信用相关的信息；

（四）其他已经依法公开的个人信用信息。

第十一条　禁止采集下列个人信息，但本人自愿提供的除外：

（一）民族、种族、宗教信仰、政治信仰；

（二）身体形态、基因、血型、疾病和病史等可能影响被征信人正常生活的信息；

（三）其他与个人信用无关或者法律、法规禁止采集的个人信息。

第十二条　本办法第十一条规定禁止采集的个人信息除本人自愿提供外，禁止录入个人基础信用信息数据库。

第十三条　征信机构所采集的个人信用信息应当是对客观事实准确的记录，个人信用信息的来源应当合法。

禁止以欺骗、盗窃、胁迫、利用计算机网络侵入或者其他不正当手段采集个人信用信息。

第十四条　被征信人可以向个人基础信用信息数据库查询本人的信用信息。

第三章　个人信用信息的加工

第十五条　征信机构应当建立个人信用信息数据库和信息系统，及时、准确地录入个人信用信息，不得虚构或者篡改。

第十六条　征信机构应当制定信息匹配规则，采用有效的个人身份识别标志匹配所采集的个人信用信息，确保信息录入的准确性。

第十七条　征信机构根据个人信用信息制作个人信用报告、个人信用评估报告等信用产品。

个人信用报告应当客观反映个人信用信息，不得进行推断和评估。

个人信用评估报告应当以科学、合理的评估指标体系和标准为依据，保证评估结果的公正。

第十八条　征信机构应当建立管理制度，采取必要的技术措施，保证个人信用信息数据库的运行安全和个人信用信息的保密安全。

征信机构应当对个人信用信息数据库进行加密备份，防止信息丢失。

征信机构应当设置个人信用信息系统访问权限，记录系统访问日志，防止系统被越权访问或者越权处理。

第四章　个人信用信息的使用

第十九条　征信机构提供和使用个人信用信息，应当得到被征信人同意。法律、法规、规章另有规定从其规定。

第二十条　未经被征信人同意，征信机构不得在个人信用报告或者个人信用评估报告中，披露本办法第十一条规定的禁止采集但由被征信人自愿提供的个人信息。

第二十一条　个人不良信用信息的披露或者使用期限，最长为自不良信用行为终止之日起7年。法律、法规另有规定的，从其规定。

征信机构不得在个人信用报告或者个人信用评估报告中披露或者使用超过规定期限的债务拖欠信息、行业惩戒、行政处分或者行政处罚记录以及除犯罪记录以外的其他不良信用信息。

第二十二条　征信机构不得向用户以外的单位或者个人披露个人信用报告、个人信用评估报告以及其中反映的个人信用信息。

第二十三条　征信机构提供的个人信用报告和个人信用评估报告，作为用户判断被征信人信用状况的参考依据。

第二十四条　征信机构应当根据被征信人的要求，为其提供下列信息的查询服务：

（一）本人的信用信息；

（二）本人信用信息的来源；

（三）获取本人信用报告或者信用评估报告的用户。

第二十五条　个人信用征信实行有偿服务。

征信机构提供个人信用报告和个人信用评估报告的收费标准，由省价格主管部门会同省信用管理机构确定。

司法机关、行政机关在办理案件、行政管理过程中需要使用个人信用信息的，可以向征信机构无偿查询。

第五章　异议信息的处理

第二十六条　被征信人或者用户认为个人信用信息有错误的，可以向征信机构书面提出异议申请，要求予以更正。

异议申请人应当就异议内容提供相关证据。

第二十七条　异议信息是自行采集的，征信机构应当在收到异议申请之日起20日内，按照下列规定处理：

（一）异议信息经核实确有必要更正的，应当及时予以更正，并告知异议申请人以及被征信人；

（二）异议信息经核实无须更正或者无法核实的，可以对异议信息不作修改，但应当告知异议申请人。异议信息无法核实的不得披露。

异议信息不是自行采集的，征信机构应当通知信息提供单位进行核实。信息提供单位应当在10日内作出答复。

异议信息处理期限内，该信息暂不披露和使用。

第二十八条　向征信机构提供个人信用信息的单位和个人，发现其所提供的个人信用信息错误的，应当及时书面通知征信机构。征信机构应当在接到通知后 2 日内对相关信息予以更正。

第二十九条 个人信用信息被更正的，征信机构应当给被征信人无偿提供一份更正后的个人信用报告，并及时更正根据异议信息制作的信用产品。

第三十条 征信机构在收到异议申请之日起 20 日内不作处理的，异议申请人可以申请信用管理机构对异议申请作出处理，信用管理机构应当在收到申请之日起 30 日内作出处理决定。

第六章 监督管理

第三十一条 征信机构应当将下列事项报信用管理机构备案：

（一）征信机构采集、加工、处理个人信用信息的方法、标准，以及业务操作规则；

（二）保证个人信用信息系统安全运行的规章制度；

（三）依法需要备案的其他事项。

信用管理机构应当为征信机构保守商业秘密。

第三十二条 征信机构应当通过营业场所公示等方式向社会公开下列事项，并接受社会监督：

（一）个人信用信息的采集规范和披露时限；

（二）获得个人信用报告和个人信用评估服务的方式；

（三）个人信用报告和个人信用评估服务的收费标准；

（四）异议处理程序；

（五）依法需要公开的其他事项。

第三十三条 征信机构应当在每年第一季度向信用管理机构报告上一年度的下列情况：

（一）个人信用信息采集、加工和使用情况；

（二）个人信用信息系统运行和信用信息安全保密、数据维护等相关规章制度的制定和执行情况；

（三）个人信用信息采集、查询和评估服务的情况；

（四）异议处理和答复情况。

第三十四条 征信机构发生个人信用信息系统重大运行故障、个人信用信息严重泄露等情况时，应当及时作出处理，并向信用管理机构及相关部门报告。

第三十五条 任何单位和个人认为征信机构的征信活动侵犯其合法权益，或者存在其他违法行为的，可以向信用管理机构投诉或者举报。

信用管理机构应当自受理投诉或者举报之日起 30 日内作出处理和答复。

第三十六条 征信机构发生解散、被撤销、破产等营业终止事项时，应当按照以下方式处理个人信用信息数据库：

（一）移交省信用管理机构；

（二）在省信用管理机构的监督下，转让给其他合法征信机构；

（三）在省信用管理机构的监督下销毁。

第七章 法律责任

第三十七条 征信机构违反本办法规定，有下列行为之一的，由信用管理机构责令改正，给予警告，并可处 1000 元以上 1 万元以下罚款：

（一）未及时、准确录入个人信用信息的；

（二）未向被征信人提供查询服务的；

（三）未按照第三十一条规定备案或者未按照第三十三条报告相关情况的；

（四）未按照第三十二条规定公开有关事项的。

第三十八条 征信机构违反本办法规定，有下列行为之一的，由信用管理机构责令改正，给予警告，并可处 5000 元以上 2 万元以下罚款；造成损害的，依法承担民事责任；构成犯罪的，依法追究刑事责任：

（一）采集本办法第十条规定情形以外的信息而未征得被征信人同意的；

（二）采集禁止采集的个人信息的；

（三）虚构、篡改个人信用信息，或者擅自录入禁止录入信息的；

（四）未及时处理异议信息、更正信用产品造成损失的。

第三十九条 征信机构违反本办法规定，有下列行为之一的，由信用管理机构责令改正，并可处 5000 元以上 3 万元以下罚款；造成损害的，依法承担民事责任；构成犯罪的，依法追究刑事责任：

（一）以欺骗、盗窃、胁迫、利用计算机网络侵入或者其他不正当手段采集个人信用信息的；

（二）未经被征信人同意擅自向其他单位和个人提供个人信用报告、个人信用评估报告或者披露个人信用信息的；

（三）在个人信用报告中披露或者使用有关不得披露和使用的信息的。

第四十条　行政机关、行使公共管理职能的组织及其工作人员，违反本办法规定，不提供个人信用信息、提供虚假信息或者不及时处理异议信息的，由其所在单位或者上级机关予以通报；对直接负责的主管人员和其他直接责任人员，视情节轻重，给予警告、记过、记大过的处分。

第八章　附　则

第四十一条　个人基础信用信息数据库采集信贷信息，应当遵守国家有关规定。

信贷征信机构从事个人社会征信业务，应当遵守本办法。

第四十二条　本办法自2007年11月1日起施行。

江苏省企业信用征信管理暂行办法

第一章 总 则

第一条 为了促进和规范企业信用征信，完善企业信用管理制度，营造社会信用环境，维护社会经济秩序，推进诚信江苏建设，根据有关法律、法规，结合本省实际，制定本办法。

第二条 本办法所称企业信用征信，是指企业信用征信机构（以下简称“征信机构”）通过采集、加工企业信用信息，提供关于企业信用状况的调查、评估或者评级报告等信用产品的活动。

本办法所称企业信用信息，是指企业在从事生产经营和服务活动中形成的，能够用以分析、判断企业信用状况的信息。

第三条 本办法适用于本省行政区域内企业信用信息的采集、加工、使用及其监督管理。

第四条 省人民政府信用管理机构负责对全省企业信用征信工作的指导和监督管理。设区的市人民政府信用管理机构负责本辖区内企业信用征信工作的指导和监督管理。

省、设区的市人民政府其他有关部门按照各自职责，协同做好企业信用征信工作的指导和监督管理。

第五条 企业信用征信实行特许经营。特许经营权授予办法由省信用管理机构制定，报省人民政府批准。

第六条 征信机构应当通过合法的途径采集企业信用信息，客观记录信用信息，科学、公正制作企业信用产品。

第二章 企业信用信息的采集

第七条 企业信用信息主要包括下列内容：

（一）识别信息：主要指企业名称、地址、经济类别、法定代表人，注册资金、股东情况、对外投资，经营范围、特许经营的产品等；

（二）信贷信息：主要指企业因与金融机构发生信贷关系而形成的履约信息；

（三）公共信息：主要指企业财务经营状况、纳税、质量安全、进出口、社会保险、劳动用工、薪酬支付、安全生产、环境保护、公用服务事业缴费等记录，以及行政机关、司法机关或者行使公共管理职能的组织等掌握并依法公开的且与企业信用相关的其他信息；

（四）其他与企业信用相关的信息。

第八条 省、设区的市设立公共信用信息中心，负责建立全省企业基础信用信息数据库和信息系统，对企业信用信息进行归集、处理和发布，实现政府部门信息的交换和共享，提供信息查询服务。

第九条 行政机关、司法机关、行使公共管理职能的组织、公用事业单位、行业组织应当及时、准确、完整地向公共信用信息中心提供企业信用信息，但涉及国家秘密和商业秘密的除外。

具体提供信息的范围、时间、方式、格式等，由省信用管理机构商有关信息提供单位后，报省政府确定。

企业基础信用信息数据库与其他数据库之间可以交换信息数据，使用通过交换获取的数据，应当遵守国家有关规定。

第十条 征信机构可以从公共信用信息中心获取企业信用信息。

征信机构可以自行采集企业信用信息。

禁止以欺骗、盗窃、胁迫、利用计算机网络侵入或者其他不正当手段采集企业信用信息。

征信机构应当及时对信息进行更新和维护，不得编造、篡改企业信用信息。

信息提供者应当保证所提供的信息客观、真实、准确。

第三章 企业信用信息的加工和使用

第十一条 征信机构根据企业信用信息，加工制作企业信用报告或者企业信用评估报告。

征信机构制作信用评估报告，应当以科学、合理的评估指标体系和标准为依据，保证评估结果的公正。

第十二条 征信机构提供和使用企业信用信息、企业信用报告以及企业信用评估报告，应当得到被征信企业同意。法律、法规、规章另有规定从其规定。

征信机构不得擅自向其他任何单位和个人披露企业信用信息、提供企业信用报告以及企业信用评估报告。

第十三条 征信机构提供的企业信用报告和企业信用评估报告，作为用户判断被征信企业信用状况的参考依据。

第十四条 征信机构应当根据被征信企业的要求，为其提供下列信息的查询服务：

（一）本企业信用信息及其来源；

（二）获取本企业信用报告或者信用评估报告的用户。

第十五条 企业信用征信实行有偿服务。

征信机构提供企业信用报告和企业信用评估报告的收费标准，由省价格主管部门会同省信用管理机构确定。

司法机关、行政机关在办理案件、行政管理过程中需要使用企业信用信息的，可以向征信机构无偿查询。

第十六条 鼓励企业和其他组织在项目合作开发、商业投资、商务采购、经营决策等活动中使用信用产品，查验对方的信用状况。

第十七条 行政机关、行政事务执行机构以及其他承担公共管理职能的组织在政府采购、公共财政项目招标、工程（设备）项目招投标、资格资质认定等活动中，应当要求行政相对人提供信用产品。

第十八条 征信机构应当建立严格的管理制度，采取必要的技术措施，保证企业信用信息系统的运行安全和信息安全。

第十九条 征信机构在征信活动中，对涉及商业秘密的企业信用信息负有保密义务，不得向任何单位和个人提供，但法律、法规另有规定或者被征信企业同意提供的除外。

征信机构在信息的采集、信用产品的制作过程中，发现对国家利益和公共安全有影响的重大信息，应当采取相应的保密措施，并及时向信用管理机构和有关部门报告。

第二十条 征信机构与被征信企业存在资产关联或者其他利害关系，可能影响征信活动公正性的，征信机构不得提供有关该企业信用状况的信用产品。

第四章 异议信息的处理

第二十一条 被征信企业或者用户认为企业信用信息有错误的，可以向征信机构书面提出异议申请，要求予以更正。

异议申请人应当就异议内容提供相关证据。

第二十二条 异议信息是自行采集的，征信机构应当在收到异议申请之日起20日内，按照下列规定处理：

（一）异议信息经核实确有必要更正的，应当及时予以更正，并告知异议申请人以及被征信企业；

（二）异议信息经核实无须更正或者无法核实的，可以对异议信息不作修改，但应当告知异议申请人。异议信息无法核实的不得披露。

异议信息不是自行采集的，征信机构应当通知信息提供单位进行核实。信息提供单位应当在10日内作出答复。

异议信息处理期限内，该信息暂不披露和使用。

第二十三条 企业信用信息提供单位和个人发现其所提供的企业信用信息错误的，应当及时书面通知征信机构。征信机构应当在接到通知后2日内对相关信息予以更正。

第二十四条 企业信用信息被更正的，征信机构应当无偿向被征信企业提供一份更正后的企业信用报告，并及时更正根据异议信息制作的信用产品。

第二十五条 征信机构在收到异议申请之日起20日内不作处理的，异议申请人可以申请信用管理机构对异议申请作出处理，信用管理机构应当在收到申请之日起30日内作出处理决定。

第五章 监督管理

第二十六条 征信机构应当将下列事项报信用管理机构备案：

（一）征信机构对企业信用信息的采集、加工和使用的方法、标准，以及业务操作规则；

（二）保证企业信用信息系统安全运行的规章制度；

（三）依法需要备案的其他事项。

信用管理机构应当为征信机构保守商业秘密。

第二十七条 征信机构应当通过营业场所公示等方式向社会公开下列事项，并接受社会监督：

（一）企业信用信息的采集规范和披露时限；

（二）获得企业信用报告和企业信用评估服务的方式；

（三）企业信用报告和企业信用评估服务的收费标准；

（四）异议处理程序；

（五）依法需要公开的其他事项。

第二十八条 征信机构应当在每年第一季度，将上一年度企业信用征信业务开展情况和本年度企业信用征信业务调整情况，向信用管理机构报告。

第二十九条 征信机构发生企业信用信息系统重大运行故障、信用信息严重泄露等情况时，应当及时作出处理，并向信用管理机构及相关部门报告。

第三十条 鼓励信用服务行业组织制定并推行行业规范，为会员提供业务指导和服务，发挥行业自律作用。

第三十一条 信用管理机构可以会同信用服务行业组织建立信用产品使用情况反馈机制，了解市场对征信机构和征信活动的评价和需求，引导信用服务行业发展。

第三十二条 征信机构发生解散、被撤销、破产等营业终止事项时，应当按照以下方式处理企业信用信息数据库：

（一）移交省信用管理机构；

（二）在省信用管理机构的监督下，转让给其他合法征信机构；

（三）在省信用管理机构的监督下销毁。

第六章 法律责任

第三十三条 征信机构违反本办法规定，有下列行为之一的，由信用管理机构责令改正，给予警告，并可处1000元以上1万元以下罚款：

（一）未及时、准确录入企业信用信息的；

（二）未向被征信企业提供查询服务的；

（三）未按照第二十六条规定备案或者未按照第二十八条报告相关情况的；

（四）未按照本办法第二十七条规定公开有关事项的。

第三十四条 征信机构违反本办法规定，虚构、篡改企业信用信息或者未按照规定处理异议信息的，由信用管理机构责令改正，给予警告，并可处5000元以上2万元以下罚款；造成损害的，依法承担民事责任；构成犯罪的，依法追究刑事责任。

第三十五条 征信机构违反本办法规定，有下列行为之一的，由信用管理机构责令改正，并可处5000元以上3万元以下罚款；造成损害的，依法承担民事责任；构成犯罪的，依法追究刑事责任：

（一）以欺骗、盗窃、胁迫、利用计算机网络侵入或者其他不正当手段采集企业信用信息的；

（二）擅自向其他单位或者个人提供企业信用报告、企业信用评估报告或者披露企业信用信息；

（三）在征信活动中泄露被征信企业的商业秘密。

第三十六条 行政机关、行使公共管理职能的组织及其工作人员，违反本办法规定，不提供企业信用信息、提供虚假信息或者不及时处理异议信息，造成企业损失的，由其所在单位或者上级机关予以通报；对直接负责的主管人员和其他直接责任人员，视情节轻重给予警告、记过、记大过的处分。

第七章 附 则

第三十七条 企业基础信用信息数据库收集信贷信息，应当遵守国家有关规定。

信贷征信机构从事企业社会征信活动，应当遵守本办法。

第三十八条 本办法自2007年11月1日起施行。

省政府办公厅转发省建设厅关于推进数字化城市管理工作意见的通知

（苏政办发［2007］57号）

各市、县人民政府，省各委、办、厅、局，省各直属单位：

省建设厅《关于推进数字化城市管理工作的意见》已经省人民政府同意，现转发给你们，请认真组织实施。

二〇〇七年五月十七日

关于推进数字化城市管理工作的意见

数字化城市管理，是应用现代技术手段建立统一的城市管理基础信息平台，充分利用信息资源，实现精确、高效、协同管理的新型城市管理模式。推进数字化城市管理，对于提高城市管理效率和服务水平，具有重要的意义和作用。为提升我省城市管理现代化水平，根据建设部关于推进数字化城市管理模式的要求，结合江苏实际，现就我省推进数字化城市管理工作提出如下意见。

一、充分认识推进数字化城市管理工作的重要意义

城市管理工作直接关系到社会公共利益和人民群众切身利益，关系到城市经济社会的快速发展，是构建社会主义和谐社会的基础性工作。随着我省城市化进程的加快，迫切需要学习借鉴国际国内先进经验，综合运用法律、行政、经济等各种手段和现代科学技术，不断推进城市管理现代化。近年来，全省各地在创新城市管理理念、管理体制、管理手段、管理方法等方面进行了有益探索，取得了积极成效。但目前城市管理中还不同程度地存在信息滞后、管理粗放、资源分散等问题，影响了城市管理水平的提高。推进数字化城市管理模式，是提高城市现代化水平的客观需要，也是在城市管理领域贯彻落实科学发展观的具体体现。积极运用现代科技手段，把信息技术与城市管理相结合，推广应用数字化城市管理模式，实现城市管理由滞后向实时、由粗放到精确、由低效到高效、由被动向主动的转变，可以有效提高城市管理效率和服务水平，降低管理成本，方便人民群众，推进城市管理现代化。各地各有关部门要充分认识推广应用数字化城市管理的重要意义，从解决城市管理中的“热点”、“难点”入手，有效整合和充分运用城市信息资源，研究推广适应当地实际的数字化管理模式，努力提高城市管理水平，改善公共服务质量，为人民群众创造安居乐业的社会环境，促进社会主义和谐社会建设。

二、推进数字化城市管理工作的指导思想、目标任务和基本原则

（一）指导思想。坚持以“三个代表”重要思想为指导，树立和落实科学发展观，从增强政府社会管理和公共服务职能出发，不断创新城市管理体制机制和方式方法，理顺城市管理部门职责，整合各类城市管理资源，应用现代信息科技手段，建立政府监督指挥、部门协调运作、市民广泛参与，各有关方面各司其职、各尽其能、相互配合的城市管理新格局。

（二）目标任务。到2007年底，全省各城市完成数字化城市管理工作实施方案制定任务。到2008年底，苏南各省辖市和县级市以及苏中省辖市建成数字化城市管理平台，到2009年底，苏北省辖市和苏中苏北有条件的县级市建成数字化城市管理平台。力争到“十一五”期末，全省各城市基本实现数字化城市管理，形成分工明确、责任到位、沟通快捷、反应快速、处置及时、运转高效的城市管理模式。

（三）基本原则。

统一标准。按照建设部有关行业标准，采用“万米单元网格管理法”和“城市部件管理法”相结合的方式，综合利用GPS（全球卫星定位）等多种信息技术，统一信息系统建设、单元网格划分与编码、城市管理部件和事件分类与编码、地理编码制定，提高数字化城市管理系统的兼容性、开放性、可靠性和安全性。

整合资源。本着节俭、务实、高效的原则，充分利用现有城市管理资源，对人员、设备和信息资源进行有效整合，建立信息资源共享的网络系统，提高城市管理效能，避免重复投资建设。

因地制宜。结合各城市实际，加强研究分析，科学制定实施方案，突出系统的科学性、实用性，注重创新、注重实效，降低运行成本，提高资金使用效益，避免生搬硬套。

信息共享。采用成熟可靠的技术，建立健全数字化城市管理系统，并与城市其他监管系统相互衔接，实现技术数据共享、相互移植。系统预留接口，方便升级换代。

三、推进数字化城市管理工作的主要措施

（一）制定实施方案。各地要围绕实现城市管理的信息化、标准化、精细化、动态化，结合特大城市、大城市、中小城市的特点，学习借鉴国际先进经验和省内外试点城市成功经验，因地制宜制定本地区推行数字化城市管理实施方案。要合理确定实施数字化城市管理的构架模式、网络建设内容和方法步骤，突出系统的科学性和实用性，在解决城市管理“热点”、“难点”问题方面实现突破。在2007年底前，各城市要完成数字化城市管理工作实施方案制定工作，经省建设厅组织论证后，报当地人民政府批准实施。

（二）认真做好基础信息数据采集和管理工作。各地要依照建设部有关标准规范，建立完善数字化城市管理数据库。在积极整合城市各类信息资源的基础上，扎实做好前期基础工作，认真采集、分析、整理单元网格、城市管理部件、空间地理、地理编码、系统运行等方面的数据，满足数字城管信息系统的运行需要。同时，适应提高管理水平和拓展管理范围的需要，注重城市管理系统的兼容性和扩展性，为各行政区域之间的系统联预留接口，为系统升级换代预留发展空间。

（三）创新数字化城市管理模式。积极创新城市管理体制和管理办法，合理构建城市数字化城市管理指挥和监督管理体系。按照属地管理原则，建立覆盖各区、街道（镇）、社区的数字化网络系统，加快推进城市管理重心下移，建立起政府监督指挥、部门协调运作、市民广泛参与的城市管理新格局。进一步整合城市管理资源，建立信息资源共享的网络系统，统一形成快捷高效的联动和互动服务方式，提高城市运行管理数据的处理能力，拓宽服务领域，更好地为人民群众服务，有效提高城市管理效能。

（四）建立健全综合监督考评体系。结合各地经济社会发展实际，深化城市管理体制改革，进一步理顺城市管理体制，合理改善管理职能，调整落实机构、人员和经费保障，构建数字化城市管理新体制。着力强化城市管理相关部门之间、条块之间的相互配合、协调和衔接，建立健全数字化城市管理的综合监督考核评价体系，从区域评价、部门评价和岗位评价等方面，实现对各区、街道及专业管理部门工作绩效的综合考核评价，提高城市管理的科学化和规范化水平。积极引入社会评价，强化社会大众参与度。

（五）提高发现问题和处置问题的能力。充分发挥数字化城市管理系统工作效能，加强城市管理监督员、信息员队伍建设，合理装备新技术、新装备，强化操作培训与实践指导，尽快掌握数字化技术、标准、规范和工作方法，全面提高业务素质，增强发现问题、解决问题的能力。推动数字化城市管理工作从定时管理向全天候管理拓展，从静态管理向动态管理拓展，确保城市运行中的问题能及时发现、及时处理、及时解决，并增强应对突发事件的能力。

四、切实提高推进数字化城市管理的组织领导水平

（一）加强领导，科学实施。加强城市管理，是城市人民政府履行社会管理和公共服务职能的一项重要任务。数字化城市管理业务范围广、涉及部门多、工程投入大、技术要求高，是一项系统工程。各级政府要把推进数字化城市管理摆上重要议事日程，成立由政府分管领导牵头负责、相关部门负责同志参加的组织协调机构，加强指导、协调和监管。要认真组织制定数字化城市管理工作实施方案，多方论证，确保方案的针对性、有效性和可操作性。要明确数字化城市管理工作的牵头单位，落实各相关部门的职责分工，把组织机构、制度建设和技术保障等落实到位，确保数字化城市管理工作顺利推进。

（二）规范管理，创新机制。各级政府要以监督评价为核心，整合行政资源，优化机构设置，着力推动管理体制机制创新，理顺涉及城市管理部门的职能，建立起部门间相互配合、条块间相互结合、综合管理与专业管理相互补充的数字化城市管理新机制。各有关部门要积极支持配合，将涉及规划、市容环境卫生、市政设施、环境保护、园林绿化、城市河道、静态交通和侵占道路等城市管理要素，以及与群众日常生活密切相关的城市运行问题纳入数字化城市管理系统，实施统筹监管。对现有的电子政务、交通管理监控系统、城市管理监控系统、公用事业监控系统、市政公用12319系统、城市地理信息系统等信息资源，要积极进行整合，建立信息资源共享的网络系统，有效提高城市管理效能。

（三）以人为本，公众参与。通过推进数字化城市管理，强化城市管理为城市经济社会发展服务、为人民群众服务理念，全面提升公共服务能力。运用新型监督管理方式，坚持以人为本，将体制创新与技术创新有机结合起来，充分发挥政府各部门和社会各界参与城市管理的工作积极性。切实加强城市管理行政执法队伍和监督员队伍建设，着力提高发现、处置和解决问题的能力。逐步将政风热线、市长信箱等内容纳入到数字化城市管理系统当中，努力把城市管理的日常性问题解决在萌芽状态，让城市管理的工作成效接受社会评判，实现执法、监督与群众参与的良性互动，促进社会和谐稳定。

（四）因地制宜，规范实施。开展数字化城市管理工作的城市，要立足日常管理，突破传统城市管理模式的束缚，积极稳妥地做好数字化城市管理模式的前期规划与方案论证工作。城市化水平较高、城市信息管理系统基础较好的城市，要借鉴学习国际先进经验和省内外试点城市成功经验，积极应用与推广数字化城市管理新模式。中小城市可依照扬州市“一级监督、两级指挥、三级管理、四级网络”的运作模式，整体推进，分步实施。

（五）立足长效，有序推进。各级政府要明确发展目标，积极探索建立数字化城市管理的长效机制。加强电子政务和城市管理信息化建设，以信息化推进数字化，逐步构建多元性、全程性、综合性、可控性的城市管理框架。按照“统一领导、分级负责、条块结合、以块为主”的要求，逐步将数字化网络终端延伸到街道、社区，实现城市管理重心下移，推进“城管进社区”，充分发挥城市基层组织在城市管理中的作用，夯实长效管理基础，形成统一规划、上下联动、整体推进的局面，有序推广数字化城市管理工作，促进全省城市管理工作迈上新台阶。

关于印发《关于加快我省增值电信业务发展的指导意见》的通知

（苏通联［2007］2号）

江苏省电信有限公司、中国移动通信集团江苏有限公司、中国联通有限公司江苏分公司、中国网络通信集团公司江苏省分公司、中国铁通集团有限公司江苏分公司、中国卫星通信集团公司江苏省分公司，省内各增值电信业务经营单位，各市工商行政管理局：

为深入贯彻落实科学发展观，推进和谐电信行业建设，促进我省增值电信业又好又快发展，现将《关于加快我省增值电信业务发展的指导意见》印发给你们，请各单位认真遵照执行。

二〇〇七年一月二十九日

关于加快我省增值电信业务发展的指导意见

近年来，国际国内电信业正发生着深刻变化，传统电信业务的内涵和外延不断扩大，电信服务业向信息服务大行业转变的进程不断加快，增值电信业务正日益成为颇具发展潜力的新亮点，成为电信行业转变增长方式、实现可持续发展和电信企业转型的一大动力。增值电信业务发展的好坏，将在很大程度上影响整个电信行业发展的未来。

我省增值电信业务在“十五”期末有了较快的发展。2005年增值电信业务全年收入4.1亿元，截止到2006年三季度末，全省经营增值电信业务单位达到591家，涉及业务种类从以往的声讯、寻呼等发展到以信息服务业务为主，呼叫中心、因特网接入服务、因特网数据中心等多业务不断出现的局面。

在增值电信业务实现较快发展的同时，我们也要清醒地看到，我省增值电信业务的发展较之全国的情况，仍然存在较大差距。我省增值电信业务经营单位数量仅占全国增值电信业务经营单位总数的3%，业务收入仅占全国增值电信业务收入的0.7%，远落后于东部地区发达省市，与我省经济发展水平和地位很不相称，与我省“两个率先”的目标很不适应。当前，我省电信业已进入率先发展科学发展和谐发展的新时期，必须充分认识新形势下加快增值电信业务发展的重要意义，进一步解放思想，更新观念，大力促进我省增值电信业务发展再上一个新台阶。为此，提出如下意见：

（一）指导思想

坚持以“三个代表”重要思想和科学发展观为指导，按照省委省政府提出的江苏实现“两个率先”的要求和加快发展现代服务业的意见，通过政策引导、鼓励发展，推动增值电信业务向高层次、高价值的信息服务市场延伸，形成产业链完善、市场竞争有序、经济效益显著、基础电信业务和增值电信业务共同发展的新格局。

（二）基本原则

——两轮驱动。基础电信业务的发展是增值电信业务发展的基础和支撑，增值电信业务发展又为基础电信业务发展创造了条件，两者相互依存、互为促进。

——三力合一。既要发挥好政府的引导作用，又要充分发挥企业的主体作用，发挥市场配置资源的基础性作用，坚持政府引导力、企业主体力和市场基础力“三力合一”。

——突出特色。坚持有所为有所不为，选择符合地域、企业实际的发展路径，加快创新步伐，开展差异化竞争。

——规范发展。正确处理好规范和发展的关系，做到在发展中规范，以规范促发展。

（三）发展目标和重点

到2010年，全省增值电信业务经营单位力争超过2000家，业务收入突破20亿元，增值电信业务规模和数量跻身全国前列，形成20个以上在全国有影响力的增值电信业务经营单位和20个以上全国较知名的业务品牌。并着力抓好以下重点工作：

——产业链进一步形成。增值电信业务经营者与基础电信业务经营者及相关设备制造商形成既竞争又合作、相互依存、互利互惠、共同发展的良性产业链关系，实现技术开发、业务创新与市场需求协调发展。

——企业综合实力进一步增强。省内增值电信业务经营者综合竞争力明显增强，涌现一批全国知名的企业和品牌，省内增值电信业务经营者跨省经营的比重进一步提高。

——区域间差距进一步缩小。以南京、苏州等重点城市带动周边地区增值业务发展，有地区特色的增值业务在地市普遍开展，实现全省增值电信市场协调发展。

——市场竞争秩序进一步改善。企业自觉遵守国家法律法规开展业务，无证经营、超范围经营、违规操作、价格欺诈等非法经营行为得以遏制。

（四）进一步完善市场准入措施

1．适当降低市场准入门槛。按照“积极发展，规范管理”的要求，根据苏南、苏中、苏北的经济发展水平，实行分类细化的管理政策，对成长性较好的业务可适当降低准入门槛。支持、鼓励企业对新技术、新业务大胆尝试、勇于创新。

2．改善增值电信业务许可申请办理条件。省通信管理局要努力为增值电信业务经营单位做好服务工作，增加行政许可受理室台席、人员，简化审批环节；逐步建设、完善网上码号申请、网上许可证申请、网上许可证备案、网上许可证年检等电子政务功能，结合网上申诉、网上举报等渠道建设，打造网上政务平台，做到政务公开、行政规范、便民高效。

3．加强与前置审批部门的沟通协调。由省通信管理负责协调省政府各前置审批部门之间业务联系，建立联络员制度。在省通信行业协会设立前置审批项目代办点，除新闻类前置审批项目外，对需要办理出版、教育、医疗保健、药品和医疗器械、网络游戏、视听等前置审批项目的，均可以委托代办点办理。

（五）充分发挥基础电信运营企业的主导作用

1．切实转变观念。基础电信运营企业作为电信产业链中最重要的一环，掌握着增值电信业务发展的命脉，合作共赢将促进增值电信业务的快速发展，垄断将扼制增值电信业务的健康发展。在加快增值电信业务发展的过程中，基础电信运营企业应转变观念，妥善处理好以下四个关系：大企业与小企业之间的关系；合作与竞争之间的关系；主营业务与增值业务之间的关系；管理和帮扶之间的关系。

2．开放网间业务。我省各基础电信运营企业除必须确保电话网和互联网网间互联互通的畅通外，还应建立顺畅的网间增值业务的开放协作机制，实现网间业务的互通共享。各基础电信运营企业应本着合作共赢的理念，积极主动协商解决网间业务结算问题，妥善处理矛盾纠纷，保证网间业务质量，为增值业务跨网开放提供良好的基础网络环境。

3．实行价格扶持。基础电信运营企业要从电信行业发展大局和整体利益出发，主动让利于增值电信企业，降低接入门槛，以最优惠价格扶持增值电信企业，要将大部分利润让给增值电信企业，实现双方长远的共同合作与发展。对竞争性业务和非竞争性业务、省外企业和省内企业、大企业和小企业均享受同等待遇，不得歧视和限制。原则上，增值电信企业互联网及电路专线接入（租用）费用不高于网吧且不高于周围省份同类业务接入费用，不得大幅度涨价；在利润分成上，增值电信企业所得利润占比应不低于周围省份同类业务的平均水平。

4．切实改善服务。基础电信运营企业要避免将不合理的要求强加给增值电信企业，排他性的合作条款一律应予纠正。加强与增值电信企业的紧密联系，建立良好的互动关系，对增值电信企业的合理诉求，要认真关注、积极回应。要及时将政策规定、市场信息和技术发展信息反馈给增值电信企业，引导他们分析市场及客户需求，不断推动增值电信业务向个性化、多样化、高层次、高价值信息服务方向拓展。

5．实行目标管理责任制。为确保我省增值电信业务发展目标按期实现，各企业应积极采取措施，将各项工作落到实处。应结合“十一五”规划的落实，制定增值电信业务发展具体实施和考核办法，明确各项考核指标，将其纳入企业总体考核指标体系，实行目标管理责任制。各企业要加强对全省分支机构的监督检查和分类指导，注意总结和推广好的做法和经验，统筹规划，合理布局，实现全省增值电信业务的协调发展。

（六）进一步发挥行业协会桥梁和纽带作用

1．成立通信行业协会增值电信业务专业委员会。通过在省、市通信行业协会成立增值电信业务专业委员会，使增值电信业务经营单位发展有依靠，合法权益有保障，沟通交流有渠道，使合理诉求能及时得以解决。目前尚不具备条件成立专业委员会的，通信行业协会应有专人负责联系增值电信业务经营单位。

2．设置许可证申请材料代办点。为便于南京以外的地市申办经营许可，省通信管理局将委托地市通信行业协会在南京以外的12个地市设置增值电信业务经营许可证申请材料代办点，负责当地增值电信业务许可证申请材料代办及初审工作，省通信管理局负责组织对代办人员的培训并发放代理证书。

3．建立顺畅沟通协调机制。在省通信管理局等部门的指导下，每年召开增值电信业务发展座谈会，以推动增值电信业务发展与管理的正常化、规范化。在市场准入代理、市场调研、信息和技术交流、与基础电信运营企业沟通衔接等各方面，省通信行业协会、各地市通信行业协会充分发挥自身优势和特点，提供一整套服务并制度化。

（七）进一步加大政策扶持和政府引导力度

1．加强对增值电信业务发展的组织领导。推动成立促进江苏增值电信业务发展领导小组，省发改委、省经贸委、省通信管理局、省工商局、省版权局等部门作为领导小组的成员单位，在省委、省政府的统一领导下，分工协作、密切配合，对江苏增值电信业务的发展进行统筹安排和统一领导。

2．积极推动落实相关优惠政策。省通信管理局、省工商局将就我省增值电信业务发展问题专题向省委、省政府汇报，协调省政府各职能部门，在增值电信企业落实省委、省政府2005年颁发的《关于加快发展现代服务业的若干政策》（苏发［2005］17号）文件中有关扶持服务业的税收优惠、规费减免、财政支持、价格扶持、人才引进、改革开放等优惠政策。认真落实《江苏省中小企业促进条例》的有关规定，鼓励中小高新技术企业在增值电信领域投资创业，为我省增值电信市场不断增添生机与活力。

3．及时发布市场信息，引导市场健康发展。加强对增值电信市场日常动态信息的采集和突发、热点问题的调研。及时分析、掌握市场发展与竞争等运行信息，定期发布增值电信市场发展白皮书，或定期发布有关电信市场快报，使更多的信息更快更透明地公布，以利于市场投资，避免增值电信市场竞争的盲目性，引导投资者理性入市。

4．建立新技术、新业务的评选、奖励和推广机制。我省增值电信业务的发展，必须紧跟世界新技术、新业务发展潮流，不断拓展新的增长领域，实现新的增长模式。要鼓励新技术、新业务的推广应用，争取省级服务业发展引导资金的立项和支持，用于影响大、带动作用强、具有示范效应的重点增值电信企业和重点业务品牌的贴息或补助。每年评选若干个在全国具有领先水平的新技术、新业务单位和项目，并大胆地试验和推广。力争在三年内使我省增值电信新技术、新业务的规模和种类走在全国前列，创建一批具有国内先进水准的增值电信企业和业务品牌。

5．加强内外交流。要采取措施，鼓励有实力的外省增值电信服务企业到江苏来发展，鼓励省内增值电信企业与省外单位加强技术和业务合作。组织经常性的业务和技术交流，举办各类新技术、新业务讲座。通信行业协会可组织企业代表到省外或国外考察先进技术和业务，借鉴先进发展经验，结合自身实际，有选择地加以运用，促进业务创新、管理创新和企业发展。

（八）加大对增值电信市场的监管力度

1．加强宣传教育。省通信管理局将有选择地编印行政执法案例、有关政策规定及教育材料，下发到各增值电信业务经营单位进行学习教育。通信行业协会和增值电信业务专业委员会，应大力倡导诚信行业品牌建设，经常性地组织当地增值电信企业学习国家政策和法规，提高守法经营意识和自觉性，倡导诚信经营，守法自律。

2．加强知识产权管理。省通信管理局和省版权行政管理部门将积极创造条件，为增值电信企业与相关著作权权利人提供合法使用著作权的交流平台，建立与作品权利人长期合作关系，从源头上解决网络作品版权问题，促进江苏增值电信业务的持续健康发展。

3．查处违法违规行为。要加强对增值电信市场的监管，完善并改进增值电信业务经营单位的工商营业执照和和电信业务经营许可证的年检工作。建立健全违法违规行为举报渠道。通信管理部门、工商行政管理部门应会同工商、公安、版权行政管理等部门，重点打击无证经营、超范围经营等非法经营行为，营造公平、健康、有序的增值电信业务发展环境。

4．强化机制建设，实现长效管理。逐步建立、完善增值电信市场预警机制、市场退出机制，加强增值电信业务管理平台建设，加强管理机构、管理队伍建设，充实管理力量。加强各主管部门的横向联系，加强与企业的纵向沟通，通过政府相关部门、基础电信运营企业之间信息资源的整合，实现各机构的企业信用信息的衔接，建立监管部门和基础电信运营企业间的信誉共享机制，并区分增值电信业务经营单位的不同情况，有针对性地采取管理措施。引导基础电信运营企业优先和守信企业合作，鼓励扶植这些企业做大做强。通过管理机制的逐步完善，实现对增值电信市场的长效管理。

关于印发《关于推进社会主义新农村通信和信息化建设工作的意见》的通知

江苏省电信有限公司、中国移动通信集团江苏有限公司、中国联通有限公司江苏分公司、中国网络通信集团公司江苏省分公司、中国铁通集团有限公司江苏分公司、中国卫星通信集团公司江苏省分公司：

现将《关于推进社会主义新农村通信和信息化建设工作的意见》印发给你们，请结合实际，认真贯彻执行。

江苏省通信管理局办公室

二〇〇七年一月八日

关于推进社会主义新农村通信和信息化建设工作的意见

建设社会主义新农村是我省“两个率先”进程中的重大历史任务。电信业作为国民经济的基础产业、支柱产业、先导产业，必须从战略和全局的高度出发，大力推进农村通信和信息化建设，促进农村经济社会发展，为社会主义新农村建设作出积极的贡献。为此，提出以下意见：

一、充分认识电信业参与和服务社会主义新农村建设的重大意义

（一）参与和服务社会主义新农村建设是电信行业的重要责任

建设社会主义新农村是一项庞大的系统工程，需要各方面力量广泛参与。电信业科技含量高、发展速度快、渗透力和带动力强，在加强农村基础设施建设、加快农村社会事业发展、提高农民整体素质、加强农村民主政治建设以及改进党的建设等方面，具有十分重要的支撑服务作用。全行业必须进一步增强做好工作的自觉性和主动性，充分利用电信技术、电信网络、电信服务的优势改造和提升传统农业，积极支持、参与和推进社会主义新农村建设，推动农业和农村全面协调可持续发展。

（二）社会主义新农村建设为电信业发展开辟了广阔空间

从构建和谐行业的角度看，城乡通信发展不协调是影响行业和谐发展的重要因素之一。从增长空间来看，在城市通信发展平稳甚至饱和的条件下，农村市场必然成为行业发展的一个新的增长点。从现实情况看，全省农村和广大农民对电信技术、网络和产品的需求十分旺盛，部分地区在电信技术应用方面取得了长足的进展，成效比较明显。各电信运营企业要进一步统一思想，提高认识，结合自身特点，加强组织、协调和服务，加大推进农业和农村信息化的力度，切实把各项任务落到实处。

二、指导思想和基本原则

（一）指导思想

以科学发展观为指导，围绕建设社会主义新农村的目标，采取有效措施，加快农村通信基础设施建设，大力发展各类适农电信业务，加强信息通信技术在农业、农村的广泛应用，改造提升传统农业，让农民共享电信行业发展的成果，逐步缩小和消除“数字鸿沟”，为全面达小康、建设新江苏贡献力量。

(二) 基本原则

1. 坚持政府牵头、企业共建。充分发挥行业主管部门统揽全局的作用，营造有利于农村通信发展的政策环境。协同各级政府和涉农部门实现农村信息资源共享，共同服务于农村信息化建设。强化电信企业在新农村通信建设中的战略定位，积极开拓农村市场，推动农村信息化水平的提高。

2. 坚持整体推进、分类指导。结合苏南、苏中、苏北不同地域农业产业特点和企业自身网络以及技术优势，实事求是地确定目标任务，突出特色，实现有限的通信资源在农村通信发展中的合理配置。

3. 坚持典型示范、循序渐进。充分发挥典型引路和示范带动作用，以点带面，稳步推进。突出解决重点、热点和难点问题，增强工作的针对性和实效性，确保让农民群众真正受益。

4. 坚持统筹规划、协调发展。不仅要改善农村通信基础设施条件，建设覆盖广阔、通信质量良好的网络，还要基于网络，开发和推广各种新业务应用，让农村地区的人们享受公平的信息资源，更要搞好农村通信配套服务，确保农民能够利用通信手段增收致富。

三、工作目标和工作重点

(一) 工作目标

在2006年底率先实现自然村“村村通电话”的基础上，增加已通电话村的农民用户装机数量，满足电信网到达地区的广大农民装电话的需求，提高农村电话普及率；完善和丰富服务手段，到2008年底前，实现行政村“村村通宽带、家家能上网”，农村信息化综合服务平台建设和信息化应用取得明显进展；到“十一五”末，农村通信基础设施更加完善，信息化应用成效更加明显，农村电信用户更加满意，努力使江苏电信业在推进农村通信和信息化建设方面走在全国前列。

(二) 工作重点

1. 提高农村电话普及率。要巩固自然村“村村通电话”成果，进一步加大农村市场开拓力度，根据不同区域特点采取灵活的资费政策激励农民通信消费需求，不断提高农村电话覆盖率和使用率，促进农村地区电话用户的持续增长。

2. 推进行政村通宽带。坚持“光进铜退”等发展战略，扎实推进农村宽带基础设施建设，保证政府、重要企事业单位、农村基层组织等的宽带接入能力，在全国率先实现行政村“村村通宽带、家家能上网”。

3. 建设农村信息化公共服务平台。各电信运营企业要发挥自身网络、技术、业务、人才等优势，积极参与建设技术领先、形式多样、主体多元、信息共享、适合“三农”的信息化公共平台。针对各级政府和涉农部门的信息化应用需求，加强平台内各种涉农信息化项目的开发和建设。

4. 提高农业和农村信息化应用水平。协同科技、农业等部门以及各种社会力量，开发适农信息资源，加大应用信息通信技术改造提升传统农业的力度。积极发展面向“三农”的信息服务业，打造基础运营商、设备制造商、内容提供商合作共赢的价值链，不断提高农村信息化应用程度，促进农村通信向较高层次发展。

四、政策和措施

(一) 建立联合推进机制

加强沟通协调，促进资源共享，形成涉农部门、电信部门共同推进的协作机制。开展建设“宽带数字县”、“宽带数字市”活动，调动地方政府争先建设宽带乡镇和宽带村的积极性。争取将农村通信和信息化工程列入当地政府“民心工程”，并纳入当地经济和社会发展规划。

(二) 加强组织领导

成立由相关部门以及电信运营企业组成的农村通信和信息化建设领导小组，协调解决农村通信发展中的重大问题；小组下设办公室，落实具体工作。各电信运营企业要成立相应工作机构，采取有效措施，推动该项工作深入开展。

(三) 争取政策倾斜

协调地方政府加大支持力度，促进政策的集成和资金的整合，提高电信运营企业投资的积极性。充分利用频率、码号和网络等资源，满足农业和农村信息化的需要。

(四) 健全工作机制

建立推进新农村建设工作评价体系和激励机制，把新农村通信建设工作成效、政策措施落实情况作为考核运营企业领导班子的一项重要内容。各电信运营企业要结合实际制定推进社会主义新农村建设工作方案，明确目标和任务，在人力、物力、财力等方面统筹安排，有计划有步骤地推进各项工作的开展。

（五）推出优惠方案

研究制定向农村倾斜的业务和资费政策，鼓励电信运营企业实施优惠的销售策略，支持设备厂商开发适应农村特点的实用终端，降低农民信息应用成本，保证农民“用得上、用得起、通得好”。

（六）抓好试点示范

坚持“抓两头、带中间”，即抓好“千村示范”工程和“千村万户帮扶”工程，带动全省农村信息化建设整体水平提高。建设100个“信息示范村”，在此基础上建设1000个“信息村”。结合省委省政府的“千村万户帮扶”工作，开展村村帮扶，1000个信息村带动1011个贫困村的信息化建设，进而推动全省农村信息化建设。

（七）加大宣传力度

通过新闻报道、展览展示等形式，宣传电信业在社会主义新农村建设中的重要地位和作用，展示信息化助农惠农的新成果，努力形成全社会关心和支持农业和农村信息化的良好氛围。

在全国电子文件中心建设经验交流会上的讲话

中共江苏省委常委、秘书长 李云峰

首先，我代表江苏省委、省政府，对国家档案局、国务院信息办领导同志，各省、自治区、直辖市和副省级市档案部门领导同志，以及中央新闻媒体的同志来到江苏，表示热烈的欢迎，对全国电子文件中心建设经验交流会的召开表示热烈的祝贺。国家档案局将全国电子文件中心建设经验交流会议放在江苏召开，对我省档案工作，对电子政务建设是一个有力的促进，同时也为我们学习全国各地的经验提供了很好的机会，在此，对大家前来我省检查指导工作表示衷心的感谢！

大家从全国各地而来，借此机会，我简要介绍一下江苏的情况。江苏现设13个省辖市、106个县（市、区），总面积10.26万平方千米，占全国总面积的1.06%，人口7400万，占全国的5.76%，人均国土面积在全国各省区中最少。江苏跨江濒海，平原辽阔，水网密布，湖泊众多，海岸线954千米，长江横穿东西425千米，京杭大运河纵贯南北718千米，是我国开发历史较早的地区之一，也是我国近代民族工业的发祥地之一。在社会主义现代化进程中，党中央对江苏寄予厚望。根据党的十六大精神和江泽民同志、胡锦涛同志前后两任总书记对江苏的发展定位，省委提出了江苏“率先全面建成小康社会，率先基本实现现代化”的目标任务、时序进程和工作举措，并在全国率先制订了省级全面建设小康社会4大类18项25条综合指标体系。在党中央的正确领导下，我们高举邓小平理论和“三个代表”重要思想伟大旗帜，全面贯彻落实科学发展观和构建社会主义和谐社会的重大战略思想，坚持又好又快推进“两个率先”，使“十五”时期成为江苏发展史上又一个综合实力提升最快、城乡面貌变化最大、社会建设成效最好、人民群众得益最多的时期。在这个基础上，2006年又实现了“十一五”发展的良好开局。经济保持稳定快速增长，实现地区生产总值21548亿元，增长14.9%，人均生产总值超过3500美元，财政总收入五年增长2倍，去年达到3936亿元（不含海关税收等612.3亿元）；科教实力位于全国前列，自主创新能力不断增强，高新技术产业产值突破万亿元，电子信息产业上升为制造业第一大产业；基础设施体系日趋完善，高速公路通车里程3355千米，密度居全国各省之首；富民进程明显加快，全省城镇居民人均可支配收入14084元，农民人均纯收入5813元，分别增长14.3%和10.2%；对外开放提升到新水平，实际外商直接投资2003年以来一直居全国首位，国资、民资、外资“三足鼎立”的格局基本形成，销售收入超百亿元的民营企业总数位居全国第一；城乡面貌发生显著变化，城市化和城市现代化快速推进，城市化率50.5%，全国百强县前十强中江苏占有7席；社会日趋和谐稳定，公众对社会治安满意率位居全国第一，成为广泛认可的最安全地区之一。今后五年，全省总的奋斗目标是“全面达小康、建设新江苏”。到2010年左右，全省总体上实现全面小康。苏南要率先实现县县全面达小康，有条件的地方率先向基本实现现代化迈进。苏中要实现总体全面达小康，力争大部分县（市）全面达小康。苏北要加快全面小康建设进程，有条件的县（市）努力全面达小康。要建设率先发展、科学发展、和谐发展的新江苏，经济发展再上新台阶，经济发达程度位于全国领先行列；改革开放取得新突破，市场化程度和国际化水平位于全国领先行列；加快富民迈出新步伐，人民生活富足程度位于全国领先行列；平安和谐进入新境界，和谐社会建设位于全国领先行列；创新创业呈现新活力，创新型省份建设位于全国领先行列；文化建设实现新提升，文化综合实力位于全国领先行列；城乡建设展现新面貌，城市现代化建设和新农村建设位于全国领先行列；生态建设达到新水平，环境优美宜于人居位于全国领先行列。

江苏底蕴深厚的文化造就了丰富的档案资源，江苏的“两个率先”进程也造就了档案事业健康发展的好形势。作为我省现代化事业一个组成部分的档案工作，在又好又快推进“两个率先”、“全面达小康、建设新江苏”大局中，发挥出了积极的作用。省委、省政府高度重视档案工作，进入新世纪以来，档案工作的三大难点得到较为有效解决，新一轮档案馆建设在全省较大范围兴起，档案工作机构普遍实现一级局建制，档案事业发展普遍列入国民经济和社会发展“十一五”规划。2006年1月省十届人大四次会议批准了省政府组织编制的《江苏省国民经济和社会发展第十一个五年规划纲要》，纲要确定了“加强档案资源建设，保护档案文化遗产，推进档案数字化，提高档案馆服务功能”的档案工作方针。全省档案工作紧扣服务大局这个主题，认真把档案事业放在率先发展、科学发展、和谐发展的全局中去谋划，去推进，找准为“全面达小康，建设新江苏”服务的切入点、结合点和着力点，努力提供全面、及时、有效的服务。当前，围绕着服务发展、促进和谐，积极拓展档案工作的服务范围，把服务大局的工作融入到经济社会发展的各个领域，做到加快实现“全面达小康，建设新江苏”目标的各个方面。我们坚持用科学发展观统领档案事业发展，着眼于对历史负责、为现实服务、替未来着想，以切实的举措把档案事业建设好、发展好。根据“十一五”档案事业发展的要求，正在大力推动和组织实施档案馆建设工程、档案文献遗产安全保护工程、电子档案中心建设项目工程、档案文化精品工程，努力达到一流水准，使之与江苏的经济实力、文化实力基本相称，并不断为全省档案事业的长足发展夯实基础。省档案馆新馆的建设正在启动，“十一五”期间，全省将有30多个市、县建设档案馆，新时期档案馆建设，按照“社会性、文化性、开放性、现代性、标志性”的要求，突出了档案馆功能的科学定位、合理布局，强化了档案馆形象的环境定位和文化标志，有力促进了档案工作走出封闭，走进开放，走入社会，走向现代化。

江苏档案工作是全省社会主义现代化建设的一个组成部分，档案工作也在同各项建设事业一样走向现代化，信息化是档案工作现代化的必由之路。我省档案信息化已纳入了全省信息化建设的总体布局，2005年，省政府在进一步加快国民经济和社会信息化的工作部署中，将电子档案中心建设项目确定为全省基础性、公益性、标志性信息化工程之一，列入江苏省“十一五”信息化建设的重大工程。档案数字化进程得到大力推进，加快了国家综合档案馆电子文件中心、电子档案中心和数字档案馆“三位一体”的交互发展，推动了档案信息化与电子政务、数字政府建设和政务公开工作的有效衔接，在妥善收集保存档案维系其价值的同时，通过有效利用档案实现其价值，依托电子政务和社会公众网等实体，努力实现档案信息资源的科学保护和高度共享。今后一段时间，我省将继续在信息化带动战略下，以电子文件归档为主线，做好社会主义新农村建设档案、企业改革档案、重大建设项目档案、信用档案、社会保障、劳动就业档案、社区档案等信息资源的基础业务建设，通过建设电子文件中心、电子档案中心、数字档案馆等信息化重点工程把江苏“两个率先”进程中的重要变革、重要创造、重要成果等数字文化遗产，尽可能真实完整地记录保存下来，使之成为这一伟大进程的历史见证。

今年是党的十七大召开之年，是落实我省第十一次党代会战略部署的开局之年，做好今年的工作具有特殊重要的意义。我省档案工作也要在这样一个重要年份再有新进步，迈上新台阶。这次会议将有力推动我省档案部门确定新的目标定位，加倍努力地做好工作。我们将借这次会议的东风，认真贯彻王刚同志的指示精神，大力弘扬“创业创新创优”的新时期江苏精神，进一步以“三创”的思路、“三创”的实践，增强责任感、紧迫感，谋发展良策，破发展难题，加快实施好江苏省电子档案中心等信息化重点建设工程，促进全省档案事业与“两个率先”各项事业又好又快协调发展、共创一流。

祝会议圆满成功！祝所有与会同志在江苏生活愉快！诚恳地希望大家对我们的工作多提宝贵意见！

在全省电子政务工作会议上的讲话

原江苏省人民政府副省长 张桃林

这次全省电子政务工作会议，主要是回顾总结近五年来的工作情况，研究部署今年的工作任务，这对于加快全省电子政务建设，将起到良好的促进作用。

近几年来，经过全省上下的共同努力，我省电子政务建设步伐明显加快，取得了可喜成绩。各地、各部门对电子政务重要性的认识不断提高，组织领导更加有力，推进力度进一步加大。电子政务发展总体框架基本建立，基础设施逐步完善，应用范围继续拓展。国家电子政务内网成功落地，全省电子政务内网已覆盖所有省级党政军部门、中央在苏单位和省辖市政府。全省政府网站体系逐步健全，服务功能日益增强，整体实力明显提高。电子政务管理不断加强，项目审批、工作考核、绩效评估、安全保密等方面的工作机制逐步建立，电子政务工作实现了以对内部服务为主向以社会公众为中心的重要转折，呈现出整体推进的良好势头。在此，我代表省政府对全省电子政务建设取得的成绩表示热烈祝贺，对多年来辛勤工作在电子政务战线上的同志们表示衷心感谢！

多年来，我省电子政务工作一直得到了国务院办公厅的指导和大力支持，今天国办电子政务办公室段国华主任应邀出席会议并将作讲话，希望大家认真贯彻落实。会议还将总结过去工作、部署今年任务，表彰2007年全省政府网站建设和内容保障工作先进单位。这里，我先讲三点意见。

一、提高思想认识，找准目标定位

党的十七大明确提出，要“推行电子政务，强化社会管理和公共服务”。省政府将加快推进电子政务作为今年50项重点工作之一，作出了具体部署。各地、各部门要充分认识电子政务工作的重要性和紧迫性，切实把思想统一到中央关于电子政务工作的方针政策上来，统一到省委、省政府对电子政务工作的部署要求上来，围绕中心、服务大局，明确目标、找准定位，切实发挥电子政务应有的作用。

（一）充分发挥电子政务在促进经济和社会发展信息化中的先导作用

近年来，我国信息化快速进展，信息技术应用与国民经济和社会发展的融合日益增强。以信息技术为手段的电子政务的全面推行，对于促进经济社会发展的信息化起到了至关重要的作用。通过发挥电子政务在推进信息化中的先导作用，可以加快信息化带动工业化进程、促进经济结构调整和发展方式转变，带动信息服务业和软件产业的发展；通过电子政务在政府工作各个领域的深化应用，能够有效提高政府宏观调控、市场监管、社会管理和公共服务水平，促进经济社会协调健康发展。如金税工程的实施，提高了征管水平，降低了税务成本，维护了经济秩序。省级10个部门参与建设的省公共信用信息平台，已归集96万多户企业的1900多万条信息，实现了对企业的条块联动监管，对诚信江苏建设起到了十分重要的作用。

（二）充分发挥电子政务服务广大人民群众的重要作用

据统计，到2007年底，我省网民总数已达到1757万人，占全省总人口的23.3%。互联网已走进千家万户，渗透到人们生产生活的各个方面。充分发挥电子政务的积极作用，可以进一步密切与人民群众的联系，拓宽为民服务渠道，提高为民服务水平。通过发挥政府网站作为政府信息公开第一平台的功能，及时准确地向社会发布政府信息，可以有效地维护广大民众的知情权、参与权、表达权和监督权；通过发挥政府网站联系群众的桥梁和纽带作用，直接倾听群众呼声，了解群众意愿，解决群众困难，“省长信箱”开通以来，共办理群众来信13000多封，及时解决了群众反映的许多实际问题，树立了人民政府的良好形象；通过政府的网上服务平台，可以实现跨行业、跨部门的业务整合，推行网上并联申报、注册、审批、年检、办证等服务，为企业和公众提供方便、快捷、透明的“一站式”的服务，进一步提高政府服务的质量和水平。

（三）充分发挥电子政务推进行政管理体制创新的重要作用

胡锦涛总书记前不久在中央政治局第四次集体学习时强调，扎扎实实推进服务型政府建设，全面提高为人民服务能力和水平。同时指出，建设服务型政府，首先是创新行政管理体制。加快电子政务建设，在技术创新的同时，对传统的管理体制、管理方式和管理手段进行革新，有利于促进政府职能的转变，推进服务型政府建设。要充分利用电子政务横向传播信息的功能，促进政府管理结构逐渐向扁平化结构转变和政府管理流程再造；充分利用电子政务开放性、透明性特征，促进政府机关依法行政，提高决策科学化、民主化水平，增强政府工作的透明度和公信力；充分利用电子政务为信息资源共享共用所创造的条件，提高政府执政、施政能力和经济社会管理水平。

二、抓住关键环节，增强工作实效

加快推进电子政务建设，我们既面临前所未有的机遇，也面临繁重艰巨的任务。要进一步增强电子政务工作实效，实现电子政务又好又快发展，必须着力抓好以下三个关键环节。

（一）加快建设

要根据国家统一要求，结合江苏实际，围绕建设服务政府、责任政府、法治政府和廉洁政府，认真贯彻中央关于行政管理体制改革的意见，进一步完善全省电子政务发展规划，按照总体规划和统一标准，协同推进电子政务建设。一要加强网络基础设施建设，完善江苏电子政务内网，推进电子政务外网建设，加快基于互联网的各项电子政务应用。二要以全省政府网站和应急平台建设为重点，以内容保障和共建共用为抓手，加快建设步伐，拓展实用功能，提高整体水平。三要加快跨地区、跨部门重大电子政务项目建设，开展移动办公、并联审批试点，推进大通关、诚信江苏等数据平台建设，加快人口、法人单位、自然资源和地理空间、宏观经济等基础数据库建设。

（二）深化应用

要以提高应用水平为重点，以信息资源开发利用为主线，以社会公众为中心，加快构建公共服务体系。一是深化机关内部应用。认真梳理职能、优化流程、理顺关系，进一步推进公文无纸化传输、无纸化办公，切实提高工作效率，降低行政成本。二是深化跨地区、跨部门应用。按照职责明确、流程规范、功能完备、业务协同的要求，推动跨地区、跨部门企业和人口信息共享，促进财税银信息共享，抓好支农信息共享，扩大并联审批范围，尽快建立和完善信息共享机制，提高联合监管和公共服务水平。三是深化公众服务应用。以为民、便民、利民为出发点和落脚点，大力推行政府信息公开，积极开展互动交流活动，不断拓展在线办事功能，继续完善公益性服务，努力打造网上服务政府。

（三）加强管理

我省电子政务建设已初具规模，积累了大量资源，必须加强和改进管理，充分发挥网络和信息资源应有的效益。一是加强资金管理。省有关部门要加强沟通协调，做好电子政务规划、项目预审、检查验收和绩效评估等工作，完善建设资金、运维资金的审核、拨付、审计和廉政监督制度，降低建设、运维成本，提高资金使用效率。二是加强网络管理。统筹政府网站建设与网络文化发展，抓好论坛、贴吧、博客、网上视听等网络业务的管理，形成网上正面舆论强势，营造和谐网络文化环境，努力把政府网站打造成具有广泛影响力的思想文化平台。三是加强资源管理。按照互联互通的要求，改造已建的、调整在建的、规范新建的基础设施和应用系统，统一格式，统一标准，既在硬件上能够连接，又在软件上能够相互适应，减少信息“孤岛”，提高电子政务效能。四是加强安全管理。综合运用管理和技术手段，加强安全防范，防患于未然，切实解决深化应用中的安全问题，努力提高信息安全保障工作的针对性和有效性。按照“谁主管、谁负责，谁运行、谁负责”的要求，把信息安全基础设施建设与信息安全管理结合起来，明确信息安全责任，建立健全信息安全保障体系，确保电子政务安全发展。

三、强化组织领导，完善工作机制

推进电子政务，是政务管理方式的一场深刻变革，政策性强、涉及面广，工作要求高、推进难度大。必须进一步加强组织领导，完善工作机制，加大推进力度，努力使我省电子政务建设再上一个新台阶。

（一）完善领导机制

各地、各部门要进一步强化组织领导，切实把这项工作纳入重要议事议程，主要领导要亲自过问，分管领导要抓好落实。电子政务是“一把手”工程，电子是手段，政务是主体，难点是统筹协调、形成合力、共同推进。要把提高社会管理和公共服务水平作为今后发展电子政务的重点，对本地区、本部门网络、网站建设和管理作出统筹安排。要及时研究电子政务建设中的重大事项，制定相关政策措施，解决矛盾和问题。要根据各地经济发展水平，因地制宜，协调推进全省电子政务建设。基础和条件较好的地区，要乘势而上，着力完善功能，深化应用；基础和条件较差的地区，要奋起直追，着力打好基础，积极创造条件，加快建设进度，推进我省电子政务整体水平的提升。

（二）完善运行机制

要健全政府主导、社会参与、市场运作相结合的电子政务运行机制，建立有利于电子政务合理建设、科学管理、有效运维的制度规范。党委、人大、政府、政协等单位的相关部门，要在明确事权和责任的基础上，进一步加强协调和配合，统筹推进电子政务建设。各地、各部门要打破条块分割，明确职责分工，优化业务流程，创新服务方式，使政府自身改革与电子政务建设相互协调、相互促进。要探索建立投资多元化、建设与运行维护社会化的电子政务发展机制，积极吸引社会资金投入，鼓励企业和中介组织参与建设，采用外包、托管等多种运营方式，合力推进电子政务建设。

（三）完善考核机制

要抓紧研究建立电子政务绩效评价制度，定期对建设应用、资源整合、安全管理等方面的绩效进行综合评估，形成有效的激励约束机制。要进一步加大省政府门户网站内容保障工作考核力度，为省政府门户网站进一步发展提供有力支撑；要进一步完善政府网站测评工作，制定科学规范的测评指标体系，推动全省政府网站整体水平的提高。要进一步改进考核评估方法，采取领导、专家、社会公众共同参与，单位自评、现场考评、第三方机构测评相结合的方式，进一步提高考核评估工作的科学性、客观性和权威性。

（四）完善保障机制

促进电子政务健康发展，离不开相应的政策支持。要实行支持电子政务发展的政策，逐年增加政府投入，确保项目建设和运行维护资金。要加强电子政务培训，普及电子政务知识，提高各级领导和广大公务人员的信息化能力。要切实加强电子政务工作队伍建设，进一步提高电子政务工作人员的政治和业务素质。各地、各部门对从事电子政务工作的同志政治上要严格要求、工作上要积极支持、生活上要热情关心，充分调动他们的工作积极性和主动性。要广泛开展宣传活动，提高电子政务社会认知度，为电子政务发展创造良好的氛围。

做好电子政务工作，意义重大，任重道远。我们要继续高举中国特色社会主义伟大旗帜，坚持以邓小平理论和“三个代表”重要思想为指导，深入贯彻落实科学发展观，在十七大精神指引下，与时俱进、开拓创新，锐意进取、扎实工作，全面完成“十一五”电子政务建设和发展任务，为“全面达小康、建设新江苏”作出新的贡献。

第二部分

厅局长、市长论坛篇

信息化条件下加快推动江苏产业结构优化升级

江苏省发展和改革委员会主任　毛伟明

随着经济全球化和全球信息化，世界经济发展发生了全新的变化，正在加速从工业社会向信息社会过渡，世界各国纷纷以信息化为核心进行产业结构调整和经济重组。信息化是当今世界经济和社会发展的大趋势，也是我国产业结构优化升级和实现工业化、现代化的重要途径。党的十七大提出要“全面认识工业化、信息化、城镇化、市场化、国际化深入发展的新形势新任务”，“大力推进信息化与工业化融合”。加快转变经济发展方式，推动产业结构优化升级，这是国民经济全局紧迫而重大的战略任务，也是促进我省经济又好又快发展的根本途径。

一、信息化条件下产业发展的新趋势

产业发展的集群化、融合化和生态化是信息化时代产业发展的新趋势，这三大趋势是产业内在发展规律在实践中的体现，也是产业发展对当今国际经济新特征和新变化的一种新动态。产业集群化、融合化和产业生态化，是一种适应时代发展的高效率的产业组织形式：集群是产业聚集的空间组织形式，融合是产业相互渗透的一体化组织形式，生态化则是产业持续的循环组织形式。

1．产业集群化。产业集群是信息化进程中呈现的一种产业新趋势。信息化从本质上说就是数字化、网络化的范围经济。当信息化作为范围经济时，它就不仅是一种工具性、辅助性的东西，而是战略经济推进器。信息化促进产业集群的管理现代化、加快了产业集群的产业融合步伐、使信息和知识成为产业集群的核心资源、使产业集群发展更趋于开放性。集群化是指在某个特定产业中相互关联的、在地理位置上相对集中的若干企业和机构的集合。我们通常所说的“园区”、“一县一品”等实际上就是产业集群的一种形式。产业集群的出现是产业发展适应经济全球化和竞争日益激烈的新趋势，是为创造竞争优势而形成的一种产业空间组织形式，它具有的群体竞争优势和集聚发展的规模效益是其他形式难以相比的。在工业化后期的信息化时代，世界各地的产业集群大量崛起，利用集群所特有的专业化分工与相互协作功能加强自身的竞争力，参与全球经济的分工体系，在全球化的市场中占据一席之地。

2．产业的融合。产业融合是信息化进程中呈现的一种产业新范式。产业融合是指不同产业或同一产业内的不同行业相互渗透、相互交叉、相互协同，逐步形成新产业的动态发展。产业融合的主要方式有三种：一是高新技术的渗透融合，即高新技术及其相关产业向其他产业渗透、融合并形成新的产业，如生物芯片、纳米电子、三网融合（即计算机、通讯和媒体的融合）；二是产业间的延伸融合，即通过产业间的互补和延伸实现产业间的融合。这类融合通过赋予原有产业新的附加功能和更强的竞争力，形成融合型的产业新体系；三是产业内部的重组融合。重组融合主要发生在具有紧密联系的产业或同一产业内部不同行业之间，是指原本各自独立的产品或服务在同一标准元件束或集合下通过重组完全结为一体的整合过程。通过重组融合而产生的产品或服务往往产生的新型产品或服务。在信息技术高度发展的今天，重组融合的一个主要方式就是以信息技术为纽带的、产业链的上下游产业的重组融合，融合后生产的新产品表现出数字化、智能化和网络化的发展趋势，如模糊智能洗衣机、绿色家电。

3．产业的生态化。生态化是信息化条件下国际产业发展的新趋势，是人类构筑经济社会与自然界和谐发展、实现良性循环的新型产业模式，是产业发展的高级形态。“生态化”是指产业依据自然生态的有机循环原理建立发展模式，将不同的工业企业、不同类别的产业之间形成类似于自然生态链的关系，从而达到充分利用资源、减少废物产生、物质循环利用、消除环境破坏，达到提高经济发展质量的目的。因此，也有人称产业生态化为循环经济。具体地说，产业生态化就是在工农业生产中大力推广那些节约资源、环境负面影响小、经济效益高的技术，不断地探索既有利于保护环境又能提高企业效益的经营管理模式；大力调整产业结构，淘汰那些设备陈旧、高物耗、高能耗、污染严重的产业部门和环境负效应严重的产品，建立资源节约型的国民经济生产体系；在加快发展第三产业的同时，积极提倡适度消费、绿色消费的观念，加快建立具有“环境标志”的绿色产品制度。从大生态系统的角度看，实现产业生态化就是建立涵盖第一、二、三产业各个领域的“大绿色产业”。

二、江苏信息化发展迅速，产业结构优化升级加快

（一）信息化发展迅速

1．信息产业快速发展。2007 年，江苏省电子信息产业销售收入达 12000 亿元，占全国信息产业的比重、占全省工业销售收入的比重均超过 20%，是江苏省电子信息产业成为全省第一支柱产业之后又一次历史性的突破。软件产业快速崛起。至 2007 年底，全省累计认定软件企业达到 1170 家，软件产业实现销售收入 832 亿元，增长 62.5%；软件收入占全国比重由 2002 年的 7%上升到 14%；软件出口和软件服务外包增长最快，达到 60%。至 2007 年，共有 5 家国家级软件园落户江苏，建筑面积达 300 万平方米。其中江苏软件园 2007 年实现软件收入 100 亿元，南京软件园 108 亿元，无锡软件园 105 亿元，苏州软件园 110 亿元，常州软件园 24 亿元。

2．信息基础设施建设加快。2007 年全省电话用户数超过 6530 万户，电话普及率 85.7 部/百人。互联网接入用户 671 万户，比 2006 年净增 95.5 万户。全省广播、电视综合人口覆盖率分别为 99.86%、99.87%，均名列全国前茅，在全国率先实现广播电视村村通；全省农村有线电视用户新增 129 万户，比 2006 年增长 10.5%；全省有线数字电视用户新增 139 万户，总户数已达 240 万户；广播电视播出时间总量位居全国第三；广播电视总收入达 76 亿元，同比增长 24.8%。

3．电子政务稳步推进。2007 年，以省政府门户网站为龙头，江苏省各地、各部门进一步加大政府网站建设力度，已经形成了覆盖 62 个省级政府部门、13 个省辖市和 106 个县（市、区）的政府网站体系。政府网站服务功能日益增强，绩效水平显著提高，整体实力明显增强。虽然“中国江苏”在 2007 年度全国政府门户网站评比中名次略有下降，但是仍然有 8 家地级市政府网站进入全国 50 强，整体水平保持全国第一。被抽测的县（市）政府门户网站有 10 家进入全国县级 50 强，继续保持全国领先地位。

4．信息技术广泛应用。2007 年，江苏国民经济和社会发展信息化继续向纵深发展，信息技术在经济领域和各行各业中得到更加广泛的应用。我省电子政务发展总体呈现出“网络平台趋于整合，公众服务渐成主流”的主要特征。政府的信息化应用正逐步向协同办公、为公众服务转变，网络平台建设向“集约统一”转变，应用服务向“深入务实”转变。在企业信息化方面，大型企业的信息化开始进入了优化和深入应用为主，通过实行内部的数据互联互通和多地区、多业务的协同，实现企业内部系统功能扩展和上下游产业链的集成应用。在省经贸委《推进全省中小企业信息化建设指导意见》和《2007—2010 年江苏中小企业信息化推进工作方案》指导和推动下，中小企业的信息化建设也逐渐由试点示范向应用普及过渡。

5．农村信息化加快。通过强化“四电一站”建设，使农村的信息服务体系得到进一步完善。到 2007 年底，全省已有 65%左右乡镇建立了信息服务站，成为农民与市场的联结桥梁；通过整合农业商务网站，开通江苏农业商务网网站联盟，促进农业电子商务模式的建立；通过农村党员远程教育网，开辟农民教育的新途径；信息化服务于“三农”，成为 2007 年江苏信息化发展的新亮点之一。除此之外，科技、教育、文化、医疗卫生、社会保障、社区服务等领域的信息技术应用步伐也明显加快。突发公共事件应急指挥系统、电子档案中心、信息化工程绩效评估中心等标志性工程建设已完成了前期研究，准备进入实施阶段。

（二）产业结构优化升级加快

江苏坚持走新型工业化的道路，三次产业结构呈现出一种工业化、合理化、高度化的发展势

头。江苏三次产业结构实现了"二、一、三"到"二、三、一"的历史性转变。劳动密集型的传统产业比重逐步下降，技术、资金密集型新兴产业迅速兴起，第三产业的地位不断上升。2007年江苏三次产业结构比例6.7:55.9:37.4，第一产业比重下降到10%以下，第二产业比重上升到最高水平并相对稳定或有所下降。

1. 高新技术产业加快发展。省委省政府提出以高新技术产业为先导的产业发展战略，启动实施高新技术产业"双倍增"计划。2003年以来，全省高新技术产业产值年均增速都在30%以上。产业规模迅速扩大，2006年达10370亿元，五年增长了4倍。2007年实现高新技术产业产值14690亿元，占规模以上工业的27.5%，同比提高1.3个百分点。高新技术广泛应用，带动性日益明显，加快了传统产业优化升级步伐。

2. 现代服务业加速发展。近年来，我省服务业发展态势良好，总体规模和发展速度均处于全国前列，总量位居全国第二，服务业增长速度和服务占GDP比重的提升速度连续两年们居沿海各省市第一位。2007年全省服务业实现增加值9634.8亿元，同比增长15.9%，高于地区生产总值1.1个百分点；占地区生产总值比重达到37.7%，比上年提高1.1个百分点。

3. 产业集聚提升明显。我省着眼于提高产业集聚效应，通过规划和政策引领，推动重点产业延伸产业链，推动各类要素向优势行业、优势企业集聚。形成了一批先进制造业集群和现代服务业集聚区。2007年，全省产业集群实现营业收入22120亿元，比上年增长36%，产业集聚度达52%。中央商务区、软件园、创意产业园、现代物流园、科技创业园、产品交易市场等六类现代服务业集聚建设进程不断加快，51家省级现代服务业集聚区发展规划初步完成、空间布局规划日益完善。培育发展了一批大企业大集团。2007年销售收入超百亿元大企业大集团从2002年的13家增加到83家，年均增加13家左右；有4家工业企业主营收入超500亿元，2家大企业大集团超过1000亿元。

三、信息化条件下江苏产业结构优化升级的目标

在信息化条件下江苏产业结构的优化升级，要站在历史的台阶上，从国内外宏观背景、现在和未来之间的关系中去认识把握。其基本目标是遵循产业结构演变的规律，实现产业结构的合理化和高度化。按照调高、调轻、调优要求，加快发展现代服务来，大力发展先进制造业，积极推进产业生态化发展，创造产业竞争新优势，提升产业国际竞争力。近期的主要目标是：2010年全省服务业增加值占GDP比重达到40%以上，先进制造业占制造业比重达到50%。

四、信息化条件下江苏省产业结构优化升级的主要任务

近年来江苏产业结构调整工作取得了一定进展，但与新型工业化的要求相比还有差距。坚持新型工业化道路，加快产业结构优化升级，逐步形成以高新技术产业为主导，以信息化为手段，先进制造业、现代服务业相互融合、互为支撑的新型产业体系，不断提升自主创新能力、产业集聚化、国际竞争力。力争通过几年的努力，在以下四个方面取得突破。

（一）在服务业发展上实现新突破

推进信息化与生产、消费服务的融合，增强现代服务业发展能力。

1. 借助信息化条件下强大的信息处理能力，促进金融保险业、现代物流业、管理咨询业等现代服务业发展。

2. 依托信息通信技术发展涵盖信息通信服务、信息技术服务和信息内容服务的信息服务业。

3. 大力发展电子商务，促进经济发展模式创新，特别是要进一步发展第三方电子商务平台，不断创新电子商务模式和服务内容，加强电子商务信息、供应链、现代物流、交易、支付等管理平台和信用自律体系建设，为电子商务应用主体提供灵活、便捷、安全、高效服务；推进企业信息化，重要的是鼓励企业链接社会化电子商务平台，更好融入电子商务的发展环境。

4. 积极推进集聚区建设。依托城市、重点开发区、主要交通枢纽和信息网络技术，建设一批特色鲜明、主业突出、功能完善的现代服务业集聚区。

（二）在制造业发展上跨上新台阶

1. 针对纺织机械、轨道交通装备、船舶制造等行业，以提升产品创新开发能力和快速响应市

场能力为目标，组织企业建立数字化设计、制造集成平台，开展以三维产品模型为核心的产品设计、分析仿真，工艺规划和数控加工集成技术的开发与应用示范，实现面向全生命周期的产品数据管理和设计制造业务流程的集成与协同，实现设计制造一体化和无纸化应用。

2．针对输变电设备、医药、纺织等行业，以提升企业内部生产、销售、成本、采购等业务集成为目标，开发以数字化综合资源模型为核心的生产管理和经营管理集成技术，实现示范企业的经营管理责任链应能在信息系统中完整反映、安全传递，实现责任链的数字化，从而实现企业信息流、物流、资金流及经营管理业务的集成应用。

3．面向大型企业集团、重大产品等，针对数字化企业设计、制造、管理的集成需求以及企业间协同等需求，进一步实现数字化设计、数字化制造、企业资源管理、企业间协作管理等的综合集成应用，开展面向协同的数字化综合集成技术开发和应用示范。

4．围绕数字化企业的技术需求，重点攻克：数字化企业的整体解决方案，产品数字化模型和企业业务模型，设计、分析、制造和管理软件的集成开发与应用，企业间业务流程管理与控制等方面的关键技术。

5．针对制造产业链协作体系，以设计、制造、管理三大业务为核心，开发公共服务平台，支持产业链业务集成，带动中小企业群体的协作，提升产业链竞争能力。重点建设现代工业设计公共服务、快速成型与模具公共服务、制造业信息化综合服务平台等个平台。通过以上服务平台，服务中小企业制造业信息化，培训各类层次的制造业信息化人才。

（三）在产业融合上取得新进展

优化江苏产业结构必须不断推动三、二、一产业的协同发展，这也是国际产业发展的趋势。江苏要充分利用三次产业间融合发展的联动优势，促进产业结构的优化升级和区域国际竞争力的快速提升。在重点发展服务经济的同时，必须大力发展两类服务业：一是生产型服务业，这是二、三产业融合发展的业态创新。江苏发展生产型服务业应重点推进与制造业发展紧密相关的服务行业，如商务服务、物流服务、科技研发服务等。此外，还应高度重视生产型服务业功能区的建设，重点建设以科技研发、现代物流等生产性服务业为重点的功能区域，大力完善生产型服务业发展的政策环境。同时从人才培训、投融资渠道、财税政策等方面对生产型服务业的发展给予支持。

二是农业服务业，这是一、三产业融合发展的业态创新。江苏发展农业服务业应重点发展与农业紧密相关的服务，例如农资连锁经营、农产品物流与营销、农业信息服务、农产品检测、农业休闲观光、农业金融保险等。此外，还应高度重视农业服务业集聚区建设，重点建设集农业科技、认证、流通、展销、培训、信息于一体的农业服务基地。同时大力完善政策环境，在技术研发、基础设施建设、新技术新设备引进和人才引进等方面向集聚区聚焦。

（四）在产业生态化发展上取得新成效

目前，生态产业、绿色产品以及环保型企业成为人们追求的目标，用生态学来指导经济与社会、环境与资源的开发将成为新的发展趋势。江苏是经济大省、人口大省，又是资源短缺、环境容量有限的省份。江苏同全国其他地区一样，在持续高速发展的过程中遇到了资源、能源和交通等基础设施瓶颈的约束，同时，江苏正处于工业化进程即将跃升的关键阶段，解决和处理好经济运行中的结构性矛盾至关重要。在新的形势下，必须以产业生态化为切人点，大力发展循环经济，在全社会大力提倡节约意识和环境意识，宣传循环经济理念。要按照“减量化、再利用、资源化”的原则，以提高资源利用效率、保护环境为核心，努力实现产业生态化、治理污染产业化。在产业层面，通过加大投资、改造和调整力度，要以电子信息、机械、化工等主导产业为重点，构建产业生态链；在工业园区层面，要以产业集聚为重点，积极建设生态工业园区，搭接循环产业链；在企业层面，要通过典型引路、示范推广，建设一批生态企业。

以创新为动力
大力提升沿沪宁线高新技术产业竞争力

江苏省发展和改革委员会副主任　魏　然

一、高新技术产业正成为苏南经济发展的重要支撑

苏南沿沪宁线地区是我国经济发展最活跃的区域之一，在长三角区域协同发展中具有十分重要的作用。沿沪宁线高新技术产业带与沿江产业带、沿海产业带、沿东陇海线产业带是我省重点推进的“四沿”产业带，已成为我省经济发展的重要增长极。2007年，苏南沿沪宁线五市以占江苏27.4%的土地面积和38.8%的人口，创造了全省62.3%的地区生产总值、63.1%的地方财政一般预算收入、63.3%的工业增加值、59.9%的城镇固定资产投资、89.5%的出口总额、67.6%的外商直接投资。

沿沪宁线高新技术产业带是全国最有影响的高新技术产业集聚区之一。2007年实现高新技术产业产值11828.01亿元，占全省的80.52%，占全国的18.7%，其中，环太湖流域的苏锡常三市高新技术产业产值占全省比重达60.2%。1978－2005年间，全省13个省辖市的科技进步贡献率，前五位全部在苏南，其中，苏州为50.15%、无锡为49.56%、南京为47.79%、常州为47.42%、镇江为47.14%。结合人均国内生产总值、三次产业结构、城市化率、制造业产值占比及就业结构等有关方面综合分析判断，苏南地区整体上已向工业化后期迈进，开始进入由投资驱动向创新驱动转变的关键阶段。

（一）产业规模不断扩大

2007年，沿沪宁线高新技术产业带实现产值11828亿元，占规模以上工业产值的比重接近32%，高于全省平均数约4个百分点，“十五”以来，年均增长41.9%，高于全省平均增长数6.8个百分点。与2002年的2140.83亿元相比，五年增长了近5.5倍。与周边省市相比，我省高新技术产业也处于前列，2007年上海市高技术产业产值为5606.64亿元，浙江省为2901.01亿元，山东省为3190.81亿元，安徽省为276.09亿元。

（二）自主创新能力逐步提高

苏南地区正处于由引进为主向引进与创新并重转变阶段。南京、苏州、常州、无锡财政科技经费支出均超亿元，全省1000万元以上科技经费支出的县（市、区）共有54个，前五位均集中在苏南。全省7家国家级工程研究中心中的6家、22家国家级认定企业技术中心中的14家集中在这一地区。2007年全省专利申请量88950件，授权量31770件，分别是2002年6.8倍和4.1倍左右，其中68%左右集中在这一地区。随着自主创新能力的提高，本土企业与外资企业的资本结构比例由几年前的4:6转变为现在的6:4左右。

（三）产业集聚初步形成

全省136家省级以上开发区中的67家集中于苏南沿沪宁线地区，其中，国家级开发区数占比85%、国家级高新技术产业开发区数占比100%。苏州信息产业国家高技术产业基地集聚了友达光电、三星、日立、龙腾光电等一批全球龙头型企业，形成了平板显示器件（包括TFT/LCD）、集成电路晶圆、专用电子元器件等较为完整的产业链。无锡微电子产业基地集聚了海力士－恒忆半导体、华润微电子、长电等一批微电子行业龙头企业。基地内设计企业60多家，2007年销售收入40亿元，占全国10%以上；各类晶圆生产线15条，2007年总产值90亿元，占全国12%以上；封测和配套材料领域，2007年产业规模近60亿元，占全国8%以上。沿沪宁线5个国家级软件园集聚

了全省80%的软件企业和近85%的软件产值。产业带内90%以上的外商投资企业、90%以上的亿美元外商投资项目、90%以上的跨国公司地区总部和研发基地都集聚在开发区内。

（四）重点产业迅速发展

信息、生物、新材料三大产业发展迅速。2007年，信息产业实现销售收入占全省的65%以上，年均增速30%以上，初步形成了以软件、集成电路、现代通信、光电显示、计算机及周边设备为主的产业群或产业链。新材料产业实现产值超2000亿元，占全省的80%以上，年均增速36%。生物医药产业销售超过400亿元，占全省的75%以上，年均增速35%，形成了一批龙头企业和拳头产品。一批新兴产业逐步显现增长活力，光伏产业在国际市场中占有较高份额，已有6家海外上市公司，建立了从多晶硅原料、电池到组件的较为完整产业链，到2010年有望占全球25%的市场份额。集成电路制造工艺技术达到0.13微米及以下，基本与集成电路国际主流技术保持同步。

沿沪宁线高新技术产业带的发展也面临着一些挑战：一是由于跨国公司加强了在高新技术产业核心和关键领域的技术垄断和市场垄断，产业带内制造业对外技术依存度在60%~70%左右，高于55%的全国平均水平；二是这一地区土地、劳动力、能源等生产要素价格进一步上升，生态环境约束逐渐显现。特别是人民币的升值、新企业所得税法和新劳动合同法的实施，使部分企业经营成本加大，原有的比较优势逐步弱化；三是创新型人才集聚不够，特别是亟需大批领军型的创新企业家。据统计，国内人才流向江苏的只占人才流动总数的5%~6%，远低于北京、上海、广东。

二、加强自主创新，提升产业结构层次

当前，沿沪宁线高新技术产业发展正处于结构调整关键时期，围绕将沿沪宁线高新技术产业带建设成为国内最大、国际上有较大影响、具有较强竞争力的产业带这一目标，一定要从更高层面进行科学规划、合理布局。大力提升自主创新能力，加强引进技术消化吸收和再创新，实现高新技术产业与现代服务业、先进制造业的协调互动。加快投资拉动向创新驱动转变、资源依赖向科技依托转变、加工制造向研发创造转变、开放型经济从规模扩张向质量效益转变。

力争到2010年，沿沪宁线高新技术产业产值达18000亿元以上，占规模以上工业产值的比重达35%以上。R&D投入占GDP的比重高于全省平均水平0.5个百分点，企业研发投入占全社会科技支出的比例达75%左右。专利申请量和授权量分别占全省的70%和75%左右。

（一）重点推进高成长性产业规模化

围绕提升产业核心竞争力，重点培育太阳能光伏、生物医药、集成电路、新型显示器件等高成长性产业。

太阳能光伏产业。围绕全省太阳能光伏产业发展规划，进一步加强产业的协调发展。力争到2010年，苏南地区太阳能光伏产业的组件产量超过2000兆瓦，光伏产业链年产值超过1500亿。

生物医药产业。结合江苏特色和优势，加快建设南京、无锡、常州、苏州等产业化基地。产业规模年增长率达25%以上。到2010年销售收入突破1000亿元，力争在规模和技术水平上位于全国前列。

软件产业。以五大软件园为基地，重点扶持安全软件、电力电信管理软件、教育软件、动漫软件等基础软件、应用软件和嵌入式软件。力争到2010年超1200亿元。

集成电路产业。重点突破设计业，巩固发展封装和配套产业，积极发展芯片制造业。打造“千亿元级”集成电路产业链。争取到2010年，实现产业销售收入超过1000亿元，芯片生产超200亿块。

新型显示器件产业。积极推进TFT-LCD、PDP、OLED等新一代显示产业的发展。争取到2010年实现产业产值2000亿元。大力推进LED半导体照明产业发展，争取到2010年实现销售收入200亿元，拉动关联产业300亿元。

（二）重点推进战略产业集聚化

继续抓好信息、生物、新材料三大战略产业集群发展。信息产业要重点发展10个产品群、20个国际性的信息产业研发中心、30个重大国际信息产业转移项目、10个具有自主知识产权的出口战略产品，逐步建设成为“国内最大，国际先进”IT产业带。新材料产业重点发展10个产品群、培

养10个国际性的新材料产业研究发展中心、推进20个重大国际新材料产业转移项目，逐步建成我国具有重要战略地位的沪宁线新材料产业基地。生物产业规模年增长速度保持25%以上，到2010年销售额突破1000亿元，力争在规模和技术水平上居处于全国前列。

加快三大国家级高技术产业基地建设。在继续大力建设南京国家软件产业基地的同时，加快推进苏州信息产业及无锡微电子高技术产业基地规划和建设，增强基地的产业集聚功能。到2010年，苏州市信息产业国家高技术产业基地，集聚100家以上具有一定规模的平板显示领域骨干企业，产值超过3000亿元。无锡市微电子产业国家高技术产业基地实现销售收入1000亿元，占全国总量的20%左右。

（三）重点推进研发载体创新化

加快建立以企业为主体、市场为导向、产学研相结合的技术创新体系。每年建设10家以上省级工程中心，到2010年建成50家以上省级工程中心。积极探索国家工程实验室、工程研究中心的组织建设模式，推进管理创新。以企业博士后流动工作站和企业技术中心为抓手，推动科技成果转化和产业化工作。

进一步抓好国际技术转移中心的建设。与跨国公司的研发中心合作，共建国际技术转移中心，吸引国际创新资源向江苏集聚，力争在关键领域建设10家国际技术转移中心，加速本土企业的人才培养和技术进步，促进跨国公司技术溢出和扩散。

积极推进长三角区域创新体系建设。共建技术创新公共服务平台，针对共同关心的一些重大关键、共性技术开展联合攻关，形成创新资源共享格局。

（四）重点推进创新型企业示范化

培育和壮大一批具有示范性的自主创新型企业，为加快经济结构调整和发展方式转变提供支撑。按照拥有较强的创新基础设施、拥有较多的创新项目、拥有较齐的创新人才、拥有较高的市场占有、拥有较响的自主品牌五有目标。重点在电子信息、装备制造、石油化工、新能源、新材料、新环保、新医药、新生物、冶金、纺织、轻工建材等领域培育100家创新型示范企业。

（五）重点推进项目建设高端化

重点在信息工程、生物医药、光电显示、关键材料、重大装备和节能减排等重点领域，组织实施100项具有自主知识产权的重大项目，积极争取国家和省各类专项支持，培育一批市场前景好、产业规模大、技术含量高、辐射带动作用明显、具有较强竞争力的龙头型、旗舰型项目。积极推进产学研合作，加大财政资金支持力度，大幅提升产业自主创新能力，同时，大力促进重大项目建设与跨国公司技术转移的有机结合，实现技术的二次创新及产业提升。

三、优化发展环境，助推产业升级

（一）进一步提升国际化水平，更加突出创新能力的提高

一方面要进一步加快国际产业转移的步伐，打造国际制造业高地，引进技术含量高、投资强度大、产业链长、带动力强的大企业、大项目；另一方面，要充分利用沿沪宁线地区的科教优势，发挥比较优势，提升竞争优势，全球化配置科技资源，不断提高开放条件下的自主创新能力。促进内资与外资、资本与技术、研发与生产的融合，充分发挥大企业在技术创新中的骨干作用，加大组织协调和资源整合，推动内外资企业配套协作。

（二）进一步增强制造业与服务业融合，更加突出土地、能源等要素的高效利用

加快发展生产性服务业，实现制造业与服务业双轮驱动，支持和建设一批高科技服务业知名企业及集聚区，积极探索以高端服务业引领制造业新的产业组织形式，不断优化产业结构。

以产业优化升级减少环境污染，以发展循环经济降低污染排放，以节约集约发展提高资源利用效率，实现产业发展与资源环境相协调，提高项目准入门槛，加大产业政策、土地资源、环境容量、节能减排审查力度。重点推进环太湖流域产业结构调整示范区规划和建设，提出优先发展的产业指导目录。

（三）进一步优化政府服务，更加突出创投等市场引导作用

进一步推进行政管理模式创新，进一步完善促进高新技术产业发展的政策，提高政府服务和管理水平，从长三角整体区域创新发展角度，加强区域产业协调，防止产业雷同，实现企业、产业、城市、区域的创新联动，同时，借鉴和吸收国际先进管理理念，构建现代高技术研发及生产体系，积极推进苏南高新技术产业集成创新试点，争创国家级综合性高新技术产业基地。

积极引入风险投资机制，坚持政府引导、多元投入、市场运作、企业主体的原则，培育和引进一批创业投资公司。采取产业投资基金等形式把资金、技术、人才等有机结合起来，培育新的产业增长点。鼓励和支持更多的科技创新企业加快上市。积极探索新的直接融资方式。

（四）进一步吸引高素质人才，更加突出领军型企业家的带动作用

区域竞争最终是人才竞争，大力弘扬“三创”精神，注重引进和培养世界一流的领军型科技人才和现代企业家，特别是要依托重大高技术产业化项目，花大力气招引海内外具有国际眼光、掌握先进科学技术成果、善于运作市场资源的高层次科技创业复合型人才。鼓励高新技术企业在用人制度、薪酬制度方面创新方法，探索运用包括税收优惠在内的多种激励机制。继续抓好民营企业及中小企业家培养，不断增强沿沪宁线高新技术产业发展的活力。大力发展职业教育，培养支撑现代产业发展的高级技工及专门人才群。

以党的十七大精神为指导 全力推进江苏由电信大省到电信强省的新升位

江苏省通信管理局局长 苏少林

在深入学习贯彻十七大精神的大背景下，江苏电信业如何在多年高速发展的轨道上树立科学发展观，实现率先发展、科学发展、和谐发展，成为摆在我们面前的一个新课题。去年江苏成为全国第一个实现所有地市固定电话号码升八位的多本地网省份，标志着经过改革开放多年来的发展，江苏已成为名副其实的电信大省，具备了向更高层次发展的坚实基础。面对新的形势，我们要积极顺应发展阶段的新变化、人民群众的新期待，全力实施由电信大省到电信强省的“新升位”战略，跟上改革的步伐，合上发展的节拍，立在竞争的潮头。

一、实施“新升位”战略势在必行

推进江苏由电信大省到电信强省的“新升位”，是适应经济社会发展的需要，是技术进步与国际竞争的要求，是今后一段时期江苏电信业改革发展的中心任务。

（一）电信业自身发展的必然选择

经过改革开放20多年的发展，江苏已成为电信大省。2007年，江苏完成电信业务总量1211.2亿元，占全国6.5%。完成电信业务收入538.3亿元，占全国7.4%。电信业增加值338.7亿元，占全国7.2%。全省电话用户总数达到6539万户，占全国7.2%。其中，固定电话用户达到3225.8万户，占全国8.8%；移动电话用户达到3313.2万户，占全国6.1%。全省电话普及率达到86.62部/百人。宽带接入用户达到552.5万户，占全国8.3%。全省网民达到1757万人。2007年8月18日，随着常州、连云港等8市固定电话号码升8位，江苏成为全国第一个实现所有地市升8位的多本地网省份。

当前，江苏电信业进入了新阶段，行业发展的主要矛盾是大而不强。“大”主要体现在市场规模上，但在运行效率、创新能力等反映“强”的方面，与国际先进水平还有很大差距。一是增长方式有待转变，运营企业R&D（投入/销售额）强度远低于1%，而NTT、SK、KT分别为3.2%、2.9%和2%。二是增值电信业务收入占比低，业务同质化严重，违规问题时有发生。三是随着电信技术业务创新步伐加快，如何强化行为监管成为热点问题。总之，江苏电信业大而不强的问题极为突出，必须实施“新升位”战略，走出一条质量、效益、速度、规模并重的电信强省之路。

（二）经济社会又好又快发展的客观要求

江苏省委十一届三次全会提出“率先全面建成更高水平的小康社会”的目标，突出了“又好又快”，电信业应大有作为。首先，电信业属于高新技术行业，对资源和环境的依赖性较小，在经济质量“好”的方面占有重要比重。其次，电信业具有渗透性、辐射性和倍增性，对其他行业的结构调整和效益提升具有重要的促进作用。第三，随着信息网络化的趋势日益明显，信息化已进入网络合成时代，电信业在信息化中的地位更加凸显。“新升位”战略的实施，必将进一步增强电信业对经济社会发展和信息化建设的支撑能力。

（三）应对国际电信竞争的战略抉择

从全球来看，电信业正处在技术、业务、政策的转折点上。需求升级导致电信业结构发生深刻变化，网络融合为电信业发展提供了强劲动力，技术演进带来机遇的同时也带来路径的不确定性。同时，国内电信市场的进一步开放，加速了国内市场国际化、国际竞争国内化的趋势，给江苏电信业带来严峻挑战。只有加紧实施“新升位”战略，不断提高综合竞争力，才能在新一轮竞争中赢得靠前位次。

二、明确“新升位”的目标体系

（一）目标内涵

“新升位”不是抽象的概念，可从企业、行业和环境三大要素来认识其内涵：

——打造一个国内最佳、具有国际影响力的电信企业群。电信企业是做强行业的主力军，只有企业做强，“新升位”战略才有实现的基础。

——形成一个和谐发展、互为支撑的电信产业链。只有包括运营业、制造业、服务业在内的各环节都壮大了，“新升位”的目标才能实现。

——培育一个支撑经济社会可持续发展的信息化环境。只有全社会的信息化水平提高了，电信业能为经济发展、社会进步、民生改善提供更有效的支撑，“新升位”才能体现出来。

（二）时序进度

根据江苏“两个率先”战略部署，结合电信业实际，可将“新升位”战略分为两个阶段实施：

——全面建设小康社会时期（2010年）。形成有效的市场架构和健全的监管体系；电信业规模达到世界发达水平，效益接近世界平均水平；电信科技领域取得重点突破；有条件的运营企业先期迈入国际先进行列。

——基本实现现代化时期（2020年）。电信制度环境更加完善；电信科技达到世界领先水平；形成一批综合实力国际领先的电信企业。

（三）体系设计

实施“新升位”战略，是江苏电信业在内外部环境深刻变化的情况下，主动应对技术变革、提升发展质量的重大行动，通过发展方向、发展模式和增长方式的转变，释放发展新能量。具体可概括为“一二三四”：

一个方向：从传统电信运营业向信息服务大行业转变。面向信息化大市场，深度挖掘电信业务需求，推动行业属性的深化和发展空间的拓展。

两个引擎：一是构建和谐行业。缩小城乡、区域发展差距，提高用户满意度，提升市场监管和公共服务水平。二是打造电信强省。抓住信息网络化的机遇，深化电信业务在生产、生活中的应用，满足群众生活、教育和医疗等需求，为传统产业改造、服务业升级等提供全方位支撑。

三个转型：一是发展模式转型。加快由粗放型向集约型、从外延式到内涵式、由规模型向规模效益型的转变。二是业务服务转型。开发普适化、集成化的业务与服务，营造和谐电信消费环境。三是网络转型。推动网络由垂直分离向水平分层转变。

四个突破：一是技术突破。推动实现重点领域的技术突破。二是业务突破。形成一批具有自主知识产权的原创性业务与服务。三是模式突破。以用户需求为中心，以利益共享为基础，以可持续发展为目标，建立新型商业模式。四是制度突破。制定鼓励技术、业务创新的政策，增强监管的科学性。

三、实施“新升位”战略的对策措施

实现由电信大省到电信强省的新升位，是标杆也是杠杆。有了这个标杆，使不同区域联合推进的时序进度得到保证；有了这个杠杆，各企业也能制定各自实施计划，走出有各自特点的强企之路。当前，重点抓好八项工作：

（一）加强宏观引导，促进行业快速健康发展

做好《江苏电信业2008年发展滚动计划》的编制、颁布和实施工作。加强与有关部门和电信企业的沟通配合，做好规划实施情况的跟踪、反馈，切实发挥规划对行业发展的宏观引导作用。重点针对江苏区域经济发展不平衡的特点，巩固苏南，发展苏中，提升苏北，不断提高全省通信服务普及水平。适应长三角战略上升为国家战略的新形势，推进长三角通信一体化，主动接轨上海、浙江，通过共建客服中心、出台优惠套餐等，整合现有资源，提高发展质量。

（二）激发创新活力，建设创新型行业

创新是活力之源。第一，加快技术创新。抓住网络技术更新换代的机遇，务实推进下一代网络发展。第二，力促业务创新。参与到社会信息化及各行业信息应用系统的建设中去，提供全方位的网络平台、应用开发、系统集成、运行维护等服务。第三，实施政策创新。重点落实好“三项原则”：一是对业务界定清晰、业务管理明确的新业务，大力支持推进；二是对业务界定和业务管理不太明确、但有用户需求的新业务，先作试验，试验成功的推广，有争议的指导完善；三是

对有发展潜力的新业务，创造条件尽早纳入试验。

（三）加大统筹力度，推动产业链不断壮大

要高度重视产业链统筹发展问题，构建新型产业链。第一，引导运营企业牢固树立合作共赢思想，按照信息网络化的需要，与设备制造、增值电信、系统集成、内容提供、应用服务等环节进行深入合作。第二，促进电信运营业与设备制造业的联系，推动两业合作，实现优势互补。第三，落实好《关于加快我省增值电信业务市场发展的指导意见》，力争到2010年使江苏增值电信业务经营单位超过2000家，业务收入突破20亿元，形成20个以上在全国有影响力的增值电信业务经营单位和20个以上全国较知名的业务品牌。

（四）持续改善服务，让人民群众共享发展成果

引导企业确立以需求为导向的业务发展路标，提供个性化的服务和业务，积极推进建立在成本降低基础上的资费下调，使人民群众得到更多实惠。通过政府监管、企业自律、社会监督，构建多渠道保障体系，纠正在业务、资费等方面侵害用户利益的行为。鼓励能充分体现人文关怀的电信服务创新，推动电信服务的扩展和升级，使电信服务由提供基本的普遍接入向信息无障碍、扶助弱势群体等发展。

（五）发挥主体作用，加快江苏信息化进程

加强信息化基础设施建设，加快城市光缆到路边、到小区、到大楼的步伐，推进城市宽带无线上网基础设施建设。以加快农村信息服务发展为重点，抓好“信息村”示范推广工作，把农村信息化引向深入，让农民群众用得起、用得好。针对江苏外向型经济比较发达的特点，加紧建设国际通信出口专用通道，为软件和信息服务外包园区提供一流的信息通信基础设施。抓好城乡统筹信息化服务试点工作，推动城乡协调发展。大力推进中小企业信息化工程，为中小企业发展提供优良的通信及信息服务。

（六）坚持建管并重，推进江苏特点网络文化建设

按照积极利用、大力发展、科学管理的要求，营造阳光、绿色的互联网络环境。提高服务网络文化建设的能力，加强高品位文化信息的传播，推动形成一批体现时代精神、富有江苏特点的网络文化品牌。积极运用新技术，加强网络阵地建设，打造具有广泛影响力的网络文化平台。倡导文明办网、文明上网，营造共建共享的网上精神家园。第四，综合运用法律、行政、经济、技术、行业自律等手段，切实维护网络信息安全。

（七）积极主动作为，全面提升应急通信保障能力

加强应急队伍建设，完善应急预案体系，开展网络安全防护体系建设，积极组织或参与相关演练，提高网络安全保障水平和应对突发事件的能力。推进应急指挥调度平台等重点项目的落实，建立较为详细的应急通信资源数据库，以信息化手段提高应急通信管理的效率。全力做好防汛等抢险救灾通信保障工作，确保人民生命财产安全，服务地方经济建设和社会稳定。继续联合有关部门，开展打击盗窃破坏通信设施违法犯罪行为的专项整治，切实维护电信网络作为国家经济社会重要承载基础的安全稳定。

（八）强化行业管理，抓好市场监管基础性工作

通信监管部门要本着维护市场公平、促进有效竞争的原则，进一步抓好市场准入、互联互通、资源管理等基础性监管工作，营造良好的政策环境和公平有序的市场环境。要进一步转变政府职能，既要加强经济调节、市场监管，更要抓好社会管理和公共服务。进一步推进依法行政，严格按照法定权限和程序行使权力、履行职责，做到公正执法、严格执法、文明执法，善于在法制轨道上解决各种矛盾和问题。进一步改进机关作风，提高服务群众、服务发展、服务企业的水平，提升领导科学监管的能力。进一步提升工作效能，增强宏观思考的能力和微观操作的本领，提高抓服务、抓协调、抓落实的意识和水平。

大力推进电子文件中心建设
“三位一体”服务经济社会发展

江苏省档案局局长　韩　杰

电子文件中心建设，是档案部门适应电子政务建设形势，站在档案信息资源是生产要素的高度，着眼规避和防范电子政务等建设过程中文件管理风险，肩负起来的涉及未来国家发展和民族数字文化遗产保护与利用的战略任务。近年来，我省认真贯彻王刚同志关于电子公文归档重要批示精神，档案信息化建设积极融入社会信息化进程，大力开展为社会公众和党政机关提供综合政务信息服务的工作，逐步形成了电子文件中心、电子档案中心和数字档案馆“三位一体”交互发展的建设格局，在我省推进“两个率先”和构建和谐社会中发挥了积极作用。

一、以电子文件中心建设为先导，档案信息化“三位一体”融入社会信息化建设大格局

领导重视，档案信息化建设进入三个一盘棋。在省委、省政府的高度重视下，我省的档案信息化建设从总体上进入了关系经济社会发展全局的“三个一盘棋”：一是进入了政府电子政务建设的一盘棋，载体形式就是“电子文件中心”；二是进入了省政府关于大力推进社会信息化建设部署的一盘棋，载体形式就是“电子档案中心”；三是进入了江苏省国民经济和社会发展“十一五”规划的一盘棋，载体形式就是“数字档案馆”。由此，电子文件中心、电子档案中心和数字档案馆建设，构成了我省档案信息化“三位一体”交互发展的新格局。档案信息化建设“三位一体”交互发展，既是发展目标，又是发展重点，还是发展的路径和任务；既是一个综合性的工作体系，又是前进中的三个台阶。数字档案馆是一个大规模的信息系统，是一个长期的工程，依赖于电子政务和社会信息化的发展程度，必须分步骤、分阶段稳步建立。在不能一步建立数字档案馆的情况下，重点建设以电子公文为主要资源的电子文件中心，将直接凸显档案馆在信息时代的公共服务功能，为进一步建设数字档案馆奠定基础。在这期间，国家档案局、国务院信息办信息化推进司和省信息办、省信息产业厅领导先后到我局调研，指导工作。在各级党委政府领导下，我省档案系统积极以电子文件中心建设为载体，加强与电子政务领导机关的沟通，积极参与各地电子政务建设，努力发挥国家综合档案馆的优势，为当地党委政府和社会公众做好服务工作。

因地制宜，三位一体求发展。2004 年，我们制订了《江苏省档案信息化建设规划纲要（2005—2010 年）》，提出“2008—2010 年全省 100％的国家综合档案馆全面建成与电子政务相配套的电子文件中心和数据备份基地。”同年，与省电子政务协调指导小组联合召开由各市信息办和档案部门领导参加的“电子政务环境下电子文件归档研讨会”，着眼于提高电子文件中心建设的必要性和紧迫性的认识，与各地信息化主管部门达成共识，着力解决在电子政务建设中电子文件的在线归档、管理和实时在线利用问题。当年，常州市、张家港市电子文件中心率先开通运行。

积极探索，在实践中研究提高。在实践的基础上，我们以承担国家档案局《电子文件中心功能与作用研究》和江苏省科技厅《电子政务环境下省、市、县三级数字档案馆集成应用系统研究》课题为抓手，通过课题的理论研究，完善电子文件中心建设需求，更好地指导实践。提出电子文件中心在提高电子文件管理水平、统一电子文件管理平台、完善政务公开发布渠道等方面具有积

极意义；通过建立现行电子文件集中接收、管理和发布的综合应用平台，可以确保各单位现行文件“随时形成，随时报送，随时发布利用”，达到文档一体化、馆室一体化和信息资源最大范围共享及推进政务公开的目的。为总结和交流经验，推动全省档案信息化“三位一体”交互发展，2006年11月，我们在常州召开了全省电子文件中心应用现场会，重点研究和交流如何依托各地电子政务内网建立电子文件中心综合应用平台，进一步发挥国家综合档案馆为社会提供档案信息资源服务的作用，为我省“全面达小康，建设新江苏”做出新贡献。

二、以电子档案中心项目建设为动力，拓展电子文件中心公共服务功能

拾级而上，落实重点工程项目。2005年，我们开展了江苏省电子文件中心的建设，依托江苏电子政务网整合在公文数据交换平台上传输的309家省直等立档单位的电子公文数据，通过组织对几十家省级机关信息中心电子文件管理现状的调研，着手制订了《江苏省电子公文归档细则》(征求意见稿)。同年省政府《关于进一步加快国民经济和社会信息化的意见》确定“电子档案中心”为全省信息化重点“12345计划”中基础性、公益性、标志性工程之一，从而将我省档案信息化建设推向了一个新阶段。该项目于2006年9月通过了省信息产业厅、省信息办组织的《江苏省电子档案中心建设项目可行性研究》专家评审论证，并被安排在2007年度省财政投入重要位置。省信息办还将电子档案中心建设项目继续列入《江苏省信息化发展战略（2006—2020）及“十一五”行动计划》中《江苏省“十一五”国民经济和社会信息化重大工程》。

明确定位，服务优先，实现资源共享。在江苏省电子档案中心的论证过程中，确定“服务公众、服务政府”的目标定位和如何实现这个目标的方法路径，是始终受到关注的问题。我们从电子政务建设、国家档案信息资源建设的高度，深刻认识电子文件、电子档案管理工作的现实意义和重要作用，做好电子文件归档利用工作，推进电子文件中心建设，提高档案工作服务大局、服务社会的能力。我省在电子政务环境下建设的电子文件中心，主要收集整理国家机构，尤其是政府职能部门在办公自动化系统、业务系统中形成的并在电子政务平台上流转的各类电子文件，通过建立一个相对稳定、覆盖面广的文件资料收集网络和运行机制，实现信息资源共享，促进政务公开。在电子政务和信息社会发展环境下，电子文件中心作为档案馆的机制创新载体，以其高效、节约、便利成为网上政务信息集中公开的法定场所，通过收集、鉴定、保管、发布等程序将政务系统文件资源有机整合起来，达到文件信息资源最集中、最权威、最有效、最长久的效果，通过最大限度的开发利用，满足了政府部门和人民群众对政务信息的时效性需求。

讲求实效，开发利用与安全保障相结合。电子文件中心收集的范围首先就是国家机构产生的公务性电子文件，保存的首先是电子公文等政务信息文化遗产，反映了一个地区政治、经济、文化的发展轨迹，一级政府履行职能的真实历史性记录，保证了党和政府的数字记录遗产仍然能够为现在和将来保存使用，它构成了数字档案馆内容和结构的核心。电子文件中心提供了信息资源新的利用途径，实现了电子文件现行期的开发利用，引导政府公务人员和社会公众通过网络获取档案信息资源并获得超越地域和时空限制的个性化服务，通过数据仓库等技术的应用，使得潜在的更有价值的信息在最大范围内得到最有效的利用。与此同时，我们严把信息安全关，按照《中央办公厅　国务院办公厅关于加强信息资源开发利用工作的若干意见》(中办发〔2004〕34号）和《国家档案局中央档案馆关于加强档案信息资源开发利用工作的意见》（档发〔2005〕1号）文件的要求，正确处理“加快发展与保障安全，公开信息与保守秘密”的关系，与江苏省国家保密局联合制发了《江苏省档案信息化建设保密管理办法》，对包括电子公文在内的档案信息上网的程序、方法和内容做出了规定。我们还通过“江苏档案信息网”整合全省网上电子文件中心信息资源，并与“中国江苏”政府门户网站连通，为社会公众提供可公开的电子文件。

三、加强规划，典型引路，全面推进电子文件中心建设

贯彻标准，统筹规划协调发展。为切实贯彻

《电子文件归档与管理规范》（GB/T 18894—2002）和《电子公文归档管理暂行办法》，我局组织了由省级机关20多家单位信息技术人员、档案工作人员组成的课题组，用了一年时间研究办公自动化和业务系统电子文件归档情况，先后制订了《江苏省文书档案文件级目录数据库结构与数据交换格式》（DB32/505—2002）和《江苏省电子文件归档与管理办法》，在国家标准的框架下进一步细化数据结构及通用格式等内容，增强了可操作性。2004—2005年，编制了《档案信息化工作实用手册》并组织档案信息化讲师团在全省开展巡讲，全省涉及电子文件归档的机关工作人员6800多人接受了培训，电子文件归档意识和操作技能明显增强。2004年我局在《江苏省档案信息化建设规划纲要（2005—2010年）》中明确提出"加快电子文件中心建设"的重点任务，按照时序从苏南7个市县开始试点，提出"2007年苏南地区全面建成网上电子文件中心，2010年前苏中、苏北地区全面实现网上电子文件中心"的目标。为了保证实效，在各地尚未推出独立电子文件中心系统的情况下，我局通过联合南大苏富特软件股份有限公司的技术力量，组织江苏省档案科学技术研究所参与研制开发了"电子文件中心系统软件"，在张家港和常州市先行试用。当前，以电子文件中心建设为先导、"三位一体"交互发展的信息化建设格局正在我省各地形成。至2006年，全省已建成电子文件中心28个（占国家综合档案馆的23%），接入电子政务内网45个，上载现行文件95738份。整体建设形势是：苏南地区全面展开，苏中地区正在推进，苏北地区已开始启动。苏州市已进入数字档案馆建设阶段。

典型引路，率先发展示范推动。常州市电子文件中心是我省首家基于电子政务环境下正式开通的电子文件中心，于2004年12月建成，截止2007年4月共接收1.6万份电子公文。在建设过程中，常州市委、市政府高度重视，协调各方大力支持、通力合作，保障资金，将电子文件中心建设纳入全市电子政务平台建设。常州市档案部门一方面建立依托电子政务网络的电子文件管理机制，加强对全市各类电子文件的收集，不断充实丰富电子文件中心的资源，一方面加大宣传推介工作，使电子文件中心广为人知，充分发挥其服务领导、服务机关和服务社会的作用，全市半数以上的区县建立了电子文件中心，率先实现了"有条件的地方先行试点建立电子文件中心"的目标要求，为我省档案系统加强电子文件管理工作做出了示范，提供了经验。2005年南京市进一步拓展功能，建成了"市文档数据中心"，已接收目录数据274.7万条，全文数据73.9万页，成为市级电子政务用户决策和咨询信息平台；鼓楼、雨花台等区电子文件中心建设项目经区人大批准列为区经济和社会发展目标；江宁区在建设新馆时同步设计、建设数字档案馆。无锡、泰州、连云港等市相继建成依托电子政务网的电子文件中心。

建设现代化意义上的档案馆，发展现代档案事业，它的意义就在于增强档案馆功能，提升档案工作服务水平。我们从电子政务建设、国家档案信息资源建设的高度，深刻认识电子文件、电子档案管理工作的现实意义和重要作用，重视做好电子文件、电子档案的收集、保管和利用工作，稳步推进电子文件中心建设，提高档案工作为党和国家大局服务、对历史负责的能力。虽然我们的工作有了一些成绩，但从总体上来说档案工作为大局服务的能力仍然很有限，档案事业发展的任务仍然很艰巨。我们要以这次会议为动力，认真学习和借鉴兄弟省市的成功经验，按照又好又快发展的要求，努力推进我省档案事业迈上新台阶。

认真学习贯彻党的十七大精神 努力开创全省信息事业发展新局面

江苏省信息中心主任　姚万华

这次会议，主要是认真学习十七大精神，总结回顾全省信息系统 2007 年工作和发展经验，分析交流面临的新形势和新问题，研究探讨系统发展新思路，安排部署 2008 年重点工作，坚持以科学发展观统领系统工作全局，加强协同，增强实力，努力开创全省信息事业发展新局面。

一、2007 年工作回顾和经验总结

2007 年，全省信息系统在各级党委、政府的领导下，围绕经济社会发展和信息化建设的需要，按照系统发展规划的要求，坚持以“为政府服务”为发展方向，以“六个职能中心”为奋斗目标，积极探索，努力创新，在信息化建设、宏观决策支持服务、信息资源开发利用、信息技术服务、信息化推进等方面取得明显成效，较好地履行了工作职责，巩固和提升了系统发展的位势。

（一）明确目标抓推进，积极打造业务发展和职能建设的新平台

2007 年，系统在目标管理、业务发展和职能建设等方面有创新和突破，在不断促进传统业务创新发展的同时，争取新业务、新职能也取得明显成效。

1．积极争取，业务呈现多元化发展趋势。业务多元化是系统发展的根本之路。2007 年，按照 2006 年系统会议精神和发展规划的要求，加强目标管理，分步实施“六个职能中心”的战略，取得了明显成效。省中心将“六个职能中心”建设列入年度重点工作，分别编制了建设实施方案，组织专家对实施方案进行讨论、修改和完善，积极推进实施；徐州、常州、南通、泰州、连云港、盐城等市中心承担了网管中心的职能，南京、苏州、无锡、常州、泰州等市中心负责了“资源管理中心”的具体工作，获得市委、市政府领导的高度评价。不少市县信息中心积极争取新的职能，拓展了新的业务，系统业务取得了新进展。

2．统筹谋划，政府赋予的职能日益增多。积极争取职能，是系统主动应对事业单位改革的基本途径。多年以来，系统积极承担信息化建设和服务工作，积累了大量的人才、技术和经验，为系统争取新职能创造了条件。2007 年，省中心及苏州、南京、无锡、常州、扬州等市中心争取“信用信息中心”的新职能，南京中心增挂了“信息服务业办公室”、“金宏工程办公室”两块牌子，承担了“网络与信息安全协调小组办公室”的日常工作。南通中心负责“电子政务建设协调指导小组办公室”的具体工作。宿迁中心被市政府明确作为推进全市电子政务建设的牵头单位，扬州中心建成“电子政务证书认证扬州分中心”，负责“数字证书”应用推广工作。常州中心组建了“数字证书”认证公司，引导电子商务规范化发展。

（二）明确重点抓管理，努力开创全省信息化建设和服务的新局面

2007 年，系统按照国家和我省电子政务发展的新要求，围绕建设服务政府、高效政府和廉洁政府的目标，以服务为宗旨、以应用为方向、以安全为保障，大力推进信息化与电子政务建设，发挥了促进政府管理创新、提升行政服务效能、提高公共服务水平、带动社会经济发展的重要作用。

1．积极创新，门户网站建设取得明显进步。按照“信息公开、在线办事和公众参与”等三大功能定位，贴近社会公众需求，积极开展门户网站改版升级工作，不断优化网站服务功能。连云港、扬州、宿迁、泰州等市门户网站增加了“政

务公开”、“职权公开”、“监督监察”、“救援救助”等新功能，南通、常州、连云港等市开通了“百件实事网上办”新栏目，为社会公众提供教育、医疗、劳动保障等网上服务。大多数市、县门户网站都能围绕政府工作重点和公众关注的热点开展“在线访谈”，开辟了一个全新的体察民意、接受监督的新渠道。此外，徐州、常州、南通、盐城、扬州、泰州等地先后制定了门户网站内容保障的管理办法，有效保证门户网站功能的发挥。通过系统的共同努力，在国信办组织的“2007年中国政府网站绩效评估”中取得了优异的成绩，在333个地市级政府网站中，前20名中我省占据三席，分别为苏州、无锡、扬州；同时，连云港、南通、南京、常州4市进入前30名，总数居全国第一。在抽样调查的402个县级政府网站中，前10名中我省占四席，分别为仪征、张家港、昆山、江都，仪征继续蝉联全国第一。

2．强化应用，电子政务重大项目有效推进。2007年，系统发挥自身优势，积极参与电子政务建设，推进应用向纵深发展。南京中心以“综合政务平台”、“权力阳光运行电子政务系统”为重点，稳步推进电子政务顶层设计。无锡中心承担了市电子政务外网规划建设，服务扩大到15个市直机关、120个市属单位和9个市、县（区）；承建的“地理信息共享交换平台”，获得“国家地理信息金奖工程”和“省测绘科技进步奖一等奖”，在国内具有首创性和示范性。泰州中心协助发改委承担了“主体功能区”规划试点工作。南京、扬州、盐城中心开展“数字城市”管理系统建设，促进城市管理信息化水平再上新台阶。扬州中心参与“应急指挥中心”建设，完成“电子监察系统建设方案”，启动该项目建设前期准备工作。省中心协助省信息办，完成重点工程项目可行性研究评审工作，积极参与“农村党员干部远程教育系统”、“江苏省处以上干部在线学习中心”等重大项目的开发建设，完成了“电子政务外网”、“金宏工程”可行性研究报告和立项报告，积极争取立项。

3．突出保障，技术支持服务显著增强。2007年，系统为政务网络系统安全运行提供技术支持服务。徐州、南通、常州、连云港等市中心探索新型技术服务模式，按照“应用开发＋运维管理”的思路，全程参与市政府行政中心的网络系统建设和维护。系统在做好日常运行维护的同时，探索建立技术服务规范，对管理制度、岗位职责、实施流程、运维时间等都作了规定和要求。常州中心建成“行政办公大楼集成管理系统”，实现信息资产管理、网络管理、系统管理的集成化和数字化。省中心组织开展了“电子政务运行管理规范标准”课题研究，尝试建立运维管理规范标准，为更好地指导市县中心开展运维服务。大多数市、县信息中心积极参与制定电子政务建设规划、实施方案和迁移方案，为当地政府信息化快速发展提供必要的技术保障。

（三）明确优势抓巩固，全力构筑经济预测和决策支持服务的新位势

1．巩固优势，宏观经济预测监测体系更加完善。2007年，部分市加快推进年度经济预测模型建设，利用模型开展经济预测分析研究；加快宏观经济数值型数据库和宏观经济预警系统建设，逐步构建起“年度预测”、“工业景气调查”、“宏观经济预警”和“沿海监测”四位一体的经济预测监测体系。系统共同参与完成的经济展望蓝皮书，已成为我省经济预测成果的权威资料，并列为2008年省发展改革会议的参阅资料。完成的年度经济预测分析报告，获得各地党政领导的批示。完成众多的热点问题研究，有7项成果获得了省发改委系统优秀成果奖。此外，省中心组织开展了《江苏省现代化发展报告》等课题研究，为全省经济社会又好又快发展提供决策支持。

2．加强研究，信息化决策支持服务成果更显著。2007年，系统认真梳理信息化决策支持服务业务，努力培育信息化服务体系，加强信息化热点问题研究，强化信息化决策载体建设，深度参与电子政务重大项目的咨询，积极为信息化建设献计献策。其中，省中心完成的“信息化知识普及工程”研究通过专家评审，成果达到国内领先水平；完成的《以信息化助推又好又快发展》在《新华日报》和《人民日报》（网络版）发表，引起了社会各界的广泛关注。《南京市政务信息资源调查研究报告》等3项成果获得2007年度全省发改委系统优秀成果奖。南京、宿迁、南通、扬州等市中心开展了专项规划、政策法规、指导意见、可行性研究、实施方案等的研究和制定，发挥了“智囊团”作用。系统共同开发信息化年鉴、信息化发展报告白皮书、《信息化决策参考》和《江苏信息化》等，已成为知名的品牌信息资源产品。

（四）明确需求抓服务，切实争取信息服务和信息资源管理的新突破

组织协调信息资源开发利用是信息系统的基本职能，信息内容服务一直是系统持续发展的重要业务，2007年，信息系统紧抓这两项工作不放松，信息内容服务和信息资源开发利用都取得了明显成效。

1．创新方式，信息内容服务再现新活力。2007年，系统认真研究新时期信息内容服务的新形势和新要求，不断创新服务方式，立足各地政府决策需要，增强信息内容服务的针对性，努力提高采编水平，实现信息内容服务的跨越式发展。2007年，省中心向国家中心报送互联网信息，被中办和国办采用65条，获得国家领导人批示10条。向省政府办公厅报送信息采用234条，获得省领导批示12条，得分居所有省级机关第4名。先后获得全省政务信息工作二等奖、国家发改委系统信息报送先进集体和国家信息中心信息报送一等奖；无锡、徐州等中心向市委市政府报送信息，保持全市前茅，受到市党政主要领导的重视；常州中心将自身信息资源库与发改委OA系统进行整合，提供了全新的信息服务；连云港中心以陆桥网站为平台，整合发布沿桥信息，得到商务部的肯定；全省信息系统努力提高决策参考内刊的质量，提高信息内容质量，促进信息内容服务由低端向中高端转变，充分发挥了“资源库”的作用。

2．谋求发展，信息资源建设获得新突破。近年来，不少中心争取信息资源开发利用的职能，苏州、常州、南京、扬州等市中心参与了企业信用体系建设，为应用系统互联、信息资源共享创造了条件，奠定了基础。省中心积极争取“信用信息中心”职能，努力推进筹建工作，已着手规划设计全省公共信用信息系统的总体方案，研制企业征信目录体系。这项工作对系统业务发展是一个重大利好，全省系统有望形成合力，联合推进，协同发展。省中心继续投入人力、物力和财力，加大“信息资源共享平台”管理力度，完善和优化“共享平台”功能，建立台账制度和通报制度，提高“共享平台”信息的上传率和下载率，影响和效益日益增大。无锡中心自主开发建设的政务信息资源元数据管理系统，获得国家中心优秀研究成果二等奖，在全国系统内产生了很大的反响，为今后的全省信息资源开发、利用和管理提供了必要的参考。

（五）明确任务抓推广，着力拓展全省信息化普及推广的新领域

信息化知识普及推广是我省信息系统业务的重要组成部分。2007年，系统继续坚持“立足政府、面向社会”的推进思路，积极创造条件，着力拓展信息化推进的新领域，取得了良好的成绩。

1．创新思路，信息化促进活动全面展开。南京中心承办了长三角信息合作联席会议常务理事会，引起了国信办、国家中心领导的关注；与《中国信息化》杂志社联合举办“数字长江万里行”活动，组织34个城市共同签署了“长江信息化宣言”，有力促进了长江流域城市信息化的整体推进。常州中心积极推进软件协会工作，配合省信息产业厅、省软件行业协会举办了“软件江苏行”活动。连云港中心承办了“院士连云港行”活动，加强地方政府与中科院之间的科技合作。省、市信息化协会承办了“十七大信息化战略思想研讨会”等大型研讨会，邀请省市领导和国内外知名专家进行专题演讲，引起广大机关干部和企事业单位领导的广泛关注，有效地宣传了信息化。策划了“农民上网知识大赛”等大型活动，组织国内外学习交流活动，考察信息产业发展、信息化建设的经验，更好地服务于我省信息化建设。

2．注重实效，信息技术和知识普及不断拓展。技术和人才是推动信息化建设的核心因素。2007年，系统整合现有资源，积极创造条件，努力开展信息技术培训。南通中心利用电子政务工作平台推广应用的契机，组织全市公务员参加应用技术培训，提高了公务人员的信息技术水平。宿迁中心依托宿迁学院，开展机关企事业单位干部职工信息化培训工作，将信息化知识培训纳人公务员在职培训必修科目和教师继续教育的主要内容，广泛开展农村信息化知识普及教育，全年进行农业信息知识培训近3000人次。省中心先后完成数据库管理技术、路由交换项目、网络运行与维护、信息系统应急响应、信息系统建设实务、灾难备份和数据恢复技术等信息技术技能培训；与南京大学联合举办软件硕士班，为信息化建设培养高端人才。

（六）明确思路抓落实，逐渐形成系统和谐发展和深入合作的新面貌

2007年，全省信息系统发展的目标更加一致，业务趋于统一，合作交流更加深入，逐渐呈现系统和谐发展的新面貌。2007年，南京中心成功举办了“长信联”第一届一次常务理事会，签署了“数字长江万里行”活动框架协议，促进形成了长江流域城市信息化工作协作机制。南通中心承办了苏锡常通信息中心主任联席会议，交流电子政务建设工作经验，探讨事业单位管理体制的改革方法，促进了系统协同发展。淮海经济区信息合作联席会议照常举行。省中心制定了“系统优秀成果奖评审与奖励暂行办法”，组织完成了首届系统优秀成果奖评审工作，共评出“企业基础与信用信息交换系统”等10项优秀成果，其中一等奖1名，二等奖3名，三等奖6名，这项工作今后将形成制度，深入推进。此外，通过召开系统工作会议、主任办公会议、经济形势分析会议、共享平台工作会议、办公室主任工作会议等方式，研究系统工作重点，交流经验体会，促进系统内深入合作加快发展。

2007年，我们值得总结的基本经验和体会包括：

一是坚持“又好”与“又快”相结合。“又好又快”是系统事业发展的最显著的特点，也是系统可持续发展的最基本的保障。要正确认识和深入理解两者之间的相互影响、相互促进、互为条件、互作底蕴的辨证关系，注意防止和克服“两者对立、有先有后”的错误认识，在提高服务能力的同时，提高业务发展的速度，在开拓业务、拓展职能的同时，关注和重视人才、技术资源的储备和增加，真正做到“好中求快、以快促好”。

二是坚持“发展”与“改革”相结合。发展是系统事业不断进步、业务不断完善、机构不断成熟的根本目标，改革是各级信息中心跨越式发展的重要动力。正确处理改革发展的关系，把握好改革的力度和发展的速度，坚持“为政府服务”的定位不动摇，坚持以“改革促发展”的决心不动摇，以改革为动力，把发展放在首位，及时化解各类矛盾，妥善解决各种问题，排除不安定因素，统筹安排现有资源，不断提高全系统的事业发展水平。

三是坚持“服务”与“管理”相结合。服务是信息系统业务工作的基本内涵和本质特征，争取管理职能是各级信息中心在事业单位改革中赢得主动的关键因素。正确认识管理与服务的内在联系，真正理解和把握“管理前移”的内涵、特征和要求，树立新型的管理与服务理念，在服务中不断建立完善各类规范标准，在搞好各项服务工作的同时，更好地履行管理职能和义务。

四是坚持“职能”与“职责”相结合。职能和职责是相互依存的唇齿关系，离开职责谈职能，或者离开职能谈职责，都是片面和不切实际的。随着各级信息中心的发展位势不断提高，政府赋予系统的职能和任务不断增加，我们所承担的职责逐渐增多，责任也日益增大。要充分认识到职能不仅仅是权利，更重要是一种职责。建立岗位责任制度，牢固树立岗位责任意识，以高度的责任感和主人翁的精神，对待我们所拥有的职能，更出色完成工作任务，才能不辜负各级政府部门对我们的期望。

五是坚持“协调”与“协作”相结合。信息系统业务发展离不开内外两个环境，既需要营造“合作双赢”的外部大环境，也需要构建“和谐奋进”的内部小环境。通过努力研究和理顺对外合作交流机制，认真对待对外协调和沟通，建立并保持良好的合作关系，增强系统发展的外部牵引力；通过努力探寻和建立系统和中心内部分工合作机制，妥善处理好内部工作关系，增强系统发展的内在动力。

六是坚持“以人为本”与“严谨规范”相结合。“以人为本”是科学发展观的科学内涵，也是各级信息中心实施民主化管理的出发点和归宿。全省信息系统通过抓项目争取资金，切实提高职工福利待遇；通过抓机遇加快发展，切实改善职工成长的环境，为职工发展创造空间和价值。严谨规范是现代管理的根本要求，也是实现管理科学化的有效手段。系统坚持建立规章制度、完善管理机制，坚持按章办事、严格规范，既有利于系统的正常运转，又有利于调动干部职工的积极性、主动性和创造性，促进系统事业蓬勃发展。

2007年，我们在取得工作成绩和获取工作经验的同时，也发现系统建设和发展中存在一些令人担忧和迫切需要解决的问题：一是系统内发展不均衡，南北差距较大；二是系统内人才和知识结构有待进一步优化，管理和激励机制尚未完全建立健全；三是系统业务持续拓展的难度加大，各地中心的业务结构存在很大的差别；四是对改革发展的一些重大实际问题研究不够深入等。我们要高度重视这些问题，认真研究，逐步加以解决。

二、2008年面临的形势和发展目标

2008年是贯彻落实党的十七大和省十一届三次全会精神的第一年，也是实施“十一五”规划承前启后的关键年，对系统的发展至关重要。根据中央、省委的要求和系统发展现状，我们认为，必须始终保持清醒头脑，立足系统正处于事业单位改革关键时期这个最大的实际，科学分析系统全面参与信息化建设的新机遇新挑战，全面认识系统事业深入发展的新形势新任务，深刻把握系统业务发展和内部管理面临的新课题新矛盾，更加自觉地走科学发展、和谐发展的道路，奋力开拓更为广阔的发展前景。

(一) 面临的新形势、新任务

通过一年的不断努力，系统事业有了新的进步、系统业务有了新的发展、系统位势有了新的提高、系统合作有了新的面貌。2008年，系统仍将面临着更严峻的形势、更繁重的任务、更大的机遇和挑战。

从宏观来看，社会经济发展的良好形势和复杂环境，为系统发展提供了新的发展机遇。当前，虽然经济社会处于又好又快的发展阶段，但影响经济社会深入发展的因素更加错综复杂。根据党的十七大精神，各级地方政府调控经济发展、制定发展规划、制订公共政策、实施行政管理、推进公共服务的难度不断加大。作为各级党政部门决策支持服务机构，系统要及时把握、准确分析经济社会发展中出现的新情况、新问题，提高经济社会发展热点难点问题的分析能力，提升各级政府科学决策的水平。

从信息化发展趋势来看，十七大报告所蕴含的信息化战略思想和战略举措，为系统业务拓展带来新的机遇和挑战。根据十七大报告精神和我国信息化发展的实际，信息化已成为与工业化、城镇化、市场化、国际化同样具有深远影响的战略举措，并呈现出与工业化融合发展的趋势，实施信息化战略是不可抗拒的历史潮流。深入学习十七大精神，全面贯彻落实科学发展观，建设更高水平的小康社会，实现经济发展、政治文明、文化繁荣、社会进步，都需要信息化在更深层次、更广领域发挥更大作用。在新形势下，全省信息系统要充分发挥信息化建设主力军的作用，在信息化重点工程建设、信息资源开发利用、信息化决策支持服务、信息化普及推广等领域取得更多的突破和发展。

从事业单位改革形势看，系统的服务功能强化和管理职能缺失，使全省信息系统在事业单位改革中面临着机遇和挑战，而且是机遇大于挑战。随着政府职能不断转变，事业单位改革不断深化，系统依托传统体制形成的各种优势逐渐弱化。在新形势下，各级党政部门对各地信息中心的服务能力、服务质量、服务意识的要求越来越高。我们必须认清形势，未雨绸缪，抓住机遇，主动应对，尽快将原有的政策、资源优势转化为服务优势和能力优势，并在服务中不断争取管理职能，以积极主动的姿态迎接事业单位改革。

从竞争格局和内部管理看，系统所面临的外部竞争和内部改革的压力不断加大，人才、资金和技术仍是系统可持续发展的主要制约因素。随着经济全球化和市场化进程的加快，一大批具备人才优势、资金优势、技术优势的国内外竞争者涌入信息服务领域，对系统业务带来巨大的冲击，对系统发展形成了前所未有的竞争压力。面对日益严峻的竞争形势，各地信息中心要加强内部运行机制改革，加强青年骨干人才培养，建立科学的内部管理制度，不断优化财务、资金和项目管理，努力提升系统服务能力，创造形成新的核心竞争力，谋求可持续发展。

(二) 指导思想和工作思路

2008年将是系统加快改革和深入发展的关键年，各项工作都要围绕这一阶段性的特征展开谋划。2008年系统工作的总体指导思想是：高举中国特色社会主义理论伟大旗帜，认真学习、贯彻和落实党的十七大和省十一届三次全会精神，按照中央和省委提出的经济社会发展和信息化建设的新要求，坚持以科学发展观统领系统各项事业发展全局，以坚定不移地推进“六个职能中心”建设为努力方向，以“为政府服务”为出发点和落脚点，在更高层次上改进服务理念，创新服务方式，优化服务手段，提高服务水平，理顺改革发展关系，建立、健全内部管理机制和对外协调

机制，抢抓发展机遇，迎接挑战，着力提升系统发展能力和发展位势，走科学发展、和谐发展和可持续发展之路。

2008年，系统主要工作思路包括：

1. 坚持服务方向，提高服务水平。“为政府服务”是系统最值得总结的基本经验，也是系统必须始终坚持的正确方向。坚持“为政府服务”不动摇，关键是要正确地把握经济社会和信息化发展的大局和趋势，全面了解服务对象的需要，拓宽服务渠道，创新服务模式，优化服务手段，增强服务力度，提高服务品质，不断强化宏观决策支持、信息内容服务、信息技术支持和信息资源管理，为各级党委、政府提供更优质的信息和技术服务，逐渐将“为政府服务”的功能升华为“服务型机构”的职能。

2. 坚持发展目标，巩固发展位势。全省信息系统作为成长中的政府服务机构，发展是永恒的命题。只有坚持发展、深入发展、不断发展，系统才有希望、有位势、有前途。要认真贯彻落实科学发展观，坚持“又好又快”发展，全面理解“发展与位势并存”的理念，统筹兼顾发展的“质量”和“速度”。提高系统的整体发展水平，认真履行经济社会热点研究、信息内容服务、信息化建设、信息资源管理、信息化普及推广等基本职能。拓展发展思路，积极争取可持续发展的新业务和新职能，切实推进我省社会经济发展和信息化发展进程，不断巩固和提高系统发展位势，扩大系统的影响力，保证系统持续、健康、快速发展。

3. 坚持改革思路，激发改革活力。改革是激发系统发展活力的保障，也是实现系统跨越式发展的前提。必须坚持深化改革、推进改革，着眼于解决制约系统健康发展的机制性障碍，减少束缚系统快速发展的体制性影响，克服困扰系统可持续发展的内在矛盾，建立健全科学规范的运行机制、管理制度。特别是要认真研究国家事业单位改革、事业单位工资改革的政策法规，真正建立起规范化的考核管理、岗位绩效和岗位责任制度。制定科学的人才引进、聘用和使用的人事管理制度，注重优化系统人才队伍的知识结构和技能水平，加强年轻同志、骨干力量和关键人才的培养，让年轻人才快速“冒尖”、让骨干人才承担“重担”、让关键人才贡献“才智”，保证系统发展充满活力。

4. 坚持创新精神，保持创新成果。创新是系统各项事业取得成功的关键，也是系统业务不断发展的核心。只有勇于创新，系统的职能才能不断丰富、影响才能不断增大、位势才能不断提高；只有敢于创新，系统事业才能进步、发展才有动力、工作才出成果。今后，要继续强化创新意识，摈弃陈旧的思想观念，努力弘扬“三创”精神，将创新贯穿于各项工作的始终，通过管理创新、服务创新和业务创新，寻找新的业务增长点，寻求新的职能突破口，开辟新的业务发展领域。既要抓好传统业务发展，也要抓好创新业务发展；既抓住关键工作，又要抓好常规工作，既抓住重点，又要抓好细节，最大可能争取和保护系统改革创新的成果，增强系统创新发展的优势和综合竞争力。

三、2008年发展目标和重点工作

2008年是系统加快发展与深化改革的关键年，承担的职能业务更加丰富，承担的工作任务更为繁重。根据系统工作总体指导思想和发展思路，2008年系统的主要发展目标是：按照各级党委、政府赋予系统的职能和任务，紧紧围绕年度目标任务和重点工作，根据“六个职能中心”建设的要求，着力打造“三个标准”，努力提高“三种能力”，积极强化“三项职能”，真正实现“三个到位”，努力开创系统事业发展的新局面。

（一）打造“三个标准”，积极推进电子政务建设与管理

深入理解十七大信息化战略思想，认真研究十七大报告中所提到的信息化建设关键领域。积极推进我省信息化和电子政务建设，建立电子政务重点工程、重大项目的咨询研究标准、应用开发标准和运维管理标准，参与电子政务重点工程建设和重要业务应用系统开发，出台规范化管理方案和措施，为各级党委、政府提供信息技术支持服务。

1. 打造电子政务重点项目咨询研究标准。继续参与当地政府信息化和电子政务主管部门的管理工作，积极配合做好信息化和电子政务重点工程的可行性研究报告、项目建议书和立项报告的修订工作，认真组织专家对前期研究报告和成果进行评审，尝试建立科学的、规范的评审标准，健全项目咨询和评审的管理机制，努力为各级党委、人大、政府、政协和机关部门提供高质量的技术支持和咨询服务，确立系统在电子政务重点工程建设与服务中的“专家”地位，为各地高质量、高效率完成信息化和电子政务重大项目的前期研究工作提供必要的保证。

2．打造电子政务重点工程应用开发标准。加强与政府办公室厅（室）、发改委、信息办、信用办等主管部门的联系，加强与业务部门的沟通，了解服务对象的业务需求，坚持利用最新技术，探索建立一套全新的技术开发标准，采用“技术+服务”应用开发模式，全程参与电子政务重大项目建设，争取参与或承担“诚信体系的三库一网”、“电子政务外网”、“金宏工程”、“灾备中心”、“农村党员干部远程教育系统”、“数字城管”等基础网络和重要应用系统建设，开发“市民卡”等终端信息服务产品，切实推进全省信息化和电子政务发展。

3．打造电子政务重要网站系统运维标准。完成“省电子政务运维管理标准”课题研究，广泛征求意见，完善研究成果，出台管理规定，切实做好各级党政部门门户网站、“电子政务内（外）网”、“发改委系统纵向网”、“权力阳光运行电子政务系统”、“行政办公大楼管理信息系统”、“网上行政审批中心”、“数字城管”等网站、系统的基础性服务和管理工作，为政府部门提供高质量、高效率的运维管理技术服务。

（二）提高“三项能力”，深入开展经济社会和信息化决策支持服务

刚刚召开的全省经济工作会议和发展改革会议对当前经济形势作出了重要判断，明确了明年经济工作的主要任务和工作目标。要围绕经济工作大局，完善经济预测监测体系和信息化决策支持服务体系，加强研究宏观调控和经济发展中的突出问题，提高热点问题研究能力、预测模型开发能力和信息化决策支持服务能力，为各级党政部门提供综合决策服务。

1．提高热点问题分析研究能力。根据各级党委、政府的要求，针对经济社会发展中的热点、难点问题，认真制定经济社会发展、信息化建设等方面课题和项目研究计划，积极开展选题、定题、研究和评审工作。充分发挥全省信息系统专家委员会的作用，建立经济社会、信息化等方面的专家库，借助高校、科研院所和社会力量，积极开展基础性、战略性研究，为我省经济发展献计献策。

2．提高经济预测模型开发应用能力。完善“四位一体”的复合式预测监测体系，加快推进宏观经济预警系统建设，配合做好全省工业景气调查工作。借助省中心的专家，帮助市县中心开发年度经济预测模型；选择有条件的市、县，合作共同开发“省市县三级宏观经济预测模型”，构建完善的市、县（区）宏观经济预警系统，切实提高经济模型开发能力和宏观经济预测监测水平。

3．提高信息化决策支持服务能力。密切关注国内外，尤其是发达国家信息化发展动态，认真研究信息化发展趋势，积极参与信息化战略、规划和政策法规的制定，广泛开展电子政务发展情况调查和信息市场管理研究，加强信息资源产品开发利用；加强与发达国家（地区）信息化机构的联系，建立健全互访学习交流机制，定期组织学习考察，借鉴先进经验，促进我省信息化发展；策划高端的信息化推广项目，广泛开展培训、论坛、比赛、研讨会等信息化促进活动，加强高级信息技术人才培养，努力形成全方位、多层次的信息化决策支持研究体系，切实提高决策支持服务水平。

（三）强化“三项职能”，切实加强全省信息资源开发利用

信息资源是信息化建设的基础。各地党委、政府非常重视信息资源的开发、利用和共享，省及部分市将“信用信息中心”放在中心，我们要抓住这一有利机遇，积极转变观念，加大信息资源开发力度，提高信息内容服务和信息资源利用水平，促进信息资源充分共享。

1．强化信息资源管理的职能。认真研究，明确定位，确定我省信息资源开发的指导思想、主要原则、总体任务和工作重点，制定详细的实施计划和推进方案。抓住重点，主动推进，参与信息资源开发的规划工作，建立健全相关法律法规体系。开展调研，从基础抓起，对政府和社会的信息资源发展状况进行调查，结合国内外信息资源开发利用的规律和方法，提出政策建议和实施重点，为制定信息资源发展政策法规提供依据。按照省发改委的部署和要求，配合市、县（区）发改委，切实推进“数据中心”建设和“主体功能区”试点工作，为我省区域规划提供基础性服务；结合“信用信息中心”和“金宏工程”建设，引导全省信息资源开发，指导基础数据库建设，确保信息资源管理职能快速发展。

2．强化品牌信息产品开发的职能。提高重视程度，提升管理水平，彻底转变任务式的维护观念，改变被动式的服务方式，特别注重上载信息的质量，继续做好信息资源共享平台管理工作；加强交流，加强合作，高质量编制和发行信息化年鉴、经济展望蓝皮书、信息化发展报告白皮书、现代化研究报告等品牌资源产品；各地信息中心要根据自身情况和本地特色，因时、因地制宜，筹划和推出领导重视的新信息资源产品，提高系统知名度。

3．强化信息内容服务的职能。强化信息采编人员管理力度，拓宽信息采编的渠道，转变原有采集加工模式，注重信息服务的针对性、精细化程度，增加外购信息的数量和质量，提高决策参考内刊的编辑水平，继续向各级党委、政府及综合管理部门提供优质信息内容服务，向各级党委、政府主要领导提供决策参考内刊，编辑省、市长专供信息，提高系统影响力。

（四）实现“三个到位”，真正提升系统内部管理和交流合作的层次

系统事业的可持续发展，需要系统内部加强交流、通力合作。要不断完善系统合作交流机制，加强系统人才队伍建设，加强业务指导，促进系统和谐发展再上新台阶。

1．内部管理要到位。加快机制创新，倡导主题服务，积极探询适合系统发展的运行机制，建立有效的激励与约束机制；根据系统改革发展需要，建立岗位责任、绩效考核、绩效工资和全员聘用等制度，完善财务、人事、项目、党务等内部管理制度，激发系统发展动力和活力。各级信息中心要加强组织机构建设，完善职能和业务结构，促进系统组织机构可持续发展。加强发改委对中心的领导，加强省中心对市中心、市中心对县中心的业务指导，把系统真正建成“内部健全、管理到位”的和谐组织。

2．人才培养要到位。人才队伍建设是长期困扰系统发展的重要制约因素，也是近期必须要解决的重大战略问题。要提高系统人才质量，培养项目带头人、复合型管理人才；要做好职工内部的政治理论培训，有计划参与各种政治理论学习，提高政策理论水平，为系统业务开展提供思想和组织保障；要注重人才梯队建设，加大业务技术知识的培训，开展多层次、多结构、多方位的培训工作，提高系统整体的业务水平，为系统可持续发展提高充足的人力资源；要着力提升中层领导干部的管理水平和综合素质，在用人机制上要大胆培养和锻炼有潜力的年轻同志。

3．协同互助要到位。建立良好的协同工作机制和互助机制，对系统的发展至关重要。2008年，省中心将更广泛地支持系统内部的合作交流，改变过去以经济预测研究业务为主的合作格局，以项目实施和工程建设为切入点，大力促进系统优势整合，增强系统合力，在系统内积极营造“信息共享、经验交流、技术合作、相互帮扶”的环境。各市信息中心在工作中要协同互助，开展“长三角地区”、“淮海经济区”、“长江沿岸”、“苏锡常通”等区域合作交流，促进系统工作再上新台阶。

信息化建设充满机遇，任重道远。系统事业充满希望。作为全省信息化建设的主力军，要勇于承接新的历史使命。让我们在各级党委、政府的领导下，苦练内功、扎实工作，努力开创全省信息事业发展新局面，为我省“全面达小康，建设新江苏”的伟大目标作出新的更大贡献！

第 三 部 分

规划、专题研究篇

江苏省社会信用体系建设三年行动计划

建设社会信用体系，是完善市场经济体制的客观需要，是整顿和规范市场经济秩序的治本之策，是建设诚信江苏的核心内容和关键环节。为贯彻党的十七大精神和党中央、国务院关于建设社会信用体系的部署，落实省第十一次党代会和诚信江苏建设工作会议精神，根据省委、省政府《关于加快推进诚信江苏建设的意见》（苏发〔2007〕14号），特制订《江苏省社会信用体系建设三年行动计划》。本计划实施期限为2008年至2010年。

一、发展环境

党中央、国务院高度重视诚信建设。党的十六大、十六届三中全会明确了社会信用体系建设的方向和目标。十六届六中全会强调，“加强政务诚信、商务诚信、社会诚信建设，增强全社会诚实守信意识”。国务院办公厅《关于社会信用体系建设的若干意见》（国办发〔2007〕17号），进一步明确了社会信用体系建设的目标、原则和任务。党的十七大强调健全社会信用体系。这些都为新时期推进诚信建设指明了方向。

省委、省政府认真贯彻党中央、国务院关于诚信建设的一系列指示精神，明确提出了建设诚信江苏的重大任务，把诚信江苏与法治江苏、平安江苏、文化江苏、绿色江苏一道，作为构建和谐社会的五大载体，并采取一系列有效措施，积极加以推进。省政府还颁布实施了《个人信用征信管理暂行办法》和《企业信用征信管理暂行办法》。近几年来，各地、各部门在建设社会信用体系、健全信用制度、加强市场监管、培育诚信文化等方面做了大量工作，取得了积极进展。推进诚信江苏建设的工作格局初步形成，公共信用信息平台开通运行，行业信用建设得到加强，诚信教育活动取得积极成效，全社会诚实守信的观念不断加强，江苏企业信誉、市场商誉不断提升，投资环境不断优化，为经济发展提供了有力支撑。与此同时，我们也要清醒地看到，我省诚信建设虽然有了一个好的基础，但总体上仍处于起步阶段，还不能适应经济社会发展的进程。仍然存在思想认识不够统一、社会信用体系不健全、信用服务相对滞后、有些领域的失信现象时有发生等问题。面对新形势，诚信江苏建设的任务还很艰巨。

当前，我省经济社会发展已进入一个新的阶段，必须充分认识加快推进诚信江苏建设、完善社会信用体系的重要性和紧迫性。

（一）加快建设社会信用体系，是完善社会主义市场经济体制的基础工程

市场经济是信用经济，商品的生产、交换、分配和消费关系，直接体现为信用关系。当前有些领域存在的市场秩序混乱现象，是与诚信意识淡薄、社会信用缺失分不开的。要加强诚信建设，建立社会信用体系，健全规范市场秩序的长效机制，从根本上铲除市场秩序混乱现象滋生的土壤。江苏市场经济发展较快，对外开放程度较高，对信用建设的要求更为迫切。建立更加开放、更具活力的市场经济体制，进一步提高江苏经济的整体竞争力，必须把社会信用体系建设作为一项战略任务。

（二）加快建设社会信用体系，是构建和谐社会的客观要求

一个和谐的社会，必然是一个诚信的社会。随着我省经济社会的快速发展，利益主体呈现多元化，利益需求趋向多样化，利益关系更加密切，信用缺失引发的社会矛盾、利益冲突等问题，会对社会和谐造成严重影响。加快构建和谐社会，必须把信用体系建设作为重要内容，大力弘扬诚信文化，努力提高全社会诚信意识，促进人际关系融洽、利益关系协调。

（三）加快建设社会信用体系，是提升经济国际化水平的必然选择

改革开放以来的实践证明，江苏之所以能够

成为外资的集聚地，在很大程度上得益于亲商安商、诚实守信的发展环境。在经济全球化深入发展、对外开放不断深入的背景下，优化信用环境，健全信用体系，打造诚信品牌，是提升江苏开放型经济发展质量和水平的重要保证。必须把建设与现代市场经济相衔接的社会信用体系摆到突出位置，进一步提升江苏对外开放的良好形象，更好地“引进来”，更快地“走出去”。

（四）加快建设社会信用体系，是增强消费拉动力的重要举措

随着城乡居民收入的增长，我省消费结构加快升级，住房、汽车、教育、文化消费比重不断增加，客观上要求加快发展信用消费。目前我省个人信用消费比重较低，一个重要原因就是缺乏社会信用体系的支撑。必须加快发展个人征信服务体系，扩大信用消费规模，进一步增强消费对经济增长的拉动力。国际经验表明，社会信用体系的发展与生产力水平、市场化程度相适应，人均GDP达到5000美元左右是信用体系激活期。我省已经进入人均GDP从4000美元向7000美元攀升的新阶段，有必要也有条件在社会信用体系建设方面走在全国前列。

各地、各部门一定要站在战略和全局的高度，进一步提高对社会信用体系建设重要性和紧迫性的认识，增强工作责任感和使命感，扎扎实实推进社会信用体系建设，不断提高诚信江苏建设水平。

二、指导思想、发展目标和主要原则

（一）指导思想

以党的十七大精神为指导，深入贯彻落实科学发展观，立足建设诚信江苏，以市场需求为导向、法规制度为核心、信息系统为基础、信用服务为关键，充分发挥政府诚信示范带头作用，重点建设信用监督和信用服务系统，大力推进政务诚信、商务诚信和社会诚信，不断提高政府公信力、企业信用水平和个人信用意识，为科学发展、社会和谐建设发挥基础支撑作用，为“全面达小康、建设新江苏”作出应有贡献。

（二）发展目标

到2010年，基本建立与我省小康社会相适应、符合国情的社会信用体系基本构架和运行机制，促进诚信江苏建设取得突破性进展。基本建立“一网三库”（诚信江苏网站、企业信用基础数据库、个人信用基础数据库、企业和个人信贷征信数据库）；信用产品得到推广和应用；信用服务行业市场初具规模；在“信用长三角”和全国信用体系建设中发挥作用；政府公信力、企业信用度和社会诚信意识明显提升，社会诚信环境明显优化。

（三）主要原则

——科学规划，分步实施。按照国家总体部署，借鉴兄弟省市经验，参考国际通行做法，结合江苏实际，把建设社会信用体系纳入全省经济社会发展总体规划和诚信江苏建设目标，统筹规划，科学论证，积极引导。根据地区、部门和行业的具体情况，采取不同措施，分类指导，分步实施，稳步推进。

——政府示范，市场运作。充分发挥政府的规划引领、资源整合、需求牵引、政策扶持、联动监管和信息服务等推动作用，积极发挥政务诚信的示范效应。注重发挥市场机制的基础性作用，促进信用产品开发和应用，积极培育信用服务市场，促进信用服务业快速健康发展。

——健全制度，完善机制。积极推进信用法律法规建设，明确监管职责，建立健全联动监管机制，依法规范信用服务行为和市场秩序，切实保护当事人的合法权益。发挥法律规范、行政管理、经济调节、舆论监督和道德约束的综合作用，建立长效机制，形成整体效能。

——整合资源，形成合力。社会信用体系建设是一项系统工程，在推进部门信用信息系统建设的同时，要加大各部门、各行业、各方面的信用信息资源整合力度，实现信用信息互联共享。积极探索全国信贷征信体系建设与我省社会信用体系建设的合作模式。充分调动各方面积极性，加强地区、部门、行业的工作协同，扩大社会参与度，形成合力推进的发展格局，推动实现诚信江苏建设的战略目标。

三、主要任务

（一）建立信用法规政策体系，完善信用激励和惩戒机制

1. 完善信用法规。按照国家有关法律、法规，结合江苏实际，在信用信息采集、加工、管理和披露，信用评级和信用奖惩等方面，加快制定地方性法规、政府规章和其他规范性文件。进一步清理、修改与诚信江苏建设要求不相适应的法规、规章和文件，逐步建立和完善信用法规体系。全面落实《江苏省企业信用征信管理暂行办法》和《江苏省个人信用征信管理暂行办法》，加快制定具体实施办法和操作规则，依法规范信用信息的采集、加工、管理、披露和信用产品的生产、使用等活动。明确界定信用信息的公开范围，依法保护个人隐私、商业秘密和国家信息安全，使信用服务有法可依、有章可循，为各种社会信用活动提供法规保障。

2．建立公共信息公开制度。各地区、各部门要严格执行《中华人民共和国政府信息公开条例》及相关规章制度，整合监管信息，实现系统内和部门间监管信息的互联共享。依法公开在行政管理中掌握的信用信息，按规定向特许经营机构、社会公众、企业、行业协会等提供公共信用信息服务。信贷征信机构要依法向政府部门、金融机构、企业和个人提供方便、快捷、高效的信息服务。逐步形成层次分明、功能明确、交换有序的社会信用信息共享机制，为信用信息征集、查询、评估等工作奠定基础。

3．制定信用信息标准规范。加快公共信用信息系统和信用服务行业的标准化建设，制定信用信息、公共信用信息平台运行、系统建设等一系列技术标准和服务规范，协调处理好信贷征信行业标准与地方相关标准之间的关系，逐步形成完整、科学的信用标准体系和管理规范。

4．建立信用激励和惩戒机制。建立健全法律规范、行政管理、经济调节、舆论监督和道德约束相结合的守信激励与失信惩戒机制，形成良好的经济社会秩序。在经济社会活动中，对信用记录优良的企业、单位和个人，各有关部门和单位要在市场准入、公共服务等方面给予政策优惠和提供便利，使其获得较多交易机会，降低交易成本，成为守信受益者；反之，形成相应的约束机制，加大惩戒力度。对有制假售假、逃废债务、做假账、拖欠工资、不参加社会保险等行为的企业和出具虚假报告的中介机构，实行“黑名单”制度。对严重失信者，依法追究责任。到2010年，各部门、试点城市都要制定企业和个人守信受益、失信惩戒的制度、办法，对市场主体信用实行分类监管。

（二）建设“一网三库”信用信息系统，促进信息公开和资源共享

1．建设省市企业信用基础数据库。以省市电子政务数据交换系统为基础，按照政府投资、统一规范的原则，建设省市两级基础数据库和公共服务平台。数据库主要归集省市行政机关、司法机关、行使公共管理职能的组织、公用事业单位、行业组织等掌握的企业公共信用信息。设立省公共信用信息中心，负责建设和运营以企业信用信息为主的基础数据库和服务平台。省级数据库信息由各部门和省辖市子系统提供。省市两级平台实现公共信用信息的交换、共享、备份，并面向行政部门、社会公众、特许征信机构、企业等提供信用信息服务，形成支撑全省信用体系发展的基础。行政机关、司法机关、行使公共管理职能的组织、公用事业单位、行业组织等应当按时、准确、完整地向省市公共信用基础数据库提供企业公共信用信息。加快诚信江苏网站建设，加强运行管理，创新服务手段，为全社会提供公益性信用信息查询服务。

2．建立个人征信系统。按照特许经营、市场化运作的原则，建设个人征信系统。从保险代理人、会计师等特殊职业和社会重点人群入手，在南京、苏州两市开展试点的基础上，依托特许个人征信机构，逐步建立包含个人基本信息、社会公共记录、商业和其他信用信息的个人征信系统。力争到2010年，有一半以上省辖市为50%有信用活动的个人建立信用档案。

3．推动部门信息系统建设。以纳税、合同履约、产品质量等信用信息的应用为重点，加强省各有关部门信息系统建设，建立和完善信用基础数据库、信用分类监管和联动监管工作机制，提升信用信息归集质量和应用水平，提高行政监管效能。按要求及时向省公共信用基础数据库提供信用信息，到2010年前实现40个左右的省级部门数据库和省公共信用信息基础数据库的信息交换，基本形成省市政府部门信用信息共享、联动监管、行业自律和舆论监督相结合的监管体系。

4．支持信贷征信体系建设。省市各部门积极支持人民银行建立的全国统一的企业和个人信用信息基础数据库采集非银行信息，依托信贷征信平台，为所有尚未与银行发生信贷关系的中小企业建立信用档案。在法律允许的条件下，充分利用信贷征信信息资源，加强社会信用体系建设和管理，推动信贷征信系统与省市信用信息系统的有效衔接、优势互补。

5．促进省市信用信息互联共享。在省统一规范和标准指导下，各省辖市建设企业信用基础数据库子系统，负责归集本地区企业信用信息，实现省市企业信用基础数据库系统互联互通，并向行政部门、社会公众、特许征信机构、企业等提供公共信用信息服务。到2010年，50%以上省辖市公共信用信息子系统建成并与省平台联网。

6．大力发展信用服务业。以市场为导向，大力培育和鼓励发展企业征信、个人征信、信用管理咨询、资信评级、信用担保、信用保险和商账风险管理等信用服务业。出台优惠政策，促进信用服务业的发展。完善服务功能，增强产业关联度，提升市场化水平。到2010年，力争全省信用服务业营业额年均增长15%以上，逐步成为我省现代服务业的重要力量。

（三）推进信用产品广泛使用，营造信用服务市场环境

1．推进政府部门带头使用信用产品。从试点城市入手，推进政府在管理和服务环节中使用信用产品。试点城市2009年底、全省其他地区2010年左右，要在政府采购、公共财政项目招标、工程（设备）项目招投标、科技专项、财政贴息资金管理等环节中全面推行使用信用产品。在中小企业贷款担保、公务员招聘、国有资产产权转让、资格资质认定、建设项目招投标等环节中，应要求行政相对人或市场相对方提供信用报告。

2．培育信用服务市场需求。加快传统现金交易方式向现代信用交易方式的转变，努力开发信用交易产品，推广现代信用管理技术，推动信用消费增长，扩大信用交易规模。鼓励和提倡广大企业和个人，在经济活动中逐步使用信用产品，形成全社会广泛使用信用产品的氛围。引导金融、纳税、合同签约、食品和药品安全、环保等重点领域率先使用信用产品。企业发行债券，以及商业银行对大企业贷款3000万元以上、中小企业贷款300万元以上的，应要求企业出具信用评级报告。

3．加快信用产品发展。鼓励和引导信用服务机构根据市场变化，开发信用产品。引进国外先进的技术和管理经验，不断增强技术和产品创新能力，努力提供高质量、多样化、有特色的信用产品，满足全社会多层次、多样化、专业化的信用服务需求。鼓励信用服务产业链中各类中介机构的业务协同、资源整合、合作共赢。

（四）强化信用市场监管，促进信用市场规范发展

1．强化信用市场监管。省市信用管理机构要研究制定对信用服务机构扶持、引导和监管的相关规定，协同人民银行南京分行征信管理部门，加强对信用服务市场和信用服务行业协会的监督管理。对信用服务机构的设立条件和程序做出明确要求，逐步建立市场准入和退出机制。完善信用服务机构监管制度，防止非法采集和滥用信用信息，促进公开、公平、公正的信用服务市场健康发展。

2．规范市场主体信用活动。省市信用管理机构依法监督管理社会信用主体活动，规范行政部门、企业单位、行业组织和个人的信用活动，查处违法违规行为，维护市场秩序。省市各级金融监管、市场监管等部门要从实际出发，创新管理、考核、评价方式，形成信用管理制度规范，不断完善各类市场主体的信用分类监管制度，落实监管责任。

3．引导信用服务行业自律。组建信用服务行业协会，建立同业自律体系、约束机制和行业信用守则，推行信用服务行业诚信服务承诺，主动接受社会监督，不断提高行业整体素质和公信力。

（五）建立企业信用管理制度，加强行业信用监管

1．完善企业信用管理制度。从试点城市和重点行业入手，引导企业建立健全以客户资信管理等为主要内容的信用管理制度，完善信用风险防范机制，提高企业的社会信用度，自觉主动地使用信用工具和产品，提升信用管理水平，为企业经营决策提供保障，规避和防范交易风险。运用现代信用管理技术，着力提高企业内部信用管理水平。到2010年，全省具备条件的企业建立内部信用信息管理系统，实现信用管理机构、人员和制度的“三落实”。

2．加强行业信用管理和制度建设。充分发挥各级商会和行业协会的作用，根据行业信用建设特点，牵头制定行业信用发展规划和相关制度，制订和完善行业诚信自律公约，促进行业自律和信用建设。加强行业内部信用信息收集和建档，建设行业信用信息数据库。协助会员企业建立信用风险防范机制，逐步使企业内部的信用管理工作规范化、制度化。组织开展信用知识普及培训，规范从业人员信用行为。

（六）加强诚信宣传教育，增强社会信用意识

1．加强诚信宣传教育。加大全社会诚信宣传力度，广泛开展形式多样、内容丰富的诚信宣传教育活动，大力弘扬诚信文化，努力提高全社会的诚信意识。开展大、中、小学生诚信教育活动，将信用知识纳入学校课程教育，提高学生诚信意识，夯实青少年诚信基础。引导各类市场主体树立诚信经营意识。发挥新闻媒体的舆论引导和宣传作用，提高全社会的信用意识。

2．开展诚信主题实践活动。省市每年开展“诚信宣传周”等诚信主题宣传教育活动，始终把诚信建设贯穿于各项精神文明创建活动中，落实到诚信社区、诚信单位、诚信家庭等创建载体上，广泛树立诚信示范典型，培育一批信用示范企业，实现政府公信力、企业信用水平、个人信用素质和全社会信用意识的提高。

（七）共建信用长三角，打造区域信用品牌

1．营造趋同制度环境。以信用制度建设为核心，充分发挥政府部门在信用体系建设中的引领作用，在信用信息征集、加工、管理、披露，信用产品生产、使用，信用服务规范，信用技术标准，以及信用激励和惩戒等方面制定内容趋同的地方性法规、标准和政策。

2．共建信用长三角信息平台。按照服务全省、接轨长三角、面向全国的要求，在规划建设我省“一网三库”的基础上，共同建设信用长三角公共平台，稳步推进跨地区公共信用信息交换，探索重点行业跨地区联动监管，提高长三角区域信用发展水平。

3．共同培育信用服务市场。积极开展信用建设领域交流与合作，共同培育一批具有公信力的信用服务机构。逐步实现征信机构信息互通、产品互认，促进长三角地区信用服务市场共同发展。

四、保障措施

（一）加强组织领导

建立和完善省市两级信用体系建设的组织领导体系。强化省社会信用体系建设领导小组工作机制，狠抓督查考核。调整和强化省信用管理机构职能，充实工作力量。各市要明确管理部门，明确工作职能，切实做好本地区社会信用建设管理工作，共同推进全省社会信用体系建设。各地、各部门要根据全省社会信用体系建设的总体部署和要求，结合实际，制定工作计划，加强组织实施，强化协同推进。开展人民银行与江苏省人民政府共同推进社会信用体系建设试点工作，省信用管理机构和人民银行南京分行要协调落实各项试点任务，建立定期通报和沟通机制。

（二）强化工作考核

建立全省信用体系建设分级管理责任制，实行分工负责、分类指导、逐步推进。按照总体目标要求，做到责任落实、任务落实、措施落实。各试点城市要加大推进力度，加快工作进度，切实发挥引导、示范和辐射作用。自2008年起，把社会信用体系建设纳入各地区、各部门年度工作目标，每年由省信用管理机构会同省有关部门，根据对各地区、各部门信用体系建设考核情况，提出奖励名单，报省政府审定并予以奖励。

（三）加大资金投入

在全省社会信用体系建设的总体规划下，充分发挥省市财政资金在“一网三库”基础设施建设和信用产品应用等方面的引导和支持作用。建立多元化投融资机制，鼓励民间资本、社会法人资本、风险投资资本进入信用服务市场，为信用体系建设发展提供充足的资金保障。自2007年起，省财政设立信用体系建设专项资金用于支持“一网三库”基础建设、运行维护和升级改造；支持信用产品开发、信用市场培育和专业人才培训；奖励各地区、各部门公共信用信息系统建设等方面。各地、各部门也要设立相应的专项资金，予以配套使用，满足各地区、各部门信用信息子系统建设等工作需求。

（四）加大政策扶持

加大对特许征信机构扶持力度。支持特许征信机构加快建设企业和个人征信系统。对于征信机构，在特许当年起的3年内，每年根据企业运营或征信网络建设实绩给予适当资金补贴。推动公共信用信息公开。省公共信用信息中心在2010年前向特许征信机构免费提供信用信息。鼓励发展信用评级、信用管理咨询、信用担保等信用服务业。对于信用服务企业，除享受服务业相关优惠政策外，对其增强技术创新、产品创新能力的项目和产品，每年由省信用管理机构给予一定的资金补助。落实税收等优惠政策。从事信用服务的企业，经认定为高新技术企业的，可按规定享受高新技术企业的税收优惠，其为开发新技术、新产品、新工艺而发生的研究开发费用，可按规定实行加计扣除政策。

（五）建设人才队伍

加强我省信用人才培训基地建设，开展信用教育培训，建立信用专业教育体系。发展信用培训市场，支持符合条件、具备资质的现有培训机构开展信用人才的教育培训。鼓励省内有关高校开设信用管理专业，培养信用专门人才。加强信用工作干部队伍的建设，组织选拔和培养一批掌握信用知识、熟悉信用工作的机关干部。由省信用管理机构会同省委组织部、省人事厅组织实施全省公务员信用培训计划，对公务员进行信用知识普及培训。鼓励和引导企业引进、培训信用管理人才。依法开展信用从业人员的职业资格资质认证，逐步形成以培养、使用、考核、激励为主要内容的政策措施和保障制度，造就一大批信用管理和服务的人才。

全省新一轮高新技术产业“双倍增”计划实施纲要

为深入实施科教兴省战略，促进产业结构优化升级和经济发展方式转变，2003年省委、省政府提出了以高新技术产业为先导的产业发展战略，在全省启动实施高新技术产业“双倍增”计划。经过几年努力，全省高新技术产业快速发展，2006年高新技术产业产值突破1万亿元，超额完成了第一轮“双倍增”计划任务。为推动我省高新技术产业又好又快发展，特制定新一轮高新技术产业“双倍增”计划实施纲要。

一、指导思想和总体目标

(一) 指导思想

认真贯彻党的十七大精神，全面落实科学发展观，把加快产业技术创新、发展高新技术产业作为全省科技创新的工作重点，以提升产业国际竞争力为目标，以推进高技术新兴产业跨越发展和高技术优势产业攀升高端为主要任务，着力增强企业自主研发和科技资源配置能力，着力吸引重大科技成果和高层次人才，着力建设产业创新设施和创新创业载体，着力攻克一批产业核心技术和战略产品，努力使高新技术产业成为国民经济的先导产业，推动发展方式转变，加快创新型省份建设，为“全面达小康、建设新江苏”提供有力的科技支撑。

(二) 发展目标

新一轮高新技术产业发展要在提高质量、优化结构的前提下，保持较快增长速度。到2010年，全省高新技术产业产值达23000亿元以上，高新技术产业产值占规模以上工业的比重达30%以上。具体目标是：

1. 培育十大高技术新兴产业：软件及创意设计、集成电路、太阳能光伏、风电装备、新型显示、通信与网络、半导体照明、生物质利用、生物制药、现代物流等产值总计达到10000亿元。新兴产业在苏南地区实现率先发展，约占苏南高新技术产业产值的40%。

2. 做强十大高技术优势产业：轨道交通装备、中高档数控机床、新型纺织机械、智能化工程机械、节能与电力设备、新型环保装备、数字化医疗设备、高技术船舶、化学创制新药、新型功能材料等产值总计达到13000亿元以上，优势产业中产品核心部件或关键材料国产化率达80%以上。

二、重点任务

(一) 推动高技术新兴产业跨越发展

1. 软件及创意设计。以实施100项创新软件产品和100家创新软件企业培育计划为主线，推进电力自动化、电信运营支撑、轨道交通管理、现代物流信息等系统集成软件开发及产业化，大力扶持国产办公基础软件和面向生产制造的平台工具软件的开发与应用，加快发展嵌入式软件及其在现代装备和电子产品中的应用技术，支持动漫设计、工业设计、软件外包等创意产业的支撑软件及服务平台建设。重点建设南京软件名城、各类软件园以及一批软件外包、动漫设计、创意设计基地。

2. 集成电路。以提升芯片设计能力为重点，促进集成电路设计与制造的联动发展。大力发展面向现代通讯、数字家电、工业控制、汽车电子等应用领域专用芯片，大力培育芯片设计企业和一批市场应用面广的芯片。加快基于国产通用芯片的应用产品开发。着力突破芯片制造的专用设备技术，支持极大规模集成电路制造工艺开发，积极推进关键配套材料国产化。大力提升集成电路设计公共服务平台建设水平，重点建设无锡、苏州、南京等国家集成电路产业基地。

3. 太阳能光伏。以构筑国际光伏产业基地为目标，部署实施光伏产业创新战略。重点支持一批光伏骨干企业进入国际同行前列，力争太阳能电池产量达2000MW以上。着力攻克光伏产业链技术瓶颈，重点推进电池生产设备自主设计制造和多晶硅原材料产业化。大力推动太阳能薄膜电池及其生产设备的自主研发，力争建成批量化生产线。加快太阳能光伏的应用示范，建立一批光伏屋顶示范电站。以国际领先水平为标准，规划建设光伏领域重点研发机构。

4．风电装备。以风电装备整机与关键部件并重发展为基本思路，在产业链关键节点上重点培育一批骨干企业，建设一批具有国际先进水平的企业研发机构，使我省在大尺寸叶片、增速齿轮箱、控制系统等核心部件的技术水平和生产规模达到国际先进水平。加强风电整机自主设计制造，重点培育一批整机制造企业，带动风电整机生产能力的快速提升。积极支持近海风力发电技术及成套装备研究开发。

5．新型光电显示。以推动自主技术成果转化为重点任务，推进荫罩式等离子显示器、有机发光显示等具有自主知识产权的新型光电显示技术产业化，实现规模化生产。围绕一批光电显示重大项目的配套需求，加快核心器件和关键配套材料开发，实现驱动电路芯片、稀土荧光粉等产品的产业化。开展新型显示与网络通讯集成技术研究，开发新一代数字化视听产品。积极开展新型光电显示领域的标准研究，构建新型光电显示的自主知识产权体系。

6．半导体照明。以攻克上游关键材料、加快市场应用为发展方向，推进砷化镓单晶棒、硅外延片等关键材料产业化，力争外延片技术与产能居国内领先。突破四元系功率型芯片及白光照明技术，形成国内领先的半导体照明专用芯片生产与检测基地。加快半导体照明的应用技术开发，在城市道路照明等方面建立一批应用示范。重点建设扬州国家半导体照明产业基地及半导体照明公共技术服务平台，规划发展宁镇扬半导体照明产业集聚区。

7．现代通信与网络。以新一代宽带无线通信和下一代互联网为重点领域，发展超宽带无线接入系统等重大目标产品。积极开发适用于数字家庭、环境监测、工业控制等领域的短距离无线通信系统和传感器网络。发展超高速光传输接入交换设备。努力促进沪宁沿线成为国内有影响的现代通信与网络产业的集聚区。

8．生物质利用。针对我省生物质资源利用的技术需求，以生物质发电为主攻方向，加快生物质燃烧锅炉、秸秆存贮运输等成套技术装备开发，推进农作物秸秆、生活垃圾等生物质发电技术的应用示范，支持建设一批生物质发电示范项目。积极开展生物催化和生物转化等新一代工业生物技术研发，高水平建设省工业生物技术开发平台。

9．生物技术制药。以生物制药的新产品开发和基地建设为重点，开发重组蛋白药物、多肽类药物、新型疫苗，培育形成一批市场潜力大的生物制药主导产品。开发基因工程、细胞工程和蛋白质工程产品专用分离设备。高水平建设南京、苏州等生物制药创业园，加强生物制药公共服务平台建设，努力将生物制药培育成为泰州医药城的优势产业。

10．现代物流技术。以提升物流信息化为重点，开发现代物流领域所需的高可信网络平台及大型应用支撑软件，开发电子射频、物流机器人等新一代物流管理技术装备，在开发园区、大型港口、大型企业集团建立国际物流信息平台的技术应用示范。重点推进连云港等港口信息化建设示范。

（二）促进高技术优势产业向高端攀升

1．轨道交通装备。推进轨道装备产业由关键系统研发制造向工程总承设计和核心部件两端拓展，重点开发地铁车辆自主设计、运营支撑系统内层软件、门控系统直线电机等核心技术。着力增强工程总承设计能力，带动相关系统产品出口。重点建设常州、南京等产业基地。

2．数控加工设备。以高端机型和核心部件为发展重点，以金属成型、金切加工、线切割等数控加工设备为发展方向，加快实现高附加值的功能部件自主设计制造，攻克数控系统、高速电主轴、刀库机械手等高附加值单元。发展高速精密数控车床、车削中心、五轴联动复合车床、数控金属成型机床等高端整机。重点建设扬州邗江数控金属成型加工机床等产业基地。

3．新型纺织机械。跟踪织造新工艺，以高速智能化为发展方向，推进喷气织机、梳棉机、络筒机、浆纱机等关键机型设计与制造，加快智能化系统、在线检测、自调匀整等关键技术开发。发展氨纶、芳纶等新型纤维生产的成套设备。重点建设盐城纺织机械等产业基地。

4．智能化工程机械。以推动工程机械向大型化、智能化、集群化发展为目标，重点突破工程机械的大功率发动机、液压传动、综合控制系统等核心关键技术，加强面向高原等特种应用环境的工程机械开发。重点建设徐州重型工程机械等产业基地。

5．节能与电力设备。重点开发高效清洁燃烧、工业余热利用、高效电机节能等技术及产品。以推动电网节能为目标，开发超高压直流输变电等技术及产品。攻克冶金、水泥、石化、电力等行业的节能关键共性技术及装备。实施节能科技专项，积极推进节能科技成果的示范推广应用。

6．新型环保设备。重点开发工业废水处理、烟气控制与处理、固废物资源化等技术工艺装备。针对印染、造纸、化工等行业开发工业清洁生产工艺技术，开展清洁生产的共性技术示范推广。实施环保科技专项，加快新型环保技术在重大工程中应用示范。

7．高技术船舶。以长江沿线为基地，发展高技术船舶及其关键配套装备。着力攻克超大型油轮、液化天然气轮等高技术船舶自主设计与建造技术，实现大功率柴油机、螺旋桨、船用通讯设备等核心配套装备的国产化。大力提升船舶制造业的信息化管理水平。加快培育海洋工程装备建造产业链。

8．新型医疗设备。积极发展基于数字化技术的大型诊断设备、新型治疗设备、新型给药系统设备等，实现规模化生产。开发面向中小型医院的低成本数字化医用设备。加快建设徐州、扬州等医疗设备产业基地。

9．化学创制新药。围绕重大、疑难、高发性疾病防治的需要，积极开展重大疾病发病机制与诊治机理的技术研究，加强创新药物发现、设计、合成等新药筛选研究，发展高效、速效、长效、靶向给药新型药物制剂。加快建设泰州医药城以及南京、连云港等创制新药产业基地。

10．新型功能材料。以开发制约产业发展的关键材料为重点，加快推进高性能碳纤维、太阳能多晶硅、大桥缆索原料钢、半导体外延材料等具有战略地位的新型功能材料产业化。加强材料结构设计技术研究。进一步推进苏南、苏中、苏北分别在光电功能材料、高分子功能材料、无机功能材料等方面形成各自的发展优势。

（三）增强产业创新能力

1．集中力量突破产业关键技术。围绕高技术新兴产业和优势产业，进一步强化目标导向，着眼于健全产业链和提高附加值，设立若干专项，集成实施国家 863 和国家科技支撑计划、省科技成果转化资金等支持手段，瞄准光电信息领域重大装备、新兴产业高端上游材料、重大基础装备自主设计等制约产业发展关键节点，组织实施 500 项以上具有国际先进水平的产业带动性强的重大科技创新项目。

2．大力推进以企业为主体的产学研结合。引导企业加大研发投入，把研发投入占销售收入的比例作为高新技术企业评价考核的核心指标，提升企业掌握重大知识产权的能力。组织中国（江苏）产学研合作成果展示洽谈会、南京软件博览会等产学研交流活动，力争培育一批在国内有影响的产学研活动品牌。着眼于推动骨干企业之间技术协作和产学研合作，建立太阳能光伏、半导体照明、轨道交通、风力发电、纺织机械、数控机床等一批产业技术联盟或协会。加强技术创新引导，到 2010 年，培育 20 家国家级创新型企业和 100 家省级创新型企业。

3．加快建设重点研发机构和公共服务平台。以部省共建或省市共建为主要模式，以十大高技术新兴产业和十大高技术优势产业为主要领域，依托创新创业载体或骨干企业，建立一批国内一流的重点研发机构，力争到 2010 年基本完成重点研究机构建设任务。面向广大中小企业，以高新技术特色产业基地和产业集群为重点，建设一批专业化、社会化的共性技术服务平台，力争到 2010 年建成 200 个产业共性技术服务平台。

4．大力推进高新园区和特色产业基地“二次创业”。着力推进高新园区以自主创新为主要内容的“二次创业”，把发展高技术新兴产业和高端服务业作为新一轮发展的主导方向，建设软件、设计、创意、模具、新光源等一批产业园，促进园区主导产业发展。各地要把高新技术特色产业基地作为产业技术创新的抓手，进一步彰显产业特色，加快产学研合作平台和公共技术服务平台建设，构建富有区域特色的产业创新体系。加快苏北区域创新体系布局及其创新创业园建设，努力实现苏北高新技术产业提速发展。

5．加大高层次创新创业人才培育引进力度。把培养人才作为科技计划实施管理的重要内容，纳入项目立项、评价考核的重要指标。组织实施省高层次人才引进计划，到2010年引进500名高层次创新创业人才和团队，带动一批重点产业的创新水平进入国内一流或国际先进行列。加快建设科技创业载体，到2010年全省建有20家左右大学科技园以及100家各类科技创业园，创业场所面积在2006年的基础上翻一倍。

三、主要措施

1．切实加强组织领导。各级政府及科技部门要把组织实施新一轮高新技术产业“双倍增”计划作为关系全局的大事来抓，研究解决高技术新兴产业和优势产业发展中的重大问题，抓好一批重大项目。各地要结合实际，抓紧制定本地区新一轮高新技术产业“双倍增”计划的实施方案，坚持有所为有所不为，努力在各自优势产业领域实现率先发展。

2．全面落实扶持政策。进一步落实国家和省制定的一系列鼓励科技创新创业的优惠政策，细化和完善高新技术企业税收优惠、企业技术开发费税前列支抵扣、自主创新产品政府采购等实施办法，加强政策宣传和业务培训，引导企业用好用足各项优惠政策。集成实施各级各类科技计划，加大统筹组织力度。省科技成果转化、技术基础设施、科技攻关、创新创业人才等计划与专项资金，在使用安排上进一步体现产业发展导向，提高重大创新项目的组织程度。

3．进一步做好统计监测工作。在省科技厅会同省统计局开展高新技术产业统计监测的基础上，建立重点发展的新兴产业和优势产业统计监测体系，建立产业发展技术动态预测预报体系，为全省高新技术产业发展提供决策依据。

4．加大宣传引导力度。科技部门要积极会同新闻单位，总结推广各地发展高新技术产业的创新思路和创新模式，广泛宣传创新创业的先进典型，积极倡导敢为人先、勇于创造的创新文化，营造创新创业的良好社会环境。

江苏文化信息资源共享工程"十一五"发展规划

全国文化信息资源共享工程（以下简称"文化共享工程"）是一项繁荣社会主义先进文化的创新工程。它应用现代科学技术，将中华优秀文化信息资源进行数字化加工和整合，利用覆盖全国的网络化管理和服务体系，以互联网、卫星网、有线电视/数字电视网、镜像、移动存储、光盘等方式，实现优秀文化信息资源在全国范围内的共建共享。作为全国文化共享工程重要组成部分的江苏文化信息资源共享工程在省委、省政府的关心支持下，取得了阶段性的建设成果。根据党中央、国务院和文化部、财政部的一系列指示、政策及国家文化共享工程"十一五"发展规划的总体精神，结合我省实际，制定本规划。

一、发展现状

自2002年9月江苏省文化厅、财政厅共同组织实施江苏文化共享工程以来，在缓解全省城乡基层特别是广大农民"看书难、看戏难、看电影难"，丰富基层群众业余文化生活，满足广大农民求富裕、求健康、求文明的需要，以及在培育文明乡风，抵御腐朽没落文化的影响，增强基层文化单位活力，提升基层文化单位服务水平，促进城乡基层公共文化服务体系建设等方面取得了显著成效，逐渐受到社会各界的广泛关注和好评。

——各级政府重视程度逐步提高，工程建设投入力度不断加大。《省政府关于进一步加强基层文化建设的意见》明确指出"要建立和完善文化网络服务体系，积极实施文化信息资源共享工程，有计划有步骤地整合和开发现有图书、音像等文化资源，为广大人民群众提供快捷、丰富的经济信息和文化服务"。《中共江苏省委、江苏省人民政府关于发展先进文化，建设文化江苏的决定》将推进文化信息共享，作为完善公共文化服务体系的重要手段。全省先后下发了《江苏省文化信息资源共享工程实施方案》、《江苏省文化信息资源共享工程管理暂行办法》和《补充意见》，对文化共享工程基本性质、建设原则、组织管理及基层服务点的权利与义务做出了具体规定。"十五"期间，省级财政安排省级分中心建设专项经费和基层服务点建设补助经费1900万元，带动各地投入建设资金5400余万元。

——服务网络基本形成，社会效益逐渐显现。截止到2006年底，全省共建成文化共享工程省级分中心（南京图书馆）1个，市、县支中心90个，各类基层服务点279个，涵盖市、县（市、区）图书馆、文化馆、博物馆等基层文化单位和部分乡镇、社区综合文化活动站（室）。省、市县、乡镇（社区）三级文化共享工程网络初步建成，优秀文化信息资源的社会覆盖面大大增强，公益性文化基础设施建设的现代化水平显著提高。

——资源建设初具规模，特色资源丰富多彩。文化共享工程省级分中心按照国家中心的技术标准，及时整理、制作、上交了江苏特色数字资源；多媒体数字资源加工量达到1.1TB，使拥有自主版权的文化信息资源总量达到一定规模，"江苏特色文化信息资源数据库"建设全面启动；作为文化共享工程建设重要支撑平台的"江苏文化网"，已成为全省重要的对外文化交流展示窗口，逐步成为表现形式多样、音视频内容丰富、地域特征鲜明的"流媒体"信息资源库。

——管理架构基本建立，专业队伍初步形成。全省初步形成统一领导、分级管理的管理体系。文化共享工程省级分中心初步建成一支从事数字资源加工、信息采编发布、网络传输服务、卫星安装维护、文化网站建设的专业技术队伍。设在市、县图书馆的支中心也逐步培养了一批专业技术骨干。

——技术保障不断改进，运行维护得到加强。文化共享工程省级分中心不断改进资源加工、发布、服务等技术支持手段，通过互联网、移动存储、光盘复制等方式积极为基层服务点提供资源保障和技术支持，不断加大基层服务点维护与管理人员的专业技术培训力度。

文化共享工程建设在江苏虽然取得了阶段性成果，但在建设进程中还存在一些不容忽视的困难和问题：部分地区重视程度不够，经费投入不足，基层服务点发展数量不多，运行维护经费缺乏保障，资源建设与城乡群众的需求还有较大差距，高水平的技术骨干队伍有待建立，运行机制和管理手段急需完善，数字信息服务能力尚待提高。

二、指导思想、总体目标和实施原则

（一）指导思想

以邓小平理论和“三个代表”重要思想为指导，全面树立和落实科学发展观，坚持体制创新、机制创新、管理创新和服务创新，充分应用现代科学技术，努力扩大优秀文化资源的传播，改善城乡基层群众文化服务，逐步缩小城乡之间文化发展上的差异，提高广大人民的科学文化素质，推进社会主义新农村和文化强省建设，构建和谐江苏。

（二）总体目标

以数字资源建设为核心，以农村基层服务点建设为重点，以多种传播方式为手段，以共建共享为基本途径，全面实施文化共享工程。到2010年，基本建成资源丰富、技术先进、服务便捷、覆盖城乡的数字文化服务体系，实现县县建有支中心，乡乡村村建有基层服务点。

（三）实施原则

——解放思想，开拓创新。坚持实事求是、解放思想，大胆进行体制、机制、管理和服务创新，保证工程的健康、持续发展。

——统一规划，共建共享。按照统一规划、统一标准，积极与农村党员干部现代远程教育工程（以下简称“远程教育”）等服务农村的重点项目共建共享，努力实现优势互补、合力共建。

——需求牵引，以人为本。资源建设强调需求引导，体现“三贴近”原则，增强大众性、实用性，以适应和满足城乡基层群众特别是广大农民的基本需求。

——组织引导，强化服务。根据实际，有针对性地利用不同资源，积极组织开展多种形式的社会服务；通过建设先进示范服务点，以点带面，推动发展；实施绩效考核机制，努力提高内部管理和社会服务水平。

——重视版权，依法建设。要高度重视版权问题，在现有法律法规框架内，要通过鼓励捐赠、版权低价转让、购买、无偿使用等多种途径予以妥善解决。

三、主要任务

1．以农村基层服务点建设为重点，建成完善的文化信息服务网络。以农村行政村基层服务点建设为重点，发展覆盖全省、技术先进、便捷高效的基层服务网络。依托“远程教育”等工程，共建共享社会主义新农村的宣传文化教育阵地，同时提高文化共享工程市、县支中心对乡村基层服务点的指导和服务能力。2007年，完成省级分中心及苏南5市各市、县支中心的升级改造，增强服务功能；完成苏州、泰州、盐城、常州、镇江、南通6市约12000个“远程教育”终端接收站点与文化共享工程乡村基层服务点的共建任务，占全省乡镇、行政村总数的65%；2008年，完成苏中、苏北8个市各市、县支中心的升级改造；共建乡村基层服务点覆盖率达到90%；2009年，共建乡村基层服务点覆盖率达到100%。

——丰富完善多种服务手段。不断提高文化共享工程省级分中心服务水平，完善卫星传输、互联网、移动存储、光盘复制等服务手段；建设文化共享工程市、县支中心，使之具备数字资源的存储能力、传输能力和服务能力。加强公共上网场所建设，建设完成配置先进的电子阅览室，为广大基层群众、尤其是青少年提供文化信息服务和绿色上网空间。承担对乡、村基层服务点的管理、资源更新、技术维护、人员培训和绩效考核等职责。

——努力提高网络服务水平。依托省、市、县文化共享工程各级分、支中心计算机网络环境，建设网上联合目录系统；发挥图书馆专业人员的作用，积极开展网上参考咨询服务，为城乡基层群众特别是广大农民提供多样化、个性化和互动的信息服务。

2．以农村实用信息为重点，加快特色数字资源建设步伐。文化共享工程省级分中心和有条件的市、县支中心要积极采用现代信息技术手段，对优秀文化资源进行数字化加工与整合，为农民群众的终身学习、网络培训、职业教育、技术咨询提供信息资源。省级分中心要建设一批具有自主版权的专题资源数据库，购买和整合不少于1.5万种电子图书，采集制作不少于250场/个舞台艺术、知识讲座、影视节目等视频资源，力争至2010年全省资源建设总量达到3TB。

——重点整合农村需要的各类实用信息资源。提供满足社会主义新农村建设需求、广大农民群众看得懂、用得上、实用性强的图文、音视频等资源。积极整合具有江苏历史传统和地域特色的民族民间文化遗产及民俗表演等资源。

——逐步积累一批电子图书数据库。根据各地经济社会发展需求，采集一批政治、经济、文化、历史、科技、农业等方面的当代电子图书提供给城乡基层群众享用，逐步形成全省公共图书馆资源库群。

——加强专题知识讲座的建设力度。文化共享工程省级分中心和有条件的市、县支中心要按照国家中心的总体规划和技术指标，积极建设讲座资源库，为城乡居民开展公益性优秀讲座服务。

——加强优秀艺术表演作品的征集。重点征集基层群众特别是广大农民群众欢迎的、具有地方特色的优秀文艺表演作品，以及具有专业艺术代表性的江苏舞台艺术精品剧（节）目。

3．构建先进实用的技术体系。按照国家统一规划、统一标准、统一格式建设文化共享工程，不断完善工程技术平台。与数字图书馆技术紧密结合，建设功能完备、技术先进、稳定可靠、经济实用的分布式、开放性实用技术平台。至2010年，使全省县级以上分、支中心具备提供数字图书馆服务的技术能力。

——发挥卫星传输、镜像传输、互联网互动服务的优势。文化共享工程省级分中心和市、县支中心要通过建设工程专有资源镜像站点，逐步提高网络传输、移动存储、光盘复制在城乡基层特别是农村的服务效率，使文化共享工程基层服务点真正成为具有理论学习、信息服务、教育培训、文化娱乐等多种功能的公益性宣传文化教育基地。

——完善文化共享工程标准规范体系。根据文化共享工程国家中心制定的软硬件设备、资源建设与服务、网站建设与网络传输、技术服务等标准规范，结合江苏实际，不断完善文化共享工程各级分、支中心的标准规范体系。

4．强化专业技术和管理人员队伍建设。采取多种方式，组建一支稳定的、适合文化共享工程建设需要的管理、技术保障和基层服务队伍。加强培训，建设高水平的资源建设、软件开发、网站维护的专业技术骨干队伍，采取措施稳定农村基层服务点专兼职工作队伍。到2010年，完成全省市、县支中心、乡、村基层服务点2万人的基础培训，保障文化共享工程的可持续发展。

——实行积极的人才政策。文化共享工程省级分中心和市、县支中心要积极采取引进与培养相结合的方式，组建一支稳定的、高水平的资源建设、软件开发、网站维护的专业技术人才队伍，同时加强对农村基层服务点的技术指导和人才培养。

——健全专业人才培训制度。按照分级分批的原则，文化共享工程省级分中心主要负责市、县支中心的人员培训，市、县支中心主要负责本地区乡、村基层服务点的人员培训。

——加强管理队伍建设。通过培训，形成省、市县、乡村三级管理人员队伍，实行从业人员持证上岗制度，全面提高文化共享工程整体管理水平。

5．建立健全管理体系。按照文化共享工程国家中心制定的各种规章制度，进一步明确各级分、支中心和基层服务点的工作职责和服务规范。建立绩效考核评估机制，建立健全统一的管理网络。

——建立统一的管理平台。依托国家图书馆以及省、市、县级公共图书馆建设统一的网络工作平台，实行统一规划、分级管理。

——强化各级分、支中心的管理职能。文化共享工程各级分、支中心要在完善自身管理机制的基础上，承担本地区文化共享工程的组织和协调工作。市、县支中心要承担对乡、村基层服务点的内部管理、资源更新、技术维护、人员培训等的业务指导和技术支持。乡、村基层服务点承担信息服务和群众需求的收集反馈职责。

——建立及时有效的交流体系。文化共享工程各级分、支中心和基层服务站点之间要建立良好、畅通的沟通制度，建立健全工作交流与协作体系。

6．加强宣传，不断扩大文化共享工程的社会影响。文化共享工程是构建公共文化服务体系，加快社会主义新农村建设的重要基础设施。要统筹规划，充分利用各种媒体广泛宣传文化共享工程的重要意义和各项成就，不断扩大工程的社会影响；要研究制定工程形象推广计划，逐步建立工程的品牌效应，积极吸引社会各方面力量共同参与工程建设。

四、保障措施

1. 完善文化共享工程的协作协调和共建共享机制。进一步加强和完善文化共享工程的组织领导和协作机制，在基层服务点建设、资源选择加工、扩大基层服务面等方面建立共建共享的保障机制，推动工程持续健康的发展。

——完善共建共享建设机制。加强与“远程教育”农村基层服务点的共建，扩大文化共享工程基层覆盖面；加强与广电部门在影视资源、广播宣传、数字电视、基层服务等方面的协商合作；加强与新闻出版部门在媒体宣传、文字作品、版权政策等方面的协商合作，积极探索职责明确、互相配合、横向协调、相互联动的协作协调机制。

——扩大资源共建范围。采用委托与自建相结合，相关部门建设与文化部门建设相结合、文化共享工程省级分中心集中建设与市、县支中心分散建设相结合的信息资源共建机制，积极探索利用定向委托、公开招标、协议转让等手段，大力构建面向农村的信息资源库的资源建设模式。

——实现内部管理及设备资源的共享。以满足城乡基层特别是广大农民需要为前提，积极共享“远程教育”、“村村通工程”基层服务点的基础设备和管理资源。坚持一点多用，共建共享，不断满足农民群众日益增长的学习需求和信息服务的需要。

2. 将文化共享工程建设列入重要工作目标。各级党委政府要把文化共享工程建设列入重要议事日程，列入当地经济和社会发展总体规划，列入当地信息化建设的总盘子。各级文化主管部门要将文化共享工程建设纳入创建文化先进县、先进乡镇和创建文明城市、文明村镇等相关评价体系，并将文化共享工程的实施情况作为各地社会文化事业发展的重要的衡量指标。

3. 重点加大对农村的投入。各级文化主管部门要积极与当地财政部门沟通，建立长效机制，加大投入力度，落实文化共享工程建设中所需的网络维护经费、日常运行经费，为文化共享工程建设提供有力保障。省里对省财政转移支付地区采取以奖代补的方式，待支中心建成验收合格后，给予补贴。对工作成效突出的其他地区，省财政将给予适当奖励。

4. 完善有关法律法规。积极参与有关涉及版权的法律法规的制定和修改，争取增加有利于公益性文化服务的相关条款；呼吁落实并完善国家对公益性文化事业捐赠的税收减免政策，鼓励社会力量对文化共享工程进行捐赠和赞助；积极争取将文化共享工程基层服务点建设纳入公共文化服务设施建设范畴，切实保障文化共享工程顺利推进。

江苏省“十一五”制造业信息化示范工程实施方案

“十一五”时期是我省建设创新型省份的关键时期，也是加快制造业升级的战略机遇期。为增强我省制造业自主创新能力，提升制造业的综合竞争力，“十一五”期间将深入实施制造业信息化示范工程，根据《江苏省“十一五”科技发展规划纲要》，结合科技部的有关工作部署，特制定本实施方案。

一、指导思想

紧密围绕我省制造业发展的重点领域，瞄准制造业信息化的技术需求，坚持“抓应用、创环境、促发展、见效益”的指导方针，按照“政府引导，企业主体，市场导向”的原则，以加强企业信息集成应用和示范推广为重点，以公共服务平台、技术服务体系建设为支撑，总体规划、分步实施、突出重点，以信息化带动工业化，不断提高制造业的综合竞争力。

二、工作目标

“十一五”期间，通过组织实施示范工程，有效带动大型企业集团、龙头骨干企业和中小企业的信息化水平普遍提升，制造业的自主创新能力和核心竞争力显著增强，全省制造业信息化工作保持国内领先水平。具体工作目标是：

1．在3个重点行业及其15家骨干企业开展设计与制造信息技术集成示范，带动全省150家以上企业应用推广。

2．在3个重点行业及其15家骨干企业开展经营管理信息技术集成示范，带动全省150家以上企业应用推广。

3．选择大型企业集团，建立2~3家数字化综合集成技术示范，实现客户、供应商及合作伙伴的综合业务协同。

4．针对产业链和企业集群发展的需求，建立面向制造业信息技术共享的公共服务平台，培训5万人次，为2000家中小企业提供产业链协作和共性技术服务。

5．开发出制造业信息化领域的专业应用软件3套，培育具有知名品牌的系统集成商3家，建立一批信息化专业技术咨询和培训机构。

6．培育6个左右制造业信息化示范市或县，各个区域示范点形成明显的工作特色和示范作用。

三、主要任务

（一）开展以“甩图纸”为特征的产品设计与生产制造信息集成应用示范

针对纺织机械、轨道交通装备、船舶制造等行业，以提升产品创新开发能力和快速响应市场能力为目标，组织企业建立数字化设计、制造集成平台，开展以三维产品模型为核心的产品设计、分析仿真，工艺规划和数控加工集成技术的开发与应用示范，实现面向全生命周期的产品数据管理和设计制造业务流程的集成与协同，实现设计制造一体化和无纸化应用。重点从行业龙头骨干企业中遴选15家左右进行省级示范。同时，全省各市、县根据本地产业特点，组织实施150家以上的“甩图纸”示范企业。

（二）开展以“甩账表”为特征的生产管理与经营管理信息集成应用示范

针对输变电设备、医药、纺织等行业，以提升企业内部生产、销售、成本、采购等业务集成为目标，开发以数字化综合资源模型为核心的生产管理和经营管理集成技术，实现示范企业的经营管理责任链应能在信息系统中完整反映、安全传递，实现责任链的数字化，从而实现企业信息流、物流、资金流及经营管理业务的集成应用。重点从行业龙头骨干企业中遴选15家左右进行省级示范。同时，全省各市、县根据本地产业特点，组织实施150家以上的“甩账表”示范企业。

（三）以“数字化企业”为特征的综合集成应用示范

面向大型企业集团、重大产品等，针对数字

化企业设计、制造、管理的集成需求以及企业间协同等需求，以“甩图纸”、“甩账本”为基础，进一步实现数字化设计、数字化制造、企业资源管理、企业间协作管理等的综合集成应用，开展面向协同的数字化综合集成技术开发和应用示范。“十一五”期间建立2~3家数字化示范企业。

（四）制造业信息化关键技术攻关

围绕数字化企业的技术需求，重点攻克：数字化企业的整体解决方案，产品数字化模型和企业业务模型，设计、分析、制造和管理软件的集成开发与应用，企业间业务流程管理与控制等方面的关键技术。围绕“甩图纸”的技术需求，重点攻克：三维产品数字化模型，基于三维产品模型的数字化设计、分析仿真、工艺规划和数控加工，面向全生命周期的产品数据管理等方面的关键技术。围绕“甩账表”的技术需求，重点攻克：企业资源与业务流程的数字化模型，企业“人财物”和“产供销”业务流程的数字化管理，企业经营管理与资源管理的信息集成及业务协同等方面的关键技术。通过关键技术研发和推广应用，培育几个在国内具有知名品牌的系统集成供应商，带动全省软件产业发展。

（五）公共服务支持的中小企业集群信息化应用示范

针对制造产业链协作体系，以设计、制造、管理三大业务为核心，开发公共服务平台，支持产业链业务集成，带动中小企业群体的协作，提升产业链竞争能力。重点建设现代工业设计公共服务、快速成型与模具公共服务、制造业信息化综合服务平台等个平台。通过以上服务平台，服务中小企业制造业信息化，培训各类层次的制造业信息化人才。

（六）制造业信息化区域示范

根据省市联动的工作机制，继续推动制造业信息化的区域示范，“十五”期间确定为国家和省制造业信息化的区域示范点，且工作成效显著的地区，在“十一五”期间继续进行示范，各市在组织区域制造业信息化示范过程应突出各自工作重点和业务特色。南京市重点加强大中型制造业企业的信息化示范推广。无锡市重点加强面向中小企业的制造业信息化服务的能力建设。常州市重点加强面向制造业的信息化平台及综合服务的能力建设。连云港市以医药产业为重点，加强区域产业集群信息化建设和示范。南通市以船舶制造业为重点，加强区域产业集群信息化建设和示范。常熟市建设成为经济发达的县市地区制造业信息化的示范。在认真做好上述六个区域示范的同时，“十一五”期间将根据各地工作实绩适当增补示范点。

四、主要措施

（一）加强组织领导，建立协调机制

进一步加强省制造业信息化协调领导小组的组织协调机构建设，完善统筹协调机制，积极会同省发改委、经贸委、信息产业厅等省有关部门，共同组织推进全省制造业信息化工作。进一步加强省制造业信息化管理办公室的工作职能，建立形成工作部署与检查落实、绩效挂钩的工作监督激励机制，制订制造业信息化工作量化考核标准和办法，定期对实施制造业信息化科技工程的先进单位和个人进行表彰。进一步发挥制造业信息化专家咨询作用，保障科技工程顺利实施与工作目标的实现。

（二）加强政府引导，形成多元化投入

“十一五”期间，省科技经费每年安排一定数量的资金用于制造业化工程的关键技术攻关与应用示范。加大国家、省有关政策的实施力度，促进企业成为制造业信息化工程的实施主体投入主体和受益主体，应用示范企业的研发投入占销售收入的比例达5%以上，以加大企业信息化技术研发和应用的投入力度。制造业信息化示范市、县要安排专项资金用于制造业信息化工作，鼓励有条件的市县也建立专项资金，加快推动地方制造业信息化工作。

（三）上下集成攻关，加强分层次应用示范

在省高技术研究、省科技攻关、科技成果转化等计划中把制造业信息化技术作为重点领域进行研究和攻关；积极组织企业、高校、科研院所等单位申报国家制造业信息化领域的科技支撑计划和863计划项目，力求使省、市相关计划项目与国家项目加强衔接，协同推进项目的实施。按照分类指导、突出重点、体现特色的原则，组织实施制造业科技示范工程企业、区域应用示范工作。省级示范重点放在重大行业应用、骨干企业应用二个方面，区域化的产业集群的应用示范由各市县负责组织实施。

（四）加强知识产权、技术标准、人才队伍建设

围绕制造业信息化工程的研究开发、推广应用等各个环节，把能否掌握自主知识产权和核心技术作为计划立项目的重要依据，把推广应用具有自主知识产权的应用软件作为企业示范的重要内容。以人为本，以专家、咨询与培训机构、软件企业为支撑，培育一批制造业信息化专业应用人才和复合型人才，特别要加企业信息化高级管理人才的培训，形成一支专业化实施队伍。

（五）加强宣传引导，营造良好的社会环境

利用多种媒体和渠道，大力宣传“制造业信息化工程”实施意义和作用，营造制造业信息化发展的良好社会氛围，引导制造业信息化工作。通过各种形式，努力展示制造业信息化成果，开创我省制造业信息化工作的新局面。

江苏省电信业“十一五”规划

一、“十五”回顾

“十五”期间，江苏深入实施科教兴省、经济国际化、城市化、区域共同发展和可持续发展五大战略，改革开放和现代化建设取得了令人瞩目的成就。江苏电信业在相继经历邮电分营、移动剥离、政企分开后，形成了以中国电信、中国移动、中国联通、中国网通、中国铁通和中国卫通6家基础电信运营企业为主、500多家电信增值业务企业共同参与的竞争格局，积极稳健地走在我省国民经济各行业的前列。“十五”期间成为江苏电信业历史上发展最快的时期，区域竞争力综合排名继续保持在全国“第一方阵”，为我省信息化建设和服务业发展做出了巨大的贡献。

（一）电信业发展状况

1．用户持续快速增长

“十五”期间是我省电话用户数增长最快的时期，超额完成了“十五”规划提出的“固定电话用户数翻一番，移动电话用户数翻两番”的目标。到2005年底，全省电话用户数达到5613万户，是“九五”期末全省电话用户数的3.2倍，五年净增用户数3858万户，全省电话用户年平均增长率达到26.19%。其中，固定电话用户为3059万户，年平均增长率为21.87%，普及率达到41.06线/百人，移动电话用户数为2554万户，年平均增长率32.85%，普及率达到34.28部/百人。全省互联网接入用户数达到449万户；据CNNIC统计，全省网民总数突破790万，占全国总数的7.1%，域名数量198482个，占全国总数的7.7%，网站数量53829个，占全国总数的7.8%。

2．网络通信能力进一步提高

“十五”期间，我省通信网络规模继续扩大，移动通信网络覆盖率明显提高，无线市话网和宽带接入网建设加速，基础传输网得到进一步完善。到2005年底，全省本地网局用交换机容量达到4187万门，是“九五”期末的2.4倍；固定长途电话交换机容量达92.93万路端，是“九五”期末的2.8倍；移动交换机容量达到3397万户，是“九五”期末的4.7倍；互联网宽带接入端口突破360万个；光缆线路总长度达22万千米。

3．业务收入稳步增长

“十五”期间，我省电信业务总量和电信业务收入年平均增长率分别达到了26.81%、15.18%。2005年全年电信业务总量突破670亿元，是“九五”期末的3.3倍，电信业务收入近410亿元，在“九五”期末的基础上翻了一番。

4．固定资产投资趋于稳定

“十五”期间，电信业已经进入更为成熟的发展时期，我省电信业固定资产投资趋于稳定。2001年我省电信业固定资产投资为170.07亿元，其余年份我省电信业固定资产投资均保持在120亿元左右。

从电信业产出投入比看，“十五”期间每年的产出与投入之比分别为1.31，2.66，2.44，2.96，3.28，期末的电信业产出投入比是期初的2.5倍，投资效益翻了一番多，靠投资拉动电信业增长的方式正在发生变化，电信业对投资驱动的依赖性逐步减弱。

5．信息内容服务业迅猛发展

“十五”期间，我省电信业借助网络升级换代和业务创新，加快信息内容服务业的发展。截至2005年，增值业务提供商突破500家，业务收入在2004年5.9亿元基础上继续快速增长。通信产业形态由单纯的产品经济形态向服务经济形态转变，增值业务获得了长足发展，成为电信业重要的产业利润来源。

6．电信业对社会经济发展作出重要贡献

“十五”期间，我省电信业一直保持快速增长的总体态势，在江苏GDP年平均增长率保持在13%的两位数快速增长趋势下，电信业务收入与全省GDP的比例保持在2.4%左右；各电信运营企业以及由电信业带动的服务、制造类企业减缓了社会就业压力；电信业固定资产持续投入，为电子政务、企业信息化、家庭上网等应用提供了信息化服务平台，为我省信息化建设奠定了更加扎实的基础。苏州、南京、无锡、徐州、南通五市固定电话号码升为8位，我省成为全国拥有8位电话号码城市最多的省份。电信业作为信息产业的重要组成部门，有力地拉动了电子制造、通信设备制造等相关行业的快速发展，为我省国民经济发展和社会信息化建设做出了重要贡献。

（二）通信市场监管状况

1．通信监管机构成立

2001年3月23日，江苏省通信管理局正式挂牌成立，这标志着在实现邮电分营、电信重组和政企分开后，江苏省通信行业管理体制的重大改革已初步完成。江苏省通信管理局作为担负省电信业监管责任的政府职能部门，积极按照十六大提出的完善政府“经济调节、市场监管、社会管理和公共服务”的职能要求，为行业发展服务、为企业运营服务、为公众消费服务。

2．政策法制环境逐步健全

国务院颁布的《中华人民共和国电信条例》，信息产业部根据条例制定的《电信服务规范》、《电信网码号资源管理办法》等36个部令，及配合发展改革委员会、财政部、监察部、中组部、国资委提出的《关于进一步加强电信市场监管工作的意见》，最高人民法院制定的《最高人民法院关于审理破坏公用电信设施刑事案件具体应用法律若干问题的解释》（《互联互通司法解释》）等法规条例，为我省在“十五”期间电信业的健康发展、通信监管工作的顺利开展、有效推动市场竞争提供了有力的保障。

3．监管工作进一步加强

“十五”期间，我省电信业以电信市场监管方面的政策法规性文件为依托，以依法行政为主线，以政府监管为手段，努力做好我省电信业在市场准入、互联互通、电信资费、服务质量、码号资源管理、网络及信息安全、市场监管等方面的工作，为江苏电信业的健康发展营造公平、公正、有效、有序的市场环境。

4．市场竞争格局初步形成

“十五”期间，电信业打破垄断、引入竞争、企业重组，促进了有效竞争的电信市场结构的建立。江苏省电信市场已经从垄断走向竞争，目前已经形成了以六家基础电信业务运营商为主体、数百家增值电信业务提供商共同参与竞争的新格局。

“十五”期间，我省电信业实现了跨越式发展，这得益于各级地方政府的大力支持，得益于宏观经济环境的良好发展，得益于监管制度环境的有效保障，得益于通信行业协会的高效协调，得益于行业发展模式的不断创新、新型业务应用的积极推广和服务质量水平的显著提高。在行业快速发展的同时，也存在一些问题和不足，亟需改进：

一是行业监管有待进一步完善。电信业市场监管缺少以《电信法》为核心的法律体系的有力支持，对贯彻落实国家的法律法规、政策文件缺少保障机制，电信市场监管机构力量不足，监管队伍建设有待加强，电信监管如何做到不越位、不错位，还有待于进一步研究，电信业市场完全实现有效、有序竞争的任务还相当艰巨。

二是通信网络和信息安全管理有待进一步加强。随着社会信息化进程的推进和互联网的快速发展，社会对网络和信息的依赖程度日益增强，但是网络信息的安全隐患依然存在，网络和信息安全相关法律法规尚未健全，应急通信系统的体制尚需进一步调整和完善，信息安全等工作仍需进一步加强。

三是行业增长模式有待进一步优化。“十五”期间，电信业取得高速发展，这些成绩的取得很大程度上是依靠高投入和资源消耗来获得，多家电信运营企业通信网络的重复建设也造成了资源的浪费。同时，各电信运营企业仍偏重于网络运营服务，为全社会提供综合信息服务的意识还不够，能力还不强。

四是电信企业综合竞争力有待进一步增强。“十五”期间，虽然我省电信业各项工作取得了长足的进步，在全国名列前茅，但是与发达国家同行业相比，在综合竞争力方面还存在一定的差距。主要表现在全员劳动生产率、技术和管理创新能力、信息化水平等方面的不足；企业发展模式仍偏重于粗放型增长，各企业的综合竞争力有待进一步提高。

五是区域、城乡发展不平衡。虽然江苏电信业总体发展水平较高，但苏南、苏中、苏北区域之间存在发展不平衡现象。苏南地区电信业发展水平较高，发展速度较快，而苏中、苏北地区与苏南地区的差距较大。以2005年统计数据为例，苏南地区电信用户数明显高于苏中和苏北，用户数最高的地区是最低的的5.6倍；从电信业务收入来看，最高的地区是最低的的9.45倍；从服务水平看，苏南地区的电话普及率高于苏中、苏北地区，最高的地区电话普及率达到167.87部/百人，而最低的仅为34.33部/百人，前者是后者的近五倍。另外，虽然我省较早实现了“村村通电话”的村通工程建设目标，但是在开发农村信息市场，提高农村信息化水平方面还有很多工作要做，距离建设社会主义新农村的要求尚有一定的差距。

六是通信建设难度加大。在市场经济条件下，各电信运营企业作为向社会提供通信服务支撑的主体，承担了基础通信设施建设的主要责任。目前各运营企业在建设过程中获取社会资源所付出的代价逐渐增大，局房、基站选址难度加大，基础管线建设阻碍增多，公共资源占用费用上升等，导致建设成本上升，建设难度加大。

二、“十一五”时期环境影响分析

（一）宏观经济发展环境

“十一五”期间，经济全球化的进程将明显加快，全球经济将会进入新一轮的增长周期；同时，也是我国重点建设小康社会的关键时期，我国将继续推进经济结构战略调整，加快转变经济增长方式，推进产业结构优化升级，加快建设资源节约型、环境友好型社会，国民经济将继续保持较快的增长速度。

当前，江苏经济已经进入一个全新的发展阶段，江苏人均GDP接近3000美元，为我省电信业的发展打下了坚实的经济基础。“十一五”期间，我省将大力发展服务业，努力提高信息化水平。信息化建设在信息技术应用、信息资源开发、信息产业发展方面要实现重要转变，信息产业在做大的基础上要向做强迈进。服务业发展坚持突出重点，优化结构，大力推进市场化、产业化、国际化、信息化；信息化建设将坚持以信息化带动工业化，以工业化促进信息化，走新型工业化道路，坚持服务于构建和谐社会，坚持把信息化放在现代化建设的全局和战略位置，坚持信息化与完善社会主义市场经济体制相互促进。

（二）电信业发展趋势

“十一五”期间，全球电信收入的增长幅度将保持在3.7%到4.7%之间，全球电信运营市场将以10.5%的年平均增长率保持强劲的增长势头。

到2010年，我国信息产业增加值预计完成2.26万亿元，占GDP的比重达到10%，其中，电信业6040亿元；电信业务收入9150亿元，年均增长10%；全国电话用户总数10亿户，互联网用户2亿户，农村实现“村村通电话，乡乡能上网”。

“十一五”期间，我国电信业将在网络和技术方面取得重大突破，预计我国电信网将向以软交换为核心网的NGN演进；向以3G为代表的下一代移动通信网演进；向以IPv6为基础的NGI演进；向多元化接入方式的宽带接入网演进；向以智能化光网络为基础的下一代光传送网演进。

（三）政策及法制环境

“十一五”期间，电信业政策和法制环境将发生显著变化，政府正在制定并将实施《电信法》，进一步规范企业经营行为，创造公平竞争环境，行业监管将趋于法制化、科学化。同时，监管部门将完善市场准入制度，建立公平透明的互联互通规则，保证平等接入及信息流动的畅通和安全，进一步规范通信建设市场，强化服务质量监督管理，维护企业和消费者权益，营造良好的行业发展环境。

三、“十一五”发展思路与目标

“十一五”期间，经济全球化进程将明显加快，国际竞争进一步加剧，国内经济社会持续发展，电信网络进入升级换代期，电信运营业向信息服务业转变，整个电信服务业将步入战略转型期，行业改革与开放稳健推进。我们必须抓住这难得的发展机遇，迎接行业发展的巨大挑战。

（一）总体思路

坚持以邓小平理论、“三个代表”重要思想为指导，围绕我省“率先全面建成小康社会、率先基本实现现代化”的目标，以促进行业持续健康发展为核心，以业务市场多元化为导向，以加强行业监管和营造公平公正、有效有序的市场竞争环境为保障，以服务信息社会和谐发展为目的，以推进通信运营企业的战略转型为手段，积极推动我省电信业持续、快速、协调、健康发展，为我省社会经济发展作出新的贡献。

（二）总体目标

到2010年，形成较为健全的法律、监管体系，公平有序的竞争环境和有效的市场竞争架构；电信业务普及水平继续提高，基本实现“全省家家通电话，城市户户多媒体，农村村村能上网”；电信服务质量进一步提升，电信业务更加多元化，新技术和新业务得到广泛应用，消费者的可选择度明显增加；电信运营企业综合竞争力有所提升。

主要经济指标：到2010年，全省电信业务总量突破1500亿元，年均增长20%以上；电信业务收入突破650亿元，年均增长率保持在10%左右。

服务水平目标：到2010年，全省电话用户突破7500万户，力争8000万户，电话普及率超过100部/百人。其中固定电话总用户数将突破3300万户，用户普及率接近44线/百人；移动电话用户数突破4200万户，普及率接近56部/百人；基础电信运营企业互联网接入用户超过1000万户，互联网上网人数达到1500万人，增值业务服务提供商突破1000个。同时，大力推进普遍服务工作，加大互联网接入的普及力度，使全省各乡村基本具备宽带接入的网络能力。

环境制度建设目标：“十一五”期间，《电信法》的出台将为电信业创建全新的监管框架和环境，并以此为基础转变政府的管理职能，形成以法律法规为核心、以行业管理为主体、以政府监管和引导为补充的公正、健全的行业管理体系，建立起公平、公正、规范、资源配置高效的电信监管市场环境。我省将积极贯彻落实《电信法》，依法行政，适时出台我省《电信条例》，进一步保障用户和电信企业的合法权益。

协调发展目标：加强农村和苏北地区通信能力建设，提高信息化服务水平，加快形成电信运营业与其上下游合作共赢的产业链，各地区、各种业务协调发展。

（三）远景目标展望

到2020年，我省电信服务业的整体水平进一步提高，所提供的通信业务应用、服务质量与发达国家水平相当；建立较成熟、完善的监管体系，形成有效竞争的市场格局，届时市场格局相对稳定，各运营商在政府的监管下有序的开展竞争，形成共赢、多赢的局面；电信业为政府和社会各行各业提供高速、安全、可靠的综合信息服务平台，继续促进国民经济的发展和人民生活水平的提高。

四、网络、业务发展重点

（一）加强基础传输网络建设

“十一五”期间，以光传输网络建设为重点，适当发展微波通信和卫星通信等其他各种形式的传输网络，使之成为光传输网络的补充、保护和应急手段。

省级长途传输网重点采用DWDM技术，积极应用新型光节点设备（OADM、OXC等），构架基于ASON的智能光网络，从而形成适应通信发展需要的大容量、高可靠性基础传输网络。

在本地传输网方面，积极发展基于MSTP等技术的宽带多业务城域传输网，使其具备更灵活的传输机制和更丰富的业务提供能力。

在接入网方面，以光纤尽量靠近用户为原则，积极推进光纤到户，因地制宜的采用各种有线、无线接入技术和手段发展用户接入网，克服接入网的带宽瓶颈，实现接入网的宽带化。

（二）加快建设以3G为重点的新一代移动通信网

“十一五”期间，3G网络将成为我省移动通信网络的建设重点。对于现有的2G网络，GSM将演进至WCDMA或TD－SCDMA，CDMA2000 1x可演进至CDMA2000 1x EV－DO。针对新进的移动运营商，可以在三种主流制式中选择单独组网或混合组网的方式布局3G网络。对于我国拥有自主知识产权的TD－SCDMA制式，在政策上予以支持和倾斜。

同时，考虑到2G与3G网络将在未来相当长的一段时间内并存，仍需进一步做好现有2G网络的优化工作，加强居民小区、高层建筑的深层覆盖，着重解决无线网络覆盖的热点和盲点问题；根据业务发展和用户增长的需求，稳步提高网络容量。

（三）全面推进下一代互联网的建设

“十一五”期间，以IPv6技术为基础的NGI是未来几年数据通信网的发展重点，NGI的引入使得数据通信网建设进入了全新的发展阶段。NGI将建立一个更大、更快、更安全、可信任、为用户提供灵活业务的可管理网络，为运营商提供一个可以达到电信服务质量保证的IP网，形成能够提供综合业务的宽带多媒体网络平台。

目前，对于已有的 IPv4 网络，应立足现有网络构建 NGI，在部署 IPv6 核心网时考虑采用基于 MPLS 的网络过渡机制，接入网部分需对现网的部分接入层设备进行升级改造，使其具备支持 IPv4/IPv6 双协议栈的能力。

（四）加快发展以软交换为核心的下一代网络

NGN 是传统电信技术发展和演进的一个重要里程碑。它继承了现有电信技术的优势，以软交换为控制核心，以分组交换网络为传输平台，形成一个跨网络、跨终端、跨接入手段的新型综合性网络。

在网络演进过程中，各运营企业应该以近远期业务需求为基础，结合自身网络特点，考虑采用以软交换为核心的重叠网策略，平稳过渡，滚动发展，有步骤、分阶段的部署和实施 NGN 网络。

（五）加强业务创新，提高综合信息服务能力

传统固定电话业务被移动电话和 IP 电话业务分流的趋势愈发明显，增值业务的开发创新将成为未来几年固话业务的发展重点。固话网络运营商应充分利用现有的网络资源，对市场需求进行详细的分析，提供具有针对性的个性化服务，从而实现进一步挖掘现网潜力的目的。

在移动通信领域，凭借移动业务所特有的可移动性、灵活性和个人化等优势，移动语音业务量将出现持续快速增长。同时，移动增值业务将成为移动业务不断发展创新的重点。除继续保持短信、彩铃等业务的快速发展势头外，大力培育和推广 MMS、IVR、定位业务、移动商务、移动娱乐等新兴移动增值业务。

在互联网业务方面，今后几年我省宽带接入市场将处于持续高速发展阶段，ADSL 和 LAN 依然会是宽带接入的主要手段，ADSL2 +、FTTX、宽带无线接入等接入技术也将逐步得到推广应用。

“十一五”期间，我省电信业将强化业务开发与创新，锐意开拓，全面发展，为社会信息化建设提供强大的综合信息服务平台。

（六）重点推进工程

1．电信普遍服务工程

大力推进电信普遍服务工程，着力提高苏北地区及农村的电话普及率；加大互联网接入的普及力度，针对部分尚未具备上网条件的乡村，引导和支持电信企业改造当地电信网，使全省各乡村基本具备互联网接入的网络通信能力；通过争取地方政府支持，鼓励具有农村特色的电信业务开发和推广，推动经济实用的通信终端的研制和开发，积极推进和扶持全省 100 个“信息示范村”建设，推动农村信息化进程，为扎实推进社会主义新农村建设做出贡献。

2．网络资源整合工程

科学规划，积极引导和调节网络资源的有效配置和使用，实现各运营企业之间的优势互补，减少资源浪费，避免重复建设，提高电信资源利用率。在 3G 建设中，鼓励采用基站共址的解决方案；在进行驻地网建设时，鼓励采用管线共用的解决方案。同时，各电信运营企业在进行有序竞争时，应兼顾通信行业的整体可持续发展要求，牢固树立友好合作的观念，本着“开放、合作、共赢”的原则，共同努力将电信业做大、做强。

3．宽带通信推进工程

积极采用多种宽带接入技术，推动宽带接入网络建设。在城市推进光纤到户，在农村实现宽带接入，努力提高全省宽带普及水平；大力扶持宽带增值业务的发展，引导增值业务提供商开发新型业务及应用，提供丰富实用的信息源，为宽带通信发展营造良好的市场环境。

4．网络与信息安全工程

积极推进通信应急系统的建设，完善各类突发事件下通信保障应急预案，逐步建立通信保障应急管理工作体制；加强在竞争环境下各基础网络运营企业之间的协调，保证紧急情况下的通信网络畅通；逐步健全网络与信息安全体系，完善行业准入和退出机制中的网络和信息安全管理制度，建立网络信息安全的责任制度，落实网络信息安全与基础网络“同步规划、同步建设、同步发展”的“三同步”原则；研究建设信息共享和沟通指挥平台，提高网络与信息安全监测平台的效能，研究建设信息共享和沟通指挥平台，构架更为完善的应急技术沟通体系。将技术支撑与行业监管相结合，共同保障网络与信息安全，为信息化建设创造一个良好的网络应用环境。

五、工作策略与措施

（一）积极争取地方政府支持，进一步促进电信业的发展

“十一五”期间，我省电信业网络建设、业务发展、为社会信息化服务的工作十分繁重，应主动将行业发展纳入到地方政府的统一规划中去，积极争取地方政府的支持；同时，牢固树立为地方经济服务的思想，坚持以发展为第一要务，把发展放在突出位置，加强与地方政府部门的沟通协调，努力把电信业做大做强，为地方调整经济结构、改造传统产业、建设信息化社会作出贡献。

（二）转变行业发展模式，进一步提升服务社会信息化的能力

“十五”期间，我省电信业的高速发展与资金方面的高投入以及通信资源的消耗是密切相关的；“十一五”期间，电信业将通过提高劳动生产率、资源整合、技术和业务创新、优化产业链等多种方式来促进行业协调发展，进一步减少电信业发展对于社会资源的消耗，以满足建设节约型社会的要求。

以我省国民经济发展和社会信息化建设为契机，进一步加强信息服务能力建设，立足于提供完善的基础通信设施和良好的网络接入平台，加强业务创新，不断推出新的业务模式，为信息化建设提供综合信息服务支持。围绕电子商务、数码城市、企业综合信息服务解决方案、IPTV、VOD、网上娱乐等信息服务需求，整合现有资源，加强综合信息服务的开发和推广，力求使信息服务融入人民生活、企业生产、社会发展的方方面面。

（三）逐步缩小区域及城乡差距，扎实推进农村信息化建设

努力贯彻“全面协调可持续发展”的建设思路，落实我省电信业区域协调发展的战略，促进电信业苏南、苏中、苏北及城乡协调发展。鼓励电信企业积极开拓农村电信市场，提高农村电话普及率，加大农村互联网接入的普及力度，通过拓展业务类型，提升服务质量的方式，带动农村信息化水平的提高。同时，研究普遍服务的具体实施措施，健全工作机制，明确责任分工，为农村通信的持续发展建立长效保障机制，扎实推进农村信息化建设。

（四）积极扶持增值业务发展，培育新的行业增长点

“十一五”期间，增值业务将是整个电信业中最具潜力的业务增长点，增值业务的发展状况已成为影响电信业发展的重要因素。增值业务的发展应在相关部门的大力扶持下，引导各类资本进入增值服务领域，重点扶持农业、教育等信息服务企业，在产业链合作创新的积极带动下，不断开发专业化、差异化的新型业务，加快培养潜在的消费群体，共同推进增值业务的可持续发展。

（五）以用户驻地网建设为重点，积极推进网络资源整合

进一步规范我省住宅小区和商住楼内通信设施的建设行为，落实开发商与运营企业的相应责任，保障各电信运营企业的平等接人和公平竞争，切实维护用户对各电信运营企业所提供业务的自由选择权，满足用户对信息化生活不断增长的需求。在具体建设过程中，鼓励各电信运营企业在建设通信管线等设施时应加强合作，推进网络资源的整合。同时，以用户驻地网建设为契机，提升宽带和综合业务接入水平，有力地推动三网融合的发展。

（六）完善市场监管，营造良好环境

新时期，电信业的发展面临新的机遇，监管部门必须根据新的形势、新的要求，牢固树立依照法律法规和市场经济规则进行监管的思想，充分发挥监管优势，增强监管工作的整体效能，不断提高驾驭复杂局面、解决复杂矛盾的水平。同时，监管部门要树立正确的监管工作指导思想，加快政府职能转变，全面履行经济调节、市场监管、社会管理和公共服务等职能。

加强法制环境建设。“十一五”期间，我国将出台《电信法》。在《电信法》出台后，结合本地实际情况，适时出台江苏省电信条例，从而完善我省电信业的法治环境，建立健全电信法律法规的体系框架，维持电信市场秩序，维护电信用户和电信运营企业的权益，为电信业的稳定发展提供制度保障。

做好市场准人的把关。按照行政许可法和有关规定，做好增值电信业务经营许可证审批和部发许可证的备案管理工作。规范审批、备案流程，简化申办手续，提高工作效率。加强证后监管，规范发证单位经营行为，建立健全证后管理机制。

加强互联互通的监管。建立科学的互联互通机制，严格执行网间互联互通的质量标准，建立互联互通网络安全保障措施，加强互联互通的沟通机制；进一步开发运用互联互通检测系统，主动有效的监测网间通信质量，公平公正处理网间通信障碍申诉。用法律、行政、技术和行业自律等手段，切实做好互联互通工作。我省电信业将本着“公正、务实、高效、创新”的精神，贯彻落实互联互通的“硬措施”，营造公平、有效、有序的市场竞争环境。

强化服务质量监督管理。按照“政府监管、企业自律、社会监督”的原则，综合运用法律、行政、经济和技术等手段，做好服务监管工作，同时突出“以人为本”的服务理念，继续完善电信服务监管体系，强化社会舆论宣传，着力抓好短信息服务等社会反映强烈的质量问题，让社会公众能够享受更优质的电信服务。

有效配置电信资源。进一步加强对码号、互联网地址等电信资源的有效管理，做好资源使用的规划工作，发挥资源配置对电信业务发展和电信运营企业公平竞争的促进和调控作用，探索资源管理与电信业务发展和管理有机结合的新思路。

规范通信建设市场。规范通信建设招投标行为，加大对招投标活动违规行为的查处力度；充分发挥通信建设工程质量监督中心、通信行业协会各会员的作用；改革专家评审制度，增加透明度；完善相应的内部受理流程，切实做到公平、公正、合理。

完善网络及信息安全保障措施。建立相应体系，落实电信网与互联网网络安全应急预案，强化网络安全应急保障队伍建设，提高网络安全事件的发现能力和处置能力，要统筹考虑在多运营商体制下基础网络的互为备份，保障紧急状况下的通信畅通。同时，坚持“谁主管、谁负责、谁经营、谁负责”的原则，构建网络与信息安全责任体系，层层落实网络及信息安全责任制。

（七）加快改革创新，提升电信企业综合竞争力

电信企业需要进一步加快产权改造的步伐，完善多元化的投资结构，对用人体制、分配方式、投资决策等制度进行深入改革，促进企业运行管理创新，提高企业的综合素质与核心竞争力。鼓励已初步具备国际竞争能力的电信运营企业、服务支撑企业联手拓展国际市场，在海外设立研发、生产和服务基地，积极参与国际分工与合作，走国际化发展的道路。

江苏“数字海洋”信息基础框架实施规划

一、前　言

江苏“数字海洋”信息基础框架建设是中国“数字海洋”的重要组成部分，是一项庞大、复杂的信息化系统工程。江苏“数字海洋”建设是在国家整体规划的基础上，按照国家统一的技术标准和平台建设要求，结合江苏省海洋工作需求，突出江苏特色，确定江苏省“数字海洋”的体系和功能布局，全面应用遥感（RS）、地理信息系统（GIS）、全球定位系统（GPS）技术以及网络信息技术和可视化模拟技术等，制定江苏“数字海洋”总体框架，明确战略步骤，分阶段实施江苏“数字海洋”工程，至2010年基本完成全省“数字海洋”信息基础框架建设任务。“数字海洋”将覆盖省、市、县三级海洋行政主管部门，并为各节点配备具有业务化运行能力的网络和计算机等配套设备。

江苏“数字海洋”信息基础框架建设以海域使用管理、资源环境管理和海洋经济三大应用系统为重点，以开发相关数据库及可视化动态模拟系统为特点，充分整合利用现有信息系统及数据。数据交换和共享方式采用集中式管理与分布式管理相结合，省内各节点统一为集中管理模式，省与国家间采用分步式管理模式，保证与国家系统的衔接。

二、建设目标和实施原则

（一）江苏“数字海洋”发展远景目标

围绕“突出发展海洋经济主体，立足于政府决策服务、为经济建设服务、为海洋现代化管理服务”，在国家“数字海洋”整体规划和开发业务系统的基础上，结合江苏海洋工作实际，按照“统筹规划、统一标准、分步实施、需求主导、服务管理”的原则，开展江苏“数字海洋”信息基础框架建设，形成海洋信息在海洋经济发展、海洋管理等方面的综合应用与决策支持服务能力，以信息技术推进江苏海洋事业的快速发展。

“数字海洋”全面应用遥感（RS）、地理信息系统（GIS）和全球定位系统（GPS）技术，与评价和应用模型相结合，运用数据仓库技术、虚拟现实技术、信息网络技术等技术手段，通过汇总江苏近海调查数据和评价资料，整合我省海域的历史调查资料和业务管理数据，在统一的信息标准规范框架下，构建我省“数字海洋”空间基础数据平台和网络交换中心；充分利用国家业务系统，开发和补充相关的专题信息系统及数据，提高全省海洋业务数字化综合应用能力，为江苏经济发展、海洋综合管理、海洋环境保护、海洋权益维护和海洋科学研究提供全面的、多层次的海洋信息共享服务，为最终建立我省“数字海洋”系统奠定基础。

江苏“数字海洋”总体目标包括：

1．实现海洋信息获取的数字化网络化

整理建立陆基、天基、海基等海洋信息快速获取、实时传输与快速更新系统，建立覆盖全省沿海市、县三级海洋信息交换服务网络系统，并与国家级实现互联互通，最终形成国家、省、市、县四级海洋行政主管部门的互联互通，全面实现各级部门间海洋信息获取的数字化、交换网络化。

2．实现海洋信息管理的标准化规范化

以国家“数字海洋”的一系列标准和规范为基础，以江苏实际业务需求为补充，开展海洋信息资源的开发与利用，开展海洋信息的标准化、规范化、空间整合处理，提炼面向应用主题的海洋信息产品，构建一体化管理的江苏省级海洋数据中心，建成满足海洋管理、海洋研究和社会经济发展需要的、统一标准的中大比例尺“数字海洋”基础信息平台。

3．实现海洋决策管理的科学化

在国家系统基础上，补充或建成海域使用管理、海洋资源环境保护、海洋灾害防御、突发事件应急响应的综合性海洋决策支持系统，形成上下联动的网络化海洋管理模式，提升各级海洋管理的决策能力。形成适应海洋信息化建设发展的软环境，包括标准规范、安全保障、人才培训、技术储备等。

4. 实现海洋基础信息服务的社会化

开发海洋基础性、公益性信息资源，研制既面向政府权威部门又面向社会、面向市场的海洋信息产品，促进海洋信息产业化进程，实现广泛的海洋信息和信息产品社会共享。

（二）项目建设具体目标

江苏“数字海洋”信息基础框架构建的具体目标是：

1. 全面梳理、整合与改造现有海洋资源、环境、经济、管理等数据，开展省级“数字海洋”数据中心体系建设，基本形成统一标准与接口的中大比例尺“数字海洋”基础信息平台。

2. 建立连接省级与沿海市、县的三级海洋信息传输与交换共享网络，实现海洋信息快速获取、更新、交换与共享。

3. 建立构建可视化及动态模拟系统，实现江苏辐射沙洲区地形的三维动态显示和沿海典型河口水质状况变化的动态模拟。

4. 建立标准统一、接口规范的省、市、县海洋综合管理与服务信息系统，形成面向海洋管理和经济的辅助决策分析能力和面向公众的信息发布服务能力。

5. 建成适应全省海洋信息化建设发展需求的软环境，包括信息安全保障、人才培养、技术储备和重大海洋信息化工程实施的组织管理协作机制。

（三）项目实施原则

项目实施过程中，需遵循以下几方面的基本原则：

1. 在江苏省908专项领导小组和908专项办公室的统一领导下，按照国家“数字海洋”建设标准和要求，对项目进行统一规划、管理、分步实施。

2. 本着“有限目标、面向服务”的原则，充分利用有限条件，紧紧围绕支撑管理与应用服务的目标，在国家“数字海洋”原型系统环境下，建设面向经济发展、管理决策、社会公众的专题应用系统。

3. 坚持“盘活资源、共建共享”的指导思想，理顺省和沿海市、县现有海洋信息资源管理体系，建立省和沿海市、县间的海洋信息资源共建共享机制，充分利用现有资源，广泛调动各方资源，避免重复投资，最大限度地发挥海洋信息的利用效益。

4. 遵循“统一标准、保证质量、安全保密”的原则，最大限度地保证信息的共享、准确和安全。

5. 采取“边实施、边培训”的方式，高度重视人员培训工作，逐步培养和建立一批既懂技术又善管理的专业队伍，保证项目完成后业务化运行的顺利进行。

江苏“数字海洋”系统建设和业务应用延伸到县级海洋行政主管部门，全省3个沿海市和13个沿海县以及省属海洋管理、科研单位同时推进。

三、项目建设内容

（一）项目总体构成

江苏“数字海洋”信息基础框架主要由海洋综合管理与服务信息系统建设、信息基础平台建设和系统业务化运行能力三个部分内容组成。

海洋综合管理与服务信息系统是“数字海洋”的关键和重点，包含政务管理信息系统和公众服务系统两部分。

——政务管理专用信息系统分为两类，一类是自建开发系统，包括资源环境、海域管理、海洋经济、可视化及动态模拟系统；一类是在国家开发系统的基础上进行补充开发的系统，包括执法监察、海岛、海岸带、海洋科技、海洋防灾减灾等系统。

——公众服务系统主要是由海洋管理信息公众服务发布系统和海洋信息产品公众服务发布系统两部分组成。

信息基础平台是项目建设是“数字海洋”的数据交换和共享核心内容，包括信息获取与更新系统和海洋数据库系统的建设。

系统业务化运行能力是“数字海洋”建设和运行的基础和保障，主要建设内容包括海洋数据中心、网络平台、节点设备配置、省级海洋数据库系统、海洋信息更新体系。

——省级数据中心是海洋信息传输与交换的枢纽。省级数据中心与网络平台共同形成海洋信息交换体系。交换体系采用分级用户认证授权等方式进行信息交换和服务。

——网络平台。网络平台实现省海洋与渔业局与各沿海市海洋管理部门以及与省局直属海洋科研单位间的网络连接，并延伸到县级海洋行政主管部门的网络连接，实现网上信息传输、交换及业务管理的网络化运行。

——节点设备配置为本项目涉及节点的业务化运行提供基础运行环境。节点分为省级、市级和县级三类，省级就是省海洋与渔业局机关；市级包括3个沿海市、省“两沙”海管会、省海环中心以及省海洋水产研究所等；县级主要是13个县级海洋行政主管部门。

——省级海洋数据库系统包括省级908专项数据、历史数据以及海洋管理等相关数据，以满足省级海洋综合管理与服务信息系统对数据的需求。

——海洋信息更新体系主要为业务系统运行提供数据产品更新支持，保障业务系统具有实时、动态和完整的能力，为数据库系统提供充分的数据源保障。

江苏“数字海洋”信息基础框架将覆盖省、市、县三级海洋行政主管部门以及省级海洋环境监测、科研等单位，并实现与国家海洋局互联互通，同时为省政府、省发改委等部门预留接口。整个系统网络拓扑结构如图1所示。

江苏“数字海洋”信息基础框架构建项目总体构成如表1所示。

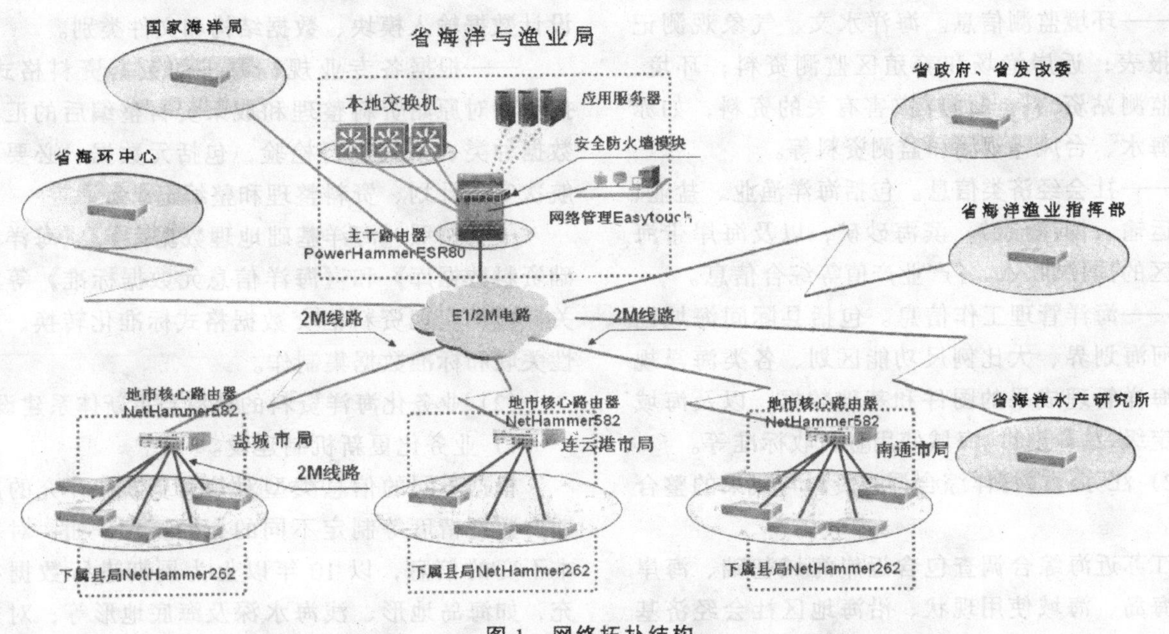

图1　网络拓扑结构

表1　项目总体构成

海洋综合管理与服务信息系统	政务管理专用信息系统	江苏资源环境系统	江苏海域管理系统	江苏海洋经济	执法监察系统	海岛、海岸带系统	海洋科技系统	海洋防灾减灾系统	可视化及动态模拟系统
	公众服务系统	海洋管理信息公众服务发布系统				海洋信息产品公众服务发布系统			
信息基础平台	信息获取与更新系统	历史资料整合处理							
		海洋资料传输、交换系统							
		业务化资料的获取与更新系统							
	海洋数据库系统	基础地理数据库							
		基础资料数据库							
系统业务化运行能力	数据中心	省级数据中心规划设计							
		数据中心软硬件配置							
		数据交换与共享系统							
	系统业务应用	节点软硬件配置							
		系统运行与维护							
		技术培训							

（二）海洋信息基础平台建设

1. 海洋信息的获取与更新系统建设

(1) 海洋资料与成果的整合处理：

1）历史资料的整合处理。

江苏省海洋历史资料主要包括1980年海岸带和海涂资源综合调查、1990年海岛资源综合调查、1998年海洋污染基线调查等调查资料，以及历次全省海洋环境监测及海洋研究和管理数据等业务资料。包括：

——基础地理类信息。近年来获得的海岸带海岛航摄、卫星遥感影像数据；测绘部门编制的大比例尺最新地形图，以及其他有关单位编制的相关图件。

——环境监测信息。海洋水文、气象观测记录和报表；近岸渔场和养殖区监测资料；环境、生态监测站资料；与海洋灾害有关的资料，如赤潮、海水、台风等观测和监测资料等。

——社会经济类信息。包括海洋渔业、盐业、交通运输、滨海旅游、滨海砂矿，以及海岸带海岛地区的国民收入、各产业产值等综合信息。

——海洋管理工作信息。包括县际间海域勘界、河海划界、大比例尺功能区划、各类海洋规划等海洋管理成果的图件和基础数据，以及海域分类定级及基准价、海域使用金征收标准等。

2）江苏近海海洋综合调查资料与成果的整合处理。

江苏近海综合调查包含近岸海域基础、海岸带与海岛、海域使用现状、沿海地区社会经济基本情况等调查数据，获取的资料量巨大。通过对资料的数字化、标准化处理以及对调查资料的元数据信息提取，将调查资料整合到数字海洋中。

3）江苏近海海洋综合评价资料成果的整合处理。

江苏近海海洋综合评价包含江苏近岸重点海域环境质量评价、江苏辐射状沙脊群环境变化与开发利用评价、江苏近岸重点海域渔业资源保护与开发利用评价、江苏潜在海水增养殖区评价与选划、江苏海滨湿地保护与土地利用潜力评价、江苏潜在滨海旅游区评价与选划、江苏海洋经济可持续发展综合评价等7个课题。通过对资料成果的数字化处理、在国家评价模型基础上进行处理，将处理的评价成果运用到数字海洋中。

4）质量控制。

为保证历史数据和调查与评价数据资料的有效整合以及各类数据顺利汇交，我们应采取一系列的数据质量控制方法和措施：

——按908专项质量保证体系的要求和《908专项资料及成果管理办法》制定的资料汇交、质量控制的原则和规定，设计各类专业数据汇交的工程管理框架和流程，每个操作步骤形成文档记录，最终形成资料汇交反馈意见。

——对汇交资料中采用非电子载体部分进行数据化处理，并按一定的格式存储在电子载体上。

——资料数据的标准化处理。按《海洋信息标准体系表》、《海洋信息分类与编码》和《海洋信息文件命名规则》等制定的基础标准规范要求设计数据输入模块、数据结构和文件类别。

——根据各专业规程要求的数据资料格式，按步骤对原始资料整理和成果资料整编后的汇交数据种类、格式进行检验，包括元数据、必要的航次实施计划、资料整理和整编纪录等。

——按照《海洋基础地理数据库》、《海洋基础资料数据库》和《海洋信息元数据标准》等相关标准，实现资料汇交数据格式标准化转换、属性关联和标准数据集制作。

(2) 业务化海洋资料的获取与更新体系建设：

1）业务化更新机制建设。

根据不同的信息类型对信息更新、补充的周期、数据精度等制定不同的指标要求，如：对基本不变的信息，以10年以上为周期进行数据补充，如海岛地形、浅海水深及海底地形等；对非常缓慢变化的信息，以1年为周期进行数据更新、补充，如海岸带土地退化状况、资源生态容量等；对较长时间会变化的信息，以15~30天为周期进行数据更新补充，如水质监测、海面浮游植物、降雨信息等；对较短时间会变化的信息，以10~15天为周期进行数据更新，如海岸带赤潮、化学物浓度、重点排污口状态等；对海面上常规的自然参数和现象，实现每天或更快的数据更新，如海浪、海温信息等；对突发自然灾害或生产事故，达到实时数据更新，如强台风登陆信息、海上遇难船只信息等。

2）信息更新系统建设主要内容。

——江苏海洋环境监测资料获取与更新。建立全省海洋环境监测站等监测数据获取与更新系统，完善资料接收处理与质量控制系统，提高海洋环境监测站等海洋监测资料获取能力，实现资料的实时/延时接受与处理。

——卫星海洋资料获取与更新。卫星海洋监测是“数字海洋”的主要资料来源，通过卫星遥感的监测资料，获得海洋水色、透明度、海表温度等信息，建立“数字海洋”的卫星海洋监测数据获取与更新系统。

——航空遥感监测数据的获取与更新。建立航空遥感监测数据汇交管理机制和业务工作流程，及时生成系列标准数据集，为“数字海洋”提供快速、丰富的海洋监视监测数据。

——市、县海洋监测数据的获取与更新。结合江苏省、市、县三级海域使用动态监视监测系统建设，整合市县监视监测数据，实现基于“数字海洋”的市、县海洋监测数据的获取与更新。

2．海洋数据库系统建设

（1）基础地理数据库建设：

在国家建立的海洋基础地理数据库基础上，结合调查资料和所收集的基础测绘资料，补充完善江苏区域的基础地理资料，重点建立大于1：50000（局部海域达到1：10000）比例尺的海洋基础地理数据库。

基础地理数据库的空间定位系统采用WGS84坐标系统，高程基准采用国家85高程基准；水深基准采用理论深度基准面。数据库的要素满足国家有关标准的规定，数据结构采用通用的GIS数据结构。

基础地理数据库建设的主要工作包括：

——基础地理资料的数字化处理。对纸质地图进行扫描、纠正、坐标系转化和数字化；对数字化地图资料经过格式转换、坐标系转换，处理为符合GIS格式要求的数据。并对其进行要素编辑、图幅拼接等处理，完成基础地理数据库建库的基本图形数据准备工作。

——属性数据的输入。属性数据是基础地理数据库的重要内容，主要包括地名、要素属性、其他文字注记等的输入工作。

——基础地理数据的信息更新。利用江苏908专项调查获得的海岸带、海岛基础调查数据和近海水深调查资料，对江苏海域基础地理数据进行更新。

（2）基础资料数据库：

在对江苏908专项调查和历史资料进行整合、数字化处理和标准化处理的基础上，建设江苏海洋基础资料数据库，共建设8大类数据库，分为两部分。

一部分是在国家数据库基础上进行补充完善的数据库，包括：

——基础地理数据库。

——海洋生物与生态数据库。

——海洋环境数质量据库。

——沿海地区社会经济数据库。

——海洋管理数据库。

——全文信息数据库。

另一部分是江苏新增开发的数据库，包括：

——海域基础数据库。

——社会经济专题图图件数据库。

——重点区域滩涂土壤及其利用调查数据库。

——南黄海辐射状沙脊群调查与评价数据库。

江苏省海洋基础数据库建设内容见表2。

3．网络平台建设

（1）网络总体设计：

海洋信息网络平台的省内分支网络通过省数据中心接入主干网。分支网由省到市、县节点组成。江苏省分支网络在国家统一规划设计下，选用的模式为：由省级集中存储、管理各级部门的各类基础和专题数据，通过固定网络线路与市、县级系统保持实时连接，市、县数据与省数据库实现同步获取与更新。

——网络结构详细设计。根据综合管理信息系统运行及数据传输交换等网络应用服务的需求，在符合国家统一规划的基础上，详细设计各节点网络功能与结构，并报国家级海洋数据中心审核和备案。

——网络系统建设。江苏将采取租用电信专线组网方式进行建设，完成省、市、县三级联网。海洋信息传输网络采用TCP/IP协议，因此必须对网络上的IP地址资源进行统一的规划与划分。按照国家统一规划，对我省内部分支网节点进行IP地址调整，并上报国家备案。

（2）主干网省级节点建设：

江苏“数字海洋”网络节点建设分为省、市、县三级，三级网络采用租用电信部门的2M数字电路进行网络连接。

表2　江苏省海洋基础数据库建设

数据库类型	数据库名称	主要内容		备　注
一、基础地理数据库	1. 地形图DGR数据库	全要素1:1万尺更大比例尺系列地形图		在国家数据库基础上补充完善
	2. 卫星遥感影像数据库	重点地区高分辨率卫星和航空遥感影像		
二、海域基础数据库	1. 海洋化学数据库	海水化学		新增数据库
		沉积物化学		
		海洋大气化学		
		生物质量数据库		
		沉积物于生物体中畅销性有机污染物		
		海水和沉积物及生物体中放射性物质		
		环境容量		
	2. 物理海洋与海洋气象数据库	海洋大面水文	波浪	
			水位	
			海流	
			水温	
			盐度	
			海况	
			浊度（或悬沙浓度）	
		连续站观测水文	内容同上	
		连续站观测水文	云	
			能见度	
			天气现象	
			风速	
			气压	
			相对湿度	
			风向	
			气温	
	3. 海洋沉积数据库	底质（性质、成分、分选等）		
		悬浮物（粒度、浓度等）		
		粒度（粒级分布）		
		古生物	孢粉	
			有孔虫	
			介形虫	
			硅藻	
			放射虫	
			超微	
三、海洋生物与生态数据库	1. 浮游植物数据库	种类、数量、分布等		在国家数据库基础上补充完善
	2. 浮游动物数据库	种类、数量、分布等		
	3. 游泳动物数据库	种类、数量、分布等		
	4. 鱼卵和仔、稚鱼数据库	种类、数量、分布等		
	5. 底栖生物调查数据库	种类、数量、分布等		
	6. 潮间带生物调查数据库	种类、数量、分布等		
	7. 微生物数据库	种类、数量、分布等		
四、海洋环境质量数据库	1. 水质调查数据库	类型、分布等		在国家数据库基础上补充完善
	2. 沉积物调查数据库	类型、分布等		
	3. 海洋污染状况数据库	海域污染物、分布状况等		
	4. 海洋赤潮灾害数据库	赤潮发生时间、地点、范围、种类等		

数据库类型	数据库名称	主要内容	备 注
五、沿海地区社会经济基本状况数据库	1. 社会经济基本情况调查数据库	工农业产值数据	在国家数据库基础上补充完善
		人口及从业人员数据	
		收入数据	
		科技教育数据	
	2. 海洋经济数据库	海洋渔业数据	
		海洋盐业数据	
		海洋化工数据	
		海洋船舶工业数据	
		海滨旅游数据	
		海洋信息服务数据	
		海洋生物医药数据	
		海洋工程建筑业数据	
	3. 专题图图件数据库	人口与城镇分布图	新增数据库
		沿海港口与造船业分布图	
		滨海旅游区分布图	
		海岸带变迁图	
		海洋化工分布图	
		海洋渔业分布图	
六、南黄海辐射状沙脊群调查与评价数据库	1. 水下地形测量与分析数据库	1:10万实测水下地形图	新增数据库
		1:25万遥感反演地形图	
		辐射沙脊群地形演变专题图	
	2. 海底沉积物调查与分析数据库	辐射沙脊群海域的表层地质数据	
		沉积体系调查数据	
	3. 水动力条件调查与分析数据库	水域的潮位	
		水流和泥沙	
		水域水动力分布变化数据	
	4. 资源、环境综合评价	土地资源开发利用评价	
		深水港口资源开发利用评价	
		生物资源保护与开发利用评价	
		环境质量评价	
七、海洋管理数据库	1. 海域行政界线数据库	省际间、县际间海域界限及说明	在国家数据库基础上补充完善
	2. 河海分界线数据库	河海分界线及说明	
	3. 海域使用数据库	海域使用现状图件及说明	
	4. 海洋功能区划数据库	海洋功能区划图件及说明	
	5. 海洋自然保护区数据库	保护区位置、范围、保护物种等	
	6. 开发规划数据库	海洋及海岛开发规划图件及说明	
	7. 无居民海岛利用数据库	现状、规划等	
	8. 重点区域滩涂土壤及其利用调查数据库	滩涂土壤质量调查数据	新增数据库
		围垦土壤调查数据	
		各种土地利用类型的土壤质量、数据调查数据	
八、全文信息数据库	1. 管理法规全文数据库	历史资料	在国家数据库基础上补充完善
	2. 研究报告全文数据库	本次和历史调查报告等	
	3. 社会人文材料数据库	本次和历史调查报告等	

(3) 网络传输和数据交换设计：

——网络传输设计。江苏“数字海洋”传输网络系统包括国家、省、市、县四层节点，相应有三级网络。江苏三级广域网络及数据传输系统网络架构如图2所示。

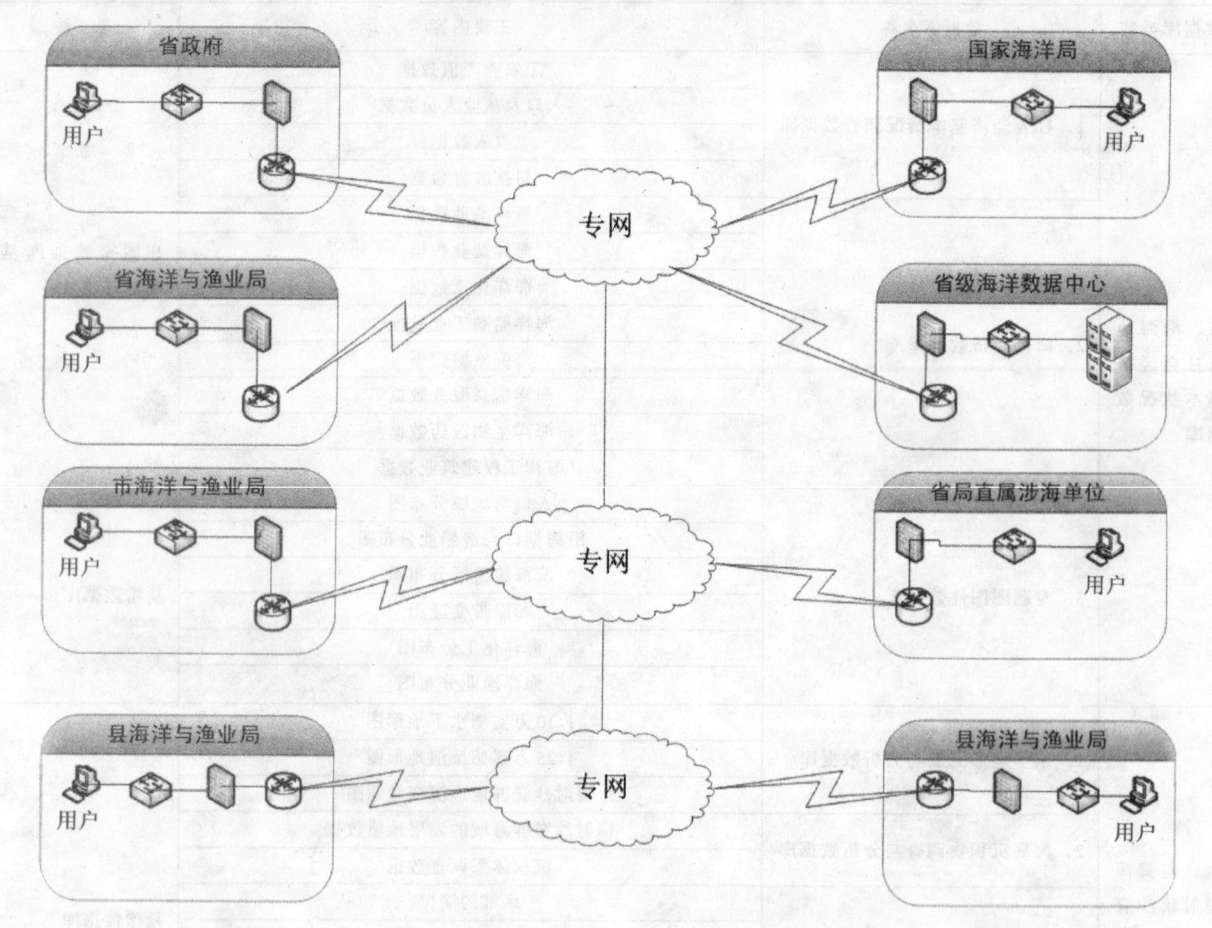

图 2　江苏三级广域网络及数据传输系统网络架构

一级网络传输指国家级节点（省政府节点）与省级节点之间的数据传输。省级节点与国家海洋局节点之间传输采用 2M SDH 带宽专线线路，与省政府间的传输采用现有的政务专网线路。

二级网络传输指省级节点与 3 个市级海洋与渔业局（3 个省局直属涉海单位）之间的数据传输。二级网络传输采用 2M SDH 带宽专线线路。

三级网络传输指市级节点与 13 个县级海洋与渔业局之间的数据传输。三级网络传输也将采用 2M SDH 带宽专线线路。

——数据交换设计。三级网络中各层间的数据交换方式有两种，省内数据交换采用集中存储，省级与国家级间采用分布式存储。

省内市、县节点与省级节点的数据存储和交是 B/S 方式，市、县不再设有存储服务器设备，所有数据交换都通过网络实时传输统一存储在省级数据中心。

省级与国家级间的数据传输和交换是 C/S 方式，针对多元数据的特点，采用不同的数据交换格式：

影像（空间）数据——采用 ARC GIS 标准格式进行交换；

其他类数据——采用基于 XML 设计的格式进行交换。

（三）省、市、县三级海洋综合管理与服务信息系统建设

江苏海洋政务管理信息系统是一个基于地理信息系统和分布式数据库管理的全省广域网络应用系统，为海洋经济规划、海域管理、海洋环境保护、海洋执法等提供海洋政务管理和辅助决策支持。针对江苏海洋综合管理需求，重点建设海洋资源环境信息系统、海洋经济信息系统、海域使用管理信息系统、近海可视化即动态模拟系统和公众发布系统等五大业务系统，同时在国家开发的海洋执法监察信息系统、海岛海岸带信息系统、海洋科技管理、海洋防灾减灾等系统基础上补充我省相关内容，并将现有应用系统进行整合，在国家系统上进行有关功能的补充开发和应用。

1. 系统总体布局和功能规划设计

面向江苏省和沿海市县地方政府在海洋发展规划、海域使用管理、海洋环境保护、海洋执法监察等方面对海洋信息技术和服务体系的需求，在江苏省近海海洋数据基础平台的支撑下，结合江苏特色需求，设计和开发资源环境信息系统、海洋经济信息系统和海域使用管理信息系统以及可视化及动态模拟系统，并在国家开发的执法监察信息系统、海岛海岸带信息系统等海洋专题信息系统基础上补充开发江苏内容。

海洋综合管理信息系统包括海洋政务管理专用信息系统和海洋公众服务系统两大部分。网络结构如图 3 所示。

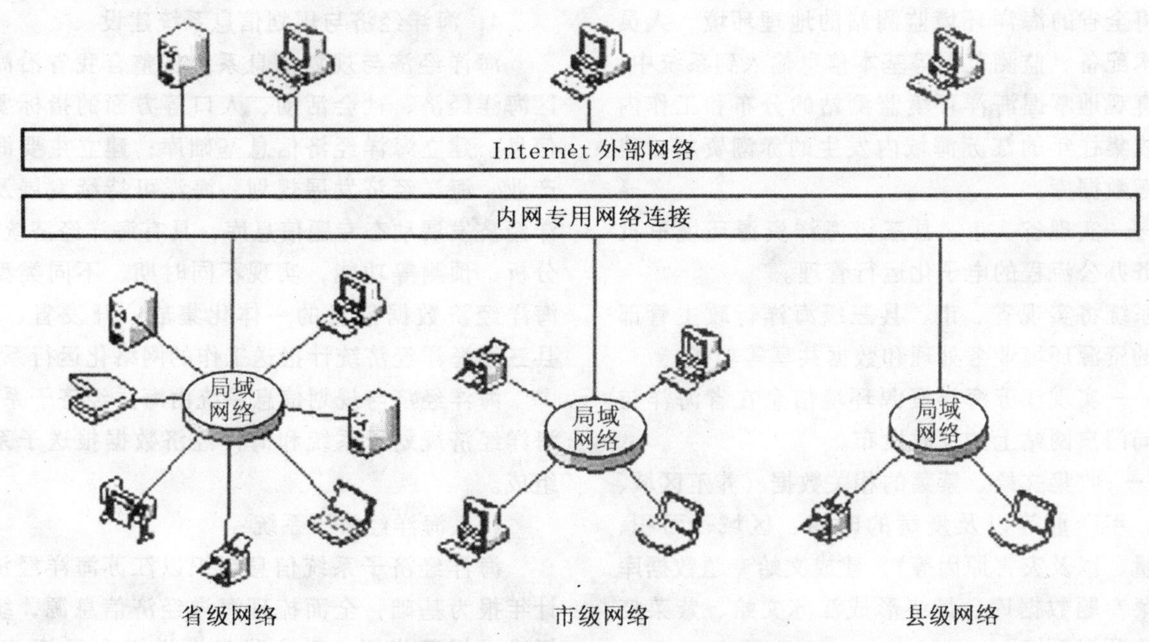

图 3　海洋综合管理与服务信息系统网络结构

2. 海域使用管理信息系统

江苏海域使用管理信息系统已经建成，其主要功能和内容有：

——海域使用管理工作流子系统。海域使用管理工作流子系统主要是为了实现从海域申请审批、确权发证直至日常管理、统计归档的全程办公业务过程。

——查询分析统计子系统。完成海域使用管理各个业务子系统中查询、统计和分析功能。统计的结果可以直接通过网络以报表的形式送交有关部门。

——系统管理子系统系统。包括数据访问安全权限设置、数据备份和恢复、数据更新等功能。

——GIS 子系统。GIS 系统作为整个海域使用管理系统的基础模块，是其他子系统运行的支撑。GIS 子系统负责图形（海域使用图、沿海地形图、海图、功能区划图）的显示、编辑、查询和专题制图。

3. 海洋环境保护信息系统

海洋资源管理系统的具体任务是：

——实现海洋自然资源分布情况和环境污染情况的动态监控和监视，以图形化方式进行直观管理。

系统将整理、分析海洋资源的历史调查数据，并能接收飞机、船舶和台站监视到的对海洋资源状况有影响的事件信息以及最新的遥感数字图像、航拍图像等数据，具备对非法开采、非法捕捞和不合理开发等破坏海洋资源的事件有及时相应的能力，可依据有关的法规和具有法律效应的条例、规定等判定事件的类型。

——实现海洋环境污染事件的信息发布及综合分析评估功能，为我省海洋环境突发事件的应急处理和指挥调度提供辅助决策功能。

根据违章事件的类别，建立包括时间、地点、当事人、破坏的资源种类及违反的法规、条例等内容的违章事件文档数据库；具备对诸如倾废、排污、溢油等主要海洋污染事件信息速报的能力，对事件发生后造成的环境、资源的污损情况进行综合分析评估，并将分析结果和对事件的处理建议及时传递到有关管理部门，同时能实时传递给应急处理和指挥调度平台，为我省海洋管理部门应对海洋环境突发事件应急处理提供科学的辅助决策信息。

——实现对各环境监测站管理、赤潮监测管理的网络化、图形化的直观管理。

将全省的海洋环境监测站的地理环境、人员及技术配备、监测范围等基本信息输入到系统中，方便直观地掌握海洋环境监测站的分布和工作内容。收集往年的江苏海域内发生的赤潮资料，建立赤潮数据库。

——实现省、市、县三级海洋资源环境审批等业务办公流程的电子化运行管理。

系统将实现省、市、县三级海洋行政主管部门间的资源环境业务处理和数据共享等功能。

——实现江苏海洋资源环境信息在省海洋与渔业局门户网站上的及时发布。

——收集文蛤、紫菜的相关数据（养殖区域、面积、年产量等以及疫病的时间、区域、面积、死亡量、以及灾害原因等），建成文蛤专题数据库和紫菜专题数据库，最终形成江苏文蛤、紫菜疫病监测预报系统。

——制作海洋资源环境公众服务信息产品，建立海洋资源环境信息公众发布系统，发布海洋环境监测与预报信息产品、海洋环境质量、海洋灾害信息、海洋资源分布信息产品等相关信息。

面向海洋环境保护、海洋工程管理、海洋环境监测预报、海洋生态安全、防灾减灾等管理需求，基于现有海域使用管理信息系统的平台基础上，建设三级海洋资源环境管理信息系统。该系统建设内容主要是海洋资源环境政务管理信息系统和海洋资源环境信息公众发布系统两部分组成。海洋资源环境政务管理信息系统由资源环境信息查询、业务化环境监测网管理、海洋污染控制管理、海洋资源管理等子系统组成。

海洋资源环境信息查询子系统通过建立系统查询模块实现相关信息的查询和统计。查询信息包括两类，一是海洋环境监测信息和海洋资源信息；二是事务性信息，如海洋倾废区的审查、倾倒情况等。统计功能包括：对点、线、面图形要素的拓扑统计，对海洋环境管理行政事务统计等，并提供可直观测览的统计图形。

海洋污染控制管理子系统实现包括陆源污染源、主要排污口排放、海洋倾废管理、海洋工程管理等海洋环境管理中行政性审批业务和非行政性业务审批以及综合性事务等日常事务管理。

海洋资源管理子系统提供海洋资源信息组织、资源信息管理、资源开发利用管理等功能，为海洋资源可持续利用开发提供信息。

4. 海洋经济与规划信息系统建设

海洋经济与规划信息系统将整合我省沿海地区海洋经济、社会活动、人口等方面的指标要素信息，建立海洋经济信息基础库；建立主要海洋产业、海洋经济发展规划、海洋可持续发展及海洋经济发展动态专题信息库，具有海洋经济统计、分析、预测等功能，实现不同时期、不同类型的海洋经济数据信息的一体化集成；开发省、市、县三级海洋经济统计报送工作的网络化运行系统。

海洋经济与规划信息系统由海洋经济子系统、海洋经济规划子系统和海洋经济数据报送子系统组成。

（1）海洋经济子系统：

海洋经济子系统信息组织以江苏海洋经济统计年报为基础，全面梳理海洋经济信息源，统一标准、规范指标，整合我省海洋综合经济信息、海洋渔业信息、海洋盐业信息、海洋化工、海洋船舶工业信息、海滨旅游信息，建立海洋经济信息的基础信息库；建立沿海市、县的人口、劳动力、工农业总产值、国内生产总值，主要海洋产业的产量、产值、增长速度等专题信息，为海洋经济信息系统的功能开发提供基础，为国家和沿海省市的海洋经济规划制订提供基本信息。

（2）海洋经济规划子系统：

海洋经济规划信息组织以《江苏海洋经济发展规划纲要》的落实和监督实施为基础，全面收集、整合沿海市县的海洋经济规划信息；建立海洋经济发展规划数据库，主要内容包括主要海洋产业（海洋渔业、海滨旅游业、海洋船舶工业、海盐及海洋化工业、海洋生物医药业）等。

海洋经济规划子系统功能主要是实现规划管理，即主要包括对规划文本、图件、规划项目以及与规划有关的专题信息的管理。

（3）海洋经济数据报送子系统：

该子系统主要是实现省、市、县三级海洋主管部门间的海洋经济统计业务工作的网络化和无纸化，即实现全省海洋统计工作的网上数据报送、整理。数据报送提供在线报送和数据报表直接导入两种方式。

5. 海洋执法监察信息系统

国家海洋执法监察信息系统由海监力量管理子系统、执法监察子系统、执法案例管理子系统和海洋执法监察辅助决策子系统组成。我们将整合江苏现有数据对该系统数据进行补充，以满足江苏海洋执法监察工作需要。补充内容主要以下几个方面：

(1) 海监力量数据：

包括江苏海监总队、各市支队及县大队的地理分布状况和执法区域；各海监队伍的机构设置、负责人、联系地址、通讯方式；海监队伍人员状况，总人数、持证人数；海监队伍装备情况，拥有各类海监装备的数量等。

(2) 海洋执法监察数据：

1) 海域使用执法对象包括围填海、海洋工程、海岸工程及其他用海。主要数据包括：

违法用海案件的申报信息、违法用海案件的调查取证信息、违法用海案件的立案查处信息、违法用海案件的执法通报信息、海域使用执法管理会商信息等。

2) 海洋环境保护执法对象包括：海洋倾废区、海洋自然保护区、海洋生态保护及其他。主要信息包括：海洋污染案件的申报信息、海洋污染案件的调查取证信息、海洋污染案件的立案查处信息、海洋污染案件的执法通报信息、海洋环境保护执法管理会商信息等。

6. 开发海岛、海岸带管理信息系统

在国家开发的海岛管理信息系统的基础上，整合江苏现有大量的历史调查资料，以及908调查资料，在国家系统上进行江苏海岸带和海岛相关数据补充，以满足我省工作需要。

针对江苏近海海洋调查和今后江苏海洋的开发、管理、科研需求，同时也为了江苏数字海洋工作能够科学化、规范化、标准化，将在沿海地带布设平面和高程控制网，确定江苏海域WGS－84坐标系统基准，并与国家高等级平面和高程控制网联接。收集处理陆地上点与海上点的高度比例关系，建成平面与高程控制网，实现对海上点（包括海岛）的高度控制和精确测量。

7. 海洋科技管理信息系统

江苏海洋科技管理信息系统主要是在国家开发的系统内容上增加海洋专家数据库，系统的总体功能需求如下：

海洋科技管理信息系统包括海洋科技项目（包括海洋科研项目、科技兴海项目）与成果管理子系统、海洋调查项目管理子系统、海洋科技奖励申报管理子系统和海洋科技专家数据库系统。

海洋科技项目与成果管理子系统：具备科技项目（包括海洋科研项目、科技兴海项目）和科研成果网上申请、登记、管理、查询、统计功能。

海洋调查项目管理子系统：该子系统的功能主要包括外业调查航次安排、调查文件合同管理、调查成果图件管理、调查进度管理。

海洋科技奖励申报管理子系统：具备海洋科技（包括海洋科研项目、海洋调查项目、科技兴海项目）奖励项目网上申请、登记、管理、查询、统计功能。实现科技奖励项目的申报信息化、管理部门申报项目的统一规范化、以及方便快捷的网络查询、检查和统计。

海洋科技专家数据库系统主要是收集江苏海洋专家相关信息，建立专家数据库，为海洋科技管理提供服务。

8. 海洋防灾减灾信息系统

在国家开发的海洋防灾减灾信息系统基础上，补充江苏相关信息，并开发、整合陆源污染和赤潮预报系统。

海洋防灾减灾信息系统包括海洋灾害信息查询子系统、海洋灾害监测和预测预警子系统、海洋灾害评估区划及减灾对策子系统、海洋灾害应急相应辅助决策子系统。系统主要功能包括：历史上各种海洋灾害情况及预测预警产品查询、海洋灾害的监测和预测预警服务、海洋灾害评估区划及防御防治对策、应急相应辅助决策。

在此功能基础上，补充两套子系统，一是针对江苏大的河口陆源污染情况，建设江苏陆源污染监测系统，对陆源污染进行监视监测。二是建立江苏赤潮预报系统。江苏赤潮有小而轻、频发次数增多、面积增大、有毒赤潮频繁发生等特点。

9. 江苏近海可视化及动态模拟系统

在江苏省近海海洋数据基础平台和各海洋专题信息系统构建的信息库支撑下，利用数值模拟技术和信息可视化技术，构建可视化及动态模拟系统，实现江苏辐射沙洲区地形的三维动态显示和沿海典型河口水质状况变化的动态模拟。

（1）开发海岸带（辐射沙洲区）浅水数字地形模型及三维可视化软件系统，实现不同时期冲淤变化的动态模拟；

（2）开发江苏沿海典型河口水质状况动态变化模拟模型，实现水质变化、污染物扩散等过程的可视化和动态模拟。

10．海洋信息公众服务系统

江苏省海洋信息公众服务系统是一个基于公众信息服务网站，面向所有社会公众以及相关用户，提供海洋管理政务公开信息、海洋资源环境信息服务的综合性信息发布系统。以海洋数据仓库和相关的数据为信息基础，以海洋综合管理信息系统为服务支撑，通过国际互联网络，采用信息发布、信息查询、导航引擎、数据共享等服务方式向用户提供信息服务。主要包括海洋管理公众服务发布系统建设、海洋信息产品公众发布系统建设等工作。

（1）海洋管理信息公众服务发布系统建设：

针对海洋管理信息系统产生的管理信息，建立海洋管理信息公众服务发布系统。

——系统发布的信息。海域管理公开信息、海洋资源环境保护公开信息、海洋防灾减灾公开信息、海洋执法监察公开信息、海洋经济与规划公开信息、海洋科技管理与科技兴海信息。

——发布系统主要功能：信息发布、信息查询、导航与搜索引擎、目录服务、内容管理、视频点播、网上办公、信息安全等。

——发布系统结构设计。浏览器和移动端的微浏览器为第一层，作为系统的应用界面；WEB和WAP服务为第二层，作为系统的应用逻辑处理；数据链接为第三层，作为系统的数据存取服务。采用基于J2EE等技术的三层B/S结构开发模式，同时适用于Intranet/Internet和移动互联网络。

（2）海洋信息产品公众服务发布系统建设：

系统公开发布的信息制作海洋资源公开服务信息产品，建立海洋信息产品公众服务发布系统，发布的内容主要包括：

海洋环境监测与预报信息产品：海浪实况分析，主要港口潮汐预报，海浪预报、赤潮预报等。

海洋灾害信息产品：赤潮、海浪等海洋灾害介绍，各种灾害的成因、发生和发展过程、持续时间、受灾损失等信息。

海洋资源分布信息产品：海洋渔场资源、海水养殖、滨海风景名胜等分布信息产品。

海洋环境质量信息产品：海水环境质量、近岸海域沉积物质量、入海排污口排污状况及邻近海域环境质量、海洋保护区环境状况等。

海洋社会经济和人文地理信息产品：海岛海岸带社会发展基本概况、海岛海岸带社会经济等信息产品。

系统功能与结构：海洋资源环境信息公众发布系统的功能、结构类似于海洋管理公众信息发布系统。

（3）海洋信息服务网站建设

江苏省海洋信息服务网站，按照“统一建设、分级管理、各自维护、同步发布”的原则进行建设。利用江苏海洋与渔业信息网，在现有资源的基础上，补充网站的硬件设备，完善网站硬件环境。同时，按照信息服务的内容进行软件功能的设计开发，把政府网站办成服务社会、促进江苏海洋事业发展的平台和窗口，及时发布海洋服务信息。

（四）系统业务能力建设

1．省级海洋数据中心建设

（1）海洋数据中心规划设计：

省级海洋数据中心需配置大容量数据存储与交换设备和安全系统，作为海洋信息主干网络的枢纽，调度、指挥、协调海洋信息的传输、存储，实现集中式与分布式相结合的国家级的海洋数据仓库和省市数据库间、各级综合管理信息系统之间的有效连接和信息交换、涉海海洋数据交换，保证数据处理、管理、交换、产品制作及在线分析、共享与服务满足运行的需要，省内三级数据交换采用集中交换存储方式，省级与国家间的数据交换采用分布式方式。

省级海洋数据中心具备存储和处理海量数据能力，容错和灾难恢复能力，高速数据交换能力，产品制作及在线分析、发布能力，提供用户网络访问服务能力。

省级海洋数据中心的建设要符合如下要求：

——内部数据交换网络传输速率不低于1000Mb/s；

——数据安全系统实现端到端的数据加、解密功能；

——设备配置满足本级数据的处理、存储与

管理需求；

——交换系统间具有统一的接口标准。

(2) 数据中心软硬件配置：

省级数据中心内部的数据管理交换网络系统采用基于千兆以太网（1000Base - T）的技术构建，内部网络协议遵从TCP/IP。需要配置千兆以太网交换机、路由器等网络设备。

内部数据管理与交换网络由如下三层结构构成：

核心层：由数据库服务器、数据存储与备份、文件服务器、应用服务器及核心交换机构成。此部分为网络核心，提供强大的数据处理和管理能力。

数据转发服务层：由数据存储转发服务器、数据交换平台组成以及WWW、FTP、DNS等网络服务器组成，一方面在核心层与接入层之间形成数据缓冲区；控制数据的双向流动；另一方面形成服务区；对外提供信息发布服务。

接入层：由路由器、防火墙、网络入侵检测等设备组成；既保证网络系统安全，又满足与主干网连接的需要。

四、计划进度安排

项目实施时间为2006—2010年，分年度计划安排如表3。

表3　项目计划安排表

年　度	计划内容	阶段成果
2006年	制作不同研究区、不同比例尺调查工作底图；完成历史资料的收集、整理工作和数据库结构研究、设计工作；完成海域使用管理系统的建设；开展资源环境专题应用信息系统功能需求的调研和设计；组织技术培训工作	完成工作底图； 完成海域使用管理系统建设及技术培训
2007年	完善省、市、县三级海洋综合管理网络平台；开展海洋资源环境的需求分析和设计、海洋经济专题应用信息系统的设计和开发建设；收集、处理908部分调查数据资料（包括海岛、海岸带调查等资料）；收集辐射沙洲区不同时期浅水水下地形资料，构建水下地形DEM，完成水下地形三维可视化系统的详细设计和开发建设；组织技术培训工作	建成三级网络平台； 建成海洋经济与规划系统
2008年	收集、处理执法监察、海洋科技系统相关数据；开展公众服务信息系统的详细设计以及省级数据中心建设和相关数据库建设工作；收集、处理908 - 01（02）调查和评价相关数据资料；收集典型河口区的水质、地形、水流和潮位资料，完成水质动态模拟可视化系统的详细设计和开发建设；完成资源环境系统的开发建设；组织技术培训工作	建成资源环境管理系统； 建成到可视化及动态模拟系统； 基本完成执法监察系统数据采集、处理； 基本完成海洋科技系统的数据采集、处理
2009年	完成省级数据中心和相关数据库建设工作；开展完成海岛海岸带、防灾减灾信息系统相关数据采集、处理工作；收集、处理908 - 01(02)调查和评价相关数据资料；根据综合调查与评价数据资料，补充完善基础数据库内容；完善信息基础平台和专题信息系统平台；组织技术培训工作	建成省级数据中心； 完成海岛海岸带管理系统数据补充； 完成防灾减灾系统数据补充
2010年	完成公众服务信息系统的建设；进一步汇总资料，充实系统数据；全面完成成果编制、汇总、归档、验收与评审	完成公众服务系统； 完成技术培训； 完成成果编制、验收

常州市国民经济和社会信息化“十一五”规划

21世纪是一个信息世纪，信息交流的速度和规模在很大程度上决定经济、社会的发展速度和现代化水平，城市信息化已成为城市发展的新主题和经济社会发展的新兴原动力。“十一五”时期是我市加快实现“两个率先”和富民强市目标的关键时期，作为一个地处沪宁两大都市中间以制造业为主的新兴城市，要进一步提高自身的综合竞争力，加快城市化进程和现代化建设，必须进一步加大信息化建设的力度。

一、现状与形势

(一)“十五”回顾

“十五”期间，在市委、市政府的正确领导和全市上下的共同努力下，我市信息化建设取得了长足的进步。先后被省政府和省科技厅确定为江苏省信息化建设试点城市和省内第一家制造业信息化试点城市，被国家科技部列为全国制造业信息化工程重点城市和“十五”国家网络终端机应用示范城市。

1．信息基础设施不断完善

“十五”期间，我市累计投资70多亿元，基本建设完善了以常州电信宽带城域网、常州广电有线电视网、常州移动光纤接入网和GPRS+WLAN无线数据网等为支撑的现代信息基础设施。光纤网络基本覆盖全市，实施了有线电视数字化双向传输改造，开通了GPRS广域无线数据网、WLAN无线宽带网和数字电视等一批新业务。至2004年底，全市宽带上网端口能力达到了16万户，互联网出口带宽达到20Gb/s，基本具备了“千兆到社区，百兆到大楼，十兆到用户”的服务能力；全市固定电话和移动电话用户分别达到165.2万户和194.1万户；无线市话用户突破了40万户；有线电视和互联网用户也分别达到74.4万户和24.66万户，其中，数字电视用户达到了1.4万户，宽带用户达11.3万户，无线上网用户达到了10万户。“十五”期间，我市还率先在全省组建了基础通信管道公司，对基础通信管线实行“统一规划、统一建设、统一管理”的集约化建设模式，既规范了项目建设行为，又减少了重复投资和城市道路重复开挖的“拉链”现象，大大降低了建设成本。至2004年底，全市共完成集约化管道建设1000多孔千米。

2．社会信息化领域不断拓展

（1）电子政务稳步推进。按照中央和省有关电子政务建设的有关规定，实施了以市“政府信息”网络管理中心为核心，横向连接市各党政机关局域网，纵向联通省、县级市（区）的标准统一、功能完善、安全可靠的电子政务基础网络平台，为实现全市各级党政机关网络的互联互通和信息共享提供了有效支撑。“中国·常州”政府门户网站重新改版运行。开发完成并组织部署了常州电子政务外网公文流转系统（大OA)、政务电子邮件系统、网上审批系统、门户网站电子地图和学习型城市视频点播等一批统一的网上应用系统。组织开展了部门办公自动化系统（部门OA）推广。人口基础信息库、法人单位基础信息库、自然资源和空间地理基础信息库、宏观经济数据库、社会保障数据库等一批重要数据库的前期准备工作相继启动。

（2）社会公共服务领域信息化逐步展开。建立了城市地理信息系统，为公共服务提供空间基础信息平台，建成并运行了常州市市政公用地理信息集成系统等一批应用系统；开展了信息化小区建设，截止2004年底，全市已有近300个小区实现了宽带接入；在全省首家完成公用事业缴费“一卡通”工程，全市居民可在任何一个银行网点缴纳水电气、有线电视、通信等公用事业使用费；建立了省内领先的120急救网络系统，市级医疗保险费管理系统实现医保中心与各大医院及定点单位的联网；对全市30多万名职工住房公积金收支实行了信息化管理及网上查询；建成了常州教育城域网、常州远程教育平台和总容量超过

3000GB的教育教学资源库，开通了“常州教育”网站；全市大部分公交线路使用了IC卡，部分线路的公交车和运钞车、警车、香烟配送车等特种车辆还充分利用GPS卫星定位技术、GPRS无线数据网络技术及电子地图等新技术提供车辆实时调度和电子站台等便民服务，铁路、公路、民航分别实现了联网售票；完成了工商、质检、人行、国税、地税、劳动社保等近20个部门信用信息数据的整合，初步实现了全市企业信用信息的综合利用和共享；开通了常州旅游网和常州旅游行业管理网，同时，整合利用各种信息资源，开通了全省首条信息化旅游“一日游”专线。

3．信息产业发展态势良好

“十五”期间，我市信息产业升级换代步伐明显加快，已逐步发展成为了我市重要的新兴产业。2004年，全市共完成信息产业增加值84.98亿元，占全市GDP的比重达到了7.7%。

(1) 信息产品制造业逐步形成特色。初步形成了以计算机中西文终端、金融商贸电子器具、集团电话、用户程控交换机、激光与红外线测距仪、数字音视产品等消费类电子产品，以及专用集成电路、通信及控制继电器、微特电机、固定电感器等元器件类电子产品为主的电子信息产品制造业。创出了一批在国际国内市场有较高占有率的产品，其中，DVD产量占全球总量的10%以上，TN、STN液晶显示器产量居世界前三位，分立器件、电子元器件等产量在国内列第二、第三位，金融、商贸领域的自助终端也成为国内领先的亮点。形成了新科、国光信息、星球电子、远宇电子、东南液晶显示等一批国内知名企业，产业特色和品牌优势正在逐步形成。2004年，全市电子信息产业共完成工业总产值264.61亿元，实现产品销售收入259.86亿元，实现利税19.68亿元。

(2) 计算机服务和软件产业得到了较快发展。据不完全统计，全市现有软件开发企业百余家，兼营软件的相关企业有300多家。为加快常州软件产业的发展，2004年，我市专门出台了《关于进一步加快常州软件园发展的若干政策意见》，全年全市软件业共实现销售收入10.01亿元，共有7家企业、25只产品通过“双软”认定，全市软件企业和软件产品累计达到46家和142只。常州软件园作为我市软件业发展的主要载体，已引进了美国芯安软件、汉王科技、日本富士通、OKI、北京和佳、北大青鸟和3721网络等80余家软件企业入驻，产业集聚效应进一步显现，先后被列入了江苏省“十五”重点支持的沿江软件产业带发展计划，被认定为国家火炬计划软件产业基地。

4．信息化改造传统产业步伐加快

“十五”期间，我市积极实施信息化带动工业化的发展战略，不断加大对传统产业信息化改造的支持、引导力度，累计安排1000多万元贴息资金支持企业信息化建设，并由此带动企业自筹5亿元左右资金用于信息化建设，有力地促进了全市企业信息化的建设。

(1) 企业管理信息化跃上新台阶。据统计，目前全市共有3万多家企业实现上网，大中型企业中，应用CAD技术的覆盖率达100%，有78.43%的企业建成了局域网，70.59%企业拥有网站，近80%的企业实现了财务管理信息化，27.45%的企业不同程度实施了制造资源计划、OA系统，同大气雾剂、梅特勒－托利多等一批信息化领先企业还将移动通信技术融合到企业内部的OA/MIS系统中，率先实现了随时随地、移动办公的现代化办公手段，大大提高了办公效率，基本实现了信息处理的移动化、实时化。常林、新科、常客、国光、戚机厂、金鼎、黑牡丹、新华昌等单位已成为国家、省示范企业或试点企业。

(2) 产品智能化创出新成果。信息技术嵌入式应用使我市传统产品智能化水平得到明显改善，如江苏多棱公司的五轴联动数控机床填补了国内空白；梅特勒－托利多电子衡器公司的T800车辆衡控制器（网络型称重显示仪）为用户提供个性化的柔性称重系统；八纺机的智能高速整经机、兰陵电器的自动检测、橡塑机械厂的薄膜自动卷绕机等一批产品由于应用了信息技术，提高了技术含量和附加值，增强了产品的市场竞争力。

(3) 行业装备自动化水平跃上新台阶。传统行业如机械、纺织等随着产业结构调整，信息技术应用水平得到不断提高，装备技术自动化程度通过引进、消化、吸收等途径，进一步缩小了与发达国家的差距，提高了企业产品生产的现代化水平、产品技术的复合化能力。

(二) 面临的基本形势

当今世界经济全球化已经成为人类社会发展的总趋势，现代信息技术的迅速发展，正在深刻影响并加速这一进程。全球信息化开创了世界经济发展的新时代，信息技术已广泛渗透到经济和社会的各个领域，人类正迈向信息社会。我国正处于21世纪发展的重要战略机遇期，信息产业面临着新的国际、国内形势。

从国际情况看，虽然近几年以信息产业为龙头的全球经济增长乏力，但世界主要工业化国家和地区仍然高度重视实施信息化战略和发展信息产业，当前全球信息产业正逐渐复苏，信息化在经济和社会发展中的领跑作用日益显现。这总体上将有利于我国信息化的发展。但同时我们也面临着全球生产能力过剩使国际竞争更为激烈，发达国家信息产业制造能力向外转移的流向出现新的变化，全球信息通信业的逐渐复苏，我国电信市场按照加入WTO的承诺逐步扩大开放，通信、计算机和图像技术加速融合，社会需求日趋多元化的挑战。

从国内情况看，国家推进经济社会协调发展，实施扩大内需、加快信息化建设、西部大开发、振兴东北等老工业基地，以及优先发展信息产业等战略举措，极大地激发了社会对信息技术、网络和服务的需求，为信息产业提供了广阔的市场空间。特别是随着十六届三中全会精神的全面落实，信息产业将面临更为有利的发展环境和体制环境。当前，全国上下正积极贯彻“以信息化带动工业化、以工业化促进信息化”的国家战略，信息化已成为改革与发展的重要动力，各地区、各部门、各领域都把信息化建设作为提高综合竞争力的重要举措，相互追赶的势头日趋激烈。

从常州情况看，虽然我市信息化建设取得了重要进展，但还远远不能适应改革开放和经济建设的需要，与国内信息化建设先进地区相比尚有很大差距。一是信息化建设缺乏统一的技术标准和规范，加上行政体制以及利益关系等原因，网络互联互通、信息共享的机制尚未建立健全，低水平重复建设、资源空置浪费、信息孤岛现象尚未有效改变；二是各级各部门对信息化工作的认识和重视程度有待加强，信息采集、更新机制尚未有效形成；三是信息资源的开发利用不够，信息处理、加工方法落后，明显滞后于网络建设，“路多路宽车少”的现象较为严重；四是电子信息设备制造业发展虽起步较早，但关键产品和技术的研究开发与国际先进水平有相当差距，新兴产业软件业还未形成规模优势；五是信息化建设缺少资金和人才的强力支撑，尤其是缺少懂技术、会管理的复合型人才。

面对新的形势，我市信息化发展目前正处于不进则退、不快则退的关键时期，面对人类进入信息社会的机遇和挑战，发挥后发优势，加快经济和社会信息化步伐，以信息化带动工业化、城市化，实现跨越式发展，是我市加快实现“两个率先”和富民强市目标的基本要求和重要保证。

二、指导思想与基本原则

（一）指导思想

以邓小平理论和“三个代表”重要思想为指导，按照“五个统筹”、“五个坚持”的要求，坚持全面、协调、可持续的科学发展观和信息化优先发展战略，紧紧围绕信息资源、信息网络、信息技术应用、信息技术和产业、信息化人才和信息化标准，积极推进国民经济和社会信息化，以信息化带动工业化，大力发展信息产业，改造和提升传统产业，提高城市综合竞争能力，推动全市“两个率先”和富民强市目标的加快实现。

（二）基本原则

1．政府先行，市场主导

正确处理政府与市场的关系，政府引导发展，市场配置资源，发挥政府在整体规划、推进应用、建章立制等方面的重要作用，围绕全市信息化建设的重点，充分调动各方面积极性，各司其职，优势互补，形成全社会共同推动信息化发展的良好环境。

2．着眼需求，效益优先

从客观需要出发组织信息化建设，把经济效益和社会效益作为衡量信息化建设的重要标准，不搞不切实际没有效益的信息化，更不搞花架子的信息化。

3．整合资源，加强应用

注重信息资源开发、整合和综合利用，促进技术、设备、人力、资金和服务等各类资源的优化组合，防止重复建设。加快信息技术在各行各业的应用，以广泛应用推动常州国民经济和社会发展。

4．统筹协调，培育机制

注重总体规划，正确处理市与辖市（区）、综合部门与专业部门、国内市场与国际市场、本地企业与外地企业的关系，加强各方协调与合作，以技术创新和机制创新不断化解推进过程中的突出矛盾和问题，巩固和发展政府为主导、企业为主体、社会积极参与的信息化持续发展局面。

5. 贴近市民，服务发展

以便民利民为宗旨，把信息化建设的注意力和关注点放在满足市民需求和城市发展全局上，发挥信息化对增强城市综合竞争力和提高市民生活满意率的重要作用。

6. 有所为，有所不为

密切关注世界先进的信息通信技术发展趋势，瞄准关键领域，加强信息安全等事关国计民生的核心技术的自主研发和二次创新，按照先进适用可扩展的原则采取合适的技术应用路线，避免盲目跟风和被边缘化，把握信息化发展的主动权。

三、发展目标与主要任务

(一) 发展目标

1. 总体目标

到2010年，全市基本形成：

——较为完善的城市信息化体系，国民经济和社会发展信息化总体水平在国内处于领先地位，接近发达国家城市的相应水平；

——信息传输网络建设达到国际先进水平；

——信息资源得到全社会广泛的有效开发和利用；

——信息产业成为常州经济的主导产业；

——现代信息技术得到全面广泛的应用，经济增长方式和社会发展领域发生重大变革，人们的生活、工作方式和环境显著改善和优化。

2. 主要指标预期

互联网用户普及率达到70%，无线上网用户达到移动用户的50%，计算机普及率达到50%，市区有线电视覆盖率达到95%，人均信息消费占人均消费总额的比例达到15%，银行卡持卡消费占社会消费品零售总额50%，电子商务交易额占全市商品销售总额的比例达30%，企业上网比例100%，全市信息产业占全市GDP的比重达到15%以上，可上网行政审批事项网上办理率100%，社会公共服务机构上网比例100%。

(二) 主要任务

1. 进一步完善信息基础设施

“十一五”期间，将进一步适应现代信息技术的发展趋势，结合本市的信息化进程和市场需求，继续做好信息基础设施的规划和有关规范工作，保持信息基础设施建设在国内、省内的领先优势，积极推进“三网融合”，促进信息网络资源的综合利用和社会共享。

(1) 进一步推进本地光传输网络的建设和技术升级，积极发展和利用交换、光交叉连接、密集波分复用等先进技术，形成新一代的高速传输网，提高网络传输性能和安全可靠性。

(2) 积极跟踪现代移动通信技术的发展，适时建设新一代移动通信网，满足移动通信用户持续高速增加的需要。重点发展以IP技术和软交换技术为基础的地面无线移动通信网和无线宽带数据网，实现语音、视频等多媒体数据接入“随时随地”。

(3) 全面完成有线电视网络双向化改造工程，实现广播电视网络双向化传输，为市民提供多样化的网络信息服务，使广播电视网络真正成为集公共传播、信息服务、文化娱乐、交流互动于一体的信息化网络。

(4) 进一步优化整合传统通信网络，积极发展计算机局域网接入、电话网宽带接入、有线电视网双向接入、光纤接入、无线接入等多种方式的宽带接入网，推动话音、视频和数据三种业务在接入层面上的融合。

(5) 继续按照统一规划、统一建设、统一管理的原则，抓好集约化信息管（杆）线建设，形成覆盖全市的共享型集约化信息管（杆）线网络。研究提出基站集约化建设、景观评价标准等管理措施，组织实施市区无线基站集约化改造工程，新建基站基本实现“共站”，美化市区主要景观道路的天线外貌。鼓励社会资本参与信息化“最后一千米”的建设和经营服务，努力破除信息化“最后一千米”建设中的垄断和封锁行为。

2. 进一步推广信息技术应用

“十一五”期间，要进一步加大组织协调力度，充分利用信息网络基础设施，促进信息资源开发和共享，在国民经济和社会各领域，大力推广信息技术应用。重点抓好：

(1) 传统产业信息化改造。以信息化带动工业化，在工业化过程中，注重运用信息技术，提高工业化水平；在信息化过程中，加强运用技术改造和提升传统产业，加快农业、制造业以及商贸流通等领域信息化建设，促进产业结构优化和经济增长方式根本转变，逐步使信息化成为推动常州经济发展的首要贡献因素。

一是继续组织实施制造业企业信息化应用示范工程。推动企业广泛应用计算机辅助设计（CAD）和计算机辅助工业设计（CAPP），使技术开发、产品研制、生产准备集成化。在有条件的企业推广仿真技术、工程数据库、集成制造等关键技术，缩短新产品开发周期，降低制造成本，提高产品对市场的适应性。采用电子商务技术改造企业的采购、销售和物流系统，提高企业营销和客户服务能力；推广企业资源计划等管理信息系统，提高企业的管理、决策水平和市场反应能力；促进和支持中小企业信息化。

二是大力推动现代信息技术在农业生产、交换、分配和消费过程中的广泛应用。建设和完善常州“三农”综合信息服务平台等系统，应用信息技术促进农业结构调整，推进农业集约化、规模化和设施化改造，优化农业技术服务、农产品加工流通、查询办事、决策咨询和消费指导等环节，使常州逐步成为国内重要的农业高新技术应用基地。同时以“农业信息资料库”和“农业专家库”建设为基础，依托全市各乡镇农经站、广播站，进一步建立健全全市农业信息收集、反馈和服务网络体系。

三是进一步加强商贸流通环节的信息化建设。拓展大中型企业的网上交易；加大商贸流通企业的信息化改造投入，推动商贸企业建设涵盖购、销、调、存等业务环节的信息系统和营销网络。完善数字认证、在线支付、物流配送等配套服务体系，构建全市电子商务平台；改善工商、物价等部门的管理方式，健全电子商务管理体系。2010 年，大中型商贸企业 100% 开展电子商务，电子商务交易额占全市商品销售总额的 30% 以上。

四是加快培育专业化信息技术服务平台和机构。建设面向不同行业的专业技术服务中心，研制推广 CAD、CAM、CAE 等共性技术；培育专业信息服务机构，提供涵盖咨询、建设、监理与评估等环节的信息交流与咨询服务。落实建设专业技术服务中心与机构的专项资金，建立和完善专业服务机构的管理体系与工作制度。在大中型企业中普及企业信息化改造与应用的外包服务模式，基本形成专业化、商业化、规范化的企业信息化技术服务体系。

(2) 电子政务推进。大力推进政务信息化，转变政府职能，促进政府信息资源的开发利用和共享，加强政府有效监管，提高行政效率和决策水平，提供广泛服务，推动国民经济和社会信息化发展。

一是进一步建设和完善常州电子政务网络平台。继续推动各辖市区电子政务网络以及各部门内部业务局域网的建设，除国家有明确规定外，各部门、各辖市区原有系统全部与常州电子政务网络平台实现互联互通，新建业务系统全部在统一网络平台上运行，实现市、辖市区以及乡镇、街道三级政务部门的联网办公。

二是进一步建设和完善电子政务应用系统。坚持为民、便民、利民，结合行政体制改革和政府职能转变，加快建设和完善一批电子政务应用系统，推动政务信息资源的开发应用和一批面向社会公众的信息化应用，真正把“中国常州”政府门户网站建设成为政府对外宣传的总窗口，市政府及各部门发布政务信息、为民办事服务的总平台，政府部门实现信息共享和办公自动化的总枢纽。“十一五”期间，要继续重点抓好国家及省统一要求的 17 个重要业务系统（即办公业务资源系统、宏观经济管理、社会保障、金关、金税、金卡、金财、金盾、金审、金农、金质、金水以及交通、工商、外经贸、教育、科技等）的建设。

三是进一步推动政府信息资源的开发和利用。要抓紧设计常州政务信息资源目录体系和交换体系，研究制定政府信息资源公开、共享等制度，加快形成信息资源采集、维护、共享和公开的管理机制，推动政务信息资源的内部有效共享和对社会的依法公开。“十一五”期间，要重点抓好人口、法人、自然资源与空间地理、宏观经济等基础性、战略性信息资源数据库的建设，抓好政务信息库、法规政策数据库、投资管理数据库、城市建设和管理数据库、科教信息数据库、人才资源库、社会保障信息库、社会公共安全信息库等对国民经济和社会发展有重大影响数据库的建设，同时加快建设完善常州市信息资源交换平台，促进跨部门信息资源的整合与共享，并通过公共和专用信息网络，为社会提供多样化的服务。

(3) 社会公共服务信息化。坚持以人为本，以需求为导向整合服务资源，以便民利民为目的构建服务体系，不断拓展社会公共服务领域的信息化应用，改善人民生活水平，促进社会进步。

一是继续推进科技教育信息化。进一步加强网上科技信息资源的收集和加工，建设完善常州科技信息综合网络平台和科技信息库，为企业技术创新提供科技文献、科技项目、科技成果与技术市场、专利技术、科技信息检索等查询应用服务，同时提供在线咨询和远程培训等，及时解决企业遇到的各种技术和管理问题。充分利用网络手段，适应不同层次、不同年龄人群的教育需求，逐步推行终生教育，提高市民素质。继续做好“校校通”工程延续工作，完善常州教育信息网，加强教育软件开发和教学资源库建设，推广和完善教育管理信息系统，在全市中小学逐步普及学籍电子化管理；大力发展网上成人教育，提高劳动者素质，优化劳动力结构；建设网上老年大学，适应人口老龄化趋势，丰富老年人的精神文化生活。

二是大力推动公共卫生管理和服务信息化建设。进一步加强医疗卫生信息化规划和管理，制订有关电子病历的法规规章，出台规范网上医疗咨询和服务等有关行为的管理办法。建设完善公共卫生监管信息网络，建成支持突发公共卫生事件应急处置的信息系统和信息定时定向发布系统，以及支持传染病预防和治疗服务体系的信息系统。继续抓好各级医院的内部管理信息化建设，二、三级医院全部实现联网。加快建设市民医疗保健服务信息系统，做好有关医院电子病历的试点，探索建立数字化医疗信息专家系统，拓展社区健康档案应用功能，建立社区健康保健服务系统。配合药品、食品、保健品等领域的管理体制改革，建成监督信息数据中心及管理信息系统，实现各监督环节的网络化运行和管理。

三是继续推进金融财税信息化。建设完善常州金融数据平台，整合全市金融信息资源，开发金融信息服务产品，逐步提高金融信息资源的运用能力和水平。大力发展网上银行、网上证券和网上保险，使网上业务逐步成为金融业务的重要组成部分，规范网上金融交易。加快票据服务、证券交易、金融风险预警等金融市场信息管理系统的建设，形成以信息技术为支撑的金融市场交易平台和监管体系，金融交易的效率、水平和公正性明显提高。继续推行公务用卡，进一步扩大商业、旅游、餐饮、医疗、公用事业、航空铁路售票等支付领域银行卡的使用面，改善银行卡受理和服务环境。配合国家“金税”工程的建设，加快完善增值税发票交叉稽核系统和防伪税控系统，建立和完善纳税人网上报税系统和纳税信息网上服务系统，建立个人所得税税源监控体系，进一步完善财政管理信息系统，建立国税、地税集中分布式的两级税收管理信息系统并通过各级网络服务中心与政府相关职能部门联网。

四是加快推进社会保障领域信息化。以政府社会保障职能部门为中心，加快建立统一的管理服务平台和综合性社会保障信息网络体系。联合劳动就业、社会保险、医疗卫生、金融、税务、公安、民政等部门，实施集医疗、就业、养老、生育、工伤等保险业务和民政救济等于一体的个人社会保障“一卡通”工程，实现登记、缴费、转账、查询、支付等业务电子化和网络化，提供高效、便捷的社会化服务。

五是不断推进社区管理和服务信息化。制订社区管理和公共服务信息化建设的指导意见和技术规范，形成社区信息化功能的评估体系，加强社区管理和服务信息化的组织、引导和规范。持续推进社区信息化试点示范，建成通用的社区政务管理信息系统（工作平台），全市80%以上街道建立满足业务管理和公共服务需求的数据库，同步实施社区干部信息化全员培训，提高街道、社区的公共管理和服务水平。积极推动卫生保健、市民体质健康测试、法律援助、教育娱乐、家政服务以及社保卡、远程智能抄表系统、付费通等信息化项目在社区的延伸与应用。组织实施社区老年福利服务信息化的星光计划，继续扩大社区信息求助呼叫系统的覆盖面，推动形成具备多种服务内容的社区信息服务平台。积极探索推动网上连锁加盟等就业新模式，鼓励各类信息服务与电子商务企业吸纳4050人员就业。逐步完善社区服务网络功能，为社会弱势群体提供更实用的信息服务和更便捷的服务手段。

六是进一步加快广播电视数字化进程。按照统一规划、统一标准、分步实施的方针，先城区后乡镇，加快有线电视网络的双向化改造，不断提高光缆化程度，完善网络功能，逐步实现全市区网络的全程全网。以有线电视数字化为切入点，加快电视节目传输的模转数进程，不断增加数字节目的供给，提高服务质量，满足各层次受众的收视要求。推动相关技术和产业链的完善与发展，逐步降低数字电视消费门槛，不断发展网络用户，扩大覆盖率。同时，进一步加快集数字广播电视传输、数据业务交换、信息处理等多功能于一体的，新一代有线网络传输中心的建设，逐步建立完善全数字化的网络广播电视综合服务平台，为市民提供内容更加丰富、品质更高的节目和更加方便的，如图文电视、数据广播、远程教学、远程医疗等在内的多媒体服务。2010 年，市区有线电视覆盖率达到95%，用户数超过 85 万户，网上传送广播电视节目达到 150 套。

七是进一步加强城市地理信息系统建设与应用。以基础地理数据库和数字化遥感数据库建设为重点，继续完善基础地理信息系统数据平台，建立城市基础地理信息、遥感影像信息及元数据的采集、维护和更新机制。构建全市空间地理数据共享交换平台，完善数据交换与共享机制，逐步实现空间地理信息资源在全市规划、建设和管理主要部门的协调开发和社会共享。在城市规划、交通管理、房产管理、国土资源、公安消防、人防、公共卫生、公用事业、环境保护、园林绿化、农林畜牧、商务、旅游等领域，区、街道、社区等区域重点建设一批 GIS 综合应用项目，充实、完善城市地理信息系统数据库，逐步理顺城市地理信息资源的生产、管理和服务体系，促进空间信息在各领域的应用，发挥城市地理信息平台的整体效应。“十一五”期间，重点抓好城市应急响应系统、城市管理综合信息查询与决策系统、城市智能交通系统、人口地理信息系统等四个 GIS 综合应用重大项目。

——城市应急响应系统。利用先进的计算机、网络数字集群通信、GIS、GPS、RS 等信息化技术，充分整合现有城市 110、119、120、卫生防疫、水电气等十多个应急处理部门资源，构建统一的突发事件应急处置联动平台，建立常州市公共安全应急处置预案数据库和辅助决策指挥信息系统，完善突发事件信息采集、共享、使用、发布、维护和管理的标准与机制，提高紧急状态下各相关单位联合处置和协调管理的能力。

——城市管理综合信息查询与决策系统。将 3S（地理信息系统、全球卫星定位系统、遥感技术信息系统）、计算机电信集群技术、移动数据通信等高新技术整合应用于城市综合管理，建立全市的城市管理综合信息查询与决策系统，实现覆盖全市的道桥、绿化、环卫、路灯、垃圾处置以及电力、天然气、自来水、环保、通信线路等设施和人员的综合监控、调度和管理功能，提高城市公共设施管理的整体水平和工作效率。

——城市智能交通系统。建成城市停车场信息采集、发布系统；探索建设市域范围内道路交通信息采集、处理和发布系统；完善交通指挥调度系统；建设出租车电子调度系统；推进智能公交系统建设；推动车载导航系统及无线定位服务的应用。

——人口地理信息系统。将人口资源数据、经济数据和城市地理信息系统相结合，既便于人口数据的动态管理、汇总和分析，又可以建立人口资源的空间模型，对城市规划、建设和管理，电子商务等具有极强的应用价值。

八是进一步加快社会信用体系的建设。加快建设企业及个人信用联合征信服务系统，出台相应管理办法，做好归集信用记录、使用信用报告及惩戒严重失信行为的系列制度安排，尽快形成比较完善的诚信体系规范管理与制度框架；积极培育第三方征信服务机构，努力形成与国际接轨的信用服务业态；扩大个人及企业信用产品种类，形成一定市场规模。进一步推动市场监管、行业管理、要素市场、企业等的信用管理制度和服务体系建设，2010 年，主要经济部门和 80%以上行业协会、社团组织建立信用管理和服务体系，100%的大型企业和 80%的中小企业建立企业信用管理制度。加强与国际征信组织、国内外征信机构合作，开展社会诚信的宣传与人才培养，营造诚实守信的社会氛围。

3．进一步发展和壮大信息产业

“十一五”期间，我市的信息产业要积极面向国际、国内两个市场，围绕互联网发展，突出智力密集型产业，在协调发展信息产品制造业、软件业和信息服务业的过程中，重点扶持一批在各自领域有明显特长的中小企业，培育若干个具有核心竞争力的骨干企业，到 2010 年，全市信息产业占全市 GDP 的比重争取达到 15%以上，成为知识密集、集约化、高效益的新的支柱产业。

（1）加快发展电子信息制造业。重点抓好“1

园4基地”的建设，即重点抓好常州电子信息科技产业园以及计算机网络设备和通信设备、数字视听产品、新型电子元器件、微电子产品等4大产品生产基地的建设。其中：

——计算机网络设备和通信设备。重点发展各类终端产品、金融电子商贸器具（POS销售点终端、卡基读写器及系统、银行自助终端）、网络和信息安全监控产品、宽带网络接入设备与系统，以及网检、网管系统；积极发展光缆、高速调制解调器，延伸开发生产光棒、光纤和光电器件，形成光通信产业链，力争形成自己的特色，在全国占有一定份额。

——数字视听产品。充分发挥现有优势，用嵌入式软件提升产品的档次，大力推动和引导数字技术在视听产品中的应用，采用模糊控制、变频、节能、网络等新技术，加快家用电器的电子技术应用，实现DVD机芯、激光头、系统软件等关键件的产业化；积极发展数字音响、家庭影院、可视电话；开发可转录小型数字唱盘机、数字广播接收机、卫星广播接收机、数码相机等新的经济增长点，将新科电子集团和星球电子集团建成我省最大的数字音视产品出口加工基地，参与全球竞争。

——新型电子元器件。重点发展具有新结构、新功能、新用途、使整机升级换代的新一代电子元器件，如片式电子元器件、敏感元器件及传感器、新型快速多稳态液晶显示屏、通信新型继电器、导电玻璃、微特电机及组件等，把常州建成新型电子元器件产业基地，占领信息产业新一轮竞争的制高点。

——集成电路产业。抓住世界范围内集成电路生产布局大调整的契机，积极与国内外大公司合资合作，大力发展集成电路封装业、专用芯片制造业、集成电路设计业，发展集成电路产业的一些配套辅助产品，主动为沪、苏、锡的集成电路企业配套；推动常州新科、国光等整机企业，立足于整机的设计制造和软件开发，把整机的电路设计和集成电路的设计结合起来，成立高科技的集成电路设计公司，掌握整机的核心技术，自己设计芯片，使集成电路成为常州电子工业新的增长点。

(2) 进一步推动软件及系统集成上规模、上水平。继续认真贯彻落实国务院国发［2000］18号文件，规范软件行业管理，做好双软认定及优惠政策落实工作。加快培育一批有品牌、上规模的软件产品和有发展潜力的软件企业，重点扩大华文汉字字形库及支撑软件、国光银证系统、远东网络安全系列、富深协通财政系列软件、住房公积金管理系统等的市场占有率。研究制定软件产业中长期发展规划，并对全市重大的软件研究开发或产业化项目进行论证，促进软件产业加快发展。鼓励、引导软件企业向常州软件园集聚，同时加快招商引资，吸引国内外知名软件企业来常州设立分公司，促进常州软件园迅速壮大规模，争取早日成为国家级生产基地。依托大型软件企业，联合上海、南京等地的高校或科研院所，组建常州市软件工程和互联网共用技术研究开发中心、常州软件测评中心，积极吸引国内外软件精英，集中力量研究现代软件开发技术和软件核心技术，从根本上提高常州软件开发和软件技术水平，为常州软件业的发展提供良好的环境。积极推动软件企业开展ISO 9000和SEI－CMM等国际标准的质量认证工作，提高软件企业的经营管理素质和水平。争取软件产业年增幅达50%左右，到2010年产值达到35亿元，有1～2个企业进入全国同行百强之列，有5～7项产品成为全国著名品牌。

(3) 发展壮大信息服务业。依托数字电视平台、宽带多媒体平台、移动通信平台以及文化产品销售渠道，重点推动信息资源的数字化、网络化和商品化，推动网络教育、电子娱乐和商业信息等多媒体内容的制作和经营。继续优化电信服务，大力发展各种类型的网上信息服务和咨询等增值服务，支持和鼓励社会性信息咨询业的发展。进一步建设和壮大行业、企业、政府和公共服务部门等的网络应用系统、综合门户网站、专业网站，充分开发和利用相关数据资源。研究制定鼓励信息服务业发展的专项政策，进一步促进和规范信息服务市场的发展，规范网络非实物产权交易等行为，加强多媒体内容的知识产权保护，鼓励社会力量参与多媒体人才培养。

四、政策和措施

1．进一步提高全社会对推进信息化重要性的认识

信息化的建设是一项系统工程，需要动员全

市方方面面共同参与，形成各方配合、整体联动的强大合力。要充分发挥舆论导向作用，营造建设“数字常州”的浓厚氛围，提高全民的科技知识，特别是各级领导干部要消除“数字鸿沟”，增强信息化意识，切实提高全民对建设“数字常州”重要性的认识。一要充分认识加快“数字常州”建设，是提高我市经济国际化水平的重要基础。当前，我们正面临国际资本和产业向长江三角洲转移的重大机遇。要抓住这一机遇，主动承接梯度转移，就必须大力提高社会信息化程度，通过构建“数字常州”这个载体，加快与世界经济的接轨，推进全市开放、全面开放、全方位开放。二要充分认识加快“数字常州”建设，是实现城市现代化的重要途径。一个现代化城市如果没有社会信息化就是不完全或有缺陷的现代化。因此，实现城市现代化，不但需要工业的现代化，而且要通过社会的信息化，促进生活方式和社会发展的转型。市委、市政府提出要把常州建成全省“两个率先”的先行区，其中重要的一条就是要在社会信息化上实现先行，以信息化带动工业化、提升城市化，为跨越式发展和率先基本实现现代化提供强大动力。三要充分认识加快“数字常州”建设，是推动我市产业升级和结构调整的重要战略举措。信息技术和网络技术的广泛应用，一方面可以大幅度地提高传统产品的知识含量和附加值，提高劳动生产率和集约化程度；另一方面，信息产业本身的发展，推动了新兴产业的形成，创造与发展了新一代工业体系，促进了产业结构的优化和升级。同时，信息技术和网络技术的广泛应用，进一步提高了企业生产过程的自动化程度，改变了企业的传统管理模式和经营方式，促进企业由粗放经营向集约化经营转变，从而提高企业的经济效益和市场竞争能力。就常州来说，工业化的任务尚未完成，但是，面临信息化迅猛发展的态势，我们不能丧失机遇；要从我市实际出发，通过信息化带动工业化的发展，发挥后发优势，实现生产力的跨越式发展。

2．进一步健全推进信息化建设的组织管理体系

随着全市信息化工作面的拓宽和工作层次的深入，需要进一步明确和落实责任主体、降低协调成本，提高工作效率。充分发挥党组织的政治优势，深化凝聚力工程建设。在市级层面，对中长期发展规划、电子政务、网络和信息安全等全局性的信息化工作，按照市委、市政府的总体要求，由市信息化工作领导小组全面部署，总体推进，在市长以及协管副市长的领导下，市信息化办公室作为信息化主管部门，要充分发挥好组织管理与协调作用；对市民服务信息系统、社会信用体系、城市应急响应系统、软件和集成电路设计、数字电视等跨部门、跨领域的专项信息化工作，由分管市领导牵头，通过联席会议或协调小组加以推进，各主要负责部门会同有关单位落实；各部门、各地区、各行业自身的信息化建设工作，应按照市信息化工作领导小组的统一部署，依据规划和计划的要求自行组织落实；各市级机关部门应明确信息化工作机构，有条件的设立专职机构，负责本部门的信息化推进和电子政务管理等工作。在辖市区层面，各辖市区应当按照市的模式成立信息化工作领导小组，政府“一把手”担任组长，按政府组成部门设置信息办，并将有关职责延伸到街道、乡镇；在辖市区范围内涉及市信息化重点工作和重点项目工作的，原则上采取条线兼管以块为主的管理原则，由所在辖市区信息办负责。

3．进一步拓宽信息化建设的投融资渠道

信息化的发展需要大量的资金投入，在目前政府财力有限的情形下，要运用市场运作的办法，努力拓宽投融资渠道，吸引更多的社会资金，形成以政府投入为引导、企业投入为主体、社会投入和外资投入为重要来源的多元化投融资体系。要充分发挥常州市投资集团的投融资功能和政府专项资金的引导作用，采用市场化、社会化和政府引导相结合的方式，统筹建设公用信息交互中心、电子商务平台、地下管线网络等重大项目。要探索和建立风险投资机制，随着“数字常州”建设、信息产业企业规模的扩张，要尽快推出一批市场化项目吸引风险投资资金，引导常州风险投资公司和风险投资基金，吸收海内外风险投资基金，促进“数字常州”建设和发展，鼓励符合条件的信息企业进入国内和国际资本市场，扩大在证券市场上的直接融资能力，形成风险投资的退出机制。组织开展信息化建设专项招商活动，吸引外资、民资加大对信息产业的投入。同时，要按照“谁投资、谁所有、谁受益”的原则，开放有关信息资源领域，由企业投资设备和维护系

统，政府给予相应的增值业务权，收取相应费用。这样既可以减少政府投资，又能使企业得到稳定的回报。

4．进一步加强信息安全保障体系的建设

加快信息安全管理、技术和产业发展支撑体系的建设，形成信息安全快速响应机制，提高本市信息安全的保障能力。建设和完善信息安全管理支撑体系。建立健全信息安全应急处理预案、信息安全第一责任人、信息安全员持证上岗等制度；加强对信息网络和信息产品的监管，落实安全检测和认证制度，搞好信息安全设备研制、生产、销售、使用和进口等环节的监督管理；广泛开展网络安全和防止网络犯罪的法制教育，增强全民的信息安全意识和信息法制意识；加强对制造和传播计算机病毒、非法入侵、泄密、窃密以及传播有害信息等行为的监管，依法严厉打击各种利用信息网络进行违法犯罪的行为，保障国家机密、商业秘密和网上个人隐私，抵制不良文化、不实新闻在网上传播，维护信息安全和社会稳定。建立和完善信息安全技术支撑体系，加快建设容灾备份中心、CA中心等信息安全基础设施，同时要认真贯彻国家有关信息安全保密的规定，新建或改建的信息系统工程项目，必须配套建设信息安全子系统，并与主体工程同时设计、同时施工、同时投入使用。

5．进一步加快全市信息化法制和标准的建设

认真贯彻执行国家、省有关信息化建设和行业管理的法律、法规、规章，推进依法治业。根据常州实际，围绕信息化发展的“瓶颈”因素，针对主要矛盾和关键问题，加强调查研究，以行业管理、资源管理、市场秩序、项目建设、知识产权保护、网络安全、信息安全、技术标准等为重点，适时制定配套的地方性法规和规章、制度，健全常州市信息法规体系。同时按照“国家标准、国际标准、地方标准”的顺序，加快建立和完善全市信息化标准化体系，确保信息流通顺畅、规范、有序。

6．进一步加快信息技术人才队伍建设

高科技后面是高思维，靠的是人才；人才集聚靠的是吸引人才的机制与政策及“以人为本”的理念。要制订更加有利于吸引信息化人才来常州创业的政策措施，以优惠的条件引进各类高级人才和急需人才，特别是要引进一批懂技术、会经营、熟悉国际市场的复合型人才，要为他们创造良好的工作条件和生活环境，构建信息化人才的创业创新舞台。要加强各类信息化专业人才的培养，特别要注重培养软件系统工程师、编程人员和应用人员，借助在常高校、软件商等资源，培养一批信息技术、信息服务、信息管理和信息经济等专业人才。要建立健全信息技术人才能力评估、使用、晋升、分配等激励机制，促进人才的自身价值体现和事业的发展。要完善继续教育体系，加快一线人才技术素质的提高，对在职的信息技术人员、信息管理人员和信息经营人员进行单项和多项学科的针对性培训，选派学科带头人和中青年技术骨干到国外进修、学习、访问和学术交流，从而形成一批信息技术和经营管理上的技术权威和行业专家。同时，要开展国际合作和交流，积极跟踪国际信息化新技术、新趋势，邀请国内外IT业专家来常举办国际研讨会和专题讲座，开展专题研讨活动。

7．深入开展信息化知识宣传普及活动

随着“数字常州”的推进，必将会给传统的管理理念和生产生活方式带来许多新的变化，对政府、企业领导而言，也将是一场管理革命。要利用各种媒体和教育培训机构，开展形式多样、丰富多彩的信息化科普、宣传活动，提高全社会信息化知识普及率，增强人们的信息化意识，使人们深入了解信息化，支持、参与信息化建设。要区分各级各类人员对信息化知识和技能的不同需求，实施分门别类的指导和培训。如强化对领导干部及公务员的信息化技能培训，提高其运用电子政务开展政务活动、实施行政管理的能力；强化对广大市民的信息化知识普及教育，提高其利用和处理信息的能力，为全面启动家庭上网工程、电子政务、电子社区打下牢固的人力基础；同时，新闻媒体要大力宣传我市推进信息化的有关政策，及时报道介绍信息化工作成果，让市民关注“数字常州”，帮助市民在信息化社会的建设过程中，改变传统的生活方式与交往方式，使城市的家庭成为“数字家庭”。

泰州市信息化建设“十一五”专项规划

为加快我市国民经济和社会信息化建设进程，现根据《泰州市国民经济和社会发展第十一个五年规划纲要》，制定本规划。

一、“十五”基本情况

（一）基础设施建设取得较大发展

“十五”期间，我市通信网已具备相当规模，发展基本与省通信网同步。计算机网在经济发展和社会生活各个领域的应用范围不断扩大，计算机的普及率随着网络技术的快速发展稳步提高。广播电视网经过不断改造完善，下传部分畅通、回传部分改善明显，有线电视用户大幅增长。无线电频率资源指配利用率不断提高，空中电波秩序和电磁环境得到有效维护和保护。

1．通信网

到2005年，全市固定电话交换机容量达184万门、移动电话交换机容量163万门、固定电话用户数达146万户、移动电话用户数达137万户、长途电路数达1.7万个、骨干传输光缆总长度达3690千米，分别比“九五”期末增长53%、308%、77%、403%、13%和254%。

2．计算机网

到2005年底，全市互联网出口带宽12.4Gb/s，比“九五”期末增加7.1Gb/s，互联网用户数达19.8万户，宽带网用户数超过7万户，宽带网上网端口数达15万个，数据专线端口数达3.4万个，分别比“九五”期末增长3倍、3684倍、968倍和10倍。全市每百人拥有计算机数也有较大增长。

3．广播电视网

到2005年，全市广播电视传输主干网容量2.5G，光缆总长3627千米，芯长1.17万千米，光节点369个。光缆干线网采用8字环网传输，线路总长320千米；微波干线网线路总长170千米，配置为下传、回传各2个通道；广播电视干网为星型—树型相结合的多功能550M的HFC网络，部分地区已实现双向改造。广播电视综合、有效覆盖率均为100%，有线广播电视乡（镇）、村通播率及入户率分别为100%、100%和55%。全市有线电视用户70万户，综合入户率达55.7%，分别比“九五”期末增长65%和23.7%。

4．无线电发射设备

到2005年，全市各类无线电发射设备达150万部，比“九五”期末增长357%。全市无线电发射设备中，有各类基站4098座，卫星地球站6座，微波站106座，遥控遥测电台112部，短波电台30部，超短波电台1704部等。

5．项目及投资

到2005年，全市信息化基础设施建设累计新增投资29.37亿元，比九五下降11%。完成或部分完成交换机扩容、数据基础网、ATM城域网、SDH环网、传输网、有线电视HFC网等项目的建设。

（二）电子信息制造业稳步发展

“十五”期间，我市电子信息制造业稳步发展，到2005年，电子信息制造业实现现价产值140亿元，完成销售收入135亿元、利税总额3.9亿元、利润总额2.7亿元、出口7亿元，分别比“九五”期末增长277%、324%、16%、48%和770%，其中现价产值、销售收入、利税总额占全市列统工业的比重已分别提高到15%、15%和4.3%。

1．企业状况

我市电子信息制造业列统企业100余家，春兰、LG、隆源双登、三江电器4家企业跻身我市工业经济30强。

2．产品状况

我市电子信息产品主要有家电电子、电子元器件、机电电子、电子新材料、通信设备及配件等五大类。经过“十五”期间的产品结构调整，春兰电器、LG冰箱、双登电池、皓月中控电子锁、苏中汽车天线、兴顺电子敏感器件、旺灵电子新材料等产品在国内外市场上的品牌优势已经确立，小电机产品已形成较大的规模，电连接器、引线框架、蜂鸣器等电子元器件产品在同行业中也有一定地位。

3．项目状况

我市电子信息制造企业狠抓技术改造和新品开发，不断加大资金投入，为企业的加速发展积累了后劲。春兰的高能镍氢电池、双登的胶体电池、兴顺的热敏电阻、旺灵的复合介质覆铜箔基片等项目的建设取得新的进展，一些产品已进入产业化阶段。

（三）软件业的发展出现较好势头

"九五"期间，我市尚无一家国家认定的软件企业和通过国家登记的软件产品，从2003年起，我市软件业开始成长，到2005年销售过亿元。

1．企业状况

到2005年，我市从事软件研发的企业有24家，企业规模普遍偏小，销售额超过千万元的软件企业3家，员工超过50人的企业3家。从2003年实现零的突破开始，我市已先后有8家企业通过国家软件企业认定。现有软件企业以民营为主，均具独立研发能力。

2．产品状况

从2003年起，我市已先后有11个软件产品通过国家软件产品登记，获软件著作权证书的产品7个，少数软件产品在国际、国内处于领先水平。如东华测试软件填补了我国微振动检测的若干空白，为"神州五号"飞船等作出贡献。苏源科电的无功电压集控系统已在重大电力项目上得到应用，市场前景十分广阔。晨光公司的石墨电极自动加工线智能控制软件领先美、日同类产品，已向印度出口。

（四）信息服务业持续快速发展

"十五"期间，我市通信业仍然保持高速发展势头，2005年全市通信业实现营业收入17.3亿元，比"九五"期末增长117%。全市广播电视广告收入总额达2亿元，比"九五"期末有较大增长。100多家系统集成企业，年营业额约3亿元。其他信息服务行业也有一定发展。

1．企业状况

"九五"期末，我市通信业只有电信、联通、移动三大骨干通信企业，"十五"期间，我市又增加了网通、卫通、铁通等3家通信企业，并在全市逐步形成各自通信服务网络。此外，我市信息咨询、中介、产品销售、维护等信息服务企业也有较快发展。

2．业务范围

我市信息服务企业业务范围不断扩大，通信企业除原有的语音等电信基础业务外，已发展到数据传输、互联网服务等众多的电信增值业务。系统集成、信息咨询、信息中介以及其他各种信息服务发展也较快。

（五）政务信息化建设进步明显

在各级政府的推动下，全市电子政务建设在规范行政审批工作，提高执法监管能力，促进政务透明公开和行政管理创新，推进办公自动化建设等方面起到了积极作用。市直机关政务网络已具一定规模，面向社会的政务公开程度明显提高，办公自动化水平逐年提升。

1．网络状况

"十五"期间，市直机关各部门中已建以星型和总线型结构为主的各类局域网、城域网的有37家，其中13家为专网，有33家网络通过专线或ADSL方式接入互联网，27家的网络用于办公自动化，34家的网络可以提供信息查询功能，29家的网络建了各种类型的数据库，拥有各类主机（服务器）184台，网络终端电脑2343台。各市（区）的政务网络也初具雏形，依托广电网的党政数据网已延伸到部分乡镇。

2．应用情况

市及各市（区）政府网站都已建成开通，市直机关主要部门均已建成部门网站，全市已有70个乡镇建成政府网站，两级政府以及市直政府部门均已通过政府网站发布政务信息，传递政策法规，开展网上服务等。垂直部门业务系统建设进展较快，大多已建成了上联省、下联各市（区），乃至联到乡镇的专用业务系统。地理数据库和窗口办证系统、12315投诉、价格举报、税收征管、社保费征管、人口车辆案件、公安应急指挥系统、人才及劳动力市场、企业养老保险管理、医疗保险、药监管理、统计等各类信息系统已在发挥作用。国税、国土部门建设了电子地图和网上审批系统，国土、工商、卫生、公安、检察、法院等部门已建设了视频会议系统等，一些部门已在收文、发文、档案管理方面实现办公自动化。

（六）企业信息化取得重要进展

“十五”期间，我市企业信息化工作取得长足进步，在有效提高我市企业决策水平，提升企业市场反应能力，降低产品成本，促进市场销售，改善企业内部管理，增强企业的综合实力和市场竞争能力等方面发挥了重要作用。

1. 电子商务

据不完全统计，全市列统工业企业中，上网企业有1150家，自建企业网站有700多家，开展电子商务的企业有134家，其中重点企业50家。春兰集团建设的物流管理系统，实现了产品生产、经营各个环节的信息链接；陵光集团的企业管理信息化全流程系统，全面提升了企业的管理水平；扬动公司加大软、硬件投入，实现了内部工艺文件的联网；靖江锚链厂、泰兴中丹集团、姜堰曙光集团、高港苏中天线集团、兴化兴顺公司等企业通过销售系统联网，及时掌握国际、国内市场信息，组织网上销售等。

2. 4C+1E应用

全市列统工业企业中，应用CAD、CAM、CAE和CAT的企业543家，应用ERP的企业37家，应用OA的企业206家，应用PDM的企业191家，应用SCM的企业53家，应用CRM企业70家。一些企业在应用信息技术改造和提升传统产业、产品等方面进行了有益尝试。从2003年起，我市共有12个企业信息化项目列入国家信息产业部“全国信息化推广应用项目”，总投资为1.9亿元。

（七）社会信息化有所发展

“十五”期间，我市社会信息化建设有所发展，为广大群众提供了各类信息服务，提高了城市居民的生活质量。

1. 信息化小区

我市制定出台了市信息化小区评价指标体系，组织实施了市级信息化小区的建设，经专家组论证和验收，33家居住社区被市政府命名为泰州市信息化小区，其中信息化示范小区2家，信息化宽带小区31家。

2. 金融联网

以“金融一卡通”为代表的银联工程取得突破，基本实现了金融系统的互联互通，各级银行之间的纵、横向结算做到了实时化，各大商业银行内部的通存通兑也得到了有效实施。到期末，全市金融联网POS机429台，发行银联卡66万张。

3. 领域信息化

农业、教育、卫生、劳动社会保障等领域的信息化也取得重要进展，为广大群众提供了相应的信息服务。“邮政物流系统”、“数字泰州”等社会信息化项目也在建设实施之中。

“十五”期间，我市信息化建设还存在一些明显不足，电子信息制造业的产业优势还不明显，在全市工业经济中的主导地位尚未确立；软件业在全市国民经济中还是一个微小产业；信息服务业的服务质量有待提高，尚未形成专业信息产品市场，系统集成企业中尚无一家通过国家系统集成资质认证，市场竞争能力较弱；电子政务应用服务领域较窄，总体应用水平有待提高；企业应用信息技术改造和提升传统产业进展不快；社会信息化的应用领域也有待拓展等。

二、形势分析、指导思想和基本原则

（一）形势分析

“十一五”期间，我市经济将围绕市委、市政府提出的“五年总量翻番，八年全面小康”的奋斗目标进入新一轮高速发展期，随着国民经济和社会事业的发展，我市的信息化建设面临新的发展机遇：经济的发展为信息化建设奠定了物质基础，从政府到企业到个人可以有更多的资金投入到信息化建设中去；社会的进步提高了人们的工作、生活质量，也增强了从领导到群众的信息化建设意识；信息化的进程也将随着城市化、现代化的进程的加快而加快。此外，随着国家和省的信息化推进体制的理顺，相关信息化建设法律、法规的出台和实施，各级政府和社会各界的重视程度日益提高，我市信息化建设环境将会得到明显改善。

（二）指导思想

我市“十一五”信息化建设的指导思想是：全面贯彻国家和省信息化建设的指导方针，坚持科学发展观，紧紧围绕我市国民经济和社会发展的总体目标，按照市委、市政府的统一部署，在大力推进政务信息化建设进程的同时，加快企业信息化和社会信息化的建设进程，在大力推进应用信息技术改造提升传统产业的同时，加快发展电子信息制造业、软件业和信息服务业，为全市国民经济和社会事业全面发展提供全方位信息化服务。

（三）基本原则

我市“十一五”信息化建设原则是：

1. 加强政府引导与发挥市场机制作用相结合

坚持政府先行，将推进政务信息化与转变政府职能、提高行政效率和服务水平紧密联系在一起，发挥政府在信息化建设中的示范和引导作用。坚持市场主导，确立企业在信息化建设中的主体地位，积极运用财政、金融、税收等经济杠杆，调动各方面参与信息化建设的积极性，拓宽投融资渠道，充分发挥市场对资源配置的基础性作用，按照市场规律推进信息化建设。坚持统筹协调、培育机制、统一规划、推进管理，逐步完善管理体制，建立健全政策框架，优化政策环境，促进信息化发展所必需的自主创新机制、行业自律机制和创新人才体系、中介服务体系的尽快形成。

2. 加快信息化建设与改造传统产业、带动产业优化升级相结合

按照互联互通和资源共享的原则，促进网络资源和信息资源的优化组合，使信息技术加快融入经济发展的各个领域。传统产业企业要在生产、流通、管理等环节自觉应用信息技术，带动传统产业的改造和产品结构的优化升级，提高企业竞争力。

3. 推进信息化与提高社会公共服务水平相结合

信息化建设要坚持贴近实际、服务发展，围绕增强综合服务功能，把信息化融入社会的进步之中，切实提高整个社会的公共服务水平，不断增强信息化为广大群众服务的能力，满足群众对信息服务的需求，不断提高人民群众的生活质量。

4. 协同建设与有序竞争相结合

信息化建设尤其是基础设施建设，要统一规划、统一标准、优势互补、扎口管理，提倡协同建设、共同发展。充分发挥各级政府的积极性，推动信息化建设按照公平、有序、适度竞争的要求，在竞争中协同，在竞争中发展。反对盲目竞争，不搞重复建设，尽量减少资源浪费。

5. 全面发展与重点推进相结合

既要在国民经济各个领域和社会生活各个方面广泛应用信息技术，全面推进信息化，又要着眼需求、效益优先，从客观需要出发，有重点、分步骤推进信息化建设，在点上先行试行，积累经验形成规范后，从面上加以推广。

三、总体目标和主要任务

（一）总体目标

整体信息化水平在全省处于中等以上水平。

（二）具体目标

1. 信息化基础设施继续保持与省内同类城市的同步水平

完成基础设施建设总投资30亿元，保持“十五”总投资水平。①通信网建设，交换机容量449万门，其中固定电话240万门、移动电话209万门，电话用户数372万户，其中固定电话用户184万户、移动电话用户188万户，长途电路数量达1.85万个，骨干传输光缆总长度达0.53万千米，分别比“十五”期末增长29%、31%、28%、27%、37%、32%、9%、43%。②计算机网建设，互联网出口带宽达40G，互联网用户达26.8万户，宽带网用户达16.5万户，宽带网上网端口数达30.7万个，数据专线端口数达5万个，分别比“十五”期末增长45%、60%、136%、100%、47%。③广播电视网建设，广播电视传输主干网容量2.5G，与“十五”期持平；有线电视用户达96.6万户，有线电视综合入户率达76.7%，比“十五”期末增长38%、21%。④无线电网建设，各类无线电发射设备达190万部，比“十五”期末增长27%。

2. 电子信息产品制造业成为我市新的支柱产业之一

全市电子信息制造业现价产值达427亿元，销售收入达400亿元，利税总额达26亿元，利润总额达12亿元，出口额达54亿元，年均增幅分别为25%、26%、45%、35%、40%。

3. 软件业在全省软件发展布局中占有一席之地

全市软件业的销售收入达5亿元，年均增幅38%；通过国家认定的软件企业达30家，其中亿元软件企业2~3个，软件产品达60个。

4. 信息服务业成为我市现代服务业的主要支柱产业

电信业务收入累计达107亿元，广播电视广告业务收入达4.5亿元，年均增幅分别为10%和25%。其他信息服务行业得到较大发展，在第三

产业中的比重有较大的增加。

5．政务、企业、社会领域的信息化在全省处中上水平

政府各部门基本实现政务资源共享。工业企业建成信息技术改造传统产业应用企业500家，其中重点示范企业50家，新建各类网站4000个、公用信息亭50座、金融POS机1000台，发行非金融各类IC卡50万张、金融卡100万张，建成信息化小区50家，其中示范小区15家。

（三）主要任务

1．继续加强信息化基础设施建设

加快发展高速宽带传输网络，促进通信网、计算机网、广电网三网融合。在通信和计算机网络方面重点建设本地交换机扩容工程和第三代移动通信网3G工程，完善数据基础网、ATM城域网、SDH环网和传输网的建设。在广播电视网络方面，重点建设有线数字电视平台及传输项目，加快广播电视节目制作及传输的数字化、网络化进程，大力改造有线电视网络等。在无线网方面重点建设800MHz无线集群通信系统和中心监测站等。从而为政府、企业、社区及家庭的信息化提供有力的网络支撑，尽快向社会提供数字化音视频服务。

2．大力发展电子信息制造业

我市电子信息制造业发展要积极面向国际、国内两个市场，突出重点，努力提高自主创新能力和综合竞争能力，形成一批拳头产品和骨干龙头企业。①家电电子：家电产品围绕节能、环保两大主题，加快开发具有自主知识产权的核心和关键技术，推出健康、静音、变频、新冷媒的新一代空调产品和抗菌、变频、多温区的高档冰箱。尽快实现家庭网络平台SOC项目的产业化，力争形成200万台家庭网关、800万台网络家电的生产规模。②电力电子：作为国家当前优先发展的高新技术产业化重点领域，重点发展电池、电机等产品，形成电池、电机生产基地。加快高能镍氢电池的产业化、系列化，加大胶体电池、直流屏的规模生产，加速手机电池技改项目的进程，着力研究开发混合动力客车用镍氢电池、燃料电池和胶体电池，力争取得重大突破，形成新的能源产业。电机业紧紧把握直接驱动和直线驱动的趋向，重点发展永磁直流轮毂电机、无刷电机、高压电机、隔爆型三相异步电机、变频调速电机、高性能转子电机等。③汽车电子：发挥我市汽车零部件产品集群优势，在汽车电子产品的提质扩产基础上，准确把握汽车电子发展方向，加快研发步伐，如中控门锁、天线、点火器、安全气囊、自动变速箱等产品，尽快形成新的增长点和产业特色。④电子元器件：主动跟踪数字化和网络化的技术发展趋势，以技术进步为支撑，切实提高自主创新与自主开发能力。重点发展热敏电阻、复合介质覆铜箔基片、电连接器、引线框架、数字通信连接线、显示器、音响线圈、导电橡胶、磁性材料和有机硅电子、镁电子新材料等产品，形成电子元器件的中场产业。⑤通过招商引资，力争引进大项目，重点突破电子信息终端产品和整机产品生产的空白，逐步形成电子信息产业链，以此带动信息产业园的建设。

3．加快发展软件业

积极创造条件，引进软件研发机构和高级软件人才，将我市建成具有一定规模和影响的软件产业基地。①建设“泰州软件园”，出台相关政策措施，制定“泰州软件园”建设总体规划，积极开展招商引资，逐步完善软件园的研发、销售、生活等功能，加强对软件园的培育、服务，力争在“十一五”期间基本建成，使之成为我市现代服务业的发展亮点。②加快行业应用软件和专业工具软件升级换代步伐，使之功能更趋成熟，同时根据市场新的需求，努力拓宽应用领域，积极组织推广应用，扩大市场份额尽快做大规模。③加强企业与高校、科研机构的合作，大力发展嵌入式软件及其应用系统，推动传统产业的信息化改造和装备制造业水平的提高，充分利用国家政策，加快现有成熟嵌入式软件及其应用系统的产业化、市场化步伐。

4．加快信息服务业的发展

重点开展计算机网络平台、通信平台、智能社区平台的系统集成研究，开发相关的系统集成产品；培育提供系统集成、网络接入、软硬件利用及其他网络和信息增值服务；提高系统建设和服务水平，不断加大应用服务的力度；并逐步发展信息服务新领域，开发无线宽频多媒体服务，开展远程教育、网上交易、网络广告、网上娱乐等方面的信息服务；进一步规范信息服务市场。

5．继续推进政务信息化建设

以政务网络资源整合、信息共享和政府门户

网站建设为重点，以提高决策管理、服务水平和办事效率为目标，全面推进政务信息化。建设全市统一的“政务信息网”，并以此为基础整合各地、各部门的政务网络资源。建设政务通用综合应用平台，积极开发政府各部门的业务数据库，通过互联互通，实现资源共享。建设市政府门户网站群，政府部门基本实现网上行政审批、备案、招标采购、民意调查及政务信息发布、可公开的数据共享等。

6．加快企业信息化建设发展步伐

应用信息技术改造传统产业，推进软件研发企业与传统制造业企业的改造合作工作，并与企业制度创新、技术创新和管理创新有机结合，带动企业产品结构的调整和升级。利用嵌入式软件技术，提升产品的智能化水平，提高产品的科技含量和附加值；运用信息系统集成技术，改造、提升成套设备、加工装备的集成化水平；应用计算机辅助设计和辅助制造系统，提高企业的产品设计和加工制造能力；推广企业资源计划等管理信息系统，提高企业的管理、决策水平和市场反应能力。进一步完善电子商务基本框架，积极推广电子商务在各个领域的应用，重点发展企业对企业的电子商务应用系统。以重点工业企业和专业商贸集团为中心，以行业供应链为纽带，建设一批行业网上交易平台；建设面向中小企业的电子商务综合服务平台，健全中小企业信息网络服务体系；积极发展行之有效的企业对个人的各种网上交易方式等。

7．全面拓展社会信息化领域

多方位扩展社会信息化建设，开发形成一些具有战略性、基础性、公益性的大型数据库，加快组织社区信息化综合服务平台、农村信息化综合服务平台、公众服务应急信息系统、“数字泰州”、“公共信息亭”、信息化示范小区等重大项目的实施，逐步形成社会信息资源的充分利用和有效共享的机制，提高城市和农村的综合服务功能。继续推进教育、卫生、金融、科技、文化、体育、旅游和社区等信息化建设。大力发展家庭上网，不断提高家庭计算机的普及率。

四、保障措施

（一）加强领导，实行扎口管理

市信息化工作领导小组是全市信息化建设的领导机构，负责对事关全市发展的信息化建设规划、政策措施、重大项目、建设资金等进行研究决策；领导小组办公室和市信息产业局作为具体工作部门，负责对信息化建设的日常工作进行扎口管理。明确各市（区）信息化工作领导小组及其办公室相应的职能，并逐步使信息办由挂牌机构转为常设机构。

（二）开展调研，制订激励政策

根据国家有关法律、法规，结合泰州实际情况，认真组织调研，制定出台《泰州市信息化建设管理办法》，明确信息化建设的管理主体、范围、方式，重点对全市信息化建设的规划、项目、资金、安全和考核等提出具体的管理规定，同时陆续出台各领域信息化建设的实施意见及相应的规范和标准等，使信息化建设管理工作有法可依，有章可循。

（三）提高认识，加强宣传发动

充分利用广播、电视、报刊、网络等各种媒体，加强信息化的宣传，通过在职培训、学历教育、知识竞赛、技能大赛等，大力推广信息技术的普及和应用，进一步提高全社会、特别是各级领导干部对信息化战略地位的认识，营造全社会关心、支持、参与信息化的良好氛围。

（四）建立基金，确保建设需要

与国家、省专项扶持资金相配套，在财政预、决算计划中安排一定规模的资金，集中、专项用于扶持全市信息化重大项目的建设。同时，广泛吸引各类社会资金，逐步形成多元投资主体构成的信息化建设投融资格局。

（五）对外开放，开展招商引资

加快信息产业发展，必须始终坚持对外开放，积极开展全方位的招商引资工作，努力引进大客商、大项目，实现电子信息制造业、软件和集成电路等的重大突破，带动我市信息化建设的快速发展。

（六）加强培训，积聚人才优势

依托本市高校，建立信息化建设人才的培养基地，鼓励社会力量开展各类信息化相关专业知识与技能的培训，规范培训市场秩序。积极组织中国软考，培养软件开发应用人才。采取多种形式稳定现有人才队伍，根据需要积极引进信息技术专业人才。

盐城市信息化建设“十一五”规划

为了加快提高全市经济社会信息化水平，根据《盐城市国民经济和社会发展第十一个五年规划纲要》以及国家和省信息化建设的战略要求，结合我市实际，制定盐城市信息化建设“十一五”规划。

一、“十五”信息化建设的基本情况

“十五”期间，我市认真贯彻落实国家、省信息化工作方针，全市信息化建设总体上呈现稳步推进、积极发展的态势，为未来发展奠定了良好的基础。

（一）信息化基础设施达到国内同类城市先进水平

“十五”期间，我市加大信息基础设施投入，重点建设了覆盖全区的程控电话交换网、GSM移动通信网、CDMA移动通信网、PHS无线市话网、IP城域网、宽带接入网、综合业务数据网、广电双环网等信息基础设施工程。到2005年，一个覆盖全市、大容量、数字化、基本适应社会不同层面信息化需要的现代信息基础网络已经基本形成。

顺利完成数字数据网向宽带综合业务数据网的改造，建成了2.5Gb/sSDH骨干传输网，互联网骨干带宽达15Gb/s。电话交换网迅速扩容，“十五”期间固定电话交换机容量比“九五”末增长164.2%，达到240万门，成为全省覆盖地域最大的本地电话网。联通网络功能得到增强，CDMA和G网扩容升级工程进展顺利。无线、有线广播电视覆盖网已经形成，全市广播电视覆盖率达100%，有线电视用户总数达到85万户，有线电视入户率近45%。

（二）政务信息化全面展开

公众服务平台基本建成。“十五”期间，全市实现了市、县（市、区）政府全部上网，市政府门户网站——“中国·盐城”和县（市、区）政府门户网站在宣传盐城、招商引资、便民服务等方面发挥了重要作用，成为展示盐城形象的重要“窗口”。市发改委、工商、税务、农业、林业、水利等部门网站建立了政务论坛、建言献策、网上留言、网上听政、网上调查等与公众互动栏目。

电子政务应用稳步推进。办公自动化（OA）系统、网络会议等在党政机关中得到应用。市政府办公室开通了市级机关以及县（市、区）政府间公务邮件系统，实现了传真电报、政务信息等文件资料的无纸化传输。国税、地税、财政、金融、工商、供电等系统实现了内部办公自动化。全市电子政务建设总体方案编制完成。县级电子政务网络互联试点工作取得突破，建湖县与电信公司合作，率先在全市建成联通各镇（乡）和县级机关的网络系统，射阳县、阜宁县也相继建成了县域电子政务互联网络。

（三）企业信息化应用技术迅速普及

“十五”期间，全市有18家省信息化试点示范企业，22家市级企业信息化试点企业，20家市级制造业信息化示范企业，ERP（企业资源计划）、PDM（产品数据管理）、CAD（计算机辅助设计）、CAPP（计算机辅助生产流程规划）、CAT（计算机辅助检测）、CAM（计算机辅助制造）等信息技术得到示范推广。

全市150多家企业甩掉图板，16家企业实现集成制造，1.5万多户企业实现上网，1500多家企业建立了局域网，500多家企业拥有自己的网站。信息化在企业财务管理、仓储管理、人力资源管理以及纳税、报关等单项业务方面得到广泛应用。电子商务发展迅速，200多家企业进行网上交易或网上订货。

（四）社会信息化应用程度明显提高

城市信息化进程加快，全市网络用户可实现有线、无线多种接入方式和多种终端方式上网。通过大力推进“家庭绿色上网工程”，“十五”末，全市居民宽带上网用户达到10.5万户。随着学校、银行、商场、医院等网上应用系统的开发应用，远程教育、网上交费、网上购物、网上医院等服务已逐步开展，社区居民开始享受到网络带来的种种便利。2004年，我市被列入全国第一批33个有线数字电视试点城市。

（五）农村信息化取得进展

农村信息基础设施比较完善。全市农村固定电话交换机总容量达140万门，电话用户超过260万户，宽带用户超过5万户，实现了农村广播电视全覆盖和电话、宽带、有线电视“村村通”。农村信息服务体系初步形成。“四电一报”成效明显，市、县、镇（乡）三级信息服务网络已经形成，服务人员达200多人，80多个镇（乡）建立了农业信息工作室。农业信息技术应用步伐加快。全市已建成1个市级、9个县级农业信息服务网站，农业信息网络向农业龙头企业、种养大户、农民经纪人和农村合作经济组织延伸。工商、税务和新型合作医疗等部门业务系统已在农村基层使用。

（六）信息产业持续增长

“十五”期末，我市实现信息产业增加值30.5亿元，比“九五”末增长200%，占GDP 3%。

电子信息产品制造业稳定发展。“十五”末，全市53家电子信息产品规模生产企业，完成工业总产值30亿元，工业销售收入28.4亿元。通信电缆、半导体器件、电子元件、磁性探伤仪等已发展成为盐城电子信息制造业的主要产品。信息服务业发展迅速。“十五”末，全市邮电通信业务总量达到28.2亿元，实现增加值21.5亿元。电话用户数为396万户，其中，固定电话用户总数为220万户，移动电话用户总数为176万户。网络宽带用户达到15万户。软件业实现了从无到有的突破。“十五”末，全市近50家软件企业，形成了Internet药品稽查管理系统、远程图像监控系统、YSS2000组态嵌入式软件、配电网接线图制作及理论线损计算系统、水资源管理系统、产品快速设计平台等一批特色软件产品。

“十五”期间，我市信息化建设取得了一定的成绩，也存在着一些不足。主要表现在：一是管理薄弱。市和县（市、区）信息化职能分散，管理工作难以到位，建设单位各自为政、重复建设、信息孤岛等问题突出；二是投人不足。没有形成有效的信息化投人引导、激励机制。受资金因素的制约，我市电子政务建设滞后，政府信息化先导作用难以体现；三是缺乏人才。一方面存有人才流失现象，另一方面缺乏有效的培训机制，使我市信息化人才特别是复合型人才十分短缺；四是信息产业规模小，内部结构不优。信息产品制造业弱小，软件业处在起步阶段，信息技术服务业、内容服务业、增值服务业有待进一步培育。

二、“十一五”信息化建设面临的基本形势

（一）经济全球化和全球信息化的新趋势将信息化建设提上了重要的战略位置

随着经济全球化和全球信息化的相互促进、加速发展，信息化水平已成为衡量一国综合实力和现代化水平的重要标志。信息技术已经渗透到经济和社会的各个领域，成为提升产业结构、提高劳动生产率、推动经济增长、增强国家综合实力的具有革命性的生产力因素。信息化浪潮有着积极的意义，但也会进一步扩大国家间、地区间的“数字鸿沟”，拉大城乡之间、不同领域之间、不同社会群体之间“数字差距”。盐城信息化与苏南、苏中地区相比有较大的差距，目前正处于不进则退、不快则退的关键时期。正视挑战、抢抓机遇，进一步加速盐城信息化进程，已是事关盐城经济社会发展全局的战略需要。

（二）我省信息化发展的新举措对信息化建设提出了更高要求

省委、省政府将推进国民经济和社会信息化，作为覆盖现代化建设全局的战略举措，将信息产业作为支柱产业来抓，加快了全省信息化建设的步伐。“十一五”及今后相当长一段时期内，信息化面临的主要矛盾是经济和社会发展对信息化的巨大需求与信息技术应用和信息资源开发利用水平不高之间的矛盾。在当前信息基础设施和信息产业已经初具规模的背景下，全省“十一五”信息化建设将着力在信息技术应用、信息资源开发和信息产业发展方面寻求新的突破，重点推进信息技术的深度开发和广泛应用，加快以业务需求为导向的重要基础性信息资源的开发利用，推动信息产业的结构优化。这对盐城信息化建设提出了更高要求，指明了前进方向。

（三）盐城国民经济和社会发展的新阶段为信息化建设提供了广阔空间

“十一五”是盐城实现“两个率先”、全面建

成小康社会的关键阶段，我市人均GDP将由目前的1000多美元向3000美元迈进。从发达国家和地区的经验看，人均GDP超过1000美元后，信息化会呈现加速发展的趋势。这个阶段，科技进步日新月异，消费结构和产业结构加速转型，工业化、城市化、农业产业化、市场化和经济国际化的步伐加快，信息化需求迅速扩大，信息化发展具有广阔的空间。国家已明确提出："大力推进国民经济和社会信息化，是覆盖现代化建设全局的战略举措"，"要把国民经济和社会信息化放在优先位置"。面对新形势，兄弟市竞相把信息化建设作为重要的发展机遇，盐城只有借助信息化建设，才能更好地在科学发展中把握主动，实现跨越式发展。

三、指导思想、基本原则和总体目标

（一）指导思想

"十一五"期间，全市信息化建设的指导思想是：以邓小平理论和"三个代表"重要思想为指导，坚持科学发展观，紧紧抓住长三角区域信息化合作和我市开展国家农村信息化综合信息服务试点的契机，围绕"数字盐城"建设，着力推动信息技术和信息资源开发应用，着力加快信息产业发展，着力优化信息化发展环境，全面推进国民经济和社会信息化，促进我市"全面奔小康，建设新盐城"的进程。

（二）基本原则

政府主导，市场化运作。充分发挥政府在制定发展规划、优化发展环境等方面的主导作用。加快电子政务建设步伐，展现政府在信息化建设中的示范引导作用。坚持市场化方向，发挥市场对资源配置的基础性作用，积极探索符合市场规律和我市实际的信息化建设之路。

统筹规划，协调发展。在统筹规划的基础上，充分调动各方面的积极性，协同推进信息化建设，加快信息互联互通和资源共享，促进政务信息化、企业信息化、城乡社会信息化和信息产业的协调发展。

以人为本，服务发展。以便民、利民、为民为宗旨，把信息化建设的注意力和关注点放在满足公众需求和发展大局上，发挥信息化在加速产业结构升级、增强城市综合竞争力和提高公众满意度方面的积极作用。

需求导向，有序推进。坚持从需求出发，突出信息化的应用和效益导向。适应社会主义新农村建设和构建和谐社会的要求，有序推进农村信息化和教育、文化、卫生、社会保障及公共安全的信息化，努力创建盐城信息化特色。

（三）发展目标

到"十一五"末，我市信息化建设的总体目标是：建设"数字盐城"，全市信息化总体水平在苏北处于领先地位，力争在全国创建农村信息化特色。

具体目标是：

1．信息基础设施进一步完善

建成覆盖全市的宽带信息网络，本地出口带宽达到100G以上，宽带接入网络端口容量增长300%以上，宽带覆盖率达到99%。电信网、广电网、计算机网"三网融合"，实现互联互通、资源共享。新增固定电话、移动电话交换机容量比"十五"末增长85%以上，3G网络实现从无到有的突破，并形成覆盖全区85%以上面积的无线网络规模。建成覆盖全市城乡的广播电视光缆传输网，完成市区、县城有线电视数字化平移。

2．政务信息化基本实现

建成市、县（市、区）两级电子政务网络，并向农村村（居）和城市社区延伸，部门政务信息网络实现整合。基本建成宽带传输、互联互通的电子政务系统，初步实现面向企业和社会公众的业务网上办理。

3．企业信息化水平进一步提高

从单元信息技术应用跨入系统集成应用阶段，信息技术渗透于产品生命周期的各个阶段。建立起较为完善的电子商务运行服务和保障体系，电子商务交易额占全市商品交易总额的比重争取达到5%以上。建立面向中小企业和面向特色产业集群的信息技术服务平台。

4．城乡信息化协调发展

建成空间地理信息系统（GIS），数字化城管、城市综合"一卡通"运行良好，城市信息化水平进一步提高。镇（乡）村两级接入全市电子政务网络系统，农村约2/3的企业单位、种养大户、农民经纪人和农村合作经济组织接入宽带。农村信息化组织体系、服务平台、管理制度较为完善，我市争取列为全国农村信息化示范城市。

5．信息产业快速发展

信息产业增加值占全市 GDP 的比重达 5%以上，电子信息产品制造业年均增长 20%以上，软件产业年均增长 30%以上，信息服务业年均增长 40%以上。培育一批电子信息产业大型企业，发展汽车电子等电子信息产业园区。

四、主要任务

（一）加强信息基础设施建设

加强电信网、广电网、计算机网等基础网络设施建设，积极推进"三网融合"。

1．进一步建设和完善光纤传输网

到"十一五"末，本地电话网扩容 100 万门，移动电话网扩容 150 万门，省、市、县三级基础传输主干网的传输速率提高到 10Gb/s 以上。引进下一代互联网技术，发展微波与卫星通信，建成融合现有网络并承载今后多种业务的下一代宽带 IP 网络。加快宽带接入网建设，在城市基本实现光纤到路边、到大楼、到小区、到家庭，在农村基本实现光纤到村、组。加快建设数字移动通信网，引入 3G 技术，移动通信业务从以话音为主，扩展到可视电话、数据及流媒体等多种无线通信业务，为全市信息化建设提供大容量、高速率、高灵活性、高可靠性的传输服务，满足多层次通信需求。进一步提高我市近海无线覆盖能力，完善近海信息服务功能。

2．提高广播电视网络水平

将现有的有线电视城域网改造为双向 HFC 网，完成县镇（乡）光纤联网改造工程，联通所有的行政村和 80%自然村。加快广播影视信息源建设和广播影视节目制作及传输的数字化、网络化，提高广播电视卫星节目质量，巩固和扩大广播电视覆盖率。

重点工程：

(1) 固定电话、移动电话交换机扩容工程。"十一五"新增固定电话交换机容量比"十五"增长 90%以上，新增移动电话交换机容量比"十五"增长 80%以上，宽带网络容量增长 300%。

(2) 下一代互联网示范工程（CNGI）。根据国家下一代互联网工程总体要求，积极引进下一代互联网设备和技术，大力提高互联网络的运行质量。

(3) 第三代移动通信网络工程（3G）：根据国家的统一部署，稳步推进 3G 工程，3G 网络实现从无到有并力争较快发展。

(4) 有线电视数字化平移工程。通过政府推动与市场引导相结合，实施有线电视数字化平移工程，建成宽带多媒体交互式数字电视系统平台，提供多功能、多层次信息服务，满足单位和个人对广播电视、数据、图像通信等多方面的需求。

（二）加快政务信息化步伐

发展"十二金"建设成果，构建统一的电子政务网络基础，建设电子政务应用支撑平台，实施数字协同办公系统等综合业务系统，规划和开发重要政务信息资源，促进政府办事项目上网，全面整合电子政务系统。建立电子政务安全保障体系及运行保障体系。

重点工程：

"十一五"我市电子政务建设的重点工程概括为"2235 工程"，即：两个基础、两个平台、三类应用、五大数据库。

(1) 两个基础，即电子政务网络基础设施和安全保障体系基础设施建设。

分级建设市、县（市、区）两级电子政务城域网，实现各部门之间和市到县（市、区）之间的网络互联互通，最终利用党员干部现代远程教育网络资源实现进村入社区。统一规划电子政务安全保障体系，重点建设以密码技术为基础，以身份认证、授权管理、责任认定等为主要内容的网络信任体系，以及应急响应与容灾备份体系，将安全设备、安全技术和安全管理相结合，确保电子政务系统安全可靠运行。

(2) 两个平台，即电子政务基础平台和交换平台建设。

基础平台为应用系统提供公共的集成服务，在此之上运行相关的政务应用系统。交换平台将各机关单位的应用系统和数据库互联在一起，进行数据转换，可以有效地消除信息孤岛，实现信息共享和互联互通。

(3) 三类应用，即基于电子政务的内网、外网和互联网三类应用项目建设。

政务内网应用：主要用于涉密公文处理和涉密信息报送。政务内网遵循最小化原则，不建设县级城域网。

政务外网应用：政务外网广泛连接全市各级机关，作为主要的办公网络，主要用于数字办公、信息报送、公务邮件、行政审批等工作的网上协同办理。通过政务外网，可以实现政府各部门业务应用系统的整合和数据信息的共享。政务外网将遵循涉密内容不上网的原则，并探索利用加密技术和设备实现内、外网共用一条信道，以有助于面向公众开发日益丰富的应用系统。

互联网应用：在互联网中建设政府公众服务平台，以《中国·盐城》门户网站为核心，整合本市政府网站群，结合政府呼叫中心和其他各种综合服务渠道，建设网上审批、政务信息、公益信息、市民互动等各类服务，切实为企业和公众提供高质量的公共服务。

(4) 五大数据库。重点建设人口数据库、法人单位数据库、宏观经济数据库、自然资源和空间地理数据库、政务信息资源数据库。

(三) 积极推进企业信息化

1. 引导企业从信息单元技术向系统集成技术的跨越

推广应用 ERP、PDM 等信息集成管理系统，努力提高企业信息技术应用的广度和深度，加快信息技术渗透于产品生命周期的各个阶段。

2. 以自主创新为目标，推进产品设计技术的升级

推广基于知识的 CAD 系统，促进企业提高产品创新设计能力和市场竞争力。

3. 推进企业上网和电子商务

“十一五”末，全市大中型企业应建立独立网站，并建成与生产流程、研究开发、市场营销、售后服务、管理决策相结合的内联网。小型企业都要积极接入互联网，其中 20% 的企业建立企业网站或网页，5% 的企业建立内部计算机网。面向特色产业集群，构建网上虚拟产业带，建立信息咨询、电子商务等功能于一体的公共信息服务平台，促进产业集群的发展。引导和支持汽车零部件交易等第三方专业性电子商务平台的建设。

4. 建立健全企业信息技术支持服务体系

我市企业以中小型为主，信息技术人才缺乏，资金有限。对此，引导高校、科研机构及其他社会力量，大力发展市场化运作的企业信息技术支持服务体系。

重点工程：

(1) 电子商务平台建设工程。推动大中型企业发展企业间电子商务（B to B），提高国际市场竞争能力。支持一批面向行业、中小企业和公众的第三方电子商务平台建设。

(2) 基于网络的制造业 ASP（应用服务供应商）服务平台建设工程。引导和支持高校、科研机构和其他社会力量面向中小企业和特色产业集群，建立以 ASP 服务模式运行的制造业信息技术服务平台，为广大企业提供外包服务和整体解决方案。

(3) 制造业信息化推广应用示范工程。继续实施制造业信息化推广应用示范工程，大力推广 ERP、PDM 等信息集成管理系统和基于知识的 CAD 系统，提高企业信息化管理和产品设计生产水平。

(四) 大力推进社会信息化

推进教育、卫生领域信息资源的开发利用。推动广播电视、新闻出版、文化体育等领域信息化建设，支持图书馆、档案馆、博物馆等文化机构的数字化和网络化。推动城市管理智能化、网络化、现代化，应用 3S（GIS/RS/GPS）信息技术，建设城市管理、公共安全、应急指挥等信息化系统。构建多功能社区信息网络，加强信息内容和网络环境监管，让公众获得便捷、真实、健康的求职就业、家政服务、物业管理、文体娱乐、医疗保健、商业金融、交通旅游等信息。参照国家和省相关标准，建设一批智能小区和公众信息服务示范点。

重点工程：

(1) 基础地理测绘数字化工程。运用现代测绘技术开发空间地理信息资源，构建市规划区范围内（806KM2）基础地理信息共享平台。到 2007 年完成 1:500 数字化地形图测制 161 平方千米，到 2009 年完成 1:2000 数字化地形图测制 645 平方千米。

(2) 应急联动系统工程。以安全可靠的通信网络和联动系统为基础，建立健全应对自然灾害、事故灾难、公共卫生和社会安全等方面的社会预警体系，形成统一指挥、功能齐全、反应灵敏、运转高效的应急机制，提高公共安全和处置突发事件的能力。

(3) 数字化城市管理系统工程。以市区核心区 43.9 平方千米起步，建成数字化城市管理系统，形成城市管理信息监督中心和城市管理指挥中心、城市管理日常信息采集网络。系统建成后，

市区的市容环境、公用设施、道路交通、园林绿化等6大类100多种城市公用设施部件和8大类80多种动态管理事件，都将在数字化城管系统的监控下，在第一时间得以反映并及时安排处置。

(4) 城市综合“一卡通”工程。发展包括社保、医保、金融、纳税、公交、出租、水、电、煤气、加油、有线电视等涵盖全市范围、可在长三角兼容的“城市一卡通”综合收费管理系统，以先进的智能电子收费系统代替传统的分行业、分地区的人工收费体系。

(五) 加快农村信息化建设

开展国家农村信息化综合信息服务试点，以服务“三农”为宗旨，依托党员干部现代远程教育网络，着力推进信息应用，着力构建农村综合信息服务长效机制，探索“坚持政府主导、推进市场运作、依托远程教育、突出产业引领”的农村信息化建设模式，助力社会主义新农村建设。

重点工程：

(1)“双入户”工程。在党员干部现代远程教育宽带、有线电视网络到村的基础上，通过政府扶持一点、通信运行商投入一点和用户自愿拿一点的办法，加快宽带、有线电视“双入户”，进一步改善信息基础条件，满足广大农民生产生活方面的信息需求。开展社会合作，向农民提供“买得起、用得好”的信息终端和系统。电子政务系统与党员干部现代远程教育网络联通，使电子政务深入镇（乡）、村，服务“三农”。

(2) 产业引领工程。充分发挥大户的带动作用，以农村各类企业单位、种养大户、农民经纪人和农村合作经济组织为先导，加速农业产业链及各行业广泛利用信息资源。优化整合特色农产品网站，推广电子商务，利用信息网络技术辅助农业生产和农产品安全工作。在突出产业引领的同时，以需求为导向，稳步实施村务管理信息化和其他信息化惠农项目。

(3) 综合服务工程。建设以市场化为方向，集信息服务、远教服务、科技服务、文化服务等功能于一体的综合信息服务站点体系［市、县（市、区）两级服务中心，镇（乡）服务站，村服务点（挂“信息化体验中心”牌子）］。建立一支服务到组、到户的村专兼职信息员队伍，为农民提供普遍信息服务，基本解决农村信息“最后一千米”问题，实现信息入户的总体目标。建设市、县（市、区）为农（信息）服务网上大厅，加强涉农信息资源综合开发。

(4) 百万农民培训工程。充分利用市富民创业网络大学平台，与科研机构、大专院校和专业公司合作，开展多种形式的培训活动，让广大农民获得更多的种养技术、就业技能、创业本领和文化享受。

(六) 大力发展信息产业

抓住电子信息产业转移和我省发展信息支柱产业的契机，选择合适的信息产业发展重点，积极营造盐城信息产业的特色和优势。

1．做强电子信息产品制造业

发展壮大智能化电力控制设备、通信电缆、磁性探伤仪、远程图像监控系统等投资类产品，磁质低波段电子开关、LED数码光源、太阳能电池、光驱光电子、光电子真空显示屏、单晶硅谐振梁式压力传感器、热敏感应器等基础零部件产品。利用盐城汽车工业优势，积极发展汽车电子产业，努力培育汽车电子产业集群。

2．加快软件产业发展

利用江动集团在深圳、森达集团在北京的软件企业的优势，鼓励和扶持它们与盐城软件企业联合开发软件产品，重点发展汽车、纺机、电力控制、探伤设备等产品嵌入式软件。开展产学研联合，发挥驻盐高校、科研院所的优势，大力发展药品管理和动漫等应用软件及软件外包业务。

3．积极发展信息服务业

加快发展基础通信业，推进信息技术服务，培育网上娱乐、教育等信息内容服务业和专业咨询服务业，积极开发电子政务“五大基础数据库”、重点行业与特色产业集群基础数据库以及共用工具集。

重点工程：

(1) 电子信息产业园区建设工程。把市经济技术开发区作为盐城加快电子信息产业集聚发展的有效载体，制定科学规划，引导相关企业向园区集中。加快发展LED、太阳能电池产品，积极培育盐城光电子产业园区。建设完善的公共服务平台和良好的生产环境，促进产业基地发展。

(2) 软件园区建设工程。积极创建以市高新技术创业园为载体的“盐城软件园”，加快盐都“凤凰（软件）科技园”建设步伐，为软件产业快速发展提供良好的软硬件环境。积极开展招商引智，吸引外地软件企业和软件人才来盐发展。

五、保障措施

（一）不断优化信息化发展环境

研究制定促进信息公开和信息资源共享、有利于吸引和激励信息化人才的政策措施，积极落实信息化建设及信息产业发展的投融资政策、消费政策和分配政策，加强对IT企业及其信息化和信息产业项目的扶持和服务。注重信息化发展战略研究，积极开展信息化宣传，努力营造全社会都重视信息化、推进信息化、应用信息化的良好氛围。

（二）建立健全信息化管理体制

完善以信息化领导小组为统领、信息化办公室综合协调、相关部门合力推进的信息化组织机制，促进信息化事业的分工合作和资源整合。建立信息化专家咨询制度，加强对财政投资和关系国计民生的信息化项目立项、招投标、监理、验收的规范化管理，克服信息化项目各自为政、重复建设等现象。

（三）加快完善信息化投融资机制

营造以政府投入为导向、企业投入为主体、社会投入和外资投入为重要渠道的多元化投融资格局，努力突破我市信息化建设的资金“瓶颈”。政府投入重点支持公益性、基础性、战略性的重大信息化项目，竞争性领域坚持以社会投入为主，鼓励社会各方面力量以多种方式参与我市信息化建设。引导企业加大信息化投入，使企业成为信息化建设的投资主体。

（四）切实推进信息化人才队伍建设

抓住我省“十一五”期间培养20万软件人才的契机，协助驻盐高校积极参与此项人才培养计划，使我市成为培养信息化人才的重要基地。加快应用人才、管理人才以及高层次复合型人才的培养，建立一支与我市信息化发展相适应的信息化人才队伍。把专业技术人才培养和技能普及化教育相结合，鼓励学校教育、继续教育、普及教育和社会教育等多渠道开展信息化培训。

（五）全面加强信息安全保障工作

坚持以安全保发展，重点加强基础信息网络、重要信息系统的信息安全保障工作，构建统一、完善的信息安全保障体系，全面提高信息安全防护能力。建立公共信息安全应急处理机制，加强对公共信息安全的监控和防范。建立和完善以密码技术为基础的信息保护和网络信任体系以及信息安全监控体系。坚持政府采购国产信息安全设备的政策，实现基础信息网络和重要信息系统以自主可控设备为主。

信息化：覆盖现代化建设全局的重大战略

在党的十七大报告中，推进信息化的思想贯穿全篇，与之直接相关的表述共有十处之多。报告首次把信息化与“工业化、城镇化、市场化、国际化”并列，将“四化”扩展为“五化”，无疑是最大的亮点之一。报告首次提出了信息化与工业化融合发展的崭新命题，充分反映出十六大以来党中央对信息化的认识不断深化，对信息化重视程度不断提升，全面贯彻落实十七大信息化战略思想，必将对今后一个时期我国经济社会发展产生重大而深远的影响。

一、全面认识信息化战略思想对中国特色社会主义理论的贡献和现实意义

信息化通过借助信息技术，开发利用信息资源，促进信息交流共享，优化经济发展结构，实现经济社会又好又快发展。我国历来十分重视信息化建设，邓小平、江泽民、胡锦涛等党和国家主要领导同志对信息化都有深刻的认识和独特的见解，对信息化在经济社会发展中的地位和作用都给予充分肯定和高度评价，几代领导人的信息化战略思想一脉相承，又与时俱进、不断发展。

（一）信息化战略思想丰富了中国特色社会主义理论的内涵

20世纪80年代，世界信息技术革命迅猛发展，全球掀起信息化第一次浪潮，科技信息以每年20%左右的速度递增，并呈加快发展趋势。当时中国正在全国范围内逐步推行经济体制改革和全面改革开放政策，邓小平同志敏锐地发现，信息技术将成为解放和发展生产力、实现经济跨越式发展的重要力量，信息是未来社会经济发展的重要战略资源，并极富远见地提出了“开发信息资源，服务四化建设”的战略思想。随着改革开放不断深入，经济增长全面复苏，在发展中也产生了一些新的矛盾和问题，邓小平同志适时指出，要实现我国的现代化战略目标和提高我国在世界格局中的战略地位，“要利用机遇，把中国发展起来”。朱镕基同志解释说：“我们讲抓住机遇，很重要的就是要抓住信息化这个机遇。”正是由于抓住信息化这个千载难逢的机遇，我们才能在世界发展大潮中迎头赶上，充分发挥后发优势，实现了社会生产力的跨越式发展，缩短了与发达国家的发展差距。这是推进信息化战略的根本要义，集中反映了邓小平信息化战略思想，也是邓小平理论的重要组成部分。

20世纪90年代以来，信息技术不断创新，信息产业持续发展，信息网络广泛普及，信息化成为全球经济社会发展的显著特征，并逐步演变成一场全方位的社会变革。江泽民同志在《加快我国的信息化建设》一文中指出，信息化是一场带有深刻变革意义的科技创新，信息资源对保持我国经济持续快速健康发展具有重要的战略意义，加快信息化建设能极大地提高生产力，促进生产力产生新的飞跃，增强国际竞争力，实现社会经济跨越式发展。这是对邓小平信息化战略思想的继承、深化和发展。江泽民同志多次提到：“四个现代化，哪一化也离不开信息化。”这里所说的现代化不单是传统意义上的现代化，更主要的是信息化条件下的现代化，或者说是覆盖了信息化的现代化。就工业现代化而言，它是信息化的基础，信息化是工业现代化的延伸或发展，信息化与工业化可以同时并进，共同构成不同历史时期的现代化任务。十六大报告提出“坚持以信息化带动工业化，以工业化促进信息化”，在新型工业化建设中发挥信息化的“倍增器”和“催化剂”作用，这是邓小平信息化战略思想在新的历史时期不断发展的生动体现，也是“三个代表”重要思想的有机组成部分。

进入21世纪，信息化对经济社会发展的影响更加深刻。信息化与经济全球化相互交织，推动产业分工和经济结构调整不断深化，深刻改变着全球的生产、生活方式、思维方式和管理方式，

重塑着世界经济、政治、社会、文化和军事发展的新格局。胡锦涛同志说："信息化浪潮正席卷全球，方兴未艾。"国际社会对此认识同样深刻，越来越多的发展中国家主动迎接信息化发展带来的新机遇，力争跟上时代潮流。十七大报告在论述深入贯彻落实科学发展观时，首次将"四化"扩展为"五化"，信息化被提到前所未有的战略高度，表明了我们党对当今时代发展特征的清醒认识和准确把握。将信息化战略思想融入科学发展观，并作为重大战略问题来研究和思考，充分说明在新的历史时期信息化对建设有中国特色社会主义具有重大战略意义。报告还首次提出了信息化与工业化融合发展的崭新命题，这是对十六大提出的"以信息化带动工业化，以工业化促进信息化"论述的新发展，深刻阐述了工业化和信息化不仅可以相互促进、互相推动，两者完全能融为一体，共同发展。工业化与信息化融合发展，走工业化、信息化一体化发展道路，是国家信息化战略思想不断升华的结晶，是当今信息化战略思想的核心，也是十七大报告中信息化战略的精髓，已成为了科学发展观的重要内容。

（二）信息化战略思想已成为科学发展观的重要内容

科学发展观是立足社会主义初级阶段基本国情，总结我国发展实践，借鉴国外发展经验，适应新的发展要求提出来的指导思想和发展要求。胡锦涛总书记在十七大报告中，详细论述了科学发展的内涵和要素，为深入学习贯彻科学发展观指明了方向。把学习贯彻科学发展观与推进信息化战略结合起来思考，我们认为，实施信息化战略是贯彻落实科学发展观的重要方式和途径。

信息化是实现又好又快发展的重要保障。信息化的本质属性是缩短时空距离，降低时空成本，提高效率效益。大力推进信息化建设、加快信息技术和信息产业发展，可以解放和发展生产力，提高生产效率和治理效率，增强综合竞争力，促进经济、政治、文化和社会又好又快发展；坚持以信息化为动力，转变思维方式，创新管理方式，有助于更好地实施科教兴国战略、人才强国战略、可持续发展战略，实现经济、政治、文化和社会建设长期可持续发展。由此可见，信息化是科学发展的重要保障，也是全面建设小康社会、加快推进社会主义现代化的必然选择。

信息化是实现以人为本的重要手段。信息化的社会价值就是为人人服务、为人民谋福利。为人人服务，实际上是为人民群众提供良好的体验，主要表现为对精神和文化本身的直接需求的满足，以及来自产品和服务的精神文化附加价值的满足。信息化可以充分利用网络、信息和知识满足人们的精神和文化需求。为人民谋福利，根本上是实现民主权利，解决民生问题，满足人民利益诉求。信息化可通过电子政务、电子商务两种具体组织方式，来让基层百姓、普通企业能了解和参与社会事务、公共管理事务，真正做到关注民生、维护民利、落实民权。因此，信息化是实现社会主义民主、满足人民日益增长的精神和物质文化需要、体现以人为本思想的重要手段。

信息化是全面可持续发展的重要途径。信息化的基本要求就是实现全面可持续发展。传统意义上的全面可持续发展理论实践多集中于人口、资源与环境。当今社会已进入信息时代，信息革命深刻改变着生产生活方式，为可持续发展开辟了新天地。信息化有效降低资源、能源消耗，减轻物流、人流负担，具有传统手段无可比拟的优越性。通过信息技术创造先进的智能工具，提高物质能量开发利用水平，提高新资源开发利用效率和速度，优化产业结构，调整产业布局，克服无序状态，提高社会效率，降低环境污染，使许多现实难题迎刃而解。因此，信息化是可持续发展的内在要求和重要标志，实施可持续发展战略必须从信息化抓起。只有按照信息化的发展思路，抢占经济社会发展的制高点，实现从传统生产力向先进生产力转化，才能实现可持续发展的根本目标，否则难以逾越工业危机的障碍；反之信息化没有可持续发展思想的指导，同样无法取得成功。因此，信息化是实现可持续发展的必由之路和高级阶段。

信息化是体现统筹兼顾的重要方式。信息化的基本特征就是突破时空界限，缩短时空差距，消除数字鸿沟，统筹兼顾各方利益，实现均衡发展。推进信息化建设，大力实施信息化战略，能有效地缩短时空距离，降低时空成本，缩小城乡、区域发展差距，打破城乡二元经济格局，建立统一和谐的市场秩序和运行机制，实现经济社会均衡统筹发展；能打破时空界限，突破思维局限，化解各方矛盾，减少利益冲突，平衡中央与地方、个人与集体、局部与整体、当前与长远的利益关系，充分调动各方积极性；能掌握丰富的信息资源，提供充分而对称的信息，有利于统筹兼顾国内国际两个大局，树立全球战略眼光，从国际形势发展变化中把握发展机遇、应对风险挑战，营造良好经济发展环境；能借助先进的预测预警决策系统，监测市场动态变化情况，来统筹安排人力、物力、财力和信息等发展型资源，有效衔接科研、生产、市场等关键环节，实现产、供、销一体化，真正走集约化的发展道路。

（三）实施信息化战略更有利于未来经济社会又好又快发展

十七大报告在论述深入贯彻落实科学发展观时强调，必须“全面认识工业化、信息化、城镇化、市场化、国际化深入发展的新形势新任务，深刻把握我国发展面临的新课题新矛盾，更加自觉地走科学发展道路，奋力开拓中国特色社会主义更为广阔的发展前景”。由此可见，信息化是党在新形势下审时度势之后投下的一着带活全盘的妙棋，大力实施信息化战略，将更有利于未来经济社会又好又快的发展。

信息化将成为全面建设小康社会、实现现代化的重要目标。在现行的测算全面小康社会指标体系中，许多的综合指标都与信息化直接相关，如发展动力指标、收入指标、教育指数、农村生活、幸福程度、公共管理等。在我省确定的全面小康社会目标值中，提出了居民信息化普及程度的指标，具体包括百户家庭电话拥有量和百户家庭电脑拥有量。信息化已融入到小康社会和现代化建设的众多领域，许多指标成为小康和现代化建设的重要组成部分，并呈现出进一步扩展和渗透的态势。因此，信息化将成为衡量小康社会和现代化建设的重要评价指标和不可或缺的组成部分，离开信息化谈小康和现代化是不完整、不全面的。

信息化将渗透社会经济发展的各个领域、各个层面。十七大报告对信息化建设提出许多明确而具体的要求，在发展民主政治方面，强调要求“完善决策信息和智力支持系统”，增强决策透明度和公众参与度，坚持“推行电子政务，强化社会管理和公共服务”，进一步明确了电子政务发展的方向和目标。在文化发展方面，将网络文化作为“和谐文化”的重要内容，提出“加强网络文化建设和管理，营造良好网络环境”，要求有关部门管好网、用好网。在国防和军队现代化建设方面，要求“按照建设信息化军队、打赢信息化战争的战略目标，加快机械化和信息化复合发展，积极开展信息化条件下军事训练”，建设“信息化军队”已成为新时期国防和军队建设的战略任务。在民生建设、党的建设等方面，要求“发展远程教育和继续教育”和“在全国农村普遍开展党员干部现代远程教育”，充分显示出信息化对于公民教育、党员教育的重要作用而深受关注；发展远程教育、网络教育将成为信息化应用重点突破的关键领域。综观十七大报告，信息化战略思想已全面融入社会经济、民主政治、文化建设、军队建设和党的建设等核心领域，对未来发展具有举足轻重的战略意义。

信息化将是破解众多关键难题的切入点、突破口。当前，中国经济社会发展进入又好又快的发展轨道，但同时也存在一些亟待解决的深层次的问题和矛盾，如经济结构矛盾突出，经济增长方式粗放，一些涉及群众利益的突出问题解决得不够好，政府自身建设存在一些问题等。十七大报告将信息化作为与工业化、城镇化、市场化、国际化并举的重大战略任务，有助于政府决策部门重新审视和评估信息化战略的作用和地位，有助于社会各界把信息化作为对当前各项工作有着普遍意义的新形势新任务来认识、思考、推动，有助于政府利用信息化的技术和手段，加大政务公开力度和政府决策透明度，加快转变经济发展方式，推动产业结构优化升级，转变发展和管理理念，借鉴先进经验，弘扬先进文化，促进经济大发展、政治大进步、社会更和谐、文化大繁荣。

二、正确处理信息化与其他“四化”的关系

目前，我国已经进入工业化转型、城镇化加速、市场化完善、国际化提升的新时期，全面认识和正确处理好信息化与其他“四化”之间的融合、渗透、覆盖和互动关系，对于贯彻落实十七大报告，实施“新五化”战略任务，推进经济社会又好又快发展有着重要意义。

（一）工业化与信息化相融合

必须深刻认识到，工业化与信息化必将互相融合，相互促进，共同发展。首先，信息化主导

着新时期工业化的方向，使工业朝着高附加值化发展；而工业化是信息化的基础，为信息化的发展提供物资、能源、资金、人才以及市场，但只有用信息化武装起来的自主和完整的工业体系，才能为信息化进一步发展提供更加坚实的物质基础。其次，以信息化带动工业化，使信息化与工业化融为一体，克服信息化与工业化“两张皮”问题，才能互相促进，融合发展。这是具有中国特色的跨越式发展之路。目前，我国最具竞争力的传统工业处于历史的新起点，面临调整产业结构、转变发展方式的任务。由信息化驱动的产业结构调整，将大大提高各种物质和能量资源的利用效率，大大降低企业生产和经营成本，提高在市场经济中的竞争力。第三，抓住信息化这个机遇，将促使我国工业的发展方式从高投入、高消耗、低效益、低质量的粗放型增长，转变为高速度、高效益、低投入、低消耗的集约型发展，提高我国的国际竞争力。在“工业化”之后加上“信息化”，将信息化与工业化融合，走中国特色的新型工业化道路。可以预测，未来的工业化发展是融合了信息化的工业化，未来的信息化进程是在新型工业化基础上的信息化。

（二）信息化是城镇化的提升器

必须深刻认识到，信息化与城镇化必将互为基础，相互推动，共同提高。从现象上看，城镇化为信息化建设提供空间和场所，更需要信息化的支撑。无论是信息技术，还是信息产业，都需要拥有一定的发展场所和活动空间，城镇化加速发展则能为其提供足够的发展空间；城镇化从初期到中期再到后期，都离不开信息化的支撑，信息化能使城镇内部网络化、现代化和一体化。没有城镇化，信息化就失去了栖身之地，而离开了信息化，城镇化则失去发展活力、缺少灵魂。从作用上看，城镇化是信息化的主要载体和依托，信息化是城镇化的提升机和倍增器。城镇化对信息化具有推动作用，而信息化对城镇化具有带动作用，信息化能够整合、提升和完善城镇功能，改善城镇产业、就业结构，提高城镇居民素质，从而使城镇化在信息化不断发展中升华。从发展层次上看，信息化时代的城镇化是更高级的城镇化，产业布局出现了分散与集聚共存的新趋势。信息产业迅速发展，信息技术突飞猛进，使得城市功能和产业结构进一步优化，城市从工业制造中心、商务贸易中心向信息流动中心、信息管理中心和信息服务中心发展。

（三）信息化对市场化全面渗透

必须深刻认识到，信息化将不断对市场化进程进行渗透。首先，信息化对市场化的渗透有助于市场功能的充分发挥。市场具有引导生产、组织流通、市场辐射、自我调节四大基本功能。其功能以市场供求信息对生产的反馈为基本出发点，正因为这些市场在信息供求上如此关键的位置，信息化能够迅速渗透市场，促使其更加充分发挥资源配置的基础作用，为生产者、经营者提供及时、准确、全面的市场信息、实现社会经济资源优化配置。其次，加快信息化对市场化的渗透进程，有利于加快形成统一开放竞争有序的现代市场体系。信息化能够大大促进各类生产要素市场的发展，完善反映市场供求关系、资源稀缺程度、环境损害成本的生产要素和资源价格形成机制，规范发展行业协会和市场中介组织，健全社会信用体系。第三，信息技术在全球范围内的快速扩展性是市场化机制作用的结果，而市场化进程一刻也离不开信息化的支持。目前的市场已发展成为生产要素、信息、技术集中地和物流配送中心，如此强大的功能必须依靠信息化的支持，才能发挥越来越重要的作用。

（四）信息化为国际化提供强力支撑

必须深刻认识到，信息化对国际化的支撑作用更多体现在加强服务方面。信息化对国际化的服务作用，首先体现在信息化服务企业竞争日趋国际化。任何一个企业想走向国际化都离不开信息化的支撑。在全球知识经济和信息化高速发展的今天，信息化是决定企业成败的关键因素，为它们提供现化化工具和手段，实现企业全部生产经营管理活动的运营自动化、管理网络化、决策智能化，是企业实现跨地区、跨行业、跨所有制，特别是跨国经营的重要前提。企业利用信息化在研发、生产、销售等方面开展国际化经营，有利于加快培育我国的跨国公司和国际知名品牌。其次，信息化对国际化的服务，有利于更好地实施“走出去”战略。实施“走出去”战略是顺应经济全球化潮流的必然选择，利用信息化，进一步创新对外投资和合作方式，有利于形成经济全球化条件下参与国际经济合作和竞争新优势。另一方面，国际化对信息化也具有反推作用，不仅信息产业是国际化、全球化特征最显著的产业之一，需要在全球范围内配置资源，国际先进信息技术的进入、普及都要依赖国际化力量来完成，两者相辅相成。

三、深入贯彻落实信息化发展战略是当前的紧迫任务

信息化已全面渗透到经济社会发展的各个领域、各个行业、各个层面，信息成为经济、政治、社会和文化建设的重要战略资源之一。在体制转轨、机制转换、社会转型、公民转性的关键阶段，深入贯彻落实十七大精神，加快实施信息化战略，是当前和今后一个时期的紧迫任务之一。

（一）深入学习，重新认识信息化的重要地位

信息化思想贯穿十七大报告的始终，其重要性不言而喻。深入学习十七大报告，贯彻落实信息化战略思想，加快推进信息化建设，首先要解决好对信息化战略认识不够的问题。要将信息化事业当成利在当代、功在千秋的系统工程来抓好、做好、用好和管好，防止把信息化当成政治牌、利益牌、政绩牌来打的倾向；在信息化建设过程中，要防止和克服图名的僵化政绩观、图权的狭隘利益观、图利的片面价值观，以信息化的思维来统筹解决好各方面利益关系和矛盾；要深刻理解信息化对其他“四化”战略的基础作用，正确对待信息化自身所具有的独特性，客观认识信息化对经济发展、政治进步、社会和谐、文化繁荣的直接影响和间接贡献；要全面认识信息化对小康社会、现代化建设的覆盖性，充分发挥信息化的“活化剂”、“润滑剂”和“催化剂”作用，使信息化与“工业化、城镇化、市场化、国际化”真正融合、渗透、互动起来，从而实现经济社会全面可持续发展。

（二）深入思考，重新评价信息化的发展位势

经过20多年的发展，信息化已进入快速发展的关键时期。十七大报告对信息化建设提出了更高的要求，贯彻落实十七大精神，明确信息化是覆盖全局的重大战略，需要对信息化发展形势和建设进程进行客观的认识和科学的评价，确保信息化健康发展。要重新认识信息化战略的发展位势、内在动力和外部环境，全面衡量信息化发展水平、判断所处的发展阶段、发现存在的问题，客观评价区域信息化发展差距，正确认识信息化发展水平是否与经济、社会、文化发展相匹配、相适应，更好地解决信息化发展中的矛盾和问题。在电子政务方面，要充分认识和发挥电子政务在政府职能转变方面的作用，客观反映当前服务型政府的根本理念、执政为民的主要思想、以人为本的核心内容，进一步提高政府的宏观调控和市场管理能力。在电子商务方面，当务之急是要创造良好的发展环境，鼓励和支持大型IT企业共同搭建为中小企业服务的平台，大规模的免费培训和现场指导，提高中小企业信息化的意识，借助网络开展商务活动，优化或再造企业流程，改善内部控制和管理水平，提高中小企业的整体素质，降低存货与成本，提升生产经营效率，真正实现又好又快发展。

（三）深入研究，重新审视信息化的规划计划

2006年，中办、国办印发《2006—2020年国家信息化发展战略》，对全国信息化建设的指导思想、战略方向、发展重点和保障措施进行了全面部署。各地结合自身发展实际，相继制定了适应本地信息化发展需要的战略规划。贯彻落实十七大精神，比照报告要求，认真研究信息化发展趋势，正确把握信息化内在发展规律，重新审视本地信息化发展规划，判断是否存在标准过高或者要求过低的发展思路，认真修订不符合报告要求的内容，使之成为既符合报告精神、又符合本地实际的刚性要求。在信息化建设过程中，除了要重视信息化发展规划的合理性、科学性和严谨性，建立和规范问责机制，将信息化建设的大格局、大方向统一到规划上来，坚决反对思维片面、观念狭隘、不顾全大局的行为；更要注重信息化和电子政务发展规划的权威性、严肃性，对规划中制定的目标和已经明确的重点项目，要按照计划和要求来严格执行和实施，对实施过程中产生的问题和矛盾，要协商协调解决，确保各级规划能如期完成。

（四）深入发展，重新加大信息化的推进力度

信息化重大项目建设是信息化事业发展的基础设施，事关信息化建设的全局和大局。贯彻落实十七大报告精神，深入推进信息化发展战略，要根据国家统一部署，大力推进重大项目和重点工程建设，加大必要的资金投入，理顺管理体制和运行机制，继续建设和完善“金宏”、“金税”、“金财”、“金关”等重点业务系统和四大基础信息

资源数据库建设，并在此基础上加快实施统一政务网络和标准体系、目录与交换体系的建设，积极推进政府部门在经济调节、环境监测、社会信用、公共安全、应急响应等领域中信息共享和业务协同，形成政策合力，提高决策质量。要按照十七大报告精神，妥善化解各方矛盾，加强金融、能源、食品药品等关系到国计民生的信息化重大应用系统建设，提高政府监管市场、服务公众以及应对突发公共事件的能力，真正发挥信息化在经济社会发展中的作用，体现信息化的特点和优势，让全社会共同分享信息化带来的好处。

（姚万华）

第四部分

产　业　篇

江苏省信息化发展概况

【信息产业】

2007年，江苏信息产业按照科学发展观的要求，以软件产业发展为重点，积极做强做优信息产品制造业，全行业发展取得显著成效。

（一）信息产业取得显著成效

一是产业规模实现重大突破。2002年至2007年，全省电子信息产业年均增速达48.5%，2007年全省电子信息产业销售收入达1.22万亿元，是2002年的7倍；占全省工业销售收入的比重达20%，占全国信息产业的比重达21%。全省电子信息产业增加值达2500亿元，占全省GDP的比重达10%。全省电子信息产业出口达6514亿元，占全省出口总额比重超过40%。其中，软件产业销售收入达到832亿元，五年平均增速超过60%；集成电路产业总量超过600亿元，一年产业规模实现了翻番。2007年，全省信息产业2007年吸纳的就业人数达157万人。

二是产业结构日趋合理。2002年以来，江苏信息产业在不断做大规模的同时，产业结构不断优化，效益明显提高。软件和信息服务业平均增速是电子信息产业增速的一倍以上，软件和信息服务业占电子信息产业的比重从2002年的4.5%上升到2007年6.9%。全省形成了软件、集成电路、平板显示、计算机及网络设备、现代通信、数字视听六大产业集群，共占全省信息产业的比重达到70%。其中，显示器产量占全国47%以上；笔记本电脑产量占全国40%，占全球25%；集成电路产量占全国30%以上；手机产量占全国12%；显示器、电脑主板等6项电子信息产品占全球比重超过25%；电力管理和控制软件占全国的50%，电信管理软件占全国的30%。另外，医疗电子、硅电子信息材料、电容器、电子元器件等一批新的产业集群正在迅速形成。全省规模以上企业3330家，总产值超过百亿元的16家，全国电子百强企业14家，软件百强9家。

三是自主创新能力显著增强。江苏信息产业在规模迅速扩张的同时，坚持走自主创新道路，以引进消化吸收为主线，努力构建以企业为主体的技术创新体系，自主创新能力明显增强。江苏先后开发出了永中Office集成办公系统、新华Linux桌面操作系统、3G手机基带芯片、集成电路SoC设计平台、32位嵌入式CPU、大尺寸光纤预制棒、42英寸荫罩式等离子体显示屏、自主标准的EVD光盘播放机、国产CATC－A100－A型空中交通管制自动化系统等。2002年以来，江苏信息技术领域的申请专利量超过2万件，年均增长超过30%。全省信息产业领域累计建成国家级博士后工作站18家，省级博士后技术创新中心6家；国家级企业技术中心6家，省级企业技术中心24家；国家级工程研究中心5家，省级工程研究中心18家。鼓励企业推进新产品市场化取得积极进展，全省新产品产值超过全部产品产值的1/3，部分具有自主知识产权产品在全国具有较强的竞争力；无锡尚德公司的太阳能电池产量已跻身世界光伏前三强；亨通集团制定的“G657单模光纤”参数绝大部分被国际电信联盟吸纳，制定成为世界通用标准。南京南瑞集团公司和南京联创信息技术有限公司被信息产业部评为2007中国自主品牌软件产品收入前十家企业。

四是拉动经济增长作用明显。2007年，全省电子产业规模不断扩大，经济总量不断攀升，全行业完成现价产值、销售产值同比分别增长24.4%和24.0%，产销率为98.3%，对全省经济增长贡献率进一步提高。总量占全省工业的15.4%，比上年提高0.2个百分点，列39个大类工业行业之首，居全省八大主要工业行业的第二位，全国第二的位置更加稳固。

五是产业集聚辐射效应增强。2007年，35户年销售收入过50亿元的电子企业合计实现销售收入、利润同比分别增长25.6%和40.0%，增幅分别高出全行业2.6和6.7个百分点。年销售收入过百亿元的企业由上年的7户增加到15户。沿沪宁线集成电路、平板显示、计算机及网络设备、现代通信、数字视听及软件等产业集群进一步发展，已形成由1个国家级电子信息产业基地、4个国家级电子信息产业园、5个国家级软件园、10个省级电子信息产业基地、8个省级电子信息产业园、4个省级软件产业园为主体的产业集群，并逐步向苏中和苏北地区辐射，成为带动区域经济发展、产业结构调整、提升创新能力的重要平台。各信息产业基地销售收入占全省的比重达到80%以上。

六是行业国际化水平提升。2007年，全省电子行业完成出口交货值同比增长23.6%，比上年提高2.6个百分点；拉动全省工业出口增长10.6个百分点，对全省工业出口增长的贡献率达43.9%，同比分别提高1.0和7.0个百分点；占全省工业出口达44.8%，比2006年提高1.1个百分点，继续列各工业行业之首。出口依存度进一步提高，出口比重超过七成。出口增幅较大的有广播电视设备、雷达及配套设备、计算机网络设备、通信交换设备、光电子器件及其他电子器件制造业。电子行业成为全省利用外资最为集中的行业，全球500强电子信息企业在江苏均有投资，三资企业销售收入占全行业比重达九成以上。

（二）软件产业快速崛起

一是软件产业规模持续高速增长。2007年，全省实现软件销售收入832亿元，同比增长超过60%，产业规模是2002年的11倍，五年来年均增速达到66.9%。实现软件业务出口16亿美元，其中，软件外包服务出口1.6亿美元，均超额完成目标。全行业从业人员达到23万人。

二是软件企业资质认定创历史新高。2007年，全省新认定软件企业271家，增长33%，全省累计经过认定的软件企业达到1170家。全省新增登记软件产品1085个，增长27%，累计登记软件产品数量达到4915家。全省通过CMM/CMMI认证企业总数达到61家，比上年新增32家。

三是软件企业实力不断提升。2007年，全省软件收入超亿元企业超过94家，16家企业软件收入超过10亿元，2家企业软件收入超过50亿元。有9家企业入围“2007年（第六届）中国软件业务收入前百家企业”，10家企业成为国家规划布局内重点软件企业。电力、电信、交通、信息安全领域的软件产品继续保持良好的发展态势，其占国内市场的份额分别达到了50%、35%、20%和18%。

四是载体建设进展顺利。江苏软件园玄武徐庄孵化研发基地已完成建筑面积12万平方米，将在今年投入使用。南京软件园已建成近30万平方米软件研发、办公及配套用房。苏州国际科技园第五期工程“创意产业园”以及第六期“创意泵站”改建项目已正式启动。苏高新软件分园已建成软件园创业基地、科技城软件园、微系统园、IT实训基地等载体共计24.4万平方米。无锡软件园2007年新增建筑面积40万平方米，新建“江苏软件外包产业园”规划总投资40亿元，面积72万平方米。常州软件园一期10万余平方米已投入使用，二期20万平方米正在快速推进中，其中第一座5万平方米软件大楼将于今年上半年交付使用。

（三）集成电路产业规模迅速扩大

江苏集成电路产业发展起步较早，产业链完整，是国内集成电路产业的重要基地。2007年全省集成电路产业销售收入突破600亿元，比2002年了增长了7倍，产业规模在国内处于领先地位。在集成电路设计领域拥有华润矽科、美新半导体、硅动力、友达电子、飞思卡尔等近200家设计公司，2007年设计业完成销售收入超过30亿元。在集成电路制造业领域拥有无锡海力士－意法半导体、和舰科技、华润等一批微电子重点骨干企业，其中无锡海力士－意法半导体有限公司是世界排名前十的半导体公司在中国投资的首家前道制造企业，也是国内单位面积投资密度最高的外商投资企业，目前已累计投资35亿美元。公司采用12英寸、65纳米生产工艺，形成月产8英寸晶圆7万片、12英寸晶圆10万片的生产规模，2007年总产值达到85亿元。随着投资15亿美元的海力士－意法三期及总投资30亿美元的苏州禾发科技等一批基地龙头型项目的开工建设，江苏集成电路制造业发展势头更显强劲。以新潮科技、南通富士通和苏州奇梦达等龙头企业为代表的江苏集成电路封装测试业，掌握BGA、MCM、CSP等先进封装技术，提供从芯片测试到成品测试的专业服务，技术水平和产业规模在国内名列前茅。

（四）软件园集群优势明显

目前，江苏拥有国家级软件园5家，软件园

区建筑面积300万平方米，在建面积400万平方米。

江苏软件园。2000年12月经江苏省政府批准设立；2001年7月被国家发改委、信息产业部命名为“国家软件产业基地”；2005年11月被科技部认定为“国家火炬计划软件产业基地”。初步形成了“江苏软件园城中园、玄武徐庄孵化研发基地、江宁吉山产业化及出口基地”一园两基地的发展格局，拥有软件企业433家，2007年实现软件收入100亿元。

南京软件园。2000年被批准为国家火炬计划软件产业基地，先后获得“中国服务外包基地城市示范区”、“国家软件出口创新基地”、“国家动画产业基地”的称号，拥有软件企业280家，成为南京发展软件产业的重要载体和推动力量。2007年实现软件收入108亿元。

苏州软件园。先后被批准为国家火炬计划软件产业基地、国家动漫产业基地，按照苏州软件园“一园三区”建设模式，目前由苏州工业园区软件园、苏州高新区软件园和昆山软件园组成，苏州软件园现有园区使用总面积已达到89万平方米，有350多家软件企业。2007年实现软件销售收入110亿元。

常州软件园。国家火炬计划软件产业基地，入驻企业180余家，软件园已成为常州软件产业的集聚区，发挥着产业基地的示范效应和带动作用。2007年实现软件收入24多亿元。

无锡软件园。1998年创建，坐落于无锡国家高新技术产业开发区内，初步形成软件及信息服务外包、IC设计、以动漫游戏为代表的文化创意等几大产业特色，先后被授予国家火炬计划软件产业基地、国家集成电路设计产业化基地、国家动画产业基地、江苏软件外包产业园、江苏省国际服务外包示范区等10个国家和省级品牌。目前园区累计建成载体达50余万平方米，从事与软件开发、服务相关企业400多家。2007年实现软件收入105亿元。

江苏信息服务产业基地。由江苏省信息产业厅和扬州市人民政府联合打造的全省惟一的信息服务产业基地，规划面积2.52平方千米，总投资约50亿元。产业基地主要发展呼叫服务、数据处理以及具有扬州特色的城市信息化应用软件和嵌入式软件等支柱产业，形成与周边地区产业细分错位竞争，打造上海的“前店后坊”。力争到2009年，产业基地实现信息服务及软件产业总额达到15亿元人民币左右，从业人员达到2万人以上，培训人员3万人，力争通过35年的努力，打造成为华东区域乃至全国极具品牌影响力的信息服务产业基地以及面向国际、国内的信息服务业外包集聚中心。

镇江软件园。2007年被批准为省级软件园，占地100亩，现有软件企业40多家。

南通软件园。总占地面积20亩，总建筑面积11000平方米，入园企业有30多家。

泰州软件园。占地面积1万平方米，现已使用建筑面积6000多平方米，入园软件企业11家。

【信息基础设施】

（一）通信业基础设施建设

2007年江苏电信业总体上处于稳定健康的状态，行业转型在深化，新的变革在孕育。

全年全省电信业务总量完成1280.1亿元，比上年增长28.4%。其中邮政业务总量71.5亿元，电信业务总量1208.6亿元，分别增长14.4%和29.3%。邮电业务收入592.2亿元，比2006年增长13.1%。其中邮政业务收入57.4亿元，电信业务收入534.8亿元，增长16.3%和12.8%。年末固定电话用户3225.8万户，净增0.87万户，其中：城市电话用户2210.9万户，乡村电话用户1014.9万户。住宅电话用户239.7万户，减少38.9万户。年末移动电话用户3313.2万户，净增440.2万户。全省电话普及率达85.76部/百人，比2006年增加4.99部/百人。局用交换机容量净增139.7万门，达到4718.4万门；移动电话交换机容量净增1005.5万户，达到5244.9万户；固定长途电话交换机容量增加62.8万路端，达到156.8万路端。全省光缆线路长度达到362449千米，其中长途光缆线路长度达29293千米。互联网宽带接入端口达699.9万个。移动短消息中心容量达8316万条。年末互联网用户671.9万户，新增95.9万户。

2007年，全省各类无线电台站总数为4393万个。其中，广播电台1037个（声音发射台646个、电视发射台166个、差转发射台225个），高频电台312个（固定、陆地电台265个，移动电台47个），甚、特高频电台52378个（固定、陆地电台 3142 个，移动电台 49236 个），船舶电台 791 个，无线寻呼基站 138 个，集群移动通信系统电台 8584 个（基站 129 个、移动台 8455 个），蜂窝移动通信系统电台 3640.66 个（基站 15390 个、移动台 3639.3 个），无线市话（小灵通）744.51 万个（基站 68719 个、移动台 737.64 万个），无线数据电台 8795 个，卫星地球站 285 个，微波站 1579 个，业余电台 3670 个，其他台站 881 个。全省各类台站总数与上年相比净增了 256 万个，其中蜂窝移动电台数增加了 255 万个，继续保持平稳增长。无线市话（小灵通）较上年减少了 74.71 万个，首次出现负增长。各类专用电台中，数量较上年增加的有广播电台，集群移动电台，甚、特高频电台，无线数据电台，业余电台。卫星地球站、微波站的数量仍然有所减少。

（二）广电业基础设施建设

广播电视覆盖水平全国领先。2007 年，全省广播、电视综合人口覆盖率分别为 99.86%、99.87%，均名列全国前茅。在全国率先实现广播电视村村通，第一个提出全省范围推进有线广播电视村村通工程，并提出在苏南实现“户户通”、苏中实现“组组通”（自然村）、苏北实现“村村通”的奋斗目标，被列入省农村新五件实事。全省有线干线网已达 29.16 万千米，全省有线电视联网率达 100%，乡村光缆联网率达 95.3%。

广播电视播出时间总量位居全国前列。全省广播电视台 14 座，省级教育电视台 1 座，广播电视台北座，电影制造厂 1 家。全省中短波发射台 21 座，调频转播发射台 83 座，电视转播发射 116 座，乡镇站 1220 个（其中 70。2% 的乡镇站属县级广电垂直管理）。全省公共广播节目 128 套，全年播出时间近 70 万小时，制作节目近 53 万小时；公共电视节目 131 套，付费电视节目 4 套，全年播出时间近 73 万小时，制作节目近 16 万小时。广播电视播出时间总量居全国第三。

建成全省广播电视安全播出应急调度体系。2007 年，江苏广电局大力推进全省广播电视安全播出应急调度体系建设，江苏局和南京、苏州、无锡、徐州、常州、镇江、扬州、南通、泰州、连云港、盐城、淮安等 12 个省辖市广电局均成立了安全播出调度机构，全省广播电视安全播出应急调度体系基本建成。全省各级财政和广电系统累计投入 1 亿多元用于改善广电硬件环境，防范能力得到明显提高。全省应急指挥调度系统的总体方案通过总局论证后，江苏局争取省政府投入资金 1855 万元进行建设。目前，全省电话调度系统、预警发布系统、有线电视监测系统已延伸到县，实现了省市县三级贯通的安全播出防范体系。

【电子政务】

2007 年，是推进我省电子政务工作持续健康发展的一年，各级政府对电子政务建设的重视程度不断提高，组织领导不断加强，工作思路日益清晰。经过几年来的不懈努力，全省电子政务发展的框架基本建立，基础设施逐步完善，综合应用正在深入推进，公共服务得到全面提升。

（一）建设框架日益清晰，组织管理不断加强

2007 年，江苏省电子政务建设协调指导小组深入调查研究，广泛听取意见，下发《关于进一步推进全省电子政务建设的意见》（苏政办发[2007] 8 号），明确了全省电子政务发展的思路、目标和重点，初步形成“十一五”期间全省电子政务建设框架。

“十一五”期间，全省电子政务建设目标是：到“十一五”末，基本建成全省统一的电子政务网络，以及“中国江苏”政府门户网站平台、综合应急平台、公共信用信息平台、数据交换共享平台、并联审批平台、“大通关”信息平台等基础平台和重点应用系统；基本建立政务信息目录体系与交换体系、信息安全基础设施，重点应用系统实现互联互通，政务信息资源公开和共享机制初步形成；管理体制、法规制度、标准化体系进一步完善，地区间、部门间、城乡间电子政务建设和应用趋向协调发展，统一、协调、高效、安全的电子政务总体框架初步形成，电子政务推进管理创新、降低行政成本、提高监管能力和公共服务水平等作用明显增强。其主要任务是：进一步提高政府网站服务水平，推进网络基础设施建设，推进政务信息资源目录体系与交换体系建设，推进综合应急平台体系建设，推进信用监督体系建设，推进网上协同办公业务建设，推进农业信息化建设，推进政务信息资源开发利用，推进信息安全基础设施建设。

围绕省政府关于全省电子政务建设的指导意见，江苏省各级政府和领导高度重视本地区、本部门的电子政务建设，已经形成省信息化工作领导小组统一领导，省电子政务建设小组协调指导，各地、各部门领导机构各负其责的电子政务工作领导体系，使电子政务快速发展有了可靠的组织保证。省政府办公厅、省信息办、省保密局等有关部门先后出台多个文件，指导规范全省电子政务建设，建立健全内容保障机制、项目绩效考核机制、运行维护机制、网络安全保障机制、定期培训机制。目前，我省电子政务建设的框架初步形成，合理建设、科学管理、有效运维的机制逐步建立，为今后我省电子政务发展打下了坚实基础。

（二）网络设施逐步完善，安全保障全面加强

2007 年，我省电子政务建设的重点从分散建设向资源整合利用转变，大力推进网络互联、信息互通。截至 2007 年上半年，全省“二横一纵（省级、市级横向及省市纵向）电子政务内网平台基本建成，有的已延伸到街道、乡镇。全省县以上政府机关大多建有局域网，横向到边、纵向到底、左右衔接、上下贯通的政务网络平台基木形成。绝大多数省级机关和部分县级机关局域网实现了内外网物理隔离。国家电子政务传输骨干网延伸到省委、省人大、省政府、省政协、省法院、省检察院。国家电子政务外网快速通道已在省信息中心落地，全省电子政务外网建设方案正在加快研究制定中。按照国家电子政务外网建设工程办公室的统一部署和进度要求，借助国家电子政务外网通道，省监察厅、人事厅、劳动保障厅、审计厅、扶贫办等部门已与国家对口部门实现信息互通，启动了“省应急指挥系统”接入“国家应急平台体系”实施工作。

（三）政府网站快速发展，综合应用深入推进

2007 年，我省继续以社会公众为中心，推进政府网站从单一信息发布向强化服务功能的转变，政府网站建设水平不断提高。以省政府门户网站为龙头，覆盖 62 个省级政府部门、13 个省辖市和 106 个县（市、区）的政府网站体系基本形成。围绕拓展信息发布、网上服务、互动交流三大功能，建立和完善内容保障和绩效考评机制，收到了良好成效。2007 年各地、各部门共向省政府门户网站报送信息 6.4 万多条，省政府门户网站发布信息的数量和质量不断提高。在线办事被列人 2007 年度省政府 50 项重点工作，通过各部门的共同努力，上半年提前完成了省政府确定的在线办事率达 40％的目标任务。从 2007 年 3 月开始，共有 69 位省级政府部门的负责同志在省政府门户网站举办“在线访谈”活动，与广大网民开展互动交流，进一步扩大了省政府门户网站的影响。自 2004 年省长信箱开通以来，共办理群众来信 1.3 万多件，基本做到事事有着落，件件有回音。省政府办公厅和省信息办、省政务公开办连续 4 年组织全省政府网站测评，促进了各地、各部门网站建设水平的提升，我省政府网站整体实力一直名列全国前茅。通过短短几年的努力，政府网站已逐步成为对外宣传的重要窗口、政务公开的重要渠道、为公众服务的重要平台、政府与公众互动交流的重要途径。

按照国家统一部署，我省依托省电子政务网进行多网整合，以提高应急管理能力为目标，加快建设应急平台体系。2007 年基本建立固定、机动、现场三大互联互通、灵敏快捷的指挥系统和信息平台，满足值守应急、异地会商和决策指挥等需要，保证省应急指挥中心实施及时、可靠、多手段、不间断的应急处置指挥。在省政府门户网站上建立应急网站，开展面向全社会的宣传教育，提高公众应对突发公共事件的综合素质。突发公共事件发生后，在第一时间发布准确、权威信息，为妥善处置突发公共事件营造良好的舆论环境。各地、各部门根据有关文件的要求，对指挥信息系统进行必要的改造和调整，加快形成多网联合、相互对接、信息共享的应急平台体系。

2007 年，我省的电子政务建设开始以深化应用为重点，积极推进网上业务协同，从自建自用向资源共享转变。在各机关厅局已建成的应用系统和已积累的信息资源基础上，积极开展跨部门综合应用，支持部门间业务协同，取得了积极进展。全省企业基础数据库、基础地理信息数据库、人口基础数据库基本建立，有关部门在此基础上积极开展增值应用，已在规划、市政、公安、交通、水利、文保等领域发挥效用。跨地区、跨部门的公文无纸化传输系统、协同办公业务系统等综合应用扎实推进，在节约行政成本、提高运转效率等方面起到了良好作用。

【企业信息化】

（一）信息化带动工业化

2007 年，省经贸委紧紧围绕“两个率先”总体要求，认真贯彻落实科学发展观，坚持以新型工业化为第一方略，以党的十七大和全省新型工业化会议精神为指导，以推进经济增长方式转变为目标，以结构调整和产业升级为主线，加快发展高新技术产业，创新信息化建设思路，深入推进信息化带动工业化，按照年初确定的2007年目标任务，突出重点，狠抓落实，大力推动地区和行业信息化带动工业化工作，继续抓好一批示范、试点企业和示范项目，全面推进企业信息化建设进程，促进我省企业又好又快发展，取得了明显成效。

信息化示范工程方面。2007年，大力推进以示范试点企业项目建设为主要内容的企业信息化示范工程，重点抓好省认定的29家省“十一五”信息化示范企业、100家信息化试点企业。各市也进行了市一级信息化示范试点工作，重点抓好了388家市级信息化示范试点企业。通过省市两级信息化示范试点企业项目的建设，推动了各行业企业管理信息化，促进了企业整合各种资源，再造业务流程，提高快速反应能力，为行业面上企业开展信息化工作积累经验，树立榜样，依靠典型引路，以点带面，全面推动全行业企业信息化工作的开展。2007年以来全省各级经贸系统也继续大力推动信息化带动工业化。南通市启动实施了“信息化带动工业化百家示范工程”，在机电装备制造、精细化工、纺织等重点产业和亿元企业推进企业信息化提升工程。在一般30家企业中挑选了20多家企业作为当年首批培育对象，推行专家与重点项目挂钩制度，行业信息化示范效应日趋明显。徐州市大力推动以徐工集团、徐州卷烟厂等为首的省市级信息化示范试点企业的信息化建设工作，全市重点行业骨干企业产品开发和管理系统应用信息技术的比重分别达到70%和50%以上。连云港市着力抓好医药、机械行业信息化和恒瑞医药、港口集团、正大天晴、中金玛泰等重点企业信息化建设，以典型树立促进企业信息化建设，以经验推广提升信息化建设水平。

技术创新体系方面。大力扶持信息产品制造业企业建立技术创新体系，推动企业以形成自主创新能力为目标，按照“高起点、高标准、高水平”的原则，加速构建企业技术创新组织体系和运行机制，提高企业技术创新能力和核心竞争力。到2007年底，在江苏省已建立的29个国家级企业技术中心、250个省级企业技术中心中，电子信息产业分别占到了4个和29个。大力扶持信息产业企业技术创新和新产品开发，推动信息产业产品提高技术附加值，培育企业自主知识产权和自主品牌。先后重点围绕我省信息产业等高新技术发展重点领域，按照对产业有重大影响，具有一定技术水平，有较大的市场前景等原则，组织实施了一批国家和省重点技术创新项目，有力地推动了信息产品制造业技术创新，提高了我省信息产品制造业的竞争力。2007年，全省安排重点技术创新项目53项，其中，信息产品制造产业有2项，财政补贴资金70万元。

重点信息化建设项目方面。2007年，省经贸委在科技三项费用中专项对企业信息化建设项目进行安排，继续扶持了一批企业信息化建设项目，安排资金300万元，支持10项企业信息化项目。目前这批项目已进入全面实施阶段，进展顺利。春兰（集团）公司电子商务应用项目和扬子江药业集团有限公司国家协同电子商务项目正抓紧实施中，项目建设进展顺利，预计将于2008年完成验收。在国家和省计划项目带动下，各市也分别组织了市一级的信息化带动工业化项目。无锡市以管理信息化、产品数字化、装备自动化为重点，持续推进信息化带动工业化进程，全年在省、市信息化示范试点企业中实施信息化带动工业化项目10项。以信息化项目的组织实施，引导企业进一步深入开展信息化建设，应用最新、最实用的信息技术，并以此带动相关行业的企业进行信息化建设和改造，充分发挥信息化对工业化的带动作用。

（二）制造业信息化

2007年省科技厅（制造业信息化办公室）通过召开工作会议、进行重点示范、成立专家组、培养人才，利用网站和平台等多种方式和手段，支持和引导全省制造业信息化工作，全年全省制造业信息化总投资超过8.5亿元。2007年7月，江苏省“十一五”制造业信息化科技示范工程工作会议认定了无锡、常州、南通、连云港、常熟五个首批省“十一五”制造业信息化科技示范工程示范市，启动省级示范企业10家，带动江苏省各市启动市级示范企业120多家。启动“江苏省制造业信息化公共技术服务平台建设”，江苏省制造业信息化网站改版升级，为制造企业提供更好的制造业信息服务。此外，2007年成立了“十一五”省制造业信息化科技示范工程专家组，为全省制造业信息化工作提供专业指导和咨询服务；开展了全省的制造业信息化指数统计工作，完成全省150多家企业统计样本信息的采集，为制造业信息化政策制定提供良好的参考依据。

2007年，在纺织机械、轨道交通、船舶制造、输变电设备、医药、纺织等6个典型行业中各选择了一家骨干企业实施“甩图纸”、“甩账表”的应用示范。选择大全集团、常林股份两家企业开展数字化设计、数字化制造、数字化管理的信息综合集成技术开发与推广应用，进行“数字化示范企业”的典型示范。结合示范项目及行业特点，组织对“纺机产品数字化模型为核心的产品设计、分析仿真、工艺规划、数控加工、协同制造及质量控制的集成应用技术”、“轨道交通装备产品的工业设计、参数化设计、智能化设计、可靠性设计的关键技术”、“船舶制造转模相关技术、船舶设计创新开发平台技术”、“输变电产品开发协同与全生命周期成本控制管理集成技术”、“制药业GMP管理、电子商务的信息流/物流/资金流及经营管理业务的集成应用技术”、“纺织CAD放样、染色配料、图案印染等基础信息与制造过程的有机协同技术”等关键技术进行联合攻关，在数字化企业示范中重点推动集团性企业数字化综合集成应用技术攻关。制造业信息化为企业带来了制造综合效率和能力的提升，也为企业带来了良好的经济效益和社会效益。

(三) 中小企业信息化

2007年，江苏省中小企业增加值占全省GDP的60%以上，创造的就业岗位超过总数的70%，中小企业是推动江苏经济发展的生力军。2007年省中小企业局以培训为突破，以典型示范为引导，以平台建设为抓手，加快推进中小企业信息化工程。

一是出台意见和工作方案。2007年江苏省中小企业局出台了《关于加快推进全省中小企业信息化建设的意见》和《2007—2010年江苏中小企业信息化推进工作方案》。意见明确了推进中小企业信息化的指导思想、工作目标、主要原则、工作重点及主要措施，为规范、有序开展中小企业信息化推进工程奠定了基础。南京、南通、连云港、镇江等市结合实际，制定了指导意见和工作意见，南通、连云港等市还召开专门会议加以贯彻。今后，江苏将围绕“创造中小企业用得上、用得起、用得好的信息化发展环境”这条主线，下更大的工夫探索成本低、实效好的中小企业信息化发展模式，下更大的工夫营造环境、搭建平台、整合资源，努力把中小企业信息化提高到一个新的水平。

二是建立了中小企业信息化推进工程联席会议制度。省中小企业局、省信息化工作领导小组办公室、省信息产业厅是牵头单位，联席会议不设“门槛”，所有愿意参加的IT企业、网络运营商、信息咨询服务机构以及高校院所、新闻媒体等，经过一定的程序和手续，都可以加入。联席会议制度定位于沟通信息、研究工作的平台。目前联席会议成员单位有22家，分别于2006年6月和2007年4月召开了2次全体会议，对形成合力实施推进工程起到了很好作用。

三是完成全省中小企业信息化现状及需求调研工作。这次调研采取面访和问卷调查相结合的方式进行，由专业调查公司实施调研。通过调研，基本摸清了我省中小企业信息化的现状和需求，形成了调研分析报告，为制订全省中小企业信息化建设指导意见提供了依据。南京、徐州、淮安、泰州等市也都结合实际，组织了多种形式的信息化调研。

四是全面启动万家企业信息化人才培训工程。每年制定下发培训工作意见，明确培训目标、培训重点。培训一般以短训班为主，培训内容以应用为重点，既有专家讲课，也有应用产品的推介，还有示范企业的现身说法。组织专家教授编写出版适合中小企业信息化特点的《中小企业信息化》培训教材和信息化示范案例，免费发给企业。2006年至2007年，全省共举办各类培训200多次，完成培训2.6万人次。

五是推动建立中小企业信息化服务平台。分别与省电信、省移动和用友公司签定合作备忘录，正式启动“商务领航”、“移动信息化应用托管平台”和“中小企业信息化服务平台”(信息化辅导站)三大全省性平台。全省商务领航客户已经达5万多户，移动信息化应用托管平台用户达4.8万户。一批依托重点产业集群或园区、重点行业或大型市场建设的ASP平台迅速发展，运营良好。如无锡的物流平台和机械工业设计平台、苏州的中国东方丝绸市场电子商务平台、扬州的江都花木网等。

六是开展中小企业信息化优秀案例和优秀解决方案的“双优”征集活动。省中小企业局与省信息化工作领导小组办公室联合，共同开展“双优”征集活动，用最直观、最生动的案例，示范带动中小企业信息化。2006～2007年，共确定46个应用案例为优秀示范案例，43个解决方案为优秀示范解决方案。为发挥“双优”的示范带动作用，对优秀应用案例和优秀解决方案汇编成书，作为信息化培训的参阅教材。

七是建立省中小企业信息化推进工程咨询辅导站。按照着力引导社会力量建设辅导站的基本思路，在中小企业相对集中的县、市和重点产业集群授牌了16个辅导站。辅导站的主要任务是，免费为中小企业信息化提供咨询、培训和产品应用体验服务。按照公开、公平的原则，在全省征集10名信息化专家，组成专家组，为中小企业信息化推进工程提供智力支撑。

【信息化环境】

近年来，全省上下都非常重视信息化环境建设，形成了加快信息化发展的合力与共识。《江苏省软件产业促进条例》在全国率先出台，《江苏省个人信用征信管理暂行办法》和《江苏省企业信用征信管理暂行办法》的出台，营造了良好的法制环境。省主要领导亲自赴海外宣传江苏信息产业发展环境，推介江苏电子信息产品，帮助企业开拓国际市场。设立了软件和集成电路业专项资金，有力地推动了自主创新产品的产业化进程。江苏发展信息产业得到了信息产业部的大力支持和科学指导，部省共同举办南京软博会、苏州电博会，共建“南京中国软件名城”和建设江苏软件和信息服务外包国际通信专用通道等，为产业发展营造了良好环境。推动出台《省委办公厅、省政府办公厅关于加强信息安全保障工作的意见》和《省网络与信息安全协调小组成员单位主要工作职责》，明确了省网络与信息安全协调小组办公室及成员单位主要工作职责。推动全省信息安全管理体制建设，已有10个省辖市设立了信息安全管理机构。进一步完善省信息技术专利数据库，扩大了可查询数据范围，强化了统计、分析功能。与国家知识产权中心共同启动了《江苏平板显示器专利分析与发展研究》。省信息产业厅配合江苏省保知办、知识产权局完成了《江苏省促进知识产权发展的若干政策》、《江苏省软件信息产业知识产权战略报告》等文件的起草修改工作。

【动漫产业】

2007年，江苏新增南京高新区软件园为国家动画产业基地，至此，江苏拥有了常州、无锡、苏州、南京4家国家动画产业基地，占全国国家级动画产业基地总数的24%，是产业基地最多最集中的省份。2007年度江苏原创动画产量迅速增加，全年生产发行原创动画片15569分钟，年产量达全国总量的15%，位居全国第三，与排名第二的广东省仅相差几百分钟，超出了排名第四、第五的上海、浙江5000分钟以上。全年国家广电总局评选并向全国电视媒体推荐播出了33部优秀国产电视动画片，其中6部为江苏原创动画片，位列全国第二。原创动画《东方神娃》还被国家广电总局评为原创动画精品。据不完全统计，我省已有15部原创动画片在央视或已确定在央视播出，“东方神娃”、“哈皮父子”、“吉娃娃”、“恐龙奇奇颗颗”等一批动画形象已初具品牌效益，引起海内外市场的关注。目前从事影视动画创作生产的企业近200家，直接从业人员7000多人，有40多所院校开设了动画相关专业，在校学生9000多人，动画产业区域规模优势明显。目前《哈皮父子》、《秦汉英杰》等7部原创动画已向欧美、中东、东南亚、日韩等国家和地区出售了播映版权和品牌授权，有10余部动画作品已在图书、音像、玩具、文具、日用品、家具装饰、教育、主题公园等领域初步具备了一定的衍生开发能力。

【诚信江苏】

2007年是全省社会信用体系建设工作取得突破性进展的一年。主要归纳为三个方面：第一，完成了一件大事。周密筹备并顺利召开了诚信江苏建设工作会议。这次会议领导高度重视、组织力量空前、会议成果显著，为省市推动今后的工作创造了良好条件，奠定了良好基础。第二，取得了四个突破。以省委、省政府召开诚信江苏建设工作会议为标志，我省在推进信用体系建设的四个方面取得了突破。一是省委、省政府出台了工作意见；二是省政府出台了个人和企业两个征信管理办法；三是组织制定并上报了三年行动计划；四是省政府明确了“一网三库”四大建设载体。第三，突出了“六个加强”。一是加强调研。先后组织了赴上海、浙江和深圳三地，以及省内相关地区的大会筹备调研工作。完成了省公共信用信息平台需求课题研究工作。基本完成全省信用体系建设信息化总体方案研究。二是加强协调。省信用办两次组织召开省各有关部门协同落实诚信江苏建设任务的座谈会。三是加强合作。借助信用长三角的交流合作平台，召开了信用长三角两次例会；联合承办了全国诚信兴商活动开幕式暨高层论坛，召开了长三角商业信用评价机构工作座谈会。先后接待湖南、青岛、重庆等省市信用管理部门来访。四是加强宣传。省信用办印发两个法规单行本5000份。编撰工作简报20多期4000余份。省市共同组织了2007年“诚信兴商宣传月”活动。组织召开了我省企业和个人信用征信管理办法实施新闻发布会。五是加强培训。组织了江苏社会信用体系赴港培训班、省社会信用体系赴北欧考察团以及长三角信用管理部门负责人培训班。六是加强上争。承办了全国整规办组织召开的全国地方信用体系建设工作座谈会。

【信息安全】

（一）制定和完善信息安全保密法规制度

针对信息安全保密管理工作中的一些突出问题，省保密局结合我省信息化发展实际，大力开展调查研究，认真研究和探索我省计算机信息系统保密管理的制度和办法。为保障我省军工单位涉密信息系统安全可靠运行，确保国家秘密信息安全，制定下发《关于加强国防军工单位信息安全保密管理工作的意见》，按照“确保重点、省市联动”原则，严格规范军工单位涉密信息系统审批流程，并制定下发《2007年度江苏省武器装备科研生产单位涉密信息系统安全保密产品推荐目录》；为进一步规范和加强我省电子政务保密管理，指导各地各部门在电子政务建设和应用过程中更好地贯彻执行党和国家保密工作方针政策和法律法规，确保国家秘密安全，转发了国家保密局、国务院信息化工作办公室《电子政务保密管理指南》；为进一步加强涉密载体销毁环节的保密管理，向省级机关各部门、各市县保密局、国防军工单位转发国家保密局涉密载体销毁与信息消除相关安全保密要求。

（二）开展涉密信息系统分级保护工作

为加强涉及国家秘密的信息系统保密管理，确保国家秘密信息安全运行，根据国家保密局涉密信息系统分级保护相关规定、标准和工作要求，制定了我省涉密信息系统分级保护工作的总体目标：全面贯彻实施国家涉密信息系统分级保护管理办法、技术标准和管理规范，经过2～3年的时间，全省涉密信息系统普遍达到分级保护标准的要求，涉密信息系统建设与管理水平和保密技术防护能力进一步得到提高和增强。围绕这一总体目标，省国家保密局与省公安厅、省国家密码管理局、省信息化工作领导小组办公室联合召开“全省重要信息系统安全等级保护定级工作电视电话会议”，对我省开展重要信息系统安全等级保护定级工作进行全面动员和部署，并下发通知做出阶段性工作安排。11月，举办全省涉密信息系统分级保护管理培训班，讲解涉密信息系统分级保护管理办法、技术要求、管理规范、测评指南，来自各市保密局、省级机关各单位、国防军工一级资质单位近200人参加了培训。截至12月底，全省涉密信息系统分级保护定级工作已基本结束。

（三）审批涉密通信、办公自动化和计算机信息系统

根据国家及省关于开展涉及国家秘密的通信、办公自动化和计算机信息系统审批工作的部署和要求，省保密局继续开展涉密信息系统审批工作。要求全省各地各部门在加快推进信息化建设特别是电子政务建设中，务必从维护国家利益、确保国家秘密安全的大局出发，充分认识做好涉密信息系统审批工作的重要性，切实做好审批工作。按照“同步建设，严格审批，注重防范，规范管理”的原则和国家有关保密标准和技术要求，在省级机关等单位开展对计算机网络建设的保密审查及总体性能的评估论证，提出切实可行的计算机信息系统保密技术防范措施，4家涉密信息系统通过审批，2家通过检测。

（四）开展武器装备科研生产单位保密资格审查认证

根据中央保密委员会关于加强国防科技工业保密管理工作意见和武器装备科研生产单位保密资格审查认证管理办法，继续开展军工保密资格审查认证工作，加强对武器装备科研生产单位涉密计算机信息系统的检测论证。在全面完成一级国防军工单位涉密计算机信息系统检测认证的基础上，对二、三级国防军工单位涉密计算机信息系统进行检测认证。根据保密资格审查认证复查工作要求，对存在重大隐患的单位责令其限期整改。江苏省保密局依据有关涉密计算机信息系统的保密技术要求及标准，规范检测认证流程，确保检测认证工作水平和质量。在检测认证工作中，积极做好有关计算机信息系统技术指导和服务工作。对一些武器装备科研生产单位上报的涉密计算机网络建设方案进行技术论证，提出改进意见。通过保密资格审查认证工作，武器装备科研生产单位的信息安全保密工作发生了较大变化，人员保密意识得到增强，各项信息安全保密防范措施得到落实，信息安全保密管理水平得到提高。

（五）检查计算机及其网络使用的安全保密情况

随着国际互联网技术的迅速发展，党政机关纷纷在社会公用网建立网站，提供政府的资源共享信息和应用项目，有的组建自己的办公局域网和数据库，与社会公用网相联，交流、交换和共享信息资源。根据我省关于计算机信息系统国际联网及党政机关信息上网工作的保密管理规定精神，认真落实“控制源头、加强检查、明确责任、落实制度”和“谁上网、谁负责”保密管理原则，督促各单位做好上网信息保密审查工作，确保党政机关在信息上网中不发生泄露国家秘密问题。对有关单位在信息上网过程中涉及的保密问题，及时进行指导和监督，落实管理责任。同时，按照国家保密局统一部署，加强互联网上网信息保密检查，努力做到“涉密信息不上网，上网信息不涉密”。组织有关单位对传播国家秘密信息的互联网站进行检查整顿，集中人员和时间对军工单位、高校、政府机关等重点网站进行抽查，严查泄密隐患。不定期地对互联网信息进行保密检查，对党政机关信息安全保密状况进行远程监测和监督，发现问题及时处理。根据中保委有关通知精神，省委保密委员会及时部署保密检查工作，并分三个检查组对全省50多家省（市）级机关、军工单位进行了抽查。此次检查活动，有力地推动了各单位的计算机信息系统的安全保密工作，肯定并推广了各地、各部门好的做法和经验，同时严肃指出了存在的问题，明确了今后的工作要求。

（六）规范涉密计算机信息系统集成资质认证

为加强对涉及国家秘密的计算机信息系统集成资质单位的保密管理，提高资质单位的保密管理能力和水平，确保在涉密信息系统规划、设计、建设及运行过程中国家秘密的安全，根据《涉及国家秘密的计算机信息系统集成资质管理办法》精神，江苏省保密局积极配合国家保密局开展涉密系统集成资质审核认证及审批工作。2007年，全省有南京莱斯公司等5家单位获得国家涉密信息系统集成资质证书（其中甲级1个、乙级2个、单项2个）。为加强对涉密信息系统集成资质单位的保密管理，6月，举办了全省资质单位保密管理培训班，已获得资质证书的单位的法人、技术负责人、资质管理人参加了培训。11月，根据国家保密局《关于开展涉密信息系统集成资质年度审查工作的通知》的要求，下发通知，组织开展对全省12家已取得资质证书满1年以上的单位开展了资质年度审查。

（七）研制开发并推广应用信息安全保密防范和检查技术

针对高科技窃密对保密工作的严峻挑战，省保密局加强信息安全保密技术研究，积极发展和采用现代保密技术，促进现代科技成果在保密工作中的应用，努力推动保密技术产业发展。一方面，与南京大学、东南大学、解放军理工大学、南京信息工程大学等多所高校和科研院所进行广泛交流与合作，积极跟踪信息安全发展的前沿技术，认真分析研究涉密计算机和计算机信息系统运行中存在的泄密隐患，提出加强保密管理的对策措施和办法。另一方面，联合社会科研力量研制开发计算机信息系统保密检查软件和涉密介质使用审计管理系统软件，为党政机关、涉密单位监管涉密信息系统提供有效手段。

【信息化人才培养、培训】

（一）全省中小学师资队伍教育技术能力不断提高

2006—2007年度，全省报名参加国家教师教育技术能力考核的教师共有112266名，占全国报名总数的70%，及格人数为99624名，及格率90%以上，遥遥领先于全国其他省市。

（二）开通“江苏教师教育网”网上培训平台

为了加强全省中小学教师培训工作，随着江

苏省教师教育网络联盟建设项目的实施，我省开通了“江苏教师教育网”，全年网上培训教师5万人，扩大了培训数，提高了培训质量，节省了培训经费。省级教师培训的网络课程不断推出，开设了网络教育技术能力培训、班主任培训、bolg与教师专业发展等课程。

（三）各类高等院校、中等职业技术教育学校信息化专业人才培养能力明显提高

各类高等院校作为我省信息化人才培养的主力军，为我省信息化建设培养了大量的专业人才。目前，信息学科已成为我省的综合性大学和专业院校的必设学科，涵盖信息与通信工作、控制科学与工程、计算机科学与技术以及电子科学等。到2007年底，我省普通高等院校共计120所，其中，有计算机软件专业的院校有75所，软件相关专业的院校16所。2007年，全省计算机软件及相关专业的在校研究生总达4296人，在校专科生总达8.17成人。在高等院校的电气信息类的所有专业中，2007年共有在读生313674人。计算机专业教育的规模迅速扩大，本科计算机科学与技术专业点的数量由2003年的占比4%增加到2007年的18%。

强化对教师的技术培训、信息服务、教育指导、应用研究四种职能，是教育信息化建设的主题和重点。各高等院校、中等职业技术教育学校在这方面投入了大量的资金，开展了对教师教育技术能力培训、教师信息技术能力培训、教师课件制作培训，提高了教师的信息化素养，有效地提高了全体教师的信息技术应用水平。同时，有些学校还积极安排技术人员参加国家有关部门组织的各类信息技术培训，鼓励符合进修条件的人员在本校或其他学校深造学习，极大激发和充分调动了广大教师及各种管理人员的学习积极性。

【2008年信息化发展重点】

2008年，全省信息产业和信息化工作的总体要求是：坚持以邓小平理论和“三个代表”重要思想为指导，深入贯彻落实科学发展观，按照党的十七大、中央经济工作会议、省委十一届三次全会、省十一届人大一次会议、全省经济工作会议和全国信息产业工作会议精神，围绕“五化并举”和“两化融合”的战略部署，以“做强做优、更好更大”为目标，加快转变发展方式，促进自主创新，努力推动由信息产业大省向信息产业强省跨越，着力提升全省经济和社会信息化水平，为全省建设更高水平的小康社会作贡献。

（一）以融合整合为主题，加快推进信息技术应用

1．推动信息化与工业化融合

研究制定信息化与工业化融合发展的政策意见与实施方案，积极推进信息技术在传统产业和新兴产业中的应用。选择软件企业与应用信息技术的制造业企业进行对接，启动实施信息技术改造制造业工程，促进信息化与工业化互动、融合、共生发展。

2．推进三大整合

一是整合电子政务网络资源。以电子政务项目扎口管理为抓手，促进各级、各类系统的互联互通和资源共享。开展县域电子政务整合试点。二是整合社区信息化资源。坚持以人为本、以需求为导向整合服务资源，以便民利民为目的构建社区信息化服务体系，为社区提供电子政务、教育培训、医疗保健、养老救助等公共服务。三是整合农村信息化资源。继续会同有关部门深入推进盐城、镇江国家级农村信息化综合信息服务试点，加快建立农村信息化建设联席会议制度，促进基层农村党员远程教育资源、文化信息资源和农业、科技信息资源共享。

3．开展三项国家级试点

一是苏州市电子政务试点。根据国家电子政务总体框架和全省信息化工作总体安排，指导帮助苏州市在电子政务推进机制和电子政务框架体系上开展好工作。二是泰州海陵区城乡统筹信息化综合信息服务试点。推动泰州建设覆盖主城区各社区、镇街、村居的公共服务和管理信息平台，推进城乡统筹社区综合信息服务，加快形成城乡社区信息服务市场，对城乡统筹信息化进行积极探索。三是省无线电管理局移动电子政务信息安全试点。按照国信办信息安全试点工作要求，推进建设省无线电管理局移动电子政务信息安全平台。

4．推进电子政务发展

积极开展全省电子政务规划研究，尽快制定省级电子政务规划，明确电子政务总体框架、阶段性发展目标和任务。加快研究电子政务项目绩效考核指标体系与考核办法，进一步提高省级电子政务项目审批的科学性。总结推广基层电子政务建设的做法与经验。

（二）以做强做优为方向，全力推进软件产业发展

1．加快“中国软件名城”建设

全面落实部、省、市共建南京“中国软件名城”合作备忘录精神，参与承办好第四届中国南京国际软件产品博览会。按照“理念先进、设施完善、服务一流、环境优美”的要求，加快推进江苏软件园建设。尽快启动软件和信息服务外包国际通信专用通道和城市宽带无线网络等信息基础设施建设，推动建设公共技术服务平台。

2．大力发展软件和信息服务外包

继续大力实施“4551”工程，成立江苏省软件外包联盟公司，在欧美设立接单公司，成立面向美国、欧洲、日韩的软件和信息服务外包行业分会，实现软件出口24亿美元；在全国部分示范性软件学院设立“江苏软件奖学金”，扩大江苏软件的影响力，吸引优秀软件人才来江苏工作；培养200名软件高级项目经理，支持软件企业引进具有国际软件行业人脉、懂跨国经营、会跨文化操作的软件外包领军人才，推动40家软件企业通过CMMI认证。

3．加大招商力度

紧紧抓住全球软件和信息服务业转移的机遇，与有关市和部门联手，在印度、日本等国家和地区开展软件和信息服务业招商活动。

4．启动建设江苏“虚拟软件园”

以江苏软件园徐庄基地投入使用为契机，按照“新建、整合、共享并举，投入与运营并重”的思路，加快启动建设软件公共服务平台，建立全省软件产业服务中心。参照印度“STPI”经验，以江苏软件园为龙头，以公共服务平台为纽带，加快启动建立覆盖所有城市、连接所有软件园区、服务所有软件企业的省级“虚拟软件园”，为软件企业提供专业化服务。

（三）以更好更大为目标，切实推进制造业转型升级

1．推进以苏州电子城为重点的电子信息产业基地建设

推动苏州国家信息产业基地和省级电子信息产业基地、信息产业园提升功能，积极支持建设信息产品检测平台、共性技术平台，完善产业发展配套服务体系。在鼓励申报国家级信息产业基地和园区的同时，新设立一批省级信息产业基地和信息产业特色园区，推动产业集聚。针对两税并轨、人民币升值和绿色制造的新情况、新形势，加快推动加工贸易转型升级，提高自主品牌产品和高新技术、高附加值产品的出口比重。

2．加强对重点项目的跟踪服务

密切跟踪苏州禾发科技、无锡海力士三期、昆山龙腾光电二期、淮安富士康二期等重点项目建设，积极做好服务工作，推动电子信息产品制造业结构优化升级，努力推动由国际加工装配基地向自主创新性先进制造基地转变。

3．提高自主创新能力

一是完善信息产业创新体系。坚持走以应用研发为特点的自主创新之路，不断强化企业在技术创新中的主体地位，引导企业加大研发投入，建设一批高水平的信息产业产学研基地和技术创新中心。二是营造自主创新环境。加强信息产业科技基础平台建设，建立产业互动联盟、公共技术平台和应用服务中心。充分发挥专项资金的扶持作用，提高专项资金的扶持效益，加大对市场前景广阔、产业关联度大的新技术、新产品的支持。三是积极参与、认真组织好重大科技专项。紧密跟踪《国家中长期科学和技术发展规划纲要》的实施，推动骨干企业参与国家信息产业类重大专项的各项工作，加快集成电路、软件、关键元器件等重点领域技术研发，力争在核心技术方面取得突破。抢抓北京奥运会、世博会以及3G、数字电视、下一代互联网等发展建设契机，培植一批骨干企业。

4．促进区域协调发展

实施积极的扶持政策，组织开展南北对接交流活动，推动电子信息产业向苏中苏北转移，促进全省各地区协调发展。积极推动长三角地区信息化合作交流，落实好第四次长三角地区信息化合作座谈会确定的合作项目。

（四）以营造环境为目的，做好信息化基础工作

1．全面推进政策法规工作

积极做好联系协调和有关准备工作，落实好各类立法调研、座谈活动，力争《江苏省信息化条例》通过省人大一审。加快研究立法框架体系，促进信息化管理各项工作依法、依标、依规有序

进行。加强对转变信息产业发展方式、信息化与工业化融合及“五化并举”等专题研究，推动形成一批针对性、操作性强的政府规范性文件。联合省人大有关专门委员会开展《江苏省软件产业促进条例》执法检查，推动条例的贯彻落实。

2．推动基础数据库建设

加快推进人口基础数据库、法人单位数据库、自然资源和空间地理基础数据库等基础性、公益性数据库建设，积极做好协调工作，完善顶层设计，加强数据标准研究，力争取得阶段性成果。研究基层基础信息资源的采集、开发和利用机制，制定实施意见和管理办法，在乡镇和街道进行信息数据集中式采集试点，探索建立成本较低、共享程度较高的基层基础信息资源采集体系。

3．加强信息安全保障体系建设

进一步扩大信息安全风险评估试点，组织对省内网络和重要信息系统进行风险评估，加快相关制度和标准研究。抓紧做好省容灾备份共建共享示范工程项目申报和建设前期工作，争取早日开工建设。启动全省移动电子政务安全平台框架及安全解决方案可行性研究，进一步提高电子政务使用效率。加强地方信息办安全工作内涵建设，推动省内信息安全企业技术与产品研发、应用，加快推进电子商务证书全行业运用，加强信息安全业务培训和社会宣传。

（水家耀）

江苏省电子信息产业发展概况

【综述】

2007年，全省电子信息产业实现销售收入11582亿元，同比增长29%。其中，电子信息产品制造业实现销售收入10750亿元，同比增长27%，占全国的20%以上；软件产业实现销售收入832亿元，同比增长62.5%，占全国的14%。全行业实现利税890亿元，同比增长68.8%，其中，软件产业实现利税329.8亿元，同比增长174.8%，占电子信息产业利税的37%；实现出口885亿美元，增长38.3%，占全省出口总额的40%；实现工业增加值2500亿元，占全省GDP的10%。全省规模以上企业3300多家，其中，销售收入超百亿元企业15家，超过50亿元的企业43家。国家规划布局内的软件企业江苏有10家。举办企业海外上市培训班，积极提高企业上市融资能力，全行业上市企业达到34家。9家企业进人中国软件业务收入前100名行列。

全行业产品结构不断优化，已形成了软件、集成电路、平板显示、现代通信、数字视听、计算机及网络设备等六大重点产业集群，占全省信息产业的比重超过70%，其中，显示器产量占全国40%，占全球的25%；笔记本电脑产量占全国47%，占全球的25%；集成电路产量占全国的30%；手机产量占全国的12%。在软件产业领域中，电力、电信、金融财会、企业管理、交通、安全等六大行业应用软件的市场占有率较高。其中，电力管理和控制软件占全国50%，电信管理软件占全国30%。电子信息产品制造业主要产品产量为：移动通信手持机5295万部，下降14.39%；程控交换机10万线，下降16.67%；电话329万部，增长23.22%；彩色电视机449万台，增长54.02%；收录放机105万台，增长28.05%；组合音响完成111万部，增长32.14%；激光视盘机320万部，下降60.94%；微机5887万部，增长34.59%；显示器4012万台，下降52.61%；打印机29万台，增长7.41%；电子元件2022亿只，增长41.60%；集成电路128亿块，增长8.47%；彩色显像管874万只，增长6.42%；半导体分立器件497亿只，增长33.96%。江苏省电子信息产业结构不断优化，主导产品实现了由传统消费类产品向计算机、通信、新型元器件等投资类产品的转变，软件、集成电路等核心产业发展速度明显加快，比重不断提高。太阳能光伏、LED等新兴产业异军突起。产业发展层次逐渐提高，发展后劲不断增强。

【软件产业发展】

2007年，全省软件产业实现销售收入832亿元，同比增长62.5%，占全国软件产业比重保持在10%以上，居全国第3位。其中，软件产品收入188亿元，嵌入式软件为306亿元，系统集成171亿元，软件技术服务108亿元。软件产业实现利税329.8亿元，同比增长174.8%；软件产业完成出口223亿元，同比增长超过40%，占软件销售收入的26%。

江苏软件销售收入超亿元的企业达到94家，比2006年增加了15家，亿元以上企业软件收入占全省的比重达82.5%。其中，16家企业软件收入超过10亿元，比2006年增加了4家，占企业总数的1.27%，实现软件收入占全部企业的52.1%；年销售收入1亿元到10亿元的软件企业78家，比上年增加15家，共实现销售收入686亿元，占全省的82%。

在国家发展与改革委员会、信息产业部、商务部、国家税务总局联合发布的“2007年度国家规划布局内重点软件企业”名单中，国电南瑞科技股份有限公司、联迪恒星（南京）信息系统有限公司、南京新模式软件集成有限公司、南京三宝科技股份有限公司、南京富士通南大软件技术有限公司、江苏金智科技股份有限公司、南京南瑞继保电气有限公司、联创科技（南京）有限公司、南京国电南自软件工程有限公司、冲电气软件技术（江苏）有限公司等10家企业入围，比2006年增加2家。

在软件产品结构上，江苏软件产品主要以嵌入式软件、应用软件为主，涉及金融、交通、电信、信息安全、教育、动漫游戏、电力、工业、农业、商业、服务业、政府公共管理、企业管理等领域，形成了一批拥有自主知识产权、市场占有率较高的软件产品。

全年共认定软件企业271家，同比增长33.5%；登记软件产品1085项，同比增长27.1%。截至2007年底，累计认定软件企业1170家，登记软件产品4915个。2007年，江苏省新增项目经理270人、高级项目经理114人，分别占全省总量的28.4%、76.5%；新增系统集成资质企业28家、工程监理资质企业4家，分别占全省总量的44%、33%。至2007年底，江苏省已有信息系统集成资质企业64家，系统集成项目经理952人、高级项目经理人149人；工程监理资质企业12家。通过CMM/CMMI认证的企业由2006年的29家上升到2007年的61家，其中5级以上达4家。全省软件行业从业人员已达23万人。

【科技进步与应用】

2007年，江苏电子信息产品专利申请量当年累计达6806件，同比增长41.85%；电子信息产品专利授权量当年累计达3886件，同比增长43.14%。电子信息产品发明专利申请量当年累计达3455件，同比增长36.40%；电子信息产品发明专利授权量累计达475件，同比增长6.26%。

推动以骨干企业为龙头，带动中小企业形成技术联盟、产业化联盟，鼓励IT企业与传统企业、软件企业与电子信息产品制造企业，以及软件企业之间形成强大的产业联盟，加快技术创新与应用。组织企业申报国家电子发展基金和国家集成电路产业研究与开发专项资金，江苏共有12个项目获得2150万元的电子发展基金。

积极探索软件和集成电路专项经费使用的方法和途径，着力提升专项经费的使用效果，鼓励自主创新。2007年投入1亿元专项资金，资助了61个重点项目，扶持有发展潜力和较好市场前景的软件和集成电路项目，支持软件和信息服务外包发展、公共服务支撑平台建设，以及软件企业开展国际标准认证与评估，继续对CMM/CMMI认证进行奖励。

在全省范围内组织开展企业使用正版软件工作检查，要求企业自查自纠，对拒不执行正版化计划的企业和抗拒检查验收的企业实施“黑名单”制度，加快构建全社会尊重知识产权，使用正版软件的良好环境。

【外向型经济与国际化】

2007年底，江苏电子信息产业累计利用外资超过350亿美元，占全省实际利用外资的份额超过30%。电子信息产业已成为全省利用外资最为集中的行业，全球500强中的电子信息类企业在江苏均有投资或设立分支机构。全省电子信息产品出口交货值占全省出口的40%。外资企业实现销售收入占全行业比重超过80%，出口占销售收入的比重超过50%。

软件产业发展坚持走国际化道路，接待美、韩、日企业和行业组织来访，组织省内软件园区和骨干企业与之交流，充分宣传江苏良好的产业发展环境及企业形象，促进软件产业领域的国内外合作。加强与跨国公司合作交流，与英特尔共建了“江苏英特尔软件技术创新服务中心”。充分发挥行业组织作用，不断拓宽对外合作渠道，2007年支持省软件行业协会与东英格兰多媒体联盟签订合作协议，设立了驻英国分会。

加强与跨国公司合作培训人才，与IBM合作共建江苏IBM创新中心，为软件和信息服务企业提供专业的人才培训。与爱尔兰国际基石公司签署国际软件人才培训交流项目合作协议，积极组织省内软件和信息服务外包企业参加项目经理培训班，2007年启动了第一期24人的培训。积极向国内外跨国公司和大企业宣传推介江苏软件产业，扩大江苏软件的影响力，用足人才政策，吸引优秀软件人才来江苏就业，支持软件企业引进具有国际软件行业人脉、懂跨国经营、会跨文化操作的软件外包领军人才。

【信息产业基地建设】

江苏拥有南京中国软件名城，1个国家级电子信息产业基地，4个国家级电子信息产业园，5个国家级软件园，10个省级电子信息产业基地和8个省级电子信息产业园为主体的区域产业集群。

2007年，在已有8个省级电子信息产业基地和6个省级电子信息特色产业园的基础上，完成了对吴中经济开发区、锡山经济开发区2个信息产业基地和盐城、昆山2个信息产业特色园区的认定和审批。对常熟经济技术开发区的规划和申报工作进行指导，指导并推荐了无锡集成电路产业园、昆山光电产业园申报国家级特色产业园区。

推动信息产业部电信管理局、江苏省信息产业厅及江苏省通信管理局三方签订“江苏省软件和信息服务外包国际通信专用通道合作协议”，制定软件园区国际通信出口带宽实施方案，改善江苏软件和信息服务外包发展的通信环境，推进南京中国软件名城建设。

2007年江苏省信息产业厅分别与无锡、扬州市合作共建江苏基础软件产业园、江苏软件外包产业园和以呼叫中心为主题的江苏省信息服务业基地。

五个国家级软件园发展迅速。江苏软件园玄武徐庄孵化研发基地已完成建筑面积12万平方米，将在2008年投入使用。南京软件园已建成近30万平方米软件研发、办公及配套用房。苏高新软件分园已建成软件园创业基地、科技城软件园、微系统园、IT实训基地等载体共计24.4万平方米。无锡软件园新增建筑面积40万平方米；新建“江苏软件外包产业园”规划总投资40亿元，面积72万平方米。常州软件园一期10万余平方米已投入使用，二期20万平方米正在快速推进之中，其中第一座5万平方米软件大楼将于2008年上半年交付使用。

重点园区发展特色明显。江苏软件园形成了城中园、玄武徐庄孵化研发基地、江宁产业化及出口基地的“一园两基地”发展格局，构建了七大服务平台，园区服务体系完善。南京软件园中4家企业进入2007年全国软件百强，5家企业是国家规划布局内重点软件企业，上市公司达到6家，重点在电力、电信等行业应用软件，BIOS及嵌入式应用软件，游戏及动漫软件，软件外包等领域形成产业支撑。苏州软件园第五期、第六期工程“创意产业园”和“创意泵站”改建项目已正式启动，将在现有特色产业基础上，引进培植艺术、传媒、广告、数码娱乐、时尚设计及工业设计等现代创意产业，使之成为创意企业聚集的基地和自主创新的载体。无锡软件园在原有基础上，已形成了以“ipark”产业品牌形象驱动的一园多区产业规划格局，凸显软件及信息服务外包、集成电路设计和数字内容产业三大产业特色。常州软件园2007年被认定为省级“现代服务业集聚区”和“国际服务外包示范区”，依托现代制造业优势，在软件和信息服务外包以及嵌入式软件、动漫游戏等方面力求新突破。

【信息化应用与建设】

截至2007年底，江苏电话用户总数6539万户，固定电话普及率达42.73线/百人，移动电话普及率达43.89部/百人；有线电视用户总数达1350万户，入户率达58%；互联网接入用户达671.9万户，其中互联网宽带接入用户达552.5万户。

全年共组织向全电办推荐信息技术在医药、电力、机电、纺织、汽车电子、农业等传统领域的应用项目22个，其中20个项目被全电办列入年度立项计划，总投资24196万元，贷款12575万元，项目完成后预计可增加利税16453万元，创汇2419万元。围绕部电子信息产业发展基金“倍增计划”贷款贴息支持的重点，组织推荐10个优秀项目，其中镇江泰利丰电子有限公司《KJJ110型煤矿安全监控系统》、南通中集特种运输设备制造有限公司《产品全生命周期管理系统应用》、泰州兴化市粮食交易市场《粮食交易市场信息工程项目》、泰州三泰啤酒有限公司《企业信息化工程》、泰州济川制药有限公司《企业资源计划（ERP）项目》等5个项目获国家贴息支持，总贴息额250万元。

宣传推广各地在节能减排工作中的成功经验，鼓励企业利用信息技术改造生产过程和管理模式，促进节能增效、减排控耗。向信息产业部推荐5个产品与应用方案，其中，扬州市油田瑞达石油工程技术开发有限公司《能耗最低机采系统设计软件》、江苏科电器有限公司《新型电机管理控制器》、淮海中联水泥有限公司《余热发电电气自动化工程》等3个产品和方案被列入信息产业部第一批电子信息技术、产品与应用方案推荐目录。

推动重点行业电子商务建设，支持制药企业药材交易、电子产品电子城、家纺商品交易等交易量大、产业规模大的领域发展电子商务。协助连云港、徐州两个陆桥城市，研究和制定物流公共信息平台建设方案，提高两地物流信息水平，积极参与新欧亚大陆桥物流信息化推进工作。其中，连云港电子口岸门户网站已经开通，相关业务流程化、电子化工作正在进一步完善。

召开江苏信息产业服务社会主义新农村工作会议，展示了IT企业和农村信息技术应用典型成果，对江苏84家农村信息技术应用典型和十大农村信息技术服务优秀企业进行了表彰，7家IT企业与有关部门签定了服务社会主义新农村建设合作协议，积极推进农村信息化建设。组织盐城、镇江两个国家级农村信息化综合信息服务试点市参加信息产业部召开的“农村信息化综合信息服务试点经验交流暨工作座谈会”，展示江苏农村信息化工作成果，接收“信息大篷车”2辆，组织两市制定大篷车管理制度，让更多的农民了解信息技术，使用信息技术。

在《“三库一中心”共建共享意见》的基础上，与江苏省公安厅、工商局、测绘局等“三库”建设的牵头部门进行沟通、交流，就“三库”启动工作方案、项目建设模式、数据项组成、参与建设单位和分工协作机制问题进行深入研究讨论，推动人口基础数据库、法人单位基础数据库、自然资源和空间地理基础数据库等“三库”牵头部门编制立项材料，做好立项准备工作，积极营造协同工作氛围。

借助电子政务项目审批手段，要求各部门不再新增部门网站，在已有基础上丰富网站内容，对自建网站需要更新设施的，动员将网站架构在省政府门户网站平台上，推动电子政务网站资源整合。根据国家电子政务网络中央级传输骨干网纵向网络连接要求，及时召开情况通报会，分别与江苏省委办公厅、人大办公厅、政府办公厅、政协办公厅、高级法院、检察院等六大系统签订了连接确认书，并积极为电信、网通实施对接工程进行协调。国家信息化领导小组《关于印发〈国家电子政务网络地址和域名系统规划（政务内网）〉的通知》（国信［2007］3号）下发后，专门向省政府有关领导进行汇报，拟研究提出新的网络地址规划方案。

与省监察厅沟通联系，研究推动全省电子监察工作方案，配合完成“全省电子监察系统建设意见（征求意见稿）”的起草工作，促进全省电子监察工作开展。初步提出《江苏省社区信息化工作指导意见（征求意见稿）》，以省信息办名义批准常州、镇江两地为全省社区信息化工作试点。国信办同意将苏州电子政务列为国家试点并主动指导苏州申报工作。

开展重要信息系统风险评估试点及相关制度研究，选择江苏省质监局、交通厅、水利厅、无锡信息办等单位进行信息系统风险评估“2+2”试点工作，开展《信息安全测评机构制度规范研究》、《江苏省信息系统安全测评地方标准》等课题研究。推动省无线电管理局移动电子政务安全平台解决方案列入国信办信息安全工作试点，协调组织省政府办公厅等5部门启动共享式灾备中心示范工程，成立工程领导小组，委托省电信公司开展示范工程可行性研究，启动省容灾备份中心建设。

【行业管理和政策法规】

《江苏省软件产业促进条例》已由江苏省第十届人民代表大会常务委员会第三十次会议于2007年5月30日审议并全票通过，并于2007年7月1日起正式实施，成为国内第一部软件产业的地方性法规和全省第一部产业法规，为加快发展软件产业提供了法制保障。完成《江苏省信息化条例》（草案）的起草工作。推动出台《省委办公厅、省政府办公厅关于加强信息安全保障工作的意见》和《省网络与信息安全协调小组成员单位主要工作职责》，明确了省网络与信息安全协调小组办公室及成员单位主要工作职责。推动全省信息安全管理体制建设，已有10个省辖市设立了信息安全管理机构。进一步完善省信息技术专利数据库，扩大了可查询数据范围，强化了统计、分析功能。与国家知识产权中心共同启动了《江苏平板显示器专利分析与发展研究》。配合江苏省保知办、知识产权局完成了《江苏省促进知识产权发展的若干政策》、《江苏省软件信息产业知识产权战略报告》等文件的起草修改工作。

认真抓好《电子信息产品污染控制管理办法》的贯彻实施工作。根据部贯彻落实《管理办法》的统一部署，分两个阶段两次组织专家分赴有关市开展《管理办法》宣讲与培训，帮助我省企业进一步了解《管理办法》及其配套标准的主要内容、具体要求以及达到这些要求需采取的措施等知识，较好地指导督促企业提前做好国家强制认证的准备工作。

【重大活动】

积极开展长三角信息化合作，推进CA交叉认证、区域无线电协同监管、空间地理信息资源和重要信息基础设施共享，促进长三角交通“一卡通”建设，联合开展行业专项课题研究，支持行业协会开展区域产业合作。

“第三届中国（南京）软件产品博览会”以“服务外包与软件国际化”为主题，突出专业化，彰显国际化，强调市场化，全力打造集招商引资、软件外包、产品交易、技术交流、人才招聘等专业功能于一体的综合性软件发展平台，推动软件产业自主创新和国际交流合作。共举办各类专场活动25场，16个国家和地区设立展位参展，参展企业达324家，展出面积达15000平方米，其中外展比例达到27%；98家中外企业在软博会期间对接洽谈成功，签约重大项目70个，总投资87.7亿元，其中外资8.6亿美元。在第三届中国南京软件产品博览会期间，召开了部省工作会商会，进一步落实部省市共建南京中国软件名城协议，提出合作推进的具体措施，加快推进南京中国软件名城建设。在软博会期间，与信息产业部还联合召开了China Sourcing 2007（南京）高峰论坛暨国家软件与信息服务外包公共支撑平台建设启动仪式。

在中国苏州电子信息博览会期间，举办了江苏信息产业破万亿成果展，与信息产业部联合举行了信息产业结构升级与区域竞争力研讨会，邀请了国内主要省份的信息产业主管部门负责人出席会议，宣传了江苏信息产业发展成果。

举办江苏第二届农民（家庭）上网技能大赛（预赛），大赛主题是“小手拉大手，全家总动员”，大赛形式为网络预赛参赛的方式，对象是以家庭为单位的全省农村地区人口，大赛筹备工作于2007年8月份开始。在江苏新农村网（www.jsnc.cn）设立比赛专区，成立大赛官方网站；通过江苏电信宽带拨号软件强制推送此次大赛宣传广告，确保在宣传期内江苏电信400万宽带用户在拨号上网时能够了解大赛相关的宣传页面；在江苏信息产业与信息化网、江苏农业网及所属64个网站、江苏省信息中心、江苏新农村网站、电信重点推广本地访问量高的网站和各市政府门户网站等共100个左右的网站设立宣传版面。在全省1.4万行政村张贴1.5万张海报，发放20万张宣传单。网络预赛时间为2008年1月11日~2月20日，预计参赛人数达到5万~8万人。

（王成书）

江苏省通信服务业发展概况

【基本概况】

2007年，在省委、省政府和信息产业部的领导下，江苏通信行业高举率先大旗，把握奋进基调，突出为民主题，朝着又好又快的方向推进各项工作，保持了良好的发展态势，在构建和谐行业、建设电信强省的道路上迈出了扎实的步伐。

【主要业绩】

（一）发展状况

1．行业效益

全年完成电信业务总量1211.2亿元，占全国的6.5%，增长30.3%，比全国的增长率高3.2个百分点。完成电信业务收入538.3亿元，占全国的7.4%，增长12.7%，比全国的增长率高1.8个百分点。电信业增加值完成338.7亿元，占全国的7.2%，增长11.4%，比全国高1.6个百分点。

2．用户规模

全省新增电话用户441.1万户，月均36.8万户，总数达到6539万户，占全国的7.2%。

(1) 固定电话。固定电话用户数全年累计新增0.9万户，总数达3225.8万户，占全国的8.8%。其中，无线市话用户数减少42.6万户，达到982.4万户，占全国的11.6%；城市电话用户数减少15.7万户，达到2210.9万户，占全国的8.9%；农村电话用户数新增16.6万户，达到1014.9万户，占全国的8.7%。

(2) 移动电话。移动电话用户数增长迅速，全年累计新增440.2万户，达到3313.2万户，占全国的6.1%。其中，移动分组数据用户新增553.3万户，达到1511.1万户，占移动电话用户总数的45.6%，该比例比上年提高12.3个百分点。

(3) 互联网用户。互联网接入用户数达671.9万户，累计净增127.5万户。其中，宽带接入用户达到552.5万户，新增173.7万户，占全国的8.3%。据CNNIC统计，全省互联网网民数达到1757万人。

3．基础建设

全年完成固定资产投资150.6亿元，增长3.2%。局用交换机容量净增139.7万门，达到4718.4万门；移动电话交换机容量净增1005.5万户，达到5244.9万户；固定长途电话交换机容量增加62.8万路端，达到156.8万路端。全省光缆线路长度达到362449千米，其中长途光缆线路长度达29293千米。互联网宽带接入端口达699.9万个。移动短消息中心容量达8316万条。

4．服务水平

全省移动电话普及率达到43.9部/百人；固定电话普及率达42.7部/百人；全省电话普及率达86.6部/百人，比2006年底提高了近6部/百人。继2006年底在全国率先实现20户以上自然村村村通电话以来，2007年4月18日又在全国率先实现行政村村村通宽带。

5．主要通话量情况

固定本地电话网通话量466.1亿次，减少2.6%；固定传统长途电话通话时长100.1亿分钟，增加23.1%；移动电话通话时长1403.9亿分钟，增长41.8%；IP通话时长48.6亿分钟，减少15.2%。移动短信息业务量达545.1亿条，增长31.1%。

（二）发展特征

1．处于转型期的电信业务仍保持快速增长，非话音业务成为拉动收入增长的主力

电信业务总量累计增长各月均保持在30%左右；电信业务收入累计增长从1月份的6.9%，持续上升到12.7%，增速回升。收入增长主要来自非话音业务的高速增长，全年非话音业务收入实现165.29亿元，比上年增长29%；在全部收入中的比重达到30.9%，该比重比上年上升了2个百分点；全年非话音业务收入比上年增加37.17亿元，占全部增加收入的60.9%。非话音业务的快

速增长表明行业转型取得积极进展，结构调整加快。

2. 价格持续下降，消费者、行业和国家多方获益

全行业价格水平持续下降。综合价格水平（即业务收入比业务总量）从2006年底的0.502下降到0.444，降幅达11.6%。价格的持续下降，使国家、企业和用户多方受益。在消费者方面，用户以更少的支出获得更多更优质的服务，人民群众分享电信改革和发展的成果。在企业方面，用户数保持快速发展的势头，特别是移动用户高速增长，今年全省移动用户新增440.2万户，创历史新高，移动用户到达数首次超过固定用户。在国家层面，居民消费价格指数增幅较大的同时，电信资费的下降在抑制通货膨胀中发挥了一定的作用。

3. 固定资产投资增速回落，投资效益持续改善

2007年全年全省完成电信业固定资产投资150.6亿元，增长3.2%，增速明显低于全社会投资及第三产业投资增长的水平。投资效益明显改善，全行业投资效益持续上升，主要表现在：一是投资收入比持续下降，从2003年的41.1%降至目前的28%；二是投资的边际收入（即单位投资带来的收入增量）持续上升，从2003年的32.8%上升至47.4%。投资收入比的下降说明行业整体规模效益在逐步发挥出来，投资边际收入的上升说明投资带来的新增收入提高，投资短期效益提高。

4. 固定电话业务增量明显下滑，移动－固定替代竞争加剧

2007年下半年固定电话用户数开始负增长；在本地通话量方面，固定本地电话通话量466.1亿次，减少2.6%，移动本地通话量1256.2亿分钟，增加41.4%；在长途通话方面，固定传统长途、移动长途和IP电话通话时长分别增长23.1%、44.6%和－12%。可见，无论是用户数还是通话量，移动对固定的替代性均逐渐加强。

5. 互联网接入继续趋向宽带化，并成为固网企业收入增长的主要力量

全年基础电信运营企业互联网宽带用户新增173.7万户，达到552.5万户，在互联网接入用户中的比重已从2006年的71.25%上升至82.2%。作为固网运营企业的新的增长点，互联网接入收入（主要是宽带接入收入）增长速度达到43%，宽带业务已成为固网运营企业的主要驱动力。

【重要措施】

2007年，省通信管理局围绕省第十一次党代会战略部署，深入开展调查研究，积极制定落实措施，重点抓好八件实事：

（一）着力抓好行业发展引导，优化江苏信息通信业发展环境

围绕省第十一次党代会提出的“全面达小康、建设新江苏”的目标，省通信管理局进行了深入研究，提出：发展是第一要务，只有保持适度超前发展，才能以行业的“快”为地方经济的“好”多作贡献。通过制订滚动计划、定期组织行业分析会、加强与相关部门信息沟通以及出台和谐行业指导意见、推进创新型行业建设等措施，有力地促进了行业发展。2007年，江苏电信业务总量和业务收入分别增长30.3%和12.7%，电话普及率比上年提高6个百分点，宽带用户数增长45.9%。

（二）着力抓好增值业务发展，推动江苏现代服务业繁荣

按照省委、省政府关于加快现代服务业发展的要求，省通信管理局采取一系列措施，着力破解江苏增值业务发展滞后问题。联合省工商局出台了《关于加快增值电信业务发展的指导意见》，推动省地税局为增值企业落实税收优惠政策，督促基础运营企业降低接入门槛，指导省通信行业协会成立了增值业务专委会。2007年，全省基础运营企业增值业务收入增长24.6%，占总收入22.7%；全省增值电信企业总收入增幅达166%。

（三）着力抓好农村通信发展，助建社会主义新农村

围绕省委、省政府提出的走有江苏特色的新农村发展道路的要求，省通信管理局出台了工作意见，突出三大重点：第一，确保“用得上”。实现了行政村全部通宽带，并积极引导企业搭建平台，江苏电信推出“信息田园”网，江苏移动推广“农信通”平台。第二，保证“用得起”。在两次下调区间费的同时，鼓励企业推出惠农套餐。第三，推动“用得好”。鼓励开发涉农信息服务，高邮虾农通过订阅“农信通”；完善为农服务渠

道；通过配合致公党培训上网农民4万多人。国际电联哈玛德·图尔秘书长7月份到江苏考察时，赞扬了农产品产销、旅游资源开发、村务管理三位一体的信息化模式。

（四）着力抓好电信资费管理，让人民群众得到更多实惠

省通信管理局坚持“社会利益最大化”的导向，在抓好套餐清理等工作的基础上，引导电信企业积极稳妥地降低资费水平。上半年扎实做好移动资费“双改单”工作，下半年大力推进区间话费调整。从2008年3月1日起，江苏区间资费标准将由0.4元/分钟下调至0.3元/分钟，此举让利于民约2亿元。通过一年来的努力，江苏的电信资费整体水平较上年下降了13.6%。

（五）着力抓好电信服务监管，积极推进“诚信江苏”建设

省通信管理局围绕“诚信江苏”建设，开展了“诚信服务、放心消费”专项行动，对外组织了服务承诺新闻发布会、“诚信服务宣传月”、“中国·江苏”在线访谈等活动，对内抓好“评优帮差”等基础性工作，受到江苏省“放心消费”创建办表扬。提出了“打造通信行业的12315”的目标，加强12300用户申诉中心建设，增加了座席，实现了本地化接入，大大提升了用户申诉处理水平。

（六）着力抓好互联网管理，不断增进社会和谐程度

省通信管理局在互联网方面集中力量加强三方面的工作：抓好信息研究与上报等工作，打通信息报送渠道，在十七大信息安全保障中表现出色，受到多次表扬；以“阳光·绿色网络工程”为统领，开展了打击网络淫秽色情等一系列活动，特别是率先推出了“文明网站创建评选”活动，得到宣传部、文明办等部门的赞同。

（七）着力抓好应急通信保障，切实维护社会公共安全

围绕江苏公共突发事件应急体系建设，省通信管理局着重在三方面提升应急通信响应能力：一是主动致函各厅局，征求通信保障意见，并对全省应急体系中涉及通信的16个预案进行梳理和对接。二是抓了“三个一”，即开展了一次军事日活动，提升应急队伍的国防意识；召开了一次全省信息动员会议，重点宣传贯彻了信息动员“十一五”规划；组织了一次应急电路调度演练，检验网络安全水平。三是争取地方支持，落实了编制和预算。经过努力，全省应急通信能力明显增强，在十七大通信保障、防汛救灾保障中发挥了重要作用。

（八）着力抓好固定电话升位，打造新江苏的新名片

2007年8月18日，常州、连云港等8市固定电话号码升8位，江苏成为全国第一个实现所有地市升8位的多本地网省份。这次升位不仅能彻底解决码号资源紧张问题，更重要的是极大地提升了江苏特别是苏北县区在全国的形象，成为招商引资的一张有分量的“名片”。这次升位也标志着经过改革开放20多年发展，江苏已成为名副其实的电信大省。省通信管理局在升位后进行了深入调研，向全行业提出了“新升位”战略，即要实现从电信大省到电信强省新的升位、新的跨越，得到地方政府和运营企业的充分认同。

在进入电信业相对平稳的增长时期后，面临战略转型这一机遇和挑战，2007年江苏电通业发展的基本经验有：

一是鼓励竞争，和谐共赢。竞争在市场经济中起基本作用，竞争只是手段不是目的，运营商通过竞争实现资源的优化、结构的优化，以及加快业务创新。2007年江苏电信业的竞争是和谐共赢中的竞争，各基础电信运营企业在宣传自身业务的同时也带动了全省相关业务的发展，比如彩铃业务各运营商均发展迅速，上半年全省彩铃业务收入同比增长56%左右。

二是积极转型，寻找新增长点。转型已成为全球电信业发展的潮流，省内电信运营企业努力寻找自身发展的新经济增长点，实现由传统运营业向信息服务业的转变，为各行各业转变经济增长方式提供全方位、多层次的信息服务，宽带、ICT等转型业务加速发展，增值业务收入占比不断增长。

三是拓展空间，注重创新。创新是企业发展的内在动力，电信企业2007年不断从技术、业务角度拓展发展空间，网络结构进一步优化，服务能力不断提升，业务范围更加广泛，为全省信息化建设做出了巨大贡献。

【目标任务】

（一）发展目标

1．经济增长

2008年，预计电信业务总量完成1520亿元，增长25.5%，提前实现“十一五”规划目标；电信业务收入完成600亿元，增长11.5%。

2．用户规模

2008年底，固定电话用户预计达到3150万户，移动电话用户达到3820万户。互联网宽带接入用户总数达到710万户。

3．服务水平

2008年，全省电话普及率继续提高6个百分点，达到92.6部/百人。

4．固定资产投资水平

预计2008年全省完成电信固定资产投资128亿元。

（二）重点任务

为实现上述目标任务，2008年工作的总体思路是“一二二五五六”，即坚持“一个理念”，强化“两个抓手”，创造“两个环境”，实现“五个转变”，突出“五个重点”，力促“六件实事”。

坚持“一个理念”：就是要坚持“监管为民、服务发展”的理念，把维护消费者利益和营造良好发展环境作为通信监管的出发点和落脚点，更加关注服务经济发展、推进信息化和保障群众利益，全面履行政府管理职能，扎实做好各项工作。

强化“两个抓手”：一手抓“新升位”战略的实施，一手抓和谐行业建设，着力提高行业发展的质量和效益，推动行业走科学发展的和谐之路。

创造“两个环境”：一是为江苏经济社会发展创造良好的信息通信环境。紧扣新江苏建设的主题，强化大局意识，积极主动融人，为经济社会发展和信息化建设提供有力的信息通信支撑。二是为行业发展创造良好的外部环境。加大综合监管力度，为行业发展创造良好的政策环境和公平公正、有效有序的市场环境。

实现“五个转变”：监管范围要从传统通信网为主向通信网与互联网并重转变，监管对象要从以基础电信运营企业为主向基础电信运营企业与增值电信企业并重转变，监管措施要从以协调为主向协调与处罚并重转变，监管方法要从行业封闭型向社会开放型转变，监管运行机制要从临时性、突击性向科学性、持续性转变。

突出“五个重点”：重点抓好信息化推进、互联网管理、服务提升、应急和专用通信保障、市场规范等五个方面的工作，以点带面，实现工作的整体推进。

力促“六件实事”：一是加快行业发展步伐，使江苏电话普及率再提高6个百分点；二是建设国际通信出口专用通道，为江苏软件和信息服务外包园区提供一流的信息基础设施；三是抓好城乡统筹信息化服务试点工作，推动江苏城乡统筹发展进程；四是大力推进中小企业信息化工程，为江苏中小企业发展提供优良的通信服务；五是以“电信服务与社会责任”为主题推进行风建设，进一步提高电信服务水平；六是做好应急和专用通信保障工作，确保关键时刻拉得出、顶得上。

（颜新颖）

江苏省软件业发展概况

近年来，江苏将软件产业确定为全省第一优先发展产业，将国际化战略作为提升软件产业发展水平的重要途径。江苏先后在软件产业发达的班加罗尔、硅谷、都柏林等地举办软件产业合作交流，推动省内软件企业与国外软件企业开展合作。同时，大力推动南京、无锡和苏州等地建立软件外包基地和服务外包基地，积极鼓励软件产品出口和服务外包业务发展。促进了软件业的快速崛起，软件产业发展成效显著。

【江苏软业快速崛起】

(一) 产业发展速度迅猛，总量稳步增长，出口强劲

2000年以来，江苏软件产业年均增长超过60%，7年，软件产业规模增长了36倍，成为全国软件产业发展最快的地区。2007年，江苏软件产业实现销售收入833亿元，同比增长62%，其中，软件产品收入188亿元，嵌入式软件为306亿元，系统集成171亿元，软件技术服务108亿元；软件产业实现利税329.8亿元，同比增长174.8%；软件出口16亿美元，增长60%；软件服务外包达到1.6亿美元，增长60%。前20强企业实现186亿元，增长31%，占全省收入的22.4%；其中熊猫电子集团有限公司52.9亿元，华为软件技术有限公司27.6亿元，南京中兴软件有限责任公司18.9亿元，南京联创科技股份有限公司18.8亿元，南京南瑞集团公司17.2亿元。2007年全省软件收入是2002年的10倍，5年平均增速超过45%。2007年江苏软件收入相当于全国2001年的总量；占全国比重由2002年的7%上升到14.3%。经过5年的发展，江苏省已经形成具有规模并在国内有较大影响的软件产品集群有：电力、电信、安全、智能交通和城市管理、教育等应用软件，这些行业应用软件在全国占有的份额分别达到50%、35%、20%、18%、18%、15%。

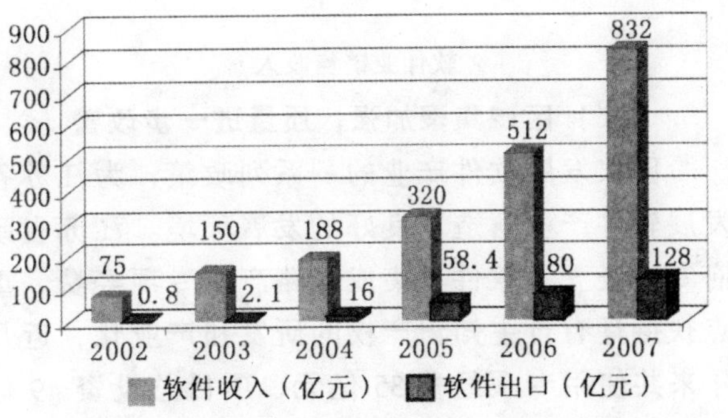

2002—2007年江苏软件业收入与出口值

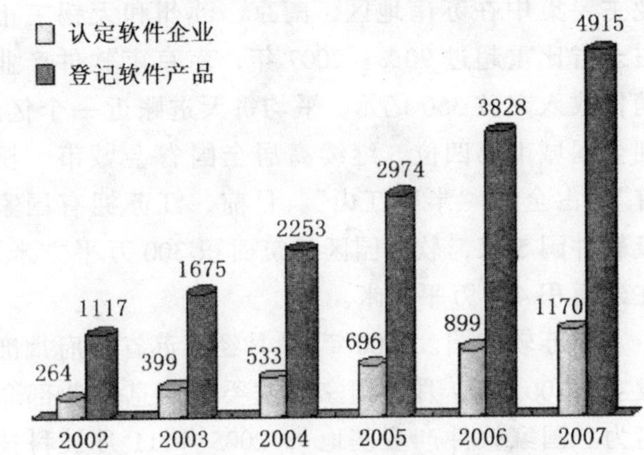

2002—2007年江苏省认定软业企业数、登记软件产品数

2007年全省省辖市软件业情况　　单位：亿元

	软件业销售收入		软件业出口额(亿美元)		软件服务外包收入(亿美元)	
	当年累计	同比增长(%)	当年累计	同比增长(%)	当年累计	同比增长(%)
合计	833.56		62.00	30.98	60.00	1.61
南京	362.89	39.30	4.02	31.60	0.61	
无锡	152.06	45.30	6.93	474.00	0.32	
徐州	2.81	14.00	0.15			
常州	36.18	49.00	1.78	102.00	0.06	
苏州	251.64	60.00	18.02	50.00	0.60	
南通	3.47	30.90	0.01	17.20	0.005	
连云港	0.20	8.00				
淮安	0.23	21.00				
盐城	0.19	21.00				
扬州	1.83	30.00				
镇江	20.01	50.60	0.07		0.02	
泰州	1.85	275.00	0.01			
宿迁	0.20	17.00				

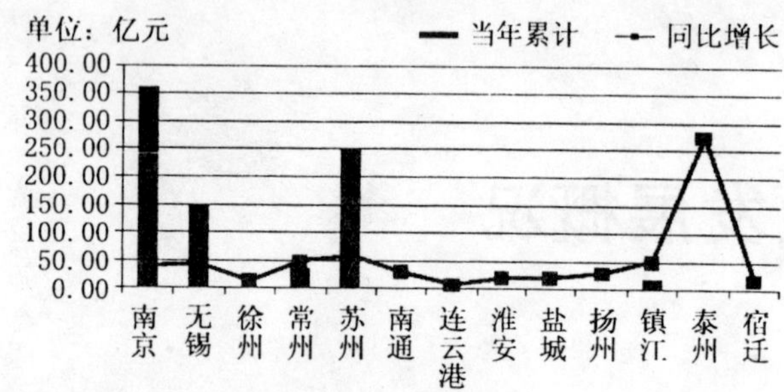

软件业销售收入

（二）区域集聚加强，质量进一步改善

国家发展软件产业的一系列政策，为江苏省发展软件产业营造了良好的发展环境。江苏省政府专门设立了软件和集成电路产业专项经费，重点扶持具有自主知识产权的研发和产业化，近几年来共使用专项经费35亿元，项目总投资49亿元，带动社会资金投入比为1∶14。江苏省软件产业主要集中在苏南地区，南京、苏州和无锡三市占全省比重超过90%。2007年，南京市软件产业销售收入突破360亿元，平均每天进账近一个亿。列全国城市第四位，继续高居全国省会城市"榜首"，占全省"半壁江山"。目前，江苏拥有国家级软件园5家，软件园区建筑面积300万平方米，在建面积400万平方米。

江苏软件园。2000年12月经江苏省政府批准设立；2001年7月被国家发改委、信息产业部命名为"国家软件产业基地"；2005年11月被科技部认定为"国家火炬计划软件产业基地"。初步形成了"江苏软件园城中园、玄武徐庄孵化研发基地、江宁吉山产业化及出口基地"一园两基地的发展格局，拥有软件企业433家，2007年实现软件收入100亿元。

南京软件园。2000年被批准为国家火炬计划软件产业基地，先后获得"中国服务外包基地城市示范区"、"国家软件出口创新基地"、"国家动画产业基地"的称号，拥有软件企业280家，成为南京发展软件产业的重要载体和推动力量。2007年实现软件收入108亿元。

苏州软件园。先后被批准为国家火炬计划软件产业基地、国家动漫产业基地，按照苏州软件园"一园三区"建设模式，目前由苏州工业园区软件园、苏州高新区软件园和昆山软件园组成，苏州软件园现有园区使用总面积已达到89万平方米，有350多家软件企业。2007年实现软件销售收入110亿元。

常州软件园。国家火炬计划软件产业基地，入驻企业180余家，软件园已成为常州软件产业的集聚区，发挥着产业基地的示范效应和带动作用。2007年实现软件收入24多亿元。

无锡软件园。1998年创建，坐落于无锡国家高新技术产业开发区内，初步形成软件及信息服务外包、IC设计、以动漫游戏为代表的文化创意等几大产业特色，先后被授予国家火炬计划软件产业基地、国家集成电路设计产业化基地、国家动画产业基地、江苏软件外包产业园、江苏省国际服务外包示范区等10个国家和省级品牌。目前园区累计建成载体达50余万平方米，从事与软件开发、服务相关企业400多家。2007年实现软件收入105亿元。

江苏信息服务产业基地。由江苏省信息产业厅和扬州市人民政府联合打造的全省惟一的信息服务产业基地，规划面积2.52平方千米，总投资约50亿元。产业基地主要发展呼叫服务、数据处理以及具有扬州特色的城市信息化应用软件和嵌入式软件等支柱产业，形成与周边地区产业细分错位竞争，打造上海的"前店后坊"。力争到2009年，产业基地实现信息服务及软件产业总额达到15亿元人民币左右，从业人员达到2万人以上，培训人员3万人，力争通过3～5年的努力，打造成为华东区域乃至全国极具品牌影响力的信息服务产业基地以及面向国际、国内的信息服务业外包集聚中心。

国家级软件园主要经济指标（1）　单位：亿元

园区名称	销售收入		
	当年累计	同比增长（%）	占全省软件业比重（%）
合计	447.00	37.00	53.63
江苏软件园	100.00	41.00	12.00
南京软件园	108.00	49.00	12.96
无锡软件园	105.00		12.60
苏州软件园	110.00	8.00	13.20
常州软件园	24.00	48.00	2.88

园区名称	利税		利润	
	当年累计	同比增长（%）	当年累计	同比增长（%）
合计	42.40	30.00	25.74	26.00
江苏软件园	11.00	6.70	9.20	5.50
南京软件园	22.17	45.00	9.57	37.00
无锡软件园	4.42	0.00	4.12	0.00
苏州软件园	1.72	4.00	1.10	5.00
常州软件园	3.09	49.00	1.75	50.00

国家级软件园主要经济指标（2） 单位：亿元

园区名称	出口额			认定软件企业数（个）	
	当年累计	同比增长（%）	占全省软件出口比重（%）	当年累计	同比增长（%）
合　计	58.36	40.00	26.14	86.00	
江苏软件园	3.74	33.00	1.68		
南京软件园	7.80	72.00	3.49	10.00	-33.00
无锡软件园	11.50		5.15	9.00	
苏州软件园	35.00	6.00	15.68	22.00	3.00
常州软件园	0.32	92.00	0.14	45.00	

园区名称	实际利用外资（万美元）		新批外资项目（个）		登记软件产品数（个）	
	当年累计	同比增长（%）	当年累计	同比增长（%）	当年累计	同比增长（%）
合　计	97300.00		37.00		367.00	
江苏软件园						
南京软件园	2400.00	164.00	15.00	50.00	60.00	-48.00
无锡软件园	84500.00		3.00		11.00	
苏州软件园	10000.00	6.00	10.00	2.00	210.00	10.00
常州软件园	400.00	303.00	9.00		86.00	

（三）行业规模进一步扩大，效益明显

截至2007年底，全省软件企业已超过3000家，2007年全年由省软件行业协会审查上报，经江苏省信息产业厅共七批次审核批准认定的软件企业271家，比上年认定数增加68家，增幅为33.5%。全省累计已认定软件企业超过1000家，达到1170家。累计已认定软件企业超过100家的有4个市，即南京市569家、苏州市225家、常州市131家、无锡市129家。与此同时，江苏省信息产业厅全年共批准登记的软件产品1085个，年登记数首次突破了1000个，比上年登记数增加了231个，增长27.05%。全省累计登记软件产品4916个。2007年软件产品登记较多的4个市是：南京市417个、苏州市391个、无锡市101个、常州市86个。经认定的软件企业达1170家，登记软件产品4915个个，全省年销售收入超过10亿元的软件企业有16家，已有60家企业通过CMM/CMMI1级以上认证，超亿元企业个数，由2002年7家上升到2007年的94家，从业人员由2002年的3万上升到2007年的23万，行业规模进一步扩大，效益明显。江苏有10家企业入选2007年度国家规划布局内重点软件企业名单，比上年增加了2家。

2002-2007年江苏省软业发展质态表

项目	2002年	2003年	2004年	2005年	2006年	2007年
CMM/CMMI认证个数	3	4	5	8	29	61
超亿元企业个数	7	8	27	51	79	94
超10亿元企业个数	0	1	2	7	12	16
从业人员（万人）	3	3.5	4.4	13	17	23

江苏省2007年登记软件产品类别分布表

序号	类别	个数	占比	位次
1	基础软件	7	0.64%	4
2	中间件	3	0.28%	5
3	应用软件	957	88.2%	1
4	嵌入式应用软件	59	5.44%	2
5	嵌入式系统软件	59	5.44%	2
合计		1085		

【2008年工作目标和重点】

2008年，江苏力争2008年软件产业实现销售收入突破1200亿元，增长44%；完成软件出口24亿美元，增长50%以上。

一是深化载体建设。全面落实信息产业部、江苏省政府、南京市政府共建南京“中国软件名城”合作备忘录精神，按照“理念先进、设施完善、服务一流、环境优美”的要求，高标准建设

江苏软件园。启动软件和信息服务外包国际通信出口专用通道和城市宽带无线网络等信息基础设施建设，为软件产业发展提供良好的通信环境。加快推进苏州、无锡、常州、镇江等地软件园建设，推动园区提升基础设施和服务水平。

二是建设“江苏虚拟软件园”。按照“新建、整合、共享并举，投入与运营并重”的思路，加快启动建设全省统一的软件公共服务平台。参照印度软件园（STPI）经验，以江苏软件园为龙头，以公共服务平台为纽带，加快启动建立能够覆盖所有城市，连接所有软件园区，服务所有软件企业的“江苏虚拟软件园”，为软件企业提供精细化、专业化服务。

三是建设江苏省软件产业服务中心。完善全省软件产业服务体系，建设服务大厅，充实门户网站的在线服务内容，通过一门式受理、一站式服务，为软件企业提供便捷的专业化服务。

四是加快推动软件和信息服务外包品牌建设。组建江苏省软件外包联盟公司，并在海外设立机构，开展市场调研，联系海外机构与客户，组织参加展览，宣传推介“江苏外包”品牌，推动软件和信息服务外包发展。推动40家企业通过CMMI认证。

五是着力做好人才培养与引进。在全国部分示范性软件学院设立“江苏软件奖学金”，扩大江苏软件的影响力，吸引优秀软件人才来江苏工作。积极向国内外跨国公司和大企业宣传推介江苏软件产业，全省争取培养200名软件高级项目经理。支持软件企业引进具有国际软件行业人脉、懂跨国经营、会跨文化操作的软件外包领军人才。

【江苏省软件产业发展思路】

（一）坚持走自主创新道路

充分利用国际国内两个市场两种资源，增强对引进技术的消化吸收，支持产学研联合对基础性、战略性、前瞻性和重大关键性软件技术和产品进行集中攻关，突破一批关键技术，掌握一批核心技术，大力提高再创新能力、集成创新能力和原始创新能力，实现从跟踪、模仿到自主创新的跨越。重点培育1000个具有自主知识产权的软件产品、100个自主品牌、10个大型软件企业。

（二）坚持走国际化道路

充分利用江苏的人才优势，大力引进跨国公司的研发机构和知名软件企业，加快发展软件外包服务，抢占国际市场。坚持“引进来”与“走出去”相结合，鼓励和支持有条件的软件企业积极开展跨国经营，进行对外投资，到境外设立研究开发、市场营销和服务机构等。

（三）坚持走标准化道路

软件生产，有规范才能有规模。支持优势软件企业积极参与制订行业标准和产品标准，抢占发展制高点。鼓励和支持软件企业开展CMMI认证，实行标准化操作，开发标准化程序和产品。通过政府奖励等办法，力争到2010年，全省通过软件CMMI国际标准认证的企业超过100家。

（四）坚持走集群化道路

加快软件产业基地建设，充分发挥市场配置资源的基础性作用，促进企业、人才、服务及各种资源集聚发展。支持围绕重点企业形成产业联盟，完善产业链条，形成产业集聚和企业集群。

（水家耀）

江苏省广播电视信息基础设施发展概况

【前言】

作为国家信息基础设施之一的广播电视网，近几年得到了飞速发展。我省广电系统在党委政府和广电总局的领导下，经过多年的努力，实现了天上一颗星、地上一张网、全省村村通广播电视的目标。基本建成了覆盖全省各市、县、乡、村的宽带网络，在全国广电行业处于领先地位。在构建和谐社会、当好喉舌、丰富人民群众的精神文化需求、推进我省“全面达小康、建设新江苏”的进程中起着不可或缺的作用。

广播电视宽带综合信息网是以有线为主，利用卫星、微波等覆盖手段构成的信息网络，具有高速、宽带、双向和广覆盖的优势，是承载综合信息业务的理想网络平台。

【历史回顾】

江苏广播电视信息设施的建设分两个“路由”，干线网的建设可追溯到“八五”期间建成的苏南、苏北的微波网络，全长1657.8千米，共设34个站点，覆盖各地市，部分市、县也建立了市县的微波网络，主要用于传输中央和省级广播电视节目，以及地方节目的回传。与此同时，还利用微波开展“路边业务”，为省委机要局、省地震局、省人防、苏讯公司等单位搭建通信指挥系统，开始了初期的信息传送业务。接入网的建设可追溯到20世纪80年代的共用天线系统，那是以楼栋为单元，在楼顶架设接收天线，用电缆将接收到的无线电视信号分送至各房间，虽然简易，但无疑已具备分配网络的特征。

“九五”期间，广播电视事业发展迅速，网络承载的信息无论从数量还是质量都大大增加，单靠微波已不能满足需要。因此，增加信息传输方式，提升技术等级，扩大网络传输覆盖容量，实现高速、宽带、高质量的节目信息传输，并同时开展网络多功能应用，建设一张宽带综合光缆传输网，实现全省联网，一网到户，已成必然。

1992年，江苏广播电视有线网建设开始起步，按照统一领导，统一规划，分级建设，分级管理，全省联网，一网到户的原则。短短的几年，全省各地掀起了建设有线网络的高潮。“九五”期末，已基本形成一张连接省、市、县（市、区）、乡、村、用户的宽带光缆、同轴电缆混合网。该网络由两极干线网和各地的分配网组成，第一级是省至市干线，连通全省13个省辖市，采用8芯光缆，SDH传输系统，传输容量为2.5Gb/s，分苏北、苏南和南京三个环网，设21个中继站，线路总长1800千米，上联国家广播电视干线网，下联全省各市、县（市、区）光缆传输网；第二级是各市到县的干线网，主要采用SDH或PDH方式。第三级是分配网，本着“取之于民，用之于民”的原则，13个市和64个县都建立了各自信号前端，通过干线和卫星接收汇集各地的电视信号，再从前端建设到用户的分配网，大多为550MHz的HFC网，其中南京及苏州、无锡、常州完成了城区网的环网改造且带宽拓展为750MHz以上，每个光节点的用户数为2000，大部分已达500。到“十五”期末，我省有线电视县乡联网率99%，乡村联网率84%，用户1076万户。

“九五”期末与“十五”期间，是江苏广电网由“内而专”到“内外兼修”的重要时期。在满足广播电视主功能需求的同时，充分利用其宽带、高速、大容量、广覆盖的特点，努力为我省三个文明建设服务。先后为江苏党政数据专用网项目、江苏省教委网上远程教育项目、江苏省中国银行省市联网项目、江苏省科委科技网的建设等提供服务，同时就江苏省公安、建行、农行等系统信息联网工程与有关单位和部门进行了合作与探讨，由省市广电网与江苏名校网共同开发的江苏省中学教育同步辅导网正在全省推广实施。

【现状】

“十一五”是我国全面建设小康社会的重要时

期，党的十六届五中全会适时作出了全面落实科学发展观的总体部署，从构建社会主义和谐社会的战略高度，明确提出要优先安排关系群众切身利益的文化建设项目，突出抓好广播电视村村通工程。结合江苏实际，我省提出在进一步巩固无线覆盖的基础上，主要采用推进有线电视进村入户的做法来实现村村通，被列入省政府重点工程。2007年全面完成了目标任务，全省广播、电视综合人口覆盖率分别为99.86%和99.87%，名列全国前茅，有线电视干线网已达29.16万千米，全省有线电视市县光缆联网率达100%，县乡光缆联网率达100%，乡村光缆联网率达95.3%，全年新发展农村有线电视用户129万户，有线电视用户总数达1350万户，位居全国第一，农村有线电视总用户数为1067万户，入户率达53.8%，有线电视城乡差别在缩小。继2006年张家港市率先实现有线电视户户通后，吴江、常熟、太仓、昆山、江阴、武进、雨花台7县（市、区）也于2007年实现了有线电视户户通，苏州市提前三年完成省“十一五”目标任务。

（一）基础设施

我省广电信息网络建设基于“一网双平台”的概念：A平台是有线电视传输平台，主要以广播方式向用户提供节目，绝大部分省辖市已建成750MHz的HFC城域网，实现了将HFC由集中式向分布式升级，由星型结构向多站点的环形结构发展的模式，部分城市还实现了城域网地埋、光缆到小区、楼栋的网络改造工作，从而大大提高了网络的安全性、可靠性，为开展交互式数字电视、数据通信和其他多功能业务提供有利的网络支持。B平台是信息传输交换平台，由核心交换机、边缘交换机、路由器和用户端口设备等有源器件，加上光纤环路组成，采用以IP为主的技术体制，主要以交互方式向社会提供宽带业务，即通常意义的双向宽带信息网络，全省除个别市外，都已建成B平台并开展了相应业务。

近几年，城市有线电视网的数字化建设取得较大进展：一是网络的光纤化改造，光节点延伸至楼栋；二是网络的双向化改造，有源器件增加双向模块；三是传输设备的数字化改造，数字信号取代模拟信号，从前端直至用户实现数字化。在技术体制、经营模式、经营范围、服务方式、业务种类、服务收费、资本运作诸多方面进行了有益的探索。

业务开展方面。除电视节目广播业务以外，还开展了基于交换技术的数据业务服务。省、市、县有线电视网络运营机构，分别开展了多种面向集团用户和个人用户的专网业务和个人上网服务。

服务能力方面。已经形成了一个覆盖全省城乡的比较规范的服务体系，包括技术维护队伍、服务窗口（乡镇站）等。

（二）重大工程

有线电视数字化整体转换使2007年的广电网络建设迈上了新的台阶，开拓了广播电视服务领域，为江苏的城市信息化发展开辟了新途径。有线数字电视采用MPEG－2数字压缩编码技术，将传统的模拟电视节目信号数字化，经过压缩编码后，调制到有线网络，传送到千家万户，用户通过一台数字电视解码器（即机顶盒）就可以用现有的电视机收看清晰的数字电视节目，同时还能提供双向交互业务（如点播类节目等），给用户带来高质量的服务与享受。

有线电视实现数字化是我省全面建设小康社会、满足人民群众日益增长的文化需求的社会工程，是实践“三个代表”重要思想、实现我省“两个率先”的民心工程；是我省建设国家信息化基础设施的信息化工程，是我省实现城市数字化、家庭信息化的标志性工程。有线电视实现数字化是发展高新技术产业、民族产业和文化产业的支柱工程，对国民经济发展将产生巨大的拉动作用，为文化产业发展培育新的经济增长点。

（三）主要业绩

有线数字电视建设取得新进展，通过出台《江苏省有线数字电视收费管理暂行办法》提供政策，召开会议统一思想，举办数字电视发展高峰论坛开拓视野，大力推进网络双向化改造、进行设备更新等措施，全省有线数字电视用户已达240万户，其中市级用户133万户、县（市）级用户107万户。继2006年南京市实现有线数字电视整体转换后，无锡市2007年实现了整体转换并通过总局验收，盐城市已完成60%用户的整体转换；常州已完成市区15万户整转工作；苏州、扬州两市已通过价格听证；南通市有线数字电视整体转换工作方案已经市政府批准；苏南一些县（市）城乡一体化推进数字电视有了新的发展。

与省委组织部合作建立的农村党员干部现代

远程教育系统，在苏州、泰州、盐城三市成功试点的基础上，在全省全面推开，全年建设近20000个终端接收站点，已覆盖全省所有行政村。

【发展趋势】

1．数字化

数字化是广播影视业顺应当代科技发展的一场技术变革。目前我国已实现卫星数字化、正在完成有线电视数字化，2006年颁布地面数字电视标准并开始使用，2007年8月1日正式实施，到2015年将关闭模拟电视。数字化对人们生活产生的直接影响将使电视机最终成为家庭最普及、最便捷的信息终端，主要具备四大功能：

一是点播电视——变“你播我看”为“我选我看”；

二是互动电视——获得专为制作的经济、政治、购物、游戏等各种社会资讯；

三是上互联网——音频视频点播、网页浏览、电子邮件等；

四是构建数字家庭——数字电视机顶盒将承担起更多的智能任务，将家用电器联成一体，成为家庭数字信息终端，是一台真正意义上的家庭中心计算机和信息控制器，更好更快更全面地为家庭提供服务。

当前和今后我省广播影视科技发展的首要任务就是要将原有庞大的模拟广播电视系统转换为数字系统，包括广播电视节目制播、传输、存储的数字化。

2．网络化

网络化是指广播电视媒体内的信息系统构建、各地广播电视传输网的相互连接和广电媒体的内容进入互联网传播。网络化将使电视成为“无处不在的影像”。据统计，到2006年底，中国公路通车里程超过180万千米，铁路通车里程超过7万千米，而有线电视干线网络总长已达272万多千米；内河航运船有20多万艘，海洋机动渔船有28万艘，汽车拥有量达2925万辆，手机用户超过4.6亿户，而拥有电视机4亿台、收音机5亿部以上，目前仍以较快的速度增长。中国的人口流动性越来越大。作为主流媒体的广播电视将发挥主导作用。国家广电总局确定的中国移动多媒体广播的技术体制为业内统一标准（CMMB），将主要利用大功率S波段卫星覆盖全国100%国土，形成单向广播和双向互动相结合、中央和地方相结合的全程全网、无缝覆盖的系统。将为手机、手持电视、PDA、MP3、MP4、数码相机、笔记本电脑等各种移动终端，随时随地提供广播电视节目和信息服务等。

3．高清化

今年北京奥运会期间将正式开展地面高清晰度电视广播。高清晰度电视具有三个特点：一是有临场感，使人有一种身临其境的感觉；二是有较高的清晰度，画面更加清晰逼真；三是有较高质量的伴音，声音效果更具震撼力。看过高清晰度电视以后，如同原来看黑白电视然后再看彩色电视一样有换代的感觉。应该说，有了高清电视，才可以实现真正意义上数字家庭影院。

4．融合化（新媒体）

数字技术的本质特点是开放、兼容、共享，势必打破长久以来广电、电信、计算机网络的业务完全分离、企业各自封闭、网络互不联通的局面，从而通过技术、业务的融合，最终实现终端融合，产生真正意义上的新媒体。新媒体之所以新，是因为它是广电与电信融合发展到一定阶段的产物，具有广电与电信的“双重属性”：一是计算机显示器正成为家庭中的第二台电视机，计算机与电视机的界线正越来越模糊；二是多种移动终端的显示器，成为播放各种形态信息的重要手段，成为随地随身的“口袋播放器”。随着“三网融合”进程加快，广播影视媒体跨平台、跨网络、跨终端提供数字内容服务将成为现实。但在功能上，电信是点对点，广电是点对面，这个差异带来了管理模式本质上的区别。

【问题与思考】

一是安全形势更加严峻。当今世界经济全球化趋势更加明显，文化与经济相互交融、各种思想潮流相互激荡，境外敌对势力与我们争夺群众、争夺阵地的斗争愈演愈烈。广播影视处于西化与反西化、分化与反分化、渗透与反渗透的前沿阵地和主战场，面临的反西化、反分化、反渗透、防破坏、保安全的任务更加艰巨。

二是发展压力更加紧迫。三网融合的趋势越来越明显。数字技术、网络技术的广泛应用，催生了新的文化生产方式和传播方式，孕育出新的文化样式和业态，深刻影响了社会舆论的形成机制和传播方式。新媒体的产生方便了传播，也加剧了竞争，并使受众分层，如何适应，压力更大。

三是管理范围进一步扩大。根据国家《互联网视听节目服务管理规定》，广电局是互联网视听节目服务的行业主管部门，肩负着产业发展、行业管理、内容建设、安全监管的职责，管理对象急剧增加，管理任务十分繁重。据掌握，目前国内在互联网上传播视听节目的网站超过4万个，其特点是海量、互动、快捷、无疆界，传统的以行政为主的管理方式既管不到，也管不了，更管不好。急需创新理念和工作路数。

四是公益性与经营性、社会效益与经济效益的矛盾依然突出。目前来看，广播电视既是舆论喉舌的阵地，又是文化产业的领域；既是现代服务业的重要范畴，又是社会事业的重要部门，与其他产业部门相比，承担着最为繁重的政治宣传和社会发展职能。在没有财政拨款的前提下，必须依靠广电产业发展，来保障社会职能的发挥和自身的进步，面对有限的市场份额，激烈的竞争环境，公益性与经营性、社会效益与经济效益、管理与自律如何协调一致是一个十分重要的课题。

【目标与任务】

今年是我省广电网络发展进程中关键的一年，总的目标是加快推进城市有线电视数字化整体转换步伐，大力实施农村有线电视进村入户工程。加快广播电视中心数字化进程，建立媒体资源管理系统。深化广电网络技术改造，扩大全省广电网络覆盖。实现全省广电网络资源整合。

我们将以创新的精神建设好信息网络：思维创新，拓展新思路，管理创新，提高新水平，工作创新，寻求新突破。集中力量，以扩大有线电视有效覆盖为重点，以数字化、网络化建设为主线，以科学技术为支撑，以改革创新为动力，促进广电网络信息化建设的全面发展。

主要任务

1．实现全省广电网络资源整合

对全省广电网络实行统一规划、统一建设、统一管理、统一运营，省、市、县（市、区）三级贯通，做到全程全网、网络业务无缝连接。

2．加快推进无线覆盖工程

无线覆盖是广播电视为人民群众提供服务的基本手段，目前，全省尚有40%左右的群众是通过无线方式收看电视，要完善中央节目无线覆盖，确保在6月30日前完成我省农村中央广播电视节目无线覆盖工程建设，对所有发射机进行更新改造和维护。同时完善省级广播电视节目的无线覆盖。在巩固原有覆盖的基础上，更新改造发射设备，启用调频规划，使省级广播电视节目覆盖再上一个新的台阶。

3．加快推进广播电视进村入户工程

继续以创建有线电视县为抓手，全面完成今年有线电视进村入户100万户的目标任务。苏北、苏中、苏南地区继续分别以实现有线电视“村村通、组组通、户户通”为目标，着力提高有线电视通村率和入户率，并创造条件努力实施有线广播电视“双入户”，增加节目套数，丰富节目内容，不断延长播出时间，不断提高传输质量，让广大农村群众收听收看好广播电视节目，满足广大群众日益增长的精神文化需求。

4．大力实施城市有线数字电视整体转换

按照“大容量、双向交互”的要求，加快推进城市有线电视网络的升级改造和数字化发展。坚持以人为本，强化服务、创新服务、规范服务，严格执行《江苏省有线数字电视收费管理暂行办法》，在确保维护好群众特别是困难群众的基本合法权益的基础上，再新增有线数字用户100万以上。

5．尽快实施无线广播电视数字化

认真执行地面数字电视国家标准，结合江苏实际和发展特点，按照数字为主，兼顾模拟，缩短同播，率先并进的思路，统一规划、组织、建设全省无线数字电视覆盖网络，力争率先实现全省无线数字广播电视覆盖，最终实现一体化管理、集约化运行和规模化发展的新模式。加快推进省台高清电视播出和移动广播电视试点工作，促进南京、苏州、无锡等经济发达地区的移动广播电视发展。同时，积极探索移动广播电视运营和管理体制。

6．加快电台电视台数字化网络化发展

以数字节目生产为核心，加快改造工艺流程，改进运行和管理方式，着力构建数字技术新体系，带动体制机制创新，努力实现电台电视台的数字化、网络化、现代化。省总台将加快全国广播电视数字化网络化实验基地建设步伐，争取早日成为全国示范基地。

7．推进县对乡镇广播电视的垂直管理

各级广电部门将认真贯彻落实《关于进一步加强公共文化服务体系建设的若干意见》（中办发［2007］21号）精神，主动积极争取各级党委政府的大力支持，全力推进县对乡镇广播电视垂直管理体制改革，确保农村广播电视村村通、长期通，努力构建保障农村广播电视公共服务的长效机制。

8．充分发挥已建广播电视网络作用，积极拓展网络多功能业务经营

积极推动广播电视村村通工程与农村文化信息资源共享工程、农村党员干部现代远程教育、农村中小学现代远程教育工程相结合，实现共建共享。充分利用已建成的城域网数据平台大力发展家庭用户，扩大苏南地区的信息化小区建设范围，推进苏中地区的信息化小区建设，把城区有线电视用户发展成为综合信息用户；开展因特网推送业务。

9．推进电台电视台成为广播影视发展新媒体的主力军

新媒体，无论利用何种传输方式，无论技术如何变革，无论业务形态如何更新，都具备媒体的性质和功能，广播电视必须坚持以我为主、为我所用。刚刚施行的《互联网视听节目服务管理规定》明确规定，从事互联网视听节目服务的，必须是国有独资和国有控股单位。对此，广播电视必须坚持党管媒体、努力加强新阵地建设，切实把新媒体建设纳入发展规划，充分发挥自身优势加快发展新媒体。省总台公交移动电视将力争探索成功商业模式。南京、无锡、扬州将进一步完善互动电视的服务功能。省总台及有条件的市台努力坚持走多媒体综合集成的发展道路，不断扩大辐射力和影响力。

10．积极探索发展新媒体的有效途径

以创新谋发展，树立新的观念，采用新的技术，创新体制机制和运行方式。适应受众的分众化趋势，深入研究新媒体受众分布和收听收视习惯，创作生产出更多适合新媒体传播的内容作品，形成一批具有民族特色、中国气质、与时俱进、品位高雅的网络广播影视文化品牌，更好地贴近受众，为其服务。高度重视新媒体传播渠道建设，充分发挥有线、无线、卫星、互联网的各自优势，坚持统一规划、分类指导、稳步推进、适度竞争，大力发展网络广播电视、手机电视等新媒体，积极稳妥发展IPTV。通过不断拓展新媒体，发挥广播电视在推进江苏信息化建设中的应有作用。

【结束语】

广播电视传输覆盖网是国家信息化基础设施的重要组成部分，广电网应与电信网、计算机网联合，实现优势互补、资源共享，从而全面推动我省的信息化建设。广播电视的数字化、网络化不可能脱离于国家的信息化整体建设而孤立存在，我们只有站在全省信息化发展的高度来看待和推动广播电视行业的信息化建设，把广播电视的信息化建设融入江苏省的信息化整体发展战略之中，以江苏信息化的发展促进广播电视的发展，把广电网络做强做大，为江苏的信息化建设做出更大的贡献。

（陈其庆）

江苏省无线电通信基础设施发展概况

【基本概况】

2007年，全省各类无线电台站总数为4393万个。其中，广播电台1037个（声音发射台646个、电视发射台166个、差转发射台225个），高频电台312个（固定、陆地电台265个，移动电台47个），甚、特高频电台52378个（固定、陆地电台3142个，移动电台49236个），船舶电台791个，无线寻呼基站138个，集群移动通信系统电台8584个（基站129个、移动台8455个），蜂窝移动通信系统电台3640.66个（基站15390个、移动台3639.3个），无线市话（小灵通）744.51万个（基站68719个、移动台737.64万个），无线数据电台8795个，卫星地球站285个，微波站1579个，业余电台3670个，其他台站881个。全省各类台站总数与上年相比净增了256万个，其中蜂窝移动电台数增加了255万个，继续保持平稳增长。无线市话（小灵通）较上年减少了74.71万个，首次出现负增长。各类专用电台中，数量较上年增加的有广播电台，集群移动电台，甚、特高频电台，无线数据电台，业余电台。卫星地球站、微波站的数量仍然有所减少。

【主要成就】

（一）服务中心工作做出了新贡献

在过去的一年里，全省无线电管理机构认真按照省政府关于“无线电管理要始终把服务经济社会发展作为工作的着力点”的要求，紧紧围绕党委政府的中心工作，积极为当地经济社会生活中的重大活动、重要事项、重点工程和重要时期提供服务。如南京、无锡、南通等市管理处，在去年我省相继举办的“金陵经贸洽谈会”、“第二届吴文化节”、“第九届亚洲艺术节”等30多项重大活动中，都及时提供了无线通信保障。再如徐州市管理处积极参与中国移动南京大区通信应急演练，连云港市管理处为港口扩建工程及时提供无线电通信频率保障，扬州、泰州和淮安市管理处为苏中新机场建设测试电磁环境，苏州市管理处在城市总体规划中制定微波通道保护专项规划，镇江市管理处为大港三期建设及时提供无线通信网建设方案等等。除此之外，在“春运”、“两会”、“防汛”、“五一”、“高考”、“庆祝香港回归祖国10周年”、“国庆”和党的十七大期间，全省无线电管理机构都坚守岗位，加强无线电监测工作，确保了无线电通信畅通。特别是扬州和连云港市管理处在国家卫生部组织的医师资格考试中，积极配合有关部门加强对考场保密安全的无线电监测，有力保障了考试的公正、公平进行。扬州市管理处并成功地破获了我省首例利用无线电手段进行考试作弊的案件，在社会上引起了较大反响，受到了相关部门的密切关注。这些大量事例充分证明，全省无线电管理机构贴近中心工作的意识不断增强，服务中心工作的行动更加自觉，在当地经济社会发展中的作用也得到了进一步提升。

（二）完成专项任务创造了新业绩

2007年，全省无线电管理机构承担了多次专项任务，特别是“联动－07”军地电磁频谱联合管控演练和“好运北京”奥运测试赛无线电通信保障这两大专项任务，不仅政治责任重，而且技术含量高，是专项任务中的重中之重。为此，全省无线电管理机构团结一致，齐心协力，密切配合，奋力拼搏，充分体现了拉得出、冲得上、打得赢的整体战斗力。比如在国家信息产业部和总参谋部联合组织的“联动－07”演练中，我们江苏既是参演单位，又是演练活动的主要阵地。为了保证演练活动顺利进行，我省无线电管理机构团结一致，全力以赴，从人员、车辆、仪器设备等方面都给予充分支持。在历时近一个月的演练活动中，全省无线电管理机构共选调了45名无线电监测技术骨干，作为国防动员力量编入部队频谱管理群；抽调了移动监测车、设备检测车、应急管理车18辆以及便携式监测仪器设备8套投入演练活动。与我省无线电管理机构以往完成的历次军事任务相比较，这次是规模最大、人数最多、时间最长、涉及面最广的一次重大行动，得到了国家信息产业部的高度赞扬。大家一致反映，通过参加这次“联动-07”演练，检验了我们的队伍，考验了我们的能力，锻炼了我们的作风，促进了我们的建设，既圆满完成了演练任务，又使我们的管理水平得到了新的提高。在去年参与“好运北京”奥运测试赛保障工作中，我省无线电管理机构共选调了18人，配备了必要的监测、检测仪器与设备，先后4次奔赴北京担负起4个奥运场馆的无线电保障任务，为支持北京奥运测试赛做出了应有的贡献。除完成以上两项重大专项任务以外，全省无线电管理机构还顺利完成了防非法无线插播演练、调频广播电台整顿、对讲机清理整治等一系列专项任务，均取得了出色成绩。

（三）创新日常管理实现了新突破

全省无线电管理机构为适应新形势对无线电管理工作的新要求，进一步解放思想，开阔思路，在日常管理中积极进取，勇于创新，有效地拓展了工作领域。如徐州和泰州市管理处主动承担起牵头组织编制突发公共事件应急通信预案的重任；南通和扬州市管理处进一步争取市政府领导对无线电管理工作的关心与支持，先后由市政府下发了《关于加强全市无线电管理工作的意见》；常州市成立了无线电管理工作领导小组，为政府部门齐抓共管无线电管理工作奠定了基础。还有泰州和南通市出台的《公众移动通信基站管理办法》、徐州和扬州市建立的青少年无线电科普教育基地、盐城市组建的业余无线电台防灾抗灾网络、宿迁市管理处开展的“湖上遇险呼救系统——渔民管家”建设、南京和苏州市管理处对电磁辐射情况的调研等等，这一系列的创新管理工作，既进一步贴近了经济社会发展的大局，又有力地促进无线电管理工作登上了新的台阶；既得到了党委政府的肯定，又受到了人民群众的欢迎，这是2007年全省无线电管理工作所取得的成绩中最为显著的亮点。

（四）维护电波秩序收到了新成效

在过去一年里，全省无线电管理机构继续以落实“无线电监测月报制度”为抓手，切实加强对无线电波的日常监测，及时为建台选址提供电磁环境背景资料，为主要业务频段查找不明信号，为设台用户排除有害干扰，为重要活动的无线通信保驾护航。据不完全统计，全省无线电管理机构在2007年中，先后对中国卫通江苏公司、南京禄口国际机场、沂沭泗水利管理工程、江苏油田、宁常镇溧高速公路等10个政府重点工程的无线电台（站）选址进行了电磁环境测试，为组建无线通信网提供了技术依据。全省还完成了民航专用频率、民用超短波和集群通信等频段的占用度测试；全年对五个主要业务频段监测监听35635小时，共发现不明信号579个，核定身份569个；查处有害干扰109起；全年共核查台站19367个，检测各类设备5778部。为切实维护无线电台（站）合法用户的正当权益，查处纠正擅自设置使用电台、占用无线电频率的非法行为，全省无线电管理机构共开展行政执法督查活动286次，查处纠正各类违法行为216起，涉案设备853部，立案37起。无锡市管理处将执法与普法相结合，广泛开展《无线电管理条例》（以下简称《条例》）宣传进机关、进企业、进校园活动，再次获得了市专业法宣传优胜奖。同时，全省无线电管理机构还先后完成了美国参谋长联席会议主席访问南京、德国总理访华期间所用频率的预指配监测和保护性监测任务，确保了重要外事活动的无线通信安全。

（五）完善技术设施取得了新进展

去年，全省无线电管理机构先后完成了远程教育系统的安装调试和验收；完成了第一批小型固定监测站的试用、改进和定型工作；组织对沿江四市第二期固定监测站进行配套完善；采购了一批具有国际先进水平的高速数字宽带接收机；配合国家无线电管理信息系统二期建设，完成了电子信箱系统的升级改造工作；省无线电管理局的移动电子政务项目成功地申报为国家级远程移动办公试点。同时，还完成了电磁辐射测试系统、固定监测站接收机、PHS查询检测系统以及北京奥运无线电管理保障设备等建设项目的招标工作。在全省统一布局建设的基础上，各市管理处从本单位实际出发，积极发挥主观能动性，利用自身的力量对技术设施进行了改造和完善。如南京市管理处为策应市委、市政府实施“跨江发展”的战略规划，顺利完成了江北无线电监测站建设，与原有的江宁和南京主城区监测站连结，构成了覆盖全南京地区的无线电监测网络。淮安市管理处自筹资金对原有的固定监测站进行了改造，排除了技术故障，保证了监测系统正常运行。苏州市管理处还积极为有条件的县（市）无线电管理办公室配置了频率计等小型设备，以利于更好地发挥县级无线电管理的作用。

（六）加强内部建设展示了新风貌

2007年全省无线电管理机构在加强内部建设上主要落实了五项措施：一是狠抓绩效考评。各市管理处以年度工作考核指标体系为主线，把每项工作任务逐一分解到岗位，明确到具体人员，既调动了全体干部职工的积极性，又促进了日常管理的规范化。二是推进政务公开。省无线电管理局专门下发《政务公开实施办法》，加强了对各市管理处推进政务公开工作的指导。一方面规范了政务公开的程序和内容，另一方面加大了政务信息宣传力度。省无线电管理局与《江苏法制报》联合举办了每月一期的《无线电管理与行政执法》专版；省、市无线电管理机构都积极利用门户网站、广播电视和报刊杂志发布政务信息。通过信息宣传，明显提高了无线电管理工作的透明度和社会知晓度。三是开展调查研究。全省无线电管理机构经常深入到基层、深入到设台用户走访，到兄弟省市进行调研，撰写出了一批对工作有思考、有指导性的调研文章。调查研究促使了工作作风的转变，如积极开展“三队一组访用户”、“江海无管服务行”、“深入港口海岛送服务”等活动，均受到了设台用户和广大人民群众的普遍欢迎。四是坚持教育培训。去年共组织全省性的各类业务培训近10次，特别是11月份组织了一批监测业务骨干到国家无线电监测中心进行了一次高层次的业务培训，使大家拓宽了思路，增长了见识，提高了监测技术水平。各市管理处也分别举办了各类培训班，不断提高业务技能。宿迁市管理处，积极开展岗位练兵，做到了月月有练兵，人人都参训。五是健全规章制度。省、市无线电管理机构从实际出发，普遍对各项规章制度进行了修订充实，较好地适应了内部管理有章可循的需要。省无线电管理局先后下发了软课题研究管理办法、项目建设管理办法等一批新制定的规章，同时对局机关办事规则、公文处理、财务管理等7项制度进行了全面的修订和充实。去年，还组织对全省无线电管理机构“十五”以来无线电管理专项经费的使用情况进行了审计，对资产和经费管理提出了更加严格的要求。通过落实以上五条措施，进一步促进了全省无线电管理机构的规范化建设，使管理队伍的整体素质有了新的提高，较好地展现出奋发有为、不断进取的精神面貌。

【2008年重点任务】

（一）积极适应发展需求，提供频率资源保障

根据国家对无线电频率资源的统一规划，结合江苏实际，坚持“依据规划，服务发展，支持重点，满足需求”的原则，合理配置频率资源，充分发挥最大效益。

1．保障重点工程的无线电通信需求

主动了解和掌握全省经济社会发展大局的重点工程进展情况，根据3G公众网、京沪高铁、苏北和苏中机场建设、南京地铁二期、苏州城市轻轨、南京软件名城、南通王子造纸等重大项目的建设需求，主动参与无线通信网的前期论证、立项，积极与国家协调频率，为重点工程建设提供无线电频率资源保障。

2．为沿海和水上安全生产提供服务

总结推广宿迁市“渔民管家”的经验，引导公众网为江海湖泊地区的安全生产提供无线通信服务；按照“三网一平台”的整合思路，积极引导沿海各系统互联互通，探索海上搜救通信试点。继续做好南通沿海灾害性气象发布短波电台建设的服务工作，与省气象局共同加强对建台过程中的监管，在台站选址、设备选型、电磁兼容等方面给予指导和协调，积极参与过程检查、完工验收、效能评估，并力争通过短波实现全省沿海三市气象信息共享。

3．引导无线高速宽带和数字集群业务发展

认真落实省政府常务会议纪要精神，根据国家产业和频率政策，抓紧对无线高速宽带技术与应用进行调研，向省政府提出我省发展宽带业务的意见和建议，同时提供我省在软件园建设实验网的可行性报告。深入调研800MHz数字集群通信网的发展前景，制定全省800MHz数字集群频率规划，有步骤地引导好共网建设。

4．制定无线电应急管理预案

调研徐州、泰州市无线电应急管理预案落实情况，借鉴兄弟省市的经验，制定全省无线电应急管理预案，并选择几个城市先行试点，适时组织应急管理演练。在此基础上，进一步完善防非法无线插播、反恐斗争、国防频谱动员、高考保密、森林防火、水上搜救、民航专用频率保护等专项工作的保障机制，提高无线电应急管理能力。

（二）加大依法行政力度，深化台站规范管理

进一步抓好国家《条例》和省《条例》的贯彻落实，不断加强全省无线电管理工作的法制化建设，更好地推进依法行政、依法管理。

1．完善公众通信基站管理办法

结合推广3G业务和城市建设需要，支持并指导泰州市公众移动通信基站管理办法的实施试点，调研周边省市的管理经验，与城市规划（建设）和环保部门加强联系协调，从城市规划要求、控制电磁辐射等方面对基站管理办法（草案）进行修订完善，积极争取以政府规章形式发布。

2．推进省无线电管理条例的落实工作

基本完成与省《无线电管理条例》相配套的规范性文件制定和发布；邀请省人大代表对省《条例》落实情况进行检查指导；召开一次贯彻落实省《条例》的经验交流会。组织开展纪念省《条例》颁布三周年的宣传活动，举办一期全省无线电管理行政执法成果展览；积极开展“无线电管理进校园”的普法教育。

3．加大无线电管理行政执法培训力度

结合行政执法证年审，分别组织现场实践性行政执法培训，交流执法取证的方法和技术手段，以案说法，提高执法水平。总结推广对无线电发射设备经销、维修管理的先进经验，表彰一批依法行政、敢管善管的先进单位。拟定规范性和可操作性强的无线电发射设备经销、维修管理办法。

4．完成国家下达的无线电台（站）清理登记任务

通过无线电台（站）清理登记，提出现有数据库向国家数据库过渡的解决方案，实现国家数据项下的互联互通。召开一次无线电台（站）数据库管理维护经验交流会；举办一期频占费征收业务培训班；继续组织指导设台单位开展“争先创优”活动，年底表彰一批“高效安全利用频谱资源”的先进无线电台站和先进个人。

5．继续加强对五个业务频段不明信号的查处

为保证民用超短波、数据传输和集群通信等五个频段的业务正常开展，必须坚持加强对上述频段不明信号的查处，严禁擅自使用频率。同时，对去年开展的对讲机和调频广播电台清理整顿工作回头看，确保整改措施落实到位，进一步巩固清理整顿成果。

（三）加强监测检测手段，维护空中电波秩序

继续坚持以国家关于“建立重点频段无线电监测报告制度”的要求为抓手，充分利用现有的技术手段，不断提高监测、检测技术水平，切实维护好空中电波秩序。

1．试点发布重点地区和重点频段的电磁环境情况

根据社会关注的热点，拟在部分城市先行试点，选择一些重点地区、重点频段开展电磁环境测试，对电磁环境和通信质量设定不同程度的预警等级，并以适当方式向社会公开发布，以提高全社会保护电磁环境的意识。

2．加强监测数据的应用研究

从提高监测数据的有效利用率出发，根据日常无线电监测中形成的庞大数据，认真开展数据关联性价值挖掘和数据资源利用，建立和完善监测数据库，实现区域数据资源共享，充分发挥无线电监测数据资源的作用。

3．进一步规范无线电监测和检测工作

在全省无线电监测队伍中组织开展工作规范、技术规范、操作规范以及各类固定和移动监测站建设规范的标准化建设活动，制定监测、检测、不明信号查找、干扰查处等工作流程，不断提高监测和检测水平。特别是在监测月报工作中，要努力体现江苏无线电管理的特色和水平。在完善检测工作体系的基础上积极向国家申报建设江苏无线电设备检测中心。通过建立监测检测仪器设备室、健全维护和保管制度，为完成监测与检测任务提供保障。

4．继续做好无线电专项监测和特殊监测工作

继续加强对民航、集群、广播、对讲、遥测遥控等业务频段的监控，进一步深化查找不明信号和防非法无线插播工作。上半年拟在扬州市召开一次高考安全保密工作现场会，开展对防范利用无线电手段考试作弊的研究，推广先进经验，组织业务培训，开展技术交流，积极配合相关部门严防高考、考研和各类职称考试利用无线电手段作弊。对森林防火、民航、铁路、防汛等专用频率继续予以重点保护，建立干扰查处绿色通道，确保一旦发现有害干扰，便能迅速查找排除。同

时加强省、市边界地区不明信号监测信息的通报、交流与协作。

5．圆满完成北京奥运场馆的无线电保障任务

总结交流参与保障2007年“好运北京”奥运测试赛的经验和体会，进一步完善方案、健全机制、充实装备、培训人员，在确保圆满完成我省承担的2008年北京奥运会4个比赛场馆无线电保障任务的基础上，争取使我省的保障工作走在整个奥运保障工作的前列，并对参与北京奥运保障的有功人员进行表彰奖励。

（四）逐步完善技术设施，增强装备监控能力

今年全省的无线电管理技术设施建设要加快步伐，确保完成以下重点项目建设：

1．开发建设无线电应急保障车

为适应社会重大活动和突发事件对应急无线通信的需求，在总结无锡市试点建设经验的基础上，借鉴国内外的成功做法，完善无线电应急管理保障车的建设方案，积极组织实施建设，逐步在省监测指挥中心和三个监测区域中心先行配置，投入应急管理演练，为党委和政府应对突发事件提供有力的无线电通信保障。

2．提高无线电联动监测能力

在现有基础上，完成省无线电监测指挥中心的建设；完成省内各民用机场的小型固定监测站建设；对全省一期固定监测站进行更新改造，对二期固定监测站进行完善升级；添置宽频段快速扫描接收机和便携式监测设备；建立若干个服务重点行业、重点区域的专用监测站，从而不断增强全省无线电监测工作的联动能力。

3．开展国家级移动政务网安全试点建设

以国信办批准的我省无线电管理局基于互联网的电子政务信息安全保障试点工作为契机，加快推进无线电管理信息化建设。探索利用互联网和无线技术，建设集对外服务和内部办公为一体的公共服务平台，面向大型设台单位、生产核准企业、业余无线电爱好者和流动性设台用户等，提供“一站式”窗口服务、网上在线办理，面向社会公众提供政务信息公开和业务信息交流，面向省、市和县无管系统提供内部统一的办公系统，实现远程办公、移动办公、安全办公，进一步提高信息网络利用效率。

（五）强化内部素质建设，不断提高管理水平

认真按照胡锦涛总书记在党的十七大报告中提出的关于“着力转变职能、理顺关系、优化结构、提高效能，形成权责一致、分工合理、决策科学、执行顺畅、正确有力的行政管理体制”的要求，切实加强全省无线电管理机构的自身建设，在提高服务质量和办事效率上下功夫，在提高管理队伍的整体素质上见成效，努力建设人民群众满意的无线电管理机构。

1．深入学习贯彻党的十七大精神

把学习贯彻党的十七大精神作为全年理论学习的主要任务。各级领导班子要认真坚持每月学习日制度，干部职工定期学习讨论制度。通过理论学习，全面认识和深刻理解党的十七大精神，进一步解放思想，转变观念，切实找准无线电管理为经济社会发展服务的结合点，在实际工作中，扎扎实实做几件让党委和政府领导感受得到，产业界体会得到，人民群众看得到的大事、实事，真正能够为政府解忧，为企业解惑，为群众解难。

2．组织开展工作分析和绩效考核研究

委托专业咨询机构对省局机关进行工作分析和岗位设定研究，合理细化部门职能，重新划定内设岗位，进一步明确岗位职责、任务分工和工作要求，建立科学合理的岗位绩效考核体系。将研究成果率先在省局机关应用，尔后逐步在全省无线电管理机构中推广。着力改进机关作风，规范工作关系，充分调动全体干部职工的主观能动性和创造性。

3．抓好三支人才队伍建设

结合我省无线电管理工作的实际，充分发挥行政管理型、研究开发型和技术应用型三支人才队伍的骨干作用，明确目标任务，集中攻坚克难，组织他们分别承担起软课题研究、建设方案论证和操作技术培训的重任。同时，继续采取举办讲座、集中培训、远程教育等形式，按照岗位设置，结合岗位技能，对各类人员加强规范化教育培训，促进全省无线电管理队伍的整体素质再上一个新台阶。

4．提升无线电管理工作的社会认知度

一是加大无线电科普教育力度。省、市无线电管理机构普遍建立青少年无线电科普教育基地，适时与有关部门联合举办一次全省青少年业余无线电能手大奖赛活动，吸引越来越多的青少年增强热爱无线电、崇尚科学、追求知识的兴趣，为实施科教兴国和人才强国战略营造良好的氛围。

二是加大政务公开和信息宣传力度。以电子政务平台建设为重点，加速推进信息公开的载体建设，自觉接受社会监督，确保无线电管理的行政权力在阳光下运行。利用各种宣传方式，不断扩大公众对无线电管理工作的知情权，扩大无线电管理工作在社会上的影响力。三是加大对无线电管理工作的指导力度。根据省《条例》的有关规定，年内争取由省政府办公厅下发《关于进一步加强全省无线电管理工作的意见》，同时组织召开一次县级无线电管理工作经验交流会，以取得各级政府对无线电管理工作的更加重视、关心和支持。

5. 加强制度建设

结合岗位设置，建立科学的绩效考评体系和考核机制。健全完善内部管理的各项制度。严格遵守国家各项收费政策和“收支两条线”的规定，继续坚持“经费跟着任务走”的原则，进一步调整转移支付经费的分配方式，保证各项任务的顺利完成。继续做好事业单位机构改革工作，为无线电监测站的发展创造有利条件。加强安全工作责任制，防止发生各类事故。不断改进机关作风，加强调查研究，按时保质完成一批软课题项目，进一步提高无线电管理科学化水平，更好地“为经济社会发展服务，为无线电设台用户服务，为广大人民群众服务”。

（郭立新）

江苏省电子音像出版业发展概况

【行业基本概况】

2007年，全省共有电子、音像出版单位8家，其中电子音像出版单位4家（分别为：江苏电子音像出版社、东南大学电子音像出版社、南京大学电子音像出版社、河海大学电子音像出版社），音像出版单位4家（分别为：江苏音像出版社、江苏文化音像出版社、南京音像出版社、江南音像出版社）；资产总额0.51亿元，从业人员119人；年出版音像制品及电子出版物1186种、1381.24万盒(张),销售(业务)收入0.21亿元。

全省共有各类复制单位10家，其中只读类光盘复制企业5家（分别为：江苏新广联光盘有限公司、扬州广德信息有限公司、苏州新海博数码科技有限公司、江苏新海燕光电有限公司、南通中兴多媒体有限公司），可录类光盘复制企业2家（分别为：江苏永兴多媒体有限公司、昆山沪铼光电有限公司），磁带复制企业3家（分别为：无锡江南磁带有限公司、江苏省外文书店、江苏广艺磁带公司）；资产总额36.79亿元，从业人员3460人，拥有复制加工设备生产线334条，年复制音像电子制品32.47亿盒（张），销售（业务）收入20.50亿元。

2007年，我省电子音像出版在首届中国出版政府奖评选中喜获佳绩，共获中国出版政府奖2项，中国出版政府奖提名奖4项。其中，江苏电子音像出版社出版的《铁的新四军》获政府奖，《新编本草》、《一游记》获政府奖提名奖，江苏新广联科技股份有限公司复制的《三星软件》DVD5－ROM获印刷复制类政府奖，江苏新海博数码公司复制的《英特尔英英保通技术》和昆山沪铼光电有限公司生产的DVD－R获印刷复制类政府奖提名奖。获奖总数在全国名列前茅。

【行业发展现状与分析】

（一）重点选题出版

2007年，全省电子音像出版复制单位以迎接、学习、贯彻十七大为主线，认真做好主旋律作品的出版工作，先后组织出版了一批纪念建军80周年、迎接学习十七大、服务社会主义新农村建设、促进未成年人健康成长等重点出版物选题，共有13种重点选题和出版物被列为新闻出版总署重点选题和出版物。与此同时，我省还组织开展了第三届“江苏优秀电子音像出版物”评奖活动，共评出各类优秀电子音像出版物15种（详见表1）。

（二）产业发展情况

具体情况详见表2～5。

附表1 第三届“江苏优秀电子音像出版物奖”获奖作品

奖 次	出版单位	产品名称	载 体
荣誉奖	江苏电子音像出版社	铁的新四军	1CD—ROM
荣誉奖	江苏电子音像出版社	一游记	1CD—ROM
一等奖	江苏音像出版社	血捍长空	3DVD
一等奖	江苏电子音像出版社	新编本草	1CD—ROM
特别奖	江苏文化音像出版社	金陵子潮	10DVD
二等奖	江苏电子音像出版社	长征一红军走过的地方	1CD—ROM
二等奖	南京音像出版社	中华百年建筑经典	25DVD
二等奖	江苏音像出版社	十品村官	12VCD
二等奖	江苏电子音像出版社	阿法贝乐园魔力儿童英语	27DVD
三等奖	江苏电子音像出版社	梅曰强古琴艺术	4CD
三等奖	东南大学电子音像出版社	大学物理引论	1CD—ROM
三等奖	东南大学电子音像出版社	数控机床	1DVD
三等奖	江苏音像出版社	奔腾的小溪	1CD
三等奖	江苏文化音像出版社	桃花扇·1699	1DVD—9
三等奖	南京音像出版社	金陵神韵	6DVD

附表 2 行业增幅表

项 目	出版品种（种）			出版物总印数（亿册、份、盒、张）			复制音像电子（亿张、盒）			单位（个）			人员（万人）		
	2006年	2007年	增幅（%）	2006年	2007年	增幅（%）	2006年	2007年	增幅（%）	2006年	2007年	增幅（%）	2006年	2007年	增幅（%）
音像及电子出版	1185	1186	0.08	0.1032	0.1381	33.82	—	—	—	7	8	14.29	0.0131	0.0119	-9.16
音像及电子复制	—	—	—	—	—	—	21.6767	32.4688	49.79	10	10	0.00	0.3218	0.346	7.52

附表 3 数量及效益细目增幅表

项 目		2006年	2007年	增幅（%）
1	出版单位（个）	7	8	14.29
2	出版总品种合计（种）	1185	1186	0.08
	其中：1. 录音制品	469	518	10.45
	其中：2. 录像制品	576	508	-11.81
	其中：3. 电子出版物	140	160	14.29
3	出版总数量合计（万盒、万张）	1031.6	1381.24	33.90
	其中：1. 录音制品	325.49	560.63	72.24
	其中：2. 录像制品	288.19	339.52	17.81
	其中：3. 电子出版物	417.92	481.09	15.12
4	资产总额（亿元）	0.4588	0.5057	10.22
5	销售（业务）收入（亿元）	0.146	0.2059	41.03
6	增加值（亿元）	0.0689	0.0512	-25.69
7	从业人数（人）	131	119	-9.16

附表 4 音像制品复制情况表

项 目		2006年	2007年	增幅(%)
1	复制出版单位(个)	10	10	0
2	复制音像电子制品(亿张、盒)	21.6767	32.4688	49.79
	其中:1. 音像制品(亿张、盒)	0.6767	1.4779	118.40
	其中:2. 电子出版物制品(亿张、盒)	21	30.9909	47.58
3	复制加工生产线(条、台)	329	334	1.52
	其中:1. 只读光盘生产线(条、台)	32	37	15.63
	其中:2. 可记录光盘复制生产线(条、台)	131	131	0.00
	其中:3. 只读光盘母盘刻录生产线(条、台)	2	2	0.00
	其中:4. 可记录光盘母盘刻录生产线(条、台)	0	0	0.00
	其中:5. 盒式音带高速复制系统(条、台)	164	164	0.00
4	资产总额(亿元)	38.3749	36.7874	-4.12
5	销售(业务)收入(亿元)	23.25	20.5	-11.82
6	增加值(亿元)	6.9853	5.3135	-23.93
7	从业人数(人)	3218	3460	7.52

附表 5 出版与复制比较表

项目	资产总额（亿元）			销售（业务）收入（亿元）			增加值（亿元）		
	2006年	2007年	增幅（%）	2006年	2007年	增幅（%）	2006年	2007年	增幅（%）
出版	0.4588	0.5057	10.22	0.146	0.2059	41.03	0.0689	0.0512	-25.69
复制	38.3749	36.7874	-4.12	23.2489	20.5	-11.82	6.9853	5.3135	-23.93

【行业发展目标及思路】

一方面，我们要用现代信息业改造、提升传统出版业。随着数字时代的来临，传统出版产业面临产业升级和转型的挑战。从介质的更新、流程的再造，到内容的管理、阅读方式的改变，出版业面临着深刻的转型。传统的出版方式，包括从作者—编者—印制—发行—读者反馈，在数字时代都发生了巨大的变化。作者的手稿没有了，交稿时间大大缩短了，作者和编辑可以在网上共同修改稿件；随着按需印刷技术的发展，印刷环节省却了排版程序，作者的稿件可直接上机印刷；印制出来的出版物以电子商务的方式，通过现代物流，直接交付给读者或终端零售商。在信息化时代，传统出版通过上述流程再造，使传统出版产业得到了升级。

“十一五”以来，我省出版业已在这方面作了大量的探索和努力。江苏凤凰出版传媒集团于2006正式启动数字战略，打造“数字集团”，建设四个子项目“二网一库一线”，即中国第一图书网、凤凰教育网、数字内容资源数据库和按需印刷生产线；2007年底，集团信息中心正式成立并启动，该项目建成完成后，将成为中国最大的图书出版网，最好的教材网络基地，可将集团已出版的20000种图书和2000种光盘进行数字化，形成庞大的出版资源数据库。依托雄厚的经济和技术实力，江苏新华发行集团现已建成全国最大、功能最全的现代化出版物流基地——新港出版物流基地。与此同时，我省《新华日报》、《扬子晚报》、《南京日报》等积极介入数字出版，相继开办了自己的手机报纸。

另一方面，我们要大力开拓新兴数字出版领域，实现传统出版向现代出版的升级。即在以信息产业提升、改造传统出版业的同时，不断开拓包括网络出版、游戏动漫、电子出版以及数字视听光盘的出版和存储等新的出版领域。

我省推进发展网络出版的主要思路和举措为：一是促进主阵地建设。将加大工作力度，进一步加强互联网出版内容建设，促进互联网繁荣。包括继续发挥已取得互联网出版许可证网站的带头示范作用；鼓励图书、报纸、期刊、音像、电子等出版单位将出版过的出版物内容向互联网延伸，实行备案许可证制度，以增强国家对互联网出版资源的控制力，扩大互联网出版的社会影响力；大力促进传统出版物的网络化和数字化。二是利用财政经济政策扶持重点互联网出版单位。将对江苏优秀文化和出版单位进行筛选，利用各类政府出版资金和基金，积极扶持有关出版单位做强做大，成为我国互联网出版的主力军。三是鼓励资本进入。适应新的阅读方式，在不违背党的方针政策和国家法律法规的前提下，对从事网络出版的单位予以鼓励扶持。

我省推进发展电子出版、光盘复制等数字视听产品的主要思路和举措为：一是坚持解放思想，鼓励各种所有制经济形态进入光盘复制产业。在政策许可范围内，大力发展只读类光盘复制业和可录类光盘产业。同时，充分利用江苏独特的区域优势，注意科学发展，加强宏观调控，提高行业准入门槛，引进资金雄厚、技术先进的企业落户江苏，力争在现有的基础上形成具有江苏特色的竞争力，实现产业的快速和健康发展。二是坚持突出重点发展。充分利用全省（特别是苏南地区）的IT产业集聚的优势，深入挖掘企业潜能，以资本为纽带、市场为载体，推动企业间的兼并、联合和重组。在只读类光盘复制发展上，重点扶持江苏新广联光盘有限公司等大型复制企业盘活存量资源，继续做大做强，使其成为全国知名的行业龙头企业集团，在该公司成立广东分公司、实现异地经营的基础上力争早日上市。以新广联公司为龙头，以点带面，发挥其辐射带动作用，将我省所有只读类光盘生产企业建成有特色、善管理、增效益的优质企业。在可录类光盘复制发展上，大力扶持江苏永兴多媒体有限公司和昆山沪铼光电科技有限公司持续快速发展，保持其在全国乃至亚洲的龙头地位，使江苏成为亚洲重要的可录类光盘复制基地。同时，针对新形势下劳动力成本上升、台资电子信息产业往东南亚转移的迹象，及时了解企业需求，做好公共服务，优化服务质量，促使大型可录光盘企业能在我省进行产业的升级和优化。三是坚持科技进步，完善产业链。利用我省研发实力强的优势，力促外资企业引进先进技术，力促内资企业加大研发投入，力争在设备制造和原辅材料生产等相关领域取得突破。积极鼓励企业向产业的上下游领域拓展，完善产业链，加大国产光盘生产研发力量，鼓励国产光盘生产设备在我省的试验，以此带动复制产业上下游产业的互动和良性发展，打开产业的发展空间，实现可持续发展。四是坚持外向型发展战略，继续优化产品结构。立足本省实际，充分满足省内外向型经济发展的需要，继续推动我省复制产业的产品结构调整，为本省的IT产业和信息产业服务。同时，面向国际，加强联合，整体推进，建立江苏品牌，实现基地式的发展。鼓励企业积极开拓两个市场，承接境外光盘复制业务，使得光盘复制业不仅成为我省IT产业的配套产业，同时成为电影、电视、游戏、音乐等文化产业的重要产业部门。

（徐　海）

第五部分

行　业　篇

江苏省信息化带动工业化发展概况

推进企业信息化是全球信息化潮流下贯彻落实科学发展观的正确选择，是走新型工业化道路的必然要求。以信息化带动工业化，以工业化促进信息化，是我省加快走新型工业化的道路的必然选择，也是我省企业新一轮又好又快发展的重大战略。2007年，省经贸委紧紧围绕“两个率先”总体要求，认真贯彻落实科学发展观，坚持以新型工业化为第一方略，以党的十七大和全省新型工业化会议精神为指导，以推进经济增长方式转变为目标，以结构调整和产业升级为主线，加快发展高新技术产业，创新信息化建设思路，深入推进信息化带动工业化，按照年初确定的2007年目标任务，突出重点，狠抓落实，大力推动地区和行业信息化带动工业化工作，继续抓好一批示范、试点企业和示范项目，全面推进企业信息化建设进程，促进我省企业又好又快发展，取得了明显成效。

【全省电子信息产业发展和企业信息化概况】

（一）电子信息产业取得历史性的突破

2007年，江苏电子信息产业销售收入突破1万亿元，达1.2万亿元，是2002年的7倍，相当于1986年全国规模以上工业总量，相当于2002年全国电子信息产业规模，相当于2001年全省工业销售收入规模。这是江苏省电子信息产业于2004年成为全省第一支柱产业之后又一重大历史性突破，占全国信息产业的比重、占全省工业销售收入的比重均超过20%。全省拥有电子信息企业近2万家，全行业从业人员达到157万人。2007年全省电子信息产业出口额达到6200亿元，是2002年的7倍，出口占全省销售收入的57.6%，占全省出口总额的比重超过40%。电子信息产业累计利用外资超过300亿美元，成为全省利用外资最为集中的行业，全球500强中的电子信息企业均在江苏有投资，外资企业销售收入所占比重达到80%。

（二）电子信息产业发展集聚效应日益明显

全省信息产业呈现进一步集聚发展的态势，集聚效益显著。目前，全省拥有1个国家级电子信息产业基地、4个国家级电子信息产业园、5个国家级软件园、10个省级电子信息产业基地、8个省级电子信息产业园、4个省级软件产业园。各信息产业基地销售收入占全省的比重达到80%以上，成为全省信息产业做大做强的主要载体。沿沪宁线信息产业销售收入占全省比重超过90%，成为国内信息产业发展最具活力和潜力的地区之一，是我省建设国际制造业基地和走新型工业化道路的重要示范区。苏州工业园、吴江开发区、南京经济技术开发区和无锡高新区分别被授予国家集成电路产业园、显示器件产业园和液晶产业园。

（三）信息技术开发成效显著

江苏信息产业在规模迅速扩张的同时，坚持走自主创新道路，以引进消化吸收为主线，努力构建以企业为主体的技术创新体系，自主创新能力明显增强。江苏先后开发出了永中Office集成办公系统、新华Linux桌面操作系统、3G手机基带芯片、集成电路SoC设计平台、32位嵌入式CPU、大尺寸光纤预制棒、42英寸荫罩式等离子体显示屏、自主标准的EVD光盘播放机、国产CATC－A100－A型空中交通管制自动化系统等。2002年以来江苏信息技术领域的申请专利量超过2万件，年均增长超过30%。全省信息产业领域累计建成国家级博士后工作站18家，省级博士后技术创新中心6家；国家级企业技术中心6家，省级企业技术中心24家；国家级工程研究中心5家，省级工程研究中心18家。鼓励企业推进新产品市场化取得积极进展，全省新产品产值超过全部产品产值的1/3，部分具有自主知识产权产品在全国具有较强的竞争力；无锡尚德公司的太阳能电池产量已跻身世界光伏前三强；亨通集团制定的“G657单模光纤”参数绝大部分被国际电信联盟吸纳，制定成为世界通用标准。南京南瑞集团公司和南京联创信息技术有限公司被信息产业部评为2007中国自主品牌软件产品收入前十家企业。

（四）企业管理信息化和电子商务初见成效

企业管理信息化逐渐深入，网络化趋势日渐明显；全省信息化带动工业化示范试点经过“十五”期间近5年的努力，工作体系、服务体系已初步建立。2007年，又启动了“十一五”信息化示范试点工程，确定了29家示范企业和100家试点企业。从政策、资金、技术、人才多方面进一步为企业信息化建设营造良好环境。现在，大部分企业领导越来越重视信息化工作，企业信息化建设有总体规划，企业信息化投入逐步加大。全省129家信息化和电子商务示范试点企业信息化迈出实质性步伐，超过90%的企业已应用了财务管理、库存管理等基本管理软件；78%的企业建立了企业内部网，并在互联网上有了自己的网站或网页；55%的企业实施了企业资源计划管理（ERP）系统；68%的企业信息化年均综合经济效益超过500万元。随着企业信息化建设的深入开展，所产生的效果也越来越明显。通过信息化建设，企业不但普遍提高了生产能力和效率，而且降低了生产成本，提高了市场竞争能力。

（五）信息技术对传统产业改造升级步伐加快

积极推动了计算机、网络和通讯技术向传统产业渗透，信息技术在传统产业中的应用日益广泛，改造提升传统产业取得较好成效。电力、石化、冶金、机械、建材等传统行业信息技术应用进展迅速，企业的信息化建设投入力度不断加大，信息化水平与国际先进水平的差距不断缩小。机械、汽车、轻工、服装等行业加强了计算机及网络技术对企业创新系统的改造，大力推广了CAD、CAE及CAPP等先进技术，机械行业骨干企业CAD普及率已达90%，企业产品创新能力得到加强。机械、汽车、轻工等组装式生产的有关行业广泛应用各类数控生产设备、计算机辅助制造（CAM）、计算机辅助测试（CAT）等先进技术。电子信息行业中表面贴装（SMT）等先进技术及装备得到普遍应用；纺织行业中电脑分色、电脑印花、电脑配色、电子提花等技术得到了推广应用；冶金、建材、医药等流程工业采用集散控制系统（DCS），加强了生产过程控制，提升了生产自动化水平。

（六）信息技术的应用进一步推动了各行业新产品开发

“十五”以来，机械、汽车、电气设备、轻工等行业采用微电子技术、计算机控制技术、嵌入式软件、模糊控制、变频技术、通讯技术等新技术，进一步提升了产品的智能化水平，提高了产品的技术含量和附加值。各类智能化系统、机电一体化产品、电力电子、汽车电子、以及信息家电等高新技术产品在我省得到了迅速发展，有力地推动了我省产业结构和产品结构的调整。2007年，全省高新技术产业产值占规模以上工业总产值的比重达到27.5%；高新技术产业的产品销售收入38.0%左右来自出口，全年产品销售收入14569.81亿元，比上年同期增长34.5%；2007年全省高新技术企业实现利税总额1102.72亿元，占规模以上工业实现利税的25.2%。

与此同时，我们也清醒地看到，目前江苏企业信息化工作依然处在起步阶段，面临着一些突出问题：一是应用普及面不广，大量中小企业尚未开展信息化工作；二是应用层次不高，许多企业缺少系统规划，单一环节应用多，系统集成应用少，多数企业还停留在企业内部信息化的层面上；三是信息化投入不足；四是企业信息化人才缺乏；五是信息化的标准规范滞后，国产信息化软硬件还缺乏竞争力。

【推进信息化带动工业化的有关工作】

（一）以政策规划为引导，全面实施信息化带动工业化工作

继续加强政策规划和理论指导，引导全省信息化带动工业化工作走向深入。2007年，召开了有关企业信息化带动工业化工作的座谈会，讨论研究进一步推进全省信息化带动工业化工作。在已经出台的《省政府关于加快信息化带动工业化的意见》（苏政发［2001］154号）的文件和《江苏省企业信息化示范（试点）项目总体设计技术规范》、《江苏省信息化带动工业化示范企业专家技术援助工作规范（试行）》等技术规范和指导性文件基础上，2007年提出了《2007年电子信息行业结构调整纲要》，加强了对电子信息产业发展的规划引导。为更好地推动全省信息化带动工业化示范和试点工作不断深入，强化示范企业的示范作用，2007 年，省经贸委又启动了“十一五”信息化示范试点工程，确定了 29 家示范企业和 100 家试点企业。同时，把开展行业信息化示范和信息化专家行作为工作重点，引导企业既要注重结合行业特点和企业具体实际，提高企业信息化建设工作的针对性和有效性，又要考虑到企业未来发展的要求，坚持“实事求是、制订规划、量力而行、循序渐进、不断发展”的原则，推动了企业信息化工作的开展。进一步提高对企业信息化重要性的认识，传播企业信息化知识，加强对企业信息化工作的指导，明确“十一五”期间企业信息化工作的要求，推动全省信息化带动工业化再上新台阶具有重要意义。

（二）以加强技术创新为基础，增强信息产品制造业竞争力

大力扶持信息产品制造业企业建立技术创新体系，推动企业以形成自主创新能力为目标，按照“高起点、高标准、高水平”的原则，加速构建企业技术创新组织体系和运行机制，提高企业技术创新能力和核心竞争力。到目前为止，在我省已建立的 29 个国家级企业技术中心、250 个省级企业技术中心中，电子信息产业分别占到了 4 个和 29 个。大力扶持信息产业企业技术创新和新产品开发，推动信息产业产品提高技术附加值，培育企业自主知识产权和自主品牌。近年来，我们先后重点围绕我省信息产业等高新技术发展重点领域，按照对产业有重大影响，具有一定技术水平，有较大的市场前景等原则，我们组织实施了一批国家和省重点技术创新项目，有力地推动了信息产品制造业技术创新，提高了我省信息产品制造业的竞争力。2007 年，全省安排重点技术创新项目 53 项，其中，信息产品制造产业有 2 项，财政补贴资金 70 万元。

（三）以实施示范工程为抓手，推进企业信息化工作走向深入

2007 年，大力推进以示范试点企业项目建设为主要内容的企业信息化示范工程，重点抓好省认定的 29 家省“十一五”信息化示范企业、100 家信息化试点企业。各市也进行了市一级信息化示范试点工作，重点抓好了 388 家市级信息化示范试点企业。通过省市两级信息化示范试点企业项目的建设，推动了各行业企业管理信息化，促进了企业整合各种资源，再造业务流程，提高快速反应能力，为行业面上企业开展信息化工作积累经验，树立榜样，依靠典型引路，以点带面，全面推动全行业企业信息化工作的开展。2007 年全省各级经贸系统也继续大力推动信息化带动工业化。南通市启动实施了“信息化带动工业化百家示范工程”，在机电装备制造、精细化工、纺织等重点产业和亿元企业推进企业信息化提升工程。在一般三十家企业中挑选了 20 多家企业作为当年首批培育对象，推行专家与重点项目挂钩制度，行业信息化示范效应日趋明显。徐州市大力推动以徐工集团、徐州卷烟厂等为首的省市级信息化示范试点企业的信息化建设工作，全市重点行业骨干企业产品开发和管理系统应用信息技术的比重分别达到 70% 和 50% 以上。连云港市着力抓好医药、机械行业信息化和恒瑞医药、港口集团、正大天晴、中金玛泰等重点企业信息化建设，以典型树立促进企业信息化建设，以经验推广提升信息化建设水平。

（四）以重点信息化建设项目为支撑，提升企业信息化建设水平

2007 年，省经贸委在科技三项费用中专项对企业信息化建设项目进行安排，继续扶持了一批企业信息化建设项目，安排资金 300 万元，支持 10 项企业信息化项目。目前这批项目已进入全面实施阶段，进展顺利。春兰（集团）公司电子商务应用项目和扬子江药业集团有限公司国家协同电子商务项目正抓紧实施中，项目建设进展顺利，预计将于 2008 年完成验收。在国家和省计划项目带动下，各市也分别组织了市一级的信息化带动工业化项目。无锡市以管理信息化、产品数字化、装备自动化为重点，持续推进信息化带动工业化进程，全年在省、市信息化示范试点企业中实施信息化带动工业化项目 10 项。以信息化项目的组织实施，引导企业进一步深入开展信息化建设，应用最新、最实用的信息技术，并以此带动相关行业的企业进行信息化建设和改造，充分发挥信息化对工业化的带动作用。

（五）以信息化带动工业化专家组为核心，进一步引导服务体系建设

以省信息化带动工业化专家组为核心，充分发挥专家作用，在规划制定、项目论证、技术援助、信息化培训、软件选型等工作中加强指导和把关。组织了一批富有技术和管理经验的专家为示范和试点企业提供援助性技术服务，形成有效的科学决策和咨询服务机制，受到了企业的欢迎和好评。2007年12月，省经贸委组织信息化专家组分赴全省各市，以信息化示范项目为重点，对近两年示范建设项目开展中期检查和专家咨询，确保完成示范项目建设，为行业示范推广打下基础。调查了解当前我省部分示范和试点企业信息化工作进展情况，现场指导工作，研究如何进一步扎实推动企业信息化工作的措施，解答了企业信息化工作中遇到的实际问题，对地区信息化带动工业化工作起到了积极的促进作用。各市也进一步加强了信息化服务体系建设，开展了多种形式的信息化培训工作。连云港市围绕提高企业信息化工作的主管领导和技术人员的知识技能，全年举办培训活动12次，协助市机床厂、杰瑞网络、东海硅微粉等企业做好信息化项目的方案选择、评标、议标等工作，促进企业与专家、软件公司的合作交流，推进信息化项目实施，协助企业解决信息化建设中具体问题。

【下一步工作：加快信息化与工业化的融合】

党的十七大强调要提高自主创新能力，建设创新型国家。2008年，全省企业信息化工作将以十七大精神为指导，大力推进信息化与工业化融合，围绕推进研发设计协同化、生产设备数字化、生产过程智能化、采购营销网络化、企业管理信息化等5个企业信息化重点领域，推广虚拟设计、系统仿真、集散控制、现场总线、柔性制造、敏捷制造、网络化制造等先进制造技术，支持机械、纺织、冶金、化工等行业应用集中数字控制系统、智能仪表、自动装备和数控机床改造传统产业，实现管控一体化、过程自动化。紧紧围绕提高企业核心竞争力，充分发挥信息技术的带动作用，着力提高各行业的技术水平和企业技术创新能力，积极探索信息化带动工业化的实现形式和有效途径。坚持把推进信息化与提高我省优势产业竞争力紧密结合起来，与提高企业管理水平和创新能力紧密结合起来，与提高区域经济竞争力紧密结合起来，继续实施信息化带动工业化行动计划，抓好一批示范企业和示范项目，突出重点，狠抓落实，纵深推进，务求实效，力求做好以下几个方面工作：

一是抓好示范试点企业，充分发挥典型示范作用。继续抓好129家示范试点企业，在提升应用层次上有所突破。围绕企业创新系统集成化、企业管理现代化、生产过程自动化、传统产品数字化、商务交易网络化等领域，抓好示范试点项目建设。强化示范试点企业的示范作用，重点扶持，以点带面，带动企业信息化水平的整体提升。要在一般的产存销管理应用的基础上，加快扶持企业信息化集成应用，重点向集团型集中管理、资源共享、产业链整合上发展。通过信息化的链条把上游的供应与下游的客户串接成一个巨大的产业链，推动区域重点产业集群的形成。积极发展电子商务，扩大产品销售，降低商务成本，提高流动资金周转率，提升企业竞争力。

二是抓好重点优势产业，提升行业信息化水平。强化企业信息化的分类指导，以医药、纺织、机械、化工等传统优势产业和区域重点产业，扶持一批具有产业特点、行业特色的示范试点企业，筛选出一批适合行业发展的应用软件和软件服务商，通过典型引路，促进全行业信息化水平的提高。从装备、技术、市场、管理、运行机制到人员培养等多个方面，为行业内部结构调整和产业升级创造良好的信息化环境，促进行业信息化水平的提升。2008年召开行业信息化示范经验推广会，介绍信息化示范试点工作经验，介绍先进实用信息化新技术，介绍行业企业信息化全面解决方案，签订结对帮扶意向书，表彰信息化示范建设先进企业和优秀软件服务商，推动行业信息化建设上一个新台阶。

三是抓好创新系统信息化，增强自主创新能力。信息化建设既可以改善企业创新的手段，还可以增加企业创新所要求的技术人才资源，同时企业信息化建设本身就是企业技术创新的一项具体内容。要提高CAD应用水平，推广CAE、PDM等先进技术，加快CAD/CAM一体化技术应用，为企业自主创新能力建设提供基础条件，提高企业的新产品、新技术开发能力，缩短开发周期。运用网络技术集成国内外技术人才资源，提高企业的市场应变能力，以适应市场个性化、快速、多变的需求。

四是抓好生产过程信息化，提高企业效益。

用信息技术加快对传统产业的改造，是加快信息化带动工业化的重要环节。通过信息技术对生产环节的改造，可以在现有条件下最大限度地发挥信息化的优势，从而显著地提高传统产业的生产效率、产品质量。要结合技术创新和技术改造，扶持一批计算机集成制造系统、柔性制造系统、集散控制系统等生产过程自动化项目，逐步提高智能化和自动化装备的应用比重，显著改善生产效率和稳定提高产品质量，推动企业降本增效。

五是抓好信息化技术应用，强化对企业信息化的技术支撑。加快发展信息产业，为企业信息化建设提供装备、技术和专业支持。加快发展相关行业信息化建设急需的应用软件，提高全社会信息化水平。同时围绕重点产业和重点产业集聚区，加快行业共性关键技术平台建设，加快区域性中小企业公共服务平台的建设，培育为企业信息化服务的第三方咨询、技术服务以及监理机构，为行业、中小企业提供信息化技术支撑。

六是抓好信息化专家组工作，加强对企业信息化的指导服务。2008 年，省经贸委将调整信息化专家组成员，召开信息化专家组座谈会，正式聘请信息化专家组成员，建立 29 家示范企业专家结对技术援助机制，组织专家组成员赴“十一五”重点示范试点企业指导工作，帮助重点企业总结示范企业信息化工作经验和企业信息化模式。切实加强示范试点工程的技术指导与技术服务，引导示范试点企业切实发挥行业领军和示范带动作用。

（黄道本　朱　乾）

江苏省教育信息化发展概况

【概述】

2007年，江苏省教育信息化在内涵建设上不断深化，应用水平有了新的提高，呈现出积极良好的发展态势。“送优质教学资源下乡工程”圆满完成，促进了区域教育资源的均衡配置。江苏省县（市、区）教育现代化建设水平评估工作正式启动，把教育信息化建设水平和应用能力作为评估的重要方面，有力地推动了教育信息化的进一步向纵深发展。

【主要成绩】

（一）教育信息化基础设施建设迅速发展

1．江苏省教育和科研计算机网的建设和管理得到加强

江苏教育信息化公共服务体系的构建是当前和今后工作的一项重要内容，江苏省教育和科研计算机网升级改造工作自2006年全面完成以来，一直认真履行对运营公司的监管和协调工作。为维护接入用户的利益，确保网络运行的安全顺畅，2007年进一步理顺和明确了江苏省教育和科研计算机网运行维护的服务体系，明确了系统故障的处理流程，确定了故障的统一报修电话。目前，江苏省教育和科研计算机网运行良好，网上服务丰富，用户满意率高。

2．全面启动县（市、区）教育现代化建设水平评估项目

2007年5月省教育厅启动了县（市、区）教育现代化建设水平评估项目，这是教育改革发展的重点工作之一。此评估是对一个区县整体教育水平的考察，现有的16条指标是经过多次各种类型研讨会之后确定的，历经五年打磨而成，省政府办公厅转发了教育厅制定的《江苏省县（市、区）教育现代化建设主要指标》，在16项指标中，教育信息化建设是主要指标之一，具体要求是：教育城域网与辖区内大部分学校实现光纤连通，网上资源丰富、利用率高；中心小学、初级和高级中学校校建有校园网络、教学辅助系统和教育管理系统。2007年有36个县（市、区）通过了评估。这些县（市、区）在迎接现代化水平评估的过程中，对教育信息化建设加大投入，强化应用，使现代信息技术在教育教学和教育管理中的应用水平得到了显著提高。2008年还将有几十个县（市、区）要进行教育现代化建设水平的评估。

3．全省中小学教育信息化基础设施建设平稳发展

拥有校园网学校比例继续增加。2007年，全省小学、初中、高中所拥有比较完整的校园网的学校数分别达到2954所、1457所、665所，占学校总数的比例分别达到52.1%、64.6%、85.2%，与2006年的44.4%、58.6%、82.4%相比，分别增加了7.7、6、2.8个百分比，呈现出稳步增长的趋势。

校均拥有计算机网络教室（其统计口径为计算机房建筑面积，如果按照每一网络教室建筑面积为50平方米计算，用计算机房建筑总面积除以50平方米之商，即为计算机网络教室数）建筑面积明显扩大。

2007年，全省小学、初中、高中所拥有的计算机网络教室建筑面积数分别为613957平方米、444240平方米、439537平方米，校均拥有的计算机网络教室建筑面积数分别为108平方米、197平方米、563平方米，与2006年校均拥有的计算机网络教室建筑面积数100平方米、186平方米、525平方米相比，分别增加了8平方米、11平方米、38平方米，其增长率分别为8%、5.9%、7.2%，亦呈现出稳步增长的趋势。

计算机拥有总量、校均计算机拥有量和生机比（每台计算机服务的学生数）均良好发展。2007年，全省小学、初中、高中的计算机拥有量分别为337142台、226825台、215356台，与2006年计算机拥有总量321358台、208888台、209985

台相比，分别增加了 15784 台、17937 台、5371 台，其增长率分别为 4.9%、8.6%、2.6%。2007 年校均计算机拥有量分别为小学 59 台、初中 101 台、高中 276 台，与 2006 年的校均计算机拥有量 54 台、92 台、251 台相比，分别增加了 5 台、9 台、25 台，其增长率分别为 9.2%、9.8%、10%。每台计算机服务的学生数即生机比，2007 年小学为 12.7:1、初中为 13.1:1、高中为 7.1:1，与 2006 年的小学 14.2:1、初中 15.3:1、高中 7.3:1 相比，每台计算机服务的学生数分别减少了 1.5 人、2.2 人、0.2 人。（江苏省中小学教育信息化基础设施建设发展情况变化如表 1 所示）

表 1　江苏省中小学教育信息化基础设施建设发展情况变化

		小学				初中				高中			
		2006 年	2007 年	2007 年比 2006 年增加量	增长率（%）	2006 年	2007 年	2007 年比 2006 年增加量	增长率（%）	2006 年	2007 年	2007 年比 2006 年增加量	增长率（%）
校园网/个	拥有量	2635	2954	319	12.1	1324	1457	133	10	691	665		
	占其学校总数%	44.4	52.1		7.7	58.6	64.6		6	82.4	85.2		2.8
网络教室/平方米	拥有总量	593576	613957	20381	3.4	419686	444240	24554	5.9	440155	439537		
	校均拥有数	100	108	8	8	186	197	11	5.9	525	563	38	7.2
计算机拥有量/台	拥有总量	321358	337142	15784	4.9	208888	226825	17937	8.6	209985	215356	5371	2.6
	校均拥有数	54	59	5	9.2	92	101	9	9.8	251	276	25	10
	生机比	14.2	12.7	1.5		15.3	13.1	2.2		7.3	7.1	0.2	

4．全省普通高校和中等职业技术教育学校数字化校园建设稳步发展

数字化校园建设不仅可实现教学、科研、管理及服务手段的现代化，还推进了电子教务管理、后勤与服务管理的全面整合，更重要的是使人才培养观念和教育理念产生了异常深刻的变革。党的十七大的胜利召开又为今后的工作指明了新的发展方向，要进一步大力深化教育信息化建设工程，积极推进数字化校园的建设与应用，充分利用已有的基础设施，为学校教育教学、科研、管理和生活服务，把学校建设成面向校园、面向社会的一个超越时间、超越空间的虚拟园地，从而以数字校园网的建设促进信息技术应用水平的不断提高，促进教育信息化的协调发展。据全省 70 所高等院校的不完全统计，2007 年用于教育信息化建设的经费投入达 29198 万元，其中用于教育信息化基础设施建设的经费为 23180 万元，占教育信息化建设经费投入总数的 79.4%。

继续完善校园网建设。各学校围绕建设数字化校园的目标，逐步加大对校园网维护和完善的投入。在加大教学教辅设备的资金投入，保障学校各类教育设备硬件及时升级、更新的同时，鼓励发动自主研制开发适用于本校信息化建设情况的管理软件，从而为学校的教学、科研和管理工作提供了一流的网络基础和设备环境，也为广大师生提供一流的技术服务，有效的为学校教育信息化建设的跨越式发展夯实了基础。其中十余高校作为教育部首批建设的 CNGI（中国下一代互联网）学校，开展了第二代互联网的建设，进行 CNGI 校园网的规划，完成了 CNGI 驻地网建设工程立项，与教育部有关单位签订了 CNGI 驻地网的协议，完成了利用教育部的专项拨款进行的有关设备采购，完成 CNGI 所需的 PC 服务器和软件的购置和安装调试，成为了 CNGI 的用户单位。

加快网络与多媒体教室的建设。各学校增加了对网络教室和多媒体教室的建设投入，改善了多媒体教学的环境条件，教师能够方便自如地应用多媒体手段辅助教学，大大提高了教学的质量。随着对网络教室条件及服务的改进，网络教室的使用率有所增加，提高了资源的利用率、节省了整体的投资成本。据 2007 年全省教育事业统计，全省普通高校已经拥有教学用计算机 378870 台，多媒体教室座位数 1007972 个。分别比 2006 年所拥有的教学用计算机 332149 台和多媒体教室座位数 957331 个，增加了 46721 台和 50641 个，其增长率分别为 14.1% 和 5.3%。各类中等职业技术教育学校拥有教学用计算机 136101 台，多媒体教室座位数 138472 个，与 2006 年所拥有的教学计

算机 124576 台和多媒体教室座位数 120920 个相比，分别增加了 11525 台和 17552 个，其增长率为 9.3%和 14.5%，呈现出明显的增长势头。

江苏省部分高校 2007 年教育信息化建设发展情况如表 2 所示。

表 2　2007 年江苏部分高校教育信息化建设情况表

学校名称	当年用于信息化建设资金投入/万元		校园网络建设			网络及多媒体教室拥有数/个		信息资源建设			信息化专业设置与相关人才数		
	总计	其中基础建设	网　址	主干接入宽带/(Mb/s)	入网计算机/台	总计	其中网络教室	网上教学门数	当年课件制作个数	累计拥有教学资源/(GB)	专业设置数/个	与信息化相关专业师资数/人	网络管理人员数/人
东南大学	472	457	www.seu.edu.cn	10G	19000	328	7	200	100	200	9	505	11
河海大学	317	143	www.hhu.edu.cn	1000	9000	196	18	56	86	298	8	162	26
南京航空航天大学	535	150	www.nuaa.edu.cn	10000	13883	242	7	1362	73	730	18	314	9
南京农业大学	310	200	www.njau.edu.cn	1000	5490	160	160	929	929	1200	5	84	15
南京中医药大学	109	100	www.njutcm.edu.cn	1000	8000	163	7	37	30	1	3	20	6
中国药科大学		100	www.cpu.edu.cn	10000	2000	162	13	97	86	36	1	16	6
江苏科技大学	800	795	202.195.195.8	1000	7500	205	45	98	30	72	7	91	42
南京理工大学	498	196	www.njust.edu.cn	1.6G	7000	290	106	90	1680	110	12	221	48
南京林业大学	250	230	www.njfu.edu.cn	1000	6000	95	5	17	298	8.5	6	66	20
江苏大学	170	150	www.ujs.edu.cn	1000	13200	297	263	10	4	200	11	168	42
南京邮电大学	437	362	www.njupt.edu.cn	1000	6432	126		97	13	32	26	803	9
南京财经大学	133	120	www.njue.edu.cn	1000	8500	185	30	200	80	4200	3	68	11
苏州大学	600	548	www.suda.edu.cn	1000	8000	248	124				16	190	15
江苏广播电视大学	165	100	www.jstvu.edu.cn	1000	2500	133	35	800	15	500	2	39	7
南京市广播电视大学	162	109	www.njtvu.edu.cn	1000	956	36	14	3968		2500	26	62	4
南京审计学院	361	300	www.nau.edu.cn	1000	4500	208	44	95	20	3000	2	76	9
南京工程学院	2453	2352	www.njit.edu.cn	1000	9500	108	8	71	30	48	6	108	7
南京艺术学院	213	182	www.njarti.edu.cn	1000	1500	130	7	10	421	1800	5	32	38
南京化工职业技术学院	335	120	www.njcc.edu.cn	1000	1200	220	150	21	72	15	7	78	5
南京体育学院	156	130	www.nipes.cn	1000	630	42	7	400	150	2000	1	12	4
紫琅职业技术学院	242	200	www.zlvc.edu.cn	1000	1000	54	19		549	78	4	30	29
南京信息工程学院	168	70	www.nuist.edu.cn	1000	5000	111	12	1020	155	200	14	156	5
江苏教育学院	462	435	www.jsie.edu.cn	1000	500	86	13	15	800	200	5	35	6
南京化工职业技术学院	335	120	www.njcc.edu.cn	1000	1200	220	150	21	72	15	7	78	5
南京工业职业技术学院	310	100	www.niit.edu.cn	1000	3600	357	146	27	2000	26	18	65	25
南京森林公安高等专科学校	595	309	www.forestpolice.net	100	1739	66	19	34	313	210	1	37	19
南京铁道职业技术学院	580	530	210.28.168.11	1000	900	41	16	13	10	30	6	40	6
南京人口管理干部学院		40	www.ncppm.edu.cn	50	1800	81		16	454		9	48	4
南京晓庄学院	303	212	www.njxzc.edu.cn	140	5500	225	23	45	1768	350	5	87	3
南京交通职业技术学院	58	17	www.njci.cn	10000	1178	87	40	35	300	18	5	61	7
江苏信息职业技术学院	421	382	www.jsit.edu.cn	1000	1800	61	41	13	140	260	14	64	42
金陵科技学院	551	446	www.jit.edu.cn	100	5000	142	15	220	500	200	5	40	10
南通职业大学	109	45	www.ntvc.edu.cn	1000	1560	54	28	15	459	150	10	275	22
苏州职业大学	575	520	www.jssvc.edu.cn	1000	10178	343	295	210	105	110	11	180	42
常熟理工学院	300	200	www.cslg.cn	1000	8000	88	10	10	400	560	6	120	20
盐城工学院	960	940	www.ycit.edu.cn	1000	2000	356	215	321	8	350	4	60	4
盐城师范学院	2730	2000	www.yctu.edu.cn	1000	6320	254	14	32	210	20000	2	25	15
淮安师范学院	855	800	www.hytc.edu.cn	1000	4200	170	170	44	200	70	8	112	20

（续表）

学校名称	当年用于信息化建设资金投入/万元		校园网络建设			网络及多媒体教室拥有数/个		信息资源建设			信息化专业设置与相关人才数		
	总计	其中基础建设	网　址	主干接入宽带/(Mb/s)	入网计算机/台	总计	其中网络教室	网上教学门数	当年课件制作个数	累计拥有教学资源/(GB)	专业设置数/个	与信息化相关专业师资数/人	网络管理人员数/人
江海职业技术学院	220	202	www.jhu.cn	1000	2069	43	17	3	334		2	39	30
扬州环境资源职业技术学院	430	290	www.yzerc.edu.cn	1000	1700	82	29	12	12	20	5	43	6
江苏省扬州商务高等职业学校	168	150	www.jsyzsx.com	1000	750	21	9	15	1860	10	3	32	8
宿迁学院	329	322	www.sqc.edu.cn	1000	3188	101	22	12	248	3000	8	51	4
徐州师范大学	100	88	www.xznu.edu.cn	1000	8100	181	44	105	50	3090	6	98	140
徐州工程学院	280	200	www.xzit.edu.cn	1000	5200	79	79	90	230	1200	20	240	30
连云港师范高等专科学院	155	140	www.lygsf.cn	100	1000	41	8	2	218	8	4	30	3
徐州工业职业技术学院	120	76	www.xzcit.cn	1000	2600	57	57	4	100	120	7	50	10
江苏海事职业技术学院	215	150	www.jmi.edu.cn	1000	3000	270	100	25	400	2000	9	42	6
江苏农林职业技术学院	135	100	www.jsafc.edu.cn	4*100	2000	105	105	50	80	4000	3	25	20
苏州科技学院	85	80	www.usts.edu.cn	1000	2200	70		165	86	70	5	60	11
泰州职业技术学院	88	67	www.tzpc.edu.cn	1000	1000	60	8	30	200	20	7	50	14
淮海工学院	141	127	www.hhit.edu.cn	1000		211	53	82	67	1000	11	92	28
健雄职业技术学院	1141	876	www.wjxvtc.cn	1000	1680	37	15	7	247	8342	3	23	
九州职业技术学院	401	362	www.jznu.com.cn	1000	1563	36	2		180		5	26	3
无锡工艺职业技术学院	401	380	www.wxgyxy.edu.cn	1000	1400	42	17	6	55	110	2	15	12
硅湖职业技术学院	86	20	www.usl.edu.cn	100	1466	40	7	7	58	1934	3	15	8
苏州工业职业技术学院	302	24	www.siit.cn	100	1500	116	96	12	31	450	5	63	3
无锡南洋职业技术学院	104	77	www.wsoc.edu.cn	1000	1490	52	28	16	350	200	5	76	11
三江学院	411	364	www.sju.js.cn	200	4045	300	7	448	30	9	69	44	
常州轻工职业技术学院	120	80	www.czili.edu.cn	1000	1800	65	10	2	20	600	4	60	4
应天职业技术学院			www.ytc.edu.cn	1000	950	108	16	3	70	3	7	35	5
正德职业技术学院	468	218	www.zdxy.cn	1000	1376	96	53	42	145	1380	11	67	22
江南影视艺术职业学院	2928	2716	www.jnys.cn	100	500	19	6	32	112	96	2	12	10
无锡科技职业学院	228	120	www.wxstc.cn	100	1200	44	8	7	81	32	5	66	11
苏州工业园区职业技术学院	140	120	www.ivt.edu.cn	1000	1500	41	10	2	50	2860	3	17	3
常州机电职业技术学校	110	80	www.czmec.cn	300	3000	110	42	54	数百门	500	6	62	10
江阴职业技术学院	200	150	www.jypc.org	1000	2150	58	32	26	28	240	8	58	3
江苏食品职业技术学院	35	28	www.jsfsc.edu.cn	1000	800	65	24	27	20	3000	30	30	4
常州工程职业技术学院	335	303	www.czie.net	10G	2911	106	106	60	160	15130	5	43	10
沙洲职业工学院	1200	1000	www.szit.edu.cn	2*100	1300	66	66	240	40	120	4	32	5
常州信息职业技术学院	92	60	www.ccit.js.cn	1000	237	200	21	752	2500	15	275	32	

（二）教育教学资源建设持续发展

1.区域中小学教育教学资源建设得到突飞猛进的发展

为提高全省中小学“校校通”工程基础设施建设的效益，解决农村中小学优质教育教学资源短缺的问题，2007年在省政府的直接关心和指导下，教育厅开展了“送优质教学资源下乡工程”。制作了覆盖义务教育阶段24门学科（其中小学10门、初中14门）、面向农村中小学播放的课堂教学光盘，总课时为2357课时。为全省82个县，5037所小学，2243所初中免费配送1～3套教学光盘，并同时为这些学校的20000多个班级配备相应的课堂教学视频播放设备，总投资8000万元。同时，还制作了“四项配套”工程相应的设备使用培训教学光盘5万张。这两项工程加强了农村学校与城市优质教育资源的共享，提高了农村教师学科教学备课上课水平，促进了教育公平和均衡发展。

2.全省普通高校和各类中等职业技术教育学校的资源建设也取得了较大的发展

逐步建设适合自身的教育教学资源库。结合学校专业特色和实际需求，建设高质量的多媒体素材（包括文字、图片、图形、动画、音频、视频）、多媒体课件、电子教案、教学案例、题库、电子文献(包括图书、期刊、报纸),并进行体系化管理。进一步加强了媒体素材、试题库、课件、典型案例、文献资料、常见问题解答、网络课程、资源目录索引等教学资源库的建设。

加强了网络教学平台的建设。网络教学平台是基于网络和多媒体的重要现代教育技术,它将教学课件、教学大纲、教学计划、网络学堂、精品课程网站、图书教学参考资料等网络教学资源整合于统一平台。这有助于教师与学生更好地利用网络进行教学、充分共享教学资源、提高教学效率。据2007年教育事业统计,全省普通高校已经拥有网上教学课程数4599种,各类中等职业技术教育学校拥有教学课程数6115种。

校办FTP信息资源服务器得到进一步利用。其中"重要资料"、"新闻图片"、"常用软件"等栏目资源丰富,利用率高,为各部门进行信息交流、学校多媒体信息发布、办公电脑软件应用等提供了下载服务,同时根据用户需求提供信息上传服务,成为办公自动化服务平台大容量信息资源的补充。

进一步完善了数字图书馆的建设。数字图书馆是建设数字化大学、实施教育信息化的信息基础。各学校在原有的基础上,通过各种方式,不断充实电子图书容量,丰富馆藏图书内容。据2007年教育事业统计,全省普通高校已经拥有电子图书10084.12万册,各类中等职业技术教育学校拥有电子图书339416片。实现当年电子图书的增加数分别为普通高校7847.18万册,中等职业技术教育学校42826片。

(三)加强应用研究,提高信息技术应用成效

为提高教育信息化的应用水平,江苏省教育信息化领导小组办公室组织各地职能机构和各级各类中小学校加强应用研究,在取得经验和成果的同时,及时总结推广,使全省教育信息化工作得到进一步普及和提高。

全省坚持以研究为先导,以活动促应用。省市电教馆、信息中心率职能机构积极组织广大中小学校开展信息技术在教育教学中的有效应用等相关课题研究,组织开展各种内容和形式的专题研究活动。在"全国中小学电脑制作活动"和"全国中小学信息技术应用创新能力大赛"等活动中,江苏省选送的作品获奖成绩名列前茅,省教育厅获得最佳组织奖。我省还把信息技术研究活动延伸至幼儿教育,组织了全省幼儿园网络环境下学与教系列研讨活动。另外,还组织师生开展各种形式的应用活动,如:全省信息技术与课程整合教学设计评比、中小学生网上读书、多媒体学科教学软件评比等。

(四)信息化人才培养、培训持续深入开展

1.全省中小学师资队伍教育技术能力不断提高

2006—2007年度,全省报名参加国家教师教育技术能力考核的教师共有112266名,占全国报名总数的70%,及格人数为99624名,及格率90%以上,遥遥领先于全国其他省市。

2.开通"江苏教师教育网"网上培训平台

为了加强全省中小学教师培训工作,随着江苏省教师教育网络联盟建设项目的实施,我省开通了"江苏教师教育网",全年网上培训教师5万人,扩大了培训数,提高了培训质量,节省了培训经费。省级教师培训的网络课程不断推出,开设了网络教育技术能力培训、班主任培训、bolg与教师专业发展等课程。

3.各类高等院校、中等职业技术教育学校信息化专业人才培养能力明显提高

强化对教师的技术培训、信息服务、教育指导、应用研究四种职能,是教育信息化建设的主题和重点。各高等院校、中等职业技术教育学校在这方面投入了大量的资金,开展了对教师教育技术能力培训、教师信息技术能力培训、教师课件制作培训,提高了教师的信息化素养,有效地提高了全体教师的信息技术应用水平。同时,有些学校还积极安排技术人员参加国家有关部门组织的各类信息技术培训,鼓励符合进修条件的人员在本校或其他学校深造学习,极大激发和充分调动了广大教师及各种管理人员的学习积极性。

【存在的主要问题】

(一)发展不平衡,区域差异较大

从建成校园网学校数占其学校总数的比例、每台计算机服务学生数即生机比和生均占有电子图书的情况可以看出,苏南、苏中、苏北区域之间仍然存在的较大差距,这与南北经济发展水平的不平衡有着密切的关系。(2007年江苏省区域教育信息化基础设施建设发展情况比较如表3所示)

表 3 2007 年江苏省区域教育信息化基础设施建设发展情况比较

		建成校园网学校数/所		计算机拥有数/台			电子图书/册	
		计	占其学校总数(%)	计	校均拥有数	生机比/(生/台)	计	生均拥有数
小学	全省	2954	52.1	337142	59	12.7	7590811	1.8
	苏南	1174	83.9	156337	112	8.5	5400623	4.1
	苏中	622	54.1	60027	52	14.3	838641	1
	苏北	1158	37.1	120778	39	17.4	1351547	0.6
初中	全省	1457	64.6	226825	101	13.1	6026541	2
	苏南	628	92.2	97061	143	8.1	3550548	4.5
	苏中	378	66.4	46714	82	13.3	722218	1.2
	苏北	451	44.9	83050	83	18.9	1753775	1.1
高中	全省	665	85.2	215356	276	7.1	8051052	5.3
	苏南	261	96.3	98349	363	4.4	4459857	10.3
	苏中	168	91.8	46411	254	7.4	1431322	4.2
	苏北	236	72.2	70596	216	10.7	2159873	2.9

(二)教育信息化资源建设规划的科学性、系统性不够

个别学校和地区由于缺乏整体规划、建设和管理,导致责权模糊,信息管理人才分散,队伍不稳等;各个应用系统相互独立,数据冗余且没有关联,低水平重复,成为了一个个信息孤岛;信息化系统开发应用仅着眼于部门内、短时期内的集中需要,忽略了这些项目的实施与学校信息化整体和长远发展的联系与衔接,使得学校整体信息化水平难以提高。

(三)教学资源不够丰富,课件质量有待提高

全省中小学的教育教学资源还不能满足需要,特别缺少适应新课程以及高质量的教育资源;普通高校的教育教学资源普遍存在着结构性短缺,标准化问题没有根本解决,限制了资源共享;在高职高专的教育教学资源中,具有自己特色的,特别是用于实践教学的教学资源还不能满足需要,高职特点不突出,精品课程更少。

(四)教育信息化专业人才仍然不足,队伍也不够稳定

广大中小学校信息技术课专任教师数量不足,全省 5668 所小学,仅有信息技术专任教师 4935 人,校均拥有信息技术课专任教师 0.9 人。全省 2255 所初中,仅有信息技术专任教师 4642 人,校均拥有信息技术课专任教师 2.1 人,仍然不能完全适应教学工作需要。个别的普通高校及职业技术教育学校网络工程技术人员情况虽然比前几年有所缓解,但由于技术人员队伍不稳定等原因,依然不能满足教育信息化的需求,影响了教育信息化的发展。

2008 年是全面贯彻落实党的十七大精神的第一年,教育改革和发展面临着新的机遇和挑战。江苏教育信息化建设要在十七大精神的指引下,谋划好教育优先发展、科学发展、和谐发展的新思路和新举措。高举教育现代化旗帜,以教育信息化为重点,进一步优化网络环境,丰富教学信息资源,扩大应用范围,提高应用水平,培养信息素养较高的教师队伍,构建全省教育信息化公共服务体系,拓展教育信息化的服务对象和内容,为全面推进区域教育现代化建设、促进教育均衡发展、建设教育强省服务。

(周 敏)

江苏省财政信息化暨金财工程建设发展概况

【基本概况】

2007年，我省各级财政部门认真学习贯彻党的十七大精神，以科学发展观为指导，坚持以服务财政管理和改革为宗旨，把“金财工程”建设作为深化财政改革和完善公共财政管理体制的重要基础性工作来抓，在坚持财政部“五统一”原则前提下，结合本省实际，不断加快建设步伐，在保证预算执行系统、非税收入管理系统等核心财政业务应用系统安全运行的基础上，又开发了预算编制系统，为财政改革和管理提供了重要技术支撑和保障，有力促进了我省各项财政改革向纵深推进，取得较好效果。

【组织领导和机构队伍建设】

我省各级财政部门高度重视“金财工程”建设，省财政厅党组书记、厅长包国新同志高度关注我省“金财工程”建设进程，充分肯定我省“金财工程”经过几年建设，已经取得的良好开端。要求各级财政部门一定要进一步统一思想，深刻认识随着财政改革的进一步深入，“金财工程”建设的重要性和迫切性，按照“五统一”的原则，高度重视并积极推进“金财工程”建设，不断提升全省财政管理的科学化、规范化和现代化水平，促进全省经济又快又好发展。分管副厅长王正喜同志充分发挥多年在预算管理部门工作、熟悉业务的优势，大力倡导业务与技术的融合，对于工作中的重点难点问题，坚持亲自研究、亲自协调，还亲自设计制作系统流程图，指导业务和技术人员开拓思路。经厅党组研究决定，将财政业务职能调整定位、内控机制创新、财政信息化建设三位一体，统一纳入机关重要工作范畴进行研究考虑。厅办公室负责全省财政信息化建设和“金财工程”建设的组织、指导工作，有力推动了各项信息化建设的发展。

各市县财政部门也相继成立了“金财工程”建设领导小组，已建立信息化建设机构52个，配备专职技术人员203人。

全年制定系统安全、数据库管理等七项管理制度，规范“金财工程”建设与管理。举办了4期计算机技术培训班和20多期系统应用培训班，提升了财政部门的信息技术水平和应用能力。

【工作部署】

信息系统是财政管理的信息体现，是财政业务高效顺畅运行的技术支撑，开发好的财政业务系统，首先需要明确财政管理的总体框架与细则，规范财政内部业务运行方式，创建适应现代财政管理要求的工作流程，这些都离不开业务部门的指导和设计。因此，在工作中业务部门和技术部门始终保持良好沟通，密切配合、通力合作，共同研究确定业务需求，共同搞好系统设计。在系统建设中，技术部门坚持以我为主，使技术人员深入到一线，参与系统开发和维护。多年实践表明，这种做法不仅使财政部门牢牢地把握住了核心技术，较好地支撑了财政改革推进，保障了业务系统运行，同时，锻炼了信息队伍，提高了技术水平，为“金财工程”和财政信息化建设的长远发展奠定了坚实基础。

【基础建设】

我省各级财政部门制订了“十一五”期间财政信息化建设总体规划。省厅完成了“金财工程”建设可行性研究报告的编制工作。该报告系统梳理了现行财政业务，提出了建设四大财政核心应用系统的思路，完整规划了业务应用系统建设方案。根据建设方案，各级财政部门统筹安排核心业务系统开发和应用，坚持一体化推进。

江苏省县级以上财政部门全部完成了财政内部局域网建设，建成省、市、县三级广域网，各级财政部门通过租用电信线路或利用政府电子政务内网建立了横向城域网。省厅到一级预算部门

(单位) 网络连接达 100%，市级财政连接一级预算部门（单位）86.92%，县级财政连接乡财政所800 多个，约占 64%左右。

配合网络建设的推进，核心硬件设备得到很大改善。目前，全省财政现有小型机近 40 多台、各类服务器数百台、主干交换机、楼层交换机、路由器等网络设备上千台，提高了财政业务数据的处理能力。

为了确保网络基础设施和财政业务数据安全，制定了《江苏省财政管理信息网络系统安全建设方案》，省、市财政建立了防病毒、网络安全防御体系，扩展了存储备份系统，对各个核心业务应用系统实行全自动数据备份，在预算执行核心应用中启动了 CA 认证系统建设，加强了财政信息系统的整体安全防御能力。

按照政务公开和政府机关网站建设的要求，全省财政部门继续做好财政网站的升级完善和运行维护，丰富网站内容和信息量，完善个性化服务，调整信息服务结构，增加在线咨询、投诉等模块，使服务群体使用财政网站更加方便、简单。

【财政核心系统运行情况】

我省各级财政部门在积极做好各项财政改革工作的同时，进一步加强财政业务应用系统的开发、完善和实施工作，提供重要技术支撑和保障，满足现有财政管理和改革的需要，有力促进了我省各项财政改革向纵深推进。以省本级为例：

部门预算编制系统，2007 年省级系统支撑了省级 128 个部门、1210 个预算单位，编列 2008 年度预算总额 747.58 亿元。

预算执行系统，2007 年省级系统支撑 1146 个预算单位的集中支付业务，全年完成支付 46 万多笔，支付金额 442.04 亿元。

非税收入管理系统 2007 年支撑省级全部 2000 多个执收单位，全年完成缴款书 13.39 万份、缴款书条目 20.01 万条，缴款总金额 176.43 亿元。

配合行政事业单位国有资产管理改革，建立资产管理基础数据库，采用全省数据集中方式开发清查软件，据清查审核初步统计，全省 32591 家行政事业单位拥有资产总额 5814 亿元。根据清查结果，组织开发了一套适合江苏财政管理需要的资产管理信息系统。

苏中、苏北 35 个县财政部门完成了“乡财县管”信息系统建设，应用软件得到财政部的认可，并已在全国推广使用。苏南部分财政部门进行了乡镇集中支付试点，完成了设备配置、网络建设、软件开发和培训实施等技术保障工作。

【财政信息化建设的成效】

随着部门预算编制、预算指标管理、国库集中支付、实拨资金管理、非税收入管理、工资统发、账务管理、专项资金支付管理、年度结转资金管理、政府采购管理、对下级财政资金调度管理和财税联网等系统的成功建成和逐步投入应用，省本级基本实现了所有财政核心业务和财政性资金的信息化管理。大部分市县财政部门实现了核心业务信息化管理。

一是初步实现“阳光财政”。“金财工程”建设推动了预算管理制度改革，通过建立统一、完整、规范的公共财政预算和支出管理体系，增强了财政资金分配使用的公平性、公正性、公开性，逐步提高财政收支活动的透明度，让社会各方面更好地了解国家财政资金的来龙去脉，促进了政务公开、依法行政和依法理财。

二是进一步推进财政改革与发展。“金财工程”建设把现代信息技术运用到财政工作中来，通过开发应用预算编制、预算执行、预算监督、行政管理四大体系几十个财政业务应用系统，为财政改革和管理提供了重要技术支撑和保障，保障和促进了财政改革与发展不断迈上新台阶，实现新跨越。

三是逐步实现财政管理科学化、规范化。“金财工程”通过详细记录每个用款单位每一笔财政资金收支的运行状态，对预算编制、预算执行、资产管理等财政资金运行事前、事中、事后的全过程进行实时监测，实现阳光下的财政监管。同时通过为财政监督提供全面、准确、及时的信息，便于有重点、有针对性地对资金运行中出现的异常情况，进行实地调查和风险控制。

四是提高财政资金使用管理的有效性。“金财工程”通过实现信息处理的高度自动化和信息资源的广泛共享，完整地保存预算执行各方面的数据，提供准确、实时、完整的财政财务信息。通过加强执行分析和绩效评价，结合资产存量和结余资金情况，进一步改进预算决策，提高预算编制的科学性和准确性，通过充分利用库款余额，加强现金管理，加快资金周转，发挥财政资金“四两拨千斤”的作用，更好地支持各部门和基层加快改革与发展，提高了财政资金使用的有效性。

【存在问题】

我省“金财工程”建设中存在的主要问题有：一是市县发展不平衡，特别是苏北地区信息化技术力量薄弱。二是就全省范围而言财政业务应用系统存在不够统一、不够规范问题。三是部分县级财政网络存在安全隐患。四是财政系统现行信息化建设工作实施与管理体制和职能还不能完全适应“金财工程”建设的要求。这些不足和问题，必须引起高度重视，在今后的工作中逐步加以解决。

【发展目标】

“十一五”期间是全面推进“金财工程”建设的关键时期，面临新的机遇和挑战。一是统一构建省、市、县财政核心业务的应用支撑平台和集中存储的数据库，实现本级财政信息共享、流程顺畅、工作协同，上下级财政以及财政与其他部门的信息互通。二是全面建成以各级财政局域网为中心，辐射到所有财政部门和预算单位，支撑财政核心业务系统运行的财政工作专网，和建成面向社会公众服务的财政信息外网。三是全面建成预算编制、预算执行、预算监督和行政管理四大系统，对现有业务系统进行优化、升级，建成涵盖全部财政业务和财政性资金，满足省、市、县三级可用的统一核心业务系统平台。

2008 年工作任务

我省各级财政部门要以科学发展观为统领，紧紧围绕财政改革、发展大局，加快推进“金财工程”建设。在全省范围内推广应用部门预算、预算执行、非税收入管理等财政核心应用系统，建设行政管理系统、视频会议系统、财政项目管理系统，在预算执行系统基础上，延伸开发预算单位财务系统，启动全省财政部门财税库联网建设，加强财政网站建设，进一步提升信息服务水平，强化网络安全与规范管理，促进提高财政管理科学化、规范化、现代化水平，为全省经济又好又快发展及和谐社会建设发挥技术保障作用。

（薛子成）

江苏省公安信息化发展概况

2007年，全省公安机关在省委、省政府和公安部的正确领导和社会各界的支持帮助下，坚持以科学发展观为统领，抓住开展“平安江苏”和“三基”工程建设的有利机遇，围绕基本实现全省公安工作信息化的目标，坚持科学发展、率先发展、和谐发展，坚持大胆探索、改革创新，在深度、广度和高度上继续全面推动公安信息化建设和应用的深入发展，有力地提升了全省公安机关的战斗力，江苏公安工作信息化水平有了新的发展和变化。

【主要成效】

（一）公安信息化基础建设水平显著提升

在全面建成公安专用信息网络的基础上，2007年，6个市公安机关三级主干网带宽达到了2.5Gb/s，1个市达到了5Gb/s；多数地方四级接入网带宽达到100Mb/s以上。截至2007年底，全省公安机关已有近2000个基层派出所建立了标准化信息化采集室，开展了流程化信息采集应用。全省公安机关共有联网注册计算机7.4万余台，民警计算机拥有率达到了95%。全省已有5990多个重点目标监控图像实现了向省公安厅联网传输汇集，初步完成了35个省际治安卡口联网建设任务。13个市公安局已完成了市、县350MHz警用无线通信系统联网建设，全省共配备警用350MHz电台4.7万余部，超过民警总数的50%。2007年，省公安厅建成了2套新的二级网视频指挥系统，各地公安机关基本建成了三、四级公安网视频指挥系统；省公安厅和7个市公安局还开展了公安移动图像采集传输系统和“动中通”卫星通信指挥车建设，有效提高了处置各类突发事件的服务保障能力。

（二）公安信息化实战应用能力显著提升

在各级公安机关的共同努力下，2007年全省公安信息化应用水平迈上了新的台阶。据不完全统计，2007年各地公安机关利用网上信息破案数约11万起，已占破案总数50%，比2006年上升10个百分点；利用网上信息抓获各类在逃人员等3.8万名；利用治安监控图像信息破案1.1万起，抓获违法犯罪人员8000余名。省公安厅省级警务信息综合服务平台基本建成，开发建设了20多个高端应用、智能应用、专业应用模块，汇集整合了全省7大类、21个子系统约13亿条数据，建立了各地信息数据向省厅上传维护管理的工作机制，初步实现了全省110接处警、人口、案事件等信息的每日在线维护更新，通过与政府及社会有关单位的协调配合，建立了全省刑释解教人员、法人组织、行政执法与刑事司法信息等社会信息的交换共享机制，初步汇集整合了社会信息500余万条，通过高端统筹和智能碰撞比对，向全省各地公安机关提供了高危预警、在逃抓捕、物品查证类线索23万多条，比中各类违法犯罪线索23.7万余条，从中发现并抓获了一批逃犯和犯罪嫌疑物品，取得了显著成效。同时，各市公安机关利用警务综合平台和其他技术手段，开展信息化实战应用，进一步强化了打防管控能力。截至2007年底，13个市累计采集存储各类数据12亿条，其中年度新增各类数据2亿多条；各市警务平台百名民警每日平均登录应用率已达到97%，基本达到民警每天平均登录一次的目标；全省公安民警到省公安厅主网站访问量日均已达到4万余人次，到公安部全国信息资源库访问数也位居全国前列。

（三）公安信息网运行管理和服务保障的水平显著提升

各地公安机关按照公安部和省公安厅的统一要求，加强改革创新，深化各类技术保障手段和规范化管理机制建设，苦练岗位基本功，不断提升服务保障水平，全年基本实现了“网络不中断、系统不瘫痪、数据不丢失”和“通得上、看得见、听得清、查得到”的工作目标。2007年，全省公安一、二级主干网络每月平均流量已分别达到

257Mb/s和331Mb/s，月均通畅率均为100%，位居全国前列；全省有53个业务系统实现了与PKI/PMI系统的对接，民警数字身份证书使用率达到89%；全年共完成部、省级公安视频指挥调度系统保障任务50余次、电视电话会议系统保障任务80余次，没有发生过责任事故。特别是圆满完成了首次利用信息化手段举行的全省“钟山－2007”反恐怖应急指挥与力量拉动演习以及党的十七大安全保卫通信保障工作，在公安部组织的2007年度全国公安信息通信网运行管理考核评比中，江苏位居第2名。

（四）全省公安信息化自主研发和创新发展能力显著提升

各地公安机关从推动信息化可持续深入发展的目标出发，进一步理顺工作关系，整合资源力量，加强高层人才培养，研发和学习掌握智能开发工具，按照公安信息化发展规律的要求，努力掌握工作主动权。2007年全省公安机关共有49名专业技术民警获得各类专业证书，其中获得ORACLE数据库OCP证书的有18名，在全国居于前列，在公安部组织的信息化专业岗位技能比武竞赛中，江苏获得团体总分第三名，多人获得技术标兵、能手的荣誉称号。南京市公安局开发的警务综合平台被评为全国公安科技成果二等奖，省公安厅开发的运行管理系统、“1203工程”和苏州市公安局开发的移动警务系统被为三等奖。2007年，全省公安机关开展信息化应用练兵培训近15万人次，发现和培养选树了一批信息化应用典型，省公安厅在认真总结各地培训练兵成果和网上应用战法的基础上，专门编写了《公安民警网上信息实战应用手册》，实现了提供一批数据、教会一套方法、养成行为习惯、形成工作机制的目标。

2007年以来，李源潮、梁保华、赵克志、林祥国、李云峰、张九汉等中央和省委、省政府领导到省公安厅进行视察指导公安信息化工作；青海、上海、江西、广东、辽宁、甘肃、山东、浙江等10多个省市公安厅局领导专程带队来江苏考察学习；公安部信息通信局、科技局以及部督导组、信息化专家组成员也多次来江苏调研考察，并将江苏的一些做法向全国做了介绍通报；根据公安部统一安排，省公安厅还先后组织了48名基层公安信息化应用骨干，组团赴黑龙江、海南、陕西、甘肃、宁夏、青海等地进行信息化应用巡回宣讲活动，共进行了22场在线演示宣讲，受众人数超过2万人；应青海省公安厅主要领导的请求，省公安厅还派人帮助青海省公安机关开展信息化规划和建设工作，建立了省公安厅及6个市与青海省公安厅及8个地市互相对口帮扶协作的工作机制，推进了两省公安信息化建设应用的全方位合作，得到了公安部张新枫副部长的专门批示肯定。

【主要做法】

（一）编制“两项规划”，进一步指导推动全省公安信息化可持续深入发展

全省公安机关自觉融入大局和服务大局，充分发挥职能作用，正确把握面临的形势、省情特点和信息化建设发展规律，统筹处理各种关系，加强需求调研、标准制定和规划设计，为全省开展公安信息化发展谋篇布局。一是开展了省公安厅警务综合服务平台建设方案调研制定工作。按照省公安厅党委“高端统筹、周到服务，提高效率、增强实力”的要求，认真总结各市开展警务综合平台建设应用经验，立足全省跨地区、跨警种开展高端应用和智能应用的需要，科学规划并率先组织建设了省公安厅警务平台，先后召开2次全省性工作会议进行动员部署，推进上下联动建设，取得了重大进展，初步形成了一体化建设发展的机制。二是制定了综合性通信指挥平台建设规划指导意见。按照建设动态治安防控体系和设防省份的要求，为充分发挥信息化建设效益，经过认真调查研究和总结经验，起草制定了综合性通信指挥平台建设规划指导意见和治安卡口信息化建设标准，专门召开会议进行了动员部署，有力地推进这项工作的深入开展。省公安厅还加强全省公安信息化建设应用情况的分析研判，针对各地工作中出现的各种问题，及时研究出台有针对性的指导意见和工作规范，2007年，共制定印发各类指导性文件188份，其中被公安部转发的有22份，对推动全省公安信息化科学发展、率先发展、持续发展发挥了重要作用。

（二）开展“三项建设”，进一步优化和完善全省网上信息综合应用的体系框架

全省公安机关紧贴实战需求，紧跟技术发展潮流，开展了“三项建设”，推动了公安信息综合应用体系的发展完善。一是开展了省市警务综合平台的建设完善工作。省公安厅集中人力、物力，初步建成了省级警务综合服务平台并汇集整合了全省公安机关内、外部信息数据约13亿条，重点开发建设了20多个高端应用、专业应用模块，研究解决了一批数据汇集整合和高端应用的技术难题，建立了各地信息数据上传维护管理机制，开展了全省范围智能碰撞比对和研判分析工作，取得了初步成效。同时，各市公安局围绕拓展平台功能、扩大覆盖范围、提高数据质量和增强智能开发能力等要求，进一步加强了市级警务综合平台建设，提升了综合性、专业性、智能化应用水平。经过一年努力，各地警务平台的功能和服务实战的能力有很大提升。省公安厅和部分地方公安机关开展了请求服务系统、内外网数据交换平台建设，加强公安机关内部资源的跨地区复用和外部资源的交换共享。据不完全统计，全省公安机关已整合各类社会信息资源4700余万条，满足了实战急需。常州、南京、南通、扬州、镇江、淮安等地还开展了警务地理信息系统建设，在高端应用上作出了有益探索。二是开展了信息化基础设施建设。全省公安机关从满足“三基”工程建设和开展网上实战应用需要出发，采取有力措施继续抓好信息化基础设施建设，提高服务保障水平。省公安厅信通处开展了公安二级主干网扩容改造工程前期调研准备工作。各地公安机关从实战需要出发，积极开展了移动应用系统和人工信息查询台建设，目前各市公安局都已建立了人工信息查询台，月均查询访问达11万人次。省公安厅和11个市公安局建立了移动应用系统，配备移动应用终端2万余台，日均访问达2.7万人次，提高了民警在动态条件下采集和应用信息的能力。一年来，省公安厅和扬州、常州等市公安机关还高质量完成了楼宇智能化建设和计算机通信设备及系统的搬迁工作，全面提高了信息化应用保障水平，面貌发生了新的变化。三是开展了监控图像联网调度等应急指挥通信系统建设。省公安厅和各级公安机关以“一大平台、三个主干、五类支撑保障系统”为基本框架，集中人力、物力，开展了综合性通信指挥工作平台建设，重点开展了公安视频指挥系统和公安机关自建监控图像联网系统建设，建成了集中统一管理的图像控制中心和3套二级网视频指挥系统；基本建成了全省三、四级公安网视频指挥系统和公安移动图像采集系统，有力地推进了全省治安监控图像联网建设发展。省公安厅还研究制定了全省350MHz警用无线通信系统联网建设的接口标准规范，为开展省市联网建设做好了准备。

（三）强化“二大保障”，进一步推动规范化应急通信保障工作机制的发展

省市公安机关围绕党的“十七大”安全保卫和“钟山－2007”反恐怖应急指挥与力量拉动演习等重点任务，结合贯彻落实公安部下发的《关于加强公安通信保障工作的意见》精神，在实战保障中积极开展了应急通信保障机制的规范化建设，初步建立了流程化、动态化的通信指挥机制、一体化联勤协作的工作机制和规范化、常态化的点名检查机制，形成了视频有人监看、信息有人处置、设备有人维护、联络协调到位、反应比较迅速的应用保障局面。一是全面完成了“十七大”安全保卫等重大安保通信保障任务。围绕党的“十七大”安全保卫等重大活动通信保障工作的需要，省市公安机关全力以赴、精心组织，加强值班备勤，全力以赴完成了各项保障任务。省公安厅2次组织卫星通信指挥车等应急通信器材装备，到苏中、苏北6市及部分县区开展了应急通信拉练和巡回宣传活动，加强上下应用的磨合，促进整体联动机制的形成。一年来，全省公安机关圆满完成了一大批重大勤务保障任务，在实战中经受了锻炼和考验。二是全面完成了“钟山－2007”等反恐怖应急指挥与力量拉动演习等应急通信保障任务。在省反恐协调小组的统一领导下，各级公安机关充分发挥职能作用，精心准备、强化建设、反复磨合，采用多种先进的信息化手段，圆满完成了全省“钟山－2007”反恐应急指挥与力量拉动演习任务，受到省委、省政府主要领导的表扬。同时，在抓捕邯郸农行特大金库盗窃案犯罪嫌疑人、破获南京“3·20”抢劫银行取款人员大案等实战工作中，公安应急通信保障手段都发挥了重要作用。

（四）实施“三类练兵”，进一步激发信息化建设应用的活力和创造力

一年来，全省公安机关以素质强警、提高实战能力为目标，抓住开展“三基”工程建设的有利机遇，结合工作实际，采取多种形式，组织民警开展苦练基本功和计算机技能练兵培训，取得了明显进步。一是强化专业岗位练兵。根据公安部统一部署，全省公安机关组织信息化专业技术民警有针对性地开展了岗位培训练兵活动，建立了全省警务平台开发和信息化应用人才数据库，开展定期交流研讨活动，并采取邀请基层信息化应用骨干到省公安厅跟班作业研讨问题的方式，选调20余名基层民警到省公安厅集中办公，研究警务平台建设和实战保障机制等问题，既帮助省厅解决了建设应用问题，又帮助基层锻炼培训了应用骨干，达到了双赢目的，取得了明显成效。一年来，省公安厅连续举办了ORACLE数据库、警务平台智能开发工具、视频指挥系统操作管理和350MHz系统联网接口规范等专题研讨培训班，邀请内外各级专家能手进行讲课指导，努力培养能够独立承担信息化专门技术开发和日常维护管理任务的“双料”人才队伍。省公安厅还建立了“平时分散工作、需要时全省集中使用”的全省信息化专业人才使用机制，围绕全省公安信息化建设的共性和疑难问题，集中全省智慧进行攻关研究，在开展省市警务平台等重点应用系统建设中发挥了明显成效。为了进一步落实运行管理措施，提高服务保障能力，省公安厅创新办法，建立了每季度召开全省运行管理工作视频点评会议的制度，详细总结和具体点评一个季度各地运行管理情况，重点研究解决存在问题，发挥了很好的作用。二是深化全警计算机技能练兵培训。按照省公安厅制定的“五会四必”网上应用的要求，全省公安机关继续采取措施，深化全警计算机应用技能培训。据不完全统计，一年来，全省开展信息化应用技能练兵近11万人次，新发现和培养选树县级以上信息化应用典型336个，县级以上公安机关建立网上信息应用工作规范和办法371个，进一步激发了广大民警的应用活力和创造力。一些市公安局专门举办了公安领导干部信息化应用基本技能培训班，并开展了应用技能比武竞赛活动，掀起了应用技能培训高潮。省公安厅编写的《公安民警网上信息实战应用手册》受到了基层公安机关和广大民警的欢迎与好评，在推进信息化实战应用方面发挥了重要的指导作用。

【2008年工作思路】

2007年，虽然全省公安信息化建设应用工作取得了明显成绩，但还存在思想认识和科学规划不够到位、系统建设质量和应用水平不够高、应用机制不够健全规范、安全管理措施不够到位等问题，必须进一步采取有针对性的措施切实加以解决。2008年，全省公安机关将认真贯彻落实党的十七大和省委十一届三次全会精神，围绕把江苏建设得更加美好和“平安和谐进入新境界”这个总目标，抓住解放思想、改革创新，落实科学发展观这根主线，进一步采取有力措施，创新发展理念，落实各项信息化建设应用和运行管理措施，在实现科学发展的目标路径、推进内外信息资源的整合利用、提升公安信息网运行管理服务水平、增强自主研发、可持续发展和信息化应用能力等方面持续探索创新，进一步提升全省公安工作现代化、智能化水平，努力使科技信息化手段在全省公安工作中的作用更加突出、应用更加广泛、效益更加显著、管理更加科学，始终保持江苏公安信息化率先发展、科学发展、和谐发展的良好态势，不断巩固和提升江苏公安信息化的品牌优势。

（陈　坚）

江苏省国土资源领域信息化发展概况

【基本概况】

2007年，江苏省国土资源厅深入贯彻落实党的十七大精神，紧密围绕全省国土资源中心工作和重点任务，坚持以科学发展观为指导，进一步强化信息技术在新形势下对国土资源管理工作的支撑作用，不断创新工作思路，拓展服务内容，改进服务手段，强化信息化队伍建设和人才培养，努力提高工作效率，较好地完成了全年的国土资源信息化建设任务。

【工作部署】

省国土资源厅按照关于深入开展管理创新年活动，大力实施精细化管理的要求，认真贯彻、落实国土资源部信息化“十一五”规划和“金土工程（一期）建设方案”以及省委、省政府关于全省信息化工作的总体要求。结合江苏省实际，通过广泛调研和深入研究，拟定了2007年国土资源信息化工作的目标和主要任务。4月份在宜兴召开了全省国土资源信息化工作会议，各市国土资源局分管领导、信息办主任、信息中心主任，省国土资源厅直属事业单位负责同志以及获省国土资源系统优秀网站的县（市、区）局负责同志参加了会议。

会议总结了2006年全省国土资源信息化工作取得的成果，表彰了2006年度江苏省国土资源系统优秀网站，无锡、南京、连云港、南通和宜兴市国土资源局五个单位作了典型交流发言；对2007年全省国土资源信息化工作任务进行了部署。刘聪副厅长出席会议并作重要讲话，强调要抓住“金土工程”实施的契机，紧密围绕省国土资源厅的中心工作，在巩固现有信息化建设成果的基础上，以数据整合为基础，以应用为动力，以规范为手段，把握机遇，再接再厉，推动全省国土资源信息化再上新台阶，为实施国土资源精细化管理发挥更大的作用。一是突出重点，切实做好金土工程的实施工作；二是注重实效，加快推进全省国土资源电子政务建设；三是认真贯彻落实全省国土资源信息化“十一五”规划；四是夯实基础，加快国土资源数据中心建设；五是加快开展市县视频会议系统建设；六是加强全省国土资源专网安全监管和制度建设。要求全省各级国土资源部门进一步提高认识，加大信息化建设的投入，健全管理制度，加强信息化队伍建设，以信息化建设带动我省国土资源信息技术跨越式发展和管理方式的根本转变。

【主要成果】

（一）完成了“金土工程”（一期）建设试点任务

根据国土资源部的总体要求和计划安排，省国土资源厅和无锡市国土资源局为国家“金土工程”一期建设的试点。在江苏省“金土工程”实施方案获批的基础上，省国土资源厅和无锡市国土资源局分别成立了一把手亲自负责的领导机构和工作班子，并多次召开专题会，研究落实金土工程（一期）建设目标，明确了“金土工程”（一期）建设任务，并向无锡市国土资源局提出了总体建设要求。根据国土资源部下达的全国“金土工程”（一期）（中央投资部分）数据整合任务，以及国土资源部和省国土资源厅关于数据库整合的有关要求，省国土资源厅按计划完成了全省农用地分等、矿产资源规划、矿产资源储量和土地利用总体规划等七个省级数据库的整合；无锡市国土资源局也完成了全市1∶10000土地利用现状、土地利用规划、土地开发整理规划和基本农田数据库的整合。目前，江苏省“金土工程”（一期）数据整合成果已通过国土资源部检查验收。与此同时江苏省“金土工程”（一期）项目立项工作基本完成。2007年7月，省国土资源厅组织了工作小组着手编写《江苏省“金土工程”（一期）建设项目可行性研究报告》，同年11月分别通过省发改委和省信息办组织的评审。

（二）全面贯彻落实江苏省国土资源信息化“十一五”规划

全省国土资源信息化“十一五”规划颁布实施后，对各市国土资源局部署了各市国土资源局对本市国土资源信息化建设现状做了认真分析，梳理了“十五”期间的建设成果，总结了经验，找出存在的主要问题。编制了实施方案和年度工作计划。方案与管理业务工作的结合更加紧密，推进措施更加有效，并注意了信息化建设的整体性，既考虑了本辖区市、县两级建设的关系，贯彻统一领导、统筹规划的建设方针，也考虑了与全省国土资源系统信息化建设的协调与联动。通过一年的实施，各市局基本完成了方案确定的目标任务，信息系统建设、数据库建设正在市域范围内逐步实现统一，为互联共享奠定了基础。

（三）网络建设及应用

1．国土资源专网建设

随着十三个省辖市国土资源局完成了与所辖县（市、区）国土资源局的广域网连接，部分地区完成了县（市、区）国土资源局—乡（镇）国土资源所的广域网连接，全省国土资源系统实现了省—市—县（市、区）三级网络体系，在部分地区实现了省—市—县—乡（镇）的四级网络体系，为今后广泛的网络应用打下了基础。

2007年底，国土资源部派技术组到江苏，按照国土资源部对“金土工程”（一期）的统一要求和部署，与省国土资源信息中心共同对江苏省国土资源厅连接国土资源部的主干网及视频会议系统接入节点进行了调整改造，完成了数据交换系统的集成，统一了系统主界面和数据在线分析展示系统的部署等工作。此外，省国土资源厅办公区网络扩容工程暨《万源大厦办公区网络扩容及电子政务中心搬迁项目》完成了审计工作并通过了省国土资源厅组织的验收。

2．继续推进电视电话系统的建设与应用

2007年国土资源部新春团拜会通过视频会议系统进行，省国土资源厅要求同时把会议开到13个市国土资源局，这是省国土资源厅首次利用国土资源部召开的部、省视频会议，连接市级国土资源局，形成了部、省、市三级的视频会议。此外，全年还利用视频会议系统召开了省—市“全国土地百日执法行动”、“全省进一步严格土地管理，严肃土地执法电视电话会议”等9次视频会议。联调时间由原来的两天缩短到了半天，大大减轻了省、市两级国土资源部门视频会议技术保障人员的工作强度。

根据部、省有关要求，广泛利用先进成熟技术，提高国土资源管理和监测水平，是信息化工作的一个重要方面。为加大全省国土资源专网的利用效率，推进网络建设向纵深发展，省国土资源厅将构建市—县视频会议系统列入了省厅重点工作。各地在编制信息化“十一五”规划实施方案中充分考虑了市—县视频会议系统建设任务的要求，目前除苏州、盐城市国土资源局已经建成并投入使用外，常州、镇江、泰州、淮安、扬州、南通和无锡已基本完成了市—县视频会议系统设计，淮安市国土资源局、镇江市国土资源局完成了设备的招标采购工作。苏州、盐城等市国土资源局还积极拓展视频会议系统的应用范围，通过视频会议系统开展远程培训教育，取得了良好的效果。

3．省、市、县三级公文协同办理系统正式投入运行

省—市—县三级公协同办理系统于2007年2月在全省国土资源系统进行试运行，5月1日正式投入运行。省国土资源厅办公室、科技处、信息中心等部门密切配合，采取督促、通报、协调等多种措施，保证了联网办文的深度和广度，截至年底系统运行正常，省国土资源厅共向全省各市、县国土资源局发送电子公文443件，接收公文813件。减少了行政成本、提高了行政效率。该系统是国土资源系统在全省范围运行的首个电子政务系统，对市、县广域网络建设、平台推广和其他应用的推广，都有较好的推动作用。同时该系统的应用，使得全省各级国土资源部门连成一个整体，大大缩短了公文传输的周期，提高了办文效率。

4．完成了全省采矿权管理系统三级联网发证部署

2007年省国土资源厅在全省范围全面实施了采矿权系统三级联网与数据库核实整理工作，在去年实施3个试点市的基础上，2007年完成了10个省辖市及其所辖县（市、区）国土资源管理部门的采矿权管理登记信息系统三级联网部署，实现了全省13个市、59个县（市、区）采矿权三

级联网登记发证，为下一步采矿权全国网上统一配号工作奠定了基础。

5. 建设用地审批管理系统进一步扩大试点范围

省国土资源厅在2006年推广建设用地审批管理系统试点基础上，2007年扩大试点范围，确定将宜兴市国土资源局、海安市国土资源局、东台市国土资源局、吴江市国土资源局、淮安市国土资源局、东海县国土资源局作为新增试点单位，通过试点，找出系统存在的问题，系统功能和结构得到进一步的完善。

（四）国土资源门户网站建设

1. 省国土资源厅门户网站建设

省国土资源厅在对门户网站进行了功能扩展后点击率大幅提升，2007年继续加大政务公开信息发布的力度，全年发布信息共2438条，其中政务公开信息928条；报送省政府门户网站1299条，采用91条；全年共计发布信息1386条。此外，为加强门户网站的维护管理，开发了门户网站后台管理中内外网数据交换、网络信息采集等功能模块，对网站架构进行了调整优化，对办事大厅、网上互动等前台功能进行完善。方便了网站日常的维护管理，增强了网站的亲和力。门户网站功能扩展项目于年内通过了省国土资源厅组织的验收。

2. 市、县国土资源部门的网站建设

经过2006年全省国土资源系统的网站测评，促进了市、县国土资源部门的网站建设，效果明显。为进一步推进各级国土资源网站建设。根据部省网站测评标准，编制了江苏省国土资源系统网站测评指标，经广泛征求意见，于5月份下达各市、县国土资源局，引导各地国土资源门户网站的建设。为深入开展管理创新活动，进一步做好全省国土资源系统网站建设，推进依法行政，促进政务公开，加强社会化服务，2007年12月，省国土资源厅组织对全省13个市国土资源局门户网站进行了测评，同时，对全省56个县（市、区）国土资源局网站进行了初评，在初评的基础上，优选出31个县局网站参加测评。测评活动按照《2007年度江苏省国土资源网站测评指标》，采取专家在线评测打分，加权平均排序的方法进行。对获得前五的六个市级国土资源局网站和前十五名县级国土资源局网站，授予了优秀国土资源网站称号，在全系统进行了通报表彰。市级国土资源局优秀网站为：连云港市、无锡市、徐州市、南京市、宿迁市和苏州市其中宿迁和苏州并列第五）；县（市、区）级国土资源局优秀网站：沛县、南京市江宁区、海安县、无锡市惠山区、金坛市、盱眙县、涟水县、昆山市、扬中市、睢宁县、宜兴市、新沂市、泰兴市、如东县和东海县。

3. 江苏土地市场网建设

2007年，江苏土地市场网共发布新闻12000条、市场分析4000条、业界观点1500条、政策动态1500条、出让公告2500条。网站访问量逐月上升，访问量由年初的8000次/日提升到现在的60000次/日。为适应网站自身发展需要，2007年对网站进行了改版，先后增加了“土地二级市场信息发布”、“推荐地块”、“专题集萃”、“土地研究”、“政策读解”、“会员之窗”、“市县工作掠影”、“土地拍卖会直播”、“月度成交信息统计分析公示”等栏目。江苏土地市场网利用自身数据资源优势，积极研究江苏省土地市场，编制了7期全省土地市场综合简报和2期全省土地市场动态研究报告。建立了江苏土地市场网短信服务平台，发送短信超过5万条。

为满足市、县国土资源局的地块推广、招商及形象宣传需求，2007年8月江苏土地市场网承办了淮安市2007年土地推介会，有近150家企业去淮安考察了淮安和盱眙的30多块土地。推介会后，网站还专门开设“推介地块栏目”，为镇江、常州市国土资源局重点推荐了2个地块，为金湖、太仓等市县推介了17块土地。2007年9月始，为东台市第七届土地招商市区挂牌出让地块现场竞价会、海门市第86期国有土地使用权拍卖会、南京市第15、16、17、19批次国有土地使用权拍卖会、盱眙市第11批次国有土地使用权拍卖会进行了网络视频直播。

（五）市级国土资源数据中心建设稳步推进

为配合全省土地第二次调查工作和即将开展的土地利用规划修编和矿产资源开发利用规划修编等工作，满足各类数据采集后的存储管理的需要，省国土资源厅要求各市国土资源局和部分有条件的县（市、区）国土资源局加快数据中心建设的进程，并采取针对性措施，从技术上和软件配置上给予协调和指导。随着宿迁市局国土资源数据中心机房和软件配置的顺利到位，全省各市国土资源局数据中心的软硬件配置基本完成。

根据国家和部有关标准、规范和技术要求制定的《江苏省国土资源基础数据库标准（土地空间数据部分）和（地质矿产空间数据部分）》全部完成并颁布试行，为我省国土资源基础数据库的整合、共享创造了条件。在今后的实施过程中，还将根据国家和部有关新的标准、规范，对该标准进行不断的升级、完善，使之成为我省规范数据库整合流程、建设统一、共享数据库的基本保证。

（六）电子政务试点项目通过国土资源部的验收

江苏省国土资源厅于2004年被国土资源部确定为全国国土资源电子政务建设试点。在项目实施过程中，省国土资源厅加强项目管理，试点工作完成了大量软件开发和数据库建设，编撰整理形成的项目文档资料69件。对电子政务平台进行了权威的系统测试，完成了一次全面测试和两次回归测试，形成了完整的测试报告。8月份国土资源部对江苏省国土资源电子政务系统进行了系统测试，并组织、通过了对江苏省国土资源电子政务试点项目的验收。

电子政务系统运行以来，共处理公文13675件，建设项目用地报件2085件，矿业权报件1363件，转变了传统的管理方式，提高了办公效率，为全省国土资源系统实现更广泛的政务管理信息化奠定了基础。目前电子政务系统在全省八个市国土资源局得到了推广应用。在应用过程中，对系统平台和管理系统逐步进行完善，目前运行良好。

（七）江苏省国土资源数据交换系统建设

数据交换系统主要用于各类国土资源业务数据之间交换，同时也为政府和公众之间的信息共享发布等提供桥梁。凡是需要交换的各类国土资源业务数据，都要通过数据交换系统实现。随着三级公文协同办理系统运行和省厅门户网站政务信息的公开发布，在充分考虑各类国土资源业务数据之间的交换，各级各部门横向、纵向之间的交换，大文件传输、分布式部署等关键问题的基础上，设计开发了江苏省国土资源数据交换系统。目前，数据交换系统已正式运行，主要交换全省公文数据和面对社会公众的政务公开数据。

此外，还完成了国土资源部远程数据交换系统在江苏省的试点工作，并按照国土资源部数据交换标准改造了建设用地审批、建设用地备案等系统。试点工作实施情况良好，成果得到国土资源部的充分肯定。

【2008年全省国土资源信息化工作主要任务】

1．根据国家“金土工程”建设进度要求，加强与省有关部门的协调，加快立项步伐，争取资金，确保全面完成江苏省“金土工程”建设。同时，以实施“金土工程”为契机，推动市级“金土工程”的立项和建设工作，采取切实有效措施，进一步扩大全省国土资源系统信息资源的共享，为政务管理和科学决策提供支撑。

2．加快业务系统建设，做好省国土资源厅档案管理系统建设、人事管理系统的升级和其他应用业务系统的建设与完善。继续推广全省电子政务平台和电子政务系统，大力推进三级联网协同办文的应用，深化建设用地网上审批系统的试点工作。

3．按照部省有关要求，继续推动全省、市、县国土资源门户网站建设，加强网上政务公开和服务社会的力度，做好全省市县国土资源门户网站的测评工作。

（李　锋）

江苏省外经贸信息化发展概况

【基本概况】

在党的十七大报告中，信息化是其中的重要内容之一，无论是深入贯彻落实科学发展观，还是促进国民经济又好又快建设，信息化都发挥了重要的作用。江苏省对外贸易经济合作厅作为全省外经贸行业的主管部门，在2007年大力发展信息化建设，重点建设电子政务，利用先进的信息化技术提高厅机关工作效率，积极推动和指导全省各级外经贸主管部门做好信息化工作。2007年，厅网站连续第四次被省政府评为优秀政府网站，网站测评得分列省级机关第二名，综合得分列第四名，丰富的网站内容为公众提供了良好的服务，受到基层和企业的好评。为提高全省外经贸系统信息化水平，加强全省外经贸主管部门交流沟通，利用先进手段提高工作效率、降低公务成本，省外经贸厅与各市外经贸局建设了全省外经贸视频会议系统。

省外经贸厅积极推进服务外包软件产品出口，从制定鼓励政策入手，努力提高我省软件产品的国际竞争力。通过组织企业参加国际软件展览、承办国际软件产品博览会、完善软件出口联盟等方式，扩大我省软件产品的出口。

电子口岸建设取得新进展。按照《江苏省人民政府、海关总署关于建设江苏电子口岸的合作备忘录》的工作分工和进度要求，省外经贸厅作为牵头部门，积极推动相关工作的落实，目前承办单位已经落实，网络建设等工作已正式启动。

【电子政务建设】

2007年，省外经贸厅积极开展电子政务建设工作，取得了显著的成绩，主要体现在以下五个方面：

（一）厅网站服务功能进一步加强

厅网站建设是省外经贸厅电子政务工作的核心内容，2007年对厅网站进行了改版和调整，重点加强了与公众的交流，通过“在线访谈”、“在线视频”等栏目宣传我厅工作、解答公众疑问，当年共有14位处长在网站与公众进行了交流。12月20日，厅外贸处在厅网站举办“2008年输欧部分纺织品双边监控政策在线解读”活动，得到企业的热烈响应，在短短的2个小时里共解答企业提问100多条，活动网页的点击量在当天就超过了5000次。企业纷纷表示，在政策调整的关键时刻，厅网站举办的这次活动是“雪中送炭”。

2007年厅网站建设了多个专题子网站。为支持海外经贸代表处工作而新设立的“海外经贸网络”子站，全面发挥驻外机构的信息优势，短期内访问量即达到两万次。外资处全面更新了“江苏外资网”，全面提升外资信息容量；中小企业服务、品牌建设、老干部园地等多个专题子站，进一步提高了对特定服务对象的信息服务水平。

11月份厅网站参加省政府组织的年度政府网站测评。外经贸厅对厅网站进行全方位的优化，让公众获取信息更加方便快捷，特别是对访问量最大的“电子政务大厅”进一步充实内容，让公众获得网上办事“一条龙”的服务。

（二）努力打造外经贸信息平台

OA作为厅机关办公平台，同时也作为全省外经贸系统信息交流平台，担负着提高厅机关工作效率的重任。外经贸厅在OA上先后开发了网上答题、网上评选、干部民主推荐等程序，修改完善了年度考评、工资查询、图书碟片借阅、领导批示督查督办等程序。

2007年，外经贸厅完成了电子档案管理系统的开发，该系统已在OA系统投人使用。

（三）积极配合外经贸业务

信息化工作为全厅各项业务提供技术保障，开发了多个应用软件，其中有：

建设“江苏国际服务外包网”。服务外包是基于信息网络技术，企业专注于核心和有效率的业务，将信息服务、应用管理和商业流程等业务，发包给专业的外部服务提供商去完成，以降低成本、优化产业链、提升企业核心竞争力。大力发展国际服务外包是我省的重点工程之一。外包网作为国际服务外包信息平台的首期工程，主要负责发布政策法规和我省国际服务外包工作动态，对我省发展服务外包起到了重要作用。外包网将向外包业务洽谈平台发展。

为援藏对口单位拉萨市商务局建设拉萨商务网是外经贸厅为援藏所做的一项实事。拉萨商务网是西藏第一个市级商务局网站，该网的开通使拉萨市商务局的网站水平在西藏商务系统和拉萨市级机关中处于领先。拉萨商务网有“公告通知”、“政策法规”和“办事指南”等政策性栏目，还有为广大企业、公众服务的“贸易机会”与“招商引资”等栏目。该网的建立，使拉萨地区的经济贸易信息实现了网络化。

为外经贸行政事务服务中心建设工作平台，设计开发了“江苏省外经贸厅行政事务服务中心”的管理系统，为企业提供网上预约、办事受理、网上查询、短信通知等一整套网上服务，达到“外网受理、内网审批、外网反馈”的网上审批目标。该系统还具备行政监察功能，可为监察部门提供业务办理监控信息。

为全省开发区统计知识竞赛开发了“全省开发区统计知识竞赛系统”，涵盖出题、计分、计时、抢答、评奖等全套功能，圆满完成整个竞赛的控制工作。创新的竞赛系统，活跃了比赛现场氛围。

（四）建设全省外经贸视频会议系统

为提高全省外经贸系统信息化水平，加强全省外经贸主管部门交流沟通，利用先进手段提高工作效率、降低公务成本，外经贸厅与各市外经贸局共同建设全省外经贸视频会议系统。该系统以宽带接入为主，兼容 E1、ISDN 等多种接入方式的多媒体视讯，融合图像、语音、数据为一体，是具有实时性及多种信息的点对点或点对多点交互的多媒体通信方式。省外经贸厅与各市局通过电信宽带接入该系统，利用会议室配备的投影仪或电视机、会议音响系统等提供多方视频会议。会议设主会场一个，分会场若干，图像和声音可在各会场间切换。该系统采用“高清”模式，分辨率为 704 × 576（DVD 标准），支持两路信号传输，即除会议图像外，还可同步传输主会场的电脑信号（如幻灯片等）。系统可用于多方会议、业务培训、调研讨论、应急指挥等多种用途。

【高新技术产品出口情况】

2007 年，全省完成高新技术产品出口约 850 亿美元，同比增长 26%，占全省外贸出口的 42.6%，占全国高新产品出口 25.5%，对外贸贡献度达 45%；全省服务贸易进出口总额约 75 亿美元，同比增长 27%。软件出口登记约 1.7 亿美元，同比增长 200%；技术引进合同总额 23.26 亿美元，同比增长 39.96%。

省外经贸厅积极做好科技兴贸创新基地建设工作。积极推荐申报国家科技兴贸创新基地。无锡、常州被认定为国家科技兴贸创新基地。积极做好省级科技兴贸创新基地工作。多次与省财政厅商议省级科技兴贸创新基地的申报标准和认定办法，认真做好省级基地的摸底调查工作。

积极扶持中小高新技术企业的发展。全年共验收国家和省级高新技术出口产品研发项目 31 个，基层上报 2007 年研发资助项目 103 个。获得国家和省级高新技术出口产品支持共计 50 项目，支持资助金额达到 1880 万无元。年底，我处组织举办了“第三届江苏省高新技术投资促进洽谈会”，为投、融资双方搭台、配对，有针对性地为中小高新技术企业解决融资难的问题，增强企业发展信心。

【促进软件产品出口】

（一）2007 年我省软件出口情况

2007 年，我省软件出口网上登记约 1.6 亿美元，同比增长 213%；软件出口登记合同 667 份，同比增长 9.7%，主要出口市场是日本、美国、新加坡及中国香港等地。

（二）组织软件企业开拓国际市场

省外经贸厅积极开展软件出口促进活动，先后组织软件企业参加日本东京软件展和美国纽约外包展。

为了推动我省软件外包产业快速发展，促进中、日、韩软件企业相互交流与合作，我厅组织江苏省软件外包代表团于 2007 年 5 月 14 日 ~ 5 月 25 日赴日本、韩国参加软件专业展会并进行考察交流与市场开拓活动，取得了较好的成效。代表团参加了日本软件开发展（SODEC）和嵌入式产品展（ESEC），同横滨产业振兴会社合作在横滨市举办了江苏软件产业说明会，拜访了韩国软件振兴院，并同相关软件企业举行了配对洽谈。通过访问交流，我方深入了解日、韩软件市场的需求和发展情况、日韩相关政府机构推动软件产业发展扶持措施以及日韩企业对华外包的合作意愿和具体途径等。参展的联迪恒星、润和、苏微三家企业在展会期间结识了大批客户，拓宽了业务渠道，在外包业务开展上取得了实质性的成果。在外期间，考察团还积极推介江苏优秀软件企业与软件产品，广泛宣传江苏软件产业的竞争优势，收到良好成效。

本次出访是我省软件代表团第四次组团出访，出访目的从单纯的参观拜访、建立工作渠道转向参加软件专业展会、举办专场说明会和安排软件企业直接配对洽谈,交流的深度和广度都有了进一步的提高,企业感觉收效明显,达到了出访目的。这是我省第二次组织企业参加日本规模最大的软件专业展会,三家参展企业累计接待客户超过400家,其中有近60家与我省参展企业签订协议或达成了一定的合作意向,联迪恒星公司在展会现场与日本某公司就开发宾馆管理系统签订了约1000万日元的项目,向其提供基于Internet技术的模块开发业务。参加专业展会为我省软件产品进入境外市场和开展外包业务提供了良好的机会。

10月份,在厅驻美国代表处的协助下,组团出访美国、加拿大。代表团参加纽约OUTSOURCE WORLD并举行江苏专场说明会。出访期间,还在硅谷和多伦多与当地软件企业分别举行了专业对接洽谈会,取得了较好效果,也得到随团出访企业的肯定。

【电子口岸建设状况】

电子口岸建设取得新进展。按照《江苏省人民政府、海关总署关于建设江苏电子口岸的合作备忘录》的工作分工和进度要求，外经贸厅作为牵头部门，积极推动相关工作的落实，做好江苏电子口岸的建设工作，2007年取得以下进展：

(1) 3月14日，省政府陈蒙蒙副秘书长、省政府办公厅领导和电子口岸领导小组办公室成员在省政府听取了南京海关关于《江苏电子口岸建设思路》的汇报。

(2) 3月23日，电子口岸领导小组召开全省电子口岸领导小组联络员会议，讨论江苏电子口岸建设思路和方案。

(3) 3月29日，江苏省政府陈蒙蒙副秘书长带领省外经贸厅、南京海关、江苏省检验检疫局、省海事局等口岸业务单位相关负责人赴杭州专程考察调研了浙江电子口岸，并学习了浙江省在电子口岸平台建设中好的做法和值得我省参考和借鉴的经验。

(4) 5月16日，南京海关向省政府陈蒙蒙副秘书长专题汇报了苏州工业园区、张家港市和连云港市电子口岸建设进展情况。电子口岸领导小组办公室成员列席会议。

(5) 10月21日，由费少云副厅长带队，外经贸厅赴昆山实地调研当地电子口岸建设和运作情况。

(6) 12月30日，江苏舜天集团作为省电子口岸承建第三方公司，与电子口岸领导小组办公室签署了省电子口岸建设合作意向协议。

【存在问题】

(一) 传统办公方式转变仍需努力

省外经贸厅已实现与省政府、商务部间电子公文流转，所有接收和发送的传真均已电子化，OA系统实现了机关内部公文阅读的网上流转，但由于各种主观和客观的原因，公文阅办、公文拟文和签发始终无法在网上进行，与各市外经贸局间也没有公文流转的平台，这些只能通过传统办公方式进行。

(二) 信息化人员队伍建设仍待加强

高素质的人员队伍是信息化工作的重要保证。当前，除省外经贸厅已建立信息中心外，全省大部分外经贸主管部门都没有建立信息化专门机构，普遍缺乏既熟悉业务又了解技术的人员。

(三) 国际电子商务尚处于起步阶段

制约国际电子商务发展的主要因素是信用、安全性和结算，对新贸易方式的认知不足和相关法规的不健全也影响了国际电子商务的推广。我省国际电子商务尚处于起步阶段，电子商务在业务中所占比重还很小，网上成交、网上支付、网上订舱等现代化的手段还未得到应用。

【2008年工作思路】

(一) 对OA实施改版

为进一步提高厅网站服务全省外经贸的水平，

2008 年将对 OA 实施改版，完善公文阅办、公文拟文和签发等功能，使全省外经贸信息化水平得到进一步提高。

（二）完善工作机制

根据电子政务工作的需求变化，修改工作制度，建立工作规范，完善工作机制。强化网站保密和安全，保证网站和 OA 系统的高效有序运行。

（三）强化队伍建设

从应知应会入手，加强全员培训，推动观念转变，改变重电子轻政务倾向，实现全员参与共同提高政务水平。积极引进人才，整合人力资源，建设信息化专门管理机构，提升信息化工作水平。

（四）推动全省共建视频会议系统等信息化工作

做好外经贸电子政务工作需要全省外经贸各部门的共同努力，需要各级领导的高度重视，系统筹划，加大投入。省外经贸厅与各市外经贸局做好共建视频会议系统等信息化工作，不断总结经验，指导、帮助、服务全省外经贸电子政务工作，使外经贸系统的电子政务工作上下互动、内外联动，形成信息互通、资源共享、效率增强、水平提升的工作新局面。

（五）大力推进电子商务建设

电子商务应用是任何国家、任何企业在世界范围内竞争与发展都不可忽视的重要领域。目前，对外贸易发展形势严峻，推动我省外贸企业特别是中小企业开展国际电子商务显得尤为迫切。

为引导和帮助企业开展电子商务，省外经贸厅在 2008 年将采取以下措施：

一是加强宣传和培训。目的是培养外贸企业开展电子商务的意识，提高运用电子商务的能力。

二是加大政策扶持力度。争取在外经贸发展资金中设立电子商务专项促进资金，鼓励企业跨进电子商务的“门槛”。

三是建立江苏国际电子商务平台。以服务外包的方式建立面向我省外贸企业的国际电子商务平台，推动企业加入平台，通过电子商务，开拓国际市场。

（李永亮）

江苏省交通运输业信息化发展概况

【基础工作】

高质量推进交通信息化科研，支撑交通信息化建设，全年信息化类科研项目立项8项，本年度投入信息化科研经费446万元；信息化类科技成果推广立项2项，本年度投入成果推广应用经费105万元。组织完成了驾培行业管理系统、地方海事现场监督管理系统、公路客运企业燃油管理系统、江苏省港口管理信息化等项目研究，取得了良好的应用成效；开展了ITS（智能交通系统）域多业务系统跨平台关键技术研究，其成果将为综合运输的信息化、智能化提供有力的技术支持。

抓好规划、标准制订工作。组织开展了省交通电子政务实施方案（2008—2010年度）的研究编制，现已完成意见征求工作。组织研究和审定了新建公路通信接入测试要求、联网收费车牌照识别技术要求、IC卡管理技术要求、免费放行和优惠技术要求、数据审计技术要求等，以此为基础，组织修订了《江苏省高速公路联网收费暂行技术要求》(2007年版)；组织开展了GPS行业应用等相关技术标准研究。

积极开展各类业务培训工作。按计划开展了4期全省交通系统网络、信息安全和数据库培训、2期厅网站信息员培训、1期交通通信骨干传输网维护管理培训、1期视频会议系统技术培训工作，以及信息化规划标准宣贯等，并就交通信息化与电子政务建设组织全省交通系统进行了专题研讨。全年共培训各类人员达480人次，有力地提高了从事相关专业人员的业务素质。

【电子政务建设】

基本建成全省交通信息高速公路。2007年3月，江苏省交通电子政务市级横向网的建设全面开展。12月底完成了设备配置、系统集成调试及业务割接并全面投入了试运行。省交通电子政务市级横向网是省交通电子政务传输网的有效延伸和扩展，与先期建成的省交通电子政务传输网一起，共同构成了全省交通“信息高速公路”，实现了省交通厅与各地市交通部门的互联互通，为全省交通电子政务建设和跨地区、跨部门的网络应用提供可靠保证，对实现全省交通系统资源共享，有效提升全省交通行业管理信息化水平，具有重要意义。

积极推进交通电子政务系统建设。组织开展了交通应急指挥平台建设，充分整合利用交通信息资源，提高我省交通突发事件应急处理能力，为有序、快速、有效地处置公路、水路突发事件提供技术保障；组织完成了交通综合统计信息系统建设；配合交通部，协调推进运政在线全国联网试点工作，该项目已于2007年10月中旬顺利通过了部验收组的现场验收工作；完成了厅机关电子化办公系统以及与各直属单位、各市交通局间公文交换系统的应用部署和试运行工作。

行政许可在线办理稳步推进。以“充分发挥电子政务促进政府管理创新、提高行政效能和公共服务水平”为指导思想，对照省政府电子政务的建设目标，省交通厅于2007年初率先启动了行政审批事项在线办理建设，制定了详细的《行政审批事项在线办理工作方案》，结合厅行政服务中心的建设和运转，分步骤实现交通行政许可事项的网上办理，逐步提高交通行政许可项目的在线办理比例。2007年11月初，“江苏省交通行政许可审批系统”已开始试运行。系统开通以来，已收到网上申请4805件，受理4803件，办结4790件。

整合厅门户网站上政务公开内容，专门新辟了“政务公开”专题栏目，结合《江苏省交通厅政务公开目录》的编制，建立了网上公开电子目录，将分散于厅下属各局、站、办的政务公开内容，尽最大限度整合到了厅门户网站集中向社会公开，通过网络向相对人公开我厅依申请公开政务信息的办事流程，并设置了依申请公开政务信息的网上受理功能，使省交通厅依申请公开制度的实施更加便民和人性化，截至 2007 年 12 月，已办理依申请公开事项 33 件。

【重点工程】

依托门户网站、交通广播、服务热线以及短信服务平台等多种媒介方式，重点加强联网售票信息、交通地理信息、路况信息、交通服务信息等出行信息服务，以及交通业务投诉咨询服务。

为提高交通公共服务水平，为出行者提供丰富的交通出行信息，满足公众对交通信息资源的广泛性、及时性、便捷性和准确性的要求。按照交通部“公众出行交通信息服务系统”示范工程建设要求，依托“江苏交通”政府门户网站，充分整合各类交通信息资源和交通服务应用系统，利用互联网、广播、短信和服务热线等多种服务方式，建立公众出行交通信息服务平台，为社会公众提供准确、动态、实用、综合的出行信息服务，有效提高公众出行服务水平，改进交通行业服务形象和质量。

公众出行交通信息服务系统分为两期建设，一期（2007 年）工程主要完成的建设内容：以公路出行交通信息服务系统建设为主，完善现有电子地图功能，开发路径选择、出行策划等功能，建立江苏省公众出行交通信息服务网站，提供全省公路通行指南（公路路网和沿线设施互通立交、收费站、服务区、维修、加油等以及各省辖市城区进出口示意图）、交通实况、客运、交通气象和铁路、机场等信息查询。

应急指挥系统发挥实效。江苏省交通厅应急指挥系统的建设，是江苏省交通电子政务建设的重要组成部分。系统充分利用交通基础设施建设、业务系统应用和信息资源开发等方面的交通信息化建设成果，依托全省交通电子政务网络平台，整合全省公路路网交通调度指挥系统、水上交通搜救应急指挥系统等应用系统和各类交通信息资源，结合全省交通实际情况和公路、水路交通突发事件的特点，建立统一管理、多级联动、快速响应、处理有效的交通应急指挥平台。以公路、航道、港口、运管、海事等信息的采集、传输、存储、交换和管理为重点，以全省公路、水路重大和特别重大突发事件的应急决策和联动处置为核心，提供全省公路、水路交通信息采集传输与管理、交通运行实时监控、突发事件应急指挥、信息查询与统计分析等功能，实现全省公路、水路交通突发事件应急流程的规范化与指挥调度的科学性。

2008 年 1 月 26 日 ~ 2 月 5 日抗雪灾保畅通期间，该系统在交通厅组织召开的八次应急指挥调度协调会及六次部省视频会商会中发挥了重要作用，确保了即时调看全省高速公路、跨江大桥的路况和通行状况；同时通过该平台将图像由省交通厅向省委、省政府转发，为更好地进行应急指挥决策调度，有效疏解交通和组织抗灾，提供了有力的技术支撑。

稳步推进高速公路联网不停车收费系统建设。根据交通部召开的京津冀和长三角区域高速公路联网不停车收费联席会议要求，着手组织开展了高速公路联网不停车收费系统建设前期工作，历经 4 次省际联席会议和 5 次省内系统实施总体协调组会议，就示范工程的实施范围和规模、省界站合建模式、省际结算清分、MTC 改造研究等关键技术问题进行了分析研讨，在此基础上，组织开展了系统实施方案、暂行技术要求、运营管理体系三个专项课题研究，目前研究进展顺利，系统测试验证工作也正在开展，为后续系统实施工作打下了良好的基础。

【2008 年交通信息化工作思考】

以服务创新为突破口，全面加强交通信息化建设。

出台交通电子政务实施方案（2008—2010 年），并组织宣贯，加快推进政务公开，完善网上审批和办事功能。

完成长三角高速公路联网不停车收费系统江苏省示范工程建设，做好技术总结工作。按照目标进度计划，实施完成长三角区域高速公路（客车）联网不停车收费示范工程。同时，为使示范工程成果能在全省高速公路及普通公路及时加以推广应用，将组织研究制订全省公路 ETC（电子不停车收费系统）建设统一规划，并针对货车模式及全省推广需要就相关技术要求作进一步细化完善。

开展全省交通联网监控信息资源规划。依据我省“十一五”交通信息化规划和交通电子政务实施方案，在公路联网监控研究的基础上，按照

“开放兼容、衔接共享”的原则，加强对航道、港口、铁路、航空联网监控信息资源等的统筹规划，为应急指挥调度提供技术支持。

组织开展交通节能专项数据库建设。以公路营运车辆和营运船舶为主要对象，依据交通能耗统计工作要求，建立反映车辆船舶组成结构、淘汰更新情况、实际营运状况、运能、燃耗等指标的交通节能专项数据库，以利及时掌握交通运输能耗情况，做好能耗统计和分析工作，为行业节能政策制订提供依据。

开展交通信息化建设绩效评估。主要针对交通信息化建设的部门预算分割、项目分割、实施主体分割等“各自为政”的现状，拟通过绩效评估来引导各单位、部门更好地围绕交通发展主题开展工作，协力做到交通信息化全省“一盘棋”。

组织开展推进公众出行交通信息服务系统(二期)、交通综合管理辅助决策支持系统、交通地理信息服务平台、水路交通综合信息服务系统、省级港口综合信息系统和交通信息骨干网三期工程等交通电子政务工程建设。

(郁海琛)

江苏省水利信息化发展概况

【现状概述】

自“十五”以来，我省先后利用泰州引江河、江海堤防达标、通榆河、环太湖大堤、入海水道等水利工程建设的机遇，开展了水利信息化工程的建设，先后完成了防汛决策支持、水情自动采集、水利基础库和网络建设等信息化建设项目12项；正在建设的有苏北地区水资源配置监控调度系统一期工程等11个工程项目。累计下达投资2.21亿投资，完成1.87亿。到目前为止，全省水利信息基础设施骨干框架已经基本形成，水情测报、防汛指挥、视频会商、办公自动化系统已逐步发挥了效益。

全省13个市水利局开展了网络建设、防汛决策支持系统、政务网站和办公自动化、水雨情遥测、闸站自动监控等项目。市县水利局实现了网络互通，开发的应用系统为政务公开、防汛抗旱决策和水资源管理提供了应用平台。

【组织机构】

省水利厅对信息化工作十分重视。为了加强对全省水利信息化工作的领导，省厅成立了水利信息化工作领导小组，组织领导水利信息化工作。领导小组下设信息办，挂靠厅科技与对外合作处，组织指导全省水利信息化工作，负责全省水利信息化工作的行业管理。为整合力量，整合资源，建立统一高效的水利信息化工程建设管理和运行管理体制和机制，2006年成立江苏省水利厅网络数据中心与省水文局合署办公，省水文局（省水利网络数据中心）承担全省水利信息工程建设管理、网络维护管理等工作。

【基础设施建设概况】

（一）信息网络

利用电信2Mb/s光纤电路网建成了覆盖省厅至13个市水利局、11个市水文局和8个厅属管理处的信息骨干网，建成了13个市水利局至所属县、厅属管理处至重要工程站点的地区网，同时完成了省厅与水利部、流域机构、省委和省政府信息网络互连，建设了省厅网络安全系统，优化了网络结构，部署了网络安全产品，提高了省厅网络的安全性，为全省水利信息化建成了快速、可靠的传输通道。全省的水利广域网已覆盖省、市、县三级水利管理部门，整个网络运行正常，基本满足了水利信息化业务需求。

（二）信息采集与工程监控

我省现有省以上报汛站352个，省以上报汛站共建遥测站243个，占省以上报汛站总数的69%。省直管的泵站基本实现了远程监测、近地监控，达到了“无人值班，少人值守”的要求。利用苏北水资源配置监控调度系统在运河沿线建设了82处水位、取水口门、水电站的水情、工情自动采集站、4个市界测流断面自动监测站。

（三）信息存储与服务

省厅基本建成历史水文数据库、水情数据库、遥测数据库、地下水数据库、地表水水质数据库、工情数据库、取水许可与地下水信息管理数据库。省水利基础数据库总体详细设计已经完成，其中水资源、水利工程、水利建设与管理3个数据库的详细设计工作已完成并通过审查，水质、地下水实验库的建库工作正在开展。

【业务应用系统与信息技术应用】

在防汛抗旱指挥系统建设方面，建设了省厅、13个市水利局、8个厅属管理处的防汛信息门户网站、防汛异地会商电视会议系统，初步建设了防汛决策支持系统。建成淮河和沂沭河两个流域、6座大型水库和3座中型水库的洪水预报调度系统，完成洪涝灾害统计分析、防汛物资管理等防汛决策支持软件开发，并在近年的防汛抗旱工作中发挥了作用，取得了较好的减灾效益。太湖流域洪水预报调度系统的开发已经启动。

在电子政务系统建设方面，建成了省厅内网信息门户、办公自动化、电子邮件、公文交换、水利规划计划管理信息系统、水利工程建设管理信息系统等行政办公应用软件，行政审批系统正在开发之中，为省厅电子政务建设奠定了良好的基础；建成了江苏水利网站，为全社会提供了全面的水利信息服务；建成了省厅、省防办、13个市水利局和8个厅属管理处以及一辆卫星移动通信车共24个会场的视频会议系统，为防汛异地会商、召开视频会议提供了保证。电子政务的建设促进了信息沟通，加强了水利宣传，促进政务公开，接受社会监督，增加水利政务透明，提高办事效率，取得了很好的社会效益。

在水资源配置监控调度方面，苏北地区水资源配置监控调度系统一期工程充分利用现有信息基础设施，补充信息采集和工程监测站点，实现江水北调输水干线调水运行的在线监测、系统仿真、供水计量、实时调度和部分闸站的计算机监控。开发了调度运行系统（需水预测模型、实时水量调配模型、在线水流仿真模型）及其专用数据库。取水许可和地下水管理信息系统已投入运行，为科学调度水资源、改善水环境提供了有效手段。

【2007年度水利信息化建设】

省级水利信息化建设情况：完成竣工验收项目3项，总投资1000万元；续建项目7项，总投资9849万元；新开工建设项目4项，总投资2259万元。

（一）完成竣工验收项目

1. 通榆河视频会议和盐城市信息采集、网络系统工程，总投资500万元，2007年11月通过竣工验收。

2. 水利信息网络安全系统工程，总投资220万元，2008年1月通过竣工验收。

3. 水利基础数据库工程，总投资280万元，2008年1月通过竣工验收。

（二）续建项目

1. 苏北地区水资源配置监控调度系统一期是全国水利信息化建设的试点项目，也是我省水利信息化建设的重点项目。根据工程总体建设目标和分阶段实施方案，一期工程充分利用现有信息基础设施，补充信息采集和工程监测站点，实现江水北调输水干线调水运行的在线监测、系统仿真、供水计量、实时调度和部分闸站的计算机监控。一期工程2001年9月批准立项，总投资6800万元，累计批复概算4723.69万元，工程建设任务已全部完成，正在办理变更设计手续。

2. 厅行政决策支持系统一期工程于2003年11月开始建设，投资220万元，主要建设集公文处理、信息共享、电子邮件、远程办公、档案管理、工程建设管理、信息门户于一体的行政办公系统。设备部分已完成安装调试，行政办公系统软件已完成并通过初验，于2005年7月起在厅内投入试运行。工程建设管理软件已研制完成，2006年5月投入试运行。正在做竣工验收准备工作。

3. 长江河道监测管理系统主要建设长江防洪安全管理、长江工程及岸线管理、长江河道整治管理、长江水资源水环境管理四大体系。总投资1700万元，已到位资金600万元，完成长江防洪安全管理和长江河道整治管理2个子系统，正在准备2个子项目的验收工作。

4. 防汛决策支持系统二期工程主要建设内容为：防汛一期工程完善、工情基础数据库及实时工情数据库、洪水预报调度系统、洪水分析与灾情评估系统、整合集成防汛决策支持系统。总投资620万元，目前到位经费500万元，已完成一期工程所建系统升级、工情基础数据库及实时工情数据库、洪水预报调度系统和部分洪水分析与灾情评估系统。

5. 望虞河、太浦河（江苏段）自动监测系统工程，投资2824万元（分别为1719万元和1105万元）。主要建设水质水量自动监测（含5个水量站、4个水质站、1辆水质水量移动监测车）、工情自动监测（约50个工情站）、扩建计算机网络、3个水利专业数据库、数据交换共享服务、防洪调度和地理信息系统等方面内容。现场安装已全部完成，正在进行比测、调试。

6. 国家防汛抗旱指挥系统一期工程苏州、无锡、南京、盐城四个水情分中心，总投资793.35万元，其中地方配套353.19万元，已全部落实。各分中心土建项目已经布置，通讯方案变更正在办理。

7. 入海水道水质应急监测车工程，总经费188万元。目前已基本完成，水质车已投入使用，数据传输入库软件正在开发。

（三）新开工建设项目

1．新沂河整治工程水文通讯设施，总经费910.5万元，完成招标和开工准备工作。

2．国家防汛抗旱指挥系统一期工程淮阴、扬州、南通三个水情分中心，总投资968.66万元，其中省级配套428.75万元，正在落实省级配套经费。

3．淮河省界及沭河新安水质自动监测站初步设计已由省发改委分别批复，工程概算分别为237.83万元和240.57万元。正在编制招标文件，筹备工程建设处。

4．太湖地区水质应急监测车，总投资355万元，完成了项目招标和合同签订，现正在实施。

【水利信息化工作主要经验】

（一）领导重视是关键

水利信息化建设是一项综合性强的前沿性系统工程，不仅涉及到人、财、物的投入，而且涉及到人们思想观念、传统管理方式和工作习惯的变革，甚至涉及到部门利益的调整、业务的重组和工作的协调。任何一个工作环节不到位，都会影响整个水利信息化的进程。只有各单位领导的重视，特别是各单位主要领导的重视，才能形成上下一致、协调发展的局面，才能充分调动各方面的积极性，水利信息化建设才能迅速发展。

（二）总体规划要科学

规划和标准是水利信息化的基础，是项目建设的依据。没有统一的规划、或不按照批准的规划实施建设，必然会造成重复投资、重复建设，造成混乱局面。没有统一的标准就无法实现网络间的互连互通和资源共享。项目建设的经验充分地证明了这一点，凡是有统一的规划，按照统一标准实施的信息化项目，其成效就显著，否则，即使建设者的热情再高、投入的资金再多，也只能在低水平上重复建设，很难形成规模和实现信息共享。

（三）资金投入是基础

水利信息化的建设要有正常的资金投入渠道，既要有建设资金，又要有系统运行维护资金，以保障系统建设的有序发展和系统的正常运转。资金投入必须与信息化建设的任务相匹配，投资规模要合理。我省水利信息化建设资金主要采取以水利工程建设带动水利信息化建设，这较好地解决了建设资金的问题，也与工程管理接合比较紧密，但系统集成问题比较突出。确保一定的信息化专项资金用于公共服务部分和基础应用的建设与管理，实现信息资源共享和应用系统的互通互连，充分发挥信息资源的应用效率，显现信息化项目的投资效益。

（四）项目建设抓重点

水利信息化覆盖范围广、涉及工作面宽、专业技术性高、发展速度快，各有关项目的建设不可能齐头并进，需要分轻重缓急开展工作，实施重点突破才能取得立竿见影的显著进展。防汛防旱决策支持指挥系统、水资源管理与调度系统和水利工程管理系统是水利信息化建设的重点项目，要组织相关部门，密切合作，切实抓好项目建设有关各项工作。

（五）管理和人才是保障

水利信息化建设与传统和水利工程建设有较大的不同，技术发展和设备淘汰比较快，建设中往往会采用比设计中更先进的技术和设备，造成预算的变化和工期的延误甚至迟迟难以竣工。因此水利信息化工作，不能沿袭传统的思路和做法，要遵循信息化建设的客观规律，大胆探索，开拓创新，努力建立一套行之有效的、科学的与水利信息化建设相适应的管理模式和运行机制。要通过信息化建设，优化管理模式，明晰管理流程。水利信息化工程的技术含量高，建设难度大，因此培养和造就一大批掌握先进信息技术、熟悉水利专业知识的高素质人才队伍是非常必要的。

【水利信息化近期主要工作任务】

未来三年江苏水利信息化工作要按照江苏水利发展“十一五”的总体目标，围绕水利工作重点，进一步完善信息基础设施建设，强化水利业务应用系统的开发和运行，提高水利业务和行政管理的信息化水平，扩展水利工程体系的功能，提升防洪排涝、水资源配置、供水调度、水环境调度、河湖资源管理的效益，进一步加强水利信息技术标准和安全保障体系建设，以水利信息化带动水利现代化，为江苏水利可持续发展提供强有力的技术支撑和基础保障。

主要建设项目：

（一）进一步加强防汛指挥决策支持系统建设

进一步加强防汛防旱指挥系统决策支持应用软件的建设。加快实施防汛指挥决策支持系统二期工程，对国家防汛指挥决策支持系统进行配套建设，起步建设水（综合）调度中心。对已建系统进行整合、完善、提升，整合信息资源，完善防汛专业数据库，完善和开发洪水预报、灾情评估、抗旱管理、风险分析及指挥调度等应用系统。扩建全省水利部门的防汛视频会商系统。

（二）完善行政办公系统

一是要积极推进网上办理发文、公文交换、电子印章等功能的使用；二是要推进行政办公系统在厅直单位的使用；三是要完成行政审批管理系统；四是要建设省水利厅政府信息公开数据库；五是各业务处理和日常管理工作实现计算机辅助管理；六是不断提高江苏水利网站的公众服务能力。

（三）水资源管理信息系统一期工程建设

建设水资源监测网，建立水资源信息标准体系，建成水资源数据库，开发取水许可管理、入河排污口管理、节水管理、水务管理、水资源信息统计等应用软件，为水资源合理开发利用和保护做好全面的信息服务。加强水利工程水费和水资源费管理，提高水费管理的信息化水平。

（四）供水调度、水环境调度系统建设

在整合苏北水资源配置监控调度、长江河道监测管理、望虞河太浦河自动监测等系统的基础上，充分利用已有的水质水量监测网信息，建立一个专供全省水质、水量调度的系统。为水资源日常和应急调度提供全面、准确的水质水量信息，为科学调水提供重要的技术手段。

（五）水系管理和河湖资源管理系统建设

建立 1:50000、1:10000 数字地图为基础的地理信息系统，建设水系和河湖资源数据库，整合长江河道监测管理等已有系统，为水系和河湖资源管理提供详细、精准的数字平台。实现江河湖库科学管理和有效保护，促进人水和谐。

（六）水文、水情信息采集及应用系统建设

建设水文、水情信息采集及应用系统，提高水文信息在采集、传输、处理、存储、服务等环节的现代化水平，实现自动采集数据应用于报汛、整编，在工作方式上适应水文现代化的需要，增强面向社会的综合服务能力。

完成国家防汛指挥系统一期工程中的苏州、无锡、盐城、南京、扬州、南通、淮安等 7 个水情分中心 87 个中央报汛站建设任务。在此基础上，按照国家防汛抗旱指挥系统的技术标准和设计要求，立项新建、改造 201 个省级以上报汛站。

开发遥测系统的数据共享交换系统，将已建的省、市、县遥测系统采集的数据按统一的技术标准整合，在数据层面形成全省水文信息共享；进一步完善基础水文数据库、实时雨水情数据库。启动建设水质、地下水数据库；建设水情、水文信息服务系统，实现水文基础数据的统一处理、存储、应用。进一步扩充水文资料整编计算、水文历史资料特征值统计分析、实时雨水情、水资源、水环境的分析评价等业务功能。

（七）水质水量应急监测、自动监测及水环境信息化能力建设

加强我省水质水量应急监测、自动监测及水环境信息能力建设，掌握水质、水量变化动态，为科学调水引流、纳污总量控制、区域水量平衡和水资源保护、管理提供技术支撑。

水质水量应急监测能力建设。计划用 3 年的时间，实现我省 11 个水环境监测单位分别配置 1 个陆上移动实验室，新建太湖、洪泽湖、长江等 3 个水上移动实验室。

水质水量预警能力建设。一是加强太湖地区水质水量监测能力建设。二是加强行政交界水体水质水量监测。

推进水环境监测信息化建设。一是争取承建江苏省太湖地区水环境监测信息共享平台。二是开发水环境监测信息处理软件，提高水质自动监测、常规监测信息的评价、发布、查询，提高水环境监测信息自动化处理水平。

（八）完善水利信息网络系统

调整网络架构。按照网状网的建设架构和标准，逐步对现有的水利信息网进行改造，加强线路、设备的备份，提高网络的可靠性。

增加网络带宽。在已建水利信息网络基础上，根据业务应用系统的需要，逐步增加网络带宽，提高网络的可用性。

完善网络安全系统。按照全省水利信息网络安全系统建设的标准和要求，在做好省厅局域网安全系统建设的基础上，分期、分步建设各市水利部门和厅直管理单位的网络安全系统，提高网络的安全性。

按照省电子政务建设的要求，针对省水利信息网与 Internet 存在多点连接的实际情况，在必要时进行内外网物理隔离改造。

（九）依托水系管理信息等项目为数据中心建设奠定基础

依托水系管理信息系统，建设我省水利空间数据库。一是在测绘局提供的全省 1:10000 数字地图基础上，对图层进行分类整理，建设空间数据库，从而保证地理信息数据的一致性、共享性、安全性和可靠性。二是进一步建设水利基础数据库，进行信息资源整合。三是建设应用服务平台，在空间数据库和水利基础数据库的支撑下，运用成熟的技术建设应用服务平台，提供数据共享与访问控制、空间分析、遥感处理以及专业应用等服务，把各应用系统建立在统一的应用平台上。

在已建太湖地区共享交换系统的基础上，建设全省水利信息共享交换系统，实现各类水利信息的共享交换，为不同部门的用户提供服务，为全省水利信息系统的集成提供共享交换平台。

结合通榆河北延通信系统等信息化工程，整合原厅通信计算机中心和水文信息中心机房，形成统一的厅网络数据中心机房，为网络系统、各业务系统提供良好的运行环境。

（陈　辉　王志浩）

江苏省农业信息化发展概况

2007年是实施“2005—2007年江苏省农业信息服务工程”的关键之年。一年来，根据年初制定的工作目标和发展思路，以实施农业信息服务工程为抓手，着力提升信息服务水平，顺利完成全年各项工作任务。江苏省农业信息化工作在全国位居前列，省农林厅信息中心和联通江苏分公司、丰县中华果都网站、扬州土肥站、丹阳市农林局、宿迁金桥农业科技信息中心等单位被农业部评定为“全国农村信息化示范单位”。

【主要工作及成效】

（一）《2008—2010年农业信息服务工程建设规划》顺利通过专家论证

在总结2005—2007年实施全省农业信息服务工程经验基础上，经认真调查研究和广泛征求意见，省农林厅会同省有关部门制定了《2008—2010年农业信息服务工程建设规划》。召开座谈会，听取基层同志对《规划》的意见，并对《规划》作了修改和完善。11月上旬，组织专家对《规划》进行论证，专家组成员认真听取了《规划》编制情况的汇报，审阅了相关文件资料，经质询和讨论，一致认为：《规划》提出的三年建设目标切合全省实际，体现了贯彻落实中央和省委、省政府关于“加强农业信息化建设”的要求，体现了立足现有基础与巩固提高的要求，体现了深化应用的要求，体现了与“金农工程”相衔接的要求，符合国家对农业信息化工作的总体部署和有关要求，切实可行。

（二）农业电子政务建设上新水平

一是加强宣传引导。加大对《江苏省政府信息公开暂行办法》和《中华人民共和国政府信息公开条例》的学习宣传力度，引导厅各有关单位“以公开为原则，不公开为例外”，加强政务信息在江苏农业网的及时公开和发布工作，保障公民、法人和其他组织的知情权。

二是强化江苏农业网信息资源保障工作。制定了《江苏农业网内容保障工作考核奖励办法》，每季度组织召开厅信息员座谈会，对照《省级政府部门网站绩效评估指标》，查找不足，改进工作。完善江苏农业网栏目设置，认真做好江苏农业网有关栏目信息日常审核更新工作。狠抓行业新闻、实用科技、分析预测以及高效农业规模化、农民增收、观光农业、新农村建设、农民就业等专题栏目信息采集工作。认真筛选信息报送“中国江苏”网和中国农业信息网“全国信息联播”，江苏省在全国农业信息联播信息报送工作考评中名列第一。2007年江苏农业网共发布信息18367条，平均每个工作日发布77条，同比增长超30%。其中，本省信息、原创信息比例增加。2007年度均被评为“江苏省优秀政府网站”。

三是强化网上公共服务和在线办事功能。省农林厅在江苏农业网公布了行政许可、行政审批事项办事指南，明确办理程序、办事依据。行政许可实现了网上受理和结果网上查询，农业三项工程等项目可进行网上申报，极大地方便了行政相对人，同时也提高了全厅工作效率。2007年江苏农业网开展在线访谈，就全省农业信息化、农产品质量安全专项整治、农民专业合作、禽流感防控、放心农资下乡进村等专题与网民互动，释疑解惑。此外，建设江苏省农作物品种数据库，已有包括粮食、纤维、油料、蔬菜、花卉等作物品种1500多个，江苏省农作物实用技术数据库建设已启动。四是开展全省省辖市农业部门政务网站测评工作。5月份厅里下发通知，11月下旬至12月上旬对省辖市农业部门网站进行测评。通过以评促建，省辖市农业部门网站服务水平明显改观。

（三）农业电子商务建设取得新进展

一是建设江苏农业商务网网站联盟。自2006年以来，省农林厅开展江苏农业商务网网站联盟建设工作，网站联盟实行信息上报与共享相对应的机制，加入联盟的地方特色农业网站嵌入江苏农业商务网提供的信息代码，以“一站上传，多站发布”方式，将信息自动提交江苏农业商务网后台数据库，同时加入网站联盟的特色网站也可以调用江苏农业商务网部分栏目信息，从而实现联盟网站信息一站上传，共同享有，内容同步更新。目前，全省有近60多家地方特色网站加入了江苏农业商务网网站联盟。通过网站联盟，极大地丰富了江苏农业商务网的信息量，扩大了网站的社会影响。江苏农业商务网注册用户已达6192家，同比增长140%，其中农业企业3499家，增长一倍，供求信息3.5万多条。为企业参与市场竞争、促进农产品流通发挥了较好作用。

二是组织开展“全省乡镇农业信息网上大联播”活动。为进一步推进全省农业信息资源共建、共享，破解农村信息“最初一千米”和“最后一千米”难题，为发展现代农业、建设社会主义新农村提供强有力的信息服务，省农林厅在年初出台下发了《关于开展2007江苏乡镇农业信息网上大联播活动的通知》，先后召开现场技术培训和视频会议，着力推进全省乡镇农业信息网上大联播工作。乡镇农业网站作为江苏农业商务网的子站，在乡镇农业网站上发布的所有信息将全部汇聚在江苏农业商务网，有效实现全省乡镇农业资源特色、发展规划、适用技术、招商引资、农村市场动态、农业企业及农民专业合作经济组织、农产品及其供求等信息的整合。目前，全省已有80%的乡镇建立了乡镇农业网站，通过全省乡镇农业信息网上大联播频道，每个工作日发布的乡镇动态新闻就有50多条。全省乡镇农业信息网上大联播有效宣传了乡镇农业，促进了各乡镇与外界的信息交流，推动了乡镇经济发展。

三是加强对地方农业特色网站建设的指导。针对2007年地方农业特色网站项目数量较多、基础较差这一情况，专门召开视频会议，进一步明确网站建设要求，加强督促管理。到目前为止，大多数网站基本完成建站工作，网站栏目设置较全，信息内容较为丰富。此外，开展中国农业信息网网上展厅工作，组织全省企业、部门（组织）、采购商、大户等登录“网上展厅”，目前网上展厅已有省内会员1002户，产品2124个。

（四）农业信息传播体系进一步完善

一是加强“四电一站”建设。2007年新增了8个农业信息“四电一站”项目县，各县都开设了专家热线或语音咨询电话，为广大农户提供“有问必答”的咨询服务；项目县符合“三个一”（有1~2名专兼职信息员、有一套上网设备、有一套管理和服务制度）标准的乡镇农业信息服务站比例进一步提升；项目县积极组织三类市场竞争主体上网，认真开展各类信息技术培训。累计培训骨干信息员、兼职信息员、种养大户和农村经纪人6000多人，组织各类协会、企业等市场竞争主体上“江苏农业商务网”达800多家。

二是提高《江苏农产品信息》网刊质量。2007年网刊增设了信息工作园地栏目，加强对乡镇农业信息网上大联播等工作的指导。开设“用户信息”栏目，加强对乡镇农业信息的宣传，使网刊的可读性、参考性、指导性进一步提高。

三是确保“农业一线通”智能电话语音系统建设质量。2007年度全省共有江阴等9个县（市、区）实施“农业一线通”智能电话语音系统建设，为保证项目建设质量，9月28日、10月26日分别在溧阳和灌南举行项目建设培训班，对项目建设有关要求和注意事项作了说明。

（五）农业视频系统开通运行

视频系统建设是全省农业信息服务工程建设的一项重要内容。视频系统既可以召开远程会议，扩大会议精神传播范围；又可以实时传输各地植物病虫害、动物疫情、农业自然灾害、农产品生产布局、农作物生长情况等信息，进行远程诊断和辅助决策；还可以提高省、市农业部门之间的数据传输速度，为纵向办公自动化奠定基础。为建好全省农业视频系统，厅有关领导带队先后到省公安厅、劳动保障厅、水利厅、国土厅等单位学习取经。2007年8月，省市农业系统视频系统开通，已多次成功召开视频会议。农业视频系统的建成开通，标志着全省农业信息化基础设施建设上新台阶。

【2008年发展思路及建设重点】

2008年是实施《2008—2010年农业信息服务工程建设规划》的第一年，也是承前启后的关键一年。2008年农业信息化工作的总体思路是：认真贯彻落实中央和省委省政府关于“加强农业信息化建设”的精神，紧紧围绕全省农业和农村经济工作重点和发展目标，以实施全省农业信息服务工程和国家“金农工程”为载体，上下联动，延伸农业信息服务网络，构建农业信息传播新型体系；强化信息资源建设，增强信息服务能力；提升决策指挥和科学管理水平，为现代农业发展和社会主义新农村建设提供强有力的信息支撑。重点做好以下三方面工作：

（一）切实加强农业信息服务体系建设

一是扶持建设一批县级“四电合一”农业信息综合服务平台；二是加强镇村农业信息服务站（点）建设；三是强化农村基层信息员队伍建设。

（二）大力推进农业信息资源整合

一是加强信息采集点建设。按照国家“金农工程”和全省农业信息服务工程信息采集任务，加强对信息采集点的硬件、软件建设水平，提高信息采集能力。二是加强部门间的分工协作和信息共建共享。全省涉农单位多，信息资源分散。通过与涉农部门合作，加大信息资源整合力度，提高共建共享水平。三是利用网络技术强化信息资源整合。利用“一站上传，多站发布”技术，加强江苏农业商务网与市、县农业网站包括地方特色农业网站间的网站联盟建设，极大丰富江苏农业商务网信息资源，进一步推进全省乡镇农业信息网上大联播工作。

（三）积极促进信息技术在农业上的应用

启动有机食品地理信息系统开发，加强农业模型、遥感等信息技术在农业上的试验、示范和应用，提升对农业生产的监管、控制水平。开发电子政务网络化服务系统，加快农业公共服务综合化步伐，开展网上行政许可、项目申报“一站式”服务。

（赵　霞）

江苏省文化信息化发展概况

【基本情况】

2007年以来，江苏省文化厅在省委、省政府和国家文化部的领导下，以邓小平理论和“三个代表”重要思想为指导，牢固树立和落实科学发展观，以新时期建设谐社会的要求为指针，根据省信息化工作领导小组的统一部署，紧密围绕建设江苏文化大省的战略目标，坚持以“以人为本，服务第一”的宗旨，大力推动文化系统电子政务平台的有序开发建设和人才资源的合理配置，弘扬中华优秀文化传统，以科学的态度和务实的精神，不断加大全省文化系统信息化建设的步伐，突出信息化建设在文化事业建设中所起的作用，以建设电子政务网作为信息化建设的龙头，通过加快电子政务建设步伐，为政务信息化和政务公开服务奠定了基础。

【工作部署】

（一）完善电子政务平台基础设施建设

2007年，省文化厅以建设电子政务网作为信息化建设的龙头，以政务信息化带动全省文化系统的信息化建设。电子政务系统由基础平台系统、办公软件系统、信息发布系统、运行管理系统四个相互联系的部分组成。2007年，省厅重点建设网络基础平台系统，并通过整合“江苏文化网”的政务公开相关资源，进一步突出其政府职能部门门户网站功能，为全面建设电子政务网络奠定基础。

（二）进一步完善江苏文化网、南京图书馆网站建设与发展

网站建设方面，继续加强江苏文化网、南京图书馆网站建设力度。加快网站信息的采集和发布周期，全年共统编发新闻信息12280条。目前南京图书馆网站英文版已经开通，网站共发布内容220GB，江苏文化网设有12个栏目，全年新增资源24.85GB，努力向流媒体建设方向发展。

（三）加强全省文化市场管理信息网络建设

2002年正式启动的江苏文化市场管理网络，2004年基本完成并开通使用。目前已实现全省文化市场管理网站与各市县文化市场管理网站的信息资源共享以及信息数据传递，并实现省市县三级文化市场管理部门内部电子公文的无纸化运转。

（四）推动南京博物院电子政务网基础平台建设

截至2007年12月，南京博物院拥有计算机170余台，3台Internet服务器，4台内网服务器，1台网络存储设备。南京博物院拥有较为完善的局域网系统和互联网接入专线，每一个办公室和展厅均具备网络接入端口，展厅还具有无线网络覆盖能力。

南京博物院信息中心承担了全院的信息化工作，建立有网络办公信息系统、藏品网络管理信息系统和网络图书管理信息系统，并已投入运行。2007年南京博物院信息中心顺利开展了新闻宣传、信息化管理、数字博物馆规划、全省文博系统信息化建设和技术培训、指导等工作。

【主要业绩成果】

（一）强化电子政务平台建设并做好办公业务系统运行的准备工作

为配合省政府提出的全省政府协同办公应用工作的开展，省厅加快完善办公业务资源网建设，以实现与省政府各部门的公文、电报、信息、项目申报、并联审批等办公业务系统的互联互通，提高部门协同办公能力。通过完成文化厅机关办公业务资源系统的开发利用，建立办公软件OA系统，将传统的办文流程进行模块化设计，将公文在电脑中进行流转办理，使部门内部和部门与部门之间的工作人员拥有更便捷的文件信息资源共享，从而高效协同办公，完成公文信息发布、公文流转、文档管理、电子邮件、视频会议等功能，为适应政府职能转变的要求，逐步规范政府

业务流程，提高现代化办公水平。在2007年完成我厅职责范围内的46项行政许可、行政审批事项中的40%以上的基础上，今年将继续开通行政审批事项在线办理工作。日常工作中，通过定期检查与不定期检查相结合，部门自查与统一检查相结合，开展网络安全检查，及时发现网络安全漏洞，排除网络安全隐患。在厅机关范围内开展网络安全知识培训，增强机关工作人员计算机使用技能以及安全防范意识。我厅现有网站三个，分别是“江苏文化网”、“江苏文化市场信息网”、“江苏文博信息网”，通过整合三个网站资源，以政务公开和网上审批事项业务的开展为契机，加强文化厅门户网站建设，增强门户网站的综合性、时效性、开放性、互动性，及时发布文化建设信息和文化建设相应法律法规等，向社会公众提供文化信息服务。在政府门户网站开辟“政务公开”专页，通过电子邮件、在线解答、留言板等形式实现政府与群众的网上沟通。使门户网站服务朝着“一站到底”方向发展，将门户网站的建设提高到政府与用户双向互动阶段：即门户网站除了面向社会发布群文、艺术、文博、文化市场管理等信息外，还向用户提供多种形式的服务，如在线欣赏优秀民乐作品、文化咨询解答等。

（二）加强“江苏文化网”各项基础职能建设

在“江苏文化网”的建设工作方面，重点抓住特色数字资源建设，在原有的江苏省文化厅、文化新闻等12个固定栏目的基础上，根据江苏文化事业发展的重点热点领域，制作江苏文化周讯等专题资源库12个、各类专题讲座36场、地方戏曲184场、戏曲唱段101场。继续致力于“江苏文化”大型系列数据库的建设，设置了人物库、作品库、事件库、旅游库、文化民俗库、政策法规库、多媒体库、组织机构库、文物库等11个数据库，全面收录古往今来的相关资料，并将其数字化、系统化，形成相互关联、查询方便的总库。此外，集中力量初步制作完成“江苏画家”数据库，共收录画家673位，扫描识别文字150万字，扫描和处理画作8224幅，其中入库6821幅。该库的建立，填补了这一领域的空白，丰富了特色资源建设的内容与层次。在去年工作的基础上，利用南京图书馆丰富的馆藏资源，继续充实“民国文献图像数据库”、“百年人物”、“百年艺苑”等特色数据库，强化资源建设的力度。在流媒体建设方面，针对社会的需求，努力拓宽流媒体服务内容。设置“网上报告厅”专栏，借助南图新馆的先进平台，把“南图讲座”制作成视频资料上网发布，全年共制作讲座36场，播放时间达80多个小时。目前江苏文化网总体加工资源已达1.2TB，点击浏览人次已达65万人次，取得了良好的社会效益。

（三）新建厅机关“政务信息网”

“政务信息网”工作职能是：一、及时发布文化政务信息。在信息社会环境中更好地履行政府职能，以便让公众了解政府的关键信息，掌握国家和省的文化发展动态，更好的监督文化工作，促进整个社会文明程度的不断提高；以最大程度方便公众的文化需求为目标，及时总结经验不断改进，以便更好的服务、造福于公众；建立健全与社会交流沟通的渠道，积极引导公众参与公共事务的管理。二、建设本层次信息网络。与厅各处室和直属单位建立及时有效的信息联络，使各信息点联结成网。三、注重在各信息点报送的信息中，突出重点，通过汇集筛选综合编写信息，对上级传送信息。四、将本级有关重大事件、突发事件、政府的决策和对全局有影响的苗头性倾向性问题，及时编写信息向上报送。五、实现完整有效的电子政务流程，积极、及时地处理各项咨询与投诉，在工作中不断提高公共服务效率。

省文化厅政务信息网要突出政府属性、文化特色和服务功能，要结合文化部门的工作，积极创办特色栏目，做到“人无我有、人有我优”，向公众提供特色服务，多出亮点。以“服务大厅”建设为重点，努力将互动交流类的“厅长信箱”、“在线采访”、“网上直播”等打造为品牌栏目。建设好“黑网吧数据库”、“非法音像制品鉴别数据库”、“非法查缴黑名单”等特色栏目，通过办好栏目，树立窗口形象，让领导放心，让群众满意，力争省文化厅政务信息网在明年的全省电子政务信息网站评比中，出好成绩。

（四）积极拓展文化信息资源共享工程服务层面

进一步加强与省委组织部“农村党员教育远程办公室”的合作，利用国家中心丰富的资源，制作并提供了近550个小时的视频节目，自7月23日起，每天在省远程教育电视频道播出3小时。加大江苏文化网建设力度，全年新增资源量24.85GB，丰富网站内容。为提高全省公共图书馆从业人员检索与利用网络信息资源的专业技能和综合素质，熟练掌握文化共享工程信息资源利用与维护的基本技能，努力提升公共文化服务机构的服务水平，进一步加快全省公共图书馆自动化、数字化和网络化建设进程，在全省公共图书馆组织开展了“文化共享工程实用技术全员培训及操作技能竞赛”活动，并取得圆满成功，获得预期效果。

（五）全省文化市场管理网良好运行

江苏省文化市场管理网（www. jswhsc. gov. cn）良好运行，作用发挥明显。网站除开设了网上举报、职能介绍、审批信息、市场动态、网上公告、办事指南、综合查询、政策法规等栏目外，07年根据省信息信息中心的要求，对部分栏目进行了整合，以便更好的作好政务公开工作。继续完善各市文化局联系员工作，能够及时将各市的最新动态在信息网上发布，发挥了良好的信息沟通作用，对优秀的信息员给予了表彰。

（六）省文化市场办公自动化系统不断整合完善

省文化市场办公自动化系统进入测试。经过一年的努力，省文化市场办公自动化系统正式上线试运行。整个系统使用.net技术，将能实现省市县三级文化市场管理部门内部无纸化办公，并且实现与各级文化管理部门的办公网络互联互通，实现审批程序的跨软件连接，并能上下传达文件等功能。网络最终将实现通过网络手段监控管理网吧、音像制品、歌舞厅等文化市场经营单位，并允许文化市场经营单位及个人通过登陆该网，实现网上申请许可证、网上举报等对公众网上办公。

（七）完善南京图书馆网络基础平台软硬件建设

新馆信息化系统总投资近6000万元，软件系统、硬件设施等配备较为齐全，性能先进。2007年，为确保新馆信息化系统的科学性、实用性，实现新馆自动化系统的平稳运行，成立自动化系统软、硬件方案制订小组，并多次在馆内组织召开由各部门主任、业务骨干、学术委员及自动化发展协调小组等成员参加的方案论证会，提出需求及修改意见。特邀包括国家图书馆、上海图书馆等在内的图书馆界信息技术专家，先后3次召开专家论证会对整体方案进行论证，并专程赴北京请专家对方案进行最终认定。在方案确认的基础上，顺利完成信息化系统方案招标工作，并稳步推进相关设备、系统的全面安装、调试。在完成前期技术培训、部分业务环节试用的基础上，正式启用ALEPH500图书馆自动化管理软件，该软件由以色列开发研制，在国际上应用较为广泛，性能先进。该软件的启用，标志着南京图书馆业务管理自动化水平显著提高。顺利迁移并升级TRS数字资源加工发布系统、网站以及APABI电子图书馆等系统，确保新馆正常开放。硬件设施上，设有180平方米的中心机房系统、4103个信息点的网络系统、2条100Mb/s独享宽带专线接入到Internet、3台小型机60多台PC服务器组成的服务器系统、2台容量达80TB的FC-SAN存储系统、700多台PC机组成的应用客户端系统。电子阅览室提供215台计算机机位供读者上网查阅资源，检索大厅、各阅览室、培训教室共部署近200台计算机供读者用户使用。

（八）做好公共图书馆信息化基础业务工作

在信息资源服务工作中，全年全馆共外借书刊37万余册，书刊流通总量达73万余册，读者总流量近60万人次。新证的办理、退、换工作有序进行，共办理新证35139张。参考咨询方面，在网上“联合知识导航”平台完成调整，并建立统一答疑标准和各式的基础上，回复网上咨询2095个，在同行中名列前茅。设立新馆总咨询台，解答各类咨询近5万条，工作效率明显提高。做好高端信息服务，完成专题咨询课题32个，全年编辑发行44期《信息传真》，并向政府机关提供信息近1000条。深入做好电子阅览室开放服务工作，大力宣传推广电子阅览室室藏资源，采用便捷的费用结算管理系统，方便读者。该室215台电脑平均每日保持2/3的上机率，馆藏电子资源得到有效利用。

（九）加强数字图书馆特色数据库建设

加强特色数据库建设，改变过去较单纯的图像库制作方式，逐步转向图文并茂的专题图文库的制作。根据馆藏特色，先后开展了“南京图书馆特色馆藏”、“江苏历代画家数据库”、“中国近代文献图像数据库”、“百年人物”等多个特色数据库的建立工作，在进行深入调研摸底的基础上，多次召开业务讨论会，顺利完成馆藏数字资源建设及馆藏文献资源建设方案的调整与确立，并根据方案对数字资源的购买、安装、利用进行了实际调整与操作。

（十）进一步完善文化信息资源共享工程配套基础性建设

2007 年，全省文化信息资源共享工程继续以开展数字资源建设为核心，以提升服务层次与水平为重点，继续加强建设力度。加强文化共享工程江苏省级分中心工作，设立综合组、技术组和资源组，进一步明确职能。加大对基层点技术扶持，开展卫星安装技术及共享工程应用技术培训，并赴基层点现场指导安装，顺利完成 30 个卫星点安装任务。加强与国家中心的联系，及时填报各类报表、编印工作简报、接收并下发资源。全年接受共享工程国家中心下发的共计近 17TB 的资源，并将部分资源送至基层服务点。

（十一）不断加大对信息化人才的培养力度

继续加大对信息化人才培养的力度。结合新馆业务工作及新系统的运转需求，根据《南京图书馆专业人员重点培养培训计划》、《图书馆干部职工再培训管理暂行办法》等，举办“分类及编目业务培训班”及“力博图书馆管理软件培训班”，对相关人员进行有计划、有步骤的专业培训。同时积极创造条件，选派业务骨干参加各专业培训班和专业学术会议，学习掌握最新的信息技术理论知识。

（十二）推动文博信息应用平台建设

南京博物院信息中心于 2007 年 1 月举办了“中国数字博物馆论坛”，该论坛是国内博物馆界首次举办的专门以数字博物馆为专题的学术研讨会，主题是“数字博物馆建设”和“多媒体展览陈列的应用”；2007 年 6 月南京博物院图片资源共享平台运行；2007 年 7 月电子票务系统投入运行；2007 年 9 月南京博物院内网信息安全平台投入使用；2007 年 11 月完成馆藏档案建设与信息化管理研究代码开发；2007 年 11 月完善了“身边的博物馆”活动准备；2007 年 11 月完成开发南水北调东线考古地理信息系统软件；2007 年 11 月完成《数字淹城》规范方案；2007 年 11 月完成江苏省文博信息网科研平台建设项目；2007 年 12 月完成南京博物院网站改版初步规划。

【信息技术应用】

（一）全省网吧监管系统建设完成

全省网吧监管系统运转良好。2007 年，继续发挥网吧监控软件净网先锋的监管作用。整个系统设一个省级网吧管理监控中心，在 13 个地级市分别设置市级网吧管理监控中心，在 103 个县区中分别设置县区级网吧管理监控端，在全省近 7000 家网吧中安装网吧监控软件，并实施对网吧内所有电脑上网的实时监控与管理。“净网先锋”网吧监管软件的安装，有效杜绝了当网吧超时经营、防止未成年人上网、运行不良游戏或浏览不良游戏网站等情况的发生。

（二）开展南京图书馆特色数据库的建设工作

数据库建设方面，新馆整体数字资源丰富，包括有电子图书、电子报刊、学位论文、专利、法律法规等购买及自建数据库计 50 余种。购有万方数据、维普资讯、中国知网、慧科讯业、国务院发展研究中心信息网、北大法意、龙源期刊网等中文数据库；elibrary、engineering village、proquest 等外文数据库；并购有 CA（化学文摘）、ISO/Quality（国际质量标准）、ISO/Chemictry（国际化学标准）、日本专利、DAD（博硕论文文摘）、PSSJ（社会科学杂志）及世界、欧洲、美国、英国专利等多种光盘版数据库。自建数据库方面，已经全面完成《南京图书馆特色馆藏》全文数据库，继续推进《中国近代文献》和《江苏文化》数据库，增建《中国近代文献》《民国商标数据库》子库及《抗日战争历史图库》，进一步丰富了本馆数据库的整体建设的层次与内容。

（三）加紧南京图书馆新馆信息化建设

2007 年年初，省委省政府明确了南图新馆必须在年内实现全面开放的要求。为确保这一任务的顺利实现，南京图书馆在前期计划制订、经费落实、新馆接收、业务准备、试运行开放等工作实施的基础上，针对全面开放的要求再次加强各项准备工作，确保新馆全面开放的顺利实现。

根据南京图书馆新馆总体搬迁方案，有计划、有步骤地做好各项准备工作。分步做好馆藏资源的整理、打包、装箱及搬运工作，实现开架区域近百万书刊报和大部分典藏资源的到位。周密筹划古籍搬运工作，确保古籍安全入库。顺利实现新馆图书馆专用设备及办公家具的招标，及时完成家具设备进场及安装调试。顺利完成信息化系统方案招标工作，稳步推进、实施完成相关设备、系统的全面安装、调试。多次召开现场办公会议，协调整体搬迁工作，按期完成功能布局调整、环境美化以及内部装饰的布置等。及时完成《南京图书馆百年学术文丛》、《南图百年记忆》资料片、礼品书、纪念邮册等物品的编辑、设计、印制。在充分准备的基础上，12月8日，南京图书馆新馆正式实现全面开放。

12月8日，南京图书馆新馆举办“新馆全面开放暨百年馆庆”典礼。文化部副部长周和平，省委常委、省委宣传部部长孙志军以及省人大、省政协、国家图书馆等领导出席典礼并剪彩。周和平、孙志军、章剑华为典礼致辞，文化厅副厅长马宁主持典礼并介绍来宾。全国各省市公共图书馆、江苏省高校图书馆、图书馆界专家学者、南京图书馆协作单位等200余名代表参加了典礼。整个庆典从12月8日延续至12月10日，活动有讲座、展览、学术研讨会、演出等。其中，阎崇年主讲的《良师益友话读书》、葛剑雄主讲的《从‘八王之乱’和‘杯酒释兵权’看制度与社会治乱》讲座、“墨海遗珍　书翰撷英——香书轩秘藏名人手迹展”“南京图书馆百年馆史展”“南京图书馆百年珍藏文献展”展览及《水乡记忆》特别演出受到嘉宾和读者的欢迎。近两百位嘉宾分别参加了“百年辉煌——开放与合作的图书馆”学术研讨会、第三届“长江三角洲城市图书馆发展论坛暨江苏省图书馆第十一次科学讨论会”，周和平副部长在“百年辉煌——开放与合作的图书馆”学术研讨会上作了重要讲话。庆典期间，严密的组织，周到的接待受到与会嘉宾的充分肯定与好评。

新馆全面开放后运行平稳，负一层至七层全面向读者开放。二层至五层各阅览室开放资源近百万册，为老馆开放资源的3~4倍。读者量、书刊流通量与老馆相比均成倍增长，大型读者活动举办频繁，取得了显著的社会效益。

【存在问题】

2007年，省文化厅系统和各地文化部门信息化建设取得不少成绩，工作取得了很多成绩。但在一些经济相对薄弱的地区，特别是苏北地区由于资金比较紧张，以及缺乏相关信息化专业人才，给信息化建设带来一定难度，对全省信息化建设造成一定影响。文化系统信息化业务系统的应用需要进一步推广。在以后的工作中，文化系统的各项工作将充分围绕现有的信息交流网络和信息交换平台等相关资源，以全面深入建设文化信息化应用平台为抓手，推动文化事业建设的进一步发展。

【2008年发展目标、主要任务】

（一）加强体制改革、健全各项制度

加强厅系统内部管理，挖掘资源优势、增强自身活力。将厅系统电子政务建设的各项工作进行分解，各相关单位指定专门部门承担，责任到人。做到重大问题集体讨论与决策，分内事情由专门部门、专人负责。同时，借鉴相关厅局的做法，核定各岗位的工作指标，年终依其工作指标完成的质与量，对相关工作人员进行考评，努力形成既有竞争又有责任的管理体制与运行机制，形成人才脱颖而出的氛围、力争实现经费、设施、人员利用的最佳效能。

（二）积极争取专项经费，落实和完善文化经济政策

为电子政务建设提供的专项经费，是全方位开发利用文化资源的重要保证。十一五期间，应努力争取以下几方面的专项经费：一是厅机关电子政务基础平台的建设经费；二是厅系统门户网站“江苏文化网”的专项建设经费；三是大型数据库研制或购置的专项经费；四是自动化设备的软硬件更新换代的专项经费，使电子政务的特色资源建设和长期发展获得良好的资金保证。

（三）努力创造条件，建设一支过硬的专业队伍与管理队伍

针对本系统电子政务建设工作的特点，今后应有目的、有步骤地对所有工作人员进行专业化培训。培训方式则采取公派培训、举办讲座与自我学习相结合的形式，对一些具有特殊要求的岗位，选派专人送到有关单位进行培训；而对于全员培训，则以举办讲座与自学为主。同时，应加强思想教育，倡导敬业奉献精神，努力打造适应新时代网站建设要求的技术、管理均精通的复合型人才队伍。此外，还应认真考查，引进网站设计、制作、管理及资源建设等方面的高级人才，使网站人才队伍建设迈上更高的台阶。

（耿　卫）

江苏省审计信息化发展概况

2007年江苏省审计系统重点在推广审计管理系统部署和联网审计成果应用、征集计算机审计专家经验和AO应用实例及信息系统审计案例、加强厅门户网站的维护与更新和计算机审计人才培养等方面作了大量工作，取得了初步成效。

【全省审计机关信息化发展概况】

（一）强力推广审计管理系统在我省审计机关的部署

为了较好利用金审工程一期的成果，2007年江苏省审计厅联合中软公司的工程师走遍了全省13个省辖市审计局和许多区县审计局，通过向分管领导介绍部署要求，与技术人员座谈，机房实地调查等方式进行调研，为市局量身定做符合实际情况的技术实施方案，为审计管理系统在我省的部署实施打下了良好的基础。截至到12月，13个省辖市局已经全部向审计署申请部署审计管理系统，苏州、南京、南通、无锡、镇江市局已经部署完毕。

（二）积极征集和认真评审计算机审计专家经验

2007年江苏省审计厅在全省审计机关开展了计算机审计专家经验征集和评审活动。截至到9月底，共征集到计算机审计专家经验182篇。经评审有144篇专家经验入选江苏省计算机审计专家经验，其中61篇优秀专家经验报送审计署。经过审计署的评审有24篇入选审计署计算机审计专家经验，其中3篇被评为优秀计算机审计专家经验。江苏省审计厅被评为2007年审计署计算机审计专家经验征集活动“优秀组织单位”。

（三）积极征集和认真评审AO应用实例

从2007年3月下旬起，江苏省审计厅在全省审计机关开展了AO应用实例的征集和评审活动。截至到10月底，共收到全省各级审计机关报送的AO应用实例116篇。经评审，有109篇AO应用实例入选江苏省AO应用实例，其中92篇报送审计署。经审计署的评审全部入选审计署AO应用实例，其中7篇获得优秀奖，66篇获得应用奖，19篇获得鼓励奖。江苏省审计厅被评为2007年审计署AO应用实例征集活动“优秀组织单位”。

（四）积极探索信息系统审计

2007年江苏省审计厅在全省审计机关开展了信息系统审计案例的征集和评审活动。截至到3月底，共收到全省各级审计机关报送的信息系统审计案例13篇。江苏省审计厅组成了评审小组，对征集到的信息系统审计案例进行了认真评审，评审后对案例的修改进行部署，并对重点单位派人上门具体辅导修改工作。2007年4月底将修改后的案例提交审计署，审计署对案例评审后邀请我省南通市审计局参加了署举办的信息系统审计研讨会。

（五）积极组织全省审计机关“三小”软件评审

2006年下半年江苏省审计厅在全省审计机关征集“小软件、小程序、小工具”（“三小”）软件，并于2007年3月份进行了评审。经评审，6个“三小”软件获优秀奖，27个“三小”软件获应用奖，5个“三小”软件获鼓励奖。

（六）积极组织计算机审计中级培训

2007年，江苏省审计厅与北京信息科技大学共同举办了两期共154人参加的审计署计算机审计中级培训江苏班。此外，常州市、南通市还自行举办了所辖县（市）、区局的计算机审计中级培训班。经参加审计署组织的考试，共有168名同志取得全国审计系统计算机中级水平考试合格证书。

（七）通过多种形式加强培训，努力提高计算机审计水平

为了加强计算机专业人员的培训，努力使他们成为计算机审计的行家和辅导员，江苏省审计厅在杭州组织近60人参加的、以ORACLE数据库为主的全省审计机关计算机专业人员培训。此外，

为了推进 AO2008 版在我省的推广应用，江苏省审计厅举办了一期全省省辖市审计局 AO2008 版师资培训班、两期省厅审计业务人员 AO2008 版应用培训班和一次通过远程视频审计培训系统进行的全省审计业务人员 AO2008 版应用培训。

（八）加强省厅信息化建设

2007 年江苏省审计厅完成了多个厅信息化建设项目。

1．配合厅办公大楼改造，完成厅机关大楼的网络系统、电话系统的方案设计、招标、施工及验收工作。

2．对计算机机房空调系统进行改造，对原空调系统进行了维护、移机，并就空调系统改造提出了技术方案。

3．就数据审计室和数据中心建设进行了方案准备与论证，初步完成了方案设计。

4．完成了厅外网网站的调整和更新以及省审计学会、省内审协会两个子网站的建设工作。

（九）认真做好厅网站信息更新，推进政务公开

2007 年 1 月 1 日我厅外网网站正式运行，截至 12 月 10 日，网站共发布 1240 条信息，其中厅网站 954 条，内审协会 237 条，审计学会 49 条。因我厅外网网站今年正式运行及内审协会、审计学会网站新开通，整个网站基础性信息工作量大、烦琐，不断出现的新情况需要及时处理、与各部门加强沟通。网站信息发布严格执行厅有关审批制度，未出现一起安全或泄密事故。

通过全省各级审计机关的共同努力，在 2007 年度江苏省政府网站测评活动中，江苏省审计厅在省级机关政府网站中的排名比 2006 年上升 10 名。

（十）发展目标

2008 年，江苏省审计厅将按照审计署的要求，扎实推广金审工程一期的成果，逐步开展金审工程二期的建设，进一步推进审计信息化建设。

1．完成金审二期建设项目可研报告的报审工作，推进金审二期工程建设。

2．完善厅内、外网层次结构，进一步加强网络安全和管理。

3．进一步加大 OA 在全省部署推进力度，加快 OA 的应用，建立一个全省联动、保障有力的技术服务维护长效机制。

4．完成计算机机房空调系统的改造和布局的调整，进一步加强计算机机房的安全。

5．完成“小秘网”的建设，实现与审计署涉密文件办理的互联互通。

6．加快与省政务内网的互联互通工作进程。

7．继续征集计算机审计专家经验、AO 应用实例和审计信息系统案例。

8．继续向厅机关人员推广计算机技术应用，包括外网网站、内网网站、OA 系统、远程视频审计培训系统。

9．开展各项计算机培训，包括计算机审计中级培训、厅机关处长计算机知识培训和计算机专业人员技能培训等。

10．继续深入基层，加大对基层审计机关计算机审计的指导。

【省辖市审计机关信息化建设情况】

（一）南京市审计局信息化建设概况

1．计算机审计人才培养

2007 年全市共派出 14 名审计业务人员参加审计署计算机审计中级培训及考试，其中 11 人通过了审计署中级水平考试。到目前为止，全市共有 32 人通过了审计署中级水平考试，其中市局 20 人，占全局干部总数的 12%。

2．计算机审计专家经验征集与评审

2007 年在审计署、江苏省审计厅开展的计算机审计专家经验征集活动中，被省厅评为计算机审计专家经验征集活动“优秀组织单位”。上报的 14 篇专家经验入选江苏省专家经验，4 篇入选审计署专家经验，其中 1 篇被评为审计署优秀专家经验。

3．AO 应用实例征集与评审

2007 年在审计署、江苏省审计厅开展的 AO 应用实例征集活动中，被省厅评为 AO 应用实例征集活动“优秀组织单位”。上报的 6 篇应用实例入选江苏省 AO 应用实例，并全部入选审计署 AO 应用实例，其中 4 篇获应用奖，2 篇获鼓励奖。

4．AO 软件应用

通过审计署中级水平考试的审计人员在各业务处的计算机审计工作中发挥了重要作用，财政、社保等审计部门已逐步具备了独立开展对大型数据库的采集及审计分析能力，AO 软件的应用在各处室全面推开，应用日趋熟练，对于软件已提供数据采集模板的，大多处室已能独立完成数据的采集与转换工作。为此，我局计算机专业人员将技术指导的重点转向了AO软件的非模板化的数据处理，转向AO软件中SQL语句的深入应用及审计文档的管理等方面，深入审计现场指导审计人员制作模板，处理特殊电子数据导入AO软件，对SQL语言进行现场培训。

5.《审计管理系统（1拖N版）》的部署

2007年我局在全市审计机关统一部署审计署开发的《审计管理系统（1拖N版）》。项目总投资364万元，其中机房建设与网络改造130万元，购置服务器80万元，购置交换机70万元，购置网络防火墙10万元，购买系统软件23万元，支付部署费41万元。此项目5月开始进行机房建设，10月部署完成，2008年1月1日正式启用，为全市审计机关提供审计办公自动化管理服务。

6.地方税务审计数据规划

审计署以审办计发〔2006〕197号文批复我局为全国《地税联网审计数据规划及试验环境研究课题》的牵头单位。该课题的研究分为三部分，一是地方税务审计的数据规划、二是地方税务审计的方法体系研究，三是地税联网审计平台的建设。2007年完成了地方税务审计的数据规划的工作，审计署审计发〔2008〕10号文以地方税收审计数据规划——计算机审计实务公告第9号公布。该规划按照地方税收审计的相关业务，分类编制了基础资料、测评数据、征收数据、管理数据、稽查数据、评估分析数据、代征数据、核算数据、审计数据等9类数据的规划标准。目前，我局正组织人员开展“地方税收审计的方法体系报告”总结撰写工作，完成后也将上报审计署公布。同时，联网审计平台也初步建成，通过整理总结，已将我局7年来总结形成的42个地税计算机审计方法而形成的35个分析模型及127个子模型集成在系统中。另外，系统的另一个亮点是能通过数据管理模块建立数据仓库，实现多维数据分析功能。

7.地方财政审计数据规划

根据审计署要求，配合省厅参加广东省审计厅牵头开展的《地方财政审计数据规划》工作，市局计算机处、财政处先后两次对其初稿进行审议并提出建议，鼓楼区、下关区审计局还派出审计人员到广东省审计厅直接参与了数据规划报告的总结撰写工作，得到广东省审计厅的好评。

8.区县财政联网审计

2007年我市区县联网审计工作又得到进一步深化，白下区、下关区审计局的联网审计系统已升级到2008版，特别是针对下关区联网审计系统，我们又专门组织市局财政处、计算机处、下关区审计局业务人员及中软国际技术人员组织攻关，将预算外资金、会计结算中心数据等全面纳入系统，并新增审计方法，完善审计功能，为审计署区县联网审计试点的最终验收作准备。

9.存在问题和解决问题的思路

就2007年我局上报的AO应用实例数量看，不足10篇，而徐州、南通等市均上报了几十篇。这从另一侧面反映我局计算机审计工作在处室间不平衡，其主要成效总是体现在几个处室、几个人身上，特别是区县审计局案例更少。为解决出现的问题，我们要求：一是在“两个结合”的前题下，计算机处一如既往地做好计算机审计的技术支持，促进审计人员的计算机技能及计算机专业人员的审计业务知识的共同提高。二是在骨干带动的同时，重点抓计算机审计的普及工作，推动全局计算机审计水平整体向前，结合AO与OA的交互工作，确保全员掌握AO审计软件的各项功能。三是大力推动区县开展计算机审计工作，主动到区县了解情况，开展技术培训和技术服务工作，帮助开展计算机案例的整理总结工作。

10.发展目标

巩固2007年计算机审计中级培训成果，促使参加计算机审计中级培训班的审计人员能将所学知识应用到实际工作中。以OA、AO软件部署及审计软件推广应用为重点，充分发挥这两个软件的数据交互功能，加强对现场审计的管理，以信息化工作促进审计工作的科学化、规范化，提高审计质量，有效降低审计风险。牢牢抓住审计业务这个核心不放，突破以往计算机审计的内容和范围，逐步将数据审计与系统审计结合起来，实现计算机辅助审计向计算机审计的转变。根据地税业务及地税审计需求，进一步对审计需要关注的地税数据进行详细、全面、科学合理的规划，设计相关的审计数据元素，完成数据规划报告及地税联网审计实验环境的建设。

（二）无锡市审计局信息化建设概况

1.全面部署审计管理系统

2007年无锡市审计局成立OA部署工作小组，

根据本地实际制订切实可行的部署方案，明确项目人员，积极争取项目经费，共投入设备购置及服务费90.68万元，采购了7台服务器、1台防火墙、2台交换机，完成了机房改造及计算机软硬件的添置，2007年在全市审计机关全面完成了审计管理系统（1拖N版）的部署工作，并在年底成功投入运行。

2．计算机审计专家经验和AO应用实例征集

2007年，无锡市审计局加大计算机审计专家经验和AO应用实例的征集力度，对市局业务处室以及各县区局分别下达了撰写计算机审计专家经验和AO应用实例考核任务，上报计算机审计专家经验和AO应用实例的数量及质量均有大幅度提高。全年共上报专家经验17篇，其中13篇入选江苏省专家经验；共组织上报AO应用实例9篇，7篇入选江苏省AO应用实例，其中3篇被审计署评为应用奖。无锡市审计局被评为2007年江苏省计算机审计专家经验征集活动“优秀组织单位”。

3．AO软件应用

2007年全面完成了AO软件的升级换代工作，全市AO软件已全面升级至2008版。全市审计机关进一步加大AO软件的应用力度，由市局领导主持，定期组织计算机骨干进行交流，并落实一名市本级业务骨干对县区局进行业务指导，采取各种措施推进计算机审计的发展。目前AO软件的应用已在全市审计系统得到普及，具备条件的审计项目全部使用AO软件，有效促进了审计工作效率的提高。

4．机房建设与网络改造

根据《江苏省审计厅关于地市县区审计机关局域网工程建设指导书》的要求，针对原有网络不能满足部署审计管理系统要求的情况，对机房网络结构进行了改造，完成了光纤的重新割接、光纤收发器的重新排设和增加光纤接口等工作。通过对机房网络结构和设备用电情况进行分析研究，对机房电源进行了改造，从大楼主配电干线引出电力线至机房，增加电力容量25千瓦，并新增了机房空调设备和UPS供电系统。严格按照国家关于计算机机房的相关施工标准，铺设了接地铜排，增强了机房的防雷功能。

5．审计软件开发与应用

2007年度，无锡市审计局加大计算机辅助审计软件的开发应用力度，鼓励审计人员结合审计业务工作开发“小软件、小程序、小工具”。在全省“三小”软件评选活动中，无锡市审计系统获得优秀奖2个、应用奖3个。

6．计算机技能培训

市局组织参加过计算机审计中级培训的同志进行集中授课，对市局40岁以下的审计人员和县区局业务骨干进行计算机审计知识和应用技能培训；利用省厅统一部署的远程视频培训系统多次对全市审计干部进行AO软件的应用培训；抓住部署审计管理系统的契机，组织审计管理系统应用培训。此外，还选送3名计算机审计应用水平较高的同志参加省厅组织的网络知识和AO软件培训。

7．计算机审计人才培养

无锡市审计系统共选送9名（其中市局3名，县区局6名）年轻同志参加了审计署计算机审计中级培训班，效果明显，其中4名同志取得全国审计系统计算机中级水平考试合格证书。

8．存在问题和解决问题的思路

（1）审计人员计算机应用水平还不平衡。目前虽有一些同志通过了审计署中级水平考试，但还有部分审计人员的计算机应用水平不高，今后要尽快搞好计算机基础知识和操作技能的全员普及培训，提高全体人员学习和应用计算机的兴趣和主观能动性。

（2）审计管理系统（OA）与现场审计实施系统（AO）的操作规程尚待完善。迫切需要编写、修订审计信息化建设的有关制度、规定及操作规程，实现信息化条件下的审计工作的制度化、规范化、科学化，防范审计风险。

9．发展目标

（1）依托“金审工程”开发成果，充分发挥审计管理系统和现场审计实施系统的作用，大力抓好审计管理系统的应用以及办公无纸化试点工作，推进审计管理创新。尽快确定市局与各区县审计局通过市政务内网进行网络连接的方案，实现审计管理系统的网络互联。

（2）全面推广AO2008版软件，进一步提升AO软件应用水平。加强与有关部门的协调，逐步建立计算机审计操作规程和质量控制办法，规范计算机审计行为。

（3）进一步探索联网审计，完成县区局财政

联网审计试点。根据无锡市政府财税库联网的新要求，争取接入新构建的财税库系统，扩大访问的数据信息范围，在此基础上逐步完成联网审计系统的建设。

(4) 进一步挖掘和总结计算机审计专家经验和AO应用实例，继续加强小软件、小程序、小工具的开发和应用。

(5) 加强对审计人员计算机技术和审计应用软件的专项培训，扩大培训覆盖面，进一步调动广大审计人员运用计算机审计技术的积极性，提高应用水平。

(三) 徐州市审计局信息化建设概况

1. 计算机审计专家经验征集与评审

2007年徐州市审计局向各单位下达了计算机审计专家经验征集任务，计算机技术人员深入审计组和县区局进行专门指导，各单位积极组织人员撰写。全市共征集专家经验92篇（其中市局30篇，县区局62篇），是前两年总和的3.3倍，取得了突破性进展。经过评审共评选出70篇入选徐州市专家经验，优选60篇向省厅推荐。经过省厅评审，有43篇入选江苏省专家经验。经过审计署的评审，有8篇入选审计署专家经验，其中1篇被评为优秀专家经验。

2. AO应用实例征集与评审

2007年，在强势推进AO应用的基础上，徐州市审计局向各单位下达了AO应用实例征集任务，并积极指导各单位撰写AO应用实例。全市共征集AO应用实例50篇（其中，市局10篇，县区局40篇），是前两年总和的8.2倍。经过市局评审，50篇全部入选徐州市AO应用实例，并向省厅推荐49篇。经省厅评审，全部入选江苏省AO应用实例。经审计署评审，有41篇入选审计署AO应用实例，其中优秀奖5篇，应用奖26篇，鼓励奖10篇。

3. 计算机审计人才培养

2007年，徐州市审计局进一步加大了计算机培训力度，通过选派人员参加审计署、省厅培训，外出到先进市学习，请省厅计算机处专家讲课并通过远程视频培训系统向县区审计局直播，召开计算机审计现场交流会等多种培训形式，逐步使大部分审计人员能熟练运用计算机技术开展审计工作。特别是计算机审计中级培训工作，市局要求凡40岁以下的审计人员必须参加，11个县区局也都派人参加了培训。截至2007年底，全市共选派63人参加计算机审计中级培训，有43人（其中市局18人，县区局25人）通过了审计署中级水平考试，通过总人数在全省省辖市中名列第一。

4. AO软件应用

2007年，徐州市审计局在全市强力推广运用AO2008版，主要做了四项工作：一是自行组织培训，对市局业务处骨干进行培训，深入县区审计局培训，主要解决审计数据采集和转换问题。二是请省厅专家培训，为进一步提高AO运用水平，9月份举办了AO2008培训班，请省厅计算机审计处领导现场讲课，并通过全市远程视频培训系统对11个县区审计局进行了全程直播。三是组织了AO2008版软件运用情况考试，全局所有业务人员参加了考试，内容基本涵盖了AO软件的常用操作方法和技术，考试效果良好。四是计算机技术人员积极指导业务处运用AO软件，帮助审计组下载审计所需的电子数据，然后针对下载的电子数据，进行详细的数据转换和标准化处理。

5. 财政联网审计

2007年，徐州市审计局将财政联网审计作为一项重要工作来抓，决定在县区审计机关全面开展财政联网审计工作。鉴于目前审计署开发的区县财政联网审计支持的业务数据包括：会计结算中心数据和财政总预算数据，中软公司决定在徐州首次增加“非税收入数据模块”作为试点，然后在全国推广，从而实现了区县财政联网审计的全部功能。10月底市局和贾汪区、铜山县、睢宁县、沛县4个局分别与中软公司签订了部署合同。贾汪区审计局在全市率先于12月份部署完成，在会计结算中心、财政总预算、财政预算管理等模块的基础上，增加了非税收入审计板块和乡镇财政资金审计板块。

6. 计算机信息系统审计

2007年，徐州市审计局在全面推广运用AO软件的基础上，勇于创新，大胆实践，积极开展计算机信息系统审计。通过精心的准备，以2007年社保基金审计为契机，市局对徐州市的医疗保险系统和社会保险系统进行了计算机信息系统审计，实现了三个方面的创新：

(1) 审计组织形式创新。首先，将医保、社保基金计算机信息系统作为独立的两个审计项目单独立项，从下发审计通知书到审计全过程，完全按照审计程序执行，并单独立卷；其次，成立计算机信息系统审计小组，计算机审计处人员担任主审，成员是抽调各业务处的业务骨干和计算机审计骨干，组成复合型的“联合部队”；第三，计算机信息系统审计小组与社保资金财务审计小组同时进点，两个小组同时开展工作，互相配合，资源共享。

(2) 审计方式方法创新。一是在本次审计进点之前，审计小组设计了多张调查表，对医保系统和社保系统进行了大量的审前调研和问卷调查，从被审计单位、局档案室、网络、报纸等收集资料，学习相关的政策法规，学习计算机信息系统审计方法，学习财会人员对医保和社保审计的经验，还专门请医保中心业务人员上课，讲解具体的业务操作，到医保中心业务科室去现场观摩，获得第一手的资料等；二是确定审计目标，对医保系统和社保系统的合法性、正确性、有效性、可靠性和安全性等进行检查，防范利用计算机系统进行欺诈与舞弊，提出有益的建议；三是运用了多种审计分析方法，在实际审计中，审计组运用了程序检查法、测试数据法，数据分类、抽样、排序、数据文件联结、比较、合并等计算机信息系统审计方法，强大的审计分析手段，对审计起到了事半功倍的作用；四是在审计报告中大胆的尝试，对审计的两个信息系统进行了客观评价，提出了建设性意见。

(3) 审计工作成果创新。初次开展计算机信息系统审计，通过计算机技术对信息系统的分析，发现了许多在财务审计中无法查到的问题，如“系统功能不够完善，部分功能模块存在漏洞与缺陷”，“政策制定存在漏洞，实际执行操作不统一”等系统问题，涉及金额达2100多万元，受到被审单位的高度重视。由于计算机审计成果突出，该项目财务收支审计获全省评比第一名。审计结束后，组织人员撰写了2篇计算机信息系统审计实例，得到了来徐州调研工作的石爱中副审计长、朱尧平厅长的高度评价，石爱中副审计长还专门安排审计署干部培训中心和信息技术中心要去了两个审计项目的审计方案，指出“你们干了审计署想干而没有干的工作，很好，很了不起”。

7. 审计软件开发与应用

2007年，徐州市审计局在审计软件开发与应用上进行了大胆的尝试，取得了突破性进展。一是在部署贾汪区审计局联网审计时，根据实际情况与中软公司共同研究开发了县区非税收入联网审计和乡镇财政联网审计软件，经过运行，审计效果良好；二是在市局自行开发的“经济责任审计数据库管理软件”基础上进行了第二次开发，开发了“审计管理系统”网络版，在贾汪区5部门运行使用效果很好；三是积极引导审计人员根据审计实际情况编写“小软件、小程序、小工具”，市局向各单位下达了《徐州市审计局关于开展“小软件、小程序、小工具”评审活动的通知》，各单位积极响应，共征集到各县（市）、区审计局和市局各处室报送的“三小”软件37个。市局组织专家进行了评审，共有21个获得应用奖。

8. 审计管理系统（OA）的部署

2007年，徐州市审计局积极进行了审计管理系统（1拖*N*版）部署的各项准备工作。一是根据徐州实际情况编写了项目需求报告；二是根据审计署OA部署指导意见书编写费用预算；三是积极向市政府申请资金，各项资金基本落实到位；四是积极与审计署、省厅和中软公司联系，审计署已经批复了部署申请，13万正版软件资金已经汇给审计署，10月份与中软公司签订了部署合同，各项工作全部落实；五是根据审计署统一要求，选择了1拖12部署形式，服务器、交换机等硬件全部采购完成。

9. 存在问题和解决问题的思路

存在的主要问题：一是被审计单位会计电算化程度制约着计算机审计的开展，特别是县区审计局开展计算机审计的局限性更大；二是地方政府的政务平台建设滞后制约着联网审计的开展和OA的部署，加大了审计成本；三是县区审计局经费不足仍是制约审计信息化发展的瓶颈；四是县区审计局人才队伍老化，由于编制限制不能引进年轻的计算机审计人才。

解决上述问题的思路：一是进一步解放思想，创造性地开展计算机审计，AO运用力求达到100%，能用到什么程度就用到什么程度；二是在各级政府政务平台没有建设好的情况下，可以根据各县区审计局实际情况，现行试点，积累经验，逐步扩大范围；三是建议上级审计机关对于经济条件较差的县区审计局给于适当的经费补助或者调拨计算机，以保证计算机审计的顺利开展；四是进一步加大计算机人才队伍建设，市局和有关县区局根据审计工作需要，可以聘请专业计算机人才，建立计算机专家库。

10．发展目标

徐州市审计局审计信息化发展目标：一是强势推进AO软件在审计工作中的应用，通过应用切实提高审计工作效率和成果；二是部署OA系统，与11个县区审计局联通，逐步实现AO与OA的交互；三是建立和完善全市的计算机审计专家经验库、AO应用实例库和计算机信息系统审计实例库；四是部署完成4家区县联网审计，并根据实际情况，逐步扩大联网审计范围。

（四）常州市审计局信息化建设概况

1．计算机审计人才培养

常州市审计局把计算机审计人才培养工作作为一项战略任务来抓，采取“选送培训”和“自我培训”相结合的方式，加强计算机审计人才的培训，成效明显。2007年度，全市审计机关共有16人通过审计署中级水平考试，其中一半是参加自办培训班而通过考试的。截至2007年底，全市共有27人通过了审计署中级水平考试（其中市局18人，辖市区局9人）。而且，常州还走出了一条“自我培训”的创新路子，27人中参加自办培训班而通过考试的有14人，自办班的考试通过率更是高达93%，大大加快了急需人才的培养进度。2006年、2007年市局连续两年被江苏省审计厅评为计算机审计中级水平考试“优秀组织单位”。

2．AO软件应用

经过近几年的强力推行，现场审计实施系统（AO）的应用在全市逐步展开。大部分审计机关都积极、努力地使用现场审计实施系统，基本能做到100%的项目运用AO进行审计，运用AO的强大功能做好项目管理、数据采集和审计分析。应用领域逐步扩大，有的还取得了较好的成效。市局在财政审计、计生委和建管处等单位的审计以及在住房公积金和社保专项资金审计中，应用AO查出了一些问题。在注重运用的同时，还认真做好成果转化与案例总结工作。

3．AO应用实例及计算机审计专家经验的征集

2007年，常州市审计局积极组织开展计算机审计专家经验和AO应用实例的征集，努力转化计算机审计的应用成果。全市共征集专家经验和应用实例18篇，有8篇专家经验和4篇AO应用实例被省厅选用。其中，有1篇专家经验入选审计署专家经验，1篇AO应用实例获审计署应用奖，1篇AO应用实例获审计署鼓励奖。

4．审计信息化相关制度建设

近年来，全市审计机关逐步建立并完善了审计信息化建设的考核办法和制度。从2006年起，常州市审计局将计算机辅助审计的运用情况和成果列入了审计业务综合考核，并制定了单独的考核办法；2007年进一步修订和完善了《常州市审计局计算机及网络使用管理办法》、《常州市审计机关计算机运用考核办法和计分标准》、《常州市审计局审计工作综合考评奖励办法》等制度和规定。计算机辅助审计列入年度审计业务综合考核的重要内容，考核的成绩与先进单位和处室的评比挂钩，促使各部门、各单位更加重视计算机辅助审计和信息化建设，从制度上促进和推广了计算机辅助审计的开展。在2007年新提拔的科级干部中，有4人是通过审计署中级水平考试，并在工作中业绩突出的人才。积极的制度导向更加激励审计干部刻苦学习，争做计算机审计专家型人才。

5．发展目标

常州市审计局把2008年定为“审计信息化工作推进年”，主要任务是：认真贯彻落实《江苏省2005—2010年审计信息化发展规划》和全国、全省审计工作会议以及全省审计信息化工作会议精神，落实措施，扎实工作，努力实现我市审计信息化和计算机审计工作的新发展。在“推进年”活动中，努力实现“3个确保”，即OA审计管理系统部署的完成、AO运用的两个100%目标的实现以及专家经验和AO应用实例征集任务的完成；“2个突破”，即信息系统审计、联网审计上求突破；“1个力争”，即立足实务运用，继续搞好自办培训，力争连续三年取得江苏省计算机审计中级培训“优秀组织单位”称号。同时配套出台一系列制度及办法，通过加强组织协调、实行挂钩指导、健全完善制度以及加大奖评力度等有效措施，确保“推进年”活动顺利开展。

（五）苏州市审计局信息化建设概况

1．审计管理系统运行

自2006年6月我局投入运行审计管理系统

(OA) 以来，已实现了公文起草、签批、收发、办理，审计计划和审计项目管理等功能全流程系统内运转。在实际应用中，我们根据需求及时进行了系统完善或者调整，如项目资料树的重新整合、从OA导出公文并导入市档案局档案软件的数据转换以及公文电子签章功能等等。至2007年末，已累计收文3511篇；已办结公文1134篇，起草并办结的业务公文有363篇；各种审计信息330篇，向局本机关和本系统发送公告346篇次；上载廉政教育等培训课件36个；增加被审计单位基础资料197个。

另外，我局还充分利用OA“1拖N”的优势，在全市审计机关实现各种资源的共享，如公告、审计专家经验、被审计单位基本资料等。同时还充分挖掘其扩展功能，如利用OA中信息资源模块，将苏州审计网站、法规库、全市审计机关通讯录、党组中心组学习台账、信息园地以及各种培训资料等嵌入其中，供全市审计人员作使用。

2007年初我局向审计署申报全国审计机关业务流程无纸化示范试点单位的申请，并积极参与审计署组织的《审计机关业务流程无纸化实施指南》的起草和讨论工作。2007年6月被审计署办公厅确定为全国首批审计机关业务流程无纸化示范试点单位之一（全国只有两个地级市成为首批示范单位）。

2．AO软件应用

2007年上半年，现场审计实施系统从05版升级为08版，省厅和市局分别组织了4次AO应用培训，对所有审计人员AO软件进行了升级，并确保原来在05版保存的审计资料在软件升级后的平稳过渡和衔接。

为了鼓励广大审计人员用好OA和AO，我局采取了以下几项措施：一是在每年的“创三优、争三先”活动考评中把审计信息化工作纳入考评重点，对申报的优秀审计项目、优秀审计能手以及先进处室在审计信息化方面的成果作为重点进行考核，促进了审计人员对OA和AO的应用；同时市局在对各县（市）、区局的年度考核上也将审计信息化成果作为重点考核内容，从制度上加以引导和鼓励。二是从审计项目立项开始，全部通过OA和AO实现项目的交互，所有审计项目资料必须从OA下载项目资料导入AO里运行，在AO里完成的现场审计资料也要打包后上传至OA供领导查阅，项目结束后在AO里实现的所有项目资料必须打包上传到OA里形成审计项目电子档案包。同时，我们还实现了在审计现场远程上传审计现场数据包至OA的功能，这些都从技术上保证了OA和AO的交互，推进了AO在审计一线的全面应用。

3．联网审计试点

在2006年探索开发财政、地税、住房公积金和社保基金联网审计软件的基础上，为了进一步巩固联网审计成果，2007年在联网审计方面主要做了以下两项工作：

一是确定以市地税和住房公积金作为2007年的联网审计项目，根据我局起草的《联网审计内部管理办法》、《联网审计操作规程（试行）》等规定，对开展联网审计电子数据的管理、应遵循的原则以及依据现行的审计法律法规和审计准则规定的审计程序明确了相关要求。目前是采用每季度传输一次数据进行审计分析，并对被审单位出具审计建议函，年终形成审计报告的方式进行联网审计试点。

二是在全市逐步推广社保联网审计软件。在太仓社保审计软件开发基础上，在全市逐步推广部署社保审计软件。

4．计算机审计专家经验征集与评审

2007年在全市审计机关开展了计算机审计专家经验征集和评审活动，共征集到各地报送的专家经验22篇，经评审后向省厅报送21篇。经评审，我市有14篇入选江苏省专家经验，1篇入选审计署专家经验。市局还被省厅评为2007年度江苏省计算机审计专家经验征集活动“优秀组织单位”。

5．AO应用实例征集与评审

2007年下半年在全市审计机关开展了AO应用实例征集和评审活动。截止到10月上旬，共征集到各地报送的AO应用实例11篇，经评审后全部上报省厅。经评审，我市共有8篇入选江苏省AO应用实例，7篇入选审计署AO应用实例。市局还被省厅评为2007年度江苏省AO应用实例征集活动“优秀组织单位”。

6．审计公众网站改版

为进一步完善苏州审计公众网站的各项功能，更贴近社会公众了解审计工作的需要，我局对现有网站进行改版，改版后的新网站将原政务公开网和老审计网站两网合一，改进了网站的样式，以蓝色作为基调，使网站整体外观更美观。在主页上新增了更多的互动性内容，注重倾听民生，如“领导信箱”、“咨询信箱”、“民意调查”等公众互动性栏目，增加了社会公众与苏州审计的直接交流和对话平台。同时，根据审计工作的特点，调整了部分栏目，调整后共设有审计动态等9个一级栏目、48个二级栏目，新增了苏州审计网站英文版，使网站各栏目内容更丰富，更好地向公众传递审计信息。

7．计算机人才培养

为做好计算机审计复合人才的培养工作，2007年全市共组织了25人赴北京参加计算机审计中级培训，并全部通过了审计署中级水平考试，目前全市通过审计署中级水平考试的人数达到39人，为今后我市审计信息化发展打下了基础。

8．承办全省审计软件和“三小”软件鉴定评审会

2007年3月省厅组织专家组在苏州召开了全省审计软件和“三小”软件鉴定评审会。根据专家组的评审，我市地税联网审计软件和太仓社保联网审计软件顺利通过验收；同时我市申报的4个“三小”软件也全部通过了评审，其中潘刚申报的“税收审计助手”软件还获得了优秀奖。

9．存在问题和解决问题的思路

2007年我局在信息化建设方面虽然取得了一些成绩，但与兄弟省市审计机关在信息化建设的成绩相比较，还存在很多不足之处。一是各单位在申报审计专家经验和AO应用实例的主动性不足，对平时审计发现的问题不注意总结和提炼，每年到申报时就没经验可总结了。二是各业务处的审计项目在OA和AO的交互上应用不足。三是计算机审计人才的配备在各业务处不均衡。

10．发展目标

一是继续推广OA和AO的应用，编写苏州市审计机关无纸化办公操作指南，承办省厅即将在苏州召开的审计管理系统应用现场会。二是结合联网审计工作实际，建立我市审计数据中心。三是结合我市计算机审计重点攻关审计项目，安排计算机专业人员全程参与审计组的工作，在帮助提高各业务处室计算机审计应用水平的同时，实现了计算机专业人员与审计业务的接轨。四是继续做好计算机审计专家经验和AO应用实例的申报和评审工作。

（六）南通市审计局信息化建设概况

1．AO软件应用

2007年我市AO软件应用方面主要完成了以下三项举措：

（1）在2006年组织全市审计机关审计业务人员，以《现场审计实施系统使用手册》为依据，分组出题，经整理筛选后再下发给全体审计人员学习的基础上，2007年初成功举办了“全市AO应用知识大奖赛”，省厅赵长林副厅长和计算机审计处高华清处长莅临指导，省厅朱尧平厅长专门发来了贺信。会议期间，厅领导对南通推广运用AO的工作予以充分肯定，并确定了年底在南通召开全省AO应用现场会。

（2）组织审计专家和计算机技术人员认真审查、评议和完善，将2005、2006两年在审计署获奖的12篇AO应用实例和21篇计算机审计专家经验汇编成册，由中国时代经济出版社面向全国公开发行了《计算机审计探索》一书。为广大审计人员进一步学习和应用AO及计算机审计技术提供了一些有益借鉴，为推动南通计算机技术水平的普遍提高发挥了一定的作用。

（3）2007年12月22日，有全省三级审计机关主要负责人参加的“AO应用现场会”在南通胜利召开。纪进局长代表我局向大会汇报了我市推动AO应用的工作思路、做法与成效。会上还安排了能够互动演示的展台，展示我局精选的近两年审计署AO应用实例10个获奖项目。同时，还以展板的形式展示了我市近年的计算机工作。朱尧平厅长对南通市推广运用AO的做法予以充分肯定，并要求全省审计机关“审计人员要100%会用AO，审计项目要100%运用AO”两个100%工作目标。

2．OA部署

2007年我局向市政府申请专项经费200万元，完成了机房改造（20）、设备采购和网络更新（9台IBM服务器，1台IBM 2TB磁盘阵列，1台H3C三层交换机，3台H3C二层交换机，1台VPN防火墙）、软件部署、系统运用培训等工作，以“1拖8”方式完成了辖区内审计机关OA应用部署工作，实现了全市审计机关在OA平台上的互联、互通。

乘OA部署的东风，2007年我局完成了联网审计室筹建以及联网审计核心设备（3台IBM服务器，1台IBM4T磁盘阵列）的安装调试工作。

3．信息系统审计

2007年我市正式开始信息系统审计实践，完成了多篇信息系统审计报告，其中3篇上报省厅，2篇获省厅信息系统审计优秀奖。市局编写的《失业保险基金信息系统审计案例报告》还被审计署选为地级市的惟一代表作，参加了审计署信息系统审计研讨会。

4．计算机审计中级培训

2007年我市克服审计任务重、审计经费紧、培训名额受限、学员平均年龄大、家庭事务多等诸多困难，采用往届学员当老师、与省厅北京培训班同步的办法自办班，全市40名审计人员参加了历时近三个月的全封闭培训。在市、县两级审计机关领导的关心支持下，在老师和全体学员的共同努力下，培训班32名学员顺利通过审计署中级水平考试，合格率达到80%，使我市计算机审计人员总体审计水平有了很大提高。

5．发展目标

(1) 加强OA系统管理员、关键岗位人员和一般使用人员的培训，制定OA操作规程和应用考核办法，全面推广OA系统应用。

(2) 继续抓好以审计数据采集和数据分析为核心的计算机审计工作，运用数据挖掘技术开展有深度的新数据分析探索，继续做好AO应用实例和计算机审计专家经验的编写工作，强力推进AO与OA的交互。

(3) 继续加大计算机培训力度。在去年成功办班的基础上，2008年再组织一批审计业务骨干参加自办的计算机审计中级培训班，争取培养更多的计算机审计复合型人才。

(4) 开展联网审计与信息系统审计试点，做好对我市电子政务工程项目的审计。

(5) 加大制度建设力度，促进审计信息化管理的规范化、制度化；做好互联网、局域网网站维护更新和计算机硬件、软件的管理维护工作。

(6) 积极参加省厅组织的各项计算机活动，积极开展审计信息化工作调研。组织市县区计算机审计骨干学习、借鉴兄弟单位审计信息化先进经验，强化审计信息化的研究探索，总结经验，努力提升南通审计信息化建设水平。

（七）连云港市审计局信息化建设概况

1．AO应用实例征集与评审

2007年市局在全市审计机关开展了AO应用实例征集和评审活动。经过筛选1篇AO应用实例上报省厅。经过审计署的评审，有1篇AO应用实例被评为鼓励奖。

2．机房建设与网络改造

我局结合办公楼改造投资41万元对市局机房进行了重建，按金审工程要求对内外网进行物理隔离，外网用10Mb/s光纤与因特网相联，并建立了1套监控系统，目前全部建成使用。

3．筹备审计管理系统建设的前期工作

2007年对所属县区局网络情况、人员情况进行了调查摸底，和市信息部门、财政部门、电信部门进行了沟通，在市政府和省厅的大力支持下，项目前期工作基本完成。预计2008年可以建成使用。

4．计算机技能培训

2007年加大计算机技能培训工作，选派3人参加计算机审计中级培训，有2人通过审计署中级水平考试，选派3人参加省厅组织的数据库培训，对市县区审计人员进行了多期AO应用培训。

5．存在问题和解决问题的思路

连云港市审计系统的信息化建设经过几年的努力，虽然取得了一定的工作成效，有了一些进步，但对照整个审计事业发展对审计信息化的需求以及电子政务建设的目标要求，存在着太大的差距，具体表现在：缺乏快速互联互通的网络系统，缺乏适应审计信息化的计算机网络设备，缺乏计算机审计骨干和审计专家、复合型审计骨干和专家队伍。必须进一步加大工作力度，增加资金投人，提升发展速度，以审计信息化建设促进审计技术创新。

今后我们争取建成纵向与市委、市政府以及各级审计机关相联，横向联接政府其他部门、重点被审计单位的审计广域网络，形成对本市财政、地方金融、税务等部门和重点国有企事业单位的财务信息系统及相关电子数据进行密切跟踪。开发、引进、推广一批审计工作急需的审计软件；建立一个为审计业务和决策、为政府和社会公众提供有效信息的数据库群；培养一支胜任审计信息化工作的新型审计队伍。

“金审工程”建设的要求，审计信息化建设的经费由同级财政予以保证，并纳入同级财政预算安排。积极争取地方政府和相关部门的支持，用好建设资金，充分发挥资金的使用效益。

整合审计信息化建设资源。按照“金审工程”的要求，有计划地搞好审计信息化建设的硬件建设，同时在软件开发上进行统一规划，组织有条件的审计机关实行分工与协作，形成合力，防止重复建设而造成浪费。

加强审计信息化工作研究。认真总结和交流计算机审计实践经验，不断实现技术方法的创新。建立健全计算机审计工作的检查考核制度，促进审计信息化工作落到实处。

6．发展目标

(1) 全市审计机关使用审计署开发的现场审计实施系统等审计应用软件。

(2) 市局和有条件的县（区）审计机关实施联网审计。

(3) 全市审计机关基本完成基础性审计资源数据库的建设。

(4) 部署审计署 OA 系统，采用“1 拖 *N*”模式建成市局与县（区）审计机关之间审计信息网络平台。

(5) 基本形成适应信息化条件下开展工作的审计队伍。

(6) 逐步按照审计信息化的标准和规范，开展审计信息化工作，实施办公自动化管理。

（八）淮安市审计局信息化建设概况

1．强力推广 AO 软件在全市审计机关的应用

我们以 AO2008 版联机（服务器）作业模式的部署为突破点，加快 AO 软件在审计工作中的推广步伐。全市共安装了 AO2008 版软件 126 套，并按照 AO2008 版软件的使用功能逐项分解，先后 6 次到区县局与审计人员进行面对面的 AO 软件使用培训，在市局还组织了为期 3 天的培训。通过培训，审计人员对 AO2008 版软件的各项功能都有所掌握，部分基础较好的同志已初步掌握了通过数据库方式导入数据形成电子账簿和将审计思路通过 SQL 查询方式体现的手段，审计人员对 AO 软件的应用有了更深层次的了解。

2．计算机审计专家经验征集与评审

2007 年我市共有 3 篇计算机审计专家经验入选江苏省专家经验，1 篇入选审计署专家经验。另有周丰同志的《地税自动分析软件》通过了省厅组织的“三小”软件评审。

3．联网审计

计算机联网审计是新形势下审计工作的发展方向，按照省厅工作部署，我局计划分年度、分步骤实施。先期以清河、楚州两区局为试点，开展区县财政联网审计的试点，在取得经验的基础上，再在其他 6 个区县推开；目前清河、楚州两区局已落实了项目建设资金并对相关人员进行专业技能的培训。与被审计单位的计算机联网部署完成后，审计机关能够做到实时监控财政部门的资金运行，真正实现事中审计、动态审计和远程审计，既能提高审计效率，又能随时将不同单位的数据进行对比，从中达到查错防弊的目的。

4．计算机技能培训

2007 年我局派员 3 名参加了省厅在浙江举办的社保软件和 ORACLE 数据库的培训。我们在对市局和县区局审计人员进行 AO 软件的操作培训时，涉及了数据库基础知识、异构数据库转换和 SQL 语句的内容。

5．计算机审计人才的培养

为了加快计算机审计人才的培养，2007 年我局先后选送了 6 名审计一线的同志参加在北京举办的计算机审计中级培训，全部通过了审计署中级水平考试。为了加强计算机审计力量，我们还通过公务员招考形式，录用了 1 名计算机专业的本科生，充实了计算机处的力量，目前正在培养中。

6．金审工程建设

(1) 金审工程一期的 AO 软件在我市审计人员中全面推广，已在审计项目中发挥作用，提高了审计效率，降低了审计风险。

(2) OA 的部署和应用是我局近期工作的重点，从 2007 年末我局计划部署开始，经多方调研，和省厅、中软公司等多次协调方案，明确软、硬件和附属设备的配置和价格，并形成报告，目前正在市信息产业部门等待批准，财政部门已落实部署经费。待批准后，我局将 OA 系统在全市范围内部署完毕。

(3) 联网审计是审计信息化发展的方向，我局对市国库集中支付中心、市公积金管理中心、市社保中心等单位进行研究，分析数据结构，探索联网审计的可行性。

7．存在的问题和解决问题的思路

我市审计信息化建设工作起步晚、成果少，其存在问题的原因有五：一是审计人员年纪较大，对运用AO软件开展审计的作用认识不足；二是一些单位没用会计软件，AO软件使用不上，有的财务软件是行业或部门自行开发的，缺少数据转换技能；三是计算机审计技能掌握不足，使用和研究计算机审计的人少；四是客观上因审计项目安排较多，AO软件对审计质量控制方面的要求与繁重的工作任务产生矛盾，也造成审计人员使用AO软件的惰性加大；五是缺少严格的计算机审计考核制度和激励措施。

解决问题的思路：

(1) 对综合考核中涉及计算机审计工作考核的内容进行修订完善，加大计算机审计工作考核的权重，对重点要求实行一票否决制。

(2) 每季度要有计划地组织对县区局和市局的审计组进行AO运用专项检查，发现问题要及时督促纠正。对各业务处在审计项目中AO应用情况、审计人员参加计算机审计初级和中级培训情况、提交AO应用实例和专家经验情况等，以通报的形式通过局内网不定期地进行公布。

(3) 在2010年前，全市审计系统40岁以下的一线审计人员必须全部通过审计署中级水平考试。

(4) 50岁以下的审计人员在年内完成培训任务，做到能够熟练运用AO软件，并通过局计算机运用能力考核，取得合格证书，50岁以上的审计人员在两年内达到上述目标。

(5) 年度考核评先工作实行一票否决制：不运用计算机审计的项目不得评为优秀审计项目；不熟练运用计算机审计技能的审计人员不得评为审计能手；达不到计算机审计要求的单位（部门）不得评为先进集体；达不到计算机审计要求的个人不得评为优秀公务员；50岁以下的审计人员不达到熟练运用AO软件不得提拔。通过制度来强力推进审计信息化建设的步伐，为2008年争取达到“两个百分之百”和今后审计工作可持续发展打下良好的基础。

8. 发展目标

缺乏既懂得审计业务又能够熟练运用计算机审计的人才是我市审计信息化建设的重要难点，我们将把计算机审计技能培训作为提高审计人员素质的一项硬任务来抓。全市将分阶段提目标、分层次抓培训，使审计人员进一步掌握计算机技能。在三年内要达到全市50%的审计人员通过审计署中级水平考试，80%的审计人员能够在审计项目中熟练地运用AO软件和SQL语句及通用数据处理软件；工程审计人员100%的熟练使用工程造价审计软件。为了达到上述目标，将加大计算机应用考核奖励的力度。

市局计划在2009年上半年将市国库集中支付中心、公积金管理中心、社保中心等纳入联网审计范围，对每个联网审计的单位或部门，按照调研分析其应用系统与后台数据库、建立数据模型、开发接口软件、网络互联、配置采集数据专用前置服务器和审计分析服务器的步骤实行。按照联网审计的要求，审计人员必须能够了解被审计单位的数据结构，能够熟练的使用AO软件分析被审计单位数据，能够对比不同单位的数据从而发现疑点。目前我局审计人员已经能够使用AO软件分析单个被审计单位的数据，我们将按照联网审计的要求，在联网审计单位的配合下对其后台数据结构及对比分析进行业务培训，以达到联得上网、打得开账、查得出错、熟练进行数据对比、查深查透的目的。

（九）盐城市审计局信息化建设概况

1. 审计管理系统部署

根据审计署和省厅的要求及盐城市审计局的工作部署，积极利用“金审工程”一期的成果，2007年我局在中软公司的协作下，落实了部署审计管理系统的技术实施方案，并于2007年底与中软公司签订了部署合同，将于2008年8月底完成部署。

2. 计算机审计专家经验征集与评审

盐城市审计局下发了《关于征集计算机审计专家经验和AO应用实例的通知》，于2007年上半年在全市审计机关开展了计算机审计专家经验征集和评审活动。截至5月末，共征集到各单位报送的专家经验16篇。6月上旬，经评审共有14篇入选盐城市专家经验，并挑选其中5篇参加省厅和审计署评审。经评审，4篇入选江苏省专家经验，1篇入选审计署专家经验并被评为审计署优秀专家经验。

3. AO应用实例征集与评审

盐城市审计局下发了《关于征集计算机审计专家经验和AO应用实例的通知》，在全市审计机关开展 AO 应用实例征集和评审活动。截至 10 月末，共征集到各地报送的 AO 应用实例 26 篇，并挑选其中 7 篇参加省厅和审计署评审。经评审，7 篇全部入选江苏省 AO 应用实例和审计署 AO 应用实例，其中 1 篇被审计署评为优秀奖，6 篇被评为应用奖，盐城市审计局被评为 2007 年江苏省 AO 应用实例征集活动“优秀组织单位”。

4．机房建设与网络改造

2007 年我局投资 90 余万元，对原有网络实施了升级改造，安全性和可靠性得到了增强，并添置了 8 台 IBM 服务器，1 台 10TB 的 IP 存储设备，进一步完善了硬件设备，使我局的硬件装备水平提升了一个层次，基本具备了部署审计管理系统的条件。

5．AO 软件应用

为促进计算机特别是 AO 在审计工作中的运用，盐城市审计局采取了多方面的举措：一是下达硬性指标。即将计算机运用列入全年审计工作计划，明确了 AO 应用的两个百分之百的强制要求。二是实行资格认证。在 2007 年冬训期间组织了全市 AO 知识竞赛和水平考试，全市 124 名审计业务人员参加了考试，其中 12 名同志受到市局表彰，95 名同志取得合格证书。三是继续加强考核。加大了对处室综合考核中 AO 应用的力度，实行计分不封顶的办法，同时将 AO 运用作为“优秀审计项目”、“十佳审计组长”、“十佳审计能手”考核评比的重要条件，强力促进 AO 软件的应用。四是严格兑现奖励政策。依据《信息化应用和开发考核奖励办法（试行）》对应用 AO 有突出成效的有关处室和人员实施了奖励，激发了大家运用 AO 的积极性。

6．计算机技能培训

计算机的运用关键在于人，盐城市审计局加强了人才的培养和全员的技能培训工作。一是强化了骨干培训，2007 年派出 8 名同志参加省厅 AO2008 版培训和大型数据库应用培训。二是强化了全员培训，除实施正常的培训计划外，我局 2007 年冬训期间，聘请专业老师和省厅计算机处的专家，利用远程视频系统，在盐城市审计机关实施了 AO2008 版、SQL SERVER 数据库、幻灯片制作、计算机审计专家经验和 AO 实例编写等培训，整体推进，提高全员业务素质。

7．计算机审计人才培养

2007 年全市选调 21 名同志参加计算机审计中级培训。培训期间，盐城市审计局对他们生活上关心，学习上鼓励和指导。在同志们的辛勤努力下考试取得了优异的成绩，其中 19 名同志一次性通过了审计署中级水平考试，为我市将来审计信息化的跨越发展提供了人才保证。

8．存在问题和解决问题的思路

有的县审计局由于工作起步时间晚，同时也受经济发展水平的制约，导致信息化建设硬件装备和应用水平不高，信息化建设停滞不前，以至于盐城市审计机关的信息化发展不平衡。2008 年，盐城市审计局将在省厅的指导下，进一步解放思想，因地制宜，努力做好信息化的推广应用工作，力争使我市的信息化建设登上新的台阶。

一是继续抓好建设。完成审计管理系统的部署，升级现有的硬件装备，实现所有县（市）、区局网络的内外网分离和全市内网互联互通，同时积极推进联网审计。二是继续抓好应用。出台《关于进一步提高计算机应用水平的意见》，明确目标任务，细化工作要求，强化保障措施。三是继续抓好培训，力争建设一支全市审计信息化建设的骨干力量。

（十）扬州市审计局信息化建设概况

1．基本概况

截至 2007 年底，全市审计机关共有审计人员 212 人，台式计算机 124 台，便携式计算机 232 台，一线审计人员计算机占有率达 100%。全年利用 AO 辅助审计项目 284 个，共查出违规金额约 59.6 亿元。

2．计算机审计专家经验征集与评审

2007 年我局在全市审计机关开展了计算机审计专家经验征集和评审活动，共征集到专家经验 12 篇。经过省厅和审计署的评选，11 篇入选江苏省专家经验，1 篇入选审计署专家经验。

3．AO 应用实例征集与评审

2007 年我局在全市审计机关共征集了 10 篇 AO 应用实例，经过省厅和审计署的评选，2 篇入选江苏省 AO 应用实例，1 篇入选审计署 AO 应用实例并评为优秀奖。

4．机房建设与网络改造

全市审计机关加大了对审计信息化基础设施建设的投入，累计投入约 77.13 万元，添置了服务器、路由器、交换机、打印机、投影仪、数码相机等信息化专用工具。

5．联网审计

根据2007年审计信息化工作重点，我局将市住房公积金管理中心作为联网审计试点单位。在2006年度联网审计前期工作的基础上，结合市场调研，初步选定了两家公司作为对市住房公积金中心联网审计软件的开发商。2007年下半年，我局集中人力对两家公司提交的对市住房公积金中心联网审计方案及软件开发方案进行了3次论证和研究。初步拟定了其中一家作为我局对市住房公积金中心联网审计软件的开发商，为2008年度部署实施此项目打下了坚实的基础。

2007年度，我市邗江区和江都市审计局都积极开展了联网审计的探索和研究。在人员少、基础弱的情况下，组织专人对社保联网审计、财政联网审计等项目进行了前期调研，积累了一定的联网审计相关知识，为我市进一步拓展联网审计深度做出了贡献。

6．积极运用远程视频培训系统进行各种培训

2006年扬州市审计局组织全市审计机关建成了远程视频培训系统。2007年度，我局利用远程视频培训系统进行了多次业务培训、计算机技能培训及其他思想政治培训，全市累计培训约522人次。远程视频培训系统的运用，提高了我市各类培训的普及率，深受广大基层业务人员的欢迎。

7．计算机审计人才培养

根据审计署金审工程建设计划和局审计信息化工作安排，2007年全市审计机关共派送10名审计人员参加了计算机审计中级培训，有7人通过了审计署中级水平考试。

8．存在问题和解决问题的思路

从全市审计机关审计信息化工作情况看，审计信息化工作基础比较薄弱、发展不平衡，计算机审计应用人才还较缺乏，计算机审计应用及创新能力有待进一步增强。在今后一段时期内，我市将强化审计信息化技能培训，加快审计信息化人才建设，夯实审计信息化基础，逐步健全信息化管理考核机制，努力在信息化建设方面取得突破性进展。

9．发展目标

(1) 强力推进现场审计实施系统（AO2008版）的推广使用，力争实现两个100%。

(2) 完成我市审计管理系统（1拖*N*版）的部署，积极投入使用，为加快建成AO+OA模式努力。

(3) 完成对我市住房公积金中心联网审计项目的软件开发并投入使用，为今后开展对财政总预算执行系统、地税征收管理系统、社保中心管理系统等进行联网审计打下坚实的基础。

(4) 完成对我市住房公积金中心信息系统审计工作，积累信息系统审计经验和能力，为今后开展信息系统审计做好前期铺垫。

(5) 辅助县（市）、区审计局完成区县财政联网审计项目，为推广区县财政联网审计积累经验。

（十一）镇江市审计局信息化建设概况

1．积极进行审计管理系统的部署

2007年我局进行了审计管理系统（1拖*N*版）的建设，先后投资140万元，进行了中心机房的建设、服务器等设备的购置，通过政务内网平台与辖市（区）局实现连接。部署完成后，针对使用角色进行多次培训。目前，市局广大审计人员已经能够熟练掌握审计管理系统的各项功能，并实现了AO与OA的交互使用及管理，部署工作已经通过验收。该系统的应用，使我市审计信息化工作又上一个新台阶。

2．进行大型数据审计室的建设

为了满足大型数据审计的需要，2007年我局投资20万元，进行了大型数据审计室的建设。已建成的大型数据审计室配备了专用数据审计服务器，交换机等，审计人员将被审计单位数据导入服务器后，只需将笔记本电脑插入数据审计室桌面网点，利用AO联机作业模式，就可直接对大型数据进行分析审计，从而解决了审计人员单机容量不够的问题，节约了机器资源，保证了数据的安全。

3．强力推进现场审计实施系统的应用

2007年我局积极采取措施，继续加强AO的推广应用，全市336个审计项目，其中：市局56个，辖市区局280个，全部提交了项目AO归档数据包，承担项目的审计人员都能使用AO软件进行审计，达到了年初提出的“双百”要求，即100%审计项目使用AO进行审计，100%审计人员使用AO进行审计，工作质量和效率显著提高。

4．专家经验征集

2007年我市共征集专家经验13篇，有10篇入选江苏省专家经验，2篇入选审计署专家经验。

市局被省厅评为江苏省计算机审计专家经验征集活动“优秀组织单位”。

5．AO应用实例征集

2007年我市共征集AO应用实例13篇，经组织专业人员进行评审，选取了10篇报送省厅，全部入选江苏省AO应用实例和审计署AO应用实例，其中8篇获得审计署应用奖，2篇获得鼓励奖。市局被省厅评为江苏省AO应用实例征集活动“优秀组织单位”。

6．计算机技能培训

2007年共举办5期计算机培训班，200多人次接受了AO软件及相关培训。我们将AO软件拆分成文书处理、数据采集、数据分析、辅助工具应用和AO归档处理等专题进行重点培训，帮助审计人员较熟练地掌握了AO的各项功能和应用规范。特别是AO2008版推出后，我们及时组织全市审计机关开展学习，把AO2008版分为安装、数据迁移、AO2005版与AO2008版的功能对比等，使全市审计机关审计人员在较短时间内掌握了AO2008版的功能，现场审计平台也全部从AO2005版升级至AO2008版。

7．计算机审计人才培养

2007年我市共有9人参加计算机审计中级培训，有6人通过了审计署中级水平考试。

8．存在的问题和解决问题的思路

我市信息化工作存在的主要问题：一是计算机应用发展不平衡，市局处室之间、辖市（区）审计局之间存在一定的差异。二是应用深度不够，应用计算机进行账簿查询多，审计分析少。三是计算机审计骨干数量不足，不能涵盖所有的部门和所有的专业。

解决问题的思路：一是增加培训的针对性，对计算机应用相对薄弱的处室和辖市（区）审计局进行专项培训，促进全市审计信息化工作协调发展。二是组织人员参加审计署计算机审计中级培训，加快计算机审计骨干队伍的培养。

（十二）泰州市审计局信息化建设概况

1．应用推广现场审计实施系统

2007年，泰州市审计局利用市局培训中心，举办4期AO应用专题讲座，对市局全体人员及下辖四市二区局部分计算机审计骨干进行培训。市局大部分审计人员已能进行数据采集转换和查询，并能通过AO的查询分析和图表分析来进行数值趋势分析、成本真实性分析。在2007年社会保障基金审计中，市局应用AO对某市劳动和社会保障局300GB的数据进行采集和转换，查出地税部门延迟征收社保基金等问题；泰兴市局通过AO查出有关单位少缴养老保险滞纳金600多万元，21人47次重复领取失业金的问题；靖江市局在农村合作医疗保险基金审计中，应用AO查出某镇合管办工作人员贪污的线索。

2．计算机审计专家经验和AO应用实例征集与评审

2007年，市局开展计算机审计专家经验和AO应用实例征集活动，共征集并向省厅报送专家经验3篇，AO应用实例1篇。经评审，2篇入选江苏省专家经验，1篇入选江苏省AO应用实例。

3．机房建设与网络改造

泰州市审计局现有各类计算机86台，其中2007年度新购置便携式计算机4台，台式计算机2台。市局每人一台便携式计算机，下辖四市二区局的一线审计人员也基本达到人手一台便携式计算机。

市局为做好审计管理系统部署准备工作，在原有计算机房的基础上，按照审计管理系统部署应用指导书的要求，对机房进行重新规划和设计，并给下一步开展联网审计预留发展空间，保证审计信息化建设的需要。

4．审计软件开发与应用

泰州市审计局向省厅申报了《审计工具包》软件，该软件开发采取了“整体规划、分步实施”的模式，以审计人员的需求为出发点，注重与审计业务紧密结合，根据审计业务的实际，较好地规范了审计作业流程，促进了审计资源共享。该软件功能结构可以根据审计业务需求变化进行扩展，被省厅在全省审计机关中推广应用。

5．审计管理系统部署

2007年，泰州市审计局正式开始部署审计管理系统。向市政府作了书面专题报告，市政府已同意立项建设；积极主动与财政部门沟通，请求给予资金支持；局分管领导带领有关人员到镇江、苏州、南通等市审计局考察学习；邀请省厅计算机审计处的同志和中软、兴财等公司的技术人员到泰州进行现场指导。

6．计算机技能培训

2007年，泰州市审计局举办为期一周的审计

业务培训班，将审计信息化建设列为重点内容，邀请省厅计算机审计处的领导作报告，全面介绍金审工程的背景、概况、全国审计信息化建设的现状。同时请省厅计算机审计处的技术骨干对现场审计实施系统作专题辅导，提高计算机审计技能和审计业务水平，还两次组织收看省厅通过远程视频培训系统进行的计算机应用培训。

7．计算机审计人才培养

2007年，泰州市审计机关有10人参加计算机审计中级培训，其中7人通过审计署中级水平考试，取得全国审计系统计算机中级水平考试合格证书。

8．存在问题和解决问题的思路

存在的主要问题有：既懂计算机技术又懂审计业务的复合型人才匮乏，审计管理系统的部署和应用工作还需继续努力，联网审计步伐不快。今后，泰州市审计局将进一步加大计算机审计人才培养力度，加快审计信息化建设步伐，积极选送人员参加上级审计机关组织的各类培训，邀请有关方面的专家举办审计信息化建设专题讲座，加快现场审计实施系统的应用推广。

（十三）宿迁市审计局信息化建设概况

1．AO软件推广应用

2007年，宿迁市审计机关全面推广和使用现场审计实施系统（AO2008版），为保证AO2008版的顺利使用，充分发挥AO2008版软件的强大功能，节约审计成本，缩短审计时间，宿迁市审计局采取了相应的措施和办法，取得了一定的成效。一是以AO软件升级换代为契机，为全市审计机关的所有业务人员安装了AO2008版软件。二是分别对市局和县区审计局的审计业务人员举办了2期AO2008版应用软件培训班，为AO软件的全面推广使用打下了基础。三是在对县区审计局的综合目标考核和市局对各业务处室的考核中增加了有关AO软件应用方面的内容，明确要求凡符合条件的审计项目都要运用AO软件进行审计，并作为审计创新的一项基本内容。四是组织计算机审计成果演示，重点演示交流运用AO软件审计的项目，要求市局所有审计项目主审、县区局不少于2名计算机审计业务骨干参加演示。7月份下发预备通知，12月份分两场举行，分别评出一、二、三等奖6名。通过这种方式，让全市广大审计人员面对面地进行交流学习，取得了非常好的实际效果，既产生了一批能熟练运用AO软件的审计能手，也为今后更好地使用AO软件进行审计打下了基础。

2．计算机审计专家经验和AO应用实例

2007年，为进一步推动计算机技术在审计实践中的应用，积累计算机审计经验，宿迁市审计局积极响应省厅的号召，在去年取得零的突破的基础上，乘势而上，通过发文件、加大考核和奖励力度等措施，向全市审计机关征集计算机审计专家经验和AO应用实例，并在文件中明确奖励政策和标准。我市专家经验共上报7篇，6篇入选江苏省专家经验，1篇入选审计署专家经验；AO应用实例共征集5篇，全部入选江苏省AO应用实例，并全部被审计署评为应用奖，大大突破去年的成果。

3．联网审计的前期调研

2006年省厅联网审计现场会召开后，宿迁市审计局迅速行动起来，并安排专门人员对我市开展联网审计的试点调研，对宿迁是否具备联网审计的试点条件、试点单位、承担处室、存在问题、操作步骤等进行分析和论证，于2007年初拿出了《关于宿迁市开展联网审计工作情况调研》报告。

4．OA部署准备工作

当前，审计管理系统（OA）的上马已成不可逆转之势，我们未雨绸缪，认真做好项目开工前的各项工作。一是对宿迁市部署OA系统的可行性作了前期调研，对OA系统的配置要求、资金投入、在全国及省内部署情况以及宿迁当前资金、人员等条件进行了分析论证，为领导最终决策提供依据；二是向领导汇报全省审计机关运用OA的总体情况和形势，取得领导的支持；三是积极争取，向省厅申请专项补助35万元；四是向市政府专题报告，争取政府在资金方面的支持；五是全面了解和掌握OA系统上马的程序、步骤和注意事项，做到心中有数，同时邀请省厅计算机审计处和中软公司人员来宿迁专题研究OA部署相关事宜。

5．计算机技能培训

2007年，宿迁市审计局本着急需、实用和实事求是的原则，大力开展计算机应用培训。从时间上主要划分为两种：一是短期培训班，先后开展了四期6个批次，分别是ACCESS数据库知识、AO2008软件应用等；二是长期培训班，主要是

SQL语言知识培训。这项工作在2007年初实施并完成，取得了非常显著的效果，大大提高了全体审计同志对计算机审计重要性和紧迫性的认识，营造了学习并运用计算机审计知识的浓厚氛围。从这两次培训班看，总的特点是：一是局领导高度重视。对培训的时间安排、参训人员、奖惩措施等在局务会上专门进行商讨并确定。二是培训方案准备周详。三是组织实施严格精心。四是针对性强。与审计工作结合性好，针对审计人员对撰写专家经验和AO应用实例不知从何入手的现状，精心挑选了一些成熟的案例，进行强化培训。五是效果显著。由审计经验丰富且计算机运用水平较高的同志担任主讲，结合各自的审计工作实践，重点以实用部分为主，更加贴进审计工作一线。

6．计算机审计人才培养

2007年，抓住审计署专门为江苏省审计机关举办二期计算机审计中级培训班的有利时机，全市共选派了8名计算机审计骨干参加了学习，6人拿到审计署颁发的全国审计系统计算机中级水平考试合格证书，取得显著成效，为宿迁市计算机审计的广泛和深入开展提供了坚实的人才储备。从2005年开始，截至2007年底，参加审计署学习的人数分别为1、3、8共12人，通过1、2、6共9人，均呈几何级数增长，为宿迁市计算机审计工作打下良好的基础。

7．发展目标

(1) 审计项目都使用AO软件及其他计算机技术，达到两个100%。

(2) 专家经验和AO应用实例质和量都要争取进一步提高，并在获奖方面力争再有所突破。

(3) 加大对40岁以下审计业务人员的培养，力争在未来两年内形成20人左右的计算机审计业务骨干队伍。

(4) 尝试对被审计单位的计算机系统进行审计。

(5) 做好开展联网审计的试点工作。

（杨 青）

江苏省环境信息化发展概况

在省委、省政府的领导下，我省2007年环保系统信息化工作以科学发展观和“环保优先”方针为指导，坚持“环境信息为环境管理服务”的宗旨，围绕污染物减排和建设先进的环境监测预警体系的要求，紧扣“全面达小康，建设新江苏”的发展目标，顺应环保电子政务发展和环境信息应用网络化的趋势，进一步巩固全省环境信息管理机构规范化建设成果，全面推动环境信息现代化建设进程。

【基本概况】

全省环境化工作继续保持全面发展、整体推进、持续开拓的态势，全面完成年度各项工作任务。全省各市信息工作取得了较好成效，尤其是苏中地区，环境信息化发展态势突飞猛进，成效明显。在应对太湖蓝藻暴发工作中，环境信息部门的技术、数据服务保障工作发挥了巨大的作用。

为加强各类环境信息和管理动态的对外发布、促进环保政务公开，省环保厅十分重视环保门户网站建设。在对全省各地的环境信息工作考核目标中明确要求应在互联网络上加强环境信息发布与共享，建立政务公开服务系统。全省环保公众网站建设得到很大加强，加强环保宣传与政务公开力度，提升环保部门为公众服务的效能。

针对国家、省对污染源基础数据管理、总量控制的信息化需求，省环境信息中心先后组织开发了“十一五”全国环境统计信息系统、主要电厂烟气污染物在线监控信息平台和主要污染物总量控制动态台账管理信息平台三大核心业务信息系统。

【实际应用】

（一）启动现代化试点，探索环境信息发展新路

为推进环境信息现代化建设，我厅将环境信息现代化试点建设任务作为年度全省环境信息工作重点予以强调，并纳入到年度考核目标之中，以进一步完善各级环境信息机构队伍，建设覆盖全省地级市的环境信息纵向通信网络，构建各级环境基础数据中心，推进环保电子政务和重点环境业务应用系统建设，保证基础环境信息数据的采集、校验、处理和应用，建设环境管理决策支持体系，加强环境信息人员业务素质培养，为环境保护工作提供技术保障，完善信息发布制度，促进环境信息共享，在此基础上继续探索全省环境信息化的技术路线和发展方向，构筑数字环保。

部分地区结合实际，围绕《江苏省环境信息现代化建设方案》，紧扣污染减排工作对信息化能力的要求，开展环境信息现代化建设。南通市结合环境信息工作实际，组织开展了环境信息现代化建设应用试点工作，编制了《南通市环境信息现代化建设方案》。苏州市积极组织开展辖区内市县两级环境信息现代化建设，多次开展环境信息现代化建设交流活动，出台环境信息“十一五”计划实施方案等。扬州市采取政策引导、资金引导、技术引导三大手段，加大环境信息应用建设力度，全力推进全市环境信息现代化工作。

（二）建设省级环境信息基础设施，提升信息保障能力

省厅新大楼启用后，投入300多万元配置高性能服务器、存储设备、视频会议终端、千兆局域网等硬件设备。省环境信息中心对省厅直属单位的网络进行了升级改造，实现内网千兆到桌面，提升信息处理能力。全新的省级环境信息基础架构的建成，大大促进了我厅应对突发性环境污染事故的应急响应处置能力，提高了我厅各类业务应用系统的稳定可靠性，电子政务处理和综合应用能力得到极大提升。

各省辖市对环境信息基础装备建设也得到加强。南京市以“权力在阳光下运行”建设为契机，投入400万元加强环境信息基础能力建设，使南京市信息化建设迈上了一个新台阶，为“权力阳光电子政务”工程奠定了坚实的基础。南通市投入近百万元资金完成对中心机房布局及设备的改造和升级。苏州市信息能力建设投入达到90万元左右，完成局域网机房升级改造项目，建立了服务器加存储体系运行备份机制，实现了网络客户端、机房、安全三位一体的运行管理机制。淮安市、连云港市也分别投入专项经费加强信息化能力建设，进行机房和网络升级改造。

（三）加快专网建设，优化完善信息传输网络

为加强全省环保系统纵向信息传输能力，发挥我厅已采购的视频会议 MCU 等信息设备的作用，2007年，省环境信息中心组织开展了省市环境信息专网及视频会议系统建设前期准备工作。信息中心经过多方调研，编制了《省市 IP 广域网络和视频会议系统建设需求说明书》，方案中计划建立省－市环保广域专网，开通省厅到13个省辖市环保局的视频会议系统，实现2Mb/s以上的带宽。当前，正在按照方案逐步开展实施工作。

（四）推进政务公开，大步实施“数字环保”

为推进省环保厅政务工作信息化，我厅建成了全省环保厅政务信息管理系统，系统根据办公室实际工作需要建立了一个基于 B/S 的信息报送平台，具有政务信息的上报、选用功能，为事务网上办理、政务考核和重点工作督查提供了综合性服务平台，提高了工作效率及政务公开的透明度。

南京市环保局以清理和规范行政权力为基础，以信息技术为手段，以推进权力阳光运行机制为载体，整合各类环保网络资源，建立环保审批业务、环保信息发布、污染源在线监控、污染事故应急指挥和0A办公系统、业务系统、管理系统、数据系统为一体的集环境管理、监测、监察等信息共享的统一电子政务平台。南京市环保局梳理出行政许可15项，行政征收1项，行政给付1项，行政强制9项，其他行政权力两项，行政处罚194项，完成了行政权力的清理和流程图的固化，顺利实现权力在阳光下运行第一期项目，并拟定出与各区县实施电子政务系统对接的方案。苏州市网上办公系统中实现公文流转、车辆网上预约、服务供应品申请、呈阅件审批、本级文档中心、应急短消息群发等功能。扬州市开发了建设项目网上审批系统，实现了项目审批工作的电子化、网络化，大大提高了工作效率和审批流程的规范化程度。泰州市为加强 OA 系统运行管理，制定了办公自动化考核办法，保障 OA 系统正常运行。盐城市根据需求和资金情况，选用了71BASE 网络办公系统，初步实现无纸化办公。

（五）抓住发展机遇，构建环境应急信息化能力

省环保厅投入1.1亿元专项资金，强化环境应急处置的技术、装备、响应能力。其中，投资460万元建设环境应急决策支持系统，建立全省环境风险固定源和移动源数据库，在识别、评价、区划的基础上，利用现代网络技术、通信技术、计算机技术和多媒体技术，以资源数据库、方法库和知识库为基础，以地理信息系统、数据分析系统、信息表征系统为手段，实现省内环境风险危险源信息化管理以及风险应急救援的早期预警和快速、科学决策，为建设“平安江苏”服务。

2007年6月太湖蓝藻暴发以来，省环境信息中心购置 DVBS 卫星数据接收系统，接收 EOS Modis 卫星数据，编制了50多期蓝藻分布情况快报直呈省政府主要领导，为政府及时掌握最新情况进行科学决策发挥了重要作用。按照省委省政府在太湖流域建立最严密的监控体系的要求，信息中心与紫光软件（无锡）集团公司联合制定了《太湖流域水污染监测数据共享平台建设方案》，方案中提出建立太湖流域水污染监测数据共享平台以整合环保、水务、气象、渔政等部门现有监测数据资源为目的，利用先进的三维地理信息技术，建设太湖流域三维可视化虚拟环境，展示太湖流域水污染监测数据。原省委书记李源潮对方案做出“建立水污染监测数据共享平台十分必要，既可让各级领导、各个部门随时了解污染和环境保护进程，及时做出应对和调整，又可为公共监督创造条件。建议尽快建成，使之成为铁腕治污、科学治太的有力推进器”的重要批示。省环保厅总结太湖水污染事件中的环境数据处理需求，开展太湖流域水污染监测数据共享平台建设，组织开发功能完备的服务于政府对太湖科学监管的数据共享与交换平台应用软件，形成制度化的跨越部门的数据共建共享机制，建立高效的网络与信息技术支撑体系。

（六）服务污染减排，研发环保业务系统

针对国家、省对污染源基础数据管理、总量控制的信息化需求，信息中心先后组织开发了“十一五”全国环境统计信息系统、主要电厂烟气污染物在线监控信息平台和主要污染物总量控制动态台账管理信息平台三大核心业务信息系统。“十一五”环境统计年报和季报软件在全国各地使用，在全国污染减排工作中发挥了很大的基础数据汇总服务作用。信息中心承担了省信息办组织的江苏省自然资源及地理空间数据库——环境资源分库的建设、国家总局信息中心的“国控污染源项目”的气污染物名称代码和“全国环境系统河流代码”两项环境信息编码课题。

我厅十分重视烟气污染源在线监控系统建设工作，将之作为“十一五”主要污染物减排监管能力建设来抓，投入专项资金，对主要电厂烟气在线监控系统（CEMS）进行了联网集成，通过网络与通信技术、信息软件技术、系统集成技术形成一个装备先进、运转高效、满足实际需要的烟气污染物监控信息支撑技术，建立了一套完善的烟气污染源管理体系、标准体系、科技支撑体系和管理制度。截至2007年底，已完成对全省32家主要电厂计104台机组的联网工作，为省物价局脱硫电价补贴及二氧化硫污染物总量减排数据核定提供翔实的数据支撑。为了动态掌握主要污染物减排情况，信息中心组织完善了主要污染物总量控制动态台账管理信息平台建设，各地把项目排放数据及时录入系统、自动汇总污染物总量、可用余量情况、消减率、目标完成情况，很好地支持了污染物总量削减管理工作。

（七）加强安全防范，确保环境信息安全

根据公安部等四部委联合印发的《信息安全等级保护管理办法》（公通字［2007］43号）及《关于开展全国重要信息系统安全等级保护定级工作的通知》（公信安［2007］861号）要求，省环保厅通过摸底调查，掌握信息系统底数、确定定级对象、初步确定信息系统等级等步骤认真完成了厅各信息系统安全等级保护的定级申报工作。

【面临的主要问题】

1．大部分地区对开展环境信息现代化建设工作重视不足，信息化建设经费投入保障不足。环境信息管理机构规范化建设成果总体巩固不够，机构、人员队伍不够稳定，环境信息基础能力和服务能力下降，环境信息工作受到一定影响。

2．全省环境信息传输能力落后，难以满足环境管理、自动监控和应急处置的实际需要，缺少一张完整的“环境信息纵向传输专网”。随着环境自动监测管理应用需求的不断增加，如视频监控、在线监测等新业务的发展，环境数据传输网络的带宽与速度都需要进一步的扩充与提高。

3．环境数据的交换与共享无法满足资源整合的客观需求。随着环境管理业务工作的协同需求，环境基础数据“复合型”的趋势不断增长，目前的数据交换与共享机制、体系无法满足资源整合与信息共享的实际需要，无法更有效地把单一的基础数据转化为复合型的信息资源，为综合决策、环境监管、预警防灾提供技术支持与信息服务。

4．业务应用系统不能满足环境监督管理工作的需要。各地环保局结合自身管理业务的需求，组织开发了大量的环境业务应用软件，各类环境业务管理应用系统建成于不同时期，随着时代的发展和环境保护管理要求的不断提高，原有系统的功能已远不能满足全省环保系统环境监督管理业务一体化的动态需求；同时由于缺乏统一的环境信息标准和规范，导致现有应用系统在兼容性、开放性和可扩展性方面较差，严重制约了环境信息资源的综合开发与利用。

5．环境信息支撑能力建设尚有明显不足。尚未建立覆盖减排任务的省、市、县三级环境信息基础网络及相应的网络运行管理中心，尚未建立基于监测、统计和考核管理工作基础数据采集的分布式存储系统与灾难备份系统，尚未建立业务协同工作支撑平台及系统认证管理中心，针对减排的工作信息化需求，现有网络中心、监控中心机房面积及安全性尚待加强等。

6．环境信息技术标准、规范的强制严格执行问题。环境信息标准规范建设是“三大体系”信息化建设中的重要内容，是各业务部门资源共享与协同工作的基础。环境信息技术标准、规范的强制严格执行问题。随着信息化的逐步推广，因缺乏统一的规范和统一的技术标准，大多数系统资源不能共享，系统间相互孤立，必须强制执行信息技术标准和规范。

7．复合性环境信息管理和技术人才匮乏。环境信息化工作需要大量既熟悉环境管理业务，又掌握信息技术的复合性管理和技术人才但目前普遍缺乏核心技术人才，从事环境信息化工作的技术人员知识结构和专业配置不尽合理，且缺乏有效的人才培养和激励机制。

【2008年工作要点】

全省信息工作以强化环境信息统一监管为目标，围绕国家污染减排任务，继续加强环境信息系统建设，提供更加有效的信息资源服务能力和信息技术支撑能力。

（一）加强各级环境信息中心数据通信传输能力建设

一是加强数据采集能力建设，完善区域自动监测（控）数据传输系统，实现宽带或无线接入本区域各种自动监测与在线监控系统。二是推进省市环境信息广域IP通信专网建设，鼓励具备条件的省辖市组织实施市县环境信息广域通信专网建设。三是为全省环境应急处置提供通信保障，实现各类应急监测车、监察指挥车与省应急指挥中心间的数据与视频传输。四是继续做好各级环境信息内、外网的管理工作，严格保障内外网络信息安全。

（二）继续做好专项环境信息应用平台建设、运维

围绕污染减排、污染源普查、环境资源区域补偿、排污权交易等重点工作，做好信息应用平台建设与服务，组织网络化应用系统开发，使信息技术真正融入环境管理中心工作，形成核心的监管能力。一是开发与完善太湖水污染监测数据共享平台，保证系统平台正常运行与功能的完善。二是开发全省环境应急监测决策支撑平台，建立风险源数据库，建立污染扩散模型、实现三维GIS展现。三是做好“十一五”全国环境统计软件系统升级和技术支持。四是开展全省污染源（烟气）在线监控系统二期工程建设，完成功能扩展，做好系统维护管工作。

（三）推进环境信息标准、技术规范的应用

一是配合国家环保部完成河流编码和气污染物代码的标准指定工作。二是在各地环境信息系统建设中，严格执行国家、地方颁布的环境信息标准。三是开展自动监控数据通信传输规范、数据交换规范、污染源编码规范、信息中心建设规范、监控中心建设规范、系统集成规范的宣贯与培训，建立信息中心机房、网络、服务器、应用系统运维规范和质量保证体系。

（四）加强人才培养和上岗考核机制

建立全省信息系统专家库、加强信息中心人员业务素质培养，开展Windows Server、SQL Server2005、Visual Studio 2005、ArcGIS、Erdas Imagine等专业软件培训及网络安全管理培训，加强机构建设并建立上岗考核机制。

（五）加强数据资源整合

全面收集、整合本区域环境综合分析所需的各类数据资源。随着污染减排、生态省建设、环境应急指挥等协作型业务的增多，环保系统纵向数据交换将十分频繁，因此必须定期将业务系统产生的数据进行清洗、转换、整合。

（黎　刚　黄　华）

江苏省地方税务信息化发展概况

【基本概况】

2007年度，全省地税系统坚持科学发展观，按照省委、省政府和国家税务总局的有关要求，围绕税收中心工作，坚持服务大局，努力工作，积极进取，加强税务信息化建设，取得了较大成绩。金税工程三期建设积极稳妥推进，省级大集中工程建设顺利实施，各项相关软件及时推广应用并得到较好运行和维护，数据处理中心及其他基础设施建设不断完善，信息化安全管理工作逐步加强，信息化人才队伍进一步增强。

【组织机构】

江苏地税系统信息化管理机构分为省、市、县（区）三级。省局计算机中心负责全省地税系统信息化应用管理工作，主要职责是：研究制定全省地税信息化工作有关政策和发展计划，参与研究全省地税信息化的发展战略、方针政策和实施方案；制定全省地税信息化管理制度和标准规范；规划、组织和实施全省地税信息化工程，负责工程建设资金安排、硬件配备、软件开发及推广应用、技术培训以及办公自动化实施工作，收集、处理和管理重要税收信息和技术资料，为宏观决策提供及时可靠的信息；建立、管理和维护全省地税系统计算机通信网络，负责与有关部门的联网与信息交换；指导市、县（区）地税局的税务信息化工作。

各省辖市地税局设立专门的信息管理机构，大部分县（区）局成立了信息管理机构。到2007年底，全省地税系统各级信息管理部门中已有专业技术人员574人，其中高、中级技术人员219名，形成了一支技术管理实力较强的信息化专业队伍。

省、市级地税信息管理机构由计算机专业人员（含软件开发人员、设备及网络管理人员、信息分析管理人员）和综合管理人员组成。县（区）级地税信息管理机构主要由计算机软硬件和网络维护管理人员组成。

【基础设施建设】

全省地税系统信息化基础设施不断完善，硬件网络系统装备水平随着税收业务应用需求逐步提升。到2007年底，各省辖市局均装备2～3台小型机服务器、数台微机服务器，全系统税务干部均配备了微型计算机。省局－省辖市局、省辖市局－县区局、县区局－分局的三级广域网在全部联通的基础上质量进一步提高，广域网节点达707个，与系统外联通节点数175个。

【主要业绩和成果】

（一）积极稳妥实施“金税工程”三期江苏地税相关工作

国家税务总局“金税工程”三期经国务院批准立项，按照“金税工程”三期有关要求，省地税局组织制定了《“金税工程”三期江苏地税可行性研究报告》，并按照总局的初步设计方案编制了《“金税工程”三期江苏地税省级实施方案》。其中的第一阶段实施方案已经总局批复，目前正在按要求报省发改委立项。

针对总局推广的省级集中应用单项软件和省局业务处室的管理需求，做好相关软件的推广应用和配套开发工作，并根据需要开发维护总局软件与全省征管系统的接口。保障货运发票税控系统、建筑安装企业开票系统、财税库银联网系统和总局向省级地税传送增值税、消费税信息加工处理比对等应用的顺利实施，完成了系统升级维护，保证系统的稳定运行。

（二）好中求快推进省级大集中工程建设

在各方大力支持下，2007年5月，省地税局正式启动省级大集中工程。全系统抽调业务、技术骨干力量参加大集中工程，研究制定了《江苏省地税局省级大集中工程实施纲要》。全省各级地税机关高度关注，有关各方大力支持，项目组成员克服困难、扎实工作，总体工作按计划顺利进展，取得了阶段性的成果。目前，已完成大集中系统的业务需求编写、总体及概要设计、详细设计和部分程序编码开发等工作，为下一阶段软件开发工作打下了坚实的基础。

（三）注重实效做好各类应用软件运行维护

省地税局研究制定了全系统省级大集中模式下的税收业务和信息技术运维流程规范，搭建了内部网站形式的运维支持和项目管理系统试运行平台，形成了规范各级运维工作责任和操作流程基本方案。各级地税机关认真进行征收管理、行政办公、数据利用、外部信息交换等应用软件的运行维护，针对应用中出现的问题不断完善优化。省辖市级局数据集中处理应用系统的技术管理和应用运行水平稳步提升。无锡等市局启动了本地数据应用支撑平台建设，对信息化人员、管理、技术平台与省级大集中系统衔接进行了探索。南京市局以税管员信息平台为代表的软件开发项目，从可持续发展思路出发，针对基层需求，着眼数据资源利用，弥合了与省级大集中项目需求与个性化差异及技术衔接问题；泰州市局通过加大创新服务力度，电子申报等“多元化”应用再上新台阶；淮安市局加强数据质量管理和综合分析应用，确保各种数据资源得到充分利用；南通市局按照服务、效率、领先的要求，扎实开展数据综合管理系统二期开发和推广工作，建立了贴近地税征管工作实际需要的数据支撑平台；连云港在市区财税库行系统已经正常运行的基础上，进行二期项目的开发；苏州工业园区积极推进建筑工程项目管理系统与新版建筑业、销售不动产税控管理系统的衔接改造工作等。

其他各类应用系统的开发运维工作顺利进行。完成车船税及两税比对的全省开发上线及运维工作；完成总局财税库银 TIPS 签名和消息中间件服务器部署工作，基于 TIPS 的财税库银横向联网系统于 2007 年 12 月在省局直属分局及无锡、宿迁和徐州等市局上线试点运行。

（四）优化信息化基础设施配置

为了实施省级大集中工程，建设省局数据中心。省局数据中心的功能定位包括：省级大集中的生产运行、研发测试、运维支持、技术培训等。目前，数据中心的建设工作已全面完成，于 2008 年 2 月投入使用。

（五）加强信息安全工作

加强对广域网链路和局域网环境全面有效的监控和管理。部署完成全省地税系统网络安全审计项目建设，有效监控系统内网络行为和网络安全状态，全系统网络安全管理水平迈上了新的台阶。对主机网络与信息安全系统进行检查和改进，减少了安全隐患。2007 年 10 月，省局统一组织完成了全系统重要信息系统的安全等级保护定级和备案总结工作，促进了全系统重要信息系统安全保障相关工作的开展。

（六）规范信息化建设采购管理

按照相关制度和规范加强信息化预算管理，协同各级政府采购中心和局内有关部门实施、完善招投标工作，注重信息化项目实施的过程控制，提高信息化建设资金的使用效益。同时，各级信息管理部门按照一岗双责的要求，加强了廉政教育和招标采购过程管理，进一步落实了相关制度和考核工作。

（七）加强信息化队伍建设

全省地税系统有专业技术人员 574 人，其中高、中级技术人员 219 名，形成了一支管理和技术实力较强的信息化专业队伍。按照总局金税工程三期的要求开展业务技术培训，信息化专业人员的技术素质和能力进一步提高。针对不同的应用专题，加强了对全体税务干部的信息化知识和技能的培训，提升了全员信息化水平。

【存在问题和解决问题的思路】

在税收信息化建设与应用迅速推进的同时，地税系统信息化建设中还存在一些问题。一是省级大集中模式下的信息化建设管理体制和工作机制有待完善。二是应用软件业务需求、分析设计、开发测试的过程管理按照总局金税工程三期的有关要求有待进一步加强。三是信息化管理和技术队伍存在不稳定现象，业务与技术复合型人才的培养亟需重视。

【发展目标】

2008 年，江苏地税系统信息化工作的指导思想是：围绕“三个一流”的总体目标，统筹整体工作，突出重点，整体推进，积极稳妥地实施“金税工程”三期第一阶段江苏地税相关建设工作；以推广省级大集中税收管理信息系统为突破口，形成统一规范的江苏地税应用集成平台，做好与总局的数据业务管理应用的功能衔接；实施行政管理信息系统开发工作；建立省局数据处理中心运维环境，进一步完善网络和安全系统建设；推进外部信息交换和数据分析利用；进一步完善可持续发展的税收信息化格局。

2008年江苏地税信息化主要工作包括：

（一）积极稳妥地实施“金税工程”三期第一阶段江苏地税系统建设

按照国家税务总局2008年2月批复的《“金税工程”三期第一阶段江苏地税建设项目可行性研究报告》，结合省级大集中工程，完成全系统广域网络、网络安全防护、省级运维业务监控与管理、省级数据中心（含备份中心）系统等建设任务，使省级税收业务数据集中处理主体系统纳入“金税工程”三期一体化体系，实现与“金税工程”三期的主动衔接。保障总局税控收款机和数据分析利用系统推广应用，同时做好总局软件应用运行相关的配套开发。积极跟踪总局“金税工程”三期的有关进展情况，通过对“金税工程”三期的主动衔接，实现省级税收业务的应用集中，将江苏地税的主体应用系统纳入“金税工程”三期的一体化体系。

（二）实施省级大集中税收管理信息系统建设，试点单位上线运行

根据《江苏省地方税务局省级大集中工程实施纲要》的要求，大集中工程项目将在2008年10月份开始，先期在试点单位试点运行。根据试点单位运行情况对大集中系统进行相应的完善和优化以后，在此基础上，于2009年上半年在各省辖市全面推广运行。实现省辖市级局顺利切换，用户熟练操作，业务处理衔接顺畅，税款申报、征收、解交、入库通畅，外挂系统整合优化，对税务管理及纳税服务工作的支持能力总体提高。

（三）启动行政管理信息系统建设

以总局综合办公系统为基础，整合全系统成熟的行政管理软件和新业务需求，开展省局统一的行政管理信息系统建设，提高行政管理效率，促进行政管理进一步规范。整合省局和各省辖市级局外部网站，形成统一的外部网站群，并与省级大集中税收管理信息系统做好衔接。

（四）做好现有应用系统的运行维护，服务税收工作

继续进行征管信息系统各版本以及各类应用软件的运行维护和管理，支撑税收管理工作的稳定运行；做好总局货运发票税控系统的升级维护；做好业务需求管理工作，加强业务需求和应用系统调整的统筹性。

在保障各省辖市级局现有数据分析利用系统稳定运行的基础上，探索建立省级大集中环境下的省辖市级局数据应用支撑平台，支撑各省辖市级局个性化数据应用、业务管理和绩效考核等。

（五）提升信息基础设施承载能力，保障省级大集中应用

按照“金税工程”三期要求，结合省级大集中方案，优化全系统骨干网络，加强省局对各省辖市局广域网链路全面有效的监控和管理。

统筹进行系统资源梳理和规划，开展主机和存储设备性能监控及配置优化工作；结合应用发展实际情况，逐步优化主机配置，充实存储系统资源，满足税收工作的需要。

在建设省局数据中心的同时，完善各省辖市局机房环境，规范机房和系统运行环境管理。在宿迁市局建设数据异地备份站点，为全系统税收数据提供备份。

（六）深入开展信息资源开发利用，促进税收管理水平的提高

进一步加强全系统的数据分析利用工作，推进基础数据的集中，做好数据管理和共享，拓展与外部门的数据信息共享，以各层面税收管理需求为引导，做好信息分析处理和数据资源综合利用类软件的完善开发工作。

以省级大集中系统软件的数据标准规范数据信息，筹划省级大集中平台上的江苏省地方税收综合数据分析系统建设，通过加强对数据的集约管理与分析应用，服务于省局领导和机关处室，建立数据管理机制，推动数据管理上新水平。

（七）强化管理，提高信息安全保障能力

加强信息系统安全管理工作，完成全系统安全评估检查工作，并根据评估检查结果完善安全体系；加大对内外部网络与信息系统的安全监控力度，进一步完善应急机制，保障各类应用系统稳定运行。

加强关键应用系统和敏感数据的安全保护，初步建立网络准入控制机制，加强终端和移动介质使用的安全管理。

(八) 加强制度标准建设，提高信息化管理水平

继续做好数据标准化工作，加强数据结构、数据标准和数据质量规范化管理，提高数据共享使用程度。

健全电子数据处理相关制度、管理办法及操作规程；继续完善信息安全规范和制度和安全管理员岗责体系；梳理细化运维流程，明确职责与分工，实现整个运维工作的闭环。

根据“金税工程”三期建设和当前应用工作需要，系统开展专项培训。主要开展软件设计开发测试、小型机网络存储系统、运行维护、信息安全管理以及省级大集中系统应用等培训，提高信息部门人员的管理技术水平和全体干部的信息化工作能力。

(孙　艳)

江苏省统计信息化发展概况

【基本概况】

2007年全省统计信息化，紧密围绕全省统计中心工作，切实做好任务分解和实施方案的制定，精心组织，确保各项工作任务落到实处，扎实稳步地推进统计信息化工作。

【高质量做好农业普查数据处理工作】

农业普查的数据处理时间紧、技术要求高、数据量大、审核关系多。对此，全省上下高度重视，从技术准备、数据存贮、数据审核、数据加工等每一环节都作了精心研究，周密计划。我省的农业普查数据处理工作严格按照国家关于农业普查数据处理工作的方案规定和进度安排进行，数据处理工作得到了省和各市领导的极大重视和大力支持。全省的光电扫描任务已经圆满完成，数据审核按计划完成。

一是从方案、设备、技术支持各方面全面保障了光电录入工作的顺利开展。积极做好光电录入系统和配套设备的采购和集成验收工作，并于初将设备发放给各市，保障了各市光电录入工作的按时开展；对数据处理人员，从光电录入系统集成技术、相关网络安全技术以及光电录入现场管理技术等方面进行了全面培训；下发了《江苏省第二次农业普查数据处理实施细则》，要求各市结合本地实际认真贯彻执行，确保农业普查数据处理工作的顺利完成。

二是认真做好农普清查摸底和快速汇总工作。组织了一批技术力量开发了清查摸底和快速汇总程序，研究国家的数据上报要求，成功地进行了我省清查摸底和快速汇总数据与国家要求格式的转化工作，圆满地完成了清查摸底和快速汇总任务，为保证正式数据处理中的数据质量奠定了坚实的基础。

三是根据农普数据处理的需要制定了岗位设置及人员分工规定，明确了数据处理工作岗位的设置及人员的分工和联系方式，共分数据处理总负责、技术支持、安全管理、设备维护、数据处理、数据审核、数据报送和反馈、磁介质管理、制度业务等9个岗位，分工明确，责任到人。各市也相应成立了分工小组，倒排时间、合理调配、缜密安排各区县光电录入数据处理日程。经过三个月的紧张努力，全省共有21.4万个普查小区完成光电录入工作，累计完成普查表2397.15万张，全省共有3227人直接参与了此次数据处理工作，平均每周参加数据处理工作大约2640人天。

四是做好农普 apras 数据处理软件的研究和修订。多次召集各市的业务骨干对国家 Apras 软件的审核关系作深入研讨，根据我省实际情况，提出了需增加的审核关系107条，并上报国家。很多审核关系得到了国家的认同，并在新版的国家审核关系里做了新增。在国家数据处理新版制度的基础上，综合我省的各种情况，对国家新版制度做了一些修订，形成了我省的农普数据处理制度，下发给各市使用。8月底顺利完成了全省普查数据和图像的上报工作。

【加强统计信息网络保障体系建设】

认真组织实施网络安全建设和管理，完成了对各省辖市2006年度网络安全考核工作，并针对存在的问题，研究制定整改措施。根据应用需求，对局本部与二条巷间的专线进行了升级，网络带宽由2Mb/s提速至10Mb/s。完成了 VPN 系统的建设，为省局各部门主要负责人解决了移动办公问题。加强网络安全措施的落实，对桌面管理系统进行了升级，增配了内、外网安全网关，开展了防病毒网关和防病毒软件产品的选型测试，以提高统计信息网络安全的管理和防护能力。

【综合数据库历史数据加载工作

成效显著】

认真做好省统计局综合数据库历史数据的整理工作，历史数据加载采取了集中加载的方式，由局各专业处提供历史资料，计算中心负责录入和加载，省统计局综合数据库历史数据加载工作取得了显著成效。截至上半底，完成了建国以来年报综合数据和2003年以来的定报综合数据的加载。其中，农经、农产值等专业年报加载到1949年，地区生产总值专业年报加载到1952年，工业、贸易、投资等专业年报加载到1978年。

【统计数据处理系统发挥积极作用】

全面推广统计数据处理系统的应用，目前已在工业、能源、贸易、投资等专业年定报数据处理工作中投入使用，切实减轻基层统计人员的工作负担。2007年，根据专业要求，我们对工业、能源、投资和贸易等专业的年、定报程序进行了二次开发，确保了上述专业年定报工作的顺利进行。贸易专业网上数据直报方式得到稳步推进。为确保网上直报系统和数据的安全可靠，建立了企业统计报表网上直报数字证书认证系统。

【江苏省党政领导统计信息查询系统研发进展顺利】

作为省统计局今年信息化建设重点项目，已通过省信息办项目预审，并列入2008年省政府信息化建设项目。目前，该项目已经完成前期需求分析工作，正与软件开发公司进行合作开发，年底前可以完成程序开发工作，明年可以投入实际运行，为党政领导提供直接、直观、高效的统计服务。

【配合做好办公自动化和统计网站系统的升级改版】

根据应用需求，省统计局今年对办公自动化系统和统计内外网站实施了升级和改版。在局办公室、计算中心和网络信息管理的共同努力了，认真开展发前期调研工作、制定了需求方案、与有关公司进行了商务谈判。目前，省统计局新版双杨OA系统已顺利实现版本升级并实行双机运行，系统的安全性和稳定性得到了很大提高；网站改版工作也正按计划顺利进行。

【圆满完成2006年统计信息化建设调查工作】

为了顺利完成国家统计信息系统建设2006年年报任务，省统计局召开了全省统计信息系统基本情况年报工作会议，转发了国家统计局年报制度，下发了数据处理程序，进行了年报制度讲解、数据处理程序培训；各地市统计局组织所辖县（区）收集数据、填写报表、进行数据处理，省局根据数据处理程序的格式要求接收县级、地市级上报的基层报表；收集省级数据、填写报表，处理全省数据，圆满完成了统计信息化年报工作。

【江苏省统计从业人员资格认定管理系统开发工作完成】

根据工作需要，省统计局与常州维邦软件开发公司合作开发江苏省统计从业人员人员资格认定管理系统。该系统采用B/S模式，完成后链接在江苏省统计外网网站，可以使我省统计从业人员资格认定工作完全在外网上进行，这将提高我局的政务公开程度，并大大提高统计网站的点击率。目前，该系统已完成开发和试点工作，明年可以在全省推广应用。

【开展了相关技术培训】

根据农业普查数据处理工作的需要，开展了光电技术和系统集成、Apras数据审核、简编资料开发等培训；针对县（区）举办了二期网络基础培训班，提高我省基层网络管理人员的业务水平和管理能力。

【全省统计信息化2008～2010年发展意见】

加强统计信息化建设，促进统计信息资源的开发利用，是全省各级统计部门的一项重要工作。今后三年，全省统计系统要坚持以党的十七大精神为指导，按照国家统计局和省委、省政府的统一部署，紧密围绕统计发展大局，从实际需求出发，以信息资源开发建设为重点，以信息化人才队伍建设为依托，全面提升信息化水平和综合服务能力，开创江苏统计信息化建设的新局面。

（一）总体目标

以规范的统计报表体系、统计信息标准和统计业务流程为基础，分阶段、有重点地开展系统建设和资源开发，建立覆盖全省的统计数据库体系；整合统计网络平台和应用软件平台；完善统计信息门户系统和安全保障系统。进一步提高统计信息的采集、处理和发布的准确性、及时性、系统性，确保统计整体功能高效、有序地实现。

（二）建设原则

1. 统一规划、协同实施

统计信息化建设是一项复杂的系统工程，必须按照国家统计局的规划和省电子政务建设的要求，进行统计信息系统的开发建设和应用管理，特别是共享共用的网络平台、应用平台和数据资源的开发建设，避免重复投资。统计信息化建设需要信息技术部门和统计业务部门分工合作、协同实施，使信息系统真正符合统计业务发展的要求。

2. 需求主导、强化服务

以统计业务和政务管理的应用需求为导向，强化统计信息资源和统计信息服务体系建设，建立面向服务的管理机制和系统架构，提高信息服务水平。

3. 突出重点、资源共享

统计信息化建设必须以提高统计整体功能为目标，以信息资源管理、加大资源共享程度为载体，使统计信息开发建设成为江苏信息资源开发建设的重点领域。

4. 统一标准、规范流程

制定相关业务、应用、网络、安全标准规范，加强基础建设和应用系统建设，提高业务工作和应用规范的标准化水平。

5. 注重实效、安全可靠

网络平台、应用系统和数据资源等重点项目的建设，要始终把成本、效益作为重要的尺度；要建立健全安全保密制度，强化信息安全管理措施，确保统计信息资源和运行环境的安全。

（三）重点工作

1. 完善全省统计信息化基础环境和网络平台

坚持“统一标准，强化管理”的原则，建立结构合理、覆盖面广、安全可靠、支持多种网络应用的全省统计信息网络系统。完善网上报送线路环境，满足统计业务发展的重点需求。

（1）省级：省市间实现 10Mb/s 数字电路连接，实现业务系统网络层和应用层的备份功能，完成省局主机房的改造，建立 IDC（网络数据中心）机房标准管理模式，争取建立省市间视频会议系统。

（2）市级：同城异地办公地点之间应采用光纤或不低于 10Mb/s 的专线连接；根据实际情况对市县联网带宽进行升级，苏南、苏中和苏北有条件的地区可提速至 4Mb/s 以上；建有独立机房的单位机房面积不低于 50 平方米，并保证机房处于正常工作温度；安装不间断电源，保证所有设备 24 小时正常工作；设置完善的消防、防雷、防磁、防尘、抗静电设施；网络设备必须上架。

（3）县级：通过专线或 VPN 等方式实施与乡镇的联网，2008 年全省要有三分之二的乡镇实现联网，2009 年基本完成乡镇联网工作，2010 年全省所有乡镇全面实现联网；建有独立机房的单位机房面积不低于 20 平方米，并保证机房处于正常工作温度；安装不间断电源，保证所有设备 24 小时正常工作；配备相应的机房保障设备。

2. 加强统计应用软件平台建设

推进统计业务基础工作规范化建设，加强数据综合管理，统一数据标准，规范数据采集、处理、存储和管理，为统计数据库的建立及深层次的数据挖掘与展现奠定良好的基础。在《江苏省统计数据处理系统》应用的基础上，全面推进网上直报系统的应用，推进统计设计、发布、报送、催报、处理、综合管理等统计业务工作网络化，推动统计改革创新，完善公共服务。

（1）省级：推进统计应用软件规范化工作，建立相应的准入评测制度，统一标准规范，完善应用架构，形成一套年定报和专项调查表式设定、数据采集、审核、汇总上报处理软件。建立全省统计系统软件登记备案制度。2008 年开展网上直报安全认证系统的试点，2009 年完成认证系统的建设，确保报表信息的不可抵赖性、真实有效性和安全保密性。

（2）市级：继续做好统计数据处理软件的规范化管理，最大限度地减少数据处理软件的种类，苏南、苏中和苏北有条件的地区使用网上直报系统，逐步实现数据处理平台的统一。

（3）县级：按照省市的统一部署，推进数据处理软件的规范化。

3. 完成统计数据库体系建设

建立以统计综合数据库为龙头，以统计数据中心为基础，由主题数据库、普查数据库、基本单位名录库等构成的，面向宏观决策和公共服务的统计数据库体系。通过网络检索查询提供权威、丰富的统计信息。利用数据库技术实现统计数据电子档案管理。

(1) 省级：完善省级统计综合数据库；在统计数据中心和统计数据库体系支持下，完成省政府部门信息化重点项目——“江苏省党政领导统计数据快速查询系统”的建设，通过省电子政务平台，及时向省领导和有关部门提供本省和周边省份的主要经济社会发展数据；统一组织实施全省基本单位名录库更新维护和定期汇总、存储，提供名录库基本信息的咨询服务。

(2) 市级：全面推广统计综合数据库的应用，完成近三年定报数据的加载，年报历史数据加载进度分别为：2008 年加载至 2000 年，2009 年加载至 1990 年，2010 年加载至 1949 年；对全市基本单位名录库更新维护工作进行监管；加大数据资源的开发利用，建立 2～3 个综合性或主题统计数据库；做好电子档案的管理工作，建立年报、定报、一次性调查的数据备份目录（含数据、程序、制度说明等），实现统计数据的归档、使用、发布等各环节的规范化，为数据库应用和统计分析打好基础。

(3) 县级：开展统计数据库建设，至少建立 1～2 个综合性或主题统计数据库，及时补充历史资料数据，实时更新时序进度数据；负责做好本辖区内基本单位名录库资料的信息采集和维护更新工作；做好电子档案的管理工作，建立年报、定报、一次性调查的数据备份目录（含数据、程序、制度说明等）。

4．大力推进统计网站建设

全面规划、建立和完善全省统计门户网站和统计信息整合平台，努力把统计网站建设成为对外宣传的重要窗口、政务与信息公开的重要渠道、为公众服务的重要平台、政府与公众互动交流的重要途径、沟通指导统计工作的重要手段。做到内外网并举，不断强化外网信息发布，不断完善外网功能。进一步加强规范化管理，确保网站有序安全运行；进一步开发信息资源，认真做好网站内容保障工作，不断提升网站水平。

(1) 省级：以用户为中心、以需求为导向，加强统计网站的功能、内容建设，确保我省网站工作在全国统计系统保持领先地位。以省政府关于政府网站绩效评价指标体系为指导，做好网站的改版升级工作。提高网站的技术水平，采用和推广新版采编发系统，做好新老系统的衔接和业务培训。网站建设要进一步加强制度化、规范化管理，建立健全内容保障、信息编辑审核、网站工作考核评比等规章制度。要进一步加强对全省统计网站建设的组织指导、督促检查，推动网站工作再上新台阶。要建设面向社会公众的对外服务数据库，建立统计数据发布系统，为网站用户使用统计数据提供便利条件。

(2) 市级：进一步加强对网站工作的组织领导，不断提高统计网站建设的水平，积极开展技术升级和网站改版工作，统计网站要在当地政府门户网站建设中争取上游地位。要采取措施，明确责任，理顺渠道，加大内容保障建设，大力开发网络信息资源，丰富网上信息内容，不断提高信息的质量和时效。要积极主动地做好向省统计局网站报送信息工作，共同建设好、维护好全省统计门户网站。信息更新每周不少于两次。

(3) 县级：要明确指定统计网站规划、建设和管理机构，有专人负责网站工作，落实工作责任，保障网站建设所需的条件。采取灵活多样的方式建立统计公共网，要在政府门户网站上有链接。及时做好信息和数据的加载更新，要制订政务公开和信息公开网上发布制度，在规定时间之前发布统计数据、统计分析、统计公报和统计信息等网络信息。信息更新每周不少于一次。

5．提升办公自动化系统应用水平

以协同办公为目标，建设统计政务管理平台（OA 系统）。按照政务管理的需要，构筑以文档管理、事务管理和知识管理为核心，与网站和业务应用系统有机联系的省市两级办公自动化系统，实现网上协同办公。

(1) 省级：做好新版“双杨 OA”办公自动化系统的应用，根据需求拓展新功能，应用移动办公，提高工作效率。

(2) 市级：2008 年完成办公自动化系统的升级，做好 OA 日常信息的加载、接收和系统管理工作，报送省级的请示、报告等各类文件实现 OA 系统传递。

(3) 县级：根据实际情况推进办公自动化系

统的应用。

6．建立存储备份系统

通过统计数据管理系统、数据库应用系统的建设，实现统计数据资源的集中存储和管理。保障数据中心的安全，配套建立信息系统灾难恢复备份系统，确保统计信息网络连续、稳定、安全地进行。

(1) 省级：在完善存储系统建设的基础上，规划建立系统灾难恢复机制，建设异地存储备份中心。

(2) 市级：建立光纤 SAN 或 IP SAN 存储系统，备份系统可采用虚拟带库或磁带库，有条件的市应建设异地备份系统，重要的应用系统要实行双机运行。

(3) 县级：建立光纤 SAN 或 IP SAN 存储系统，备份系统为虚拟带库或磁带库，重要应用系统实行双机运行。

7．构建信息化安全保障体系

严格遵循国家有关安全保密法律法规和信息网络安全保障制度，明确各级分工，实行定人定岗；完善统计信息的安全域划分，实现分级保护管理；完善统计信息监察、安全审计系统；从制度建设、管理措施、技术手段等方面，逐步建立健全统计信息化安全保障系统。

(1) 省级：做好入侵检测、安全审计、漏洞扫描等系统的应用，加强对全省网络运行的安全管理；建立全省统一的网络防病毒系统，改进和完善网络病毒防范和网络监控体系。

(2) 市级：在统计内、外网络接入端完成防火墙的部署和应用，完善网络安全基础建设；做好桌面管理系统和防病毒系统的应用；负责对所辖县（区）、乡镇实施安全监管；近期内，各乡镇只限访问本市范围内的统计网络，确保省市主干网络的高效、安全、稳定。

(3) 县级：2008 年完成防火墙等安全设备的配备和应用；做好桌面管理系统和防病毒系统的应用；负责对所辖乡镇的网络安全进行管理和指导。

（董　宪　程建南）

江苏省工商信息化发展概况

【基本情况】

根据省委省政府和国家工商总局关于加快信息化建设的要求，江苏省工商信息化项目从2000年10月起步，按照统一领导、统一规划、统一标准、统一投资、统一施工、统一管理的“六统一”原则建设，至今已历时八年。江苏省工商行政管理局电子政务系统充分利用各种网络资源，建立纵向贯穿总局、省、市、县、工商所五级机关，横向覆盖相关政府部门和社会公众互联互通网络，并以业务为主线，将网络划分为工商行政管理网、政务专网和公共服务网（简称政务外网）三个网络子系统。应用系统由市场主体分类监管系统、12315行政执法系统、公共服务系统、政务系统、辅助系统等五大部分组成。根据总局金信工程与实际使用要求，数据库建设采用省局、市局两级数据中心和省局、市局两级联机业务数据库的数据分布结构策略。随着工商信息化建设的不断深入，信息化应用的不断加强，信息化对工商的管理工作带来了一系列的变化。一是进一步规范了执法行为，提高了依法行政的水平。二是改善和创新了监管手段，为工商职能的发挥提供深入发展的空间。三是促使工商管理工作更加公开透明，提升了公众服务能力。四是促进了工作效率提高，提升了工作水平。五是带动了系统干部的知识更新，提升了干部的能力结构。

【2007年主要工作】

江苏工商系统2007年信息化工作以科学系发展观为指导，围绕网络建设、应用软件建设、提高数据质量、规范档案统计工作这几项核心任务有效开展，取得明显成效。

（一）提升网络质量，确保系统稳定

网络系统的安全稳定和畅通运行是推进工商信息化建设的保障。省工商局信息中心作为全省工商信息化建设的扎口部门，统一思想认识，坚持以项目实施为契机，把技术创新与强化管理结合起来，加强安全运行教育，完善安全管理制度，细化安全岗位责任，努力消除管理上的漏洞。具体做法：

一是加强安全管理，保证系统运行安全。首先，加强机房安全管理。进一步整治机房环境，在各市局中心机房安装监控系统，对机房的环境、温度、湿度、动力等进行监测，努力消除机房运行隐患。其次，加强系统安全管理。在2006年全省实施信息系统安全防御体系建设的基础上，跟踪安全防御系统运行情况，分析系统运行中存在的问题，及时调整相关策略，对安全防御系统进行优化，完成了安全防御项目的验收工作。再就是，加强数据安全管理。在总结南京局试点准实时数据备份经验的基础上，进一步扩大试点，完成了苏州、无锡等8个市局数据备份设备的采购及数据的准实时备份工作。通过技术上和制度上的两手抓，有力地确保了整个网络系统的安全稳定运行。

二是实施升级改造，不断提高网络速度。随着工商业务量的不断加大，现有网络带宽已经不能完全满足日益增长的业务需求，提升网络带宽成为有效提高网络速度的手段之一。针对网络带宽不足的问题，我们协助国家总局完成了总局到省局的网络改造，使网络带宽从640k提升为2Mb/s；对省局到市局的网络带宽进行了升级，升级后的网络带宽由2Mb/s变为4Mb/s。通过升级改造，有效地提高了网络访问速度，保证了工商业务工作的有序进行。

三是加大资金投入，逐步更新硬件设备。江苏省工商局信息中心对全省各直属工商局、县（区）工商分局、基层工商分局的网络设备、服务器等硬件设备使用情况进行调查研究，按照设备老化情况及损坏频率制定了硬件设备更新计划，分批对全系统的硬件设备进行更换。确定了全省工商系统UPS动力系统的更换方案，完成了全省部分应用服务器的更新工作，以及淮安、连云港市工商局的网络设备的升级改造。

四是加强资产管理，核对信息化资产情况。根据全省工商系统行政事业单位资产清查专项核查工作的要求，在全系统范围内对省局配发的信息化资产进行了核查。通过核查，进一步弄清了信息化资产的情况，了解了信息化资产运行状况，为制定设备更换方案提供了依据。

（二）完善软件系统、深化软件应用

软件系统的应用水平直接反映出江苏工商信息化水平，影响到业务工作的效率和质量。为此，我们从以下三个方面入手：

一是完善软件系统。根据市场主体分类监管的需要，结合《金信工程一期》任务，对市场主体分类监管、警示管理、监督检查等软件进行了整合，重新明确监管的重点、检查的方式、内容和频率等要求，使经济户口管理更有效、更科学。根据国家工商总局的要求，结合我省实际，对12315申投诉系统的应用软件进行了全面升级，加强了软件运行的稳定性，统一了数据格式，规范了申投诉处理流程，为认真履行保护消费者合法权益的职责提供更有力的支持。

二是开发新的软件。（1）开发了数据自主利用系统，通过该系统市局可以查询并导出市场主体的在业信息、注销信息、吊销信息、年检信息、行政处罚信息、重合同守信用信息，有效地提高了数据的利用效率，保证了数据共享，满足了各地监管创新的需要。（2）开发了非公有制企业党建情况录入软件，提供了非公有制企业党建工作情况的录入、汇总功能，为个私协会做好非公有制企业党建工作情况统计上报工作提供了帮手。（3）开发了传销组织、人员的基本情况录入软件，方便公平交易部门在查处传销违法活动中，建立传销组织、人员电子档案，及时掌握、分析传销活动动态，积极推动长效监管、整体防控的打击传销体系的建设。

三是深化软件应用。为了更好的推广二版软件的应用，省局信息中心采取集中授课、上机操作、远程视频等多种形式对工商干部进行各类软件培训，受训对象达几千人次，使广大工商干部对二版软件的应用更加准确熟练，进一步推动了各项业务工作的规范化。针对软件应用中存在的应用不到位、数据录入不及时不准确的问题，信息中心联合有关处室组成专项检查小组，对案件软件、12315软件、行政复议软件及个体收费软件的应用情况进行专项检查，发现问题及时纠正，深化了软件的应用。

（三）规范数据采集、提高数据质量

数据的质量是推进工商信息化建设的生命。随着二版软件的上线使用，业务数据已集中到省、市两级数据中心，对数据的准确性、规范性要求也越来越高。2007年省工商局继续抓住数据质量问题不松懈，严格把好数据采集关、录入关、检验关和利用关，从各个环节紧抓数据质量，继续利用统计、查询、决策支持等软件不断检查发现数据问题，不定期的开展数据质量的网上抽查和随机检查。为了确保数据安全，积极做好数据备份工作。在提高数据质量的同时，不断扩大数据利用范围，推动政府联动监管，实现全国联网应用，开展对外服务，通过数据利用检验数据质量。

（四）改版政务网站、推进政务公开

一是优化政务网站，推动政务公开。政务网站是工商部门对外服务的窗口之一，为了更好的宣传工商工作，进一步利用信息技术提高对外服务的效率，根据国家工商总局及省政府的要求，江苏省工商局采用聚合技术对网站进行改版，从网站的内容深度、及时性等方面对网站进行优化，进一步加大政务公开的力度，加强了网上12315的处理能力，方便群众网上申投诉咨询，做到条条有答复、件件有落实。

二是开办文化网站，推进局务公开。为认真落实省局党组提出的加强队伍建设、廉政建设，推进政务公开、局务公开，发挥信息化在创新、规范、公开、快捷方面的优势的要求，建立了省市局使用的工商文化网和县所使用的工商基层综合管理平台，使系统内部的思想、工作交流活动有了一个更为集中、便捷和快速的平台，实现了工商系统内部事务信息的共享。

（五）规范档案管理、保障介质档案存储安全

2007年在电子档案管理工作方面，实施了新的更为科学的电子档案存储方法，试点运行了电子档案归档软件，保证存放更加安全。不断丰富电子档案对内对外的应用，把档案的对外查询业务真正作为一个重要的工商小“窗口”来看待。通过技术改造和制度建设“两手抓”的方法不断提高电子档案扫描质量，并进一步规范移交手续，缩短扫描周期，提高运行效率。

【2008年工作宣言】

2008年江苏省工商信息化建设的总体要求：以科学发展观为统领，围绕总局提出的“四个统一”、省局党组提出的建设“三型工商”的要求，牢固树立服务地方经济发展、服务业务工作、服务基层的意识，开拓进取，锐意创新，努力开创新时期信息化工作的新局面。以创新工作思路为突破，提高服务保障能力；以确保系统安全稳定运行为核心，做好系统设备更新改造工作；以“金信工程”为主线，全面深化软件应用；以数据应用为抓手，加强数据标准化建设；以改进统计方法为手段，提高统计分析能力；以档案达标为目标，提高档案管理水平。

(一) 锐意创新工作思路，全方位提高服务水平

根据新时期信息化工作的新要求，江苏省工商系统2008年的信息化工作，要进一步开拓进取、锐意创新，以强化服务意识、提高服务水平为主旨，在创新工作思路、改进工作方法，提高服务能力和水平上下功夫。

1. 整合条线资源，共同破解信息化难题

针对系统日常运维中出现的难点、热点问题，积极倡导创新精神，集思广益，充分调动信息条线工作人员的积极性和主观能动性，深入开展专题研究，共同破解信息化难题。

2. 强化服务意识，提升保障能力

牢固树立服务地方经济发展、服务业务工作、服务基层的意识，全力保障工商系统各项工商行政管理工作的顺利开展，重点保障工商行政管理政务网站、工商文化网站和工商基层综合管理平台的稳定运行。

3. 大力开展信息化宣传，努力营造和谐的信息化工作氛围

充分利用各种形式和方法，大力宣传新形势下信息化工作的重要性、艰巨性及信息化建设工作的繁重性，努力争取各级领导和各业务部门对信息化工作的进一步理解和支持，形成全系统关心、支持、参与和共同推进信息化事业发展的良好氛围。

4. 编制《江苏省工商信息化建设管理制度汇编》

认真研究新形势下信息化工作的规律和特点，全面梳理、修订和完善现有的信息化建设标准、管理规范和工作制度，编制并印发《江苏省工商信息化建设管理制度汇编》，以有利于各项信息化制度的贯彻落实。

5. 建立技术过硬、保障有力的信息化管理队伍

积极开展条线人员专业技术培训，采取走出去请进来等多种方法和手段，有计划地开展调查研究，推动全省技术人员的业务水平不断提高，努力建设一支适应新形势要求的、稳定的、技术过硬的、保障有力的信息化管理队伍。

6. 强化全系统信息化应用能力

积极探索提高全系统信息化应用能力的方法，结合实际情况，利用网上考试系统采取集中培训、考试等方式，配合人教部门组织信息化应用能力竞赛、信息化应用能力达标考核，强化全系统信息化应用能力的训练，努力使全系统信息化应用能力上一个新台阶。

7. 积极探索长三角数据资源共享的有效途径与方法

随着苏浙沪两省一市工商联动监管机制的进一步确立，长三角市场监管信息的共认共享对信息化资源的共享与数据的交换提出了新的要求。为此，我们将积极探索长三角数据资源共享的有效途径与方法，一季度进行一次沟通与交流，为我省经济发展提供有力的信息服务，为三地工商工作特别是执法监管工作的紧密合作提供数据信息支撑，促进市场监管措施联动。

(二) 着力提升系统性能，确保系统安全稳定运行

为确保全省工商系统安全稳定运行，根据系统建设的总体规划，2008年系统运维方面主要做好以下几项工作：

1. 更新系统设备，确保网络畅通

按照网络设备更新改造计划，2008年将对泰州、南通市局网络设备进行更新改造。针对部分局OA服务器老化，运行速度慢的问题，对OA服务器进行调整和系统升级，以提高办公自动化软件的运行速度。根据UPS电源替换方案，有计划地组织好UPS电源的安装、调试工作，确保在进行UPS更换的同时供电系统的稳定。在实施方法上将以确保正常业务工作不受影响为前提，按步

骤分阶段有计划实施的原则，力争使整个系统的升级改造平滑稳定的过渡。

2．做好数据备份，确保数据安全

省局信息中心在完成苏州等8个市局数据准实时备份工作的基础上，总结经验，制定详细的计划，协调相关单位，2008年将继续进行其他市局数据备份的采购工作及数据的准实时备份工作，进一步提高全省工商数据的安全性。

3．调整升级小型机，保障系统稳定运行

为适应数据集中的需要，在2007年对部分市局的小型机进行了调整和升级，2008年将继续对剩余市局的小型机进行调整和升级，并对调整后替换下来的小型机的使用进行重新规划。

（三）积极完善软件系统，全面深化软件应用

江苏省工商局信息中心作为江苏省工商信息化建设的主管部门，以深入贯彻科学发展观为指导，结合江苏省工商系统的工作实际，以突出解决问题，解决突出问题作为开展工作的原则，按照“金信工程”一期的总体要求，多次组织骨干力量深入基层工商部门进行调研，了解业务需求，梳理阻碍信息化发展的问题，针对重大突出问题及时展开工作，对软件系统进一步修改完善，全面深化软件应用，提升软件应用能力。2008年以“金信工程”一期为主线，软件方面主要做好以下几项工作：

1．认真做好“金信工程”一期试点的各项工作

“金信工程”一期试点工程涉及的内容多、单位广、时间紧，为按期保质完成各项试点任务，省局各相关处室和全省各试点单位要明确各自的责任各司其责，认真细致做好各项工作。省局相关业务处室重点做好与本处室相关的工作，结合总局下发的数据标准，健全有关数据指标项，按总局的代码标准对数据进行规范；推广应用修改完善后的市场主体分类监管系统和12315行政执法系统；进一步推进政府部门间信息的共享。省局信息中心在配合各处室做好规范数据、完善软件的同时，要按总局要求定期向五个专题数据库提供数据。各试点单位要按省局各相关业务处室的要求，加强软件培训，准确理解、规范应用软件；利用数据质量检查工具、定期检查数据质量，确保数据及时、准确、可用。

2．结合工作实际，修改完善现有软件系统

根据新出台的业务规范的要求及创新监管的需要，新开发股权质押登记、企业动产抵押物登记网上申请、拍卖网上备案软件、市场分类监管软件、广告监测与二版软件的关联、移动监管软件、工商所绩效考核、工商所电子地图管理系统、直销企业监管软件、12315软件与案件软件的关联、内网考试系统、内部工作平台整合（实现单点登录）、档案管理软件等软件项目，修改完善电子政务网站、文化网站和基层工作平台、经济户口管理软件、常驻代表机构登记软件、外国企业经营活动登记软件、农民专业合作社登记软件、个体工商户登记软件（增加台湾居民）、商品质量监测软件、案件软件、查询统计软件等的软件项目。通过对软件系统的修改完善，进一步为创新监管、规范执法提供有力的支持。

（四）开展数据大会战活动，进一步提高数据质量

提高数据质量是信息化建设中的一项长期、艰巨的重要基础性工作。近年来，省局始终抓住数据质量不放，通过制定相关管理制度、检查并清理数据等一系列措施，使数据质量有了一定的提高，但目前的数据质量仍存在很多问题，与总局规定的数据标准的要求相比还存在不小的差距。为切实提高数据质量，确保2008年度统计报表、以及按照总局“金信工程”一期要求定期向总局八个专题数据库提供数据的准确性，省局将在全系统开展一次提高数据质量的大会战。

为此，省局特地下发《关于开展数据大会战的通知》，要求各直属局和机关各处室加强组织领导，充分认识开展大会战的重要性和必要性，认真组织、精心安排，主要领导要亲自抓，分管领导要具体抓。具体实施方法是按照大会战确定的目标，各部门要齐心协力，密切配合，强化责任意识，明确分工，各司其职。第一阶段，各地自行检查数据质量，并完成修改、补录和清理数据的工作。第二阶段，省局组织检查组抽查数据质量，并将检查结果当场反馈给被检查单位。第三阶段，对数据质量大会战取得的成绩及存在的问题进行全面总结。通过数据质量大会战活动提高数据质量的同时，加强数据的利用范围，在现有查询、统计、对外服务等数据利用的基础上，进一步拓宽思路，挖掘数据利用的需求，不断深化数据利用。

（五）开展信息化知识竞赛，加强干部信息化应用能力建设

为贯彻落实国家工商总局《关于在全国工商行政管理系统开展信息化知识竞赛活动的通知》精神，结合我省工商系统信息化建设情况，省局将在2008年下半年全省工商系统范围内开展信息化知识竞赛，此次竞赛旨在全面提高工商行政管理系统干部队伍信息化工作技能和信息化应用水平，加强“三个过硬”的干部队伍，为建立市场监管长效机制，进一步做到“四个统一”提供人才保障和智力保障。竞赛采取网上答题和组队现场比赛两种形式进行，在省内竞赛的基础上组建本省代表队参加总局的决赛。要求全省工商干部积极参加，把竞赛的过程作为学习的过程，作为深化岗位练兵的过程。为了更好地推动基层信息化应用，此次竞赛的参赛人员以基层工商干部、业务干部为主，鼓励工商所长、分局长以上领导及40岁以上选手参赛。通过竞赛切实在全系统兴起学习信息化知识的新高潮，进一步提高广大干部利用信息化技术履行岗位职责的能力和水平，充分发挥职能作用，为促进经济社会又好又快的发展做出贡献。

（杨　赟）

江苏省质量技术监督信息化发展概况

【基本概况】

江苏省质量技术监督局主要职责是贯彻执行国家有关质量技术监督工作的方针、政策和法律、法规；组织实施相关法律、法规的行政执法工作；拟定质量、标准化、计量和锅炉压力容器及特种设备安全监察监督的地方性法规、规章；推进质量技术监督工作与国际惯例接轨。

近年来在省委、省政府和国家质检总局的正确领导下，全省系统充分发挥垂直管理体制的巨大优势，牢固树立和落实科学发展观，切实履行各项工作职能，工作有效性不断增强，为提高经济增长的质量和效益、促进江苏“两个率先”做出了应有的贡献。各地、各部门认真贯彻落实省电子政务办公室的总体部署，按照“着眼发展、立足应用、突出重点、务求实效”的原则，以及“统一规划、统一平台、统一标准、统一步骤”的要求，加强领导，落实措施，积极推进我局信息化建设，信息化工作再上新台阶。

【组织机构】

江苏省质量技术监督系统信息化管理机构分为省、市、县（区）三级。省局信息中心负责全省质监系统的信息化管理工作。主要负责参与研究制定全省质监信息化工作有关方针政策、发展战略和实施方案；制定全省质监系统信息化管理的制度、标准和规范；组织和实施全省质监系统信息化工程，负责工程建设资金安排、硬件配备、软件开发、推广应用及技术培训工作；负责收集、处理和管理重要质监信息和技术资料，为宏观决策提供及时可靠的信息支持；建立、管理和维护全省质监系统计算机通信网络，并负责与有关部门的联网与信息交换；指导市、县（区）质量技术监督局的信息化工作。

经过多年的努力，全省各市、县（区）质监信息化管理机构正逐步形成由计算机专业人员（含软件人员、网络和设备管理人员、信息分析人员）和综合管理人员组成的人才队伍，为全省质监事业的发展奠定了坚实的基础。

【主要业绩或成果】

立足政务信息公开，提高网站服务水平。面向社会公开政务信息，是转变质监系统职能的重要环节，也是电子政务建设的重要内容。“江苏省质量技术监督信息网”开通以来，按照“以公开为原则、不公开为例外”的要求，始终把公开政务信息，拓宽社情民意渠道，维护人民群众知情权、监督权、参与权作为重点工作来抓。及时上网发布信息，信息数量和质量较以往都有了很大的提高，网站日点击率超过3000人次。截至2007年底，发布稿件近2968篇，解答网民答疑3027条，再总局当年网站测评中名列质监系统前10名。全省大部分市县质量技术监督局也利用各自网站增强为民服务领域，建立健全与公众互动机制，及时回答公众关心的问题，以政务信息公开为抓手，进一步推动了各部门工作的开展。

加强信息化建设，努力提高业务系统应用水平。从管理型政府向服务型政府转变，是当前我国行政管理体制改革的主要目标，近年来，我们按照“外网受理——内往办理——外网反馈”的新型服务模式，努力打造质量技术监督系统新形象，开通实验室资质认定、计量器具新产品型式批准、制造计量器具许可证审批、计量检定人员核准、计量标准器具核准、承担国家法定计量检定机构任务资格认定、建立社会公正计量行（站）审批、进口计量器具核定核准办理指南和组织机构代码等10个项目的网上申报和受理业务，全年累计为1294个企事业单位办理相关业务，为企业大大减轻负担。坚持以人为本，大力开展“食品放心”工程，建立了全省食品生产加工企业管理信息系统（一期工程），收集整理了45939家相关企业信息，确保食品质量安全；坚持安全第一、预防为主，完善特种设备的动态监管，构建了江苏省特种设备监督和检验管理信息系统，提高了监管能力和水平；根据《工业产品生产许可证管理条例》的有关规定，初步建立江苏省工业产品生产许可证管理系统，进一步方便企业的网上申报工作，提高了办证效率，减轻了企业负担；与稽查处（总队）合作，成功部署了江苏省质量技术监督12365举报投诉指挥信息系统。根据国家总局试点的要求，在3月15日前要在省局和全省13个市全面开通12365举报投诉指挥信息系统，在稽查处的大力配合和支持下，克服了重重困难，3月13日完成了系统的搭建，并于14日请张九汉副省长点击开通。

该系统是建立在全省质监广域网基础之上，将与国家质检总局和地方各级质监部门门户网站、CQS执法打假系统、产品质量电子监管网、产品防伪查询数据库等有效联接，对质监部门在应对重大突发事件起到很好的保障作用。

着力推进办公自动化系统，提高工作效率。省局开通“江苏省质量技术监督局办公自动化系统”（OA系统），OA系统是建立在省局内网之上，用于局内收文、阅文、办文、发文，发布工作动态、通知公告等信息的内部办公系统，与省政府内网物理隔离，与Internet逻辑隔离。经过近一年的运行，我局OA系统运行稳定，标志着办公自动化应用水平迈上新台阶。同时，我们充分利用国家总局与省局的视频会议系统，并与各市开通视频录播系统，及时转发国家总局会议，及时应对和处理重大突发事件，既节省时间又提高了工作效率。通过上述系统运行，我们推进了无纸化办公，集中整合了资源，节省了经费，初步取得了成效。

提升网络防攻击能力，建立安全可靠可管理的专网。目前，全省专网已规划建成，在试用过程中，存在着不同程度的安全隐患，如病毒防护、入侵检测、IP地址管理等都严重威胁网络正常运行，2007年底我们加大对市局设备投入，购置高档的天融信防火墙、入侵检测和安全审计等设备，培训网络管理人员，以进一步提高网络抗攻击能力，确保各项业务正常运行。

推进信息资源共享，提高公共管理效能。我局积极配合省政府办公厅和省发改委的省公共信用信息平台、全省法人数据库项目建设，认真做好国家免检和信用产品以及诚信企业的培育和评价工作。在国家免检工作方面，我局严格按照工作程序，根据国家免检产品类别目录，在深入宣传发动的基础上，认真组织推荐申报、培训、考核考查，帮助361家企业成功申报了国家免检，其数量在全国居第三位。在省质量信用产品和省质量诚信企业工作方面，我局参照国家免检的相关工作措施，制定了省质量信用产品目录，划定了入围的必备条件、细化了审查的基本程序，目前，全省有效期内省质量信用产品企业821家、省质量诚信企业274家。下一步，我局还将提供全省有关产品质量监督抽查、名牌评选、计量认证、行政许可、特种设备安全、食品生产、稽查打假等方面的信息。

积极配合省公安厅开展“平安江苏”建设，与公安厅签订协议，定期提供全省组织机构代码数据库，为公安部门了解全社会企业信息，打击企事业单位单位犯罪，建设和谐江苏奠定基础。

强化人才队伍建设，不断提高服务能力和服务水平。通过引进人才、定期培训、自学提高等途径，全省质监信息化工作人员在计算机网络（网站）的管理维护、信息收集、加工整理、应用开发等方面取得了长足的进步，初步建立健全各项规章制度，各项工作较以往取得了较大进展。我局分别在宿迁、泰州和常州举办的系统管理员培训班中，全省近百名各级信息化工作人员克服时间紧、知识点多的困难，刻苦学习，取得良好的学习培训效果。各市县局在日常工作中也十分注重人员信息化水平的提高，采用“请进来、走出去”等方式，举办数十期各种各样的培训班，为质监系统培养了大批基层人才。

组建省市两级内网，加强信息保障工作。江苏省质监系统省市两级纵向网组建完成，经过公开招标、政府采购等方式，我们建立了省市两级2Mb/s数字专线的广域网络，为系统内实现内部信息共享、公文传递便捷创造了条件。2006年上半年实现了18个试点县区与省辖市的内网平台互联互通工作，2007年3月将实现所有县区网络连通，最终实现省市县三级内网互联互通。同时，为防止网络病毒的爆发，引进了具有世界先进水平的Mcafee防病毒软件，使系统安全性和可靠性得到大幅度提高；为实现内外网安全沟通，方便各级领导移动办公，我们与江苏省电子商务证书认证中心有限公司合作，在省级机关中率先使用个人数字安全证书，使得网络安全水平和系统安全保障能力得到有效保障。

【下一步工作打算】

2008年我省质量技术监督事业将以科学发展观为出发点，以服务全局的战略眼光，围绕富民强省、实现“两个率先”的目标恪尽职守，努力优化市场环境，提高经济增长的质量和效益，当好质量监控器和技术推进器，为全面协调可持续发展做出应有的贡献。

今年省局将强力推进质监信息化步伐。整合现有网络资源，进一步夯实省、市、县三级金质工程纵向网络，通过统一的信息化平台实现互联互通，打好信息化工作基础。具体打算如下：

（一）探索建立内部业务交换平台和外部资源共享平台

随着特设系统、稽查系统、食品安全系统、计量系统等一批业务系统投入运行，如何实现内部资源共享、信息交换、发挥整体合力已成为一个无法回避的问题，明年将探索建立省局内网门户，建立横跨各业务部门的内部业务交换平台，实现单点登录，资源整合共享。

在建设内部业务交换平台的同时，积极与省政府信息中心、省发改委、省公安厅等部门加强联系，探索建立基于互联网的外部资源共享平台，实现部门间信息互联互通。

（二）拓展网上业务申报，为企业提供优质服务

开展网上申报，为企业提供优质高效的服务，是电子政务今后的发展趋势，也是质监工作客观要求。2007年，我们在多个部门10个业务中试点采用企业网上申报方式，先后为近千多家企业在网上办理业务，取得了较好的社会效益和经济效益。2008年准备在食品处和其他业务处室的相关业务中拓展网上申报，简化程序，优化流程，为企业提供更加优质和人性化的服务。

（三）启用网上公文交换平台

目前，国家总局与省局、省政府与各部门间都已利用数字签名和电子印章技术实现网上公文交换，极大地方便部门间公文交换。为配合OA系统，进一步提高公文传输效率，我们将在明年一季度在试点的基础上，将数字签名和电子印章技术置入公文交换平台，实现全省系统机关间网上公文交换。

（四）加强全省网络技术人员培训，开展岗位技术竞赛活动

人才培养始终是信息化重中之重的工作，如何造就一只技术水平高、业务精通、吃苦耐劳的计算机人才队伍将是明年我们工作的重点，市县网络管理人员在其中承担着极为重要的角色。我们将举办一到两期技术培训，全面提高人员网络管理水平；下半年结合现有设备举办一次岗位技术竞赛活动，多方面多渠道努力提高人员素质。

（五）对全省各市网站开展评比工作，提升全系统网站服务水平

省信息办在2006年和2007年连续两年举办省级机关和各市门户网站测评活动，对全省各级机关电子政务发展起到良好的推动作用。质监部门作为行政执法、综合管理的部门，与广大企业和公民关系密切，如何改善各市局门户网站，改进服务方式和服务手段创新，意义十分重大。我们准备在年底开展13个市门户网站测评工作，使全系统网站建设质量和水平再上新台阶。

（章学周）

江苏省旅游信息化发展概况

【基本概况】

2007年，江苏旅游行业以贯彻落实科学发展观为统领，着力开拓旅游市场，旅游经济指标再创新高，产业规模迅速壮大，旅游经济快速健康地发展。全年接待入境旅游者512.55万人次，旅游外汇收入34.69亿美元，分别比上年增长15.1%和24.5%；接待国内游客2.32亿人次，收入2508.3亿元人民币，分别增长16.4%和24.7%；旅行社组织公民自费出境旅游33.19万人次，增长6%。旅游总收入2826.9亿元人民币，增长23.8%。

近年来，在局党组的正确领导下，在各级旅游部门的共同努力下，我省旅游信息化建设工作稳步发展，在旅游电子政务、旅游目的地营销和旅游企业信息化应用等方面取得了较好的成绩。主要表现在以下几个方面：

（一）江苏旅游信息化最大覆盖面工程——“旅游通”全面启动

2007年，江苏省旅游局与中国移动江苏公司，十三个地市分别与中国移动分公司签署了“旅游通”建设合作协议，全面展开合作，搭建起江苏大旅游的信息化平台，通过手机WAP旅游信息页面、互联网服务平台、WEB应用数据库管理平台等“三网一库”，为游客提供最便捷、最全面、最及时的旅游信息服务，为全省旅游企业提供多样化的营销与增值服务，为旅游主管部门提供更加高效的监管与服务手段。这项江苏旅游数字化工程在2007中国国内旅游交易会的期间正式开通，成为2007中国国内旅游交易会的“特别向导”，为本届旅交会的一个独特亮点。2007年8月“旅游通”工程在全省范围内全面启动，标志着江苏旅游信息化发展步入了新阶段、高平台。

（二）旅游业务管理信息化水平显著提高，管理应用系统、种类不断丰富和发展

在全省假日旅游预报系统、导游网络管理系统、导游等级考试管理系统的基础上，2007年我省又自主开发建设了江苏旅游统计系统，并于2008年初试运行。与此同时江苏旅游网上投诉中心正在建设之中。旅游业务管理系统的建设，规范了行业管理，有利于全省行业管理数据体系的形成和完善，为宏观决策提供了较客观的数据基础。

（三）加大了海外网站的建设和宣传力度

2007年3月，由江苏省旅游局和与台湾巨力广告有限公司合作开发建设的，设立在台湾高雄的“玩江苏”旅游网站正式开通，并在台湾打狗杂志等媒体上做系列专题宣传。台北旅展期间，又特别向前来参观的市民进行了宣传介绍，受到了台湾媒体和旅游爱好者的关注及支持。该网站已经成为江苏旅游资讯在台宣传的重要窗口。与此同时，我局还与彼路旅游信息咨询（上海）有限公司合作，开发针对海外旅游者的英文网站和西班牙语网站。这两个网站是在江苏旅游海外市场新的宣传计划的基础上，针对旅游者的不同需求，推出不同的旅游产品，在江苏旅游宣传口号、形象设计、网站的内容编辑以及导航策略上，都是国外专家进行操作，另外将服务器安置在国外，可以大大提高海外旅游者的浏览速度，强化宣传效果。江苏旅游海外英文网站预计2008年4月开通。

（四）通过近两年的努力，基本建成了江苏旅游资源图片库

2006年省旅游局、人民图片网、省摄影家协会共同主办了“2006魅力江苏行”旅游网络摄影大赛，收到参赛作品3000多组、2.1万幅，2007年省局局信息中心再度与综合法规处联手，开展“江苏旅游乡村风情网络摄影大赛”。征集了约7000幅江苏乡村旅游图片。通过专家的评审和精选，两年来，我们已经积累了相当数量的旅游精美图片，为全省旅游宣传提供了有力的保障。

（五）加大政务公开的力度

2007年信息中心对江苏旅游政务网进行了改

版。在保留原有的信息服务基础上，增加了网上办事的功能，使旅游从业人员和企业对导游资格考试、成绩查询、旅行社的申办和年检、旅游星级评定等事项的办事程序，仅需通过一个栏目即可了解，因而办事更便捷有效。在旅游资讯方面，增加了“吃、住、行、游、购、娱”以及天气、电子地图、旅游咨询中心、旅游集散中心和网上视频等一系列内容。此外还增加互动项目，除在线咨询外，还开辟了网上调查、领导信箱的窗口。

2007年各市信息员队伍发稿、向有关新闻单位组稿，加大江苏旅游网的新闻更新力度，全年累计编发有关江苏旅游的各类宣传稿件1275篇，其中自组稿占32%，同时积极向中国旅游网投稿，有近640篇稿件被上级主管部门采用。在全国30多个省市旅游局中，我省的旅游信息报送数量和质量均居全国前列。

【近期工作思路】

2008年奥运会和2010年上海世博会，是旅游业发展的机遇，也是我们旅游业信息化发展的机遇。我们要充分利用这些发展的有利条件，全面推进我省旅游信息化的发展进程。下一步要通过大力整合信息资源，进一步提升平台的层次，充分发挥平台的效应。进一步加快地区间和行业间的合作，实现数据共享、信息互通、业务互补。同时进一步加强电子政务工作，提升政府的管理水平和服务水平。

（一）加大江苏旅游资源和产品的宣传力度

针对奥运主题年，开辟专栏，及时跟进主题年各地相关活动的报道。同时推出江苏的经典旅游线路和产品。

（二）加强横向交流与合作

2008年我局将与省交通厅信息中心等单位合作，进行旅游与交通信息资源互换、共享工作。

（三）进一步加强行业管理的软件开发工作

2008年我局将着手进行导游网上培训和考核软件的开发和研制，为全省导游队伍建设提供新的技术管理手段。

（四）着手12301全国旅游热线的前期准备工作

12301旅游资讯公益服务工程简称12301旅游服务热线，是国家旅游局组织的面向国内外游客提供相关信息服务的全国性公益旅游服务平台。以旅游问讯、旅游投诉、旅游救援和旅游提示为基本服务内容，并将根据游客需求和各地实际情况不断丰富和完善。通过12301工程，旅游行政管理部门可以整合相关资源，提升旅游信息化服务平台。并且及时发现旅游管理的薄弱环节，从而改进旅游行业管理水平。

【各市旅游信息化工作】

（一）南京旅游信息化工作概况

1. 建成权力阳光系统，推进电子政务工作

（1）按照市政府要求，在局权力阳光领导小组指导下，完成权力阳光电子化运行工作的网络化，权力阳光系统建设完成，实现了办事项目外网受理与反馈、内网处理与贯彻相结合的电子政务运行体制；

（2）大力推进了全局电子政务工作，借助局域网络平台，基本实现了无纸化办公，提高了办事效率，节约了办公成本；

（3）在机关内部普及了电子政务办公知识和操作技术，经过集中培训和单独辅导，基本实现机关各处室、各人能熟练操作电子政务办公系统。

2. 完善南京旅游网站建设，优化网站栏目信息布局

（1）积极采取网络防护手段，阻止了每日100次左右的网络攻击，保障了南京旅游网站的稳定运行和网站的正常浏览；

（2）完成南京旅游网的第二次改版，调整了栏目设置和分布，突出了政务公开和旅游信息栏目，提高了政务信息、业内要闻发布的时效性，丰富和充实了网站的其他旅游相关信息内容；

（3）完成南京旅游网英文版和日文版，触摸屏旅游信息的英文版；

（4）南京旅游网点击量日趋提高，据统计，今年平均日访问量已超过80万次，较去年增长30%，在线旅游咨询数量超过3万条；

（5）实现了和国家旅游局、省旅游局、各区县旅游局、主要景区、其他城市和地区的旅游管理部门的门户网站的互联，加强了网络信息交流。

3. 广泛开展技术合作，开发高新旅游产品

（1）与江苏省基础地理信息中心合作，建设“南京虚拟旅游可视化平台”，该平台采用先进的计算机图形技术、遥感数据处理技术和三维地理信息技术，重点研究分布式非投入虚拟现实和网

络三维图形的的关键技术，并以旅游景区的数字化建设为基础，集成“食住行购游娱”旅游服务资讯等信息，实现了基于互联网的虚拟旅游可视化平台；

(2) 顺利完成一期项目景区（中山陵、总统府、夫子庙等4A以上景区）的虚拟可视化制作，并且多次作为南京旅游促销手段，在对外的促销活动、交流会议上进行展示。

4．增加旅游咨询中心数量，完善咨询服务体系管理

(1) 至2007年底，完成了全市十家旅游咨询中心的建设，分布在各区县、交通要道和著名景区，进一步完善了咨询服务体系；

(2) 加强了南京旅游咨询中心的管理职能，制定旅游咨询中心运行标准、工作规范，实行考察、考评制度；

(3) 组织全市旅游咨询人员的职业培训、专业指导，提高和保障了人员素质，加强了各区县、各咨询点的业务交流；

(4) 完成旅游咨询中心工作检查，详细考察了各咨询中心的基本信息、区位优势、硬件设备运行状况、人员配备情况，征集了各咨询中心的工作建议，为2008年进一步整合、发展旅游咨询中心提供可靠依据；

(5) 南京旅游咨询中心与各大专院校旅游系合作，形成学生实习基地，通过旅游教育行业资深教师的专业指导和实习状况的意见反馈，改进和完善了咨询中心的日常工作；

(6) 部分旅游咨询中心实现了“旅游咨询进社区”，聘请了街道旅游咨询宣传员，在街道社区服务中心设置资料架，专人定期更新旅游信息，广泛开展诚信旅游进社区活动，组织专业人员在社区中心举行旅游咨询服务活动，为居民宣传旅游，解答旅游问题；

(7) 全市十家旅游咨询点今年累计接待游客现场咨询40万人次，电话咨询20万起，在线咨询5万条。

5．推进流动咨询点建设，扩展咨询服务平台

(1) 完成投放旅游触摸屏近100台，咨询架近150个，基本覆盖全市三星级以上饭店、全市主要景点景区、部分社区；

(2) 针对触摸屏机器运行状况，建立硬件报修、维护制度，及时处理了由于硬件不正常运行带来的无法使用的问题；

(3) 根据南京旅游资源开发状况和2007年度南京旅游重点工作，完成触摸屏信息两次更新，保证了展示信息的准确度。

6．与南京移动公司合作，共同建立“旅游通”平台

(1) 召开旅游信息化建设成果展示暨“旅游同”平台建设推进大会，在展示成果的基础上，向各相关部门、各旅游企业引进并介绍了“旅游通”的新项目；

(2) 与移动公司达成合作协议，明确下一步工作目标，利用双方优势，合力打造涵盖吃、住、行、游、购、娱等六大方面的“旅游通”手机平台。平台建立后，游客可通过手机彩信、WAP网络的方式及时查询相关旅游信息；

(3) 以原南京旅游信息数据库为基础，确定了更新模式和工作方案，初步开展“旅游通”信息收集工作，为“旅游通”服务的开通提供了可靠的保障。

(二) 苏州旅游信息化工作概况和近期发展目标

苏州旅游信息化以国家金旅工程为主要工作目标，以“三网一库”(办公自动化网络、旅游业务管理网络、公众服务网络和综合旅游信息库）建设为工作内容，在办公自动化的全面实行、旅游业务管理系统及电子政务的普及应用、旅游目的地营销系统的不断完善等方面做了大量工作，也取得了一定的成效，2007年苏州旅游信息化建设及应用情况总结如下：

1．办公自动化的全面实现

在市信息办的直接指导下，苏州局OA系统逐步得以完善。配合这项工作，局配备了各项硬件，实现了人手一机，并对机关工作人员进行了电脑培训，通过运用OA系统，明显提高了机关办事效率。2007年“苏州旅游企业文件管理短信群发系统”的应用，将管理信息、企业提示、灾害预报、应急措施等，迅速发送至行业工作第一线的用户，提高旅游应急事项的决策处置能力及无纸化能力。

2．旅游行业管理系统的普及应用

在电子政务方面，在苏州局管辖的业务方面基本全部实行了信息化、网络化的管理。在政务公开方面，苏州局各处室政务信息都在网上进行

公开，并对相关新闻、活动等在网上及时更新。苏州局旅游政务网（www.sztravel.gov.cn）入选2007年度苏州市十佳政务网站（无在线办事类）。

经过几年的努力，旅游行业管理系统应用全面普及，国家旅游局开发的旅游管理系统在苏州得到了普及应用。2007年，苏州局根据需要建立了黄金周信息系统和旅游项目网上数据库系统两大旅游统计业务管理平台，实现了旅游统计业务处理的自动化，大大提高了工作效率。五是旅游投诉系统。在苏州局政务网、公众网上都开通了旅游投诉窗口，维护旅游者的合法权益，创导诚信经营、理性消费。

3．旅游目的地营销系统不断完善

建设苏州旅游目的地营销系统（简称DMS），树立"网上苏州"的整体形象。2007年苏州DMS共发布信息10320条，在全国其他DMS中排名第一。对宣传苏州旅游资源，提高旅游服务水平，方便旅游散客出行以及为市民群众提供服务等方面有了很大的帮助。

4．旅游信息化跨行业合作的积极开展

2005年9月苏州局与苏州移动合作，开通了综合咨讯平台，平台包括旅游频道、经济频道及12580服务热线。平台内容包括友善平台即非苏州本地移动用户进入苏州辖区，就能收到"尊敬的移动客户：东方水城——苏州欢迎您到来。如需提供经济旅游类信息，拨打051212580咨询或发短信向移动客户提供包括苏州旅游'吃、住、行、游、购、娱'"六要素信息以及苏州旅游经典线路和相关图片等全面周到的信息服务。苏州旅游移动信息化服务平台的开通极大地提升了苏州的城市形象，也使城市服务功能的完善上了一个新的台阶。

2007年中国国内旅游交易会在苏州举办，苏州局与江苏移动苏州分公司合作设立了"旅游通"。苏州移动根据苏州局具体要求结合无线网络优势及快速高效的项目开发能力，设计开发了"旅游通"业务平台，将苏州最新旅游信息通过移动短信、彩信、无线WAP网站以及二维码、流媒体等业务形式传播到各类旅游及相关人群中，为参展人员提供苏州旅游信息咨询及旅交会相关信息等内容。

（三）无锡旅游信息化工作概况和近期发展目标

2007年，无锡市旅游局根据旅游基础服务体系建设的要求，将原有的信息、咨询、集散三个中心合并，成立了"无锡市旅游信息服务中心"。

1．主要工作思路

通过几年的发展，逐步形成"无锡旅游信息化发展模式"，把无锡旅游信息化成果在长三角地区乃至全国进行推广，使得无锡旅游网真正成为"长三角地区乃至全国知名的旅游门户网站"，为把无锡建设成为"国际化度假旅游休闲胜地"贡献信息化应有的力量。

2．信息化建设中坚持基本原则

注重市场监管与社会管理，以信息化带动政务活动的法制化。无锡局在设计和开发各旅游信息子系统的过程中，始终保持其公共性、非排他性、非竞争性。把旅游门户网站作为"电子政府"与公众进行沟通、提供公共服务的最主要公共渠道来加以建设。在社会效益和经济效益之间，以社会公益服务为主，以中介商务服务为辅，努力解决信息化存在的"建设容易、运行难；开发容易、升级难"的问题。

（四）常州旅游信息化工作概况

2007年，常州市旅游局坚持科技兴旅的方针，进一步加大旅游信息化推进力度，加强现代信息技术的应用，加快旅游公共服务信息平台建设；各旅游经营单位进一步重视网络技能培训，加强企业网站建设，积极发展电子商务，建设数字化企业，全市旅游信息化工作取得了新的进展。

1．加强旅游呼叫中心等信息化平台的完善和整合

作为2006年常州旅游重点建设项目和江苏省城市旅游呼叫中心建设的试点项目，常州旅游呼叫中心在2007年1月顺利建成运行。该项目得到了江苏省旅游局和上海市旅委领导的高度重视和大力支持。常州旅游呼叫中心始终坚持在实现长三角无障碍旅游、江浙沪旅游一体化的框架内的构建。常州作为江苏省城市旅游呼叫中心的试点城市，初步与上海旅游呼叫中心实现了无缝对接，并将逐步推进与长三角各旅游城市间的全面合作，实现其功能的进一步放大和提升。

2．合作开展移动信息网络技术在旅游业的应用

2007年8月，常州市旅游局和中国移动常州分公司在常州大酒店举行"旅游行业信息化"合

作签约仪式，成为江苏省第二个与移动公司合作推进旅游信息化的城市。首期8个合作项目在双方的共同努力下基本完成，并取得了初步成效。

（1）旅游局政务网短信实时通知系统。通过移动短信平台，将常州市旅游局政务网平台发布的政策、通知、文件审批等的发文标题、内容等实时发送至相关部门及企业负责人手机上，保证旅游局政务办公、通知的实时性和有效性。

（2）呼叫中心短信下行及回复。呼叫中心在受理游客电话、网站等咨询时，可以通过短信形式将旅游景点、宾馆、饭店等等的行车路线、价格、特色活动下发给游客，同时可以开展一系列的旅游行业调查活动，短信平台提供上行通道，有效收集调查数据。

（3）旅游行业无线门户网站。通过移动网络平台“掌上常州”，开通“常州旅游”手机平台，包括常州80多家旅行社、60多家旅游饭店信息和恐龙园、天目湖等20多家旅游景点的介绍，同时加入常州本地食、住、行、购、娱等各方面的信息。

（4）旅游行业小区短信及彩信应用。在常州特定区域及著名旅游景区利用常州移动小区短信、彩信平台对指定区域人群发送景点介绍、特色活动等信息。目前天目湖等主要景区已应用该功能。

（5）游客客源分析系统应用。使用移动客源分析系统，实现对客源的实时分析，了解来访游客的人次、省市等信息为企业经营实现数据支持。溧阳市旅游局率先与中国移动溧阳分公司进行了合作开发，恐龙园等景区点也已将客源分析系统列人开发计划。

（6）旅游手机彩信杂志。2007年8月16日，常州市旅游局主办的《旅游时尚》手机彩信杂志首发；9月起，《旅游时尚》彩信杂志每周三编发一期，有中国移动常州分公司免费发送10万手机用户。

（五）镇江旅游信息化工作概况

目前，镇江局共有在编工作人员32名，外聘或借用人员5名，配置计算机近35台。以“中国优秀旅游城市”为起点，紧紧围绕建设全市人文生态旅游基地建设，面向国际、国内两大市场，高标准建设旅游信息资源库，实现旅游信息的采集、交换和发布网络化。

2007年初，镇江局委托中国电信镇江分公司重新开发制作了镇江旅游政务和信息门户网站（简称镇江旅游网），通过镇江旅游网实现镇江局政务公开，旅游咨询共享，推介镇江旅游企业，开通网上服务，开放网上交流论坛。尤其是旅游服务板块的作用尤为显著，目前这个板块也是镇江旅游网最热点的板块，点击率很高，它主要包括：公示公告、办事指南、局长信箱、旅游投诉受理、旅游咨询等，从而及时的发布旅游市场动态掌握广大网民关心的旅游问题。

2007年下半年，镇江局围绕为旅游企业办理申报旅游星级饭店和旅行社的初审、申报、领证等工作，科学设置网络服务框架，初步实现了集政务公告、办事查询、办事指南、表格下载、网上统计填报、在线申请、在线咨询等于一体的“一站式”在线办事服务系统，很好地服务旅游企业。

2007年9月份，镇江旅游业与无线信息技术联姻，由镇江市旅游局与镇江移动公司联手打造了镇江“旅游通”平台服务。借助强大的移动通信网络，通过适时在线旅游产品资源和旅游活动，可以科学地判断旅游旺季客情的变化情况，为合理指导出行、调度运能、住宿、餐饮、警力等提供依据，让游客乘兴而来，满意而归。

镇江旅游以景区景点、宾馆饭店、旅行社的计算机管理系统为基础，扩大行业联网，实现资源共享，提高旅游管理和经营服务信息化的水平。

目前，镇江部分旅游景区建立了自己的网站，提供网上购票、游客咨询、服务搜索等电子商务等功能。2007年5月份，金山、焦山等景区与中国移动镇江分公司合作，开通了12580旅游信息台，为游客提供景区各景点的信息咨询服务。此项服务的开通使“十一”黄金周期间人园游客数量同比增长了40%以上。

镇江金山风景区结合创5A的契机，于2006年9月就正式投人使用了SD－AFC电子门票系统，充分提高了景区的管理水平和工作效率，同时也给游客提供了更便捷的门票系列服务；2007年在景区游客服务中心、影视厅等处安装了中、英、日、韩四国语种电子触摸屏，供游人点击游览；与中国电信合作，在芙蓉楼景区安装了全球眼和国际互联网连接，国内外游客可以直接通过互联网点击视频；与镇江海事局合作，在塔影湖安装了监控系统，实施24小时湖面监控。

2007年镇江旅游三、四星级饭店都建立（或更新改版）了自己的网站、内部管理基本上都采用了饭店信息管理系统、商务客房提供了互联网的接入服务；镇江国际饭店等旅游星级饭店还开通了OA办公系统、使用一卡通刷卡消费系统、提供网上预定等电子商务、触摸屏酒店信息查询功能，不仅方便了消费者，也提高了饭店的效益。

（六）扬州市旅游信息化工作发展概况

完善扬州旅游网功能，为扬州旅游目的地系统奠定基础。近两年，扬州局顺应世界旅游发展趋势，积极响应国家旅游局在全行业内全面实行“金旅工程”的要求，积极构建扬州自己的旅游目的地营销系统，加入“金旅工程”，逐步组建“三网一库”，即旅游行政办公网、旅游行业管理业务网、公众信息网和旅游综合数据库，力争把扬州旅游业推向一个更高的台阶。

在人力资源少、财力不足的情况下，扬州局对旅游目的地营销系统建设实施分步走战略，首先构建了旅游政务网，主要以政务为主，商务、服务辅之，逐步整合旅游综合数据库。2006年扬州旅游网改版以来，重点发布政务方面的信息，2007年扬州局通过引入专业网络服务平台运作、开发、合作，利用市场化手段，解决一部分网站建设经费，并从利于和游客进行互动方面着手，加强服务功能性信息的发布。逐步完善旅游网的服务功能和互动性，进一步加强扬州旅游网推广工作力度，点击率与日俱增，在百度、GOOGLE等著名搜索引擎网站中，位于旅游行业排名前列。

启动旅游通工作。2007年，在全省旅游信息化会议上，扬州局与中国移动扬州分公司签署共建扬州“旅游通”的合作协议，旅游通工作正式启动。“旅游通”平台是可移动的数字旅游信息服务平台和旅游企业公共平台，可以提供旅游目的地信息服务体系，实现旅游电子商务。该系统建设工作已列入全市信息建设的有关规划，委托中国移动通信集团江苏公司扬州分公司具体承建。“旅游通”平台建设已经在扬州何园进行了试点，并取得了阶段性成果。目前，正着手建立后台旅游信息数据库，向各旅游企业全面采集旅游信息。

各旅游企业信息化意识越来越强。扬州局在完成自身信息化工作的同时，进一步加大力度督促各旅游企业完善服务系统，加强自身信息化建设。各旅游企业均高度重视，也更注重网络营销的开展，利用网上预订、在线营销等手段，拓展业务空间。

2008年，扬州局在继续建设完善扬州旅游网的各项功能的同时，将重点建设扬州“旅游通”系统。根据建设进度安排，2008年将开通“旅游通”为品牌的数字旅游移动信息服务平台和旅游企业公共平台，提供无线网站、无线搜索、12580语音服务、IVR语音自助导游、二维码电子折扣券等数字化服务。

（七）盐城旅游信息化工作发展概况

盐城市旅游局通过改版盐城旅游网，完善全市旅游咨询服务中心网络，建立健全全市主要旅游单位网站，推出盐城“旅游通”网络平台，促进旅游单位开展网上咨询和网络营销，使全市旅游信息化工作再上新台阶，成为促进盐城旅游业持续、快速发展的重要手段。

旅游业的信息化建设需要建立一个强有力的领导体制。为此，盐城局专门成立了旅游业信息化工作领导小组，由局长担任领导小组组长，市场开发处、办公室负责信息化的具体工作。主要县（市、区）旅游局也都配备了电脑和网络交流，使全市旅游管理部门基本实现了以办公自动化为标志的现代化、信息化、网络化目标，对提高管理效率、最终建立旅游管理的电子政务奠定了基础。

旅游信息化的规划、开发、应用，都必须重视培训工作，需要培养和造就一批既熟悉业务，又懂得信息技术的专业队伍。为了适应信息工作的需要，今年，盐城局积极鼓励和提高全体干部员工学习计算机知识和技能，通过参加电子政务信息培训考试等形式提高电子信息化水平，同时对市直旅游单位从事信息化工作的负责人和人员通过讲座、实践操作等形式进行了专业培训教育。并督促和协助县（市、区）旅游局、旅行社、旅游景点、旅游饭店等旅游单位结合信息化建设特点，通过各种形式有针对性的对不同应用层次的管理和应用人员开展培训教育，培养了一些信息员，确保了本单位的信息化开发和日常管理。

（八）泰州旅游信息化发展概况

2007年，按照泰州市委市政府和省旅游局的部署要求，结合创建中国优秀旅游城市工作，泰州市旅游行业切实重视并扎实推进旅游信息化工作，取得了明显的工作成效。

1．上下重视，全市旅游信息化工作有了明显成效

全市旅游信息化系统建设初现雏形。截至2007年底，全市各市（区）旅游局（办）均实现宽带上网，并配备了相关工作人员和必要的硬件设备。姜堰市旅游局等县级旅游局建立了独立的网站。

2．加强培训，建立了旅游信息工作队伍

泰州局已建立起一支旅游通讯员队伍，每个旅游企业均能高度重视信息报送工作，至少确定一人专门负责旅游信息报送工作，保证与旅游管理部门保持有效的信息交换能力。结合创优要求，举办旅游信息化经验交流会，提高旅游企业负责人对旅游信息化的认识。

3．加快建设，全市旅游信息工作网络初步形成

安排专项经费，对泰州旅游综合网进行优化升级，最大程度发挥其旅游门户网站的宣传作用。泰州旅游综合网采用文字、图片、音频、视频、动画等形式，全面展示泰州历史、地理、人文、政务，以及食、住、行、游、购、娱诸方面的大量信息，内容丰富多彩，栏目全面时尚。2007年泰州局进一步整合行业和社会信息化资源，调整和充实DMS网站内容和功能，重点突出两大功能。

4．密切合作，开通了移动、电信旅游信息系统

市旅游局充分借助社会优势资源，与移动、电信等通信部门强强联合，能实现资源共享、优势互补，进一步拓宽了旅游信息化的发展空间。2007年9月，泰州局与泰州移动、泰州电信联合召开全市旅游信息平台建设会议。市旅游局与泰州移动合作推出泰州12580“旅游通”信息平台，市民通过手机定制或上网，可及时了解本地旅游特色活动、国内外最新的旅游信息、旅游企业的优惠活动等，体现了随时随地为游客和市民服务的宗旨。

5．打造载体，成立泰州旅游信息服务中心

2007年，泰州局以创优工作为契机，进一步规范全市旅游行业信息系统管理。成立了泰州市旅游咨询服务中心，收集、扩充、制作、发布全市旅游信息及国内外相关旅游信息，建立全市旅游资讯触摸屏查询系统，配备了触摸屏，为市民、游客提供旅游信息咨询服务。

6．突出宣传，旅游信息工作取得了新成绩

2007年是泰州局的创优年，为提高泰州旅游的知名度和影响力，确保创建中国优秀旅游城市既定目标的顺利实现，泰州局与相关部门密切合作，加大对外宣传力度。泰州局拍摄了《祥泰之州　中华凤城》旅游宣传片、创作了《故乡最吉祥》旅游歌曲，编印了10多万份各类宣传资料，将相关资料上传至泰州旅游综合网上。与泰州日报、晚报、电视台、电台合作，设立了旅游、创优专栏，定期发布本地区旅游信息。与宣传部、城管局合作，制作了10多块大型户外广告牌；利用市区沿街护栏、电子显示屏、出租车等载体制作标语宣传；组织旅游企业进入社区、学校、商场、景区、街道直接面向游客和市民宣传。

（九）宿迁市旅游信息化发展概况

宿迁旅游业的持续快速发展，推动了宿迁旅游信息化工作的全面发展。宿迁旅游网正式运行，推动宿迁旅游信息化建设向深层次发展：2007年，宿迁旅游网正式全面运行，开始承担“网上旅游局”的职能，在政务公开、旅游信息查询、旅游资讯传递、旅游咨询投诉、网上办公等方面发挥了重要的作用。

2007年8月25日，市旅游局和宿迁移动公司在宿迁国际饭店举行宿迁“旅游通”平台上市新闻发布会暨宿迁市旅游移动信息化平台合作项目签约仪式。

大力宣传“楚风水韵，休闲绿都”的城市旅游形象：2007年，宿迁市旅游发展总体规划通过专家评审并报市政府批准实施，总体规划确定了宿迁“楚风水韵，休闲绿都”的城市旅游形象。在宿迁旅游信息化工作快速推进的过程中，市旅游局通过大力宣传“楚风水韵，休闲绿都”，营造浓厚的旅游氛围，加深了外地游客对宿迁的了解，塑造了宿迁良好的城市形象，为宿迁的国民经济建设作出了积极贡献。

（江　伟）

江苏省海洋与渔业信息化发展概况

【基本情况】

2007年，江苏省海洋与渔业局坚持科学发展观，按照“统筹规划、资源共享、应用主导、务求实效”的发展方针，紧紧围绕全省海洋与渔业系统业务工作，以需求为导向，以应用促发展，大力推行电子政务，充分利用信息技术提升行业管理水平，信息化基础建设与系统应用都上了一个新台阶。

（一）网络基础

省海洋与渔业局机关现有5套网络在运行使用，分别是机关内部局域网、机关外网即互联网、省政府内部专网、全省海域使用管理信息系统专网和全省海域使用动态监视监测系统专网。共有网络服务器8台，核心交换机和路由器5台，网络防火墙和入侵检测等安全设备8台，计算机120多台。另外，全省三级海洋行政主管部门都统一配置了核心路由器和网络安全等设备。

局域网属于省海洋与渔业局机关专用办公网络，其网络传输采用100Mb/s，主要运行了办公自动化应用系统。

机关外网主要是连接互联网，提供上网基础，方便机关人员利用因特网进行工作。其外网带宽为10Mb/s独享。

省政府内部专用网主要运行了省委、省政府机要文件传输系统以及财政集中支付系统等，是省政府与省级机关部门间组建的专用保密传输网络。其传输带宽为2Mb/s。

全省海域使用管理信息系统专网主要运行的是省、市、县三级海域使用联合审批系统，属于全省海洋系统的业务应用网络。其传输带宽为2Mb/s。

全省海域使用动态监视监测系统专网主要为省、市、县三级海洋行政主管部门和三级海域动态监管中心提供业务软件的运行平台。其主要网络传输使用的是海域使用管理系统的专网线路。

全省海域使用管理系统专网覆盖的是沿海3市（南通、盐城、连云港）以及大丰、东台等13个沿海县（市、区），网络传输采用了2Mb/s SDH专线。

（二）信息系统应用实效

1．省海洋与渔业局门户网站

2007年，省海洋与渔业局对“江苏海洋与渔业信息网”进行了改版，该版以“服务于海洋与渔业经济、服务于公众、宣传海洋与渔业事业”为总体指导思想，以政务公开、在线服务和公众参与为三大主线，通过加强信息资源开发利用、整合业务信息系统，扩大网上业务申报、网上受理、状态查询等服务项目的范围，加强政府与公众的交流与互动。改版后的网站共设有海域管理、公众服务、计划财务等14个一级栏目，并设有79个子栏目（其中有17个公众服务类栏目和2个专题）。

改版后的网站功能更加丰富，更有力地服务于江苏海洋与渔业事业。“江苏海洋与渔业”网站的改版不仅方便了公众及时了解江苏海洋与渔业发展动态，在互联网这个新型媒体上也树立了江苏海洋与渔业系统的形象。通过政务公开平台，对社会发布机构组成及主要职能，宣传海洋与渔业的有关方针政策和法律法规，提高了机关办事透明度及对外服务质量，进一步完善了公众监督机制，对全省海洋与渔业工作起着指导作用；通过信息发布平台，发布了公告和办事程序等内容，方便群众；通过对外服务平台，为企业和生产者提供更快捷、有效的技术支持、市场信息、行业动态等。利用网站的浏览查询功能，方便了内部工作人员获得许多传统方式无法得到的信息。其中，建立的水产品市场价格信息在水产品市场发展中发挥着积极的作用。通过在省海洋与渔业局门户网站发布价格信息，将价格公开化、透明化，引导市场销售模式的改变，促使有限资源作最大利用，解决了自我销售带来的盲目性，活跃了水产品市场交易，增强了市场竞争力。

同时，通过采取网上抓取、信息报送、网站链接、栏目共建等方式来确保网站信息量的提高和时效性的增强。主要有五种方式。

一是网上抓取。充分发挥各级网站的作用，我们在浏览相关行业和主管部门网站时，抓取一些适合信息，发布到网站的相应栏目，促进网站体系建设和信息资源共享。

二是信息采编。充分发挥各部门的积极性，通过打电话、发电子邮件、传真等形式，及时获取信息，认真进行采编，上传网站。

三是网站链接。将局网站与上级海洋与渔业主管部门、省政府、各市海洋渔业部门和相关杂志网站主页链接。

四是栏目共建。对于专题栏目采取几个处室合作共建，共同维护。确保信息权威、准确、全面，利用先进的网络技术，及时为公众提供快捷、方便的网上平台。

五是知名搜索引擎注册。加强对外宣传力度，增加点击率，网站的宣传和推广工作大有提高。

2．海域使用管理信息系统

江苏省海域使用管理信息系统具有海域使用联合审批、统计查询、图形显示、档案管理、图层分析等功能。海域使用管理信息系统的应用改变了海域使用审批的传统模式，逐步向网络化审批过渡，提高了审批质量和效率，保证了全省海域审批过程的公开化、透明化，促进了海域使用的科学化、规范化。系统实现了省、市、县三级海洋主管部门的海域使用网上审批、确权及打印等一系列办公审批流程，并可利用地理信息系统软件以图层方式直观显示海域使用审批的现状，实现了海域使用的动态显示。

为了提高该系统软件的实用性和可操作性，在试运行过程中不断收集软件在使用中的不足之处并进行修改完善。同时，以市为单位收集海域使用确权发证数据资料，并对纸质资料进行标准化、电子化处理，分析整理出属性数据和空间坐标数据，建立相应的海域使用确权数据库和海域使用现状图层数据库。目前，该系统中已录入全省 2007 年以前的所有市、县海域确权发证数据。

3．海域使用动态监视监测系统

江苏海域使用动态监视监测系统是国家海域使用动态监视监测系统的重要组成部分，主要有基本系统和附加系统组成。

江苏海域使用动态监视监测基本的应用系统建设按照“国家总体方案”建设。包括海域使用动态监控与指挥办公系统、海域使用动态监视监测业务管理系统的建设。

整个系统完全满足国家海洋局对基本系统的功能要求：

(1) 海洋综合管理和海洋经济发展的宏观决策支持；

(2) 海上突发事件上报；

(3) 数据备份及网络信息安全；

(4) 有关数据及表格的逐级上报；

(5) 海上执法船舶的指挥调度和数据双向交互传输；

(6) 监控中心日常业务管理；

(7) 有关信息的及时发布。

在确保国家海域使用动态监视监测应用系统建设的基础上，根据江苏海洋管理需求，建立江苏海域使用管理信息系统、江苏海洋经济、江苏省海域环境质量评价与信息服务应用系统、江苏近海可视化及动态模拟系统。附加应用系统纳入江苏省海域使用动态监视监测管理系统进行业务化运行、管理。附加系统实现如下功能：

省、市、县三级海洋主管部门海域使用网上审批、确权及打印；

(1) 以图层方式直观显示海域使用审批的现状；

(2) 实现海域使用的动态显示；

(3) 海洋环境污染事件的信息发布；

(4) 海洋环境监测；

(5) 海洋自然资源分布情况查询

(6) 环境污染情况的动态监控和监视；

(7) 图像信息的处理和预处理；

(8) 水质变化、污染物扩散等过程的可视化和动态模拟。

4．水产品市场价格信息系统

按照《水产品市场价格信息分析系统管理办法》的有关精神，省海洋与渔业局对系统的数据型报表和图型报表按交易量查询和按综合对比查询进行了数据调整，使其价格的变化能比较科学、全面、客观地反映水产品市场价格的走势，反映江苏水产品市场价格的变动趋势。在任意时间段在电脑中查询到水产品的价格、同比价格、环比价格、价格下降或上涨幅度、价格走势、有关价格变化规律以及显示价格变化的折线分析统计图、柱形统计图等。由于有积累的数据库支撑，现在我们对价格走势分析预测工作得心应手，有关价格走势的分析预测水平也不断得到提高。目前，系统报送的水产品价格数据通过江苏省海洋与渔业局门户网站及时发布，为市场在政府和行业间树立了良好的形象。

5．东太湖网围养殖管理信息系统

东太湖网围养殖管理信息系统集成地理信息系统 Mapinfo、数据库管理系统 ACCESS，集中管理东太湖围网养殖信息，包括与围网相关的围网地理坐标、面积数据，以及与养殖户相关的姓名、身份证号码等数据。适用于养殖使用证的签证、审验、复查，网围面积的测量、绘图和网围养殖水域的规划等管理业务。

系统的功能主要包括：

(1) 信息查询：查询相关围网信息，查询相关养殖户信息；

(2) 信息修改：对围网和养殖户相关信息的更新；

(3) 报表打印：养殖使用证和系列统计报表的打印；

(4) 航道规划：在现存的东太湖围网中进行航道规划，并统计航道中要拆除围网的面积与养殖户的情况。

6．农业部指挥调度卫星通讯系统同城联网系统

农业部指挥调度卫星通讯系统是作为农业部信息资源共享和政务信息交换的基础平台建设。省海洋与渔业局作为一个网络节点与省农林厅联接，通过其卫星小站与农业部联通。经过前期调试，已基本完成同城联网工作。该系统主要功能是实现省级农业部门与国家农业部间的业务办公和视频会议等。

（三）信息化调研

为较全面地掌握全省海洋与渔业系统信息化整体建设情况，了解各单位、各部门现有系统和数据等情况，也为共同探讨电子政务项目申报的主题或切入口，指导直属单位更好地进行申报电子政务项目，省海洋与渔业局组织人员对直属单位进行了信息化调研和交流。此次调研范围广、内容全，收获大，也为今后如何提高全系统的信息化水平提供了底层素材。在了解省内情况的同时，还到信息化水平较高的福建省海洋与渔业局考察学习，并与浙江、山东、辽宁等海洋与渔业厅（局）相关部门交流学习。

【重点项目建设】

（一）海域使用动态监视监测管理系统建设

1．规划、上报方案

编制了《江苏省海域使用动态监视监测管理系统实施方案》、《动态监视监测系统 2007 年工作方案》《海域使用动态监管中心建设方案》。具体为：围绕国家总体实施方案的中心任务，把握省级建设的重点；突出江苏海域的特色，捕捉适合江苏监视监测的亮点；利用现有海域信息系统的建设基础，提升动态监视监测质量；创新省、市、县、乡四级联动机制，增进监视监测的力点。

2．完成省级重点工作任务

江苏省级成立了以江苏省海洋与渔业局副局长为组长相关处室为成员的江苏海域使用动态监视监测管理系统领导小组，以海域管理处处长为主任的工作办公室。负责江苏省海域使用动态监视监测管理系统项目筹建和运行的组织领导及协调管理工作，并对系统建设进行了任务分工。为海域使用动态监视监测系统建设工作提供了组织保障，做到“工作有人管，事情有人办，目标明确，责任清楚”。本着“整合利用、高效运行”的原则，提前做好海域监视监测的设备采购工作，在全国省级节点中较早地完成了省级系统的基础网络平台建设。

3．指导沿海三市监管中心工作

为更好完成江苏省海域使用动态监视监测管理系统建设工作任务，召开了江苏省海域使用动态监管中心共建工作座谈会。南通、盐城、连云港市海洋与渔业局海域处处长、海域使用动态监管中心主任参加了会议。会上总结工作，商讨问题。为加强省级与市级中心之间的联系，设立了联络员，负责解答系统建设中出现的技术问题。组织审核市级中心实施方案和建设方案。

（二）江苏海洋经济与规划信息系统设计开发

1．切合需求、设计系统功能

为进一步提升海洋经济与规划信息系统软件的实用性和可操作性，在项目申报方案的基础上，充分结合江苏海洋经济统计工作，还专门邀请从

事海洋经济统计工作的专家召开咨询会，对系统功能模块和数据交换格式进行了明确和细化。为提高软件开发的专业性和高效率，通过对多家公司考察、经专家们综合评议后，确定了合作开发单位。

2．充分沟通、确保软件质量

为了尽量避免软件的重复开发量，项目组人员前期与开发公司进行了多次软件开发内容的交流和沟通。由于收集整理了大量的历史数据，为确保系统数据的准确性，对电子化后数据采取多种手段进行了质量控制。另外对软件初品进行充分测试，及时反馈，并制作全省海洋经济主要指标图件，使该软件系统有新的技术和内容。

（三）“数字海洋”信息基础框架构建

1．体现特色、抓紧编制方案

为了确保《江苏“数字海洋”信息基础框架实施方案》既能满足国家整体要求，又能体现江苏本省特色，在方案编制期间，项目组多次到国家海洋信息中心，专题汇报方案编制情况，听取指导性意见。专题汇报使江苏的方案编制指导思想更加明确，定位更加准确，任务指标更加清晰。方案审核稿编制完成后上报国家海洋信息中心预审，并得到了肯定。针对预审意见，再次对方案进行补充完善，特别是将我省908专项增加的调查与评价内容纳入其中，最终完成了总体实施方案的编制工作。

2．积极准备、完成方案论证

为增强方案系统的科学性、合理性和可实施性，2007年5月份省海洋与渔业局在南京饭店组织了方案专家评审会。邀请了国家海洋信息中心、南京信息工程大学、省信息办（信息产业厅）、省信息中心、省国土资源厅、省测绘局等专家。专家们听取了项目组方案汇报、审阅了相关资料，经质询和讨论，形成了较高的评审意见，一致通过。根据专家评审意见对实施方案完善后，上报了国家海洋局和省政府。

3．分工合作、取得阶段成果

按照实施方案中年度计划任务，项目组抓紧开展了基础平台建设和业务软件系统开发等工作。完善了海域使用管理信息系统软件功能和全省海域使用确权数据；建成了江苏海洋经济与规划信息系统；初步建设动态模拟系统；积极做好市级网络安全设备招标工作，确保三级网络系统的系统稳定和数据安全。另外，积极配合国家局完成与省级节点的网络连接和数据传输平台的建设，在沿海省份率先形成了国家、省、市、县四级互联的网络传输平台，为下步国家“数字海洋”业务系统的运行和数据交换传输提供平台。

【2008年发展思路】

（一）继续开展“数字海洋”信息基础框架构建项目建设

开展数据汇交工作；收集典型河口区的水质、地形、水流和潮位资料，开展水质动态模拟可视化系统的设计和开发工作；开展各调查与评价专题调研，重点对数据内容和数据格式进行整理、分析，制定相应标准和要求；开展公众服务信息系统的详细设计及省级数据中心建设和相关数据库建设工作。

（二）开展江苏海域使用动态监视监测管理系统建设

主要包括业务系统的测试、功能调整；全省海域使用相关数据的采集、整理、入库；监视监测数据库的建设以及配套系统的开发与建设。

（三）开展湖泊渔业综合管理信息系统的设计、开发

主要是软件功能设计以及数据库结构设计，资料数据的采集、整理，以及业务流程的优化设计。

（四）网站互动功能的完善

根据省政府提出的网上办事相关要求，在网站现有功能基础上，将省海洋与渔业局的所有审批事项在网站上实现。

（谢伟军　余　宁）

江苏省价格管理信息化发展概况

2007年，江苏省各级价格信息监测机构紧密围绕政府价格工作中心，密切监测市场价格信息动态，健全分析预测预警机制，进一步完善价格信息监测体系，为政府宏观调控和价格管理决策提供了大量可靠依据，特别是在肉蛋、食用油、液化气等价格波动时期，及时预警预报，实施跟踪监测，提出对策建议，对稳定市场价格发挥了重要作用。

【价格信息监测工作】

2007年，江苏省价格信息监测工作成绩斐然，价格信息监测质量得分在全国各省级单位之中蝉联第一名，连续第八年被国家发改委监测中心评为"全国价格监测工作优秀单位"，三、四季度更是在全国省级单位中首次得到满分。

（一）加强价格信息监测质量管理，严格执行价格监测报告制度，确保价格信息监测数据真实、准确、及时

建立价格信息监测质量管理的长效机制，圆满完成国家和省局布置的各项常规监测任务。一是按照"谁审核、谁负责"的原则，建立岗位责任制和差错追究制。监测人员牢固树立责任意识，通过横向对比、纵向分析、电话核查等方式，认真审核每个监测数据，发现疑问及变动超过规定幅度的数据，及时与市、县沟通核实。二是建立层层审核制度。信息监测数据经监测人员初审后，交部门审核，再由分管主任审定，重要数据必须经中心主任最终审核同意后才能对外发布。三是切实发挥监测质量监督考核员的作用。监督考核员督促各地严格按照报告制度规定的商品品种、规格、时间，实地采价，按时汇总上报，并指导各地解决影响监测质量的问题。四是按季通报各地监测质量得分情况，根据得分高低，表扬先进，指出问题，营造争先进位的良好氛围。

运行新的价格信息监测报告制度。本着整体规划、分步实施、积极稳妥、有序过渡的原则，制定《江苏省价格监测制度》（以下简称《制度》）实施计划，使各地清楚《制度》实施的步骤和程序。试运行前，根据各地市场实际，逐一确认实际可采报价的商品。按照《制度》规定的监测点数量和类型，合理设置价格监测定点单位，对不符合要求的定点单位坚决予以调整。6月，启动分步试运行，粮食、生产资料、能源、钢材、粮油批发市场、特色农产品价格监测表均按新《制度》规定要求上报监测点的原始价格。新《制度》调整监测品种，扩大监测区域，缩短监测周期，优化监测点布局，进一步提高监测数据的真实性、准确性、及时性和可比性。省价格监测中心还确定了6家规模较大的药品生产企业作为国家原料药监测定点单位，于7月试运行原料药价格监测制度，为成品药定价提供依据和参考。删除市场销量较小的农药监测品种，增加代表性较强的多菌灵、草甘膦等2个品种，进一步做好农药价格监测。选择2个大型饲料加工企业以及7个县，开展饲料价格每周监测。全年，省监测中心累计采集各类数据513000多条，上报国家约138000条。

（二）加强信息监测预测预警，及时报告市场价格动态，服务政府科学决策

2007年5月份以来，我省肉、蛋、油等副食品价格大幅上涨，价格成为社会关注的焦点。省监测中心及时捕捉价格波动的苗头性、倾向性问题，准确报告市场动态和各方反映，当好领导决策的"耳目"和"参谋"。

一是启动应急价格监测。5月，肉、蛋、油等副食品价格短时间内大幅上涨，并创下历史新高。省监测中心迅速撰写《近期我省猪肉价格继续上涨》、《我省鸡蛋价格居高难下》等文分析肉蛋等副食品情况，供领导决策参考。同时，发出《关于加强肉蛋等副食品价格监测工作的通知》，部署各地启动应急监测措施，安排专人深入市场巡查，全面了解粮油、肉蛋、水产品等主副食品货源、需求、销售和价格变化情况;预警值班电话保持24小时畅通,确保重要情况不迟报、不漏报。6月5日,根据《江苏省市场价格异动预警和应急监测工作实施细则》的规定,省监测中心提高监测频率,由按旬上报变为一日一报,全省24个市、县每日上午报告肉蛋等副食品市场情况,省监测中心下午汇总分析后向省委、省人大、省政府、省政协等部门报告。在南京选择15家市场销量较大、具有代表性的超市作为价格监测点,建立超市销售价格动态监测制度,监测与群众生活密切相关的主要副食品市场价格、销售和库存情况。建立价格信息交换制度,与浙江、山东、上海、安徽、福建、江西、广东等省份按旬交换主要农副产品价格数据,及时掌握周边省份情况。全年,省监测中心共撰写主副食品价格应急监测分析材料和措施建议208篇,向国家发改委、省四套班子及有关部门领导提供监测数据20万余笔。

二是快速反映价格动态。全省各级价格监测机构抓住政府关注、群众关心的价格热点问题,建立快速反应和动态监测机制,第一时间报告市场动态,并实施跟踪监测。4月初,花生油价格出现上涨,省监测中心迅速组织13个市深入市场调查,并了解花生主产地山东的价格情况,撰写了《我省食用油价格总体运行平稳部分地区花生油价格出现上涨》一文,上报国家发改委和省政府。8月,省中心组成三个市场巡查小组,由中心领导带队,赴南京部分超市巡视猪肉等主要副食品、食盐等调味品以及洗衣皂等洗涤用品市场价格变化和供应情况,获取生产、流通、消费等方面的真实情况,形成巡查报告报省委省政府,得到领导表扬。今年,国际原油价格屡创新高,带动国内油价上调,对相关行业经营带来增支压力。11月1日,成品油价格上调后,省监测中心立即会同省物价局工价处、检查分局深入市场巡查了解成品油价格调整后的价格、供求和群众反映等情况,随后实施跟踪监测,分析价格上涨对出租、公交、公路运输等行业的影响,并提出政策建议。

三是定期分析价格形势。2007年,省监测中心新承担了居民消费价格指数分析任务。在省局综合处的指导下,充分利用价格信息监测的自身优势,将掌握的微观价格变动情况运用到价格总水平分析中,努力发现价格运行中出现的新情况、新问题,服务价格总水平调控。为实现分析预测工作的规范化、制度化,省监测中心将价格分析任务分解到具体人员,并规定了季度、半年、年度分析完成的时间和相关要求。建立主要商品价格形势定期分析交流平台,由相关人员就其承担的商品向全体同志报告价格运行情况、分析变动原因和预测价格走势。通过定期交流平台,大家互相学习借鉴价格分析方法,全面掌握价格运行情况。全年,省监测中心共完成月度分析35篇、季度分析6篇、年度分析8篇。

四是深入开展调查研究。2007年5月10日,针对省委张连珍副书记对《蒜薹难销 蒜农求助》一文的批示,省监测中心立即组织徐州、盐城两市监测中心深入乡镇,来到田间地头,调查了解蒜薹种植和价格情况,分析蒜薹难销的原因。根据两市调查的情况,省监测中心汇总形成调查报告,并提出三点建议,得到领导表扬。根据政府工作重点,结合监测工作实际,8~10月组织开展了"加强农产品价格信息服务促进现代农业发展"的调查、生猪生产及价格情况调查、肉食雏鸡价格调查和食用油重点企业价格情况等调查。其中,《江苏农产品价格信息服务情况、存在问题及对策建议》被国家发改委监测中心采用,《我省生猪养殖情况及对肉价的影响》被省委《动态研究与决策建议》采用。

(三)加强价格监测体系建设,夯实工作基础,保障价格监测质量

健全监测考核评比制度。省监测中心根据监测工作考核评价中存在的不足和各地的意见,起草新的考核细则,经过周密细致的模拟运行,于4月份以省局名义下发了《江苏省价格监测工作先进单位和先进个人考核评比实施细则(修订)》。新《细则》适当调整监测数据和分析材料分值比重,更加注重监测数据考核;突出分析材料质量考核,从制度上引导各地更多上报情况鲜活、分析透彻,反映市场趋势、揭示市场矛盾和规律的监测报告;增加监测点先进评比,充分利用监测点身处市场一线、对价格变动灵敏的特点,调动它们主动服务价格监测的积极性。实施新细则后,各地监测数据错报、迟报、不备注现象大幅减少,上报的价格趋势反映、市场调研类分析材料篇数明显增加,同时各地监测质量考核得分差距减小,形成了互相竞争的局面,有利于全省监测水平共同提高、均衡发展。全年,省中心共收到各地上报的价格信息监测分析材料2950余篇，同比增加11.32%。

完善价格异动预警网络体系。探索建立以监测点报告、市场巡查、评估分析为主的价格波动警情发现机制，努力做到早发现、早报告、早处置；下发《关于编制全省价格监测预警网络手册》的通知，将全省13个市、37个县的预警机构设置、预警工作人员姓名、联系电话以及24小时预警值班电话全部编印成册，方便各级监测人员查询使用，畅通信息传递渠道。省监测中心主要负责人亲赴省政府办公厅、省发改委、省统计局、省粮食局等单位，加强与省相关部门的横向联系，建立监测分析联系点，进一步拓宽信息来源。

强化价格监测队伍建设。针对监测队伍现状，拟定《2007年全省价格监测系统培训计划》，促进培训工作有序开展。4月，省监测中心在南京召开了全省价格监测培训工作会议，邀请国家发改委监测中心和省统计局专家，就价格监测分析预测方法、今年以来我省经济和价格形势、新版监测软件使用等内容开展培训。6、10、11月三次召开监测人员和监测点采报价员培训会议。全年累计培训市、县以及监测点采报价员180余人次。扎实开展省级文明单位创建，完成创建台账、创建公示栏的制作，在省教育电视台的协助下，拍摄了《活力源于创新　魅力来自和谐——省监测监测创建省级文明单位纪实》的宣传片，全方位展示中心取得的成绩。

【价格信息促进现代农业发展】

发展现代农业是促进农民增加收入的基本途径，是提高农业综合生产能力的重要举措，是建设社会主义新农村的产业基础。同时，现代农业是一种高度信息依赖型产业，充分的市场价格信息对现代农业发展具有重要意义。为准确掌握各地农产品价格信息服务的开展情况，了解涉农企业、农民对农产品价格信息的需求，进一步提高农产品价格信息服务效能，推动我省现代农业又好又快发展，省价格监测中心于8～10月组织开展了“加强农产品价格信息服务促进现代农业发展”的专项调查。本次调查选择了13个省辖市和25个县进行价格监测机构开展农产品价格信息服务情况调查，在常州、南通、盐城、宿迁四市共选择了197个有代表性的农户、22家规模较大的涉农企业进行农产品价格信息服务对象需求情况调查，通过问卷调查、实地走访、召开座谈会等形式，充分听取监测机构、服务对象、中介组织以及政府相关部门的意见和建议。调查表明，各级价格部门认真开展农产品价格信息服务，农民的信息弱势地位有所改观，但要将充分的市场信息有效配置到农村仍然任重道远，市场价格信息不对称仍是制约我省现代农业发展的一大障碍。

（一）农产品价格信息服务扎实开展

近年来我省各地价格部门高度重视农产品价格信息服务工作，结合当地农村产业结构特点和种植特色，积极转变职能，创新服务方法，主动开展了形式多样的价格信息服务，得到了广大农民和涉农企业的认可，推动了农业增效、农村发展和农民增收，一些地方还出现了“扶持一个企业（大户）、带动一片产业、致富一方农民”的典型事例。

加强组织领导，完善各项工作制度。各地普遍将农产品价格信息服务作为重要工作内容，明确分管领导，落实责任部门和责任人，与其他工作一起同部署、同检查、同考核。被调查的38个地区农产品价格信息服务工作开展率达到了100%，其中68%的地区有专人负责，53.85%的省辖市还建立了工作制度，努力提高信息服务工作的制度化、规范化水平。盐城、常州、南通等地还制定工作意见，采取与农村种养大户、农业龙头企业挂钩联系的方式，找准价格工作服务农村的切入点和着力点，增强信息服务绩效。

科学采集处理，提高信息内容质量。各地加强价格监测网络体系建设，遵循代表性原则，合理布点，保证了价格信息的来源。各地还通过农村信息员、农本调查户、义务价格监督员、乡镇政府网络等渠道，广泛搜集农产品价格信息。对采集的原始价格信息各地都进行了去粗取精、去伪存真等加工处理，其中73.68%的地区还通过调查研究、对信息进行分析预测后，以数据图表和文字材料等农民便于接受的方式，按月将本地区的价格信息提供给农民和涉农企业，使价格信息充分发挥引导生产、辅助决策的作用。常州金坛市物价局创办《为农服务　价格信息》，养殖户居夕坤看到《猪源减少　价格上扬　养猪已到盈利期》的文章后，推迟出售时间，等生猪价格从每50公斤280涨至450元价格后卖出，获利1万多元。

广辟传递渠道，实现信息服务与消费者的充分结合。各地立足本地实际，在当地报纸、网络、电视、自办刊物等媒体上开辟专栏或建立定期发布关系，重点发布党和政府的各项涉农价格政策，使农民及时知晓各项规定，推动各项增收减负政策落实到位；及时发布涉农产品价格和供求信息，帮助农民和企业准确掌握市场行情趋势。一些地方还编印《缴费指南》《涉农收费明白卡》等资料，免费发放给农户和企业。在向下传递信息的同时，各地注重收集农民心声，向各级政府反映农民诉求，着力化解价费矛盾和政策障碍，架起政府和"三农"的桥梁。

抓住工作重点，有针对性地开展信息服务。特色农产品由于其特而专、新而奇、精而美、附加值高、市场前景广阔的优势，越来越受到农民的欢迎和政府的重视。发展特色农业正成为加快农业结构调整，带动区域经济发展和农民增收的有效措施。调查显示，82.23%的农民认为种植特色农产品比种植一般作物更能赚钱。同时，特色农产品行业一般都建立了行业协会或者合作组织。根据这一情况，各地立足当地特色农业实际，积极开展特色农产品价格信息服务。如南通海门市通过电视、报纸发布草莓、甜瓜等特色农产品价格和比较收益信息，草莓、甜瓜种植逐渐兴起，其中种植户陈建平更是成为了江苏第二大草莓大户。宿迁沭阳县物价局联合当地花木协会，不定期发布花木市场行情，得知北京奥运会场馆建设需要大量花卉苗木，及时将信息发送给花木协会，帮助该县的花木顺利进入奥运市场。

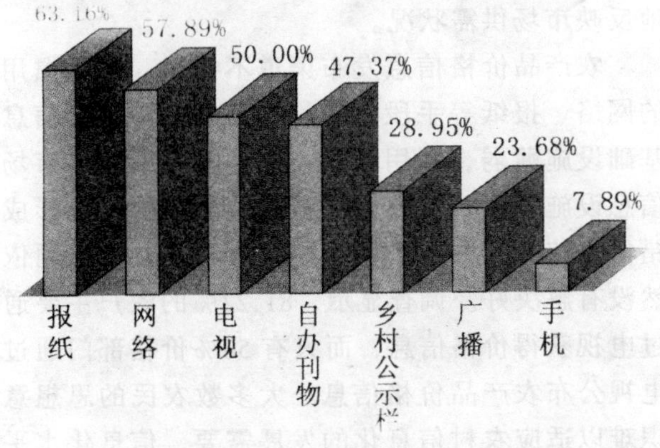

价格监测机构公布农产品价格信息渠道

(二) 农产品价格信息需求分析

信息需求强烈。随着社会主义市场经济体制的不断完善，农村市场化逐步深入，农业生产经营活动越来越受到市场的制约，农民和生产经营者对信息的需求越来越强烈。调查中，94.92%的农民认为，掌握充分有效的农产品价格信息可改变生产的盲目性，减少销售环节，扩大获利空间；100%的涉农企业希望有稳定的渠道获得农产品供求及价格信息，保障原料来源，降低生产成本；77.27%的涉农企业已切身感受到农民对价格信息的关注度有了提高。可见，随着农业产业化的发展，农产品价格信息已成为引导农业生产不可或缺的重要内容。

信息需求主体差异化。当前，我省农村既存在着数量众多、相对弱小的农民，也存在着生产组织化、产业化程度较高的农业龙头企业、农村经济合作组织、专业协会、生产经营大户。农村市场主体的多元化结构，决定了信息需求各不相同。调查显示，广大农民受自身文化素质等限制，对信息进行再选择的能力较差，主要是依据经验，被动接受信息，更多地希望得到能直接指导其生产生活、简单明了的价格信息；而涉农企业和种养殖大户一般都主动寻求与生产经营相关的各种信息，有的还建立了自己的信息收集分析团队，他们不仅希望获取简单的价格信息，还对市场需求、供应、库存、成本、趋势分析等与价格相关、更加深入的信息有着更为浓厚的兴趣。

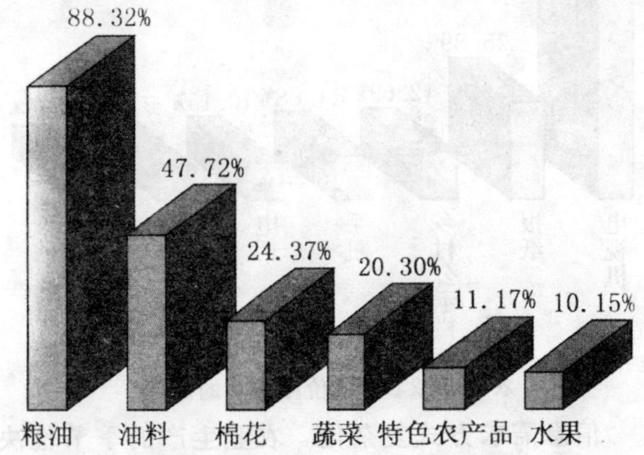

农民最关心的农产品价格

信息需求内容多样化。农产品价格信息方面，粮食、油料、棉花和蔬菜价格信息最受欢迎，关注度分别为88.32%、47.72%、24.37%和20.30%；农业生产资料价格方面，农民对化肥、农药、种子、燃油、农膜等农资价格信息较为关注，其中化肥价格的关注度为92.39%、农药价格为76.14%、种子价格为67.01%。涉农价格和收费政策方面，农民最关心的依次为粮食最低收购价、医药收费、教育收费，关注度分别为75.63%、72.08%、56.35%。四分之三强的农民关心最低收购价政策充分说明这一政策对于增加农民收入起到的重要作用。在需求信息的区域范围上，农民受到生产规模的限制，信息的主观需求面较窄，71.07%农民最想知道本市、县的价格信息，想知道全国信息的仅占16.24%，而63.64%的被调查涉农企业希望了解全国的市场行情。

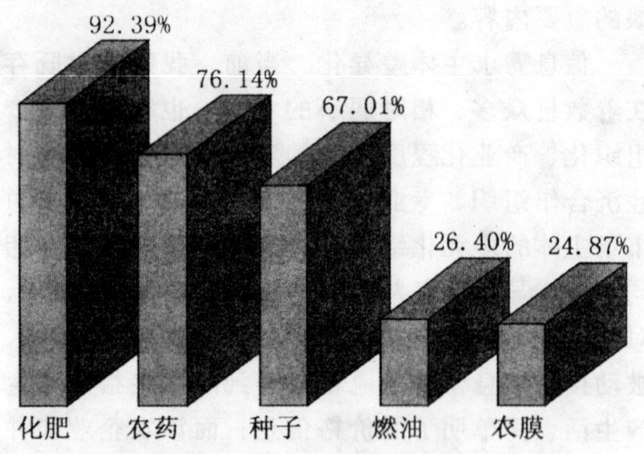

农民最关心的农业生产资料价格

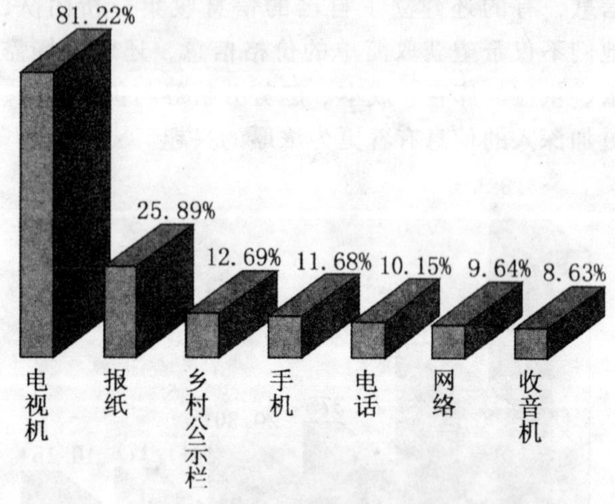

农民获取农产品价格信息的途径

信息需求方式复杂化。农业生产的季节性决定了农民对价格信息需求具有时间性。调查显示，47.21%的农民最希望在出售农产品时了解价格信息，以便在适当的时间以更高的价格卖出产品获取更多的收益；同时，37.06%的农民希望在播种时了解价格信息，说明农民需要预测性的信息，决定农产品种植结构。在获取信息的渠道上，有81.22%的农户认为普及率高、信息量大、深受群众喜爱的电视是获取信息的最便捷途径，其余依次为报纸、乡村公示栏、电话、网络和收音机；而涉农企业则认为网络是获取信息第一途径，其余依次为报纸、文件、电话、电视机、收音机。

（三）农产品价格信息服务存在的问题

农产品价格信息质量不高。调查中农民普遍反映：一是信息滞后。市场情况瞬息万变，不能及时反映市场变化的信息不仅不能起到很好的引导作用，而且容易误导决策，因信息滞后使农民经济利益受损的情况仍然存在。二是信息针对性不强。当前提供的农产品价格信息仍是以粗加工的数据、文字为主，降低了信息的使用价值，农民最需要的产前预测价格信息以及农技知识信息则相对短缺。三是信息面窄量少。农民购买化肥、种子等农资时可供比较的信息不多，购买的产品往往不能达到最优性价比。四是价格信息失真，由于指标体系不健全，采集制度不严格，加上个别工作人员责任心不强，业务水平不高，没有严格审核把关，导致失真的价格信息传递给农民，造成错误决策，影响农业生产。

农产品价格信息传播机制不健全。目前，信息发布工作分散、零乱、缺乏统一部署和协调，不少地方信息服务工作还处于自发状态，有65.79%的地区没有形成严格的信息发布制度；信息发布频率低，近一半的地区每月发布价格信息，不能满足基层和农民的需要。同时，农村普遍存在信息获取渠道单一、信息传导机制不完善的问题。农户获取信息的普遍方式集中在干部传达、亲友邻里转告、交易后获得市场反馈信息、通过“订单”的约定引导获得信息等。这些有限的静态的信息往往存在时间差，不能及时、有效、准确地反映市场供需状况。

农产品价格信息发布渠道不畅通。我们惯用的网络、报纸等手段发布价格信息，与农村信息基础设施薄弱，利用率低，农村及农副产品市场信息设施较少，多数农民喜欢看电视的状况形成错位，信息到农民手里“最后一千米”的问题依然没有解决好。调查显示，81.22%的农户主要通过电视获得价格信息，而只有50%价格部门通过电视公布农产品价格信息。大多数农民的思想意识难以适应农村信息化的发展需要，信息化水平较低，用信息指导生产、销售乃至消费对其尚是新课题，加上受种植规模小的制约，信息利用率低；部分农民市场意识不强，缺乏查找市场信息指导生产销售的主动性。

(四) 进一步加强和改进农产品价格信息服务工作的建议

解决农产品价格信息不对称，促进农村产业结构调整、提高农民在市场中的话语权，关键要做到两点：一是信息服务与农民、涉农企业充分结合；二是信息服务的内容与农民、涉农企业的需求准确对接。同时，在服务过程中要结合实际，因地制宜，突出重点，循序渐进。为此建议：

提高价格信息的真实性、准确性和及时性。加强价格监测体系和预测预警能力建设，完善各类监测指标体系，健全信息工作制度，规范信息搜集、处理、发布等行为。加强农村价格监测网络建设，完善农产品批发市场监测制度，拓宽信息来源渠道，丰富信息内容，收集第一手的农产品价格和供求信息，建立健全农产品价格信息数据库。严格对比审核，建立绩效考核制，提高工作人员的责任意识，保障信息准确无误。增加信息发布频率，在定期发布的基础上，对不同季节、不同时段采取相应的发布间隔，及时将信息送到农民手中。

增强价格信息的实用性、针对性。加大农民目前最关注的粮食价格、化肥价格、医疗收费政策等价格信息的发布频率和广度，在农产品种植和收获季节时节，前瞻性地发布农产品及农资价格信息，指导农业生产。结合当地资源，提供符合农业区域性发展特点的信息，以及与农业的产前、产中、产后相关的生产决策指导信息，尤其是具有直接操作性和实践指导性的信息。加强价格预测分析信息的发布。由于信息的互补性，单一的价格信息价值较小。要把生产者、经营者、政府等分散的信息资源进行有效整合，为农产品生产、流通、加工、销售提供全面、持续、系统的市场信息。目前，我省一些地区已经处于工业化中后期、城市化加速期、经济国际化提升期，农民收入中工资性和经营性收入比重越来越大。要注重收集发布发展个体私营经济、种植外向特色经济作、农民从事劳务等相关的热点价格信息。

重点服务农村信息需求“大户”。农业龙头企业、农村专业经济组织、行业协会、种养殖大户是能够带动农民联合起来规模经营的“大户”。他们不仅数量相对广大农户来说较少，接受信息服务的基础条件较好，信息分析处理和应用能力较强，服务相对容易，而且会将信息传递给相关农户，使更多的人享受到服务。

拓宽农村价格信息的传输渠道。要继续做强、做精电视、报纸、乡村公示栏三大发布渠道。在电视上开设专题节目，根据农村生活作息习惯调整播放时段；在报纸上开设专栏或创办专刊，通过价格农本调查点、农村义务价格监督员、农村挂钩联系服务点、涉农价格和收费监督点等网络将农村价格信息送上门；充分利用乡村公示栏发布信息，专人负责，及时更新。要利用好农村广播网，全方位多角度为农民提供信息服务。在部门网站开设专栏，为农民发布供求信息，推介特色产品，促使农副产品产销对接。

完善农产品价格信息服务体系。不同层次、不同部门设立的农业信息服务机构，应根据各自的职能和服务对象，确定信息服务的领域和范围，同时加强部门协作，整合信息资源，实现优势互补。大力扶持发展农民合作社，将更多的农民组织起来，扩大种植规模，提高信息利用效率。大力扶持发展农业龙头企业和种养殖专业户，充分发挥其在农村经济发展和农民致富中的带头、引领作用。鼓励社会力量参与农产品价格信息服务工作，政府主导，市场补充，更好地为农民服务。

加强农村信息服务员队伍建设。对农村信息员重点培训信息收集、传播方法和农业科技、经营管理知识、计算机、网络应用基础常识等。在热心于农村信息服务的经纪人、种养大户、农业产业化龙头企业、农产品批发市场、中介组织以及村组干部中发展并培训农村信息员，使他们达到会收集、会分析、会传播的要求，基本做到每乡镇有一名专业农村信息服务人员。

【计算机网络建设与发展】

2007年，江苏省价格监测中心为适应新形势下的价格监测信息服务的要求，加大投入，在提高办公自动化水平，完善价格系统计算机网络建设，发布医药价格信息等方面做了大量的工作，取得了新的成绩。

提高计算机技术服务水平。面对众多的日常技术服务工作，努力做到解决故障快捷，解答咨询耐心，最大限度地满足各方需求。充分发挥自身的技术特长，协助省局各部门更好地完成各项工作。如文件汇编光盘制作、固定资产清查、财务 POS 机安装、全省价格工作会议、全系统和全局的行政效能考评、文明单位创建验收、价格系统扑克牌比赛等。继续做好面向市县的技术服务与指导，全年分别对南京的病毒防范、扬州的平台建设、南通的服务器更换以及镇江的收费系统建立提供了技术服务和支持。

科学合理地建设、管理和维护计算机网络。2007 年，结合省局实际，大胆改变网络管理方式和方法，认真负责地做好定期和不定期的常规维护，密切监测网络运行状况，自觉将一些影响网络正常运行的维护放在节假日进行，最大限度地确保涉及数十台网络设备和相关软件 24 小时的正常运行，未发生因网络故障影响相关业务工作的现象，全年工作日的网络正常运行率基本达到 100%。在对省局现有网络平台基础架构进行充分细致分析的基础上，明确了架构整体发展方向。年初针对网络访问速度降低的现象，加班加点地查资料、做测试、细分析，确定了由于数据长期积累影响读取效率造成的问题，及时采取措施提高网络访问速度。完成防病毒系统升级，建立内网机器系统补丁自动更新系统，初步建立了网络状态监测体系和安全保障体系。本着节俭合理的方针，提出了以设备替换和略降性能确保可用的应急处理方案。

完成省局办公平台、门户网站和医药价格网站的维护。对平台上的价格监测系统进行了全面的升级修改，大大提升了该平台的实用性和可用性。完成了系统多种监测表建立等维护工作，有效保障今年繁重监测任务顺利完成。全年先后开设了《党建专栏》、《十七大学习专栏》、《价格监督检查专栏》等专栏，再次扩充了平台的使用范围。依据省局本年度的文件汇编，完成了全部文件的补充上网，全年共整理重新排版各地上报的各类监测文章近 3000 篇。向局办公室提交了《关于进一步提高我局门户网站建设水平的建议与意见》，分析目前存在的主要问题，提出相关建议。积极主动添加江苏省物价局网站各栏目信息，继续做好局门户网站信息维护工作。全年，共搜集整理上网各类文章近 800 篇。认真做好网上咨询回复，全年共收到相关咨询和意见 400 条，对每条信息都主动联系业务处室，认真及时做出答复。继续维护好《江苏医药价格网》，每日更新网站信息，全年共有 32 篇医药价格定调价文件及时上网公布；8320 个规格调价药品处理成数据库文件供用户查询；8000 余条各类医药相关信息上网发布。高质量完成国家监测中心交给互联网信息收集任务，全年共报送信息 430 条，上报量和采用量一直名列全国各省的前茅。

【2008 年价格信息监测工作意见】

2008 年，全省价格信息监测工作的总体要求是：全面贯彻党的十七大精神，深入贯彻落实科学发展观，按照全省价格工作会议的部署，紧紧围绕“防止价格由结构性上涨演变为明显通货膨胀”的价格工作首要任务，认真开展“《江苏省价格监测预警管理办法》贯彻落实年”活动，密切监测市场重要商品价格走势，深入分析研究价格总水平变化特点和规律，进一步健全价格异动预警和应急监测机制，加强价格信息监测工作基础建设，全面履行价格信息监测职能，为控制价格总水平过快上涨发挥重要作用。

（一）紧扣目标做好价格预警和应急监测

加强对价格苗头性、趋势性变化的监测。继续按照《省物价局关于切实履行价格调控监管职能维护副食品价格稳定的紧急通知》的要求，监测与人民群众生活密切相关的主副食品价格行情，调查掌握其生产、供应、流通等情况。强化主要商品出厂、收购、批发环节价格监测，迅速报告价格异动的苗头性、倾向性问题。关注期货市场对现货市场价格的影响。加强与周边地区市场价格信息的定期交流，关注毗邻地区价格变动对本地区的影响。

建立提价申报和调价备案企业价格监测预警制度。凡是列入提价申报和调价备案的企业，一律确定为临时价格监测点。对列入提价申报品和调价备案的商品价格实施跟踪监测，要求企业每周一次报送经单位负责人审核的价格监测资料。当企业所经营的列入临时价格干预措施范围的商品或其他相关商品进价明显上升、销售或库存异常变化以及出现抢购、断档、脱销等异常波动征兆时，企业应当及时向价格主管部门报告。临时价格干预措施一旦解除，提价申报和调价备案企业价格监测预警制度自行取消。

完善价格监测预警机制。借鉴外省做法，结合我省经济发展状况，分类细化价格异动警情判断定量标准，逐步建立科学、合理、完整的预警指标体系，探索信号灯预警形式。逐步规范监测点报告、市场巡查、评估分析、舆情搜集等反应灵敏、渠道多元、形式多样的价格异动警情发现机制。建立市场动态快速反映机制，追踪监测市场行情，随时报告价格异动警情。进一步加强预警机构建设，预警值班电话保持24小时畅通。健全应急监测工作预案，完善市场巡查、应急值班、预警报告等各项监测预警工作制度，保证突发价格异动时能够迅速有序地对市场实施全方位、立体化的跟踪监测。

提升价格监测预警信息化水平。本着整体规划、分步实施、适度超前的原则，运用现代信息技术，将价格监测预警各个工作内容集成到同一平台，建成设置科学、使用便捷、功能齐全的价格监测预警系统。根据预警线，调整计算机自动预警设置，试行以信号灯表示价格变动状况，使价格异动预警更加直观。进一步完善价格监测预警系统的信息采集、分析处理、质量控制、系统管理等各子系统，逐步推广使用。各地特别是信息基础设施建设相对滞后的地区要加大投入力度，保障系统高效运行。

提高现行价格监测报告制度执行效果。贯彻落实好国家、省各项价格监测报告制度，严格按照规定的商品品种、规格、等级、时间实地采价，认真审核，准确报送，力争监测数据时效性、准确性、可比性都达到100%，监测质量考核得分继续保持全国领先。确认第二批实施的重要消费品和服务价格监测、重要经济作物价格监测、重要能源（成品油）价格监测实际可采报价的商品，合理确定价格监测定点单位，各地均上报监测点原始价格，完整实施新的《江苏省价格监测制度》。各地要及时修改、更新区域性价格监测报告制度，与国家、省监测制度有机衔接。

严格价格监测质量管理。明确采价、审核、汇总、上报、分析等各个环节的具体要求，规范岗位责任，健全预警和应急监测的质量管理长效机制。继续开展价格监测质量大检查，实行监测质量考核和监督纠察双通报制度。质量监督考核员要对下级监测机构和监测点数据上报率、准确性、及时性、信息报送、台账设置等情况进行监督考核，及时向上级监测机构报送价格监测质量季度报告表。

（二）突出重点深入分析市场价格形势

分析重要商品价格形势。按月、季、半年和年分析重要商品价格走势，拓宽思路，改进方法，提高水平。围绕服务社会主义新农村建设，加强生猪、水稻、小麦、棉花、桑蚕茧、化肥等重要涉农产品价格形势分析。围绕民生价格，分析社会反映强烈的药品、房地产、教育等服务性价格和收费情况。围绕转变经济发展方式和促进节能减排，加强煤炭、钢材、成品油、水泥等重要生产资料价格监测分析。加强节假日市场价格监测分析，重点做好元旦、春节、“十一”等长假期间生活必需品的市场供求和价格情况分析。分析国际市场初级产品特别是粮食、棉花、石油、有色金属的价格变动情况及其影响。注意收集和分析影响重要商品价格变动的新情况、新问题。

分析价格总水平运行状况。会同相关部门分析居民消费价格指数运行情况，既要从结构上分析价格总水平变动的原因，也要站在经济全局的高度，关注影响价格变动的宏观经济指标，剖析原因，预测走势。配合相关部门定期召开价格形势分析会，全面掌握价格总水平变动情况。做好低收入居民消费价格指数运行情况分析的准备工作。

搞好调查研究。深入基层，深入实际，加强对群众最关心、最直接、最现实的价格热点、难点问题的调查研究，抓住主要矛盾，提出有针对性的建议。以粮食、棉花、农资、房地产、民生价格以及资源价格改革等为题，组织开展调研活动。根据地方经济发展实际，自行选择题目，进行深入调研，积极服务地方经济社会发展。

（三）统筹兼顾完善价格监测体系

学习、宣传、贯彻《江苏省价格监测预警管理办法》（以下简称《办法》）。采取座谈会、培训班等形式，组织价格工作人员特别是具体从事价格监测预警工作同志认真学习《办法》，全面掌握和理解《办法》的内容和精神。积极利用报刊、电视、广播、互联网等公共媒体，采取新闻发布会、在线政策解读、户外广告等多种方式，有目的、有计划、有重点地宣传《办法》。制定贯彻《办法》的配套文件，推进价格监测预警体系建设。

全面推进监测点规范化建设。认真总结各地近两年来监测点规范化建设中行之有效的做法、取得的成功经验和客观存在的困难问题，提出改进的具体措施，进一步丰富监测点规范化建设的整体思路。继续按照《江苏省价格监测点规范化建设指引（试行）》的规定，规范监测点的设立、管理、服务、变更和撤销等行为，优化监测点布局，健全监测点信息库，公示监测定点单位名单，统一国家和省级监测定点单位台账，结合需求主动服务监测定点单位，开展规范化价格监测点评比。

深化监测分析联系点制度。保持与省发改委、省统计局、国家统计局江苏调查总队、省经贸委、省农林厅、省粮食局等部门的横向联系，充实内容，提升层次。各地也要主动与有关部门联系，更多地获取产购存、流通和政策等方面的信息。

（四）增强效能积极发布价格监测信息

服务政府宏观调控和价格管理。牢固树立大局意识，抓住政府关注点，组织好信息报送的内容，向各级党委、政府报送涉农、民生、经济发展等重点价格动态、分析调研报告和异动预警等信息。与业务处室协调配合，充分利用监测部门信息全、快、准的优势，反馈价格政策执行效果。

引导社会生产、流通和消费。在价格主管部门的领导下，进一步健全信息发布制度，建立常态信息和警情信息发布机制，适时向社会发布监测信息，引导市场形成理性预期。根据农业龙头企业、种养殖大户、普通农民各自的信息需求特点，深入开展农产品价格信息服务。除利用好价格部门现有载体进行价格信息发布外，要积极与电台、电视台、报纸等新闻媒体联系，拓宽信息发布渠道。

（五）以人为本加强价格监测队伍

开展岗位能力培训。以增强“三种意识、五种能力”为目标，制定年度培训计划，通过集中培训、内部交流、外出学习和岗位练兵等形式，以价格监测实务、价格和经济理论、数理统计知识等内容为重点，进一步提高监测人员的岗位责任心和职业敏锐性，打造一支勤于思考、善于分析、勇于探索、敢于创新、甘于寂寞、乐于奉献的价格监测队伍。

（赵　楠）

江苏省金融业信息化发展概况

【中国人民银行南京分行2007年信息化工作概况】

2007年是中国人民银行南京分行江苏省内科技工作的规划、规范、整合、创新年，全面完成各项工作任务；加快科技部门自身的信息化建设步伐；继续推进网络、机房等基础设施的整合以及应用系统整合；加强银行卡联网通用组织协调工作，提高银行卡联网通用水平；落实安全生产岗位责任制，强化信息安全保障措施，确保各应用系统安全稳定运行；积极推进分行的信息化建设，为中央银行履行货币政策、金融稳定、金融服务等各项职能提供高质量的信息服务和技术保障。

（一）积极探索，提升科技管理水平

进一步修订、完善分行管理制度，分类、汇总人民银行各项科技制度，制订分行“十一五”科技工作发展规划，规范科技管理流程，在全省范围实现科技工作综合管理信息化。

1．制订了中国人民银行南京分行“十一五”科技发展规划。

2．从制度入手，加强信息安全工作。

3．对人民银行科技工作所涉及的各类资料等进行分类，实现文档的信息化管理，便于搜索、查询以及使用。

4．全面使用科技工作综合管理系统。引进了“科技工作综合管理系统”，规范科技管理工作。

5．完成信息化档案整理、归档工作。进一步规范了工作任务反馈流程和反馈情况统计等综合管理工作。

6．加强科技信息宣传工作。综合利用信息网站、工作动态、分行信息汇编、科技管理系统等平台宣传分行信息化建设工作。

（二）强化服务理念，提升服务水平

2007年，圆满完成总行项目的推广建设。积极进行内网建设、同城转接中心建设。

1．完成人民币银行结算账户系统、电子档案系统、ABS与AAS升级换版，完成纪检监察业务信息管理系统、联网核查公民身份证信息系统、支付系统升级换版、全国支票影像交换系统、支付信息管理系统、财务综合管理系统、金融统计系统等总行推广项目的建设工作。

2．完成内联网外联防火墙更新项目实施工作；完成全省网络设备巡检工作；完成内联网网络结构调整总行试点工程；积极开展同城转接中心及内网建设工作；完成分行互联网升级改造工程。

3．做好网络、机房、各系统以及各业务处室计算机的日常运行维护、维修工作。完成电子邮件系统硬件升级工作。会议电视系统运行平稳。

4．加强银行卡联网通用工作的组织协调和银行卡安全管理，按总行部署，完成2007年银行卡联网通用检测工作。

（三）夯实基础，提升信息安全保障水平

1．积极开展分行计算机机房的改造。改造工程于2007年10月底正式开始，于2008年3月底竣工验收。

2．通过内联网网络防病毒系统，结合安全补丁分发系统的使用，提高内联网客户端的整体防护能力；通过入侵检测系统、漏洞扫描系统和非法外联监控系统构成的监控网络及时发现网络和客户端的安全隐患和漏洞并及时弥补。

3．2007年分行组织开展TBS、ABS、邮件系统服务器切换、公文传输系统备用系统切换、机房环境设施以及内联网网络系统等9大IT系统应急演练。

4．完成以信息安全风险评估为主要形式的全面安全检查工作，有针对性的提出防范和化解风险的整改措施，并进行整改。

（四）自主创新，提升信息化水平

搭建省级数据中心架构，逐步实现资源整合和应用整合。

1．开发建设了《江苏省国库信息综合管理系统》。实现省级数据集中，较好地满足了财政部门对国库业务发展的要求。

2．开发建设了《中国人民银行南京分行行政监察应用系统》，实现了南京分行辖区内苏皖两省的数据集中。

3．将自建的省级集中的纪检监察类、内审类系统等多个应用系统整合在一台服务器上，提高硬件资源的利用率，减少总体采购成本和日常维护成本。

【工商银行 2007 年信息化建设概况】

2007 年，工商银行信息科技部门实现了管理水平、工作质量和对业务支撑力度的全面提高，为全行经营管理和业务发展提供了优质高效的信息技术平台。

（一）全面实现了年度信息科技工作计划的重点目标

1．信息系统综合可用率保持在 99.99%以上。全年未发生重大责任生产事故。生产系统处理业务量达到 14.65 亿笔；日高峰处理能力达 629.04 万笔。综合前置和 ATM 交易总量分别较去年增加了 32.84%、31.31%，其中综合前置系统成功交易率达 99.93%，ATM 平均开机率为 97.37%。

2．完成了 150 多个总行项目或版本补丁的测试、投产推广，以及一体化电话银行、第三方存管、新终端移植等重点工程的本地化改造任务；同时，还完成了电话会议系统 VoIP 改造、二级骨干网 QoS 推广、全辖自动柜员机等项目的实施工作。

3．完成 11 个金融新品的开发，对 58 个原有产品进行了升级和功能优化，与去年相比增加了 15%。全年开发功能点 5868 个。

4．全年在总行立项的科技项目达到 20 个，立项成功率达到 91%。

5．制定了 2008～2010 年全辖信息科技发展规划。加强制度建设；同时全年主动发起各项安全检查 8 次、接受检查 3 次，问题整改率达到 63%。

（二）生产系统运行质量稳步提高

1．不断规范生产运行和保障管理。不断提高日常生产运行管理水平。加强对生产问题的统计分析；建立起主动检查和提醒制度；主动进行自查，降低生产风险。

2．逐步加深技术手段在保障系统运行中的应用。开发并投产了自主监控系统。对银证、综合前置等与客户密切相关的系统功能和性能进行了扩充、优化；完成了中间业务平台总行应用系统的迁移切换工作，并于年底前实施了中间业务平台负载均衡技术。

3．继续提升通信网络的可用性和安全性。组织实施了二级骨干网质量控制；全年实施了 3 次一级网络线路带宽提速，完成二级骨干网络联通、电信及核心路由器参数调整。加强网络安全管理；先后实施了外联防火墙软件升级、核心网络及网络安全设备软件版本升级工作；配合总行完成了网络系统安全风险评估工作。

4．进一步加大机房动力和设备管理力度。完成了机房空调和 UPS 改造工程，提高了机房供电系统的安全保障系数。

5．认真做好应急管理工作。在全辖建成了较为完备的安全应急组织体系，完成各二级分行应急灾备组织的建设工作；开通了省、市行之间用于灾难恢复联系的信息沟通渠道。

（三）总行项目推广实施进展顺利

落实各重点科技项目的推广工作。其中主要项目包括：

1．着手实施全辖网点终端更新工作。

2．落实总行终端脚本改造任务。

3．完成一体化电话银行上挂工作。

4．加大自助设备的投放与管理力度。

5．推动 AD 项目优化工作。

此外还完成了第三方存管和电子档案管理系统投产、自助终端、POS、CS2002、电子公文处理、配置管理等系统的版本升级，以及 ATMC 统一平台推广、电话会议系统 VoIP 改造等项目的实施工作。

（四）金融产品创新研发规范高效

1．完成了电子交易市场资金管理系统、POS 上门收款系统、网银落地处理系统二期、上门服务系统、企业安全生产风险抵押金管理系统、农村义务教育监控系统、市级财政公务卡系统和大量市行特色业务的开发应用，对手机电子支付、银企对账、交通罚款等系统进行了优化、升级或整合。

2．加强内部管理和控制系统的开发。推出了个人金融综合分析平台二期、个人营销积分系统、国际业务损益分析系统、分行办公管理系统、个人贷款监测考核系统等项目。

【农业银行 2007 年信息化工作概况】

2007 年，农业银行科技部以安全生产为中心，以产品研发为重点，以科技支撑促进业务发展为第一要务，科学规划、合理安排，各项工作取得了新的进展。

（一）坚持管理与技术并重，确保省域网安全稳定运行

2007 年省域网日均交易量 442 万（工作日 529 万）笔，同比去年业务量净增长 22%，最高日业务量 672 万笔，同比去年净增长 29%。

2007 年，在管理方法和技术手段上双管齐下确保省域网稳定运行，全年未发生重大安全事故。

一是优化资源，科学调配，不断提高主机系统运行效率。

二是加强监控，防范风险于未然。2007 年，科技部对 Tivoli 主机监控系统进行了进一步完善和功能扩充，完善后监控系统的监控范围覆盖了所有 RS/6000、AS/400 生产系统，监控内容涵盖了包括操作系统、数据库、CICS 以及应用程序进程等在内的数十个直接影响生产运行的参数指标。基本建成了 7×24 小时实时监控体系。

三是有备无患，居安思危，构建双重备份架构。首先是对存储设备实施“硬备份”。生产系统数据以“镜像”方式同时储存于 2 台存储设备上。其次是对数据库实施“软备份”。使用存储系统内部机制来实现 Sybase 数据空间的备份。经过“双重备份架构”的有效实施，彻底解决了核心生产系统的数据存储风险。

四是规范服务，提高技能，不断提升运行质量。一是规范省域网运行问题受理途径。二是完善运行服务知识库，提高运行人员的服务水平和技能。三是建立生产系统运行情况业务主管部门反馈制度。

五是调整资源，完善机制，切实加强管理信息系统安全生产。2007 年 6 月对 CMS、FARS 系统后台主机资源进行了优化调整，大大提高了两个系统应用的效率。

（二）加大产品研发力度，科技保障和促进业务发展成效显著

一是实施了国际业务系统（BIBS）数据上收。BIBS 成功上收，实现了会计处理方法统一，核算计量口径统一，编制会计报表统计报表事项规则统一。

二是实施了知识库系统、金钥匙贵宾卡发卡管理系统、通宝贵宾卡发卡管理系统、客户服务中心营销系统、总行 PCRM 系统本地化开发改造、财政非税查询和业务报表系统（功能升级）、国联证券 B 股银证转账系统等金融产品。

三是实施了柜面排队叫号系统、自助设备功能完善、ATM 国际卡取现、转账电话系统升级、电话银行系统升级、苏州企业银行系统改造等项目。

四是实施了 1104 银监局报表系统、省分行机关公文流转系统、综合考核测评系统、法人客户信贷分析系统、省分行机关网站系统（改造升级）、CMS 与 ABIS 接口系统（DIS）、信贷风险预警管理系统、会计风险辅助管理系统、综合信息分析系统（新增功能与完善）、自有特约商户交易监控及收入核算系统、基础数据平台数据分发系统、总行风险资产管理系统、总行新会计准则会计报表转换系统。

五是实施了市分行数据中心主干交换设备升级、全省业务应用生产系统 IP 地址改造、视频会议系统、江苏银行业金融专网、全省主干网带宽升级等基础建设类项目。

六是实施了 Tivoli 主机监控系统（升级）、主机存储备份系统、Sybase 数据备份系统、趋势防病毒系统、Windows 自动更新服务系统。

七是开发完成业务部门和下级行所提动态业务需求 107 份，接受总行下发产品及产品程序更新 310 次，已按要求全部处理完毕。

（三）“积极防御、综合防范”，信息安全体系建设不断增强

2007 年，以安全生产为中心，认真开展信息安全工作，信息安全体系建设不断增强。

一是建立健全信息安全保障组织体系，全面落实信息安全责任制。

二是进一步完善规章制度，各类操作管理逐步走向规范化。

三是深入开展内控建设和信息系统安全检查，

建立安全操作的长效管理机制。

四是制定和实施应急演练方案，突发事件应对能力不断增强。

【建设银行 2007 年信息化建设概况】

2007 年，信息技术部紧抓“IT 集中管理改革、运行保障、安全合规、技术支持与服务、条线管理”等五项重点工作，锐意进取、开拓创新、协同努力，圆满完成了预定的各项工作任务。

（一）贯彻总行信息技术改革要求，全面完成 IT 集中改革任务

1．在制度建设和组织方面，制订、下发了《江苏省分行 IT 集中管理实施方案》；配套制订了《二级分行 IT 工作考核管理办法》；取消了二级分行 IT 部门开发职能。

2．在运维组织架构方面，一方面妥善处理好部分二级分行在建项目；另一方面组织改进上下联动的运行组织保障体系，形成了省分行 IT 集中运维、二级分行协同联动的组织架构和流程规范。

3．在技术方面，逐步在省分行集中了全辖 17 大类共 670 多个应用系统，整合、上收、下线二级分行服务器 300 余台，保证了 IT 集中管理全面完成。

（二）进一步强化运维管理，确保安全稳定运行

1．充实运行维护岗位的技术力量，将技术骨干向运行维护一线倾斜，抽调熟练技术人员到系统运行维护的第一线工作。

2．采取管理措施，将安全运行放在信息管理工作的突出位置长抓不懈。

3．采取技术措施，提高 IT 系统的安全性。一是完成对省分行中心机房运行环境及基础设施的整合、调整、改造；二是梳理生产系统数据备份策略，提高数据备份效率和有效性。

（三）牢固树立为业务发展服务的思想，尽心尽力做好技术支持工作

先后完成银商通支付管理系统、会计账表管理系统、电子银行数据分析管理系统、公积金辅助管理系统、网点信息发布管理系统等 21 个信息项目。先后完成了财政、保险，统计、营销、考核等 250 多项贴近市场的动态需求开发工作，及时解决系统运行中出现的新情况、新问题，全年共 6500 余起。

（四）扎扎实实做好信息安全管理

一是坚持信息系统安全分析制度，定期开展入侵检测、防病毒、PDS 桌面系统、互联网集中安全控管平台等工作，全年全行计算机病毒感染次数比年初下降了 39%，有效保障了各类信息系统的安全运行；二是信息安全月报制度，对全行信息安全状况进行分析、考核并督促整改相关问题；三是坚持对信息项目开发形成安全风险控制管理约束机制，形成了事前、事中、事后的一整套项目安全健康评估和安全管理流程；四是高度重视内外部检查所发现的信息安全的可疑风险点，并逐一分析解决措施；五是规范管理生产数据的调用，全年共受理生产数据使用申请 246 次，数据使用完后均进行了清理销毁，保证了数据使用的安全性；六是大力开展信息安全教育活动，提高全员安全风险意识和信息安全知识，去年培训员工 10339 人次。

【交通银行南京分行 2007 年信息化建设概况】

2007 年，完成了各类系统的开发，积极落实总行项目推广工作，完成各项应用推广工作。不断完善各项制度，强化生产运行管理，全辖信息系统运行正常，分行信息系统未发生大的生产事故和信息安全事故。

（一）圆满完成盐城分行 IT 建设任务，保证了盐城分行如期开业

盐城分行筹建是南京分行 2007 年的重要工作，信息技术部将该项工作作为年度的工作重点，圆满完成了包括 IT 岗位职责设置和人员招聘、培训；IT 方面规章制度建设；IT 生产环境的建设及生产机房的建设；盐城分行高低柜系统、自助设备相关系统以及设备的开通、电话银行系统的开通、人行清算、后督、验印、SWIFT、亚邮对账系统、IFSS 系统、IBP、CMIS、个贷等业务的调试开通；为盐城分行安装搭建了网上办公系统、公文传输系统等，于 2007 年 6 月 20 日通过了总行验收，保障了盐城分行如期开业。8 月初派出安全员对盐城分行进行了首次信息安全检查，11 月份现场指导盐城分行完成了各类系统应急演练。目前盐城分行所有系统运行正常，各项业务有序开展。

（二）完善全辖一体化生产运行管理体系，保障了全辖生产安全

按照ITSM规范建立了系统可用性管理流程，形成应急方案演练的申请、评估、审批、演练、后评估的流程，提高演练的成效；加强对省辖行生产系统的应急预案以及演练的管理及指导，明确演练要求，对盐城分行进行了现场演练指导。本部全年共计完成生产系统应急演练30次，省辖行共计完成生产系统演练54次。

规范生产事件管理，修订下发《交通银行南京分行IT服务台使用管理规定（交银宁办［2007］49号）》、《交通银行南京分行生产系统问题管理办法（交银宁办［2007］48号）》。

加强设备维保和维保商管理，通过IT工单跟踪及网点回访机制，加大对维保公司的考核力度。

完善生产问题定期跟踪制度，建立了生产事件和问题分析会制度。相关部门共同商议生产中的疑难问题，制定应急措施指导前台操作。

加强生产系统变更管理，针对不同的变更实行不同级别的评估、审批和实施流程，保证了变更的有效性，全年受理645次变更无事故。

完成了全辖机房监控和全辖生产系统运行监控两个基础项目的建设和全辖推广工作，实现了对全辖机房环境和全辖生产系统运行情况的集中实时监控，并配套制订、下发了相应的管理办法，为全辖安全生产提供了有效的监控手段。

分行49个生产系统，40个系统运行率100%，2个99.99%，1个99.98%，5个99.97%，1个99.93%，总体加权平均运行率为99.997%。

（三）做好各项应用推广与升级工作，为业务流程优化和产品营销提供支撑

2007年，共计完成17个项目推广和重大升级工作。

验印防伪系统、票据影像系统全辖上线，完成了所有网点验印设备的更换工作；家易通省集中系统上线，徐州分行、南通分行开通应用；第三方存管华泰证券、南京证券与总行连接以及应用的测试和开通；做好银期转账上线支持工作，完成道通期货、苏物期货、弘业期货、东华期货的连通、测试和推广上线工作；省分行和省辖行协同分批、分步骤完成了全辖网上办公系统；完成小额通存通兑系统的建设、测试和上线、全辖资金管理系统安装、测试、上线、个人代付业务数据加密应用上线、凭证整合和配款优化测试上线、制卡优化流程上线、数据交换平台等系统的安装、测试、上线工作，完成了全辖ATM硬加密的推广工作。

全年共计受理各类大小变更645次，其中系统变更48次、网络变更242次、应用变更355次，其中省辖行变更356次，总行变更102次，有效保障了各项应用的升级以及相关问题的解决。

（四）做好各项信息系统开发，为分行业务发展和提升管理提供支持

2007年完成开发、试运行、推广重点项目共16项，其中投产或试运行重要项目14项，包括浦口区非税代收业务、市财政公务卡系统、银联代收手机费、个贷审查系统、全辖自助设备查库系统、资金管理系统、历史库查询系统、综合柜面业务一点通系统、南京分行全辖电子地图系统、全辖会计人员管理系统、人才交流中心系统、审计管理系统、全辖保卫信息系统、全辖决策支持系统；同城票据影像系统、预算及费用执行统计分析系统正在开发中。

另外，对原有各生产系统或管理系统增加新功能或功能调整共约70多项，包括市或区非税代收系统、全辖决策支持系统、会计日报表、代收费、省市公积金、移动手机支付等业务、代理广发卡业务、自助通特色业务、省电信数据传输等业务需求和改进。

（五）做好信息安全管理，保一方平安

南京分行全辖2007年无安全事故发生，信息安全工作总体水平有了整体性的提高，是信息安全工作卓有成效的一年。总行审计、华东审计对南京分行全辖8家省辖分行进行了全面的安全审计工作，信息安全状况大为改善，省辖行总体安全水平较好。

每季度组织本部和省辖行信息安全自查检查、每月组织网点进行安全自查对网点进行抽查，全年完成对分行所有网点和所有省辖行的信息安全实地检查，新建盐城分行7月28日开业后对其进行了2次信息安全检查和现场辅导工作。建立了全辖信息安全风险点台账，加强跟踪整改。每月发布信息安全动态，对病毒发作状况进行通报和防范指导。完成防病毒安全系统的省集中工作。

（胡守荣）

江苏省档案信息化发展概况

【基本概况】

2007年档案信息化建设取得新进展，全省电子文件中心、电子档案中心和数字档案馆“三位一体”的建设格局进一步发展。全国电子文件中心建设经验交流会在我省召开，有力地促进了我省档案信息化建设。截至2007年，全省123个国家综合档案馆中已有72个单位建立了局域网络，73家单位建立了网站，35个单位建立了OA系统，8个单位接入了省档案虚拟专网，95个单位应用了档案管理系统，29个单位建立了电子文件中心，网上现行文件中心共发布各类已公开现行文件18万份。全省已建立案卷级目录数据库551万条、文件级目录数据库8820万条，100%馆藏两级目录完成的为36个单位。纸质档案数字化2190万页，照片档案数字化26万张，声像档案数字化将近22万分钟。

加强对档案数字化工作的监督与指导，保证了档案数字化质量和档案信息安全。以科技项目带动档案信息化的发展，进一步加强档案科技管理工作，开展档案科技项目立项和科技成果评奖，努力提高档案科技创新能力。

【主要工作业绩】

（一）档案信息资源建设

档案信息资源建设是档案信息化工作的基础工作。2007年全省123个国家综合档案馆积极开展馆藏档案的目录数据库建设、档案全文数据库和多媒体数据库建设，积极推进档案数字化建设进程。

目录数据库建设。全省馆藏档案机读目录数据总量为9371.7万条，其中民国档案目录200多万条，革命历史档案6.6万条，省档案馆265万条。2007年南京市档案局加快了档案目录数据和全文数据库建设的步伐，档案信息资源建设实现了跨越式的发展。常州市通过建立机关档案文件中心、破产关闭企业档案中心和企业退休职工档案中心，整合档案信息资源，建立三大中心各种门类的档案目录数据库。淮安市建立190余万条目录数据库，内容涵盖清朝至今二百余年历史，涉及淮安社会政治、经济、文化的方方面面。盐城市档案局以建立档案馆目录数据库为重点，加快档案馆目录数据库建设步伐，建立了馆藏档案案卷级、文件级目录数据库，并分别建立了相应的专题数据库。扬州对新接收进馆的改制企业档案、部门专题业务档案，结合实体档案的整理进度，组织力量同步建设案卷级、文件级目录数据库，保证了及时利用，完成了全市明清档案案卷级及文件级目录建库、建国前革命历史报纸刊物的篇名级目录数据库采集、整合建库工作。连云港市、镇江市完成了馆藏档案文件级目录的输入工作。宿迁市已录入现有馆藏的90%以上。泰州市加强机关、事业单位室藏档案目录数据库和全文数据库建设，对条件好的单位，要求建立室藏档案全文数据库。

专题数据库建设。到2007底，全省档案专题数据库已达25种。其中涉及民生的专题数据库房地产、土地、拆迁、社保、公证、独生子女、婚姻、知青、农转非、户粮、企业职工、退伍军人等有10多种，民生档案专题数据库为建设和谐社会、创建文明城市、改善民生作出了贡献。

全文数据库和多媒体数据库。截至2007年底，省档案馆共有全文数据102万幅。南京市完成了市委、市政府办公厅等单位74万幅全文数字化加工，玄武区开展了馆、室藏档案全文数字化工作。无锡市计划从2008的三年内完成全部馆档案的数字化扫描和数据库建设。常州市制定了《常州市馆藏档案数字化建设（2007—2010）实施方案》，完成了档案数字化技术处理中心的建立工作，对馆藏档案进行了数字化前的全面鉴定。苏州市在做好馆藏档案数字化的同时，普遍加大了室藏档案数字化力度，2004—2007年的重要档案全部完成数字化加工，并建立了市级视频、音频数据库。南通市着手珍贵档案的全文扫描工作，其中完成馆藏珍贵档案大生会计档案的全文扫描，建立近百万页的张謇与大生企业档案数据库。连云港市重点加强对珍贵、重要、易损和利用频率高的历史档案进行鉴定工作，淮安市将启动馆藏档案数字化建设工作，已制定了馆藏档案数字化方案。盐城市集中力量对馆藏古老珍贵档案和照片档案开展了全文数字化。扬州市结合“口述档案”的建设对大量专题录音录像档案进行了数字化，开展了建国前报纸刊物的数字化工作。镇江市建立市领导视频档案，馆藏档案数字化进入起步之年。

（二）电子文件中心建设

目前，全省已建成电子文件中心 29 个，上传文件 18 万份，南京市鼓楼区在全省率先建成区级电子文件中心，完成省试点任务。

2007 年 4 月，国家档案局“全国电子文件中心建设经验交流会”在我省召开，常州市电子文件中心、张家港电子文件中心在会议上作了交流，国家档案局局长杨冬权给予高度评价，认为常州和张家港的电子文件中心对全省乃至全国都具有一定的示范作用。

与省政府省电子政务协调指导小组办公室联合开展“江苏省电子文件中心”应用试点工作，截止 2007 年 12 月通过省电子政务公文传输系统和各单位离线报送，共接收试点单位省发改委、省人事厅、省国土资源厅、省工商局、省环保局环境监测中心等试点单位 2001 ~ 2007 年电子公文 6000 多份，省级电子文件中心已具备全面启动运行条件，为江苏省电子档案中心的建设奠定了基础。

（三）电子档案中心及数字档案馆建设

电子档案中心项目是省政府《关于进一步加快国民经济和社会信息化的意见》中确立的“12345 计划”中基础性、公益性、标志性工程之一，列为 2007 年度省电子政务建设项目。2007 年底，抓紧组织“落实江苏省电子档案中心项目建设任务”有关方案的架构设计与论证，做好 2008 年项目启动前的多项准备工作。

南京市档案局依托南京市电子政务平台建立了“南京市电子文档数据中心”，完成全市各档案馆数据的上载和系统的管理，实现市档案馆和 13 个区县综合档案馆之间的档案信息资源共享。目前系统共上载包括市委、市政府办公厅局 1949 – 2000 年永久或长期保管档案的文书档案专门档案、目录、全文和照片共 300 万条。中心提供跨单位原文查询，为电子政务用户提供了具有档案特色内容的利用服务。

苏州已初步建成数字档案馆，太仓启动数字档案馆项目，数字档案室建设也在试点的基础上推进。“苏州市数字档案馆”由国家档案局立项，并获得 2007 年度国家档案局优秀科技成果三等奖。2006 苏州市政府拔款 612 万专项建设资金年正式开始实施。苏州市数字档案馆建设的目标是全面实现档案工作程序的网上协同和档案实体的数字化管理，为社会和政府服务。苏州市机关档案室已部署了网络版的数字档案室管理系统并与 OA 系统建立了无缝链接。截至 2007 年底，数字档案馆共接收电子文件 85082 件。同时，档案馆开展了馆藏数字化加工工作，力争在 4 年内把 2001 年以来的永久长期档案全部进行数字化，并实现各机关团体等立档单位不涉密档案网上移交。目前完成市委办公室、人大、政协、市政府办公室进馆档案数字化 120 万页，商会和历史档案 73 万页。

（四）档案网络、软硬件等基础设施建设

全省各级档案部门加快和完善基础设施建设，南京市（区县）档案馆在 2007 年信息化建设投入经费达 203.6 万元，绝大多数档案馆建立了局域网，配备了服务器、扫描仪等专用设备，90% 的区县档案馆与当地政务网实现了有效连接，并完成了“南京市档案馆馆内档案信息化应用系统建设实施意见”。徐州市全部实现了计算机管理档案。无锡市档案馆投入近 400 万元配备硬件设施。连云港市安排经费 15 万元用于档案管理系统软件研发，“连云港档案管理系统”实现了对馆内各项业务的管理。扬州市更新网络设施及其应用系统。镇江市 2007 年是近几年投入信息化经费最多的一年，用于信息化投入约 90 万元。

（五）档案网站建设

江苏档案信息网在原有基础上进行了改版，改版后的网站以“服务于社会、服务于档案、宣传于社会”为指导思想，强化了政务信息公开、档案文件信息服务、档案信息资源整合，以及公共服务、公众互动和网站内容维护功能，以进一步增强档案工作、政府工作的透明度，保障公民知情权。在工作透明度、公开政务信息方面，增加了行政公文、发展规划、计划总结、干部任免等栏目，提高了网站的政府性服务功能，在公共服务方面不仅设置了办事指南、材料下载、网上申报等栏目，还增加了有档案部门特色的现行文件查阅和档案公布。南京13个区县都建立了门户网站和主页，“南京档案”网站完成了第三次改版，在原有的11万条开放目录的基础上新增8万多条档案资料。无锡市完成了档案互联网门户网站建设，为用户提供在线查阅和指导的功能。苏州各级档案馆门户网站建设水平有了新的提高，共有5家档案门户网站进行了改版升级，完善发布信息、强化网上办事功能，不断适应建立阳光政府的要求。2007年南通市档案信息网开通五周年之际，对网站栏目进行了调整，“政务公开”栏目增加了政府信息公开的相关内容，点击率达44.8万次，再一次被南通市政府评为市级机关优秀政府网站。

（六）档案管理应用系统——永乐方正系列软件

为构建档案信息化建设的“123”模式，即1个统一的档案综合管理应用平台，电子文件中心和数字化加工2个中心和文档、馆室、馆网3个一体化，江苏省档案局联合北大方正技术研究院，通过近半年的需求讨论和软件修改调试，推出永乐方正档案系列软件。该软件是省档案局2003年推广的永乐文档一体化软件的升级版，既可以解决全省综合档案馆档案管理软件的需求，也可以满足机关档案室发展的需要。

永乐方正软件包括电子文件中心、档案馆综合应用和档案室系统三套软件。11月21日，召开了“永乐方正档案系列软件专家论证会”。国家、省、市和大学档案馆、软件开发系统、电子政务系统等领域的论证专家组一致认为：该软件的推荐使用方案和研发过程科学严谨、翔实可行，切合当前全省档案工作的实际，并具有很强的可行性和可操作性，该软件的推广应用能有效地推动档案馆（室）信息化建设和应用水平的进一步提高，促进档案事业与社会各项事业的协调发展。软件采用了先进、实用的内容管理技术、工作留引擎技术、文字图形图象处理技术和电子文件对象封装等技术，24个专题数据库设计、借阅利用、业务过程管理、数据存储和管理等方面均有较大创新，能够满足当前系统业务应用的需求，并为今后的发展留有余地。软件开发采用了快速高效的二次开发平台技术，有效降低了大规模应用系统开发和维护的成本，提高了软件的质量，满足了个性化应用和持续完善的要求。软件紧密结合档案馆（室）工作机制创新和改革实践，在规范业务和工作流程的基础上，能满足了实际应用的需求，将进一步提升全省档案工作效能。

为确保该系列软件的正常运行，省档案局制定了“监督推广，自主选择；着眼当前，稳步提高”的原则，为保证推广效果，特别是解决苏中、苏北信息化经费严重缺乏的问题，该系列软件在江苏省免费安装使用，预计将为全省档案部门节约较多资金，避免了重复投资和低层次重复开发，将全省信息化发展起跑线拉齐，推进了区域平衡发展。该系列软件已在宿迁、泰州、镇江、江都等市县先行试点安装运行。

【重要措施】

（一）继续贯彻执行中央、国家对档案信息化工作指导的大政方针，把全省档案信息化工作落在实处

《江苏省国民经济和社会发展第十一个五年规划纲要》确定了“加强档案资源建设，保护档案文化遗产，推进档案数字化，提高档案馆服务功能”。省档案局认真落实《中共中央办公厅、国务院办公厅关于加强信息资源开发利用工作的若干意见》（中办发［2004］34号）、《国家档案局中央档案馆关于加强档案信息资源开发利用工作的意见》（档发［2005］1号）和《省政府关于进一步加快国民经济和社会信息化的意见》（苏政发［2005］26号）等文件精神，加快推进档案信息资源数字化进程，切实提高档案信息资源开发利用水平，更好地为我省经济建设、社会发展以及构建和谐社会服务。认真检查落实全省各地对《江苏省档案信息化建设规划纲要（2005—2010年）》实施情况。

（二）以全国电子文件中心经验交流会在江苏召开为契机，发展“三位一体”交互发展建设形势

2007年4月26日，全国电子文件中心建设经验交流会在常州召开。这次会议是经中共中央办公厅批准召开的专门研究电子文件中心建设工作的一次重要会议。省委常委、省委秘书长李云峰到会并致辞。国家档案局局长、中央档案馆馆长杨冬权在会上传达了中共中央政治局候补委员、中央书记处书记、中央办公厅主任王刚同志对档案部门进一步加强电子文件管理工作作出的重要批示。会议代表观看了常州市、张家港市、江阴市电子文件中心演示。

省档案局召开全省档案信息化工作会议，认真贯彻王刚同志的重要指示及杨冬权局长的讲话，采取相关措施，将全省电子文件中心建设引向深入，加强电子文件中心、电子档案中心与数字档案馆"三位一体"建设，做好分步实施各项落实工作。

（三）组织开展省级单位人员培训，做好所有参与单位人才工作准备，保证进馆电子档案质量

按照全省档案工作会议"省级机关电子文件归档纳入江苏省电子档案中心管理体系"的要求，在省级机关、企事业普遍开展电子文件归档实用技能培训，着力普及档案信息化工作中的法律、法规、规范和标准知识，提高各类相关人员电子文件归档的实际操作应用能力，做好江苏省电子档案中心数据接收的前期人力资源准备工作。组织省级机关或行业系统档案员、机要员、网管参加电子文件归档培训，完成档案信息化规范与标准、电子文件归档范围与归档方法等课程。全年共为省级机关培训人数约500人次，对省公安厅、省法院、省文化厅、省物价局、仪征化纤、省环境信息中心、中石化管道公司等单位进行了上门培训，培训效果显著，达到了预期目的。

（四）开展档案科技研究工作，做好国家和我省档案科技立项、评奖等工作

1．组织了国家档案局档案科技项目立项和档案优秀科技成果

奖励的申报工作。其中《基于OAIS模型的县级数字档案馆的建设

与核心技术的应用研究》和《档案网站信息资源普查与整合研究》

2个项目列入2007年度国家档案局科技项目。《数据仓库技术在数字档案馆建设中的应用研究》和《基于内容管理的数字档案管理技术研究》2项课题获国家档案局优秀科技成果奖励。

2．组织了2007年度全省档案科技立项、档案优秀科技成果奖励评审工作

各市、县（市、区）档案部门和省级机关企事业单位，积极开展了申报工作。申报的档案科技立项项目和奖励项目内容丰富、质量较高，体现了档案科技创新的积极性。档案科技立项工作重点围绕了非物质文化遗产档案管理与保护研究、档案信息资源在落实《中华人民共和国政府信息公开条例》、为政务公开服务中的开发利用及服务方式方法研究、行业、专业系统异构数字档案信息资源整合与共享研究、社会主义新农村档案管理研究和数字档案馆建设等八个方面进行选题。档案科技奖励项目主要包括电子政务环境下各类档案管理综合应用系统、社会主义新农村档案工作方法、民生档案体系中社区档案管理现代化、档案数字化存储传输利用和档案工作为市场经济体制服务方式等内容。评选出档案科技立项项目16项，档案优秀科技成果拟授奖项目12项。

（五）做好数字化企业质量控制、档案信息安全检查等工作

为进一步加强对档案数字化工作的监督和指导，按照国务院狠抓信息保密安全的要求，加强检查《江苏省档案信息化建设保密管理办法》的执行情况，对数字化企业的质量控制及档案信息的安全进行了检查，向已进行数字化的单位发放了《档案数字化基本情况调查表》，从遵守法律法规，严守国家秘密，符合国家档案开放、安全保密等有关规定，检查各类文件材料、纸质档案数字化扫描参数，扫描程序和图像处理，扫描数据管理，对数字化加工企业服务工作的满意度和对数字化加工工作的有关意见等方面进行了广泛调查。同时，对省档案局推荐的数字化加工企业进行了实地检查，为下一步推荐工作做好准备。

【发展目标】

围绕政务信息公开和档案数字文化遗产保护，重点开展省信息化重点工程——江苏省电子档案中心建设，努力在档案信息化项目建设、档案数据库建设、数字信息资源开发利用、档案数字化工作等方面取得明显进展，在初见成效的基础上大力推进电子文件归档和档案数字化进程，努力做好做优。

（一）协调推进江苏省电子档案中心建设

建设省直电子公文目录中心、全省现行电子

文件阅览中心、全省缩微存储中心，在省馆馆藏档案数字化鉴定基础上，建立15%省馆馆藏纸质档案、20%录音录像档案、50%馆藏目录数据库，初步建立全省档案目录数据库、多媒体档案数据库和重要档案全文数据库等三个档案基础数据库。整合政务内、外网档案门户网站，在江苏省电子政务内网和外网，分别开发数字档案信息资源一站式查询服务体系，按照保密管理法律法规和政务公开原则，有计划地公布和开放电子档案数据库，使江苏的档案信息资源前所未有地得到开发和利用，发挥省档案馆网上政务信息公开场所的作用。

（二）加强电子文件的归档指导与监督，确保电子档案中心接收数据的真实性、有效性和完整性

在以电子公文归档为重点的电子文件中心建设基础上，积极贯彻国家档案局8号令精神，制定《江苏省电子文件归档范围和保管期限表》，并开展反映单位主要职能活动电子文件的在线实时归档。在试点的基础上，结合诚信江苏的建设，重点整合工商、税务、土地、环保、人事等牵涉民生问题的电子档案信息资源，并在电子政务网上提供有效的利用服务。

（三）继续组织开展档案数字化工作，加快以传统载体保存的公文、档案、资料等信息资源的数字化进程

重点抓好县以上国家综合档案馆与机关档案室档案数字化鉴定和方案的制订工作，规范数字化加工中介机构的加工质量控制和保密工作。

（四）加强档案科技研究工作

做好档案科技成果的开发和推广应用，建立健全档案科技项目立项和科技成果评奖制度，努力提高档案科技创新能力。

（五）加强档案信息化标准规范体系建设

研究制定电子公文归档管理细则、电子文件中心运行规则、电子文件归档范围和处置期限表、档案数字化操作规程等档案信息化标准规范。组织开展对数据库结构与数据交换格式标准、信息安全等专项工作的监督、检查和指导工作。

（吴　晓）

江苏省信息安全发展概况

保密工作历来是党和国家的一项重要工作。革命战争年代，保密就是保生存、保胜利；和平建设时期，保密就是保安全、保发展、保和谐。新形势下的保密工作直接关系到国家安全、经济发展和社会稳定，关系到建设有中国特色社会主义事业的顺利进行。

2007年，在省委、省政府的正确领导下，我省信息安全保密工作坚持以邓小平理论和“三个代表”重要思想为指导，认真贯彻落实中央保密委员会和省委保密委员会关于信息安全保密工作的部署和要求，以加强计算机及其网络安全保密管理为重点，积极研究解决高科技迅猛发展过程中信息安全保密工作出现的新情况、新问题，努力探索信息安全保密工作的新思路、新措施，信息安全保障服务水平进一步提高。

【2007年信息安全保密工作】

（一）制定和完善信息安全保密法规制度

针对信息安全保密管理工作中的一些突出问题，省保密局结合我省信息化发展实际，大力开展调查研究，认真研究和探索我省计算机信息系统保密管理的制度和办法。为保障我省军工单位涉密信息系统安全可靠运行，确保国家秘密信息安全，制定下发《关于加强国防军工单位信息安全保密管理工作的意见》，按照“确保重点、省市联动”原则，严格规范军工单位涉密信息系统审批流程，并制定下发《2007年度江苏省武器装备科研生产单位涉密信息系统安全保密产品推荐目录》；为进一步规范和加强我省电子政务保密管理，指导各地各部门在电子政务建设和应用过程中更好地贯彻执行党和国家保密工作方针政策和法律法规，确保国家秘密安全，转发了国家保密局、国务院信息化工作办公室《电子政务保密管理指南》；为进一步加强涉密载体销毁环节的保密管理，向省级机关各部门、各市县保密局、国防军工单位转发国家保密局涉密载体销毁与信息消除相关安全保密要求。

（二）开展涉密信息系统分级保护工作

为加强涉及国家秘密的信息系统保密管理，确保国家秘密信息安全运行，根据国家保密局涉密信息系统分级保护相关规定、标准和工作要求，制定了我省涉密信息系统分级保护工作的总体目标：全面贯彻实施国家涉密信息系统分级保护管理办法、技术标准和管理规范，经过2~3年的时间，全省涉密信息系统普遍达到分级保护标准的要求，涉密信息系统建设与管理水平和保密技术防护能力进一步得到提高和增强。围绕这一总体目标，省国家保密局与省公安厅、省国家密码管理局、省信息化工作领导小组办公室联合召开“全省重要信息系统安全等级保护定级工作电视电话会议”，对我省开展重要信息系统安全等级保护定级工作进行全面动员和部署，并下发通知做出阶段性工作安排。11月，举办全省涉密信息系统分级保护管理培训班，讲解涉密信息系统分级保护管理办法、技术要求、管理规范、测评指南，来自各市保密局、省级机关各单位、国防军工一级资质单位近200人参加了培训。截至12月底，全省涉密信息系统分级保护定级工作已基本结束。

（三）审批涉密通信、办公自动化和计算机信息系统

根据国家及省关于开展涉及国家秘密的通信、办公自动化和计算机信息系统审批工作的部署和要求，省保密局继续开展涉密信息系统审批工作。要求全省各地各部门在加快推进信息化建设特别是电子政务建设中，务必从维护国家利益、确保国家秘密安全的大局出发，充分认识做好涉密信息系统审批工作的重要性，切实做好审批工作。按照“同步建设，严格审批，注重防范，规范管理”的原则和国家有关保密标准和技术要求，在省级机关等单位开展对计算机网络建设的保密审查及总体性能的评估论证，提出切实可行的计算机信息系统保密技术防范措施，4家涉密信息系

统通过审批，2家通过检测。

（四）开展武器装备科研生产单位保密资格审查认证

根据中央保密委员会关于加强国防科技工业保密管理工作意见和武器装备科研生产单位保密资格审查认证管理办法，继续开展军工保密资格审查认证工作，加强对武器装备科研生产单位涉密计算机信息系统的检测论证。在全面完成一级国防军工单位涉密计算机信息系统检测认证的基础上，对二、三级国防军工单位涉密计算机信息系统进行检测认证。根据保密资格审查认证复查工作要求，对存在重大隐患的单位责令其限期整改。江苏省保密局依据有关涉密计算机信息系统的保密技术要求及标准，规范检测认证流程，确保检测认证工作水平和质量。在检测认证工作中，积极做好有关计算机信息系统技术指导和服务工作。对一些武器装备科研生产单位上报的涉密计算机网络建设方案进行技术论证，提出改进意见。通过保密资格审查认证工作，武器装备科研生产单位的信息安全保密工作发生了较大变化，人员保密意识得到增强，各项信息安全保密防范措施得到落实，信息安全保密管理水平得到提高。

（五）检查计算机及其网络使用的安全保密情况

随着国际互联网技术的迅速发展，党政机关纷纷在社会公用网建立网站，提供政府的资源共享信息和应用项目，有的组建自己的办公局域网和数据库，与社会公用网相联，交流、交换和共享信息资源。根据我省关于计算机信息系统国际联网及党政机关信息上网工作的保密管理规定精神，认真落实“控制源头、加强检查、明确责任、落实制度”和“谁上网、谁负责”保密管理原则，督促各单位做好上网信息保密审查工作，确保党政机关在信息上网中不发生泄露国家秘密问题。对有关单位在信息上网过程中涉及的保密问题，及时进行指导和监督，落实管理责任。同时，按照国家保密局统一部署，加强互联网上网信息保密检查，努力做到“涉密信息不上网，上网信息不涉密”。组织有关单位对传播国家秘密信息的互联网站进行检查整顿，集中人员和时间对军工单位、高校、政府机关等重点网站进行抽查，严查泄密隐患。不定期地对互联网信息进行保密检查，对党政机关信息安全保密状况进行远程监测和监督，发现问题及时处理。根据中保委有关通知精神，省委保密委员会及时部署保密检查工作，并分三个检查组对全省50多家省（市）级机关、军工单位进行了抽查。此次检查活动，有力地推动了各单位的计算机信息系统的安全保密工作，肯定并推广了各地、各部门好的做法和经验，同时严肃指出了存在的问题，明确了今后的工作要求。

（六）规范涉密计算机信息系统集成资质认证

为加强对涉及国家秘密的计算机信息系统集成资质单位的保密管理，提高资质单位的保密管理能力和水平，确保在涉密信息系统规划、设计、建设及运行过程中国家秘密的安全，根据《涉及国家秘密的计算机信息系统集成资质管理办法》精神，江苏省保密局积极配合国家保密局开展涉密系统集成资质审核认证及审批工作。2007年，全省有南京莱斯公司等5家单位获得国家涉密信息系统集成资质证书（其中甲级1个、乙级2个、单项2个）。为加强对涉密信息系统集成资质单位的保密管理，6月，举办了全省资质单位保密管理培训班，已获得资质证书的单位的法人、技术负责人、资质管理人参加了培训。11月，根据国家保密局《关于开展涉密信息系统集成资质年度审查工作的通知》的要求，下发通知，组织开展对全省12家已取得资质证书满1年以上的单位开展了资质年度审查。

（七）研制开发并推广应用信息安全保密防范和检查技术

针对高科技窃密对保密工作的严峻挑战，省保密局加强信息安全保密技术研究，积极发展和采用现代保密技术，促进现代科技成果在保密工作中的应用，努力推动保密技术产业发展。一方面，与南京大学、东南大学、解放军理工大学、南京信息工程大学等多所高校和科研院所进行广泛交流与合作，积极跟踪信息安全发展的前沿技术，认真分析研究涉密计算机和计算机信息系统运行中存在的泄密隐患，提出加强保密管理的对策措施和办法。另一方面，联合社会科研力量研制开发计算机信息系统保密检查软件和涉密介质使用审计管理系统软件，为党政机关、涉密单位监管涉密信息系统提供有效手段。

（八）开展信息安全保密技术宣传教育培训

信息化的迅猛发展使保密与窃密的较量越来越带有高科技抗衡的特点。为增强做好新形势下保密技术工作的自觉性，提高保密技术防范能力，省保密局制定长、中、短期保密技术培训计划，开展多种形式的保密技术宣传教育培训活动。为认真做好武器装备科研生产单位保密资格审查认证工作，切实加强武器装备科研生产单位涉密信息系统的保密技术管理，举办了全省承担国防军工科研生产任务的非公有制企业保密技术防范管理培训班和全省重点军工单位信息系统保密管理研讨会，分析和阐述当前武器装备科研生产单位在信息化条件下保密工作面临的严峻形势，以及加强涉密信息系统保密管理工作的极端重要性、必要性，讲解演示了信息系统技术防范的具体措施。为宣传普及信息安全保密技术防范知识，省保密局搜集、整理有关材料，着手制作保密技术专题宣传片。为加强对保密技术理论及业务知识的学习，提高做好保密技术工作的能力和水平，在省级机关积极开展保密技术教育培训工作，为保密要害部门部位及有关涉密人员剖析党政机关、军工单位信息安全保密的特点、规律及存在的问题，并进行现场技术演示和答疑。

【电子政务建设中的信息安全】

当前，我省电子政务建设正处在向纵深拓展的关键时期，电子政务建设中存在的安全保密问题必须引起高度重视。在电子政务建设和应用中，少数单位安全保密意识淡薄，安全建设投入不足，网络防范措施薄弱，信息发布审查不严，致使网上泄密现象时有发生。为此，必须采取有力措施，切实加强电子政务建设中的信息安全保障工作，确保我省信息化建设顺利进行。

省保密局切实加强电子政务建设与应用中的保密管理，重点做好政务内网的信息安全保密防范工作。在电子政务建设中，要求政务内网与政务外网要严格实行物理隔离。按照“同步建设，严格审批，注重防范，规范管理”的原则，政务内网的规划、设计、建设、集成、运行及采用的技术、设备要符合国家保密技术标准，网络投入使用前，须经省辖市以上保密工作部门审批。同时，积极做好政务信息公开中的保密审查工作。在政务外网和公共信息网络中存储、处理、传输信息，严格实行“控制源头、加强检查、明确责任、落实制度”和“谁上网谁负责”的原则。上网信息必须进行保密审查，严防国家秘密信息上网。各级保密工作部门加强对政务外网和公共信息网络上网信息的保密检查，确保“涉密信息不上网，上网信息不涉密”。

为切实加强全省电子政务内网安全监管，经省政府领导同志同意，11月启动了电子政务内网非法外联安全监管平台省中心建设工作。

为进一步加强电子政务建设中的保密管理，规范电子政务内网主干网及各接入网的安全保密系统建设，省保密局与省电子政务建设协调小组办公室联合制定下发了《2007年度江苏省电子政务内网安全保密产品推荐目录》。《推荐目录》列出了防火墙、入侵检测系统、安全审计系统、漏洞扫描系统、安全隔离与信息交换系统、物理隔离卡等六大系列的安全防范产品。同时，积极配合各涉密信息系统建设单位做好系统建设方案的初审工作，并加强对运行中的涉密信息系统的保密检查检测。配合省电子政务建设工作，分析和探讨电子政务网络建设和网络运行中的安全保障问题，积极为推进和发展电子政务提供保密保障。

【存在问题和解决思路】

随着世界科学技术的迅猛发展和信息技术的广泛应用，特别是我国国民经济和社会信息化进程的全面加快，网络与信息系统的基础性、全局性作用日益增强，信息安全已经成为国家安全的重要组成部分。在省委、省政府的领导下，我省在信息安全保密管理方面做了大量工作，建设了一批信息安全基础设施，加强了计算机网络特别是涉密计算机信息系统安全管理，信息安全保障取得了明显成效，为保障和促进我省信息化建设健康发展发挥了重要作用。

随着高技术的发展，窃密技术和能力也不断发展，窃密与反窃密斗争更加激烈，并越来越带有高技术抗衡的特点。特别是随着办公自动化、现代通信和计算机网络的广泛应用，国家秘密信息的存储、处理和传输方式发生了很大的变化，泄密的隐患增多、危害加大，信息安全保密的难度增强，信息安全保密工作还将面临更多新的挑战。必须看到，在新的形势和任务面前，我省一些机关单位的信息安全保密管理仍存在一些亟待解决的问题，具体表现在：对信息安全保密工作重视不够，对信息安全保密经费投入不足，信息安全保密技术设施落后；对计算机及其信息系统应用所带来的泄密隐患认识不足，安全保密管理观念淡漠；信息安全保密管理章法不明，日常工作条理不清，工作标准不高，监督管理不严；在涉密计算机信息系统规划建设过程中没有同步考虑保密设施建设，有的在系统建设完成投入使用前没有履行必要的审批手续；涉密光、电、磁介质管理不规范，等等。

随着信息技术的迅猛发展，我们要进一步加强保密观念，充分认识高科技形势下信息安全保密工作的重要意义，进一步增强做好信息安全保密工作的紧迫感和责任感。要正确处理好信息化迅猛发展形势下“保”与“放”的关系，在千方百计保住国家秘密的同时，更好地满足经济建设和社会发展对信息资源的需求。为此，要加强保密技术法规制度建设，进一步建立和完善有关通信、办公自动化、计算机信息系统的保密管理规定，研究制定党政机关、要害部门与重点部位的保密技术防范设备配置标准；要加强对涉密信息系统集成单位的保密资格审查，实行资质认证管理；保密工作部门开展对通信、办公自动化和计算机信息系统的保密技术检查，开展对党政要害部门与重点部位保密环境和办公设施的保密技术检查，开展对重大涉密活动、重要涉密场所的保密技术检查；要加强信息安全保密基础设施建设，实现对信息交换和涉密信息的动态管理；要加大信息安全保密技术研究工作力度，开发运用信息安全保密技术新产品；要加大保密防范技术设备装备强制配备力度，党政领导干部办公场所和保密要害部门与重点部位，根据涉及国家秘密的程度、范围和等级，配备必要的保密技术防范设备；要加强保密技术教育和培训，通过开展形式多样的保密教育和培训活动，提高各级领导干部和重点涉密人员的信息安全保密意识。总之，要科学运用法律、行政等多种手段，发挥政府部门管理国家秘密的职能作用，使信息安全保密管理工作进一步科学化、规范化、制度化。

【发展目标与主要任务】

“十一五”期间，是我省国民经济和社会发展的重要历史时期，也是我省信息化建设的快速发展时期。加快保密技术工作的发展，对于推进我省信息化建设健康有序发展，确保国家秘密信息的安全，具有十分重要的意义。为认真落实中央和省委、省政府关于信息安全保密工作的要求，省委保密委员会提出了我省信息安全保密科学技术工作的发展目标：经过五年的努力，初步建立符合我省实际的保密科学技术防护和监管体系，基本实现保密科学技术现代化，使保密技术法规制度和标准体系初步完善，科学技术基础设施初具规模，自主研发能力大幅提高，技术产品应用更加规范，技术教育培训更加普及，保密技术防护和技术检查能力明显增强，从而全面提升保密科学技术工作的整体水平。

当前，信息安全保密管理的主要任务是：(1) 抓好全省党政机关和国防军工科研生产单位涉密信息系统的保密管理。按照《江苏省电子政务内网接入审批办法》的要求，加强电子政务内网接入前的审批工作。同时，加大加快国防军工科研生产单位涉密信息系统审批工作力度和进程；(2) 按照国家保密局涉密信息系统分级保护相关标准和要求，对我省涉密信息系统分等级保护实施监督管理；(3) 通过加强涉密信息系统集成资质管理和涉密信息系统风险评估，进一步提高我省涉密信息系统的整体防护能力和管理水平；(4) 加大保密技术科研力度，抓紧研发和推广符合保密要求的保密技术产品，努力提高发现和防范高技术窃密的能力；(5) 规范省、市党政机关和国防军工科研生产单位保密要害部门、部位保密技术防范设备配置工作，提高防泄密、防窃密的能力；(6) 加强信息安全保密技术检查工作，重点加强涉密计算机信息系统保密检查和上国际互联网等公共信息网络信息的保密检查；(7) 大力开展保密技术宣传教育培训工作，整合培训资源，实现保密科技教育培训规模和质量的统一。

（乔连玉）

江苏省测绘信息化发展概况

【基础测绘规划】

《江苏省"十一五"省级基础测绘专项规划》编制完成并由省政府办公厅印发，规划明确了全省"十一五"省级基础测绘工作的指导思想、发展目标、主要任务、保障措施和进度要求。该规划的特点：一是建立符合需求的更新机制；二是填补省级基础测绘成果空白；三是为城市化和城市信息化服务；四是为重点区域防灾减灾提供测绘保障。南京、无锡市级基础测绘规划获市政府正式批复。常州、扬州、泰州等市分别编制了"十一五"基础测绘规划，已上报市政府批准。南京市首次将基础测绘纳入年度经济社会发展计划。

【法制建设】

制定了《江苏省永久性测量标志保管津贴管理办法》、《江苏省测绘成果管理办法》等10多项与《江苏省测绘条例》配套的规范性制度。与江苏省军区司令部联合印发了《江苏省测绘航空摄影管理办法》，与江苏省发改委联合印发《江苏省省级基础测绘项目管理办法》，对全省测绘航空摄影和省级基础测绘项目管理工作进一步规范。启动了江苏省诚信测绘体系建设，完成《测绘信用信息征集管理规定》、《测绘信用信息发布查询规定》和《测绘单位信用评定规定》等规范性文件的制订，并开发了相应的管理软件。《南京市测绘条例》被市人大列入立法计划，《南京市地图市场管理规定》颁布实施。盐城市制定了《盐城市基础测绘成果管理暂行办法》等规范性文件。认真执行测绘项目备案和缴纳测绘基础设施费等制度，全年共有45家测绘持证单位167个测绘项目合同备案发证。建成招投标项目评标专家库，依法组织对全省测绘市场招投标、监理等进行监督管理。

【地图编制与管理】

深入开展国家版图意识宣传教育和地图市场监管工作。盐城市组织开展国家版图意识宣传教育活动5次，散发宣传材料800份，组织200人次参与各类地图管理法规答题竞赛。开展地图市场检查6次，收缴各类违法违规地图产品18件。宿迁市开展国家版图意识宣传教育，营造全民参与维护国家版图的良好氛围。盐城市国土局与市通信行业协会联合进行网络地图检查，检查各类网络地图15幅，及时将检查情况通报有关方面并责令整改。省测绘局依法查处8件违法编制和使用地图案，其中查获一起有严重政治问题的意大利文版刊物，并对刊物上的违规中国地图进行了处理。全年共审批地图114份、地图图形17幅。依法审批了南京市京沪高铁、江宁东山新市区规划、江宁区控制性详细规划、扬州市蜀冈地区控制性规划等涉外项目提供地形图4期。南京市制定了《南京市地图市场管理规定》等规范性文件。全省测绘单位运用现代技术，编制出版各类普通、专题地图。编制完成了《江苏省政区图》《江苏省地图册》《江苏省交通旅游图》、《江苏省文物图集》、《江苏省区划地名图册》、《江苏省综合省情地图册》《江苏省教育图集》、《江苏省袖珍地图册》、《江苏省海防工作示意图》、《南京市区地图》、《盐城市交通规划地图》、《无锡市水系图》、《连云港市水利图》、《无锡市航道规划图》、《泰扬盐通商贸地图》、《徐宿淮投资指南图》、《盐城商贸交通图》、《靖江市实用地图册》、《金坛政区图》、《新沂市政区图》、《金湖县地图》。完成了南京、无锡、徐州、常州、苏州、连云港、盐城、镇江、扬州、丹扬、江阴、溧阳、金坛、海门等市交通旅游图等专题地图的制印工作。

【基础测绘】

江苏地理空间信息基础框架一期工程设计方案经省发改委批准，项目投资概算3817万，一期工程正式启动。开展"十一五"省级基础测绘更新技术的研究，修订完善新一轮基础测绘产品标准和技术标准。组织编写了《江苏省1∶10000 DOM、DLG

更新设计书》、《江苏省 1:10000 DLG 采集规则》、《江苏省 1:10000 基础地理信息要素分类、分层与代码规则》。全年组织完成新一轮省级基础测绘常州、泰州、苏州、南通测区 1:10000 比例尺内业采集 832 幅、外业调绘 550 幅和 DLG 编辑 80 幅。完成国家基础测绘任务 1:50000 比例尺地形要素数据缩编更新项目。完成大地测量 D 级 GPS 测量 2331 点、E 级 GPS 测量 336 点，三等水准测量 197 千米、四等水准测量 2225 千米。完成数字摄影测量 1:10000 比例尺 DLG 80 幅、1:500～1:2000 比例尺 DLG 5506 幅；1:2000 比例尺 DEM 285 幅；1:5000 比例尺 DOM 588 幅，1:1000～1:2000 比例尺 DOM 8952 幅。《重要地理信息统计分析系统》分项目《长江（江苏段）岸线资源统计分析系统》被国家测绘局列入国家基础测绘项目，项目设计方案通过国家测绘局评审。依照新国标图式规范，进一步完善省基础地理信息数据库。南京、镇江、徐州、泰州、盐城、无锡、南通、常熟、吴江、沛县、邳州、赣榆、武进和新沂等市县完成基础测绘年度计划。南通市利用土地利用更新调查成果，建立全市 1:5000 比例尺彩色正射影像数据库。泰州市完成了基础控制测量布设。宿迁市基础控制测量即将完成，县级基础测绘相继启动。南通市基础地理信息系统及其数据库建设通过了市发改委组织的验收。南通市制定了《关于加强南通市基础地理信息系统及其数据库管理工作意见》。宿迁建成了该市覆盖最全、定位精度最高、信息量最丰富、现势性最强的空间地理信息数据库。镇江市建立了基础地理信息系统及数据库。盐城市区基础测绘控制测量成果和 96.5 平方千米 1:500 比例尺数字化航测成果数据已验收入库。徐州市被列为国家测绘局“数字城市”试点城市。

【测绘成果共建共享】

发挥现势性基础测绘成果的优势，与省市有关部门和单位建立了基础地理信息资源共享共建机制。与安徽省测绘局签订了地理信息资源共建共享协议；与省交通厅、省水利厅、省林业局签订了地理信息数据资源共享与合作协议；与省公安厅、省交通厅等部门分别联合下发了加强地理信息数据资源共享与合作的文件，对地理信息数据资源共享与合作进行了规范；与省交通厅联合申报国家省级地理信息数据共享与合作示范点建设项目；与盐城市、无锡市签订了省、市基础测绘共建共享协议。南通市国土资源局分别与南通市公安局、地震局、建设局、机关事务管理局签订了基础地理信息数据使用和共享协议。南京、盐城测绘行政主管部门主动与本市有关单位开展测绘成果共建共享，促进了当地数字区域的建设。南京市规划局充分发挥“数字南京”建设协调领导小组的作用，与农林局、卫生局、公安局、土地储备中心等部门展开了数据合作。

【测绘成果应用】

省测绘局全年共为全省经济建设提供控制点 969 个、纸质地图 989 幅、喷绘地图 2478 幅、1:10000 比例尺地形图产品 15000 余幅，数据量达 518GB；提供各类行政挂图 516 份、中国世界地图集 187 册。全省各级测绘行政主管部门全年为城市规划、建设、管理和其他社会化服务提供了大量的地形图数据。为民政、交通、水利、气象、地震、水利、环保、园林、文物、公安、电力、商业等部门开发了一大批示范性的管理地理信息系统，编制了大量的专题地图。为省“两会”制作 1:700000 比例尺江苏省丝绸图 5000 份、省情手册 12000 本。为省水利厅、省交通厅、省民政厅、省人防办、省地震局、南京市规划局、无锡市国土资源局、盐城市国土资源局、宿迁市国土资源局、南京师范大学及南京军区测绘大队等单位大量的测绘成果，满足了这些部门政府决策、社会公益事业和国防建设的需要。完成了宝应县园林地理信息系统、镇江市林业管理信息系统和林业资源信息数字化及属性数据库、江苏省区划地名管理信息系统、连云港市民政地理信息系统、张家港市土地规划系统、常熟市城市应急管理地理信息系统等测绘服务项目。组织完成了如东、通州、海安、东台、泰州等县市的第二次全国土地调查土地更新调查任务。省测绘工程院制作的黑白航摄与卫星多光谱数据融合影像地图被国务院第二次全国土地利用调查领导小组办公室评为“最佳样图”。完成苏申内港线航道、长湖申线航道、苏北干线航道测量，开发了网上游南京三维虚拟旅游可视化平台以及江苏省公众出行交通信息服务系统地理信息子系统的部分工作，为广大出行者提供一个可视化的地理信息展示平台。

【测绘科技创新】

进一步完善《省测绘科研项目管理办法》，加大科研经费投入，组织开展关键技术的研究，促进科研成果的转化。全省13个测绘科研项目获局立项资助，12个科研项目通过验收。建成了江苏省连续运行卫星定位参考站综合服务系统（简称JSCORS），JSCORS是覆盖整个江苏省域及周边地区的一个高精度、高时空分辨率、高效率、高覆盖率的全球导航卫星系统（GNSS）综合信息服务网。该系统可以用于江苏省的大地测量、工程测量、气象监测、地震监测、地面沉降监测以及城市地理信息系统等领域，同时兼顾社会公共定位服务，以满足日益增长的城市综合管理与城市化建设的需求。该项目和“LIDAR技术在海岛礁、滩涂测绘中的应用研究”获国家测绘科技进步二等奖。联合省科协开展2007年省测绘科技进步奖评选，共评出获奖项目18个，其中一等奖4项，二等奖6项，三等奖8项。与中科院地理湖泊研究所联合启动“太湖蓝藻水华遥感动态监测预警系统”项目，列入国家测绘局社会主义新农村建设测绘保障示范项目。与省环保厅合作开发的江苏省重要生态功能保护区地理信息管理系统建设项目正式启动。组织开展江苏省沿江开发管理信息系统的数据更新及经济开发区子系统研制工作。“江苏海事局（长江段）地理信息系统”一期工程通过了交通部海事局的验收。

【主要经验】

一是必须加强测绘法制建设，依法行政管理才能更加规范。《江苏省测绘条例》颁布后，省测绘局相继起草了10余个与《江苏省测绘条例》配套的规范性文件，进一步完善了测绘法规体系。通过依法行政管理的培训，使测绘法制工作取得了优异的成绩。二是必须加强基础测绘工作，才能进一步提升测绘工作的地位。始终把基础测绘摆在整个测绘工作的重要位置，使省级基础测绘工作继续推进，市县基础测绘工作取得了较大进展。三是必须大力推进基础地理信息的共建共享和成果应用服务，才能赢得政府和社会各界对测绘工作的关心、重视和支持。开展基础地理信息资源共享共建工作，与多个省市和有关部门建立测绘成果共享共建机制。坚持面向政府宏观决策、面向经济建设主战场、面向国土资源大系统，向社会及时提供了各类大量的专题地图和基础地理信息数据，充分发挥了基础地理信息在政府行政管理、科学决策、宏观调控及各项经济建设和人民生活中的保障作用。四是必须加强宣传，才能为测绘工作营造良好的发展环境。由于全省测绘系统十分重视面向政府和社会做好宣传工作，采取了一系列措施，各级领导和有关部门在深入了解测绘工作的重要和艰辛后，在地理信息共享、经费投入等方面给予了大力支持，有力地促进了我省测绘事业又好又快地发展。

【存在问题】

一是部分市县基础测绘保障机制尚未健全，经费投入尚未纳入当地国民经济和社会发展年度计划及财政预算，以至基础测绘工作进展不平衡，影响到“数字区域”的建设和测绘公共服务。二是基础地理信息资源开发利用程度较低，管理、更新、使用和共建共享机制需要进一步完善。数据的共享机制尚未完全建立，数据标准尚未完全统一，重复投资现象还在一定范围内存在。三是测绘市场还存在无证测绘、超资质测绘、违规经营、侵权盗版的现象，地图市场规范和整顿任务还相当艰巨。

【2008年工作】

（一）推进依法行政，不断强化测绘工作统一监管

全面推进《国务院关于加强测绘工作的意见》和省政府实施意见的贯彻落实，尽快出台配套政策文件，争取在经费投入、项目落实、机构健全、机制完善等方面取得进展。做好《江苏省测绘管理规定》等有关测绘管理规章修订工作。不断完善《江苏省测绘条例》配套制度，推进市县测绘立法。研究制定加强测绘市场监管、地理信息数据管理等方面规范性制度。建立健全各项行政管理制度，认真梳理测绘执法依据，推进分级负责管理机制。全面落实市、县测绘行政管理机构，合理界定各级测绘行政管理机构的职责，落实行政管理职能和责任追究制，进一步规范各级测绘行政主管部门的行为。加强电子政务和办公自动化建设，强化局门户网站的建设和维护，推进网上申报、审批，促进政务公开。全面完成全省测量标志维护并进行总结表彰，督促和指导各地景观型测量标志建设，启动全省测量标志管理信息系统建设，认真落实测量标志保管员津贴发放。组织完成测绘资质年度注册，严格审批测绘资质，逐步建立测绘市场退出机制。加强测绘项目监理、招投标监督管理。推进建立测绘行业诚信体系，规范测绘市场行为。加强测绘质量监

管，组织开展全省测绘产品质量检查和优质测绘工程评选，保证基础测绘成果和重大项目产品质量。加强对局直属单位的测绘成果管理，完成对局直属单位的测绘成果汇交与检查工作。加强地图管理，深入开展国家版图意识宣传教育，重点做好面向中小学生的宣传教育，不断增强公民的国家版图意识。组织开展网上地图、导航电子地图市场的专项检查，进一步加强对地图市场的监管。

（二）认真实施基础测绘规划，加快推进基础地理信息空间框架建设

认真贯彻落实《全国基础测绘中长期规划纲要》，切实抓好《江苏省“十一五”测绘事业发展规划纲要》的实施和《江苏省“十一五”省级基础测绘专项规划》的完善、保障工作。建立健全规划实施管理制度，加强规划、计划、预算的有机衔接和对规划实施的监督评估。稳步推进新一轮基础测绘更新，抓好1:50000比例尺地形图缩编更新和1:50000比例尺电子地图制作。指导市、县编制基础测绘规划，制定基础测绘标准，建立基础测绘更新机制。抓好重大基础测绘项目的立项和实施，丰富基础地理信息资源。加快基础地理信息空间框架建设，针对用户需求，加快建立标准、通用、可供开发的基础地理信息公共平台，推进基础测绘成果的利用。加强项目运作的监管，提高资金使用效益。积极推进数字城市试点工作，开展数字城市地理空间框架建设和区域重要地理信息统计分析。

（三）加强人才培养和队伍建设，着力推进科技创新

加强测绘人才培养和队伍建设，继续实施“333”人才工程，带好省级基础测绘队伍、测绘科研队伍和测绘应用服务队伍，保持测绘队伍的可持续发展能力。制订教育培训规划，大力开展全行业继续教育，开展注册测绘师考试培训。按照信息化测绘体系建设的总体部署和要求，努力提升测绘科技自主创新能力。制定推进测绘科技创新的政策和策略，完善测绘科技体制和机制。加大科技创新投入，进一步完善科技基础设施。加强测绘科技成果转化和推广普及。推进测绘科技领域的国际交流与合作。落实测绘科技发展规划，加强测绘应用理论研究和关键技术攻关，着力研究地理信息获取实时化、处理自动化、服务网络化方面的重大关键技术，重点研究基础测绘更新、基础测绘数据库应用等课题，为信息化测绘技术体系建设提供技术支撑。进一步落实测绘科技政策，抓好测绘科研项目立项、跟踪和结题验收工作。继续组织开展全省测绘科技进步奖的评选。

（四）加强地理信息开发利用，促进测绘成果应用

加强与相关部门合作，充分运用航测遥感、空间定位、地理信息系统等测绘高新技术手段，促进地理信息在社会公共事务管理和处理经济社会发展重大问题中发挥作用。继续做好江苏沿江开发管理信息系统更新及经济开发区子系统的建设，为政府决策提供可靠的依据。做好江苏省地理空间信息技术工程中心的建设和管理工作，抓好全省“长三角”地区电子地图研制，以满足社会对便捷、实用和多样化测绘产品的需求。及时公布基础测绘成果目录，发布重要地理信息。推进测绘档案资料管理信息化建设，组织实施国家测绘成果档案存储与服务设施省级测绘成果档案馆建设项目，推动成果备份和异地存储，逐步实现测绘成果分发服务的一体化和自动化。积极做好全省卫星定位连续运行参考网站的运营、维护，为政府部门和社会各界提供空间定位平台。全面提高测绘公共服务水平，充分发挥测绘在管理社会公共事务、处理经济社会发展重大问题等方面的作用，做好政府加强和改善宏观调控，转变经济发展方式，统筹城乡发展，推进社会主义新农村建设，加强资源保护和开发利用，保护生态环境，推动区域协调发展，优化国土开发格局，推进国民经济和社会信息化建设，健全公共应急突发事件处置体系以及国防建设等方面的测绘保障服务。按照贴近社会、贴近民生的要求，创新服务手段和方式，满足社会发展和人民生活多方面、个性化的测绘需求。加强测绘成果安全保密与推动应用的探讨，积极推进基础地理信息共享共建机制建设。完成沪苏浙数据库标准制定，提高基础地理信息共享共建水平。

（陈洪良）

南京海关信息化发展概况

【基本概况】

2007年，南京海关在海关总署的领导下，在各级地方党政及有关部门的亲切关怀和大力支持下，坚持以邓小平理论和“三个代表”重要思想为指导，认真贯彻执行“依法行政，为国把关，服务经济，促进发展”的海关工作方针，扎实工作，锐意进取，业务量大幅度提高，全年，关区海关共征收入库税款660.62亿元，列全国海关第3位，较去年同比增长27.99%。税收价格水平全年始终稳定在总署规定的绿区范围，归类差异率较2006年明显降低，审价、归类补税额均位居全国海关前列。其中，加工贸易内销审价改革试点工作得到了盛光祖副署长的批示肯定。而这些成绩的取得，与南京海关坚持走“科技强关、科技兴关”之路，贯彻实施“南京海关科技发展‘十五’计划纲要”，是密不可分的。一年来，在全国海关科技大会会议精神的指导下，根据关党组的统一部署，技术部门围绕关区各项重点工作的开展，确立新思路，创建新模式，较好地开展了关区信息化建设工作。

【组织机构】

一直以来，南京海关党组十分重视信息化建设，尤其重视从组织、人员、机构等方面给予保障。海关通关作业改革实现职能与业务操作分离、信息集中共享管理以来，南京海关在总关和苏州海关设立技术部门，在其他下属海关设立技术科或技术岗位，由专业人才负责本关的信息化工作。历年来，技术队伍不断扩展，知识层次、人员结构不断更新，保持着队伍技术含量的先进性。目前，关区技术人员总数为95人。其中，高级工程师18人，工程师40人，助理工程师35人。拥有这样一支素质优良的技术队伍，南京海关的各项信息工作得以蓬勃发展，科技优势得以充分发挥，为海关信息化工作的全面开展提供着强有力的保障。

【基础设施】

在关区业务量迅猛发展的同时，科技设备和经费需求随之不断增长。在总署领导的热切关怀和历届关党组的高度重视下，南京海关不断加大基础实施投入力度，目前已经形成了较为完善的科技保障体系。目前关区共有计算机及微机近5000台，达到人均2台微机，服务器235台，科技装备总值达到2.6亿元。在加大科技装备投入力度的同时，为避免科技设备和经费的重复投资和浪费，我们在关区全面推广了科技管理系统，实现了对科技人员、经费、设备等资源的集约化管理，实现了关区技术设备固定资产的智能化管理，从而准确掌握关区内各类设备的使用和分配情况的目标，有效提升了科技资源管理的规范化水平。

【工作部署】

2007年，是实施南京海关科技强关战略的开局之年，年初，关党组提出了要“以科学的治关理念为统领，推动关区事业科学发展，全面建设现代化、智能型的和谐海关”的总体要求。对此，技术部门制定了“科学管理，基础稳健，优化整合，协调发展”的工作思路，要继续实施科技强关战略，以全面提升科技保障能力为中心，以安全运行为重点，实现关区信息化发展从系统建设为主向能力建设为主的战略转型。深化业务科技一体化改革，加强关区科技应用项目管理，认真做好科技应用项目的开发、设计、验收、测试和推广工作，全面提高软件开发质量和运行维护水平，打造科技项目拳头产品。加大信息化标准体系建设力度，保障关区信息系统安全运行；做好网络升级改造、容灾备份系统建设、通信多业务平台建设等基础建设。加强对关区科技资源的统筹管理，用好科技发展基金。积极争取江苏省政府支持，协调各口岸管理和服务部门，进一步推动江苏电子口岸建设。积极稳妥地推进关区口岸通关、物流、商务管理的信息化，为实现大通关主要业务流程在电子口岸的全程贯通做好准备。

【主要成果】

（一）以基础稳健为前提，建成系统化的底层平台，进一步提高了基础保障能力

最近几年，为适应关区业务量快速发展的要求，南京海关信息系统的基础建设工作得到了快速发展，但系统资源的迅速增加与技术维护力量的相对不足形成了新的矛盾。因此，南京海关在继续加大资源投入力度的同时，坚持科学发展的原则，着力转变发展方式，加强对四个基础平台的效能管理，建成系统化的底层平台，为今后关区信息化建设的高位运作打下了扎实的基础。

一是加强了系统基础平台的建设。为确保业务的连续性，提高整个系统在突发情况下的应急相应能力，南京海关在管理网和运行网部署了MOM监控软件，完成了管理网监控系统的升级工作，开展了信息系统安全备份中心建设，对核心数据和应用备份建立起了容灾机制，大大提高了对当前系统的掌控能力。此外，继续实施数据中心二期项目建设，实现了关区各类业务数据的集中存储、集中分发、集中访问，规范开展关区数据分发工作，较好地发挥了数据中心建设效益，有力支持了关区信息化项目建设的开展。

二是加强了网络通信平台的建设。南京海关实施了管理网、运行网、预录入网和Internet网的网络改造工作，制定了红机网的具体改造方案，完成了核心机房环境优化工作，进一步加强了网络安全和备份保障工作，提高了网络资源的使用效益，建成了稳定高效的网络运行平台。此外，南京海关进一步推广了多业务通信平台和VoIP技术的使用，丰富和开拓了关区通信系统的应用范围，有效节省了办公经费，并强化和完善了现有应用的功能。

三是加强了信息安全基础的建设。除了继续落实关区信息安全监控、检查、通报等机制外，南京海关以客户端管理系统的应用为突破口，完善了关区信息安全管理基础平台的建设。一方面，积极配合海关总署开展管理网客户端安全管理系统的升级测试工作，总结对客户端管理系统应用的经验和建议，提高了关区客户端安全管理的水平。另一方面，对关区信息系统进行了全面的风险评估，组织了关区信息系统等级保护定级工作，完善了关区信息系统安全应急预案，从而按照各类信息系统的重要程度进行分级备案，系统地梳理了南京海关信息化建设工作中存在的安全隐患和风险，做到防患于未然。

四是加强了科技管理平台的建设。在做好上述工作的同时，南京海关还把技术手段积极引入科技管理工作中，先后开展了技术服务系统、综合监控系统和科技综合管理系统的建设工作，运用信息技术提升科技管理水平。技术服务系统实现了对服务热线、运行监控和任务管理进行流程化管理的目标；科技综合管理系统实现了对技术人员、科技信息、文档资料的电子化管理，运用系统进行工作的调配、协调和统筹管理，及时掌握技术工作动态；综合监控系统目前正处于二次开发阶段，将进一步整合现有监控系统、统一监控标准、加强应用监控、丰富监控手段。

（二）以优化整合为重点，强调集约化的资源配置，进一步提高了资源管理能力

2006年海关科技大会上，总署领导提出了“推动科技资源优化整合，提高海关科技应用效益”的工作思路，结合南京关区的实际情况，2007年，南京海关坚持“整合也是创新，创新与整合相协调”的指导思想，以关区业务改革为契机，统筹规划、优化整合，在满足关区业务发展需求的同时，努力推动信息系统资源的整合，提高海关科技应用整体效能。

一是开展了应用项目整合工作。在南京海关科技应用领导小组的总体指导下，认真开展各业务内部、各业务之间项目建设需求与科技应用的统筹规划和整合工作，严格执行立项条件和立项审批制度，避免重复开发、重复建设，全年共两次立项，立项项目总计15个，其中关区级项目11个，分关级项目4个。

二是开展了系统网络资源整合工作。随着信息系统规模的不断扩大，保障系统高效稳定运行的难度也随之增大，为此，南京海关从系统软件和架构两个方面着手，完成了统一应用平台优化和Db1数据库分离迁移、HB2004三库分离部署、数据中心存储扩容、邮件系统Exchange2007升级、关区域账号命名规范等一系列工作，实现了系统资源的整理和优化，整合为性能优越、安全可靠、多种架构集成的运行环境。加强了网络规划管理和通信资源整合，充分共享网络系统等硬件资源，加大海关管理网、红机网等基础资源的整合力度，使有限的硬件资源满足更多的海关应用需求，同时提高网络系统的抗风险能力。

三是开展了科技管理资源整合工作。2007年，南京海关派员参加了海关总署组织的集中工作，学习了解海关设备更新配置的发展趋势，在对关区信息化建设情况进行全面摸底调查的基础上，从各关实际业务需求、海关人员构成情况、设备配置水平等多方面考虑，初步形成科学的关区设备配置标准。同时，组织了新版科技设备管理系统的测试和试运行，实现了科技设备管理系统和财务管理系统固定资产数据对接和自动采集，实现科技设备和经费的流程化和信息化管理，提高了科技资源的应用效益。

（三）以协调发展为原则，开展科学化的项目建设，进一步提高了科技应用建设能力

一直以来，海关科技紧密围绕着业务改革这一轴心，而业务改革也必须依靠科技创新来深化。2007年南京海关紧紧围绕关区业务改革和整合工作的轴心，以协调发展为原则，坚持科学合理，保障重点，高质量的开展了关区科技应用项目建设工作，进一步提高了科技应用能力。

一是进一步完善了科技应用项目管理机制。2007年是南京海关实施“管理、运行、开发”三分离的第三年，在前两年工作经验的基础上，总结、分析了项目建设的成功与不足之处，调整项目建设的管理思路，把工作重点放在提高科技应用项目的质量、水平和投资效益上，进一步完善项目建设的各环节和联系配合办法，形成巡检周报制度、三级运维体制等，确保了项目建设全过程的科学管理。

二是开展了南京海关综合管理平台的建设工作。按照邢强关长提出的“以南京海关综合管理平台为抓手，实现管理的现代化”的要求，配合办公室等牵头部门，加快进度，在年底前完成了南京海关综合管理平台基础框架的搭建工作，实现“决策、执行、监督、保障和党建”5大类应用第一步的建设目标，将关区各海关单位的所有信息化应用项目纳入综合管理平台范围内运行，建成具有南京海关特色的信息化应用体系，为关区业务改革的不断深化提供可靠保障。

三是完成了各项重点应用项目的开发建设。按照关于加快建设“耳聪目明”智能型海关的要求，以推动建立健全风险管理机制为重点，积极开展了风险提示系统、风险运行平台、企业信用管理系统等一系列项目建设工作，有力推进了总署端、直属海关两级风险管理平台建设工作。以推动落实和完善综合治税大格局为目标，完善税收征管系统；在通关监管方面，完成了监管职能运行监控系统的完善升级，成功部署南京海关决策辅助支持系统，完成总署卡口控制与联网监管系统在关区的升级试点应用，积极实施海关物流监控信息化管理系统的建设和试点应用，推动实施电子通关系统；在统计方面，完善海关报关单数据质量检控分析和贸易统计系统，完成执法评估系统二期推广应用培训；在加工贸易方面，积极参与特殊监管区域应用总署卡口控制与联网系统应用推广；在政务办公方面，对HB2004系统进行了优化提效，在全国首批试点应用了政务办公的外网申报、内网办理功能，建设应用了南京海关关长专线管理系统。

【2008年工作思路】

2008年，南京海关将走好服务发展、规范管理、科技强关、和谐共进等四条道路作为全年工作要点，科技强关作为其中的一项重要内容，充分体现了南京海关对科技工作的高度重视和热切关怀。2008年南京海关科技工作思路是：以党的十七大会议精神为指导，围绕以能力建设为中心的主题，坚持又好又快的原则，努力实现三个转变，用科学发展观的要求统筹关区科技发展，走好科技强关这条路。

首先，以资源整合为契机，实现从系统建设为主向能力建设为主的转变。

总署领导在2006年科技大会上强调：“加强科技应用的统筹规划、优化整合，是更深层次、更大难度、更加复杂的创新”。而近年来关区基础建设工作中出现的一些问题，也是由于基础资源整合不够、管理过于粗放所导致的。因此，南京海关将从系统为主的建设方式向能力建设为主转变，向科学管理要效益，真正实现科技基础资源的应用效能。

一是加强科技资源整合，建成高效化的基础

平台。以总署科技司组织的海关信息化基础资源整合扩大试点为契机，遵循“统筹规划、分步实施、需求主导、效益优先”的原则，通过应用虚拟化等技术，在关区内优化整合资源配置，逐步建立与具体应用相对脱离、安全稳定、智能高效、易于扩展、便于管理的统一的基础支撑平台，为各项业务运行提供一个技术先进、功能完善、性能可靠、扩展灵活的可靠载体。

二是完善两大平台建设，建成集约化的应用平台。加快统一数据平台建设，实现业务数据的统一存储、统一分发、统一处理、统一访问；进一步完善统一应用平台，实现信息系统的快速开发、安全运行、实时监控。完成南京海关科技综合管理系统、技术服务系统、信息化综合监控系统三个系统的建设工作，在技术管理工作中，增强流程性、时效性和科学性，构建集约化管理的应用基础。

三是开展网络通信规划，实现关区基础建设的科学化。组织科技专家队伍，对南京海关目前的网络通信建设情况做个总体调研，结合目前的新技术、新产品，对关区未来两到三年的网络通信管理和建设做一个总体规划，制定分步实施战略，为今后的关区网络通信发展提供依据，为实现系统的安全稳定运行奠定基础。

总的来说，2008 年南京海关信息化建设在持续快速发展的同时，更要在系统性能、网络性能、客户端性能的提高上有明显改善。

第二，加强科技应用项目建设，实现从单纯的适应需求到以应用促发展的转变。

当前，业务科技一体化改革实施三年来，取得了丰硕成果，统一应用平台和统一数据平台均已建成，大批的应用项目陆续建成并初步发挥了应用效益。但如何从单纯的适应需求、一味加快项目建设进度，转向以应用促发展、切实提高科技应用项目的使用效益，是南京海关信息化建设工作当前面临的重要课题。

一是制定关区项目发展规划，优化整合项目资源。在 2007 年关区信息系统调研的基础上，统筹考虑关区科技应用资源现状和未来时期业务改革的信息化建设需求，形成关区科技应用建设的发展规划。从关区协调发展的大局出发，把握科技工作的重点方向，集中人力、物力，加快建设那些关区改革迫切需要的重点项目，实现资源整合，发挥应用效能。

二是建好南京海关综合管理平台，提升科学管理水平。加强联系协调，加快建设进度，做好南京海关综合管理平台的建设工作，努力实现“决策、执行、监督、保障和党建”5 大类应用的建设目标，将关区各海关单位的所有科技应用项目纳入综合管理平台范围内运行，建成具有南京海关特色的信息化应用体系。

三是建立多层级的运维体系，增强运行维护保障能力。

积极创造条件，实现 EAST 公司双软认定和系统集成资质认定以及 ISO 9000 质量管理体系的外部认证等工作，提升开发水平。同时，要充分发挥科技专家职能，考虑如何整合海关技术处、数据分中心和关区技术人员等三支队伍的力量，建立规范化、集约化的科技应用项目运行维护体系，明确项目运行维护流程，探索建立多层级的运维体制，在人手少、工作量大、任务紧的情况下，切实增强运行维护保障能力。

通过上述三个方面的努力，在综合管理平台这个优良载体之上，对关区科技应用项目资源进行优化整合，同时建立起高效规范、管理有序的运行维护队伍，为关区下一阶段科技应用项目的建设奠定良好的基础。在此基础上，做好总署液态化工品联网监管系统、江苏通关信息网、苏州园区综合保税区信息系统二期等一批重点项目开发工作，积极参与江苏电子口岸的建设工作。

第三，强调信息系统安全意识，实现从单一的防护措施向多元化、集成化的防御体系转变。

信息系统安全运行工作涉及面广，是一项需要高投入、具有高度重要性的基础工程，最近几年，南京海关信息安全工作取得了一定实效，也获得了总署科技司的认可，但目前所建成的信息安全防护系统还停留在孤立状态，未建成集约化的防护体系。2008 年，要继续坚持“建、防”并举的原则，建立牢固的、综合的信息安全防御体系。

一是要建立和完善信息安全管理制度体系，实现安全运行管理从重技术向技术与管理并重的转变。以信息系统安全等级保护工作为抓手，明确界定南京海关各信息系统安全级别，有针对性地开展培养安全管理人才、细化完善管理规范、加强安全技术手段等工作，形成能充分保障南京关区信息系统安全运行的管理体系。

二是要构建集中式的安全管理平台，实现从被动防范为主向主动预测的转变。以移动存储设备安全管理为重点，完善信息化综合监控系统需求，整合入侵检测、客户端管理、防病毒管理等信息安全管理系统资源，形成统一高效的安全管理平台，使关区信息安全预警、检查、防范、通报工作有据可依、有案可查。

三是要完善信息系统风险评估机制。培养关区安全评估专业人才，形成对南京海关信息系统定期风险评估机制，并将风险评估的结果反馈给项目开发、系统运维、应急演练等环节，对信息化建设全过程的安全问题加以检查和监督，促进关区信息化建设又好又快发展。

（殷　霞）

江苏省民政信息化发展概况

【基本概况】

2007年，在省委、省政府和民政部的正确领导下，全省各级民政部门认真贯彻落实中央和省委、省政府关于民政工作的决策部署，努力践行“三个代表”重要思想，积极落实科学发展观，紧紧围绕全省民政工作中心任务，以现代网络信息技术为平台，革新传统工作模式，创新工作手段，着力加强电子政务建设，积极推进社区信息化建设，为整合民政资源、提高工作效率、推动民政事业又好又快发展发挥了积极作用。

【组织机构】

省民政厅把完善电子政务建设管理体制和工作运行机制作为推动江苏民政信息化的重要保障，围绕“最低生活保障管理信息系统”等重点项目建设，成立了由分管厅长挂帅、相关处室负责同志参加的项目建设领导小组，并明确项目责任人，推动我省民政信息化建设向纵深发展。根据省民政厅的要求，各地民政部门也纷纷建立和完善电子政务建设组织机构，明确分管领导、责任部门和责任人，加强对电子政务建设的指导协调。同时，注意把工作重心下移，深入基层，加强对全省民政信息化工作的指导与协调，统筹推进民政信息化发展。省民政厅负责全省民政信息项目的建设调研、规划设计、标准制定和协调指导工作，各地负责具体应用项目的推广和实施，着力在我省民政系统形成上下联动、团结合作、步调一致的电子政务建设联动机制。

【主要工作和成绩】

（一）业务能力建设得到进一步提高

为提高我省民政系统利用信息化技术提高行政管理和服务社会水平的本领，省民政厅利用江苏高校云集、科研机构林立、高科技企业众多的优势，采取走出去和请进来相结合的方法，加大与有关单位科研和理论研究的合作力度，聚智聚力，认真研究社会事务管理现代化运行机制和其他民政信息化建设的重大理论和技术问题，指导江苏民政信息化建设更快更好地发展。同时，鼓励员工参加与信息技术相关的各类研讨会、培训班，支持他们参加再教育学习，提高其及时发现技术问题、迅速解决问题的本领，努力建立起一支专业技能过硬、管理水平较高的电子政务管理与技术人员队伍，为我省民政信息化的正常运行和健康发展提供保障。

（二）信息化重点工程得到推进

1．婚姻登记管理等核心业务应用系统建设得到加强

按照“以需求为导向、以应用促发展”的原则，结合民政工作特点，省民政厅坚持规划先行，按照省委、省政府和民政部的统一部署，克服缺少现成经验和经费不足等困难，先后完成了《江苏省婚姻登记管理信息系统》、《江苏省城乡低保管理信息系统》等核心业务应用系统的建设规划和方案设计。这两个系统还作为我厅2008年度电子政务项目成功通过省信息办的评审。截至年底，江苏省婚姻登记管理信息系统已完成招标工作，软件基本开发完成并进入测试阶段，全省一百多个婚姻登记点的联网工作正在展开。

2．地名信息化建设得到加强

全省民政系统以健全地名公共服务体系为目标，围绕数字地名示范城市建设，积极开展全省地理基础信息数据库建设工作。目前，省区划、地名、界线管理信息系统已经通过省政府采购中心组织的招标，系统研发工作正在紧张进行。各地的地名信息服务试点工程也在稳步推进，开局良好，成绩显著。省、市两级地名数据库已录入地名信息约6万条。南京等地将地名信息化服务与社区服务网络相整合，在政府网站中开通了地名网页，实现了地名信息的查询。连云港市率先利用卫星遥感技术研制开发了融空间数据、地名

数据于一体的连云港市地名管理业务应用系统，为有关部门和社会公众提供标准的地名信息。信息技术在我省地名公共服务中的应用，丰富了地名信息服务的载体和手段，对方便人民群众生产生活、促进我省经济社会发展起到了重要作用。

3．社区信息化建设得到有序推进

根据省政府建设和谐社区的有关要求，省民政厅指导各地利用现代信息技术积极服务社区建设。年初，省民政厅配合国务院信息化办公室、省政府信息办对我省社区信息化工作进行了全面调研，提出了我省社区信息化建设指导意见（草案），多次赶往南京、扬州、无锡等地，指导基层解决社区信息化建设中遇到的热点、难点问题。在省民政厅的指导和帮助下，无锡市民政网络大平台业务被当地政府列入了重点信息化工程。目前，我省85%的社区配置了电脑及应用软件，500多个社区建立了社区服务网站（网页），绝大多数社区建立了社区服务热线，区、街、居三级纵向联网覆盖面进一步拓宽，无锡、南京、徐州、常州等市已初步建立了市级统一联网服务。一些地方还开通了2858（你帮我帮）、440（事事灵、时时灵）等求助热线，完善了社区功能，提升了城市社区建设水平和服务效能，为社区居民带来了极大方便。

4．网站建设水平不断提高

全省民政系统把加强江苏民政网站建设作为促进政府管理创新、提高民政服务水平的重要环节，认真做好网站内容更新和相关技术服务工作：一是依据《江苏省政府信息公开暂行办法》和《政务公开目录》，按照“公开为原则、不公开为例外”的要求，协助厅监察室将群众关心的重点、热点、难点事项办理情况、以及重大政务信息、办事流程、政策依据、收费标准等在网上公开；二是加大网上互动力度，完善在线问答、领导信箱、投诉信箱等公众参与功能，畅通网上群众诉求渠道；三是加大民政业务子网建设力度，认真做好“江苏民间组织网”、“江苏慈善网”的维护保障工作。基层民政门户网站建设工作也得到加强。截至去年底，全省13个省辖市民政部门全部开通了民政业务网站，以民间组织管理、公益慈善、区划地名服务等为主题的民政专题网站在一些地方建成，以“江苏民政”门户网站为核心、以业务网站和基层民政网站为支撑的民政网站群正在形成。

5．“江苏省民政厅网络办公系统”投入运行

为提高民政系统办公质量与效率，“江苏省民政厅网络办公系统”在去年顺利通过省软件测试中心组织的专家验收，开始投入运行。为做好网络办公系统运行工作，省民政厅多次组织研发单位对全厅干部职工进行办公自动化技能培训，帮助同志们掌握现代化办公的基本知识与相关技巧。网络办公系统的启用，进一步完善了厅机关局域网和办公管理系统，初步实现了机关内部信息传递网络化和机关办公无纸化，提高了资源利用效率，为今后全面实现厅机关无纸化办公和全省民政系统实现公文网络流转奠定了基础。

6．开始筹建全省民政系统数据中心

按照数据大集中的发展趋势，整合现有各自独立的业务应用系统信息资源，筹建一个安全、可靠、稳定、高效的公共数据中心，以实现全省民政系统信息资源的存储、备份、汇总、分析和利用。全省民政系统数据中心以省厅数据中心为主、由各地分中心共同构成，负责全省数据的存储、备份、汇总、分析和利用。省厅已完成省级数据中心的基础建设工作，并指导有条件的省辖市民政部门建设市级数据分中心工作，以存储和管理本级民政业务运作的各类业务数据，并通过技术方式与省厅数据中心实现数据同步。数据中心建成后，将接收、存储和管理支撑民政部门实施社会管理和公共服务所需的各类民政基础数据、专项业务数据和相关的社会经济数据，为各类民政业务信息系统的运行和不同层级民政部门之间的数据交换与信息共享提供支持，为领导决策提供参考。

【2008年工作思路】

2008年，江苏省民政信息化工作将以党的十七大精神为指引，坚持邓小平理论和“三个代表”重要思想，全面贯彻落实科学发展观，以服务为宗旨，以应用为关键，以创新为动力，以安全为保障，加强民政信息化基础设施和网络平台建设，有效发展和整合各类民政业务管理信息系统，着力改善为民服务的手段和提升为民服务的能力，不断提高民政工作效率和质量，为打造“强势民政”、构建“和谐江苏”发挥支撑和保障作用。

（一）积极推进全省民政网络平台建设

充分利用电子政务网和公共通信网络平台，

以服务为核心，以提高应用水平为重点，整合已有民政网络资源，建设和整合全省统一的民政信息网络平台，实现各级民政部门互联互通。在全省民政系统建立民政卫星广域网，并作为民政政务专网的延伸，与民政政务专网相连。民政信息网络平台用于承载非涉密的民政业务系统，满足内部办公、管理、协调、监督和决策的需要。政务专网与因特网实现逻辑隔离，在信息内容上内网的信息禁止上外网，能上外网的信息尽可能不上内网。

（二）加强民政业务应用系统建设

充分发挥业务部门和地方民政的积极性和优势，以实用为原则，在统一数据标准，实现数据共享的前提下，实施低成本战略，因地制宜地建立和发展各类、各层业务信息系统，规范和优化业务流程，逐步实现信息共享和业务协同。重点是按照民政部信息化总体架构规划，着手开展我省低保管理信息系统等业务信息系统建设，推广应用全省婚姻登记管理信息系统。同时，按照职责明确、流程规范、功能完备的要求，建立和完善信息共享机制，实现业务协同。

（三）建立和完善民政网站群

加快建立以民政门户网站为龙头的民政网站群，建立较为完善的全省民政对外网站体系，未开通对外网站的地方民政部门要尽快开通，已开通的要努力提升建设和管理水平。暂时没有能力独立建设民政网站的，可在上级民政部门的民政网站或本级政府的门户网上建立专门的网页。各级民政部门要按照“准确、及时、完整、丰富、便民”的要求，建立网站内容保障机制，落实信息上网责任。完善网站管理制度，增强网站服务功能，提高网站权威性和影响力。加大信息发布力度，提升信息质量，提高民政工作透明度和效能，自觉主动接受各方面的监督。大力开发应用网上办事系统，公布办事流程，实行审批业务网上受理、审批进程在线查询和反馈，为社会公众提供便捷高效的服务。积极推进网上互动交流，开展在线访谈和网上调查，提供网上咨询、便民问答、监督投诉、领导信箱等服务。落实网民意见、问题、投诉的受理反馈责任，提高网上服务效率。

（四）加强技术标准和信息安全体系建设

建立健全规范的民政信息化管理体系，从制度建设等方面入手，理顺管理体制，明确管理责任，完善管理制度，确保信息网络、业务系统和信息资源的安全可控。建立和完善信息安全等级保护制度，制订信息安全等级保护的管理办法，加强信息安全风险评估。建立科学的密钥管理体系，规范和加强以身份认证、授权管理、责任认定等为主要内容的网络信任体系建设。建立和完善信息安全监控系统，提高对网络攻击、病毒入侵、网络失窃密的防范能力。充分考虑信息网络系统的抗毁性与灾难恢复，制订和完善信息安全应急处置预案。

（五）提高民政干部利用信息化开展工作的能力

制订信息化培训计划，组织各级民政干部特别是领导干部开展信息化培训，宣传和普及信息化知识，强化信息化意识，提高信息化技能。积极引进和培养国资监管工作亟需的信息化专业人才和复合型人才。通过多种形式的学习培训，提高信息化工作人员的专业素质。

（六）建立民政信息化建设考核制度

制订信息化建设绩效评价和考核办法，加强对信息化投入的审计、监督和绩效评估，建立和完善信息化工程建设问责制。加强工作交流，推广信息化建设先进经验。定期组织开展民政信息化工作交流研讨活动，及时通报信息化工作进展情况，深入总结经验，研究解决共同面临的问题。有条件的地方要通过“请进来”和“走出去”相结合的方式，学习借鉴国内外、省内外先进经验。建立民政信息化工作交流机制和载体，宣传信息化建设的显著成效和成功做法。适时组织对信息化建设的检查和评估，评选表彰敏真信息化工作先进单位和先进个人。

（黄丹敏）

江苏省气象领域信息化发展概况

【基本概况】

2007年,我省气象信息化建设紧紧围绕国务院办公厅[2007]57号文件《关于进一步加强气象灾害防御工作的意见》的要求,将我省的气象信息系统建设成为气象防灾减灾的基础系统和支撑系统,在探测系统、通信网络、数据存储管理与共享服务、高性能计算机系统等方面取得新的进展。

我省的气象通信系统已经逐步由原有的基于VSAT的卫星通信网络,过渡到高速地面数字专线。省气象台开通了到中国气象局6Mb/s的SDH数字专线,省市县都开通的2Mb/s的SDH专线,用于气象数据通信。实现了覆盖全省各级气象部门的高速数字通信网络,大大提高了国内气象通信传输能力。气象资料收集、加工处理、存储和服务的标准化、规范化和现代化建设取得了重要进步;建成了基本气象资料共享服务平台,正在建设由多种气象数据共享分系统组成的、覆盖全省、联接全国的分布式气象科学数据共享网络体系。商用数据库管理系统在国家级和省级气象业务部门得到初步应用,以数据为中心的业务流程正在形成。全省气象探测系统建设不断完善,全省已建成1000余个自动气象站,56个GPS站,通过提取GPS数据探测大气的水汽通量,在沿海建设10个海洋生态自动气象站等,并建设全省气象灾情实景监控平台,在全省各气象台站和气象灾害发生的重点区域建设视频监控系统,以实时收集全省的气象灾害发生情况。

【组织机构】

2006年,我省就根据中国气象局的要求,将我省原有的7个国家天气观测基本站、6个国家气候观测基准站和60个一般天气观测站以及加密自动气象站,进行新的业务技术体制划分,分为国家气候观象台、国家气象观测站(分为一级站和二级站)、区域气象观测站。

(一)国家气象观象台

全省有南京、徐州、射阳、淮安、南通、常州6个国家气候观象台,形成江苏的国家气候监测网。承担气候观测资料的监测和分析评估任务,并提供监测产品。主要包括地面气候观测、气候探空、大气成分观测、生态与农业气象观测、陆地观测、水文气象和国家级卫星接收站等多项任务,根据多轨道业务需求还将承担雷电观测、风廓线观测、中高层大气和电离层探测、激光雷达观测、GPS以及天气雷达观测等业务。

按照目前国家基准气候站的要求和工作流程开展地面气候观测,全日值守。每日开展自动和24小时人工并行观测;制作上报人工和自动两套报表数据文件;编发4次天气报和4次补充天气报;编发气象旬月报和气候月报;编发全部重要天气报告;根据用户要求编发航空天气报和危险天气报,并按任务探空、大气成分(本省目前只有酸雨)、生态与农业气象、雷达等观测任务按现行的任务和流程开展。

(二)国家气象观测站

1.国家气象观测一级站

根据国家气象观测站一级站选站原则、基本标准和"中国气象局业务技术体制'三站四网'实施方案",原吕泗国家气候基准站调整为一级站;原赣榆、东台、高邮、盱眙、溧阳、东山6个国家气象基本站调整为一级站;原邳州、灌云、大丰、昆山、睢宁、沭阳、阜宁、无锡、泗洪、丹徒、如皋等11个气象一般站调整为一级站。调整后的国家气象观测一级站共18个。

负责地面气象观测、辐射观测、酸雨观测、农业气象观测、自动土壤水分观测、高空观测、大气成分观测、沙尘暴观测、风廓线观测、闪电定位观测、GPS/MET观测、生态气象观测、天气雷达观测等。

2.国家气象观测二级站

根据国家气象观测二级站选站原则、基本标

准和“中国气象局业务技术体制‘三站四网’实施方案”，将我省丰县、沛县、新沂、东海、西连岛、响水、滨海、建湖、连云港、灌南、宿豫、泗阳、洪泽、涟水、盐都、楚州、金湖、六合、浦口、仪征、江都、兴化、泰州、扬中、泰兴、姜堰、海安、通州、启东、江宁、丹阳、高淳、金坛、句容、吴中、江阴、常熟、张家港、宜兴、吴江、海门、太仓、扬州、宝应、如东、靖江、溧水共47个一般站调整为国家气象观测站二级站。

负责地面气象观测、酸雨观测、农业气象观测、自动土壤水分观测、闪电定位观测、GPS/MET观测、生态气象观测。

（三）区域气象观测站

主要是按省级行政区划设置和空间加密的地面气象观测站组成，获取的观测资料主要用于本省（区、市）和当地的气象服务，也是国家天气观测网的补充，其观测资料主要是满足区域天气预报模式的需求，也可提供区域气候业务所需的观测资料。

全省已经布设的城市自动站、中尺度自动站、雨量站等361个加密站均为区域气象观测站。未来两年将布设雨量站450个，中尺度站150个，其中包括海洋浮标站1～2个、海上固定站9个，补充海面资料的不足。从而使全省区域气象观测站点达到961个，争取每乡都有一个自动站，使我省的区域气象观测站的平均间距小于10千米。

【重点工程】

根据中国气象局“国家专业气象观测网”的统一布局，结合我省的业务和服务的实际情况，积极争取国家和地方投入，在国家气候观象台、国家气象观测站增加各种探测任务，构建国家专业气象观测网。

（一）国家天气雷达观测网

建设常州多普勒天气雷达，与现有南京、徐州、连云港、盐城、南通5部多普勒雷达组成江苏省国家天气雷达探测网，正在建设常州新一代天气雷达，淮安和泰州的新一代天气雷达还在项目申请中。

（二）生态与农业气象观测网

已开展农业气象观测站开展农业生态（13个）、林业生态（4个）、湿地生态（6个）等项目的观测，构成江苏生态与农业气象观测网。

（三）雷电探测网

已建9部二维闪电定位仪，构成江苏省雷电探测网。

（四）海洋气象观测网

充分利用航标、塔台、小岛、船舶等作为气象探测平台，必要的时候可布设锚定浮标。观测海面、湖面、沿江的风向风速、气压、温度、湿度、降水、能见度、海面温度、波高、波向、波长等要素。已在盐城、南通、连云港等市局的沿海区域安装了十余部自动气象站。

（五）交通气象观测网

已在沪宁高速公路沿线以10千米间距布设多要素交通环境监测自动站26个。与省海事局合作，在长江沿线的码头、港口的海事雷达站建设包含能见度的多要素自动站16个，利用水面探测数据订正卫星、雷达等遥感信息，实现水面气象状况高精度的监测。

（六）城市环境气象观测网

在大中城市的国家气候观象台或国家气象观测站增加城市环境监测；其中南京梯度站增加脉动风、水汽通量、能量通量等项目观测。

（七）气候资源观测网

在沿海和洪泽湖、太湖及骆马湖的湖边布设10～70米铁塔，开展梯度风观测，与南京铁塔构成风能观测网。

（八）酸雨观测网

在南京、徐州、淮安、常州、射阳、赣榆开展酸雨观测，2007年新增了18个酸雨观测站点。

（九）GPS/MET观测网

与省测绘部门联合建设江苏省GPS/MET监测站52个，观测空中水汽通量，用于天气轨道，同时利用GPS探测数据开拓空间气象观测等新的应用领域。

（十）应急流动探测系统

建设了省级流动气象台主要配备自动气象站、移动雷达、通信系统、单收站和MICAPS系统、大气成分和环境监测设备、天气实景监测设备等。2007年苏州、无锡、盐城等市局也建成了移动气象台，用于市局的气象应急保障。

（十一）气象信息通信网络

建成了连接全省所有业务部门的省市县三级数字专线网络，并配备视频会议系统。省市级气象业务部门配备了数字化卫星信息接收系统，可以实时接收中国气象局卫星广播的大量气象资料、卫星云图、数值预报产品的。2007年将全省所有台站全部开通数字专线，并正在实施省到市的2Mb/s线路升级。

(十二) 气象信息共享平台

建设了基于B/S结构的气象信息共享平台，各级气象部门可以通过内部专线网络或因特网访问所有气象业务、服务所需要的气象信息，极为便捷。

【信息技术应用】

(一) 先进的气象探测技术的应用

气象观测系统按照传感器所处位置可分为天基观测、空基观测和地基观测系统。

目前，我国已初步形成天基、空基和地基相结合、门类较为齐全、布局较为合理的基本气象观测系统。它们由大气观测、海洋观测、水文观测、冰冻圈观测、农业与生态观测、卫星观测等系统组成。

1. 地基气象观测

(1) 地基气候系统观测技术

通过建立统一、规范的针对五大圈层及其相互作用的气候系统地基综合观测系统。采用地基直接测量和遥感测量技术，发展长期、连续、高准确度、高时空分辨率的观测业务，完善观测项目，提高观测质量。

(2) 地基遥感探测技术

通过建设布局合理的天气雷达、风廓线雷达、闪电定位、GPS/MET等地基遥感监测网，实现组网观测。发展相控阵天气雷达、激光雷达、毫米波雷达等新型气象遥感探测技术。

2. 空基气象观测业务

(1) 气球探测技术

常规气象探空站全部配备现代化的集成探空系统，实现L波段探空系统与GPS探空系统的技术集成。开发平飘气球探测技术，根据需要，施放平飘气球，开展下投式探空仪探测。未来10年内，全部常规探空站施放用GPS等卫星信息定位、测风的电子探空仪。

(2) 飞机探测技术

5年内完善商用飞机观测资料收集、处理业务系统；开展装备专用气象探测飞机的前期工作；发展无人驾驶飞机探测的业务。形成商用飞机、无人驾驶飞机和有人驾驶飞机探测相结合的飞机探测业务体系。建立专用气象探测飞机业务体系；形成系列化无人驾驶飞机探测业务。

(3) 火箭探测

根据国家安全、国防建设、科学实验的特殊需要，开展火箭探测业务，建立我国标准大气廓线。

3. 天基气象观测

(1) 低轨卫星观测

我国第二代极轨气象卫星（风云三号），实现全球、全天候、多光谱、三维和定量探测，2012年形成业务能力；提高卫星对地观测能力；提高数据收集、传输、处理和应用服务能力，建立星座运行的业务体制，研发综合观测业务平台。

(2) 高轨卫星观测

加强第一代高轨卫星观测业务能力，实现风云二号02批静止气象卫星的天气、空间环境监测和数据收集与转发功能；发展第二代高轨卫星综合观测平台，实现地球大气、陆地、海洋环境以及空间环境监测，同时承担地基观测资料的收集和分发，以及通过VHF/L波段转发器提供搜索救援服务。

(3) 卫星数据处理

建立高、低轨卫星数据处理和应用业务，生成能反映地球五大圈层变化特征的各种参数，建立卫星数据应用平台和分布式地球环境卫星遥感数据库及数据共享平台。

(4) 卫星遥感定标与真实性检验

增设辐射定标场，完善辐射定标实验室和辐射校准系统建设，建立卫星辐射定标体系。从风云三号卫星开始，逐步建立一套规范的卫星遥感仪器校飞试验业务系统。利用性能稳定、定标准确度比较高的同类在轨卫星遥感仪器的定标结果对目标遥感仪器进行互定标。建立陆面、海洋多星共用的高准确度综合性微波辐射校正业务体系。

(5) 卫星遥感信息产品真实性检验

综合使用探空资料、飞机平台同类遥感仪器反演产品和模式计算输出结果进行大气遥感信息产品真实性检验，对大气遥感产品的检验面逐步覆盖到90%。建立地表遥感产品真实性检验场，对大气遥感产品的检验面逐步覆盖到98%。

(二) 先进的信息技术应用

1．通信和网络技术

采用密集波分复用技术构建新一代公共传输网，光缆全部到县；卫星高速广播技术发展迅速，数字视频广播（DVB）技术不但可用于数字视频广播，也可用于高速数据广播；基于因特网的VPN技术，可以为气象通信网络提供有效补充和备份，并可提供移动办公服务；低轨道卫星的通信功能不断增强，是未来解决移动观测系统通信问题的可选技术；网络技术逐步向集语音、数据和图像为一体方向发展；移动通信网将覆盖更广的地域。

2．高性能计算机技术

传统CPU芯片的性能将会随着集成电路的集成度和主频的提高而不断改进，新技术计算机（光子计算机、分子计算机和DNA计算机等）可能会在某些特别领域得到应用；并行机的体系结构将在共享内存和分布式内存两个层次上继续进步；系统软件的进步将使并行应用软件的开发更加方便。

3．数据管理技术

数据库管理技术应用领域不断拓宽；多级管理技术、统一透明的应用界面日趋成熟；并行数据管理技术更加成熟；分布式数据库管理功能日趋强化；数据备份功能更加强化；传统数据仓库向动态数据仓库发展；数据挖掘技术也将得到相应的快速发展；存域网技术逐步走向成熟；网络附加存储技术性能不断改进；数字图书馆技术的发展将为纸质历史记录的数字化、信息化提供技术方法。

4．信息安全技术

采用先进防火墙技术实现内网和外网的严格隔离；采用更新防病毒网关防止来自网络上的新型病毒；采用PPPoE/DHCP网关，加强内部网络的管理和安全；基于IPSec标准的加密通信和虚拟专用网（VPN）实现不同地点办公安全的要求；入侵检测和主动防卫技术提供实时交互监测；采用审计服务器进行审计和审计数据挖掘；网络的鉴别、授权和管理（AAA）系统将提供更加可靠的安全保障。

【2008年发展目标和主要任务】

我省气象部门2008年的发展目标是，进一步优化气象业务体系，进一步拓展气象信息业务服务工作领域，推动气象事业可持续发展。

气象信息化建设的主要任务如下：

（一）气象探测系统

1．全省已经布设的城市自动站、中尺度自动站、雨量站等1000余个加密站均为区域气象观测站，加密观测站的覆盖密度已经平均达到10千米/个。今后的主要工作是加强自动站资料的质量监控，保证资料的高可靠性。

2．完善全省新一代天气雷达监测网，加紧常州新一代天气雷达建设，争取今年年底安装到位；加快泰州、淮安雷达的项目的申报工作，做好雷达选址工作；进一步开发新一代天气雷达分析应用产品。

3．新建2~3个三维云闪定位系统，在重点地区布设大气电场监测系统，完善雷电探测网。

4．完善海洋气象探测网。充分利用航标、塔台、小岛、船舶等作为气象探测平台，必要的时候可布设锚定浮标。观测海面、湖面、沿江的风向风速、气压、温度、湿度、降水、能见度、海面温度、波高、波向、波长等要素。计划另外在灯桩、障碍标、浮标上再建多个自动站，在海事救援船舶上建两个监测站，在远海布设海洋浮标站1~2个，补充海面资料的不足。

5．完善交通气象探测网。进一步在全省高速公路沿线以10~20千米间距布设交通环境监测自动站，观测气温、气压、湿度、雨量、风向、风速、能见度、地面温度、路面状况等要素。根据需求，在长江和大型湖泊的航道、港口布设自动环境监测站，除一般气象要素外，重点是能见度、水面波浪的实时监测。在铁路沿线重点服务区域布设自动气象观测站，重点监测铁轨温度的变化。结合卫星、雷达等遥感技术对高速公路交通环境气象条件进行全天候全覆盖的实时监测，尤其突出对低能见度天气内部细致结构的监测。引进交通智能监控信息，强化气象监测能力。

6．建成城市环境气象观测网。在大中城市的国家气候观象台或国家气象观测站增加城市环境监测；其中南京梯度站增加脉动风、水汽通量、能量通量等项目观测。

7．完善全省应急流动探测系统。有重点地在部分市局建设流动气象台，主要配备自动气象站、通信系统、MICAPS系统等，构成省、市流动探测网，联运协作，机动、灵活地采集灾害、事故现场各种天气、环境要素，为抢灾救援提供现场科学决策依据。

8．建设天气实况监测网。在全省所有基本台站和流动气象台安装高精度摄像装置，监测全省天气实况。收集交通、航运等部门的摄像视频数据，分析全省天气实况和低能见度状况，为交通、运输、旅行、室外活动等提供准确及时的实况天气服务。

（二）信息网络系统

1．建设功能齐全、技术先进、布局合理、性能优越、安全可靠、高度自动化的气象通信网络系统，进一步完善江苏省防灾减灾信息网络系统。建设高性能计算机系统。完成计算机局域网从共享式以太网向千兆、万兆以太网的过渡，全面提升气象通信网络系统能力与功能，达到同期国内通信网络系统先进水平。

2．建设信息系统安全监控体系。包括管理体系和技术体系。管理体系包括建立完善的政策、法规、标准和规章制度等；技术体系包括采用有效技术手段，对信息系统安全的预警、保护、检测、反应、恢复、反击这六个环节进行全过程的监控。

3．完善全省各级气象网站的建设，为网上用户提供全面的天气预报、气象新闻、气象与环境、专业用户预报、决策服务、视频点播、气象论坛和气象知识等服务内容。

（高 岑）

江苏省粮食信息化发展概况

【基本情况】

2007年全省粮食行业坚持以科学发展观为指导，紧紧围绕“保安全、重服务、促发展、强素质”总体思路，在省局领导的高度重视下，经过全省粮食信息工作者的共同努力，粮食信息工作取得了较好的成绩，粮食信息工作思路进一步明确，工作体系得到建立和完善，机构和人员得到加强，信息服务方式不断拓展，信息服务水平得到提高，以江苏粮网和粮食信息电子化传输为主要载体的信息化建设，已成为我们宣传粮食政策、交流粮食工作动态、展示粮食工作者新的精神风貌的高效平台，全省粮食信息工作正在进入一个新的发展阶段。

【主要工作】

（一）“江苏省粮油信息中心”顺利挂牌

根据省编办《关于同意江苏省粮食干部培训服务中心增挂“江苏省粮油信息中心”牌子的批复》（苏编办［2007］19号），省局党组决定，成立江苏省粮油信息中心，在局信息化工作领导小组的领导下具体开展工作。信息中心工作范围是：负责局机关网站和办公自动化系统建设、管理与维护；负责组织相关信息技术和系统的研究、开发、利用，提供技术指导、业务培训和咨询服务。信息中心的工作宗旨是：努力为全省各级粮食行政管理部门决策当好参谋助手，为生产者、消费者和经营者提供有效服务的平台。工作原则是：统筹规划、资源共享，统一管理、讲求实效，突出重点、有序推进。工作目标是以加快电子政务建设、提升粮政管理和服务水平、促进粮食流通产业发展为总体目标，以满足粮政管理及服务基本需要和贴合粮食业务管理实际为工作切入点，以整合利用现有网络信息资源和不断完善系统服务功能为重点，加快规划实施相关粮食信息化建设工程项目，逐步建成集信息开发、应用、建设、管理与服务一体化，上下贯通、左右联接、运转协调、便捷高效的完整信息化体系，使之成为全省粮政管理政务信息中心、对内对外信息服务和发布中心、内部公文流转和协同办公中心、流通业务管理数据资源中心、应用系统运维中心和信息化人才发展中心，力争做到行业有影响、部门有名次、工作有实效。

（二）江苏粮网功能得到全面提升

2002年省粮食局投资近200万元，购置网络设备、计算机及外部设备，实施局办公楼布线改造，装修中心机房，完成局域网建设。为保证网络安全及信息安全，内外网实行物理隔离，各自独立运行。其中内网采用两级星型拓扑结构，核心交换机为思科6506交换机，接入层交换机为思科3550系列，提供100Mb/s桌面接入；外网使用两台思科3550系列交换机、一台华堂防火墙，采用SDH 10Mb/s专线接入互联网。

2003年初，省粮食局利用自主服务器设备开通了“江苏粮网”网站，利用网站平台收集和发布国内外粮油信息，为引导农民合理调整种植结构、指导粮食企业开展生产经营提供服务，为政府制定粮食政策和实施宏观调控提供科学依据。通过4年的努力，“江苏粮网”已建设成为全省粮食行业的信息交流平台，成为宣传国家粮食政策，推行政务公开，为粮食管理者、经营者、生产者、消费者提供服务的重要窗口。

江苏粮网自2001年10月16日世界粮食日创建，2007年1月1日改版，设置有图文报道、工作动态、决策参考、粮食要闻、政务公开、热点专题、市场行情、监督投诉、价格采集、供求信息、会展信息、粮食购销、政策法规、监督检查、粮政问答、储备调控、粮油工业、仓储管理、粮油科技、粮油常识、粮食财务、质量标准、理论研究、基层风采、企业之窗、商品博览、民意调查等主要栏目。在全省各市县粮食局共发展了近100名信息员，制定了《江苏省粮食信息工作暂行办法》和《江苏省粮食信息工作考核评比暂行办法》。2006 年 11 月 23 日访问量突破 100 万人次，2007 年 10 月 19 日突破 200 万人次，全年访问量近 115 万人次，是 2006 年的 10 倍多，平均日访问量近 3200 人次，2007 年被国家粮食局网站地方专版采用信息 1914 条，列全国第二位，共更新各类信息近 20000 条，平均每个工作日近 70 条，访问者遍及美国、英国、南非等 40 余个国家和香港、台湾地区。另外，还通过“咨询投诉”和“局长信箱”栏目接收各类投诉 20 余件，均得到较好的解决，回复率 100%。去年，江苏粮网在所有省级机关政府网站测评中列第 26 位。主要特点：一是信息数量和质量明显上升。从数量上看，2007 年每个工作日比去年多更新信息 20 余条，从质量上看，图文信息、调研类信息、行情分析类信息明显增加。二是信息报送的及时性明显提高。重要活动能及时准确进行报道，提高了信息价值。三是信息报送的积极性明显增强。

（三）政府信息公开工作进一步推进

我们始终坚持便民、惠民、利民的工作方针，围绕增强行政能力、建设人民满意机关的要求，进一步拓展领域，规范程序，丰富形式，加强督查，政务公开工作得到进一步加强。

一是落实工作职责，推进政务公开制度化。在建立健全各项政务公开制度的基础上，2007 年省粮食局把政府信息公开列入全年工作的重要议事日程，认真贯彻落实《江苏省粮食局机关政务公开暂行办法》（苏粮办［2005］43 号）和《江苏省粮食局政务公开目录》，坚持实行联席会议制度，定期研究推进政务公开的重要事项，督促落实政务公开项目，促进机关工作作风的转变。进一步明确工作职责，局办公室负责管理和指导政务公开工作；驻局监察室负责监督检查政务公开工作；政策法规处负责行政复议、行政诉讼的有关工作；其他单位依据职责，做好行政许可、项目审批和招投标、公务员考试录用、公开选拔任用领导干部以及涉及公众、企业和社会利益等方面的政务公开工作，保障了政务公开规范运行。在各项评优评先活动中，省粮食局坚持广泛征求意见，对候选对象认真考察并全面公示，社会反应很好。我局还按照省粮食局职能设置全面梳理执法依据，对 7 项行政处罚、3 项行政许可、9 项行政审批等执法依据予以集中公示，接受社会监督，规范行政行为。二是加强载体建设，推进网上政务公开。2007 年元月，省粮食局按照政务公开和网站建设的要求，全面改版江苏粮网，设立政务公开专栏，将主动公开的信息全部通过江苏粮网发布。“政务公开”专栏包括公告栏、机构职能、部门设置、领导成员、发展规划、工作计划、总结报告、行政许可、行政复议、办事指南、公务通讯、网上公示、干部任免、政策法规、规章制度、质量标准、统计数据、放心粮油、文件查询等项目，这些项目基本涵盖了省粮食局政务公开内容，省粮食局各项制度在网上都可以方便查阅。每天更新发布粮食政策、工作动态、市场行情，同时还设立局长信箱、咨询投诉、公众留言、网上调查等互动栏目，广泛收集基层对粮食工作的意见和建议，并及时反馈，促进领导和基层的沟通、交流。开设了“在线办理”栏目，对 4 项行政许可实行外网受理、内网办理、外网反馈，简化了办事程序、提高了行政效率、方便了服务对象。2007 年 6 月 15 日和 10 月 26 日，省粮食局主要领导在“中国江苏”网分别就就夏、秋粮收购政策和其他有关问题进行“在线访谈”，解答网友疑问，丰富了政务公开形式。三是进一步规范政务公开程序。政务公开的内容按照提出、审核、公开和反馈的程序办理。无论是对社会公开、对内部公开，还是对利益相关人公开，公开事项都进行预先审核，通过审核把握公开的内容、范围、形式和时间。公开事项变更、撤销或终止，按规定进行，并及时进行公示。切实做好政务公开的后续工作，重视群众意见的反馈，吸纳合理意见，完善决策，改进工作。四是进一步强化政务公开督查。坚持内部监督与外部监督相结合，自觉接受人民群众的评议监督和新闻舆论监督，自觉接受驻局纪检监察部门的监督，不断查找和改进政务公开中存在问题，逐步使政务公开成为机关行政工作的良好作风，促进政务公开走上良性轨道。

同时，加强政务信息工作力度，全年编发《江苏粮食信息》447 期，上报国家粮食局信息总数，以及被国家粮食局通讯采用的总数均列全国首位，被国家粮食局评为 2007 年度政务信息报送先进单位第一名；上报省委、省政府办公厅的信息 298 条，被省委、省政府办公厅分别评为 2007 年度先进单位。

【存在问题】

面对新形势、新任务和新要求，全省粮食行业信息工作也还存在一些薄弱环节和亟待解决的问题，主要是：

（一）对粮食信息化建设的思想认识和重视程度尚需加强

部分同志对粮食信息化在现代粮食产业中的重要地位和作用认识不足，不善于充分利用信息平台整合各方面的资源和信息，信息系统的集成性差，发挥不了整体效益。

（二）信息化建设、推进和运行维护资金不够充足

开发新的项目需要资金，有些系统的建设时间比较早，部分设备已经开始老化，需要更新和维护；租用公共网的服务需要交纳服务费，防病毒软件要交纳升级费用，网络维护费用在财政预算中不能足额落实，势必影响系统的安全和正常运行。

（三）江苏粮网的功能还需进一步拓展

目前，“江苏粮网”虽然进行了升级改进，但其功能和规模相对信息工作的要求还有一定差距，一些新开发功能板块使用效果不太理想，一些应用和服务型数据库的开发以及与公众互动等方面的功能尚未实现。

（四）资源开发和网上应用尚待进一步挖掘

对信息资源开发利用的认识不足，信息收集、分析、研究、整理、深加工等工作投入较少，信息资源开发速度有待提高。

【2008年信息化工作的主要任务】

（一）信息化建设规划基本框架和要点

以标准化统领，以整合资源促进，以建设和完善机关局域网、政府专网和行业系统网络为技术基础，以建设和完善机关内网、部门网站（江苏粮网）为技术保障，逐步构建以两个中心为基础（粮食流通管理数据中心，粮政管理政务信息中心）、以四个平台为载体（以“江苏粮网”为基础的公共服务与信息发布平台、电子商务与物流市场信息平台，以局域网为基础的协同办公自动化平台、管理信息决策支持平台）、以若干项目模块为支架（专业业务管理系统模块，市县粮食局网站，行业信息化建设项目）、以客户为对象（领导和工作人员，各级粮食行政管理部门，粮食企业，社会公众）的我省粮食信息化建设架构。

按照先基础后应用、先易后难、先上路再推进的思路，充分利用现有软硬件资源，在硬件技术上，先重点建设和完善机关局域网内网和“江苏粮网”网站；在中心建设上，先重点建设政务信息中心；在平台建设上，先重点建设公共服务与信息发布平台、协同办公自动化平台。

（二）2008年信息化建设的主要任务

1．筹建成立信息中心。组织横向调研，确定具体工作方式，明确主要工作任务、职能和保障措施，制定工作制度。

2．制订建设规划和工作任务。根据各处室、单位信息化规划需求，制订《全省粮食信息化建设发展规划》，邀请相关专家进行可行性论证，明确年内工作任务。

3．组织实施办公自动化项目。组织办公自动化软件系统、内部需求、硬件系统调研，提出我局机关办公自动化建设方案和工作步骤，经审批批准后组织软件开发、调试和培训应用。

4．筹备制订全省粮食信息化建设要点和技术标准。

5．做好政府信息公开工作。组织实施政府信息公开工作，建立政府信息公开指南、目录和数据库系统。

6．完善江苏粮网功能和内容。制定信息审核发布工作制度，提高信息发布质量；推进网上办事功能的逐步实现和完善。

（三）信息化建设工作保障措施

1．加强组织领导。粮油信息中心建设是一项涉及多处室、多业务的综合性、基础性工作，必须坚持联合共建的原则，切实加强组织领导，强化协调一致和沟通配合，保证粮油信息中心按照局党组的要求，有计划、讲科学、分步骤地实施各项工作项目。明确信息中心在局机关和全省信息化建设上的扎口管理职能，对全局所有电子政务建设、综合类管理系统和平台建设等全部交由信息中心负责，对各处室、单位自行组织的专业业务系统开发建设在统一规划和标准下分别组织实施，以利整合资源、统一标准、统筹实施。

2．加大资金保障。建立稳定的信息化资金保障渠道，保证资金的有效使用和统一管理，努力提高投资效率；在逐步增加财政预算的同时，按照建设规划尽快制定各子系统建设规划和方案，抓好各个具体项目的设计、论证、可行性研究及实施和储备，以项目争取财政资金投入；充分利用信息化建设的市场属性，积极向社会提供各类信息增值服务，吸引社会资金投资合作或运营维护，滚动推进，使信息化建设步入良性循环的轨道。

3．强化内部管理。建立健全各项管理制度，科学制定工作程序，强化工作职责；岗位设置突出精干高效，突出“专业化”职能，明确职责，相互监督；从规范制度入手，建立健全各项规章制度，进一步增强组织观念和团队意识，使各项工作渐渐步入规范化，制度化。

4．注重人才培养。针对目前信息中心工作人员总体专业素质偏低的现状，结合工作实际开展强化培训，注重在工作中帮训，集中组织业务学习。同时，对不同岗位的工作人员进行不同类型和不同层次的信息技术培训，努力提高综合素质，有计划有步骤地培养既懂业务又懂信息技术的复合型人才，着力打造一支高素质的工作团队。

（戴文明）

江苏省体育信息化发展概况

【基本概况】

2007年，江苏体育电子政务建设紧紧围绕全省信息化建设“十一五”发展规划纲要，以“全面达小康，建设新江苏”为目标，以服务基层、服务群众、服务发展为导向，大力加强和改进体育信息化工作，不断满足广大群众日益增长的体育信息与群众健身需求。在科学发展观的指引下，按照“体育强省”的工作目标，认真分析我省体育电子政务工作发展现状，积极开展信息工作调研；同时按照国家体育总局和省政府电子政务建设的要求，对江苏体育信息化建设进行了全新的规划和设计。完成了《江苏省体育局“十一五”电子政务规划》、《江苏省体育局2007—2008年电子政务工作计划》，提出了《省体育局信息平台升级建设方案》、《体育局网站建设基本要素构想》、《关于启动江苏体育综合信息平台建设的意见》，启动并完成了以“江苏体育”网为核心的信息化建设，于2007年6月正式开通运行，将江苏体育信息化建设推向一个新的高度。

与此同时，为加快推进江苏体育信息化建设，省体育局积极参与省级机关2007年度电子政务项目申报工作，由局领导牵头组成申报团队，论证项目方案，研究实施重点，撰写项目建议书和可行性报告。经过前后三轮答辩，《江苏数字体育平台一期工程》项目获得通过，为电子政务建设奠定了物质基础。

【组织机构】

江苏省体育局信息化建设在局电子政务建设领导小组的领导下，由局办公室牵头，实行部门（单位）责任制，“江苏体育”网的运维管理实行管办分离。

省局办公室负责制定网站管理制度和发展规划，申报电子政务项目，审核重要信息，开展业务培训，监督、指导网站维护与管理，考核电子政务工作，向上级报送信息等。

省局机关各处室和各直属单位负责责任栏目的信息采集编审、提供公共栏目的信息资源，完成重要信息的保障任务。

各市县（市、县、区）体育部门负责本地体育信息的采集与报送，完成重要信息的保障任务，配合专题信息的采集报送工作。

省局后勤服务中心信息部负责网站的日常维护，保障内外网网络正常、安全运行，承担软件、硬件的维修、升级、改进，担负一般信息的收集、整理和报送任务。

【江苏体育网】

新版“江苏体育”网从2007年4月启动开发，经过两个多月的建设，于2007年6月正式启用，重点提升了政务公开、网上办事和公众互动功能，实现了12项行政许可项目的在线申报、结果查询，开通了网上视频直播、在线访谈等栏目并制作了数期节目，加强了局长信箱、投诉建议、网上咨询的及时处理与反馈，还增强了图片、视频、互动、电子竞技等综合表现形式，成为推进政务公开、实现网上办事、了解民情民意、加强信息沟通、协同竞赛组织、展示江苏体育形象的重要信息交互平台。

网站改版后，为了加强和改进信息保障工作，规范网站运行，落实各项管理制度，省体育局及时制定出台了《江苏省体育局门户网站管理办法（试行）》，对局机关、各直属单位、各市、县（市、区）体育部门信息报送工作进行了规范，对内容保障工作实施考核，对网络设施管理进一步细化，形成了网站建设与管理的长效机制。

省政府网站测评工作，是检验电子政务工作的重要指标。为了认真做好测评，我们认真对照测评指标体系，逐条优化网站栏目与设计，政务公开、网上互动、版面美化、内容深度得到进一步提升。与此同时，加大政府网站内容保障力度，上报信息200余条，举办在线访谈5次，视频直播3次，在年底的测评中取得了第12名的良好成绩。

【应用系统建设】

《江苏数字体育平台一期工程》重点围绕两大类七个应用系统开发而展开。

（一）直接面向广大社会公众的体育服务系统

1．国民体质评价和健身指导系统。为指导国民科学健身，促进全民健身活动的开展，提高全民族的身体素质，国家颁布了《国民体质测定标准》，对3～69周岁国民个体的形态、机能和身体素质的测试与评定，按年龄分为幼儿、青少年、成年人和老年人四个部分。目前，江苏城乡公益性的体质测定站已达到680个。国民体制评价和健身指导系统软件的开发后，公众可到附近体质测定站进行体质测定。只要把测定数据上传到该系统后，就可以进行自我综合评定，在系统数据库获得权威的体质专家组制定的运动处方，针对个体制定科学的健身计划，有效地开展体育健身活动，不断增强身体健康水平。

目前，江苏全省体育人口的比例（每周锻炼3次，每次活动30分钟）达到44.66%，约有3000万人。本系统将直接面向正在锻炼和即将参加锻炼的每一位公民。

2．公共体育场馆信息发布系统：公共体育场馆是国家投资的社会资源，除担负体育赛事外，更主要的是承担着方便公众健身的任务。十运会后，江苏建设了一大批高标准、高水平的公共体育场馆，为广大公众体育健身提供了很好的条件。然后由于信息不对称，造成体育场馆资源利用不充分，例如有的时间段，某体育场馆打羽毛球的场地空闲，而同时别的场馆羽毛球场地却有很多人在排队。针对这种情况，开发体育场馆信息发布系统，建立各个场馆的信息数据库，通过省体育局网站，向公众及时发布体育场馆信息，如开放时间、设施场地、价格等，开展信息咨询，预定场地等服务，将为公众提供极大的便利。既有利于优化体育场馆资源的利用率，又有利于全民健身活动的普及。

3．体育彩票中奖信息发布系统：体育彩票是一种竞猜活动，由国家批准、部门发行、社会受益的彩票。体育彩票的公益金不仅用于体育，而且还用于2008年北京奥运会、青少年学生校外活动场地建设、红十字人道主义救助、地方农村医疗救助基金、残疾人事业经费，以及补充社会保障基金等诸多公益事业。2006年全省体育彩票销售32亿，若按每人每次20注计算（每注2元），就有8000万人次购买彩票，其中中奖人数达10多万人次。由于传统中奖信息发布渠道不足，信息不能及时传递给中奖彩民，导致去年弃奖高达2965万元，其中包括500万元特等奖1注。

针对这种情况，开发体育彩票中奖信息发布系统，可以让公众通过登录门户网站的软件系统，把手机号码和彩票号码发送到网站数据库。开奖之日，系统就可以自动把中奖信息发送到中奖彩民的手机上，避免弃奖事件的发生，大大提高体育彩票的社会信誉。若按去年8000万人次购买彩票，有1%彩民使用本系统，将惠及80万人次彩民。

（二）服务于广大公众或服务于体育行业系统的行政许可项目

1．社会体育指导员管理系统：社会体育指导员是发展我国体育事业，增进公民身体素质，提高生活质量的一支重要力量。社会体育指导员技术等级称号分为，三级社会体育指导员、二级社会体育指导员、一级社会体育指导员、国家级社会体育指导员，分别由各级体育部门审批。我省现有社会体育指导员9.5万多人，居全国第一位。到2010年争取发展到15万人左右，基本达到发达国家中等水平。本系统的建立，将大大简化方便社会体育指导员申报审批手续。同时，该数据库的建立，也有助于广大公众就近寻找符合自己健身需求的社会体育指导员，接受健身培训和服务。

2．等级运动员管理系统：运动员技术等级称号分为，国际级运动健将、运动健将、一级运动员、二级运动员、三级运动员、少年级运动员。江苏是一个体育大省、体育强省，优秀运动员人才辈出。经过多年体育事业的发展，江苏已经形成了国家体育人才的重要输送基地。目前，江苏现有各级各类在训注册运动员达2万多人。加强对运动员的管理，是江苏省体育局的一项重要职能。然而目前对等级运动员的审批管理，基本上处于手工作业阶段，极不适应体育发展的现实要求。建立等级运动员管理系统软件，便于对运动员情况进行注册、查询、管理和赛事组织，更好地服务于体育事业发展。

3．等级裁判员管理系统：加强裁判员队伍的建设，是保证体育竞赛公平公正的前提，需要根据裁判员的技术等级和业务水平，对裁判员实行分级审批、分级注册、分级管理。裁判员的技术等级分为国际级、国家级、一级、二级、三级，另设荣誉裁判员，分别由各级体育部门审批，属行政许可范围。目前，江苏现有60类项目各级裁判员近万名。加强裁判员的科学管理、合理调度、监督提高，对体育项目的开展具有重要意义。例如，在常州地区开展某项比赛，因为地区问题，常州地区的裁判员需要回避，这种情况下，通过等级裁判员管理系统，可以迅速抽取并选派出合适的裁判员人选。而在目前手工作业的情况下，由于缺少统一的等级裁判员管理系统，工作开展就有一定的难度。因此建设等级裁判员管理系统，将大大简化方便裁判员申报审批手续，加强动态管理，为各项体育赛事顺利开展创造有利的条件。

4．健身气功活动站点管理系统：健身气功活动站点管理，具有较强的政治性和政策性，也是体育部门行政许可项目。健身气功活动站点依托基层，经常处在动态变化中。本系统的建立，有助于提高健身气功活动站点行政审批的效率，也有助于实行健身气功活动站点年检制度，加强对健身气功活动站点的日常监督和动态管理，确保有关政策落实到位。

【存在问题】

省体育局信息化建设经过一年的快速发展，电子政务整体水平取得了长足的进步，政务公开、系统应用、信息服务、行政效率和社会影响都有了很大程度的提高。但与高速发展的信息化形势和人民群众不断增长的信息需求相比，信息化建设仍需要大力加强。

一是信息化建设整体格局尚未形成。对照《国家信息化领导小组关于我国电子政务建设指导意见》、《中华人民共和国政府信息公开条例》、《省政府办公厅关于进一步推进全省电子政务建设的意见》等文件要求，江苏体育信息化建设尚处于初步开发阶段，围绕门户网站、应用系统开发、数据整合、数字产业、信息采集以及“人、财、物、管、建”五位一体的信息化整体格局远未形成，建设任务十分繁重。

二是信息化管理体制有待加强。目前我局信息化建设与管理采取的是由办公室负责、后勤服务中心保障的“管办分离”体制，在运行效率、协调配合、人员编制、管理建设上，作用不能得到充分发挥，与许多单位采用的专设信息中心体制相比，管理体制相对比较薄弱，需要通过学习、借鉴和整合，进一步改进现行体制，理顺各方面的关系。

三是信息化人才队伍建设制约发展。江苏体育信息化建设起步较晚，开展的时间较短，没有现成的信息化人才支撑，从电子政务建设、网络应用、专业技术等多方面都缺乏人力资源支持，从而在一定程度上制约了信息化的应用、推广和发展，也影响了行政效率的提高和行政成本的降低，需要大力加强。

【2008年发展思路】

2008年江苏体育信息化建设，将以全省信息化建设“十一五”发展规划纲要为指导，全面落实科学发展观，以服务为宗旨，以需求为导向，以应用促发展，积极探索信息化建设的新方法、新思路，大力推进网络和信息技术应用，努力为广大群众提供优质、便捷、高效的体育信息服务，促进江苏体育又好又快发展，为体育强省建设向更高水平迈进提供可靠保障。

一是切实加强组织领导。调整加强省体育局信息化建设工作领导小组，落实信息化工作领导责任制，建立完善全省体育信息化组织领导体制和机构，加强对全省体育系统信息化的组织、指导、建设、考核，强化各类信息资源有效整合，促进体育信息化协调发展。协调各直属单位和各市、县级体育部门在机构建设、经费投入、人才培养、应用开发等方面密切配合，构建基于江苏数字体育信息平台的数字体育网络集群。

二是着力优化发展环境。依据国家和省电子政务规章和标准规范，研究制定相关的规章和落实措施，建立健全电子政务建设、应用、管理的制度体系和高效的实施机制，制定并完善业务协同、信息共享与交换等方面的电子政务标准体系。把江苏数字体育信息平台作为整合全省体育政务信息资源的纽带，明确政务信息资源共享的范围和责任，逐步规范并制定标准，建立起政务信息共享的可持续发展长效机制。

三是创新网络管理机制。初步建立用于充分发挥电子政务网络协调资源、协同业务、促进共享和提升服务的新型管理体制和运行机制。引入公众评价机制，强化社会监督，把信息化建设水平的高低、推进力度的大小、应用成效的优劣，作为衡量各单位、部门工作业绩的重要依据。从信息公开、网上办事、公众参与、网站建设、安全保密等方面着手，进一步加强电子政务绩效评估，突出服务基层、服务群众、服务发展，构建系统的、动态的指标体系，科学评价电子政务系统规划、建设与应用水平。强化电子政务建设的项目管理和风险管理，加强电子政务建设工程监理和审计，保障信息化健康发展。

四是做好政府信息公开工作。《中华人民共和国政府信息公开条例》于 2008 年 5 月 1 日正式施行。《条例》的公布是提高科学执政、民主执政、依法执政能力和水平，构建社会主义和谐社会的必然要求。根据省政府的统一部署，将在进一步梳理局系统的政府信息的基础上，完善公开目录，改进信息发布渠道，制定政府信息公开工作审核发布、检查监督等工作制度，有条不紊地推动政府信息公开工作，全方位多层次满足社会对体育信息的需要。

五是加强信息保密安全管理。随着奥运会日益临近，做好体育信息保密、安全工作显得尤为重要。要在全系统积极开展信息保密和信息安全教育，学习和掌握信息保密、安全常识，增强工作人员的保密和安全观念，提高保密、安全防范能力。要继续做好本系统的信息安全等级保护的定级备案及后续整改等工作，按照公安部门的定级要求，严格执行信息系统安全等级保护规范和标准，在现有网络信息安全平台的基础上，精心组织、调配、优化网络和信息系统安全防范策略，更好地发挥系统的安全防护效能，构筑起一道更加牢固的信息安全保护屏障。要加强涉密信息系统、涉密计算机、涉密介质、涉密重点要害部门部位、涉密人员的日常管理，做好定密工作，处理好保密和信息公开的关系。

（金世斌　徐　彤）

江苏省国税信息化发展概况

2007年是江苏省国税系统信息化建设工作发展历程中又一个十分重要的年头，江苏省国家税务局在江苏省委、省政府及国家税务总局的正确领导下，认真贯彻全国和全省税收工作会议精神，狠抓工作落实，全省各级国税机关和广大国税干部同心协力，攻坚克难，锐意创新，真抓实干，以科学发展观为统领，按照“巩固、深化、务实、创新”的工作方针，在全面运行CTAIS2.0江苏优化版、建立健全税源管理联动机制、深化省级集中后征管数据的应用和管理、不断优化纳税服务、大力强化征管科技基础建设等诸多方面，又取得新成绩，全省国税信息化工作迈上了新台阶。

【2007年税收信息化简要工作回顾】

（一）认真研究江苏国税信息化建设发展方向

以江苏国税税收中心工作为总揽，结合江苏国税信息化建设发展趋势，进一步加强对信息化建设的规划和指导。召开2007年度江苏国税系统信息化建设工作会议，布置全年信息化建设工作任务，细化全年信息化工作重点，按照税源管理联动要求，进一步完善征管软件和监控决策系统，抓好信息系统省级集中推广和运行保障。结合“金税工程”三期实施进展情况，加强对江苏国税系统信息化建设工作的调查研究，推进信息化建设可持续发展。完成中国税务学会布置的江苏国税“税务信息化”专项课题研究，提交了专题课题报告并在大会上作交流。

（二）全面拓展完善监控决策系统

监控决策系统（第二期）主体开发工作历时三个月时间，此次开发是根据省局机关各业务处室及各省辖市局的意见和建议，修改完善第一期内容，完善充实了税收分析、税源监控、报表处理等模块，新增了税务稽查、考核评价、查询、联动管理等模块，移植扩展了“一户式”系统，增设了操作手册、意见箱等功能，并按新的需求对系统整体框架进行调整，加强了系统的稳定性，提高了系统响应速度。经过两期开发的监控决策系统，发布信息丰富充实，数据口径规范统一，数据挖掘实用到位，数据准确性得到认可，用户操作灵活便捷，该系统在中国税收征管流程再造暨“金税工程”三期业务设计国际研讨会上作了专门演示。为了做好监控决策系统的全面推广工作，多次为基层进行培训，积极推进监控决策系统在江苏国税系统的有效运行。为进一步提高监控决策系统的运行效率，增加了两台应用服务器，使用硬件负载均衡设备，优化后台ORACLE数据库，大大提高了系统的稳定性和运行速度。

（三）切实保障CTAIS2.0江苏优化版的运行维护

一是加强总局版和江苏优化版的并版和测试工作，待相关业务处室测试通过后，才正式在江苏国税生产环境上升级，以确保CTAIS江苏优化版稳定运行，及时进行了系统补丁和升级。二是加强日常运维。主要加强了以下四个方面的工作：一是电话咨询；二是网站问题解决；三是大范围数据调整；四是每月进行一次征管系统数据健康检查，每日进行系统性能监控，并填写相关系统监控表。

（四）保质保量完成货运发票税控系统等省级集中系统的上线工作

从2007年1月1日起，货运发票税控系统、人事管理系统和财务管理系统正式对江苏国税系统推广运行；3月份完成了协查系统3.0在江苏国税推广工作；5月份完成江苏国税新版车购税征管系统的升级和省级数据集中工作，废止了旧车购税征收管理系统；8月份省级集中运行稽核系统6.0单轨运行，并于11月底完成了系统从国家税务总局临时设备到江苏省国税局新增小型机的迁移工作，实现了系统按天采集、实时比对功能。完成国家税务总局日常数据抽取工作，及时向国家税务总局提供江苏国税征管、金税、出口退税等数据。实现了稽核系统6.0上线后与其他系统接口衔接的工作，顺利完成了与一窗式比对、出口退税、一户式等系统整合功能。对一窗式比对系统进行功能完善和系统升级，将货运、废旧和普票信息纳入到一窗式比对系统，对异常信息处理纳入流程管理系统，及时优化比对效率，有效整合申报和纳税环节。开展远程抄报税技术方案的研究和功能测试，进行了货运税控网上认证方案的测试工作。在系统推行过程中，江苏省国家税务局优化设备资源配置，制定科学的推行方案和实施计划，认真分析和研究推行系统与原有相关系统的关联处理，确保推行工作有条不紊。

（五）深化集中后数据应用和数据质量管理

数据省级集中后，为保证各省辖市局开展必要的预警和数据分析应用，江苏省国家税务局利用数据分发技术，将CTAIS系统和防伪税控系统中相关数据分发给各省辖市局，进一步规范集中后各省辖市局数据查询途径、口径和方式，促进各省辖市局数据分析运用的深化。针对系统健康性检查结果，完成了数据审核软件（一期）开发，严把好数据质量关，强化事前、事中、事后的数据校验和比对，提高数据的质量。开展CTAIS2.0江苏优化版数据分发及CTAIS2.0江苏优化版数据库表结构的培训，召开了发票税控系统运行情况研讨会，针对基层应用中反映的突出问题进行重点研究，切实解决运行中存在的问题。江苏省国家税务局搭建了CTAIS系统的测试环境，并指导各省辖市局安装各地市的测试环境，对江苏国税系统CTAIS稳定运行发挥了积极作用。

（六）加强江苏国税系统网络与信息安全工作

进一步强化信息安全意识，规范信息安全管理，分析江苏国税系统网络与信息系统面临的风险，评估网络与信息系统的安全状况，查找薄弱环节和安全隐患并进行整改。完成了国家税务总局部署的二期网络与信息安全防护体系建设工作。积极落实国家税务总局信息系统等级保护定级工作，开展江苏国税系统等级保护定级工作。参加了国家税务总局组织的网络与信息安全检查工作，并对江苏国税全系统进行了安全自查工作。在连云港市局进行了网络应急预案演练试点的基础上，向江苏国税全面推广；在南京市局进行了UPS电源应急预案演练试点；在常州市局进行了防病毒应急预案演练试点。进行了江苏国税骨干网络巡检工作，根据网络巡检中出现的问题，对网络建设进行优化处理。进一步加强全省网络运行和全省计算机病毒的监控管理，定期对广域网络运行和病毒发作情况进行统计，按月通报省级骨干网络各线路的数据流量和各市计算机病毒发生情况。提高桌面管理软件注册率，提高瑞星防病毒软件覆盖率，进行桌面管理系统和瑞星杀毒软件运行维护管理和培训，并针对目前存在的问题进行研讨，指导各省辖市局按照国家税务总局和江苏省国税局的要求设置策略，努力减少病毒的危害。继续强化内外网络隔离，要求和指导各省辖市局加强内外网络数据交换安全措施，防范通过互联网对税务网络的侵害。

（七）初步建立了省级集中处理平台

对数据中心机房内的设备进行多次调整和优化，完成新增IBM小型机的设备进场，进行EMC存储设备的扩容，保证了今年多个省级集中应用系统的推广。加强数据中心机房日常监控、维护和管理，目前IBM P595设备、P570设备、高档PC服务器运行正常，存储和备份设备工作稳定。做好省局机房环境监控，多次排除机房空调故障，加强空调和UPS电源的日常维护和检测，保证了省局机关信息系统运行应用。按国家税务总局要求制定了江苏国税“金税工程”三期网络方案草案，对江苏国税“金税工程”三期网络设备配备和线路类型及带宽进行统计。

（八）加强以江苏国税省局为主导的省、市、县局三级运维体系建设

目前江苏国税已完成了八个系统的省级集中工作，切实保障各类应用系统安全、稳定、高效地运行，更好地为基层和纳税人提供优质服务，是当前信息化建设的重要内容。2007年，江苏省国家税务局根据国家税务总局加强运行维护工作要求，结合信息系统运行现状，打破过去单项系统各自为政的传统运维方式，以己为主，借助外力，初步形成硬件、网络、各类应用系统运维相集成、人力和技术资源高度共享的综合运维机制，进一步规范集中运维管理办法，研究省级集中后系统运行维护工作流程，定时检查应用服务器系统状态，数据库系统状态和数据库备份情况，及时处理各类系统运行过程中出现的运维事件，提高系统运行的可靠性。

【2008 年税收信息化主要工作思路】

2008 年，江苏国税信息化建设工作将围绕科学发展观，始终服从和服务于税收工作大局，积极跟踪国家税务总局金税三期项目实施进展情况，充分发挥监控决策系统和征管信息系统的互动作用，深化数据应用，完善省级集中系统运维体系，保障现有各类系统安全稳定运行。

（一）积极参与“金税工程”

积极跟踪国家税务总局“金税工程”三期实施进展情况，积极参与国家税务总局有关“金税工程”三期的调研、论证，拿出在江苏国税的具体贯彻实施意见，争取先期启动的网络、安全、主机备份等项目优先在江苏国税试点和推行。

（二）进一步完善省级集中系统运维体系

通过建立一个以省级运维为基础、国家税务总局运维为依托的规范化、标准化、制度化的集中管理的运行维护体系，完成对应用系统运行状态的全面监控和运行问题的及时处理，支持应用系统的安全、稳定、高效、持续运行。规范和完善省级数据集中系统运维机制，研究、制定省级数据集中系统的运维流程，流程涵盖业务应用和硬件网络等全方面的问题，并将系统补丁的升级、测试过程按照流程化的方法进行管理。采用流程引擎开发工具，应用流程的理念，开发省级数据集中系统运维平台，做好运维平台的推广和完善工作。

（三）提高省级集中系统日常维护能力

进一步加强故障预警、应急预案、灾备体系、硬件设备管理、网络检测、系统状况评估等方面的工作。按照国家税务总局部署做好执法责任制等系统的推广应用工作。充分利用先进的监控手段，变过去的被动救火为主动预防，全面监控系统的运行状态，确保软硬件设施处于良好的运行状态，实现税收业务系统不间断服务。目前国税系统绝大部分核心业务系统已实现省级数据集中运行，要提高已推广各应用系统相互信任、信息沟通、共享利用等水平，加强应用系统版本管理、软件开发测试管理和运维的支持，防止由于软件功能升级带来的安全隐患和风险。继续加强对公司运维力量的管理，培养系统内部运维人员，逐步改变当前总局推行的系统过多依赖于总局运维力量的现状，努力打造技术过硬、自主运维的省级技术运维队伍。

（四）进一步优化完善监控决策系统

根据江苏省国税局各业务处室和各省辖市局意见及建议，修改完善现有监控决策系统功能，优化数据发布及展示方式，提高系统效率。不断充实监控决策系统发布内容，在税收分析中增加重点税源管理内容；优化税源监控内容，并使发布数据与税收管理员平台衔接；规范报表处理内容，减轻基层工作量；重新整合批件管理内容，将需省局审批的批件纳入监控决策系统管理；充实查询模块内容，扩大查询内容，提高查询灵活性；完善税务稽查、考核评价、联动管理等内容。

（五）做好税收管理员平台项目的开发和推广工作

加强对系统开发商的项目管理，确保该项目能够按期完成，做好税收管理员平台项目的开发跟踪、技术验收、技术培训等工作；加强对税收管理员平台项目的技术解读，做好该系统上线的运维工作；进一步做好税收管理员平台运行的软、硬件系统平台的规划与搭建工作，保证税收管理员平台有计划、分步骤地逐步上线。

（六）做好数据审核审计系统的二期开发工作

数据审核一期项目共计涉及 102 项考核指标，2008 年初进一步扩大数据审核系统的试点范围，搜集反馈意见和补充需求建议，为完成数据审核系统二期的开发、推广工作做准备。

（七）进一步做好省级集中硬件平台的建设、集成和运维工作

做好省级集中硬件平台的运行维护制度建设，建立和完善硬件平台维护流程。研究制订国家税务总局和江苏省国家税务局新推行应用系统的硬件要求，做好新建项目的系统集成和参数优化。调整省局机房与数据中心机房的设备配置，降低省局机房 UPS 的负载在合理范围内。继续进行新数据中心机房的调研和设计工作，与土建进度保持同步。根据金税三期初步设计计划安排，做好硬件、网络、信息安全新建项目的全省推行工作。

（八）加强信息安全管理

按照内外网隔离要求，严格规范内外网数据交换安全模式，规范访问互联网模式。继续开展各应急预案演练的探索、试点和推广工作，在此基础上修改完善各应急预案。加强病毒监控管理，强化安全管理手段。加强机房管理，完善机房管理制度。认真做好总局首期和二期网络与信息安全防护体系的运行维护工作，切实推进国家税务总局和江苏省国家税务局信息安全制度的落实。

（九）加强省、市、县局三级技术人员管理

根据江苏国税运维体系建立的要求，进一步明确各地市技术运维分中心的职能，充分发挥各省辖市局运维分中心运维作用，确保分中心有效分担省局运维工作压力。加强对江苏国税系统技术人员的技术培训，有计划、分重点地培养各地市局运维分中心的运维骨干，抽调部分运维骨干参与省局各业务系统的运维工作。通过运行维护技术支持平台与运行维护技术支持队伍的建设，充分依靠全省技术力量的密切配合和协同工作，实现运行维护工作的智能化和高效率，提高整体运行维护水平。

（张建忠）

江苏省民航信息化发展概况

2007年，江苏民航各机场共营运航线201条，每周进出港2041个航班，年旅客吞吐量10754504人次，保障飞机起降134400架次。随着江苏民航运输生产的大幅增长，作为保障航空安全和运输生产重要手段的信息化建设工作，同样取得了新的成绩。中国民用航空江苏安全监督管理办公室在经费紧张的情况下，仍然挤出资金，增加设备，完善网络；南京禄口国际机场有限公司在原有的信息平台上，着重对安检信息系统和离港系统进行了细化升级，取得了明显效果；东航江苏有限公司、南京空管中心针对机型变化及航线航班快速发展的特点，在完善功能和提高运行效率上下功夫，进一步提高信息化运行水平；无锡机场公司在扩建过程中，把信息化建设作为一项重要内容进行规划、设计和建设，信息化水平在国内中等机场中处于领先地位；江苏华宇通用航空有限公司成立后，在经费十分紧张的情况下，仍投资24万元进行信息化建设。信息化建设工作对于保证江苏民航的飞行安全，提高服务质量和经济效益，正发挥着越来越重要的作用。

【中国民用航空江苏安全监督管理办公室信息化建设情况】

2007年，该办把加强信息化建设作为认真落实民航工作的总体要求和民航华东地区管理局具体工作部署的重要一环，在经费紧张的情况下，千方百计筹措资金65万余元，购置电脑，更新线路，优化网络，信息化建设在该办加强监管，保证航空运行安全，航空运输市场有序发展等方面发挥着越来越重要的作用。是年该办共进行各类监察检查533次，行政许可（含初审）154次（件），下发各类监察发现问题整改通知书135份；圆满完成了春运、“五一”和“十一”黄金周以及“两会”代表运输保障工作，圆满完成一级专机保障8架次，二、三级专机保障27架次、29架次，确保了江苏民航的飞行安全、空防安全及江苏航空市场的规范有序发展，实现了江苏民航连续第49个航空安全年。

2008年计划：在现有设施的基础上，计划再投资25万元，加大信息化建设力度，主要项目有：一是根据民航华东局要求，对办公自动化系统，财务电算化系统和局域网进行改造、完善和升级，二是配置相关硬件防火墙、企业版杀毒软件及办公自动化所需的相关设备。进而更好地发挥信息化建设工作在民航安全生产中的作用，确保江苏民航平稳、安全、有序发展。

【南京禄口国际机场信息化建设工作】

南京禄口国际机场自1999年开始，从生产、经营、管理、商务及企业文化等多方面全方位地进行机场信息化的规划与建设。在国家民航局和民航华东地区管理局的大力支持和指导下，先后完成了机场公司范围内的计算机网络基础设施、现场生产指挥调度系统、企业业务管理信息系统、办公自动化系统、机场内部企业文化网站及机场外部商务网站的开放和建设；并完成了生产运营管理信息系统与民航电报、旅客离港、航班显示、自动广播、语音查询等实时运行系统集成。至2007年底，南京禄口国际机场基本实现了机场范围内生产和管理信息的自动采集和一般性统计分析应用。信息化在机场各个方面发挥着越来越重要的作用。

（一）信息化建设内容

1. 机场骨干通信网络

采用最新的千兆以太网技术，百兆到桌面，满足包括多媒体信息传输等多种需要。

（1）计算机网络基础设施：完成机场内主要楼宇间光缆线路18条；完成16座楼宇间的综合布线；实现与机场内驻场单位的互联。

（2）计算机网络基础设备：建成机场内网络设备的基本配置，其中小型机2台，服务器10

台，网络交换机 40 台，路由机 8 台，网络终端设备 480 台，辅助计算设备 240 台。

2．机场业务管理软件系统

主要是机场公司各部门的业务管理，包括办公自动化子系统，企业管理业务子系统，物资仓库管理子系统，人事信息管理子系统，财务信息管理子系统，医药卫生管理子系统，安全监察管理子系统等。

3．机场生产运营管理系统

主要是机场的生产现场业务管理，包括机场生产指挥子系统，机场地面服务子系统，动力设备管理子系统等。

4．机场信息服务系统

包括机场外部网站和内部网站两个子系统。机场外部网站（已接入互联网）用于对社会公众提供机场信息服务，宣传禄口国际机场业务，扩大社会影响，拓展市场，提高社会知名度；内部网站用于内部宣传，教育和培训，为公司各部门和职工提供各类信息服务，成为公司的电子黑板报。

5．信息接口

在已建设的信息系统中，不仅实现与离港、航显等现有生产系统的集成，还留有与民航总局、民航华东地区管理局、省市政府部门以及驻场各单位的信息接口，以达到更大范围（包括互联网）的信息交流。

（二）2007 年南京禄口国际机场信息化工作开展情况

2007 年南京禄口国际机场旅客吞吐量已超过 803 万人次。随着机场事业的不断发展，信息化建设工作也在不断的向纵深发展。

1．安检信息系统投入试运行

根据国家民航局的要求，2006 年机场公司组织建设安检信息管理系统。该系统利用最新的网络、计算机和多媒体等先进技术，对原来分散、各自独立的旅客离港系统、监控系统、行李分检系统进行整合，对旅客和行李信息进行存储，从而形成全过程监控、多层次主体防范、全方位自动分析的网络检查体系。通过对旅客及其行李相关信息的采集，能够为反劫机、炸机工作提供信息支持，为航空事故调查提供相关证据，并对安全检查环节进行多极控制，实行量化管理，以进一步提高安全检查质量和服务水平。目前，该系统已投入试运行阶段，运行情况良好，如无差错验收后将投入正式运行。

2．细化离港信息系统应急流程，定期进行应急演练

2007 年上半年，配合中航信对离港系统前端软件进行了升级，加装了 GUIDE 模块，提高了前台操作的灵活性，对后台数据库也进行了改造升级工作，升级后进行了切换，运行以来，系统运行正常。

加强离港系统的应急能力，在日益增多的电子客票的情况下，公司及时组织力量，召集维护方、使用方召开多次协调会，重新修订了机场离港应急预案，并组织了 2 次机场规模的离港系统应急演练，演练效果满意。同时形成了每月进行内部演练、每个季度进行机场公司流程演练的制度，大大提高了离港系统保障能力。

（三）重要措施和经验

1．加强领导，统一认识，落实责任

机场公司为加强信息化工作力度，在精简机构的情况下，仍专门成立了公司科技信息管理职能部门。建立计算机应用责任制，将其实绩计入各级领导业绩考核内容。在信息化项目建设期间，制定每周一次的信息例会制度，由公司领导，相关二级部门，项目组和实施单位参加，解决建设中出现的各类问题，进而保证了信息化建设工作顺利进行。

2．规范管理，优化流程，技术开发与机场业务密切结合

从机场信息系统需求分析开始，项目组成员和机场各业务部门就开始密切配合，根据机场的业务特点，对有关信息管理和业务流程进行优化，提高信息系统的实用性和完备性，确保工作层次清晰，责任明确，流程合理，交互顺畅；达到软件界面的设计、功能安排更切合机场业务和实际操作要求。

3．强化员工培训，不断提高计算机应用水平

公司在抓好信息化建设的同时，强化员工的技术培训工作。一方面着力扩大计算机应用的普及面，要求管理岗位员工都会操作计算机，另一方面又着力培训一批懂得计算机软件设计和网络技术人员，加强信息系统的管理。目前，已办培训班 8 次，230 多名员工参加了该系统的培训。

4．整章建制，不断完善信息管理规定

为保障机场信息系统安全和正常运行，机场公司加强信息系统管理，目前已制定的规章有：计算机网络设备管理；网络安全管理；用户管理及保密规定；办公自动化系统管理；网上信息共享及管理等。

（四）存在的主要问题

1．缺少信息技术人才，技术力量有待加强

机场公司信息技术人才较少，信息工作管理、运行、维护技术力量不足，不能满足科技含量日益提升的系统运行和维护、升级改造的要求。

2．资源开发不足，网上应用缺乏

对信息资源开发利用的认识不足，信息收集、分析、研究、整理、深加工等工作投入较少，信息资源开发速度较慢。

（五）2008—2009 年度信息化工作计划

1．进行网络信息安全评估

根据国家民航局要求，为进一步推进民航华东地区网络与信息安全

工作的深入开展，落实《民航奥运信息网络安全保障工作实施方案》，确保奥运期间的网络与信息安全，机场公司组织信息部门针对机场现有重要信息系统包括地调系统、航显系统和离港系统进行网络信息安全评估工作，包括对重要信息系统网络安全风险评估和安全防范情况说明，制定相应的整改方案及应急预案，定期进行演练，并制定具体的奥运信息网络安全保障工作实施方案。

2．地调系统改造项目

机场指挥调度系统是公司运行保障及信息传递的核心系统，为缓解日益增长的客流量给地调系统带来的压力，2008 年计划对地调系统进行升级改造，该项目已完成前期调研工作并制定出初步技术方案，正处于邀标阶段。

【中国东方航空江苏有限公司信息化建设工作】

2007 年，东航江苏有限公司继续推进信息化建设向纵深发展，针对公司信息化建设已具有一定规模的现状，加快信息化建设由快速部署型向应用质量型的转变，在完善功能上下功夫，提高系统运行质量和工作效率；加大信息化建设在节约成本、提高效益方面的探索，增强信息化在降低成本提高效益方面的导向作用，并初见成效。加大网络和信息系统安全管理力度，强化服务保障意识，全面提升和规范信息化管理水平。

（一）2007 信息化建设基本情况

一年来，坚持新建、改造、服务和管理并重的原则，围绕本公司安全生产这个中心，加大工作力度，在新系统建设、老系统改造等方面又有新突破。本公司现有各类应用系统 20 多个，小型机 2 台，各类 PC 服务器 20 多台，计算机近千台。计算机应用已深入到公司航班生产、安全管理、服务保障、行政办公及后勤等各个方面。

（二）2007 年主要工作

1．新建系统

（1）完成了《飞机着陆实时监控系统》：利用 ACARS 系统，开发了飞机着陆实时监控系统，实时监控飞机着陆状况，加大飞行过程监督力度，提高飞行人员安全意识和责任意识，严格操作规程，杜绝违规操作，具有重要意义。

（2）《散客申请自动答复系统》投入使用：散客申请自动答复系统将以前代理人的散客折扣申请由人工电话接听、手工处理方式，改由计算机系统自动答复处理，提高了申请处理的实时性、透明度，节约了人工，提高了工作效率，并产生了直接的经济效益。

（3）新的《人力资源管理系统》投入试运行：针对原系统功能达不到要求，稳定性差，服务跟不上的问题，我们与相关部门共同对原系统和开发商进行了评估，一致确认应引入新的 HR 系统。对此，我们进行了大量的调研，在系统方面，重点对系统功能进行论证考察，在开发商方面，重点对服务进行考察，与相关部门一道做了大量的工作，并对新的 HR 系统进行了长时间的功能验证和运行测试，一致认为，新系统各项功能指标和服务均优于原系统。

2．改造系统

（1）我部门和飞机维修部紧密配合，吸取民航相关单位同类系统的先进理念，不断完善 MIS 系统，目前系统运行良好。

（2）完成平衡舱单的 ACARS 上传的开发工作。优化了客运的工作流程，节省了人工送舱单的时间，不仅提高了工作效率，而且更加有利于保障航班正点率。

（3）完成了公司 FOC 系统升级、改造，实现了 FOC 系统与总部飞行网的系统接口，避免了各

生产单位重复劳动，提高了工作效率；

(4) 与公司宣传部门共同调研、讨论，制定了公司网站的升级改版方案，并进行了成功实施。新版网站突出了电子商务应用及充实了旅客服务方面的内容，范围覆盖了票务、常旅客、地面保障、空中服务、代理人、建议投诉、货运等公司对外服务的方方面面和各个环节，营造了公司对外多功能的服务网络平台，改版后的网站将能更好地服务于社会、服务于旅客。

(5) 对公司外网邮件服务器做了升级、改造，丰富使用了功能，特别是增加了邮件拦截和过滤功能，提高了公司邮件网络的安全性和可用性。

(6) 升级、完善“968968”呼叫中心系统，对系统操作流程进行必要的更新、完善，方便广大旅客的问讯、使用。充分发挥公司网站信息平台的作用，加强与旅客的互动，宣传公司形象，提高旅客服务满意度。

(7) 进一步完善办公平台 OA 系统。加强 OA 系统功能拓展，提高行政办公效率。根据管理部门提出的要求，为便于广大员工对体系文件的学习，将体系文件模块改造成 WEB 形式的独立版块。并对版块进行了优化。

(三) 2008 年工作计划

我们将继续围绕中心工作，强化部门管理，细化工作目标，突出信息化的核心作用，确保全年各项工作再上新台阶，为公司又快又好发展作出贡献。着重抓好以下几方面工作：

1. 完成无锡基地机务综合楼的网络设备安装调试。

2. 继续完善航班生产各系统，以适应航班生产的新要求，更好地保障飞行安全和航班正点率

3. 做好改版后公司网站的推广应用工作，特别是加大网上售票的力度。

4. 建立统一的客户服务资料信息库，满足窗口单位的服务需要。

5. 新的 HR 系统全面投入运行。

6. 做好 OA、一卡通等综合系统的升级完善。

7. 做好总部财务系统推广配套工作。

8. 继续做好相关系统的功能完善和服务保障工作。

【中国民用航空华东地区空中交通管理局江苏分局信息化建设工作情况】

按照民航总局“政事分开，运行一体化”改革部署，中国民用航空南京空中交通管理中心于 2007 年 8 月 28 日更名挂牌为中国民用航空华东地区空中交通管理局江苏分局，新挂牌成立的中国民用航空华东地区空中交通管理局江苏分局直属中国民用航空华东地区空中交通管理局领导，其主要职责是：贯彻执行国家空管方针政策、法律法规和民航总局的规章、制度、决策、指令；指挥协调辖区内的民航飞行活动，提供空中交通管制和通信导航监视、航行情报、航空气象服务；执行辖区内航班时刻和空域流量等资源分配工作；组织实施本单位建设项目；负责辖区内重要飞行活动和民用航空器搜寻救援空管保障工作。

信息化对空管保障工作具有深远影响，加快推进信息化建设工作是空管建设与发展的跨世纪战略任务。江苏空管分局重视信息化建设工作，不断加强对信息化工作的领导、管理和建设；完善了信息化基础设施，确保了信息化系统运行正常与安全。

(一) 江苏空管分局 2007 年信息化工作的基本情况

分局各单位、机关各部门、“科学技术委员会”以及系统网络、信息安全工作领导小组，都非常重视信息化建设工作，加强了组织领导和管理。分局先后投入大量资金用于信息化设施及设备的完善和建设工作，经过不懈的努力，使信息化建设工作在 2006 年的基础上得到进一步的加强，保证了分局安全生产业务网络（主要有空管指挥系统、通信自动转报网、雷达导航系统、卫星系统、甚高频 RGS 站、华东高速数据链路网、621 气象信息服务系统、RVR 自动观测系统、航行情报处理系统、航务管理地面调度系统和通播系统等）、办公自动化网络和财务计算机网络，运行正常，并保证了安全，在空管保障中发挥了重要作用。

(二) 2007 年新建项目及信息化建设工作情况

2007 年，江苏空管分局领导审时度势，充分认识信息化工作在民航空管事业发展中的重要作用，与时俱进，加强了信息化工作的开展，从人力财力及制度方面给予了投入，使江苏空管分局

的信息化工作走上了有组织、有计划、高速而又规范的发展道路。

1．组织有力　确保网络信息安全

民航江苏空管分局2007年各信息网络设备运行正常率及设备完好率都达到了99%以上，为空管保障提供了良好的服务。

（1）建立专业组织机构。江苏空管分局继续充分发挥“网络和信息安全工作领导小组”及“科学技术委员会”的职能。网络和信息领导小组定期对各种信息网络的运行进行监督，并对信息设备的建设与完善进行指导。特别加强了专业信息网络的安全管理，根据各系统要求，各系统均有专业维护管理人员，制定了相应的运行、接入、应急等规章制度。各专业网络实现专网专用，确保与其他网络的物理隔离。为防止来自外界的恶意破坏，我们对具有远程诊断功能的设备，适时断开其远程端口。定期对接入局域网的计算机用户进行巡查，绝对禁止联网用户通过拨号等其他手段访问外网。经常开展“网络和信息安全自查”工作，及时发现和弥补网络运行过程中出现的安全漏洞问题。科学技术委员会主要指导各类技术攻关工作，鼓励在职工队伍中开展QC活动。进行信息化资源的整合工作，以便实施统一的信息标准和相应的操作规程。

2007年，根据华东空管局《关于办公自动化系统实施的通知》（华东空管发［2006］111号）文件精神，为加强分局网络管理和办公自动化系统建设工作，江苏空管分局成立了网络管理和办公自动化系统建设领导小组，并明确了各单位负责人及联系人，积极开展和实施了此项工作，组织开发了民航江苏空管分局办公自动化系统（OA）。

（2）建立并完善各类制度强化培训工作。为确保各类信息网络的科学管理与规范运行，制定了相应的管理制度和操作规程，并在发展过程中根据需要及时进行调整完善。针对分局局域网的使用情况，颁布了《江苏空管分局网络使用管理规定》，进一步明确了对中心网络运行的使用和管理。同时各级各类运行部门还根据网络与信息安全工作的要求修订了各业务信息系统的《网络和信息安全应急流程》，组织开展了网络与信息安全工作检查活动和应急演练，通过对各项规章制度的不断修订完善，规范了信息网络的运行。

此外，根据实际工作的需要及有关设备变动情况，配合民航总局安全审计的要求，对江苏空管分局《规范化基础管理手册》的有关内容再次进行了调整和修订，使之更具有科学性，实用性。

针对信息技术知识更新快的特点，分局加强了业务培训及技能考核，先后组织多人次参加相关专业的培训。聘请了南京市电信部门的专业技术人员针对目前的业务现状和今后的技术发展给各专业技术人员进行了讲课，并取得了良好的效果。

2．完成的信息化基础设施建设项目

（1）分局局域网络建设逐步完善。实现了分局所有办公用计算机联网。2007年对原有网络拓扑结构进行了完善，升级并更换了网络交换设备，航管小区重新进行了综合布线改造，楼层之间采用千兆光纤传输。联网计算机用户200余个，设有服务器7台，新近引进HP DL380G5服务器用于OA服务器。目前应用分别为FTP文件服务器、DHCP及DNS服务器、OA服务器、管理服务器控制台。与外网的Internet接入服务为10Mb/s静态IP宽带，并设有防火墙。通过分局局域网络平台的搭建，不仅能基本满足网络办工的需求，而且为其他网络的信息传输提供平台，如财务网络、设备管理，人事管理等软件的联网使用。

（2）自动转报系统运行可靠稳定。民航江苏地区自动转报网以南京为中心，采用青岛蓝波公司生产的DB/D2型64路自动转报机系统，该转报机除了采用大规模集成电路，双机冗余技术，线路和设备自动监测，拥有多种线路接口，抗干扰能力大。该系统自1997年开航以来无间断运行，现已开通了46路，连接连云港、常州、南通、徐州、盐城等地，为各机场及航空公司提供电报承转业务。每月电报总量约为70多万份。该网络实现专网专用，能有效防止外来病毒及黑客的攻击，由于加强了安全管理及值班工作，杜绝了泄密及系统停机现象的发生。

为适应中国民航快速发展的需要，使现有转报技术与国际水平同步，我们引进北京航管科技有限公司研制开发的DMHS－H航空电报和信息交换系统。该系统提供96路电报终端服务。DMHS航空电报和信息交换系统根据中国民航业务要求设计，遵循国际民航组织附件十（I-CAOANNEX 10）标准及国际航空电信协会SITA电报处理程序（Operating Procedures for Message Handling）标准。它是一个功能强大的 AFTN 与 SITA 电报和数据自动交换的通信系统，采用存储/转发方式，无须人工干预，完全由计算机处理。可以自动地将 AFTN/SITA 电报及数据转发至一个或多个目的地。在与民航目前使用的转报系统实现同步和异步互联的同时，提供更为强大的网络功能，如通过智能程控同步单元，保证与民航数据网可靠的互连；利用计算机网络提供本地 TCP/IP 接口等。它提供各种报文格式的兼容，可以方便地同国内外各种标准转报系统相连，并充分利用现代化的软件技术，提供保证航空信息完整性的双机容错处理。它采用通用的操作系统及数据库，易于升级及移植。DMHS 航空电报和信息交换系统可靠性高、操作简单、方便灵活、自动化程度高、便于测试、可升级。目前该系统正在进行测试和试运行，一旦投入使用，原有的 64 路转报机系统将转为系统级的备份设备，两套系统之间的切换线路也安装结束。

(3) 数据链路网作用显现。随着网络技术的发展和网络应用的不断成熟，应用需求也在不断增加，民航华东高速数据链路网在安全生产中的重要性日趋突出。而南京接点站是华东高速数据链路网的一个重要节点，它既担负本场飞行数据的传递，还担负着华东空管局向南京空军司令部传递所有华东地区的飞行信息，以及京沪航线上北扇区的雷达信号。南京节点开通了联通 2Mb/s 光纤主线和电信 2Mb/s 光纤冗余链路，做到了长途路由的双运营商、双路由的可靠传输保证，因而扩展了本节点的接入端口数量，提高了本节点数据传输的稳定可靠性，同时也进一步保证了连云港迂回链路的可靠连接。

(4) ATM 网络为平面通信架构了一条快速信息通道。2004 年民航总局空管局对平面通信网进行了升级改造，构成了以 ATM 交换机为交换接点，传输以光纤为主的新一代民航平面通信网。江苏空管分局作为江苏民航的节点采用了 CISCO 公司的 ATM 交换机，负责南京、徐州、连云港、盐城、南通、常州等地民航通信网络与民航上级网络的沟通。此网络将作为空管指挥系统、地调系统、航行情报系统、航行气象系统、自动转报系统等专业网络的基础链路网络，为民航空管系统的安全生产提高有力的保证。在 2007 年，该网络得到了进一步的利用，通过它我们已经成功与华东空管局实现了视频会议联网、办公网络联网，新增开通了自动转报到上海和盐城 ATM 链路、盐城引接连云港雷达信号的 ATM 链路，以及民航江苏监管办的入网接入工作，我们目前正规划通过该网络平台，实现我局与下属的徐州导航台、连云港导航台实现 OA 系统、财务系统、视频会议的联网。以后该网络将承担大部分高速数据链路网业务，为民航信息化事业做出更大的贡献。

(5) 2007 年航行、情报、气象完成的建设项目：完成全国民航气象传真广播系统本地工程改造建设，已投入试运行；奥运气象保障工程的可视天气会商系统、自动气象站资料接收系统等顺利完成并通过华东空管局集体验收；根据管制工作实际需要研制开发的《空中交通管制辅助管理系统》项目进一步推开，完成塔台应用的部分扩展。

(6) 为了利用现代信息技术，提高工作效率，民航江苏空管分局办公自动化（OA）系统从 2007 年 11 月起，经过调研开发、系统测试、全员培训、试运行等前期工作，于 2008 年 3 月 25 日起正式启用。民航江苏空管分局办公自动化系统系分局行政办公系统的信息管理平台，实现公文流转、日程管理、行政事务、信息动态发布等机关内部办公自动化功能。该 OA 系统界面简洁、操作便捷，充分保证通用性、易用性、稳定性、安全性和可扩展性，能很好地适应我分局对办公自动化的需求。

（三）2008 年信息化发展计划与目标

2008 年度，将在网络的交换设备升级的基础上，完善重要网络应用的监视和网管工作，加强信息网络的安全保障力度，配合奥运会信息安全保障要求，做好信息网络的安全等级保护定级工作，做好信息网络安全评估工作，重点解决网络自身存在的脆弱性问题。

建立和实施奥运保障工程的可视天气会商系统、自动气象站资料接收系统及空管通播系统的更新换代等。

在今后的两年中，江苏空管分局将根据上级领导部门信息化建设的指导思想，协调好空管各专业部门之间在信息源的布局、信息采集、信息的接入和传输、信息的处理与管理、资源共享等方面的工作，进行深入探索，与时俱进，加大投人，加强管理，充分利用信息化事业对民航空管带来的便捷，努力实现空管事业的信息化、现代化，为民航飞行提供更为安全、可靠的保障服务。

【无锡机场信息化建设工作】

无锡机场有限责任公司成立于2003年10月，于2004年2月18日正式开航。开航当年就跻身全国民航机场第55位。2007年旅客吞吐量突破136万人次。无锡机场有限责任公司从成立起，就十分重视信息化建设工作。公司在资金相对紧张的条件下，逐步加大投入力度，投资建立、完善了一套适应机场运营需要的信息系统，其中包括机场内部办公局域网、现场指挥控制系统、安全监察系统、地面服务调度系统、货物检查监控系统和电子客票销售等系统的建设。初步建立起了机场计算机信息网络。随着2007年9月28日新航站区改扩建工程正式投入使用，无锡机场信息化水平有了质的改变。由原先单一、人工自动参半的信息系统步入一个先进、集成、自动化的信息管理平台。

（一）机场现有信息化建设设施、设备及数量

2007年建成后的无锡机场信息系统集成度更高；信息流明确、合理；扩展方便；设备先进。现有设备如下：

网络设备：核心层千兆三层交换机7台、汇聚层千兆三层交换机12台、接入层千兆二层交换机10台、普通交换机若干。

主机设备：小型机4台、机架式服务器20台、塔式服务器4台、PC服务器6台、工控机5台、终端若干。

线路设备：电子配线架6个、信息点3000个。

（二）信息中心组织机构及职责

有了先进的系统和设备，更需要合理的组织机构、先进的管理才能更好的保障系统、设备的稳定运行。因此我们采取专人专项，相互学习相互帮助的原则设立了以下工作岗位和职责：

1．信息设备管理站站长

（1）负责候机楼信息设备管理站年度工作计划的制定；

（2）负责贯彻落实公司有关信息工作的指示精神，制定站内信息工作的发展规划、向公司提出工作建议，并组织实施项目的落实；

（3）负责站内的人事管理、业务管理、行政管理工作；

（4）负责候机楼信息设备管理站规范化基础管理工作的组织、落实；

（5）负责站内业务技术的全面工作，组织解决各种设备技术问题，为公司提供良好的信息、机电、设备技术保障，确保系统运行安全和网络安全；

（6）负责候机楼信息设备管理站各弱电、机电系统方面技术升级及硬件设备的更新改造计划的制定；

（7）负责制定培训计划、组织业务考核、建立部门激励机制，促进各项工作；

（8）完成公司领导交办的其他各项工作。

2．信息管理工程师职责

（1）负责所属系统设备的月、季、年度检查和维护；

（2）负责组网规划、设计、系统开发并解决运行保障工作中的复杂技术问题；

（3）负责对集成系统、中央数据库进行安全管理；负责网络交换机软件配置；

（4）负责系统的运行安全、机房的防火、用电安全；

（5）负责机房系统运行环境的管理；

（6）负责及时向值班领导通报值班期间出现的问题；

（7）按照科学、规范、便于操作的原则，负责的提出设备设施管理的意见、建议，提高规范化基础管理的水平；

（8）完成领导交办的其他各项工作。

3．信息管理助理工程师职责

（1）负责信息系统设备的日常管理维护；

（2）负责值班期间设备、机房的全面管理工作；

（3）负责值班期间系统设备运行情况的检查及终端的维护、维修工作；

（4）负责值班期间的系统运行安全、机房安全；

（5）负责及时向值班领导通报值班期间出现的问题；

（6）负责监督执行值班工作制度、工作程序的落实；

（7）负责每日值班日志记录；

(8) 完成领导交办的其他各项工作。

(三) 信息化工作种类、用途及成果

1. 生成管理集成平台

航班信息处理、生产运营管理、机场运营资源管理、航班信息综合查询、机场基础数据管理。

2. 航班信息显示系统

航班信息显示；宣传标语、视频显示；指示、通知显示。

3. 自动广播系统

航班动态信息实时自动区域、区间广播，人工应急广播。

4. 闭路电视监控

全区域实时监控、联动；录像检索、回放。

5. 安检信息管理

安检信息存储、调用、回放。

6. 时钟

为整个机场和各系统提供统一、准确的时间。

7. 内部通信

内部电话通信；远程调用指定航班广播；远程调用人工广播。

(四) 存在的问题和解决办法

1. 信息系统的安全性

解决方法：做到专机专用，生产和办公系统采用两个完全物理分割的网络，根据用户权限分配资源，杜绝限制一切可能影响到生产网络的行为。

2. 信息系统的稳定

解决方法：每天不定时巡检、不定时远程巡查、日志收集、每天每周的备份。

(五) 2007 年新建信息化项目

本次航站区信息化工程本着“统一规划、分步实施、可快速扩展”的思路，围绕生产调度管理集成系统为核心，建设了十几个子系统，包含民航专业方面的航显、离港、自动广播、闭路电视监控、安检信息管理、时钟、内部通信等系统和非民航专业方面的有线电视、门禁管理、综合布线、停车场收费管理、无线网络等系统。

根据整个航站区建筑功能分布需求，信息系统分布如下：

(1) 网络信息中心：位于航站楼一楼弱电控制中心，面积约 140 平方米，作为主配线间和核心机房。

(2) 通信管理中心：位于航管楼一楼通信中心，面积约为 60 平方米，作为有线电视、通信运营商等系统的主配线间和核心机房。

(3) 安防监控中心：位于航站楼一楼地面指挥中心，面积约为 50 平方米，作为指挥调度、门禁报警以及航站楼、站坪的监控中心。

外场监控中心：位于综合办公楼一楼。

调度指挥中心：设置于航管楼二楼。

(4) 安检信息中心：设置于航站楼二楼安检通道旁的安检用房内，面积约为 15 平方米，作为安检信息系统的主配线间和放置核心设备。

安检监控中心设置于安检信息中心旁的安检用房内。

(5) 离港系统中心：设置于航站楼一楼，面积约为 18 平方米，用作中航信节点机房和离港系统核心机房。

(六) 2008 年无锡机场信息化发展规划及目标

2008 年机场正在筹建自己的网络办公平台，即办公自动化项目 (OA)，开发商为上海泛微软件公司，一家专业的基于 JAVA 平台的 OA 开发商，办公平台预计 2008 年 5 月份投入使用，这将大大节省我们现有的办公效率，迅速实现无纸化办公。

(七) 无锡机场民航转报网络情况

无锡机场目前使用宏光青岛电子技术部生产的 ZB32 - D 型自动转报机，通过民航华东网络公司的连接，加入国际民航组织的 AFTN 以及 SINA 网络，为机场及驻场各保障部门提供航班动态、本场气象信息、飞机放行、旅客信息等动态电报的中转业务。至 2007 年底，共有用户 14 个。

【中国航空油料有限责任公司江苏分公司信息化建设工作】

中国航空油料 (有限) 江苏分公司主要负责省内民航机场航班用油的采购、调拨、运输、保管、化验、计量及飞机加油任务。分公司下设三科二室 (业务科、计财科、人劳科、行政办公室、党委办公室) 及六个供应站 (常州供应站、南通供应站、徐州供应站、连云港供应站、无锡供应站、盐城供应站)。

由于该公司点多，线长，分散，为强化管理，加快信息传递，该公司把信息化建设作为一项重要工作来抓，在费用十分紧张的情况下，仍投资数万元购置电脑、增设 ADSL 线路，截至 2007 年 12 月底，该公司本部及所属供应站根据岗位需要配备了电脑 40 台，10Mb/s 光纤 1 条，ADSL 线路 5 条。2002 年该公司启用 ERP 项目，主要用于财务管理、生产管理。2005 年 11 月，该公司及下属供应站同时开始启用中国航空油料有限责任公司的信息平台系统。为了加快信息传递速度，实现真正快节奏办公，该公司南京本部将原 ADSL 变更为 10Mb/s 光纤，从而使信息传递大大加快。2007 年 9 月，配合启动了中国航油集团公司的“e-HR”项目。至 2007 年底，该公司在财务管理、安全管理、行政管理、党建思想工作、人力资源管理等各个方面都已全部采用网络办公。

2008 年计划：分公司打算在原有基础上对办公自动化系统进行改造和升级，购置电脑，对部分旧设备进行更新，以更好地发挥信息化管理在安全生产中的作用。

【南京空港油料有限公司信息化建设工作】

该公司信息化建设工作起步于 1997 年，是年建立了小型化的局域网，主要在财务、人劳等到部门使用。1998 年起，逐步购买新的计算机设备，并配备到各个业务职能部门，统一纳入到公司局域网，实现资源共享。2001 年公司又为一些部门提供了调制解调器，开通了邮箱，加强了这些部门与外界的信息交流及信息的获取。2002 年该公司把信息化建设提高到一个新的高度，成立了计算机信息管理中心，并配备专人管理公司的网络建设，硬件设备的维护，各种软件的运用培训及公司的网站建设，同时引进了 CASE 的办公自动化系统。2003 年公司加强了网络端口控制，防止重要信息泄露，加强公司网络安全控制，定期升级杀毒程序。

至 2007 年底，该公司已有服务器 4 台，交换机 8 台，台式计算机 55 台，笔记电脑 15 台，网络打印机 3 台及附属设备若干。该公司各计算机之间是通过百兆局域网相互连接，下属各库站以光纤连接，该公司局域网与外网是以 2Mb/s 光纤专线 + 10Mb/s 光纤连接。

该公司采用金碟软件公司开发的计算机办公系统，实行网上无纸化办公。该系统可与外网直接接入，确保出门在外的员工随时都能登陆办公系统，及时处理工作事务。该公司在服务器上加设了内部即时通讯软件，方便了内部各部门的工作交流与沟通。建立了对外网页，既为社会各界了解公司打开了一个窗口，也是宣传、提高公司知名度的有效渠道。建立了网上内部论坛，为广大员工积极参与公司的民主管理开辟了新的通道。2007 年，该公司在计算机信息化管理工作上主要是进一步完善计算机系统。

2008 年该公司将建立网络视频会议系统，减少因外出参会发生的各项费用，降低运营成本；进一步做好公司新闻信息在公司局域网和中国航油集团公司及江苏航产集团公司两家股东单位网站的发布。准备架设虚拟专用网络系统，确保信息传递的安全性和保密性。将构建飞机加油录人、分析数据库系统，为公司决策提供有效数据保证。

【江苏华宇通用航空有限公司信息化建设工作】

江苏华宇通用航空有限公司成立于 2005 年 3 月，2006 年 9 月 12 日获得了国家民航总局颁发的《通用航空企业经营许可证》，并于 2007 年 1 月 17 日获得《商业非运输航空运营人运行合格证》，是江苏省首家以城市综合服务保障功能为定位的通用航空公司。2007 年正式进入商业运营阶段。

公司在两年多的筹建中，信息化建设工作作为公司的一项基础工作始终同其他各项重要工作同步进行，首先从硬件上提高企业信息化建设的质量，投入 24 万元人民币，购进各类必需设备。至 2007 年底，公司已拥有台式电脑 21 台，笔记本电脑 6 部，打印传真一体机 9 台，IBM 服务器 1 台等，同时架设了内部千兆以太网，利用第三层交换机组建数据中心，使得桌面到服务器只需 2 次跳步，实现公司各部门资源共享、文件传输。此外，公司已经拥有了自己独立的网站（www. huayuhangkong. com），网站以静态页面为主，主要起到相关新闻、信息的报道和发布，以后公司将逐步加大对网站的动态建设，例如 VIP 会员制度、论坛等，更好地与客户进行互动交流，也便于公司接收他们的意见，了解他们的想法，从而为企业的发展提供更多的宝贵建议。

2008 年打算：公司将继续加大对信息化建设的投入，做到硬件、软件两手抓。计划再投入一定的资金购进 OA 系统下的相关设备，接入硬件防火墙，并在公司服务器上配备企业版杀毒软件，及时更新，抵制互联网上的木马病毒和恶意程序，提高网络安全，保护公司机密文件。公司还将接纳更多信息化人才，并适时组织公司员工培训，提高计算机应用水平，加强信息系统的管理，学习 ERP（企业资源管理系统）、SAP（财务管理系统）等软件，并应用到工作中去，不断提高工作效率。

此外，公司还将逐步建立 FOC（飞行运行控制系统），保障公司的飞行安全，并与公司的机务、商务等管理系统建立接口，以及与南京禄口国际机场和南京空中交通管理中心等相关单位的生产系统建立接口，让信息化建设工作在保证公司的飞行安全和公司的商业营运中发挥更好的作用。

（肖吕宏）

江苏省邮政信息化发展概况

2007年是江苏邮政发展史上不平凡的一年。按照集团公司以加快发展推进改革、以深化改革促进发展的总体思路，全省邮政坚持一手抓改革、一手抓发展，推进全面协调可持续发展，特别是在实现年初经营工作“开门红”的基础上，顺利推进邮政体制改革，省邮政局成功重组为省邮政公司。自省公司正式挂牌成立以来，我们面对极具挑战的新形势，坚持把提升公司价值作为各项工作的主线，实现了公司化运营的良好开局。

【公司化改造取得阶段性成果】

（一）公司价值理念深入人心

各级管理层认真落实全省邮政发展与改革座谈会精神，把市场机制、现代公司模板、中国邮政特色三个关键词作为基本出发点，自觉参与和努力推动公司化改造。通过从权益人的角度审视企业价值，牢固树立了公司价值理念，高度注重公司价值提升，重点围绕利润、主营业务增长的可持续性、现金流、核心竞争能力、重要客户增加等指标，积极转变经济发展方式，提升了发展的质量和效益。

（二）财务集中管控模式初步构建

一是深入推进全面预算管理，制定了成本费用配置模型，对成本费用进行分类管控；完善全面预算管理信息化平台，引入“预算—执行—分析—考核”的闭环模块设计。二是建立网上银行，构建了全省资金管理控制平台，实行了省市资金收支两条线管理，实现了各市县局收入账户零余额管理。三是全面推行一体化核算，实施了会计核算的集中管理。

（三）专业化经营纵向管理逐步加强

全面推行了速递专业市县一体化经营，按“大同城”概念进行区域统一开发和运作，增强了市局速递公司对全区速递业务经营管理的掌控能力。物流专业以省和省会市局为单元进行实体化运作，以新的体制推动物流业务发展。储汇专业从组建银行的要求出发，强化并完善了内部管理职能。正确处理改革与发展的关系，坚持做到以发展推动改革、以改革促进发展，确保了队伍不乱、人心不散、发展不慢。

（四）以公司价值为核心的绩效考核办法逐步完善

重新梳理了绩效考核指标体系，新的考核体系主要涵盖财务、顾客和市场、内部运作、学习和创新等四大部分指标，突出了公司价值的要素，使体系结构更加清晰，更加有利于引导企业关注资源优化利用和实现良性发展。

（五）管理团队建设取得成效

一是重新设置了省公司本部的组织架构，其中面向市场的管理人员编制占总编制数的50%以上。二是加强省公司本部管理团队建设。顺利完成了省公司本部管理人员竞聘上岗工作，省公司本部处级干部平均年龄下降了6岁多，年龄、知识结构进一步优化；空缺管理岗位面向全省邮政企业公开招聘，共有9名优秀人员受聘，4名充实到省公司相关专业局。同时，新招聘了5名重点院校硕士毕业生。三是加大了干部交流力度。规范交流干部制度，加强干部纵向交流和跨区交流，推进后备干部交流任职。制定了《领导干部交流工作补充规定》，全年共有13名处级干部交流任职。四是改进大学毕业生招聘工作，实行省公司集中统一招收，既彰显了“江苏省邮政公司”品牌，又极大地提高了应聘生源质量。目前，全省邮政企业已经签约253人，其中硕士研究生58人。

（六）损益核算全面推进

一是完善责任中心损益核算办法，与集团公司规定相衔接。二是加强损益核算结果的分析，通过速递、储蓄和物流专业的损益分析给业务发展和决策提供依据；同时开展了思乡月、用户欠费、邮运成本等专题损益分析。三是深化网间结算，实行了国际终端费模拟结算、省内省际干线运费结算、省内速递网业模拟结算和国际航空运费结算、中邮快件境外处理成本结算，以及省内省际物流集散网成本结算、航空快货结算。

（七）主辅分离工作稳妥推进

【邮政经济保持良好发展态势】

全省邮政企业紧紧围绕公司价值提升指标，加快业务发展，强化市场开发，实现了又好又快发展。全年累计实现邮政业务总收入57.41亿元，同比增长16.31%；完成邮政业务总量71.5亿元，同比增长14.38%。经济运行质量和效益稳步提高，完成了集团公司下达的收支差额指标；实现经营现金净流量6.64亿元，现金营运指数达1.08，高于集团公司0.85的要求；成本费用结构进一步优化。

（一）业务结构调整取得进展

全省累计完成邮务类业务收入16.2亿元，同比增长20.5%；累计完成速递物流类业务收入10.8亿元，同比增长24.2%；累计完成金融类业务收入29.38亿元，同比增长12.57%。三大业务板块收入比重为1.5:1:2.7。邮务类业务和速递物流类业务发展速度加快，收入增幅均明显超过总收入增幅，占业务总收入的比重提高2.18个百分点。金融类业务经受了市场变动的考验，收入保持了稳定增长，对全省邮政发展大局起到了重要的支撑作用。中间业务收入占金融类业务收入的比重达16.84%，比上年提高近5个百分点；邮储余额活期比为24.26%，比年初上升1.56个百分点。

（二）经济发展方式转变初显成效

围绕重点营销项目，推进市场化运作，以新闻发布会、产品发布会、服务推介会的形式，开展一系列营销推广和公关活动，业务推广的商业化水平明显提高。积极运用CRM、KPI、VIP手段维系大客户，重点发展低本高效和边际效益型业务，初步建立了效益型增长、可持续发展的模式。至2007年底，全省用邮量达1万元以上的大客户近1.4万个，累计贡献业务收入12多亿元，占全年邮政业务总收入的21%。用邮收入100万元以上的大客户累计达到141家，合计贡献收入3.59亿元，其中苏州昆山远洋、无锡移动、常州移动的年用邮规模均超过了1000万元。

（三）重点营销项目稳步推进

对跨专业、跨地区、跨行业的重点业务开发，推行统一策划、全省联动、专业互动的总部营销模式，引入现代市场营销工具，对项目进行预评估、后评估，初步实现了营销项目的闭环管理。与省电力公司签署合作协议，代收电费项目取得成效，不断深化合作内容，开发了代售电费充值卡等一系列产品。推进服务中小企业工作，省公司与省中小企业局召开电视电话动员会议并联合发文，全省组织了9场次的推介会，走访了各类中小企业2万余家。成功开发了中石化商务汇款业务。“思乡月”专项营销销售额同比增长45%。招生商函专项营销收入同比增长85%。成功取得奥运特许商品特许零售商资质，全省获准开办30家奥运特许商品零售店。创新开展邮政金融类业务跨年度竞赛活动，首次将金融业务余额增长作为发展目标。

（四）重点业务发展实现新突破

制作数据库商函1.25亿件，同比增长28.5%；2008年邮政贺卡收入突破1.6亿元，同比增长74%，列全国第一；邮资封片和无名址函件收入均突破亿元，双列全国第一。报刊发行年收入同比增幅达10%，首次实现两位数增长；重点报刊订阅实现了早于零售面市，2008年报刊大收订流转额突破10亿元，企业形象期刊达到28万册，报刊订阅卡全面启动并取得成功。个性化邮票和形象宣传年册突破150万版/册，自制和定向邮品开发收入突破1亿元。电子商务平台运作产品达31大类900余种，累计交易金额5.28亿元。“次晨达”邮件日均出口突破1.58万件，同比增长77.4%。全年新增一体化物流大客户18个，收入同比增长5.3倍。全省邮政储蓄期末余额为1508亿元，规模继续列全国第一，市场占有率为11.6%；中间业务收入同比增长70%，其中结算类业务收入同比增长25%，代理类业务收入同比增长212%。资产业务发展成效显著，累计发放小额存单质押贷款12.3亿元、列全国第三，贷款余额4.6亿元、列全国第二；银团贷款合同金额104亿元，实际发放87亿元，均居全国第一；推广协议存款45亿元，同业存款4亿元，票据业务12亿元。全省邮政金融首次实现了当年资金运用金额大于新增存款余额的历史性转变。

全面发展亮点多是2007年我省邮政业务发展的主要特点。

【邮政发展的支撑保障能力进一步增强】

（一）邮政业发展获得政府有力支持

2007年11月7日，《省政府办公厅关于做好支持邮政业发展有关工作的通知》正式印发。《通知》要求全省将邮政网点建设纳入城乡规划，妥善处理邮政网点的拆迁补偿问题，做好邮政信报箱的建设和维护工作，开通邮政普遍服务运输车辆绿色通道，进一步改善了邮政发展的外部环境。

（二）配合集团公司做好“全夜航”转场工作

我们克服“全夜航”集散中心提前转场时间紧、任务重的困难，制定周密的网路实施方案和详细的邮件发运计划，调整全省网路，搭建邮航生产信息系统，协助中邮航按时完成集散作业，确保了集散中心顺利开航。转场后，“全夜航”航班的准点率近90%，全省进出口邮件传递速度大大加快。

（三）企业可持续发展能力有效提升

下达了固定资产投资计划5.6亿元，新增城市网点49处、ATM机475台、邮资机224台，新购生产车辆914辆（其中速递车辆497辆），布放转账电话2100台。加大财务支撑力度，促进了对日业务和商函业务发展。成立了省直邮协会，为商函业务可持续发展营造了良好氛围。落实《江苏省邮政投递网建设实施意见》，加快了地市以上城市郊区投递网、县以上城市投递网、发达地区乡镇投递网建设。国际通道进一步改善，开办了至韩国中速商业快件业务。完成了ATM/POS银联前置统版、两网互通、电子汇兑大集中等信息化建设工程；推进电子商务平台三期工程建设，应用功能进一步完善。

（四）管理工作扎实推进

切实贯彻“八条禁令”，经营秩序有序规范。深化“强基促发展”综合业务大检查，基础管理进一步夯实。加大监督检查力度，邮政服务质量稳定提高。规范劳动用工管理，修订了全省邮政劳动合同管理办法和在岗聘用工管理办法。改进薪酬分配方式，实现了员工劳动报酬由地市局集中发放，地市局和省公司直属单位领导劳动报酬由省公司集中发放。加强财务预算管理和制度建设，规范业务和财务管理流程，完善会计检查机制，风险管理体系建设全面加快。加强实物网的运维管理，网运效能进一步提升；推进信息网达标升级，“安全运行年”竞赛再创佳绩。安全管理水平进一步提高，安全生产形势总体平稳。审计工作取得成效，全年促进增收节支3224万元，审减工程项目金额6463万元。

（五）精神文明建设取得新成绩

深入贯彻落实“以人为本”理念，员工工资福利待遇稳步增加，和谐邮政建设不断推进，党风廉政建设进一步加强，省公司获得“全国五一劳动奖状”。组织开展了“共促发展、共铸诚信、共建和谐、共创文明”百日竞赛，全省邮政即将第四次创成“省文明行业”。实施员工素质提升工程并取得良好成效，我省代表队在全国首届邮政通信特有职业技能大赛中获得团体总分第一。注重发挥工会的桥梁纽带作用，群众性经济技术创新、和谐劳动关系企业创建、民主管理制度建设、“送温暖”活动等工作取得新成效，省邮政工会荣获“江苏省群众性经济技术创新工程优秀组织奖”。

（朱桂峰）

江苏省司法行政信息化发展概况

近年来，江苏省司法行政系统信息化建设以邓小平理论和“三个代表”重要思想为指导，全面贯彻落实科学发展观，按照《江苏省政府办公厅关于进一步推进全省电子政务建设的意见》的精神，紧紧围绕富民强省、“两个率先”和服务型政府建设，以信息资源整合为核心，立足全省司法行政系统业务实际需求，坚持以信息化带动司法行政业务规范化，以司法行政业务规范化促进信息化，信息化建设水平得到稳步提高。

【全省司法行政系统信息化建设发展概况】

从2005年开始，我省司法行政系统信息化建设开始加速，短短两年多，基本建成了以“两网”、“三系统”为架构的信息化建设框架体系。“两网”是指江苏司法行政外网和电子政务外网。“三系统”是指应急指挥系统、办公自动化系统、业务应用系统。全系统的信息化建设已取得阶段性成果。

（一）全系统各种信息产品硬件设备数量大幅增加，信息化建设硬件水平得到了整体性的提高

2007年，全省司法行政系统继续加强对信息化建设的投人，极大地改善了办公条件，基本达到了办公电子化的要求。省厅机关建成厅机关内部局域网，构建并完善了全省司法行政数据中心，近年来新增电脑200多台，存储U盘220多只，各种服务器和网络设备20多台。全省13个省辖市，106个县市区司法局均已建成内部局域网，基本做到了人手一台办公电脑，全省1402个基层司法所基本达到所所有电脑的要求。全省监狱系统共有联网计算机7100多台，民警计算机拥有率达到50%以上，劳教系统购置部署网络设备60多台，开通210门IP电话。这些信息产品的购置，为下一阶段信息化建设提供了硬件保障，同时这些产品的部署、使用、调试、维护提高了机关人员的计算机应用水平，锻炼出了一支信息化建设队伍，为全系统信息化建设的持续推进提供了智力支持和人员保障。

（二）全省司法行政系统广域网第一阶段工程顺利建成，为信息化建设奠定坚实基础

全系统广域网第一阶段工程顺利完成，业已建成的司法行政系统广域网利用省电子政务内网组网，已覆盖省厅、两局机关、全省13个省辖市司法局以及全省32家监狱、劳教所，此网具有保密性高，联网速度快的优点。它的建成，将省厅、市局以及监狱劳教单位联为一体，打破了省厅与市局以及省厅与监狱劳教单位之间的网络壁垒。原先对网络带宽和保密有要求的各项应用系统无法在公共网上运行部署，司法行政广域网的建成，打破了这些应用系统的网络瓶颈，为我省司法行政系统的信息化建设奠定了坚实基础。

（三）全系统对外网站建设水平整体提高，江苏司法行政网实现网站建设跨越式发展

近年来，全省司法行政大力推进电子政务建设，把对外门户网站建设视为电子政务建设的总核心和推进器，全系统对外门户网站实现了整体性的提高。其中，作为全系统门户网站的龙头江苏司法行政网已经初步建成为一个能反映全省司法行政系统工作动态的窗口，一个交流司法行政工作经验的基地，一个为全省老百姓提供服务的在线平台，实现了网站建设的跨越式发展。

1. 网站拥有率、发展水平明显提高

全系统现有对外门户网站近50个，其中省辖市司法局13个，县市区司法局30多个，对外网站已逐步从单纯的政务公开向政务公开、公共服务、公众参与等多个方面加以拓展。其中省厅机关对外网站——江苏司法行政网2005年10月正式投人运行，当年省政府网站评比在60多个省级单位中排名36位，2006年排名提高到12位。网站访问量由建站初期的日均150多人次上升到日均1500多人次。省劳教局于今年4月开通对外门户网站“江苏矫治网”，填补了我省劳教系统对外网站建设的空白。

2．政务信息公开不断拓展和深化

现有的司法厅以及两局（监狱局、劳教局）机关对外网站由原来的单一公布重要政务信息、工作动态更进一步细化，各处室更新各自业务范围内相关的政务信息；及时公布人事任免，机构设置变动、奖惩信息、各类政策文件等，进一步扩大了政务公开力度，增加了司法行政工作的透明度。

3．在线办事等网站服务功能大幅提升

全系统对外门户网站建设中注意增加了在线办事等服务类栏目，在省辖市网站中大都提供了较为完备的办事指南，以及相关材料下载。在江苏司法行政网上，对面向群众的法律援助、公证、律师管理的事项都有详尽的办事指南和相关的业务咨询系统，极大地方便了群众，网上举报、在线投诉系统对业务工作加强了监督力度，这些在线办理事项改善了全省司法行政系统的工作态度，提高了服务水平，对推进我省司法行政系统“对标找差、全国争先”工程起到了积极作用。

4．公众参与的互动栏目实现了突破

现有的江苏司法行政网比旧版增加了公众参与的互动性的栏目，网上调查、在线访谈栏目实现了全省司法行政网站互动栏目的突破，已举办的几次有关法律援助、农民工、监狱工作的在线访谈都大获成功，解答了群众的疑问，加强了群众对司法行政工作的了解。

（四）建成多项业务应用信息系统，使信息化建设切实为业务工作服务

信息化建设关键在应用，信息化建设只有切实为业务工作服务，才能发挥实际作用。近年来，以省厅和两局机关为主导，科学规划、统筹推进多项业务系统开发，省厅现已开发完成厅机关办公自动化、内部邮件系统、电子图书馆系统、全省司法行政公文传输系统、全省司法行政政务信息报送系统、法律援助系统、社区矫正移动信息管理系统。监狱劳教系统开发完成监所安防数字信息集成系统、管教信息系统、应急处置辅助系统。部分省辖市司法局以信息化应用为出发点，积极探索，取得了显著成效。南京市司法局开发的公证业务管理信息系统、苏州市司法局开发的社区矫正移动信息管理信息系统，在全国同类软件中取得了突破。其中法律援助系统、社区矫正移动信息管理系统由于实用性强、科技含量高，受到有关专家的广泛关注和一致好评。这些应用系统的开发完成，极大的提高了司法行政工作效率，丰富了司法行政的工作手段，提升了全系统工作效能。

2007年省司法厅顺利建成应急指挥系统，从而首次将系统内的各项应急指挥资源加以整合，这个系统从立项到竣工只花了短短5个月的时间。通过应急指挥系统，省厅将能够第一时间的处置监狱劳教单位的各种突发事件。此系统的顺利建成，也为下一步实现与省政府应急指挥系统联动，发挥全省司法行政整体优势创造了条件。

（五）初步建立健全信息化建设的组织体系，打造了一支信息化建设队伍

信息化建设有其自身的特点，首先信息化建设是一个整体有序的系统工程，无论是信息资源整合还是业务应用系统的开发都涉及到方方面面，都是全系统的聚合行为，整体行为，需要加强在组织保障、人员培训、资金使用、工程建设等多方面的协调和规划。其次，信息化建设对专业技术要求较高，因此建立信息化建设组织体系，打造信息化建设队伍显得尤为重要。省厅及两局机关在信息化建设伊始就重视到这一点，成立全省司法行政系统信息化建设领导小组，整体规划指导协调全系统的信息化建设，增设信息化建设专职机构——厅信息中心，全系统几年来先后引进信息化专门人才100多名，组织1000余人次进行信息化培训。60多个县市区配备信息化建设专门人员，自上而下初步建成一只信息化建设队伍。

【存在的问题与不足】

江苏司法行政信息化建设虽然近年来取得了较大的进步，但仍处于发展初期，还存在一些问题和薄弱环节。一是信息化建设发展不平衡的问题依然存在。苏中、苏北信息化建设缺乏资金保障、相对落后。二是信息化建设人才匮乏问题一直存在。市县两级司法局缺乏大量专职技术人员。有的市局连一名专职技术人员也没有。三是与全省司法行政工作快速发展的形势相比，信息化建设还比较滞后。在全国的司法行政系统中，尽管本系统信息化建设在部分领域处于领先地位，但由于起步晚，资金投人不足等因素，与北京、上海、广东、浙江、江西等省市相比，在广域网网络建设规模、应用系统覆盖范围等方面还有一定的差距。

【2008年信息化建设推进目标】

（一）继续推进全省司法行政系统电子政务内、外网建设的全面建成

各市、县（市、区）司法行政部门继续推进机关内部局域网建设；继续推进省、市、县（市、区）、街道四级司法行政部门的电子政务内网（广域网四级网）建设；丰富“江苏司法行政网”和各市、县（市、区）司法行政部门对外网站的内容，建立健全全省司法行政部门的公众服务网络体系，积极推进司法行政业务的网上办理和公共服务；依托省厅电子政务内网门户这个平台，整合重点业务系统，基本形成政务信息共享和交换机制，信息资源应用开发进一步取得成效；建立健全司法行政系统突发公共事件应急指挥通信与信息保障工作机制，形成统一高效的应急指挥信息网络体系。

（二）推进网上协同办公业务建设

各省辖市司法局按照《省司法厅关于全面推行公文无纸化传输工作的通知》要求，制定电子印章管理办法，进一步改进公文处理方式，完善公文办理制度，实现省、市、县三级无纸化办公。信息化建设基础条件较好的司法行政部门，要加强系统功能建设，创新工作方式，优化业务流程，提高应用服务水平，积极开展网上协同办公业务探索，总结经验，为全省司法行政系统提供借鉴。

（三）建立健全省司法行政基础信息数据库

应用当前最新的信息技术手段，在全省范围完成法律援助、律师、公证、司法鉴定、国家司法考试、司法所综合业务管理（含社区矫正等）、警务人事等管理信息系统的推广应用，构建法律援助、法律服务、司法行政人力资源、社区矫正、司法考试基础信息数据库，为各类司法行政业务提供高层次、方便适用的软件工具。

（周　波）

江苏省劳动保障信息化发展概况

【基本概况】

2007年，江苏省劳动保障厅在省委、省政府的正确领导下，按照国家金保工程建设的统一要求，坚持服务与创新，开拓进取，扎实工作，全省劳动保障信息化建设和公共服务体系建设步伐继续加快。

【主要工作】

（一）全面推进金保工程的各项基础建设

1.进一步推进数据中心建设，全省联网向社区、乡镇延伸

省和大部分市都建设了符合国家标准、统一的数据中心机房。省劳动保障厅按照“一条主干传输”的要求进行省市数据中心的联网建设，2007年完成了省市专线的带宽升级；加快推进各市城域网建设，实现市级劳动保障数据中心与各县（市）、区的网络连通，全省城域网覆盖率已达96%；同时，实施“镇镇通”工程，抓紧建立市、区、街道、社区四级信息网络平台，实现与银行、企业、定点医院、定点药店的网络连接，将劳动保障服务全面延伸到社区基层。

2.数据整理和传输工作得到加强，联网应用进一步拓展

省劳动保障厅组织了数据指标整理工作专项检查，有效地促进了有关监测数据质量的提高。失业登记和失业保险监测制度也在全国率先建立。与此同时，完成了全国、全省劳动保障部门视频会议的技术保障和会场保障服务工作，保证了会议的顺利进行，提高了工作效率。

3.全面推进统一应用系统的开发和实施，并在试点市成功上线

省劳动保障厅组织苏北五市业务、技术骨干开展了三轮集中需求分析讨论并组织进行了设计方案论证、数据整理整合、软件测试等工作，为统一软件的顺利实施做好准备。目前社会保险统一应用软件已完成主体开发，在连云港市顺利上线运行；全省统一开发了劳动仲裁、劳动监察系统软件，并在连云港、淮安、盐城、宿迁四市成功上线；开发了全省劳动保障数据直报系统平台和核心数据统计分析系统。通过统一软件的实施，优化了经办流程，推动体制机制的创新，对提升劳动保障部门的管理水平和服务能力起到了积极的促进作用。

4.示范城市建设进入新的阶段，对全省全面实施“金保工程”起到促进带动作用

2007年，南京、无锡、南通、泰州、扬州等市试点工作进入了新的阶段，在推动劳动保障工作的体制创新、制度创新、管理创新和服务创新方面闯出新路子，通过劳动保障部的验收评估，被认定为“全国‘金保工程’建设示范单位”。南京市完成了系统的二次升级，并在省市共建12333过程中作出了突出贡献；无锡市以社会保障卡为抓手，进行系统功能的拓展，构建了一体化、全覆盖的劳动保障业务系统；泰州市将统一应用软件的实施范围覆盖到所有区县，进行全市数据和系统的大集中；南通市扩大市级数据中心覆盖面，积极推进社区信息化；扬州市着手组织就业和社会保险两大系统的对接。与此同时，常州“金保工程”一期项目成功完成，连云港市作为统一软件实施的试点市于年底成功上线运行。通过“金保工程”示范单位的建设，积累了可供全省借鉴的经验，形成了全省“金保工程”建设的模板。

（二）着力推进劳动保障公共服务体系建设

1.12333建设取得重大突破，全省统一的劳动保障咨询服务系统联动开通

省劳动保障厅按照制度化、规范化、标准化的要求，完善制度规范，加强质量考核，不断提高服务质量。制定下发了《江苏省劳动保障咨询服务规范》、《全省12333建设和咨询服务工作指导意见》，完善了业务联动响应以及质量监测制度。省本级出台了厅长信箱、公众信箱办理制度、信息反馈和业务联动制度。省厅加强了对各地电话的抽检和指导，加强质量考评，取得显著成效。举办了全省

12333宣传月系列活动：何权副省长亲自参加全省12333劳动保障咨询服务热线联动开通仪式并作重要讲话；举办全省联动的“两法”广场咨询和在线咨询活动；在报纸、电视台、电台、在业务经办窗口、在社区街道进行了形式多样的宣传，咨询服务量大幅上升。目前，全省12333人工电话服务座席达到158个，实现了一点登录、全省咨询，全省联动响应。依托统一建设的电话咨询中心平台，将咨询服务的介质推广到网站、触摸屏、LED屏、电台、电视台，大大提高了服务效能。

2.劳动保障网站有了新发展，服务水平进一步提高

省劳动保障厅以建设一流的服务型网站为目标，推动“江苏劳动保障网”的建设。网站严格按照厅《政务公开制度》要求，完善网上信息公开目录，为公众提供在线依申请公开的渠道；对全厅行政许可、行政审批、经办服务等办事项目进行全面梳理，公开办事依据及办事指南；针对群众关注的热点问题，组织全面深入的专题报道。“江苏劳动保障网”进行了改版升级，以“行政许可”为主线，整合所有经办业务，提供在线查询、在线申报、在线办事、网上下载等各类在线服务。建设开通了劳动保障公共服务网、社会保险经办服务网、职业技能鉴定服务网、江苏省入境就业服务网，省及13个市全部开通了公共就业招聘服务网、12333综合咨询服务网，为公众提供专业化、一站式、全省联动的在线服务。网站对新出台政策文件在第一时间进行政策解读，为广大人民群众深入了解劳动保障政策法规提供方便。今年以来，在“中国江苏”和“江苏劳动保障网”举办了多期在线访谈活动。

3.社会保障卡规范有序发行，应用覆盖面大幅扩大

省劳动保障厅大力推进社会保障卡的发行和应用。南京、无锡、南通、泰州等地全面按照全国统一的建设标准和发行注册程序发行全国统一标准的社会保障卡，同时将应用范围覆盖到劳动和社会保障各项业务领域，使社会保障卡成为广大劳动者办理劳动保障事务的一张绿色通行证。

【发展目标】

(一)全面加强和规范数据中心建设，切实发挥数据中心作用

1.进一步加强和规范统一数据中心建设

所有省辖市在2008年底前建成符合国家标准的劳动保障数据中心机房，实现设备资源、技术资源和数据资源的统一管理。在苏北五市开展县(市)劳动保障业务数据全部集中到市级数据中心统一存放、管理、维护的试点工作。加强数据中心机房的基础建设，全面监控水灾、火灾、断电、高温、潮湿、盗窃等各种损害行为，能及时报警，确保物理环境安全。适时启动容灾备份中心建设。推动有条件的市尽早启动数据中心异地容灾备份方案制定和实施工作。

2.加强数据中心管理维护

建立健全劳动保障数据管理和维护制度，明确各部门的职责，加强各部门间的协调与配合，切实做好系统运行的管理、维护和技术支持工作，形成搭建一个统一平台，各项业务协调办理的工作模式。

3.提高上报数据质量，做好数据汇集上传工作

进一步抓好养老保险监测数据上传工作，配合劳动保障部完成基于新指标的监测软件的部署工作，做好新增指标项的数据整理和质量检查工作，基本实现基于新指标的数据上传工作。进一步抓好失业登记和失业保险监测数据上传工作。养老保险监测上传数据覆盖到所有企业养老保险参保人群，失业登记和失业保险监测上传数据覆盖到所有失业人员。根据全国金保工程统一安排，做好医疗费用和管理服务监测、工伤保险管理监测软件的部署和数据上传准备工作。加强对监测数据的分析工作，提高数据的使用价值。

(二)加强联网工作，确保网络系统安全运行

1.实现省—市—县(市、区)—街道(乡镇)、社区(村)四级网络贯通

进一步推进全省建设，扩大网络覆盖面，实现市级数据中心与所有劳动保障经办机构的联网，并延伸到所有街道、社区及乡镇，有条件的要延伸到村。

2.切实做好系统安全体系建设

按照兼顾效率和安全的原则，采用合理的安全技术手段，建立健全机房管理、网络管理、数据管理、系统运行管理等方面的规章制度，建立备份系统和应急预案，全面提高系统的安全防护能力。重点推进基于PKI/CA技术的安全信任体系在联网应用中的使用，做好安全信任体系的推广试点工作，提高联网应用的安全防护能力。

(三)加快统一应用软件的开发和实施工作，扩大统一应用软件的覆盖范围

1.加快统一应用软件开发实施工作

全面完成苏北五市社会保险信息系统的实施工作；完成全省劳动仲裁、劳动监察、劳动关系业务子系统的开发和实施工作，指导和推动省辖市将业务终端延伸到县(市)级；基本完成全省劳动就业管理信息系统的开发和实施工作。在现有退休人员社区管理系统的基础上，进一步拓展社区管理系统的功能。开发完善社会保险基金监管和宏观决策分析系统。

2.进一步扩大统一应用软件的覆盖范围

2008年，完成苏北五市社会保险管理信息系统向县(市)的推广试点工作。全省建立统一的劳动仲裁、劳动监察、劳动关系业务信息系统，部分省辖市劳动业务终端延伸到县(市、区)级。结合统一软件的实施，梳理、优化和规范业务流程，推动建立既充分利用信息化管理的优势，又符合劳动保障业务发展要求的业务模式。

3.做好全国统一应用软件的本地化开发和实施工作

积极配合国家做好全国联网监测管理软件、社会保险基金监管软件、劳动保障基层管理信息系统软件(基层管理软件)、基金财务接口及报表管理软件、网上公共服务应用软件(含劳动合同备案系统、网上职业培训系统、网上社保系统)、宏观决策支持软件等统一应用软件的开发和实施工作。

4.积极开展异地业务软件应用试点工作

做好异地业务软件(含在职人员社会关系转移软件、异地领取养老金软件、异地就医联网结算软件)的调研、方案制定及本地化开发和实施工作。选取条件成熟的市和业务点，尽早启动异地业务软件的试点工作，并逐步扩大业务范围和使用地区。

(四)加快公共服务系统建设，提升信息服务能力

1.进一步提升以江苏劳动保障网为门户的全省劳动保障网站集群整体公共服务水平

完善信息实时报送的有效渠道，进一步提高信息服务的深度和广度，加强信息发布的审核管理。积极增加网上服务项目，提供多形式的在线服务；整合业务子网站，实现和完善网上“一站式”的统一公共服务平台，鼓励推出创新创优举措。根据相关文件要求，积极推广使用CA认证服务。完成网站咨询系统的升级，构筑更加有效的立体咨询互动体系。在网上职业介绍和培训等多方面和国家金保工程做好衔接。进一步健全网站软硬件后台的安全保障机制。

2.加强和完善全省12333服务体系建设

通过多种方式提高全省12333咨询服务能力，完善服务质量考核机制，树立劳动保障12333综合咨询服务品牌。完成以知识库为主体的系统软件平台的升级，搭建相对完善的全省12333后台知识支撑体系。进一步扩大内网交互平台上12333相关内容的互动。

3.大力推进社会保障卡发放工作

进一步规范社会保障卡的发行和管理，加快国家标准社会保障卡发放工作，逐步扩大社会保障卡的功能，做好社会保障卡国产加密算法的推广工作，做好社会保障卡的应用工作，配合异地业务系统的实施，探索社会保障卡跨地区应用。

(五)实行分类指导，加大信息化建设推进力度

已经完成金保工程一期建设任务的地区，要全面提升应用水平，充分发挥系统的价值，积极开展内容丰富的网上公共服务和业务办理，为社会公众提供全方位、高效便捷的服务。加强数据分析利用能力，做好联网数据分析工作，充分发挥数据的价值，为政府宏观决策和预告预警提供支持。

徐州、淮安、盐城、宿迁等市要抓紧做好机房基础环境、硬件网络系统、数据整理整合、业务流程调整等工作，加快统一应用软件的实施进度。在苏北五市试点建立全市集中式资源数据中心。

积极组织各地区的经验交流和现场观摩活动，充分发挥示范城市典型示范作用。加强对进度相对滞后地区的工作指导力度，形成全省整体推进的工作局面。

(六)加强信息化队伍建设，提高服务能力

积极引进和培养金保工程建设所需的技术人才和管理人才，加大培训力度，提高信息化队伍的业务素质和技术水平，增强服务能力和服务意识，确保为信息系统的稳定运行和有效应用提供高质量的技术支持和服务。

(王一婷)

第六部分

地区发展篇

南京市信息化发展概况

【电子政务】

（一）综合政务平台

为完善我市电子政务总体框架中的顶层设计，减少基础设施和基础应用系统的重复建设，提高各系统之间的融合度和共享效率，在进行广泛调研的基础上，市信息办提出了综合政务平台一期工程建设方案，并于2007年11月19日通过专家评审，项目建设进入实施阶段。主要有下列四项具体建设内容：

1．建设安全与应用支撑体系

安全与应用支撑体系建设是集成南京市政务内网各业务应用系统中的共性化服务，将应用系统中的安全服务、用户管理、信息共享、应用提供、消息传递等功能进行封装和打包，为政务内网中所有用户和应用系统提供公共的安全服务、基础的应用服务和基本的应用支撑。

2．建设安全保障服务体系

安全保障体系建设的目的是通过实施各种安全措施及建立各种安全使用制度，保证电子政务网络中各种系统资源的安全稳定运行，抵御各种攻击，保证各种敏感和非公开信息在传输、存储过程中的安全保密，避免因内部工作人员操作不当或失误所造成的损失。

3．建立数据标准规范体系

政务资源来源于多个单位，各单位都是分别独立地建设自己的系统，处理自己的数据，数据标准都不一致，在不影响和改变现有系统的前提条件下，需要结合业务应用系统，制定出相关数据规范和标准。

4．建设公共数据交换体系

为目前各应用系统数据之间建立共享渠道，实现数据的共享和交换。在此基础上，结合基础数据库的建立，实现南京市政务信息资源目录管理和交换中心功能。

（二）权力阳光电子政务平台

2007年列入建设计划的31个部门和8个区县全都通过了考核验收，目前全市具有行政权力的53个政府部门和13个区县均建成了权力阳光业务系统，完成了“两年基本建成权力阳光电子政务平台”的目标任务。

1．建成统一的权力阳光运行业务系统

覆盖全市具有行政执法权的所有单位及全部行政权力事项，基本实现各单位信息共享、联网运行，实现市网上政务大厅与21个部门、十三个区县自建权力阳光业务系统对接，做到数据实时交换。

2．建成全市行政权力事项动态管理数据库

2007年上半年，结合我市实际、对行政权力事项进行全面梳理，通过取消、挂起、合并等措施，最终确定市级行政执法事项3700项，其中行政许可254项目，行政处罚2699项，行政征收129项，行政强制112项，其他行政行为506项。编制了《南京市行政职权目录》，建立了行政权力事项动态管理数据库。

3．行政处罚自由裁量权控制取得了新突破

制定了《南京市行政处罚自由裁量权指导意见》，进一步细化了行政处罚执行标准，通过建设行政执法标准数据库，建立了数据综合、交叉比对等多种机制，运用电子手段对行政执法运行和自由裁量进行监控，由权力阳光行政执法系统自动控制处罚幅度，有效限制执法人员的自由裁量空间。

4．初步建成行政监察监控系统

实现市网上监察监控系统与“市网上政务大厅”无缝链接、直接从“市网上政务大厅”自动实时采集行政权力运行过程所产生的相关数据信息，并通过系统自动和人工辅助相结合的方式对所采集的信息进行分析、筛选和应用。

（三）公安信息化

2007年，南京公安信息化进一步提高信息通信基础设施保障能力，健全勤务保障和运行管理机制，在应用层次上实现了新的发展。进一步完善了警务信息综合应用、行政管理综合应用、社会信息综合应用三大基础应用平台。警务信息综合应用平台新增10个子系统，改版6个子系统，新增和优化34项功能。行政管理综合应用平台13个子系统正式运行。初步建成警用地理综合应用、情报信息综合应用、数字化防控等三个应用平台。建成移动警务信息查询系统，完成1000套软件安装使用，共配备移动警务通1700余部，500辆110巡逻车全部安装GPS定位终端。短信平台共发布各类短信105398条，在协助侦破案件、警务督察、治安事件处理、日常办公等方面发挥了显著作用。

（四）财政信息化

全面推广应用非税收缴管理系统。2007年共有65个主管部门、305个执收单位纳入非税收缴管理系统，全市所有单位的行政事业性收费全部实现网上开票、网上打印、银行收款。目前非税收缴管理系统共开票87093张，实际到账84529张，资金到账率为97%。建设公务消费卡管理系统。在预算执行系统中扩展公务消费卡结算功能，使得预算单位财务人员能通过系统查询商业银行“银联”贷记卡上的消费信息，进行消费信息核对，确认后将款项通过授权支付归还到公务消费贷记卡上。贷记卡可以发放到所有行政事业单位的所有在职人员。

（五）质监信息化

2007年，质监公共服务信息平台新增包括法律依据、发展规划、行政执法、便民服务、工作动态等政府信息公开栏目，开通了金陵质量论坛。建成了“12365”投诉举报热线软硬件系统，开通了“122”社会求助服务台。建立了全市2400多家食品生产加工单位数据库，实现了对企业基本状况、生产质量保证能力以及质量情况的闭环动态监管。维护了近8万台特种设备数据，完善全市企业自然状况（组织机构代码信息）、国家及省市名牌产品、质量奖企业、许可证产品、企业采用国际先进标准、企业通过计量认证、获准使用C标志等质量、标准化、计量监管数据。

（六）工商信息化

进一步建设和完善南京工商政务网，增加自动搜索引擎、网络互动、多媒体服务等功能，新增了重守企业评定、动产抵押、阳光工商、合同监管等40多个特色栏目，开通了网上企业名称预核准、工商信息和业务进程查询、在线业务咨询等业务，使工商政务网真正成为涵盖政务信息发布、网上办事、投诉举报、在线服务的综合信息平台。据统计，2007年工商政务网共完成了4000多家内、外资企业的网上年检，289家南京市“重合同、守信用”企业的综合测评工作。

（七）税务信息化

地税系统积极开展对省级地税3.0项目（税务大集中信息系统）业务和技术符合性测试、业务需求评审、差异分析等工作。在网上办税平台的统一架构下，完成房地产和建筑业网上开票、网上出票、个体网络化改造、身份证查询识别系统等程序的开发，进一步扩大了网上办税的业务范围。组织完成税管员平台、权利阳光查询平台、财务数据分析平台、个人所得税自然人评估管理、辅助决策系统优化、审计规则定制等数据利用程序的开发，对纳税评估程序进行了全面整合。完成车船使用税委托代征、公积金征收、Tips对接系统、工会经费征收改造、公文系统版式文件和电子公章应用集成、网络教育平台优化、档案管理系统优化、外部网站优化、值班长网络日志等系统的创新工作。加强征管业务数据录入采集管理，共组织录入新办税务登记31000余户，个人所得税明细申报数据约125万条。

国税系统进一步建设和完善网上南京国税系统，包括“社会公众”、“纳税人”、“国税机关”、“协作单位”等4个区域，设立900多个栏目，提供信息浏览、纳税服务、涉税办公、行政管理、工作协同、业务整合等功能。完成数据交换系统和数据应用系统建设，具备跨系统、跨数据库的综合信息交互聚集能力。完成第二代网上申报系统建设，纳税人可以通过网上申报系统进行增值税、消费税、企业所得税等税种的申报，目前一般纳税人增值税网上申报率达98%。

【农村信息化】

加快信息基础设施建设。2007年农村信息化建设以宽带基础设施建设和农业信息资源开发利用为重点。4月份实现行政村村村通宽带，12月份实现自然村村村通宽带，同时与16个乡镇合作建设信息化示范镇，对村镇政府领导、农业大户及普通农民开展两百多场各类信息化培训，在农村建设数百个信息服务站点。全市农村新增有线电视用户 8.32 万户，有线电视总户数 89.08 万户，有线电视入户率达 74.48%，实现“20 户以上自然村”有线电视联网 514 个，发展广播电视双入户 5.97 万户。

加强信息技术推广应用。进行南京农业网改版。增加“政务公开”和“网上办事”等政务性栏目，强化了信息公开，设置“农业嘉年华”、“绿色南京”、“品牌农业”、“项目招标”等图标，增设“专题报道”和“热点聚焦”等栏目。依托省农业商务网平台，全市 5 个区县 47 个镇（街）参加全省乡镇农业信息网上大联播活动，积极引导农户开展农产品网上销售。

开展农村信息咨询服务。利用电视、电台、电话、电脑相结合的“四电合一”模式实现了信息服务“进村入户”，建立用于农业信息服务的手机短信服务平台，并对全市“12316 热线”进行了整合，将惠农政策、科技信息、致富项目、维权方法等信息及时向广大农民发布，形成了具有农林特色的咨询系统。同时，对农产品市场动态、价格行情和农资农讯等信息进行收集、整理，通过南京农林网、农业老板网和短信呼等形式向外发布。

【服务业信息化】

（一）金融信息化

金融信息化建设快速推进。2007 年完成支票影像交换系统、联网核查公民身份信息系统、支付管理信息系统、国库信息处理系统、小额支付系统通存通兑业务系统等项目建设，同时注重加强网络基础建设和计算机信息系统安全管理工作。积极促进银行卡联网通用工作，南京地区已发行银联标识卡 2000 余万张，发展特约商户 11558 户，布放 POS 终端 22529 台、ATM 终端 2294 台，2007 年刷卡消费金额占社会商品零售总额 23.7%。

（二）旅游信息化

实施南京旅游网第二次改版。进行南京旅游网英文版、日文版和触摸屏旅游信息的英文版建设，实现与国家旅游局、省旅游局、各区县旅游局、主要景区、其他城市和地区的旅游管理部门的门户网站的互联。建设“南京虚拟旅游可视化平台”。以旅游景区的数字化建设为基础，集成“食住行购游娱”旅游服务资讯等信息，完成一期项目景区（中山陵、总统府、夫子庙等 4A 以上景区）的虚拟可视化制作。建成 DMS 系统（旅游目的地营销管理系统）一期工程，实现旅游行业管理网络化。进一步完善咨询服务体系。建成 10 家旅游咨询中心，全市 10 家旅游咨询点已累计接待游客现场咨询 40 万人次，电话咨询 20 万起，在线咨询 5 万条。旅游信息触摸屏信息更新 2 次，单台触摸屏日平均查询量超过 300 人次，单个咨询架平均日取资料超过 100 份。积极开展“旅游通”手机平台建设。与南京移动公司合作，筹划打造涵盖吃、住、行、游、购、娱等六个方面的“旅游通”手机平台，平台建成以后，游客可通过手机彩信、WAP 网络等方式及时查询相关旅游信息。

【社会领域信息化】

（一）教育信息化

继续开展创建“合格学校”和建设“五室”工程，加快区县教师进修学校设施建设。全市中小学升级和改造网络学习室 130 间，配备计算机 5651 台，525 所学校通过含网络学习室在内的“五室”达标验收，实现全市中心小学以上的学校有 2 个以上的网络计算机教室。全市 10 所区县教师进修学校建成 13 个高配置的计算机网络教室，配置了成套的摄录设备、剪辑设备和互动式电子白板等信息化设备。进一步加强“南京市中小学教育资源中心”的建设和运用推广。资源中心资源总量达 3TB，内容涵盖全市中小学多媒体教学资源库、中国基础教育知识仓库、南京市中小学数字图书馆、南京市网络大课堂（视频点播）、名师课堂（视频点播）、南京本地化教育教学资源等丰富内容。继续开展“城乡手拉手，共建信息化”活动。在全市 210 所城乡手拉手中小学校中利用互联网，通过远程交互与现场交流等方式，使得先进的技术、科学的理念和优质的资源日益深入到农村学校。

（二）劳动保障信息化

继续做好系统第四次升级。优化组合原有各业务应用模块，进一步优化和实现了我市劳动保障业务“一站式，大窗口”的业务办理模式。新增卡证系统，完善系统的卡管理功能，理顺卡与业务的管理。优化系统结构，将医疗保险原有两层应用架构改为三层体系架构，提高了系统响应速度和安全性、可靠性、扩展性。南京劳动保障网站实施改版，丰富了业务办理功能，提高了网站的响应速度、并发数和安全性。

劳动保障城域网覆盖率已达到100%。形成了两级（市与区县）管理、四级（市、区县、街道、社区）服务的信息网络架构，全市71个街道劳动保障所、632个社区劳动保障站实现联网，成为全市直接面向广大用人单位和劳动者服务且覆盖面最大的网络平台。

进一步推动劳动和社会保障证、卡工程。全市目前已有260多万劳动者持有南京社会保障卡、6万多家用人单位持有劳动和社会保障证。实现社会保障卡“一卡多用，全国通用”的建设目标，自2007年7月1日起正式发行了劳动保障部颁发的标准社会保障卡（CPU卡），全市累计制发社会保障卡262万张，其中市本级累计制发社会保障卡215万张。

（三）社区管理和服务信息化

2007年，全市社区信息化建设取得新的进展。南京市社区管理信息系统软件（升级版）开发完成，客户端和中心端完成建成，已经通过专家组验收。城市社区信息网络平台已基本搭建完成，785个社区居委会实现100%入网；农村社区实现安装率100%，搭建了农村社区公共网络，全市农村村委会入网率达到60%，农村社区信息化硬件达标率和数据采集、录入率均达70%。目前，系统已上传120万户、317万人的基础数据。市信息室建设步伐加快，全市社区居委会和农村村委会已有755个社区设置了信息室，并建立起信息室管理制度。

（四）档案信息化

加快了档案目录数据和全文数据库建设步伐。全市档案信息资源建设实现了跨越式的发展，在已经完成案卷级、文件级目录数据的基础上，建立了革命历史档案目录数据库和革命历史资料篇名级目录数据库、民国档案目录数据库。全市12个区县（不含高淳县）已形成可机检的目录数据1207.904万条、案卷目录56.4235万条、文件级目录12.03万条、专题目录24.9415万条。其中涉及民生的公证档案目录9.079万条、独生子女档案目录20.53万条、婚姻档案目录123.9万条、拆迁档案目录0.95万条、招工档案25.15万条、人物档案目录51.28万条、干部任命档案2.5万条。全文数据和多媒体数据库建设也有新的突破，共有全文数字近320万幅，照片档案近6万幅。

启动电子文件中心建设。该项目依托南京市政府电子政务内、外网建设的网络平台，运用J2EE标准开发，使用高效的数据库系统，通过“电子文件管理系统”的建设，将电子文件原文及采集的相关元数据及时或定时地写入电子公文交换系统的缓存表中，通过应用接口，在相关安全措施保障和电子政务平台的授权前提下，提取到“电子文件管理系统”中，并在系统中完成对电子文件和电子档案的管理。目前项目已经通过内部测试，能够实时地获取在南京市公务平台所流转的所有电子文件，试运行以来已接收电子发文8150件、电子收文246864件。

【城市管理信息化】

（一）国土信息化

建设用地业务数据库。完成江南八区范围内历年来近4700个建设用地案件，共计10000余条建设用地红线数据的图形数据入库，完成1999~2006年以来的700余个征地案件，2005~2007年的800余个供地案件的属性数据入库工作，建立了图形数据和属性数据的关联关系。完成基本农田数据更新工作，对2005年以来的全市基本农田规划调整及补划地块进行数据库更新。建成被征地农民信息库，完成全部江南八区范围内1983~2004年大约16.8万条被征地农民数据的收集整理和录入工作。积极推动建设用地跟踪管理系统建设，完成的1999~2006年以来的征地报批及批后实施情况数据的整理与建库，开发了土地批后跟踪管理系统。

（二）规划信息化

建成“数字规划”第三代平台，完成测绘大比例尺数据15000余幅、影像数据3000余幅、控详数据616幅、其他规划成果17幅的数据建库，完成规划审批数据44000余件、GIS数据库1500平方千米的数据移植。加强测绘数据标准化和测绘行为规范化建设。先后出台《南京市1:500、1:1000、1:2000比例尺数字线划地形图数据标准》、《南京市数字栅格地形图、数字正射影像、数字高程模型数据标准》、《南京市放样、验线和竣工测量成果数据标准》、《南京市1:500、1:1000、1:2000比例尺数字线划地形图数据库设计规范》等一系列标准。

（三）数字化城市管理

南京数字化城市管理系统以及玄武、秦淮、建邺、鼓楼数字化城管系统已经全部建成，其中，鼓楼区作为建设部全国首批数字化城市管理试点单位，在全市数字化城市管理系统建设中起到了很好的示范作用。

数字化城市管理系统实现了城市管理流程再造。数字化城市管理监督员对分管的区域实行巡查，当发现问题后运用城管通，发送图文信息向监督指挥中心报告情况，监督指挥中心根据这些信息进行甄别立案，并按照问题归属将任务派遣到相关区和部门进行处理，相关区或部门在规定时间处理完毕后，将处理结果反馈至监督指挥中心，监督指挥中心派员到现场进行核查，并收取核实结果。

数字化城市管理系统确立了城市管理责任网络。通过编制万米网格单元，将城市管理相关的部件、事件全部编成代码，每个网格都有明确的责任单位和责任人，做到了定人、定岗、定责，使管理责任具体、精确，每个保洁员、执法队员、街道、社区、沿街单位都有自己的责任范围。

2008年白下、下关、栖霞、雨花台等区将完成区级数字化城市管理系统建设任务。

（四）公交IC卡

全年售卡38.35万张，累计发卡近347.85万张，新增城南客服中心1个，增加人工服务网点31个，新投入自助设备22台。全年共完成充值额6.38亿元，支付结算金额达6.28亿元。公交刷卡客运量达5.44亿人次，交易金额达5.48亿元；出租车刷卡交易共12.07万笔，交易金额170.83万元；轮渡全年刷卡交易共63.55万笔，交易金额达127.09万元；地铁刷卡客运量达4034.51万人次，刷卡金额7552.97万元，小额消费领域刷卡交易共19.71万笔，交易金额251.39万元。与苏果超市等进行全面合作，推动小额消费刷卡应用。实现南京、芜湖、扬州、杭州四市公交卡互联互通，初步形成了城市“一卡通”以城市公共交通为核心的生活小额消费应用框架。

【信息产业发展】

（一）电子信息制造业

2007年电子信息制造业完成销售收入1313.3亿元，同比增长22.6%，完成利税46.1亿元，同比增长13.4%，完成利润33.0亿元，同比增长21.1%。电子信息产业实施重点技术开发项目343项，占全市工业技术开发项目52.3%。申请专利1550项，占全市企业申请专利44.1%。授权专利1076项，占全市企业授权专利33%。2007年有6家企业进入全省电子信息企业50强，其中乐金飞利浦和爱立信熊猫分列第一位和第六位。平板显示、通信等产品增长势头迅猛。乐金飞利浦实现销售收入332.2亿元，生产32及37英寸中尺寸液晶电视面板4900万片。瀚宇彩欣实现销售收入126.1亿元，共生产各类面板1100万片。夏普电子实现销售收入91亿元，主要为13～65英寸各尺寸模组和整机产品，共完成模组和整机产品990万片。

（二）软件产业

2007年全市软件产业在2006年发展的基础上，继续高速增长。全年软件产业销售收入达362.8亿元，软件出口达5亿美元，全市软件产业从业人员达7万人。软件企业突破1000家，其中经认定的软件企业573家，软件收入超亿元的达到30家，在国内外证券市场上市的软件企业14家。登记认定软件产品2704个，有37项软件产品获2007年中国推荐优秀软件产品称号，其中17个产品获中国优秀软件产品称号。以国家级南京软件园、江苏软件园为龙头，雨花、玄武、鼓楼、江宁、浦口五个软件产业基地发展良好，“两园多基地”现有建筑面积300万平方米，集聚了900多家软件企业，全年各软件产业基地共引进软件企业336家，总投资达28亿元。

（三）信息服务业

信息服务业是以电信服务、互联网信息服务、广播电视服务、计算机服务及软件服务为代表的先导性、战略性、倍增性的产业。加快信息服务业发展，对于转变经济发展方式，完善城市功能，提高城市综合竞争力，实现市第十二次党代会提出的加快建设“五个中心”，加快推进“跨江发展”的战略目标，具有极其重要的意义。南京信息服务业经过近年来的发展，已形成了比较完整的产业体系，产业门类比较齐全，产业整体发展态势良好。2007年，我市信息服务业工作在市委、市政府的高度重视下，取得较大进展，主要有以下几个特点：

1．信息基础设施服务能力不断提高

宽带城域网方面，已建成骨干层、汇聚层和接入层结构网络，基本实现了南京的全覆盖，2007年计算机互联网用户达85.24万户，其中宽带用户达80.7万户，百户家庭电脑拥有量为65.9台。通信业务方面，全市固定电话用户达到362.9万户，其中住宅电话用户235.3万户，移动电话用户数达577.9万户，城乡居民百户家庭电话拥有量为276.7部。广播电视网络方面，有线电视用户数达到165万户，入户率为85.94%，数字电视用户数达84万户，移动电视已经实现地铁一号线、南京公交、雅高、中北公交公司公交车全覆盖，广电宽带综合信息网覆盖南京行政区域，为政府、企事业单位和家庭提供联网和宽带上网服务。

2．信息技术应用加快向各领域渗透

电子政务建设从偏重自我服务向注重公共服务转变。综合政务平台、权力阳光电子政务平台、“中国南京”网站等一批跨部门、整合性的重大应用系统的建设为公共信息服务提供了必要的技术保障。企业信息化建设从偏重基础设施向注重实际应用转变。从最初建设网站介绍企业基本情况阶段，发展到目前信息化在企业的生产、物流、销售、办公等各个领域的管理中都起着重要的作用。社会信息化从单纯的信息资源利用向电子商务转变。随着宽带互联网技术应用的迅速发展，南京先后建设了“金陵热线”、“龙虎网”等社会知名综合性门户网站，出现了“house365”、“珠江路在线”、“中国制造网”、“西祠胡同”等一批带有电子商务色彩的专业网站。

3．信息服务产业发展步伐明显加快

据统计，2007年南京信息服务业经营收入275亿元，比上年增长20%。全市共有各类信息服务业企业7500家，从业人员约10万人。其中信息传输服务业实现经营收入85亿元，占信息服务业经营收入比重为30.9%，IT服务及软件业实现经营收入130亿元，占信息服务业经营收入比重为47.3%，信息内容产业实现经营收入60亿元，占信息服务业经营收入比重为21.8%。

游戏动漫产业发展加快。目前有动漫企业60多家，影视动漫从业人员2500多人。以鸿鹰、盛大、阿法贝、网巨等为代表的动漫企业，产品涉及动画制作、网络测试、游戏软件和衍生产品开发等相关领域。原创动画片年生产能力达2万多分钟，年实际生产国产原创动画片达8000分钟，对外加工动画片达4000分钟。同时，产生了一批从事动漫技术设备服务、项目代理中介、衍生品生产的企业。

新闻出版产业不断壮大。2007年市属报纸发行量达4亿份，期刊出版量150万册，图书出版方面全年造货码洋7726万元，书报刊发行销售总额达到34亿元。共有各类出版物发行网点2315家，经营面积18万平方米，从业人员1.2万人。同时以“农家书屋”建设为重点，积极开展农村公共文化服务工作，2007年共建书屋233个，通过举办图书管理员培训班、读书、用书等活动，切实发挥“农家书屋”的作用。

4．信息服务业基础工作进一步加强

积极开展信息服务业调研工作。前往信息服务业相关管理部门、电信营运商、软件企业、动漫园区等单位进行广泛的调研，在调研的基础上，先后形成了《构建智慧城市　引领未来发展》、《南京市信息服务业发展战略研究》、《着眼提升城市功能　大力发展信息服务业》等研究报告。努力构建信息服务业统计体系。积极开展信息服务业的界定和分类工作，提出南京市信息服务业分类方案，共分3大类12项36条，建立了符合我市信息服务业发展现状和特点的统计体系。初步建成信息服务业工作网络。主要由市信息办、市统计局、科技局、广电局、新闻出版局等政府部门，南京电信、南京移动、南京联通、南京广电集团等运营商，以及部分企业组成。

5．信息服务业发展环境进一步完善

加强了信息化基础知识的宣传和教育普及，通过在重点院校设立信息技术学院，在各高校开设信息技术服务专业，在中小学增加计算机课程等措施，加强了信息化的基础教育，新闻出版、文广影视等部门开展了各种形式的信息化知识宣传。成功举办三届“中国（南京）国际软件产品博览会”等重大活动，促进了国内外城市间信息服务的交流与合作。推进了政策法规和标准的建立和完善，先后出台了技术市场管理办法、企业信用信息管理试行办法等规范性文件，制定了鼓励软件产业发展、信息化发展战略等政策性文件。

【信息基础设施】

（一）南京广电

有线电视用户达165万户，入户率为85.94%，数字电视用户达84万户。目前，南京有线电视网中使用34个数字频点传输131套数字电视节目、17套广播节目以及实时股市行情、数据广播、NVOD等节目，并保留了10套模拟电视节目。2007年重点建设了互动电视平台，加快构建市场体系。完善互动电视平台，实现全业务运营。用户安全无故障点播达110万余次，每日点播次数突破1.3万次，建立了互动电视安全运行管理体系，实现栏目全新改版和节目大量更新，完成机顶盒集成和平稳升级工作。

（二）南京电信

2007年南京电信全面投入转型，坚持以电子政务、企业信息化、便民信息服务、教育信息化、农村地区信息化、信息基础设施建设、信息资源整合等工作为重点，努力提高电信的综合服务业能力。固定电话交换机容量550万门，全年实现经营收入29亿元。同时积极发展号码百事通业务，加强全市范围信息搜集和整理工作，提供包括信息查询、道路问询、订购等各类信息业务，共提供4000万人次信息服务。

（三）南京移动

南京"政务通"用户已达7000余户，其中短号用户近6万户，短号覆盖率达到80%，实现了"政务通"套餐及短号全覆盖。"城管通"已与玄武、建邺、鼓楼、浦口等区签订协议，部分项目开始实施，目前累计配备GPRS"城管通"终端近四百台。"校信通"用户净增近8万户，累计收费用户突破20万，高校"院信通"在南京中医药大学成功试点，目前用户已超过5000人。2007年实现经营收入达34亿元，移动电话用户数450万户。

（四）南京联通

2007年完成GSM（第十三期）工程，新建GSM基站196个，完成GPRS（第一期）工程建设，实现GPRS网络南京全覆盖。加快乡镇营业厅和校园营业厅建设，完成20多个校园厅和115个乡镇营业厅的建设，全市共有营业厅363个，其中市区126个，区县237个。完成26个3A级大客户的传输双路由改造，开通小区宽带178个、建设专线327条、IP超市37家。全年实现主营业务收入7.99亿元，现有GSM基站1082个，用户数101.1万户，CDMA基站483个，用户数30.5万户。

【信息化发展环境】

（一）电子政务规划

在推动《南京市"十一五"国民经济和社会信息化发展专项规划》的贯彻落实工作的同时，编制出台了《南京市"十一五"电子政务规划》。

《南京市"十一五"电子政务规划》提出南京电子政务建设到2010年的发展目标：全面建成全市统一的电子政务网络，建设一批高水平的电子政务公共服务和应用系统，基本实现应用系统互联互通和政务信息资源共享，建立规范高效的电子政务建设、管理和运维机制，形成比较完善的法规政策和标准化体系，打造一支适应电子政务发展要求的人才队伍，使南京电子政务建设应用水平继续走在全国同类城市前列。

《南京市"十一五"电子政务规划》提出近期重点建设任务为：建成"两大平台，三大支撑体系"电子政务基础架构。两大平台为基于政务内网以提升行政效能为核心的面向管理的综合政务平台，基于互联网以政府门户网站为重心的面向公众的公共服务信息平台；三大支撑体系为网络与信息安全管理体系、基础数据库体系、政务信息资源共享体系。重点建设工程为：两大平台、四大业务系统、四大基础数据库、容灾备份中心等重大工程项目。

（二）网络与信息安全

出台了《加强信息安全保障工作意见》，要求贯彻积极防御、综合防范的工作方针，坚持发展与安全同步、技术与管理协调，以密码技术为基础、以信息安全应急保障机制为平台、以等级保护和信息安全监控体系为手段，用三年的时间，构筑起全市重要网络和信息系统的安全防范体系，营造有利发展、和谐繁荣的良好网络环境。

《加强信息安全保障工作意见》提出开展全市信息安全等级保护和风险评估工作、加快建立全市密码保障和网络信任体系、强化网络信息安全保障机制、强化互联网安全监控和网络文化建设、促进信息安全领域产业发展等重点工作。

成立了由市政府办公厅、市委宣传部、市发

改委等15个部门参加的市网络与信息安全协调小组，市网络与信息安全协调小组下设办公室，主要负责贯彻落实国家、省信息安全保障相关法规政策，拟定全市信息安全工作计划、实施意见及相关管理制度，推动全市信息安全保障体系建设；督查市协调小组议定事项和各成员单位信息安全责任落实情况；汇总全市信息安全保障年度工作情况，提出下年度重点工作建议；参与协调全市信息安全重大突发事件应急处置；协调推动信息安全重大工程建设；负责对各区县信息安全保障工作的业务指导，督促建立相应工作机制；组织开展信息安全知识、技术的社会宣传与培训等工作。

【区县信息化】

（一）白下区积极推进信息产业载体建设

白下区注重整合区域高等院校、科研院所、创意设计等单位创新成果资源，以南京理工大学科技园建设为重点，推进科技创新载体建设，加快专利成果转化和高新技术产业化，积极推进信息产业发展，取得较好成绩。

加快金城航空科技园和“世界之窗”创意产业园等园区建设。“东八区”世界之窗创意产业园已完成一期建设及招商，科技企业孵化平台新增面积达5000平方米，建设“世界之窗创意产业园”信息管理网络系统，对园区内企业提供信息网络服务。加快金城航空科技园区建设，“科技大厦”已完成主体工程，中航一集团正式决定在航空科技园建立小型发动机研发基地。积极争取“南京军民两用科技示范园”落户白下区。出台了关于支持“南京军民两用科技示范园”建设的意见，“南京军民两用科技示范园”以白下高新技术产业园、金城航空科技园、世界之窗创意产业园为载体，吸引军工民用企业在园区发展，并在示范园设立军民两用科技成果展示交易中心，用于展示企业、高校、院所的军民两用科技成果，促进信息的相互交流和成果展示交易，并于11月17日举办了开园仪式和“南京军民两用科技园建设与发展论坛”。

（二）栖霞区加强以服务为主的电子政务建设

栖霞区信息化建设以电子政务建设为中心，以提供信息服务为目标，在信息基础设施、政务信息化以及社会信息化等方面取得了积极进展。

推进行政服务中心建设。行政服务中心进驻22个部门，设20个对外服务窗口，受理1015项许可、审批、处罚及服务事项。栖霞区工商、财政、劳动、民政、交通等部门分中心授牌成立，形成一主多辅、网上协同审批的新型服务模式。实行“一网受理、阳光操作、限时办结、统一收费”的运行机制，整合部门行政资源，下放窗口受理权限，实现行政许可、审批和处罚事项的网上受理、审批、办结反馈的电子化阳光运行机制。在互联网上开通对外服务网站，开设网上预申报、审批向导服务、政策咨询、办理事项查询等功能，切实提高行政服务效能。行政服务中心建成运行以来，共办理各类服务事项53700多件，接待群众67800余人次。

初步建成四大信息平台。依托政务办公网，运用现代网络通讯技术、网络安全保障技术和信息资源安全存储（备份）技术，建成面向全区信息沟通的统一政务办公平台、信息报送平台、短信交互平台和信息共享平台（数据库），实现全区电子公文、政务信息、简报通讯、统计报表、专题信息及相关资料的网上发布和共享。

加强“栖霞之窗”建设和管理。出台了《关于加强全区党政因特网站管理的若干意见》、《区政府网站管理暂行办法》、《区政府网站信息报送审批规定》、《区长信箱信件办理规定》等规定。完成了网站全新改版，开设栖霞风貌、政务中心、权力阳光、便民服务、投资兴业、网上办事等栏目共六大频道，强化政务公开、区（局）长信箱、在线办事、网上查询、交流互动等交互功能。目前点击率超过16万人次，共接收市民来信2752封，95%以上予以回复，更新各类动态信息12800多条，制作发布图片4480余幅，制作各类专题545个。

（三）浦口区加快“数字城市”建设步伐

浦口区以技术创新带动制度、理论创新，稳步地推进“数字浦口”项目建设，2007年在“数字浦口”总体设计、“数字浦口”核心架构建设、数字城管系统建设、数字化社区建设等方面取得积极进展。

完成“数字浦口”总体设计。根据“数字浦口”总体规划中确定的10大工程、5项示范应用、40个具体项目，提出“数字浦口”总体技术框架设计、基础网络设施设计、运算资源环境设计、安全保障体系设计，完成“数字浦口”核心架构建设，4月24日项目通过专家组验收。积极建设数字城管系统。以泰山街道和沿江街道为试点建设数字城管系统，包括城管通、呼叫中心、协同工作、专业部门及街道二级指挥、大屏幕监督指挥等子系统，5月26日建成试运行，共发现案件1802件，结案1485件，结案率达82%，数字城管系统于12月15日通过验收。推进数字化社区建设。建成浦口区社区信息网，60个社区建设了各自的子网站，通过社区网站、数字电视、呼叫中心、短信服务等形式为社区居民提供多元化服务，如政务公开信息、衣食住行、水电气服务，同时通过建设社区事务管理系统实现社区人口、计划生育、劳动保障、环境卫生、治安、党群等信息数字化管理。目前点击数超过60万人次，数字信访、数字档案等数字化项目也在建设中。

（四）溧水县以信息化助推“新农村”建设

溧水县以信息资源开发利用和信息技术应用为重点，在农村信息化基础设施建设和推进农业信息化发展等方面取得较好成绩。

信息化基础建设加快。2007年底全县电话总数达到11万部以上，农村电话入户率达到70%，全县百户家庭电话拥有量达到251部。实现行政村“村村通宽带”，永阳镇建成了全市首个“全省信息化示范镇”、柘塘镇建成了二星级信息化示范镇。广播电视传输网已覆盖了全县镇、行政村和居住人数较多的自然村，2007年新增有线电视8951户，新发展有线电视、广播“双入户”3000户。

农业信息化步伐加快。组织实施农业信息化“四电一站”项目。开展镇级农业信息大联播工作，对各镇（开发区）农业中心信息员进行培训，溧水县八镇一区已在江苏农业商务网站内建立了二级网站，为农业对外交流与合作提供新的服务平台。开展农业知识讲座。每月定期安排农业专家进行农业知识讲座，目前共安排讲座17期，内容主要涉及农作物病虫防治、水稻轻型栽培、农作物种子、蔬菜病虫防治、畜禽疾病防治、特种水产养殖等。开通“农林直通车”电视栏目。每周一期，内容主要涉及农业新技术、新品种、新知识，典型示范、农产品市场信息、涉农政策法规等方面。升级168农业声讯热线，启用16827158声讯服务热线号码，并对声讯内容进行了更新充实。加快特色网站建设。进一步建设和完善“中华黑莓网”、“和凤粮油网”、“石湫特水网”、“东屏苗木网”等特色网站，发布各类农业信息，拓展业务服务范围，为农村种养大户、农民经纪人和农业龙头企业提供快捷简短有效的农业信息服务。建立农业大户信息库，包括农业、蔬菜、园艺、林业、畜牧、水产、农家乐、农产品经纪人等八个子信息库。

【2008年信息化工作要点】

我市2008年信息化推进工作要点是：进一步完善信息化基础设施、建设信息化技术支撑平台、加快应用服务系统开发，健全协调推进机制和产业发展引导政策。

（一）进一步完善信息化基础设施

1．推进城市宽带无线上网基础设施建设

目前，建设无线宽带城市已经是北京、上海、广东等地提高信息化水平、提升城市竞争能力的重要内容。我市地处南北交通枢纽，会展、商贸、物流等产业发展迅速，对无线上网的需求非常迫切。因此，市信息办将积极推动电信、移动等网络运营商研究实施我市无线上网的解决方案。2008年重点是推进基于WiFi技术的无线宽带接入网络建设，首先在宾馆、酒店、商务楼宇、政府机关和大专院校等需求热点地区完成布点建设工作，逐步用2～3年时间实现无线上网城市全覆盖。

2．完善政务内网、外网设施

进一步建成市网管中心到各区县的骨干网络、实现市区两级外网对接。整合政务大厅、政府门户网站、部门网站、区县与社区网站为民办事服务功能，建设以互联网为载体，以网站、短信、电话为通道，以便民政务服务为内容的综合政务服务平台。

3．加强网络与信息安全，构建网络与信息安全保障体系

加强网络信用体系建设，组织实施信息安全等级保护制度，加快推进电子政务和电子商务安全认证系统，建设容灾备份中心。

（二）电子政务核心支撑平台

1．建成综合政务基础平台

建成公共安全服务平台、资源注册管理和网

络消息服务系统，建立应用系统接口标准，改造完善企业基础信息交换、宏观综合经济管理、权力阳光运行、社区管理、信息服务等跨部门应用系统。

2．公众服务平台

以便民利民为目的构建社区信息化服务体系，以互联网为载体，以网站、短信、电话为通道，以便民政务服务为内容，以方便群众办事、提高群众满意度为目标，不断拓展社会公共服务领域的信息化应用，让群众真正得到“数字文明”带来的便利和实惠。

3．软件公共技术服务平台

加快建设和完善软件公共技术服务平台、软件测试服务平台、软件投融资中心、软件产品交易服务中心、软件人才培训交流中心，完善配套服务功能，帮助企业提高软件质量和规范化管理水平。

（三）信息资源开发利用

1．加快基础数据库的建设应用

法人单位基础数据库。在现有企业基础数据交换和组织机构代码数据库基础上，比对工商、税务、人事、民政等部门业务管理系统中的法人单位数据，制定数据采集和接口标准，推进共享应用。

宏观经济数据库。加强对统计数据的汇总分析，全面采集我市发展改革、财政、税收、投资、消费、出口、外贸、物价等方面的宏观运行信息，收集产业经济、地区经济和世界经济的运行态势信息，构建可共享的宏观经济数据库。

2．空间信息基础数据平台

开发基于GIS技术和数据平台的城市区域功能定位、产业规划布局和数字城市管理系统。选择部分示范区域，进行空间信息基础数据库应用的试点工作；初步制定并试行空间信息基础数据库管理、分发、使用的办法。

3．加强信息资源的开发应用

抓住政府信息公开条例正式实施的契机，制订市信用信息交换与开放指标体系，构建信用信息交换与共享系统，逐步开展信用领域相关应用的拓展。

（四）进一步完善各项重点信息化应用系统开发

1．建设移动办公系统

提高政务管理水平和应急处置能力。在“无线城市”基础设施建设的同时，开发移动办公系统，开展部分政府机关移动办公应用的试点工作，提升政府机关工作效能和服务能力。建设公共卫生、道路交通、水、电、气等市政管理应急处置信息系统，加强城市对各类事故、灾害、案件和突发事件防范和应急处理保障能力。

2．社会信息化

推进社区管理和服务信息化建设。应用信息技术改善社区户籍、外来人口、市政物业、治安环境等管理职能；建设和完善社会保障与市民服务信息系统，开展劳动就业、帮困扶贫、助残育幼、敬老养老、便民利民、法律援助、医疗保健等信息服务。

3．城市管理信息化

继续建设完善城市规划信息系统，初步实现城市规划信息资源的数字化、标准化和规划信息服务的网络化。建设城市建设与管理信息系统，提高道路、自来水、电、煤气等城市基础设施建设、管理和服务的信息化程度。在有条件的城区逐步推广鼓楼区数字化城市管理新模式。

4．社会经济信息化

加快应用信息技术改造传统产业，推进生产自动化、产品智能化、经营管理网络化和商务电子化；推进信息技术与制造业融合，对传统制造业进行改造升级，推进企业信息化，逐步实现信息及网络技术在产品研发、生产、营销和管理等环节的应用，提高信息化装备、产品和人才的比重。开展企业基础信息共享工作。制定企业基础信息交换流程和共享指标体系，建设企业基础信息交换平台，实现工商、国税、地税、质量技术监督等部门间企业基础信息实时交换，建立以工商部门的企业信息为基础、以组织机构代码为惟一标识的完整、准确、动态的企业基础信息库，加强动态监管，优化办事流程，提高工商、国税、地税、质量技术监督等部门的市场监管能力和公共服务水平，促进财税增收。

5．制定电子商务发展规划，改善电子商务应用环境

推动企业信息化改造，完善数字认证、在线支付、物流配送等网络服务体系，建设重点物流园区和口岸枢纽电子商务平台。建立完善企业征信管理系统。继续推进各行业的信息化，推广电

子商务应用。建设和完善南京农业网等系统，应用信息技术促进农业结构调整，促进农产品生产、销售全过程的规范化管理。大力推进金融电子化，完善银行卡系统，建立健全网上金融信息服务体系，积极发展网上银行、网上证券和网上保险等新业务。重点发展企业对企业的电子商务应用系统，以大型工业和专业商贸集团为中心，建设一批行业网上交易平台。

（五）健全推进机制，制定引导政策

1．完善信息化工作的推进机制

按照市委、市政府要求，市信息办将进一步发挥好组织协调职能，做好全市信息化工作的战略、规划、政策和重大问题研究，推进信息化建设项目，并争取在此基础上完善机构和职能配置，成为负责全市信息化的政府管理机构，进一步充实信息办在项目前期、信息共享、系统运行维护等方面职能作用。

2．建立发展信息服务业的推进体系

由市信息办牵头相关部门研究制定扶持政策，建立协调推进机制，筹划信息传输、IT和软件服务、数字内容产业等方面的重大项目。同时，积极发挥行业协会等非政府组织的作用，促进行业间业务交流和资源整合，研究制定信息服务业企业认证标准和引导扶持政策，推进动漫产业基地和网络游戏基地建设，促进文化、出版、广播影视等行业发展数字化产品，培育扶持若干品牌网站，大力发展信息服务业。

3．推动信息化应用方面的区域合作

根据都市圈经济和宁镇扬版块发展需求，积极扩大“金陵通”卡适用范围和做好“025扩区一体化”研究。实现都市圈城市内交通、通信无缝对接和同城一体化，利用信息化手段为宁镇扬板块和都市圈社会经济发展提供有力保障。

4．争取财政增加信息化专项资金投入

根据市财力状况，逐步增加我市信息化专项资金规模；设立信息服务业发展基金，用来加强对信息服务业重点企业、重点项目的支持。同时，建立市场化融资机制，发挥各类信用担保机构的作用，为中小信息产业和信息服务企业提供以融资担保为主的信用担保。加快建立和完善风险投资机制，鼓励设立投资主体多元化的创业投资公司，引导风险投资基金重点投向信息服务业中的软件服务、信息内容服务和电子商务服务等领域。

5．加快人才培养，壮大人才队伍

发挥我市科教资源优势，进一步普及信息化基础教育，积极开展信息技术职业教育。加强信息服务企业与大专院校信息服务业技术、管理、营销等人才的联合培养，充分利用各类教育培训机构开展信息产业和信息服务业从业人员分层次、分类型的再培训、再教育，提高信息化应用和从业人员素质。落实市政府制定的吸引人才的各项政策，积极引进国内外优秀的信息服务业技术、管理和领军人才，努力营造吸引人才良好环境。在大中型企业设立信息主管，形成一支结构合理、相对稳定的信息技术人才队伍。

（林　峥）

都市创意产业助推智慧城市发展

——南京市信息化建设特色

文化创意产业本质上是以创意和知识为核心的产业，除了包含因高新技术而诞生的新兴产业之外，其中最重要的就是数字内容产业。

文化产品的核心价值是其产品具有的精神内涵，即内容。形式各异、内涵多样的文化产品因其内容而有价值，因此也可以称之为内容产品。近年来，信息技术在内容产品生产、传播和消费上的应用，极大地提高了内容产品的生产能力，形成了数字内容产业，引领着当代文化产业发展的新趋势。这种数字内容产业以创意为动力，将各种“文化资源”与最新数字技术相结合，融会重铸，建立了新的生产和消费方式，产生了新的产业群落，培育出新的消费人群，并以高端技术带动传统产业实现数字化更新换代，创造出了惊人的经济社会价值，已逐步成为当代社会发展中的主流产业，赋予了文化创意产业的时代内涵。

南京市将大力发展信息服务业作为推进城市信息化、构建智慧城市的重要方面，其中以数字内容产业为新内涵的文化创意产业被列为全市信息服务业重点发展的产业。2006 年 9 月，《南京市文化创意产业“十一五”发展规划纲要》提出了南京文化创意产业发展的基本模式，即：“保护南京历史文化名城的独特风貌，传承六朝古都的历史文脉”；“使每一个人的创意都受到鼓励，使每一个好的创意都有市场化和产业化的机会，使每一个创业者都得到有力的制度保护和良好的政策扶持”；“着眼于培育创意、创新、创业的制度环境、法律保障和文化氛围”。这标志着以构建“智慧南京”、“和谐南京”为目标，以科学发展观为指导的南京文化创意产业发展战略基本确立，统筹发展、协调发展、城乡一体化发展的文化创意产业正在全面提速。

【南京都市文化创意产业发展概况】

2005 年 8 月 22 日，南京市委宣传部在《论南京发展文化创意产业的优势及对策》的研究报告中，正式提出了南京发展文化创意产业、建设“创意之都”的基本对策。2006 年 3 月 14 日，南京市政府市长和分管副市长分别做出批示，要求市政府办公厅牵头，会同文化、社科院、广电、科技、新闻出版、经委、规划、城建等部门抓紧研究制定《南京市文化创意产业“十一五”发展规划纲要》（以下简称《规划纲要》）和配套政策。经过努力，2006 年 9 月，《规划纲要》和配套政策公布施行。2007 年 3 月，南京市委宣传部、南京大学文化产业发展研究院联合完成的《南京文化创意产业发展报告》再次提出了南京市文化创意产业的发展思路、发展目标和发展任务。2007 年 12 月，市广电局和市社科院联合研究制定并出台了《南京市动漫产业“十一五”发展规划》。所有这些都表明南京市对文化创意产业的发展高度重视和大力推进。

据初步测算，按照南京市文化创意产业统计口径，2007 年南京市文化创意产业销售收入达 579.2 亿元，同比增长 121%，产业增加值突破 310 亿元，增幅超过 20%，占全市 GDP 比重为 9.46%。《规划纲要》重点规划发展的计算机软件设计、动漫游戏、广播影视、工业设计、建筑设计、广告设计、工艺美术、时尚设计、表演艺术、出版发行等十大领域从业人员达到 37.75 万人。

（一）发展概况

——软件设计引领创意产业。“计算机软件设计”是《规划纲要》规划发展的重点领域之一。南京市软件产业销售收入从 2000 年 18 亿元，到 2003 年的 71 亿元、2005 的 166 亿元、2006 年的

258亿元，软件产业以每年50%以上的速度递增。2007年全市软件产业实现销售收入突破360亿元，平均每天进账近1亿，同比增长39.53%，软件出口达4.8亿美元。列全国城市第四位，继续高居全国省会城市“榜首”，占全省“半壁江山”，“中国软件名城”已经崭露头角。

2006年9月1日，信息产业部与江苏省政府、南京市政府三方商定，共同推动南京市软件产业的发展，计划到2010年实现销售收入超过800亿元，软件出口额超过30亿美元，把南京真正建成“中国软件名城”。在此目标驱动下，包括甲骨文、IBM、阿尔卡特、菲尼克斯以及华为、中兴、东软等在内的国内外知名的软件巨头纷纷将自己的研发中心及销售总部落户南京，部分软件企业则在原先投资的基础上进一步追加投资，加速扩容。2007年，南京市新增软件研发面积85万平方米，全市软件研发面积达到138万平方米，全市累计认定的软件企业达538家，占全省认定数的54%，全市软件企业总数近千家。优秀软件业企业迅速崛起，2006年有24家软件企业收入超过亿元，有85家企业收入超过千万元，有11件产品被评为“中国优秀软件产品”，新跻身数量位居全国第一。2007年，全市共引进软件企业294家，新增软件从业人员2万多人。全市已形成电力系统自动化及管理系统软件、电信系统软件、制造业信息化应用、嵌入式软件、教育软件、网络与安全系统软件等六大特色软件产品群。“软件南京造”品牌正在迅速叫响，软件产品在国内市场所占份额迅速扩大。

——动漫产业异军突起。南京的动漫产业起步于20世纪80年代，在国内仅次于上海、北京，是长三角地区重要的动漫产品生产基地。南京动漫产业的发展得益于南京作为国内软件产业的集散地和IT技术的研发、培训的优势。南京的动漫企业和产品市场规模逐步扩大，聚集了全国一流的软件人才。国家广电总局建设动画产业基地的决定就是采纳了南京动漫界人士的建议。南京蓝海豚美术电脑动画制作公司的《雾林之王》和《太阳马》、网巨公司的《EURASIA》等动画片荣获国际最著名的动画节——“法国昂西动画节”大奖；网巨公司的系列动画片《英语学习动漫版》曾在全国15家电视台播放；南京原力电脑动画制作有限公司创作的《Little Grunt》荣获2004年中国影视协会动画片短片奖的优秀影视动画片花奖，片中“猪八戒”、“小龙女”等动画形象获得了卡通形象设计奖；水晶石数字科技有限公司为国家有关部门制作了《国家高速公路网规划》、《中央电视台新址功能演示多媒体影片》等三维作品，是北京奥运会申办委员会指定的三维图像开发商。

动漫产业是南京市规划发展的重点领域之一。南京市现有46家动漫、游戏企业，其中，注册资本在300万元以上、具有《广播电视节目制作许可证》的骨干企业有16家。动画产品年生产能力多达20000分钟，实际年生产国产原创动画片近6000分钟。南京鸿鹰动漫娱乐有限公司自主研发的动画片《饮茶之功夫学园》、《象棋王》，南京阿法贝多媒体有限公司开发的南京市第一部具有自主知识产权的大型原创动画片《阿法贝乐园》、欧亚动画公司创作生产的我国第一部红色经典系列动画片《大山里的红小鬼》等一批国产动画片在央视播出，受到全国关注，扩大了南京影视动画的影响力。南京蓝海豚美术电脑动画有限公司正在与意大利国家电视台及意大利L&T公司联合摄制的一部具有中国文化、中国风格、中国题材的电脑动画系列片《阿米达》，总投资2000万人民币，“蓝海豚”公司拥有20%的全球所有永久版权。截至2007年12月，南京市动漫产业年产值达到了2.5亿元，带动文化、体育、广告、教育、旅游、商贸等相关产业收入50亿元；直接从业(不含游戏经营）人员近3000人。原创动画片产品数量位列全国第七。

——工业设计全省领先。工业设计也是南京规划发展的重点领域之一。截至2007年12月，以南京大学—鼓楼高校国家大学科技园为依托，以模范马路沿线大学、科研院所和骨干企业为支撑，江苏省最大、全国为数不多的科技资源、智力资源密集的南京工业设计集聚区基本形成。模范马路沿线已建起了包括“江苏工业设计中心”、“江苏工业设计园”在内的9个具有专业特色的设计中心，其中“江苏汽车工业设计中心”，在建筑面积2.6万平方米的南京汽车集团商务大楼正式挂牌；“江苏电子工业设计中心”在长江科技园2.4万平方米的基础上，二期工程3.7万平方米即将投入使用，三期工程9万平方米已在去年开工建设；“江苏建筑及交通设计中心”首期5000平方米用房已经完成置换，即将对外招商；“江苏生物化工及新材料设计中心”8万平方米大楼已经封顶；“江苏电力自动化设计中心”已经立项……

根据《规划纲要》，“十一五”期间，南京模范马路沿线将建成100万平方米研发设计及配套用房，拥有500～1000家具有一定规模的工业设计公司，优秀研发设计人员超过5000名，成为江苏省规模最大、实力最强、水平最高的工业设计中心。

（二）发展条件

——产业基础良好。南京厚重的文化底蕴，丰富的文化遗存不仅具有传承城市文明的社会价值，也为自主创新，发展文化创意产业提供了得天独厚的人文基础。规模初具的创意产业、发育完善的文化市场为南京创意产业的发展奠定了较好基础。

——创意人才集中。南京高校院所云集，其中国家和省级重点实验室31个；2007年末，全市拥有中国科学院院士47人，拥有中国工程院院士32人。南京地区各类专业技术人员62.78万人，占南京市常住人口的8.73%，是全国比例最高的城市之一，科技竞争力位居全国第五；全市有高新技术企业412家。深厚的人文资源和强大的科技、人才优势，为实现《规划纲要》目标，将创意产业作为南京市新一轮发展的支柱产业，在先进制造业和现代服务业的发展中，更加高度重视和实践创意产业，让“创意”和“创造”真正成为提升南京城市综合竞争力，都创造了极为有利的条件。

——产业需求趋旺。南京市已进入了“新一轮科学发展，实现更高水平小康社会”的重要战略机遇期。随着南京市人均GDP超过6000美元，其文化娱乐支出比重不断增加，文化消费时间逐渐增多，对文化产品的选择性日益增强。2007年南京城镇居民人均可支配收入达到20317元，城乡居民文教娱乐服务支出占家庭消费支出的比重达18.7%，市民对文化创意产品日趋旺盛的需求，催生了一批创意企业和产品，成为繁荣和发展南京创意产业的动力。

——软件产业支撑。南京软件产业的快速发展为创意产业提供了越来越强的技术支撑。发展、壮大起来的文化创意产业园区为全市创意产业提供了高效、便捷的载体。

（三）发展特色

——体制创新，产业集聚。全市体制内与体制外创意产业合流并轨，传统文化产业和新兴文化创意产业的竞争更加激烈，创意产业正在集聚，第二产业和第三产业开始高端融合。

——科技创新，前景广阔。以软件、新媒体和信息技术为代表的数字化技术革命继续引领着南京文化创意产业发展的潮流，彰显着南京文化创意产业发展新的宽广领域和创造性空间。

——投资创新，民企凸显。民营资本和各类社会资本成为投资南京文化创意产业的主力军。截至2007年12月，全市开工建设或开园开街的42个文化创意产业园区，民营资本和各类社会资本投资兴建的占到了69%；南京文化创意产业协会90个会员单位中有65家民营企业，占会员总数的72.2%；南京动漫产业协会67个会员单位中的46家动漫企业都是民营企业，占会员总数的68.7%。

——自主创新，保护产权。2007年11月，南京市首开省内知识产权贷款先例。南京道及天软件系统有限公司从南京银行获得了200万元贷款，这笔商业贷款没有担保，也没有土地、产权等抵押物，贷款获得认可的一个主要依据是“无形知识产权”——计算机软件产品著作权。这笔贷款在江苏的文化创意产业界和科技界引起广泛关注，江苏文化产业园、南京市玄武区工商联、南京银行信用联社、南京鑫信投资担保公司联合举办了“动漫企业融资洽谈会”，由江苏产业文化园联合南京鑫信投资担保公司为入园动漫企业担保，据不完全统计，南京互联广告、南京龙文震图动画、南京维色企划等近10家企业现场签约，达成了近500万元的融资意向。

——官产学研，共同推进。官产学研一体化助推南京文化创意产业全面发展。南京地区高校林立，学科分布齐全，仅就影视动画教育资源而言，南京艺术学院、南京师范大学、中国传媒大学南广学院等13所院校相继开办了影视动画专业教育，直接从事动漫专业教育的专职教员120多名，在校生总数超过3000人。南京艺术学院教师创作的《化蝶》《足球宝贝》《功夫》等一批具有民族元素的原创动漫作品都获得了国家级奖项。

——透明开放，规范发展。随着全市构建权力阳光运行机制的提速和政府公共文化服务体系的建设，市和各区县政府行政机关梳理和公布了

“权力清单”，文化创意产业市场准入进一步开放、透明，创意产业市场行为规范进一步制度化和法制化。

（四）发展趋势

——文化创意产业管理和政策措施正在逐步到位。根据《规划纲要》，南京市文化创意产业涉及的文化、广电、科技、新闻出版、经委、规划、财政、地税、工商、城建、统计等政府部门，将进一步携手制定和完善符合南京实际和文化创意产业发展规律的政策措施和行业管理、动态考评等工作制度，进一步加大对全市文化创意产业园区和创意企业的扶持力度，推进南京文化创意产业又好又快地发展。

——文化创意产业将进一步促进版权产业的发展。文化创意产业自身的特征决定了其与版权产业的密切的关联度。因此，南京市将建立和完善版权公共服务平台，构建版权文化要素市场，大力推进文化和创意产业化的进程，实现文化创意、专利技术和版权多种形式的自由交易。

——文化创意产业与制造业进一步高端融合，推动产业链、产品结构进一步优化。《规划纲要》重点规划发展的文化创意产业十大领域将在融合中稳步平行发展。

——文化创意产业园区之间的竞争，将从房租等的优惠低价竞争，转向为入住企业提供更加优质的公共服务平台和公共技术平台的竞争。文化创意产业园区和企业自觉寻求错位发展的趋势更加明显。

【推进产业集聚的路径和基本模式】

2006、2007 两年，南京市围绕壮大文化创意产业和提高产业集聚效应，扎实推进文化创意产业载体建设，夯实文化创意产业发展的平台。截至 2007 年 12 月，全市正在建设或开园开街的都市创意产业园区已有 42 个，即：南京 1912、创意东 8 区、西祠街区、幕府三〇工园、南京 1865、南京石城现代艺术创意园、南京高新动漫、紫金山动漫 1 号、南京数码动漫、江苏工业设计园、南京市文化创意产业园、中国·南京亚洲创新创意产业园、金城科技创意产业园、中国南京幕府山国际休闲创意产业园、南京广告文化科技产业园、南京河西新城 CBD 国际创意产业园、南京禾盛文化创意科技产业园、石头城 6 号创意产业园、南京清凉山创意产业园、南京 AGH 创意产业园、南京 1949 创意园、南京宏光织造创意产业园、南京都市创意产业园、724 所创意产业园、南京创立置业策划创意园、华宏科技创意产业园、南京红山创意工厂、南京圣划艺术馆（南京创意市集）、明城汇创意休闲街区、中国现代玉文化创意产业园、南京六合宇扬雨花石文化园、南京浦口区佛手湖建筑展览园、南京普天通信科技产业园、雨花科技创业园、江东软件园、新城科技园、南京长江科技园、华电都市产业园、南京工业大学科技创新园、南京国际中医药科技产业园、南京高新生物创业园、南京节能科技产业园。还有一批交易市场、休闲街区、演艺场馆、产品基地也正在规划建设之中。

2007 年 8 月，江苏文化产业园、创意东 8 区、南京石城现代艺术创意园、西祠街区、幕府三〇工园、南京数码动漫创业园等 12 家园区被确定为南京市市级文化创意产业基地；经国家广电总局批准，南京软件园正式成为“国家动画产业基地”。2007 年 12 月，为了放大“国家动画产业基地南京软件园”的品牌效果，经市政府同意、省广电局备案，市广电局同时授予江苏文化产业园、南京数码动漫创业园为“国家动画产业基地”，以国家动画产业基地南京软件园为核心，以江苏文化产业园、南京数码动漫创业园等两个集聚区相支撑的“一个基地，多个园区，统一规划，错位发展”的产业格局基本形成。2007 年 11 月，创意东 8 区荣获由中国（北京）国际文化创意产业博览会办公室、中国光华科技基金会主办的“光华龙腾奖——2007 中国创意产业年度大奖”评选的“中国创意产业最佳园区奖”，跻身 2007 年全国 10 个最佳园区之列。市经委继 2006 年首批确立 10 个重点推进的都市产业园项目后，2007 年又确定 13 家都市产业园为第二批市重点推进项目，对全市都市创意产业发展起到了示范和带动作用。

2007 年 12 月 10 日，市委十二届五次全会提出了 2008 年全市文化产业的主要工作，即：“做强文化产业。实施重大文化产业项目带动战略，加强部省属和市属文化资源的整合、体制内和体制外文化资源的融合，全面推动国有经营性文化事业单位转企改制，进一步激发文化产业发展活力。重点推动企业集团和文化产业园区实现规模发展，加快建设创意东 8 区、南京晨光 1865 科技·创意产业园、西祠街区等重点项目，培育打造南京文化产业龙头项目，确保文化产业在经济总量中所占比重有显著提升”。

（一）产业集聚基本模式

南京十分重视文化创意产业集聚发展，其中以南京 1912、创意东 8 区、西祠街区、幕府三〇工园、南京石城现代艺术创意园、紫金山动漫 1 号等六个民营资本投资和管理的集聚区和南京 1865、南京高新动漫、南京数码动漫等三个国有资本投资和管理的集聚区等两大类园区为代表。

——南京 1912 时尚休闲街区（推广名：南京 1912）。街区的基本模式是：在保护的前提下，合理利用与有限开发南京丰富的民国文化资源，实现其价值的最大化。

1912 年 1 月 1 日，孙中山在南京宣誓就任中华民国临时大总统，并组建了中国历史上第一个共和制的国家政权——中华民国临时政府。街区近 20 栋民国府衙式独立建筑形成“L”形环绕着中华民国临时政府总统府旧址，是“总统府”旧址建筑群的组成部分，具有典型民国文化特征，“南京 1912”由此得名。街区自 2004 年 12 月开街以来，娱乐、休闲聚集效应已经显现，其南京时尚“城市会客厅”的业态模式和拥有的共和、博爱、太平、新世纪等四个文化休闲广场，使其成为古城南京新的文化品牌。街区现有 55 家国内外知名酒吧、餐馆、演艺吧、KTV 等文化娱乐企业，企业入住率达 100%，年营业额达 3 个亿。2007 年国庆黄金周，15 万人涌进街区消费，营业额近 5000 万元。

街区以城市文化资源为资本、以市场需求为导向，通过休闲创意和管理智慧的运用，最终以休闲娱乐产品服务于社会，取得了显著的经济社会效益，带动了南京创意产业的发展。一是促进了历史文化遗产的保护和城市文化品位的提升，实现了历史文化遗产保护与利用的和谐统一。动态保护和利用历史文化遗产，将城市历史融入城市的整体发展，是城市发展中的重要课题。街区以市场运作方式保护性开发南京历史文化遗产，完整地保留了具有历史文化价值的民国建筑，避免了城市文脉的中断，探索出南京文化遗产从被动保护向主动保护、从单一保护向全面保护、从静态保护向动态整体性保护的新路径。二是培育文化休闲娱乐产业，促进南京“夜间经济”的发展。街区的集聚效应和规模经济为休闲文化的培育和发展提供了内在动力，能够不断提供“以消费者为中心”的休闲娱乐产品，从而带动了休闲娱乐需求的不断扩张。三期项目建成后，消费按每年 50% 递增，预计到 2010 年将达年均 500 万人次，直接增加就业 1 万人。按照南京市的综合投入产出系数计算，每年可带来 GDP 增加值高达 4 亿元，是南京市娱乐休闲业的重要增长极。三是鲜明的示范作用。街区通过休闲娱乐、人才集聚和信息集聚，促进休闲创意业态的创新、服务产品和服务过程的创新、经营理念和管理的创新，以及休闲创意人才的培养。街区是江苏省较早且较为成功的休闲创意运作平台，在运作模式、管理机制、服务方式、服务产品等方面积累了丰富经验，为如何在保护城市历史和文化遗产的前提下挖掘城市文化资源并使其价值实现最大化提供了成功模式。通过玄武区政府在街区设立的管委会，为入园企业提供全方位的公共服务，实现了街区产业集聚和社会安全的有机统一，为培育和发展健康、有序、规范的文化休闲创意产业做出了积极的努力。

——南京世界之窗创意产业园（推广名：创意东 8 区）。园区的基本模式是：成功利用南京主城区产业结构留下的旧厂房、旧楼宇、旧设施，通过创意设计与建筑改造，以研发设计创意、建筑设计创意、文化传媒创意、咨询策划创意和时尚消费创意为主体，实现创意产业的集聚。

园区占地 60 多亩，在原南京无线电七厂、南京汽车仪表厂、南京电子陶瓷总厂三个厂区的闲置厂房上改建成为约 6 万平方米的文化创意园区，按照“三厂区、六分区、环形商业街区”的规划布局。园区依托厂区原有建筑，进行保留利用与创意改造，打造成为吸纳建筑装饰设计、广告艺术创意、工艺包装创意、咨询策划、动漫科技软件及时尚生活配套服务。2006 年 3 月园区启动一期改造项目，2007 年 9 月开园，已吸引了大贺传媒、垠坤策划、伟科动漫设计、天鉴广告、耘思堂策划、迪安医疗检测、酷鼠体验 8、展迪建筑设计、贝椏建筑设计、建堂建筑设计、天王星形象设计、波西摄影造型、IO 视觉、御美堂影像、任辉陶艺、巨人工艺设计、雅柏工艺设计等 90 家各类创意机构与企业入园，园区一期入住率达

93%，集聚效应与优势初步形成。入园各企业之间已形成行业合作、经营互助的局面，入园的多家广告设计、建筑设计、摄影写真、房地产、投资管理等企业已成功开展了诸多业务合作；同时入园企业的经营业务通过园区的整体宣传得到了积极的拓展。

园区已建立了九项公共服务平台。一是产业服务平台。2007年1月，依托园区的产业集聚基础，南京文化创意产业协会落户园区。南京文化创意产业协会的成立有助于文化创意行业的服务与沟通，有效收集行业发展信息，帮助扶持创意企业发展。二是产业支持平台。通过园区网站（http：//www.idea8.com.cn）、行业资源与基础配套的协助，为入园企业提供人才交流、信息交流、风险投资与业务拓展专项服务，同时推进企业合作推广与共享服务订单，引导创意产业链的日渐形成。三是行政服务平台。联合所辖街道和相关部门，为园区企业提供高效优质的行政服务平台。开设快捷的行政服务通道，简化各类政务手续，并为行业杰出人才提供更为周到的绿色通道。四是创业扶持平台。2007年3月联合南京市白下区劳动与社会保障局，在园区设立创业基地，通过政策扶持、提供办公基础设施、配套服务等条件，鼓励大学生、失业人员、残障人士在创意产业创业。目前，园区内已有60多家自主创业型企业，其中大学生创业的有18家，下岗再就业人员创业的有10家。五是科技孵化平台。南京市白下区科技局与园区联合设立科技孵化中心，从资金扶持、配套服务、网络信息等方面促进中小型科技研发企业成长。六是法律援助平台。园区为律师事务所无偿提供办公场所，共同合作开设法律工作室，为入园企业免费提供各项法律咨询服务和法律支持。七是行业专区平台。在园区设立组织专区，引入和共同组建了外地驻宁商会秘书长沙龙、南京青年商会基地，并无偿提供50平方米的办公场所。外地驻宁商会秘书长沙龙与南京青年商会基地为园区企业提供了最便捷的行业交流平台，促进企业经营活动的拓展。八是互动交流平台。举办行业主题活动，通过创意派对、年度创意产业节、创意产业新锐人物评选，促进广泛的行业互动。2006年8月，园区出资15万元赞助的“南京文化创意产业青年新锐人物”评选，提升了创意产业在南京的公众认知度与行业凝聚力。同时通过园区的公共展示空间与业主交流会，开创共享平台，倡导园区企业互助。九是产学研实践平台。2007年1月，园区被命名为“南京高校文化创意实践基地”。园区正联合政府部门、科研机构、高等院校、业内企业，进行创意产业专项研究，提供产业发展与规划的理论支持和应用指导，实现产学研一体化。

——西祠数字网络文化产业园（推广名：西祠街区）。街区的基本模式是：实现了新网络经济从线上到线下、由虚拟到现实的商业融合，是中国新商业模式最早的探索者之一。

街区占地约50亩，在江苏省淡水水产研究所原有老厂房基础上，建成3.2万平方米具有数字网络特色的新型文化产业街区。街区以发展“数字产业”为主题，以“网络虚拟世界”与“线下真实体验”互动接应为创新思想，融入现代都市时尚生活元素，建设集虚拟网络社区线下产业、数码产品研发设计、数字娱乐体验、新网络经济旅游、数字化教育、时尚消费等于一体的南京首家数字网络文化产业园。街区联手全球最具影响力的华人社区网站与人文气息最浓的社区网站“西祠胡同”，充分借助具有1300万全球注册会员的网络影响力，打造成为具有开创性的全国首家网络线下时尚创意街区。2007年11月开街，已吸引丁俊晖台球俱乐部、西祠胡同南京总部、趣捷动漫游戏设计、CTF国际健身俱乐部、西祠访客中心、赫拉婚庆策划咨询、群英教育、HANGGO网络服务、永续狼道广告、摄影师之家、米粒工作室、诺派企业管理咨询、江苏设计师联盟，以及120家网络线上线下联动的精品创意购物工作坊与行业联盟、俱乐部等入住街区，入住率达76%。入园的100多家网络精品创意购物工坊中，有95%的机构实现了线上线下的营销互动，打破了传统商贸交易模式，在全市形成了独具特色的网络线下交易聚集地。同时，街区引入数十家具有自主创新能力、自主知识产权的创意企业，在设计、摄影、培训、策划、咨询方面同样形成了显著的聚集优势与效应。

街区建立了七项公共服务平台。一是网络资源整合与全球推广平台。在西祠胡同网站（http：//www.xici.net）设置专属频道，组建专业网络运营团队，通过西祠胡同网站全方位资源支持，为入园企业提供全球性的宣传渠道，为南京本土创意企业、文化机构及个人提供了最为有效的网络宣传，成为南京网络文化市场现实与虚拟、同城与异地、内地与全球的重要互动平台和纽带。二是网络线上与线下互动平台。街区开启网络线上宣传频道，对应街区的功能与产业设置，为入园企业提供线上推广服务的同时，还积极开展对入园企业进行网络营销的引导与培训扶持。入园企业的特色、产品、服务等宣传将人性化地在网上街区重现。三是企业经营活动推广服务平台。针对入园企业的经营特征与服务特色，除了在网络线上给予充分的展示空间外，还通过主干道户外宣传、内部标识引导、赠送广告资源、设置LED显示屏、举办公益活动等方式，为企业提供最直接的业务引导通道。四是网络创意活动实践平台。为了提升社会各界对街区的关注，通过举办各类特色活动，与线上资源互动并转化成为线下人气。建设初期已举办“街道征名”、“靓点征集”、“创意版聚”等活动，后期仍将以健康、自由、创意的西祠文化与精神举办各类节庆与主题活动，并通过设立爱心基金等方式营造园区健康、和善的氛围。五是产业聚集政策平台。为鼓励网友创业，将线上资源转化成现实创业资源，街区特别制定了特色版政策，给予房租减免、资源互助扶持网友创业。西祠胡同现有讨论版20万个，其中50%落在南京。街区将提供政策扶持与文化引导，联合线上热门、特色讨论版，在千万网民的关注与合作下，共同建设与发展街区。六是公共服务平台。街区专门设立了三处室外公共空间，分别为南侧面积达3000平方米的青年流行广场，办公区近2000平方米的围合式休闲广场，北侧的运动广场以及两片标准的屋顶网球场地，为入园企业提供充分的展示、运动与休闲公共服务区域。另外，街区开辟了800平方米的“西祠访客中心”不仅作为西祠网友观光第一站，亦为网络线上线下的文化互动空间。七是社会公益事业助推平台。通过各类社会公益事业聚集社会上更多有创意、有才能的网民，各种新的经营理念和模式伴随着创意者随之进入到街区，线上线下互动也随之有了一个质的飞跃。2007年6月街区出资100万元举办“赢在南京”百万创业大赛，支持南京青年创业，以“创新、创意”为比赛主旨，通过6个月的竞争筛选，2007年12月从上百名参赛者中产生50强，并通过每周的公益讲座、实战演练为创业者提供更多、更有效的创业实战培训。大赛将于2008年4月正式决出10位优胜者，并获得百万创业基金及街区无偿提供的创业场所。

——幕府智慧产业园（推广名：幕府三〇工园）。园区的基本模式是：以保护工业遗产为主旨，以发掘工业文化为主题，以“保留——创造——再利用”为思想，融入现代都市时尚生活元素，成为具有南京工业时代地域特征和历史文化积淀的特色园区之一。

园区依托原长安汽车制造厂7万平米的工业厂房，集景观、生态、艺术、创意、设计、研发于一体，2007年11月试开园，已吸引了南京青和当代美术馆、米兰摄影基地、唐汉艺术设计、瑞普教育、风标科技、翔宇培训，以及20多位南京当代艺术家工作室入住园区，入住率达64%。园区目前已成为有一定规模和影响力的当代艺术集聚地，大型艺术馆青和美术馆于2007年11月盛大开馆，全市最大规模的摄影基地米兰摄影馆于2007年12月落成。入园的艺术家与企业利用园区配套的艺术长廊和展示空间，开展了各类交流和作品展示活动，充分挖掘了工业遗存的独特空间魅力，在一定程度上推动了南京乃至江苏省艺术事业的发展。

园区已建立了四项公共服务平台。一是产品展示平台。近30名艺术家的联合入住，为园区带来浓郁的艺术人文气息。为了更好地服务于入园的艺术家和企业，园区开辟了艺术家作品展示大厅，为艺术家提供了作品展示空间，同时也为入园的高新技术企业新产品、新工艺提供了展示平台。二是交流服务平台。园区构建了行业交流与服务的平台，积极倡导和促进入园艺术家、企业间的合作交流，引导、支持和扶持艺术家、企业间创意产品上下游产业链的搭配和熔铸。三是网上服务平台。园区建设了“幕府三〇工园”网站，及时发布园区工程进展和招商信息；同时，积极参与国内各种产业园交流、合作、推广活动。四是推广服务平台。为调动创意产业机构与创意人才的积极性，为南京创意产业的整体发展提供助力，园区与相关行业协会、学会等社团组织共同构筑产业推广平台，引导入园企业形成集群效应，放大园区的孵化、集聚、推动功能。同时加强与政府的合作，培育区域创意产业走向成熟，加快区域经济转型。

——南京晨光1865科技·创意产业园（推广名：南京1865）。园区的基本模式是：充分挖掘南京的历史文化资源，面向国内外、境内外知名品牌企业招商，走品牌化规模化发展的道路。

南京晨光集团的前身是我国第一家近代工业企业——金陵机器制造局。1865年9月，时任两江总督李鸿章将苏州的洋炮局迁至南京，在城南地区陆续建造了机器正厂、左厂、右厂和炎铜厂、卷铜厂等数十间厂房，成立了中国近代四大兵工企业之一的金陵机器制造局（简称“宁局”）。金陵机器制造局由英国工程师设计，式样及格局参照了英国的工业建筑风格。考虑到自然通风和采光，在多跨连续车间顶盖上开设了锯齿形的天窗。主车间之间间隔17～18米，采用架空的过街楼将建筑联系起来。1884年，金陵机器制造局制造出我国第一门“十门连珠炮”。1888年，金陵机器制造局在全国最先仿制成功第一挺马克沁机关枪，这是中国制造的第一代重机枪。到1889年，金陵机器制造局已拥有各种机器设备近千台，工匠1700多人，成为当时中国主要军火生产基地之一。

中国航天科工集团公司四院所属南京晨光集团历经风雨，发展成为拥有26.4亿元总资产、220多万平方米占地面积、5000多名员工的大型综合性机械制造企业，为我国国防建设做出了重要贡献。随着企业的发展，南京秦淮河畔“宁局”原址的英式工业建筑群已经不能满足生产需求，南京晨光逐步移师江宁开发区，建立了“航天车业园和管业园”，在溧水建立了“航天晨光工业园”。置换出来的老厂房，改造成了今天的南京晨光1865科技·创意产业园，封闭了百年的古老建筑群，面对市民敞开了胸怀。

“南京1865”是中国近代军事工业的典范，历史遗留下来的7幢清代建筑，27幢民国建筑已被列入省级文化保护单位，是《规划纲要》重点规划发展的文化创意产业园之一，是南京都市产业园十大重点推进项目之首，并被江苏省和南京市分别授予“江苏省现代服务业集聚区（文化创意产业）”、“南京都市产业园”。

园区占地面积21万平方米，建筑面积约11万平方米，总投资额5亿元，各项公共服务平台正在建设之中。园区的总体目标是：通过3～5年的建设开发，将园区建设成为南京乃至华东地区知名的融科技、文化、商业、旅游为一体的综合性时尚生活创意展示中心和地标。分三阶段实施：第一阶段，以科技博览为核心，以时尚休闲、商业旅游为切入，形成科技创意产业基地的雏形。第二阶段，以科技、创意为主题，引进国内外知名高科技企业和文化、艺术、设计等时尚创意公司，形成科技、文化、创意产业孵化基地。第三阶段，进一步修建和完善配套设施和公共服务平台，提高服务标准，成为科技、文化、商业、旅游的时尚地标。

园区分为五个功能区，即：时尚生活休闲区、科技创意研发区、工艺美术创作区、山顶花园酒店商务区和科技创意展览区。2007年9月开园，进入一期招商的科技创意研发区已完成招商面积达16000平方米，占该区面积的48.58%，世界500强企业的台湾富士康科技集团有限公司已入住园区。

——南京石城现代艺术创意园。园区的基本模式是：借鉴上海“田子坊”模式，即：通过对老厂房的保护性开发，汇集艺术工作机构和企业，实现现代创意艺术的产业集聚。

园区占地面积约35亩，位于南京北京西路72号原江苏省化工研究所，其8000平方米的主楼建筑是近代民国建筑名师杨廷宝的杰作，该建筑与南京草场门四角形成一组民国建筑景观交相辉映，是南京市优秀民国建筑之一。园区2006年7月开园，南视觉现代美术馆、南京艺事后素现代美术馆、恒当代艺术空间、南京仕杰设计有限公司、南画廊、江苏御风拍卖有限公司、观江艺术馆、幽兰琴馆、访问艺术家工作室、南京朗香服饰设计有限公司、行动网影像俱乐部、2021艺术中心、南京容台文化艺术有限公司、南京长江环境艺术设计有限公司，丁伟、吴为山、陈辉、郑奇等画家工作室等40多家机构和企业入住，入住率达100%。入住园区的创意企业大致分为：字画、古玩，艺术摄影，服饰品牌设计，经典古玩、字画的竞拍，高档楼宇装饰品牌设计等5大类。

园区已建立和完善了商务会谈、教学培训、政策咨询、信息服务、网络交易、商务会所等公共服务平台和配套公共设施。2006年，园区先后举办了30多场文化创意展览展示艺术活动，如：学者型画展、行为艺术展、心眼画展、立体影视展、迎春书画展、插诗展、著名古琴大师龚一先生古琴演奏展等，受到了社会的广泛关注。

——南京高新动漫、紫金山动漫1号、南京数码动漫等三个动漫产业集聚区。

一是国家动画产业基地南京软件园（推广名：南京高新动漫）的基本模式：重点发展有一定规模的动漫企业，成为大型动漫企业的集聚地和人才培训基地。依托园区政策优势、环境优势、基础设施优势，加快国家动画产业基地建设，使其成为南京动漫产业发展的核心区域，并辐射、带动其他地区发展。建立和完善公共技术平台和专业化服务平台，为动漫企业在园区发展提供全方位的服务和保障。园区于1999年2月经南京市人民政府批准设立，2007年8月被国家广电总局批准为“国家动画产业基地”，已成为南京发展动漫产业的重要载体和推动力量。园区规划面积3.58平方千米，其中新建的7万平方米动漫大楼和服务外包大楼已交付使用。截至2007年12月，南京鸿鹰动漫娱乐有限公司、南京阿法贝多媒体有限公司、蓝与白多媒体软件（南京）有限公司、南京卡秀影视动画有限公司、南京九元素影视动画有限公司、南京荀氏动画有限公司等14家动漫企业入住园区；目前，有6家动漫企业将于2008年年初入住。2008年及未来五年，园区将聚集50家以上具有一定规模和技术水平的动漫企业，年生产动漫作品在6000分钟以上，形成集动画、漫画、教育培训、游戏制作、图书发行、音像出版物及衍生产品研发生产为一体的产业基地。

二是国家动画产业基地江苏文化产业园（推广名：紫金山动漫1号）的基本模式：以集聚中小动漫企业为主，形成动漫人才、衍生产品的聚集地。园区占地面积96亩，在原南京电影机械厂的基础上改造、兴建，总投资5000万元，是以动漫产业为主的集聚区。2006年7月开园，已有90多家文化创意动漫领域的知名企业入住，入住率达98.5%，园区企业年产值达10亿元。截至2007年12月，园区动漫基地孵化面积达1万多平方米，已有江苏龙文振图动画公司、联青网数码科技有限公司、江苏尖儿动漫艺术传媒有限公司、南京维色企划有限责任公司、游戏学院等13家动漫企业入园，另有7家动漫企业于2008年年初入住。“龙文振图”的动画电影《沧海桑田》已在法国动漫电影节上引起了国外多家发行商的关注；“联青网”的动漫原创作品《玄奘西行记》已完成，即将发行；预计园区2008年的动画影视片生产总片长将达到1000多分钟，动漫原创作品产量达到3000分钟。2007年，园区已完成5批次1000多名大中专学生的再培训工作；“游戏学院”已为省内外动漫游戏企业和社会各界输送了近400名游戏制作专业人才；“尖儿动漫”与江苏经贸技术职业学院，“南京维色”与江苏江海职业技术学院合作，对800多名学生进行校企对接式的教学培训；园区还与在宁9所高校、5家动漫公司联合施行了影视动画就业培训教学大纲和培训计划。

园区公共服务平台主要包括：一是动漫衍生产品展示平台。园区辟出近3000平方方米的面积，作为全市动漫企业衍生产品集散基地，并准备投资500万元新建50多座精品动漫产品展示、销售屋用于免费供给产品厂商展销其产品。二是政策扶助平台。2年来，园区拿出近500万元用于入园动漫企业房租的减免，使入园动漫企业有更多的资金用于产品研发、人才培训。三是融资平台。园区、玄武区工商联、南京银行信用联社、南京鑫信投资担保公司联手，努力解决入园动漫企业的发展资金问题。四是展会平台。2007年园区举办了南京动漫文化节，4天的“动漫节”，有近两万观众进场参观，近400名大学生创作了作品并参加大学生动漫作品的评选；500多名参观者走进数字动画大讲堂听课；38支表演社团参加了COSPLAY大赛。

三是国家动画产业基地南京数码动漫创业园（推广名：南京数码动漫）的基本模式：建设成为全市“科技成果转化中心”内的专业孵化器，同时成为全市动漫产业的技术转移中心。园区利用原南京科技宾馆改造而成，2006年12月开园，截至2007年12月，已有水晶石数字科技有限公司（南京分公司）、南京原力电脑动画制作有限公司等17家动漫企业入住园区，入住率达100%。园内设有完善的公共服务平台，提供企业投融资、无形资产评估、法律咨询、技术合同签证、专利代理等“一站式”服务；入住企业享受国家级软件园及地方政府相关优惠政策，动画原创作品可以得到政府财政支持。园区高度重视设计、合成、体验、培训等动漫产业四大公共技术平台的建设，2007年完成了园内企业制作三维动画可共享的五折屏体验室、“渲染农场”、南京动漫门户网站、正版动漫开发软件共享体系建设；目前正在投资建设摄影棚、录音棚、三维运动图像捕捉系统、效果显示等服务于原创作品开发的大型设施。

(二) 产业集聚基本特点

南京创意产业集聚区的共同特点:

一是充分利用南京市老企业或闲置厂房、厂区的现有条件，推陈出新、加以改造，形成了新的产业业态，即文化创意产业，这不仅加快了全市产业结构的调整和优化，转变了经济增长方式、推动了现代服务业的发展，同时，也积极保护与合理利用了南京市的工业遗产，使《规划纲要》规定的“结合老城区旧工业厂房和住宅区功能改造、近现代建筑保护，建设文化创意产业园，为创意设计企业搭建服务载体”的基本任务得到了落实。

二是南京规划建设和重点培育扶持的“一带、五片”(石头城文化创意产业带、南京高新区软件园动漫产业基地、江苏工业设计园、南京晨光1865科技·创意产业园、幕府山国际休闲创意产业园、世界之窗创意产业园) 文化创意产业聚集区基本形成，这不仅开辟和拓展了南京市的就业渠道，为社会提供了新的就业岗位，而且提升和丰富了文化创意产业的内涵，有力地推进了文化南京建设。

三是体现出政府引导和企业主体相结合的原则，推动和引导了全市文化创意产业的健康发展。产业集聚区定位准确、错位发展，避免了同质恶性竞争。

四是园区建立了多种公共服务平台和技术服务平台，为入住企业提供了全方位的公共服务，落实了《规划纲要》规定的“做好文化创意产业园区的定位，充公发挥园区对文化创意设计企业的孵化、集聚、推动作用”的任务。其中南京数码动漫公共技术服务平台成为2007年南京市文化创意产业集聚区最亮点。

(三) 产业集聚区对南京创意产业发展的影响

产业集聚区对南京文化创意产业发展的产生积极的影响:

一是南京的文化创意企业都是中小企业，在园区内中小企业通过产业集聚，导致大量的采购和销售活动，从而能够吸引各地的供应商和采购商相对集中，既降低了企业间的采购成本，又扩大了产品销售市场，形成上下游产业链，促进企业规模发展，形成规模效应，构建“南京都市圈”区域性文化创意产业发展的平台。

二是文化创意企业通过园区平台的集聚，可以提升企业的整体实力，加大广告宣传的投人力度，利用群体效应，形成“区位品牌”，打造国际国内知名品牌，从而使人园企业都受益，大大增强了人园企业的竞争优势，通过市场化的方式盘活南京创意资源，实现南京创意产业的大投人、大产出、大提升。

三是在园区内，一个企业的创新技术、科学管理方法一旦被使用，就很容易使其他的企业就近学习和模仿，从而迅速得到推广，也促进了人才和劳动力的合理流动，有利于人园企业做大、做强、做优，为扶持和培育南京大型文化创意企业集团奠定基础。

四是园区构建的公共服务平台和公共技术平台，促进了专业性公共服务业和配套设施的发展，使得为企业服务的物流、中介、技术研发、金融、法律等等现代服务业能够相对集中，配套设施也将会日益完善，为政府制定和完善南京文化创意产业园区的认定和评估标准提供了参考。

(陈　铭)

无锡市信息化发展概况

2007年，无锡市信息化工作在无锡市市委和市政府的正确领导下，在江苏省信息产业厅和省信息办的指导下，全面贯彻落实科学发展观，按照“抢抓机遇、跨越式发展”的工作思路，努力探索，大胆创新，真抓实干，较好地完成了各项任务，在信息化建设和信息产业发展等方面的取得了新成绩。

【信息化建设进展顺利】

（一）制定年度信息化工作目标

2007年无锡市信息化的工作目标：以党的十六届六中全会精神为指导，以科学发展观为统领，紧紧围绕“一当好、三争创”的目标，坚持“集约建设、深化应用，重点突破、持续领先”的发展策略；继续以电子政务建设为龙头，带动社会信息化全面发展；加快推进社区信息化和农村信息化建设，让信息化惠及全民，推进和谐社会建设；落实市委市政府“五城建设”的战略部署，推动重点领域的信息化应用，提升城市形象。

（二）做好信息化基金项目安排与管理

按照无锡市2007年信息化工作重点，结合全市及部门的建设需求，编制了2007年信息化基金项目安排计划，围绕为民服务、电子政务、五城建设等重点，共安排了32个项目；各项目承担单位落实配套资金700多万元，发挥了信息化基金引导、带动全市信息化建设的作用。

（三）深化电子政务应用

加快政务外网建设。一是积极推进完成汇聚层和接入层建设，完成了MPLS的规划方案，政务外网真正具备了应用接入的能力，目前已有行政服务中心、锡山、新区、滨湖、惠山区等接入政务外网。二是采用了补贴加减免的办法，使社区的每月承担费用降到100元以内，解决各社区经费比较紧张的问题。三是与计生、民政等政务外网应用部门协商，共同推进服务民生的信息化应用系统建设。四是出台《关于推进政务外网建设的意见》，明确各政府部门延伸到街道、社区的信息化系统必须利用政务外网，杜绝各部门继续自建纵向网络，发挥政务外网的集约作用，避免重复投资。

扩大电子政务应用。按照无锡市电子政务建设的实施规划，2007年继续深化政务专网系统的应用。推动行政效能电子监察平台建设，完成“无锡市行政效能电子监察平台”的建设，并实现与市行政服务中心、15个部、委、办、局的系统联网，完成政府采购中心、车辆管理所分中心的互联，对80%左右的市级权限审批事项实现网上监督。积极探索利用信息化手段提高水环境监测的能力，为市领导科学决策提供依据。制定了无锡市行政审批信息化系统的建设方案，探索研究突发公共事件处置的技术保障方案，推进应急联动指挥系统和指挥体系的建设，组织举行了省内首次应急指挥信息互联综合演练，取得了良好的效果，有力推进了无锡市应急指挥互联体系和联动指挥体系的建设。

（四）提升社会信息化水平

一是社区信息化建设。依托无锡市已经建成的电子政务外网，建设社区服务信息化平台，整合民政、计生、残联、物价、农林等部门的社区（村）服务应用系统，向各社区推开使用。二是农村和农业信息化建设得到推进。编制了2007年信息化服务新农村建设工作方案，启动四大农业数据库和无锡供销合作网建设，架构现代农业数据集成系统开放平台，推进农民远程视频教育系统建设。三是推进“五城五中心”信息化建设。以旅游和物流为重点，整合旅游信息资源，推广旅游电子商务，建设网上旅游信息化服务平台。四是推进无锡市物流信息化平台建设。完善现有物流信息化平台、重点开发物流企业应用、扩大平台用户数量。五是积极探索无锡市“一卡通”建设。

（五）信息资源建设

一是更新了 1:10000 基础地理框架数据库。二是外购一些高质量的信息资源，在政务专网上共享使用。三是继续推动法人数据库的建设。四是维护和共享现有信息资源，扩大信息资源目录体系应用和推进电子政务元数据库建设。五是扩大地理信息系统应用工作，完成了城管局、工商局、北塘公安分局等部门接入无锡市基础地理信息系统和数据共享。

（六）行业信息化建设

一是“城管勤务数字化系统”投入试运行。二是“无锡机场改扩建工程的弱电系统”启动建设。三是筹划“无锡市企业信用征信系统”的建设。四是财政局、档案局、发改委、民政局等部门的信息化建设项目得到有效的提升。

（七）新城信息化规划

太湖新城建设是无锡市新的战略发展重点，必须高起点、高标准地进行数字化新城的规划和建设。无锡市信息化办公室组织太湖新城建设指挥部、市政公用事业局、广电局、电信公司、移动公司等部门，考察了北京东城区、天津滨海新区、杭州钱江新城等地，学习数字化、信息化新城的规划和建设经验；经过公开招标，确定了南京邮电设计院为规划编制中标单位。

（八）电子政务系统

一是认真做好已建项目的运行维护和管理工作，优化值班制度，强化维护管理规范。二是安排资金用于系统功能改进和性能优化，更新相关服务器和设施，确保政务专网、政务外网等网络基础设施、服务器、机房设备的稳定运行。三是加强协调，确保异地数据备份中心、信息共享交换平台、政务 CA 认证系统等电子政务支撑体系发挥作用。四是不断完善，确保电子公文交换系统、元数据管理系统、政务专网门户系统、应急指挥联网系统等电子政务应用系统的安全可靠。五是开展了电子政务应用系统安全风险评估工作，无锡市“地理信息共享交换平台”作为惟一地级市信息系统被列入省信息安全风险评估试点项目。

【信息产业结构不断优化】

2007 年无锡市信息产业以“三谷三基地”为重点，取得了又好又快发展的良好局面。2007 年，全市信息产业实现增加值 450 亿元，比 2006 年增长近 30%，信息产业占全市 GDP 的比重超过 11%。其中，信息设备制造业完成销售收入 1700 亿元，同比增长 30%；软件业完成销售收入 151 亿元，同比增长 50%；信息服务业销售收入 125 亿元，同比增长 25%。

（一）软件及信息外包基地建设进展顺利

2007 年，无锡市开展了一系列信息外包活动，取得了较为明显的成效。

召开全市软件及信息外包工作会议。3 月 29 日召开了全市软件及信息外包工作会议，会议明确了无锡市信息外包“十一五”总体目标和 2007 年的工作目标，下达了年度工作任务书；通过对“双十强”和“信息外包单项”的表彰，树立了全市软件和信息外包的标杆。

成功举办软件排行榜发布会。圆满举办了“2007 中国（无锡）软件出口（外包）论坛暨 2006 中国软件出口（外包）排行榜发布会”。

积极推进招商和培训工作。联合省信息产业厅成功举办“中国无锡创意产业（东京）合作研讨会”。

加快推进基础软件产业园建设。为加快无锡市软件及信息外包产业发展，以与中科院软件所合作的契机，筹划建设基础软件产业园。由无锡市人民政府、中科院软件所、江苏省信息产业厅联合建设江苏基础软件产业园成功签约，并于 7 月份揭牌。

（二）软件及信息外包产业指标完成情况

总量指标。2007 年，无锡市软件业实现销售收入 151 亿元，比上年增长 50%，其中软件出口及外包完成 3.9 亿美元，增长 2.25 倍。两项总量指标均全面完成年初制定的计划目标。

载体建设。2007 年无锡市信息外包载体建设得到重点推进，新区的创新创意园、江苏软件外包园，滨湖的江苏基础软件产业园、创意产业园、锡山的同方科技园、创新创业中心等载体累计建成面积近 60 万平方米，加上其他各个区县均有不同规模的软件载体建成投用，全市信息外包新增载体规模近 70 万平方米，超额完成年初制定的 60 万平方米的目标任务。

人才培养。到 2007 年底，全市信息外包新增培训人数超过 7600 名。其中，各类院校培养 2200 人，专业培训机构完成培训人数 2000 人，企业自主培训 2600 名，其他企业内部培训 600 人次，超额完成 5000 人的年度目标任务。

招商引企。全市新引进企业80多家，大大超过了全市全年引进50家的计划目标。其中，欧美及日本企业引进5家，港澳台地区1家，北京、上海等一线城市12家；从注册资金来看，1000万以上企业18家，200～1000万企业21家。其中也包括一些国内外著名的大集团、大公司，如NEC、中科方德、紫光软件、软通动力、昆仑通态等。

CMMI认证。2007年无锡市新增CMMI认证企业11家，完成3级升4级认证企业1家。

软件企业认定。2007年无锡市新增认定软件企业51家。

【信息技术应用全面推进】

企业信息化得到进一步普及。以推广应用制造业信息化技术为突破口，在机械、纺织、电子等行业的大中型企业中，CAD（计算机辅助设计）和CAM（计算机辅助制造）等得到广泛应用，无锡市被列为全国制造业信息化重点城市。全市机械制造业被评为“江苏省制造业信息化示范行业”，无锡市嵌入式软件工程中心被列为省企业信息化试点。信息技术在全市的广泛应用，促进了各行各业对信息技术的应用和信息资源的开发。软件正版化工作取得较大进展，系统软件、办公软件、安全软件等一大批正版软件在政府部门广泛使用。无锡市第二代身份证和社保卡已按计划发放。积极推进农民“致福工程”，提高农民上网技能。全市建制学校实现了“校校通”，财政、金融、税务、工商、公安、民政、统计、审计、环保、旅游、安检等部门一批新的专业信息系统投入运行。电子商务发展步伐加快，各大中型商业企业、连锁企业和物流配送企业普遍实现计算机管理，有多家商场建立了MIS（信息管理系统），实现了计算机信息管理，提高了企业的经营与管理水平，“轻大食品网”、商业大厦“东方百业网”已成为江苏省电子商务专业网站建设示范工程。

【2008年工作思路】

2008年，是全面贯彻落实党的“十七大”精神的第一年，同时又是新一届政府的开局之年，无锡市将紧紧围绕市委、市政府确定的中心工作，全面推进信息化和信息产业工作上一个新的台阶。

（一）进一步推进信息化建设工作

加强对全市信息化建设全局的把握，以电子政务建设为中心，完善政务网络平台，积极推进跨部门应用系统建设，大力开展关乎民生的信息化项目建设，进一步推进社区信息化、企业信息化、农村信息化和社会公共服务信息化建设，紧密配合“五城五中心”建设大局，加快行业信息化建设步伐，形成“全面推进、效果明显、亮点显著、市民满意”的信息化发展新局面。

1．整合部署为民服务系统建设，让信息化惠及全民

重点推进社区管理和服务的信息化。2008年将完成计划生育管理系统、残疾人管理系统覆盖所有政务外网的接入社区（村）；完成社保网迁移到政务外网的工作，完成民政综合信息化管理系统试运行并正式联网应用；年内完成所有社区（村）的覆盖，使得计生、优抚、低保、残疾人服务、卫生健康服务等为民服务项目一网到底。

启动市民卡建设。根据无锡市IC卡的应用现状，无锡市市民卡拟采用整合和建设相结合的方案。提升公交卡技术水平（从逻辑加密卡提升到CPU卡），保留已发的社保卡（接触式界面的CPU卡），新发的社保卡采用接触和非接触式双界面的CPU卡，逐步过渡到以新型社保卡为主体的市民一卡通体系。充分利用社保卡现有资源，整合政府各部门的服务项目，开通以电子钱包为代表的电子支付应用，融合以城市交通为代表的公用事业应用，使之成为政府发放给市民的用于办理个人社会事务和享受公共服务的IC卡。上半年启动无锡市区市民卡的运作，重点推进江阴市民卡（兼容社保部和建设部标准的双界面的CPU卡）的建设工作，争取年内正式开通市民卡。

建设区域医疗卫生信息服务平台。启动以卫生局为建设主体的无锡市民健康信息系统和以医管中心为建设主体的区域医疗信息化服务平台，市民健康信息系统侧重于市民健康、社区医疗以及卫生监管，区域医疗信息化服务平台侧重于市属9家医院的医疗信息服务，通过两个系统的合理分工，共同建设，形成完善的居民电子健康档案系统、公共卫生信息监测系统、医疗机构及社区卫生服务机构诊间管理系统、合作医疗实时结报系统，集个人基本健康信息、医疗机构就诊信息、慢病管理信息、传染病监测信息、妇幼保健信息、儿童计划免疫信息、卫生监督管理信息等为一体的区域医疗卫生信息系统。

提高12355青少年服务台的软硬件设施。为及时帮助解决和有效化解有关青少年的矛盾和问题，推动青少年寻求服务和团组织提供服务的便利化，改善系统硬件设备，提高服务性能，完善12355网站。

推进农村信息化工作。一是进行农村信息化服务站的试点，年内力争部署100个农村信息服务站。二是加快农村信息资源的开发工作，完成农业病虫害预警及专家诊断系统建设。三是推进新农村网校建设。无锡新农村网校建设的总体目标是："一库四中心"，即信息传播、知识传授、技术推广、人才培养一体化的农科教信息资源库，提高现代农民科学文化素质的学习中心，促进农村劳动力就业的职业培训中心，促进农民增收致富的信息服务中心，加强农村社会主义精神文明建设的文化中心。

2．进一步提升电子政务水平

完成无锡市环境信息共享系统一、二期建设。以无锡市环保局为牵头单位，整合各部门信息资源，启动建设环境信息共享系统。2008年升级环保局现有的"无锡市环境地理信息系统"，接入政务内网，利用各类手工监测的环境质量数据，反映各条河流水质，反映太湖无锡水域的水质以及各主要污染物的浓度情况。

研究启动无锡市人口信息管理系统。按照无锡市提高人口素质的总体要求，将完善无锡市的常住人口管理体系，争取在一季度完成技术方案和实施计划的编制工作，年内适时启动人口信息管理系统的建设。

建设行政许可和效能监察信息系统。建设行政服务中心网上审批平台，横向联接市级所有具有行政许可职能的部门，纵向联接分中心，各市(县)、区中心、现场服务点；实现"中心"内部及各个委办局之间数据共享；对审批事项进行流程再造，优化和加速流程，尤其是涉及两个或两个以上窗口的联办件系统，真正实现"一门受理、抄告相关、同步审批、限时办结"。开发完成行政效能电子监察系统的二期工程，结合行政服务中心网上审批平台的应用推动行政效能电子监察业务的全面展开。

启动市民中心信息化建设工作。根据无锡市市民中心建设计划，适时完成市民中心信息基础网络、核心机房等的技术方案设计，完成与建筑设计单位的技术对接，组建施工管理队伍，加强对市民中心信息化系统建设质量的管理，确保满足无锡市的电子政务需求。

建设财税信息联网分析系统。通过政务专网，实现国税、地税、财政、统计之间的信息联网，建立以企业基本信息、税收征缴信息为主体资源的市区税收征管信息共享平台，以便于政府及相关部门掌握企业经济运行基本状况、财政收入进度和发展趋势、税收征管质量等情况。

完善政务网络平台，保障应用安全可靠。2008年将完成外网身份认证系统建设，加强各类用户的管理，提高应用安全水平；启动政务外网数据备份系统建设，满足各部门外网应用系统的数据备份需求，提高数据安全水平；为适应社区等政务外网用户的大量接入，增加外网通过电信公司的互联网出口，满足网内用户高速访问互联网的需求。

继续做好电子政务运行维护工作。加强对政务网络管理中心的业务指导，完善和更新相关设备及系统，确保政务专网、政务外网、政府门户网站、异地数据备份中心、政务CA认证中心、各电子政务应用系统等重要设施和系统的安全可靠运行；督促相关项目建设和开发单位，做好系统的完善、优化、售后服务等工作。

加快政务信息资源开发，提高信息共享程度。2008年以信息化项目建设为抓手，促进重要数据库的开发共享。一是结合人口信息管理系统的建设，开发新一代人口信息数据库，满足提高人口素质工作的需要，满足各级政府部门的人口信息共享需要。二是结合区域医疗信息平台的建设，开发市民健康档案数据库，提高为民服务水平和档次。三是结合环境信息共享系统开发，整合各类环境监测和管理信息，形成无锡市环境监测数据库，提高无锡市水环境管理的水平。四是结合公安局建设综合资源数据库整合平台，有条件地共享公安局综合资源数据库。

3．推进公共安全和城市管理信息化，助力"五城五中心"建设

推进应急指挥信息化系统建设。在已经建成的无锡市应急指挥互联工程（一期）基础上，进一步扩大接入工作，完成自来水、燃气、供电、城管等部门的系统接入，扩充和完善应急办、110指挥中心等部门的系统功能，充分发挥应急指挥

互联工程的作用。在无锡市应急领导小组的统一协调下，研究无锡市统一的城市应急联动指挥体系与机制，探索该指挥体系下的信息化支撑与应用系统的建设思路。

推进数字城管工作，搭建城市管理信息平台。采用“万米单元网格管理法”和“城市部件管理法”相结合的方式，实现城市管理的信息化、标准化、精细化、动态化，保证城市运行中出现的问题能够及时发现、及时处理、及时解决，逐步建立沟通快捷、分工明确、责任到位、反映快速、处置及时、运转高效的城市监督管理长效机制。

完成“城市旅游公共信息服务系统”建设。2007年我市旅游局启动了“城市旅游公共信息服务系统”的建设，并完成了大部分模块的开发工作和外文网站的开通；2008年将完成全部软件开发，系统进行试运行及完善并全面推广应用。

4．推进信息化与工业化融合，加快无锡市产业结构调整

“十七大”对信息化赋予了新的重任：将信息化作为与工业化、城镇化、市场化、国际化并举的重大形势和任务，提出了信息化与工业化融合发展的崭新的历史命题。从信息化推动工业化，到信息化与工业化融合发展，又将是一次飞跃。在经济一体化的今天，我国越来越深地卷入全球化、市场化的进程。面对发达国家早已完成工业现代化，正在借助信息技术的强劲翅膀，占据有利地位的全球环境，我们必须走信息化与工业化融为一体，互相促进，共同发展，具有中国特色的跨越发展之路。2008年将与经贸委等部门合作，选择信息化与工业化融合的优秀企业，重点扶持和帮助，树立典型，推广经验，提升无锡市企业的信息化整体应用水平；联合国内研究机构或专家，举办有关信息化与工业化融合专题的高水平讲座，提高企业经理人的认识水平，力争使无锡市在信息化与工业化融合发展方面取得先机。

（二）进一步加快软件及信息外包业的发展

2008年无锡市信息产业要以建设“三谷三基地”为核心，推动信息产业全面发展，以建设“太湖保护区——服务外包示范区”契机，重点发展软件产业，为加快信息外包基地建设，促进信息外包在总量规模、载体建设和人才培养等方面取得突破，实现全市信息外包业的跨跃发展。与此同时，适当调整工作中心，努力实现“两个转变”：从抓面上工作向推进重点项目建设转变，从面上发动向“倒逼计划”的实施跟踪和服务检查转变。

2008年，全市信息产业发展，以创建国家信息产业基地为核心，以推进硅谷、液晶谷、信息外包基地为重点，以推进重大项目建设为抓手，保持全市信息产业又好又快地发展。全市信息产业力争实现销售2200亿元，同比增长30%。其中，信息设备制造业实现销售1850亿元，同比增长30%；软件业实现销售260亿元，同比增长73%；信息服务业实现销售150亿元，同比增长20%。

2008年，全市软件及信息外包产业发展，要按照2010年软件产业600亿元“倒逼计划”的要求，认真组织实施。具体目标为：

总量目标。全市软件产业销售收入260亿元，同比增长70%；其中，软件外包及其出口完成5亿美元，同比增长65%。

载体建设。继续突出软件在全市“三创”载体建设中的重要地位，年内新建软件载体规模80万平方米以上。

招商引企和骨干企业培育。全市招商引企总量达到80家，全市拥有100人以上软件外包骨干企业50家。

人才培养。建设5个年培养人才超千人的市级软件外包人才培养基地，全市专业培训机构和软件外包企业，力争新增培训人才达到10000人。

质量管理水平。新增CMMI认证企业12家；完成新认定软件企业60家。

（倪自宏）

无锡"千亿元级"IC产业振翅起飞

——无锡信息化建设特色

2008年2月，国家发改委正式批复30个国家高技术产业基地，其中，江苏省无锡市被确定为国家微电子高技术产业基地。据了解，这是继上海之后，由国家发改委认定的我国第二个微电子高技术产业基地，同时这也是江苏省三个国家高技术产业基地之一。无锡成为微电子国家高技术产业基地，标志着无锡微电子产业被正式纳入国家微电子产业发展布局。今后无锡将在微电子领域获得国家的相关政策扶持，有利于建立、营造和优化无锡微电子产业集聚式发展的政策环境，对提升产业自主创新能力、有效壮大产业规模、提升产业核心竞争力、促进无锡微电子产业又好又快发展具有重大意义。

无锡是我国重要的微电子产业发祥地和生产基地。近年来，无锡市把集成电路产业的发展作为调整产业结构、提升科技创新能力的关键产业，加强对外招商，完善政策扶持，加快载体建设，推进产业集聚，取得良好成效。目前，无锡已形成包括IC设计、晶圆制造、封装测试和配套材料等组成的比较完整的产业链，企业总数超过100家，年销售额超过百亿元，IC设计与制造业的规模占国内该产业总量比重达10%以上。

【发展微电子产业优势较突出】

无锡是我国微电子工业的摇篮，发展IC产业具有雄厚的产业基础和突出的先发优势。早在上世纪80年代初，无锡市就被确定为国家微电子工业南方基地，2001年又被批准为全国七大IC设计产业化基地之一。在国家大力支持下，凭借集成电路产业的雄厚基础和成功引入外资，无锡微电子产业获得飞速发展，成为国内重要的微电子产业基地，形成了微电子技术研发、集成电路设计、芯片生产、封装测试、集成电路应用等较完整的产业发展链条，拥有IC企业总数逾100家，从业人员近2.5万人。近3年来，无锡市IC产业年均增长速度达60%以上，2007年IC产业实现销售收入190亿元，同比增长58.3%。

近年来，无锡不断加快载体建设，建设了无锡信息产业科技园和微电子高新技术科技园。同时，亿恒科技、上华半导体、华晶矽科、强茂电子等一大批集成电路设计、封装、测试企业先后在无锡建成了集成电路产业化基地。此外，华友微电子、无锡高新气体的建设，使无锡新区集成电路产业加速发展拥有了自己专门的集成电路电镀中心和特种工业高纯气体供应中心，以集成电路制造和设计为龙头，由封装、测试及电镀等相互配套的集成电路产业链已经在无锡形成。

无锡新区是无锡微电子产业的主阵地，经过多年的良性发展，目前已形成以海力士—意法半导体、华润微电子、上华科技、CETC 58所、美新半导体、华润安盛等业内著名企业在内的IC产业集群，构建了包括芯片设计、晶圆制造、封装测试，硅单晶材料和外延片、掩膜、引线框架、特种气体、专用化学品等在内的完整产业链，2007年实现销售总额约250亿元，约占无锡市IC产业的5/6、江苏省的1/2、长三角的1/3、全国的1/5，IC设计业已进入全国前三强。

【政产学研合作提升创新能力】

为了促进企业提升创新能力，为无锡高新技术产业的发展奠定雄厚基础，无锡市实施"科教兴市，人才强市"战略，采取了"7+1"政产学研合作模式，即无锡在科教和人才资源相对薄弱的情势下，打造一个吸纳、整合全国一流大学和顶尖科研院所的重要平台。通过政、产、学、研结合，弥补无锡科技、教育、人才资源的不足，促进科技成果的转化，推进无锡企业，尤其是众多中小企业创新能力的提升。所谓"7+1"，即清华大学、北京大学、南京大学、东南大学、复旦大学、上海交通大学和同济大学加上中国科学院。通过举办政产学研合作圆桌会议，推动政产学研合作模式向制度化、规范化、长效化方向迈进。

无锡政产学研工作自实施以来，成效显著。中科院北京国家技术转移中心无锡工作站、中科院软件研究所无锡分部、北京大学软件与微电子学院无锡产学研合作教育基地、南京大学宜兴环保科技研发中心、清华大学科技成果转化基地、东南大学生物电子学无锡研发中心、香港理工大学江阴研究院等一批重大产学研合作项目顺利落户无锡，通过政产学研的结合弥补了无锡科技、教育、人才资源的不足，促进科技成果的转化，为无锡微电子产业基地的形成奠定了基础。

截至2007年8月底，无锡共实施政产学研合作项目814项，总投入110亿元。其中，政府层面与院校、研究所合作共建的园区、平台项目36项；以大中型企业为依托，与院校、研究所合作共建的研发中心、工程中心、重点试验室45个；以企业为主体，通过合作开发、技术服务、成果转化等各种合作形式，产值可望超亿元的合作项目48项。这些项目的实施，不仅提升了无锡高新技术产业比重和整体技术水平，而且为无锡加快转变经济增长方式提供了强有力的科技支撑。

【产业规模将达“千亿元级”】

据了解，无锡成为微电子国家高技术产业基地后，将在微电子领域获得国家的相关政策扶持，有利于建立、营造和优化无锡微电子产业集聚式发展的政策环境，对提升产业自主创新能力、有效壮大产业规模、提升产业核心竞争力、促进无锡微电子产业又好又快发展具有重大意义。

按规划，到2010年，无锡微电子国家高技术产业基地将重点发展IC设计、芯片制造、封装测试以及集成电路应用产业，逐步形成科技创新效应明显的IC产业链。在载体建设上，形成以无锡新区IC设计园区为主体、以太湖国际科技园和工业设计园设计企业孵化区为两翼的IC创新创业孵化基地，培育省级以上工程中心、研发中心和企业技术中心15家，培育和形成超百亿的大型IC企业2家，超10亿的企业10家，新增上市企业5家。

该基地IC产业规模锁定在“千亿元级”：到2010年，无锡市IC产业实现销售收入力争达到1000亿元，占全国总量的20%左右，在长三角地区的比重超过1/3，占江苏省总量超过60%，使IC产业发展成为支撑无锡市电子信息产业的支柱。此外，在未来几年间，无锡还将建立跟踪前沿技术的国家研发基地和人才培养体系，以形成我国具有自主创新能力的芯片设计、技术和工艺研发体系，铸造“中国之芯”，以积极构筑世界级微电子产业高地。

无锡要在短短3年里实现“千亿元级”的飞跃，除需建立和完善组织管理、出台配套的政策等保障措施外，资金支持必不可少。有关人士透露，无锡市正努力开辟投融资渠道，将高科技含量、高利润的IC产业培育成为投融资的主战场。目前有关部门正酝酿设立无锡市“IC产业创业投资基金”，由政府投入种子资金，引导现有风险投资公司扩大资本规模，同时吸引国内外大型风险投资机构进入无锡，助推IC企业发展壮大。同时，充分发挥金融机构信贷的支持作用，扩大对IC产业项目的信贷投入，建立重大IC产业化项目贷款贴息扶持制度，并鼓励IC企业充分利用资本市场进行融资，力争5年内在证券市场形成一个无锡“IC业板块”。

徐州市信息化发展概况

【基本概况】

2007年，徐州市信息化建设呈现出良好的发展态势，基础设施建设步伐加快，电子信息行业发展速度明显加快，信息消费水平平稳增长，信息化带动工业化作用日益增强，信息化建设和电子政务建设取得新进展，全市信息化总体水平进一步提高。

【信息基础业发展情况】

2007年邮电业务总量46.82亿元，比上年增长17.2%；邮电业务收入32.0亿元，增长2.8%。其中邮政业务收入3.64亿元，增长31.9%，电信业务收入28.36亿元，增长1.2%。年末局用交换机总容量875.71万门，增长0.4%。年末固定电话（含大、小灵通、移动市话）用户281.81万户；移动电话用户262.42万户，增加61.46万户。年末国际互联网用户（不含上网卡）36.51万户，增加7.97万户。市级广播电台、电视台各1座，县级广播电视台6座，区级广播电视台1座。广播、电视人口综合覆盖率均达到100%。有线电视用户123.48万户，其中数字电视用户1.62万户。

【信息法规建设情况】

2007年7月，市政府办公室分别出台了《市政府办公室关于做好市政府门户网站内容保障工作的意见》（徐政办发〔2007〕125号）和《市政府办公室关于印发〈徐州市政府门户网站内容保障工作考核暂行办法〉的通知》（徐政办发〔2007〕126号）两个文件，为建设好市政府网站资源建设奠定了基础。文件下发后，积极调度各县区、委办局的信息报送调度工作，并开展深入各县区调研、开座谈会等形式的活动，促进了信息报送工作的有序开展。

【信息化相关会议】

（一）召开在徐高校信息资源共享联谊会

2007年1月3日，徐州市召开在徐高校教务处长联谊会，各高校教务处长就做好新形势下学校教学管理工作进行了交流，并就推动徐州高校教学联合体进一步实现资源共享进行了热烈讨论。

目前，徐州共有普通高校7所、军校2所、成人高校1所，高校规模与质量在苏北乃至整个淮海经济区名列前茅。为进一步发挥徐州高等教育整体优势，打造“学在徐州”高教品牌，在省教育厅的领导下，经过科学论证和充分筹备，徐州正式成立在徐高校教学联合体。联合体建设本着“以生为本，开放建设，创新机制，合作共享，互利互惠，共同发展，强化辐射”的原则，打破了以往封闭的办学模式，充分发挥各校特色，逐步实现了课程互选、学分互认、教师互聘、设备互享、图书互借、实验互开、信息互通、场地互用，推进高校人才培养工作全面、协调、可持续发展。目前，在徐高校教学联合体设有共建委员会、教学资源共享协作组以及4个资源共享专门工作组，在图书互借、信息互通、课程互选等方面已经取得实质性进展，资源共享专门小组正积极探索其他方面的资源共享模式。

（二）召开全省公安网监工作苏北片调研座谈会

2007年1月11日，全省公安网监工作苏北片调研座谈会在徐州市召开，省公安厅党委委员、副厅长秦军，网警总队总队长李明杰、副总队长殷文云，扬州、连云港、盐城、宿迁、淮安和徐州市六个地区的公安网警支队支队长参加了会议。会议由李明杰总队长主持。

会议回顾总结了2007年公安网监工作，座谈讨论了2008年网监工作要点。

（三）召开全省部分城市公安信通系统负责人座谈会

为更好地贯彻落实科学发展观，进一步理清思路，明确目标，强力推动我省2008年公安信息化工作的深入开展，2007年12月27～28日，省公安厅信通部门在徐州市召开全省部分城市公安机关对口单位主要负责人座谈会。省公安厅有关部门负责人，南京、连云港、淮安、盐城、镇江、宿迁和徐州市公安机关有关人员参加了会议。

会上，部分公安信息化系统研发公司进行了新的公安智能化软件系统演示，各地公安机关先后介绍了本地警务综合平台建设应用等工作情况，分析了存在的问题，提出了下一步工作思路。与会人员就公安信通、警务综合平台建设应用等进行了座谈交流。会议明确了2008年公安信息化建设应用和信息通信工作要“抓住一条主线，实现三大创新，建设六项工程，达到五个提升”的总体思路。

【政务信息网站建设情况】

（一）“徐州市人民政府网站”日常维护工作

徐州市人民政府门户网站建设的一个重要指标就是政务信息的开发和利用。根据网站的栏目设置，充分挖掘徐州市的各类政务信息，2007年累计发布各类信息25000余条。为了保障政府网站政务信息资源的开发和利用，在深入县（市）、区及各委办局进行调研的基础上，立足徐州市市情及网站建设的具体情况，根据省政府门户网站的保障内容，并借鉴青岛、南通市等优秀政府网站的内容体系，研究提出了徐州市政府门户网站的内容保障体系。7月份，徐州市的《市政府办公室关于进一步做好市政府门户网站内容保障工作的意见》（徐政办发〔2007〕125号）和《徐州市政府门户网站内容保障工作考核暂行办法》先后出台，从制度上保障了徐州市政府门户网站内容体系的建设。根据文件精神，认真抓好监督和调度，深入六县（市）协助落实文件内容，并积极筹备今年的网站内容的考评。9月初，按照国务院、省信息产业厅《开展政府网站“百件实事网上办”活动的通知》要求，提出了贯彻落实《通知》的意见，上报市信息办成文下发。据此，首先在市政府门户网站开辟“百件实事网上办”栏目。其次，在现有的政府网站栏目中，尽可能多抓取百件实事服务内容，直接登录新开辟的栏目。第三，是安排专人对涉及百件实事服务的22个部门进行专人联系，使其尽可能多提供服务内容信息，及时进行信息的整合。该项工作不仅面向公众宣传了徐州市政府网站功能，而且让政府网站走入了寻常百姓家，进一步提高了政府网站的服务水平。2007年，网站增加了新的栏目和功能，开辟了“访谈直播”，分别于3月和10月与中国网密切合作，进行了市长和书记访谈。增设了“应急管理”、“视频新闻”、“论坛”、“领导信箱”回复、“机关事务局信息”等。设置专题调查“农村人才”、“关注民生”，对“法规公文”进行调整，直接编辑、修改、上传各类法规。向省政府报送各类徐州信息2400条，被省政府采用435条。向省信息中心网站“政务信息”栏目上传“会议动态”子栏目信息855条向“政策举措”子栏目上传信息831条，向“观点选萃”子栏目上传信息100条。向《江苏信息化》投稿50余条，被采纳刊登16条。向江苏省信息共享平台上传信息2000余条，上传经济数据10次。协助省中心寄送《信息化决策参考》300份、《预测和分析》1850份、《江苏经济信息》450份。继续维护“市政府新闻发布会”网站，共参加并发布8次发布会，做到了维护及时、准确。

（二）徐州市政务公开信息网开通

为认真做好国务院颁布的《中华人民共和国政府信息公开条例》（以下简称《条例》）实施前的各项准备工作，进一步推进徐州市政务公开工作，由市政务公开领导小组办公室主办、市信息中心技术支持维护的“徐州市政务公开信息网”网站（http://www.xz.gov.cn/sm2111111702.asp）于2007年12月25日开通运行。全市71个政府部门单位精心编制的信息公开指南、职权目录和权力运行流程图，经过市政务公开领导小组办公室初审和召集市政府办、法制办、编委、保密局、公安局、卫生局、公用事业管理局等部门人员集中会审，报经市政府审定后首批在网上公布。11个县（市）区和经济开发区管委会编制的政府本级职权目录也同时上网公布。

“徐州市政务公开信息网”是为适应2008年5月1日起正式施行的《中华人民共和国政府信息公开条例》而建立的。《条例》是规范政府自身行为的一部重要行政法规，对于保障公民的民主权利，提高政府工作透明度，充分发挥政府信息对人民群众生产、生活和经济社会活动的服务作用，有着极其重要的意义。政府信息公开，是指行政机关依照法定程序、以法定形式公开与社会成员利益相关的信息，允许社会成员通过查询、阅览、复制、摘录、下载等方式予以充分利用。通过政府门户网站对外公开政府信息是实行政府信息公开的最主要形式，是公开的第一平台。按照新的政府信息公开内容和必设栏目的要求，在原“中国徐州”政府门户网站政务公开子栏目的基础上，打造出全新的“徐州市政务公开信息网”网站，完善和突出政务公开办事公开的内容，开设了公开动态、公开目录、公开指南、依申请公开、县区与部门公开、公开文件、公众监督、行风热线等栏目窗口，整合了市政府网站（http://www.xz.gov.cn）13个相关栏目，目前共计有栏目21个，今后还将陆续增加。群众可以方便地通过上网，了解政府政务活动信息、掌握市政府重点工程和重大事项决策、查阅相关信息，下载有关文件资料。网站设计图文并茂、方便实用、内容翔实、资料丰富，是我市打造阳光透明政府、政府信息对外公开和接受群众监督的窗口。

（三）徐州慈善网站开通

2007年4月26日，在曹新平市长的直接关心下，徐州慈善网（http://www.xz.gov.cn/sm2111111558.asp）正式开通，这标志着社会各界今后可上网向市慈善会捐款、赠物。徐州慈善网开设了慈善总会介绍、法律法规、慈善项目、求助热线、在线捐赠、爱心榜、慈善知识园等栏目。通过该网站，人们可以查询到市慈善会的最新资讯、所有的捐赠收入和救助情况。有困难的人可以通过“求助热线”板块寻求帮助，有善心的人士可以通过“在线捐赠”板块进行捐赠。

（四）“应急管理”网站开通

2007年9月底开通并运行“应急管理”网站，共开设7个栏目，由市应急办维护。

（五）徐州市知识产权公共服务平台开通

为实现知识产权信息共享，提高科技创新能力和知识产权保护水平，2007年6月29日，徐州市正式开通知识产权公共服务平台。

徐州市知识产权公共服务平台，是由徐州市科技局（知识产权局）主办的专业网站。该平台为用户提供服务的内容，主要包括中外专利数据库、知识产权服务机构数据库、知识产权法律法规数据库、知识产权案例数据库、图书数据库、知识产权专家数据库等，并能实现对国外专利数据库（包括七国两组织专利数据资料）、国内专利文摘数据库等的检索，可为全市范围的政府机关、科研机构、企业、高校、个人等提供“一站式”服务。

【徐州市信息产业经济运行情况】

徐州市现有电子信息行业制造业企业200余家，其中，规模以上的企业68家。截至2007年底，预计完成工业增加值20.28亿元；完成销售收入82.9亿元，同比增长40%以上；软件主营收入7.3亿元收入，其中软件收入2.8亿元，同比增长25.6%。

（一）电子信息产业的集聚效应日趋突出

1．汽车电子、医疗电子和称重电子三大行业引领全市电子信息产业发展

一是汽车电子企业10余家，主要有汽车音响、汽车防盗系统、车用传感器、二极管、整流桥等汽车电子产品。二是医疗电子大小企业140家，2007年全市主要医疗电子销售收入约2.5亿元，超千万元的企业近10家。三是称重电子企业近10家，经过几年的发展，产品由电子皮带秤、称重给煤机等已经延伸到动态随机的取样、采样设备和智能交通监控检测系统。

2．电线电缆及电子元件组件制造企业有一定规模。以盛宝实业、苏源银龙为代表的近30家企业，总体发展势头良好，生产增长较快，出口额有所提升，产品产销衔接良好。

（二）光伏产业成为拉动我市信息产业新的增长点

1．重点企业和重点产品为全市信息产业的发展提供了强有力的支撑

江苏中能硅业多晶硅项目，总投资70亿元（五年内追加投资到120亿元），可形成年产10000吨多晶硅和5000吨单晶硅生产能力。其一期工程可年产1500吨太阳能级多晶硅，已于2007年9月投产。二期年产1500吨电子级多晶硅项目，已于2007年开工建设。三期年产6000吨电子级多晶硅项目，计划于2008年2月开工建设，2009年6月全部投产。该项目全部建成达产后，预计到2010年可形成年产值100亿元人民币，实现利税60亿元，并带动下游产值1500亿元，利税300亿元。

2．太阳能光伏产业链初具雏形

艾德太阳能、超能光电等企业主要产品电池片、电池组件及其他光电应用产品。其中，艾德公司2007年预计实现销售收入7亿元，2008年将进一步扩大产能，形成100兆瓦的生产能力，具备建设兆瓦级光伏发电站的能力，实现销售收入34亿元。

（三）大项目的投产加快信息产业发展

除了中能硅业项目外，中美矽晶（台资）在中国大陆打造的第二个重要生产基地落户徐州经济开发区。该项目总投资1亿美元，将于2008年上半年开工建设。主要生产太阳能晶片及半导体晶片，达产后可形成年产值4亿美元。台湾强茂集团电子产品项目总投资9800万美元，生产半导体整流器、片式二极管、三极管、新型电子元器件及元器件专用材料，预计2008年4月开工建设。此外，无锡尚德太阳能总投资12亿美元的项目近期也将落户徐州经济开发区。总投资4800万元人民币的电子汽车衡、称重仪表项目将于2008年在铜山经济开发区开工建设。

（四）医疗电子产业园的特色引力突现

江苏（徐州）医疗电子产业园自2006年挂牌以来，得到较快发展，规划面积由300亩扩大到1000亩，建筑面积达到10万平方米。目前区内集中了医疗器械类企业30多家，其中省级以上高新技术企业8家，通过软件认证企业5家。2007年预计可实现销售收入11亿元，自营进出口达到800万美元，各项经济指标占到全市医疗电子企业的70%以上。产品主要有窥镜类、B超类、红外类和监护类等7大类60多个品种，其中B超等医疗器械的国内占有率达到25%以上，各种医用监护仪、诊断仪、治疗仪等20多个产品总量在国内同行业中居于领先地位，产品覆盖全国30个省(市)。7家企业已成为卫生部、中华慈善总会、中华红十字会的规定采购商，生产规模和技术水平日益提高。江苏（徐州）医疗电子产业园已经成为徐州市乃至苏北地区医疗电子产业的主要聚集地。

（五）信息产业成为利用外资的重要领域

2007年，徐州市仅徐州经济开发区外商投资电子信息企业从原来的6家增加到17家，境外投资额为3034.1万美元，投资总额达到13166万美元。徐州格利尔公司与香港合资总投资5000万元人民币的电视机顶盒项目将落户铜山经济开发区。目前开发区在电子信息产业引资方面已进入良性循环阶段。

（六）电子信息企业新产品创利能力不断提高

江苏赛摩集团新产品利润率达到23%，2007年，赛摩公司开发的多头智能组合秤在荣格食品工业技术创新评比中获奖；天宝电子新产品利润率17.5%；艾德太阳能新产品利润率15%，新产品利润率普遍比旧有产品利润率高，显示出企业创新的热情；天荣医疗的新产品销售收入占到了销售收入的43%，新产品利润率为10%。

（七）软件产业发展迅速

到2007年底，徐州市正式注册的含软件开发和销售的软件企业881家，注册资本7.7亿元。通过认证的软件企业29家，软件产品86个，通过认证的软件企业数量位列苏北第一，全省第五。煤矿安全软件成为省软件产业的一大亮点，生物识别核心软件异军突起，其技术水平处于国际先进、国内领先水平。江苏瑞祺生命科学仪器有限公司与北京大学等国内知名院校联合开发的“生物细胞计算机显微操作系统”，得到了信息产业部电子发展基金、省软件和集成电路专项经费的扶持，获得了国家实用新型专利证书和国家重点新产品证书。徐州格雷公司研发的医疗图像处理软件通过OEM的合作形式，促进了我市医疗电子产业链的形成。徐州雷奥公司作为国家级生殖健康产业基地（目前全国仅3个基地）不断研发出新一代全数字化超声诊断系统，实现三维成像和远程会诊，不仅满足各类医疗卫生部门及计生系统的需要，并可全面替代模拟B超，其价格不到国外同类产品的五分之一，在国内、国际市场上具有极强的竞争力。另外，教育、教学软件，机械、电力、煤炭等行业应用软件系统及平台软件等也具有一定的优势。

【信息综合管理部门相关工作】

（一）认真做好电子信息产业制造业统计分析及数据库数据收集上报工作

深入细致地做好对全市电子信息产品制造业2006年度统计年报及2007年各季度数据调度填报录入工作。明确专人负责，认真解答企业在填报工作中遇到的问题，加强对本地区企业所填报表的审核，确保我市上报的数据全面、真实、准确、及时。

(二) 积极为全市信息产业制造企业和相关部门做好服务

注重宣传引导，充分调动企业申报部信息产业发展基金积极性。坚持以企业需求为重点，以企业满意为目标，主动深入县区企业。如为铜山县电子信息产业制造业的企业领导、主管质量、财务人员解读部电子发展基金项目指南，明确项目申报的重点及部、省有关电子信息发展基金有关政策及审报要求，使该县企业做到有目标、有激情、有方法，拓展工作思路，瞄准更高目标，踏踏实实地做好项目申报工作。2007年根据信息产业部电子信息产业发展基金管理办公室《关于申报2007年度电子发展基金项目的通知》(信基办〔2007〕001号)，做好信息产业部2007年度电子发展基金项目申报工作。认真组织管理范围内的企业填报《电子发展基金项目可行性报告》及相关附件。对徐州瑞祺生命科学仪器有限公司、科诺医学仪器设备有限公司提交项目的真实性、可行性及指南符合性进行审核并做出评价，签署推荐意见，整理后及时报送省信息产业厅。同时帮助企业做好答辩PPT的准备工作，由于准备充分徐州市两家企业顺利通过了省信息产业厅的预答辩。徐州瑞祺生命科学仪器有限公司“细胞电生理精密显微操作系统”已通过信息产业部发展基金100万元资金资助。积极协助徐州经济开发区申报“江苏中能光伏科技发展有限公司的二期年产1500吨电子级多晶硅增资项目”开展的前期工作，获得省信息产业厅对该项目出具的《二期1500吨电子级多晶硅项目初审意见的函》，顺利地为该项目拿到行业意见批文。积极做好省、市共建江苏(徐州)医疗电子产业园项目，提出相关建议形成书面材料上报省厅。组织全市相关企业，就电子信息产品污染控制相关政策法规、标准的贯彻实施等方面进行在线观看并在网上讨论交流。

(三) 积极配合省信息产业厅做好相关工作

为了促进我省信息化建设的发展，加强信息化建设的规划和管理，省信息产业厅启动了《江苏省信息化促进条例》的立法研究工作，在此研究的基础上形成了《江苏省信息化促进条例(草案)》。为了使该项立法更加切合实际，具有科学性和可操作性，按照省信息产业厅要求，认真研读、分析了条例草案，先后7次提出书面修改意见上报信息产业厅。

江苏省信息产业厅依托“中国苏州电子博览会”举办“江苏信息产业过万亿成就展”。按照省厅要求，组织协调对全市医疗电子企业关于选调优质电子信息产品参加进行调研，最终雷奥医疗设备有限公司、徐州瑞祺生命科学仪器有限公司、科诺医学仪器设备有限公司、徐州市圣普医疗设备技术有限公司四家企业四个产品入选参展。在展览期间，积极参加信息产业部召开“电子信息产业结构升级和区域竞争力研讨会”。同时，按照省信息产业厅要求，积极组织市相关企业参加江苏省信息产业厅组团参加中国国际消费电子博览会的筹备工作。2007年按照省信息产业厅要求，结合徐州市的实际，及时、准确地报道信息产业发展等方面的新思路、新突破、新举措，共上报省信息产业厅政务信息52篇。

(四) 认真做好全市信息技术培训工作

组织全市相关单位参加“信息安全高级管理师认证培训”；组织相关单位参加信息产业部组织的“信息安全与网络防黑实战技术”、高级工程师认证培训班；组织参加省属部分高校专家、教授暑期对徐州地区的信息化“订单式”培训工作。

(五) 积极做好全市电子信息产业制造业的调研工作

一是为落实国家“十一五”规划纲要和信息产业“十一五”规划精神，准确把握外资在促进我省、市电子产业发展方面的作用和影响，根据信息产业部、省信息产业厅的要求，对全市电子信息产业利用外资情况开展进行了调研。目前全市电子信息行业外商企业总数为23家，投资总额16145.5万美元，销售总额13098.34万美元，利润2177.4万美元，出口额2341.21亿元。二是根据江苏省信息产业厅关于开展《电子信息产品污染控制管理办法》贯彻实施情况调研的通知，积极按照省厅要求采取抽样调查，选取全市3家企业进行调查了解《管理办法》在企业的贯彻落实情况，现时形成材料上报省信息产业厅。三是加快电子信息产业发展，推动经济结构调整，自主创新，转变经济增长方式。电子信息产业的一些企业单位在生产、建设、流通、消费等领域利用电子信息技术节能降耗、提高资源利用效率，减少了损失和浪费，以尽可能少的资源消耗创造了尽可能大的经济社会效益。按照省信息产业厅转发信息产业部关于开展电子信息产业企业能源消耗及利用状况调查的通知要求，对全市相关企业进行调研，并按照要求填写各种表格，及时上报省信息产业厅。四是为全面贯彻十七大关于信息化工作的战略部署，务实推进我省、市信息化和信息产业工作。五是积极做好山东省济宁市信息产业局来徐考察学习调研徐州市信息化带动工业化的先进经验，推动城市信息化发展等情况的材料准备及数据统计调研工作。同时，配合苏北五市信息化主管部门对各市进行城市信息化竞争力相关数据的调研工作。根据江苏省信息产业厅苏信办〔2007〕144号文件精神，在对全市信息产业发展情况进行全面细致的调查研究基础上，撰写《引导扶持电子信息产业　提升徐州工业发展后劲》一文，在《江苏信息化》杂志2007年度第3期上发表；撰写了《发挥苏北信息产业潜力　把江苏建成信息产业强省》一文，在《宏观经济观察》杂志2007年第8期上发表。该文按省厅要求参加了省信息产业系统举办的征文活动。

（六）抓好宏观预测与分析，充分发挥参谋助手作用

为确保超前预测全市经济发展，信息中心充分利用计算机模型，运行工业景气调查分析，分别于各季度跟踪企业展开调查，发放调查表格400份，回收320份，研究撰写四篇季度工业景气报告，定性描述下一季度经济变化方向，提出政策调整导向，及时传送给省信息中心和市有关部门，并把调查结果及时反馈给市属被调查的企业，供企业负责人适时调整企业发展决策，四篇预测报告均被省信息中心《预测与分析》采用。同时，向全国中心城市网提交徐州统计月报宏观数据及我市重要经济新闻，发送新闻稿件102篇，上传经济数据7次，其中有34篇文章被《城市经济信息》刊物转载。《2006年苏北五市宏观经济运行情况对比分析》一文被省中心《预测与分析》第11期转载；《2007年上半年苏北五市宏观经济运行情况对比分析》一文被省中心《预测与分析》第28期、中国信息协会《城市经济信息》第17期转载；《徐州市2007年经济形势分析与2008年的展望》被《城市经济信息》第23期转载。研究撰写了调研报告《2007年上半年徐州与济宁、临沂、盐城的比较分析》、《淮海经济区区域工业竞争力比较研究》、《徐州市中长期宏观经济计量模型》；参与了市委非公经济工委《2006年徐州市非公经济发展情况》课题的撰写。其中，《徐州市2007年经济形势分析与2008年的展望》一文获市政府领导批示“本文分析透彻，论述充分，建议相关经贸部门研究工作中参考”，《淮海经济区区域工业竞争力比较研究》、《徐州市中长期宏观经济计量模型》荣获2007年度江苏省信息系统优秀成果三等奖，《淮海经济区区域工业竞争力比较研究》荣获2007年度徐州市发改委系统一等奖。

【市新城区电子政务建设情况】

（一）信息点位布置情况

市级领导办公室（带套间）每间设置1个光纤网络点、2个计算机网络点、2个电话点、1个有线电视点。

部门领导办公室每间设2个计算机网络点、2个电话点。

标准办公室按每室3人布置，设置有2个语音点、3个内网点和3个外网点。

普通会议室内设4个网络点（内外网各2个）、1个光纤点、2个电话点、1个有线电视点。各会议室门口设置1液晶显示屏信息点。各区域一层大厅设置1个触摸屏信息点。

大小礼堂、常务会议室、外事接待室、多功能厅、新闻发布厅、应急指挥中心（兼电视电话会议室）等会议场所，根据会议室功能及面积合理配置点位，配置光纤点位。

为保证一卡通系统及智能化集成系统的正常运行，在每一信息采集点（如空调管理室、小卖部、浴室管理室等）均布设网络点位。

广场、人大及政协一楼大会议室、大小礼堂、外事接待室、多功能厅、新闻发布厅、餐厅、接待厅等公共区域覆盖无线外网，以保证无线网络能无缝覆盖整个区域，外网无线信息点安装要配合装修定位。

休息室、接待厅、展厅等区域参照会议室布置信息点。

地下室、餐厅、小卖部、职工浴室等处设置外网信息点。

商务及餐饮附属楼的办公室按标准办公室配置，客房按每间1个外网点、1个电话点、1个有线电视点配置，其余房间按需要配置点位。

（二）网络建设情况

新城区行政中心的计算机网络系统主要分为三类：电子政务外网、电子政务内网及机要网。三个网络之间物理隔离，且网络覆盖范围也不相同：电子政务外网覆盖整个建筑物，包括公共区域；电子政务内网覆盖整个建筑物内部所有需要接入内网的办公室和会议室，保证一定的扩充性；机要网只存在于机要部门办公室和副厅级以上领导办公室。电子政务内、外网从行政中心网络机房到电信网络机房采用双路由方式组网。

电子政务内、外网拓扑结构：采用核心、汇聚、接入三级星形拓扑结构，一级中心为商务附楼一层网络中心机房，二级中心为各区域汇聚机房，三级中心为各楼层弱电井。

机要专网拓扑结构：采用一级星形拓扑结构，由B区9层的机要网络机房经过通讯配线机房配线后直接到达各用户终端。该网络采用光纤方式连接。

电子政务内外网设备性能要求如下：

1. 核心层网络采用万兆以太网交换技术，汇聚层采用千兆以太网技术，接入层交换速率不低于百兆。整体网络具有较好的扩展性，系统能够平滑升级及扩充。

2. 整体网络设备安全可靠，主干网络设备能够实现主干冗余、链路容错等功能。网络骨干设备具有较高的可靠性；核心设备支持热插拔，具有容错及备份施工。

3. 网络支持虚拟网络（VLAN）技术及多种形式的划分，如基于端口、基于IP地址、基于硬件地址。

（三）开展行政中心智能化建设，保障政府网络畅通

新城区行政中心是徐州新城建设的起步工程，其智能化建设尤为重要，对推进全市的电子政务建设具有极为重要的意义。三年来，我市信息技术部门积极配合新城区建设指挥部，细化需求分析，对可能采用的新技术，外借设备，架设试验环境进行技术可行性的研究，对未来网络管理的模式进行深入细致的探讨，以确保行政中心智能化建设的顺利实施。同时，开展了新城区弱电项目设计方案的评标工作，为下一步管理新行政中心智能化网络奠定了良好的基础。2007年9月底开始，根据网络规划，安装调试网络设备、服务器、存储设备，建设和开发行政中心智能化系统；同时，对即将进住行政中心的各个部门的数据线进行调查，配合电信运行商进行施工和电路调测，为搬迁工作做好准备。2007年11月初，单位搬迁陆续开始，一边安排留守人员在原政府院内保证原办公地点网络通畅；一边安排技术干部协助各单位安装了2000余根网络线缆，为近千台个人计算机安装认证软件、调试网络，保证各单位在进住新行政中心很短时间内就可以接入互联网。同时，完成了电子政务网主干线路和设备搬迁、完成了统计内网搬迁、市委办公室电子政务内网和市电子政务内网主干互联，市纪检委电子政务内网建设、市审计局电子政务内网建设、市环保局和省环保厅网络互联；协助市统计局、市审计局、市发改委、市经贸委、市委组织部、市人事局进行服务器等设备安装；精心组织，认真安排网站服务器和域名服务器搬迁，保证了多家政务网站在最短的时间内恢复运行。

（四）网络机房建设情况

新城区行政中心的网络机房建设范围包括网络中心机房、区域网络机房、机要屏蔽机房、财政局网络机房和通信配线机房等多个机房。各机房既相互独立，又相互连接，承担着各智能系统神经中枢的管理任务。

行政中心网络机房的建设重点为网络中心机房。机要屏蔽机房、区域网络机房、财政局网络机房、通信配线机房等作普通机房设计。弱电井设备间按准机房设计。

【部门信息化建设情况】

（一）市国税局

CTAIS 2.0江苏优化版平稳运行。圆满完成了第三批工作流上线和相关升级工作，认真落实运维管理办法和快速响应机制，保证高效运行；开发“基础数据审计”软件，实现了CTAIS2.0数据的实时监控和执法疑点的预警分析；优化和完善外联系统，升级外联平台，完善免费网上申报软件，加强逻辑审核功能，增强进机数据的校验功能，提高了申报数据的准确性；强化网络安全建设，在内外网各节点增配了安全产品，规范内外网的数据交换，实施了网络运行及病毒状况定期通报制度；完成了增值税专用发票稽核系统6.0和协查信息管理系统3.0的数据迁移和升级工作，全市“金税工程”“三率”已连续79个月保持

100%。

（二）市统计局

制定了《徐州市统计信息化建设“十一五”规划》，并纳入全市的信息化建设规划中。先后投入30多万元，进行软、硬件改造。以搬迁新行政中心为契机，对网络和网站进行了升级改版，实现了省市县三级联网，其中铜山县、贾汪区实现了县镇全部联网。

（三）市住房公积金管理中心

加快公积金信息网络建设。加大了中心网站的维护和更新工作，开通了公积金网上查询、短信查询等多种方式，数据及时更新，职工可随时登录中心的网站和发短信进行查询，方便快捷。

（四）徐州质量技术监督局

建成高质量的标准信息服务平台。针对徐州工业产业升级和集聚的特点，以服务特色主导产业和高新技术产业为重点，面向国家大学科技园、面向出口企业、面向经济开发区，建立了“中国矿业大学国家大学科技园技术标准信息服务”平台、“徐州市特色产业技术标准信息服务”平台和“徐州市 WTO/TBT 贸易壁垒预警信息”平台，收有36万条标准目录、3万余册电子版本标准、2.5万余册纸质版本标准。“中国矿业大学国家大学科技园技术标准信息服务”平台已对园区内在孵企业开通运行。“徐州市 WTO/TBT 贸易壁垒预警信息”平台根据我市出口产品重点单位、品种、区域，作出红色、橙色、黄色“三色”预警，及时通报技术贸易壁垒、国外技术法规、合格评定程序等信息，并首选27家重点出口企业实行了“一对一贸易壁垒预警信息及时推送服务”试点。建立了农业标准化信息平台，提升我市 TBT 咨询点对农服务能力，实时跟踪和深度分析我市农产品主要出口国家和地区的涉农标准、技术法规和有关信息，为农产品出口加工企业、农业龙头企业提供一对一的预先信息即时推送服务。

（五）食品药品监督管理局

2007年底开通了食品安全网站，方便群众了解全市食品安全监管情况，在线进行食品安全投诉举报和查询处理情况。

（六）市行政服务中心

构建电子政务，深化政务公开。自2006年以来，徐州市行政服务中心投入38万元对办公系统和网站进行全面改版升级，增设了 WEB 网站、远程审批、网上申报、短信查询等系统，率先实现了网上收办事项、实时监控、绩效评估等功能。到2007年8月，159个进住事项全部实现网上公示，其中150个事项实现网上表格下载、130个事项实现网上初审。市政、经贸、外贸窗口4个事项实现网上审批。同时，依托服务大厅设立引导咨询台和电子触摸屏，开通投诉电话和网上投诉信箱；借助广播电视开通“行风热线”，每月通报情况、解难释疑；聘请各行业、各部门的代表担任行风监督员明查暗访，主动邀请人大代表、政协委员、新闻媒体、各界群众座谈评议，有效防止了不作为、慢作为、乱作为问题的发生。

（七）市科技局

徐州市知识产权公共服务平台开通。为实现知识产权信息共享，提高科技创新能力和知识产权保护水平，2007年6月29日，徐州市正式开通知识产权公共服务平台。

徐州市知识产权公共服务平台，是由徐州市科技局（知识产权局）主办的专业网站。该平台为用户提供服务的内容，主要包括中外专利数据库、知识产权服务机构数据库、知识产权法律法规数据库、知识产权案例数据库、图书数据库、知识产权专家数据库等，并能实现对国外专利数据库（包括七国两组织专利数据资料）、国内专利文摘数据库等的检索。可为全市范围的政府机关、科研机构、企业、高校、个人等提供“一站式”服务。

（八）市环保局

环保审批实现网络化。为了方便用户，提高工作效率，2007年12月，徐州市政府行政服务中心环保窗口面向全社会开通了网上服务绿色通道，成为该服务中心第一个实现网络化的窗口。欲申请建设项目环保审批的用户，首先登陆徐州市政府行政服务中心网站，点击“网上审批入口”，注册新用户，输入用户名、密码、验证码，点击“建设项目环境影响登记表”而后下载，填写，点击“直接申报”，将登记表作附件上传。环保窗口工作人员接到登记表后，到现场调查，如果符合规定条件，便予以审批。

（九）市商贸局

实行车辆计算机信息管理取得良好成效。2007年，徐州市商贸局结合局系统电子政务建设，把车管工作纳入计算机办公系统，通过对车辆信息进行计算机录入和统计，对车辆的行使路程、油耗、维修等情况进行分析并公示，实现了过程控制和绩效控制的科学化管理，大大提高了车辆管理工作效率。实行车辆动态公示以来，单车的耗油量明显下降，车辆维修次数明显减少，费用大大降低。

（十）市交巡警支队

建立徐州辖区高速公路实行恶劣天气气象信息资源共享机制。针对徐州市2007年大雾天气频繁的特殊情况，为加强恶劣天气条件下高速公路交通管理，有效预防和减少重特大道路交通事故，徐州交巡警支队特制定《徐州辖区高速公路恶劣天气处置工作预案》，一旦遇到大雾等恶劣天气，交巡警部门将首先通过采取控制车速、限制车种、间断放行等措施加强路面管理，尽量做到不封路、少封路，并与气象部门建立信息资源共享机制。具体做法是实行气象信息资源共享：在经常发生恶劣天气的季节，交巡警支队高速公路管理科和各高速公路大队将加强与气象部门的协作配合，建立气象信息资源共享机制，及时发布道路交通安全气象监测预报预警信息，牢牢掌握恶劣天气处置主动权。

（十一）观音机场

安防系统建成并投入使用。2007年12月，在徐州市公安局的跟踪指导和观音机场的密切配合下，总投资约100万元的观音机场安防监控系统顺利通过验收并投入使用，该系统的建成将进一步提高观音机场的治安防范能力。

新建成的安防监控系统由机场全场安保监控系统、机场边防验证监控系统、旅客安检信息监控系统三个子系统组成，整个监控网络共设有各类摄像机105只，监控范围覆盖机场面积85%以上，其中候机楼、停机坪、油库、货运站、航管中心、停车场、办公楼等重要场所覆盖面达到100%，可实施实时监控录像，其中边防验证、旅客安检等重要部位可实施全天候音视频录像，基本实现了机场重要部位布设一个不漏、重要时段监控一刻不漏、重要影像保存一份不漏的建设目标。

（十二）市公安局

350MHz无线集群与同播网双模合一技术在全国率先进入实战应用。截至2007年12月底，徐州市公安机关350MHz无线集群网络完成省市县三级联网，升级增建同播基站5个，集群基站2个，在全国地市公安机关率先实现集群网与同播网双模合一技术的实战应用，在徐州市城区半径20～30千米范围内实现手持机的全覆盖，在全市城乡97%的区域实现车载电台的全覆盖，为各地下一步深化无线集群网络的实战应用打下了良好的基础。

2007年以来，徐州市公安机关按照“补建基站解决盲区、安装车台确保通联、配备手持机增加灵活性、实现市县联网”的无线工作要求，深入基层进行调研，在全市乡村城镇开展拉距测试，在充分论证和实地勘验的基础上，制定了350MHz集群系统升级改造工作方案。经过紧张施工，目前该项工程已基本完成，进入最后调试阶段，无线通信覆盖情况得到极大改善。尤其是对泉山及贾汪大洞山基站以同播方式进行的成功改造，使公安机关主基站覆盖范围进一步加大，基本保证北至利国道口南至观音机场范围内的350MHz手持台无线通信，不需要手工漫游操作就能够实现相互联通，最大限度地发挥了350MHz集群系统的功能。同播基站的开通有效解决了频率资源紧张和信号覆盖区域相互干扰的矛盾，是当前国内350MHz集群通信中的前沿技术。

（十三）市房管局

举办OA办公平台系统使用培训。为加快“数字房管”建设步伐，推进电子政务建设，12月27日上午，该局举办了OA办公平台系统使用培训，全系统近100人参加。

该系统正式运行后，除带密级的文件材料、需上报和未使用OA办公平台的平行部门间的行文外，原则上不再发送纸质公文，也不接收局系统内各单位上报的纸质公文，逐步实现无纸化办公。这将大大降低行政成本，提高工作效率，明确工作责任，提高文档管理自动化、工作流程自动化以及网络化协作办公、远程办公、移动办公的能力。

（十四）市城管局

短信投诉平台开通。2007年元月18日上午，徐州市市容与城管执法局举行城管执法移动短信投诉平台“05169898”开通仪式。投诉平台的开通，为市民开辟了一条监督和反映城市管理问题的绿色通道。市民只要花一毛钱，就可以通过短信形式进行市容与城管方面的投诉。市政府副秘书长王怀深出席启动仪式，并点击按钮、开通投诉平台。

短信投诉具体工作流程为：市民将投诉内容编成文字或拍摄图片，通过短信形式发往“05169898”，移动公司接收后由工作人员将投诉内容进行技术处理，通过网络将该内容发往徐州城市管理信息网站，然后由市市容与城管执法投诉举报中心进行进一步分发、处理。属于市局范围内的投诉，交由市局有关单位处理，并将结果网上回复。属于各区城管执法局范围内的投诉，将转交到相关区局责任单位处理。各区责任单位将办理结果通过网络以短信形式反馈给投诉者，并报市局备案。

移动短信投诉平台开通后，城管执法部门将确保短信投诉的问题在规定时间内得到解决。由于无法抗拒原因不能按规定时间处理完毕的，要说明充分理由，并拿出整治方案或计划。遇到投诉中急需解决的事项或遇重大突出事件，工作人员应迅速与责任单位联系，相关承办单位或部门当天处理并上报办理结果，并反馈给投诉人。保证短信投诉平台接受投诉的受理率和回复率要达到100%，整改率达到95%，群众满意率力争达到90%以上。

（十五）市信息中心

2007年2月再获殊荣，在全省信息系统先进表彰中，一举获得了“省信息系统先进集体”、“‘江苏省信息化年鉴’工作先进单位”、“‘工业景气调查’工作先进单位”、“‘江苏省信息化促进’工作先进单位”、“‘信息系统资源共享平台维护’工作先进单位”、“‘苏北发展软环境调查’工作先进单位”六个奖项，分别有四人获得了省信息系统先进个人称号。同时，徐州市信息中心还荣获了全市政务信息工作先进单位和先进个人奖。调研论文《对徐州经济增长方式转变的评价与分析》获得了江苏省经贸委系统优秀研究成果一等奖和江苏省发展改革系统优秀学术研究成果三等奖，《苏北、鲁西南区域工业竞争力比较研究》获得了江苏省经贸委系统调研课题成果二等奖，《徐州市企业信息化调研报告》获得了市发展改革系统优秀调研成果二等奖。

（十六）市无线电管理局

启用移动无线电监测车防止无线电考试作弊。为及时跟踪查处无线电考试作弊信号，徐州市无线电管理局首次启用移动无线电监测车，严查高考作弊行为。

该局将利用两个无线电固定监测站和移动无线电监测车，对10~1000MHz频段进行扫描监听，对各考点的电磁环境和背景场强进行测试，一旦发现可疑信号，立即启动应急处置预案，确保在最短时间查到作弊信号源，制止利用无线电通信设备进行作弊的行为。

（十七）市财政局

完成168万农户补贴信息采集。4月22日，徐州市全面完成中国农民补贴网的信息采集、汇总及上报工作，全市114个乡镇168万种粮农户的基础信息资料已顺利通过省财政厅审核。

建设中国农民补贴网，是中央为了加强对种粮农民的补贴管理，依托“金财工程”的技术平台进行信息化管理的重要举措，主要用于管理农民各项直接补贴，收集分析农户基础信息，统计查询农户种粮信息等。徐州市信息采集工作于2006年12月开始进行，采集内容包括全市168万农户的家庭人口组成、土地承包、各类粮食作物种植销售及种粮直接补贴情况等。

（十八）市物价局

健全三大机制，尤其是信息保障机制，努力维护群众合法权益。一是利益协调机制。建立价格听证资料库，广泛吸收社会群众特别是弱势群众在价格制定方面的意见和建议，使价格改革的过程与人民群众利益维护的过程相统一。二是诉求表达机制。2006年与市广播电台联办“价格行风热线”栏目以来，共播出20多期，听众达10多万人次，为群众解决价格和收费难题40件。三是权益保障机制。畅通了“网上举报、电话咨询、信箱反馈、领导接待、热线直达、现场办案”等6大价格举报渠道，2006年以来，全市价格举报中心全年共受理举报2292件，实行经济制裁98.957万元，其中，退还消费者63.342万元，及时有效地维护了群众合法权益。

（十九）市水务公司

为方便市民交水费，该公司3月开通了“水费语音查询系统”，市民只要拨打电话83707666，就可以查询到自家的用水量以及费用等情况。

水费语音查费系统的开通，主要是为了方便用户，让用户在用水时享有充分的知情权，增加收费工作透明度。用户只要拨打电话83707666，根据语音提示信息，选择水费查询相应的按键，然后输入用户代码，就可以实现用水量、当月水费、欠费信息以及以往月份的用水及费用情况。

（二十）市行政服务中心：构建电子政务，深化政务公开

自2006年以来，徐州市行政服务中心投入38万元对办公系统和网站进行全面改版升级，增设了WEB网站、远程审批、网上申报、短信查询等系统，率先实现了网上收办事项、实时监控、绩效评估等功能。2007年，159个进住事项全部实现网上公示，其中150个事项实现网上表格下载、130个事项实现网上初审。市政、经贸、外贸窗口4个事项实现网上审批。同时，依托服务大厅设立引导咨询台和电子触摸屏，开通投诉电话和网上投诉信箱；借助广播电视开通“行风热线”，每月通报情况、解难释疑；聘请各行业、各部门的代表担任行风监督员明查暗访，主动邀请人大代表、政协委员、新闻媒体、各界群众座谈评议，有效防止了不作为、慢作为、乱作为问题的发生。

（二十一）徐州电信分公司

2007年6月11日，人行徐州市中心支行与徐州电信分公司签订了企业和个人电信信息采集、使用合作协议，双方约定从7月初开始，将电话缴费信息纳入个人信用档案。

个人信用档案又称个人信用报告，它可以全面客观地记录每个人的信用活动状况，包括向银行借款还款信息、偿还信用卡透支额信息，缴纳水、电、燃气、电话费等公共事业费用信息，以及欠税、法院民事判决等公共信息。从7月初开始，要将企业或个人名称、组织机构代码及个人身份证号码、住址、业务账号、本月应缴电话费金额、本月实缴金额、当前欠费总额等，一律记录到个人信用档案。同时，电信缴费信息纳入个人信用档案，也是为个人积累了信用财富，因为每一次按时缴纳电信费用，都是诚实守信行为，并对以后申请贷款、办理信用卡、办理电信业务等都会产生影响。据了解，欠费信息是指电信用户从月末账单日算起，超过60天仍未缴纳所产生的信息。例如，6月份使用电信业务而产生的费用，只要在7、8两个月足额缴纳了相应费用，就不会在个人信用档案中留下欠费记录。因此，金融部门和电信企业提醒消费者，要按时缴纳个人话费，不要因此而影响个人信用。

（二十二）市环保局

环保审批实现网络化。为了方便用户，提高工作效率，徐州市政府行政服务中心环保窗口12月面向全社会开通了网上服务绿色通道，成为该服务中心第一个实现网络化的窗口。欲申请建设项目环保审批的用户，首先登陆徐州市政府行政服务中心网站，点击“网上审批入口”，注册新用户，输入用户名、密码、验证码，点击“建设项目环境影响登记表”而后下载，填写，点击“直接申报”，将登记表作附件上传。环保窗口工作人员接到登记表后，到现场调查，如果符合规定条件，便予以审批。

（二十三）徐州质监局

全市812家食品企业录入监管系统。我市812家食品生产加工企业和489家小作坊的质量安全信息年底前全部录入“江苏省食品生产加工企业信息管理系统”，标志着我市质监系统对食品生产加工企业及小作坊实现了真正意义上的动态监管。

“江苏省食品生产加工企业信息管理系统”是省质监局组织开发的信息化管理软件，是对食品企业进行动态监管的新平台。该系统主要包括四大模块，即基本信息管理、数据统计、数据汇总、数据管理。从基本信息管理模块中可以获取已取证、已签约、已移送企业的基本信息，以及获证企业的QS编号、签约小作坊的承诺书编号、移送小作坊的移送函号，有关质量安全的信息一目了然。

（二十四）市审计局

徐州市计算机信息系统审计成效显著。2007年，徐州市审计局在全面推广运用AO软件的基础上，积极开展计算机信息系统审计。从社保基金审计入手，对该市的医疗保险系统和社会保险系统进行了计算机信息系统审计，主要做法是：一是审计组织形式创新。首先，将医保、社保基金计算机信息系统作为独立的两个审计项目单独立项，从下发审计通知书到审计全过程，完全按照审计程序执行，并单独立卷；其次，成立计算机信息系统审计小组，计算机审计处人员担任主审，抽调业务骨干和计算机审计骨干，组成复合型的“联合部队”；第三，计算机信息系统审计小组与社保资金财务审计小组同时进点，两个小组同时开展工作，互相配合，资源共享。二是审计方式方法创新。在审计方式上进行了多种尝试，第一，在本次审计进点之前，审计小组设计了多张调查表，进行了大量的审前调研和问卷调查，从被审计单位、局档案室、网络、报纸等收集资料，学习相关的政策法规、计算机信息系统审计方法、财会人员对医保和社保审计的经验，专门请医保中心业务人员上课，讲解具体的业务操作，到医保中心业务科室去现场观摩，获得第一手的资料等；第二，确定审计目标，对医保系统和社会保险系统的合法性、正确性、有效性、可靠性和安全性等进行检查，防范利用计算机系统进行欺诈与舞弊，提出有益的建议；第三，运用了多种审计分析方法，审计组运用了调查表法、检查流程图法、检查程序运行结果法、应用程序检查法、测试数据法，数据计算、分类、抽样选择、排序、数据文件联结、比较、合并等计算机信息系统审计方法，强大的审计分析手段，对审计起到看事半功倍的作用；第四，在审计报告中大胆的尝试，对审计的两个信息系统进行了客观评价，提出了建设性意见。三是审计工作成果创新。通过计算机技术对信息系统的分析，发现了许多在财务审计中无法查到的问题，如“系统功能不够完善，部分功能模块存在漏洞与缺陷”，“政策制定存在漏洞，实际执行操作不统一”等系统问题，涉及金额达2100多万元，受到被审计单位的高度重视。

（二十五）市农业局

农业信息系统做好农业信息服务。2007年，全市农业信息系统以农业增效、农民增收和农村发展为目标，认真贯彻落实国家、省、市对农业信息工作的部署，完善管理，创新机制，发展网络，扩大服务，取得了良好的成效，服务了农业和农村工作的需要。农民、农村合作经济组织、农业企业通过网络、热线电话、农业信息服务组织等与市农业信息系统的联系更加密切，信息工作成为党委、政府决策和农民、农村合作经济组织、农业企业运营农业的重要依据和载体。一是市农业信息广域网络优化运转。以国家农业部“三电合一”、省农林厅农业信息服务工程等国家、省农业信息化项目为依托，全市农业信息网络规模持续扩大，基础网络优化运转。二是农业信息服务组织得到加强。市农业信息网络基于网络核心、多级分支结构及农业信息服务组织，密切了与农民、农村合作经济组织、农业企业的联系，增强了信息服务功能。三是信息服务不断深入。基于网络的农业信息服务，构建了信息流、资金流、物流整合的不同以往的模式，初步形成了规模优势，也突破了分散的农户参与市场的阻限。以网络为媒介，全市网络农产品销售、农业招商、农业服务保持了良好的发展态势。全市在市级及丰县、睢宁、贾汪、铜山、沛县、邳州等地，组织实施运转了国家农业部“三电合一”，省农林厅“四电一站”、农业视频会议系统、农业特色网站、农业声讯电话服务等信息化项目，成效明显。

【县区信息化】

（一）丰县

荣获“2007中国农业信息化领先地区”称号。

由农业部信息中心、中国互联网协会、中国电子商务协会共同主办的中国农业信息化年度峰会暨2007中国农业网站100强颁奖盛典于12月20日在北京梅地亚中心隆重举行。丰县在2007中国农业信息化年度评选中荣获“2007中国农业信息化领先地区”的称号。这是继2005年、2006年中华果都网站连续两年被评为“中国农业网站100强”后的又一称号，也是丰县获得的又一殊荣。

（二）鼓楼区

在全市率先建立涉农社区财务管理局域网。该区对12个涉农社区统一安装农村财务会计核算软件，区主管部门可随时查询各涉农社区财务收入、支出、资产及负债等情况，对社区财务管理工作进行全方位、动态监督。

（三）睢宁县

率先创新实现干部在线教育。从9月5日起，睢宁县千余名科级干部有了一所自己不用缴纳学费而又能博览饱学的“大学堂”，这是该县创新培训方法，提高培训质量，提升干部综合素质，为全县经济社会跨越发展提供有力保障，运用现代化科技手段而精心搭建的学习平台——睢宁县干部在线学习网。该网站由视频课件、文字课件、学习论坛、在线考场、在线学习档案查询、重要通知六大模块组成，具有教、学、考、管等各种功能，不仅在培训内容上、形式上、管理上实现了创新和突破，而且在全市乃至苏北地区尚属首例。

（四）经济开发区

启动制造业标准化信息服务平台。10月底，徐州质监局城区分局举办了开发区制造业标准化信息服务平台推介会，50余家规模以上企业参加了会议，22家企业现场签订了入网服务协议书。标准化信息服务平台共收有36万条最新标准题录和2.5万个标准电子版PDF文档，专门为开发区制造业提供标准信息服务。标准信息平台开通免费浏览通道，使其能迅速了解国内外先进标准、技术法规，为开发区企业在国内外市场竞争创造有利条件。

（五）邳州市

为有创业意向的农民提供信息咨询等社会化服务。一是推动“创业经济”加快发展。努力为有创业意向的农民提供信息咨询、项目论证、贷款担保等社会化服务，积极开展创业辅导，在全市营造政府支持创业、社会鼓励创业、农民勇于创业的良好氛围。二是推动“园区经济”集聚发展。按照“产业集聚、企业集群、主业突出、特色鲜明”的要求，高标准定位、高水平规划，不断提升开发区和工业集聚区建设层次，为以工带农、以工富农提供坚实的载体。三是推动“劳务经济”持续发展。坚持异地输出、就地转移结合，大力实施农民转移培训工程，确保全年实现新增劳动力转移2.5万人，其中经培训后有组织转移1.5万人。

（六）铜山县

县公安局看守所网站被评为“全国公安监管部门优秀网站”。12月28日，在公安部监所管理局组织开展的全国公安监管部门优秀网站评选活动中，铜山县公安局看守所网站被评为“全国公安监管部门优秀网站”。公安部监所管理局专门下发《关于表彰全国公安监管部门优秀网站的通报》予以表彰。

2007年，铜山县公安局看守所结合单位实际，认真贯彻落实公安部监管局关于开展信息技术应用示范单位创建活动的工作部署精神，以信息技术应用示范单位创建为载体，深化信息技术应用，促进成果转化，着力加强信息网站建设与应用，服务公安监管工作改革与发展，发挥了信息技术在看守所工作的应用效能，夯实了看守所工作基础，提高了公安监管工作水平和服务公安中心工作的能力。

（七）新沂市

地税局发挥网络优势服务纳税人。一是向纳税人公开管理员电子信箱，告知纳税人需要向地税机关报送相关涉税资料，能用电子数据传递的，不用报送纸质材料，减轻纳税人负担，提高办事效率。信箱公布后，有二十多家企业通过这一途径提供了房地产销售情况、发票开具情况以及其他相关涉税信息。二是向纳税人公开管理员QQ号，在业余时间，管理员上网与纳税人进行沟通，为纳税人提供咨询服务。三是管理员通过网络开展纳税服务，通过相互沟通进一步拉近了和纳税人的心理距离。

（八）泉山区

淮海经济区首家动漫企业落户泉山。经过区招商部门和“丁丁动画”创始人丁磊先生的共同努力，徐州皮克斯动画设计有限公司和徐州丁丁数码动画设计有限公司12月底前相继在泉山区成立。这两家公司的创立开创了淮海经济区及徐州市动漫行业的先河。其中，“丁丁动画”立足于三维动画制作培训；“皮克斯动画”则着重于原创动画片的开发及公益广告的制作，同时配合徐州各大专院校开展动漫联合办学。

【2008年工作安排】

（一）全力推进电子政务建设

信息化已经被确立为国家发展战略的制高点，“以人为本”的科学发展观要求现阶段的电子政务建设，必须在转变观念、优化流程、提高效率、降低成本等方面发挥更加积极的作用。2008年，徐州市将以新城区的建设和开发为契机，把电子政务作为信息化工作的核心和先导，在推进新城区电子政务建设的同时，着力推进新城区行政中心由基础网络建设向政务应用转变，力争成为推进电子政务的主力军。一是继续开展新城区行政中心的计算机网络系统建设，争取把我市行政办公中心的网络建设成全省一流水平的系统。二是建立政府网站评比、监测的长期有效机制。大力推动政府外网建设，以网站建设为切入点，促进政府各部门建立自己的网络交流平台，积极构筑推进电子政务发展的信息机构体系。认真抓好政府网站改版升级工作，确保做好网站的运行维护，力争进入全国前50强。拟定网站评比的指标体系，实行一把手负责制，每年年终进行评先，并积极争取纳入全市的目标考核。认真落实《市政府办公室关于进一步做好市政府门户网站内容保障工作的意见》（徐政办发〔2007〕125号）和《徐州市政府门户网站内容保障工作考核暂行办法》，安排专职人员，做好信息上报，制定相应措施，指导督促县（市）、区抓好《意见》和《办法》的落实工作。三是着力建设“2008中国徐州网上招商投资洽谈会”平台。“2008中国徐州网上招商投资洽谈会”的方案已基本形成，其中包括网洽会的基本情况、整体构想、实施方案、招展方案、宣传方案和平台配套设施建设方案。我们将根据项目内容和计划安排，分步实施。

（二）突出抓好宏观经济预测分析

宏观经济预测分析是可持续发展的需要，可以全面、系统、清晰地认识徐州市经济运行的轨迹和宏观政策变化趋向，从而能使市委、市政府进行更为科学的决策。2008年重点在以下几个方面强化预测分析与学术研究。一是适时调整优化基础数据，在搞好月度、季度、年度预测的基础上，针对国际、国内和徐州市的经济热点和难点问题，围绕农村、民营经济、物流业等进行调查，进行深入细致的分析，撰写高水平的研究报告，上报市委、市政府和市发改委以供参考。二是扩大工业景气调查的覆盖面，提高调查问卷的回收率和填报质量，进一步提高工业景气调查的科学性。三是因应长三角区域扩容的趋势，继续跟踪苏北五市的经济和社会发展状况，进行各项指标的横向及纵向分析，做好《苏北五市宏观经济运行情况分析》。同时，将对比分析扩展成苏南、苏中、苏北三个区域，分别跟踪三个区域的典型经济城市，做好对比性调查，提出科学性建议，供市政府、市综合经济部门决策进行参考。

（三）着力优化信息资源的开发和利用

信息化是一场带有深刻变革意义的科技创新，材料、能源和信息是现代社会发展的三大资源，开发信息资源是信息中心的重要职责。2008年将着眼于徐州市经济社会发展的关键环节和相关领域，进一步优化信息的采集渠道、加工形式和贮存方式，加速信息流动，切实提高信息资源的利用水平。

（四）组织协调，促进发展

综合管理部门继续做好2008年度信息产业部电子信息产业发展基金项目的申报、争取工作；认真做好我市信息化、电子信息行业信息统计、分析和报送工作；组织好全市、县（区）信息产业及相关企业的信息化“订单式”培训、参加国内信息化相关会议等工作。

（曲　杰）

发挥自身优势 打造网络品牌

——徐州市信息化建设特色

丰县信息化工作，自2004年初被县委、县政府纳入议事日程至今，连续四年来，在县委、县政府的关心支持下，组织网络不断完善，业务力量不断加强，系统平台建设不断拓展升级，网络应用水平不断提高，网络外宣作用的发挥日趋明显，尤其是在政府网群建设和规范论坛管理方面取得了骄人的佳绩，得到了社会各界的充分认可。2007年度丰县网络信息中心分别被县委、县政府和徐州市信息中心评为先进集体和先进单位。

【组织机构与基础设施趋于完善】

（一）组织机构与组织领导

1. 机构职能。2004年10月县委县政府下发《关于成立丰县网络信息工作领导小组的通知》（丰委〔2004〕30号），开始把信息化工作列入县委县政府的议事日程。组成了临时办事机构“丰县网络信息领导小组办公室”，负责筹建丰县综合门户网站——中国丰县网。2006年9月县编委正式批准成立了丰县网络信息中心，明确丰县网络信息中心为财拨事业单位，同时明确了丰县网络信息中心的七项主要职能。

2. 领导分工。从2005年开始，在县领导的分工中增加了信息化工作。目前，县委副书记、县长邱成任信息化工作领导小组组长，常务副县长韩冬梅、宣传部长单长丰任副组长。并明确韩冬梅副县长分管信息化工作，侧重分管电子政务；单长丰部长侧重分管网络外宣工作。

3. 体系建设。按照领导的要求，经过三年多的努力，目前我县多数镇和县直单位已经明确了分管信息化工作的领导，明确了专（兼）职网站管理员和信息员；政府“群网”建设也实现了突破性进展。截至2007年底，除了“中国丰县网”和“中华果都网”外，全县已拥有丰县“经济开发区网”、“丰县党建网”、“丰县廉政网”、“丰县统计信息网”、“丰县财政信息网”、“丰县科技商贸网”、“丰县建设网”、“丰县国土资源网”、“丰县城管网”、“丰县教育网”、“丰县中学网”、“丰县共青团网”等20余个部门独立网站。同时，对于没有独立网站的14个镇和60余个部门，我们通过中国丰县网子网站生成系统，全部为其生成了子网站。在政府网群建设方面，丰县走在了徐州市六县（市）六区的前面。

（二）人员及基础设施

截至2007年底，丰县网络信息中心共有在编事业人员5名，拥有办公室110平方米，硬件设施有服务器2台、磁带机1部、硬件防火墙1部、电脑8部、新闻数码相机3部，并配置了UPS不间断电源、视频采集卡、打印机、传真机、录音笔等辅助设施。

（三）县信息中心目前所承担的主要工作

现阶段丰县信息中心所承担的主要工作，一方面是政府赋予的本职工作，一方面是领导交办的其他工作。主要包括如下方面：

1. 中国丰县网和丰县政务公开信息网的日常管理运维。包括丰县电视新闻的采集、处理及网上发布，以及向徐州市政府网站投稿。

2. 为各镇、县直各单位生成个性子网站，并对管理员、信息员实施培训和指导。

3. 发挥自身优势，借助外部力量，为部分单位和骨干企业开发网站。

4. 协助财政部门对各镇、县直各单位电子政务项目的可行性进行审核把关。

5. 全县信息化推进及相关业务技能的普及性培训。

6. 承担县政府办公楼一楼电子光屏的管理维护，以及政府大院部分领导机关电脑故障的排除和网络维护工作。

【“中国丰县网”运行情况】

“中国丰县网”自2005年4月开通至今，经历了从无到有、功能完善、组建网群、规范管理等主要阶段。参照国家和省信息化办公室对政务网站测评体系的要求，进行了两次改版升级。截至2007年底，拥有10大板块，120余个分级栏目，为全县60余家政府机关、100余家企业生成了子网站。累计发布文章1．7万篇，日浏览量已超过万人次。“中国丰县网”在全市排名几年来始终处于徐州六县（市）六区领先位次。

网站设置了领导信箱和互动论坛，为县委、县政府及时了解民情民意发挥了较好的作用。截至2007年底，论坛注册用户2800余人，拥有20余人的业余管理团队，主题贴总数1.6万篇，最高日发贴量近2000篇，帖子总数已达到12万余篇。

目前，网站的管理与运行已基本步入正轨，成为全方位宣传丰县、政民互动和全国各地丰籍老乡联谊共勉的重要平台，并进入了丰县主要宣传媒体的行列。

1．日常信息管理。按照省、市文件要求和县领导“明确责任，分包管理”的指示精神，围绕中国丰县网的管理维护以及网络外宣、舆情监控问题，我县先后以县委、县政府两办的名义下发了《关于转发县网络信息办公室〈关于规范我县门户网站管理，强化网络外宣工作的实施意见〉的通知》（丰委办〔2006〕37号）和《关于进一步加强我县互联网管理工作的意见》（丰委办〔2007〕37号）两个文件。文件对网站的基本定位、网站会员管理机制、相关部门联席会议制度、主要栏目所涉及部门的日常管理职责、政府论坛舆情的引导与监控、群众来信的受理与反馈，以及组织保障与考核奖励等相关事项，均提出了明确的规范和要求。

保障机制的建立和完善，调动了各镇、各单位通过子网站后台直接投稿的积极性，确保了中国丰县网信息的基本来源。为了全面、集中、系统地对全县的主题工作和重大活动进行宣传报道，我们根据需要开辟了一系列专题栏目。对专题栏目的管理，一般采取信息中心与主办单位共建共管的模式运作。

结合县里的中心工作，我们还开展了一系列网上调查和网上评比活动。包括丰县不文明十大陋习调查、关注民意改善民生调查、丰县发展生态旅游业网上调查、梨花小天使网上投票、市树市花网上投票、丰县新人新事网上评选、暑期中小学生征文网上投票等。

2．政府论坛管理。对于政府论坛的管理，从国家到省、市以及兄弟县（市、区），一直都是一个非常敏感的问题。在政府论坛的管理方面，我们主要采取了以下具体做法：

一是把论坛信息监控纳入单位人员的分内工作。将县信息中心每位同志均设置为论坛版主，要求大家每天工作之余，坚持登录论坛，积极参与讨论，进行正面引导。同时要注意发现不良信息，及时处理，对个别把握不准的信息，要及时报告。

二是借助县公安局网络监控中心的力量实施监控。我们主动与县公安局网络监控中心联系，争得他们的支持，把政府论坛纳入他们的监控范围，实施重点监控。他们负责监控的重点内容主要是黄色、诈骗和法轮功等非法信息。

三是借助社会力量参与论坛的管理。我们在查看论坛信息的过程中，注意发现一些上网频率较高、发贴数量较多、政治素质较好，且具有一定管理水平的网友，主动与他们联络，采取聚会联谊等形式，吸收他们作为政府论坛相关版块的兼职管理员（版主），通过他们活跃气氛，激发人气，正面引导，处理和举报不良信息。目前，已拥有社会兼职论坛版主近20人，为缓解论坛管理人员奇缺的矛盾、正面宣传丰县、维持政府论坛的运行发挥了较好的作用。

一年来，我们自行处理和通过兼职版主举报处理的政府论坛不良信息800余条，帮助有关部门联系并处理其他网站论坛中的不良信息30余条，通过《中国丰县网舆情摘报》报请有关领导批处的反映行风、机关作风、咨询求助和对个人举报的重要信息20余份。

【丰县政务公开信息平台建设全市领先】

《中华人民共和国政府信息公开条例》自2008年5月1日起实行。按照省、市政府办公室和政务公开领导小组办公室的要求，自2007年6月份以来，我县坚持“一手抓各项政府公开信息的收集整理审核，一手抓网上发布系统平台建设”

的原则，信息收集整理和系统平台建设同步有序进行。截至 2007 年底，丰县政务公开信息网比省、市规定时间提前一个季度开通试运行。

我们网络信息中心承担了丰县政务公开信息网《方案》拟定和系统开发任务。在开发建设过程中，重点解决了以下关键性技术问题：一是政府信息公开与政务信息公开统一名称、统一规划、统一开发、统一进行资料的加载和运维。把政府信息公开作为全县政务公开的一个有机组成部分。二是在模版和栏目设置上，既与《中华人民共和国政府信息公开条例》规定的政府信息公开栏目相吻合，又为今后推行全方位政务公开预留出了拓展空间。三是在版面布局及页面跳转上，力求做到版式统一、页面丰满、导航清晰、美观大气。四是力求减轻部门的压力，解决了通过系统自动生成公开信息索引号的技术难题。网站正式开通运行后，我们有信心确保徐州六县（市）六区第一、全省领先的位次。

【2008 年工作计划】

在信息化建设方面，尤其是在政府网站建设与运作方面，我县已经实现了“全市领先”的阶段性目标，但工作机制、运作模式、人员组合都还没有达到较佳的状态，我们的团队效能、内在潜能、自身优势，还没有完全释放和发挥出来。在新的一年里，我们将重点做好以下工作：

（一）进一步完善政府网站信息保障机制，形成网站信息齐抓共管的新格局

着手起草《关于做好县政府门户网站及政务信息公开内容保障工作的意见》，对政府网站及政务公开信息网相关栏目的信息提供及管理进一步明确责任，确保政府网站和政务公开网信息的完整、权威和及时，并建议县四套班子办公室尽快建立和完善县级文件网上发布审核机制，协助县公开办做好政务信息公开的考核、通报和督促、调度工作，从而使政务信息网上公开工作变为各责任单位的自觉行动。

同时，积极策划和组织一些有助于信息化工作推进的系列活动。比如全县机关人员办公自动化应用技能大赛、教育系统教师课件制作大赛、农民上网技能大赛等。

（二）组建网上评论队伍，强化对政府论坛的监管力度，形成健康向上的舆论氛围

一要由县委宣传部牵头，建立工作联席会议制度，形成一个齐抓共管的运行机制。联席会议成员单位明确责任，各尽职守。监察局、纠风办负责对行风、机关作风等违规违纪问题的监控与查处；公安局网络监控中心负责对黄色、诈骗、法轮功等违法信息的监控和查处；宗教局负责对渲染邪教、封建迷信等不良信息的监控与查处；信息中心、电信局负责相关技术保障，按照互联网管理条例，协助公安部门对相关违法行为的查处依法提供必要的调查证据。

二要抓好网上评论队伍的组建和管理工作。由县委宣传部牵头，各镇、各单位优选 1～2 名综合素质较好、熟悉政策和单位工作情况的同志，注册政府论坛用户（在县委宣传部备案，并接受县信息中心的业务培训和指导），积极参与互动交流，用县委、县政府和本部门的实际工作、取得的实效等鲜活的事例，开展网上宣传，形成网上正面舆论的强势，引导网上舆论向着健康向上的方向发展。

三要继续发挥好骨干论坛网友的作用，优选一些发帖踊跃、政治可靠、善于网上交流的网友作为论坛的分版版主，活跃论坛气氛，协助论坛的管理。

四要继续坚持舆情报告制度，发现敏感性、苗头性的问题要及时通过《中国丰县网舆情摘报》的形式，报请有关领导阅处。

（三）努力做好政务信息公开的技术保障工作，创建全省一流的县级政务公开信息网

上半年，要把丰县政务公开信息网的建设和管理作为一项重中之重的工作来抓。按照法定时间，于 5 月 1 日前完成各镇、各单位政府信息网上录入发布工作。确保全市第一，全省领先。

（四）切实做好内部管理，形成一个能够发挥各自特长和综合团队效能的工作环境

信息中心人员要强化自身的学习，努力提高服务意识、政治意识和适应本职工作的综合能力。在内部管理方面，继续采用人性化管理，充分发挥大家的主观能动性。同时，要继续树立“有为才能有位”的思想，通过自身的努力和业绩，来引起领导的进一步重视和支持，实现机构关系的理顺，工作人员的充实和工作环境的改善。

常州市信息化发展概况

【常州概况】

常州是一座有着2500多年文字记载历史的文化古城（历史上有“龙城”别称），同时又是一座充满现代气息、经济较发达的新兴工业城市。常州现辖金坛、溧阳两个县级市和武进、新北、天宁、钟楼、戚墅堰五个行政区，全市总面积4375平方千米，全市户籍总人口354.70万人。

2007年，全市人民在市委、市政府的正确领导下，全市各项社会事业和谐发展，人民生活水平持续提高，城乡环境面貌明显改善，经济社会发展总体呈现质量提高、结构改善、效益优化、活力增强、民生改善的良性运行态势。2007年，常州市实现地区生产总值（GDP）1880亿元，按可比价格计算增长（下同）15.60%。全市按常住人口、户籍人口计算人均生产总值分别达43674元和52805元，按现行汇率折算分别超过5800美元和7000美元。

【信息化建设基本情况】

2007年，常州市紧紧围绕政府信息资源整合、信息技术推广应用和服务产业发展的目标，重点抓好了电子政务基础平台、社区信息化、信息资源交换平台、政府网站等系统的建设和应用，积极推行信息化项目的统筹管理。

【通信网络】

2007年，移动、电信、联通等公司分别组织实施了网络扩容优化工程，进一步完善了全市基础通信网络。全市通信业务收入39.90亿元，比上年增长13.50%。通信能力继续增大，电话普及程度不断提高。年末全市本地网电话交换机容量达291.90万门，移动电话交换机容量452万门，分别增长0.30%和26.30%。本地网电话用户数达213.10万户，无线市话用户76.90万户，移动电话用户302.30万户。网络信息化建设步伐进一步加快，年末全市互联网用户数达42.40万户，比上年末增长37.50%，其中宽带网用户38.80万户，增长41.50%。每百户城市居民家庭拥有家用电脑62.50台，每百户农村居民家庭拥有家用电脑22.50台，分别比上年增长7.76%和40.63%。

2007年，市区基础通信管道集约化建设完成300孔千米。8月31日，住宅小区通信配套设施与通信管道建设管理研讨会在常州召开。来自全国30个省、市、自治区的通信管理局及6大基础电信运营企业集团公司代表参加会议。信息产业部副部长娄勤俭出席会议并讲话，与会代表参观了本市纺校地块并就小区通信建设展开讨论。

【广播电视网络】

2007年，全市拥有自办广播节目7套，全年播出时间4.30万小时；自办电视节目8套，全年播出时间4.90万小时；全年模拟有线电视节目传输37套，比上年增加了1套，全年模拟有线广播电视传输节目30.10万小时；全年数字有线电视传输节目85套，比上年增加了19套。全年传输数字有线广播电视39万小时，广播电视节目综合覆盖率均达到100%。全年完成12万户有线电视网络双向改造，全年有线电视用户数达89万户，其中数字电视用户整体转换16万户，有线电视用户比上年增长6.50%，数字电视用户比上年增加了4倍。

【信息产业】

2007年，全市信息产业实现销售收入608.20亿元，比上年增长33.80%；共完成信息产业增加值166.10亿元，增长34.80%，占GDP的比重为8.80%，上升0.90个百分点。

（一）信息产品制造业

2007年，全市电子信息产业完成工业总产值548.60亿元，增长39.1%；实现产品销售收入535.60亿元，增长37.20%；实现利税48.74亿元，增长52.70%。2007年，经过市信息办的审核、推荐，常州北大众志网络计算机有限公司的基于北大众志 CPU 和 Linux 操作系统的低成本普及型计算机系统研发与产业化项目获得了国家电子信息产业发展基金 150 万元的资助，成为全省 4 个获资助的项目之一。6 月 15 日，北大众志研发基地奠基典礼在常州科教城举行。该基地建成后将成为国内规模最大的基于国产 CPU 的整机产品研发和产业化基地。8 月，根据《国家鼓励的集成电路企业认定管理办法（试行）》，本市的华诚常半微电子有限公司被列入国家发改委、信息产业部、海关总署和国家税务总局联合审核认定并公布的第一批国家鼓励的集成电路企业名单。

（二）软件和动漫产业

2007 年，全市软件产业继续保持快速增长势头，全市软件业收入 36.18 亿元，增长 47.49%。全年共有 45 家企业、86 项国产软件产品通过江苏省“双软”（软件企业、软件产品）认定，全市累计通过认定的软件企业和通过登记的国产软件产品已分别达 131 家和 339 只。冲电气软件技术（江苏）有限公司等 8 家企业通过 CMMI 3 级评估，全市累计通过 CMMI 3 级评估企业达 9 家。根据省信息产业厅和省财政厅下发《关于对通过 CMMI 认证的软件企业给予奖励的决定》和《关于 2007 年度江苏省软件和集成电路业专项经费资助项目立项的通知》，冲电气软件技术（江苏）有限公司等 8 家企业获 CMMI 认证奖励，江苏宏微科技有限公司的高效节能的外延型软快恢复二极管 FRED 产业化等 3 个项目获资助。本市共获省软件和集成电路专项经费 721 万元。至年底，常州国家动画产业基地内注册企业达 105 家，注册资本近 5 亿元，基地内企业在国家广电总局立项的动画题材 91 部。2007 年，常州国家动画产业基地获得国家数字娱乐产业示范基地、省原创影视动画生产示范园区、现代服务业集聚区、国际服务外包示范区、全国四大动漫公共技术平台之一等荣誉。

为解决本市软件、动漫产业发展中存在的矛盾和困难，7 月 2 日，市委、市政府召开全市软件、动漫产业推进会。常州高新技术产业开发区、常州国家动画产业基地、武进区分别汇报了常州软件园、动画产业基地和西太湖动画产业基地发展情况。市发改委、经贸委、科技局、人事局、财政局、外经贸局及在常高校负责人结合各自工作实践，针对本市软件、动漫产业发展过程中面临的矛盾与困难，提出重点加快发展对日外包，加大人才培养和引进力度，加快动漫延伸产品开发，引进风险投资公司等建设性意见和建议。7 月，市政府出台《关于进一步加快常州软件园发展的若干政策意见》和《关于鼓励和扶持动漫产业发展的若干规定》，明确市财政每年分别安排 2000 万元软件专项资金和动漫专项资金，用于支持软件产业发展和动画产业基地企业及公共平台、基地建设，常州高新技术产业开发区每年配套软件专项 500 万元。

【信息技术应用重点工程】

全市社会信用体系建设。2007 年，常州市进一步健全了社会信用体系联席会议制度。组织召开了 2 次全市社会信用体系联席会议联络员会议，充分发挥联席会议的统一协调作用，指导和推进全市社会信用体系建设工作的开展。积极推动企业联合征信平台功能和制度的完善，推进成员单位的应用，探索平台数据社会化使用机制；推动中小企业信用评级试点工作。与人行常州中支合作，在继续深化担保机构评级的基础上，启动以中小企业为评级对象的企业信用评级试点工作。召开常州市信用评级专家评审会，对评级机构准入进行评审。

政府信息资源交换平台建设和完善。2005 年，根据中办、国办《关于加强信息资源开发利用工作的若干意见》要求，常州着手开展政府信息资源的开发利用工作，建设完成“常州市政府信息资源交换平台和应用系统”。该项目实现了市工商局、国地税、人行、劳动保障局等 10 个部门所掌握的企业基础数据和信用数据的准实时共享。2007 年，该平台运行情况良好，截止目前平台数据中心已存储了全市 7 万多家企业的基本信息和信用信息，为提供政府公共服务和公共管理奠定了基础。7 月，根据成员单位的意见和建议，市政府组织有关单位对平台功能进行了改造提升。

社区管理信息平台建设和应用。2006 年，针对社区工作“多头管理、数据不一、信息孤岛、台账负担”等问题，常州启动了电子政务延伸工程——社区管理信息平台建设，并于 2007 年 4 月通过验收。社区管理信息平台建成了我市社区数据中心系统、二市五区各区、街道台账报表管理系统和市级条线部门社区台账报表管理系统，安装部署了330多个社区和35个街道，有效实现了网络资源、社区基础信息资源以及部分政务信息资源的共享。目前社区基础资源库包括全市社区辖区范围内的行政区划信息、房屋信息、含有342项数据的120多万条人口信息、2000多份台账信息，10多个部门可通过社区管理信息平台开展业务检查，实现了全市社区基本信息、人口信息以及社区党务、政务、劳动保障、计划生育、司法、社群等的一体化管理，为分析与辅助决策以及开展社区服务工作奠定了数据基础。社区管理信息系统的全面启用大幅度减轻了社区的工作负担，节省了工作人员80%的时间用于服务居民，增加了走访本社区居民的次数，由原先的每月10人次提高到30人次。同时服务内容得到扩充，平均增加服务项目5～6项，增加了居家养老等为民服务的实事项目。

城市公共安全应急响应系统。2007年以来，按照《常州市城市应急中心总体方案》，结合应急中心大楼土建工程，积极开展技术系统的建设。通过政府采购的方式，完成了系统总集成、接警受理指挥调度系统、首长指挥及专家会商系统、大屏幕显示系统、网络及安全系统集成等子系统的招标工作。各子系统相关的硬件设备均已完成备货，相关软件均已开发完毕。根据应急中心建设的要求，常州积极开展应急管理理论研究，组织有关单位开展了城市公共安全应急软课题研究，先后撰写了《美国、欧盟应急联动系统模式对中国的启示》、《高速公路防救灾空间体系建设构想》等5篇论文，并在国内外公开刊物上发表。

常州市“金保工程”（一期）整体上线。2006年9月29日常州全面启动的金保工程一期项目建设，中心机房建设和系统平台硬件建设于2007年9月通过验收，10月1日，医保实时结算系统上线，2007年10月8日，社会保险应用系统整体上线运行。社会保险应用软件开发从2006年正式启动以来，经过一年的努力顺利成功上线，标志着我市劳动保障工作进入了一个新阶段，标志着“数字常州”建设又迈出了坚实的一步。常州市“金保工程”（一期）主体工程历时近3年，总投资3000万元，参与建设的承建商达到12家，涉及的相关部门和单位达到350多家。常州“金保工程”（一期）具有三大特色：一是建设了容量大、开放式的数据中心。按照“金保工程”的要求建设了全市劳动保障数据中心，采用大集中式数据物理架构，建设生产库、交换库和决策库。数据中心容量达到了海量（TB）级的存储，每个环节都实现冗余。二是建设了高拓展、全覆盖的网络中心。通过数据中心，建立了覆盖全市劳动保障行政部门、社会保险经办机构、延伸到街道（乡镇）社区、定点医疗机构、定点零售药店的通讯服务网络，并且实现了对上与省劳动保障厅的联网，横向与市财政部门、市交通银行信息系统的互联。实现了全市四级网络全面覆盖。三是建设了实时高效的联机业务系统。按照五险“统收分支”的模式开发，包含企业养老、机关事业单位养老、医疗（包括城镇居民、儿童医疗保险）、失业、工伤和生育保险在内统一的社会保险信息系统，并能与劳动力市场信息管理系统进行信息交换与共享，系统具有拓展到其他劳动保障业务的能力。

常州市有线电视数字化整体转换。国家广电总局在2001年就在全国推行有线电视数字化试点工作，2003年5月，常州与南京、苏州、无锡同时被总局确定为全国首批33个有线电视数字化试点城市。2007年7月，常州市委、市政府下发《关于加快全市有线电视数字化建设的意见》，要求加快实施数字电视整体转换，建设“数字常州”，推动我市文化产业发展。根据市委、市政府的要求，市广电网络公司在充分论证的基础上，建成了较先进的可提供数字电视、高清晰电视、互动电视、时移电视、宽带上网等全业务的数字电视传输平台，并于2007年9月对全市36.1万有线电视用户的实施数字电视整体转换工作，2007年12月基本完成市区16万户整体转换。

常州率先建成城市应急消防指挥系统。2007年，市消防部门本着科学用警、科技防控的原则，先后投入资金300多万元，在全省率先建成了城市应急消防专业管理指挥系统，实现了执勤力量“一键式”调集、火灾现场图像无线传输、重点单位安全远程巡检、消防车辆GPS定位，同时搭建了火灾预警平台。系统还初步建立了“红橙黄蓝”四色预警数据库，能够实时、动态反映单位的消防安全情况，可以把有限的警力部署到火灾危险性最大的单位，最大程度减少重特大火灾发生的几率。

【政府信息化】

完善电子政务网络和工作平台建设。组织有关单位完成了电子政务网 VPN 建设方案编制、论证工作，目前已正式投入使用。同时在对辖市、区政务网全网接入前期调研的基础上，研究编制了项目的规划和方案设计。目前本市金坛市和天宁、钟楼区级电子政务平台已接入市级电子政务平台。2007 年，为开展全市电子政务网络信任体系建设，市信息办会同市国密局研究下发了《常州市电子政务网络信任体系建设实施意见》和《常州市电子政务数字证书发放管理办法》，并组织有关单位共同完成了常州市电子政务数字证书认证系统的建设方案编制工作。目前，系统支撑平台已经建设完成。在电子政务 CA 建设的同时，根据本市电子政务工作平台运行的实际需求，常州启动了平台的升级改版工作。通过对平台功能的整体扩展，实现对常州电子政务平台核心技术与运行效能的全面提升。

积极推进电子政务应用系统建设运行。积极推进政府信息资源交换平台正常运行。研究制定了信息交换机制，同时针对系统运行过程中存在的问题多次会同成员单位以及系统研发单位进行研究，进一步完善了系统，健全了交换机制。全力推动网上审批系统上网运行。本市相关部门就正式运行网上审批系统事宜进行调研和推进。10 月，79 项网上审批事项正式上线运行，同时开展了网上审批宣传推广工作。开展了重大电子政务项目的调研论证。市有关部门就行政执法数据库等项目的建设开展了深入的调研，并组织专家对数字房管、数字城管等项目进行可行性论证，推动了全市电子政务网络和信息资源共享。

进一步推进政府网站建设。2007 年，市政府下发政府门户网站内容保障工作通知，明确了内容保障制度，要求各辖市区、各部门为切实把“中国·常州”政府门户网站打造成“政务公开、在线办事、公众参与”的平台而协同推进。同时，根据国家和省对地级市门户网站建设的有关要求以及地级市门户网站测评指标体系的要求，常州市政府门户网站再次改版，设立了“百件实事网上办”、“在线审批”、“便民服务”等提供公共服务的栏目。市有关部门还制定了“中国·常州”政府门户网站宣传方案，开展了门户网站的推广宣传。在做好“中国·常州”政府门户网站建设的同时，完成了 2007 年全市政府网站绩效评估工作。进一步深化了评估指标体系，采用在线测评和专家评审相结合的方式，对 7 个辖市（区）政府网站、39 个市级部门网站和 9 个省直属部门网站进行了测评，并完成了评估报告的撰写和评估结果公开通报工作，对先进单位进行了表彰奖励。这一举措，有力地促进了全市政府网站建设整体水平，推动了政府网站的工作机制建设。

【企业信息化】

为支撑制造业发展、引领技术未来、坚持集成创新、不断实现跨越，国家科技部、江苏省科技厅组织实施了“十一五”制造业信息化工程。2006 年，常州市被认定为江苏省首批示范市，全面启动了“十一五”制造业信息化科技示范工程。2007 年，本市开展了以下制造业信息化行动：

以“ASP”为特征的“产业支撑力行动”。依托常州科教城工业设计中心、现代设计与制造创新联盟、面向轨道交通车辆制造业、装备制造业、电子信息、工业创意设计等四个领域，建立企业、专家库，技术装备、技术源、专业零部件数据库，形成快速成型、并行设计、精密模具设计、虚拟技术等软硬件集成开发环境和协同服务机制，为全市制造业提供公共技术服务支撑。依托涂料院、国家级涂料工程技术中心，建成涂料行业信息化公共服务平台，为涂料企业提供行业资讯、技术标准、配方中心、协同商务、协同产品创新等专业的信息化支撑手段，显著提升涂料行业中小企业的信息化应用水平。

以“嵌入式”为特征的“产品数字化行动”。围绕输变电设备、轨道交通装备、现代动力及农业装备、工程机械、数控机床及关键零部件、行业成套设备及部件等产品群，支持企业广泛应用自动控制技术、嵌入式软件技术进行产品创新，大力开发数字视听、数字装备、智能设备等数字化产品，使骨干产品从模拟走向数字、从单机走向网络，提升产品的功能和附加值，提升我市工业优势产品的智能化水平。

以“需求拉动”为特征的“软件产业化行动”。建好软件园、动漫两大国家级基地，以系统集成和专业化应用需求为牵引，结合企业应用示范工作，支持软件企业积极参与制造业信息化工程，开发面向制造业的嵌入式软件系统和行业应用软件产品，开展网络计算机的推广及配套应用软件的开发，促进规模化的应用与推广，建立产品开发与企业应用相互支撑、相互促进、共同发展的良性互动机制，充分体现制造业信息化对软件产业和现代服务业的拉动作用。

【行业信息化】

（一）国土

进一步加强市国土资源局网站建设。2007年，市国土局根据江苏省国土资源厅提出的网站建设及常州市政府网站绩效评估指标体系的要求，对常州市国土资源局政府网站进行全面改版。9月24日，网站改版完成并正式开通运行。截至10月18日，网站访问量就已突破1万人次，目前，总共累计访问已逾4万人次，日访问量维持在400～500人次左右，接受网上群众来信153封，受到广大市民的关注。目前网站内容数据万余条，信息包含了土地管理的各个方面，全面实现了政务信息的网上公开。2007年年底，我局网站在常州市政府全市政府网站绩效评估工作中，获省直属部门网站评估第一名。

国土资源信息系统得到了进一步推广和应用。一是综合事务办公系统。2007年，常州市国土资源局正式通过省厅的数据交换网站和市局自己的综合事务办公系统来实现省市区三级公文流转。通过网上公文流转以及公告、邮件、消息等信息平台，建立快速沟通渠道，逐步实现无纸化办公。系统通过了试运行、优化修改、正式运行，截至12月17号，通过省厅交换网站，市局上报公文56件，接收公文230件，市局内部公文流转达到到百件。二是建设用地远程报批系统。2007年，市国土局进行了建设用地远程报批系统的应用工作。11月中旬，建设用地远程报批系统正式运行。建设用地远程报批系统的实施完成，标志着常州作为全省试点，成为全省首家实现图文一体化建设用地远程报批的市局。三是信访系统。2007年，市国土局开展了信访系统的应用工作，截至2007年年底，该系统处于试运行阶段。

启动市国土资源电子政务系统工程建设。在2006年系统开发调研的基础上，市国土局组织编制完成了《常州市国土资源电子政务系统工程总体方案》，并成立了专家咨询小组及业务专业小组。8月7日，组织召开了《常州市国土资源电子政务系统工程总体方案》论证会并讨论通过。截止到2007年年底，前期准备工作业已完成，并与开发单位签订了开发合同。

（二）卫生

大力推进卫生信息化制度建设。2007年，市卫生部门召开了全市卫生信息化建设工作会议、市直单位信息科长会议和网络安全等信息化建设会议。制定了市直各单位信息化工作的考核细则，明确了年度信息化工作目标任务。

加强卫生信息化基础设施建设。进一步测试和完善了局办公自动化公文交换平台。完成联通视频会议系统的接入。构建了市区卫生系统手机移动通讯虚拟网。协助常州市疾病预防与控制中心完成“12320”建设项目。

构建了卫生信息安全平台。完成了机关及基层单位的信息涉密安全检查，落实电子政务专网信息安全及计算机登记工作，完成网络信息系统安全等级保护分级。制订了常州公共卫生突发事件应急指挥信息系统预案。完成卫生局部门网站改版工作，实现了卫生政务公开及网上办事流程指导，并开展了卫生医疗单位独立网站建设工作。开展了社区管理信息系统应用培训及推广应用。落实卫生信息网上直报工作（文件、培训及硬件配置）。

广泛开展卫生信息化建设调研工作。组织开展了“市民健康卡”、医院电子病历和妇幼保健数据库项目建设的专题调研工作。组织专家对电子病历管理办法进行研讨与论证，并着手进行本地电子病历基本技术标准制订的前期准备工作。对妇保院LIS系统及数字化医院建设以及市急救中心“120院前急救无线预先告诉信息系统”进行了方案讨论与论证。协助组织召开了医学信息专业委员会学术年会。

（三）档案

2004年，常州市档案局（馆）在全省范围内率先建成了电子政务环境下的电子文件中心。2006年底江苏省档案局在常州召开了全省电子文件中心建设工作现场推进会，2007年4月26日，全国电子文件中心经验交流会又在常州市档案局（馆）召开，国家档案局局长杨冬权、省委常委、秘书长李云峰、市委书记范燕青等领导参加会议。2004～2007年，电子文件中心共计接收、审核、上传、发布了可公开电子文件8900余份，该项目被国家档案局评为2006年度科技进步三等奖。2007年，市档案局（馆）完成了全部档案馆馆藏档案的文件级目录数据库建设，共计363万条；对档案馆内珍贵、重要和利用率高的档案进行全文数字化扫描，完成了13个全宗的10458卷档案的扫描工作，共计75万页，为数字档案馆建设打下了坚实的基础。

（四）人民检察院

2007年，常州市人民检察院在常州市委、市政府的大力支持下，以常州市检察院职务犯罪侦查指挥中心建设为契机，全面提升全市检察机关信息化基础水平。

6月初，市检察院进行了全市检察系统网络改造，全面扩容全市检察专网的带宽，采用2Mb/s电路用于视频会议、语音通信，6Mb/s电路用于OA、WEB等应用系统的通信。改造后全市各级检察院之间以及至上级检察院的网络速度大幅提升，电视电话会议系统达到高清收视效果。

7月初，市检察院开始常州市职务犯罪侦查指挥中心智能化项目建设。该项目主要解决符合高检关于全程录音录像要求的审讯录像功能，以及审讯图像在检察专网内顺畅直播的功能。项目包括：特审、安防监控、检察内网、英特网、会议、语音电话和远程图像传输指挥等系统。该项目于12月初完成，展示了常州检察院在该项目上的许多特色。如：指挥大厅主指挥画面设计采用了西昌卫星发射大厅的创意模式，引进大屏投影和视频倍增新技术，使院指挥中心的主显示画面达到长4.8米、宽1.8米，在显示方式上，既可以单画面全屏显示，也可以双画面、多画面分屏显示；操作台显示系统参考了中央电视台主播间的显示方式，使得显示设备在工作中富于变化，同时保证指挥地点的灵活多样；指挥大厅与集中式机房间，在检察系统率先采用安装调光玻璃的方法解决了指挥和保密兼顾的这一难题。目前指挥中心已经顺利完成市院和基层院多起案件录像和指挥，项目达到的效果得到了高检领导、省院领导、市委和政法委等领导的充分肯定。

【辖区信息化】

（一）戚墅堰区

一是电子政务建设不断加强。先后建成了教育、卫生、农林、水利、残联、普法等十多个公众信息网站，卫生、统计、财政、银行、税务、公安等纵向计算机网络体系已日臻完善，信息技术得到了广泛的推广和应用，大大提高了政府工作透明度和行政服务效率。2007年，区政府投入6万元，完成了区政府门户网站全面改版工作，增添了在线访谈等栏目，并加强了网络设施软硬件建设。同时，成立了以分管区长为组长的区政府门户网站建设领导小组，制定了《戚墅堰区政府网站管理暂行办法》和《戚墅堰区政务公开考核细则》，不断完善区政府门户网站规范管理和运行。二是社区信息化建设稳步推进。目前，全区7个社区居委会、9个村民委员会的硬件配备、软件安装已全部到位，房屋、人口等基础数据录入工作已基本完成。市－区－街道－社区的四级信息实现了互联互通，资源利用得到了最大化。三是企事业单位信息化建设初见成效。近年来，积极培育企业信息化示范项目，以信息化带动工业化，太平集团、永盛包装、祥明电机、合力电器、常宝钢管和安凯特电缆等一大批企业正在加紧企业信息化建设，以应对科学技术快速发展的需要。其中，太平集团投入400多万元，积极推行企业信息化管理，在2005年获得了常州市企业信息化示范单位称号。其次，戚区人民医院于2005年建立了医院电子期刊镜像系统，实现了医院各站点24小时进行检索和查询。2006年与上海复旦大学附属中山医院远程教育中心合作建立了远程教育系统。区内各个学校也全力推进教育信息化建设，各中小学、幼儿园积极组织教师和学生共同开发学校网站，为教师的培训和教育教学提供丰富的信息资源。

（二）钟楼区

政务信息化。2007年4月，完成区机关大楼信息基础网络的建设，满足了区电子政务网与市级机关整网的接入条件，实现百兆数据交换能力到桌面，网络办公完全覆盖各街道、各部门。建成数据交换平台，有效促进了政务信息资源的整合共享利用，实现了政务外网与政府网站之间、政务外网内业务应用系统，区政务外网、市政务外网之间的信息交互，推动了网上办事功能及部门业务协同的实现。完成电子政务平台改造升级。2007年10月，钟楼区投资近20万元，在原先金和协同办公软件的基础上引入了最新的C6版本，完成了网络办公自动化系统的改造升级，实现了扩大容量、完善功能，提高了公文办理流转的信息化水平。制定下发了《关于加强钟楼区政府电子政务系统使用与管理的通知》，规范了各部门对网络办公自动化系统的管理，统一了全区工作人员的电子政务办公流程，基本实现了无纸化办公，为机关的日常事务处理、辅助决策提供支持，有效提高了机关的办事效率和社会形象。加强信息化知识和技能的培训。推动各部门普遍开展信息化建设，各单位明确了分管信息工作的领导，建立了一支由计算机基础较好的网络信息员组成的网络管理员队伍，对他们进行了多轮次的知识和操作培训。

网站建设。继续发挥政府网站与传统媒体优势互补的作用，加大网站的新闻宣传力量，做到区内重大新闻的准确即时报道，让更多公众能及时全面了解钟楼建设和发展的整体情况。政府网站2007年共发布各类新闻近3000条，总访问量超过百万人次。政府网站于12月8日再次全新改版，遵循“公开、办事、便民、互动”原则，增添为民办事服务项目，突出网站的办事服务功能和政民双向互动功能，增设了“百件实事网上办”、“在线访谈直播间”等栏目，使政府网站更好、更快地服务民众，成为党和政府倾听民声、关注民生，为民惠民的渠道和桥梁。

社区信息化。钟楼区成立了社区信息化工作领导小组，加强对社区信息化工作的领导，并制定了社区信息化考核机制，将社区信息化建设与星级社区评比紧密挂钩，与社区建设考核紧密相联，促进社区信息化工作深入开展。将社区信息化建设作为重点项目，纳入到社区建设经费保障体系，加大软硬件建设的力度。目前，全区已经完成了25万人口资料信息库的输入工作，建立了29大类150小类的社区管理资料，基本实现了人口资料的信息化和社区管理的信息化。召开社区信息化工作现场会，举办专题培训班，观摩交流，现场咨询，提高社区干部的实战能力。在推进社区信息化的过程中，全区培训社区干部450人次，完成学时40课时，使社区干部的计算机应用能力大幅度提高。社区信息化平台建成之后，一方面社区居民可以通过社区服务网接受便利服务和应急服务，另一方面，社区服务组织或单位通过社区服务网，实行市场化的运作服务，实现了互利和双赢。

【信息化发展环境】

2007年，出台了一系列规范性、指导性政策文件，保障信息化建设工作和信息产业发展。6月，为进一步加快软件和动漫产业的发展，市政府相继出台了《关于进一步加快常州软件园发展的若干政策意见》和《关于鼓励和扶持动漫产业发展的若干规定》；7月，在积极推进数字电视整体转换工程加快实施的同时，市委办下发《关于加快全市有线电视数字化建设的意见》，明确本市有线电视数字化建设的指导思想、总体思路、主要任务以及责任分工等；同时，为做好政府门户网站内容保障工作，市府办下发了《关于对2007年度“中国·常州”政府门户网站内容保障工作进行考评的通知》；市信息办会同有关部门起草发布了《常州市电子政务网络信任体系建设实施意见》，为常州电子政务数字认证体系建设工作提供了保障。

开展《电子信息产品污染控制管理办法》培训。1月24日，《电子信息产品污染控制管理办法》（常州）培训班在丽景假日酒店举行，来自全市相关电子信息产业企业的负责人，质量控制、原料采购等部门的代表数十人参加了培训。《电子信息产品污染控制管理办法》由信息产业部牵头，联合国家发改委、商务部、海关总署、工商总局、质监总局、环保总局联合制定，于3月1日起正式实施。

2007年，本市信息化工作先进集体、个人和企业受到省有关部门表彰。4月25日，省信息办、省委农工办、省远程办联合召开了信息产业服务社会主义新农村建设工作会议。会议表彰了全省84家农村信息技术应用典型和十大农村信息技术服务优秀企业。常州市金坛电信、武进湖塘镇南夏墅九华村委、周国伟、符国平、马士锋、孟锁洪获得了农村信息技术应用典型称号，常州绿意信息服务有限公司获得了农村信息技术服务优秀企业称号。12月，省经贸委、省信息办、省中小企业局和省信息产业厅在南京联合举办了2007年江苏省中小企业信息化高层论坛，会上，由市信息办和市经贸委（中小局）联合推荐的今创集团有限公司、常州艾贝服饰有限公司、常州市华立液压润滑设备有限公司、江苏万盛铸造有限公司和常州市丽华快餐有限公司被授予2007年江苏省中小企业信息化应用示范单位称号。

2007年，全省信息化相关工作会议多次在本市召开。1月15~16日，省信用办召集的省公共信用信息平台建设工作座谈会在常州天目湖宾馆召开，省各有关部门负责信用管理或信用信息归集工作的负责人共30多人参加了会议。会议回顾了去年以来省公共信用信息平台建设和信用信息归集工作情况，座谈交流了如何开展15个部门的数据报送、归集和联动工作以及如何深化信息共享和联动监管等课题研究工作。市信息办向与会各省级部门汇报了常州市政府信息资源交换平台建设情况。为进一步推动全省社区信息化发展，5月24日，由省信息办组织的全省社区信息化研讨会在常州天目湖召开。全省各地市信息化主管部门、省有关厅局以及社区信息化方案设计公司负责人等40余人参加了研讨会。国家信息产业部信息化推进司陈伟司长一行应邀参加了会议并作了重要讲话。与会代表就社区信息化的管理、服务以及标准规范制定等问题进行了深入的研讨交流。市信息办作了本市社区信息化系统建设情况的专题汇报。

常州学子在国内外电子信息学比赛中成绩辉煌。4月，市第一中学在美国亚特兰大举办的FLL世界锦标赛上获得联合对抗赛冠军。此次比赛共有20多个国家、94支队伍参加。比赛中高手如云，除了严格的机器人竞技项目的比赛，还要克服语言障碍，进行现场理论答辩。教练员刘波老师带领胡林、罗文泽、许可三位队员克服困难，凭借过硬的技术、敏捷的思维、充分的自信取得了联合对抗赛的冠军，这是迄今为止中国代表队在国外参赛取得的最好成绩。11月，第十三届全国信息学奥林匹克联赛（江苏赛区）复赛在南京外国语学校举行，来自全省的近700名编程高手云集南京，参赛人数为历届最多。常州市代表队取得了辉煌成绩，高中组获得54个省一等奖，占一等奖总人数的1/3，初中组获得了29个省一等奖。高中组全省前20名我市占了15名，吴卓杰、袁洋、金斌、杨晶4位同学以满分的成绩并列全省第一（全省满分共5人），杨晶同学继初中获得“最佳女选手”荣誉后，今年再获高中组“最佳女选手”称号；有近30人获得教育部规定的大学保送生资格。省常中、市一中分获全省团体总分的第一名、第四名。

常州信息职业技术学院成为国家示范性高职院校。2007年，该院已被国家教育部、财政部正式批准为国家示范性高等职业院校建设计划立项建设单位，今后3年内，国家和省市财政将投人近亿元资金支持该院的示范性建设。据悉，今年全国有42所，我省有3所学校获此殊荣，我市仅此一所。国家示范性高职院校建设计划被誉为高职院校“211”工程，即在全国1100多家高职院校中评选出100所示范性院校，通过三年重点建设，使其在办学效益和辐射能力等方面有较大的提高，带动全国高等职业教育加快改革与发展，今年已评出70所国家示范性高职院校。常州信息学院因“立足信息产业，培养信息人才，服务信息社会”的办学理念，“面向国际、依托行业、紧扣应用、合作共享”的办学特色得到了教育部专家的好评。另外，该院的模具设计与制造、电气自动化技术、软件技术、电子信息工程技术四个专业同时被确定为国家示范性重点建设专业。

【2008年发展思路】

在十七大报告中，信息化首次被列为“五化”之一，推动信息化已成为我国建设创新型国家的必然选择，也是我国加快建设创新型国家的必由之路。2008年，本市将按照“信息化惠民、信息化兴企、信息化强政”的工作思路，继续积极务实地推进电子政务，促进政务资源整合、信息共享和业务协同，加强信息化项目的统筹管理，推进信息技术在社区、农村等各个领域的应用，促进信息产业发展。

【2008年主要任务】

继续大力推进电子政务。推动辖市区全网接入工程建设；完成电子政务CA项目建设；进一步推进已定制审批事项的上网运行；深化全市政府网站建设，继续开展全市政府网站绩效评估；加强电子政务运行保障规范化管理。

进一步推广信息技术应用。一是农村信息化。积极推进社区管理信息系统向村委延伸，积极创建农村信息化综合服务示范点，继续做好常州“农讯通”综合服务平台推广应用工作。二是社区信息化。进一步完善社区管理信息平台，提升功能；制定电子台账管理办法，促进社区管理信息系统应用。三是社会信用体系建设。争取以市政府名义下发《常州市政府部门公共管理使用信用产品暂行定（试行）》；制订完善《常州市信用企业认定管理暂行办法》并上报市政府；进一步抓好企业信用信息交换的扩面工作；继续积极推动个人信用信息的归集和整合。

促进信息资源的共享和开发利用。全力推进市民卡项目；促进政府信息资源交换平台的应用。完善平台建设，建立数据交换平台联络员工作机制，探索政府信息资源交换平台数据的社会使用和对接渠道规范化机制；启动政务信息资源调查工作，加快政务信息资源内部有效共享和对社会的依法公开的步伐；协调推进共建共享信息化项目。组织市各有关部门按照统筹规划、整合资源的原则，共同推进市应急指挥中心、数字房管、数字城管、数字安检和行政执法数据库等一批信息化共享项目的建设。

加强对信息化建设项目的规范管理。进一步落实《常州市政府投资信息化建设项目管理办法》。按照《常州市级部门年度政府投资信息化项目申报和全过程管理指南》的具体要求，规范政府投资信息化项目建设决策和组织实施过程；研究探索信息化项目的绩效评估方法，选择有条件的项目开展项目后评价工作；建立健全信息化发展专家咨询制度，增强信息化建设决策的科学性。

进一步加快信息产业发展。加强“双软”认定的指导和服务。加强规划指导作用。建立健全全市信息产业重点企业数据库，并完成《常州市信息产业发展三年振兴计划》编制工作。加大资金争取力度。抓好优秀项目储备，邀请省有关专家及有关咨询机构来常举办项目申报专题辅导讲座，提高我市企业项目申报的质量。

（苏　英）

常州旅游信息化发展概况

——常州市信息化建设特色之一

2007年,常州市旅游局坚持科技兴旅的方针,进一步加大旅游信息化推进力度,加强现代信息技术的应用,加快旅游公共服务信息平台建设;各旅游经营单位进一步重视网络技能培训,加强企业网站建设,积极发展电子商务,建设数字化企业,全市旅游信息化工作取得了新的进展。

【加强旅游呼叫中心等信息化平台的完善和整合】

作为2006年本市旅游重点建设项目和江苏省城市旅游呼叫中心建设的试点项目,常州旅游呼叫中心在2007年1月顺利建成运行。该项目得到了江苏省旅游局和上海市旅委领导的高度重视和大力支持。省旅游局陆素洁局长、张骥副局长多次询问项目进展情况,并在试运行期间亲临现场指导。上海市旅委道书明主任、金放副主任对两地呼叫中心的合作发展给予关注和支持,并委派上海市旅委信息处卜广盈处长在项目建设过程中多次来常指导。常州旅游局特邀成功开发了上海旅游网、上海旅游呼叫中心的专业软件公司参与建设,常州市科技局和北大众志公司提供了系统硬件支持。

旅游呼叫中心是现代信息和通信技术发展给传统旅游业带来脱胎换骨式变革中的产物,该项目在国内目前仅在上海、云南等少数地区有所尝试,常州旅游呼叫中心是江苏省目前第一家也是惟一一家建成运行的旅游呼叫平台。常州旅游呼叫中心,借鉴上海旅游网等成功的旅游目的地营销经验,按照政府主导、企业运作、各方参与的模式,整合权威的旅游资讯及海量的旅游产品和服务信息,利用专门开发的一套旅游信息综合应用服务系统,通过旅游门户网站和推出的旅游特服电话24小时声讯服务,实现信息咨询、投诉受理、便民援助、旅游产品管理、游客产品选购、预定、旅游订单的处理、会员管理、交易分析等功能,达到宣传促销常州、方便游客和市民、服务市场主体的多赢效应。

常州旅游呼叫中心始终坚持在实现长三角无障碍旅游、江浙沪旅游一体化的框架内的构建。常州作为江苏省城市旅游呼叫中心的试点城市,初步与上海旅游呼叫中心实现了无缝对接,并将逐步推进与长三角各旅游城市间的全面合作,实现其功能的进一步放大和提升。

与此同时,通过旅游呼叫中心的建设,常州市旅游局进一步整合各大旅游公共服务平台,继续推动旅游电子触摸屏的应用,与旅游咨询中心、旅游信息中心形成联动、互补,网络、电话、前台有机结合;与旅游集散中心进行业务整合,从而形成了较为完善的常州旅游公众服务体系,为市民和游客提供了更为快捷、方便、周到的旅游服务。

【合作开展移动信息网络技术在旅游业的应用】

随着手机使用的越来越普及,手机移动网络技术的日益完善,移动通讯与互联网进行了紧密结合应用,移动电子商务开始出现,并将成为今后电子商务的重要渠道,用手机和PDA等移动终端来进行交易和支付将更灵活方便,手机、网络、旅游三位一体的结合将会成为中国旅游信息化的又一新亮点。2007年8月16日,常州市旅游局和中国移动常州分公司在常州大酒店举行"旅游行业信息化"合作签约仪式,成为江苏省第二个与移动公司合作推进旅游信息化的城市。首期8个合作项目在双方的共同努力下基本完成,并取得了初步成效。

1.旅游局政务网短信实时通知系统。通过移动短信平台,将常州市旅游局政务网平台发布的政策、通知、文件审批等的发文标题、内容等实时发送至相关部门及企业负责人手机上,保证旅游局政务办公、通知的实时性和有效性。

2.呼叫中心短信下行及回复。呼叫中心在受理游客电话、网站等咨询时，可以通过短信形式将旅游景点、宾馆、饭店等行车路线、价格、特色活动下发给游客，同时可以开展一系列的旅游行业调查活动，短信平台提供上行通道，有效收集调查数据。

3.旅游行业无线门户网站。通过移动网络平台“掌上常州”，开通“常州旅游”手机平台，包括常州80多家旅行社、60多家旅游饭店信息和恐龙园、天目湖等20多家旅游景点的介绍，同时加入常州本地食、住、行、购、娱等各方面的信息。与此同时，配合江苏省旅游局与中国移动江苏公司合作的“旅游通”项目建设，完成了信息采集和输入工作。移动旅游网的建立，为市民和游客提供了获取所需旅游信息的新渠道，常州旅游也开辟了新的宣传促销平台。

4.旅游行业小区短信及彩信应用。在本市特定区域及著名旅游景区利用常州移动小区短信、彩信平台对指定区域人群发送景点介绍、特色活动等信息。目前天目湖等主要景区已应用该功能。

5.游客客源分析系统应用。使用移动客源分析系统，实现对客源的实时分析，了解来访游客的人次、省市等信息为企业经营实现数据支持。溧阳市旅游局率先与中国移动溧阳分公司进行了合作开发，恐龙园等景区点也已将客源分析系统列入开发计划。

6.旅游手机彩信杂志。2007年8月16日，常州市旅游局主办的《旅游时尚》手机彩信杂志首发；9月起，《旅游时尚》彩信杂志每周三编发一期，由中国移动常州分公司免费发送10万手机用户；9月28日起，与《常州日报》合作推出《手机报·旅游专刊》每周四免费增发给《常州手机报》的10多万用户。

此外，还有旅行社、景区、宾馆、饭店的集团信息化综合解决方案和集团V网两个互惠互利合作项目。常州市旅游局与中国移动常州分公司还已着手二维码应用、OTA(空中下载)技术、MOA移动办公网、手机电子商务运用、移动电子VIP卡等新业务、新技术在旅游企业的推广和应用。

【认真组织编制旅游企业信息化服务规范】

经江苏省质量技术监督局批准立项，2007年下半年开始，常州市旅游局与常州质量技术监督局联合组织《江苏省旅游企业信息化服务规范》的编制工作。市旅游局成立由局长任组长，分管副局长任副组长的规范编制领导小组，并从各有关处室和局信息中心抽调人员，与常州质监局相关人员共同成立了编制小组，经过半年来无数次分析调研和讨论，几易其稿，吸取多方面提出的意见与建议，于年底形成送审稿，2008年将在征求江苏省各地级市旅游局意见的基础上组织专家评审。旅游企业信息化服务规范建立后，将首次以地方标准形式对企业信息化服务进行引导和推动，将对提升江苏旅游行业信息化水平发挥重要的促进作用。

【进一步加强对旅游企业信息化的培训与考核】

常州市旅游局一直把旅游企业信息化的建设与发展放在一个重要的位置。经过五年多的努力，行业信息化水平有了较大提升，并涌现出常州国旅、常州外事旅游广告公司、中华恐龙园、常州金陵明都大饭店等信息化标杆企业。2007年，常州市旅游局进一步加大了旅游企业信息化推进力度，一方面，结合移动旅游通平台建设和常州旅游网“企业博览会”改版，组织2起4批次分别由旅游企业负责人和企业信息化管理人员参加的信息化专题培训班；另一方面，在继续做好行业信息化工作指导的同时，加大对企业信息化工作的考核力度，出台了新的考核办法，突出了企业网站建设、开展电子商务、网上文件签阅和旅游公共信息平台应用等方面的考核。经过一个多月时间的认真考核，评出27家2007年度旅游信息化工作先进单位给予表彰和奖励，并对信息化工作不达标企业进行了行业通报。

2008年，常州市将进一步完善旅游呼叫中心等信息平台，深度开展移动信息化的合作应用，组织实施《旅游企业信息化服务规范》，完成常州旅游网的全新改版，继续推进旅游企业开展电子商务，启动实施旅游信息进社区、进家庭、进用户活动，将常州旅游信息化推进到新的发展阶段，助推常州旅游业又好又快发展。

（袁志波）

立足信息产业　培养信息人才　服务信息社会

——常州市信息化建设特色之二

常州信息职业技术学院坚持“立足信息产业、培养信息人才、服务信息社会”的办学理念，科学发展，人才培养工作取得了显著成绩。2007年学院被教育部、财政部批准为国家示范性高等职业院校建设计划立项建设单位。学院在创新信息技术高技能人才培养模式的同时，加强信息化师资队伍建设，积极与信息类企业合作，在信息化建设上迈出了坚实的一步。现总结如下：

【立足信息产业，提高人才培养质量】

1．创新人才培养模式。学院立足信息产业，积极推行工学结合人才培养模式的创新，与苏州华之杰电讯有限公司等企业合作，进行“工学交替”人才培养模式的改革，与国家信息产业部签定“国家信息技术紧缺人才培养工程培训、考试中心资格授权合同”以及“国家信息技术紧缺人才培养工程（NITE）授权培训中心——‘521计划’项目”协议书，形成了鲜明的行业办学特色。积极组织学生参加信息技能培养方面的各类比赛，在第二届全国大学生广告艺术大赛中，分别荣获一个一等奖、一个三等奖；在第二届全国大学生广告设计大赛中，我院学生获网络类比赛三等奖；在省职业教育创新大赛中，有两件作品获一等奖，一件获二等奖，五件获三等奖；在“2007研华Web Access自动化软件全国大学生组态设计大赛”中，我院获二等奖；在计算机等级考试中我院学生成绩名列全市各高校榜首。

2．加强师资队伍建设。2007年我院与江苏科技大学联办工程硕士班，45位教师成为该班工程硕士学员。我院2007年继续组织部分专业教师赴德国、新加坡南洋理工学院学习交流。一系列的学习、培训和交流，大大提高了我院教师的信息素养和职业能力。学院拥有江苏省“333高层次人才培养工程”中青年科学技术带头人4名、江苏省“青蓝工程”学术带头人培养对象4名、江苏省高校教学名师1名、全国模范教师1名，“双师型”教师比例达70%以上。我院院长邓志良教授成为信息产业职业教育教学指导委员会委员之一。眭碧霞老师荣获“全国模范教师”称号。闵敏老师成为常州高校中惟一获得“江苏省教育系统先进工作者”荣誉称号的教师。我院教师在“我的e家——常州电信杯”2007年全省青年职业技能大赛“多媒体作品制作员”工种中获第二名。在“2007中国现代商务人才培养（西部）论坛”上，我院信息管理系荣获全国阿里巴巴优秀培训中心称号和优秀合作讲师团队睿智奖。我院现代教育技术中心教师制作的多媒体课件在“第三届全国高等学校计算机课件大赛”中荣获优胜奖，一名教师获“全国青年职业技能大赛”职业指导师第八名，一名教师被阿里巴巴公司聘为全国首批特聘讲师。

3．做好培训服务工作。9月8日，2007年常州市青年职业技能大赛在我院隆重开赛。9月23日，“我的e家——常州电信杯”2007年全省青年职业技能大赛决赛在我院行政楼403会议室隆重开幕。1月10日，“建立教育系统信息安全体系”学术研讨会在我院举行。9月6日，省人事厅计算机信息处理技师培训班在我院开班。承办这样的培训、研讨会和重大赛事，对我院进一步充分发挥行业办学优势，努力培养一流信息技术应用型人才起到促进作用。

【面向信息社会，加大社会合作力度】

1．加强与信息类企业合作。由我院规划建设占地130亩的信息产业园，已有与江苏远宇电子集团共建的远宇科技大楼落户建设。6月，与著名企业——北大众志网络计算机有限公司携手共建的北大众志研发基地在我院信息产业园正式开工奠基，再次开创我院校企合作的新局面。2007年，我院分别成立校企（日资）联盟和校企（韩资）联盟，分别与包括日立、松下、东芝、爱普生、富士通等在内的83家日资企业和包括三星、LG等世界500强知名企业的167家韩资企业建立长期合作关系，真正实现学校与企业的“无缝对接”。2007年，我院还与海力士—意法半导体有限公司、英华达（上海）科技有限公司和苏州华之杰电讯有限公司开展了实质性的“订单培养”、“工学交替”等形式的校企合作。

2．加强与信息类院校的合作。2007年我院成为国家示范性高等职业院校建设计划立项建设单位之一。在示范性建设过程中，我院十分重视与信息类兄弟院校合作共建。我院与内蒙古电子信息职业技术学院等签定了对口支援合作办学协议，该校组织若干名学生在我院相关院系进行为期一年的专业学习和上岗实习。

3．加强对口支援苏北。根据省教育厅南北学校对接安排，我院与金湖职教中心结成对口支援学校。3月底，学院组织四名教师赴金湖职教中心进行专业建设与网站建设的交流指导。6月底，金湖职教中心来我院洽谈合作方案以及实施对口挂职计划。我院支援50万人民币在金湖职教中心共建电子技术实验室。

4．加强国际合作与交流。学院先后与新加坡南洋理工学院、澳大利亚北布里斯本TAFE学院、爱尔兰都柏林理工学院、印度国际信息学院等10多个国家和地区的学校建立了友好合作关系，互派学生、互派教师；与韩国明知专门大学进行“2+1”合作办学。2007年4月，德国莱茵应用技术大学、德国莱茵迈哈根学院来我院洽谈合作办学事宜。5月，韩国明知专门大学来我院访问，双方就互派教师交流、建立联合教育培训中心、建立多元企业合作项目等方面进行了进一步的协商。

【建设信息资源，提升信息管理水平】

1．加大资金投入，强化信息资源建设。2007年学院加大了信息化建设的投入力度，直接用于信息化建设的资金达百万元，包括信息化基础设施建设，信息资源建设，师资及网管员培训等。目前，学院网络教室200个，多媒体教师37个，网上教学学科课程21门，多媒体课件制作752个，网格教学累计拥有教学资源约2500GB。

2．普及电子印章，努力实现无纸化办公。早在2005年，我院就与同济大学基础软件工程中心MIS研究所联合研制开发了电子签章系统，在全省116所省属高校中率先使用了电子签章系统。这一系统已在城市学院成功运行两年，2007年在全院普及使用。电子签章增加了电子文件的“权威性”与安全性，还能提高工作效率，能实现真正意义上的无纸化办公。

3．注重信息技术的应用。我院成立现代教育技术中心，中心有两名专职教师。学院十分重视信息技术在教育教学、教学科研、各类管理以及信息化人才培养培训等各项工作中的广泛应用。

我院的信息化建设也存在不足，学校的信息化建设规划还应经过专家充分论证，校园信息系统的设计还有待完善、功能需进一步开发，信息系统的安全问题要更加重视等，这些问题都需要我们进一步努力解决，从各个环节找出解决办法。今后，学院将面向信息社会，结合江苏信息产业，积极行动，把我院建设成为真正的全国示范性高等职业院校、真正的信息化建设示范院校。

（丁振中）

苏州市信息化发展概况

【2007年苏州概况】

2007年，在苏州市委、市政府的正确领导下，全市人民全面贯彻落实科学发展观，加快转变经济发展方式，大力推进产业结构调整，努力增强自主创新能力，全力推进和谐社会建设，经济社会实现了又好又快发展。

经济总量跃过5000亿元大关，全市实现地区生产总值达5700亿元，按可比价格计算比上年增长16%，其中第三产业增加值1970亿元，比上年增长17.5%。产业结构进一步优化，三次产业的比例为1.7:63.7:34.6，第三产业比重比上年提高1.9个百分点。

财政收入实现跨越式增长，宏观经济效益继续向好。全市实现地方一般预算收入541.82亿元，比上年增长35.4%。地方一般预算收入占GDP比重为9.5%，比上年提高1.2个百分点。营业税、增值税、企业所得税分别增长30.8%、33.0%和41.7%。财政公共服务能力不断提高，对新农村建设、科技、教育、文化、卫生、环境保护和社会保障等领域的资金投入力度加大。地方一般预算支出493.13亿元，比上年增长28%。

【2007年信息化建设基本情况】

2007年，苏州市城市信息化水平进一步提高，信息化政策环境不断优化，面向社会和公众的信息服务能力大大提升。全市宽带城域网光缆总长度达到11.51万芯千米，宽带核心交换能力为8808Gb/s，城市出口带宽达到108.5Gb/s，信息网络传输速度增长49.6%；互联网宽带用户达到105.01万户，增长25.8%；互联网拨号上网用户为13.5万户。刷卡消费量快速增长，全市19家银行累计发行银行卡超过2400万张，全年POS交易金额213亿元，比上年增长120%。市行政服务中心93.7%的事项实现网上预审。

2007年，全市信息产品制造业销售收入4968.48亿元。软件产业发展迅速，全市“双软”认定数均创历年之最。截至12月底，苏州累计注册软件企业400多家，其中，国家认定的软件企业212家，登记软件产品957个；全市集成电路设计企业30家，其中，国家认定的设计企业9家；留学生企业近百家；跨国公司、大专院校、科研院所在软件园内有研发中心、工程中心10余家。软件企业、软件研发机构的快速增长，有力地推动了软件产业发展，2007年全市软件产业（含嵌入式软件）产值为250亿元，软件出口13亿美元。

在国务院信息化工作办公室2007年国内政府网站绩效评估中，苏州市“中国苏州”网站在全国地市级（包括计划单列市和省会城市）333个政府网站中排名第六（全国地级市第一名）。苏州市被国务院信息化工作办公室正式批准为国家电子政务试点城市。

【政府信息化工作】

1. 基础设施建设不断完善

社区光纤网建设在全市范围展开。网络与信息安全体系建设逐步推进。党政机关协同工作平台建设全面启动。

2. 应用系统建设不断深化

外来人口信息管理系统逐步推广。基层党组织信息管理平台建设稳步推进。中国苏州门户网站完成了年度改版。网上政务公开不断深化。领导信箱管理平台进一步完善。人大政协提案建议协同办理系统全面启用。电子政务CA和电子公章开始应用。企业统计数据采集和处理公共平台建设全面启动。

3. 信息化课题研究和标准体系建设不断深入

围绕信息化建设与管理的需要，开展信息化标准和规章制度研究。遵循国家电子政务标准，结合本地实际，制定相关规范和实施细则。初步制定了苏州市政务网接入标准、网络安全标准、协同工作平台标准、GIS 标准和市民卡标准，规范全市电子政务和社会信息化建设。

4. 电子政务建设管理工作得到加强

开展全市电子政务工作自查。为了贯彻落实国家信息化领导小组《关于开展全国电子政务检查工作的通知》和《省政府办公厅关于开展全省电子政务检查工作的通知》精神，对全市信息化基础设施建设、基础平台建设、公共信息平台建设、跨部门业务系统项目建设以及“十二金”系统工程等进行了比较全面的梳理和检查。

5. 信息化宣传和培训工作有所加强

2007 年 8 月，IBM 大中华区政府与公共事业部与苏州市信息化办公室共同举办了“区域政府电子政务创新论坛”。论坛就如何处理电子政务中的信息海量存储等问题进行了深入的交流和探讨。2007 年 10 月，“苏州电子政务”展览在第六届中国苏州电子信息博览会上首次登场亮相。本次展览通过影像图文介绍、现场操作辅导、实时亲身体验等形式，从政务公开、便民服务、网上办事、互动交流等方面，全方位地展示了近几年苏州市电子政务建设的成果，提高了电子政务在市民群众中的认知度。

【社会信息化工作】

1. 社会信用体系建设逐步深入

苏州市企业信用信息系统二期建设完成了数据交换模板及部分数据接口程序的开发。向国家发改委申报了中小企业信用信息服务平台的方案，通过了国家发改委审批，并获得 200 万元专项资金支持。举办了苏州市个人信用体系建设方案专家研讨会，信用中心与上海资信公司签订了战略合作协议。制定了“诚信苏州联盟”实施方案草案。

2. 地理信息系统应用平台建设逐步展开

发布了苏州市基础地理信息系统建设的指导性规范文件《苏州市基础地理信息系统数据规程》和《苏州市城市综合地下管线数据格式标准》，初步建成了苏州市基础地理信息系统的底图库。地理信息系统在数字城管、气象灾害预警预测、城市地下管线管理、国家安全、治安管理、交通航道管理、环境监测等领域逐步拓展应用。“数字城管”项目一期工程已经进入系统测试及试用阶段。

3. 苏州公共信息亭受到社会的广泛关注

中纪委、民政部、国信办、省纪委、省信产厅等有关领导先后视察参观了信息亭，并给予了充分的肯定。到目前为止，建成信息亭 350 个，主要分布在古城区、高新区、工业园区、吴中区、相城区，目前信息亭在吴江有 18 个试点亭，昆山也正在建设中。

4. 城市一卡通推广工作进展较快

“苏州通”应用领域从单纯的公交行业拓展到出租、加油站、园林、信息亭、一百早餐、家乐福等领域，近 6500 个刷卡点，基本实现了从“交通一卡通”到“城市一卡通”的转型，品牌价值得到了提升。目前日均刷卡额 30 万元，年刷卡额超过 1 亿元。

5. 电子商务工作

协调电子商务数字证书平台建设，组织考察有关城市 CA 建设情况，制定了苏州市 CA 建设方案；牵头组建了苏州市数字认证有限公司。与服务业办公室协商建设公共物流平台事宜，并向市政府提交了建设公共物流平台的方案。

6. 积极探索农村信息化建设工作

4 月，江苏省信息办、省委农工办、省远程办在南京召开全省信息产业服务社会主义新农村建设工作会议。会议表彰了全省 84 家农村信息技术应用典型和十大农村信息技术服务优秀企业，苏州市 8 家单位（个人）获得农村信息技术应用典型奖、1 家单位获得农村信息技术服务优秀企业奖。

7. 承办了 2006 中国百强县信息化大会

举办了由苏州市政府和计算世界传媒集团共同主办 2006 中国百强县信息化大会。太仓市、吴江市、昆山市分别获得了“2006 中国百强县信息化建设突出贡献”称号。

【软件业】

一年以来，在部、省、市各级领导和主管部门的关心和指导下，苏州软件产业工作认真贯彻落实科学发展观，按照《苏州市加强自主创新能力行动计划》的部署，扎实推进“一园多区”的发展模式，努力改善产业环境，大力提升软件服务水平，全市软件产业呈现了快速持续协调发展的好势头。2007 年，苏州软件产业规模得到进一步壮大，软件企业发展迅速，全市软件业产值达 272 亿元。2007 年全市新增部省认定的软件企业

63家，累计达225家，登记软件产品387个，累计达1090个；登记的软件著作权400多个，均创历史新高。是省内最具成长性的城市之一。2007年全市有13家（次）企业通过CMMI认证，另有4家企业启动CMMI5的认证。

2007年底，苏州软件办召开年度软件产业工作会议，部署全市软件业统计工作，在各市、区科技局以及各软件基地的通力协作下，共收到企业上交的统计报表289份，以下是初步统计情况：

1．企业规模

2007年度经统计内的289家企业中，有86家企业软件收入超过1000万元（2006年度为64家），增长了34%。其中年软件收入超过10亿元的企业7家，1亿～10亿元的企业23家，5000万～1亿元的企业13家。2000万～5000万的企业有26家。经过几年的发展，苏州市企业规模在不断壮大，值得一提的是，苏州市经国家认定的软件企业中，有2家企业的软件收入超过亿元，分别是新电信息科技（苏州）有限公司（2.4亿元）、神游科技（中国）有限公司（1.88亿元）。

2．“双软认定”和CMMI评估

2007年，苏州市共认定软件企业61家；累计认定的软件企业225家；登记软件产品391只，累计认定软件产品1094只，认定企业和登记产品的数量为历年之最。目前苏州市共有18家企业通过了CMMI认证，其中新电信息科技（苏州）有限公司更是通过了CMMI5（最高级）认证，也是我省第二家通过CMMI5级认证的企业。预计2008年还有近20家企业将进行CMMI评估，其中4～5家将进行CMMI5级认证。

3．举办SEPG中国2007大会

大会举办专业学术演讲及交流会55场次，共吸引了国内外144家企业、295人参会、参展。参会者的积极性都相当高，至最后一天，会场内都人头济济，在国内会议中，如此情况也是不多见的。作为苏州市人民政府和美国卡内基梅隆大学国际软件研究院在中国联合主办的第二届SEPG品牌会议，SEPG中国2007大会以更具号召力的国际演讲嘉宾团队以及丰富多样的大会活动赢得国内外嘉宾的普遍赞誉。出席大会的国内外嘉宾中不乏有美国总统奖获得者（每年美国只有1～2名获得者，在美国声誉不在诺贝尔奖之下）、波音首席工程师、韩国总统奖获得者等一系列重量级人物。可以相信SEPG中国大会将为苏州乃至中国软件业接轨国际、走向世界带来契机。

4、软件人才及研发投入

根据289家企业的统计数据显示，软件从业人员达82817人，其中软件研发人员约6000人；从学历水平来看，本科学历达18182人，硕士学历以上约1827人，硕士学历人员还相对较少，只占了2.2%。从年龄来看，苏州软件企业近年来大量吸收青年员工，因此总体年龄较轻，平均年龄27～28岁；苏州软件产业平均从业年龄约在3～4年。从统计数据看，企业在研发投入和员工培训中的投入力度还是相当大的，2007年度企业的研发和培训经费达到56.5亿元。

【信息制造业】

近年来，随着“IT产业双倍增计划”的实施，苏州电子信息制造业高速发展。2007年，苏州电子信息制造业增长强劲，产业规模迅速扩大，总量又上新台阶，全市1357家规模以上电子信息企业累计完成工业总产值5854.06亿元，同比增长22.5%；占全市规模以上工业总产值的36.8%，比重比2006年下降了0.3个百分点；对规模以上工业总产值增长的贡献份额达35.8%，电子信息制造业已经成为苏州工业经济发展的支柱产业。

2007年主导产业强势地位凸现，尤其是通信设备、计算机及其他电子设备制造业是苏州工业最耀眼的亮点，工业产值近5000亿元，比上年增长21.0%；实现利税达200.98亿元，同比增长21.4%，占全市总量的18.6%；实现产品销售收入近5000亿元，占全市规模以上工业的31.3%，占全省电子行业的61.1%，占全国电子行业的12.3%。资产合计达3217.25亿元，占规模以上工业的1/4强，平均从业人员达83.22万人，比上年增长15.5%，占规模以上工业比重为30.5%。

从经济类型看，外商及港澳台成为投资苏州电子信息制造业的主力军，各项经济指标均占电子信息制造业的九成以上。分地区看，昆山电子信息制造业产值突破2100亿元，园区接近1200亿元，吴江接近1000亿元，新区超850亿元。两市两区已占到全市规模以上电子信息制造业的88.3%，成为全市电子信息制造业发展的重要基地。

苏州已成为了世界上IT制造业基地之一，一批规模大、实力强的IT企业脱颖而出，如佳世达电通、纬新、纬智、冠捷飞利浦销售均超百亿，成为了电子行业的领头羊。

【企业信息化】

面对当今的信息化时代，苏州市企业集团普遍认识到信息化建设与应用的重要性和迫切性。苏州市企调队调查显示，目前，苏州市近九成企业集团已实现办公自动化和财务管理信息化，近八成企业集团已建成商业网站，近六成企业集团已应用电子商务信息化管理系统，实现企业资源计划和人力资源管理信息化。同时，信息化建设成效明显，有超过九成的企业集团认为信息化建设在引入先进管理思想、树立企业形象、加强内部管理等方面发挥了积极作用，近六成企业集团认为信息化建设在形成新的购销渠道、减少库存、降低购销成本、提高产品质量、使产品尽快满足客户需求等方面功不可没。

【教育信息化】

2007年，苏州市统筹发展学校信息化和政务信息化。制定并实施《苏州教育信息化“十一五”规划》。认真开展全市普通中小学校、职业类学校教育信息化基本建设情况调研。修订信息化示范学校评估标准，编制完成《2006年苏州教育信息化年报》，启动教育信息化绩效评估，一批学校增设了信息处，教育信息化的科学化、规范化工作机制日渐完善。2007年，苏州市如期完成了教育部应用示范区创建工作。加快实施教育城域网改造。积极做好苏州教育门户网站的内容保障工作，完成了近200个文件网上公开，教育网点击总数突破280万人次。大力推进信息技术与课程整合，促进教师专业发展。开通“苏州教师培训网”，采取远程教育等形式，开办第二期信息化研究型教师培训班等12个专题培训班，培训教师1128人。重视直属单位门户网站的监管工作，开展优秀门户网站测评活动。“苏州教师发展共同体”喜获国家科技部“发明创新奖”，并荣获全国中小学信息技术创新与实践活动一等奖。“苏州教育网”荣获2007年度苏州市优秀部门网站。

【公安信息化】

2007年，苏州市公安局以科学发展观为统领，深入贯彻“十七大”会议精神，紧紧围绕公安部“三基工程”建设的总体战略部署和苏州市委、市政府建设“数字苏州”的工作要求，全面履行公安信通部门职能，基本建成了警务信息综合平台，智能比对、智能卡口联网等实战功能初见成效；完成了警用地理信息系统一期建设，初步实现了公安业务的可视化展示；构建了信息网络运行管理平台和管理机制，进一步加强了全市信息网络安全工作的力度；通过350MHz联网和无线外围基站建设，增强了无线通信能力和无线覆盖范围，出色完成了各项勤务保障工作；通过岗位大练兵，提高了全体民警的业务能力，在全省的岗位竞赛中取得了好成绩。2007年苏州市公安局信通处被省厅评为“全省公安系统先进集体”，苏州市公安局人工信息查询台（总机班）被评为江苏省巾帼文明岗，在省厅组织的数据库、图像和无线通信岗位竞赛中取得两个第一、一个第二的好成绩。

【劳动保障信息化】

苏州市按照“金保工程”建设要求和上级部署，升级优化劳动保障四级网络系统和业务工作流程；强化四级网络系统、社会保障卡系统等的日常维护工作；进一步提高“金保工程”联网数据质量；实施好社会保障卡数据中心建设；强化计算机系统和数据安全工作；做好社会保险异地结算系统建设的相关工作；开通12333电话咨询服务；继续办好劳动保障网站；进一步做好劳动保障综合统计相关工作。

【“数字城管”工程】

2007年，苏州市全面实施“数字城管”工程。成立数字化城市管理领导小组，正式启动苏州市的“数字城管”建设，制定《苏州市“数字城管”建设实施意见》，明确苏州市“数字城管”建设的总体目标、工作原则、建设规划、实施步骤、机构人员和保障措施。稳步推进数字城管指挥中心大楼建设，完成了项目立项、规划设计、地块拆迁、主体工程招标等工作，并于9月28日正式奠基动工。积极实施“数字城管”（一期）项目建设，制定了苏州市“数字城管”总体规划方案，建立统一的城管业务数据库，将现有城管公文流转及业务系统、城管110联动系统、车辆定位系统、实时监控等业务系统的数据进行全面整合。同时，加快实现业务系统应用整合，建立城管业务数据交换平台，以实现各区城管局的业务数据交换。通过“城管通”手持无线移动设备完成移动办公，包括现场执法取证、信息采集传送、现场文书打印等。将“数字城管”建设内容逐步向各市、区城管局推广，协助各区城管部门及被建设部列为第三批试点城市的昆山、张家港、吴江三市开展“数字城管”筹备建设，推动市、区城管部门早日形成各自业务独立管理、全市城管业务数据统一管理的模式。

（李　兵）

虚拟养老院：一种充满生机的新型养老模式

——苏州市信息化建设特色

近年来，苏州市沧浪区根据社会和经济发展的需要和老年人多层次、多方面、多样化的养老需求，把发展养老服务工作作为做好老龄工作的突破口，积极探索以政府扶持的机构养老，吸纳民资的社会养老、依托社区的居家养老、以信息化支撑的虚拟养老的多元化养老模式，建立健全覆盖全体老年人的养老服务民生保障新体系。建立以信息化支撑的虚拟养老新模式是沧浪区为实现“老有所养”目标所进行的实践探索。

2007年12月6日，国内首个运用信息化手段管理的虚拟养老院——沧浪区“邻里情”虚拟养老院正式运行。它是沧浪区紧紧围绕“重民生、谋幸福、建和谐”工作重点和老年人个性化的养老需求而启动的一项民生工程，是新形势下对养老模式的全新探索，因此一经推出，便在社会上引起了强烈的反响。

【“邻里情”虚拟养老院建立的背景】

苏州沧浪区共有60周岁以上的老年人58217人，占全区总人口的18%。经调查，该区老年人在养老取向上主要分为两类：居家养老56991人，占老年人总数的97.9%；愿意人住敬老院和托老所的1226人，占老年人总数的2.1%。根据社会和经济发展的需要和老年人多层次、多方面、多样化的养老需求，2003年，沧浪区葑门街道在全国首创了居家养老的服务，2004年将其经验在全区推广，进一步深化居家养老服务工作，收到了较好的效果，参加的老年人达到了620户703人。2006年，葑门“邻里情”居家养老服务中心顺利通过了国家ISO 9001：2000质量体系认证，使“邻里情”居家养老服务中心步人了规范化、品牌化的建设之路。

但是，在进一步深化居家养老服务工作的过程中，沧浪区遭遇到了发展中的难题，主要是：服务的人力资源供给相对不足、服务的社会资源利用率不高、服务的信息流不通畅、服务的反馈机制不健全等。如何破解这些难题，是沧浪区这几年一直苦苦思索的问题。“邻里情”虚拟养老院的建立，成为这些难题的解决方案。

【“邻里情”虚拟养老院的实践】

一是建立一个虚拟养老院。“邻里情”虚拟养老院是以中国电信通信技术为硬件支撑，以“居家乐”221养老服务系统为技术支撑，以居家养老对象会员制为基本组织形式的没有围墙的养老院。也是由葑门街道下属鼎盛物业公司组建成立的民办非企业，由沧浪区“居家乐”养老服务中心为运作主体，实行企业化运作。

二是树立一个虚拟养老理念。通过平台的主动服务→会员在体验的过程中产生依赖→提高服务频次、拓展服务项目、发展会员队伍、满足会员需求→达到降低政府养老成本、减轻子女养老负担、提高老人生活质量、启动养老产业化发展的目标。

三是开展一项虚拟养老调查。老年人的生活是有规律的，把握好老年人的生活规律和生活需求，就有了主动服务的方向。因此，沧浪区委托葑门街道对辖区里的老年人进行了养老需求的全面调查。经过三个多月的调查和上下几个轮回的分析、疏理，把200多个养老需求归类为6大类53项，为平台开展主动服务打下了良好的基础。

四是研发一个虚拟养老系统，即“居家乐”221养老院服务系统。“居家乐”221养老院服务系统对居家养老服务对象实行会员制客户准人管理。基于2种数据，生成2张工单，最终收获1份收费清单一凝聚着老年人满意度的成绩单。

2种数据：静态数据——由养老服务需求的

历史调查资料、政府团购服务内容等组成的历史数据。动态数据——通过对老人的定期与不定期的走访收集到的服务信息；老人主动来电寻求帮助的服务信息；系统对静态数据进行分析预测生成的服务信息等动态数据。动态数据经过积累、沉淀会转换成静态数据。

2张工单：固定服务工单——基于静态数据，经老人确认服务内容后系统生成1张固定服务的工单，服务商按该工单的要求派出服务员上门为老人提供服务。临时服务工单——系统对动态数据临时需求进行整合、梳理后形成1张服务工单。服务商按该工单的要求派出服务员上门为老人提供服务。

1份清单：服务完毕，按约定向老人收取费用，由此形成1份收费清单。但是服务并不止于收费。系统从生成工单开始对服务过程进行全程跟踪，服务完毕后系统会在规定时间内自动提示服务监督人员进行例行回访，征询老人意见、建议和评价。每张收费清单都是凝聚着老人满意度的成绩单。

"居家乐"221养老服务系统具有六大基本功能：(1)预测计划功能——依据历史数据库预测服务需求，主动关怀老人征询服务内容；依据实时需求形成服务计划同时输出服务工单。(2)全程记录功能——系统将自动记录服务过程中形成的服务对象、内容、时间、结果、回访等一系列数据。(3)监控管理功能——系统依据服务过程中记录的数据进行分析，对服务人员、服务商的服务质量、技能进行等级考评。(4)收费查询功能——系统可向每位老人每月提供详细到每项内容的服务费用清单，并支持即时查询。(5)统计分析功能——系统可根据如服务客户、服务项目、服务人员、服务商等不同主题，进行智能分析并自动生成种类统计报表。(6)深度开发功能——系统经过阶段性运行，对老人的种类服务需求进行分析处理，自动生成新的共性服务项目，促进养老服务系统的深度开发。

五是选择一个虚拟养老试点街道。在整个虚拟养老院形成概念的情况下，沧浪区选择在葑门街道进行试点，主要是抓好两个抓手。一是政府推动。首先是基础平台建设由政府支持，如：场地的提供、系统的开发等。其次是提供优惠政策，政府一方面对试点单位提供开办经费和运营经费的补贴，另一方面对养老援助的对象提供政府团购服务。再者是创造良好环境，政府对养老工作的重视、老年人强烈的个性化养老服务的需求以及鼎盛物业参与的积极性，构成了试点环境天时、地利、人和的良好局面。二是企业运作。"邻里情"虚拟养老院在葑门街道的试点工作主要由苏州市鼎盛物业管理有限公司承办，是一个为老年人提供日常生活照料服务为主的民办非企业单位。居家乐养老服务中心是其管理和操作的平台。中心面积300平方米二层楼面，一楼设窗口接待大厅和服务呼叫中心，二楼设综合管理区域和职业培训中心，内部管理分设综合管理部、家政服务部、医疗保健部、职业培训部、物业维修部、法律维权部、项目开发部等服务管理职能部门。现已招聘了10名话务员、52名家政服务员为中心正式员工，80%为本市大龄失业人员。目前加入到"虚拟养老院"的总户数670户，其中享受政府养老援助老人家庭388户，普通老人家庭282户。加盟到服务中心的社区服务业共27家，其中家政便民类21家，医疗保健类2家，物业维修4家。

六是推开一个虚拟养老中心城区。在试点工作已取得实质性进展的条件下，沧浪区于今年3月下旬制定下发《关于在全区推广"邻里情"虚拟养老院的实施方案》，并召开"邻里情"虚拟养老院推广动员大会，将虚拟养老院推开至全区所有街道。其基本思路是："邻里情"虚拟养老院以中国电信和沧浪区民政局联合开发的"居家乐"221养老服务系统为技术支撑，充分利用现代信息与管理的优势，实行分类服务、分层管理、市场运作。由沧浪区"居家乐"养老服务中心为运作主体，实行统一品牌、统一管理、统一服务、统一调度，进而形成有品牌、有特色的第四种社会养老模式。虚拟养老院在各街道设立服务站。自今年6月1日起，辖区内将有3000多名符合政府援助标准的老人全部入住虚拟养老院，享受到养老院方便、快捷、高效、标准化、规范化的服务。

【"邻里情"虚拟养老院的效果】

虚拟养老新模式，符合我国"未富先老"社会特点，是依托社区的"居家养老"模式的深化和质的提升。

“邻里情”虚拟养老院于2007年10月8日在葑门街道试运营以来的六个多月的时间里，通过主动化的服务方式，职业化的队伍建设，系统化的管理模式，使人会老人在亲身体验的基础上，对虚拟养老院产生了初步的依赖，进一步激发了养老的需求—服务的时间逐步延长，服务的频次不断加大，服务的内容逐渐扩展。服务对象从10月初的360人增加到现在的670人，增长率为86.1%；服务工单10月份是437张，次年3月份是1762张，增长率为303%；需求自费人群10月份是89人，次年3月份是282人，增长率为217%。“邻里情”虚拟养老院优势已初步现显，取得了初步的成效：服务频次稳步提升，服务项目逐步拓展，服务优势初步显现，服务企业信心同步增长。初步实现了养老服务管理的主动性，养老服务质量的可控性，使居家老人能享受到及时、便捷、优质的规范化机构养老服务和个性化居家养老服务质量。服务对象对虚拟养老院这样的养老方式赞赏有加。虚拟养老院既满足了居家老年人安度晚年的多样化需求，又解决了千万个家庭的后顾之忧，确保了全区老年人共享经济发展和改革开放的成果，提高了老年人的生活质量。

【“邻里情”虚拟养老院的原则】

一是政府推动。虚拟养老是一个新生事物，政府强有力的推动是其健康发展的基础和保证。首先，政府要大力支持基础平台的建设，加强包括管理中心、服务中心、培训中心、开发中心和体验中心在内的养老基础建设，在项目规划、土地使用等方面给予支持。其次，政府要提供优惠政策，对试点单位提供开办经费和运营经费的补贴，对养老援助的对象提供政府团购服务。第三，政府要从促进社会养老事业发展出发，在税收管理、公用事业收费等方面给予一定的优惠政策，优化社会养老市场运行环境。

二是企业运作。虚拟养老新模式只有进入市场，才有活力，才有强大的生命力。“邻里情”虚拟养老院实行企业化运作，经济上独立核算，自负盈亏。为增加政府的推力，在享受政府养老扶持政策的同时，享有承接全区养老援助政府团购的服务权。通过市场化运作建立社会养老职业化的员工队伍，增加社会从业人群；通过建立社会养老专业化的技术队伍，推动社会服务的诚信运行；通过整合社会资源，建立社会养老项目化的服务队伍，促进社区服务业的产业发展；通过服务项目的开发，增加企业的自我造血机能。

三是制度先行。虚拟养老新模式的开发建设，目前还处于初期发展阶段，无论是制度还是运作程序的规范都十分重要。要着重建立健全享受政府购买服务或服务补贴的困难老人资格评估机制、养老服务质量评估机制、养老服务人员的资格评估机制、养老服务标准等制度，规范政府扶助和监督管理。要引导各类养老服务实体建立健全内部管理规章制度，加强服务人员职业道德和业务技能培训，组织养老服务人员按照工作标准规范开展各种养老服务。

四是创新发展。创新是一项工作发展的动力之源，要以理念创新和机制创新推动虚拟养老的工作发展。只要是符合经济社会发展状况，只要是有利于切实解决老年人的生活需求，有利于提高老年人的生活质量，有利于推进虚拟养老服务工作的深入开展，各种服务项目都可以大胆尝试、大胆实践。

五是统筹兼顾。目前，虚拟养老侧重点主要放在需要政府资助的困难居家老年人（享受政府养老援助的A、B类老人）身上，这是虚拟养老服务推进初始阶段的必要措施，也是政府在虚拟养老服务中必须承担的责任，但这仅占全区老龄人口的6%。在抓好困难老年人养老服务的同时，要统筹兼顾其他不同层面居家老年人的养老需求，扩大服务面，拓展服务功能，提升服务档次，吸引更多的居家老年人主动接受虚拟养老服务，同时也为虚拟养老院发展增添后劲和潜力。

【“邻里情”虚拟养老院的发展】

沧浪区“邻里情”虚拟养老院2008年实现沧浪区全覆盖，将逐步实现“五个发展”：（1）服务系统的发展，把居家乐221服务系统进一步完善、充实，提高可操作性和可移植性，实现服务管理信息化；（2）服务对象的发展，让全区80岁以上的空巢老人和60岁以上的特殊老人家庭，充分享受到网络通信科技带来的无围墙养老院的幸福晚年；（3）服务队伍的发展，通过职业化培训标准化管理，逐步建立起一支100人以上的专业养老服务职业化队伍；（4）服务运作的发展，从服务需求的不同层面，形成体验式的菜单服务、个性化的电话需求服务、集约型的项目需求服务；(5)服务载体的发展，从养老服务向市民服务拓展；中心硬件发展成管理中心、服务中心、培训中心、开发中心和体验中心等大型专业机构。

构建和谐社会已经成为我国政治、经济、社会生活的重要目标，党的十七大为沧浪区老龄事业的发展指明了方向，虚拟养老迎来了前所未有的机遇。该区将通过不断努力，探索一条特色鲜明的沧浪区社会养老品牌之路，开创居家养老机构化管理、市场化动作、社会化服务的新局面，以最终实现降低政府养老成本、减轻子女养老负担、提高老人生活质量、启动养老产业发展和壮大社区服务业之目标。

（沧浪区居家乐养老服务中心）

南通市信息化发展概况

【2007年南通概况】

2007年，南通全市上下紧紧围绕全面小康、全面腾飞的主题，抢抓重要战略机遇期和沿江沿海开发的历史性机遇，坚持跨越发展、科学发展、和谐发展，着力以创业、创新、创优促进企业增效、群众增收、财政增长，全市国民经济和社会事业继续朝着又好又快的方向发展，呈现出“经济效益好、发展速度快、结构调整优、增长动力足、载体建设强、区域发展协调、发展环境好”的良好局面。

2007年，全年实现地区生产总值2111.88亿元，比上年增长16.2%，增幅居全省第一。全年财政总收入300.71亿元，地方一般预算收入127.69亿元，分别比上年增长38.2%和38%，增幅创历史新高。全年全社会固定资产投资完成1265.80亿元，比上年增长20.7%，其中规模以上投资完成1019.12亿元，增长28.9%。新批协议注册外资额77.40亿美元，比上年增长11.5%；实际到账注册外资额31.17亿美元，增长21.1%。全年进出口总值127.76亿美元，比上年增长27.4%。全年社会消费品零售总额736.54亿元，比上年增长18.4%。全年城镇居民人均可支配收入16451元，农民人均纯收入6905元，分别增长17%和13.1%；城镇登记失业率3.04%。

【2007年信息化建设基本情况】

2007年，南通市的信息化工作在市委、市政府的领导下，在省信息化办公室的指导下，坚持以资源整合、信息共享为方向，以应用为重点，各项信息化工作继续全面深入推进，信息产业保持了较快增长。

【信息基础设施建设】

信息化基础设施进一步完善。投入力度继续加大，累计完成投资近20亿元。南通通信网络的规模、用户总数跻身全国大型本地网行列。年末全市电话用户290.7万户，其中，城市用户156.5万户（含小灵通用户80.38万户），乡村用户134.2万户。移动电话用户334.2万户（不含小灵通）。互联网拨号端口、出市带宽等均有较大幅度增长，年末全市互联网用户31.5万户。全市广播人口综合覆盖率和电视人口综合覆盖率均达到100%。全年新增有线电视用户20.32万户，年末用户总量为164.09万户，超过南京、苏州成为江苏省有线电视用户规模第一大市；有线电视传输网络干线总长52716千米，有线电视入户率61.78%，门樘入户率85.25%；农村有线广播、有线电视共缆传输“双入户”累计66.97万户；南通市区新增宽带上网“有线通”用户5803户，累计个人用户1.43万户；有线电视数字化整体转换已做好充分准备，《南通市有线电视数字化整体转换工作实施意见》已经政府讨论通过。

【电子政务建设】

2007年南通市电子政务建设全面推进。一是整合调整网络资源，政务网络基础平台运行正常。实现了“中国南通”政府门户网站的整合，党政机关、大型企事业共251家单位已经接入网络，覆盖了市委、市政府的所有发文单位，公文流转系统（含电子印章系统）、视频点播系统、公务员电子邮件系统已投入运行，初步建成了以存储系统为核心的数据中心和以防火墙为核心的网络安全体系，先进的组网技术和高效的网络管理为业务系统的稳定运行提供了保证。二是完善电子政务工作平台，推广应用服务。全年通过公文无纸化传输系统累计发送5131份电子公文和通知，总计73050份次；内刊简报11个单位16种内刊；公布各类文件650余份；共发布57500条信息；发送手机短信62728条。三是基本建成数字认证分中心。目前，数字认证分中心建设工作已基本完成，共发放单位证书251个，个人证书949个。

四是“中国南通”政府网站不断发展。2007年，我市分获2007年度省政府门户网站内容保障工作先进单位和江苏省优秀政府网站建设单位，“中国南通”政府网站建设再上新台阶，专题栏目不断丰富，成功跃入省内第一方阵。目前，“中国南通”政府网站共设立了“走进南通”、“新闻中心”、“政务公开”、“办事大厅”、“民意互动”、“市民生活”六大主题栏目，市民、企业、投资者、旅游者、个性化定制五个频道，近600多个子栏目。2007年政府网站共发布各类信息2.8万条，部门上报信息1.4万条，网站年访问量1400万人次，日均访问量4万人次。互动交流不断增强。“市长信箱”共收转各类信件8494封，处理率达100%；“市民论坛”注册用户新增约1000人，市民共向论坛发表各类帖子6000多篇。便民服务功能不断增强，政府信息公开目录建设和维护工作不断完善。

【重点信息应用系统建设】

南通港航EDI系统通过验收，实现开通投入运行，在长三角地区港口信息共享交流方面，率先实现了与上海的接轨，为推进区域物流信息一体化打下了坚实的基础。南通市基础地理信息系统开发完成，并已通过验收投入运行。财政信息化建设进展顺利，“财税库行联网查询分析系统”初步建成。税务信息化建设经过努力，南通地税已建成了整合纳税人信息网上交互平台。金融信息化实施了市县网改造等基础工程，为各项业务的创新奠定了基础。社保卡工程已建成启用，发卡数量已突破30万张。此外，统计、物价、档案、建设、规划、质监、国检等部门的内部信息化建设都取得了长足的进展。

【部门信息化】

社保信息化。2007年，市劳动和社会保障局以“金保工程”建设为核心，以数据中心建设为基础，以12333“一个号”、社会保障卡“一张卡”、劳动保障网络及其门户网站“一个网”的“三个一”为目标，结合工作实际及各业务部门的工作需要，不断推进信息化建设。社会保障卡的发行工作逐步向前推进。2007年共完成了25万多人的信息采集确认工作。同时，与社会保障卡相关应用软件的开发工作正在进行之中，预计2008年上半年将实现社会保障卡与医保磁条卡的并轨使用。退休人员社会化管理服务系统顺利上线运行。整个系统涵盖了退管机构管理、退管经费管理、退休人员管理、退管业务经办、社区走访慰问服务、退休人员档案管理等几大功能，覆盖了市区近200家劳动保障服务所、站，并延伸到六县（市），解决了部分退休人员的异地管理问题，系统于5月28日正式上线运行。城镇居民医疗保险软件按时启动，并且在较短时间内完成了24万人的参保。做好南通劳动保障信息网的升级改版工作。改版后的网站对整个版面进行了重大调整，除保留了原有的一些功能外，新增了相关信息的互动查询（特别是职工个人医疗账户的查询、养老金查询、参保单位缴费情况查询等）、网上12333政策咨询、投诉举报等，从而使其不仅是一个劳动保障信息发布的窗口，同时也是一个很好的交流平台，提高了网上互动性。

金融信息化。2007年，人民银行南通市中心支行认真对照市信息化工作领导小组下达的信息化建设任务分解计划，切实抓好信息化建设和信息安全管理，取得了一定成效，为履行央行职责、促进地方经济发展做出了贡献。以重点业务系统建设为抓手，提升履行央行职责、服务地方经济的技术手段。根据人民银行总行、南京分行金融系统信息化建设规划和统一部署，人行继大、小额支付系统建成运行后，为进一步拓展和完善金融服务职能，2007年又基于支付系统推出人民币支票影像系统、人民币账户管理系统（二期）、小额支付系统跨行通存通兑业务、商业银行公民身份信息联网核查系统；同时，在中心支行内部开通会计凭证影像事后监督系统、支付管理信息系统等。以信息安全管理为重点，确保信息系统安全稳定运行。通过不断加强制度建设，提高信息安全管理效率。同时，通过加强应急演练，提升应急反应能力。2007年，人行以“提高意识、正确应对、防范未然”为指导意见认真组织了系列IT系统应急演练，通过实战方式开展了机房供电中断和网络设备故障应急演练，通过桌面推演方式对机房进水、火灾、入侵攻击、病毒等进行了救灾和防范演练，进行了中央银行会计集中核算系统和国库核算系统的应急演练，参加了分行组织的机房供电、邮件和公文服务器切换、核心路由器应急演练，还自主开展了以内联网非法信息发布事件为主题的桌面应急演练。

档案信息化。2007年，市档案局以档案信息网络化建设为基础，以档案信息资源建设为核心，以深化档案信息资源开发利用为目标，加快推进档案资源数字化、信息服务网络化。档案数字化处理步伐加快。一年来，市档案局完成了馆藏珍贵档案张謇与大生档案98.3万多页全文扫描任务，全面建成大生档案全文数据库；扫描民国档案130.3万页；扫描馆藏照片档案8900多张，建立了馆藏照片档案数据库，并继续做好视频采集工作，著录条目2912条，刻录光盘240张，并制作市领导重要活动专辑24张。稳步推进目录中心建设。截至2007年底，市档案局已全面完成馆藏建国后永、长文书档案文件级目录著录工作，如皋、崇川区、港闸区档案馆完成了馆藏档案所有文件级目录、资料目录的录入工作。档案信息网建设进一步加强。在南通档案信息网开通五周年之际，进行了第三次改版。以体现档案网站特色，增加为民服务功能为改版的指导思想，充实了各栏目内容，特别是去年测评中提到的受网民欢迎的栏目内容，增加内容达到10万多字。网站特色更加鲜明，内容更加充实，服务功能更加强大。截至2007年底，网站点击率累计达44.7万人次。

环保信息化。2007年，南通市环保局和南通市环境信息中心被省环保厅授予全省环境信息工作先进单位和信息系统应用先进单位，南通市环保局还被南通市政府授予南通市信息化工作先进单位。环境数据信息及时入库并实现内网发布。目前，全市各类环境基础数据信息均定期采集，历年数据统一管理，确保基础性环境信息和数据的准确获取、处理、加工和运用，并提供了在局内部网上浏览查询等实际应用。2007年，全市4925家排污申报数据以及772家环境统计年报数据已通过内网的“一厂一档”网络查询系统发布；市区332家建设项目管理数据已通过内网的建设项目网络管理系统发布。市环保局研发的MIS+GIS+OA一体化的环境管理综合信息平台，实现了全市环境管理的各种业务信息和政务信息采集、集成、整合、流转和展现。

【企业信息化】

通过前几年“300工程”，企业信息化有了长足的进步。全市信息化带动工业化“300工程”顺利实施，共直接支持了500家企业实施了国家级、省级、市级企业信息化项目515项，这些重点项目的示范效应辐射带动了全市3000多家企业实施了信息化带动工业化工程，累计带动投入资金10亿元，目前全市90%以上的定报企业在生产、经营、管理各个环节推广了信息化技术。

启动实施了“信息化带动工业化百家示范工程”。以企业创新系统集成化、企业管理现代化、生产过程自动化、商务交易网络化等为主要示范内容，培育一批在信息化建设上行业特色明显、带动作用显著的示范企业。经企业申请、县（市）区推荐、专家评审，确定了南通醋酸纤维有限公司等118家企业为培育企业，并实行优胜劣汰、滚动实施，在此基础上根据项目进度每年排出重点项目从服务、技术、资金和培训等方面给予重点支持。

为企业服务的商务平台建设卓有成效。南通港航EDI（电子数据交换）系统已建成并部分开通；由电信部门为主开展的中小企业商务领航“百千万”活动为广大的中小企业搭建了快速迈向信息化的平台；由南通海盟金网软件科技公司建立的“叠石桥家纺绣品城电子商务平台”，目前已吸收了近千家纺织服装企业开展电子商务活动。此外，全通商（海门）的交易家天下（全球家居批发连锁终端）正在建设。

【信息产业】

全市电子信息产业继续保持快速增长势头，全年预计实现销售收入400亿元，按同口径较上年同期增长40%以上。全市电子信息产品制造业以推动集群化发展为方向，围绕做大做强电子元器件、光通信产品和集成电路产品，从加强项目引导着手，积极推动全市电子信息产业进一步向专业园区集聚。软件产业发展速度明显加快。2007年，全市从事软件行业的企业由上年的30多家增至60多家，全年实现软件产业销售收入3.5亿元，比上年增长30%。其中，南通软件园实现软件收入6800万元，较上年增长142.9%，海安软件园实现软件收入4000万元。目前全市拥有从事服务外包业务的企业200多家，其中从事离岸外包业务的20多家，具有“双软”认证资格的服务外包企业近10家，全年服务外包合同金额近2亿元。软件产业的加速发展对调整我市产业结构、推动信息化带动工业化发挥着越来越大的作用。

【2008年信息化发展思路】

（一）完善信息化基础设施

进一步加强对电信网、数据网、有线电视网等基础网络设施建设，继续增强全市信息基础设施的规模和容量，不断提高技术层次和服务水平，确保我市的信息基础设施建设在省内，乃至全国同类城市中保持领先，为全市信息化建设创造良好的基础条件。

（二）强化信息化应用

1. 加快电子政务建设，以信息技术强化政府服务职能。

坚持以社会公众为中心，以应用需求为导向，以强化社会管理和公共服务为主线，以拓展应用和服务领域为重点，进一步提高"中国南通"政府网站建设水平，完善提高电子政务一期工程，全力推进电子政务二期工程，基本建成由市电子政务专网、电子政务内网、机要网组成的全市电子政务工程框架体系。进一步拓展信息资源开发领域。加快推进应急平台体系建设，初步建立基础地理空间信息共享平台，初步建成网上审批系统，推进数字化城市管理，组织实施信息系统建设，加快电子监察系统建设。

2. 加快信息化与工业化融合进程

紧密围绕传统产业的改造和企业技术创新、产品设计、生产自动化、市场营销、内部管理、人力资源开发等方面，推动企业全面信息化。发挥政府引导、协调和支持作用，将视角从单个企业提高到行业和产业层次，针对纺织、服装、化工、电子信息等重点行业，搭建良好的行业信息化平台，加强产业链的集成。

积极探索电子商务的应用，按照政府引导、市场运作、企业为主、法规配套的原则，促进我市电子商务的快速发展，逐步实施政府采购、招标的电子化，并开展网上结算、网上报税、网上登记、网上年审，鼓励企业积极参与电子商务活动，营造一个有利于电子商务发展的良好环境。

3. 加速农业和农村信息化，以信息技术推进社会主义新农村建设

首先，增加对农村信息化建设的投入，着重加强基础设施的建设，注重资源的合理配置。其次，促进公益事业的信息化，针对农村地广人稀的特点，发挥信息化的独特优势，将教育、卫生、政治、经济、科技等信息资源通过电视、网络等送入各村各户。第三，利用信息网络推动农业产业化。第四，加大对信息员的培训。通过对信息员的培训来建设一支思想素质好、技术水平高、能够熟练运用现代先进信息技术的人才队伍，进一步推动农村信息化的发展。

4. 实施社会信息化项目，以信息技术改善、提高人民生活水平

大力推进数字化社区建设，逐步实现居民生活的数字化以及日常生活、管理和服务的全面信息化。参照国家和省相关标准，制定我市数字社区标准，实施"示范性智能小区"工程建设，在网络及相关信息系统的支持下，实现用户通过因特网进入数字社区，提供社区新闻、信息发布、智能抄表、自动缴费、配送商品、安排物业维修等服务，进而通过网络来满足大部分居民的生活需要，如远程教育、电子医疗咨询、数字图书馆、电子商务服务、视频点播等。

（三）发展信息产业

电子信息产业发展的重点是：围绕有自主核心技术的产品，不断提升产业价值链，培育有竞争力的产品集群，力争使电子信息产品制造业在"十一五"期间成为我市工业发展的重点产业之一，形成规模大、结构优、效益好、外向型的信息产业格局，主要产品技术质量指标达到国内领先、国际一流。在国民经济和社会信息化带动下，大力发展集成电路、现代通信及光通信、新型元器件及电子材料、数字化视听产品、电子专用设备、仪器、计算机及网络产品等六大类产品。

软件产业发展的重点：一是利用综艺集团软件企业的优势，鼓励和扶持综艺集团在外地的软件企业实行本土发展。二是大力发展软件外包业务。三是根据"两化"融合战略，积极推动嵌入式软件的发展，主要是为数控机床、电表、织机等传统产品和设备配套的嵌入式软件系统。四是面向政府、社会信息化项目的建设，大力开发和发展应用软件和应用系统软件产业。五是面向广阔的娱乐市场，积极发展动漫等网络游戏软件。

信息服务业发展重点是：加强信息基础设施建设，重点发展信息增值服务，加大信息资源开发力度，推动信息资源共享。优先发展以现代信息技术为基础的信息服务业，推动互联网接入服

务、在线信息服务、电子商务、远程医疗、数字地图、视频点播、远程教育、动漫和游戏娱乐等增值服务。加快建立网上支付体系、物流配送体系和服务应用系统，培育专业服务机构，开展网络服务、外包等信息服务业。积极利用互联网技术改造传统服务业，为城乡居民提供购物、教育、医疗、证券保险、农产品、农业技术推广等服务。

（金海彬）

优化环境　示范应用
全力推进我市制造业信息化进程

——南通市信息化建设特色

2007年，南通市科技局在市委、市政府的正确领导下，紧紧围绕市信息化工作领导小组制定的全年信息化建设目标任务，把组织实施制造业信息化科技示范工程示范市建设作为全局的工作重点来抓，分解目标，明确工作任务，年中抓进度，年末抓总结。通过制造业信息化实施方案的制订和落实，进一步优化我市信息化发展环境、强化示范应用等措施，全力推进我市制造业信息化带动工业化，工业化促进信息化的进程。大力提升我市企业的研发水平、制造水平和管理水平，提高企业核心竞争力。南通市再次被认定为省级首批制造业信息化科技示范工程示范市。

【采取多种措施，进一步优化信息化发展环境】

（一）加大制造业信息化工作组织力度

为确保全市制造业信息化工作的有序开展，我局在对全市制造业信息化的发展状况进行调查摸底的基础上，制定了《南通市“十一五”制造业信息化实施方案》，对“十五”期间我市制造业信息化所开展的工作进行了总结，进一步明确了我市“十一五”制造业信息化工作的指导思想、指导原则、目标任务和重点工作举措。各县（市）区也相应制定了各自区域“十一五”制造业信息化实施方案。为加强部门联动、市县（区）联动，结合市、各县（市）区科技局部分领导调整的情况，对科技局制造业信息化工作领导小组的领导进行了进一步明确，确保了制造业信息化工作开展的组织保障。

（二）努力营造政策环境和社会氛围

进一步加大制造业信息化发展的相关优惠政策的宣传和落实，努力营造制造业信息化建设的氛围。2007年，南通市科技局通过邀请省制造业信息化领导小组专家来通举办讲座等形式，宣传、解读省、市出台的扶持制造业信息化建设的各项政策，辅导企业如何申报享受有关优惠政策，并确保各项优惠政策的落实到位。同时，我们还通过报纸、电视、电台等新闻媒体，大力宣传相关制造业信息化示范单位的成功经验和取得的成效。为加速推进南通市制造业信息化进程，我们还积极承办省制造业信息化科技示范工程工作会议。7月份，在南通市召开的省“十一五”制造业信息化科技示范工程工作会议上，省科技厅向“十一五”期间首批制造业信息化科技示范工程示范市授牌，南通市在成为首批制造业信息化科技示范工程试点市的基础上，又被认定为省级首批制造业信息化科技示范工程示范市。南通市中远川崎船舶制造有限公司和南通熔盛重工集团有限公司在会上作交流发言。南通熔盛重工集团有限公司作为南通市惟一制造业信息化中标及实施单位与省厅签约。通过宣传，为促进南通市制造业信息化发展营造了良好的政策环境和社会氛围。

（三）提升制造业信息化建设投入力度

2007年，南通市科技局在大幅提升市本级科技项目经费的情况下，也进一步加大了对制造业信息化的投入。2007年，南通市科技局市本级用于支持制造业信息化项目建设的投入300多万元。各县（市）区也相应匹配了经费支持制造业信息化项目的实施。海安县、通州市、海门市、启东市和港闸区还专门从科技三项经费中安排了近100万元经费专门支持本区域企业的制造业信息化建设。全市上下加大投入，扶持制造业信息化建设的局面已经初步形成。

【强化示范应用，进一步拓展制造业信息化的广度和深度】

（一）强化企业示范应用

2007年南通市科技局市本级共组织实施由江苏熔盛重工集团公司承担的“面向船舶制造行业的设计数字化集成技术开发与应用示范”等制造业信息化示范项目15项，项目总投资达3922.8万元，下达科技资助经费136万元。市重大科技专项中资助南通远舟船舶科技有限公司承担的“船舶生产设计异地协同技术平台和高性能机舱自动化系统制造”100万元，从而推动了企业各类制造资源和要素的优化整合，进一步提高了企业的市场快速响应能力，提升了企业的现代管理水平，增强了企业的技术创新能力和竞争力。如江苏熔盛重工集团公司承担的“面向船舶制造行业的设计数字化集成技术开发与应用示范”制造业信息化示范项目，通过与镇江金舟软件有限公司、清华大学、江苏科技大学合作，针对建造高附加值大型船舶的工程化设计制造和组织管理的需要，以数字化造船为目标，开展三维CAD建模、分析仿真、协同作业管理等为特征的设计制造集成技术开发与应用示范。项目实施后，将大大提高企业造船技术水平，提高经营管理效率，实现船舶主导产品设计制造过程中的无纸化，三维造船CAD覆盖率达95%，产品设计周期缩短30%。通过优化和协同应用，企业综合作业效率提高20%以上，企业资源总利用率提高10%以上，每年至少新增产值5000万元，新增利税600万元。

（二）强化行业示范应用

2007年南通市科技局重点支持船舶制造及高附加值配套、环保新能源、纺织服装、化工医药等行业综合运用数控（NC）、模拟与优化、过程控制、质量检测与分析等技术优化生产流程，提高生产过程的自动化和数控化率；实施计算机辅助设计（CAD）、企业资源计划（ERP）、产品数据管理（PDM）、产品生命周期管理（PLM）和计算机集成制造系统（CIMS），实现产品设计、制造和管理信息系统的集成。支持企业实施供应链管理（SCM）、客户关系管理（CRM）、知识管理（KM）、商业智能（BI）等系统，引进先进的管理理念和方法。优先支持成长型企业、重点民营科技企业、科技企业孵化器在孵企业、特色产业基地骨干企业、市区及信息化示范试点区域内企业、使用国产软件和有南通信息化咨询服务单位参与的项目，积极培育我市全面数字化行业内企业示范典型，以此带动企业数字化建设进程。目前，全市重点行业骨干企业计算机辅助设计（CAD）普及率达到90%，高新技术企业达到100%。

2007年申报市级制造业信息化示范企业项目共24项，其中船舶制造3项，纺织行业7项，化工医药行业3项，机械制造行业8项。正式立项的市级制造业信息化示范项目共15项，其中船舶制造2项，纺织行业6项，化工医药行业1项，机械制造行业4项，电子行业2项。在船舶制造行业有力推进了船厂信息化工程技术；纺织服装行业有力推进了纺织服装企业“ViewTEX系统技术、运行状态实时监控分析系统技术”的应用；化工行业“流程生产过程控制系统（DCS）”得到广泛应用；在机械制造行业，PDM、ERP等信息管理技术得到了大力推广。

（三）强化区域示范应用

通过加强南通市制造业信息化示范市（海安县、通州市）的建设，深入推进制造业信息化重大关键技术在示范区域的应用，构筑了具有区域特色的制造业信息化推广体系，为其他地区区域性制造业信息化技术推广应用提供了可借鉴的经验和实例。海安县实现多层示范、龙头带动，促进区域主导产业升级，在示范行业、示范企业、示范区域等方面开展三维CAD、PDM、ERP、DCS、管控一体化、物流及电子商务等重大共性技术的推广应用和示范。配合国家火炬计划海安电梯设备设计与制造产业基地的创建工作，在全县电梯设备制造行业中全面推广应用计算机辅助设计（CAD）、计算机辅助工艺编程（CAPP）、计算机辅助制造（CAM）等单元技术。目前全县30家电梯设备制造规模企业中，90%以上的企业已实施了企业信息化系统工程。同时，在纺织、化工、生物医药、电子信息、新能源、新材料等领域中，选择龙头企业，根据企业发展的需要有重点地推进信息技术集成，提高企业现代化管理、研究开发和生产装备的总体水平，整体提升产业的核心竞争力。在全县高新技术企业和重点科技企业中，培育了瑞安特机械公司、海安纺织机械公司、恒达机械公司、百协锻锤等10家制造业信息化应用示范企业，通过示范企业的示范、辐射，扩散到全县的制造业企业，提升整个制造业的核心竞争力。重点扶持海安软件园，鼓励园区内企业开发符合该县产业发展特色，有应用前景的制造业信息化软件。通州市在深入开展制造业信息化重大关键技术的应用示范方面，推进典型行业、试点企业的经验扩散和技术扩散，加强数字化、智能化技术在制造业中的应用推广，完善技术服务体系建设，营造加快制造业信息化发展的良好环境。2007 年，利用科技三项经费拨款 93.5 万元重点支持了 10 家基础较好、实力较强、有行业代表性的企业实施制造业信息化应用示范工程，以带动通州市制造业信息化技术的应用和发展。通过发展具有通州市特色制造业信息化网络服务模式，为企业提供基于 ASP 的制造业信息化服务软件系统及技术交流网络平台，实现资源共享和优化，推进企业间的联合和协同，促进企业动态联盟的建立。为企业提供制造业信息化单元技术、集成技术的个性化服务，为企业提供网上异地协同设计、网上异地设计制造、网上电子商务、远程技术咨询等服务，实现制造业信息化咨询服务的社会化与网络化。

【加强园区建设，大力吸引市内外软件企业入园创业】

2007 年，南通市科技局注重加强“南通软件园”的建设工作，开园一年有余，初步形成了以软件对日外包和嵌入式软件为主、软件服务和定制开发为辅的软件产业格局。软件园二期扩园工程全面竣工，首批入住 7 家企业，注册资金 1050 万元，实际使用面积 1519 平方米，员工总数近 200 人。为提升和促成软件开发企业的知识产权保护意识，建立认证渠道，我们先后与上海市软件评测中心、江苏省软件产品检测中心和江苏省软件行业协会等相关单位沟通，成功取得江苏省软件产品检测中心南通独家受理点的许可，2007 年园区申报软件产品登记企业 4 家，软件产品 5 件。获得软件产品登记证书 5 家，另有 2 家 4 个软件产品在申请办理中。协助申请软件产品登记企业数达 8 家，软件企业登记产品数量达 10 件，著作权登记 2 件，新认定软件企业数 4 家（必优、奥特、金博、朗新天霁）。软件园企业获得政策性奖励 16.11 万元。为了给园区企业提供技术配套等服务，软件园学习借鉴外地软件园的成功管理模式，经过多次考证，选择上海浦东软件园作为合作方，建设包括为园区软件开发人员提供人才储备和智力支持的 e－learning 培训管理系统、为软件企业提供软件评测工具服务的测试工具系统、针对衡量 IT 系统的质量跟踪监控应用系统和构件库开发服务的软件在线技术服务平台，帮助企业提高软件产品质量，降低企业运营成本，增强技术开发和产品竞争力，继续保持软件园的凝聚力和吸引力。该平台预计 2008 年可建成并交付使用。9 月份被省科技厅授予省级软件园。目前，软件园共有企业 36 家，2007 年实现软件销售收入达 1 亿元。

【组织软件展示，推动制造业信息化的应用普及与深化】

（一）组织参加第 3 届中国（南京）国际软件产品博览会

2007 年 9 月份，南通市科技局组织了 15 家南通地区软件企业参加了第 3 届中国（南京）国际软件产品博览会。有以 PFU 上海计算机公司投资的南通必优信息系统公司和南通信和科技有限公司为代表的对日软件外包企业，有以南通春晖软件有限公司为代表的日资软件企业，还有南通范思等一批南通本地软件企业，参展人员近 40 人，参展产品涉及信息安全、动漫游戏、手机游戏、虚拟现实等 20 多种产品。参展期间，南通软件园与来自各地区的软件企业进行了充分接洽，取得了良好的展示效果，极大地提升了南通软件企业的整体形象和知名度，为南通软件业的发展营造了更好的发展空间，获得了社会和参展企业的一致好评。

（二）举办第九届南通软件展示会

2007 年 11 月份，南通市科技局与南通市信息化领导小组办公室在南通软件园联合举办了第九届南通软件展示会。本届软件展示会有江苏综艺连邦、江苏省金思维信息技术有限公司、镇江市金舟软件、北京大恒软件等 16 家市外企业以及南通软件园的 30 多家本地软件企业参展，参展产品涉及企业管理信息化、信息化集成应用、信息化协同平台、电子商务、网络安全、服装 ERP、企业设计图档管理等诸多领域。为了突出船舶信息化主题，我们还邀请清华大学软件学院顾明副院长、镇江金舟软件、北京大恒软件等单位专家对南通船舶业的信息化应用进行了专题讲座，获得船舶制造行业企业的一致好评。来自各县（市）区科技局、信息办的分管领导以及信息化示范企业代表共400多人参观了展示。通过举办本届软件展示会，南通30多家企业找到了适合自己企业的信息化解决方案，搭建了一个为国内外解决方案供应商和市内企业提供展示、交流和合作的平台。本届软件展示会的成功举办，必将有力地推进我市的企业信息化进程，提升软件企业科技创新能力，促进我市软件企业掌握软件核心技术，研发拥有自主知识产权的基础软件产品。

【搭建服务平台，完善我市制造业信息化服务体系】

2007年，针对大多数中小企业实施制造业信息化缺乏决策、实施能力，南通市科技局积极推进制造业信息化服务平台的建设工作。发挥市科技信息中心和生产力促进中心作用，着力搭建网络化的公共协同服务平台，为制造业企业提供信息化培训、咨询、监理以及知识和信息服务，定期举办制造业信息化的会议和培训班，推介优秀的制造业信息化产品和解决方案，推进制造业企业，特别是中小型企业的信息化建设。依托上海技术交易所信息资源优势，建立的南通技术市场交易网站和300平方米南通技术交易市场，为完善南通市技术交易平台，创建科技接轨上海服务平台，为南通市主导产业和支柱产业的发展服务，为促进科技成果在我市企业的转化提供了有力的保障。通州市市生产力促进中心联合常州佰腾科技有限公司开通了通州市电子元器件及材料专利数据库，接通了宽带信息网，不断开拓新业务。通州科技信息网站为推动企业上网工程，开发出了适合中小企业建立网站的新一代建站平台，将域名注册、电子邮箱、网上建设、网站管理、网上推广和电子商（政）务整合为一个完整的服务平台，该平台具有操作维护简便、能够实现网站页面内容自主更新的特点，2007年共有20家企业利用该平台建立了网站。海安县生产力促进中心成立了海安制造业信息化工程服务中心，中心依靠政府面向社会，以网络技术为手段，以为制造业信息化提供全方位的服务为目的，开展了一系列制造业信息化技术服务。建立了制造业信息化工程培训网络，为中小制造企业输送了大批急需技术人才，促进了县制造业信息化工作的全面开展。2007年，海安科技局邀请省市制造业信息化专家对骨干企业的负责人、技术人员开展信息化技术业务培训，参训企业30多家，参训人员达100多人。

（刘红兵）

连云港市信息化发展概况

【2007年全市概况】

2007年是实施"十一五"规划承上启下的关键之年，也是连云港市经济社会保持快速发展、呈现明显变化的一年。全市认真实施新一轮区域发展战略，加快经济结构调整，经济增速与质量同步提升。全市全年完成地区生产总值615亿元，增长15%以上，财政一般预算收入完成43.5亿元，同口径增长28%；三次产业结构由18.2:45.9:35.9调整为16.6:47:36.4。全市认真围绕"一心三极"空间布局，以东部城区建设为龙头，强力推进东部城区率先发展，国际性海滨城市框架初步拉开。

【信息化事业发展概况】

2007年，连云港市认真贯彻中央和省、市有关会议和文件精神，按照信息化建设"应用主导、面向市场、网络共建、资源共享、技术创新、竞争开放"的指导方针，着力发挥后发优势，努力加快推进信息化建设进程。经过全市上下的共同努力，在推进全市信息化、加快发展信息产业、开发和利用信息资源、推进电子政务等方面都取得了较大进展，全市的信息化总体水平有了新的提高，信息化工作中创优创新亮点纷呈。2007年，全市信息基础设施投资完成5.24亿元，完成目标的105%；信息产品制造业完成销售收入28.2亿元，同比增长41%，增幅位居苏北前列。信息化指数提高3个百分点，达到52%。由连云港市信息中心承办的"中国连云港政府门户网站"，在国务院信息化工作办公室主持的"2007年度中国政府网站绩效测评"中，位列全国333个地级城市（含计划单列市和省会城市）的政府门户网站第23位，处于全国政府网站第一梯队的前列。2007年继续在全市82家政府网站信息公开、功能架构、公共服务等方面进行测评，选出优秀政务网站前十名。首次承办"院士连云港行"活动，有31位中科院院士和5位硅材料方面专家受邀来连，影响深远。

【工作部署】

2007年年初，连云港市信息产业局对全年全市各部门的信息化推进工作进行了任务分解和工作部署。一是继续抓好落实"十一五"信息化专项规划工作；二是积极推进全市电子政务建设，协调做好电子政务工程的各项工作；三是继续加强基础设施建设，促进"数字城市"进程；四是突出硅资源特色，加快发展信息产业；五是积极推进社会各领域信息技术应用；六是高度重视信息化发展环境建设。

【信息化发展环境】

连云港市十分重视信息化发展环境建设，通过广播、电视、报纸、网络等多种形式，加强信息化知识的宣传普及，着力营造浓厚的信息化发展氛围。市信息产业局与有关部门和企业开展合作，广泛普及宣传信息化知识，营造出浓厚的信息化发展氛围。2007年，组织了多次信息化知识讲座和展览等活动，一大批党政机关、企事业单位领导干部和工作人员接受了信息化知识和技能培训。通过在高校、中小学开设计算机课程，组织计算机信息管理专业自学考试和计算机技术及软件技术考试等措施，加强了信息技术的基础教育。

【信息化法规政策】

2007年针对推进信息化过程中的有关突出问题，在充分调研的基础上出台了《关于进一步加强政府网站建设管理的实施意见》、《2007年连云港市政府门户网站改版方案》，出台了《连云港市信息化建设项目招投标管理规定》，继续完善信息化招投标项目评标专家库等。

【信息基础设施发展概况】

2007年，连云港信息基础设施建设投资继续保持了稳定规模，全年投资完成5.24亿元，为目标的105%。重点推进光缆专业化改建，扩大网络交换机容量，建设宽带接入网，城建配套管线建设等。实现了村村通宽带，宽带用户净增5万户，建成了2个信息化示范镇、66个信息村，新发展“农信通”用户7万户。信息化指数进一步提升，达到52%。

【信息产品制造业发展概况】

2007年全市电子信息产品制造业实现销售收入28.2亿元，同比增长41%。增幅位居苏北前列。这在全省信息产业增速放缓的大背景下，显得更为突出。这主要得益于两个方面的原因：一是近两年全市上下积极做好承接信息产业转移的准备，邀请苏南企业家来连云港市考察，举办信息产业南北对接交流活动等，其成效逐步显现；二是连云港市以硅（电子）材料产业为核心，大力发展特色信息产品制造业。江苏（东海）硅电子信息材料产业园于2006年授牌，成为江苏省首批六个省级特色电子信息产业园以后，市信息产业局积极争取省信息产业厅给予更多关注和支持，2007年在市信息产业局要求下，省信息产业厅多次帮助联系产业项目，帮助邀请华电集团等大公司来连考察等。2007年，东海硅电子产业成为全市信息产品制造业的主要增长极。与此同时，连云港市硅电子材料产业的发展也更加引起了业界的重视，大的投资项目开始向连云港市集聚。

【“农村及城市社区卫生信息平台”项目获得国家资助】

连云港市信息产业局始终把项目资金争取作为全年工作的重中之重，认真研究各类资金的申报条件，积极做好连云港市项目储备，帮助连云港市企业正确填报项目书，及时跟踪项目进展情况。全年共推荐五个项目申报国家、省专项资金。其中“农村及城市社区卫生信息平台”项目获得国家电子信息产业发展基金资助经费100万元。

【加快发展软件业】

一是帮助通过认证的软件企业落实了税收减免政策，其软件产品销售收入部分享受优惠税率，软件产品销售收入增值税从17%减为3%，软件企业所得税从25%减按7%征收。二是初步建立了软件业统计季报、年报制度，建立相对固定的统计工作队伍，按时完成了省信息产业统计手册的数据报送任务。三是组织了十名软件企业负责人、技术人员参加“2007南京软博会”。四是举办了“江苏软件行－连云港站”活动，宣传《江苏省软件产业促进条例》，向软件企业代表详细介绍国家、省软件产业扶持政策。2007年，帮助2家企业完成系统集成项目经理培训资质培训，帮助1家企业取得信息系统监理企业临时资质（注，所有新申报的企业都只能取得临时资质）。2007年8～9月份，连云港市委、市政府主要领导批示，专门就发展软件及服务外包产业进行了调研，市信息产业局积极配合调研工作，起草了全市软件产业发展情况报告。五是积极推进软件产业园建设。开展了连云港市软件产业园及软件服务外包基地建设调研，注册成立了“连云港软件园有限公司”，在浦南开发区获得50亩土地使用权，完成了软件园布局规划图。为了争取省信息产业厅对连云港市软件园的支持，专门向省信息产业厅汇报软件园建设规划。组织相关人员赴泰州、常州进行软件园建设情况调研。

【开展信息服务业统计工作】

2007年全市计算机服务和软件业增加值1.88亿元，同比增长17.5%。按照连云港市统计局的要求，加强了全市计算机服务业的统计工作，除已经建立统计体系的软件业以外，对龙河电脑城、振兴电脑城、国安电脑城的计算机服务市场统计工作进行了试点。2007年初召开了市场管理部门参加的服务业统计会议，尝试逐步在三个主要的电脑市场建立计算机服务企业统计体系，取得了较好的效果。

【政府门户网站建设】

连云港市政府门户网站（www.lyg.gov.cn/）经过多次改版创新，功能不断完善。网站设有9个版块，170多个栏目，4种语言版本，全方位、多层次介绍连云港市发展情况，为市民、企业、投资者、旅游者提供分类服务，并及时报道连云港重大活动，跟踪研究热点问题。政府网站管理规范、业务流程科学。在制度上，先后出台了《关于进一步加强政府网站建设管理的实施意见》、《2007年市政府门户网站改版方案》。在功能上，开发网上政务信息报送系统，及时公布报送信息单位排名，通过考评机制保障信息来源和质量。推行网上政务服务，新增百件实事网上办，做到行政审批和服务事项的内容全部在网上提供查询，实现项目办理过程实时公开。积极推进互动交流。完善市长信箱、行政效能投诉功能，开设政策法规问答、领导论坛、网上评议等栏目，升级扩容公务员电子邮件系统。提高政府网站技术与安全保障水平。

由国务院信息化工作办公室、国务院办公厅主办，中国电子信息产业发展研究院承办的2007年中国政府网站绩效评估结果2008年年初发布，连云港市政府门户网站在全国333个地级城市（含计划单列市和省会城市）网站绩效评估中排名第23位，连续第三年位居全国第一梯队前列。本次测评对政务信息公开、在线办事、公众参与、网站设计等主要内容进行了全面评估。

【继续在全市开展优秀政务网站测评】

2007年继续在全市范围开展优秀政务网站测评工作。测评工作由连云港市信息化领导小组办公室、市政务公开领导小组办公室和市电子政务协调指导小组办公室联合主办，市信息中心具体负责实施。通过公众投票、在线测评、专家评审相结合的方式，对机关82家各级政务网站信息公开、网站功能、管理等方面进行测评，选出优秀县区网站和优秀部门网站。以此激励督促县区和部门加强网站建设维护管理，整合信息资源，引进创新理念，促进整体水平提高。经过科学评估，赣榆县、灌云县和海州区获评优秀县区网站；国土资源局、财政局、人事局、行政审批服务中心、地方税务局、劳动和社会保障局、机关工委、物价局和文化局获评优秀部门网站。在2007年中国政府网站绩效评估结果发布暨经验交流会上，赣榆县政府门户网站在402家县（市）级抽样测评中名列第48位。这也是苏北惟一一家进入50强的县（市）级政府网站。

【首次承办院士连云港行活动】

2007年5月，由市信息中心、市科技局承办的“院士连云港行”活动在连云港隆重开幕，31位基础科学和信息科学界的中国科学院院士和5位硅材料方面专家受邀来连，开展科技论坛、科技咨询系列活动。

中国科学院半导体研究所的王占国院士、北京交通大学的简水生院士和浙江大学及国内相关科研院所的专家们，在以“硅材料及其应用技术”为主题的技术科学论坛上分别作了科研报告。中国科学院院士何祚庥在行政中心，李济生、严陆光院士分别在淮海工学院和海州中学作了专题讲座。

院士、专家们从新能源产业发展、旅游业发展、人才培养等多个方面为港城发展献计献策，“把脉”港城产业发展方向。“院士连云港行”活动为连云港与中科院之间搭建了一座长期科技合作、共同发展的桥梁，推动了连云港市科技攻关和科技创新发展。

【开发完成连云港投资促进网】

为了促进连云港市对外招商工作，全面展示大开发、大建设、大发展态势，吸引优质发展要素，推进连云港市跨越发展，按照连云港市政府的要求，由市信息中心、外办、投资促进局等单位联合建设网上招商平台——中、英、日、韩四种语言版本的“连云港投资促进网”。信息中心完成平台建设方案，会同相关单位多次讨论，并通过专家论证。“连云港投资促进网”上建立了重大项目招商馆，县区、园区、行业、产权招商馆及产品展示馆等，开发信息发布、项目审批、会员注册、全文检索等系统，举办以文字、图片、视频、语音、动画等媒体形式为主的信息交流。

【认真做好国防信息动员工作】

认真贯彻“三个代表”重要思想，积极履行职责，加强对信息动员工作研究，建立完善了信息动员工作体系，加强了对信息资源的管理和储备。一是按照省国动委信息动员办公室的要求，完成了连云港市国防信息动员预案及数据潜力调查上报工作；二是组织参加了全市人防防空演练工作；三是适应形势发展，对信息动员办公室成员及时进行了调整。

【积极推进农村信息化建设】

一是积极实施“信息化带动社会主义新农村

致福工程”，开展农村信息技术应用典型引导工作，通过创建、申报、审查等一系列程序，连云港市6名个人、1个乡镇被评为江苏农村信息技术应用典型，1个软件企业被评为江苏农村信息技术服务优秀企业。先进个人和优秀企业的代表参加了4月份省委省政府举行的隆重的表彰大会，省委副书记张连珍等领导出席。二是组织参加全省农民家庭上网大赛。三是参与并配合市新农办开展了全市农村信息化建设“十百千万”示范活动。四是举办了扶持苏北发展信息技术应用“订单式”培训班，连云港市拟定教学要求，省信息产业厅派出教师，有针对性地培训农业种养殖大户。教师在开展授课的同时，还带领部分参加社会实践的同学深入农户，现场指导帮助培训信息技术应用，取得很好的培训效果。

【信息资源开发利用】

依托大陆桥东方桥头堡的区位优势和信息网络载体，广泛收集、深度开发沿桥城市和连云港市经济与社会发展方面的信息资源。一是本地信息资源，首先统筹有序地建设了一批数据库，开发了国民经济宏观规划、计划信息数据库、政策法规信息数据库、基本建设项目管理数据库、人才数据库、天气预报、海洋环境预警报数据库，旅游项目技术监督信息数据库、财税信息数据库、教育系统信息数据库、科技信息数据库等。其次以中国连云港城市门户网站为平台，开发了大量的经济社会发展栏目，以图文并茂的形式全方位展示了改革开放以来所取得的成果。二是陆桥信息资源。以新亚欧大陆桥信息网（www.silkroad.org.cn）站为载体，按照沿桥与地方并重、国际和国内兼顾的思路，通过加入供求信息联盟、收集沿桥36个国家概况黄页、发布联合国贸发会发展中心电子贸易信息、成立信息网络协会和与大陆桥理事单位联办栏目及刊物等各种途径大力开发陆桥信息资源。三是政务信息资源。为市委、市政府搞好决策服务，力求贴近连云港市实际，开发了一批深层次具有权威性、前瞻性、时效性强的信息。

【信息化人才】

一是认真组织了两次全国软件考试。2007年一季度，对网上报名管理程序进行了升级，改进了数据备份方式，增加了系统的安全性。进一步完善了考试管理体系，制定了更加严格规范的考务手册，加强了对监考教师队伍的考前培训。针对该考试科目较多、报考人数分散、考试时间场次不同步的特点，认真编制详细的考务手册，对每一科目的考试安排都做出明确规定。2007年共有149人通过考试，分别取得了初、中、高级资格证书。经过不懈努力，最终圆满完成了2007年上半年、下半年两次考试，没有出现任何考务事故，得到了省考务督察人员的充分肯定，考场人性化管理也受到了考生好评。二是依托在连高校和科研机构加强信息化专门人才的培养，扩大招生规模，提高教师及学科带头人的水平，与高校开展IT人才培训基地建设，加强理论与实践的结合。三是抓好中小学信息化知识的普及。四是加强政府机关工作人员的计算机应用技能培训，实行全员培训，由人事部门进行监督考核，考试合格才能上岗。五是加强社会人员的计算机技能培训，鼓励举办各类计算机培训学校、计算机专修学校等社会办学机构。六是制定优惠政策，广泛吸引外地优秀人才来连工作，在科研经费、技术入股、家属工作、子女入学等方面提供优厚的条件。

【2008年发展目标】

2008年总的发展目标是：城市信息化指数提高3个百分点，信息化基础设施投资完成5亿元，信息产品制造业产值增长20%，软件业和信息服务业产值增长20%，信息系统建设取得新进展，信息产业增加值占GDP的比重有所提高。

【2008年重点任务】

2008年将继续以科学发展观为指导，根据国家信息化建设的方针政策，按照省有关信息化工作要求，紧紧围绕全市经济社会发展大局，从连云港市的实际情况和需求出发，以电子政务建设为重点，以信息技术应用为依托，努力提升信息化综合服务能力，全面推进连云港市信息化建设和信息产业发展。重点抓好以下几个方面的工作：

（一）加强信息化建设的管理和推进工作

一是加强领导，进一步建立和完善信息化建设综合协调机制和目标责任制，强化横向协调能力和纵向推进能力。二是继续实施“十一五”信息化建设专项规划，明确工作任务和重点，切实抓好“十一五”信息化建设规划的落实工作。三是积极做好省、国家信息产业各类专项资金的申报争取工作。及时掌握国家、省相关政策动态，积极组织本市企业有针对性地做好申报工作。四是做好全市信息产业的宏观管理。完善信息产业经济运行统计分析体系。五是规范信息化建设项目的招投标管理，强化信息化建设项目目标责任考核监督，认真贯彻省关于电子政务建设项目实行扎口管理的有关规定，认真实施《连云港市信息化项目招投标管理办法》，扩充和完善信息化项目招投标专家库，引入信息化项目的监理机制。六是建立信息产品制造业、信息服务业、城市信息化发展水平等相关指标的统计机制。制定相对稳定、完善、科学的统计指标体系，建立通畅、高效、准确的统计渠道。七是积极开展信息化项目监理资质和双软企业认证工作，力争帮扶一家信息化项目监理公司取得监理资质，督促通过认证企业有关优惠政策的落实，制定促进连云港市软件业发展相关措施。八是争取实施目标考核责任制。把信息化建设纳入全市目标考核管理体系。

（二）积极推进政府信息化

一是把行政管理体制改革与电子政务建设结合起来，推进政府职能转变。加快统一网络平台建设，实现信息资源共享。通过构建由各级机关内部办公业务网（内网）、公众信息网（外网）等系统组成的审批业务信息交换网络平台，积极推进外网受理、内网办理、外网反馈的办事新机制。二是优化整合党政部门网站群。以政务信息公开法实施为契机，进一步加大信息公开力度，通过建立科学的评价体系和长效机制，整合各个部门信息资源，规范、引导网站持续发展。三是精心打造中国连云港政府门户网站。建立完善门户网站信息发布平台、网上办事平台、数据交换平台、邮件服务平台和一个综合管理体系为框架的电子化政府运行模式，提升网站为民服务功能，确保在全国地级城市政府门户网站绩效评估中继续处于第一梯队前列，分值进一步提高。

（三）加强农村信息化建设

围绕建设社会主义新农村，积极推进农村信息化建设。以“农民增收”为主线，以提高农业信息服务能力为着力点，以农业信息资源采集、传输储存开发、发布服务为重点，完善农业信息网络，不断利用农业信息化技术，提高农业信息科学化水平，全面建设农业信息和农产品市场体系，以信息化带动农业产业化，以产业化促进农业现代化，促进农业增效、农民增收。首先是强化农业信息员队伍建设，培养一批既懂现代信息技术和现代农业技术，又善于经营现代信息产业的高级专业人才。其次建立市县乡信息服务网络信息联播，通过省市支持，指导部分特色乡镇的农业网站建设，加强信息的发布和利用。三是不断拓宽乡镇农业部门信息服务方式，通过市县农业信息网和其他农业网站获取信息，将信息传递到基层农民，宣传农业法规、农业政策、市场信息和科技信息。

（四）加快以硅材料为特色的信息产业发展

以硅（信息）材料产业为龙头，以省级东海县硅材料高新技术产业园为载体，积极推进信息产业项目南北对接，努力实现信息产业总量的洼地崛起。在保持环氧模塑料、硅微粉、石英玻璃管、石英玻璃、优质压电石英晶体等主导产品现有产量优势的基础上，进一步提高产品技术含量，提高硅资源利用率，尽快向信息产业链高端发展。推进 LED 封装材料项目产业化。加强和省信息产业厅、部的联系，进一步抓好各类信息产业发展基金项目申报争取工作，促进连云港市信息产业的发展。重点支持 5～6 个龙头信息产品制造业、软件企业和信息技术服务企业发展。2008 年争取实现信息产品制造业销售收入增长 20%。

（五）加大信息基础设施建设资金投入力度，不断提高城市公共信息服务支撑能力

按照“十一五”信息化发展规划，分解年度目标，年内投资不低于 5 亿元。加快宽带高速多媒体城域网建设，积极推动网络互联和资源共享，加强市场监管，维护公平有序的市场竞争环境。在推进有线数字电视试点工作的基础上，加快城区普及有线数字广播影视业务工作。加快发展数字集群通讯业务，初步形成一个以光纤通信为主，无线通信为辅的互联互通的宽带高速多媒体城域网，不断提高城市公共信息服务支撑能力。

（六）加快社区信息化应用

加强社区管理和服务信息化的组织、引导和规范工作，拓展社区信息化服务领域，建立灵活的社区信息化投资机制。充分利用连云港政府门户网站现有的资源，积极与有关组织联手，用市场化运作模式，启动市社区信息服务网络平台建设，推动交通、文化、娱乐、旅游、就业、社会保障、医疗保健等与市民密切相关的部门信息化项目向社区延伸，新建成规模住宅小区要达到信息化小区水平。

（七）做好信息化重点工程项目建设

一是按照“江苏省大通关信息化工程课题研究暨连云港市口岸公共信息平台建设规划与实施方案设计”的方案，结合连云港市实际情况，积极推动该项目平台的建设。二是推进大陆桥区域国际商务中心物流信息平台建设。与大陆桥区域国际商务中心的建设步伐配套，同步进行相应工程建设。三是继续开展城市应急系统统一信息化平台建设规划研究。四是继续推进江苏省信息产业南北转移对接，做好项目引进工作。巩固落实南北对接交流活动成果，组织部分相关企业（包括签订合作协议的企业）赴苏南等地进行对口衔接，争取在硅（信息）材料产业方面与苏南信息产业带实施合作，引进项目、技术、资金或作为他们的上游合作企业等，做好承接产业转移工作。

（林　东　袁堂中）

淮安市信息化发展概况

【本市概况】

2007年，在市委、市政府的正确领导下，全市人民坚持以邓小平理论和“三个代表”重要思想为指导，紧紧围绕“实干奔小康，建设新淮安”的目标，全面落实科学发展观，解放思想，创新实干，全市经济社会发展呈现出又好又快、量质并举的良好态势。

经济实力大提升。2007年全市实现地区生产总值765.23亿元，年递增15.2%；财政收入突破百亿元大关，达到123.4亿元，年递增23.4%；全社会固定资产投资610亿元，年递增27.6%；全市人均GDP达到1.56万元，年递增16.6%。经济结构进一步优化，三次产业结构由上年的19.0:46.9:34.1变为17.1:48.1:34.8。

城乡面貌大改观。中心城市建设有序推进，建成区面积扩大到95平方千米，人口增加到95万，城市化率达40.1%；全民聚力创“四城”，获得国家卫生城市和江苏省文明城市称号，国家园林城市、环保模范城市通过国家技术考核，健康城市建设进展顺利，全国文明城市、最佳人居环境城市创建全面启动；重点中心镇、特色小城镇和农民集中居住点建设取得新成绩，河道疏浚、村庄整治等工程深入实施，成为全国首批生态家园富民行动示范市；宁淮、宿淮、淮盐高速公路淮安段相继建成，新长铁路客货运全面开通，淮安新港一期、京杭运河“三改二”等工程深入实施，淮安民用机场筹建进展顺利，交通枢纽功能日益彰显。

社会事业大发展。科技创新力度加大，成功举办中国（淮安）科技洽谈会，成功签约项目429个。教育事业快速发展，全市学前三年幼儿入园率、义务教育巩固率、高中阶段毛入学率分别达88.1%、99.5%、73.1%；全面完成“三新一亮”、“四配套”等工程，城乡办学条件显著改善；高教园区初具规模，入住院校6所，在校生6.5万人，成功引进西安外国语大学来淮办学。卫生事业不断加强，市卫生五大中心现代化建设步伐加快，城乡公共卫生体系日益健全，农村卫生和城市社区卫生服务体系逐步完善。精神文明建设持续推进，文体广电事业协调进步，确立了运河之都的历史地位，建成大闸口文化风貌区、博物馆、城市规划展览馆等文化设施，推出了一批精品力作，首获中国戏剧梅花奖。

人民生活大改善。2007年城镇居民人均可支配收入1.21万元，比上年增长16.4%；人均消费性支出8213元，增长16.0%。农民人均纯收入分别达5100元，比上年增长13.1%；人均生活消费支出3263元，增长13.1%．在岗职工平均工资19838元，增长19.6%。居民住房条件继续改善，城市居民人均住房面积30.3平方米，农村居民人均面积31.9平方米。

【信息化事业发展概况】

2007年是淮安市信息产业局组建之年、开局之年，是淮安市认真贯彻落实中央和省、市有关精神，抢抓机遇，着力发挥后发优势，努力推进信息化进程，加快信息产业发展的一年。

2007年全市信息基础设施投资6.1亿元，全社会共完成信息产业销售收入97.98亿元，同比增长108%，其中电子产品制造业实现销售收入66.73亿元，同比增长122%；软件产业实现收入0.3亿元，同比增长42.86%；计算机服务业实现销售收入5.23亿元，同比增长58.97%；通信运营业实现业务收入15.94亿元，同比增长18.25%。

【工作机构】

2007年4月，淮安市信息产业局正式挂牌运行。淮安市信息产业局作为市政府组成部门，为淮安市人民政府主管全市电子信息产品制造业、软件业，推进全市国民经济和社会服务信息化的工作部门，同时挂“淮安市信息化办公室”牌子。局下设办公室（挂“发展规划处”牌子）、产业管理处、信息化推进处、通信与网络管理处（挂“市国防动员委员会信息动员办公室”牌子），淮安市无线电管理局设在市信息产业局，市无线电管理局内设无线电管理处。

在做好机构组建的同时，按照淮安市委常委会关于理顺工作体制的要求，对上积极汇报，主动归口；对下逐个县区的交流沟通，争取支持，促请其尽快明确工作主管部门；横向与各部门协调衔接，要求落实承办处室。目前全市信息产业与信息化工作体系已具雏形。

【工作部署】

2007年，淮安市在信息化方面的重点工作是：做好信息产业局组建工作，做到队伍不散，工作不断；做好信息产业千亿元产业规划，服务信息产业发展壮大；强力推进电子政务建设，以电子政务为平台、地理信息系统公共平台为抓手，不断推动信息技术在全市经济社会各领域的渗透应用，促进信息化和工业化融合；努力推进信息基础设施更加完善。

【通信网络】

2007年，淮安市通信业共完成固定资产投资6.1亿元，主要用于网络扩容优化工程，提高淮安市基础通信网络完备程度。截至2007年底，全市固定电话用户数153.13万户，其中无线市话用户数44.21万户；移动电话用户数126.80万户，新增32.09万户，增长33.9%；年末互联网注册用户数16.94万户，增长49.9%，其中宽带网接入用户14.69万户，增长63.0%。

2007年，市区基础通信管道集约化建设完成580千米，集约化率91%。

【广播电视网络】

截至2007年底，全市有线电视行政村通达率82%，有线电视用户数51万户，比上年增长16.0%。市区有线数字电视整体平移项目启动。

投资2亿元的有线电视网络传输一期工程进展顺利。建成后，我市可以利用卫星及光传输系统接收、处理、传送20套调频广播节目，50套模拟电视、100套以上数字电视节目，满足社会各界宽带接入、高速上网等其他需求。

【信息产品制造业】

随着信息产业大型项目的不断引进和投产，淮安市电子信息产业在巩固并壮大电线电缆、仪器仪表两大传统特色产业群的同时，又涌现了新的绿色电源和汽车电子及其配套产品产业群，目前已拥有了富士康、达方电子、展德光电、理士科技、瑞特电子、大通机电、江苏康丽欣电池等一批具有高新技术的企业。2007年，淮安市电子信息产品制造业增速迅猛，实现利税总额6.04亿元，同比增长122.06%，其中利润2.92亿元，同比增长122.9%。目前大部分产品生产形势较好，产销两旺，如通信线缆、仪器仪表及蓄电池等产品均保持着两位数的增长幅度。

【软件业】

2007年，淮安市软件产品营业收入0.05亿元，同比增长56%；系统集成0.15亿元，同比增长37%；软件服务业0.1亿元，同比增长62.3%。从总量上看，软件业产值较小，但从整体发展态势来看增速较快。随着软件产业载体建设的不断加强，软件外包服务相关政策的陆续出台以及相关配套服务的逐步完善，淮安市软件服务业的比重有望继续提升。

【无线电管理】

2007年，淮安市无线电管理工作以“三个服务”（服务党委政府中心工作，服务经济社会发展全局，服务重大活动、重点项目、重要节庆和时段）为重点，优化队伍，精心组织，持续强化无线电管理工作，当好“空中警察”、维护电波秩序。一是加强设台（站）管理，做好频率指配、核查。对设台（站）申请随到随办，积极开展执照到期固定台核查和台站数据库管理，做到精确管理、规范管理。二是认真抓好重点频段、频点的监测，管好用好频谱资源。认真落实频谱监测专人负责制，专门安排技术人员不间断进行无线电频谱监测和电频谱监测，对盱眙、金湖、洪泽等航空频段干扰相对比较频发的地区加强重点监测，保证了重点区域重要频段的无线电安全。三是积极服务重大活动、重点项目，保证重要节庆期间通信与信息安全。组织精干力量，对淮安科洽会、高考、中考、美食节开幕式等重大活动进行无线电保障，防止出现无线电干扰和利用现代通信手段作弊；对淮安民航机场备选场址和拟建场址进行多次电磁环境监测并出具专门报告，保证了机场项目顺利通过预可研评审。

【政府信息化】

包括政府门户网站群、外网门户系统、办公自动化系统、网上行政审批系统、视频点播系统、公务邮件系统、视频会议系统等在内的市级电子政务平台一期工程全面投入运行。

以“中国淮安”政府门户网站为首的网站群已下辖105个子网站，网站群的信息量已超过65000条，收到群众来信数合计2000多封，处理信件近1700封。

以公文处理为核心的办公自动化系统已覆盖全市党政机关、8个县（区）委和政府以及市直重点企事业单位共计228家，涉及个人用户数量达4480余人。截至12月底，办公自动化系统已经发文5774份，收文260915份，据不完全统计，仅此一项每年就节省办公经费500多万元。

行政审批系统稳步推进，凡进驻行政审批中心的单位，现已全部成为审批系统的用户。截至2007年年底，共计受理项目2235项，办结1982项，办结率88.7%。

电子证书认证系统已经建成，电子认证体系逐步完善。截至目前，共在20家单位、200多家企业发放800多张个人电子证书和200多张企业证书。

【行业信息化】

地税信息化。2007年，淮安地税局在全国税务系统率先建成了设计理念最先进、功能模块齐全、后续工作完备的“淮安地税电子办税服务厅”。纳税人通过互联网登陆“淮安地税电子办税服务厅”，就能实现“足不出户”办理95%以上的涉税事宜。在电子办税服务厅这个平台上，包括网上办税、网上申报、企业报表数据采集等，全面承载纳税人和税务机关之间信息交换的作用，为纳税人提供了全程的办税服务，同时还为纳税人提供包括税收宣传、信息发布、政务公开、网上咨询、法规查询等多方位的提醒式服务，拓展了纳税服务渠道，取得了良好的服务效益。其中的“企业财务报表采集系统”可以自动从纳税人的财务管理软件中直接采集税务机关需要的各种报表数据进行上报，无需纳税人手工录入，减轻纳税人工作负担的同时，也提高了信息采集的自动化程度，是淮安市政府创新项目和市科技进步项目，其成果经专家鉴定为国内同行业领先水平。

房管信息化。市房管局将目前国际上先进的GIS技术引入房地产权属登记管理，成功开发出在国内处于先进水平的数字房产地理信息系统。系统包含70000多份房产电子档案、350万个参数的图形库、图像库、属性库，通过资源共享实现办证的“立等可取”，极大地提高了办证效率。其中商品房转移登记在全国率先实现了30分钟内领证。该系统获得淮安市人民政府科技进步二等奖，现正向各县区推广。

统计信息化。市统计局从2006年开始，连续3年每年安排50万元专项资金用于三级统计信息网络建设，计划用三年左右的时间实现市县乡三级统计信息网络的互联互通。截至2007年底，已有五县（区）完成三级联网，其余四县（区）联网也已进入实施阶段。全市126个乡镇（街道）中，所有乡镇（街道）统计办公室都配备统计专用计算机，乡镇（街道）联网率达70%。

水利信息化。2007年，淮安市农村水利建设信息系统建成并投入使用。系统以提高农村水利建设和管理现代化水平为目标，基于淮安市水利信息网络，综合运用GIS、计算机网络、大型数据库等技术，融合农村水利和信息技术领域的技术知识，根据淮安市农村水利管理的业务特点和要求，面向市、县和乡镇农村水利管理部门，建立全市农村水利业务管理和服务平台，并基于全市1:50000电子地图，提供淮安市农村水利信息的输入、存储、管理和分析功能，实现农村水利工程信息在网络环境下的图文一体化表达、分析、发布和服务，为农村水利的规划、建设、管理和评估等提供决策支持。

【企业信息化】

2007年，淮安市企业信息化进程加快。四家企业信息化项目被列入市委市政府年初制定的“4221”工程。计算机辅助设计（CAD）、计算机集成制造（CIMS）、企业资源计划（ERP）等信息技术在企业中得到普及应用。清江拖拉机、大通清江机电、江苏今世缘酒业等公司实施的以信息技术改造提升传统产业，均取得了良好效益。

华能淮阴发电有限公司是中国华能集团公司控股的国家大二型企业，是华能系统和华东电网骨干电厂。公司实施的“面向能源行业的信息化集成技术应用示范”项目，于2007年11月30日顺利通过省科技厅委托的验收。该项目形成了具有自主知识产权的电厂信息化集成技术应用软件(ITAS)产品，与集散控制（DCS）、在线实时监控、数据采集之间的集成率超过90%，实现了管控自动化，以及计算机辅助管理和辅助决策，提高了企业整体集成管控水平。示范企业能源利用率提高5%，新增收入2800万元。通过该项目的实施，实现了对生产、经营和综合事务的集成管理，培养了一大批信息管理方面的业务骨干和管理能手，提高了企业综合竞争能力。

江苏正大清江制药有限公司是泰国正大制药集团投资的外商控股制药企业，是淮安市实施企业信息化较为成功的典范。公司建立了以光纤为主的企业局域网，构建了ERP系统、OA系统，实现了企业资源的内部共享，并及时对外部信息进行采集、整理、应用。通过信息化的实施，有效降低了公司内部物资库存，每月可减少130万元物资的资金占用；加强了对应收账款、应付账款的管理，提高了企业资金的利用率，资金回笼周期从原来的180天缩短为90天，节约财务费用40万元；提高了管理层和员工的工作效率，提高了企业决策的科学性，日常工作全部通过OA系统安排，节省了大量的复印、传真费用，每月节约50万元。

【城市信息化】

淮安市地理信息系统建设进展顺利。截至2007年底，淮安市建成区156平方千米范围内1:500全数字航测成图工作外业部分已结束，基础地理信息数据采集工作已经完成，并经工程监理单位检查确认采集的地理信息数据符合设计和规范要求。经公开招标，淮安市地理信息系统平台软件由北京超图地理信息技术有限公司负责承建，已于12月28日签订了技术开发合同，软件开发工作已经正式启动。

【农村信息化】

围绕社会主义新农村建设，不断完善农村信息化基础设施建设，整合利用农业信息资源，取得了较好的工作成效。农村正成为通信运营企业投入的重点，电信、广电等单位不断加大对农村信息化基础设施建设的投入，同时加大让利优惠幅度，进一步引导农民利用信息技术提高生产生活水平，信息化应用在农村地区逐步深入。农村信息化组织体系初步形成，市、县农业信息中心相继组建，乡、村级专兼职信息员队伍初步建立，全市已有99个乡镇建立了信息服务站，占比达85.3%，每个乡镇专兼职从事农业信息工作人员均在2名以上。农业信息资源开发力度不断加大，市农业局主办的“淮安农网”、市优质稻米开发协会主办的“淮安米市网”将相关信息全面、及时、准确传递到千家万户，“农信通”、“农业一线通”、全国农业系统公益服务统一热线等相继开通，成为农民及时了解各类农业生产技术和病虫害防治，指导当前农业生产的农村综合信息服务平台。

【2008年工作思路和工作重点】

（一）工作思路

2008年，淮安市将按照“数字淮安”蓝图的建设要求，以规划为先导，以重大项目为抓手，以产业基地、特色园区、公共平台为载体，加快基地构建、产业集聚，加强制度创新、技术创新，加大招商引资、招才引智，迅速提升信息产业规模和质量，加速推进信息技术渗透和应用，切实增强信息基础设施的技术水平和普遍服务能力，大力推动信息资源深度开发和有效利用，努力营造信息化工作的健全机制和良好环境，实现信息产业发展与信息化建设相互促进、良性互动的局面。

（二）工作重点

1．突出构建信息产业框架体系

抓好信息产业千亿元规划完善和组织实施，明确目标重点和政策措施，重点建设一个产业基地，重点汇聚四个特色产业集群，重点做强一批亮点企业。全力培育淮安软件园，培育集成电路产业，实现产品加工基地向研发基地的转变。加大服务外包，放手发展信息服务业，促进制造业、软件业和信息服务业的协调发展。2008年，电子信息产品制造业投入达55亿元；信息产业营业收入达150亿元（其中制造业120亿元，实现翻番，软件业0.8亿元，通信服务业18亿元，其他信息服务业11.2亿元），增长53%。

2．加快推进基础平台建设和应用

加快推进电子政务平台在市级机关的深入应用，加快“中国淮安”政府网站群整合提升，启动建设日、韩、德等多语种门户网站，重点推动县（区）电子政务平台建设，尽快实现市县电子政务联网，提高我市国家机关办公自动化、服务网站化、信息公开化、政民互动信息化整体水平。继续推动市地理信息系统公共平台建设，年内基本建成，争取规划并启动建设1~2个配套专业应用系统。推动教育、卫生、保障、人口、文化等社会公共服务领域信息化进程，规划并争取启动建设“一卡通”平台。加强农村信息化、社区公共服务信息化和数字家庭建设，促进社会主义新农村建设，构建和谐社会。

3．努力营造信息产业与信息化工作良好环境

加紧出台加快全市经济社会信息化、促进信息产业发展等方面政策意见，健全政策法规和标准体系。进一步理顺信息产业与信息化组织领导体系，争取县（区）有主管单位、部门有承办处室，逐步形成上下联动、部门协作、各方参与的新机制。进一步强化财政投资信息化项目管理，建立年前申报、调研，年初审核批复，日常跟踪督促检查，年终汇报测评的工作制度。加快促进产学研结合和科企对接，增强产业的创新能力。强化专业人员培养与干部培训，造就一支信息产业发展与信息化建设骨干队伍。

（陈国猛　陈雪梅　朱　云）

抓项目促建设　抓应用促发展
努力实现教育信息化

——淮安市信息化建设特色

2007年，淮安市教育信息化工作在市委、市政府和市教育局的正确领导、大力支持关心指导下，认真贯彻落实全市有关信息化工作会议精神，以“一个中心一个核心一个重点”（以建设全市教育城域网为中心，加快实施现代远程教育工程；以全市教育教学资源建设为核心，为构建终身学习体系提供优质资源；以信息技术与学科整合教学为重点，促进学生素质全面发展）为基本思路，抓项目促建设，抓应用促发展，积极争取并认真实施教育信息化建设项目，狠抓教育信息化各项责任目标的落实，使全市教育信息化工作取得了新进展。

【全市教育信息化基本现状】

从2005年全省实施“校校通”工程开始，淮安市教育信息化工作连续三年狠抓基础设施建设。至目前，全市累计投入教育信息化资金7000多万元，在500多所中小学建成计算机网络教室，配备微机40000多台，接受信息技术教育的中小学生达到总人数的80%，教师用计算机5000多台，有150余所学校建成多媒体教室，共建成多媒体教室1500余口；已建成校园网的学校近350所，能够实现光纤宽带接入的学校有110所，通过ADSL接入到校的学校近400所。教育信息化的快速发展，促进了淮安市学校基础设施建设的不断更新，也促使广大教师的思想、观念，教育教学的方式方法逐步发生着深刻的转变。

【积极争取、认真实施教育信息化项目】

一是在2006年建成50%校园网的基础上，至2007年底，全市乡镇级以上学校75%顺利建成校园计算机网络工程，该工程项目总投资约100多万元，学校教学特别是教师办公信息化环境得到极大改善，全市城乡之间信息化发展不平衡的状况也有所好转。二是组织实施淮安市现代远程教育工程，并于2007年2月由市教育局印发《淮安市农村中小学现代远程教育工程实施方案》。现我市现代远程教育工程项目已覆盖农村所有中小学校，投入资金近1000万元，用于完善工程建设所需硬件设备和优质课教学资源。三是围绕教育信息化主题，大力开展多种多样的应用活动。市直学校和各县区重点中小学都进行了大范围的公开课开课活动，市电教馆、教研室组织开展了全市性的信息技术与学科整合教学评比活动等。四是认真组织教师信息化应用的培训，提高教师应用水平，市电教馆、装备中心分别就“远教工程”和“四配套工程”项目组织了约1100人进行集中培训。五是争取年底前市教育局信息资源中心项目能通过审批并采购实施。

【克服资金困难，努力完成年度工作任务】

在各级财政和学校经费十分困难的情况下，我市在教育信息化基础设施建设上，既积极争取省项目支持，又把重心放在自力更生的基点上。2007年，市教育局继续把教育信息化作为教育工作的重点任务，纳入市委、市政府为民办实事项目。各学校及早动手，想方设法筹集资金，拓宽投入渠道，采取学校自筹、企业垫付、个人出资、教育局补贴等多种办法，全年共新建计算机教室20余口，新配备微机800多台，多媒体专用教室50多口。省清江中学今年新建的校园网投入约200万元。有4所学校为每个教师配备了办公、教学兼用的笔记本电脑。

【规范管理，建立健全必要的规章制度】

管理工作是教育信息化重要环节。为使管理工作有章可循、充分发挥设备效益，我们把建章立制工作作为教育信息化的常规工作。一是统一印发教育信息化工作管理规章制度，并上传至淮安教育技术网主页。二是要求学校必须参考制度汇编结合学校实际认真制定计算机室、多媒体室、电子备课室等功能教室的规定、条例、守则、职责等规章制度。并做到平时有检查、制度有上墙、使用有记录，责任落实到人，确保教学工作正常进行。三是在学校网络与信息安全管理工作中，坚持积极预防、确保安全的方针，认真落实安全组织、安全制度和技术防范措施，逐步建立和完善安全防范机制。四是结合平时常规工作检查，组织对各校教育信息化的管理工作进行检查指导，加强了管理工作

【加强使用，努力提高现代教育信息化装备的使用效益】

教育信息化工作重在使用。目前，淮安市教育信息化工作虽然起步较晚，但我们认识到：教育信息化是教育现代化的必然要求，是全面推进素质教育的需要，它有利于提高学生的素养，能够突破教育环境的空间，共享优质教学资源，提高教学质量。为此，我们加强教育信息化设备的使用，努力提高现代教育装备的使用效益。一是抓紧师资培训，提高师资素质。目前，淮安市采用集中培训与分散培训相结合、假期培训和平时培训相结合等方式组织信息技术培训。据统计，淮安市已有20000多人次接受信息技术培训，并有60%的教师通过中小学教师省统一考试，现在已拥有一支专兼职的信息技术教师队伍。二是严格按照课程计划，开设信息技术教育课程。全市所有中学、中心小学及100%的完小都开设信息技术教育课程，并按要求将信息技术列入初中考查、高中会考科目。三是把运用现代信息手段和丰富的网络资源探究面向新课程标准下的教学模式和方法作为当前乃至今后相当一段时间内的重点。我们要求学校教学工作必须加强对信息技术与学科整合的研究，努力提高教学效果。目前已有较多的教师能根据学科的特点、教学内容和应用场合进行信息技术与学科整合的教学模式的设计尝试，并取得了一定的效果。

【存在的问题】

一年来，淮安市教育信息化工作取得了一定的成绩，但也存在一些问题和不足：

1．信息化建设资金严重短缺，投入欠账较大，有的学校未付清建设欠账。尤其是农村中小学实行一费制后，投资贷款、合同欠款偿还困难。

2．发展不平衡，学校之间差距大。目前我市学校之间教育信息化发展存在明显差异，部分校信息化建设相对滞后，应用水平和层次较低，影响了全市教育信息化的均衡发展。

3．学校计算机教学和网络管理、维护的技术水平参差不齐。教师队伍的信息技术水平和整合应用能力亟待提高。

4．管理不够科学、规范。部分学校领导缺乏必要的专业技能，对信息技术教育目标不够明确，要求不够具体，管理不够科学，致使信息化建设步伐缓慢，资源得不到很好的整合，应用水平不高。

【2008年工作要点】

2008年，全市教育信息化工作要继续按照一个中心一个核心一个重点的总体思路，通过以下几方面工作，促进教育信息化快速发展：

1．抓项目，促建设

积极争取各种信息化项目，力争农村中小学现代远程教育工程项目在我市持续发展。要制定项目具体实施办法，落实配套资金，精心安排项目学校，做到项目到校、责任到人，保证项目顺利实施。要通过项目支持和自建，全面提高教育信息化水平，力争使全市中学、中心小学和有条件的完小建成按要求配备的计算机室，并使生机比达12:1以上。

2．抓管理，促发展

一是市局、学校要制定、完善相应的管理措施和办法，实行规范化管理。二是强化各类学校信息化设备、软件资源和信息技术教学管理，严格要求学校开齐上好信息技术课，充分利用远教设备、网上资源、项目配套光盘，开展教育教学活动。三是安排适当时间对学校信息化设备管理

使用、课程开设、教师培训、教学应用和学生掌握情况进行全面检查。

3．抓培训，促应用

一是制定教师信息技术培训、考核标准，规范培训行为，提高培训质量。二是有计划地进行集中培训和经常性校本培训，达到有条件的学校校长100%会使用，教师85%以上会使用信息化设备的目标。三是配合省、市有关活动，开展市、校两级教学课件评选、信息技术与课程整合观摩等活动，引导教师积极参与信息技术教学实践和应用，制作教学课件，使信息技术广泛应用到课堂教学中去。

4．抓典型，促整体

一是争取培育1～2个教育信息化工作做得好、信息化装备用得好的学校典型，在全市推广。二是市局对学校教育信息化工作年底进行一次专项评估，对教育信息化成绩突出的学校予以表彰奖励。

（陈国猛　陈雪梅　朱　云）

盐城市信息化发展概况

【综述】

2007年，盐城市认真贯彻落实《中华人民共和国政府信息公开条例》、《江苏省软件产业促进条例》等政策方针，加快发展以汽车电子、LED和光伏产业为龙头的新型信息产业，加大信息基础设施投入，稳步发展信息服务业，大力推进农村信息化综合信息服务试点工作，积极运用信息技术促进产业结构优化升级，政务信息化、企业信息化、农村信息化和信息产业等方面均取得较快进展，全市国民经济和社会信息化水平得到进一步提高，城市信息化竞争力得到显著增强。

2007年，全市实现信息产业增加值48亿元，电子信息制造业销售收入30亿元，软件销售收入4.8亿元，信息服务业收入38亿元，分别比上年增长25%、38%、17%、31%。全市年末固定电话用户数达270万户（其中小灵通、大灵通用户达87万户），移动电话用户数达262万户，宽带用户数达26万户，计算机拥有量达49万台，电视机拥有量达376万台，有线电视用户达138万户，数字电视用户达8.4万户。

【信息基础设施建设】

2007年主要行业完成基础设施投入达42亿元，比上年增长20%。重点实施了新一代互联网（NGN）二期工程、市级电子政务城域网、盐城联通第三交换局机房楼、盐城电信本地网等建设工程；全市局用交换机扩容20万门，总容量达到300万门。市内互联网骨干带宽达到95Gb/s，新建移动基站180个，总数达1560多个。拥有中波、调频发射台座，电视发射台16座。

【信息产业】

2007年全市信息产业实现增加值48亿元，比上年增长25%，占GDP 3.5%，比全市GDP增长快13个百分点。

（一）电子信息产品制造业

整个行业的增长幅度略比上年有所提高。全年实现销售30亿元，同比增长38%，实现利税3.98亿元，同比增长16%，完成工业增加值9亿元，同比增长22%，实现固定资产技改投入34.5亿元，同比增长15%。电子信息产业园区挂牌运作，产业集聚效应有所显现。2007年6月，省厅正式批复我市经济开发区为江苏（盐城）电子信息产业园，并将产业园列为厅市共建项目。园区现有京信电子、斗源空调等以汽车电子为主的电子信息产品制造业企业20多家，2007年的生产销售均增长明显，一批汽车照明、燃油电喷系统、水温控制组件、机油压力报警装置等项目正在积极引进，年底还签订了投资9000万美元的亚瑟数码电子项目协议。苏州莱迪斯特公司总投资10亿元的SMT项目也于年底开工建设。

（二）通信服务业

2007年，全市完成通信业务收入28.5亿元，同比增长37%，全市新增固定电话用户11万户，用户总数达到270万户，主线普及率达31线/百人；新增移动电话用户52万户，总数达262万户。

（三）软件产业

2007年，盐城市认真贯彻落实省委省政府发展软件的战略要求，积极宣传推进《江苏省软件产业促进条例》，全市软件业出现了良好的发展势头。全年实现销售收入4.8亿元，出口创汇1500万美元，利税9500多万元。全市新增注册软件企业11家，总数达56家，从业人员达1700多人，比上年增长12%。通过双软认定企业2家，5个产品通过软件产品登记。江苏伯乐达投资实业集团有限公司的“节能环保型功率高亮LED器件的集成技术研究及产业化”项目获得省信息产业厅2007年度省软件和集成电路业专项资金100万元的资助，将对盐城市发展LED产业起到积极的推动作用。

【农村信息化试点】

2006年底，盐城市被信息产业部批准为首批国家农村信息化综合信息服务试点。2007年4月市政府与信息产业部、省信息产业厅签订了共同推进试点建设的合作协议，7月份召开了全市农村信息化试点工作会议，拟订出台了《盐城市农村信息化综合信息服务试点建设实施方案》，制订了县（市、区）镇村综合信息服务点建设标准。“四项工程”（即“双入户”工程、产业引领工程、综合服务工程、百万农民培训工程）建设初见成效：农村经济信息服务站点建设有了新突破，在首批试点的33个村中建成15个标准点，功能不断增强，不仅包括一般的信息查询、科技服务、远程教育等，而且逐步向镇务、村务管理、便民服务等方面发展，并初步探索出运营商、个人、政府共同建设，集综合信息服务、通信、水电、电视等业务代理的一体化综合服务站点建设运行模式。组织了对首批试点3个县、镇、33个村的信息员、种养大户等80多人进行为期3天的免费集中培训，取得了较好的效果。社会合作取得进展，我市与中国农科院、农业信息研究所、山东威海农友软件基地、联想集团等科研机构和工厂企业的合作不断深化，市各电信运营商在试点工作中发挥了重要作用。

【政府网站测评情况】

2007年是组织开展全市政府网站测评的第四年。年度的测评在吸收借鉴往年测评工作经验的基础上，对网站测评指标体系进行了进一步优化调整，加大了在线办事和公众参与的考量权重，使网站测评工作更加科学合理，更加贴近公众需求，较好地体现了国家和省对政府网站建设工作的有关要求。2007年，全市政府网站的数量不断上升，质量不断提高，功能不断健全，在促进政务信息公开，提高办事效能，改善公共服务等方面的作用日益明显，呈现出稳步发展的良好势头。全市市、县（市、区）两级政府门户网站全部建成，市级政府组成部门网站拥有率高达87.8%，与2006年相比提高了近15个百分点。2007年，市民政局、司法局、城管局、安监局、粮食局、机关事务管理局、民宗局等7个部门新建了网站。2007年被测评的政府网站共53个，有43%左右的网站围绕用户需求整合资源，进行了改版重建，有31%左右的网站进行了充实和调整，优化了页面的布局和栏目的设置，扩大了服务的范围和层次，方便了用户对信息的查询和获取，突显了自身的特色。与2006年相比，网站建设规范程度明显提高，管理机制更加健全。绝大多数网站都使用了以“.gov.cn”为结尾的域名后缀和ICP注册备案，加强了安全技术和手段的应用；采用了较先进的网站制作技术，强化了网站的稳定性。绝大多数网站都能按照“以公开为原则，不公开为例外”的要求，在信息更新的速度上、信息内容的全面性上、信息公开的方式上不断加以提高。41%的网站信息更新速度明显加快，35%左右的网站发布了较全面、完整的政务基本信息。2007年，市、县（市、区）两级政府门户网站全部新建了“百件实事网上办”栏目，从用户的角度出发，以需求为导向，以整合服务资源为核心，提供便民服务，获得良好社会反响。一些部门网站不断创新服务理念，按服务流程整合资源，提供场景式在线服务。所有参评网站都开设了领导信箱栏目，98%的网站开辟了交互服务，比2006年增长了23%。这些互动栏目的设立，使政府网站逐渐成为公众民主监督和建言献策的主要渠道，成为政府知民情、达民意、解民忧的重要途径，促进了和谐社会的建设。在发展的同时，依然存在一些问题：一是思想认识还不到位。一些单位对通过网站为社会公众提供政务信息、提供在线服务功能的重要性、必要性认识还不到位，仍有一些市级机关部门还没有网站。一些单位的工作人员对通过网站服务社会、服务公众的积极性不高，网上服务项目、内容与公众需求差距较大，针对性、实用性不强。重建设、轻管理的问题依然存在。部分网站长期不进行管理维护，信息陈旧，服务功能缺失等等。这些都将阻碍网站的可持续发展，影响政府信息化的发展进程。二是地区间、部门间发展水平还不平衡。无论是各县（市、区）之间，还是各部门之间，先进网站和后进网站都存在着很大差距。10个政府网站的最高最低得分相差近50分，43个市级机关部门网站最高最低得分相差近60分，呈现出很大的区域差异和部门差异。按照新的测评指标体系，53个参评网站中，超过70分的网站只有6个，低于40分的网站有18个，这些都说明了盐城市网站建设的整体水平还不高，多数网站比较重视政务基本信息的公开，而忽视了在线办事和公众参与功能的建设。三是资源整合和信息公开的规范性还不够。测评结果显示，多数网站信息发布内容比较单一，不够完整，公开不充分，大多集中在最基本的政务信息领域，对公众最需要了解到的政府决策信息和办事类信息的公开远远不够，公众的知情权有待进一步提高。个别网站信息公开时效性不强。同时，各地、各部门业务信息资源和政务信息资源缺乏有效整合，信息发布内容相对孤立，公众依法获取政务信息的便捷通道未能真正建立。四是在线办事的服务能力还不强，公众参与互动交流的效果还不明显。全市80%的政府网站没有明确的用户指向，未从用户角度出发，整合服务资源、拓宽服务范围、策划服务内容、设计服务方式，提高人性化的服务程度。在线办事绝大多数还停留在办事指南的提供、表格下载、站内查询和在线咨询上，而真正能实现“百件实事网上办”、在线申报、在线审批、办事状态查询的网站是凤毛麟角。公众参与渠道相对简单，通过在线调查、在线访谈等新渠道进行互动的网站不多，对公众向政府咨询、投诉、反映问题的回应和答复速度及质量很不理想。测评显示，只有9家网站做到了响应测试提问，10家网站对提问毫无反应，6家网站虽有该栏目，但无此功能，28家网站连相关的栏目都没有。

【企业信息化】

（一）江苏悦达盐城拖拉机制造有限公司

2007年，在保证ERP一期各模块能正常并深入应用的基础，公司完成了ERP二期工作的建设，企业信息化系统顺利运行，生产各模块充分发挥作用，管理成本大幅度降低，自主研发设计的三维制造平台也初具规模。

1．为配合公司的降本管理，实行了代储库制度，即供应商的物料进入代储库，公司在代储库进行领料，在己领用的情况下才能结账，进入应付，极大地降低了公司在存货上的成本。同时对各供应商采取了留底资金，通过应付模块，实际应付信息得以随时查找。

2．整机生产检验入库流程能正常运行，确保了整机出库的正确性。整套流程全部通过ERP来完成，入库单、合格证、移库单及最后的提货单、出库单都由ERP即需即出，避免了以前人工填写易出错的情况，保证了数据的一致性和完整性。

3．存货核算实现了真正意义上的应用。实现了仓库盘点，实现了用友财务数据与和佳ERP数据一致，保管员实现了甩账本，仓库的库存更加准确及时，为采购和生产及时提供的信息。

4．绝大部分产品建立了BOM模板并不断完善，现在所有产品都能在几分钟内生成精确BOM，为生产自动产生领料单打下了坚实的基础。

5．公司物料信息达到3万多条，生成的不同配置的产品数量达1435种，及时为价格部、采购部、生产部及合资谈判及时准确地提供了大量资料，为领导决策提供了数据支持。

6．建立184拖拉机三维产品数据库，初步建成大功率拖拉机设计设计平台。

（二）市第一人民医院

1．增设电子病历专用数据存储服务器和信息处理服务器；建立相应的大型数据库，包括知识库、病历模板库等基础数据库。在电子处方的基础上，开发电子病历系统。门诊医生工作站不仅要满足门诊诊疗的需要，而且要为病人的住院、转院和社会卫生服务提供有用的信息，使用率达80%。住院医生工作站，满足住院病人的诊疗、转院和健康服务的需要，使用率达100%。提高了医院的诊疗水平和工作效率，提高医院就诊率15%、病人治愈率5%以上。

2．逐步建设适用于苏北地区的临床信息系统，进一步提高医疗服务质量，初步实现医疗决策支持功能，尤其是建立同病种的“临床医疗指南”信息库，满足不同社会人群、不同经济条件病人的实际需求。

3．开发“新农合”和“社区医疗”的应用软件，将医院信息系统向县（市、区）和市区试点社区拓展，实施区域性医疗卫生服的服务功能。整合来医院就诊的所有病人信息，完善以病人为基础的个人卫生档案，实现社区与医院、县与市之间的双向转诊，为区域性公众卫生健康服务体系创造条件。

【国税系统信息资源开发】

（一）积极服务于广大纳税人

2007年，自主开发出“小规模纳税人网上申报软件”，免费提供给广大纳税人使用并提供培训和服务，克服了以前软件维护不方便、不及时的缺陷，被盐城市电视台专题报道。

（二）积极规范基础数据，拓展数据增值利用

加强基础数据审核，保证数据正确率接近100%，为各单位、各部门的税收分析提供了非常准确的基础数据。在用好、用足现有各项系统的基础上，多次开发出适用对路的应用信息系统，方便基层及各级领导查询了解相应纳税资料，同时为统计部门及时提供准确征税资料。

【交通系统信息资源开发】

一是加强信息化基础设施和业务应用系统建设。建成96196交通服务热线。为更好地服务社会，服务公众，2007年建成了96196热线服务中心和96196网站，由市电信公司负责建设和维护，可以通过电话、传真、网站等途径接受社会的咨询、投诉和建议等。完善盐城交通网站。在统一平台上建成市局及7个直属单位网站的基础上，做好使用维护工作，去年还对新成立的市港口局建成网站，加上另外3家自建网站的单位，市直交通系统所有单位都建成了网站，切实发挥了公众服务和对外宣传的功能。二是市航道处建成航养费收费系统、办公自动化系统和监控系统，并正常运行。建设了标准化的射阳港船闸机房、县站征收大厅监控系统，对征收软件进行升级、扩容等，并建成了视频会议系统，运行稳定。三是运管部门利用VPN方式建设成省、市、县三级联网的运行多功能业务的“江苏运政在线”系统。市运管处针对其VPN组网存在的问题，对现有网络进行改造，实行内外网物理隔离，充分利用全省“江苏运政在线”网络平台，实现在线管理，提高工作效能。还开发危化品动态登记台账，做好危化品车辆实时监控管理。建设开通了全市“96520”交通运输咨询服务热线，强化网上投诉处理。大力推进二级以上汽车客运站微机售票和联网售票工作。截至年底，全市14个二级以上汽车客运站已全部安装并使用省局联网售票系统。盐城汽车总站已在盐城市区、盐都区与16个邮局网点实行联网售票，极大地方便了市民出行。四是地方海事部门实现了省、市、县三级联网，运行多种海事业务。将到各县处广域网络进行了升级改造，全部采用电信2Mb/s数字电路，同时对全部的9条数字电信进行了双线路备份，提高了网络的可靠性和稳定性。进一步完善已投入使用的海事业务应用系统有船检业务系统、船舶登记系统、船员管理系统、海事财务管理系统等。

【安全监督信息资源开发】

（一）全面利用现代信息技术加强重大危险源信息的收集利用

组织企业对重大危险源进行自查、登记、建档，在试点的基础上要求企业全面采用“危险化学品登记管理系统”和“重大危险源管理软件”建立了重大危险源数据库，并及时向当地安监局进行申报。由县（市、区）安监局组织有关中介机构和专家对企业上报的数据到现场进行辨识评估，然后将确定的重大危险源上报市安监局，实现了所有重大危险源的实时图像监控，部分重大危险源和隐患网上跟踪监控，全年共发现并处理了重大危险源安全隐患572条。利用“重大危险源管理软件”等信息手段向省安科院重大危险源及隐患评估中心导入上报了重大危险源企业409个和1069个重大危险源点。

（二）建成政务信息电子报送统计积分系统，力保政务信息工作一流水平

8月份建成了市安监局政务信息电子报送统计积分系统并试运行，9月份正式运行。全年各级部门报送的信息2134篇，其中被市委信息系统采用42篇，被市政府信息系统采用20篇，被国家局网站采用64篇，被人民网采用3篇，被省局网站首页采用106篇，被省局网盐城版面采用318篇，被《江苏安全生产报》采用7篇，被《江苏安全生产杂志》采用19篇，被《盐城工作》采用1篇，被《盐城机关党建》采用2篇，被市政府安委会《盐城安全生产》采用135篇，被我局网站采用256篇，被其他各类刊物采用5篇。

（三）利用信息技术切实做好全年安全生产控制目标各项工作

安全生产统计、行政执法统计、调度工作、企业信用记录工作等为安全生产监督管理决策提供了强有力的信息支持，市安监局建成了全市安全生产事故信息电子网络报送统计体系系统，通过电子网络快报和统计系统为领导的科学决策提供了重要的信息参考，保证了各项基础统计分析工作的有序开展。

【房产信息资源开发】

一是开通盐城“网上楼市”（www. ychouse. com)。随着房地产市场的迅猛发展，为规范盐城市房地产市场并促进其健康有序发展，市房产管理部门建成了盐城“网上楼市”平台对房产市场进行实时监督，该平台可以从技术层面上禁止期房炒作，实现房价“一房清”，并清理中介机构，同时也是市民查询上市楼盘房源信息和购房的主要平台。通过该平台可以查询包括项目概况、项目地址、预售许可证、土地使用证、开发商名称、代理商名称、小区平面、套型种类、楼盘总体销售情况等，也可以在网上投诉，形成了公开透明的房地产信息体系。同时，政府通过“网上楼市”的实时交易信息全面了解房地产市场情况，起到辅助决策作用。开发企业也能通过这一平台及时了解市场的供需结构以及区域价格变动情况等等。目前，该系统已向中国版权信息保护中心申请知识产权。二是分步建立房产档案电子信息，实现了全市房产档案全面电子化。房产档案信息化是房产档案科学管理的重要发展方向，盐城市现有房产档案近15万宗。为了确保房产档案顺利实行电子化，市房产管理部门在对新生成的产籍资料完成原始档案扫描图像的基础上，集中扫描，将盐城市所有的房产档案实行电子化，方便了产权人的查档，同时确保了原始档案保管的长期性。

【信息化培训与宣传】

一是举办了四类主体专题信息技术应用培训班。为贯彻落实省苏北发展协调小组会议精神，省信息产业厅制定了2007年支持苏北发展，实施苏北信息化培训计划。根据计划安排，结合盐城市国家农村信息化综合服务试点的工作要求，盐城市和常州信息职业技术学院联合举办这期培训班，旨在引导农村四类主体学电脑、用网络。二是在12月配合省信息产业厅、省电子学会开展了“科技交流、振兴苏北”学术交流活动。活动包括两场学术报告会和一场专家交流会。两场报告学术报告会以“电子信息技术及其发展”为主题分别在市行政中心和盐城工学院举行。专家就无线通信技术的新发展、穿戴式网络、信息产业发展与企业人才的关系和信息产业及其发展等课题分别作了精彩的演讲。市和各县（市、区）开发区、各有关部门、各通信运营企业、各电子信息企业和汽车及零部件企业的有关负责人和市高等机电职业学校和盐城高级技师学院部分师生近400人出席了报告会。近600人参加了在盐城工学院新校区举办的另一场报告会。在“信息化带动工业化”专家交流会上，我市部分部门、电子信息企业的分管负责人和专家围绕调整产业结构、加快电子信息产业发展进行了热烈的讨论交流，专家们对我市加快发展信息产业在项目、人才、技术、资金等方面提出了很多建议和意见。

【2008年信息化工作思路】

2008年是贯彻科学发展观，认真落实党的十七大关于“全面认识工业化、信息化、城镇化、市场化、国际化深入发展的新形势新任务”，加快实施《盐城市信息化建设“十一五”规划》的关键之年。全市信息化及信息产业工作重点为：

（一）突出招商引资，努力推进信息产业发展

把培育发展信息产业作为盐城市信息化工作的首要任务，积极助推产业结构的调整优化。一方面依托市开发区、亭湖区、盐都区做好汽车电子、光电子、凤凰（软件）园规划，研究扶持政策，力促IT产业链延伸和企业集聚。另一方面，拟请省信息产业厅与盐城市联合面向日韩、台湾和浙江等地区开展汽车电子、光电子和软件外包项目的专题招商活动，积极加速三个园区的资本投入和项目集聚。

（二）坚持重点重抓，着力做好三个乡镇的示范建设工作

国家批准盐城市开展国家农村信息化试点期限为2007～2009年，今年重点要做好市政府确定的射阳洋马、建湖恒济、大丰南阳3个镇全部33个示范村建设，以此带动面上试点工作的稳健发展。一是突出对农村企业、合作经济组织、经纪人、种养大户“四类主体”和农村信息员开展培训，联合通信运营商实施农户上网激励政策，引导农村产业走上信息化发展之路。二是完成33个村综合信息服务点建设，探索公益性服务与商业化服务的分类，促进为农信息服务的健康可持续发展。三是加快研发为农综合信息服务共享平台项目，为农民提供综合信息服务的便捷通道，为涉农部门提供信息整合的汇聚平台。

（三）推进网络联通，加快提高信息化建设

水平

坚持以企业为主体，以促进节能减排、强化设计营销为企业信息化应用重点，加速新型工业化进程。同时，要按照国家信息化战略要求，以电子政务为信息化建设的龙头，推进网络联通，加快提高全市信息化建设水平。一是加快构建电子政务城域网，为公文流转、行政审批、集中支付、劳动保障、数字城管、地理信息等各部门信息系统提供公共网络平台，防止重复建设，促进信息共享。二是进一步加强机关网站建设，加快行政审批、市区社区居民健康信息管理系统等重点项目建设，促进信息惠民，优化盐城形象。三是加强对电子政务项目管理，努力消除电子政务建设中存在的重复建设、接口隐患、信息孤岛等突出问题。

（周　翔）

与时俱进　攻坚克难
全力打造“集约型”数字化城市管理新模式
——盐城信息化建设特色

盐城市数字化城市管理系统建设是盐城2007、2008年市区重点城建工程项目。在省建设厅的统一部署下，在市委、市政府的正确领导下，在数字化城市管理各相关单位的共同努力下，2007年2月成立市数字化城市管理工作领导小组，制定了数字化城市管理工作实施方案，全面启动数字化城市管理系统建设。2007年10月成立市数字化城市管理监督指挥中心，完成了数字化城市管理的组织架构，2007年12月12日数字化城市管理系统顺利建成开通运行。该项目被省建设厅评为“省建设领域科技示范工程”，2008年1月系统开始实施二期工程建设。盐城投资少、社会和经济效益高的“集约型”数字化城市管理系统建设，为苏北兄弟城市和县级城市建设数字化城市管理综合业务平台提供了一套可借鉴的新模式，泰州市、淮安市、镇江市等兄弟市相继来我市考察、交流。

【系统建设概况及特点】

盐城数字化城市管理信息系统建设立足于已有信息化基础，以国家建设部和省建设厅相关文件为指导，借鉴全国其他试点城市的建设经验，统筹协调各方力量，充分挖掘利用并优化配置现有资源，以“符合部颁标准，满足实际需要，节省建设投资”为工作思路，努力将系统建成的具有经济性、共享性、达标性的“集约型”数字化城市管理新模式。

一是在总体规划设计上，坚持了“分步实施”的原则。按照盐城的管辖区域，建设完整的符合建设部标准的数字化城市管理系统少则需要1600多万元，多则需要3000多万元。这样的投资，中小城市难以承受。为此，我们广泛调研，反复论证，分步实施，逐次推进工程建设，一期工程实施区域控制在核心区43.9平方千米，项目总投资控制在600多万元；二期工程信息采集扩展到新区和城乡结合部，共107.6平方千米的覆盖范围，并启动盐都、亭湖、开发区三个区的指挥分中心建设，工程扩大了，但总投资仍控制在600多万元。

二是在建设方案编制上，体现了“集约化”的理念。坚持执行建设部技术标准和规范，本着实事求是的指导思想，在设备选型、软件开发、场地装修等方面，立足于满足实际需要，不盲目追求豪华。充分整合和利用政府现有的电子政务网络资源和机房环境、城市测绘地形图和地理空间数据、“12319”特服热线等信息资源，缩短建设周期，降低建设投资。

三是在建设成本控制上，部分子系统项目采取了“以租代建”的方法。对于“视频监控”、“呼叫中心”、“短信平台”等子系统项目，采用“以租代建”的方式由电信、移动等运营商进行建设，缓解了投资压力。

四是在组织架构设置上，确定了“两个中心”合一的模式。在坚持监督与管理分离、监督与指挥两个轴心并存的条件下，广泛调研，博采众长，实行“盐城市数字化城市管理监督指挥中心”一个中心的组织架构，既规避了设立两个正处级机构的困难，又防止了两个“中心”运作过程中的矛盾，在监督指挥中心内部，通过处室职能的划分和系统功能的设置，实现了监督与指挥两个“轴心”分离，使两个“轴心”相互并存，相互协调，同步运作。

【系统建设核心示范技术】

盐城数字化城市管理系统在建设过程中以满

足市政设施和城市环境管理需求为前提，依托基础信息数据、构建城市部事件、单元网格以及地理编码数据库，开发城管软件平台，在市级层面建设了监督指挥中心，在区级层面建设指挥分中心平台，将数字化城市管理融入不断发展的数字盐城的大环境中，“集约型”技术的示范效应在数字化城市管理系统建设中不断彰显。

示范技术一：采用空间网格技术创建单元网格

搭建盐城市数字化城市管理平台，采用“万米单元网格管理法”和“城市部件管理法”相结合的方式，统一盐城市市、区二级数字化城市管理系统的接口标准，实现盐城市城市管理的信息化、标准化、精细化，保证城市运行中出现的问题能够及时发现、及时处理、及时解决，逐步建立沟通快捷、分工明确、责任到位、反应快速、处置及时、运转高效的城市管理和监督长效机制。

从城市管理角度划分单元网格，开辟了一个新的地理编码管理体系。按照空间网格技术的原理，以社区为基础，根据属地管理、地理布局、现状管理、方便管理、管理对象等原则，划分单元网格，同时兼顾了建筑物、城市部件的完整性和便于社会管理和日常监督。通过单元地理网格的划分，将城市管理部件、道路、社区、门址、建筑物、企事业单位、地名等要素通过单元网格直接建立地理位置关系，使单元网格逐步成为城市各类要素与地理信息发生关系的重要编码基础。

示范技术二：城市分层、分级管理，实现主动式城市管理模式

将市区划分为区、街道、社区和单元网格四个层次，明确每个层次城市管理的责任，通过分区即时监控，随时掌握城市的现状，及时处理城市管理中发生的问题，从而实现城市管理由被动向主动的转变，彻底解决城市管理中的被动、盲目管理问题。

示范技术三：采用地理编码技术对城市部件实行分类、分项管理

通过普查将城市部件进行分类、分项处理之后，确定每个城市部件的地理编码并标注在地图上，全部纳入计算机管理。采用地理编码技术进行分类、分项处理，将城市管理内容全面细化，并且可以科学确定相应的责任单位，实现城市管理由粗放向精确的转变，彻底改变城市管理对象不清、无序的现状。

示范技术四：依托数字城市技术，创建全新的信息实时传递方式

将现代无线通信手段与信息技术全面应用于城市管理，整合信息资源，实现信息的快速传递与共享，是实现城市管理现代化的重要环节。通过无线网络技术与移动通信业务的有机结合，实现信息源的全方位采集，以保证对城市实行全区域、全时段监控与管理。

示范技术五：按照电子政务的要求，全面整合政府资源

按照监控、评价与管理分开的原则，组建了城市管理指挥中心和城市管理监督中心，彻底解决城市管理工作中专业管理部门多头管理、职能交叉、职责不清的现象。根据新模式运行与发展的变化，适时调整专业部门设置和职能，保证新模式的顺利运行和不断完善。

按照政府信息资源共享的原则，整合市、区两级电子政务平台和国土部门地理信息基础数据、公安视频监控、以及“12319”呼叫平台等资源，搭建数字化城市管理信息系统平台。

示范技术六：运用数字城市技术，实现城市管理数字化

该系统依托信息技术，应用并整合了十几项数字城市技术，采用万米单元网格管理法和城市部件管理法相结合的方式，实现了城市管理空间细化和管理对象的精确定位，通过“城管通”的研发，实时采集信息，创建城市管理监督中心和指挥中心两个轴心的管理体制，再造城市管理流程，实现精确、敏捷、高效、全时段监控、全方位覆盖的城市管理新型模式。

在系统建设中，利用网络技术，实现有线网、无线网的互联，构建了城市管理新模式运行的基础设施平台；应用数据存储与备份技术搭建了信息管理平台；利用网格地图技术，实现城市管理区域的精细划分，创建了城市管理新的地理空间体系；利用地理编码技术，实现了城市管理对象在管理区域中的有序、精细定位；利用了GIS技术，实现了图文一体化的协同工作应用环境；利用GPS技术，实现“城管通”和城市管理对象的准确定位；利用数据库技术，建成盐城市城市管理数据库，实现了海量地图数据整合；利用数据挖掘技术，将城市管理对象按照不同时期、不同重点任意分类、组合，实现城市管理对象的专项普查和城市管理评价体系的数字化；利用关联技术实现城市管理各业务部门间的实时、动态、多人员的协同处理、并联工作；利用安全技术构建了信息平台的安全保障体系，为应用系统的运行保驾护航。通过集成应用“数字”城市技术，以信息流控制人流、物流，实现了城市管理的信息化、人性化和透明化，实现了“数字城市”技术应用领域的创新。

示范技术七：数字化城管应用集成技术

按照科学发展观和构建“创新型”社会主义和谐社会的要求，立足于创新城市管理体制、机制和方式，大力整合现有城市管理资源，积极借助和运用现代信息技术，充分发挥政府的社会管理和公共服务职能，有效建立现代化、高效率的“集约型”城市管理信息系统，切实解决城市管理的“热点”、“难点”问题，逐步建立起市有关部门各司其职、各尽所能、相互配合，市、区、街、社区多级责任管理，市民广泛参与的城市管理新格局，加快实现传统管理向现代化管理、突击性整治向长效管理的转变，全面提升城市管理和行政执法水平。

1．以1万平方米为基本单位，与专业测绘部门协作，按照法定基础、属地管理、现状管理、方便管理、地理布局、负载均衡、无缝拼接、相对稳定的原则，对市区现有行政区划分为若干个单元网格。

2．在采用建设部颁布标准基础上，结合盐城市实际，重点围绕城市环境、城市交通、文明城市创建、安全社区、社会稳定等五大类问题，适度扩充了管理需要的部件和事件各类，重点增加了危险品源、工地安全隐患、河流设施等部件和店前设摊、路边叫卖等事件管理。

3．对43.9平方千米建成区1:500基础地形图数据修测和城市部件普查，对部件、事件精细分类、按照地理坐标定位。建立城市管理空间、管理对象、管理方式的地理编码规则，完成地理编码系统并按地理坐标标注在单元网格图中。

4．建立硬件网络环境。在电子政府专网基础上，建立连接各区、城市管理相关部门、街道、社区的数字化城市管理网络系统，各区、城市管理相关部门、街道、社区等相关单位建设必要的工作终端。市政府及各区领导通过电子政务网建立监督查询终端。

5．建立基于运用无线网络，对现场信息进行采集和传送的数据采集系统，实现城市监督管理的移动办公。

6．建设接受城管监督员、街道、社区、市民呼入热线，负责反映问题的受理接入、数据录入、问题分析和信息传输。

7．基于电子地图技术的市级城市网格化管理信息平台，建设以城市部件管理子系统、信息采集子系统、调度指挥子系统、协同工作子系统、评价考核子系统为主要内容的城市管理应用系统。通过基础信息采集、综合信息受理、部门协同办公、城管热线（12319）、视频监控等在线业务流程，实现信息双向互动。

8．通过计算机系统自动对城市管理进行统计分析、监督评价，实现对市直关联部门、各区及街办（乡镇）精细综合考核评价。

9．从管理制度、软硬件环境、安全策略机制等多方面采取综合防范措施，保障信息平台、基础数据和信息内容的整体安全。

【系统建设中的主要做法及创新】

盐城数字化城市管理信息系统建设在严格执行部颁标准的基础上，着力在“五个一”上做文章，推动了数字化城市管理又好又快的发展。即：确立了一个理念。构建“集约型”且符合相关标准的具有盐城特色的数字化城市管理新模式。搭建了一个平台。包括基础数据普查、呼叫中心、市级指挥、督察、考核、视频监控等资源，按照建设部标准，对城市部事件进行普查、分类和编码，建设数字化城市管理信息平台。开发了一套软件。即开发数字化城管应用软件系统。建设了两个轴心。即建设数字化城管监督和指挥两个“轴心”。形成了一套考核机制。即建立一套科学完善的监督考核体系，对城市管理的各方面进行统计分析、考核评价。

系统建设在借鉴兄弟城市成功经验的基础上，打造“集约型”特色，在管理和应用技术上实现了六个方面的创新。

1．管理模式创新。立足于已有的信息化基础，从构建数字盐城的整体概念出发，设计实现一体化的集成系统。

2．管理范围创新。一期工程先行实施核心区数字化管理，二期工程扩展到城乡接合部和郊区。

3．管理机制创新。采用“一级监督（市）、两级指挥（市、区）”的“两轴”模式，实现了“双轴化”城市管理。

4．管理内容创新。根据实际需要增加了重点关注的多个事件和部件。城市管理部件分类按照城市管理功能体系划分。

5．管理方式创新。打破过去城管部门管城管的单一局面，把相关部门都在监督、指挥的系统中整合起来，发挥协同效应，形成职能部门齐抓，基层单位参与，市民群众互动的大城管格局。

6．应用技术上创新。创造性地应用计算机网络、“3S”空间信息、无线通信等数字技术手段建立统一的城市管理基础信息平台，充分利用信息资源，采取“万米单元网格管理法”和“城市部件管理法”相结合的方式，实现城市管理空间细化和管理对象的准确定位；创建城市管理“监督”和“指挥”为两个轴心的管理新体制，监管分离，职责明确，再造城市管理新流程；建立外部评价与内部评价相结合的监督评价体系，对城市管理各方面进行综合考核评价，从而实现精准、高效、协同管理的新型城市管理模式。

（吴　松　李兆元）

扬州市信息化发展概况

【信息化发展概述】

2007年扬州市信息化工作以推进信息服务产业基地建设为突破口，以信息化应用为落脚点，优化信息基础设施与发展环境，加快信息产业和信息服务业发展步伐，全市信息化工作在新的平台上实现新的跨越，扬州市信息化办公室荣获市委、市政府2007年始设立的“工作创新奖”。全市信息产业增加值首次突破百亿，实现105.66亿元，占GDP份额达8.06%，其中电子信息产品制造业增长28.4%，软件与信息服务业增长32.3%。

国务院信息化办公室委托赛迪顾问城市战略咨询中心测评并发布《2007年全国301个中小城市信息化现状调查报告》，扬州信息化综合水平位列全国信息化试点城市第二名，进入全国301个中小城市十强，位居第七。

统筹规划管理，创新科学发展路径。编制完成《“数字扬州”2010行动计划》，提出坚持三大路径，实施六大工程，重点建设29个项目，加快推进扬州信息化融合到工业化、城镇化、市场化和国际化的进程；出台《扬州市加快软件与信息服务业发展意见》，明确主要任务和工作重点，从体制、税收等方面提出优惠保障措施，实现又好又快发展；宣传贯彻《扬州市信息化建设管理办法》，加强规范管理。

整合信息资源，提升电子政务效能。推进政务公开，开展“阳光工程——规范事权行动”，电子政务网新增百件实事网上办、监督与监察、在线访谈、专题资源中心、救援与援助等政务应用，增进政务公开、公众参与和政民互动；基于人口基础信息、空间地理信息等数据共享的数字化城市管理、应急指挥、社会综治、网上审批、综合办公、电子文件等跨地区跨部门协同应用成效显著；加大数据交换平台、电子政务核心平台、安全认证等方面的规划建设，市级数据共享交换平台建成运行。

推进产业招商，加快信息服务产业基地建设。省信息产业厅与扬州市共建“江苏（扬州）信息服务产业基地”，基地位于广陵新城，占地150亩，总建筑面积15万平方米的首发项目进展顺利，年内呼叫产业楼、信息服务大厦等3万平方米产业用房交付使用，华润通信、中电28所、江苏汉世纪等呼叫外包、集成研发、咨询培训等项目注册入园。基地经过半年建设，初步展现形象风采。

实施带动战略，推动信息产业集聚发展。加大信息化带动工业化力度，实施信息产品制造业亿元以上技术改造提升项目32项，完成总投资41.12亿元，全市179家电子信息产品制造业企业全年完成销售收入307.2亿元，同比增长53.6%，新材料、新光源、新能源“三新”产业发展迅猛，宝胜集团居全国电子信息百强企业第41位；加大本地软件业发展扶持力度，运用信息服务业发展引导资金，资助通过“双软”认证的企业与产品，全市软件产业实现销售收入2.8亿元，同比增长27%，全年新增“双软”认证企业5家、产品20个，总数分别达23家、82个，江苏油田瑞达软件工程有限公司研发的《能耗最低机械采油系统设计与评价软件》被列入国家首批节能降耗电子信息技术产品与应用方案推荐目录；信息服务业销售收入达46亿元，同比增长15%。

2007年信息化工作存在的问题是：信息化宣传普及有待增强，社会对信息化与工业化、城市化融合发展认识不足；资源分散，条块分割制约更深层次的应用；信息化推进的高位组织协调能力不平衡，统筹规划、整合资源的难度依然很大等。

【目标管理考核表彰】

根据《扬州市信息化建设管理办法》和2007年度信息化工作目标管理要求，市信息办完善考评办法，应用网上督查直报系统，采取平时检查与年终考评相结合的办法，从目标完成、应用绩效、创优创新、组织保障和协同推进等方面对相关市直部门和各县（市、区）信息化工作进行考核。

2007年，纳入全市信息化工作目标管理考核的项目建设计划总投资为32.72亿元，实际完成46.37亿元。其中：信息产业提升与信息化带动工业化示范1000万元以上项目64个，计划投资27.16亿元，实际完成41.67亿元；信息基础设施建设1000万元以上项目6个，政务与行业信息化100万元以上项目32个，计划总投资5.56亿元，实际完成4.7亿元，项目结转至2008年度8600万元。

仪征市人民政府、广陵区人民政府、市财政局、市信息办、市地税局、市国税局、宝胜集团有限公司7个单位被市政府表彰为2007年度信息化工作先进单位；市委组织部、市农工办、市经贸委、市科技局、市广电局、市规划局、市交通局、市政府信息资源管理中心、江苏电信扬州分公司、江苏移动扬州分公司10个单位被表彰为信息化重点工程建设先进单位；邗江区人民政府、市教育局、市档案局、维扬区人武部、扬州市怡丰通讯有限公司5个单位被表彰为信息化应用先进单位；宝应县、仪征市、邗江区3地无线电管理办公室被表彰为无线电管理进单位。

【工作部署】

2007年3月8日，扬州市信息化领导小组召开会议，总结2005年以来全市信息化工作，对2007年信息化重点工作、目标任务进行了认真研究。全年信息化工作以"数字扬州"建设为引擎，大力推进以便民、为民、利民为目的的信息化工程实施，以信息化带动工业化为核心，强力推进电子信息产业和信息服务业集聚发展，信息产业增加值达到100亿元，信息服务业收入超过50亿元。

会议明确，全市信息化工作重点抓好信息化规划的贯彻实施，市信息办要对各地、各部门的信息化重点工程进行把关、协调，加大信息资源整合力度，避免低水平重复建设，实现共建、共享、共用；抓好信息化带动工业化、农村信息化示范、税收综合征管系统、全市诚信体系建设、实施"金保工程"和建设城市应急指挥系统等六大重点项目推进，建成一批看得见、用得上的示范性工程；抓好信息服务产业基地建设和招商引资以及目标管理考核工作。

会议决定设立"扬州市信息服务业发展引导资金"，主要用于对集成电路与信息产品制造业、现代信息服务业和软件产业发展的引导、扶持，重点推进信息化带动工业化、企业信息化与电子商务、"双软"及CMM认证、软件服务体系建设等。

3月29日召开全市信息化工作会议，市政府负责同志总结、部署全市信息化工作，对先进单位进行表彰奖励。会后市政府办公室以扬府办发〔2007〕45号文件下发《关于印发2007年度信息化工作目标任务的通知》，要求各地和市有关部门根据目标任务，认真组织实施，确保信息化的各项工作落到实处。

【通信基础设施建设】

全市六大电信运营企业共完成投资3.23亿元，重点实施通信基础设施网络扩容与优化工程，强化品牌建设、业务开发、行业应用和能力提升。中国电信扬州分公司年内完成通信网升位改造工程，8月18日零时，全市固定电话（含小灵通）号码由7位升为8位，有效满足社会日益增长的通信需求；移动、联通公司分别完成软交换AG、光纤网扩容和本地传输网改造、室内分布系统完善等工程；网通公司建设新型网络，推出"亲情1+""宽带商务"、"宽视界"、"电话导航"等新业务；铁通公司新建交换机局点9个，新增各类覆盖用户近11万，稳步开展小区驻地网建设。2007年全市固定电话用户185万，移动通信用户220万，宽带上网用户达到35万。全市新建固话基站400个，新增移动基站150座，网络容量进一步扩大，信号覆盖质量更好。继1998年实现"村村通电话"、2006年"村村通有线电视"后，全市1259个行政村100%实现宽带网络全覆盖，城市平均每百户家庭拥有电脑58.5台、移动电话153部。数字电视整体转换近10万用户，有线电视用户总数达到92万；Wi－max、W－LAN等无线宽带基础设施建设全面启动，全市通信基础设施质态显著提升。

【电子信息制造业】

扬州市电子信息制造业以调整产业结构、转变增长方式为着力点，应用信息技术改造提升传统产业，实现速度与结构、质量、效益的统一，建设资源节约型、环境友好型、安全发展型的先进制造业基地，进一步形成以高新技术产业为主导、先进制造业为主体、现代服务业为支撑的信息产业新格局。全年完成工业总产值320亿元，销售收入307.2亿元，实现增加值70.66亿元，利税15.36亿元，同比分别增长38.5%、53.6%、33.3%和53.6%。

强化产业发展导向，重点培育壮大电子设备、半导体照明、光伏三大新兴产业。市政府出台《关于促进LED和太阳能光伏产业发展的实施意见》，组织实施《扬州市新光源产业促进计划》和《扬州半导体照明产业化基地发展规划》，按照"突破上游、占领高地、做大中游、扩大应用"的原则，推进产业集聚，以高纯硅、高亮度LED外延片及芯片生产为龙头，带动太阳能光伏产业和半导体照明产业协调发展；依托现有产业基础优势，走"半导体照明和太阳能光伏竞相发展与相互融合、扩大在传统照明中应用"的特色之路，提升产业核心竞争力，积极抢占国际国内市场。

优化产业空间布局，加快形成"两沿"产业集聚带，培育壮大产业集聚区。贯彻落实《关于加快推进新型工业化的实施意见》，重点在沿江地区发展电子信息、新材料、新能源、新光源等新兴产业，加快建设高技术产业集聚地、先进制造业基地和现代服务业高地；沿河地区重点发展电工电缆等特色产业基地，加速发展高新技术产业。按照"产业集聚、企业集群、主业突出、特色鲜明"的思路，引导企业"入园进区"。LED产业已初步形成从"衬底材料—外延片—芯片—封装—应用"的产业链，太阳能光伏产业形成从"多晶硅—单晶硅—硅片—太阳能电池及组件—太阳能照明灯具"的完整产业链。国内最大的照明产品基地、遥控器产品基地分别落户仪征、宝应，光伏、线缆产业分别在市经济开发区、高邮和宝应形成集聚态势。

开展产业招商与政策推介，实施"双创"、"三重"工程。举办"2007中国·扬州工业重要产业招商项目及产业政策发布会"，推介电子信息产品制造业重点招商项目和鼓励发展的项目指导目录，为投资者提供明确的导向和巨大商机。大力组织实施"双创"、"三重"工程，重点开展集成电路设计、集成电路芯片制造、集成电路封装和测试、TFT-LCD、手机制造、光盘制造、LED支架、LED显示屏、晶体硅太阳能电池、太阳能电池片封装、100MW太阳能电池片、太阳能LED景观产品、风光互补太阳能路灯以及再生电解铜、线缆及变压器用精密铜带、铜管生产线、物理发泡皱纹导体3G移动基站用射频电缆生产线、弹性硅胶（MBCR）材料有机硅橡胶电缆生产线、柜式气体绝缘金属封闭开关设备、汽车线束及机车用电线电缆生产线、舰船电缆、影视电缆等产业项目招商，促进信息产业结构体系优化与技术含量、整体质态的提升。

【软件产业】

2007年扬州市软件产业实现销售收入2.8亿元，同比增长27%。为扶持本地软件业发展，市政府2007年度设立信息服务业发展引导资金，对过去五年来全市通过国家、省"双软"认证的企业及产品奖励资助9.5万元。加大推进企业使用正版软件工作，10家企业被纳入试点范围，年底前完成大中型企业软件正版化试点工作。

2007年，全市新增3家软件企业、13种软件产品通过国家"双软"认定。数字监控系统、ERP系统、电信专业系统、电子商务系统等应用软件进一步推广应用。江苏油田瑞达软件工程有限公司的《能耗最低机械采油系统设计与评价软件》项目，被列入国家首批节能降耗电子信息技术、产品与应用方案推荐目录。

扬州大学水利科学与工程学院师生针对许多水库和河道采用橡胶坝诱发使用寿命短、甚至突发溃坝的恶性事故情况，成功创新研制橡胶坝袋破损监视系统。系统采用自制的矢量水听器获得坝袋破损程度和破损位置的信息，同时实现水声信号采集、数字滤波等功能，大大降低了硬件的投资成本，方便了操作使用和维护。

2007年“双软认定”专项资助一览

序号	企业名称	软件产品认定数（个）	软件企业认定情况	资助金额（元）
1	扬州开发区大自然科技有限公司	0	已认定	2000.00
2	扬州永信计算机有限公司	1	已认定	5000.00
3	江苏南开之星有限公司	0	已认定	2000.00
4	扬州恒信仪表有限公司	0	已认定	2000.00
5	江苏油田瑞达石油工程有限公司	0	已认定	2000.00
6	扬州万方电子技术有限责任公司	0	已认定	2000.00
7	扬州景维信息科技有限公司	0	已认定	2000.00
8	江苏银大科技有限公司	0	已认定	2000.00
9	扬州江苏油田瑞达软件有限公司	0	已认定	2000.00
10	扬州捷立通网络科技有限公司	1	已认定	5000.00
11	扬州奔驰电梯工程技术研发有限公司	0	已认定	2000.00
12	扬州升太科技发展有限责任公司	0	已认定	2000.00
13	扬州智华软件科技发展有限公司	1	已认定	5000.00
14	扬州鼎牌软件技术有限公司	3	已认定	11000.00
15	扬州奥瑞科技有限公司	1	已认定	5000.00
16	扬州恒博科技有限公司	5	已认定	17000.00
17	扬州北软软件有限公司	1	未认定	3000.00
18	扬州恒慧软件开发有限公司	5	未认定	15000.00
19	扬州天润电脑有限公司	1	未认定	3000.00
20	扬州怡丰科技有限公司	2	未认定	6000.00

【信息服务业】

按照扬州市委、市政府提出的“加快现代服务业产业集聚，形成集约型产业发展模式”的要求，组织实施信息服务业重点产业及重点集聚区、重点项目、重点企业推进工作，明确集聚区主要形态，强化集聚区载体功能定位。近三年重点建设现代物流园、信息服务产业园、科技创业园、创意暨文化产业园等四类信息服务业集聚区，通过强化区位优势、打造主导产业群、完善交通枢纽、建设公共平台、提供政策支持、吸引专业人才等措施，推进现代信息服务业集聚发展。

物流业集聚区重点建设扬州港口（口岸型）、石化（专业型）、公铁水（生产资料为主）、商贸物流（生活资料为主）、仪征上汽塞克物流有限公司和宝应湖粮食物流中心等物流园区（中心），主要以第三方物流企业为主体，重点布局在港口、开发区以及铁路、公路枢纽性站场附近。区内注册物流企业5家以上，营业面积5万平方米以上，年总营业额超过2亿元。

信息科技服务业集聚区重点建设江苏（扬州）信息服务产业基地、扬州及邗江高新技术创业服务中心，主要以呼叫中心、数据服务、软件研发、IT培训以及具有扬州特色的城市信息化应用系统软件等为主导产业，以众多软件企业和相关服务机构集聚的区域为载体，构筑高技术、高增长、高能级、高回报、高就业、低污染、低能耗的软件与信息服务产业基地。注册相关企业5家以上，实现销售收入和营业收入各2000万元以上；科技创业园主要以科技研发设计类企业为主体，集技术检测、技术推广、工程和技术研究与试验、成果转化平台于一体的集中区域为载体，重点布局在主城区工业企业、高校科研院所的存量土地以及各高新技术开发区内。建筑面积1.5万平方米以上，区内注册企业20家以上。

创意暨文化产业集聚区重点建设扬州工艺美术集聚区、康山文化园、五亭龙玩具城等。主要以从事研发设计创意、建筑设计创意、咨询策划创意、时尚消费创意以及新闻、出版、广电、文艺、网络传媒业的文化企业为主体，以市内保护性开发的古旧建筑群或存量土地为载体，重点布局在主城区工业企业的存量土地和现有厂房以及部分历史性建筑区域内。建筑面积1万平方米以上，进驻企业10家以上，年总营业额1000万元。

2007年扬州市信息服务业完成销售收入46亿元，同比增长15%，其中，邮电通信业完成销售收入26亿元。按照“四个优先”的扶持原则，通过项目调研、实地考察和综合评价，市信息服务业引导资金确定资助呼叫产业职技实训中心、城市一卡通电子支付系统、城市社区应用软件平台及产业化等12个项目，起到了“带动一批企业发展、促进一类产品做强”的效果。

2007年信息服务业发展引导资金扶持项目一览

序号	项目名称	实施单位	建设规模	投资情况	扶持内容	扶持金额
1	江苏信息服务产业基地呼叫专业职教实训中心	广陵新城投资发展有限公司	4000平方米训练场所及外部保障环境建设，参照“欧文堡国家训练中心”模式，按照国际呼叫行业标准规范、采用实景模拟式技能训练	总投资4500万，2007年计划投资2000万元	场地土建工程，内部供电及通信设施建设，系统设备采购、调试、安装	85万元
2	扬州社区公共服务信息系统	邗上街道办事处	系统由便民服务网站、市民求助热线组成，为市级社区公共服务平台，覆盖全市	总投资305万元，年内建成开通	完善平台功能、扩大加盟服务企业、提升系统整体水平	13.5万元
3	城市一卡通——电子支付系统	扬州市城市一卡通公司	扩展城市一卡通功能，实现同城水电气费、出租车费一卡支付及园林景点、商场超市等小额消费	总投资800万元，年内完成	与人行公用事业缴费系统互联，城市一卡通应用推广，市民卡规划，出租车换型更新配套	30万元
4	中小企业信息化服务平台——蓝色快车	扬州景维信息科技有限公司	建设企业自助建站、CRM、PUSHmail、企业短信等系统，推进中小企业信息化	总投资1000万元，2007年计划投资135万元	蓝色快车行动计划推广，企业移动办公系统研发	30万元
5	酒店无忧网综合服务平台	扬州福客都酒店有限公司	以酒店用品供应为主线，通过网络供求信息交易实现客房与用品互换、管理	总投资250万元，2007年计划投资100万元	完成网站改版、优化数据库，提升系统功能，链接第三方支付	20万元
6	城市社区应用软件平台及产业化	江苏南开之星软件技术有限公司	研发基于模板内嵌技术的覆盖社区管理的信息系统平台	总投资400万元，2007年计划投资157万元	完成系统核心模块设计测试，主体试点运行，基础数据导入	12万元

【政务信息化】

2007年，全市政务信息化建设以资源整合、业务协同和创新服务为核心，进一步完善政务专网基础设施，加强安全防范与电子认证工作，重点推进市级数据交换中心、税收综合征管、劳动保障一体化、城市应急指挥体系等项目建设。

完善市级电子政务网络平台。政务网形成纵向联通、横向覆盖、内外完备的体系，专网连接市直150多个部门、20多个街办、120多个社区，内网（涉密网）通达7个县（市、区）党委政府，外网形成以“中国扬州”门户网站为龙头、包括近100个政府部门的政府网站群。通过政务网络平台，全年召开视频会议近300次，发送信息、通知等短信近30万条，公文交换系统基本实现无印章非涉密公文的传送。

建设市级数据交换中心。3月，市政府决定以建立税收综合征管系统为突破口，建设政府电子政务数据交换中心。9月30日，数据共享交换平台开通运行，首批参与税收征管和财政监管的

15个部门进行数据交换和比对。为实现城市横向整合、流程重组，启动社会征信、并联审批、社区信息化等项目建设奠定了基础。

首创税收综合征管信息系统。9月建成国内首个集税收征管信息比对、财政收入分析及预测等功能于一体的市级税收综合征管平台，系统开通运行3个月，实现国、地税增收6000万元，社会经济效益显著。

加快城市应急指挥系统建设。按照“政府主管、整合资源、平战结合、统分有序”的指导思想，启动城市应急指挥系统一期工程建设。全年完成投资4500万元，建成应急指挥中心基础平台，集预警分析、调度指挥、综合管理、社会服务四大功能于一体，民政、卫生、气象、地震、交通等29个联动部门纳入市应急指挥网络，初步具备了妥善处置突发公共事件的能力。

实施国家“金保”试点工程。重点建设以自然人社会保障号码为惟一终身代码，整合身份信息和社会信息，整合医疗、养老、失业、生育、工伤保险、金融服务和公用事业缴费及电子商务等多种功能于一体的“市民卡”工程，劳动保障一体化项目通过论证招标进入实施阶段。

打造干部网上学习城。通过政企合作，募集100万元建设资金，由组织人事与信息化主管部门合作建成全市干部网上学习城，创建学习型城市。学习城设有在线学习、数字书城、在线考试、个人信息、学习论坛、资源库等六大栏目，选择精英课程120门、“中经视频”104门，提供移动办公学习、互动交流、信息发布查询等功能，满足个性化、差异化学习需求。

仪征市借助政务网络着力打造“阳光工程”，市民通过各种渠道反映问题的答复办结率位居全市前列；江都市将政务网络拓展延伸到镇村，已有8个乡镇开展“镇到村”电子政务公文流转系统。宝应、高邮、广陵、维扬、邗江所有乡镇、街道和80%的部门建立了政府二级子网站，各地电子政务系统全面应用，协同应用成效明显。

【“中国扬州”政府门户网站】

“中国扬州”门户网站以面向社会服务、增强政务公开、推进公众参与、完善提升功能为目标完成第五次改版，形成以“中国扬州”门户网站为龙头、整合近百个部门二级子网的政府网站群，新增监督与监察、专题资源中心、救援与援助等栏目和800多项网上办事服务事项。2007年，在国信办组织的全国城市门户网站综合测评中，“中国扬州”门户网站进入大中城市20强，列第17位，比2006年提升8位。“中国仪征”蝉联全国县级市第一名，“中国江都”进入县级市8强。

政务公开系列化。2007年实现“政务、公务、村务和职权”四系列公开，涉及62个政府部门，15个公用事业单位，3个行政村。政府部门政务和公用事业公开涵盖部门责职、服务承诺、监督投诉、办理实现、收费标准、政策法规等内容，职权公开涉及政府56个执法部门的执法事项3000多项、行政许可事项349项、非行政许可76项，自由裁量权5000多项。通过“12345”政府公开电话、行政投诉中心、免费来信“绿色”信箱、“寄语市（局）长”、“行风热线”等投诉渠道，接受群众和社会各界监督。在13个省辖市和8个省级机关单位的政务公开工作综合考核中，扬州名列第一。

专题信息透明化。政府为民办实事项目、政府采购、工程招投标、审计报告、土地产权拍卖、医药采购、廉租房、公务员招录、政府文件、人事任免等12类专题信息及时上网发布；开通网上办事栏目，涉及政府和公用事业等70多个单位的800多项服务事项，包括办理部门、办理流程、收费依据、收费标准、表格下载、在线咨询、在线投诉等内容。

政民互动多样化。在“寄语市长”电子信箱基础上，围绕热点，通过在线视频、图文直播、短信参与的方式，创设“在线访谈”视频交流栏目，10月26日首播，邀请劳动和社会保障局负责人就《劳动合同法》在线访谈，峰值阶段有4200人在线参与。全年市民在“寄语市长”留言2.46万条，部门回复率达96%。

【优秀政务网站表彰】

根据市政府办公室、市政务公开领导小组办公室、市信息化领导小组办公室综合评议，市政府办公室决定对仪征、江都、高邮3市政府办公室及市教育局、国税局、物价局、交通局等13个“2007年度扬州市优秀政务网站”建设单位予以表彰。

2007 年度扬州市优秀政府网站得分及排名

排名	单位名称	网址	公众测评	日常保障	专家评议	总　计
1	仪征市	www.yizheng.gov.cn	14.475	30.000	51.480	95.955
2	江都市	www.jiangdu.gov.cn	14.644	25.511	48.565	88.720
3	高邮市	www.gaoyou.gov.cn	12.975	24.142	48.180	85.297

2007 年度扬州市优秀政务网站得分及排名

排名	单位名称	网址	公众测评	日常保障	专家评议	总　计
1	教育局	yzjy.yangzhou.gov.cn	15.000	20.210	50.600	85.810
2	国税局	www.yzgs.gov.cn	4.551	30.000	48.840	83.391
3	物价局	www.yzp.gov.cn	6.490	27.126	45.815	79.431
4	交通局	jtj.yangzhou.gov.cn	8.294	27.216	42.900	78.410
5	药监局	www.yzfda.gov.cn	5.305	14.910	47.520	67.735
6	劳动局	www.yzld.gov.cn	6.840	8.174	49.060	64.074
7	房管局	fgj.yangzhou.gov.cn	5.844	7.096	49.005	61.945
8	地税局	www.jsyz-1-tax.gov.cn	4.336	10.958	46.420	61.714
9	安监局	www.yzsafety.gov.cn	8.305	7.198	45.760	61.263
10	人事局	rsj.yangzhou.gov.cn	9.829	3.054	47.300	60.183

【领域信息化】

城市规划。市规划局以规划地理信息系统、规划管理信息系统为重点，全年投资 360 万元完成局中心机房改造、业务专网建设和规划系统软件应用与集成。按照国家标准，制定全市规划基础地形图数据建库规范，完成基础地理数据入库规整和坐标系转换；年内完成主城区 252 平方千米 1:500 地形图数据精细建库、600 平方千米 1:2000地形图背景建库和卫星影像数据建库以及部分分区规划、控规成果试验建库等项目建设工作；规划地理信息系统、规划管理信息系统分别于6月、10月试运行并在全局推广应用。

国土管理。市国土局推进国土资源信息化建设，提出“以信息化促进工作规范化，以工作规范化全面提升信息化”，电子政务 70 多项应用基本覆盖国土业务和综合事务的各个领域；提前一年完成市、县、乡三级国土资源信息网络联网目标任务，电子政务和小城镇地籍系统应用效果显著；启动全国第二次土地调查，开展航测处理、数据采集和建模入库工作。

交通运输。市交通系统按照省厅和市政府要求，以建立现代化的交通管理体系和社会服务体系为目标，全年投资 350 万元，在完善交通行业纵向网的基础上，建成市级横向网，完成省市两级交通系统网络的“工”字形连接，公路网实现至基层收费站网点的全覆盖，海事专网升级为 2Mb/s SDH 数字线路并延伸到基层第一线；各类业务应用平台建设年内完成投资 500 万元，建成市级横向网核心平台、数字航道应用、省市航道视频会议系统、京杭运河扬州段视频监控系统、二级以上客运站联网售票系统和扬州市运政指挥中心，实现了对内承担协作办公、决策支持，对外担负行业监管、行政审批和政务公开、信息服务。

工商管理。工商系统加强基层信息网和工商文化网建设，开展信用分类监管联网应用，通过国家工商总局检查并被省局表彰为信息化建设先进集体。按照省局要求，开展市县工商机房建设评估与达标活动，投资 200 万元完成宝应、高邮、江都、广陵、维扬、市开发区及部分基层局所机房的综合改造；投资 800 万元加强网络维护，将全部前台客户端纳入域管理，对 60 多条光纤线路进行巡检，确保系统稳定运行；投资80万元完善系统软件功能，配置60台政务公开触摸屏，建立“扬州工商网校”、“扬州工商文化网”和“基层信息网”，提高工商干部信息技术应用能力与服务水平。

广播电视。市广播电视系统投资1000万元推进台内广播、电视技术系统的整体数字化。构建完成全市第一辆多功能数字卫星微波传输车，各类新闻、专题直播信号不再受地理空间限制传输，先后圆满完成“十七大”期间赴京进行两地连线新闻报道、世界运河城市市长论坛期间凤凰卫视卫星信号传输等20多场连线直播。5月18日，扬州数字电视整体转换工作在城区率先正式启动，系统采用双平台设计和增强型交互机顶盒，集广播电视服务与城市公共服务于一体，在扩展电视频道的同时，向用户提供电子政务信息、各类生活咨讯、家居银行等多内容的公共服务。广播电视服务平台频道设计总数为300套电视节目、100套广播节目、10套以上高清晰电视，城市公共服务平台并发点播流为10万个；转换后首期工程提供的服务内容为基本频道从模拟电视38套增加到数字电视48套，开通数字广播10套，推出政务信息、生活娱乐、体育健康、交通旅游、家居银行、社区管理等信息查询和公共服务，是国内有线数字电视功能最强、科技含量最高的系统。2007年，全市新增有线电视用户8.68万户，总数达92.08万户，入户率提高到81.2%，继2006年行政村100%开通有线电视后，2007年村级光纤联网率达98.3%。

统计。市统计局围绕信息资源开发与应用，加强网络环境下应用系统建设，高标准建好统计内外网，促进网上信息共享，为人大、政协会议定制专栏和网页，方便代表、委员查询检索数据，更好履行参政、议事职能；从2003年起，在发行《扬州统计年鉴》的同时，配套制作电子版，并于每年10月在内、外网同时发布，为社会提供权威、准确的统计信息；强化综合数据库建设与在线服务，2007年始，实现在网络环境下对综合统计资料、企业统计资料和部门统计资料数据的有效管理、安全存储、方便查询和实时发布；完成全国第二次农业普查数据处理，生成100多种综合图表；联合相关部门，建立扬州市基本单位名录更新维护制度，对新增、变更、注销的单位每半年进行一次动态更新，保证了各项抽样调查的样本质量。

人民防空。市人防办与电信部门合作，采用“全球眼”技术，完成重要经济目标的外观远程图像监控，便于政府战时组织防空行动和平时应急处置突发公共事件掌握第一手资料；与上海同济大学合作，在全国人防系统中首创“语音报警集中控制系统”，拓展了市区固定防空警报器的功能，满足战时发放防空警报信号和平时突发公共事件应急处置报警需求；完成移动图像通信系统建设，移动半径16千米，增强了消除空袭后果和突发公共事件应急处置的现场组织指挥能力。

质量监督。市质监局推动“金质工程”建设，完善质监系统基础网络，实现内部资源网络共享、公文流转网络处理、外部网站流程公开。以开展“阳光工程——规范事权行动”为抓手，拓展便民服务，开通12365举报投诉热线，梳理出各项行政执法目录，执法流程全部上网公示，接受社会各界监督。

档案。市档案局加快推进档案信息化建设，4月正式启动“扬州市电子文件中心”项目建设，8月28日通过项目验收，省档案局和市政府领导共同点击中心开通运行。中心将电子文件分为“外网开放”（国际互联网）、“内网开放”（扬州政务专网）和“局部开放”（单机查询），初步实现了各部门文件档案的电子化汇集存档和发布查询，保障公民、法人和其他组织根据《政府信息公开条例》规定依法获取信息的权益，发挥信息资政、信息为民的作用。

物价。市物价局新建电子政务阳光办公系统；建立新版OA系统，使局机关日常办公和业务处理实现了集成化、网络化、智能化管理；自行研制开发从“立项”到“决策”规范化的“定调价应用系统”，提高定调价办公的网络化程度和价格决策工作效率；加强价格动态监测，将市区六大农贸市场数十个品种蔬菜及猪肉价格适时集中发布，实现网站数据的高效化、全面化和特色化，新建高邮罗氏沼虾、江都花木、宝应莲藕等特色农业数据库，完善“三农”服务专栏，及时发布监测分析、农资行情等信息，服务新农村建设。

【电子商务】

扬州市完善电子支付环境，拓展电子商务在

便民服务、小额消费领域的应用，市区景点、餐饮、烟酒等网点增设100台刷卡POS机，全市POS机总数达1200多台，方便市民及游客刷卡消费，国庆期间刷卡消费首次突破亿元大关；建成公用事业缴费网上电子支付系统，市民通过银行营业网点、861个电信一站通服务站和数字电视缴费频道即可支付水、电、气、话费；城市一卡通累计发行15万张，全年交易额达3600万元，在市区30多个超市、便利店、餐饮店和娱乐休闲场所实现水电气费用、出租车消费缴纳以及行业小额支付等功能；市邮政局与阿里巴巴网站推出针对个人电子商务的“e邮宝”经济型快递业务，每天出口的e邮宝邮件达数十件；扬州酒店无忧网综合服务平台以酒店用品供应为主线，通过信息技术实现酒店用品供求信息发布、网上交易、小额支付、酒店管理交流、人才供求等功能；“江都花木网”180多家企业加盟，实现花木网上销售订购；宝应县范水镇京杭村是中国农业信息网的“金牌有机村会员”，通过网络营销300多吨有机梨，集体经济年收入达60万元以上；五亭龙玩具城400多个商户，通过互联网开展营销，仅国庆期间毛绒玩具就实现销售2600万元。

【社区信息化】

社区公共服务系统运作模式全国推广。扬州市社区公共服务信息系统由市、区两级政府共建，邗上街道办事处具体负责便民服务网站(www.88000.gov.cn)和市民求助热线(87788000)的建设运营服务。系统以“民有所需、我有所为”为服务宗旨，将涉及市民日常生活的24类、300多项服务整合到统一平台，以政府主导下的市场化运作方式，通过互联网和电话网接受咨询求助、管理，指派加盟服务企业提供点到点、面对面的服务。创新社区服务方式，提升政府服务效能，百姓得到实惠，促进经济发展和社会和谐。系统从2006年11月运营以来，共受理业务2530件，加盟商从最初的90余家增加到243家。10月26日，中国家庭信息服务业协会在扬州市邗江区召开三届四次代表大会，中央政策研究会、商务部、民政部、中华全国总工会和江苏省政协等部省领导及来自全国的协会代表400余人考察扬州社区公共服务平台，协会决定在全国宣传推广邗上街道办经验，并表彰邗上街道办等20个单位为“全国先进服务社区”。

社区综合管理信息系统建成运行。该系统依托市级社区空间地理信息和人口基础信息平台，与市电子政务专网、数字化城管网链接，由市、区两级政府共建，在广陵区先行试点后在全市推广。系统整合社会治安、劳动保障、环境保护、卫生防疫、党建组织、文化计生、民政救助等13类日常事务办理于一体，分类为2863个基础数据项，实现社区管理系统化、网络化，并根据权限许可，定期生成9大类30余种统计分析报表，形成实时、在线、共享的数据信息，供决策分析。6月，系统完成数据中心硬件建设和应用软件开发，采集录入4个街道48个社区17131户、48657人的基础信息，并支持12个社区建立独立域名的社区网站，社区综合管理信息化试点工作进展顺利。

网络社区助力和谐社区建设。1月25日，扬州首个社区网站在文昌花园社区开通。虚拟网络社区将涉及社区管理服务的所有事项及办理程序、要求公示在网站上，方便市民查询，回复市民咨询，为社区居民提供个性化的贴身服务；社区居民通过网站论坛维权、谈股、求助、娱乐，增进交流交往，构建了信息时代新型邻里关系，推进和谐社区建设步伐。据不完全统计，广陵、维扬、邗江和开发区已建成开通社区网站62家。

【区域信息化】

2007年，扬州市各县(市、区)认真贯彻全市信息化工作会议精神，并按照市政府办公室印发的《全市信息化目标任务》的要求，结合地区工作实际，明确发展目标，强化贯彻落实，信息化应用水平显著提升。

加强领导，建立健全信息化常设机构。各地党委政府高度重视信息化工作，进一步健全工作机构，加大信息化建设资金投入，加强对信息化工作的统一领导，进一步理顺了工作体制，有力地促进了信息化工作的顺利开展。高邮市、江都市先后成立一级局建制的市信息化办公室，与市政府办公室合署办公；广陵区政府每年安排50万元专项资金用于信息化建设，在信息办与科技局合署办公的基础上，8月份又将无线电管理职能划入信息办；仪征市信息办进一步整合资源、健全工作机构，现有工作人员17人，内设综合、信息、项目、督办和无线电管理5个科室；维扬区编制电子政务建设三年发展规划，安排160万元专项配套资金，有关工程项目已进入招标实施阶段；高邮市政府财政拨款800多万元，鼓励工业企业与信息化示范乡镇加强合作，形成“借鸡生蛋”、“以奖代补”和“自我挖潜”的多元化投入机制；广陵区政府聘请有关专家组成政府科技信息顾问团，为信息化建设提供决策咨询和技术支撑。

务求实效，推进电子政务建设。各县（市、区）政府加大电子政务推进力度，完善网络平台，打造高效透明政府。广陵区在“中国广陵”政务门户网上创建“广陵人博客”、“广陵论坛”和“寄语区长”等栏目，加强政民互动交流；高邮市对“中国高邮”、“东方邮都”和“今日高邮”三个有影响的网站进行整合；仪征市规范市长信箱、政府公开电话办理和信息发布、报送及网站在线视频交流的程序化运作，市民通过各种渠道反映问题的答复办结率位居全市前列；邗江区建设电子文件中心、财政办公OA和非税征管等系统，推进公文在区各部门间的交换传输与分类归档；江都市将政务网络延伸到镇村，有8个乡镇开展“镇到村”电子政务公文流转系统，所有乡镇和80%的部门建立了“中国江都”政府二级子网站。

积极探索，不断拓展信息化应用领域。各地根据区域发展特点，结合行业特色，采取多种形式，不断推广信息技术在社会各领域的应用。仪征市开展城镇职工医疗保险与新型农村合作医疗一体化信息服务平台建设，节约系统重复建设资金100多万元；开展卫生药品安全服务信息平台应用试点，由企业为市区22个定点药店免费配备查询触摸屏，让市民放心购药；邗江区通过与教育、电信部门的合作，在红桥中学开展“家校E通系统”平台建设与应用试点；宝应县通过构建社会信用体系，建立企业信用信息平台，将分散在多个部门中的企业信用信息整合起来，形成较为完整的企业信用平台和评价体系，同时启动个人信用系统的建设。

整合资源，大力推进信息化带动工业化。各县（市、区）积极推动信息技术在企业的应用。高邮利用菱塘回族乡的政策优势，组建菱塘光电科技产业园；江都市借助电信“商务领航”平台和“中企动力”等社会资源，推动180多家企业接入“商务领航”平台并开展实际应用；广陵信息办组织企业申报各类信息化、科技计划项目，争取部、省专项资金的支持，推进信息产业的发展。

强化培训，全面推进农村信息化建设。2007年各地先后制定推进农村信息化工作的有关政策，以示范镇、示范村建设为突破口，加大资金投入，加强培训，全面推进农村信息化工作，助力社会主义新农村建设。邗江区信息办与有关部门配合，组织机关捐献146台电脑到各镇、街道；35个示范村互联网普及率达16%以上，全区农村百户家庭电脑拥有量12台；江都市政府在大桥镇工业园区召开现场会，对全年目标进行部署督查，市信息办配合电信部门对镇、村干部和信息员进行培训，共举办10期培训800多人；高邮市对通过考核验收的信息化示范乡镇和示范村分别给予3万元和3000元奖励，电信公司也给予相应的套餐优惠和奖励，在高邮镇和高谢村分别建成覆盖全镇的信息网络平台、电子商务服务平台、镇村网站和村部“信息佳园”信息体验中心，该市建成信息化示范村33个；仪征市兴建党员远程教育网，由组织部为149个村委会赠送32英寸液晶电视、电信公司为各村安装IPTV。市财政、开发区和镇政府分别给予农民群众购机补助，将招商引资企业生产的电脑优惠农民，由企业对农民群众免费培训。仪征市1个示范镇、28个示范村建设取得阶段性成果，示范镇村百户宽带入户率达20%；宝应县信息办和新农办、电信局联合在曹甸、西安丰、小官庄三镇进行试点，培训农户400多人次，引导种植和加工大户学习运用信息技术，指导农业生产和推销农副产品，树立了20多个运用信息技术的典型。

【企业信息化】

扬州市经贸委、信息办、科技局等部门根据市政府关于加快推进新型工业化的工作要求，联合制订《2007年扬州市信息化带动工业化实施意见》，明确以信息化带动工业化为重点，围绕主导产业、特色产业发展目标，加强自主创新载体和研发机构建设，重点组织实施光电产业链工程、企业信息化示范带动工程、传统产品升级工程、人才培训工程和市科技信息网与百家高企网互联工程。

打造公共技术服务平台。在产业集聚区建设

集产品开发、工艺设计、技术咨询为一体，以企业为主体、高校和科研院所为依托，以现代企业制度为规范的产学研用联合体，拓展联合领域，提升联合层次，创新联合机制。宏远电子公司投入1640万元与扬州大学合作新建研发中心，完成化学品生产过程中含酸废水的回收再利用课题研究；顺大半导体公司投入1100万元与中石化南京设计院筹建高纯度硅材料研究中心，研发太阳能级多晶硅生产工艺技术；12月18日，扬州市与南京大学合作共建光电研究院正式签约，光电研究院以开发区企业、产业关键、共性技术需求为主导，结合扬州光电产业特色，采用开放型多元化投入模式，广泛开展光电技术研发、成果转化和项目产业化，为培育和发展创新型科技企业，打造光电产业集群和国家级半导体照明产业基地提供支撑。

组织开展“211”示范工程。围绕企业创新系统集成化、企业管理现代化、生产过程自动化、传统产品数字化、商务交易电子化五个方面，推进先进信息技术在企业管理、设计、制造、营销等领域的应用，开展20家骨干企业信息化示范带动工程、100家重点企业信息化应用工程和1000家中小企业信息化人才培训工程。重点实施亚普ERP、扬农DCS管控一体化、宝胜ERP、天保光伏电子商务、双兔米业现代粮食物流、恒春线路核对系统等32项企业信息化示范项目，完成总投资5500万元，占年计划的152.8%。扬州曙光电缆有限公司、高邮市经纬纺织有限公司、仪征威龙活塞环有限公司、江苏琼花高科技股份有限公司、江苏长青农化股份有限公司五家企业被评为省中小企业信息化应用示范单位；扬州升太科技发展有限公司、扬州和欣系统工程有限公司被评为省中小企业信息化服务示范单位。

推进中小企业信息化。各地借助电信、邮政等现代通信、物流平台，引导企业开展网上采购、网上招标、网上招商、网上销售等电子商务应用，提高企业参与国际市场竞争的能力；推广普及计算机辅助设计、辅助制造、辅助工程、辅助测试等技术，提高企业技术开发和创新能力；推动企业管理信息化，促进企业整合各种资源，实现资源最佳配置，提高企业管理信息化水平。2007年扬州市设立500万元中小企业发展专项奖励资金，重点扶持中小企业技术服务平台项目、信息化建设项目、产业集聚项目、创业基地项目、服务机构项目和经贸合作与交流项目；市经贸委、信息办、中小企业局先后举办“2007城市移动信息化创新论坛”和“总经理与ERP—预算管理与企业绩效论坛”，推介先进的信息化管理工具，加快信息化带动工业化进程。江都在80%以上工业企业中全面推广应用电信“商务领航”；仪征构建中小企业服务平台，开通“商务仪征”网站，为企业信息化应用提供新载体；邗江百余行业协会结成“战略同盟”，资源信息共享，打造有序市场，共同抵御国际市场风险；高邮建立中小企业培训基地，企业信息化培训工作步入正规。

【农村信息化】

2007年3月23日，扬州市委农工办、信息办、农业局等部门联合制订《扬州市全面推进农村信息化建设工作意见》，以“村村通宽带”为突破口，以信息化示范镇村为抓手，以信息基础设施、综合信息服务平台和信息化体验中心三大工程建设为重点，全面推进农村信息化建设。

截止年末，全市共新建各种接入点59个，新增宽带端口容量1216线，建成农村信息化体验中心7个，户均宽带普及率达20%以上的信息化示范达标村210个，58个村宽带入户率介于15%～20%，97个村宽带入户率介于10%～15%，全市农村用户上宽带普及率由5%提高到9%，涌现出江都大桥童兴村、邗江杭集新生村、宝应小官庄村、高邮武安高谢村、仪征刘集盘古村等一批示范典型。全年组织培训农村信息化人员2000多人次，农村用户上网普及率由年初的5%提高到9%，基本实现“村村都有农民宽带上网用户”的目标。

全市73个乡镇农技服务中心建立农业信息服务工作站，市土肥技术部门在全市推广运用测土配方施肥技术，促使农田肥料利用率提高3个百分点以上，实现亩均节本增效100元；农村中小学基本实现了“校校通”，农村党员干部远程教育系统投入使用；江都市浦头镇与扬州移动公司合作共建“信息田园”，安装使用农用信息机——“农信通”，为农民提供各类信息服务，该市丁伙镇和浦头镇东元村被授予“江苏省信息技术应用典型”称号，扬州市恒春电子有限公司被评为省十大农村信息技术服务优秀企业之一。

【社会诚信体系建设】

围绕打造“诚信扬州”总体目标，2007年全面启动以“诚信扬州”网站和企业信用、个人信用、信贷征信数据库等“一网三库”为主要内容的诚信体系建设，重点在信贷、纳税、合同履约、质量、价格、环保、劳动保障等领域建立信用信息系统。

房屋中介、建筑企业资质信用、个人银行信用信息库已建成并对社会公众提供查询服务，信贷征信数据库已录入15万企业、329.7万个人的信息；全市330家市级名优及食品、农资、建材类企业产品质量信息纳入“扬州产品质量电子监管网”，通过EAN.UCC条码全面推行食品安全跟踪追溯系统，严把食品原料、生长、加工、储存及零售等环节安全；全市400多家药企联入“药械质量远程监管系统”，任何药店销售的药品基本信息一目了然，问题药五分钟内即可查清来龙去脉，药品质量始终处于可控状态；市工商行政管理部门建成开通“商标远程监管预警系统”，消费者上网即可辨别商品真伪，还可举报厂家联系打假。

【省市共建信息服务产业基地】

4月21日，“江苏信息服务产业基地（扬州）”在扬揭牌并举办“2007呼叫产业论坛”、基地签约仪式暨推介会。省信息产业厅厅长谢正义、市长王燕文为基地揭牌。省信息产业厅副厅长龚怀进，市委常委、常务副市长王荣平代表合作双方签约。

“江苏信息服务产业基地（扬州）”位于广陵新城内，为省信息产业厅与扬州市政府联合共建，总投资约30亿元。基地按照“产业社区”的标准和“商务公园”的理念精心规划建设，重点发展信息服务产业以及具有扬州特色的城市信息化应用软件和嵌入式软件产业，用五年时间把扬州基地发展为具有呼叫服务、数据服务、软件研发等五大功能并在全国具有品牌影响力的专业化示范基地。来自全国各地的用户代表、行业专家以及省、市、广陵区有关方面负责同志等共200余人参加了此次推介会。

基地建设指挥部开展基础设施建设、园区方案规划、首发项目启动和招商引资四项工作。9月22日，广陵新城举行江苏信息服务产业基地（扬州）首发项目开工典礼，市长王燕文为首发项目奠基揭幕，江苏（扬州）信息服务产业基地建设迈入实质性阶段。首发项目占地面积150亩，总建筑面积约15万平方米，主建筑有：呼叫产业楼、信息服务大厦及酒店、会所等配套设施，年内建成3万平方米。基地已有华润通信、中电莱斯、江苏汉世纪、热点培训、购龙科技、酒店无忧和东方得网等公司注册入园。

【扬州成全国第六光谷】

12月24日，科技部致函江苏省政府，正式认定扬州市为“国家半导体照明产业化基地”。扬州继厦门、上海、大连、南昌、深圳五城市之后，成为全国第六个国家级“光谷”。

半导体照明产业是扬州重点发展的新兴产业之一，初步形成以扬州高新技术产业园为核心、在国内外具有一定影响力的产业集群。基地拥有华夏光电、中显机械、国宇电子、中科半导体、东贝光电等20多家从事半导体照明生产开发的核心企业，形成上游的外延材料，中游的芯片制造，下游的器件封装和应用以及为封装应用配套的模具、支架等较为完整的产业链。同时，在市经济开发区规划建设了占地2平方千米的新光源产业园，先后建成或在建有扬州—南大光电研究院、扬州中科半导体照明研发中心、江苏省半导体发光器件及其应用产品质量监督检验中心等多家研发机构，为产业发展提供科技支撑。

【建设国家级LED和太阳能光伏产业基地】

经过近年发展，扬州市LED（半导体照明）和太阳能光伏产业初具规模。全市LED和太阳能光伏产业共有各类关联企业近300家，其中，核心企业近20家，各类灯具制造企业200余家，配套设备和元器件生产企业近30家。2007年全市LED和太阳能光伏产业在建、拟建项目28项，总投资106亿元，竣工投产后可新增产值226亿元。

8月2日，市政府召开会议，专题研究LED和太阳能光伏产业发展。会议决定，以市开发区为核心区，实施区县联动发展，把国家级半导体照明和太阳能光伏产业化基地打造成为具有国际影响力的LED产业集群；发展电子级和太阳能级高纯度多晶硅材料，打造全国重要的高纯度硅材料生产基地。

【扬州段运河成为大遗址保护项目试点】

5月21日，由清华大学、中国文物研究所、中科院遥感所、中国水利水电科学研究院等单位组成的空间信息技术在大遗址保护中的应用研究项目组在扬州召开会议，确定扬州为该项目试点城市。项目组选择扬州，主要考虑扬州在京杭大运河中具有特殊的地理位置，扬州段运河及运河周边的历史遗存保护完好，同时“数字扬州”建设与应用取得丰硕成果。此举为扬州牵头申报京杭大运河为世界文化遗产提供技术支持。

【省数字化城管会议在扬州召开】

3月4日，江苏省数字化城市管理工作会议在扬州召开，副省长仇和、省建设厅厅长周游、省政府副秘书长张大强，市领导王燕文、王军、桑光裕出席会议。

仇和要求全省各地全面推广扬州的经验和做法，探索数字化城市管理新模式，科学编制数字化城市管理工作实施方案，加快数字化城市管理信息平台建设，有效拓展数字化城市管理服务范畴，促进城市管理与服务的良性互动，确保到“十一五”期末，全省县级以上城市全面实现数字化城市管理。

【开展创新调研工作】

为充分借鉴外地信息化建设经验，更好地指导服务全市工作，市信息化主管部门分别开展了“宁镇扬经济板块”对接合作项目、赴南宁调研城市应急指挥与电子政务效能监察系统建设、“五亭龙玩具城创意产业园”规划、基于GIS公共平台的“大遗址——中国运河”课题调研等，全系统结合工作实际撰写了20多篇调研报告和论文，其中：2篇论文分别获县处级领导调研成果二等奖、三等奖，3篇论文参加“城市发展理论研讨会”交流，5篇论文分别在国家、省、市期刊上公开发表。通过开展调查研究活动，促进了信息化队伍、人员业务技能与创新思维能力的提升。

为理清我市信息化建设和信息产业发展思路，2007年先后举办中国呼叫产业论坛、江苏省信息化发展战略研讨会和数字扬州行动计划——北京论坛。国信办政策规划组组长秦海博士认为，扬州要把信息化对GDP的影响作为编制信息化规划的一个重要课题。江苏省信息产业厅龚怀进副厅长认为，扬州信息化建设要根据经济社会发展需求进行细致规划，以整合为前提，提高应用水平。国信办应用推广组在我市专题调研“市民卡应用”项目建设工作，对扬州“市民卡”总体规划的创新思路充分肯定。通过举办“沙龙式”研讨会、专家论坛，对进一步理清扬州未来信息化发展思路、找准发展定位、明确发展方向有极大的参考价值。更为重要的是，通过论坛平台，掌握了解国内外行业发展动态，结交了IT届高层，为产业发展、招商引资奠定了坚实的基础。

【举办城市移动信息化创新论坛】

5月16日，扬州市信息办、市经贸委和扬州移动通信公司联合举办“2007中国扬州城市移动信息化创新论坛”，庆祝第39个世界电信日暨首个“世界电信和信息社会日”。国内多家知名移动信息企业和厂商携最新研发的移动信息产品亮相论坛。论坛以“让信息通信技术惠及下一代”为主题，重点研讨“下一代使用对象”、“下一代网络”、“下一代技术”和“下一代应用”，引导和促进各行业利用新一代移动通信和互联网技术促进生产管理现代化、电子化。

【二轮修志】

由扬州市信息化办公室牵头编纂的《扬州市志·邮电——信息化建设志》12月21日通过市地方志办公室组织的复审。志书全篇共5章、22节、54个主要条目，约14万字，采取多样化的表现手法，做到图文并茂，文表相间，数据实证，重点突出，不缺不漏，在宏观、中观和微观三个不同层面，充分、准确、全面、客观地反映1988—2005年18年间扬州市邮政通信和信息化建设取得的成就，时代烙印鲜明，兼具存史与实用价值。

在修志过程中，市信息化领导小组办公室统筹规划，组织协调邮政、无线电管理部门和电信、移动、联通、网通、铁通、卫通等六大通信运营公司组建工作班子，健全修志体系，制定工作计划，落实目标责任。各承编单位一把手亲自挂帅，明确职能处室，拨付专项工作经费，调配专用办公用房，聘请方志老专家、部门老领导和单位老同志担任主笔，给修志工作创造了良好的条件和环境。全系统修志工作班子做到了上下互动、左右互动、内外互动，实现了专兼结合（专职人员与兼职人员）、专业结合（方志工作与业务工作）、专技结合（文秘工作和技术工作），整个编撰工作协作高效，同步推进。市邮政局、电信公司、无管办和信息办在全省专业系统中率先开展修志工作，市邮政志于3月23日在全市首个通过部门志初审，得到系统内领导和同行的充分肯定和较高评价，为全省行业系统内二轮修志探索了经验、打造了样板。信息化建设志被评为优秀志稿，市信息办被市政府二轮修志工作办公室表彰为2007年度修志工作先进单位。

【国防信息动员】

扬州市国防信息动员工作重点开展机构规范化、应急预案演练、物资储备基地和创新理论调研等四个方面的工作。在维扬区、宝应县开展县级国防信息动员机构建设试点，提升了市、县两级国防信息动员工作联动能力，为全市国防信息动员机构规范化建设积累了经验；对《扬州市通信动员预案》进行了修改，完善了《扬州市信息动员预案》体系；按照省、市国防部署，分别组织参加“扬动－2007”和“苏动－2007”军事演习，顺利完成信息动员应急事件的处置任务，获得了军队首长好评；以长效化、动态化、规范化为目标，研究制定了信息物资储备基地建设的思路、方法，同时做好潜力调查、理论研究、学习培训等工作，取得显著成效。市信息动员办公室被省信动办表彰为2007年度全省国防信息动员先进单位。

【网络安全防范】

启用虚拟网警。9月18日，扬州市在省内率先启用网络虚拟警察，在“今日扬州”、“扬州热线”等200多家重点网站巡逻值勤。网民点击虚拟警察“平平”和“安安”卡通图标，就可以进入市公安局的报警网站，举报淫秽色情等违法犯罪信息。网络虚拟警察上班第一天就接到网民举报，警方随即展开排查并及时通知浙江警方对这个色情网站进行了严肃查处，为广大网民尤其是未成年人构筑了净化网络的安全防线。

整治规范网吧。按照国家8部委要求，扬州重拳出击黑网吧、色情聊天、网络赌博等不法行为。4月23日起在全市范围内重点开展打击色情聊天室、传播色情图片、电影的网站以及以手机注册来提供色情信息服务等网络淫秽色情违法行为，两年中成功破获3起涉及网络色情淫秽的刑事案件；5月8日，扬州市警方在公安部和省公安厅的指导下，一举抓捕包括5名赌博公司股东在内的37名团伙成员，彻底摧毁了通过互联网组织参与世界杯足球赛赌博的特大赌博团伙，成功告破涉案金额达40亿元的2006年全国10大互联网违法犯罪典型案件；7月1日～9月30日，市工商行政管理部门在全市开展网吧专项整治，对未办理《网络文化经营许可证》的20家黑网吧予以取缔，全市经营性网吧总数控制在500家以内，不再接受新的登记申请；7月6日，在全市各营业性网吧网游中强制启用防网络沉迷系统，用技术手段抑制未成年人沉迷网络游戏，保护其身心健康，受到家长普遍欢迎。

【无线电管理】

2007年，全市以优化电磁环境、服务经济发展为抓手，全面提升无线电管理工作。按照“三个服务”的要求，进一步强化无线电频率台站管理，强化空中无线电波秩序的监测维护，强化内部管理和机关作风建设，积极探索无线电管理工作服务经济和社会发展的途径和方法。

全面规范频率台站管理。出台《关于加强全市无线电管理工作的意见》，为无线电管理工作创造了良好的条件；制定《扬州市无线电台站设置使用单位规范化建设意见》、《县级无线电管理机构主要工作职责》和《县级无线电管理机构规范化建设意见》，为无管机构有效开展工作提供了依据，强化了无线电管理机构的自身建设，无线管理工作进一步规范。

全面提升监测查处水平。积极主动地把保护重点频率免受有害干扰、捕捉识别和查找不明电台，作为有效维护电波秩序的主要任务。在“防非法插播”等重要活动中，表现出色，受到省委有关部门领导的了高度评价。利用无线电侦察手段，破获两起使用无线电设备进行考试作弊案件，涉案人员共计20名，开创全省此项工作先例，被江苏省信息产业厅列为全省无线电管理四大特色工作之一。

全面拓展服务保障领域。为"烟花三月"国际经贸旅游节、"欢乐中国行——魅力扬州"、国际马拉松比赛、亚乒赛、全国无线电测向比赛等一系列国际、国内重大活动提供通信保障服务，利用无线电技术为机场等重大项目建设提供科学的决策依据。

【2008年信息化工作思路】

2008年是全面贯彻落实党的十七大作出的重要战略部署的第一年，也是我市"全面达小康、建设新扬州"的关键之年，更是信息化工作面临全新发展机遇与挑战的一年。在新的一年里，全市信息化工作要全面贯彻落实十七大精神，努力实践科学发展观，促进信息化与工业化、城镇化、市场化、国际化融合发展，把全市信息化工作提升到一个新水平、新层次、新高度，实现更快更好地发展。

（一）指导思想

2008年，全市信息化工作以科学发展观为统领，以信息化推动国民经济和社会全面进步为目标，进一步丰富"数字扬州"的内涵，全面实施《"数字扬州"2010行动计划》，以信息化重点项目建设为抓手，大力加强政务信息化、企业信息化、行业信息化、区域信息化建设，形成互动和谐的信息化建设良好氛围，为"全面达小康，建设新扬州"起到更强劲的带动、引领作用。

（二）主要目标

着力构建更加先进完善的通信基础设施，加大对政府各类网络、数据、硬件等资源的整合力度，启动建设一批对全市经济发展和社会管理有全局性影响的重大项目，全力推进信息化与信息产业的互动发展，信息化综合水平在国内排名进一步前移。

——全年信息化建设总投入55亿元以上。其中：信息基础设施投入13亿元；信息化带动工业化投入40亿元。

——信息产业总产值达到510亿元，增长39.3%。其中：增加值130亿元，增长23%。

（三）工作重点

1．真抓实干，进一步做大做强信息产业。全面建成江苏信息服务产业基地首发项目。围绕建成国内首座以发展呼叫与数据服务为主的产业园区，通过政府引导和市场运作的方式，以"提高整体竞争力"为目标，全力推进信息服务产业基地建设。年内完成投入10亿元以上，建成10万平方米产业用房，实现20家以上企业入住的目标。加快信息产品制造业集聚发展。着力推进电子信息产业发展，力争全年信息产品制造业总产值达到455亿元，产业提升与信息化带动工业化投入40亿元。以川奇光电、华夏广电、顺大集团为核心，发挥优势，构建更加完整的产业链，做大做强小尺寸新型平板液晶显示屏、LED半导体照明和太阳能光伏产业。加快软件和信息服务业快速发展。力争实现信息服务业销售收入55亿元，其中软件产品销售总额超过3亿元，信息服务、数据服务、软件从业人员达到5000人。加快发展以呼叫服务及数据服务为主要内容的现代信息服务产业，通过差异化竞争实现扬州软件信息服务业与其他产业的互动发展；加强"五亭龙玩具城创意产业园"的规划，拓展扬州信息服务产业内涵，打造营销和设计互动发展的扬州特色。加速培育发展面向企业和社会公众的大型电子商务平台，积极推进小额支付平台和网络建设，进一步拓展电子商务服务领域。大力扶持本地企业研发具有自主知识产权的重大公共技术支撑平台和基础应用系统，积极鼓励企业申报国家、省软件与集成电路研发项目，进一步完善全市信息产业发展基金申报办法，充分发挥产业引导资金的示范和导向作用。

2．集约共享，全面提升电子政务应用水平。按照《"数字扬州"2010行动计划》的要求，在充分整合信息资源的基础上，以建立阳光效能政府及服务型政府为核心，实现政务服务便民化，行政办事效率化，政务流程简明化，政务资源一体化。一是建设并联审批与效能监察系统。加快构筑行政办事服务中心与各部门内网业务系统一体化的行政审批系统，通过审批网络系统实现完全实时在线并联审批。在此基础上，建设电子化行政效能监察系统，依托标准化、流程化、规范化的软件系统，实时监督评估依法行政、及时行政、有效行政的绩效。二是电子公文与电子文件中心建成应用。基于政府数据交换平台，完成电子印章和CA认证系统建设，通过身份认证，实现数字签名，确保政府非涉密文件完全电子化传输，减少纸质文件传输，提高办事效率。三是通过采集城市地下管网、社区、企业等城市专题数据库，扩展GIS共享平台数据，应用三维仿真等技术，加快拓展GIS应用领域。四是建成覆盖全市的无线宽带城域网络，加快移动政务平台建设。以无线网络为载体，搭建政府移动服务体系，扩充政府服务方式，实现政府无线化服务，随时随地办公。五是全面启动社会信用征信系统建设。通过整合分散在各个部门涉及企业、个人、金融征信的数据资源，建设诚信扬州“一网三库”，逐步实现对企业、个人征信信息进行比对、评估及发布。六是建设城市应急指挥信息平台。依托新落成的公安通信指挥大楼物理空间和政府数据交换平台，启动政府应急指挥信息平台项目建设，并作为防洪、安监、卫生、人防等各应急指挥子系统的总集成调度指挥系统。该项目既是城市战时重大突发事情应急救援的最高指挥平台，又是日常接处警、信息交换和应急演练的办公平台。七是建设数字化城管系统二期工程，新增数字化市容环卫管理责任区、数字化广告管理等，确保扬州数字城管继续处于先进行列。八是建设税收综合征管系统二期工程，扩大参与交换的部门，不断扩充数据交换内容，拓展应用服务项目。

3．务求实效，加快推进为民办实事工程。在社区综合管理和社区服务两个系统基础上，加快数据采集和系统完善，整合系统网络与内容服务，力争使民政、计生、综治、数字城管等各个业务系统基于统一的互联网络、统一的管理平台、统一的数据基础，协同的工作机制；加快与医疗、卫生、教育、文化、公用事业、物业、娱乐、数字电视以及96496、11185等服务系统的整合，以统一窗口、统一受理、统一服务，提升功能和内容。同时，加快“市民卡”工程推进步伐，以社会保障卡为核心，整合公交一卡通、公用事业缴费一卡通、园林一卡通、就医一卡通等系统，辅助同城小额电子支付等各种功能，实现多卡合一、一卡多用。

4．以点带面，合力提高农村信息化应用成效。以建设社会主义新农村为宗旨，抓好示范点建设，以点扩面，形成燎原之势，全面实施农村信息化“燎原”工程。推进面向“三农”的信息技术应用与服务，积极配合涉农部门，努力形成推进农业信息化的合力。一是推进农业生产过程信息化。积极促进农业精准技术、动植物病虫害监测与预防系统、农田管理信息系统等技术在农业生产中推广应用，为优质生态农业服务，推动农业向现代化、集约化发展。二是推进农产品流通过程信息化。加强主要农副产品的电子商务网站建设，开发利用和整合农产品市场信息资源，为农产品销售提供有效的信息服务。三是推进农村管理和社会服务信息化。支持农村村务管理软件的研发和推广，促进农村管理科学化和精神文明建设。四是加大对农村信息化人才培训力度。宣传和普及信息化知识，培养有较强信息技术应用和信息获取能力的新型农民。

5．强化管理，推动信息化建设又好又快发展。加大信息化建设的管理力度，把信息化建设纳入各地、各部门的年度目标考核。进一步细化全市信息化工作考核奖励办法，加大奖励力度。加大信息化专业知识的培训力度和广度，充分利用各种资源，开展多形式、多层次的培训工作。调动科研院所的力量，发挥中介组织的作用，采取各种联合方式，借助“外力”、“外脑”为企业、社会提供信息化服务，进一步提高全社会信息化整体应用水平。抓紧制定我市信息化人才激励政策，营造留住人才、用好人才、吸引人才的环境。加大信息化宣传普及力度，通过开展理论研讨、交流学习、专题讲座等多种形式的宣传，积极营造全市信息化建设发展氛围。推进县（市、区）信息化均衡发展。通过抓重点、带全局，抓示范，促推广，抓改革，求发展，推动县（市、区）信息化建设再上新台阶。

（王 伟 曹 诚）

以信息化推进财政管理科学化、精细化

——扬州市信息化建设特色之一

扬州市财政局紧紧围绕财政改革与发展的新形势，大力实施信息化战略，以创新工作方式、优化管理手段、提高工作水平为出发点，积极推进财政系统信息化建设，取得了明显成效，为预算制度改革、社会综合治税管理、非税收入管理制度改革提供了有力的技术支持，财政管理逐步走上科学化、精细化的轨道。近年来先后被评为扬州市“电子政务应用先进单位”、“信息化工作先进单位”和“信息化重点工程建设先进单位”。

【首创社会综合治税数字化管理系统】

税收综合征管系统是扬州市政府确定的2007年信息化建设的重点项目，作为项目建设牵头部门，扬州市财政局认真履行工作职责，与信息办、国地税部门密切配合，精心组织，加强调研，扎实推进。2007年9月份，首创了社会综合治税数字化管理系统，一期15个市级政府部门的数据被纳入管理信息系统，该系统融财政收入分析与预测、社会综合治税、数据交换与共享为一体，实现了财政收入信息的及时、准确、快速传递。初步统计，项目开通3个月后，信息资源共享的效益开始显现，通过系统比对新增纳税户1万多户，市国税局补征税款2927万元，市地税局实际补征税款3000多万元。这项工作获得了市2007年度十大“工作创新奖”之一。

在项目推进过程中，扬州市财政局采取多项措施狠抓落实。一是加强领导，明确职责。成立了专门的工作班子，明确一名副局长具体负责，预算处安排专人抓落实，与此相关的业务处室也都明确专人负责项目实施。二是认真规划，协力推进。多次召开专题会议研究“税收综合征管系统”项目建设方案，建立部门联席会议制度，不定期研究解决社会综合治税工作中存在的各类问题，促进社会综合治税工作的有序开展。三是加强协调，稳步试点。专门组织人员，分成若干工作小组，上门与各试点单位协调配合、逐一对接，突破涉税信息梳理采集的难关，并对各单位的业务需求与数据进行确认，将系统相关各方面的需求全部收集到位，使得系统建成后尽可能满足各方面的需要。

【加强财政核心业务系统建设】

近几年，扬州市财政局全面依托信息化的技术手段，不断提升财政管理的精度、细度。按照全市财政改革的工作部署，先后实施了部门预算制度、国库集中支付制度、政府收支分类制度、市区财政体制等一系列改革，首先从班子内部统一思想，坚持高标准推进财政信息化建设，不断加大对核心系统建设的投入。围绕上述重大改革，先后建立并成功应用了部门预算编制系统、国库集中支付系统、工资统一发放系统、非税收入征管系统、契税征收管理系统、财政供养人员信息系统等等，为各项改革创新提供了技术支持，为财政服务对象提供快速、便捷、全面和优质的服务，财政网络管理的范围延伸到每一个行政事业单位。2007年，扬州市财政局依靠核心业务系统的技术支撑，继续扩大财政信息化成果的应用范围。一是对市级233个部门和单位实施了非税收入收缴管理制度改革，构建了“单位开票，银行代收，实时入库入户”的非税收入收缴管理新模式，非税收入能全面、及时、快速缴入国库或财政专户，确保应收尽收。二是进一步完善了国库集中支付系统，确保了政府收支分类改革后系统在新科目体系下的正常运转，并在全省率先将所有“实拨”资金纳入国库集中支付范围，市财政直接支付比例从上年的80%提升到95%，在全省处于领先水平。创新“公务卡”结算方式，将公务卡管理系统融入国库集中支付系统之中，既实现了应用系统的整合，又方便用户及时提取公务卡消费信息。三是创新区级财政数据集中管理模式。在市级非税征缴改革全面铺开的基础上，市区级非税征缴改革工作于 2007 年下半年正式启动。为了实现数据集中和资源共享，节省经费开支，弥补区级财政信息技术力量的不足，扬州市财政局在多方调研的基础上，大胆创新，对区级财政非税收入征缴系统采取了由市级财政信息中心托管的模式，即各个区与市本级共用一套信息管理系统。目前，广陵区和邗江区已采用此模式顺利上线，充分实现了区级财政的数据集中管理。

【构建财政系统网络通信平台】

近几年，扬州市财政局在原有内部局域网稳定运行的基础上，不断优化和拓展网络，逐步建立了以市局为中心节点，纵向连接至财政部、江苏省财政厅以及各县（市、区）财政局；横向连接至市人行、市各商业银行以及市直所有行政事业单位的纵横向三级网络，为财政核心业务系统的运行提供了强有力的支撑。一方面，改造原有市、县（区）纵向网络。根据“金财工程”的要求，并结合省财政厅的统一布置、统一规划，近年来对市、县（区）级网络进行了全面改造，将原有的 64Kb/s 线路替换升级为 2Mb/s 光纤，通信线路的升级极大地提高了数据传输速度，有效地实现了资源共享。目前，依赖省市县三级网络已实现了网上报送报表、财政内网邮件、内部网站等网络应用。另一方面，拓展市级横向网络，满足财政业务发展的要求。在和市级所有预算单位以及人行、工行、建行数据中心联网的基础上，逐步将联网范围拓展至其他商业银行。到目前为止，已完成了市局与市 9 家商业银行数据中心的网络连接和数据交换平台的建设，实现了网上清算和电子对账等业务。

下一步，扬州市财政局将进一步提高认识，加强领导，将信息化工作摆在财政工作的重要位置，加大投入，狠抓落实，抓出成效。围绕税收综合征管系统二期工程建设，继续发挥牵头作用，认真梳理数据，加强联系沟通，推进项目建设有序进行。进一步着力提高财政核心系统整体的应用水平，大力增强电子政务公开，为促进全市信息化工作和建设“数字扬州”作出新的更大的贡献。

（扬　财）

精心组织 强力推进 不断提升规划信息化建设和应用水平

——扬州市信息化建设特色之二

2007年扬州市规划局全面加快规划信息化建设，以市地理信息共享平台为基础，投资近360万元，完成了规划地理信息系统及规划管理信息系统的建设及推广应用工作，规划信息化建设和应用水平上了新台阶。

【高度重视规划信息化建设】

随着扬州社会经济的快速发展，城市规模不断扩大，城市建设项目不断增加，规划行政审批的工作量也在不断加大，对城市基础信息资料的现势性和项目审批的时效性提出了更高要求，靠翻档案找图纸、手工划红线的审批模式已不能适应现代城市发展的节奏和管理要求。规划是建设的龙头，"精致扬州"的建设需要以精细的规划作指导，提升规划信息化水平成为摆在我们面前的一项迫切任务。局领导班子经过研究，明确把规划信息化建设列为全局的重点工作，专门成立了信息化工作小组，排定了建设的详细规划，并成立了扬州市城市规划编制研究中心和扬州市城市规划地理信息中心，引进了多名信息化专业技术人才，负责推进全局的信息化工作。

【精心组织实施信息系统建设】

扬州市规划局有较好的信息化应用基础，三大基础信息工程——空间地理信息系统已经完成了部分基础数据和平台构建，但专题GIS的建设还比较欠缺，规划地理信息系统作为平台的重要专题，是最主要的应用项目之一，也是规划管理最急需的基础信息数据库。扬州市规划局明确提出，以高起点、高水准的要求，2007年完成规划地理信息系统和规划管理信息系统的建设目标。

一是精心组织项目实施。主要做到"五抓"：

(1) 抓好可行性研究。首先进行前期调研，形成技术方案，组织专家进行方案论证，确保项目的实用性、先进性、可行性和可持续性。

(2) 抓好招投标工作。规划信息系统涉及多类信息处理，专业性强，建设单位既要有较强的软件研发能力，又要熟悉规划专业知识。工程立项后，市局严格按照招投标程序，精心制定招标文件，确保有实力、有能力的公司参与投标，规避风险。

(3) 抓好研发过程管理。大系统建设周期一般都较长，市局合理控制研发进度，对项目进度按系统、按功能、分阶段进行督查和管理，保证项目按期交付。为确保系统的实用性，所有需求均从一线部门调研获取，同时安排专业人员全程参与项目研发，只用了同等项目一半的研发时间，按期完成并投入了试运行。

(4) 抓好技术创新。充分调研同类项目，汲取经验教训，避免走弯路，注重技术创新。对规划地理信息系统，实现了历史数据保存与回溯功能，为研究城市的历史演变提供支持。规划管理信息系统，提出了研制交互审批平台的新思路，解决了流程化审批带来的弊端。

(5) 抓好测试验收。着重从功能、性能、操作方便性、稳定性和安全性等几个方面进行全面测试和验收。

二是注重基础性的规划地理信息系统建设。规划地理信息系统主要是将各类空间信息（包括地形图、影像图、规划成果、审批红线等）进行数据建库和管理，实现空间地理位置上的信息叠加，为规划管理提供第一手资料。市局结合实际应用，主要实施了四个方面的内容建设。

(1) 制定数据建库相关标准。根据新实施的国家标准，制定了规划地形图数据建库标准，开展了规划成果数据建库标准的前期研究。

(2) 主城区 1:500 地形图部分要素修测。2007年上半年，市局在1:500地形图基础上，对主城区内的部分道路、河道、标志性建筑物等要素进行了修测，并完成了数据规整。该项目获得了江苏省优质测绘工程（地理信息系统）二等奖。

(3) 规划空间数据建库。完成了主城区1:500地形图精细建库，600平方千米1:2000地形图背景建库和影像数据建库；完成了分区规划和控规成果试验建库，实现了GIS数据更新、分析和管理功能，确保了系统的可持续应用。

(4) 建立更新机制、实现资源共享。始终贯彻“数据共建、资源共享”的原则，充分利用扬州市信息办提供的基础数据，减少了项目投资，缩短了建设周期。为了解决地形数据更新问题，通过多次调研，建立了地形图更新机制，出台了相关管理办法。同时我们把完成的GIS成果及更新数据及时提供给市信息办，为其他GIS项目服务。

三是打造实用性的规划管理信息系统。规划管理涉及图、文、表等多类型审批，仅图形就包含地形、规划、审批红线等多种信息。为了确保系统的实用性，市局研制了图、文、表一体化交互审批平台，实现了审批的流程化，也实现了以项目为主线的审批信息集成，即可按项目查看项目的批文、审批表单、规划红线以及周边项目等信息。交互审批平台的构建使项目从窗口报建开始，所有经办和审批人员都能及时了解项目办理的各种信息，实现了项目预知和预审，通过信息互动实现了项目协同办理，提高了办事效率。同时研制了会议汇报子系统，方便了业务办公会的汇报和审批。通过管理信息系统的建设实现了项目审批档案的电子化管理，为无纸化办公提供了有利条件。

【推广应用规划管理信息系统】

为了及时将信息化建设成果付诸应用，进一步提高全局规划服务水平，强化服务手段，市局利用休息日进行了全局范围的规划管理信息系统培训和推广应用，通过试运行及时发现和解决了系统问题，改善了系统的方便性和可操作性。在全局建立内部考核机制，利用系统督办功能加强应用督查，通过几个月试运行，目前已在全局（含分局）实现主城区内所有项目通过信息系统办理。为了配合信息系统应用，出台了地形图更新管理办法。

（杨　规）

镇江市信息化发展概况

【本市概况】

镇江市位于江苏省西南部，长江下游南岸，是国家历史文化名城和长江下游重要的港口、工贸、旅游城市。全市土地总面积3847平方千米。2007年末户籍总人口268.78万人。2007年全市实现地区生产总值1213亿元，人均地区生产总值40333元。全市信息产业销售收入达145亿元，信息产业增加值38亿，占全市GDP的3.2%。

【基本情况】

2007年，镇江市实施了以信息化带动社会主义新农村“致福工程”、推进电子通关的应用，同时被省信息产业厅批准为全省首批社区信息化试点市，全市全国农村信息化综合信息服务试点工作、电子政务、企业信息化应用取得了新业绩。

全国农村信息化综合服务试点工作取得新进展。与信息产业部、省信息产业厅在南京签定了三年试点合作协议，建立健全了全市组织领导体系，制定了《镇江市农村信息化综合信息服务试点建设三年工作方案（2007年—2009年）》，召开了镇江市全国农村信息化综合信息服务试点工作推进会，对各辖市（区）综合服务试点工作进行督促检查。镇江市获信息产业部赠送信息大篷车1辆和150台电脑，总价值约150万元。扬中市油坊镇等8个村镇被省信息办表彰为首批省级农村信息化建设先进村镇。

社区信息化推广应用取得新突破。2007年6月30日，市委、市政府召开了全市加快和谐社区建设工作会议，并下发了《镇江市和谐社区建设的意见》（镇发〔2007〕57号）和《镇江市和谐社区评比考核办法（试行）》，明确提出了信息化作为支撑和谐社区的重要手段，开展了社区基本信息的整理录入和“万事帮”语音呼叫平台85185001，通过平台，社区居民可与服务加盟企业直接交流，获取钟点工、家电维修、送气、管道维修等服务；开展了社区卫生服务中心社区居民健康档案、社区低保人员、合作医疗等信息系统建设。2007年12月23日，镇江市被江苏省信息产业厅列为全省首批社区信息化试点市。

政务信息化取得新成绩。2007年电子政务网络平台已横向互联了市级125家党政部门，纵向与省政府网络平台以及7个辖市（区）实现贯通。市级网络中心装备了13台核心交换设备，内网平台、数据交换平台、电子政务CA（证书管理机构）认证中心和密钥管理中心已正式运行。市级数据中心装备了40台小型机和PC（个人计算机）应用服务器，多个电子政务应用系统已投入使用。五大业务应用系统投入正常运行。市政府与省政府、市政府与各职能部门以及辖市（区）政府之间利用CA认证和密钥管理的带电子印章的公文无纸化传输在2007年1月全面推行。此套应用系统已完全满足市政府公文无纸化的工作。“中国镇江”政府门户网站政务公开水平不断提升。“中国镇江”门户网站提供面向个人办事指南为148项、面向个人的办事材料下载数为42项、面向企业的办事指南为480项、面向企业的办事材料下载数为139项，已经实际上线运行的在线申报服务的数量为52项。市政府主网站已与50个市政府委、办、局子网站和各辖市（区）政府网站组成复式链接，整合了各政府部门站点的信息和服务，政府门户网站已成为市政府政务公开、发布信息和服务社会的重要平台。2007年“中国镇江”在线访谈举办5期，5个部门领导带领相关处室人员走进“中国镇江”网上直播室，现场与网友、市民进行交流沟通，解答公众的咨询和疑难问题。电子口岸和大通关在内网平台上开发了实现电子口岸CA认证与电子签章功能。

企业信息化应用取得新成效。全市已经培育省级制造业信息化企业10多家，全市机械、电子两个行业95%以上的企业应用了计算机辅助设计技术，其中大全集团成为“江苏省数字化示范企业”，焦化集团被国家信息中心评为“中国企业信息化500强”。镇江市江苏南自通华电气集团有限公司等7家企业被确认为2007年度江苏省中小企业信息化应用示范单位和服务示范单位。

【工作机构】

镇江市信息化办公室和镇江市信息产业局合署办公，下设办公室（政策法规处）、综合规划处、软件业管理处、信息化推进处（市信息化推进工作办公室）4个职能处室，下设信息化推进中心1个事业单位，另外市无线电管理办公室属省无线电管理局和市信息产业局双重领导。所辖市丹阳市、扬中市、句容市成立了信息产业局。

主要职能是：（1）贯彻国家关于信息产业的发展战略、方针、政策，根据本市实际，研究制定本市信息产业发展总体规划、中长期规划、年度计划并组织实施和监督检查；振兴全市电子信息产品制造、软件业，推进国民经济与社会服务信息化；组织信息化产业统计及信息发布。（2）贯彻实施国家信息产品制造业、软件业和推进国民经济与社会服务信息化的法律法规，结合本市实际，研究拟定信息产业工作的地方性法规、规章、技术规范及标准，并组织实施、监督检查。（3）汇总提出信息系统固定资产年度计划，负责政府信息投入，组织、协调信息基础设施建设，审定上报信息产业建设投资项目；负责平衡、协调建设和发展资金并监督使用；组织协调信息产业重大项目的实施。（4）根据国家、省统筹规划，拟定全市通信网、计算机网、广播电视网和其他部门专用通信规划，并进行行业管理；参与通信管线、公用通信网、有线电视网、专用信息网发展规划的咨询、论证。（5）拟定全市无线电频率规划；负责全市无线电频率的分配与管理；负责无线电台（站）设置审批、无线电检测和监督检查；依法组织实施无线电管制，协调处理无线电干扰，维护空中电波秩序；负责全市无线电派出机构的管理。（6）对软件产业实行管理和监督；依法对全市信息服务市场进行监管，组织、协调和指导信息网络安全、计算机病毒防范工作；组织信息网络安全技术、设备和产品的监督管理；负责软件业和产品的认定。（7）根据产业政策与技术发展政策，引导与扶植信息产业的发展，推进全市软件业的科研开发工作，指导产业和产品结构调整，合理配置资源的开发、利用。（8）指导信息技术的应用和信息化的宣传、教育、培训工作，负责信息化专业人才预测、规划工作，负责信息产业工作的对外经济合作与交流。

【工作部署】

（一）召开全市信息化大会

2007年4月17日，全市在碧榆园宾馆南徐厅召开了全市信息化大会，这是我市历史上召开的第一次信息化大会。李亚平副市长代表市政府总结了“十五”以来全市信息产业和信息化推进工作，部署了全市2007年和“十一五”信息化工作，省信息产业厅副厅长龚怀进到会祝贺，市委常委、常务副市长江里程作了重要讲话。会上对“十一五”以来信息产业和信息化工作做得出色的镇江市公安局等46个先进集体和黄迎寿等112名先进个人进行了表彰，丹阳市人民政府和江苏电信镇江分公司作了交流发言。市政协副主席杜正起和各辖市（区）人民政府和新区管委会分管领导，信息化办公室、信息产业局负责人，市信息化工作领导小组成员单位负责人，市人大财经委、政协经科委负责人，市各委办局信息化工作分管领导，受表彰的先进集体和先进个人代表参加了会议。

（二）国信办领导来镇江市检查指导

2007年5月7日至8日，国务院信息化办公室常务副主任曲维枝来镇江市考察调研全市信息化发展情况。调研期间，听取了镇江“恒美嘉园”光纤到户和“三网融合”系统情况汇报，并到“恒美嘉园”试点小区“三网融合”控制中心和住户家中参观。省信息产业厅副厅长陈为保、龚怀进，副市长冯士超和市信息化主管部门负责同志陪同考察调研。

【政府信息化】

2007年11月1～30日，省电子政务建设协调指导小组、省信息化工作领导小组办公室、省政务公开领导小组办公室联合开展了2007年度江苏省政府网站测评活动，镇江市政府门户网站以总分59.3分在全省13个省辖市政府门户网站测评中列第七名。

【农村信息化】

(一) 部署农村信息化综合信息服务试点工作

2007年6月25日下午，全市在丹阳市召开全市农村信息化综合信息服务试点工作推进会，市全国农村信息化综合服务试点工作领导小组及办公室全体成员、各辖市（区）政府、镇江新区管委会分管领导，信息化工作职能部门负责人参加了会议，各辖市、区政府、镇江新区管委会作了交流发言，与会人员还参观了丹阳市珥陵镇农村信息服务站、云阳镇迈村村电子商务应用现场，市政府李亚平副市长参加了会议，对抓好试点工作任务提出了要求。

(二) 陈伟司长来镇检查指导农村信息化试点工作

2007年4月5日，信息产业部信息化推进司司长陈伟来镇检查指导农村信息化综合信息服务试点工作，先后到丹徒区高资镇和丹阳市迈村村等上网点实地详细了解试点情况，进行指导调研，听取了镇江市全国农村信息化综合信息服务试点工作情况汇报。省信息产业厅副厅长张坊和市信息化主管部门负责同志陪同考察。

(三) 出台《镇江市农村信息化综合信息服务试点建设三年工作方案（2007年—2009年）》

根据信息产业部、省信息产业厅关于全国农村信息化综合信息服务试点工作有关要求，2007年7月17日，市政府出台了《关于印发〈镇江市农村信息化综合信息服务试点建设三年工作方案(2007年—2009年)〉的通知》（镇政办发〔2007〕160号），通知明确了指导思想、建设目标、建设内容、实施步骤、保障措施，对试点目标任务进行了分解。目标明确到2009年底，全市建成较为完善的农村信息化综合信息服务体系。全市607个行政村建有公共上网点。

(四) 签定《关于共同推进"江苏省农村信息化试点"的合作协议》

2007年4月5日，李亚平副市长代表镇江市人民政府，在南京市与信息产业部信息化推进司、江苏省信息产业厅共同签定了《并于共同推进"江苏农村信息化试点"的合作协议》，主要内容有：联合开展农村信息化课题研究。以镇江市为基地，联合组织专家，研究农村信息化评价标准框架；研究农业信息收集和发布制度，推动农业信息数据收集整理规范化、标准化；研究农村信息服务农业产业结构调整、引导农民集体致富的服务模式和市场化机制；研究如何服务市场形成等。联合推进江苏实施"宽带进村入户工程"、"农村信息化培训工程"等。镇江市人民政府以信息产业部农村信息化综合信息服务试点为契机，以组织机构、工作机构、资金及目标任务的落实到位为保障，加强"新农村致福网"和公共上网点建设，健全市、县、乡、村四级农业信息服务体系，全力整合涉农信息与服务资源，加快建设一批标准统一、实用性强的公用农业数据库；负责选择2个县级市、20个乡镇、400个"公共上网点"，配合完成全省建设任务，并率先推广应用全球卫星定位系统、地理信息系统、遥感和管理信息系统、电子商务等技术指导农业生产、农产品销售；负责每年举办一期"农民家庭上网技能镇江地区选拔赛"；全面完成信息产业部农村信息化综合信息服务试点工作。信息产业部、信息产业厅具体负责和协调指导镇江市全面完成信息产业部农村信息化综合信息服务试点工作，开展年度检查考核并通报结果。

(五) 省政协领导视察农村信息化工作

2007年6月12～14日，省政协副主席任彦申，省政协副主席、致公党江苏省委主委黄因慧等领导，在省信息产业厅谢正义和省有关职能部门负责人陪同下，视察了镇江市农村信息化工作。听取了镇江市农村信息化工作情况汇报，市委常委、常务副市长江里程汇报了我市农村信息化工作，市政协主席郭礼荣、市委常委、宣传部部长张甫雄以及市信息化主管部门的同志参加了会议。13日在镇江市市委书记史和平，市政协主席郭礼荣，市委常委、常务副市长江里程，市委常委、丹阳市委书记李茂川陪同下，视察了丹阳市珥陵镇农村信息站和丹阳云阳镇迈村农村电子商务应用现场，听取了两地农村信息化工作的情况汇报。省政协领导高度肯定了我市信息化建设取得的成就，认为我市以信息化带动新农村建设的做法走在全省前列。

【城市信息化】

2007年12月25日，江苏省信息产业厅正式批复镇江市为江苏省社区信息化试点城市，全省共2家。2005年以来，镇江市成立了建设领导小组，确定了镇江社区综合管理平台的建设方案，建成了“市、区、街道、社区”四级网络体系和镇江社区门户网站、社区综合管理平台，开展了社区基本信息的整理录入，选择社区进行社区综合管理平台的试点应用。2007～2009 年试点建设阶段，全市将构建四级社区服务组织体系，进一步建设与完善镇江社区公共信息平台和社区管理平台，建设食品卫生与农产品质量跟踪、社区帮扶救助、政务服务、卫生服务、法律援助、呼叫中心等应用系统等，选择条件比较好的 10 个社区进行试点应用和培训，形成示范点，以点带面，逐步推进。

【企业信息化】

（一）2007 年度中小企业信息化应用示范单位和服务示范单位

2007 年 12 月 14 日，江苏省中小企业局、江苏省信息化工作领导小组办公室下发《关于公布 2007 年度中小企业信息化应用示范单位和服务示范单位的通知》，因在自主创新能力和提供质优价廉的信息产品和服务方面取得成绩，确认我市江苏南自通华电气集团有限公司、江苏常城汽车部件有限公司、镇江康飞机器制造有限公司、江苏文华车辆附件有限公司、江苏宏昌汽车装饰件有限公司等 5 家企业为“2007 年江苏省中小企业信息化应用示范单位”，镇江江大科茂信息系统有限责任公司、江苏省电信有限公司镇江分公司等 2 家单位为“2007 年江苏省中小企业信息化服务示范单位”。

（二）依托通信网络技术支撑推进中小企业信息化

2007 年初，市经贸委与省电信镇江分公司就如何加快推进为小企业信息化工作，进行了调研，并提出了工作意见，确定了全年工作目标，建立了联合协调工作机制。为在全市开展“三个五活动”——50 家企业牵手电信信息化、500 家企业信息化体验、5000 家企业信息化人才培训，专门下发了镇经贸乡中指导〔2007〕117 号《关于加快推进中小企业信息化工作的通知》。6 月 29 日，市经贸委与省电信镇江分公司联合召开中小企业信息化“三个五活动”动员大会，并实施网上直报系统工作动员。8 月 28 日，市经贸委与中国移动镇江分公司在镇江宾馆金山厅联合召开中国移动信息化产品发布及中小企业信息化培训，全市中小企业信息化业务主管、辖市（区）移动公司业务员约 300 多人参加者了培训。11 月 8 日，市经贸委与镇江邮政局在京口饭店百合厅召开邮政服务中小企业促进会，有 200 多人参会。

（三）举办中小企业信息化应用产品发布会

2007 年 9 月 14 日，镇江市经贸委与中国移动镇江分公司联合举办了“移动信息化行业应用普及风暴”集团产品发布会，帮助中小企业节约办公成本、提高工作效率、提升客户满意度。近百名中小企业代表参加了会议。发布会上，中国移动特别推出了无线网站、移动 CRM、手机邮箱、移动进销存等集团信息化产品。该四项产品是中国移动为企业量身打造的企业移动信息办公、管理的解决方案。

（四）召开全市制造业企业信息化推进会

2007 年 11 月 27 日，全市在京口饭店百合厅召开制造业企业信息化推进会。会上部署了 2008 年年全市制造业信息化工作，省“十一五”制造业信息化科技示范工程专家组专家、江苏科技大学副校长葛世伦作了专题报告；以“成本管理与控制”为产品特色的金舟软件公司向参加会议的企业推介了为中小企业量身定做的最新信息化产品。镇江中船设备有限公司和镇江华东电力设备制造厂交流了企业信息化建设的经验。各辖市（区）科技局、镇江新区经科局负责人及全市 70 多家制造业企业负责人参加了会议。

【信息技术应用重点工程】

2007 年，全市电子口岸平台共受理业务审批 10000 余票，审批通过率达 95％以上。现有 24 家代理公司和 5 项重点项目在电子口岸平台上进行业务申报。目前，这一网络平台已免费发展进出口企业会员 400 多家，培训人员达 800 人，上线海关、国检、海事、边防等网上审批服务单位 8 家。电子口岸是加快口岸物流发展，提高通关效率，降低贸易成本的网上申报与审批系统。目前，全国已建成电子口岸的有上海、广州、宁波、青岛等 20 多个城市。我市于 2003 年初在全省率先实施“大通关”工程，由市政府牵头成立了“大通关”建设领导小组，组织海关、国检、海事、边检、外经、信息产业等单位共同参与建设。到目前为止，共投资 500 万元在硬件上实施外网、内网和口岸单位业务网平台“三网”建设，且全部达到了国家安全标准。

【信息设备制造业】

（一）全市电子产业集群形成

以辉煌太阳能晶片企业为主的扬中光伏产业群；以强凌电子企业为主的润州节能照明产业群；以恒宝股份为主的智能IC卡产业群；以江苏绿扬电子、江苏鱼跃集团为主的电子仪器制造群；以稳润光电、奥雷光电企业为主的光电子产业群；以捷诚电子、惠通、蓝剑等企业为主的军工电子产品群。

（二）江苏恒宝股份有限公司成功上市

江苏恒宝股份有限公司是全国磁条卡、IC卡和密码卡等卡类产品生产的龙头企业之一，公司总股本8640万股，首次公开发行的2304万股人民币普通股股票于2007年1月10日起在深交所上市。

（三）辉煌硅能源（镇江）有限公司太阳能多晶片项目获上级批准立项

该项目总投资9980万美元，注册资本6000万美元，由辉煌硅科技（香港）有限公司、BEST REGENT（ASIA）GROUP LIMITED、POWER SOLAR SYSTEM CO.，LTD三方按31:51:18的比例共同投资。建设地点位于扬中市开发区沿江工业集中区港隆路与港盛路交汇处集中区，项目需征地447亩，购置40台美国进口的先进多晶硅铸锭炉、16台瑞士进口破锭机、36台瑞士进口的线切割机等设备53台（套）。建厂房及各类办公、综合用房13.3万平方米。投产后将形成年生产5000万片（100MW）多晶硅片生产能力，年销售32亿元人民币，利润1.5亿元。

（四）组织企业参加《电子信息产品污染控制管理办法》专题培训

2007年9月10日，市信息产业局组织全市电子制造业企业管理人员，在镇江优士园宾馆参加了江苏省信息产业厅在我市组织的《电子信息产品污染控制管理办法》专题培训，培训内容为：《电子信息产品污染控制管理办法》解读、有毒有害物质财富限量要求、控制标识要求、检测方法等相关标准介绍、《电子信息产品污染控制管理办法》的应对技术指导、电子信息产品有害物质控制及检测技术的现场讲解、欧盟RoHS执行指南文件介绍。江苏电子信息产品监督检验研究院专家到会授课，全市有40多家电子信息产品生产企业涉及产品认证的技术人员、品质管理人员和与电子信息产品配套的元器件生产厂、原材料生产企业的质量管理与检测人员共70多人参加了专题培训。

【软件业】

（一）镇江软件园升格为省级软件园

江苏省信息产业厅8月23日批复镇江软件园升格为省级软件园。2003年镇江市在丁卯高新技术开发区筹建了占地100亩、建筑面积约22000多平方米的镇江软件园，经过几年建设完善，现已形成基础设施好、功能多、服务体系全的软件园区。目前，入园软件企业有28家，总投资5100多万元，总注册资本4430万元，主要从事电子通信、金融安全、电子商务、酒店管理、企业成本管理、船舶设计、汽车电子控制、工业监控、游戏动漫在内的应用软件、嵌入式软件和软硬件集成产品的研究开发。约占全市软件企业数的40%。

（二）镇江市软件行业协会

2007年，为适应以软件外包为核心内容的服务外包业和软件产业快速发展的需要，10月29日在镇江软件园，召开了各辖市（区）信息产业主管部门和软件企业负责人参加的“‘双软认定’及CMMI（能力成熟度集成模型）认证工作会议”，邀请上海、南京等地的专家对全市软件企业进行软件产品登记、软件企业认定、CMMI认证工作培训。下半年赴辖市（区）发改委和相关企业，积极宣传国家软件政策和《江苏省软件产业促进条例》，积极进行软件企业认定、软件产品登记以及系统集成、CMMI资质认证、软件产品剥离的宣传发动、辅导工作，全年新增软件企业4家，新增软件产品8个，通过CMMI3级认证的企业3家，已签订了CMMI3级认证协议并正在进行咨询论证的企业6家，通过系统集成资质认证3级的企业3家，指导丹阳鱼跃集团医疗器械产品中嵌入式软件的剥离工作。重点考察调研了以船舶制造为背景的金舟软件等外包企业，组织润欣、海达、科海、船苑等企业参加了“长三角软件合作联盟”峰会，了解软件外包最新动态，考察了2家从事CMMI认证的机构。

【信息化政策】

（一）江苏恒宝股份有限公司获电子发展基金资助

2007年上半年，江苏恒宝股份有限公司的“基于OTA技术的TD－SCDMA终端和USIM卡业务管理平台开发及产业化”项目获得100万元电子发展基金资助，该项目总投资1630万元。电子发展基金是中央财政预算安排的，用于支持软件、集成电路产业，以及计算机、通信、网络、数字视听、新型元器件等电子信息产业核心领域技术与产品研究开发和产业化的专项资金。

（二）三项目获省软件和集成电路业专项经费项目资助

2007年12月28日，镇江金钛软件有限公司的金钛任务流目标管理软件专业版（中文/英文/日文版），镇江隆智半导体有限公司的多媒体用90纳米高速低功耗闪存芯片的开发和产业化，江苏恒宝股份有限公司的移动VPN（虚拟专用网络）安全终端产业化的项目获省资助金额为380万元，三项目总投资为8396万元。

（三）泰利丰电子有限公司获国家电子信息产业发展基金“倍增计划”贷款贴息

泰利丰电子有限公司的KJ110煤矿安全监控系统获国家信息产业部2007年度电子信息产业发展基金“倍增计划”贷款贴息，该项目总投资2300万元。其中，自筹资金1500万元，贷款800万元，获上级贷款贴息金额60万元。

【主要成就】

（一）举办“2007‘数字镇江’暨软件外包展览会”

2007年12月21日至22日，由市政府主办，市信息化办公室、市信息产业局等单位承办的“2007‘数字镇江’暨软件外包展览会”在镇江市体育馆举行。共有37家电子产品制造业、软件业、通信运营业、信息化应用成果和示范项目企业参展，是我市举办同类展览会参展企业最多的一次。展览会期间，邀请了上海复旦大学太平洋金融学院博士、上海睿泰信息科技有限公司顾问和广州赛宝认证中心服务有限公司华东区主任举办了软件外包及信息安全管理知识讲座，两天共有3000多人参观展览。省信息产业厅副巡视员张一成、市人大副主任邵振羽、市政协副主席张克敏、市长助理许俊华等省市领导参加了开幕式。

（二）镇江市信息动员办公室获省表彰

镇江市信息动员办公室获全省信息动员先进单位，市信息化办公室副主任、信息产业局局长、信息动员办公室主任吴志优被表彰为先进个人。

（方立东　陶迪明）

大力发展镇江光伏产业

——镇江市信息化建设特色

作为新能源领域新兴的绿色环保、高新技术产业，光伏产业发展前景广阔，产品附加值高，产业带动性强。随着当前全球太阳能光伏市场的不断升温，镇江市太阳能光伏产业发展正呈现出产业规模持续扩大、技术水平不断提高、产业链日趋完善等特点，在长三角产业群中形成了比较独特的优势。

【镇江市光伏产业发展现状】

镇江市光伏产业布局主要集中在扬中和新区。在产业环境方面，全国光伏产业前四强中的无锡尚德、中电光伏和河北晶龙三家企业的主要领导层中都有扬中人，被业界称为“扬中系”。在此影响下，一些精明的企业家纷纷把发展目光聚集到镇江扬中这一新兴能源领域上，逐步拉长光伏产业链条，实现了光伏产业的规模化、集群化。

镇江市现有大成硅科技、辉煌硅能源、环太硅科技、大全集团、新时代硅科技、宝泓光伏、皇冠煜华太阳能、银佳集团、南自通华、苏惠乳胶等20余家光伏硅企业，涉及太阳能电池用单晶硅棒、多晶硅锭、单晶硅片、多晶硅片、太阳能电池封装、电池组件、太阳能电站、太阳能路灯、太阳能庭院灯等光伏产业上、中、下游产品，2007年形成销售10.2亿元人民币。其中，主要生产太阳能电池材料单晶和多晶硅片的环太硅科技有限公司，先后从瑞士引进了30条世界最先进的多线切割生产线。2007年，企业生产大面积超薄型单、多晶硅片3000万片，6英寸以上直拉单晶硅棒100吨，多晶硅锭300吨，实现销售收入6亿元。大成硅科技投资2980万美元，从瑞士进口世界最先进的切片机16台和单晶硅片生产线4条，拥有单晶炉32台。2007年，年产2000万片硅片的切片车间已投入生产，年产高纯度太阳能硅棒100吨的单晶车间也正式投入使用，形成年销售近5亿元人民币的生产能力。2008年，公司将继续投入1亿元人民币进行二期工程建设，争取在2009年达到年产硅棒、硅锭400吨，硅片3000余万片，年销售20亿元人民币的生产规模。大全集团投资5亿美元在重庆建设晶体硅原料提炼基地，为扬中光伏产业链后续晶体硅加工提供了原料保证。辉煌硅能源（镇江）有限公司已经组建，这家由香港辉煌硅科技有限公司等三家外资企业共同投资兴建的新兴能源公司，将作为尚德电力控股有限公司重要的配套生产企业。辉煌硅能源年产5000万片太阳能多晶硅片建设项目已通过了江苏省信息产业厅的审批，在扬中沿江工业集中区启动，项目总投资9942.3万美元，2008年建成投产后可实现年销售收入32亿元。后续将分期引进国际领先的多晶炉、切片机和破锭设备657台（套），建设900兆瓦太阳能硅片产业基地，项目全部建成后，可形成年产4.5亿片多晶硅片的生产能力，年销售规模预计可达200多亿元。同时，由美国皇冠再生能源有限公司投资2000万美元的太阳能封装项目已开工建设，使镇江市形成了从晶体硅原料提炼到硅棒切片，再到太阳能电池生产较为完备的产业链，有望成为国内最大、亚洲第一、世界第三的太阳能晶片生产基地，预计在“十一五”末年销售额达到200亿。

另外，镇江市企业自主创新能力不断增强，环太硅科技于2007年建成了市级工程技术中心；南自通华电气集团公司研制开发的太阳能电站输电核心设备——光伏并网逆变器已达到国际先进水平；江苏稳润光电有限公司也已开发出集LED产业与太阳能光伏产业优势于一身的新型太阳能路灯、草坪灯、交通信号灯、城市亮化灯等高效低耗绿色照明新产品，开创了全新的优势产业。

【镇江市光伏产业发展思路】

（一）制定科学的镇江市伏产业园区规划

光伏产业是镇江市“十一五”期间极具爆发力、极有可能做大的产业，目前镇江市已经具备了一定的产业基础，形成了一批产业链项目，进一步加大力度推进光伏产业发展的时机已经成熟。而光伏产业园是光伏产业发展的平台，是光伏产业吸引投资的重要载体。我们要充分认识光伏产业园在镇江市经济发展中的重要地位，把镇江市光伏产业园的规划作为省信息产业厅和镇江市2008年度的一项大事来抓，高起点规划，为高标准建设奠定基础，突出打造镇江市光伏产业集聚区，实现镇江市光伏产业园区向省级和国家级园区的迅速升级。

（二）形成合理的镇江市光伏产业布局

加快组建镇江市光伏产业园的管理机构，健全组织体系，搭建融资平台，加大园区基础设施投入，切实提高镇江市光伏产业园区对重点优质工业项目的装载能力，使光伏产业园区成为技术创新基地、产品开发基地、人才培训基地、企业孵化基地和产品的出口创汇基地。同时，建立相应的机制，组织专门的工作班子为园区建设做好服务。要切实加强对光伏产业发展的领导，整合力量，集中力量，以创新的思维、创新的办法加快镇江市光伏产业的发展和园区建设步伐，形成合理的光伏产业布局。

（三）开展促进镇江市光伏产业集聚发展的政策研究

从镇江市人民政府的角度，研究国内外光伏产业的发展趋势，分析存在的问题，探索如何紧紧抓住国际光伏产业转移的机遇，充分发挥镇江市的有利条件，为发展和壮大镇江市光伏产业集群提供全方位的公共服务，运用城建、科技、人才、环保、财政和税收政策，实行鼓励对光伏产业进行持续的资金、技术投人的政策，推动镇江市光伏产业链条的前延后伸，提升自主创新能力，强化产业关联，积极扶持镇江市光伏产业群的孕育、萌芽、发展、壮大，反过来再通过镇江市光伏产业集群的发展促进各种要素环境的不断增强。

（四）完成向省级电子信息产业园区的迅速升级

镇江市光伏产业园在本年度内将实现向省级电子信息产业园区的迅速升级，为此，我们采取的主要措施有：一是坚持引进、消化吸收和自主创新相结合，突破关键技术，扩大产业规模，提升发展质态，实现量能和效能的双突破，增强产业核心竞争力和发展后劲。二是通过工程示范与政策引导，做大做强优势企业，促进太阳能光伏产业与传统照明产业的无缝对接和有机融合，支持企业和高校科研院所联合建设光伏产业公共服务平台、公共技术平台、虚拟交易平台、实验室或工程研究中心，加强产业技术工程化研究。三是通过招商引资与产业承接，完善产业配套体系，实现集聚式发展，形成包括光伏发电原料提炼、材料加工、电池片生产、电池片组装、光伏发电工程设计、安装维护等研究、开发、生产、应用在内的完整的光伏产业链。四是充分整合现有资源，加强企业间的分工协作，避免重复投资和恶性竞争，实现产业链的有序衔接和资源的合理配置及有效利用。

（方立东　陶迪明）

泰州市信息化发展概况

【本市概况】

泰州地处苏中之中、长江北岸，是长江三角洲工业发达、商贸繁荣的滨江城市之一，是“长三角”16个主要城市之一。面积5793平方千米，总人口502万。泰州历史悠久，人文荟萃，是一座具有2100多年历史的文化名城，素有“汉唐古郡、淮海名区”和“凤凰城”的美誉。泰州是施耐庵、郑板桥、梅兰芳等艺术巨匠的故乡和中国人民解放军海军的诞生地。2007年，泰州全年实现地区生产总值1202.2亿元，比上年增长15.7%。人均生产总值26093元，增长17.0%。全市财政总收入211.42亿元，增长36.0%。全面小康建设步伐加快。从总体上看，全市全面小康总体评价得分达到93.6分，比上年增加4.8分。

【2007年信息化建设基本情况】

（一）信息基础设施建设

2007年，泰州集中力量进一步加快推进电信网、广电网、移动通讯网及多媒体网络等信息基础设施重点工程建设。

1. 电信网

2007年，泰州电信公司投资2.26亿元用于通信网络建设。在“光进铜退”工程建设方面，全年共新建综合接入点208个、DSLAM下沉点200个；在宽带接入网建设方面，全年新增ADSL2+端口11.3万个，宽带端口数达到28.74万；在IP城域网建设方面，宽带并发用户容量从27万户提升到38万户，城域网出口中继带宽从20Gb/s提升至30Gb/s，全网具备MPLS VPN（多协议标签交换虚拟专用网络）/组播等多业务的开放能力。

2. 广电网

广电事业不断发展，2007年全年总投入2.19亿元。至2007年底，全市广播电视SDH光缆传输主干网容量为2.5Gb/s，光缆传输网泰州市环网线路总长达404缆千米。全年新开有线电视光节点、光工作站455个，总数达3461个，其中海陵区双向光节点已达327个。累计建成有线电视干线网络总长29277缆千米。全市有线电视通村率、电视综合人口覆盖率、广播综合人口覆盖率均达到100%，城乡综合入户率63%，期末有线电视用户数达101.3万户。2007年，全市有线电视覆盖面达到100%，综合门楼入户率80.46%，其中市区（海陵、高港）门楼入户率为108.14%，用户达16.84万户。有线数字电视用户4602户，广电宽带用户4100户。

3. 移动通信网

移动公司。2007年泰州移动公司顺利完成投资2.25亿元，进行了大网工程与传输工程建设。继续加强基础网络建设，完成智能网、彩铃、软交换等工程建设。完成G9.4及G10.1扩容工程、CMNET三期工程、短信呼三期工程、城域网二期工程。开展“春蕾行动”专项优化，开展“立足新起点、再创新优势”劳动竞赛活动，提升网络覆盖和相关指标。开展“传递网安全提升专项活动”和“通信网络供电安全提升专项活动”。加快传输网和城域网建设步伐，全年新建管道35沟千米、杆路450杆程千米，布放光缆1200皮长千米，光缆总长度达到6300皮长千米。新建无线通讯基站300座，总数达862座。2007年，公司运营收入达10.5亿元，增长31.9%。累计客户总数超过155.6万户。全年业务总收入10.65亿元，增长30.8%，实现年利润3.4亿元，继续保持在泰州地区移动通信市场的主导地位。

联通公司。2007年，联通泰州分公司投资0.8亿元，重点开展了C网13期扩容、本地网五期等重点工程的建设。新建无线通讯网基站121座，总数达667座，交换机扩容10万门，总容量达到186万门。完成基站标准化整改120座，管道整改50千米，网络质量明显提升，部分关键性指标处于领先地位。2007年，泰州联通完成通信业务收入2.1亿元。全年新增GSM用户21.97万户，达到31.7万户。全年共发展CDMA移动通信网络用户4.1万户。

网通公司。2007年，中国网通泰州分公司着力优化普通电话网（PSTN）、无线市话网、本地传输网、IP宽带城域网、NGN网等网络，采用了国内先进的SCDMA移动通信技术。

（二）信息技术应用及信息资源开发

1．政务信息化

电子政务建设：2007年10月，泰州市电子政务建设领导小组办公室调整到市政府办公室。泰州市相关部门对前期电子政务建设工作进行了梳理，制定了电子政务内网建设、办公业务资源系统整合、政府门户网站改版以及电子政务项目建设管理等工作方案。突出加强政府门户网站建设和加快办公业务系统建设两个重点。通过编制《泰州市政务信息和服务资源目录》，加强政府网站基础信息资源的建设和整合，进一步规范政务信息公开，全面拓展网上服务，提高公众参与程度，不断提高网站利用率。2007年，“中国·泰州”政府门户网站全年累计发布信息12871条，累计访问量近587万人次。市长信箱和部门信箱接收并处理市民来信11195封，处理率98.98%，全年共印发12期门户网站监测简报。

行政权力公开透明运行：2007年10月，泰州市行政权力公开透明运行网开通运行。网内共设置了政务公开动态、权力项目查询、政务权力公开、部门权力公开、市（区）政务权力公开、权力项目类别等6大栏目。其中，部门权力公开栏目一共容纳了71个市直部门、5501项行政权力目录及其网上办事流程图。市行政权力公开透明运行网开通后，为政府部门与市民互动提供了又一网上平台。机关部门可通过市民电子信箱、网上市民论坛、网上投诉中心等多种途径，征询市民对行政机关工作的意见和建议，就一些热点问题与群众进行网上对话，进一步提高行政机关为民服务的水平。

百件实事网上办：2007年11月，泰州市政府门户网站“百件实事网上办”开通。泰州市民可以查询并办理与民生相关的100件事项。这也标志着泰州市政府网站从政务公开、信息单向发布阶段转入办事服务阶段。“百件实事网上办”依托泰州市政府门户网站建立的网上办事服务平台，共开设了“教育”、“医疗卫生”、“社会保障”、“交通出行”和“公用事业”5个主要栏目，涉及45类、100件服务事项。市民还可以轻松查询从“学前教育”、“网上医疗服务”、“劳动仲裁”、“退休管理”、“社会福利”到供水、供电、燃气服务等日常生活中所需的相关辅助信息，了解政府服务具体的办事项目、办理机构、联系方式、办理流程、收费标准等实际内容。

2．企业信息化

国家倍增计划项目申报：2007年，泰州积极组织电子信息技术倍增计划项目的推广应用工作，扬子江药业集团的“信息化管理平台”、泰兴华骋公司的“车辆智能化操控系统”、兴化锁龙药剂公司的“企业信息工程”、江苏双登集团的“ERP与办公自动化的系统整合”成功通过立项，并列入2007年度国家信息倍增计划项目。截至2007年底，全市已有19个项目列入全国信息应用倍增计划，新增国家贷款额度4600万元。2007年，泰州还组织了国家倍增计划优秀项目申报本年度国家电子发展基金贷款贴息项目，其中兴化市粮食交易市场的信息工程项目、济川药业的企业资源计划项目、三泰啤酒的企业信息化工程等3个项目共获得贴息补助140万元。

应用信息技术改造传统产业：2007年，泰州坚持“应用主导，务求实效”的方针，全力推进应用信息技术改造传统产业工作。首批列入应用改造的百家企业通过在生产、管理、产品三大领域应用信息技术来推动企业实现技术、产品和管理三大创新，取得明显成效。机械、电子、造船行业普遍应用CAD、CAM、CAPP等技术，医药、化工、化肥行业应用DCS技术改造生产流程，劳动生产率和产品合格率明显提高。制造企业通过应用嵌入式系统、控制电路等技术，提升产品科技含量，市场竞争能力明显增强，新品开发明显提速。广大企业还通过应用OA、ERP、CRM、电子商务等技术，降低管理成本，堵塞财务漏洞，提高工作效率，管理水平明显提升。2007年，泰州市应用改造办公室对各市（区）的应用改造工作进行考核，并对首批列入应用改造的企业进行验收，全市首批10家示范企业、90家应用企业通过验收。

中小企业信息化应用示范单位：省中小企业局、省信息化工作领导小组办公室公布了“2007年江苏省中小企业信息化应用示范单位”名单，泰州共有7家单位入选，分别是：江苏宝骊集团、江苏京生软管有限公司、江苏星火特钢有限公司、泰州苏中天线集团公司、泰兴市华骋灯塑有限公司、兴化市米业有限公司、江苏三江电器集团有限公司。

3. 城市社区信息化

2007年，泰州市海陵区按照“坚持科学发展、着力关注民生、构建和谐社会”的总体要求，建设“和谐海陵”城乡统筹社区综合信息服务平台，实现社区管理信息化和社区服务信息化，全面提高社区管理与服务的水平和效率，满足城乡居民生活需求。制定“和谐海陵平台”的《规划》和《实施方案》。“和谐海陵”城乡统筹综合信息服务平台被列为全国城乡统筹信息综合服务试点项目。截至2007年底，协议签订前期工作基本就绪，机房装修、硬件采购、软件设计招标等按计划顺利推进。“和谐海陵平台”建成以后，将对泰州乃至全省、全国城市社区信息化推进作出重要贡献。

4. 行业信息化

以下是2007年泰州市部分行业信息化建设的基本情况：

劳动保障“金保工程”：2003年10月，泰州正式启动“金保工程”建设，同年被省劳动保障厅确定为全省“金保工程”试点城市，2004年被劳动保障部确定为全国“金保工程”示范城市。2007年1~6月，泰兴、兴化、靖江和姜堰的社会保险数据先后集中到市级数据中心，使用统一的社会保险应用软件。截至2007年4月，劳动保障仲裁、监察、合同管理、社保稽核等劳动行政业务系统和基于“劳动99”三版开发的人力资源管理系统先后上线运行。2007年9月，举办社会保障卡首发仪式。2007年10月，泰州劳动保障网第二次改版，人力资源数据库和社会数据库进行合并，形成了统一的单位和个人基本信息，并实现多个业务之间的关联。近年来，泰州劳动保障信息化快速发展，水平得到极大提高。建立市级数据中心，实现全市劳动保障业务数据的集中统一管理。网络延伸到全市所有劳动保障经办机构、街道（乡镇）和社区劳动保障服务所（站）以及定点医疗机构、定点药店，建成了覆盖全市的劳动保障市域网。开发了高水平的应用软件，全市就业管理、社会保险、劳动行政业务等几乎全部劳动保障业务全部使用统一的应用软件。建成“一网、一号、一卡”（劳动保障网、12333咨询电话、社会保障卡）三位一体的公共服务体系。“金保工程”建设规范了劳动保障业务流程，大大提高了劳动保障业务经办效率，方便了用人单位和劳动者办理劳动保障业务和查询劳动保障信息，为密切劳动保障部门和群众的联系发挥了重要作用。

国税：泰州市国税局于2007年4月组织相关人员开展培训，着重讲解信息表、企业表、货物劳务表中的指标、数据等，以及对税收调查软件NTSS系统的安装调试、菜单使用、数据接收审核上报等内容。2007年，泰州市国税局通过内外网搭建了业务技术指导和信息反馈平台，做好被调查单位的信息采集、软件操作的培训辅导工作。还对网上申报数据库服务器、外网申报服务器进行了更新，内、外网数据库服务器都从HP LH6000换成HP 580，确保系统运行稳定。积极推进省局决策监控系统在泰州的推广运用，从微观分析需求出发，提高泰州微观税源分析数据的全面性和准确性以及税收分析的质量和时效。另外，完善了市区财税库横向联网系统，确保2.0数据核算的准确；搭建数据库，实现对县级的数据分发，开发了《CTAIS辅助查询系统》。2007年，泰州以省局CTAIS分发数据为基础，结合网上申报数据等，重点开发了《微观税源分析监控系统》及《综合税情监控系统》，并以此为基础初步搭建了泰州国税的《四联动管理平台》。此外，泰州还承担了总局《执法责任制》软件在江苏的试运行工作，并与镇江一起承担了省局《税收决策监控系统》的试运行工作。参与搭建了省局的《执法责任制》数据库。参加了《车购税系统》、《行政办公系统》等相关部门的软件推广及技术支持工作。2007年，泰州国税局还顺利完成防伪税控网络版、增值税稽核系统、协查系统等全市数据的省级集中工作。

国土：2007年，泰州市国土局共投入近900万元用于信息化建设。基本完成了主城区外444平方千米1:1000的地形地籍城乡一体化调查，按照标准初步建立了地籍城乡一体化基础数据库。完成1:10000农村地籍数据库、1:500城镇地籍数据库，1:10000市级土地利用规划，1:10000乡（镇）土地利用规划等数据库、1:1000和1:5000

的彩色影像数据库、城镇基准地价数据库和建设项目用地数据库的建设。为加快建立市级数据中心，建立了高性能的服务器集群，将9台服务器和3T容量的磁盘柜按照应用的分类部署在集群中以负载运行不同架构的数据库系统、服务器管理系统、备份系统等，同时购买了数据库系统平台（Oracle 9i）和图形管理系统平台（ARCinfo）。泰州国土局还将县、乡两级的土地利用现状、规划、地籍等基础数据库上收集中到市级统一管理，并组织基础数据整合和信息交换方案，将市级基础Mapinfo数据经整合后在ARCinfo下运行，为数据中心平台提供基础业务数据。此外，还完成全市三级主干网的建设任务，对市、县、乡三级国土资源信息网络和视频会议系统进行了统一设计，对局域网进行了改造，将已有的二层结构平滑升级为千兆三层网络结构。2007年，泰州国土局除使用了土地登记交易、城镇地籍管理、农村地籍管理、财务管理、城镇分等定级估价等信息系统外，还应用和推广了省厅建设用地审查报批系统、公文办公自动化系统。开发了土地执法监察系统。2007年，泰州国土资源网被评为“泰州市十佳网站”、省国土资源厅“五佳优秀市级国土资源网站”。

教育：全市中小学进一步贯彻落实科教兴市、人才强市战略，大力加强教育信息化基础设施建设。建立了教育门户网站和教育人才网、职教网等专业网站，教育城域网建立了教学资源中心，泰州教育网教育资源库已有资源达1.5T，覆盖了小学、初中、高中各学科，教育教学资源建设取得显著成效。截至2007年底，全市拥有学生计算机36846台，其中小学15386台、初中11271台、高中8363台、职中1844台。学生计算机比分别为小学16.32:1、初中17.03:1、高中13.9:1、职中13.3:1。教师计算机5614台。

城管：泰州市城管局采用统一规划、分步实施的办法，通过“万米单元网格”管理法和城市部件管理法相结合的方式，综合利用GPS等多种信息技术完成泰州主城区平台建设。“数字城管”创新实施“12319工程”（一个平台、两个轴心、三大特色、一套软件和九个子系统）建设思路，即建设一个泰州市数字化城市管理信息系统平台；以监督中心和指挥中心两个中心为轴心；突出维护省心、资源整合、专业品质三大特色；开发一套数字化城市管理应用软件；打造监管数据无线采集子系统、呼叫中心受理子系统、协同工作子系统等九个子系统。

人事人才：2007年，为进一步做好政务公开工作，在原有政府信息公开网的基础上，重新规划设计了泰州人事编制网，并于年底前进行了试运行，不断深化政务公开工作。公务员网上招考报名工作，在省人事厅统一部署和指导下，得到了顺利开展，报名人数达4772人；并开通了全国职称外语网上报名，报名人数468人。泰州市人才服务中心实现了网上培训报名、网上人事代理申办、人才集市摊位网上申请和网上人才测评等。利用人才中心内部人事业务系统、泰州人才网和泰州毕业生网的巨大数据资源，不断统计出最新、最全面的全市各类人才供求数据，为全市人事工作提供决策依据。泰州人才网现有注册个人用户77501人，各类会员单位1197家，已有近13万人次通过网站应聘。截至2007年底，泰州人才网访问量突破1720万人次，是泰州地区为社会、为公众服务最具影响力的政府网站之一。

医药城：2007年8月，江苏省最大的医药科技公共服务平台建设项目——泰州医药科技公共服务平台在南京签约，标志着该项目建设进入实质性启动阶段。该平台是中国（泰州）医药城的重要基础设施，也是“十一五”期间省重大科技基础设施建设项目，总投资7.9亿元，包括药学研究与开发、药理毒理评价等7个子平台。其中信息服务平台由医药城网站建设、OA系统、资源资讯共享系统和电子商务四大部分组成，中心管委会、入住机构与企业、医药城的合作单位都可以通过该平台实现网上业务办理和数据信息共享。

5．农村信息化

总体建设概况：2007年，泰州紧密围绕建设社会主义新农村，积极推进农村信息化进程，在实现“村村通宽带、村村接有线（电视）”的基础上，全市建成了覆盖所有乡（镇）、行政村的现代远程教育网络，70%以上的乡镇政府均建立独立互联网站。形成以“泰州农网”和各市区农业网为主，以“中国脱水蔬菜网”、“中华银杏网”、“中国弱筋小麦网”等特色农业网站为补充的农业网站体系。开通农业特服电话和农业短信服务，通过党员干部现代远程教育接收站点、农业广播电视学校、国家星火学校、“信息大篷车”等阵地培训农民群众，培育了一批农村信息技术应用典型。2007年，泰州基于电信部门着力搭建的网络视讯、视频监控和江苏农网等三个应用平台，融合了目前现有的农村党员远程教育平台、科技教育平台、农业信息平台以及其他与农村相关的各类商业网站。

农村特色经济信息化：2007年，泰州围绕特色加盟和引导乡镇企业及农村经纪人使用电子商务来积极推进农村信息化。特色加盟即以地方特色经济产业为抓手，打造地方特色经济的信息化应用频道。帮助这些企业或经济组织建设自己的网站，并引导养殖户、经纪人在网站上发布供求信息，同时，将这些信息同步发布在江苏农网上，加速信息传播实现农业增效、农民增收。目前泰州已建设并推广了姜堰河横大米网站，兴化水产养殖、泰兴银杏、靖江泵阀等特色网站也正在建设之中。泰州期望通过网站的建设构建价值链，以乡镇企业、农村经济组织、农村经纪人为龙头，带动农村信息化进程的发展。

示范镇村建设：2007年，泰州启动了农村综合信息服务示范镇村建设工作，印发了《示范镇村建设工作方案》以及《示范镇村认定标准》。提出用3年左右时间，全市60%的镇建成示范镇、80%的村建成示范村，探索一条具有泰州特色的农村综合信息服务运营维护模式，争取跨进全国农村信息化综合信息服务试点城市行列的工作目标。2007年底，相关部门对2007年首批申报的13家示范镇和121家示范村按照标准进行验收，11个镇和108个村基本达到验收标准。由于示范镇村建设所取得的成绩，泰州获得国家试点城市的待遇。

（三）信息产业发展

1．信息制造业

泰州电子信息制造业继续保持稳步增长势头。2007年，全市226家列统电子信息企业完成现价产值287.6亿元，实现销售收入276.8亿元、利税19.3亿元、利润11.5亿元，同比分别增长30.5%、29.2%、39.9%、38.6%，增幅在全省居中等水平。2007年，为支持信息制造企业新品开发，不断提高信息产业区域竞争力，泰州积极组织电子信息企业申报国家电子发展基金。在认真对照《项目指南》，指导企业做好项目可研报告的基础上，泰州市旺灵绝缘材料厂的高性能金属基复合介质覆铜箔板、机电设备福利厂的汽车电机节能化油器和宏泰智能电子科技公司的智能识别管理软件等3个项目，全部参加预答辩报国家信息产业部。其中高性能金属基复合介质覆铜箔板和汽车电机节能化油器项目，参加专家评审答辩，受到专家好评。另外，江苏双登集团跻身全国“2007年电子信息百强企业”之列，位居88名。

2．信息服务业

通信服务业：在广电、电信、联通、移动、网通、铁通等各有关单位的支持配合下，泰州市“411工程”信息产业目标任务部分和全市重点信息基础设施项目顺利完成年度目标。完成信息基础设施建设总投资4.16亿元，占全年目标任务的160%。新增固定电话用户17.6万户，新增移动电话用户40万户，新增宽带网用户9.9万户，建成农村综合信息服务示范点119个，分别完成年度目标计划的350%、182%、330%和101%。全市各项重大信息基础设施投资项目实施进展情况较好，圆满完成年度计划。

电信服务业：电信通信能力进一步增强。2007年，全市电信业务收入25.59亿元，增长14.3%。互联网宽带用户19.47万户，增长50.2%；固定电话用户180.81万户，增长1.5%；移动电话用户195.92万户，增长31.1%。

广电服务业：广电事业持续发展。2007年，广播人口综合覆盖率和电视人口综合覆盖率双双达100%。广播节目8套，每日播音134.5小时，增长33.8%；电视节目7套，每周播放928.8小时，增长15.6%。期末有线电视用户101.3万户，增长16.7%，城乡有线电视入户率达58.9%，比上年提高8.4个百分点。发展数字电视用户4100户，增长6.4%。2007年，全年自制电视节目9286小时，自制广播时间为43005小时。

3．软件业

2007年，泰州积极贯彻国家和省软件产业政策，围绕做大做强软件产业，加强服务措施，加大引导力度，积极推进软件产业发展。产业发展环境有所优化，产业发展后劲明显增强，全市软件产业销售总值（不含制造业的嵌入式软件）达8亿元，同比增长280%，全市软件产业继续保持高速发展态势。

加快培育软件企业：以软件企业认定和软件产品登记为核心的“双软认定”是国家为推动软

件产业发展而采取的重大举措，也是促进本土软件企业快速成长的“催生剂”。2007 年，泰州组织多批软件企业、软件产品参加“双软认定”，本土软件企业培育取得明显成效，全年共有江苏宏泰智能公司等 4 家企业通过软件企业认定，宇成航模控制软件等 13 个软件产品通过软件产品登记，华通煤矿安全软件等 17 个产品获软件著作权证书，为泰州通过“双软认定”成果最多的一年。

产业联盟建设：充分利用软件业技术优势和制造业产业优势组建本土战略合作联盟，推动信息技术应用，促进制造业的发展方式转变。泰州不断巩固已建产业联盟，2007 年 5 月，祥龙线切割编控系统科技成果顺利通过部级鉴定，专家组确认该系统的各项指标均处国内领先水平，并对泰州“软件业与机床业战略合作联盟”建设工作给予高度评价。同月，项目鉴定成果在中国机械工程学会、中国机床工具工业协会联合举办的数控机床高层论坛发布，在行业内产生重大影响。另外，泰州还积极组建新的产业联盟，2007 年 8 月，“泰州市软件业与农机业产业战略合作联盟”举行签字仪式，共同研发“无线遥控无人驾驶插秧机”。目前该项目进展顺利，已经完成各项技术指标平地测试，待完成水田实地测试后，即可进行科技成果鉴定。“软件业与叉车业产业战略合作联盟”组建工作也取得重要进展。新的产业联盟组建将对做大做强泰州农机、叉车产业奠定坚实技术基础。

泰州软件园建设：2007 年，泰州成立了市软件园管理有限公司，完成了软件园的章程制定、验资注册、税务登记、房屋租赁及内部相关制度建设等工作，开展了水电安装、网络铺设等内外部装修。积极开展招商工作，截至 2007 年底，已有 11 家软件企业入园，初步形成产业集聚效应。筹建工作基本完成，为泰州软件园进一步又好又快发展打下扎实基础。

4. 信息化发展基金

根据《泰州市信息化发展资金管理试行办法》及其实施细则规定，2007 年 11 月，泰州组织对 2006 年度市信息发展资金资助的“密闭机柜模块化冷却装置智能化控制系统”、“锂电池电动自行车电源系统”、“高性能金属基复合介质覆铜箔板”、“线切割编控系统软件”、“物业管理信息系统软件”和“锦锈花园信息化小区”等六个项目进行了验收。通过相关测试，六个项目各项技术指标均满足要求，50 万元信发资金拉动了企业 3420 万元的科技投入，共取得专利 10 项，其中发明专利 5 项，经国内外科技查新，1 项成果填补国内空白，3 项成果填补国际空白，部分项目实现销售 3200 多万元。为充分发挥政府资金对信息产业的引导作用，在深入企业调研的基础上，结合泰州信息产业发展实际，经专家组审查，已确定 2008 年将对“无铅合金丝”、“和谐海陵社区公共服务与管理平台”、“前进智能照明节能控制系统监控软件”、“KJ229 煤矿安全监控系统”、“中小型散货船三维数字化建模软件开发”和“社区民警移动警务通系统”等 6 个项目进行支持。

（四）高新技术产业发展

2007 年，全市高新技术产业发展呈现“总量增长、质态提升、结构优化”的良好态势，有力地促进了全市产业结构的调整。全市高新技术产业产值达 660.92 亿元，占规模以上工业的 29.16%，占比在全省处于领先水平。高新技术企业进一步发展壮大，全市新增市认定高新技术企业 125 家、省认定 100 家、国家认定 18 家，新增首批省创新型企业 7 家、省民营科技型企业 85 家。过亿元的高新技术企业达 126 家，过 10 亿元的 11 家，扬子江药业集团等 5 家企业获首届“江苏省百强民营科技企业”称号。新品开发力度加大，认定市级高新技术产品 197 项、省级 150 项，认定国家重点新产品 15 项。特色产业基地集聚功能明显增强，五大国家级特色产业基地实现产值 536.06 亿元，同比增长 28.54%。新建市级高新技术特色产业基地 5 个。

（五）信息化组织建设

2007 年 7 月，泰州市信息协会召开了第二次会员代表大会。会议审议通过了《泰州市信息协会会员接纳与管理办法》、《泰州市信息协会会费收缴与管理办法》。选举产生了新一届协会组成人员，常务理事 14 名、理事 60 名。协会立足于继续加强和推进信息化事业发展，认真贯彻落实协会“宣传信息化，推动信息化，落实信息化”三大职能和“为会员服务，为政府服务，为企业服务，为社会服务”四项服务宗旨，积极参与科技和信息进步社会宣传活动，确保协会职能作用得以充分发挥。2007 年，协会持之以恒抓决策参考 A 版编发工作，编制会员会刊《决策参考（A）》

累计已达270期。向250多家部门和单位投送，免费赠送会员，并在原有栏目基础上新开了知识长廊、健康顾问等栏目。

2007年10月，泰州软件行业协会举行第一届会员大会，审议并通过了《泰州市软件行业协会章程》，选举产生了协会领导机构。会议提出，根据泰州经济发展、科技进步和社会发展的需要，以加强泰州地区软件产业的管理为重点，开展交流和协作活动，实现软件开发工程化、软件产品商品化、软件管理科学化和经营企业化，推动泰州软件产业的发展。以落实《江苏省软件发展促进条例》为动力，加大产业引导力度；以“双软认定”为载体，加大企业培育力度；以行业协会为平台，加大服务企业力度；以产业联盟为抓手，加大产业推进力度；优化产业环境，用好产业政策，坚持科技创新，积极拓展市场，逐步形成具有自主知识产权和鲜明泰州特色的软件产业体系，推动泰州软件产业再上新的台阶。

（六）信息化活动及培训

1．省政协领导视察泰州农村综合信息服务建设情况

2007年6月，省政协副主席任彦申、黄因慧等领导实地考察了泰州市试点示范村高港区王营村的农村综合信息服务建设情况。相关单位汇报了泰州农村综合信息服务示范镇村试点工作和平台建设情况。省政协领导对泰州通过示范镇村建设推动信息技术在农村、农业、农民中的应用给予充分肯定。任彦申还指出农村信息化在教育干部、服务农业、致富农民、促进发展等方面的作用不可低估，做好农村信息化工作，网络是基础、信息是核心、培训是关键、资金是难点、体制是保障，要加强网络资源整合，在实用性的基础上，注意知识性、趣味性，镇村干部要带头上网、用网。

2．全市示范镇村建设工作会议

2007年6月，泰州组织召开全市示范镇村建设工作会议。副市长丁士宏部署全市示范镇村建设工作，提出用3年左右时间，全市60%的镇建成示范镇、80%的村建成示范村，探索一条具有泰州特色的农村综合信息服务运营维护模式，争取跨进全国农村信息化综合信息服务试点城市行列的工作目标。市委副书记王守法到会作了重要讲话。

3．《电子信息产品污染控制管理办法》专题培训

2007年9月，泰州举办专题培训，共有50多家电子元器件、电子原材料企业质量管理和产品检测人员参加。三位专家作了专题讲座，解读了《电子信息产品污染控制管理办法》、《电子信息产品污染控制标识要求》、《电子信息产品有毒有害物质的限量要求》、《电子信息产品有毒有害物质的检测方法》以及欧盟WEEE指令、ROHS指令的执行指南文件及其相关豁免条款。

4．组织参加南京国际软件博览会

2007年9月，泰州充分利用南京国际软件博览会这个平台，组织了8家重点软件企业赴宁参会交流，出席“中国软件外包南京高峰论坛”。听取欧洲外包协会主席沃尔夫冈博士、美国甲骨文全球副总裁尼古拉斯等中外专家的报告，了解全球软件外包现状以及今后发展动向，为泰州软件企业了解直至启动外包工作开阔了思路。

5．召开应用信息技术改造传统产业大会

2007年9月，泰州召开应用信息技术改造传统产业工作会议。海陵区政府、扬子江药业集团等8家单位作了发言或书面交流，市政府对春兰集团、陵光集团等10家示范企业进行命名、授牌，市电信公司围绕中小企业电子商务建设作了专题发言。王振南副市长到会讲话，部署了新一轮应用改造再建10家示范企业和140家应用企业的改造任务，并就推进应用改造工作提出明确要求。

6．开展重要信息系统定级保护工作

2007年8～10月，泰州各基础信息网络和重要信息系统完成等级保护的定级、备案、整改、测评等工作。通过定级的重要信息系统有四类：电信、广电行业的公用通信网、广播电视传输网等基础信息网络；经营性公众互联网信息服务单位、互联网接入服务单位、数据中心等单位的重要信息系统；铁路、银行、海关、税务、公安等多个重点行业的重要信息系统；县（市）级以上党政机关的重要网站和办公信息系统；涉及国家秘密的信息系统。

7．举办信息化素质培训及考核

2007年，泰州市按照江苏省人事厅的统一部署和要求，积极开展信息化素质培训和考核工作。泰州市精心组织中国计算机技术与软件专业技术

资格考试工作，不断培养软件人才。泰州考区两次开考，没有一个环节失误，没有一起违纪现象，参考率达84%以上，名列全省前茅。全市有72名考生取得专业资格证书，其中取得系统分析师、软件设计师等中级以上资格的考生41名。

【近期发展目标】

（一）2008年发展思路

2008年是全面贯彻落实十七大精神的第一年，也是全面建设更高水平小康社会的关键一年。泰州将按照市委三届四次全会的部署，深入贯彻落实科学发展观，坚定不移实施新型工业化战略。以产业联盟建设为载体，推进电子信息制造业稳步发展；以泰州软件园建设为依托，推进软件业快速发展；以应用信息技术改造传统产业、农村综合信息服务镇村建设、城乡统筹和诸海陵综合信息服务平台建设为重点，全面推进泰州国民经济和社会信息化进程。

（二）2008年发展目标

1．信息基础设施建设

编制2008年信息基础设施建设重点项目计划，继续做好“411工程”通信业目标管理工作，确保全面完成通信基础设施建设投资等任务目标以及全市重大信息基础设施项目投资计划等。加快发展高速宽带传输网络，建设用户计算机接入网，扩大利用互联网，促进电信网、广播电视网、计算机互联网三网融合，努力实现网络互联互通，提高全市网络覆盖率。

2．信息技术应用改造

加大应用信息技术改造传统产业推进力度，做好2007年度示范企业、应用企业验收考核工作。通过调研确定2008年度建成示范企业、应用企业目标。推进中小企业电子商务平台应用，组织应用企业与建设企业间的对接活动，经常性举办应用改造知识讲座。

3．电子信息制造产业

保持电子信息制造业稳步增长势头，主要经济指标增幅确保达到、力争超过省厅下达的目标，实现现价产值、销售、利税、利润同比增长25%以上。继续完善统计制度，做好经济运行质态季度分析。进一步推进信息产业招商引资、引智，力争在项目引进上取得实际进展。

4．软件产业

力争全年软件产业增幅保持30%以上；继续做好软件产业季报工作，培育发展新的软件企业10家；认真做好“双软认定”工作，确保5家软件企业通过软件企业认定，10个软件产品通过国家软件产品登记；开展《江苏省软件产业促进条例》宣传工作；做好软件行业协会相关工作。

5．信息服务示范镇村建设

做好省第二届农民上网大赛参赛组织工作；整合五大涉农信息平台；完成乡镇政府互联网站整合；做好首批示范镇村命名工作；制定新一轮示范镇村建设创建工作意见；做好本年度新建的示范镇村验收工作，完成全年农村综合信息服务示范镇村建设目标任务；做好农村信息技术应用典型创建工作；拓展农村信息发布方式；推进全国农村综合信息服务试点城市批准工作。

【重点任务】

（一）空间数据库建设

泰州是全省市县功能区规划工作试点城市，在国家、省主体功能区规划的指导下，先行编制完成《泰州市功能区规划》，重点形成6项规划成果。而建设空间数据库是泰州功能区规划试点的重要内容之一，是整个试点工作中需要首先开展并为后续工作提供基础资料的重要环节。以1:10000地形图为框架、1:50000内容为基础，以遥感和地理信息技术为支撑，以村及若干自然界限为基本统计单元，以形成动态监测功能为目标，在调查分析的基础上，整合资源，进行空间数据的收集、处理、录入、集成和定期更新，形成集人口、经济、资源、环境、公共服务、基础设施等为一体的空间综合数据库和区划、规划应用数据库及其管理监测系统，开发资源环境承载力、可达性、开发强度等专用评价模型。先期完成信息资料数字化和图象处理、市域范围的土地利用遥感翻译、数据库设计、完成满足功能区规划的若干应用数据库，启动空间数据库的数据收集、处理与更新系统、空间结构动态监测系统等功能设计。该试点项目将按照数据库指标设计、GIS应用系统方案设计和实现、数据采集、数据录入和系统运行、总结验收等五个阶段分步实施。重点是通过调研确定所建设数据库中要包括的指标清单、对应空间层次以及获取渠道。在此基础上提出GIS应用系统的设计要求并实现软件设计。

（二）“和谐海陵”城乡统筹社区综合信息服务平台建设

为满足城乡居民日益增长的社区服务需求，拓展帮扶社会特困群体渠道，有效整合与经营公共资源、社会资源和社区资源，提高社区工作效率和管理水平，进一步推动社会服务产业化进程，泰州市海陵区积极打造“和谐海陵”城乡统筹社区综合信息服务平台。

1．平台建设实现的主要目标

以网络平台、语音平台和平面资讯为载体，以求救求助、便民利民服务、资讯服务、政务服务等为内容，充分利用政府现有网络，整合公共事业资源，构建为民、便民服务平台，为社会特困群体提供公益服务，为社会成员提供便捷的服务和咨询，形成覆盖区、镇街、村居，面向政府部门、居民和企业的公共服务与管理信息化网络系统，全面提高社区服务和管理水平。

2．平台的主要功能

公共服务与管理平台通过开发社区综合管理信息系统、便民服务系统和远程求救求助系统、GIS信息查询、困难弱势群体保障服务系统、便民e等若干服务系统，最终达到跨部门的公共服务与管理信息平台应用，实现“一个平台，三个全覆盖，两个完善”。“一个平台”即和谐海陵公共服务与管理信息平台。“三个全覆盖”即服务区域、服务内容、服务对象的全覆盖。“两个完善”即完善服务手段、完善运营模式。

3．平台的总体策略

以数据交换与共享为基础，面向公众服务为核心，对社会资源、自然资源和人力资源进行综合管理、合理配置和有机整合，实现手工社区为电子社区，从信息孤岛变为网络化社区。注重面向政府部门的决策支持，提高政府部门决策的准确性和科学性，为经济社会发展提供科学的规划和宏观调控。面向公众服务是平台发展和建设的主流趋势，通过先进的互联网技术向社区和公众提供服务。信息平台以数据交换和共享为基础，通过对各类现有数据资源的全面、有机整合来为政府决策以及为公众服务提供全面的支持。

4．2008年建设的主要内容

（1）建成覆盖全区的三级管理平台。对涉及全区基层的党建、司法治安、社保就业、民政优抚、人口计生、医疗卫生、求救求助等事务进行整合，实现131项办事项目的申请、受理、办理、回复的一网处理，并按各部门的要求定期生成固定报表和统计分析报表，形成实时、在线、共享的新、准、实的数据信息，减轻基层社区工作人员的重复工作量和劳动强度。

（2）建成覆盖主城区的三级公共服务平台。内容涵盖老年、物业、家政、中介、维修、医疗保健、购物、课外教育等服务项目，通过网络、电话热线、求救求助系统、信息服务亭、服务大厅、短信等，实现政府办事流程、医保、养老金、公积金、水电气费、手机费等方面的查询，满足群众生产、生活等方面的需求。

（3）建设远程求救求助呼叫中心。整合医疗、公安等公共救助资源，形成覆盖各类人群紧急求救求助系统，孤寡老人、残疾人和生活不能自理的人，只需按呼叫器便可实现求救或求助需求，有效解决特殊群体的服务需求，实现民有所呼，我有所应。

（4）建设网上民愿接待室和慈善服务系统。运用社区综合信息平台，开办网络“民愿接待室”，建立社情民意反馈系统，通过网络平台了解群众需求，倾听群众心声，并通过慈善服务系统构建慈善捐赠、志愿者队伍和帮扶弱势群体等公益服务平台，通过各种活动，为弱势群体解决各种困难。

（三）“数字城管”项目建设

从增强政府社会管理和公共服务职能出发，积极创新城市管理体制和管理办法，合理构建数字化城市管理指挥和监督管理体系，应用现代信息科技手段，建立政府监督指挥、部门协调运作、市民广泛参与，各有关方面各司其职、各尽其能、相互配合的城市管理新格局。为进一步创新城市管理机制，整合城市管理资源，提高城市管理效率，全面提升城市形象，努力创建具有泰州特色的城市管理模式，制定了泰州市数字化城市管理工作实施方案。

1．工作目标

泰州数字化城市管理新模式重点围绕市容市貌、环境卫生、市政公用、城市秩序等公共服务领域，建立较为完善的城市管理信息采集主动及时的发现机制、问题解决快速精确到位的处置机制、职责分明监督有力的综合评价机制以及管理规范运转高效的城市管理长效机制。信息采集覆盖建成区66平方千米；首批实施区域为海陵区、泰州经济开发区范围内25.26平方千米以及高港区范围内12平方千米。2008年初步建成数字化城市管理新模式，进入试运行并通过建设部验收。

2．工作任务

城市管理地理信息系统建设：①单元网格划分。以万平米为基本单位，由专业测绘部门和街道共同协作，将66平方千米建成区划分为若干单元。网格划定按照法定基础、属地管理、现状管理、方便管理、地理布局、负载均衡、无缝拼接、相对稳定的原则，1个社区划分为1个或多个单元网格。②城市管理事件、部件普查及地理编码。把城市管理所要解决的问题，分为部件和事件两大属性。按照城市管理实际应用体系，先由各区(管委会)、各职能部门对每个部件进行拉网式调查、登记，再由专业部门进行地理勘测，运用地理编码技术，将城市管理对象按照地理坐标定位到单元网格地图上，翔实地反映管理对象的属性、类别、网格区域、责任单位等情况。地理信息系统统一使用市规划局最新制作的基础电子地图。

软硬件系统环境建设：建设完备的信息网络系统。建立基础应用平台，包括网络环境服务器、显示设备、存储设备、呼叫中心、系统软件、监管数据无线采集设备和安全保障等；建立中央信息控制中心，包括系统中心机房、电子大屏幕显示系统、呼叫中心等；数据采集设备，包括“城管通”、电子监控系统等；建立协同工作系统，利用网络信息平台，在监督和指挥中心与各专业部门间搭建信息实时传递系统。

信息采集系统建设：信息采集采取市民举报投诉、职能部门开展业务过程中的信息采集和城市管理监督员队伍的信息采集相结合的办法，保证信息采集的及时、准确。另外，坚持整合资源的原则，确保实现资源共享。①整合现有的网络资源，依托电子政务网构建泰州数字化城市管理信息平台，实现各专业部门和街道、社区间的信息传递和共享。电子政务网为各单位提供联网出口，实现业务的全程在线办理。②整合现有的平台资源。整合城建热线、市长公开电话，新开设城管热线呼叫中心，构建城市管理监督中心的呼叫平台。③整合现有视频监控资源。城市管理指挥中心与监督中心共享已建和在建的公安、交通、社区安全等政府投资建设的视频监控资源，通过协同平台和电子政务网实现无缝隙信息链接。对城市管理重点部位进行全方位全时段的监控，以技术手段弥补人力不足和夜间监控问题，降低管理成本。

综合评价体系建设：建立一套科学完善的监督评价体系，对城市管理各个环节的实施效率和效果进行综合评价。评价内容主要是对工作过程、责任主体和工作绩效进行评价，包括区域评价、部门评价、岗位评价三个方面。根据评价模型，由系统自动生成评价结果。

3．建立两个“中心”

数字化城市管理监督中心和指挥中心。数字化城市管理监督中心负责泰州城市管理监督与评价工作。数字化城市管理指挥中心负责向各部门、各单位派遣任务和综合协调等工作。

4．工作流程设计

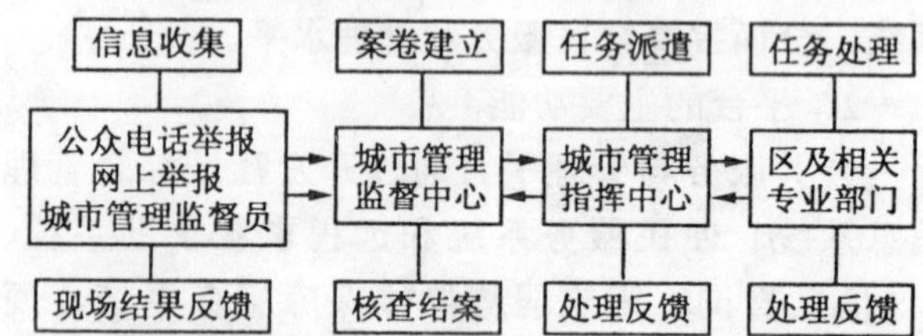

数字化城市管理的工作流程，包括七个环节：即信息收集、案卷建立、任务派遣、任务处理、处理信息反馈、核实结案和综合评价。

(四)“诚信泰州”项目建设

坚持依法行政，推行“阳光政务”，完善政府服务承诺制和行政问责制，完善企业信用等级评价体系，完善个人信用消费制度，全面建设诚信政务、诚信商务和诚信社会。加快政府公共服务网站、企业信用基础数据库、个人信用基础数据库、信贷数据库“一网三库”建设，进一步完善网上诚信记录。

【主要工作措施】

1．建立健全信息化组织体系

强化泰州市信息化领导小组工作职责，发挥其统筹规划、科学管理、宏观调控和决策的作用。市发展和改革委员会会同泰州市有关部门对事关全市发展密切相关的信息化建设规划、政策措施的制定、重大项目的审查、建设资金的安排等进行研究决策。根据泰州一些重大信息化建设项目的需要，建立工作小组，具体负责项目实施。同时各市（区）、各部门、各单位也要建立相应的领导机构和实施机构，实行信息化建设“一把手”负责制。在企事业单位广泛推行信息主管制度。

2．建立和完善信息化投融资环境体系

加大信息化建设资金的投入力度。设立信息化专项资金，重点支持公益性、基础性的重大信息化项目建设。在城市基础设施项目建设的投入中，统筹考虑配套的信息化基础设施，并将信息化投入纳入项目预算和决算。尽快适应投融资体制改革的新要求，鼓励各企事业单位自筹资金建设，逐步向投资主体多元化、投资方式多样化方向转变。积极争取上级政府政策性拨款和国际优惠低息贷款，搞好和驻市各企事业单位的联合共建，多渠道筹措信息化建设资金。加大对信息化建设资金使用的管理力度，避免信息化建设资金多部门、多渠道申报与审批和资金分散投入使用和管理。

3．强化市场运作机制

对信息化建设项目实行专业化、市场化、企业化运作，授权企业参与建设、运营、管理和筹资。加大对城市信息基础设施运营企业的监管力度，对工程设计、建设和运营等各个环节进行规划、标准、安全、资费等各方面的监管力度。大力发展信息化建设中介服务组织。重点发展有关的咨询机构、投资机构、工程监理机构、认证机构、社团组织、产业孵化机构等。通过信息化重大工程的建设，带动和扶持一批中介服务组织的发展。

4．加强政策体系建设和技术标准建设

制定鼓励、扶持信息化发展的优惠政策。充分利用广播、电视、报刊等各种新闻媒体，加强信息化法制宣传和舆论监督，强化政府的导向和示范作用。通过举办多种形式的信息化安全、教育、普及活动，提高各级干部特别是领导干部的信息化意识。结合国家和省制定的法规和管理条例，研究制定包括信息资源管理、信息市场管理、信息技术标准化管理等若干方面的方针政策。根据国家（行业）信息化标准化已有成果，围绕泰州信息化的实际需求，有针对性地在信息化建设工程的各个环节推行标准化审查，对重要信息技术产品进行标准符合性测试。

5．加强信息安全保障体系建设

加强信息安全的组织领导，强化统筹、协调、管理职能。建立泰州市信息安全保障体系，包括理顺管理体制，制定推行信息安全政策法规和标准，完善安全基础设施，开发信息安全人力资源等。推行相关的政策标准，加强对信息安全产品、服务商资质、信息系统的安全管理与测评认证工作。建立健全网络专业岗位及培训、考核等安全管理制度，定期对网络进行信息安全检测。开展信息安全和信息法制教育，提高全民信息安全意识，防范、打击计算机与网络犯罪。

6．加强信息化人才队伍建设

加快培养复合型、专业型和操作型三类信息技术人才。扩大信息专业人才高等教育的规模和比重。建立完整的岗位培训制度和充满活力的信息化人才培养、考核评估制度。通过广播、电视等媒体，广泛开展各种形式的信息培训讲座。充分发挥电大、职大和各社会办学组织的重要作用，加强社会急需的电子信息类专业人才的培养。建立计算机考评制度，继续进行计算机操作技能及电子政务培训，不断提高行政机关工作效率。加强对计算机专业人员的岗位培训。制定优惠政策，充分发挥泰州的人才优势和科技教育优势，为吸引国内外优秀信息技术人才营造良好环境。

（栾钉锁　沈方君　李乐飚）

构建服务平台　打造和谐海陵

——泰州市信息化建设特色

【泰州市海陵区基本情况】

海陵区地处泰州市政治、经济和文化中心的位置，区位优势明显，对人流、资金流、信息流具有较强的集聚和辐射功能。海陵全区总面积218平方千米，城区面积41.04平方千米，总人口36.6万人，总户数13万户，下辖8个街道、1个乡镇，现有113个居村，居民住宅小区148个。

全区近13万户家庭中，家庭电脑拥有量达1.9万台，按全区户均人口2.74人计算，有5万多人享用互联网络带来的生活、工作便利。2004年，泰州市和海陵区政府筹资1亿多元，建设海陵区社区服务活动中心，在形成区、街镇、居村服务活动中心（站）的基础上，通过网络将服务送进千家万户。为强化基层社区建设，两级政府通过加大投入或以共建共驻的形式，解决了基层社区办公、活动用房，为社区居委会配置现代化办公设施，80%以上的社区、村都配备了电脑，接入宽带互联网。主城区所有街道、乡镇均建有独立网站，部分街道和社区参与研发了符合自身情况的小型社区管理服务系统，完善的信息化基础设施，为社区信息化创造了条件。

【城乡统筹社区综合信息服务平台项目的基本情况】

综合信息服务平台是利用现代信息技术，整合社区各种信息资源，在全区范围实施和谐海陵公共服务与管理信息平台建设。搭建政府与群众沟通的桥梁，全面推进社区管理信息化和社区服务信息化，对于推进和谐海陵建设具有重大的意义。

（一）项目背景

随着经济建设和社会信息化的不断发展，人民生活水平的不断提高，政府传统的社区管理和服务已难以适应城市社区发展的需要，由于政府各部门的管理和服务均需通过基层社区和村级组织实现落地，实际运行中存在以下现象：

1．管理面广量大，相关管理难以落实到位，街道和社区、村受人力、物力限制，工作人员疲于应付，许多工作难以开展，目前计生、劳动等少数部门虽建立了信息管理系统，但相互间不兼容，造成人力、物力资源的浪费；

2．现有基层组织服务难以满足群众需求，各类便民服务少而分散，城乡居民想要寻求相应服务也无法了解和掌握相关资讯，社会服务缺乏有效统一的规范管理；

3．老年人、残疾人、贫困户等社会弱势群体救助的重要性日益显现，全区60岁以上老人58000多人，其中独居孤寡老人2440人，由于突发急病而无人发现延误抢救的情况时有发生；

4．政府对广大市民的建议、要求和呼声大多是通过基层社区和村级组织来获取的，而目前政府与市民之间沟通的平台还不够及时、方便和快捷，基层组织管理和服务难以适应社会发展的需要。

海陵区曾对6000户居民做过两份专项调查，发现其中87%的人需要平安服务，47.7%的人需要保姆照看护理，64.8%的人需要就近社区上门医疗，70.4%的人需要家政服务，89%的人需要更多形式提供服务信息。广大市民希望更多地了解政府、社会各类服务信息，以满足自身需求，而现有信息渠道、服务渠道单一的局面很难让群众满意。随着更多的社会服务和管理职能下放到基层社区，社区各项服务与管理工作面临新的变革，居民更多希望通过网络和触摸屏等来实现个性化服务需求。另外，城乡居民网络应用以及网络技术的普及程度不断提高与社区服务处于相对传统的工作模式形成巨大反差，传统服务与管理模式已难以满足社会信息化发展的需求。

（二）基本思路

通过开发综合管理信息系统、便民服务系统和远程求救求助系统、便民信息服务亭等，构建城乡统筹综合信息服务平台，实现跨部门公共服务与管理信息综合应用，最终实现“一个平台，三个全覆盖，两个完善”：

一个平台：和谐海陵公共服务与管理信息平台。公共服务与管理信息平台将政府、镇街、村居和企业、公众有机地进行统一，以区级服务平台为中心结点，社区和村为终端，将基层日常事务和服务系统化、网络化，以村居空间地理信息和人口家庭信息为基础，以城乡居民实际需求为导向，以满足城乡居民需求为目标，建成统一的公共服务与管理系统，将所有社会服务项目和内容网络化。

三个全覆盖：服务区域、服务内容、服务对象的全覆盖。

服务区域全覆盖。信息平台包括区、镇街、村居三级网络，在区域空间上实现信息化服务与管理无缝隙。通过综合各个区域的服务和管理内容，以一个平台面对企业和社会，通过平台的数据交换实现各管理和服务部门、各应用系统之间的数据整合和交换，有效地提高全区域的信息化水平。

服务内容全覆盖。信息平台突出管理和服务创新，开发具有各种管理职能的系统软件。根据不同的个性特点，灵活定制、开发各类管理系统，实现所有事务的申请、受理、办理、回复的一个平台处理。形成高效数据库，自动、安全、高效的数据加载、报表生成和管理、统计分析等管理功能，并通过这些功能满足用户对系统日常使用的需求，形成统一、规范、配套的综合信息管理体系。

服务对象全覆盖。信息平台突出关注民生，注重社会成员个性服务，兼顾不同年龄、职业、群体，特别是关注和满足社会特困群体需求。实现城乡居民通过平台便可以了解和办理从生到老的需求和服务，满足群众生产、生活等各方面需要。定制困难弱势群体保障服务系统，创办网络“民愿接待室”管理与服务系统，建设网上慈善超市，构建慈善捐赠和帮扶弱势群体等公益服务平台。

两个完善：完善服务手段、完善运营模式。

完善服务手段。城乡居民可以同时通过网络、电话热线、求救系统、短信、触摸屏、服务大厅等多位一体进行信息查询。设计并开通公共服务网站和特服号码，建立远程求救求助呼叫中心，组建覆盖全区、覆盖各类人群紧急情况求救求助的为民服务体系，实现民有所呼我有所应。

完善运营模式。采取政府投人与市场运作相结合、公益服务与有偿服务相结合的投资和营运方式，在确保政府投人的同时，积极引进市场主体参与部分子平台的运作，调动社会力量办事业的积极性。对服务进行分类，除求救和困难弱势群体采用公益服务，其余社会成员均采用市场化运作，实行有偿服务，确保长期、稳定运行。

（三）总体策略

1．面向决策支持

公共服务与管理信息平台注重面向政府部门的决策支持，其主要的目标是提高政府部门决策的准确性和科学性，为经济社会发展提供科学的规划和宏观调控，在现有网络的基础上，初步形成上接中央、省、市，下连政府各部门、街镇、居村的管理平台。

2．面向公众服务

面向公众服务是公共服务与管理信息平台发展和建设的主流趋势，平台通过先进的互联网技术向社区和公众提供以下十二个方面的服务，以适应信息化社会发展的需要，最终通过公共服务网络实现管理和服务并重的信息化。

(1) 公众服务管理及办公平台。社区党建、社区事务、劳动与保障、民政优抚、人口、治安、人才、人武信息、卫生保健、信访接待、综合查询统计上报、办事等管理系统。

(2) 公共服务信息平台。将城乡居民的各类生活服务和政府的各项服务纳入平台，实现一个窗口服务。同时，在社区、村和人群集聚场所设立服务亭，方便城乡居民。

(3) 电子化教育平台。以现有教育资源和远程教育网络为依托，为全区党员干部提供学习和教育培训，为中、小学生提供课件资源，为下岗、待业青年等提供职业技能培训。

(4) 电子化娱乐平台。为全社会提供丰富的网络化娱乐，如卡拉 OK、影视、网聊、游戏等。

(5) 电子商务平台。提供包括企业信息发布交易、网上购物、中介、家政服务等涉及到衣食住行等方面的商务活动。

（6）电子化查询平台。提供包括就业和保障、费用缴存、居民办事程序等各类信息的查询服务和政策电子阅览室。

（7）远程求救求助呼叫平台。综合卫生、公安、消防、社区中心和救助服务商等公众救助资源，以及居民日常服务资源，形成覆盖各类人群的紧急求救和便民求助服务系统。

（8）效能督察平台。辅助督办查办处进行政务督查和建议提案督查的登记、信息反馈、查询、统计工作，实现督办查办流程的实时监控，及时发送督办查办处的有关交办单、答复等文件，及时反馈交办单位办理意见，供领导和有关工作人员查询、统计，提高督办查办的效率。

（9）新型理财服务平台。与金融部门联合，建立城市居民贷款服务平台，解决居民创业存在的金融服务需求，同时提供市民急需的个人金融服务，如领取养老金、交纳水电费、信托理财等。通过网络平台，为社区（村）、中小企业和创业者提供政府及各相关部门的服务。

（10）社区GIS系统。将行政区划、道路、铁路、桥梁、水系和公共安全使用的重点保护目标分布、监控分布、警力分布口分布等资源，以及政府为民服务、城市商业网点、社区各类服务商等主要便民服务设施纳入系统中。

（11）民愿接待室。创办网络“民愿接待室”管理与服务系统，使党委、政府通过网络了解群众需求，进行“问题追踪”和解决，倾听群众心声，使市民遇事有人管、权益有人护，进一步拉近党和政府与群众的距离。

（12）网上慈善系统。通过建设网上慈善系统，构建慈善捐赠、志愿者队伍和帮扶弱势群体等公益服务平台，通过各种活动，为弱势群体解决各种困难。

3．以数据交换和共享为核心

信息平台以数据交换和共享为基础，通过对各类现有数据资源的全面、有机整合来为公众决策以及对外公众服务提供全面的支持。数据交换包括政府部门内部数据的采集与获取、政府部门之间数据的采集和共享、社会公众数据的采集与反馈。

（四）主要特点

1．突出管理创新

开发、定制具有社区各种管理职能的系统软件，形成覆盖社区和行政村的三级管理体系，使社区管理工作更加科学、高效，减轻基层干部的工作强度。以社区空间地理信息和人口家庭信息为基础，以社区实际需求为导向，为“社区减负”为目标，通过开发基于人口信息的基础数据库，建成统一的公共管理系统。同时定制、开发各类管理系统，形成高效数据库和社区综合信息管理体系。

2．突出服务创新

开发建设基于互联网的便民服务系统，建成覆盖主城区的三级公共服务平台，建设远程求救求助呼叫系统，搭建便民服务网络。依托政府门户网站，设计并开通公共服务网站，内容涵盖居民办事、事务查询、地理信息查询、社区便民网点和服务内容，以及老年、物业、家政、中介等服务项目。查询系统围绕居民所关心的政府办事流程、医保、养老金、公积金、水电费等方面的查询，还可以查询到自己在管理e的办事结果。开通特服号码，建立远程求救求助呼叫中心，综合医疗、公安、救助服务商等公共救助资源，组建覆盖全区，拥有多席位，日接听电话和处理申报服务能力达5000个，覆盖各类人群紧急情况求救求助的网络系统，具有鲜明公益性特点的为民服务体系和现代化应急指挥系统。

3．突出关注民生

定制困难弱势群体保障服务系统，开通网上“民愿接待室”，搭起沟通疏导平台，形成基层保障服务平台。创办网络“民愿接待室”管理与服务系统，使党委、政府通过网络了解群众需求，倾听群众心声。通过建设网上慈善超市，构建慈善捐赠和帮扶弱势群体等公益服务平台，为弱势群体解决各种困难，此项工作将作为海陵区政府每个年度为民办实事项目的内容。

【城乡统筹社区综合信息服务平台项目建设情况】

泰州市和海陵区政府高度重视平台建设，并将其列入为民办实事项目，全面启动综合信息服务平台的建设工作，一手抓硬、软件设施建设，一手抓基础数据的收集和整理，各项工作加快推进，取得积极进展。项目分两年完成，2008年完成信息平台的主要功能建设，2009年全面完成平台建设，目前选择泰州市海陵区城西、城中两个街道先行试点。

1．加强组织体系建设

为保证高标准、高效率、高质量地完成项目建设，市、区两级政府成立了领导小组，负责信息平台建设的领导、决策、协调和指导；区政府设立专门工作机构，成立海陵区信息中心，划拨编制和经费，配备专门人员，成立综合协调组、软件开发组、硬件建设组、试点推广组，具体统筹规划、实施信息平台建设。

2．积极推进硬件设施建设

在前期社区服务中心大楼网络布线工程及信息中心土建工程完成的情况下，根据平台建设的要求快速开展相关硬件设施建设，确保平台的应用得到完美体现。

3．加快软件研发进度

软件开发由知名软件公司成立项目组会同泰州市海陵区的软件开发组、试点推广组，深入有关部门、街道和社区、村，经过一年的反复调研、论证，基本形成主要功能的概要设计方案，提出项目软件整体开发的主要内容。目前，软件开发基本完成，正在进行测试和完善。

4．强化基础数据整理和人员培训

为确保区、镇街、村居三级服务平台能运行推广，在试点街道进行了人口基础数据的录入培训工作。首批试点的城西、城中街道所属村居人口数据采集和录入工作正式启动，目前，城西街道基本完成数据录入工作，下属的社区共录入数据信息163870条，平均每个社区12605条。

5．协调各方资源

积极与公安、劳动等部门协调现有资源共享事宜。为保证项目稳步推进，先后召开项目建设部门协调会、社区和村干部座谈会、软件论证和研讨会、硬件论证会、社区平台建设工作会等70多场次，为建设好综合信息服务平台奠定了良好的基础。

（栾钉锁　王轶斌　沈方君）

宿迁市信息化发展概况

【宿迁市情概况】

宿迁市位于江苏省北部，介于北纬33°8′～34°25′，东经117°56′～119°10′之间，属于东陇海产业带、沿海经济带、沿江经济带的交叉辐射区。全市总面积8555平方千米，人口530万，辖沭阳、泗阳、泗洪三县和宿豫、宿城、宿迁经济开发区、湖滨新城开发区四区，共104个乡（镇）、4个街道办事处、1458个村（居）委会。建市十年来，全市广大干部群众与时俱进，务实苦干，奋力拼搏，经济建设和社会发展取得了令人瞩目的成就。全市GDP累计实现3284.8亿元，年均递增13.3%，比建市之初增长3.3倍，其中2007年实现542亿元，比上年增长15.2%；财政收入累计实现236.4亿元，年均递增20.8%，比建市之初增长7倍，其中2007年实现61.2亿元，比上年增长60.7%；三次产业结构由建市之初的47.7:30.8:21.5调整为21.8:46.2:32，其中，工业比重达35.6%，实现了三产超一产、工业超农业的历史性转变。“十一五”期间，宿迁将以加快推进“五化”（即工业化、城市化、市场化、经济国际化、人本化）为战略重点，以改革开放和科技进步为根本动力，以“三创”（即民众自主创业、企业持续创新、干部争先创优）“四优”（即富民优先、科教优先、环保优先、节约优先）为发展取向，紧紧抓住省委、省政府重点帮助宿迁实现更大突破和与苏州结对挂钩的机遇，加快实施工业强市、城市带动、外向突破、科教先行、创业富民五大战略，努力实现“千百万翻番”计划：即到2012年，人均GDP、城镇居民人均可支配收入和农民人均纯收入翻一番，财政一般预算收入翻两番。全市GDP突破千亿元、达1134亿元，人均GDP突破2840美元，财政总收入突破250亿元，一般预算收入突破百亿元、达120亿元，城镇居民可支配收入和农民人均纯收入分别达到2万元和1万元以上，把宿迁建设成为经济增长强劲、人民安居乐业、社会安定和谐、生态环境优美、充满创业活力的新兴城市。

【2007年信息化发展概况】

2007年，全市信息化紧紧围绕经济社会发展中心大局，加强信息化基础设施建设，加速信息技术在各领域的广泛应用，强化信息资源开发利用，加快发展以电子信息制造业和软件业为主导的电子信息产业，努力构筑电子政务和社会公共服务信息化体系，信息化各项建设任务取得了积极进展。

（一）基础设施

按照“统筹规划、条块结合、各尽其责、联合建设”的思路，不断加强信息基础设施建设，建立完善的信息基础设施体系。截至2007年底，全市本地网传输2M电路总容量57125个，本地网接入光缆长度达39959.75纤芯千米，本地网中继光缆长度121350纤芯千米，本地网固定电话交换机容量141万门，移动电话交换机容量257.8万门，移动基站1206个，移动信道88678个，ADSL电话网宽带接入节点3550个，.WLAN无线局域网接入点8个，建成覆盖全市范围的无线通信网络，初步建成覆盖市区、县城、104个乡镇、大部分道路以及部分经济较为发达村的较为完整的无线市话网络。在发展用户方面，全市固定电话（含无线市话）用户93.9926万户，普及率达到每百人拥有21.75部，互联网接入单位及小区分别为437和429个，移动电话用户总数突破150万户，有线电视用户数达28.62万户，其中农村为17.74万户，互联网用户34489.74户，其中宽带用户33256.74户。银行卡发卡量累计达2898883张，银行业金融机构拥有ATM机器405台，全社会使用银行卡年消费额近10亿元，占全社会消费品零售总额的7.3%。

（二）政府信息化

市委、市政府高度重视政务信息化发展工作，重大会议发言均采用多媒体演示，会议实况通过电台电视向全市现场直播。目前，市、县（区）两级政府门户网站和90%以上的市直部门网站都已建立。市政府门户网站“网上宿迁”2006年成功改版，设立政务公开、公共服务、公众参与、投资宿迁、旅游文化五大频道，页面设计新颖美观，功能实用互动，共400多个栏目，数万条存储信息；继2006年6月增设“12345”公众交互平台，通过一站式流程受理群众投诉咨询，11月在全国首创政府官方博客——“政务之声”后，2007年又相继开设了“大学生村官”、“市民博客”和“新闻发言人”三大博客。目前，“网上宿迁”累计访问量达900多万人次，在第六届全国政府门户网站绩效测评中名列全国第58位，成为宿迁走向市外、外界了解宿迁的重要窗口。

（三）电子政务

3月28日上午，宿迁市召开电子政务建设动员会议，全面部署电子政务建设工作。会议指出，推进电子政务建设是顺应信息化发展需要、打造规范高效廉洁政府的客观要求，是促进政府管理创新、提高行政效能的重大举措，也是我市开展网上服务、优化发展环境、加快经济发展的必然选择。会议要求，全市电子政务建设重点做好四个方面工作：一是抓好统筹，确保建设“一盘棋”，切实做到“统一规划、统一建设、统一平台、统一基础应用”，避免走弯路、减少重复投资；二是突出应用，务求取得成效，通过开展电子政务工程，大力实施OA办公自动化系统，丰富应用功能，强化应用效果，积极推进政府机关办公网络化、无纸化；三是加强培训，提高服务能力，尽快制定培训计划，多种渠道、多种形式，对全市各级干部进行轮训，以确保人人都能掌握电子政务各项功能和操作，保证电子政务实际开展效果；四是强化管理，建立健全制度，使网络系统正常、高效、安全运行。会议印发了《市政府办公室关于进一步推进全市电子政务建设的意见》，明确了我市电子政务建设的指导思路和基本原则，确定了近期我市电子政务建设目标和主要任务。截至2007年11月底，市电子政务办公平台在22个市级政府部门开通启用。

（四）政务之声

为通过现代通讯网络形式，架起宿迁干部与群众沟通的桥梁，2006年11月21日，宿迁在全国第一家开通了以政府门户网站为平台的领导干部博客网站“政务之声”栏目。领导干部通过“博客”这种新颖的形式，把近期的重点工作、工作推进过程中遇到的困难和问题，以及采取的解决措施等，通过网络向广大群众讲清楚，争取理解和支持。宿迁各级领导干部积极响应，纷纷“开博设坛”，博客文章的数量日渐增多，其内容和风格也是日益丰富多彩。目前，“政务之声”上已有246位领导干部开博，文章总数达3000多篇，总访问量达300多万人次。

（五）企业信息化

通过邀请专家授课、组织外出参观等方式，强化企业信息化知识培训，增强企业管理者对企业信息化工作的重视程度，提高企业管理者和技术人员的信息技术应用水平。近年来，我们一直把企业信息化建设作为增强企业竞争力的重要手段，切实引导企业加强领导，加大投入，加快步伐，以信息化提高企业经营水平，提高产品档次。年初，我们对信息化实施了目标管理，明确了科技、经贸等责任部门推动企业信息化的工作目标，推动了信息化知识培训、信息化项目实施等工作落实。2007年，我们重点实施了江苏箭鹿集团的“纺织行业企业协同电子商务”、江苏泗绢集团的“泗绢集团ERP系统”、江苏德利恒棉业有限公司的“企业ERP信息化建设”等项目，并申报全国电子振兴办列入“倍增计划”项目。

（六）农业信息化

全市农业信息化工作本着服务基层、服务三农的宗旨，全力加强信息网络建设，加快信息技术在农村生产生活的应用。市、县两级农林业网站建成，发布各类信息万余条，全市104个乡镇农技部门超过90%实现上网，在重点市场设立信息采集站，市、县（区）、乡、大户四级信息网络已初步形成。扎实开展“致福工程”建设，列入2006年度政府为民办实事项目，明确了工程建设目标任务、责任主体，并定期对落实情况进行督查通报；启动并加快推进农村党员干部现代远程教育工程建设，全部工程已于2007年9月完成。沭阳县、泗阳县建设“四电一站”工程，多渠道、全方位为农民群众提供农业信息服务，其中农业电视栏目时长15分钟，每周1期，重播3次，电台农业节目时长10分钟，每周1期，重播2次。农业部门开办的农业咨询热线电话“16016”采用人工现场接听的方式，每天安排农业专家“坐堂答疑”，累计处理各类问题约1000多个，有效地解决了农业信息服务“最后一千米”问题，提高了农业信息服务覆盖率。电信运营单位联合有关部门开通了农信通、农兴通等短信平台，为广大农民提供了大量的科技致富信息，10万多农户从中受益。据统计，截至2007年底，全市农村固定电话用户达51万户，每百人拥有11.6部；每百户农村居民拥有彩电75台，有线电视用户达10.55万户，普及率达10.1%；全市配机上网的经营大户、农民经纪人达3000多户，近8000人从事网上商务活动，实现年网上交易额约5亿元，利税4000万元左右。

（七）社会事业信息化

全市教育信息资源开发不断深入，通过实施“校校通”工程，新建校园网中心机房42个，计算机网络教室200口，多媒体教室42口。卫生事业信息化水平稳步提高，全市乡级新型农村合作医疗全部实行网络化管理，泗阳县开展了村卫生室网络结报试点工作，医院门诊挂号计算机管理，住院部、医嘱和计价计算机管理等医院信息化不断推进。邮政部门正式运行综合业务平台二期工程，拓展了邮政业务门类，邮政电子化支局128个。劳动部门大力实施劳动力市场“镇镇通”工程，基本建成覆盖全市的劳动力资源数据库，建成“12333”社会综合服务咨询网数据库及平台，及时发布企业岗位需求，为全市转移110万农村劳动力起到了积极的推动作用。

（八）信息化人才培养

各地、各部门因地制宜，因人施教，促进了信息化人才培养工作不断深入推进。市委、市政府将信息化知识培训纳入公务员在职培训的必修科目，并多次组织信息化知识集中授课；科技部门联合宿迁学院设立信息化知识培训基地；市教育局把信息化知识培训作为教师继续教育的内容，计人教师继续教育学分；农口部门通过“致福工程”在农村开展信息化知识普及教育，全年共进行农业信息知识培训近3000人次。认真做好全国计算机与软件技术资格水平考试宿迁考点的考试组织工作，截至2007年底，累计有314人次报名考试，考试合格率达17.5%。

（九）掌上宿迁

为了充分利用手机作为沟通媒体的优势，宿迁移动分公司、宿迁市发改委（信息化领导小组办公室）共同研究利用手机宣传、推介宿迁这一新课题，由宿迁移动分公司投资近200万元启动建设“掌上宿迁”项目，通过这一平台为宿迁市民和外地客商提供最全面的本地新闻、衣食住行以及贴近生活的信息查询服务，提供一站式的生活解决方案，努力打造展示宿迁城市形象的网络名片。“掌上宿迁”栏目包括新闻中心、走近宿迁、百姓生活、时尚娱乐四大版块。提供了实时的新闻资讯，全面的投资指南，便捷的水电费、交通违章、汽车票、公积金等信息查询。目前，“掌上宿迁”月均浏览量50000多次，拥有2000余名注册会员。

（十）电子信息制造业

近年来，由于市场需求的影响和招商引资力度加大，全市电子信息制造业得到了飞速发展，逐渐成为经济发展最具活力的增长点。2007年，全市电子信息产品制造业实现产值近10亿元。各县区和开发区电子信息制造业主导产业逐步形成，如泗阳县的光照明产业，沭阳县以浙江天能电池为代表的电子信息产业基地等。

（十一）软件和信息服务业

截至2007年底，全市共有从事软件研发、生产、销售及信息系统集成、互联网信息技术服务企业30多家，其中1家通过省信息产业厅的软件企业认定，3家被评为市级高新技术企业；列人统计的四个软件企业全年实现软件业务收入2033万元，较2006年增长近1倍。市委、市政府高度重视并下大力气推进软件和服务外包产业发展，制定了《宿迁市促进软件和服务外包产业发展的实施意见》，成立了产业发展领导小组，编制了软件和服务外包产业发展规划，建立了1000万元扶持软件和服务外包产业发展专线资金，设立两个软件和服务外包产业发展基地。引导软件企业加强与高等院校的科研合作，促成中国刑警学院与宿迁市华鹏联创科技有限公司合作，设立文检专业科研开发基地，专业从事文检系统的开发应用。信息服务业方面，市各基础电信运营单位不断拓展增值业务，在为用户提供更为精彩的信息服务的同时成为新的业务增长点；发展大道数码一条街渐具规模，以流通为主的企业规模不断扩大。目前，全市经营信息产品的服务企业有300多家，年营业额超500万元以上的有12家。

【2008年发展思路】

2008年，宿迁市信息化工作将紧紧围绕宿迁市“十一五”国民经济和社会发展的总目标，根据国家信息化建设的方针政策，落实科学发展观，进一步加快信息化基础设施建设。着眼于信息技术的广泛应用，大力实施国民信息化素质普及行动，优先发展电子政务，着力加快农村信息化和企业信息化发展步伐。

【重点任务】

一是全市电子政务建设工程。坚持“以用促建，以建保用，成本最低，效用最高”的建设思路，做到“四个统一”，即统一规划、统一建设、统一平台、统一基础应用，优先建设统一平台的大“OA”模式，打破传统模式下各部门、各条线之间的数字瓶颈，在网络上实现互联互通，在信息资源上实现共用共享。不断增强机关工作人员的网络意识、参与意识，自觉加强计算机网络知识和基本操作技能的学习，达到人人都能掌握电子政务各项功能，熟练操作，确保电子政务实际开展效果。遵照国家、省颁布的有关电子政务信息安全和软件保护等一系列法规和规章的要求，结合宿迁实际，制定出台电子政务网络系统运行管理、网络安全保密管理、网络中心机房和设备管理、文件交换管理、病毒防范管理等有关制度，使网络系统正常、高效、安全运行。

二是加快农村信息化进程。围绕社会主义新农村建设的目标任务，建立推进农村信息化工作的组织体系、工作机制，加大资金投入力度，积极营造农村信息化发展的良好氛围。大力推动普遍服务，加快农村信息基础设施建设，进一步提高农村电话普及率，推进有线电视进村入户，稳步推进乡村互联网建设，实现村村能上网。充分发挥各方面积极性，建设面向广大农民的综合信息服务体系。借助农村党员干部远程教育工程、“致福工程”及“四电一站”信息传播工程等，大力开展实用信息技术应用培训，提高农民信息技术应用水平和能力。开展以农村信息化公共服务平台为核心的信息化示范镇、示范村建设试点，推广信息技术在农业各领域的广泛应用，推动农村管理和社会服务信息化。

三是提高信息化带动工业化水平。以21家省、市信息化带动工业化试点企业为重点，在项目建设上加大力度，努力在信息化项目建设、信息技术应用、业务知识培训和企业上网等方面加大引导力度。重点推动企业实施以ERP为主的信息化工程项目，提高资源配置效率，提升企业经营管理水平，降低企业经营成本。大力发展电子商务，积极推广苏华达新材料有限公司等企业网上销售的成功经验。

四是大力普及信息化知识。引导全市广大干部群众，树立正确的信息观念，掌握信息时代工作、学习、生活所必需的信息技术技能，全面提升公民信息素质，实现信息化的可持续发展。积极引导社会力量参与，利用公益性设施，依托高等院校、中小学、图书馆等公益性设施，以及全国文化信息资源共享工程、农村党员干部远程教育工程等，在社区和乡村设立公共信息服务中心，积极开展国民信息技能普及培训。

（陈　武）

强化投入　强化应用
以教育信息化推动教育现代化发展

——宿迁市信息化建设特色

2007年，在宿迁市委、市政府的正确领导下，宿迁市教育系统把教育信息化建设放在突出位置，更新观念，负重前进，狠抓落实，大干快上，着力加强组织领导，不断加大资金投入，大力提高信息技术装备水平和应用水平，有力地推动了全市教育现代化进程。

【更新理念，引领教育信息化健康发展】

（一）转变观念，提高认识

宿迁市坚持“整体规划，分步实施”、“应用为本，注重实效”和“可持续发展”策略，积极抢占区域教育跨越式发展的制高点，结合实际，认真研究，按照有限目标，重点突破的原则，进行周密部署和安排，制定了具体的行动计划，帮助基层中小学校解决好实际困难，推动教育信息化的稳步发展。

（二）高瞻远瞩，加强领导

为适应教育信息化建设的需求，结合宿迁实际，把教育信息化放在了突出的位置，列入了全市教育事业“十一五”发展规划的重点工作，制定了《教育信息化发展规划》和实施方案。《规划》确立了“科学规划，全面推进，因地制宜，注重实效”的教育信息化指导方针，明确分阶段、分层次、高标准、高质量、高速度发展信息技术教育。

（三）强化机制，确保实效

根据教育信息化重大工程项目实施方案，逐步完善信息技术教育管理机制，建立教育信息化评价机制，将此项工作纳入督导评估范围，制定了相应评估检查细则，各学校确定为“一把手”工程，确保教育信息化建设工作，有力地保证了教育信息化发展目标的完成。

【负重奋进，夯实教育信息化基础】

（一）科学论证，注重实效

科学论证是教育信息化工作的基础。在建设教育信息化过程中，宿迁市力求结合地方实际，科学确定发展目标，统筹规划，既体现适度超前性，又注重可行性、操作性和实用性，做到与全市“十一五”教育发展规划、教育现代化建设相衔接，使信息技术硬件建设同软件建设同步发展，实现信息技术教育硬件配置与信息技术课程、教师队伍建设、教育信息资源的协调发展，避免盲目投资，造成浪费。

（二）狠抓落实，创设环境

工作中，加强教育信息化基础设施建设，并充分发挥“校校通”工程作用，做好信息技术推广，全面普及信息技术教育。全市乡镇中心小学、城市小学和所有中等学校都建有多媒体网络教室，并宽带接入互联网，2007年全市中小学新增电脑16500台，工程硬件能达到基本教学需求，全市中小学普遍开设信息技术课程，在职教师和教育管理者全部普及信息技术。

（三）集成优化，加强建设

为了适应教育的发展，突出信息中心的核心地位，充分发挥其平台作用，宿迁市正在进一步加大教育信息化投入，通过多种途径严格筛选贴近教学的优秀资源，不断丰富信息化教学资源库建设，以满足教育教学的需求，争取尽快形成面向社会、覆盖全市、服务教育，速度快、容量大、安全性高、扩展性强的教育信息网络。目前正在建设优化“远程信息管理系统”离散存储集中管理及共建共享先进体系，在市区、沭阳、宿城区、宿豫区已储存各数教育教学资源1万多条目。

【突出应用，推进教育信息化全面提高】

（一）坚持以培训促提高，加强队伍建设

高素质的信息化教育师资队伍，是普及信息技术教育、推进教育信息化建设的关键。宿迁市坚持技术与理念培训并举，着力建设三支队伍（电教与网络管理队伍、学科骨干队伍、一线教师队伍）。一是网络管理队伍建设。全市所有学校都配备了专兼职网络管理员，并组织他们参加各种技术培训，不断提升网络管理水平，做到校园网络设施维护及时、管理有序，保证运行安全及教育教学的正常应用。二是网络教学教研骨干队伍。加强教师对网络教学研究的引导和在教学中的信息技术运用能力培训工作，选择优秀者组建网络教学教研骨干队伍，不断提高其信息技术水平、教学业务能力以及网络教学素质，让他们成为推进教育信息化的带头人。2007年，全市中小学教师教育技术能力考核13253人。三是提高一线教师的信息素养。通过各种理论与技术培训，不断提高广大一线教师的信息素养和信息技术运用水平。2007年，在沭阳县举办两期多媒体课件制作培训班，共培训人数210人；组织20名信息技术教师参加普通高中新课程省级提高培训。

（二）坚持以科研为先导，促进教育创新

坚持“科研兴市，科研兴教”方针，以变革传统为核心，逐步形成典型引路、整体推进的良好氛围。积极倡导网络环境下教学研究，深入探讨信息技术与其他学科的整合，逐步实现教学内容的呈现方式、学生的学习方式以及教学过程中师生互动方式的变革。通过参加各级课题研究，有力地推动了我市信息化教学研究工作的进行，提高了教师在实际教学中运用信息技术的能力和学生运用信息技术开展自主协作探究学习的能力。全市中小学开展省、市级信息技术学科整合研究相关课题31个。积极开展信息技术教育示范校创建活动，使学校在信息化建设、构建信息技术教育教学模式、实现信息技术与其他教育教学要素的整合等方面有了新突破，逐步形成广泛的信息技术应用氛围，使信息技术成为教师教学和学生学习的工具，促进教育观念、教育模式、教育方法的创新。

（三）坚持以应用为目的，提高教学质量

把强化应用放在重要位置，着力提高现有装备的利用效率，提高普通教室多媒体课堂教学效益，积极倡导网络环境下的探究性教学实践。在全面普及中小学信息技术学科教学的基础上，积极探索网络环境下的教学规律，逐步培养中小学生的自主探究学习能力。组织全市小学优秀老师录制共80课时约6万张优质课堂教学录像光盘，提供给农村学校，使农村的孩子也能聆听名师课堂教学。组织开展“电教优质课、电教论文、信息化教学设计、多媒体课件、师生主题网站及电脑作品”评选，动员组织广大师生积极参与。

（陈　武）

太仓市信息化发展概况

【概况】

2007年全市信息化工作紧紧围绕科学发展、和谐发展、率先发展、“又好又快”发展的要求，坚持服务第一的理念，重调研、讲落实。全市信息化基础水平有了显著提高，市、镇两级政府全部建了自己的门户网，终端在P4以上的配置达到了99%。网络基础设施建设不断完善，电子政务信息共享利用平台工程顺利通过省级专家组验收。电子政务办公系统（即OA系统）升级改造工程圆满完成并顺利投入了运行。网络安全有了保障，实现了主动防御，多方面、多层次确保了电子政务的安全、可靠运行。信息化项目管理水平上了新台阶。企业信息化有了实质性的启动。

【政府信息化】

（一）电子政务信息资源共享利用平台工程顺利通过省级专家组验收

电子政务信息资源共享平台作为电子政务二期重头戏，自2006年启动以来，上半年完成了共享平台（服务总线）总体框架的搭建；完成了共享平台的基础设施服务监控服务和审计服务的部署工作；成功地将统计局、编委顺利接入了共享平台，并实现了这两个部门的数据的查询和信息的发布。企业数据存入名录库工作和行政审批中心系统的开发和改造工程稳步推进。今年4月1日起工商、国税、地税、质监局等相关数据管理集中到了省，均采用了BS结构的网上实报系统。我们为适应新形势需要，立即重新修正了工作方案，新方案以服务层和表现层的建设为抓手，以行政审批中心系统的改造为突破口，以通过增添前置机建立数据预备库和中心数据库为基础。新方案从下半年起开始实施。10月初工程全面进入联网试运行。10月25日顺利通过由省电子政务建设领导小组办公室、省信息中心、苏州市发改委等单位组成的专家组的验收。

电子政务信息资源开发利用工程采用SOA架构构建全市电子政务信息资源共享平台的基础设施，实现了“一平台、一库、三应用”的建设目标。信息资源共享平台实现了分布的、异构的、跨网络的资源库的共享；信息资源目录体系统一描述和组织分布在各职能部门的信息资源，实现分布异构资源的有序化管理。市各单位名录库共享接入了市统一的资源共享平台，形成太仓市完整的、权威的基本单位名录信息总库，并建立了长效更新机制。基本单位名录总库的建成，为下一步建立全市人口信息资源等各种信息资源共享打下了基础。“三应用”即审批中心一表制系统、单位名录信息更新比对系统、单位名录信息领导查询系统。

（二）电子政务办公系统升级改造工程圆满完成，顺利通过测试并正式投入运行

自2004年全市OA系统投入运行几年来，出现了一些问题，如由于同一时间段系统人员集中、公文流量大和陈旧文档的大量积累经常会出现系统的非正常死机和运行机制不稳定现象；工作流、人员组的人员设置不稳定也给管理者带来了许多管理上的不便。针对以上情况，首先实施了核心模块的升级，实现了公共资源管理配置平台、公文流转系统、工作流管理系统、公文收发系统和信息发布系统的升级；其次是数据库由Sybase升级为Oracle；三是增加了CA认证、数字签章接口；四是新建了“资料中心”。通过此次全面升级，系统性能大幅提升，界面也有了较大改观，解决了升级前频繁死机的现象，系统稳定性有了明显提高，系统安全防范能力也有了显著提升，确保了网络的安全运行。“资料中心”的建立，使得电子政务系统中的数据可以定期移入“资料中心”，“五一”期间全面实施了数据和系统迁移。目前系统运行情况良好。

（三）主动防御，网络安全有了保障

针对近几年电子政务网络频繁出现不稳定的

情况，特别是网络攻击行为造成整个政务专网中断的状况，我们把加强网络与信息安全监管作为2007年重中之重的工作来抓。年初，我们一方面充分利用现有的“启明星辰”入侵检测与管理系统，配备了2名专职管理人员强化了管理力度，实施了对出入太仓市电子政务网端口的数据信息的实时监控、检测和分析，对浏览的不良网站进行监控，监测黑客攻击，并定时对监测信息进行汇总。另一方面，我们主动寻找专业网络安全服务商，以期建立起更安全的网络防范体系。今年4月份，北京“网御神洲”公司组织了专业科技人员对我市电子政务专网进行全面测试。通过检测，形成了安全评估报告和安全整改措施建议书。8月份，在安全评估报告和安全整改措施建议书的基础上，又形成了我市电子政务专网网络安全方案。9月份，我们通过公开招标，依托网络安全服务商升级了防火墙，新增了入侵检测、网关防病毒和集中安全管理等技术设施。在防御措施上，采用了分级保护、边界防护、分域保护、动态管理的等级化整体保护方案，建立了集中管理安全构架，对设备、网络、终端等资源进行实时可视化管理，提高了安全事件处置效率和质量。同时，完善了安全管理制度，明确了安全管理职责，多方面、多层次构筑了具有深度防御功能的先进的安全网络防范体系，确保电子政务安全、可靠运行。

10月16日下午，太仓市发改委召开信息化安全建设及集中控管成果展示会，苏州各县市（区）信息办及太仓市相关单位部门领导出席了会议。与会人员参观了太仓市电子政务网安全集中控管成果展示和中心机房。

（四）“中国太仓”政务公开的力度得到进一步加强

根据年前提出的“以人为本、政务公开、构建和谐”作为加快太仓市“中国太仓”门户网站建设提档工作的三大主题，2007年我们重点开辟了与百姓密切相关的供水、供电、供气、医院、学校等热点行业的办事公开专栏。栏目集政务公开与服务为一体，它不仅包括了公益单位的单位介绍、服务承诺、服务指南、服务收费、服务热线等一条龙公开，还为百姓即时提供了自来水质量报告及停水、停电等公示信息。此外，“市民直通车”自2006年开通以来，收到市民来帖5048件，机关部门回复率达96%，市民访问量高达202万。这些都充分体现了政府亲民、为民和服务于民的理念。新增了繁体版，完成了“中国太仓”政务直通车栏目的增设、“权力运行”栏目的开通。按苏州市信息办的要求认真做好政府网站的改造工作，确保了太仓市重大信息的及时上报，较顺利地完成了上级交办的任务。

（五）电子政务因特网接入有了稳定的出口通道，中心机房实施了搬迁

长期以来，太仓市电子政务专网接入因特网是由太仓信息港发展有限公司（网通）专线接入的，它承担着全市所有公务员终端设备接入因特网的任务，自江苏省网通太仓分公司成立后，将实施有偿服务。经公开评议，最终与太仓电信达成服务协议，市电子政务因特网接入从今年7月起由中国电信太仓分公司提供服务，带宽100Mb/s。随着全市信息化程度的不断深入，为满足全市信息化发展的需求，市信息化中心机房由市发改委食堂一楼搬迁至三楼，机房机柜由原24个增加到40个，面积由过去的50平方米增到200平方米，净增4倍。5月中旬已顺利完成搬迁。

【信息化基础建设】

2007年全市拥有固话用户数33.85万户，同比增长3%；电话普及率达160部/百户。农村移动电话达204部/百户，同比增长7.3%。互联网接入用户4.66万户，互联网用户占全市总户数的31.21%，同比增长18.57%。在全市86个机关部门中，37个主管部门拥有了自己独立的中心机房，占43%；市、镇两级政府办公实现了平台一体化、内容数字化、传输网络化，纵向与苏州市办公系统也实现了无缝对接和公文无纸化传输；有42个机关部门与省、苏州市条线实现了互联互通；48家机关部门建有内部局域网；55个机关部门建有独立的部门网站（网页），占全市机关部门的64%：其中13家机关部门拥有自主服务器，占15.1%；17家机关部门实行了主机托管，占19.8%；27家机关部门实现了网站托管，占31.4%。市级机关人机比为99%；乡镇人机比为57.9%。有15个单位设立了专门的信息管理科室（中心），占17.4%。“中国太仓”门户网自第三次改版到目前，网站栏目已增至1335个，当年增加各类信息18668条；信息库已拥有各类信息

23173篇，净增信息量是去年同期的2.5倍以上。开辟了与百姓密切相关的“办事公开”、“政务直通车”、“权力运行”、“市民直通车”等专栏专题互动文章7035篇。市级机关各部门网站拥有率62%；其中85%的政府机关部门网站开设了办事指南，66.1%的网站提供了在线咨询功能。市、镇两级政府网站的总体拥有率达100%。“中国太仓”门户网站在苏州市五县七区评比中名列第三。

广播、电视综合覆盖率均已超过100%。有线电视2007年已全面进入“户户通”工程的建设。全市新增有线电视用户1.02万户。

【行业信息化】

（一）全市综合系统不断增多

2007年5月“市财政局收支综合查询系统”和“非税收入管理系统”分别投入运行，实现了人事、劳动和社会保障、国库支付中心与地税、国税和人民银行金库相关数据的共享与交换，并可以对这些数据进行查询，生成相关分析报表，实现了全市非税收入联网开票，规范了执收单位的收费行为。由市委组织、人事、机构编制、财政、劳动和社保部门等五家单位联合开发了适应我市实情的“太仓市机关、事业单位人员信息管理系统”今年建成并投入试运行。它的建成为组织、人事、机构编制、财政、劳动和社保等部门提供了统一的信息源，实现了部门之间资源的信息共享，有效地规范了行政管理机关行政行为，提高行政执法水平和服务质量。

（二）两税系统信息化稳步推进

2007年9月由太仓市国税部门开发的新版“一户式”征管软件建成启用。新软件可以查询所有涉税信息，如申报、发票、认定、税收优惠等信息，查询速度更快、信息量更大、功能更全，更有利于提高国税系统的监管效能。此项目得到了省国税局的充分肯定并组织在全省推广取得成功。2007年3月，太仓地税局建成了覆盖全体纳税人和地税员工的短信平台管理系统，为广大纳税人提供了短信纳税查询。

（三）建立防汛防旱信息采集系统，实现实时观察

实现了堤闸开闭的远程管理与长江航道实时监控和相关水利数据的自动采集、存储和分析，市质监部门12315举报投诉系统与苏州实施了联网。此外，市规划局2007年5月PTK-GPS全球定位系统已在我市的测绘监管工作中投入使用。系统可为装备了GPS接收机的近地用户提供了全球、全天候、24小时的定位、测速和定时服务。

【信息化项目管理】

2007年是全面贯彻《太仓市政府投资信息化项目及资金管理暂行办法》（太政办〔2005〕56号）及《太仓市信息化工程项目验收实施细则（试行）》（太政办〔2006〕33号）文件精神的关键一年。就如何进一步加强政府投资信息化项目管理，强化对全市信息化建设项目的立项审批，形成集约化建设的“源头控制”机制，抑制不合理需求，在总结上一年工作的基础上，首先规范了太仓市信息化工程项目申报、监管、验收等具体所需材料清单；其次又加大了公开力度，对所有相关材料实施了网上公开，包括文件依据、申报所需材料、验收应备齐的资料及各类表单；第三是审批中注重把好立项和验收合格关，重点做好了立项前的调研和验收时的进仓确认工作，进一步规范了监管程序，按照国家关于信息系统工程监理的有关规定，同步提高项目的质量和应用的能力。此外，还注意配合全市重点信息化项目做好协调和技术支持工作，如为加快建立新农村信息化合作医疗系统项目，积极配合市卫生局作项目立项论证，主动与市劳动和社会保障局协调，出台并运行了与全市社保、医保实施同步并轨的方案，不仅为市财政节约了近1000万元资金，同时还大大方便了群众，提高了办理效率，也为构建和谐社会，缩小城乡差距办了实事。

【信息化产业】

近年来，随着市产业结构的调整，信息产业发展势头强劲，2007年太仓软件园成为苏州软件园基地，跻身国家火炬计划软件产业基地，市科技创业园被江苏省科学技术厅认定为省级科技企业孵化器，主要国家和地区的信息产业纷纷立足太仓。

太仓市政府投入信息化项目情况统计表（截止 2007 年 12 月 20 日）

项目总数	其中：已验收项目数		项目预计投资总额（万元）	其中：已验收项目预算投资总额（万元）	已验收项目决算投资总额（万元）	节约支出（万元）	占已验收项目预算投资总额（%）
	只数	%					
84	37	44.05	6949.59	2736.63	2398.57	338.06	12.35

苏州市软件产业发展办公室、苏州软件园批准同意建立国家火炬计划软件产业基地——苏州软件园太仓基地。该基地在完成 16 幢软件楼的基础上，已经吸引了美国 AS 视频网络公司、日本喜爱喜公司、台湾勤友集团中国研发中心、香港 EH 物流软件中心、日本荣光教育集团、中科软件科技股份有限公司、香港永得利物流有限公司、香港亦禾物流有限公司物流信息中心、上海交通大学软件学院研究生培训中心、上海现代物流研究中心物流信息平台等骨干项目入住。已入住软件园的企业有 7 家，注册资金达到 3.2 亿元人民币。今后五年，太仓软件园将形成 300 家以上的软件和外包服务企业，吸引 2 万名技术人员入园工作，总投资在 30～50 亿元，总产值超过 100 亿元。

我太仓科技创业园自 2004 年 10 月开园以来，目前已入住企业 41 家，其中留学人员企业 9 家，并成功孵化企业 2 家。为满足不断增长的科技创业需求，2006 年开工建设了太仓科技创业园发展基地，目前创业园发展基地 8000 平方米厂房和 20000 平方米科研和孵化大楼已投入使用，基地将突出体现科技研发、企业孵化、成果转化三大功能，重点打造数字视音频产业群，集中开发微电子科学与电子信息技术、光电科学与光电一体化技术、新材料技术、高效节能技术相关领域产品，做大做强太仓高新技术产业总量。

【企业信息化】

市发改委多次会同市经贸委共商企业信息化发展思路，共同完成了《太仓市中小企业信息化建设初步构想》方案。具体目标已基本确定：用二至三年的时间实现中小企业的在线交易和异地在线实时管理。整个目标将分三步实施：一期工程（2007 年 1～12 月）在全市创立“太仓市企业公共信息发布平台”，目的是引导企业上网，用较少的人力和财力资源，实现企业产品信息的自主发布和自身形象的宣传，完成从要企业上网到企业自主上网的转变过程。二期工程（2008 年 1～12 月）在全市建立起集信息发布与管理为一体的“太仓市公共信息管理平台”。这是一个企业信息化稳步推进的重要立足点，通过这个平台，可以让企业真正感受到信息化给它们带来的不仅是商机，更重要的是管理新机制，扩大了它们的视野，为它们拓展业务安上了翅膀。三期工程（2009 年 1 月～2010 年 12 月）在前二期工程的基础上建立“太仓市网上交易平台”，可实现企业的在线同城交易和异地的在线交易，并将建立全市研发中心。

上半年开通了由苏州国创网络技术有限公司创办的“太仓市中小企业门户网”和由太仓市阿凡提网络公司创办的“太仓市商务网”，并与“中国太仓”实现了超链接，为宣传太仓、了解太仓企业增添了又一窗口。今年 7～12 月，这两个网站共发展企业会员 784 家。“太仓商务网”建立的太仓商务搜索系统，还为外商客户快捷搜索太仓本地企业及相关产品信息提供了方便。网站目前访问总量达 118.2 万次。

【城市信息化】

（一）有线电视“户户通”工程加速推进

在有线电视“村村通工程”的基础上，市广电总台 2007 年全面进入“户户通”工程的建设，全市 7 个镇 104 个村实现有线电视“户户通”，并建成江苏省有线电视户户通县（市）。累计架设光缆 10731 芯千米，电缆 5655 缆千米，光发射机 104 台，光接收机 609 台，放大器 109161 台。传送 31 套模拟电视信号、85 套数字电视节目、9 套数字广播信号，宽带网业务 62 个集体用户，270 个数据点。全市有线电视行政户入户率 103.7%。陆渡镇率先通过了“户户通有线电视镇”苏州市级验收。

（二）广播电视数字化基础建设不断完善

设备市场调研、人员技术培训、产品招标准备、数字电视整体转换等各项工作自 2006 年起有序展开，目前已完成了数字电视前端、用户接收系统及中心客服系统、准视频点播系统等关键设备和设施的选型和招标。建成了数字电视播控机房，完成了设备的安装调试，实施了前端设备的安装和系统集成，实现了信号清流并进入系统调试。上半年完成数字电视机房前端设备招标、安装、调试和市区网络双向改造等，今年9月份开始在市区和部分镇实施有线电视用户端数字化整体转换，年内市区完成整体转换工作，2008年完成全市整体转换工作。

（三）太仓市便民服务移动查询系统开通

历经3个月时间，由市信息办与常熟市万康科技有限公司共同开发的“太仓市便民服务移动查询系统”已于今年3月份正式开通并投入使用。该系统面对全国所有的手机用户，全国各地的手机用户想要查询太仓市的便民服务信息，只需编辑短信，移动用户发送到10358，联通用户发送到90358，便可通过无线方式主动及时地为群众提供所需查询的信息。内容包括休闲娱乐、宾馆饭店、旅游向导、购物指南、鲜花礼品、订票服务、加油指南、汽修指南、宠物社区、家政服务等。

【信息化技术研究】

“太仓市政府信息化建设技术研讨会”9月在苏州吴中金庭镇举行。由星网锐捷网络有限公司和市信息化办公室共同组织的“太仓市政府信息化建设技术研讨会”于2007年9月15～16日在苏州吴中金庭镇举行，全市20多家有关机关、事业单位的分管局长、信息科长、信息中心主任及相关信息主管和工程技术人员与会。星网锐捷网络有限公司行业咨询顾问何峰博先生在会上作了《构建安全可信电子政务平台》专题报告。与会人员与主办单位就如何协助政府部门搭建一个稳定安全的电子政务平台进行了专题研讨。

【信息化推广培训】

首期太仓市信息安全培训班在市发展和改革委员会开班。12月10日，由太仓市信息化办公室、市保密局共同组织的市信息安全培训班在市发改委开班。全市60多家机关单位的信息化技术主管听取了由苏州天创科技公司技术总监所作的讲座，讲座由浅入深，并辅以典型的案例。通过讲座，参训人员了解了信息安全整体策略及目标、信息安全体系的构成、安全管理机构的建立、管理制度的制定及相关的信息安全法律、法规等，对安全评估的基本方法、安全操作和维护技术等也有了一定的掌握，培训有效地提高了全市网络管理员的安全防范意识及技能的增长。

【2008年太仓市信息化工作重点】

（一）“又好又快”地全面加快太仓市服务外包基地的建设

太仓市信息办认真贯彻《关于加快发展服务业的若干意见》（国发〔2007〕7号）精神，在现阶段信息化建设的基础上，加快信息服务业基础设施建设，为政府及相关企事业提供网络资源、公共服务、管理运营平台等配套服务，配合政府做好招商引资工作，促进太仓市服务外包基地的建设和发展。

（二）加大对全市信息化建设的资源整合力度

进一步深入调研全市信息化工作，规划全市信息化建设。

1．充分利用现有的网络基础设施。尽可能地复用已经建成的电子政务专网和已开通的VPN专网，加强应用，加强资源整合。

2．为政府信息化提供公共服务。整体规划政府公共机房，为各部门提供服务器托管、虚拟主机、IP存储等服务，避免重复投资。

3．利用已建成的服务平台，拓展应用。利用已建成的信息资源共享平台，建立外来人员管理数据库。配合行政服务中心实施系统改造，提升政府的办事效率和服务能力。整合各部门分散的呼叫中心和热线电话，建设“综合呼叫中心”。

（三）进一步全方位提升政务系统的整体安全水平

明年将在充分发挥目前已建成的分级保护、边界防护、分域保护、动态管理、集中管理的基础上，加快CA认证及数字签章系统的建设进度。CA认证系统的建设将解决电子政务系统边界安全身份认证以及新应用系统中的权限管理问题，建立用户证书发放、安全登录系统、注册用户的统一管理机制。电子签章技术的运用，将确保公文传输的合法性、安全性、真实性、可靠性、完整性和不可抵赖性。这为政务信息走向社会奠定了基础，也可为移动办公创造一个安全的运行环境。

（四）加快推进“中国太仓”门户网网站群的

建设

树立“用户中心”意识，确立门户网站的需求机制，建立统一的政府门户网站管理平台。政府门户网站改版将立足政务公开、在线服务和公众参与三大基本功能，旨在将网站办成政府的信息发布中心、政务服务中心和信息交互中心。

1. 建立统一部署、统一标准、统一规范、统一管理的“太仓市政府门户网站群”。以政府门户网站为中心主站，以部门级网站及其应用为基础支撑的若干子站，形成主站与若干子站集成的网站群体系，从而对分散的政府信息资源进行有效整合，加快政府对公众实现“一站式”服务步伐，实现资源互通共享，提高政府网站的应用水平，降低政府网站的运维成本。

2. 体现明显的服务型电子政府的发展理念，以客户为中心，实现向政府、客户提供交互性服务的转变。通过对行政审批中心网上审批系统的升级改造，把“办事指南”改为“办事服务”，建立起跨部门的、综合的业务应用系统，建立网上办事“门户”，为企业、个人提供“一站式”的门户服务。

（五）协助审批中心软件升级，实现在线办事

充分利用电子政务这一技术平台，配合市行政务服务中心在现有审批信息管理系统的基础上，建立起一个跨部门的、综合的网上审批系统。

1. 系统将彻底改变原审批模式，采用网上审批系统与电子政务平台相结合的方式。依托全市资源共享平台与政府 OA 系统，实现与各进住政府部门、苏州市中心、本市各镇区便民服务中心办公系统互联互通，为基层企业与群众提供快捷高效的服务。

2. 网上远程申报与大厅实地受理相结合，提高政府办事效率。

3. 集中审批与镇区代理相结合。通过在镇、区、社区、村设立便民服务中心，形成市、镇（区）和村（社区）的三级联动，建设一个涵盖全市范围、服务功能强大、办事快捷方便的服务网络。

4. 行政审批与便民服务相结合。进住中心的项目，将在现有的基础上进一步扩大行政审批类项目，同时增强便民服务类事项，使新的系统成为集行政审批、便民服务于一体的综合服务平台，真正实现“一站式”、“一条龙”的服务目标。

（六）加强对全市信息化项目的监管力度，确保全市信息化有序健康发展

1. 2008 年全市信息化项目管理将以服务、指导、监督为主线。按照有利于全市资源整合利用，提升部门管理和服务能力，消除行业“孤岛”的原则，优先立项。鼓励各业务主管部门应用已建成的全市政务管理平台和政务信息共享利用平台来开发各类应用系统，坚决制止申报不合理的重复建设项目，严把立项审批关。

2. 加快推进全市行业信息化示范工程的建设，建立全市优秀示范项目的推荐和评估机制，稳步推进全市港口、社区、企业、农业、电子商务等领域信息化的建设步伐。

3. 逐步建立网上申报机制，完善全市信息化建设项目全过程的监管力度。市信息办将以服务为宗旨，加大对全市综合性大项目的参与力度，主动做好项目申报过程前期、中期、后期的服务工作。并进一步规范监管程序，按照国家对信息系统工程监理的有关规定，推进信息系统工程监理制度的完善和落实，抑制违规现象的出现，加强信息化项目验收管理，提高项目建设质量和应用能力。

（七）加快推进政府对企业信息化的建设

1. 继续扶持中小企业门户网的建设，使之成为宣传太仓企业的又一窗口。

2. 建立全市集信息发布与管理为一体的“太仓市政府与企业协作服务平台”。平台将成为政府对企业提供主动服务的窗口。通过平台可实现企业与政府信息的互动交流和远程在线管理。平台的建设将充分体现服务型政府的要求，为加快全市产业结构的调整，形成新的产业链创造条件。

3. 利用信息化基础设施建设更好地为企业提供配套服务，创造更加有利于企业发展的良好环境。

（八）全面提升我市信息化工作整体水平

1. 加快成立全市信息化协会。建立全市 CIO（部门信息主管）联席会制度，加强与各相关部门的业务协调和沟通，及时了解条块信息化发展的动态，共同探讨本市信息化发展的方向及对策。

2. 继续深入对全市信息化工作的摸底调研。在今年首批完成对全市 86 家机关单位摸底调研的基础上，继续深入到事业、条线以及相关所属部门等基层单位，全面掌握基层信息化现状，抢抓工作主动性。

（九）拓宽宣传渠道，为信息化工作营造良好的舆论氛围

信息化不仅是一次技术革命，更是一次深刻的认识革命和社会革命，电子政务的推行更是一个行政观念改变的过程。明年，将进一步加大宣传力度，内宣和外宣并举，争取各级各部门的支持，营造出良好的观念氛围和舆论氛围。

（赵宽义）

常熟市信息化发展概况

2007年是常熟市继续巩固提高小康水平、加快推进基本现代化建设的重要一年，是借势发力开创新局面、乘势而上实现新突破的关键之年。全市上下敏锐把握大势，科学应对挑战，在抢抓机遇中保持率先发展，在创新实践中谋求科学发展，经济社会呈现出整体推进、协调发展的良好势头。全市信息化建设在市委市政府的正确领导下，在各部门的共同努力下，根据国家、省和苏州有关信息化建设的要求，以电子政务建设为中心，以促进信息化和工业化融合为基础，积极推进信息化重点项目的建设和实施，规范信息化重点项目从申报立项到建设验收过程，促进信息化建设有序开展，整体信息化水平得到较快的提高，有力地推动了全市国民经济和社会发展。

【强化管理，保障信息化重点建设】

2007年是《常熟市政府信息化重点建设资金管理暂行办法》实施的第二年，常熟市委、市政府对此高度重视，落实了2007年度政府信息化重点项目建设资金910万元，对项目管理提出进一步要求。常熟市发展和改革委员会、常熟市信息化办公室会同常熟市财政局在做好2007年政府信息化重点建设项目申报的基础上，围绕项目的评审确定、资金的拨付使用，进一步完善了相关的办法和操作流程，确保了信息化重点项目管理的规范化和制度化，有效推进了全市信息化建设。主要措施是：①重点项目实施方案上报备案核查制度；②重点项目的建设进度上报制度；③项目的资金拨付方式、拨付进度制度化；④工程完工验收制度化。

2007年，通过初审和专家审核，常熟市共确定了18个政府信息化重点项目，项目申报资金共计1255万元。其中续建项目5个，新建项目13个。通过实施政府信息化重点项目建设，使全市信息化建设事业不断向纵深推进，信息化和经济社会的融合程度不断加深，政府对经济社会的服务能力进一步提升。

【信息产业加速崛起】

2007年度，常熟市通信、计算机、电子信息产业高速发展，全年统计规模以上企业产值1324239万元，销售收入1297915万元。

(一)IT电子信息产业加快集聚

由世界500强、全球第一大笔记型电脑研发制造企业——台湾广达电脑股份有限公司，携手10多家核心配套企业在常熟经济开发区高新技术产业园共同打造的“广达常熟制造城”，投资总额近10亿美元，主要生产MP4音视频播放器、手机、液晶显示器、GPS卫星定位系统、车载导航、笔记型电脑及周边零部件等产品，客户主要为美国苹果、戴尔、惠普、IBM等世界前十大IT品牌公司，该项目被常熟市委、市政府确立为全市经济工作“一号工程”。

目前，“广达常熟制造城”已经聚集了广达直属投资企业——达富电脑公司、展运电子公司，全球最大笔记型电脑光驱制造商——达研光电公司，全球最大笔记型电脑键盘制造商——精元电脑公司，全球最具规模笔记型电脑外壳制造商——宜铨科技公司，全球最大笔记型电脑转轴制造商——兆利科技公司，全球第二大连接器制造商——实盈电子公司以及腾龙金属、久腾光电、绅晖电子等企业，逐步形成IT产业链，成为台湾广达电脑股份有限公司继上海松江之后建立的大陆第二大IT生产制造基地。

达富电脑公司全年进出口达22.02亿美元，其中出口达10亿美元，成为全市第一、苏州市前二十大出口创汇企业，全省电子信息产业前五十强企业排名23位。

(二)江苏梦兰龙芯产业化发展亮点突出

中科院计算所研制的龙芯芯片从单处理器增强发展到多功能系统集成。2007年3月28日中科院计算所和意法半导体公司在人民大会堂技术合作签约，标志着龙芯处理器的授权、量产迈人国际化轨道，龙芯的发展潜力和市场空间成倍扩大。

中科龙梦公司推出的福珑迷你电脑入选江苏省首批自主创新产品目录，梦珑笔记本电脑填补国内自主创新笔记本计算机空白，支持龙芯处理器架构的内核被收录进国际 Linux Kernel 官方组织，龙芯产品在多行业、多领域的市场应用取得了突破。

以梦兰龙芯产业化基地、意法半导体、台湾广达、台湾微星、台湾新普电子、台湾富士康、深圳顶星、上海华虹、新华科技、无锡永中等为骨干的产业链初步形成，龙芯的产品及解决方案需求涵盖教育信息化、农村信息化、远程教育、政务办公、企业应用、金融证券、工业控制等领域，龙芯的产业生态环境日趋和谐。

2007 年龙芯技术研发中心被认定为江苏省企业技术中心，龙芯产业化基地正在积极部署“龙芯电脑百万台工程”，目前中科龙梦公司与巴西重量级电信公司、法国著名的渠道商等企业达成了几十万台套的产品合作意向，龙芯的产业规模已发展到上新台阶的突破点。

【努力推进信息化和工业化融合】

2007 年，常熟市被江苏省科技厅认定为“十一五”江苏省制造业信息化科技工程示范市，成为“十一五”期间江苏省惟一的县(市)级示范城市。信息化示范工程构筑起了政府、企业、软件商三力合一互动推进企业信息化的示范推广机制。

2007 年常熟市新增信息化示范企业 16 家，省、苏州、常熟市三级共下达信息化经费 1490 万元，其中省下达经费 1005 万元，苏州市下达经费 15 万元，常熟市下达经费 470 万元。

1.常熟纺织机械厂有限公司承担的“面向纺织机械行业的设计数字化集成技术开发与应用示范”在江苏省内多家知名企业竞争中脱颖而出，中标江苏省制造业信息化招标项目。常熟市科技局承担的“常熟市制造业信息化示范”、江苏康博科技有限公司承担的“新一代数字化监控嵌入式软件及应用产品的开发与产业化”项目列入江苏省科技厅 2007 年重大科技攻关项目。江苏康博科技有限公司承担的“嵌入式远程智能环保监控与应急处理软件系统”列入 2007 年苏州市科技攻关计划。

2.江苏中科梦兰承担的 2006 年国家 863 计划“低成本电脑的开发”获江苏省科技厅重大项目配套经费 800 万元。

3.根据 2007 年常熟市工业科技与信息化示范项目指南，常熟市鼓风机有限公司承担的“风机数字化设计制造集成技术应用示范”、苏州爱马仕服饰有限公司承担的“传统行业(纺织、服装)信息化示范”等 5 个项目列入了 2007 年常熟市信息化示范项目。

4.探索了制造业信息化服务的平台建设，设立了常熟市科技发展计划重大项目，常熟市生产力促进中心承担的“常熟市科技创新产业信息服务平台”项目列入了 2007 年常熟市科技发展计划重大项目，同时，这一课题也获得常熟市信息化专项经费支持。

5.常熟市生产力促进中心与清华大学软件学院、北京清软英泰信息技术有限公司合作，在常熟市联合推广 PDM 信息化图档管理软件。

6.组织全市 28 家信息化软件开发企业、推广服务机构、信息化实施企业，成立了苏州市软件协会常熟分会；认定了首批制造业信息化技术服务机构 8 家，目前全市已建立中介服务机构 5 家、培训机构 9 家、软件及技术服务机构 8 家。2007 年经省信息产业厅认定，常熟市获省级软件企业 3 家，省级软件产品 20 项。

【农村信息化建设示范效应突出】

农村信息化是信息化的重要组成部分，是推进社会主义新农村建设、统筹城乡发展、解决“三农”问题、构建和谐社会的必然要求和重要手段，是建设现代农业，促进农民增收的有效途径。

2007 年，是常熟市农村信息化建设全面启动的一年，常熟市委、市政府，常熟市信息办及相关部门坚持“以点带面、分步实施、镇村并举、稳步推进”的原则，以建设信息化示范镇、信息化示范村作为突破口，依托中国电信强大的技术优势、网络优势、人才优势和品牌优势，努力挖掘农村信息化需求，继续加快信息新业务的推出，全面推广信息化整体解决方案，努力提升常熟农村信息化建设水平，从而促进常熟社会、经济的整体发展。

考虑到农村经济条件等多方面因素，常熟市各相关部门还设立了各种优惠和奖励措施。常熟市电信局在新农村信息化示范村创建过程中，为农村居民提供优质价廉的品牌电脑和优惠的宽带接入，并根据实际需求设计电信产品和优惠套餐，切实提高农村家庭电脑普及率和通讯基础设施的利用率。同时，常熟市、镇两级财政将对完成农村信息化示范村建设任务的村给予一定的补贴性奖励。常熟市财政补贴每个村1万元，其余创建费用由镇村共同承担。

根据常熟市农业经济的特点，常熟市信息办及相关部门通过整合“常熟农业网”、“中国常熟”、“虞城热线”等网站的涉农信息资源，丰富农业生产指导、农产品市场信息、农业新品介绍、农业政策、教育培训等方面信息资源，推介优秀农村服务网站，充分发挥“农讯通”短信平台、114百事通语音门户等系统的作用，多层次、全方位地为农村居民提供丰富多彩的实用信息。建成的村信息服务站，可方便农民进行信息查询、信息发布和咨询交流，解决农村获得信息及服务渠道匮乏的实际问题，同时丰富和充实农民群众业余生活。

2007年全市完成4个信息化示范镇和60个信息化示范村创建工作。2008年初，江苏省信息化工作领导小组办公室向全省65个村和189个镇授予了“省级农村信息化建设先进村镇”荣誉称号。常熟市支塘镇蒋巷村获评三星级省级农村信息化建设先进村；古里镇琴东村等8个行政村荣获了二星级省级农村信息化建设先进村称号。同时古里镇、新港镇、海虞镇、沙家浜镇被评为二星级省级农村信息化建设先进镇。

【信息技术应用成效显著】

全市各部门、各行业信息化建设和信息技术应用步伐进一步加快，2007年度按需推进，取得一系列新成就。

常熟市机要网在全省率先使用县乡文电安全传输系统。该系统使用经国家密码管理局技术鉴定的SJY107安全电子邮件系统，采用电子印章/数字证书和商用密码技术，实现了市与镇之间的公文加密和安全传输。

不断完善电子政务基础设施，拓展电子政务网的应用，充分发挥电子政务工程在政府协同办公，信息公开、资源共享、网上审批、公共服务等方面的积极作用。1.完成和档案局的数字档案系统的对接。根据档案管理工作要求和需要，常熟市电子政务系统中公文流转功能的档案管理模块提供收发公文的文档资料数据与档案局的档案管理系统共享。2.监察局网上工程招投标监察软件测试完成并正式使用。通过电子政务网络实现数据的传输，保证了网上招投标监察工作的顺利进行。3.为规划局基础地理信息平台建设方案提供网络传输解决办法。系统将依托已经建成的政务网，实现各部门的信息联通。4.为常熟市行政审批乡镇分中心软件提供网络实施基础。乡镇审批分中心将依托常熟市已经建成的电子政务网应用服务层平台，通过已经铺设到各乡镇的电子政务网与市行政审批服务中心进行业务联系。5.“中国常熟”门户网站进行了改版，添加行政权力公开栏目，为进一步深化我市政务公开工作，促进行政权力和对行政权力制约监督的公开化、透明化和阳光操作提供了平台。

环境信息工作紧紧围绕污染减排的环保中心任务，巩固环境信息机构规范化建设成果，不断拓展和延伸服务环境管理和决策的能力和范围。1.积极开展工业污染源远程监控系统升级扩容工程，总投资约230万元，主要改造内容为：系统软、硬件功能升级；现场执法信息化；新增了烟气黑度监控系统，将全市重点烟气污染源也纳入到24小时远程监控范围；实现与上级环保部门的实时联网。2.继续完善投资600多万元建设的融合水、气、声环境质量的综合监测网络，形成了国内一流水平的自动预警系统。3.启动了“数字环保”建设，实现各项业务工作的高度集成，进一步提高工作的整体性和工作效率，最终实现环保工作的全面数字化。4.开发建设了常熟市环境地理信息系统，对全市4602个工业污染点源、3124个生活污染点源、27个辐射污染源摸清底细，设立了以污染源管理为核心、以地理信息系统(GIS)为基础、以信息资源共享为目标的常熟市污染源管理共享数据库。

勇于探索信息化手段的运用，检察工作信息化成果显著。1.常熟市被定为社区矫正试点市后，常熟市检察院监所科积极拓展思路，和技术部门协作配合，自行开发了《监外执行检察管理系统(网络版)软件》，加强社区矫正监督管理。得到了高检院监所检察厅领导的高度评价，被省院在全省范围内推广，已在全省130个单位使用。2.常熟市检察院信息技术科与法警大队合作研制开发了《司法警察管理系统(软件)》，运用信息化手段推进规范化建设，得到了苏州市检察院领导的好评，同时决定在苏州市检察系统内推广应用。

常熟市农村合作医疗信息网暨常熟市卫生信息网，整合常熟市卫生行政、疾控、卫监和妇保所现有各应用系统，辐射到市、镇、村三级医疗卫生机构，为卫生系统信息化应用和管理奠定了坚实的基础。该系统建设总计投入1000多万资金，2007年10月26日通过了常熟市政府信息化重点项目验收组的验收。建设开发的农村合作医疗管理信息系统于2007年4月1日正式启用，将全市参加合作医疗的60多万农村人口医疗、费用、健康资料等信息纳入该系统进行管理，享受跟城里人一样的刷卡看病的医疗服务，大大提高了全市农村合作医疗的服务和监管水平，受到国家和省卫生管理部门的高度评价。

2007年度常熟档案信息化工作以实施市政府信息化建设重点工程项目数字档案馆工程为重点，完成了数字档案馆内外网硬件基础设施建设、档案扫描、音像档案的数字化转换、数字档案馆综合应用平台开发等方面的建设，达到数字档案馆建设阶段性目标。实现了数字档案馆综合应用平台与电子政务网的无缝链接，初步建立了电子文档中心，保证了政务网电子文件的在线接收、归档。全面完成了档案馆藏33万余卷档案460万条的文件级目录数据库建设，建立了婚姻档案、独生子女、退伍军人、农民建房等17个以民生档案为主体的专题专门档案全文数据库，数字档案文件达220万余页，数字档案在档案查阅利用中发挥了独特有效的作用。同时，以机关为主的数字档案室建设全面展开，各镇（场）档案室全面完成了室藏永久、长期档案的数字化，实现了“查档到桌面”，全市档案信息化建设有序推进。

常熟市劳动保障信息化建设从规范化、专业化目标出发，2007年度按需求积极有序推进。1.完成了“金保工程”部－省－市数据联网的数据交换中心建设，按时上报养老保险80项指标和失业登记及失业保险监测44项指标数据。2.按照“同人、同城、同库”的要求建立了统一的数据中心，实现了企业职工社会保险增减员与劳动用工合同备案和退工的业务联动。3.完成了社会保险费地税征收中心数据库升级，做到数据的及时交换。4.强化基础平台的服务功能，达到“数据集中、资源共享、信息同步、服务下延”。5.开发了企业自助业务平台，方便企业办理社会保险业务。

常熟市城乡规划局承担着数字常熟建设的基础工作，2007年度着力推进，应用不断拓展，在城市规划和管理中日益发挥重要作用。1.组织完成了市域范围内大比例尺数字化全要素地形图的测绘工作，市域范围内所有地形数据标准完全统一，形成了一个完整的地形图。该测绘工程获得江苏省测绘工程优质奖。2.完成基础地理信息平台一期工程建设，包括标准化方案制定、数据库建设以及城市基础地理信息系统部分的建设。3.建立了常熟市城区三维电子地图数据库，为城市提供规划、管理的新平台。

中国常熟服装城加快信息化建设步伐，目前已建成一个覆盖整个服装城，能够统一管理满足业务要求的城域网络，为常熟地区和全国乃至全球各地的服装生产商、供应商、加工商、零售商、批发商提供各类商业资讯与电子商务平台应用服务，真正实现从传统交易向电子商务的转变。

2007年度，常熟市以努力争创全国文化信息资源共享工程示范县市为目标，投入350余万元，全力推进文化信息资源共享工程建设，在全国率先实现文化信息资源共享工程村村通、全覆盖，251个镇、村和社区全面建成共享工程服务点，开创了与新农村文化建设要求相适应的常熟文化事业新局面。常熟市图书馆以建设图书馆集群管理系统和全国文化信息资源共享工程分中心为目标，实施网络系统升级，使市图书馆和乡镇图书馆实现无缝联接、资源共享，实现全市图书馆大流通，发挥更大作用。

常熟市教育信息化建设紧紧围绕“率先实现教育现代化”的总目标，不断提升应用水平。常熟教育城域专网建设初见成效。“教育部教育管理信息化标准示范区”在苏州市范围率先完成。全市学校共有计算机20772台，生机比为7.6:1，师机比为1.55:1，计算机专用机房230多个，多媒体教学系统1560套，平均每1.5个班拥有1套。教育信息中心引进的教育资源容量达750GB、组织开发与新教材配套的各类教学资源800GB，初步建成具有常熟特色的教学资源库，为在日常教学中应用信息技术提供了保障。全市有教育部现代教育技术实验学校1所、江苏省现代教育技术示范学校3所、江苏省现代教育技术实验学校4所、苏州市教育信息化示范学校9所、苏州市教育信息化先进学校74所。在江苏省教育现代化县（市、区）建设评估中，专家认为常熟市的教育信息化建设和应用水平在全省处于领先地位。

常熟市农林系统建成了以农林局局域网、常熟农业网、“农讯通”为主要标志的农业信息网络体系,为农民提供实用的科技信息和市场信息服务。2007年度建立常熟植保资讯网,以病虫情报为主,各类病害防治技术为辅,为广大农民提供农作物病虫害防治技术及网上诊断的方便途径。2007年中旬,全市十个乡镇依托江苏农业商务网的强大技术支撑建立了各自的农业网,配备了专门的管理人员,定期发布各镇有关农业的相关资讯,特色农产品的供销情况,招商引资等情况,为广大农业生产者和消费者提供了一个广阔的交流平台。

2007年3月,常熟经贸网(www.cssme.gov.cn)正式投入使用,为常熟中小企业对外宣传、扩大影响提供了重要信息平台,同时也是展示常熟工业改革发展的对外窗口和重要载体。

常熟市园林旅游系统进一步完善信息化平台建设,全力打造园林旅游的服务窗口。2007年,全面改版常熟旅游网,整合旅游资源,形成集商务旅游、观光休闲、旅游产品销售于一体的服务社会的平台。建立常熟园林网,介绍园林绿化信息,提供科学技术指导,为园林绿化行业创造一个交流学习的平台,提升了行业管理水平。同时,全市各园林旅游企业都建立网站开展宣传和服务工作,提升了服务水平,拓宽了业务,实现了园林旅游信息化和信息共享的目的。

2007年1月1日常熟市民政局门户网站正式开通。民政工作在网络上有了自己的延伸窗口,局下属市社会福利院、市儿童福利院、市烈士陵园等门户网站同时开通,提供“网上祭扫”、“爱心榜”和为老服务等特色服务,更好地服务了民政事业,方便了群众。

常熟市外经贸局门户网站建立启用。专网进行连接的外资业务审批、进出口经营者备案、机电产品进出口审批、贸促支会出证认证系统正常运行,服务水平不断提高。

【基础设施建设迈上新台阶】

2007年常熟市信息化基础设施建设在各有关方面的共同努力下,取得良好成效,为国民经济和社会发展提供了有力支撑。至2007年底,固定电话主线普及率达44.40%,固定电话交换机容量达62万户,固定电话用户数46.47万户,无线市话用户数40万户,移动电话交换机容量达130万户,移动用户数110.5万户,移动基站数441个,宽带用户数137277户,数字数据用户数1055户,光缆总长13653皮长千米,光纤总长274888芯千米,光纤接入点4208个,可用带宽485Gb/s,出口速率449Gb/s。

(一)电信建设积极推进

常熟市电信局大力发展各项电信业务,投入巨资建设了遍布城乡的光纤网、基础通信网、小灵通网络和高速宽带网。目前,固定电话45.17万户,小灵通用户35万户,宽带用户超过13万户,光缆总长度达11万纤芯千米,并建成常熟-苏州400Gb/s DWDM高速传输系统,全市宽带速率平均达4Mb/s,出口带宽以年均100%的速度增长。同时,借地方改造及市政建设的契机,做好通信网络结构调整和技术升级换代,加快光纤、宽带、软交换等方面的建设,进一步加大光纤覆盖,推进综合接入点的建设,节点总数达到461个,目前,在全市能提供平均接入速率达4Mb/s的宽带网络,乡区基本做到没有盲点。

2007年配合各镇村完成了4个信息化示范镇和60个信息化示范村的建设工作,2007年底,全市农村家庭宽带普及率达到24.35%,为镇村基层管理专门推出了镇村OA系统,实现内网信息发布、通知发布、公文审批、公文分发、档案管理、网上邮件、即时通信、短信发布、通信录、日程管理等功能,同时对有需求的镇村推广乡镇总机和电话会议等信息化应用。

积极配合政府重点工程,完成了平安农村的户村接警项目试点工作,形成了常熟户村接警系统独特的建设思路,即基于电信固话、宽带网络,起到室内防盗、防劫及紧急求助等多种安全防范作用,使村民的求助报警信息通过语音和短信第一时间发送到值班警员的移动终端上,充分发挥了村警务室就近出警的优势,提高了警务效能。

在全市实现了一村一电信缴费服务点,为村民提供缴费充值、拨打公话、10000号咨询等服务,并不断优化原有农村电子售卡点的布局,将有条件的农村电信缴费服务点升级为农村信息服务点,提供电子阅览、信息查询、技能培训等相关功能。

努力推进常熟社区信息化建设,积极推广信息家园,促进和谐社区建设、拓展社区服务功能、改善社区服务条件、提高社区管理和服务水平。

针对各行业特点,深度挖掘信息需求,全面推广“商务领航”、ICT和各种行业解决方案等信息化产品,更好地满足了企业信息化应用需求。

（二）广电事业发展进入全新数字时代

有线电视网络得到巩固和发展。2007 年 10 月 10 日，常熟通过江苏省广播电视局组织的“有线电视户户通县（市）”验收，全市新增农村用户近 3 万户，227 个行政村实际平均入户率达 95.47%，全市镇、场先后建成“苏州市有线电视户户通镇”。年底全市有线电视用户达 31.87 万户，其中农村用户 20.3 万户。全年地埋光缆 142 千米，架设光缆 1525 千米、电缆 1097 千米；全市改造有线电视光接点 901 个，新增光接点 1179 个，全市光接点总数达 2226 个；广电网络传输有限公司积极发展网络增值业务和扩展业务，集团用户总数达 32 个，“有线通”宽带上网用户 1933 个。

顺利完成数字电视系统建设。2006 年 11 月起，市广播电视台开始构建数字电视系统，经过半年时间建设，完成数字电视前端系统的搭建和调试，先后进行了数字电视中心机房基础设施建设，卫星地面接收系统、数字电视硬件设备系统集成、运营支撑软件系统、呼叫中心系统、安全播出监控等 10 多个分系统的招标采购和系统建设，完成机顶盒招标选型和本地功能开发工作。常熟有线数字电视可提供标清电视节目、立体声广播节目以及常熟视窗、股市行情、准视频点播、付费电视节目等多项服务功能。

有线电视数字化整体转换全面推进。按照《常熟市有线电视数字化整体转换的实施意见》（常政发〔2007〕32 号），市广播电视台经过充分论证制定方案，全面做好技术保障，广泛进行宣传发动，制定出台相关政策，在 6 月底进行整转试验的基础上，7 月 1 日起，全市有线电视数字化整体转换工程正式启动，截至 12 月底，全市数字电视用户数达 21.9 万户，整转用户 21 万户，整转率达 71%，其中城区达 89%。

（三）常熟网通各项业务稳步推进

2007 年度，常熟网通充分整合资源，各项通信建设工作快速推进。全年新增光缆 2000 多芯千米，新增电缆 7500 多对千米，新建全覆盖宽带和补盲接入点 500 个，新增小区宽带端口数 1800 多个。常熟网通的主打业务基础语音、小区宽带、散线公话、SCDMA 等业务继续保持稳定和快速增长的趋势，网络遍布常熟各乡镇。

在当前 3G 技术全面铺开的特殊阶段，常熟网通积极推进基于 IP 的新的无线宽带技术的测试。WiMax 与摩托罗拉合作，率先在支塘华东食品城进行了 WiMax 技术的测试，并取得了初步的成功。

在用户最后一千米的接入中，常熟网通采用了“光进铜退”的方式，并使用以太无源光网络技术 EPON，将光纤接入至小区楼道，提高了网络运行的质量，为用户提供了高速优质的接入速率。EPON 技术的推广将逐步取代当前 DSL 接入以及光收发器 + 交换机的传统接入方式。

为了保障通信网络的安全稳定运行，常熟网通在 2007 年实现了对数据、传输网络的全面实时监控：通过 Solarwinds 对重点客户进行 24 小时监控；通过 UniVIEWDA NMS 对常熟本地的客户端 PDH 以及 EPON 进行监控；通过 Netman6000 对常熟本地 UT 环进行监控。

2007 年 5 月，为进一步满足客户端到端的信息服务要求，积极响应江苏网通新业务转型的战略目标，常熟网通正式推出了“信息与通信技术”业务（以下简称“ICT 业务”）。ICT 服务业务主要包含以下方面：①系统集成服务；②技术及软件开发服务；③第三方产品销售；④代理业务；⑤运维服务；⑥咨询服务；⑦租赁业务。网通开展的 ICT 业务定位于开展基于现有网络和业务的外延性质的 IT 业务。

【2008 年工作重点】

积极推进信息化和工业化融合，建设好“十一五”江苏省制造业信息化科技工程示范市。

结合政务公开、权力公开工作，大力推进全市的电子政务应用工作。

继续大力推进新农村信息化建设，全面推广户村接警的应用。

做好全市信息化资源整合。

（袁　震）

昆山市信息化发展概况

【昆山市概况】

昆山东靠上海，西邻苏州，是江苏省的东大门。1989年撤县设市，市域面积927平方千米，户籍总人口约67万，市域内有一个国家级开发区、两个省级开发区和9个镇。

2007年昆山市完成地区生产总值1151.8亿元，比上年增长20.5%；全口径财政收入201.85亿元，其中地方一般预算收入86.56亿元；工业总产值4030.65亿元；进出口总额534.35亿美元；城镇居民人均可支配收入21927元，农民人均纯收入10615元，分别比上年增长15.3%和12.8%。荣获2007年度“全国十佳节约型中小城市”、“全国最具投资潜力中小城市百强”、“全国中小城市综合实力百强”三项评比第一。

【2007年信息化建设基本情况】

（一）制度建设

2007年7月21日，昆山市召开了全市信息化工作领导小组会议，决定改革政府信息化建设和管理体制，大力推行政府信息服务外包工作。会上讨论并通过了《昆山市政府投资信息化建设项目及资金管理暂行办法》和《昆山市政务信息资源共享管理暂行办法》，并由市政府办公室下发，为理顺政府信息化建设和管理体制、促进信息资源的整合与共享提供制度保障。

（二）通信网络

以电信城域网和广电网等为骨干的宽带城域网覆盖全市，到2007年底，全市固定电话装机容量为70万门，固定电话（含小灵通）用户超90万户，移动电话用户155万户，互联网宽带用户宽带接入数达17万户，光缆总皮长1.3万千米。有线电视实现了数字电视整体平移，全市数字电视用户25.7万户，转换率达96.4%。电信市场增量不断提高，2007年电信行业的业务总收入达到23亿元。

（三）信息设备制造业

2007年昆山市规模以上电子信息产品制造业完成工业总产值1899.19亿元，同比增长26.7%，占全市规模以上工业产值的51.5%。笔记本电脑年产3216.6万台，比上年增长17%，数码相机年产1276.31万台，比上年增长67.9%，分别占全球出货量的三分之一和八分之一左右。昆山电子信息产业已经形成一条以电子计算机及配套产品、电子元器件、基础件、通信产品等为主的比较完整的产业链，成为昆山重要的战略性产业、我国重要的IT产业基地。

光电产业园获省信息产业厅批准，成为江苏省重点光电产业园。开发区计划投入50亿元资金用于光电产业园基础设施建设，到2007年底，已投入近10亿元资金，建设了科技含量高的变电站、高标准的工业污水处理厂及高等级抗震公路。龙腾光电投产后不断加大投资规模，并引进德芯电子、昇扬光电、美国空气产品、国力真空等多家配套企业，使昆山成为全国三大光电产业基地之一。2007年龙腾光电月产液晶显示面板3.7万片，全年实现产值23亿元，盈利4200万美元。龙腾光电生产的19英寸宽屏液晶显示面板、17英寸液晶显示面板及自主研发的14.1英寸笔记本电脑面板，就近服务于长江三角洲区域的笔记本电脑厂（仁宝、纬创、伦飞、蓝天等），实行“门对门”供货。

（四）软件业

园区发展模式使昆山软件产业基本形成规模。昆山软件园在2007年申报62项科技项目，其中认定省高新技术企业2家、省高新技术产品11项、省软件企业2家、省软件产品19项。到年底，园区内有软件企业60多家，达到7000名人员规模。在9月26日的“2007国际网络清扫日暨中国互联网大会绿色网络文化建设论坛”上还被中国互联网协会授予了“绿色网络试点基地”。

2007年5月15日，清华科技园昆山分园正式开园，入住海内外30多家企业。引进项目大都具有自主知识产权和核心技术，在同行业中处于领先地位，其中有国家“863”项目3个、国家中小企业创新基金项目5个，使清华科技园迅速成为昆山建立先进制造创新平台的重要基地。

2007年全市软件销售总额达到110亿元，其中为硬件配套的嵌入式软件销售额占到全市软件销售总额的90%以上，计算机、软件行业为主的服务外包实现产值3.8亿元。全年新认定省软件企业12家，新认定省软件产品58个，网进科技和中创软件通过CMMI3级国际认证。

（五）信息服务业

围绕电子信息产业链和其他重点行业，2007年昆山市的生产性服务业、物流信息业得到快速发展。清华大学物流信息化示范应用平台签约落户昆山，国际物流公共信息平台一期工程开始启用。出口加工区叠加保税物流功能获国务院批准后，使开发区的拓展保税物流试点工作深入推进，已有13家物流企业入区注册，保税物流业务总量约170亿美元，在全国试点加工区中名列第二。同时开发区拥有各类研发中心、工程中心和设计中心183家，仅2007年就新增各类研发机构50家。留学人员创业园集聚了一批从事三坐标测量、光谱分析、线路板设计验证等业务的生产性服务企业，形成较完整的检测服务产业链。5月份启动“园区公共信息网络服务平台”二期建设，进一步完善园区公共信息服务体系，为区内企业科研开发、技术创新提供强大的信息服务。

花桥国际商务城围绕打造企业区域性总部、金融保险机构后台处理中心、外移外包、物流采购和会展四大核心产业，已具备良好的发展基础，中信花桥外移外包及金融后台处理中心产业园、广和（曼氏）呼叫中心、国家特种显示技术研究中心研发基地等项目已签约入户。“远洋数据”、法国“凯捷数据”、“中金数据”等企业都已做好入住前准备工作，为花桥国际商务城建成世界一流的服务外包发展基地奠定了良好的基础。到2007年底，白洋湾物流中心已经聚集了近300家物流企业，“飞力国际”、“建伟物流”、“交运公司”、“大地物流”等大规模企业都已经初步实现了信息化配送、GPS定位监管。

搜房网、昆山汽车商务网、昆山电子商务网等形成网上商务平台，提供信息咨询、在线交易、物品配送等服务。昆山市大闸蟹养殖农户还在淘宝网上开设“巴城阳澄湖大闸蟹专卖”等网店，开辟本地特产的网上销售渠道。2007年全市利用互联网进行电子商务的企业达1005家，交易额达37.8亿，占全市社会消费品零售总额的比重达到28%。

（六）信息资源开发

昆山市在已经搭建的政府数据交换平台的基础上，成功建立和完善企业数据交换系统，实现工商、质监、地税、国税、人事、民政、统计等部门之间的基本单位信息交换共享，形成了较为完整的法人基本信息数据库。在此基础上还建立了企业信用系统，该系统和人才信誉评估系统、公共就业服务网络列入了2007年度政府实事工程。全市所有规模以上企业通过网络上报统计报表，以数据仓库技术为基础，进行统计分析，形成决策参考信息。外来人口信息社会化采集工作已经展开，通过整合政府各单位的人口基础信息资源，形成昆山市人口基础信息数据库，并利用政府数据交换平台实现外管办、计生委、公安局、社保局等部门之间的信息共享。

2007年昆山市不断完善地理信息数据库建设，并在GPS系统、城市绿化、环境监测、地名管理、警务通、政府网站服务等方面发挥作用。规划局完成了市中心区域200多平方千米的地下管网信息系统建设，并投入使用，国土资源局1:2000的全市地籍数据库建设基本完成。

（七）政府信息化

市政府机关、各部门单位平时办公时使用公务员邮件系统、电子公文和办公自动化系统、网上审批系统等，用信息化手段提升办公效率。到2007年底，全市公务员邮件用户达1500个，办公自动化系统使用单位达147个，每天访问量超过1000人次；各单位之间共发送公文10163件，通过OA系统处理的公文达到194792件次；接到上级来文6181件，上报上级149件。除涉密等少量文件还需要采用纸质传递之外，所有文件、通知和刊物等基本做到了无纸化传递和内部流转。

2007年昆山市开始进行信息服务外包工作试点。通过竞争性谈判确定信息服务外包合作商，并就数字城管、公共突发事件应急平台、综合行政电子监察系统三大项目进行试点。解决电子政务建设中存在的各自为政、重复建设、信息孤岛、信息人才不足等问题，实现政府与企业的双赢。

行政审批中心实行企业登记注册“一表制”，行政审批累计承诺时限缩短43.6%，并成为省工商局企业登记数据实时交换的试点城市。各部门也利用各自的业务系统、数据平台增强网上办事能力，提高办事效率。

政府门户网站“中国昆山”进行了栏目及页面布局的调整，增强网站服务功能。在由国务院办公厅、国务院信息化工作办公室主办的第六届（2007）中国政府网站绩效测评中名列全国县级政府网站第七，连续第二届进入全国县级政务网站十强。昆山新闻网2007年开始运行后，也成为宣传昆山的一个重要窗口；党政信息网集中了各部门的电子刊物和文件、企业登记宏观经济等动态参考数据，使内网网站发挥为领导和全体机关干部服务的作用。

（八）城市信息化

2007年以“数字城管”、“加快教育现代化建设”、“公共应急体系统建设”、“构建城市公共服务平台建设”等多项政府实事工程的建设提升城市信息化水平。智能公交系统进入启动实施阶段，交通信号管理信息系统投入运行，全市出租车辆和危险品车辆实行了GPS定位管理。2007年11月15日，市信息办、昆山市农村商业银行和昆山中创软件工程有限公司签订了昆山市民卡项目合作协议，集社保卡、银行卡和小额电子钱包于一身、政府应用、金融功能、社会应用功能于一体的市民“一卡通”工程正式启动，该项目将列入2008年政府实事工程。花桥经济开发区信息化园区建设方案通过论证，正不断加大信息化基础设施的规划和建设力度，全力打造数字化园区，营造国内一流的信息化应用环境。

（钟建海　范潇渊）

张家港市信息化发展概况

【本市概况】

张家港市位于中国长江和沿海两大经济开发带的交汇处，地处长江三角洲腹地，全市总面积999平方千米，人口86万。2006年，全市人民在市委、市政府的正确领导下，紧紧围绕市第九次党代会提出的“五年再造一个新港城，率先基本实现现代化”的奋斗目标，突出“率先、创新、和谐”主题，坚持以科学发展观统领全局，与时俱进弘扬张家港精神，锐意进取，开拓创新，经济社会持续快速健康发展，全面小康社会建设成果进一步巩固，顺利实现“十一五”良好开局。全年实现地区生产总值1050.02亿元，按可比价增长19.1%。在第八届全国县域经济基本竞争力百强县（市）中与江阴、常熟、昆山并列第一位。

【2007年信息化建设基本情况】

2007年，张家港市信息化工作在市委、市政府的关心、支持下，在市信息化工作领导小组的领导下，在信息基础设施建设、信息资源开发、信息系统应用等方面，积极开展工作，各镇、各部门通力合作，全市信息化建设取得了新的进展。

（一）工作机构

在机构改革中，张家港市发展和改革委员会挂市信息化办公室牌子，负责全市信息化建设的规划、协调和日常管理工作。

（二）通信网络

2007年，全市信息化基础设施建设稳步推进，公共通信网、有线电视网、公共数据网等向更高的水平发展，综合服务保障能力得到新的提高。全市投入资金1074亿元，新增光缆901皮长千米，累计15150皮长千米；新建各类管道178千米，累计2081千米；新建各类基站88个，其中GSM基站74个，CDMA基站14个，小灵通基站11个。

1．电信网建设

2007年，中国电信江苏省张家港分公司投入基础设施建设资金7000万元，完成管道建设6千米，累计806千米；敷设光缆线路44皮长千米，累计985皮长千米；建设扩容主干4.1万对，累计66.70万对；电话交换机总容量47.7万门。加快推进IP网建设，新建城中、青年路、鹿苑等节点，完成全市所有中兴T64G万兆路由交换机的双上行改造，并对重要节点实施双设备；实施A-SON网络扩容，14个局点具备提供2Mb/s能力，完成OSN青年路、大新、港区局点155Mb/s光口扩容。全年建设小灵通室内分布系统28个，累计建室内分布系统136个、小区分布系统11个，优化小灵通基站280个；新增ADSL端口4万个，新增LAN端口1000个，宽带端口总数达到16.5万个。

2．移动网建设

2007年，中国移动通信集团江苏有限公司张家港分公司继续加大网络建设力度，投资3000万元，完成管道建设70沟千米，累计336沟千米；敷设光缆线路290皮长千米，累计1100皮长千米。完成GSM 9.4、10.1期扩容工程，至年末，网络已覆盖全市各乡镇和主要村庄。累计建成室内分布系统和微蜂窝110余套，交换机容量达到120万门，拥有MSC基站控制器2台、BSC基站控制器6台。全市本地传输光缆网管道已形成环形或者线形，接入层已形成网状光缆物理网，并采用双向复用段保护系统，光缆已覆盖全市各乡镇。

3．联通网建设

2007年，中国联通有限公司张家港分公司投资5000万元，重点开展了GSM网络建设，建设规模创历年之最，先后建成开通GSM基站43个，累计132个，并集中进行了GPRS网络升级。继续优化CDMA网络建设，新建并扩容CDMA基站14家，累计77家。进一步完善城乡管道网络结构，新建了港华大道、港城大道北延等管道30多千米，新建杆路20多千米，敷设光缆100多千米皮长。为提高传输设备运行的稳定性，年内对100余套传输设备全部进行了更新，传输运行质量得到全面提升，并在室内系统覆盖等方面开展了优化工作。

4．网通网建设

2007年，中国网络通信集团公司张家港市分公司完善双环相扣的城域网体系，以加强网络的稳定性。投资1000万元，新增交换机容量3000门，累计容量22000门；新增电缆500对千米，累计9500对千米；敷设光缆8000芯千米，累计16000芯千米，基本建成了本地交换网、长途交换网、ATM交换网、智能网、IP城域网、NO.7信令网等基础网络，具备了服务各类语音业务(包括固定电话接入)、数据集成、数据专线业务、IP电话以及卡类业务、INTERNET宽带接入服务、IDC及网上应用及其他增值业务的条件。

（三）有线电视网建设

2007年，市文广局投入400多万元，在全市架设（敷设）光缆主干线60皮长千米，累计4073皮长千米；完成204国道东沿、妙丰公路、华昌路、港城大道北沿路及市区地埋管线60千米，累计513千米。同时，对40个村和市区400多幢居民楼的有线电视网络进行整修。全市新增光节点189个，累计1819个；新增有线电视用户1.47万户，累计29.65万户。进一步完善广电宽带网建设，完成市区75%老住宅楼有线网络双向化改造任务，发展平安校园网（二期）、公安道路监控网等宽带数据接入点20多个。

（四）信息产品生产

2007年，张家港市共有信息产品生产企业71家，其中软件产品生产企业25家，外商、港澳台商独资和合资企业17家，被列入全市百家重点企业的有4家。全市信息产品生产企业共有员工1209人，固定资产原值17.08亿元，比上年增加3.1%，固定资产超3000万元的企业有11家，其中超亿元的有3家。全年销售收入超1000万元的企业有31家，其中超亿元的有9家，光王电子超过10亿元；实现利税总额超1000万元的企业有3家，银河电子超2亿元；入库税金超1000万元的企业有3家，银河电子超5000万元；出口创汇超1000万美元的企业有6家，其中，光王电子1.7亿美元。年内全市信息产品生产企业实现产品销售收入57.23亿元，比上年增32.5%；利税总额3.43亿元，比上年增125.7%；出口创汇3.23亿美元，比上年增17.9%。年内，银河电子被列入江苏省百强民营科技企业、江苏电子信息20强企业和苏州市百佳民营企业、环境友好型企业、科技创新型企业、首批创新型试点企业；国泰华荣被列入省重点培育成长型民营中小企业行列，成为苏州市首批创新试点企业；光王电子被列入中国2005～2006年度优秀外商投资企业行列。

1．产品产量

2007年，全市数字卫星接收机产量317.29万台，比上年增104%；网络终端机2000台，比上年减32.3%；笔记本电脑键盘100万套，比上年增72.6%；液晶显示片2900万标片，比上年减5.2%；导光梭681.2万牌，比上年减9.2%；锂离子电池电解液2200吨，比上年增18.2%；数据电缆50万对千米，比上年增57.1%；微波介质滤波器、微波数据传输系列3500万只，比上年增52.2%；正负电极箔700吨，比上年增40.1%。推推电源开关1.5亿个，与上年持平；此外，还生产硅酸铅18419吨，光电收发模块5万个。

2．产品开发

2007年，全市信息产品生产企业投入1.22亿元扩大产能和开发新品，其中：灿勤电子公司的低介电常数Q值微介质材料、穿导SMDGPS介质天线，国泰新技术公司“一点智慧”评标软件、投标软件、行政审批系统软件，江苏远大公司的基于ZIGBEE无线传感器网络技术的放射能源自动在线监测监控系统等15种产品被认定为省级高新技术产品。江苏远大公司的远大放射源在线监测监控管理系统软件V1.0、银河电子公司的银河卫星终端系统软件V1.0、江苏北极光公司的北极光家校通系统软件V1.0等8家企业开发的30种软件产品也被认定为省级高新技术产品，国泰华荣公司被评为江苏省著名商标。

3．科技进步

2007年，全市信息产品生产企业新增省级高新技术企业5家，累计18家，其中国家级高新技术企业3家。新增国家级软件企业4家，累计10家。灿勤电子公司的高Q值中介电常数介质谐振器、华显光电公司的膜补偿STNI液晶显示器，银河电子公司的双向高交互型有线数字机顶盒等6个项目被列入省级火炬计划项目。

（五）信息技术应用

2007年，全市信息化建设和信息技术应用步伐进一步加快。至年末，全市共有各类网站1700余家，其中政府网站78家，企业网站1600余家，公众服务网站10家。挂靠各类网站的企业7000余家。

1．政务信息化

2007年，全市新增张家港市现代服务业网、张家港市节水型社会建设网、张家港市常阴沙管理处等3家政府机关网站，累计78家，至此，全市8个乡镇和150余个机关部门均已建立机关局域网。全市有105个单位实施了政务信息公开，设置了政务信息公开指南、职权目录、流程图，机构职能、政策法规、业务工作、计划规划、依申请公开等栏目。年内，继续整合、改造和完善全市各党政机关的信息资源，建设开放式的权力公开平台，以达到信息共享，打造“透明政府”、“阳光政府”的目的。全年，各政府网站共发布各类文件25699篇，文件阅读人数597万人次，其中张家港政务网注册人数4654人次，点击293万次；公务邮件收发1521475份，公务交换收发78757份；发布新闻信息16280条、视频新闻350期、政务内刊703期。会议分票系统共发送会议票65场次，减少了行政成本。网上办公的使用，极大地提高了各单位内部公文的流转效率，并节约了纸张打印成本，减少了人员送办文件的时间和精力。近年来，“中国·张家港”门户网站对栏目设置进行了多次改版，以发布政府信息、拓展网上办事功能和提供便民服务为主要内容，设置了港城概况、政务公开、网上办事、公众参与、便民服务等板块，成为具有较为完善的电子政府功能的门户网站。年内，该网站又着力体现“透明”和“亲民”特色，表现在：信息公开，即在第一时间发布市委重大决策和市政府规章、规范性文件及权威信息；网上办事，即为市民、企业和投资者提供办事指南、网上事务受理与办理、办事状态查询等一体化服务；便民服务，即为市民提供与生活和工作密切相关的各类公共服务和实用信息查询；互动平台，即市长信箱、民意调查、百姓评议、在线咨询与投诉，为社会各界提供与政府互动的渠道。门户网站还建立了流畅高效的市民来信受理机制，采用网上答复或个别答复形式，做到每封来信都有回复。全年市长信箱共受理市民来信1313封，部门信箱受理来信4872封。市民还可对来信答复的满意程度，在网上给予评价。“中国·张家港”政府门户网站全面改版后，至年末点击人数202.6万人次，平均每月16.9万人次，最大月访问量达到20.08万人次。由国务院信息化工作办公室主办、中国软件评测中心承办的第六届（2007）中国政府网站绩效评估，“中国·张家港”门户网站列全国县级市政府网站绩效排名第六。在抽测的全国402个县级政府网站中，平均绩效分为16.01分，张家港以绩效总分48.59名列第六名，首次进入全国前10名。在全国县级市政府网站排名前50名中，江苏省占10名，张家港市列江苏省第二名，居苏州市县级市之首。

2．社会生活信息化

2007年，全市新增168家商场、宾馆、酒店实行刷卡结算，累计385家；新增POS机231台，累计510台。全年商业刷卡结算金额9.3亿元，比上年增6.17万元。张家港人才网共举办2次网上人才交流会，网上在线简历投递12.14万份，网上人才市场访问量390万人次，新增网上会员1797家。全市金融系统年内新增自动取款机22台，累计236台；新增自动存款机37台，累计81台；新增自助银行33家，累计98家。各商业银行年内发放银行卡72.01万张。“1890”求助热线接听市民求助电话5800个，社区服务网站点击率75万次，网上咨询、求助600个，至年末，全市拥有新闻媒体网站5家，公共文化事业网站3家，医疗卫生单位网站7家，专业服务网站11家，教育系统网站117站，各类商务网站43家。这些网站各具特色，定位鲜明，标志着张家港市社会会信息化正向各领域的实际应用快速推进，深入到市民社会生活的各个方面，为市民提供更为便捷的信息服务。3月，张家港市电信局充分利用在信息网络、综合信息服务以及服务体系等方面的优势，制定了服务全市农村信息化建设的方案和具体措施，并投人资金300余万，推动农村信息化的实施。至年末，全市120个村委建立了网站，实现了联系群众、展示地方农村特色以及强化指导村民科技务农的功能。其中有的行政村还选用了办公OA，提高了镇村日常事务的信息化管理水平。塘桥镇、凤凰镇还应用了电信“全球眼”（基于宽带的视频监控系统），推动“平安农村”建设，镇各级警务站可对辖区内的关键路口实施实时监控，为维护交通秩序、加强治安管理提供了技术保障。市电信局还帮助各村设计了体现地方特色的彩铃，开通了农村总机，并出台相关的惠农政策，积极为农村居民上网创造条件。

3. 企业信息化

张家港市企业信息化继续向深度和广度推进，澳洋集团、飞翔化工、宏宝集团等继续向各个系统的集成应用推进。飞翔化工实施了集成控制指挥系统，澳洋科技实业服饰面料有限公司的企业资源计划项目，宏宝集团实施了和的集团项目。至年末，全市新增软件企业4家，累计9家；新增软件产品30种，累计52种。2007年全市软件产业产值1亿元，其中，国泰国际集团新技术有限公司软件销售额500万元。

2007年，张家港市飞翔化工集团建成DCS集成生产指挥系统，通过该项目的实施，把用于设备控制的DCS集散控制系统与用于企业生产管理的ERP系统、用于办公自动化的OA系统和安全监控系统集成起来，从生产现场采集重要部位、重要岗位、重要参数、重要控制点为主的各类实时数据，把生产车间的相关生产信息及时、准确和全面地反映给生产调度中心和各相关管理人员，将各车间的整个生产过程、生产情况置于各相关人员的管理、掌控之下，对生产车间的重要控制检测点集中数个页面显示、报警并存档打印，对每批生产控制过程的重要数据生产批次报告，均作为安全生产管理、考核的“硬数据”之一，实现对车间生产的有效管理和控制。通过对生产数据的综合、分析、总结，优化操作规程及控制，以提高产量和质量，实行安全连锁控制，从而保证设备、人身的安全。年内，飞翔化工集团被省中小企业局评定为省中小企业信息化示范企业。

（六）信息化管理

2007年，全市信息化管理工作继续得到加强。市发展和改革委员会（信息化办公室）作为管理全市信息化建设的常设机构，负责扎口管理以及协调和组织各类信息化项目建设；市科技局负责市政府网站建设以及企业信息化推进工作；市委机要局负责全市政务内网的建设；市经贸委负责推进信息产品制造业的发展；各单位、各部门负责推进本单位的信息化建设。3月，市发改委（信息办）对近年来全市信息化项目进行调研评估，确保信息化项目建设取得良好成效。4月，开展省电子政务检查自查工作，总结电子政务建设的经验和存在的的问题，明确下一步努力的方向。8月，市发改委（信息办）针对推进政务信息化过程中存在的一些问题，向市政府递交了《关于加强资源整合提升政府信息化水平的报告》。9月起，着重开展电子政务规划的前期工作。同时，市发改委（信息办）加强了政府投资的信息化项目的管理，分别对电子口岸、数字城管、教育城域网、组织部党建信息平台、创业园中心机房等多个政府投资信息化项目加强管理。

8月份，张家港市信息化办公室围绕电子政务建设，组织开展提升政府信息化水平专题调研，此次调研以政务信息化为核心，以信息资源的开发、利用、共享、互操作为重点，以统一规划、分步实施为原则，对电子政务基础网络、硬件设施、软件设施，以及应用系统情况进行了全面的调查，通过专家讲座、问卷调查、实地走访调查(共走访35个重点部门)，形成了信息化现状和需求调研报告，为下一步电子政务总体规划提供了可靠的依据。

（七）存在问题

张家港市信息化建设取得了长足发展，政府信息化、企业信息化和社会信息化齐头并进，为张家港市经济和社会发展产生了积极的促进作用。但是，与张家港市的经济实力和社会发展水平还不相称，一是信息化意识上存在不足。信息化建设总体上还没有成为一种普遍的自觉要求，信息化建设的发起和应用主要靠领导的推动，因此，信息化建设临时动议较多，缺乏超前考虑，总体规划还不能真正落到实处。二是信息化人才较缺乏。在各个层面的信息化技术和管理人才都比较少，人才缺乏，使部门和企业不能合理规划，不能准确定位，不能很好应用。三是信息资源整合上难度大。一些社会信息资源逐渐部门化，信息化建设在时间上有先后，缺乏成熟的部门间信息资源共建共享机制，加上基础数据库建设滞后，使得信息资源的共享成为普遍性的难题。

【2008信息化工作初步思路】

（一）高起点编制电子政务整体发展规划

规划是龙头，规划决定了电子政务建设方向和发展水平。为切实扭转目前电子政务建设中各自为政、被动应付局面，要强化规划引导，做好电子政务的顶层设计，按照规划确定电子政务建设的整体框架结构，按照规划，结合张家港实际需要，分清轻重缓急，确定优先发展项目，引导部门电子政务合理建设。同时，按照规划发展方案加强资源整合，避免电子政务建设中重复投入、低效投入，形成全市统一的信息资源交换平台。

（二）加强领导，协同建设

电子政务成功的关键是政府的主导和政府各部门之间的协调。没有政府的主导，就可能只有电子没有政务，没有部门的协调，只可能多建一些信息孤岛。对电子政务建设要按照整体规划，加强扎口管理，由政府分管领导牵头，由市信息办具体负责统筹管理。在对资源整合工作，要加强宣传，统一认识，使部门理解、支持和配合工作。按照总体规划的要求，因地制宜，稳定推进资源整合共享工作，通过资源整合，建立全市统一的信息中心。

（三）统一平台，规范标准

标准化是信息资源整合的基础，政府信息资源的整合开发要以标准化为纽带，实现跨部门政务信息共享与应用。政务信息资源整合是一项技术性很强的工作，科学的标准和规范是资源整合的前提和基础，它是衡量整合结果是否符合目标的基准。政府信息化建设的标准化是基础性工作，它将各个业务环节有机地连接起来，并为彼此间的协同工作提供技术准则。只有通过规范化、标准化的协调和优化功能，才能更好地实现跨部门、跨系统、跨平台的数据交换共享，保证政务信息资源整合利用少走弯路，提高效率，确保跨部门信息共享和应用的实现，确保政务系统的安全可靠。目前要建设我市政府信息的统一交换与共享平台，重点做好网络标准化、网络与接口的标准化、信息流程的标准化，今后各部门系统建设必须与政府信息交换平台和数据库标准一致。

（四）加强管理，提高资金使用效能

要加强对信息化建设项目资金的审核管理力度，从项目资金上加强监控，严格按照《张家港市信息化项目管理审核暂行办法》的规定，对新增信息化项目进行严格把关，规范操作。

（五）加强队伍建设

目前，全市信息化专业人才匮乏，而且较为分散。为切实解决缺少高素质的核心技术力量把关整体规划和具体项目建设的问题，一方面通过招考增添人员，另一方面通过外聘既精通计算机、网络专业知识，又有政府信息化资源整合实际工作经验的专家，作为专职技术顾问，按工作实绩，分年聘请，给予相应公务员报酬。

（李忠良）

江阴市信息化发展概况

2007年，江阴市全社会信息化建设快速推进，政务信息化、企业信息化、农村信息化、社会公共服务信息化全面发展，有线电视数字化整体转换工作基本完成，信息产业已成为国民经济的重要支柱产业，全市信息化建设总体水平迈上了一个新台阶。

【信息基础设施建设跃上新平台】

2007年，全市信息基础设施建设投入超过2亿元，“九五”以来投入累计超过40亿元，信息基础设施日臻完善，装备水平不断提高。到2007年底，全市固定电话用户达到107.1万户，移动电话用户达到132万户；城镇居民每百户计算机拥有量达到70台，全市国际互联网用户达到14.2万户，其中宽带网用户13.4万户，上网网民超过40万人；基本完成了全市有线电视数字化整体转换工作，数字化转换率近98%，数字电视用户达到34.9万户，有线数据宽带网络已覆盖城乡。我市信息基础设施建设的总体水平已达到中等发达国家水平。

【信息产业发展迈出新步伐】

电子信息制造业加快发展。2007年，全市电子信息制造业销售额首次突破100亿元。江阴新潮科技集团有限公司、江苏法尔胜光子有限公司、瀚宇博德科技（江阴）有限公司、江阴信邦电子有限公司等一批拥有自主知识产权的企业通过生产高附加值产品和延伸产业链，在国内乃至国际市场显露出较强竞争力和较大影响力。长电科技跻身中国自主创新能力（电子器件）行业10强，法尔胜光子被评为中国光通信最具综合竞争力企业10强。海润科技、浚鑫科技等企业大力发展光伏产业，企业规模和产出效益成倍增长，浚鑫科技成功在英国上市。彭利天线为嫦娥奔月工程测控提供了中国最大、世界第三的50米天线。江阴市电子信息产业从前几年长电科技一枝独秀迅速发展到各类企业、不同行业竞相发展的喜人局面。软件产业不断壮大。软件企业逐步开始摆脱以工程业务为主的特征，产品化趋势日益明显，单个软件产品的价值迅速提升，出现了多个产品价值在百万元以上的软件产品。神州科技研发的非格式化多维数据处理系统是省内首创。华丽网络与解放军信息工程大学合作，致力于网络安全关键设备的研发，得到国家科技攻关资金的支持。2007年，全市软件业完成销售6.4亿元，通过“双软”认证的企业达到10家，其中2家企业通过了CMM/CMMI3级认证，实现了零的突破，初步具备了承接离岸软件外包业务的能力。

【政府信息化取得新进展】

2007年，江阴市大力推进电子政务网络建设。按照政务公开的要求改版了政府网站“中国江阴”，增强了网站的安全保密功能，使网上咨询投诉更方便、快捷。2007年，“中国江阴”政府网站共发布各类政务信息3300多条，图片460幅，文字130多万字，访问量累计超过2400万人次，在全国县级市政府网站中名列前茅。网站开设的“市长信箱”栏目当年共受理网上咨询投诉44036件，办结42546件，办结率达到96.6%，架起了政府和市民沟通的桥梁，树立了政府“亲民、为民、便民”的良好形象。电子政务外网延伸到全市100家重点工业企业和18家金融机构，并联通了无锡市电子政务外网。在市政大厦建成了电子政务内网，用于密级文件和信息的传输。建成了全市统一的电子印章系统，为实现网上公文流转和无纸化办公奠定了基础。

【城市信息化开创新局面】

江阴市教育系统投入2800万元，建成教育城域网，实现了全市各级各类学校的全覆盖。全市学校共配备计算机19961台，生机比达到9.3:1，在全省保持领先。公安系统投入6000多万元，在全市主要道口、治安卡口和公共场所布置了33个区域监控中心和1995个监控点，建成了全市GIS警用地理信息系统、互联网管控中心等信息采集和应用平台，初步形成了覆盖全市域的“大防控”体系。不断完善江阴房产网的功能，通过网络向市民提供房产信息，并开展网上便民服务，已成为政府部门运用信息技术服务人民群众的重要窗口。江阴市行政服务中心推动入住部门整合、共享信息资源，推行“一表制”，积极开展网上审批，提高了行政服务效率。市人防办依托人防指挥所抗毁、防电磁辐射、防化等战备级防护措施，建成了市数据容灾备份中心，为全市信息安全提供了保险箱。江阴市民政业务信息管理平台集民政事业统计、城乡低保、救灾救济、福利企业、拥军优抚、殡葬管理、网上审批等200多个用户服务端口于一体，涵盖城乡低保、五保对象、优抚对象、福利企业、殡葬管理等方面的信息资料10万条，在全省率先步入“数字民政”的轨道。“数字档案”建设顺利推进，江阴市档案馆馆藏资料已有三分之一完成数字化录入。长江引航中心成功开发出引航综合信息平台，可对整个长江航道内的所有引航船只进行实时监控和调度。全市公共服务领域的信息化建设全面蓬勃开展起来。

【农村信息化进入新时期】

2007年，江阴市全面启动了新农村信息化建设。通过三个“一”建设，即“一个网站、一个电子阅览室、一个农村信息化综合服务平台”，达到三个“提高”的目标，即“提高宽带接入率、提高家庭电脑拥有量、提高农民群众的信息化应用技能”，缩小城乡信息鸿沟，提升农村信息化综合水平。一年来，全市累计投入2000多万元，建成信息化示范村30家，示范村的宽带接入率从27.8%提高到38.5%，电脑拥有量从每百户28台提高到40台，示范村普遍建有电子阅览室和村级网站，惠及人口90165人。

【信息化软环境建设呈现新面貌】

2007年，江阴市委、市政府连续下发了《关于进一步加快推进信息化建设的意见》、《加快电子信息产业发展的若干意见》、《江阴城市信息化建设纲要》、《新农村信息化建设纲要》等五个关于信息化建设的政策文件，对“十一五”期间全市信息化建设进行了全面部署。江阴市在信息化工作中引入了目标管理手段，将全市信息化建设的总目标分解到各个责任单位，做到年初有目标、年中抓落实、年末有考核。在全省县级市中率先建立了信息化的专业网站，建立了面向全市信息化系统的服务平台，使整个信息化管理工作建立在了快捷高效的基础上。

【2008年江阴市信息化工作任务】

2008年江阴市信息化工作的目标任务是：1. 完成电子信息制造业销售收入180亿元，完成软件业销售收入20亿元；2. 引进国内著名软件企业5家，其中国内前20强软件企业2家，引进IC设计企业2家，新增“双软”认证企业6家、CMM/CMMI3级以上认证企业2家，实现软件和信息离岸服务外包零的突破；3. 完成软件和信息服务外包载体建设5万平方米；4. 基本完成市民卡主体工程建设，建成江苏省首个无线宽带城市；5. 建成完整统一的电子政务内外网、网上政务信息公开平台和党政机关协同办公平台；6. 新增农村信息化示范村30家，信息化示范村及达标村占全部行政村的比重达到50%。

（许　伟）

金坛市信息化发展概况

【信息基础网络建设】

以市电子政务网、电信网和金广电宽带数据网三大网络为核心的宽带网、广播电视传输网均已实现了市域范围的全覆盖。截至2007年底，全市已有宽带网用户2.5万户；固定电话用户总数近28.5万户（含小灵通和大灵通）；移动电话用户25万户；有线电视用户12.6万，城乡入户率达95.2%；全市广播、电视人口综合覆盖率达100%。数字电视已在市区局部推开。同时，从2003年起，全市按照“统一规划，统一建设，统一管理，统一维护和适当超前”的原则，对地下弱电公共网进行统一建设和管理。

【电子政务建设】

到2007年底，金坛市已基本建成以市“政府信息网络”管理中心为核心，形成标准统一，功能完善和安全可靠的电子政务专用网平台，内外网之间逻辑隔离，实现了全市党政机关和相关事业单位的网络互联互通和信息共享。

（一）电子政务平台建设

自金坛市电子政务办公平台开通以来，各镇党委和政府、市各部委办局、市直各单位共110家单位，通过平台网络运行以下6项业务：一是公文电子化传输，全市的非涉密、普发性文件已全部通过平台发送；二是会议通知网上发送，全市性会议，采取网上群发，便于部门接受和查询；三是政务信息电子化发布，全市各部委办局编发的各类政务信息和工作简报，全部通过平台以电子形式发布；四是政府公文电子查询，便利了公文的综合查询和调用；五是公务员邮箱，便于公务员之间的内部邮件和资料传递；六是短信提醒，平台提供与手机、小灵通的短信通信，确保时间的及时通知。

（二）行政审批系统建设

目前，金坛市已形成基于电子政务网的行政服务审批系统，实现了行政许可事项的网上申报、网上办理。即企业、市民可以在外网“中国·金坛”门户网站登陆“一表制系统”审批系统，提交办事申请，中心窗口人员通过系统受理并审批，在外网公布结果。“一表制系统”实现了进一个门（窗口）、填一张表，真正体现了“一站式”便民服务。2007年，共有282项行政许可项目实现网上预审或网上办理。全市行政审批事项集中度已达70%，网上申报、网上办理率已达100%。网上审批系统极大地提高了政府的办事效率，方便了公众办事，受到了社会各界的广泛关注和好评。

（三）政府门户网站建设

一是立足服务的功能定位，全新改版政府网站。抓住政务公开主线，为民众提供“一站式”政务信息服务；突出参与和互动，提升网上办事和网上互动功能；以需求为导向，力求每个栏目都有较强的针对性，既方便网民的浏览和参与，又便于维护和管理。二是充分发挥政府网站的媒体主渠道作用。准确及时地把金坛的经济社会建设成果反映出去。2006年以来，“中国·金坛”政府网站发布各类信息4000多条，其中政务信息1500多条，图片1350多张。开设专题10个，如“两会”“‘十五’成就”“有效投入”“长江引水”“投资金坛”“三大年”等，日访问量达千次以上。2007年在常州市政府网站绩效考评中，评价为进步最快网站。三是门户网站体系建设不断加强，目前全市已形成以市政府门户网站为主体，以镇（区）政府网站、市直部门网站为延伸的网站群，突出了政务信息公开、公众服务、对外宣传和招商引资等内容，增强了政府工作的透明度，提高了对公众服务的水平和效率。

（四）规范管理和培训

为确保电子政务工作的规范运作，先后出台了《金坛市电子政务建设工作意见》、《办公平台和行政审批系统的应用》。2006年信息办组织了3场使用操作规程培训，全市相关单位的领导及工作人员约200多人参加了培训，有效提高了广大领导干部的信息化理论知识和实际应用操作水平，为电子政务的正常运行提供了保障。

【电子信息产业发展】

（一）企业信息化取得新突破

金坛市有超过3000家企业、商家接入电信宽带，有2400多家企业（商家）通过企业网站建设、门户网站信息发布、专业网站信息发布（如中国化工网）等方式推广自己的企业。计算机辅助设计、工业自动化控制技术在房地产业和一些工业企业得到应用，一批大中型企业建立了管理信息系统（ERP），运用现代管理手段管理企业，增强了企业的竞争力。

（二）信息制造业进一步发展

目前，金坛市已有各类电子信息企业150余家，其中规模以上电子信息产品制造类企业30家。主要产品有控制继电器、各类电子分析仪、传感器、监控软件、EMI控制器等。如金坛华诚电子有限公司的主要产品技术指标均达到IEC国际标准要求，部分产品通过了美国UL及我国CCEE认证，产品分别配套于海尔、小天鹅、澳柯玛、AO史密斯等一批知名品牌企业，并有批量出口。市金源电子有限公司开发的环境监理远程监控系统获得国家级环保认证，目前已在许多环保部门安装并使用，加强了对污染源的监测和监控。

（三）加大扶持信息产业项目

围绕加快发展金坛市电子信息产业，提升自主创新能力，全面调查全市电子信息产业和产品情况，对照国家、省、常州市对高新技术产业扶持政策，积极帮助企业申报项目扶持专项资金。三年来，共获国家信息产业部、江苏省信息产业厅、常州信息办扶持项目资金近300余万元，较好地支持了本市科技信息企业的发展。

【农村信息化建设】

（一）搭建了农业信息平台

全市农村信息化工作本着服务基层、服务三农的宗旨，全力加强信息网络建设，加快信息技术在农村生产生活中的应用。2006年实施了省农业信息服务“四电一站”项目，在全市7镇一区初步建立多渠道的农村农业信息服务网络。同时，建立“农技110”等农业专业技术的信息平台，为农民提供家禽养殖、水产品养殖、作物生产等技术指导，大大提高农产品产量和质量。同时，通过网站，发布农产品供需信息，缩短了农副产品销售期，拓宽了农产品销售市场。

（二）突出典型示范引路

信息化服务新农村建设，必须要让农民得到看得见、摸得着的实惠，要让农民学得会、用得上。结合全省开展农村信息技术应用典型评选活动，广泛宣传、积极调选5个特色农产品致富典型参与，马刚葡萄、江南鸽业、尧唐花木及金坛电信分公司荣获表彰奖励，起到了较好的示范效应。同时，鼓励龙头企业、种养大户、农民经纪人、合作组织优先使用信息技术，鼓励IT企业主动把信息技术运用到农村，让农民真正感受到信息化的好处。

（三）推广信息技术应用

围绕提高农民素质和服务新农村建设，市委组织部与电信联合，建立了上下畅通的农村党员干部现代远程教育网，利用网络资源，广泛提高广大农村党员的思想政治素质。市信息办、农技推广中心多次开展学网、上网、用网培训，多渠道多途径开展信息技术培训，普及信息化知识，传播农业信息，加快信息化的普及和应用，取得了较好的成效。同时，开通专家热线，对农民、农村经纪人、村组干部等进行培训，提高其文化素质，增强农业致富能力。

【各专项领域信息化建设】

（一）公安系统信息化

公安系统将小总机、110中继、350MHz集群、寻呼等系统集成，建立了融语音、数据于一身的公安专网。电子警察、交通信息管理等系统与无线通信系统、通信网络相融合，实现业务数据的共享和利用，实现调度系统上下贯通。人口信息系统形成城乡联网，并与数字身份证相对接，有序地进行户籍管理，也为刑侦部门和社会各界提供快速准确的查询。

（二）教育信息化

2005年金坛市教育城域网就正式启用。目前全市所有中小学均已以光纤接入该网，已经实现办公统一、考试信息统一。部分学校已经实现了“班班通”。至2007年底，全市生机比例已达到 9:1。

（三）环境保护与灾害预警

市环保局已建立环境监测系统，对 30 个污染企业远程监测。环境统计系统和城市环境综合整治定量考核系统对全市的水体、大气等进行综合的信息收集、存储和分析等；同时，市水利局的气象卫星应用系统和水情遥感系统可以在一定程度上对气象气候和水利情况进行监测并做出及时预报。

（四）文化领域

2006 年金坛市图书馆被确定为常州市示范图书馆，开通了网上书刊检索、在线阅读等。加强了对网吧等场所的管理，有力地监管了网络文化市场，引导健康向上的网络文化氛围。

（五）计划生育

市计生局建立的“育龄妇女信息系统”和“婚孕育信息核对系统”有效对接，提高统计信息的准确性，提升了管理和服务。

（贺美华）

宜兴市信息化发展概况

在宜兴市委、市政府的正确领导下，在江苏省、无锡市信息主管部门的指导下，2007 年宜兴市信息化工作以科学发展观为统领，以信息网络平台设施建设、专网业务系统建设、办公自动化应用为重点，统筹规划，协调建设，积极推进，取得了较好的成绩，全面推动了全市国民经济和社会信息化的发展。

【基础网络建设】

（一）电信信息化水平得到提升

截至 2007 年 11 月底，中国电信江苏省宜兴分公司共发展固定电话 2 万多户，累计用户达 35 多万户，小灵通新增 3 万户，累计达 20 多万户，宽带新增 3 万户，累计达 8 万多户。各项基础业务的大力发展，为提升宜兴市信息化水平奠定了坚实的基础。

（二）广电数字网络得到升级改造

广电投资 1 个亿，进行有线网络升级改造，改造用户 15.5 万户，改造杆线 1400 千米，1936 个光节点已全部分布到位。增加了央视 9 套、东方卫视、江苏影视、江苏公共、云南卫视、四川卫视等 6 个频道，与移动公司合作，进一步拓展移动有线通业务，目前在双向改造的小区进行接入服务，有线通业务已覆盖 30 个光节点，约 12000 户的用户。

【电子政务工作】

（一）抓好电子政务项目的宏观管理

根据 2006 年底制定的《宜兴市市级机关部门信息系统建设项目管理实施意见》的要求，年初确定 12 个信息化项目列入 2007 年度实施计划。分别对卫生局的“农保网络建设项目”与统计局的“市级综合统计部门二级联网”项目进行了项目审核、论证、报批等工作，2007 年这两个信息化项目已顺利建成并投入运行；水利局完成防汛指挥调度网络改造三网合一的技术方案设计；公安局实施局内办公自动化正在进行；信访局组建无锡信访条线业务网；组织部完成党员培训远程教育网络系统建设；档案局启动宜兴电子档案中心建设。建设局等 18 家机关单位申报了 2008 年 31 个信息化投资项目，共计申报投资额为 5163.06 万元。

（二）优化电子政务基础网络

宜兴市电子政务网自建设以来，一直受到广电、电信两家运营商的支持与配合，但也存在着竞争和矛盾，特别是各行其是和缺乏沟通，导致网络运行标准不统一，给电子政务网的业务整合和应用带来较大影响。宜兴市政府办就此专门下发了《关于规范市电子政务网建设与运行管理工作的通知》，要求对网络进行整改，同时无锡市信息办也下发了《关于电子政务外网后续建设工作相关要求》。宜兴市信息办和网管中心结合网络整改，对全市各单位的政务外网进行统一地址规划，对运营商规定统一的接入标准，以提高全网的业务承载能力和维护网络安全运行，方便各部门开展专有业务虚拟网的应用。另外为了保证电子政务内外网的正常运行，规范了各单位的互联网的上网行为，确保正常合理使用网络。

【政府门户网站的运行和管理】

（一）做好政府网站的日常更新

据统计，2007 年宜兴政府网站上网信息共 2100 余条，上网图片 1100 余幅。其中，自采自编信息 50 多条，转载《人民日报》、新华社、《新华日报》、《无锡日报》等媒体聚焦宜兴稿件 100 多篇，并在网上开设了“活力新宜兴　喜迎十七大”、“学习贯彻党的十七大精神”、“深入调研服务企业”、“创业者的故事”、“2007 宜兴金秋经贸洽谈会”、“2007 市人大政协五次会议”等专栏专题。政府网站上的图片和信息多次被人民网、新华网、中国经济网等众多媒体转载，进一步提升了宜兴的对外知名度和美誉度。同时，注重发挥政务公开窗口的示范作用，扩大了公众知情权和参与度。

（二）推进政府网站的改版工作

在宜兴市委、市政府领导直接关心下，政府门户网站得以成功改版。通过学习和考察，宜兴市信息办提出了关于政府网站的建设、运行与管理等进行一揽子方案设计，同时提交了《关于加强政府网站建设和管理工作的实施意见》及《关于政府网站评议考核试行办法》。目前，新的政府网站已正常运行，获得市民广泛好评。

（三）加强网上咨询与建议工作

自2004年9月正式开通以来，共有6134人次注册为栏目用户，提出各类咨询、建议、投诉、表扬共12525条，政府各部门受理答复10836条，除去删除的637条，答复率为86.51%。每月在党风政风监察简报上通报各单位的咨询、建议、投诉的受理情况，并由市监察局协助管理各单位的网上受理答复工作。此外，市信息办还针对网上咨询与建议系统受理答复情况，下发《关于进一步做好网上咨询与建议管理答复工作的通知》，进一步强调和规范各部门受理答复工作要求，切实做好市民的网上来信来访工作，使之成为宜兴政府门户网站体现政府与市民互动的一大特色栏目。

（四）市级公文传送系统开始正式运行

2007年10月1日起宜兴市政府办公室制发的会议通知和各类文件均直接通过电子政务专网收发，取消纸质文档收发。在9月完成对127家单位网络收发员的专业培训，并进行各单位收发情况调查，解决遗留问题，消灭网络问题死角，确保网络收发通达全部市级各部门、各镇（园、街道）。目前市“四办”已取消纸质文件，正式通过网络进行市级文件的收发工作，开通运行以来市委办已进行发文121件，市府办146件。

【各专项信息化建设】

公安局实施了争创省第二批科技强警示范区县活动，目前14个建设大项共计20个小项，已经完成建设的有5个，正在实施过程中的有13个，尚处于调研阶段的有2个。主要有：警务信息综合应用平台建设，情报信息研判中心建设，娱乐场所实时监控系统建设，旅馆业信息管理系统建设，流动人口社会化管理系统建设，移动警务平台建设，指挥中心体系建设，社会治安监控体系建设。

教育局以多媒体装备为方向，“班班通”建设全面启动，信息化工作的重点正从“校校通”逐步走向“班班通”，以打破教育信息化应用于课堂教学的最后一道硬件屏障。目前中小学的信息基础设施建设已达到省教育技术装备Ⅱ类标准的要求，中小学计算机生机比达9.8∶1，师机比达1.4∶1，班级与多媒体教室比达到2∶1；有22所学校实现了“班班通”，所有中心级学校拥有1间以上的标准机房。

卫生局初步完成农保网络信息化建设，该项目总投资230多万元。从2006年下半年开始，宜兴市就开始实施城乡居民医保信息网络系统的建设工作。目前已实现信息系统的网络平台连接到52家各定点医疗机构，从而解决了医疗费用结报手续烦琐、群众结报不方便和对医院缺乏有效的网上监管等一系列的问题。

宜兴市招投标中心在整合原建设工程招投标和政府采购网络资源的基础上，新增的评标专家语音通知系统投入使用。

环保局继续加强对环境在线监控系统的升级改造，投入100多万元用于在线监控设备的更新换代。

【2008年工作目标及主要任务】

（一）信息化组织体系建设

2008年宜兴市将重新调整市信息化领导小组和电子政务工作领导小组，以加强对全市信息化工作的领导，全市各部门、各镇（园）在市信息化领导小组的领导下，相互配合，通力合作，共同推进全市统一的电子政务网络的建设与应用。

（二）推进软件和信息服务外包工作

一是尽快出台关于促进宜兴软件和信息外包工作发展的政策意见及实施细则，创设吸引境内外知名企业和人才来宜创业投资的发展环境。二是建设并提供适应的创业载体引进外地企业的人才来宜投资兴业，为进住的软件企业创造更好的工作条件。三是加大对外招商引智力度。四是继续争取国家、省、无锡市对我市信息产业的扶持，培育项目和申报，发展江苏省软件企业三到四家，逐步形成宜兴市软件产业。

（三）推进网络基础设施建设

按照标准统一、功能完善、互联互通、安全

可靠的要求，构建和完善全市统一的电子政务网络平台（市、镇（园区、街道）、社区（村委）三级城域网和省、无锡市到宜兴政务专网），要实现宜兴电子政务网与无锡市电子政务外网的互联互通，并且要加大财政投入，逐步将网络延伸至社区（村委），为各级政务部门提供上联无锡市对口部门，下联各基层单位的安全、高效、优质的网络服务。

（四）推进网上协同办公业务建设

2008 年宜兴市利用特定开发的“大平台”与“小平台”，有机整合的办公软件平台，尽快实现全市范围内跨地区、跨部门的无纸化办公。重点业务部门要加强系统功能建设，创新工作方式，优化业务流程，提高应用服务水平。加强部门间协同业务流程和信息流程梳理工作，依托公共数据交换平台，建立部门间信息共享机制，为降低信息采集成本，实现协同办公，发挥电子政务综合效益创造条件。一是要重点实施横向部门之间的相互收发文工作，二是要实施部门内部的无纸化办公工作，开展网上协同办公业务试点，并逐步扩大试点范围。

（五）推进农业信息化建设

2008 年宜兴市将全面实施“金农工程”，加强农业信息服务应用系统建设，强化农业信息资源共建共享，不断提升宜兴农林网、宜兴农特产网和地方特色农业网服务水平。加强“四电一站”（电视、电话、电台、电脑和农业信息服务站）农业综合信息服务平台建设，强化农村信息员队伍建设，延伸农业信息服务网络，完善农村信息服务体系。加强信息技术在农业生产、加工、流通和经营管理中的应用，提升农业数字化水平，加快传统农业改造步伐。

（蒋泉喜）

武进区信息化发展概况

【概况】

武进在5000多年前就有人类定居、繁衍生息。春秋战国时期武进称延陵邑，为吴国季札封地，秦置延陵县，汉改称毗陵县、毗坛县，晋太康二年（281年）置毗陵郡、县，分丹徒、曲阿以东地区置武进县，永嘉五年（311年）改称晋陵郡、县。此后，晋陵、武进两县时分时合，数易其名。清雍正四年（1726年）分置武进、阳湖两县，辛亥革命胜利后中华民国元年（1912年）合并为武进县。1949年4月23日常武地区解放，武进县城析出建立常州市。1983年3月实行市管县体制，武进属常州市管辖。1993年7月18日武进县政府驻地由常州市区迁至湖塘镇。1995年6月8日，国务院批准武进撤县设市。2002年4月武进撤市设区，成为常州城市规划建设的南翼。

改革开放以来，武进经济迅猛发展，综合实力不断增强，经济和社会发展水平在全国县级区域经济中始终处于领先地位。在历届“中国农村综合实力百强县（市）”评比中均名列前10位，是“中国明星县（市）”、“中国首批小康县（市）”之一。随着改革开放的不断深入，武进已成为我国最具活力和最具发展前景的地区之一。

【基础设施逐步完善】

2007年，武进区信息基础设施和网络建设以电信公共信息网、有线电视网两大网络为核心，以移动、联通、网通等为补充的光缆通信、宽带城域网得到较快发展，为推进武进区信息化建设提供了重要的技术平台和运作载体。大力实施“光进铜退”工程，全年完成通信建设投资近2亿元。新增交换机容量1.9万号线，交换机容量累计达41万门；新增ADSL、LAN宽带端口59072线，ADSL、LAN宽带端口累计达146148线；新放电缆2.4万对千米，光缆1.34万芯千米。全年新增有线电视2.6万户，总用户达到26.8万户，入户率超过97%。

【电子政务稳步实施】

1．网络平台建设。早在1997年，随着武进新行政中心的启用，武进区政府建设完成了互联互通的电子政务网络平台。2007年，武进区对网络结构不断优化，实现了百兆到楼宇、十兆到桌面。

2．门户网站改版。2007年，“中国·武进”门户网站顺利改版，优化了栏目设计，增加了“网上审批”、“在线访谈”、“市民论坛”、“企业频道”等服务功能；增加了车辆违章查询、公积金查询、移动及联通话费查询等市民生活信息。建立健全了网站信息内容保障机制，全年共更新、发布网站信息30000余条。

3．办公自动化系统建设。2007年3月，以公文流转为核心的办公自动化系统“武进协同工作平台”正式建设完成，投入试运行。

4．行政审批系统建设。2007年，武进区对现有的行政审批系统不断改进和完善，开发了“一表制”子系统，大大提高了信息资源共享程度。并进行网络审批试点，提高了服务水平。

5．继续推进一批重点业务应用系统建设，《武进经济与社会发展综合数据库》等一批重要的业务应用系统开发完成，网上直报系统、信贷登记咨询系统及“金审”、“金税”、“金盾”等业务系统进一步完善，政务信息资源的采集、维护、共享和管理更加规范，利用信息技术开发行政审批一表制软件，促进了行政审批效能的提高。

【农村信息化全面启动】

一是大力开展农村信息化基础设施建设，全面推进“村村通宽带”，实现了行政村“村村通宽带”的目标；大力推进有线电视“户户通”工程，完成农村分配网络升级改造和干线网络的双路由建设，实现了村以上广电线路全部光缆化。二是积极推进信息技术在农村的应用，实现“农村党员干部现代远程教育”信息网络“村村通”，建设并开通村务公开网站（http://cwgk.wj.gov.cn），湟里东安社区和雪堰镇雅浦村建成了村级电子阅览室，成为农村居民接收信息服务、培训的新阵地。三是以点带面开展信息化示范村试点工作，湖塘镇湖塘村、横山桥镇五一村、雪堰镇雅浦村、礼嘉镇建东村、遥观镇芳庄村、横林镇红联村获得了区“农村信息化示范村”称号。

【信息产业加快发展】

继续在重点企业、重点行业骨干企业和高新技术企业，实施试点示范工程，通过分类指导、以点带面，推动全区信息化带动工业化战略的实施，认定市级以上信息化示范企业10家以上。全面提升信息产业核心竞争力，加快电子信息产品制造业的发展，大力发展车载DVD、GPS卫星导航仪等汽车电子产业，开发基于新国标的视听产品，继续发展片式元器件、表面贴装元器件等新型电子元器件。2007年全区电子信息产品制造业产值比上年增长10.6%。

【存在问题】

一是信息资源的共享程度不高。二是信息产业结构不尽合理，信息服务业、软件业总量偏小。三是中小企业信息化应用水平低。四是多元化投入机制还未形成。五是高层次专业型信息化人才缺乏。六是信息安全防范意识有待于进一步加强。

【2008年信息化工作思路】

2008年是全面贯彻十七大精神的关键之年，也是全区“埋头苦干，三年再看”的决战之年。全区信息化工作将围绕全区经济和社会发展的总体目标，把握信息化带动工业化、信息化推动城市化、信息化打造现代化作为三大主线，创新实干，着力提高全区信息化水平。

1．以信息化基础设施建设为基础，提高城市管理的现代化水平。一是继续加大基础设施投入力度，形成高速信息通道，推进通信管网集约化建设。二是加快有线电视网络数字化改造，推广数字电视应用。三是推进地理信息资源整合，各部门建设基于基础空间信息系统的专题应用系统，进而集成综合性的地理信息系统平台，并实现和其他应用系统之间的互相通信和协作。四是加快建设城市长效管理数字化平台和完善应急联动指挥系统，提高城市管理的现代化水平。

2.以信息化目标考核为抓手,全面提升电子政务发展水平。一是加快办公自动化建设,在试点基础上加快系统修正进度,尽快推行武进协同工作平台在区级机关的应用,实现无纸化、自动化、高效化办公。二是加快劳动保障、“金税”、“金财”、“金盾”等业务系统建设,拓展应用范围,提高业务管理的效率和科学化水平。三是进一步强化政府网站功能,完善网络直播和网上访谈系统,推进门户网站与其他便民互动系统的整合联动,强化政务公开、政民互动和网上办事效能。

3.以提高农村公共服务水平为切入点,着力推进新农村信息化建设。一是开展信息化示范镇的建设,在全区各镇推进宽带入户工程等,至2008年底,全区50%左右的镇达到农村信息化示范镇标准。二是推广村务公开网络平台应用。在试点基础上,在全区推广应用村务公开网络平台,提供贴近农民生产、生活需要的农产品和生产资料市场的科技信息、技能培训信息以及政策法规、气象服务、灾害预防、劳务需求等服务,打造农村综合信息服务平台。三是推行信息技术在农业中的应用,积极促进农业精准技术、动植物病虫害监测与预防系统、农田管理信息系统等技术在农业生产中推广应用,为优质高效农业服务。四是推进电子政务向镇村延伸,推进社会保障、医疗、教育等信息系统向村级延伸,更好为农村居民服务。

4．以信息化扶持资金为杠杆，做强做大信息产业。充分发挥信息化扶持资金的杠杆作用和政策导向作用，着力推进电子信息产业发展，力争全年信息产业产销增速赶上工业产销增速。一是以信息化带动工业化为重点，围绕我区主导产业、特色制造业的发展目标，加快制定一个指导性、操作性很强的信息化带动工业化的实施意见。二是推进利用信息技术改造传统产业，依托行业性创新中心，加大以信息技术为核心的先进制造技术的推广应用力度，继续推广CAD、CAPP、PDM等信息化单元技术，全力提升全区制造业信息化发展水平。三是进一步实施试点示范工程，继续确认一批区级以上信息化带动工业化示范企业和项目。四是加快电子与通信设备制造业的发展，大力扶持移动式DVD、车载导航仪、太阳能电池、集成电路封装设备等高技术含量产品的开发，进一步挖潜增效，努力培植信息产业新的增长点，实现信息产业的高速增长。

（王　芳）

海门市信息化发展概况

【海门概况】

海门位于万里长江入海口，素有“江海门户”之称，全市面积1149平方千米，人口101万，辖22个乡镇和2个省级开发区，六度蝉联“全国百强县（市）”，连续三年成为苏中、苏北惟一入选《福布斯》中国大陆最佳商业城市100强的县级市，并率先在苏中、苏北建成全面小康达标市。2007年，海门实现地区生产总值311亿元，人均地区生产总值34040元；实现财政收入31.9亿元，其中地方一般预算收入13.1亿元；城镇居民人均可支配收入16062元，农民人均纯收入8050元。

【2007年信息化建设基本情况】

2007年，海门市信息中心充分发挥信息化和电子政务作为创新管理方式、加强政务资源的整合和利用的作用，积极推动信息技术在各个领域的应用，加快信息化带动工业化、工业化促进信息化的进程，努力开创信息化工作新局面，促进了全市信息化和信息产业的健康发展。

（一）信息化基础网络覆盖全市

基础通信网络整体发展水平跻身全省前列，全市已建成大容量、数字化、覆盖所有乡镇的光缆骨干传输网络；在接入层，经过连续多年大规模实施光纤接入网工程，目前光纤接入已覆盖全市所有乡镇以及市区大部分办公楼、党政机关和小区等。

全市互联网出口带宽增至1.2Gb/s，接入端口达55000万个。交换机总容量达60万门，本地电话用户数达37.7万户，国际互联网用户3.5万户。百户家庭电话拥有量达247部，城镇居民百户家庭电脑拥有量43台。全面实施“宽带进村入户”工程，新增农村宽带用户2000多户。

广播、电视节目制作、播出全部实现数字化、网络化。有线广播、有线电视“双入户”工程快速推进，通过了“江苏省有线电视示范市”考核验收。

（二）门户网站、电子政务、部门信息化建设全面推进

1．政府门户网站建设

2007年，信息中心继续将政府门户网站“新浪海门”的维护工作作为一项重要的工作来抓。政府网站是对外宣传海门的窗口，“新浪海门”依托全球最大的中文网络平台新浪网，向全世界介绍海门的情况，宣传海门的历史、文化、政策、经济建设、区位优势等。安排专人每天及时发布海门新闻及整理市长信箱电子邮件。2007年度累计发布文字新闻2400多条，视频新闻300条次，收转处理各类有效市长信箱电子邮件400多封。做好第十二届金花节网上宣传、招商项目发布、2007政府工作报告专题、2007年统计公报、“达小康 促和谐”、海门两会专题等专题栏目建设。按照县级政府门户网站的测评要求，对我市政府网站内容有关指标、信息进一步充实。政务公开栏增加了市长专页，领导介绍及分工；增加了计划报告栏目，主要包括政府年度工作概要、主要部门年度工作计划和发展规划。

继续坚持抓好“市长信箱”栏目建设。“市长信箱”作为政府联系群众、为民排忧解难的便捷渠道，备受政府领导和社会各界关注。本着政府为社会公众服务的宗旨，建立了“市长信箱”办理制度，专人负责信件办理工作，承办部门信件答复率和质量有了明显提高。事关群众难点、热点问题及时得到解决，进一步密切了党和政府与人民群众的联系，为构建和谐海门发挥了积极作用。

2．网上办公系统的推广和应用

建立政务信息专网，实现政府部门间的公文和信息电子化传输。党政信息网建设继续完善，政府、市委、乡镇各单位通过党政信息网发布文件信息，大大提高了工作效率。目前全市已有120多个部门和乡镇全面接入海门市党政专网，

所有公文实现了网上传输。

7月1日，南通市电子政务网海门市委和市政府2个接点正式运行，实现了与南通市电子政务网网络公文流转及网上办公。

海门市国土、公安、教育、劳动，人武和计生等部门依托海门广电宽带网建立了专网，实现了网上办公与信息流转。发改委等部门积极探索试用基于开源软件的部门内部网络办公系统。项目办开发建立了重大项目管理信息系统，实现了对全市所有重大意向、开工在建、建成投产项目的实时监控管理与统计分析。

2007年4月，海门市党员干部现代远程教育系统全面开通。共建成党员干部现代远程教育终端接收站点310个，其中扩展型接收站点74个，增强型接收点236个，基本形成了覆盖全市所有乡镇和行政村的远程教育网络。该系统利用远程教育网络搭建的南通市首个双向互动视频会议系统，实现了传统会议的技术革新。视频会议系统的建成在空间上方便了城乡联系，提高了行政管理效率。依托党员干部现代远程教育网，远程办多次做好经济工作会议等全市性会议的视频会议广播和技术保障工作。

启动海门市政府门户网站群建设。按照“统一规划、突出重点、分级建设、资源共享”的原则，研究建立以市政府网站为门户的网站群，要求各部门、各单位建立政务公开网站和网页，整合和发布政府各部门的信息，实现政务公开。2007年，发改委、建设局、人防办和国税局等部门建立了部门网站，实现了政务公开和便民服务。目前全市已有40多个乡镇和部门建立了独立的网站。

3．部门信息化建设

各部门充分利用网络优势和技术手段加大部门信息化建设力度。

市统计局健全统计信息网络安全考核评比机制，开展网络管理、信息安全、数据库等相关技术培训和业务培训，健全定期统计信息发布制度，做好信息加载与维护工作，出台了“六个统一”的网络管理制度。

地税局建立健全数据管理组织机制和管理网络，积极研发数据分析模型，分行业建立了“建筑成本合理性分析”、电碳行业、砖瓦行业税收征管等数据分析模型；分税种建立了“城镇土地使用税征管效率”、“货物运输业营业税申报质量”、“城建税申报情况”、“金融企业个人所得税”等数据分析模型，着重突出数据分析在税源管理中的实际应用，充分提高了增值利用空间。

国土局建立基本农田信息化管理系统，对基本农田的动态变化实行数字化管理，实现动态监测。

卫生局规范全市疫情传报系统管理，健全市、乡镇疾病信息网络系统，完善应对突发公共卫生事件的疫情报告管理制度，做好突发事件的监测、预警和及时处置工作。组织开展非典、禽流感等重大传染病的监测，各医疗单位、乡镇卫生所设立专门机构或指定专人负责，疫情网络直报系统运行良好，全市建制乡镇以上医疗卫生机构疫情监测网络直报报告率100%，在重大疫情监测、预警中发挥了重要作用。

（三）信息产业全面开花，企业产销两旺

全市电子信息产业保持了快速发展的势头，工业总产值、工业增加值、销售收入、利税总额高速增长。电子信息产品制造业的集聚效应进一步凸现，电子信息产品制造业形成一定规模，重点企业增长强劲，产业逐步向大集团和大企业集中，全市拥有销售收入突破亿元的企业11家。产品结构优化，CDMA通信直放站、高性能电极箔、大容量铝电解电容器、光电子器件、新型光缆等一批产品正逐步成为海门电子信息产业的主流产品，部分产品填补国内空白，在国内具有较高的知名度和市场占有率。通光集团的“通光”牌通信光缆为中国名牌产品。

2007年，全市共有规模以上电子产业企业33家，主要分布于市经济开发区、包场、海门镇、三和等工业集中区，全年实现销售79.3亿元，同比增长23.51%。其中销售超亿元的企业有通光集团、关铝集团、东洲通信、三鑫电子、银燕电子、三瑛电子、亨通金天电子等11家，全市的信息产业企业呈现产销两旺的喜人局面。

2008年海门市加大信息化建设投人，不断增强企业发展后劲。2008年投入6亿元，其中电子信息产业投入5.5亿元。投入超5000万元的有通光集团有限公司，海门市通光光缆厂，三瑛电子有限公司和大千热电有限公司。

（四）中小企业信息化及电子商务

为切实提高全市中小企业信息化水平，不断

提升全市中小企业参与市场竞争的能力，进一步加快推进市中小企业信息化工作，出台了《关于推进全市中小企业信息化工作的实施意见》。从6月份开始，发改委和海门电信公司将在有关中心乡镇分期分批为实施信息化工程的企业免费开展信息化人才专题培训。2007年，全市启动好115家信息化样板企业试点工作、信息化企业示范企业23家，启动460人次的信息化人才培训工作。

实施信息化带动工业化百家示范工程。江苏金呢集团、通光集团、南通中兴能源、南通回力橡胶等公司分别实施了ERP系统、节能扩容导线生产自动化、800大口径热轧管生产线自动化控制、CIMS计算机集成制造系统及用电信息化管理项目等系统。

积极进行各种形式的信息化知识培训，提升信息系统使用能力和范围，充分发挥信息化在机关效能建设中的重要作用。结合其他系统如中小企业网的建设，通过多种信息化手段，建立为企业提供信息发布、产品宣传多样性平台。目前我市企业通过互联网寻找商机，开展电子商务正处于快速成长阶段，一些大企业主要在国内的一些行业平台上发布信息，一些中小企业在阿里巴巴等综合平台上发布信息。据不完全统计，阿里巴巴上所在地为江苏海门的有1600多家企业事业单位。

电子商务稳步发展，网上交易模式初显特色。2007年叠石桥国际家纺城电子商务中心与中国家纺协会合作升级，改版电子商务平台，整合南通地区家纺产业集群，树立强有力的国际家纺品牌。叠石桥国际家纺城电子商务中心总投资2600万元，建设内容主要包括：电子商务交易中心、信息处理中心、客户服务部等。叠石桥的床品通过网络走向全国各地，在国内领先的个人交易网上平台淘宝网（www.taobao.com）上，床上用品类很大一部分来自海门三星叠石桥。在叠石桥市场上，网络营销被越来越多的经营者认可和接受。

全市企业特别重视电子商务对企业发展的重要作用，很多大企业和一部分中小企业都建有自己的网站，用来宣传自己的产品和企业情况。很多企业在e趣、淘宝网、中国家纺织网等平台上推销自己的产品，取得了一定的效果，特别是三星镇的家纺企业，很多企业在中国纺网等多家平台上推销自己的产品，同时建有自己的网站，为企业的发展创造了良好环境。

【2008年信息化建设工作重点】

全面贯彻落实十七大信息化战略思想，结合海门的实际情况，深入分析了信息化和工业化融合发展的亮点、重点和解决办法，促进海门工业化和信息化融合发展。十七大报告指出要“全面认识工业化、信息化、城镇化、市场化、国际化深入发展的新形势新任务”，突出了“信息化”在这一进程中不可替代的地位。信息化成为全球经济社会发展的显著特征，并逐步向一场全方位的社会变革演进。具体来说要做好以下几个方面的工作。

（一）以政府信息公开办法的实施为突破口，提升电子政务建设的运作层面

建立以“政务公开、公共服务、公众参与”为定位的海门市政府门户网站。加强政府网站建设与管理，进一步提高其服务水平。牢固树立以社会和公众为中心的理念，着力加强各级政府门户网站建设。及时准确地发布政务信息，搭建与公众互动交流平台，拓宽社情民意的表达渠道，着重为公众和企业提供在线办事服务、公益性便民服务。发挥政府门户网站龙头作用，加强对各部门网站服务内容的整合。拓展互动应用的广度和深度，以“一站式”服务为目标，积极推进行政许可项目网上办理。切实做好市政府门户网站内容保障工作。加快建立规范、高效、可靠的网站运行维护机制。积极探索县级电子政务的发展的新模式，选择“资源集约、信息集中、业务集成”的“三集模式”，建立一个整合一体、以块为主、条块结合的电子政务平台。

（二）推进网上协同办公业务建设

改进公文处理方式，完善公文办理制度，尽快实现跨地区、跨部门无纸化办公。重点业务部门要加强系统功能建设，创新工作方式，优化业务流程，提高应用服务水平。研究制定电子政务协同办公考核办法。加强部门间协同业务流程和信息流程梳理工作，依托公共数据交换平台，建立部门间信息共享机制，为降低信息采集成本，实现协同办公，发挥电子政务综合效益创造条件。继续开展网上协同办公业务试点，并逐步扩大试点范围。

（三）做好企业信息化推进的基础性工作

举办中小企业信息化培训班。就中小企业信息化、企业 ERP、人力资源管理（EHR）、进销存管理（SCM）、客户关系管理（CRM）和网络与信息安全等方面，对全市中小企业进行培训。

（四）继续组织实施信息化带动工业化重点试范工程项目和中小企业信息化服务应用平台建设，积级进行扩大电子商务的试点

（五）发展壮大信息产业，做大做强信息产业

加快电子信息产业基地建设，以电子信息产业园区为基础，促进电子信息产业发展，力争实现销售收入 100 亿元，增长超 25%。软件收入 1700 万元。

（六）完成信息化建设投入 7 亿元，其中信息产业投入不低于 6.5 亿元

（七）以行政中心智能化建设为契机，以对全市的电子政务网络建设和使用情况进行调研，做好县域电子政务试点工作，全面规划，分步实施

积极探索县级电子政务的发展的新模式，选择“资源集约、信息集中、业务集成”的模式，建立一个整合一体、以块为主、条块结合的电子政务平台。海门市政府信息资源管理及网络交换中心将主要实现三大功能：第一是以海门市政府信息资源管理及网络交换中心为中心构建覆盖全市的海门市政务外网基础网络平台；第二是建设海门市政府各部门的资源目录服务体系以及构建在目录服务体系上的资源管理系统；第三是为全市各政府部门信息化建设提供专业的数据中心服务。

（李春华　石　云）

第七部分

企业（事业）、重大工程篇

“金审工程”建设概况

【基本概况】

“金审工程”是中国国家审计信息化建设项目的简称。2002年7月，国家发展和改革委员会批复了审计署申请的“金审工程”一期项目，成为列入国家基本建设投资计划的第一个电子政务建设项目。2002年8月，《中共中央办公厅、国务院办公厅关于转发〈国家信息化领导小组关于我国电子政务建设指导意见〉的通知》（中办发〔2002〕17号）确定，“金审工程”列为国家电子政务重点启动的12个重要业务系统之一。同年，“金审工程”一期项目通过国家基本建设立项审批，建设期为2年，投资1.9亿元用于审计署及其派出机构审计信息化建设。各省级审计机关也根据总体规划和部署陆续实施了“金审工程”建设。2004年底完成批复的各项建设内容，进入为期一年的试运行。2005年11月，“金审工程”一期项目通过国家竣工验收，各项应用系统进入推广运用。2006年，包括中央和地方建设内容与投资的“金审工程”二期项目已列入国家电子政务建设规划。

依据《宪法》和《审计法》赋予审计机关的职能，为了在信息化条件下有效履行审计监督职责，“金审工程”确定的总体目标是：用若干年时间，建成对财政财务收支的真实、合法和效益实施信息化条件下审计监督的国家审计信息系统。通过实现“预算跟踪＋联网核查”审计模式，逐步实现审计监督的“三个转变”，即从单一的事后审计转变为事后审计与事中审计相结合，从单一的静态审计转变为静态审计与动态审计相结合，从单一的现场审计转变为现场审计与远程审计相结合，增强审计机关在信息化环境下查错纠弊、规范管理、揭露腐败、打击犯罪的能力，更好地履行审计法定监督职责，维护经济秩序，促进政府廉洁高效建设。

国家审计信息系统（Government Audit Information System，简称GAIS）建成的标志是“六个一”，即一个满足现场、联网审计需要的审计实施系统，一个满足业务、管理和领导决策相融合的审计管理系统，一个满足数据存储、处理和共享的数据中心，一个满足各级审计机关信息资源共享的网络系统，一个确保对内对外的安全系统，一个确保系统运行和不断完善的服务系统。

审计实施系统是审计机关利用计算机技术开展审计项目的信息系统。根据审计实施方式的不同，审计实施系统规划为现场审计实施系统和联网审计实施系统两大部分。

“金审工程”一期建设目标是：整合建设审计管理系统和现场审计系统，开展联网审计试点，改建局域网设施，组织网络互联应用试点，为二期全面推广应用，重点实施联网审计，建设全国审计机关互联互通、资源共享、安全可靠的信息系统奠定基础。

“金审工程”二期建设目标是：全面推广和完善扩展“金审工程”一期建设的审计业务和管理系统，初步建成以预算执行为重点的联网审计系统和国家审计数据中心，初步实现各级审计机关的业务协调、互联互通、资源共享、系统安全。初步形成具有中国特色的现代审计方式，初步建成国家审计信息系统。

【江苏项目实施主要成果】

2001年，江苏省审计厅根据审计署“金审工程”总体规划，确定了以审计管理系统、现场审计实施系统、联网审计实施系统三大应用系统为主干，以数据中心、网络系统、安全系统、服务系统为支撑的江苏省“金审工程”建设规划。

审计管理系统是审计机关管理审计业务和行政办公的信息系统，英文名称为Office Automation，简称OA系统。审计管理系统具有对审计业务支撑、审计办公管理、领导决策支持、审计信息共享等管理内容和技术功能，以审计计划项目信息为先导，对审计项目实施信息、结果反馈、业务指导、公文流转、审计决策等各环节进行全面管理和技术支持，形成审计业务、管理、决策的一体化。

作为审计署确定的全国审计信息化建设试点单位，江苏省审计厅已于2005年12月部署了审计署开发的审计管理系统“地方版”，实现对审计业务的管理，并成为首批审计机关业务流程无纸化试点示范单位。为解决基层审计机关人力、财力不足的困难，审计署还开发了审计管理系统“1拖N”版，即系统部署在地市级审计机关，区县级审计机关以远程终端方式接入，实现在省辖市范围内所有审计机关在统一平台办公和资源共享。2006年，该系统在苏州市审计机关部署应用。2007年，南京、南通、无锡、镇江四市审计机关部署应用，其他各市拟于2008年部署。

自2006年6月苏州市审计局投入运行审计管理系统（OA）以来，已实现了公文起草、签批、收发、办理，审计计划和审计项目管理等功能全流程系统内运转。在实际应用中，还根据需求及时进行了系统完善或者调整，如项目资料树的重新整合、从OA导出公文并导入市档案局档案软件的数据转换以及公文电子签章功能等等。至2007年末，已累计收文3511篇；已办结公文1134篇，起草并办结的业务公文有363篇；各种审计信息330篇，向局本机关和本系统发送公告346篇次；上传廉政教育等培训课件36个；增加被审计单位基础资料197个。另外，苏州市审计局还充分利用OA“1拖N”的优势，在全市审计机关实现各种资源的共享，如公告、计算机审计专家经验、被审计单位基本资料等。2007年6月苏州市审计局被审计署办公厅确定为全国首批审计机关业务流程无纸化示范试点单位之一（全国只有两个地级市成为首批示范单位）。

现场审计实施系统是审计人员实施就地审计方式的信息系统，英文名称为Auditor Office，简称AO系统。现场审计实施系统的业务功能规划为，可以提供对财政、行政事业、固定资产投资、农业与资源环保、社会保障、外资运用、金融、企业和领导干部经济责任等审计项目的专业审计功能技术支持和扩展；其技术功能规划为具有数据采集、数据转换、审计抽样、审计分析、审计取证、审计工作底稿编制、审计报告和统计汇总、审计项目质量控制、审计信息交互共享等技术功能的支持和扩展。现场审计实施系统基于对各行业审计数据采集转换的向导和模板，基于审计准则和专业审计指南的向导模板，基于审计师经验的总结提炼并编制成系统可以识别和执行的计算机审计方法，基于审计抽样理论和实务向导，基于审计中间表和审计分析模型等构建技术的支持，并辅之相应的专业审计功能，实现对各专业审计项目的业务支持和知识共享。

2004年下半年，审计署开发完成AO2005版后即在我省部署应用。2007年审计署开发完成了AO2008版，弥补了原AO2005版中的不足，并增加了联机作业模式。我省积极推广应用现场审计实施系统，对审计业务人员多次组织培训，完善考核制度，取得了较好的成效。

2007年初，南通市审计局成功举办了“全市AO应用知识大奖赛”，赵长林副厅长出席比赛，朱尧平厅长专门发去了贺信。2007年12月22日，江苏省审计厅在南通召开有全省三级审计机关主要负责人参加的“AO应用现场会”。南通市审计局纪进局长向大会汇报了南通市推动AO应用的工作思路、做法与成效。会上还安排了能够互动演示的展台，展示南通市审计局精选的近两年审计署AO应用实例10个获奖项目。朱尧平厅长对南通市推广运用AO的做法予以充分肯定，并要求全省审计机关“审计人员要100%地会用AO，审计项目要100%地运用AO”的两个100%工作目标。

在审计署历年组织的应用成果评比中，我省均取得了良好的成绩。2007年江苏省审计厅对我省2005、2006年入选审计署的AO应用实例和计算机审计专家经验进行了选取、整理，汇编成《现场审计实施系统审计应用实例》一书公开出版发行，受到了署领导的高度赞扬。

——2005年我省上报审计署AO应用实例36篇，有35篇入选审计署AO应用实例，其中4篇获得优秀奖，29篇获得应用奖，2篇获得鼓励奖。江苏省审计厅被评为2005年审计署AO应用实例征集活动“优秀组织单位”。2006年我省上报审计署AO应用实例57篇，全部入选审计署AO应用实例，其中10篇获得优秀奖，47篇获得应用奖。江苏省审计厅被评为2006年审计署AO应用实例征集活动“优秀组织单位”。2007年我省上报审计署AO应用实例92篇，全部入选审计署AO应用实例，其中7篇获得优秀奖，66篇获得应用奖，19篇获得鼓励奖。江苏省审计厅被评为2007年审计署AO应用实例征集活动“优秀组织单位”。

——2005年我省上报审计署计算机审计专家经验19篇，有16篇入选审计署计算机审计专家经验，其中2篇被评为优秀计算机审计专家经验。江苏省审计厅被评为2005年审计署计算机审计专家经验征集活动“优秀组织单位”。2006年我省上报审计署计算机审计专家经验66篇，有50篇入选审计署计算机审计专家经验，其中5篇被评为优秀计算机审计专家经验。江苏省审计厅被评为2006年审计署计算机审计专家经验征集活动“优秀组织单位”。2007年我省上报审计署计算机审计专家经验61篇，有24篇入选审计署计算机审计专家经验，其中3篇被评为优秀计算机审计专家经验。江苏省审计厅被评为2007年审计署计算机审计专家经验征集活动“优秀组织单位”。

联网审计实施系统是审计机关实施联网审计的信息系统，英文名称为On-Line Auditor Office，简称OLAO系统。联网审计是对需要经常性审计且关系国计民生的重要部门和行业实施“预算跟踪+联网核查”模式的计算机审计。联网审计以确定的采集周期在线获取对方系统中审计所需数据，进行实时的审计处理，及时发现问题并及时反馈，督促被审计单位及时规范管理，采用动态、远程审计的方式，达到事中审计的效果和效益，并对积累的历史数据进行趋势分析和预测评价，提出审计评价意见和审计建议。

2006年10月，江苏省审计厅先后在南京和苏州两地召开了全省联网审计现场会。我省联网审计试点单位苏州市审计局、南京白下区审计局、下关区审计局和苏州太仓市审计局分别通过全省首次开通的远程视频审计培训系统，向全省各市、县（市、区）审计机关进行现场演示和交流。李金华审计长、仇和副省长出席会议并作重要讲话，审计署计算机技术中心主任王智玉、审计署办公厅副主任、署信息化建设办公室主任周德铭出席会议并对南京白下、下关、苏州、太仓等6个联网审计项目及苏州审计管理系统“1拖N”版的演示给予高度评价。

2007年，徐州市审计局决定在区县审计机关全面开展财政联网审计工作。鉴于当时审计署开发的区县财政联网审计支持的业务数据包括：会计结算中心数据和财政总预算数据，审计署决定在徐州首次增加“非税收入数据模块”作为试点，然后在全国推广，从而实现了区县财政联网审计的全部功能。贾汪区审计局率先于12月份部署完成，在会计结算中心、财政总预算、财政预算管理等模块的基础上，增加了非税收入审计模块和乡镇财政资金审计模块。

【成功经验】

（一）加强了审计业务的管理

审计管理系统是集审计业务管理和行政办公为一体的综合性业务管理系统，用以加强审计业务工作的决策、组织、指导和管理，并构建用于支撑审计业务的基础资源数据库。该系统基于审计管理平台和统一的设计、开发、集成规范进行建设，系统架构先进合理，具有较强的扩展和集成能力。各级审计机关可以根据自己的需要裁剪审计管理系统，也可以将原有的应用软件集成到审计管理系统平台上，统一向审计人员提供服务。

“金审工程”一期统一规划、整合设计的审计管理系统、现场审计实施系统以及试点的联网审计实施系统，较好地发挥了信息技术在审计业务和管理中的作用。

（二）提高了审计工作的能力和效率

“金审工程”积极稳步地实施，引起了审计方式方法的变革，促进了审计技术的发展。审计人员使用计算机手段进行审计，可以快速便捷地处理电子数据。同时，计算机审计软件的应用，又提供了在手工条件下不可想象的技术手段，解决在手工条件不可能解决的问题。在网络环境下，审计人员可以快速、准确地从海量数据中获取与审计有关的数据，可以高效、快速地查询和分析数据，可以可靠、畅通地传输数据，可以安全、完整地保存数据，还可以实现网上协调、快速联络和信息沟通，实现数据资料共享、审计经验共享。计算机技术在审计实践中的广泛应用，为审计技术的发展提供了广阔的空间。

苏州太仓市审计局与社保资金的信息系统联网后，应用现场审计实施系统实时监督社会保障6个险种资金的征缴、发放、管理情况，及时向社保资金管理部门提出加强和改进管理的建议，并通过审计管理系统进行数据存储，为进一步开展社保资金管理状况的趋势分析研究奠定了基础。南京市白下区审计局在联网审计试点后，改变了审计方式，提高了工作效率。“一次联网，重复使用”，使审计周期缩短2/3以上，审计覆盖面比两年前扩大了5倍，不但实现了资源共享，而且保证了审计质量。

（三）提高了审计人员的业务素质

在传统审计方式下，审计人员大多是财会人员，面对的大多是纸质的账目系统，依赖详查或抽样的方法进行审计。在电子数据的审计中，审计人员面对的则是计算机系统和多种多样的数据库，看到的不是纸质账目，而是种类繁多的数据。这就迫使审计人员不断提高信息化知识素养，不断提高计算机审计操作技能，运用计算机技术来分析和使用数据，实现审计目标。在计算机审计技术难题的攻关中，锻炼和培养出一批能够使用和开发计算机审计技术和审计方法的人才，成为审计事业发展的可靠保证。江苏已有相当一部分审计人员能运用计算机常用软件和数据转换技术开展审计工作，部分审计人员运用VBA编程和SQL语句进行数据查询分析。截至2007年底，全省有98%的审计人员通过了计算机初级等级考试，有708人通过了第二轮计算机等级考试，有295人通过了审计署组织的计算机审计中级水平考试。

【发展目标】

今后，江苏省审计厅将按照审计署的要求，扎实推广“金审工程”一期的成果，逐步开展“金审工程”二期的建设。1．向全省审计机关推广应用联网审计、审计管理系统“1拖N”版和AO2008版；2．在已有成功经验的基础上，继续征集计算机审计专家经验、AO应用实例和信息系统审计案例；3．开展各项计算机培训，包括计算机审计中级培训、审计机关处长计算机知识培训、计算机专业人员技能培训和OA、AO系统操作技能培训等；4．完成“金审工程”二期项目申报工作，推进“金审工程”二期建设，初步完成数据审计室和数据中心建设。

（杨　青）

江苏省安全生产指挥信息系统

近年来，在省委、省政府的正确领导下，全省安全监管监察系统立足全省实际，全力推动安全生产工作，全省安全生产形势保持了总体平稳、趋向好转的良好态势。尽管如此，目前安全生产工作与科学发展观的要求、与党和人民群众的期望仍有较大差距。为进一步加强全省安全生产指挥调度，省政府决定投资7800万元建设省安全生产应急指挥中心，其中2600万元用于信息系统建设。预计2009年4月底竣工并投入使用。

【全省安全生产信息化现状】

我省安全生产监督管理部门于2004年组建，信息化建设起步较晚。2005年以来，无锡市以重大危险源控制为中心开始了一系列开发和尝试，带动了全省安全生产信息化建设。至2006年底，省、市、县（市、区）安监部门多数建成了面向公众和企业的门户网站和面向内部办公人员的局域网。省、市级安监部门还开发了部分专项业务系统软件，如危化品生产经营许可申请软件、培训审批VPN虚拟专网等。

目前，省局专网尚未建成，仅有国家总局投入并联通的视频会议系统。在内网建设上，没有建成公共办公平台，除了共享公网外，基本处于空白状态。

【安全生产信息系统建设目标】

充分利用国家和我省现有的信息化基础设施，通过省安全生产指挥中心建设，提高安全监管监察信息采集、处理、加工的能力，实现安全监管监察和执法工作信息化，为我省实时预报事故、消除隐患、分析安全生产形势和及时决策提供服务。在面对重特大安全生产事故时，安全生产指挥中心能够为首长和参与指挥的业务人员和专家提供各种通信和信息服务，提供决策依据、分析手段，保证指挥命令畅通；及时、有效地调集各种资源，实施灾情控制，减轻事故对人民群众生命财产造成的威胁，将损失控制在最小范围内。

【安全生产信息系统建设内容】

1．基础IT平台建设。依托公网及已有网络基础设施，构建以省局为中心的江苏省安全生产信息系统通信平台。该系统对上联接国家安监总局和省政府，与国家“金安工程”和省政府应急系统对接；横向与51个安委会成员单位联接，实现安全生产信息共享；对下与全省13个市级安监局及安全应急分中心联接，实现快速调度指挥。

2．公众信息网建设。建成省级安全生产信息服务门户平台，按照“外网受理，内网办理，外网反馈”的模式，进一步提高外网的行政许可网上办理功能，推进政务公开、互动交流，开展在线访谈、网上调查、网络直播、远程教育等。

3．机关办公业务网建设。本着功能完备、简洁实用、易于操作的原则，按照规范的操作流程和数据流转方向，建成省局办公平台，实现内部资源共享，数字化办公，提高办公效率。

4．办公业务资源网建设。建设煤矿、非煤矿山、危险化学品、烟花爆竹、重大危险源、伤亡事故管理6个子系统。在安全生产指挥中心建立指挥大厅，建成指挥中心信息管理系统、视频会议系统、DLP屏幕系统、短信息系统、数字录音系统、视频监控系统等。

5．办公业务数据库建设。建立重点企业安全生产状况、重大危险源监管和预案、危险化学品、行政执法、政策法规、重特大事故档案、事故统计、抢险救灾资源、安全生产专家等10个数据库。

6．安全保障和运行维护系统建设。

（陈广玉）

银行卡产业发展概况

2007年，银联江苏分公司紧紧围绕“加大创新力度、规范市场发展、完善服务体系、丰富品牌内涵”四条主线，振奋精神，内外兼修，各项工作取得了显著成绩。

【工作业绩】

截至2007年12月末，各项指标预计完成情况如下：

新增银联标准卡2540万张。其中银联标准信用卡140万张，借记卡2400万张。

ATM成功交易笔数17602万笔，清算金额495亿元；POS成功交易笔数1亿笔，交易金额1500亿元。

新增直联特约商户19149家，新增直联POS终端28234台。

交易成功率为98.5%；全年无中断、无故障。

【工作措施】

（一）致力创新，业务发展后劲进一步夯实

1．挖掘具有江苏地方特色的银联标准信用卡项目，实现产品创新

一是成功推动发行了民生交广联名信用卡、中信－万邦汽车联名卡、招行“博爱之都”卡、工行“牡丹书缘”卡等银联标准信用卡项目；推动江苏银行镇江、南通分行及泰州邮储的社保卡采用银联标准。

二是推动招行“Hello Kitty”卡、工行“猪”卡、建行“大学生”卡和“八一”龙卡、香港“旅游卡”等的发行。

三是积极推动各地市落实江苏省财政厅文件以及武汉会议精神，推动省工行、二级地市财政公务卡中标银行发行银联标准公务卡。

2．加强与渠道、行业的良性互动，实现业务创新

一是推动交行、华夏、光大、浦发等8家银行开通手机支付无磁有密交易，全年新增用户100万户，累计交易金额超1亿元；9月，连连科技空中充值资金回缴款业务正式投产，填补省内空白。

二是协调南京兴业、民生等6家银行开通业主转账业务，满足批发市场电子化收银需要。

三是全面实施中萃资金归集项目，累计交易金额超1.5亿元；推动银商集团分别与南京移动、南京盐业集团达成合作意向，调动第三方积极性。

四是积极响应政府关注民生问题的号召，推出银联“缴费一站通”项目，在南京近50个社区、街道、40多个银行和公共事业缴费网点布放缴费终端，并已实现自来水、有线电视、天然气等十多项支付功能。

五是协调南京银行网上基金业务上线；与江苏移动、省教育厅考试中心、江苏邮政等机构达成互联网支付业务合作意向。

（二）精耕细作，受理市场建设稳步推进

一是出台《江苏省银行卡受理市场发展规划（2007—2008）》，分别上报省政府、人民银行南京分行，从“现状、目标、策略”等方面深入阐述金融业全面开放环境下，江苏省银行卡受理市场面临的机遇与挑战，以及为应对日益激烈的市场竞争，未来两年应达到的规模目标及采取的有效措施等。

二是建立了“重点成员机构银行卡咨询顾问制度”和“江苏省银行卡成员机构联席会议制度”，形成了解决江苏受理市场发展问题、推动市场健康有序发展的协商机制。

三是编制省内“地区银行卡发展指数”，建立省内各地银行卡产业发展评估体系，推动当地政府和行业主管部门重视银行卡产业发展；建立二级地区收单专业化机构综合评价体系，按月发布排行榜。

四是打造“江南中心”（苏州）、“江北中心”（南通）和“省会中心”（南京），通过三大“中

心”带动周边地区发展，提高全省银行卡受理市场整体发展水平。

五是与旅游局签订战略合作协议，推动省内景点、景区受卡。

（三）深入细致，综合服务体系日臻完善

一是充分挖掘银联数据资源，为发卡机构和二级地区度身定制个性化分析报告和数据统计分析系统，为其有针对性地开发目标客户和目标市场提供借鉴与参考。

二是在差错处理、短款追索等方面为成员机构提供强有力的支撑。先后协助中行和建行妥善解决由于其自身原因造成的资金错账问题，实现了对大量错账款项的成功追讨和正确划拨。

三是携手相关部门共建银行卡风险控制机制，协助警方破获多起涉卡案件；会同银监局和发卡机构打击不法中介非法套现活动。

四是围绕“服务前移”，在确保系统稳定高效运行的同时，通过建立运行情况通报制度、技术服务机制和开展交易质量竞赛活动，完善运行质量管理长效机制。

五是深入开展以“形象统一、效率提升、功能丰富、品牌宣传”为主题的“ATM优化年”活动，加强对各行ATM布局的指导，推动各行优化机具布局，提高使用效率。自主研发了“南京地区ATM布局分析系统”。

（四）把握机遇，品牌营销工作再创新路

一是抓住节日消费良机，推动各地先后开展“粉刷三八节·喜庆五周年”收银员答谢活动、“五一”联机中奖营销活动。于7月16～30日牵头组织了“刷卡无障碍·缤纷夏日游”宣传营销活动，有效提高了淡季交易量。

二是开展“庆回归十周年·银联伴您畅游香港”活动。路演当天，媒体纷纷以“银联标准卡出国刷卡优惠多”等为题发布报道，其中新华社江苏分社的“中国银联：游香港办理银联香港旅游信用卡可享受多重优惠”一稿被国内7家媒体采用。

三是为进一步推动省内二级地市农民工银行卡特色业务的开展，于2007年7月18～20日，在宿迁、盐城地区开展了该项业务的推广宣传，鼓励当地群众现场办理农民工特色业务。抓住农忙时节农民工返乡的有利时机，开展“关爱农民工·夏日送清凉”活动，被CCTV新闻刊播。

四是借分公司成立五周年之机，推出《新华日报·银联五周年》专刊，围绕“如何创建民族银行卡品牌”进行深度报道，引起各界广泛关注。

五是策应总公司国际化战略，通过出入境管理处、出境旅行社积极宣传银联境外网络延伸情况，并与出入境管理处建立了合作关系，为出国人员现场办理银联标准信用卡。先后与5家涉外旅行社签署了合作协议，推动境外用卡。

（五）夯实根本，企业文化建设深入人心

一是实行重大事项集体决策制度，为分公司各项工作开展提供制度保障。

二是按季对财务收入进行分析，明确业务发展和财务配置的增长点和侧重点，为重点业务的推动提供资金支持。

三是深化服务代表考核，增加业务骨干承担服务代表工作，提升服务水平，增强市场意识。

四是开展受理市场“大家来找茬”活动，号召员工积极寻找商户服务类别码（MCC）、中文名称、银联标识张贴等受理市场不规范之处，提高员工业务参与度。

五是于五周年之际召开以“传承奥运精神·展示银联风采”为主题的“江苏分公司首届趣味运动会”，增强企业凝聚力，营造和谐工作氛围

（胡守荣）

“致福工程”实施情况

2007年是“致福工程”实施第四年，也是由试点转向全面推广的第二年。致公党江苏省委按照全省“送科技下乡，促农民增收”活动总体部署，继续认真组织实施旨在我省广大农村普及计算机知识，帮助农民掌握上网技能的“致福工程”，全年培训各地种养大户、农民经纪人、农技人员、村干部及普通青年农民3万余人，4年累计培训农民达10万余人。现将2007年我省多部门联合实施的“致福工程”实施情况总结如下：

1．继续加强多部门合作，努力打造福泽农村千家万户的品牌工程。2007年争取财政投入700万元，与省农林厅、财政厅联合下发了《2007年“致福工程”实施意见》，组织编印《“致福工程”培训教材》4万册及时发放到位，全年培训3万农民初步掌握计算器操作技能的任务基本完成。

2．充分发挥参政党优势，积极做好建言献策工作。今年致公党江苏省委围绕农村电脑普及、农民使用电脑及上网交易情况，开展跟踪调研，在省政协九届五次会议上专门提交了《关于推进我省农村信息化发展的建议》，被列为省政协主席重点督办提案，省信息产业厅、省通信管理局和省农林厅积极采纳提案建议，4月底在全国率先实现了全省行政村“村村通宽带”，针对农村地区网络用户出台了更为优惠政策，积极整合涉农网络与信息资源，加快建设100个“信息示范村”和1000个“信息村”，有效推进了我省农村信息化进程。

3．积极参与“江苏省第二届农民（家庭）上网技能大赛”活动。作为主办单位之一，积极配合信息产业厅发起的倡导农村家庭“父母教子女、子女帮父母、小手拉大手”共同学电脑、学上网的“江苏省第二届农民（家庭）上网技能大赛”活动。主动参与大赛方案策划、宣传组织发动，在线教材编写、竞赛规则制定等工作。目前，大赛网上报名工作已全面启动，农民报名踊跃。

4．狠抓薄弱环节，举办“全省‘致福工程’教师研修班”。在“致福工程”累计培训10万农民基础上，为进一步提高培训质量，致公党江苏省委与省农林厅、南京新华电脑专修学院合作，上半年联合举办了两期“全省‘致福工程’教师研修班”，来自全省各地“致福工程”78个培训点的100多名教师参加了研修，使一线教师面向农民传授知识的技能得到进一步提高。

5．积极做好宣传工作，进一步扩大“致福工程”社会影响。今年我省“致福工程”被中央电视台报道两次，同时我们还积极撰写宣传稿件在《光明日报》上刊载，“致福工程”社会影响进一步扩大。为反映“致福工程”由试点到全面推广，下半年我们还与江苏卫视记者一道深入农村实地采访拍摄，联合制作了全方位反映“致福工程”推广成效的新专题片《致福之光》，该片不久将在江苏卫视频道播出。

6．积极筹备“致福工程”五周年表彰活动。与省农林厅、财政厅、信息产业厅和科技厅联合下发《关于推荐“致福工程”优秀学员、先进集体和先进工作者的通知》，目前筹备工作正在有序进行。

7．积极做好相关服务，动员社会力量向“致福工程”学员捐赠电脑。致公党常州市委专门发出倡议书，动员党员捐赠了40台电脑，赠送金坛、武进地区“致福工程”优秀学员；致公党南京市委主动走访各县农广校，并参加了六合培训点的开班典礼，募集了10台电脑捐赠给高淳培训点优秀学员。这些举措受到了农民朋友的好评。

目前这项免费培训农民学电脑、学上网的“民心工程”被各地誉为我省农村的“奔小康工程”、“新农村建设工程”。

（致公党江苏省委）

积极推进常州信息化建设　服务常州发展

【服务农村信息化，支持社会主义新农村建设】

《中共中央关于制定国民经济和社会发展第十一个五年规划的建议》，明确了今后5年我国经济社会发展的奋斗目标和行动纲领，明确提出建设社会主义新农村的重大历史任务，为做好当前和今后一个时期的“三农”工作指明了方向。“三农”问题成为2006年的大热点，各部委全力贯彻党中央、国务院要求，先后提出具体措施，各部委提出的具体措施，大部分与农村信息化相关。

中国电信积极响应国家发展政策，全面启动了信息化新农村建设工作，并提出了“政府牵头、市场运作、各方配合、共同推进”的工作思路。

从2006年起，常州电信开始全面启动农业综合信息化服务推广工作，并深入农村信息化示范点，多角度、多侧面了解当前农村信息化建设情况，研究推进农村信息化建设的思路和对策措施，共同谋划，找准切入点。在推进农村信息化进程中做到统筹规划、目标明确、信息适用、各负其责，着重解决好想用、会用、肯用、好用四个问题，让农村用户得到更多的实惠；从基础网络覆盖、支撑系统建设、信息应用引导三个层面，加快农村电信基础设施建设，加强农业综合信息服务的推广应用，积极培育开发农村电信市场，稳步推进农村信息化建设。目前，金坛电信构建的“农技110”综合信息服务品牌囊括短信、声讯、网站、专家热线、网络视讯五大平台，汇聚各类涉农信息资源和农产品供求市场信息，实现文字、声音、图像为一体的多媒体信息服务。信息下发将根据细分的9个子类别、99类行业的每一个细分市场，提供专业化的供求信息、价格信息、专家预测信息、农业技术信息等信息服务，以供农民朋友订购选择。

在武进区和新北区推进宽带接入工程，加快实现宽带镇、宽带村建设，积极推进宽带进村工程，突出强调将宽带普及作为信息化新农村的主要指标。宣传互联网是信息化的主要途径，明确“村村通宽带，户户能上网”的目标。在整合现有信息资源的基础上，开发服务于发展现代农村、建设新农村和培育现代农民的各类信息资源，组织农民上网培训，初步建立起覆盖镇、村和农业龙头企业、农民专业合作经济组织、种养大户等的农村信息服务网络和服务队伍，为农民提供网上服务，促进农业增效、农民增收。加强与政府部门的合作，提高农村行政村公共上网普及率。构建城市和农村的信息桥梁，帮助农民提升价值，有步骤建立农村信息化示范村。

【服务社会公共信息化，推进社会信息化建设】

2006年以后，常州社区信息化在钟楼区率先启动了试点工作，完成了全区122个点的信息化改造，实现了全区所有社区电子台账系统的使用，发布通知、文件交换、台账录入、专项调查等大量工作都在网上完成，避免了重复劳动，社区工作量骤减80%，信息化社区的优势已经初步显现，社区信息化平台日益成为城市基层管理平台、居民服务平台和开展社会工作的平台。结合常州社区工作的实际情况和钟楼区社区信息化的成功经验，经过与市政府信息办多次商讨和协商，由市政府信息办、民政局牵头，会同一起商量实施全市社区信息化的方案，全市各社区全部通过电信ADSL VPN网络与常州市电子政务网互联，并经电子政务网出口访问INTERNET。第一批实施348个点，于当年9月底全部完成，当年10月份实施的第二批1104个点，共涉及到88个街道及村委，也在2007年初全部完成。

【服务教育信息化，促进优质教育信息共享】

积极推进教育信息化、数字校园等各项行业

信息化，为了推进这项工作的开展，多次组织举办有关教育信息化的讲座，对中国电信推出的“宝宝在线”服务做了详细的介绍。“宝宝在线”解决方案是中国电信专门针对幼儿行业推出的电信互联网增值信息服务，为幼儿园与家长建立起一条方便，快捷，高效率的沟通渠道。主要包括平安卡、在线网站、短信互动、视频现场直播及录像等功能。并配合现场演示，让到会客户对该项业务有了更感性的认识。特别是常州率先使用“宝宝在线”业务的常州新加坡爱儿坊幼儿园的使用感受交流，让在座客户颇受感染，该园负责人站在幼儿园管理的角度，将“宝宝在线”业务从对家长、对老师以及对学校管理中起到的不同作用进行了阐述，又从学校管理的刚性制度管理到柔性校园文化等方面进行了经验分享。使学校对学生管理更加有效，学校与家长间的互动更加密切，从而提高了学校的整体教学管理水平，使校方信息化管理不断迈上新的台阶，让学生的校园生活更加精彩。

（江景亮）

第八部分

基础数据篇

江苏省信息化相关指标统计数据

一、电子信息产业

2003—2007 年江苏省(区、市)电子信息产业主要经济指标完成情况　　单位:亿元

指　　标	2003 年	2004 年	2005 年	2006 年	2007 年
工业总产值	—	—	—	—	—
产品销售收入	—	—	6820	8973	11582
工业增加值	—	—	1650	—	2500
利润总额	—	—	280	527	890

2003—2007 年江苏省(区、市)电子信息产品制造业主要经济指标完成情况　　单位:亿元

指　　标	2003 年	2004 年	2005 年	2006 年	2007 年
工业总产值	—	—	—	—	—
产品销售收入	3032	4566	6500	8461	10750
工业增加值	728	1096	1560	1946	2414
利润总额	99.1	154.3	215.4	407	451

2003—2007 年江苏省(区、市)主要电子信息产品产量情况

指　　标	单位	2003 年	2004 年	2005 年	2006 年	2007 年
集成电路	亿块	37	63	82	118	128
程控交换机	万台	140	134	97	12	10
移动通信交换机	—	—	52.1	—	—	—
移动通信手机	万台	510	263	2846	6890	5295
微型计算机	万台	516	1111	2996	4374	5887
彩色电视机	万台	467	437	404	248	449
电子元件	亿只	702	975	1180	1428	2022

二、通信业

2003—2007年江苏省(区、市)通信业务主要经济指标完成情况　单位:亿元

指　标	2003年	2004年	2005年	2006年	2007年
通信业务总量	438.2	557.36	728.08	997.2	1280.1
其中:电信业务总量	393.8	510.97	675.13	934.62	1208.6
邮政业务总量	44.4	46.39	52.95	62.54	71.5
通信业务收入	354.8	402.1	453.6	516.35	592.2
其中:电信业务收入	315.7	361	409.1	467	534.8
邮政业务收入	39.2	41.1	44.5	49.35	57.4
通信业增加值	—	—	—	—	338.7
通信固定资产投资额	128	127	124	145.9	150.6

注:通信业务总量=电信业务总量+邮政业务总量;电信业务总量=移动通信业务总量+固定通信业务总量;通信业务收入=电信业务收入+邮政业务收入。

2003—2007年江苏省(区、市)通信网络基础设施发展情况

指　标	单位	2003年	2004年	2005年	2006年	2007年
光缆总长度	千米	—	—	—	—	362449
长途光缆总长度	万千米	1.67	2.37	2.55	2.64	2.93
局用交换机容量	万门	2300	2421.4	4187.1	4578.7	4718.4
移动通信交换机容量	万户	2380	2644	3397	4239.48	5244.9

2003—2007年江苏省(区、市)电话用户发展情况　单位:万户

指　标	2003年	2004年	2005年	2006年	2007年
固定电话用户总数	2043.5	2581.9	3059.4	3224.7	3225.8
其中:传统固定电话用户	1809.1	2078.1	2289.9	2409.7	2481.3
无线市话(小灵通)用户	234.4	503.8	769.5	815	744.5
移动电话用户总数	2038.5	2218.5	2550.4	2847.6	3313.2

2003—2007年江苏省(区、市)电话普及情况　单位:%

指　标	2003年	2004年	2005年	2006年	2007年
电话普及率	55.1	64.6	75.2	80.4	86.6
移动电话普及率	27.5	29.8	34.2	37.3	43.9
通话行政村比重	100	100	100	100	100
主线普及率*	27.6	35	41.2	43.1	42.7

注:“主线普及率”是指每百人电话主线数。

三、广播电视

2003—2007 年江苏省(区、市)广播电视发展情况

指　　标	单位	2003 年	2004 年	2005 年	2006 年	2007 年
广播综合人口覆盖率	%	99.6	99.7	99.7	100	99.86
广播电台	座	14	14	14	14	14
广播节目套数	套	—	—	—	—	128
电视综合人口覆盖率	%	99.5	99.5	99.5	99.9	99.87
电视台	座	14	14	14	14	14
电视节目套数	套	—	—	—	—	131
有线电视用户	万户	757.4	912	1076.9	1227.7	1350
数字电视用户	万户	—	—	—	—	240
有线电视普及率	%	32.52	38.65	44.37	52.38	55.1
有线电视传输网	万千米	—	—	—	—	29.16

四、计算机与网络

2003—2007 江苏省(区、市)上网用户发展情况　单位:万户

指　　标	2003 年	2004 年	2005 年	2006 年	2007 年
上网用户总数	405.5	450	449.54	575.9	671.9
其中:专线上网用户数	—	—	0.64	0.405	0.4
拨号上网用户数	—	—	158	165.2	119
宽带上网用户数	—	152.4	290.8	410.3	552.5

注:通过多种方式上网的用户被重复计入各种上网方式中,因此各种方式上网用户数之和可能大于上网用户总数;专线上网用户指通过以太网方式接入局域网,然后再通过专线的方式接入互联网的用户;宽带上网用户指使用 xDSL、CABLE MODEM 等方式上网的用户。

五、科研与人才

2003—2007 年江苏省(区、市)科研与人才基本情况

指　　标	单位	2003 年	2004 年	2005 年	2006 年	2007 年
专利授权数	件	9829	11300	13580	19352	31770
.计算机软件版权合同登记数	件	—	—	—	—	—
电子类出版物版权合同登记数	件	—	—	—	—	
科研与开发(R&D)经费支出额	亿元	137	195	270	330	430
R&D 经费支出占 GDP 比重	%	1.1	1.3	1.48	1.55	1.7
教育经费占 GDP 比重	%	1.88	1.8	1.84	—	—
从事科技活动人员总数	万人	33.18	33.55	35.5	36	39.1
* 在校大学生人数	万人	85.9	99.5	115.9	130.6	147.2

* 注:指大专以上在校大学生人数。

以上数据来源:江苏省统计局、江苏省信息产业厅,《江苏信息化年鉴》编辑部整理。

南京市信息化相关指标统计数据

一、电子信息制造业

2002—2006年南京市电子制造业主要经济指标完成情况

项目名称	单位	2002年	2003年	2004年	2005年	2006年
全年总产值	万元	3205734	4368514	7315975	10280021	10640785
产品销售收入	万元	3113147	4709090	7404860	10179903	10677800
工业增加值	万元	639400	762188	1267191	1820587	1837580
实现利税	万元	120558	177006	330040	352657	383059
其中:实现利润	万元	49741	86164	203998	203100	271377

二、通信业

2002—2006年南京市通信业务主要经济指标完成情况

项目名称	单位	2002年	2003年	2004年	2005年	2006年
通信业务总量	万元	344466	411063	458763	653378.9	855641.5
电信业务总量	万元	353441	397902	534900	311913.9	36339.5
移动通信业务总量	万元	102728	142826	175032	341465	492245
通信业务收入	万元	402727	478334	524525	576666.9	687373.1
电信业务收入	万元	226636	249909	257983	299295.9	321862.5

2002—2006年南京市通信网络基础设施发展情况

项目名称	单位	2002年	2003年	2004年	2005年	2006年
局用交换机容量	万户	257	268.3	291.9	310.3	571
移动通信交换机容量	万户	204	383.4	410.7	479.7	564

2002—2006年南京市电话用户发展情况

项目名称	单位	2002年	2003年	2004年	2005年	2006年
电话用户总数	万户	373.4	530.8	681.2	793.97	832.24
固定电话用户总数	万户	182.6	231.2	288.7	339.7	344.22
移动电话用户总数	万户	190.75	299.59	384.34	454.27	488.02
无线寻呼用户数	万户	12.4	2.2	1.06	–	–

2002—2006年南京市电话普及情况

项目名称	单位	2002年	2003年	2004年	2005年	2006年
全市电话普及率	%	67.5	94.6	116.7	133.3	139.7
移动电话普及率	%	34.5	53.2	65.8	76.2	82

注:电话普及率=(固定电话+移动电话)/全市人口。

三、广播电视

2002—2006年南京市广播电视发展情况

项目名称	单位	2002年	2003年	2004年	2005年	2006年
卫星地球站点数	座	214	210	217	295	300
微波站	座	7	7	7	8	8
微波通信线路	千米	100	100	100	120	120
广播综合人口覆盖率	%	100	100	100	100	100
广播电台	座	8	8	8	8	9
广播节目套数	套	12	12	12	12	12
无线广播每日播出时间	小时	174	169	154	114	150
电视综合人口覆盖率	%	100	100	100	100	100
电视台	座	6	6	6	6	9
电视节目套数	套	11	11	12	12	25 (含省10)
电视平均每周播出时间	小时	729	534	698	959	2673
有线电视用户	万户	95	100	110	144	183
有线电视入户率	%	54	55.5	60.79	77.07	74.87
有线电视传输网	万千米	3.20	3.40	3.58	4.01	4.5
年末从业人员总数 (含非正式职工)	万人	0.2517	0.2230	0.2133	0.22	0.37

四、计算机与网络

2002—2006年南京市上网用户发展情况

项目名称	单位	2002年	2003年	2004年	2005年	2006年
上网用户总数	万户	—	—	—	62.9	67.52
专线上网用户数	万户	0.01	0.01	0.01	0.01	0.01
拨号上网用户数	万户	64.88	63.08	45.86	9	6
专线和拨号上网兼用用户	万户	64.89	63.09	44.97	9.11	6.1
使用其他设备上网用户	万户	3.16	9.73	22.66	53.8	55.4

2002—2006年南京市计算机软件业基本情况

项目名称	单位	2002年	2003年	2004年	2005年	2006年
软件销售收入	亿元	42	71	109	166	258
软件企业数量	家	300	400	600	800	900
软件开发人员数	万人	1.5	2	2.5	3.5	5

五、科研与人才

2002—2006年南京市科研与人才基本情况

项目名称	单位	2002年	2003年	2004年	2005年	2006年
专利授权数（科研成果）	项	1156	1551	—	2166	2847
科研与开发(R&D)经费支出额	万元	241769	305088	72709	79654	98972
R&D经费支出占GDP比重	%	1.86	1.94	2.31	2.4	2.7
科技人员总数	万人	29.1	26.7	—	27	28
在校大学生人数	人	347823	429359	491463	561102	620779

无锡市信息化相关指标统计数据

一、电子信息制造业

2003—2007年无锡市电子制造业主要经济指标完成情况　　单位:万元

项目名称	2003年	2004年	2004年	2005年	2006年	2007年
全年总产值	3470392	5025692	5025692	6706472	9424281	13131511
产品销售收入	3361171	4895594	4895594	—	9214095	12899292
工业增加值	834940	—	—	1652025	2346269	3078697
出口创汇额	—	—	—	—	—	—
实现利税	196328	255183	255183	435903	595851	984646
其中:实现利润	165515	206548	206548	389602	536675	917107

二、产业规模

2003—2007年无锡市信息产业发展规模

项目名称	单位	2003年	2004年	2005年	2006年	2007年
信息产业增加值	亿元	—	—	—	330	450
信息产业增加值占GDP比重	%	—	—	9%	10%	11.7%
信息设备制造业完成销售收入	亿元	—	—	—	1300	1700

三、通信业

2003—2007年无锡市通信业务主要经济指标完成情况

项目名称	单位	2003年	2004年	2005年	2006年	2007年
通信业务总量	亿元	—	—	—	—	—
电信业务总量	亿元	40.42	47.23	56.41	60.94	71.08
移动通信业务总量	亿元	—	—	—	—	—
通信业务收入	亿元	—	—	—	—	—
电信业务收入	亿元	—	—	—	59.35	66.28

2003—2007年无锡市通信网络基础设施发展情况

指标名称	单位	2003年	2004年	2005年	2006年	2007年
光纤总长度	万千米	—	—	—	—	
长途光纤总长度	万千米	—	—	—	—	
固定交换设备总数	万户	245.04	329.26	381.6	406.6	418.5
局用交换机容量	万户	243.13	243.13	263.2	—	—
移动通信交换机容量	万户	—	—	280	—	—

2003—2007年无锡市电话用户发展情况

项目名称	单位	2003年	2004年	2005年	2006年	2007年
电话用户总数	万户	612.92	551.8	669.04	762.64	811.2
固定电话用户总数	万户	338.14	249.68	308.48	331.25	315.8
移动电话用户总数	万户	274.78	302.12	360.53	431.39	495.7

2003—2007年无锡市电话普及情况　单位：%

项目名称	2003年	2004年	2005年	2006年	2007年
全市电话普及率	139	123	148	131	135
通话行政村比重	100	100	100	100	100
主线普及率	37.5	42.25	55.1	56.7	52.6
移动电话普及率	42.3	45.6	51.2	63.9	82.67

四、广播电视

2003—2007年无锡市广播电视发展情况

项目名称	单位	2003年	2004年	2005年	2006年	2007年
卫星地球站点数	座	118	118	118	118	118
微波站	座	2	2	2	2	2
微波通信线路	千米	35.5	35.5	35.5	35.5	35.5
广播综合人口覆盖率	%	100	100	100	100	100
广播电台	座	1	11	1	1	1
广播节目套数	套	8	8	8	8	10
无线广播每日播出时间	小时	136	146	152	165	187
电视综合人口覆盖率	%	100	100	100	100	100
电视台	座	1	1	1	1	1
电视节目套数	套	13	12	9	9	9
电视平均每周播出时间	小时	1543	1423	1235	1209	1188
有线电视用户	万户	100	106	119	128	139.9
有线电视入户率(有线电视普及率)	%	—	—	80	85	91.3
有线电视传输网	万千米	—	—	1900	2100	2200
年末从业人员总数(含非正式职工)	万人	—	—	2300	2500	2580

五、计算机与网络

2003—2007年无锡市上网用户发展情况

项目名称	单位	2003年	2004年	2005年	2006年	2007年
上网用户总数	万户	43.1	58.37	48.5	56.76	62
专线上网用户数	万户	—	—	32.5	48	59
拨号上网用户数	万户	—	4.02	15.99	8.75	3

2003—2007年无锡市计算机软件业基本情况

项目名称	单位	2003年	2004年	2005年	2006年	2007年
软件业销售收入	亿元	—	—	51.2	103	151
软件企业数量	家	—	—	262	300	360
软件开发人员数	万人	—	—	1	1	1.9

六、科研与人才

2003—2007年无锡市科研与人才基本情况

项目名称	单位	2003年	2004年	2005年	2006年	2007年
专利授权数(科研成果)	项	1351	1371	2095	2922	4530
科研与开发(R&D)经费支出额	万元	26.24	34.65	46.28	58	77.1
R&D经费支出占GDP比重	%	1.36	1.54	1.65	1.76	2
教育经费占GDP比重	%	2.01	1.99	1.82	1.77	1.70
科技人员总数	万人	28.59	30.99	33.63	36.56	40.87
在校大学生人数	万人	4.84	6.13	7.79	9.13	10.26

徐州市信息化相关指标统计数据

一、电子信息产业

2003—2007年徐州市规模以上电子设备制造业主要经济指标完成情况 单位:亿元

项目名称	2003年	2004年	2005年	2006年	2007年
全年总产值	7.03	10.83	52.49	55.04	82.90
产品销售收入	6.90	10.05	49.78	53.97	75.01
工业增加值	1.31	3.05	12.68	14.80	20.25
出口交货值	0.92	1.02	1.48	10.03	3.40
实现利税	0.53	1.25	2.45	2.62	5.90
其中:实现利润	0.31	0.83	0.97	1.30	3.94

2007年徐州市规模以上电子设备制造业从业人员构成情况

企业类别	企业数/个	从业人员年末人数合计/人
国有企业	2	1607
集体企业	1	50
中外合资经营企业	5	1597
私有独资企业	10	555
私有有限责任公司	21	2001
其他有限责任公司	29	3034
合　计	68	8844

二、通信业

2003—2007年徐州市通信业务主要经济指标完成情况

项目名称	单位	2003年	2004年	2005年	2006年	2007年
通信业务总量	亿元	22.44	26.25	36.26	39.96	46.82
电信业务总量	亿元	19.76	23.17	32.58	36.00	36.68
通信业务收入	亿元	21.98	24.26	27.05	31.12	36.12
电信业务收入	亿元	21.98	21.60	24.01	28.03	28.36
通信业增加值	亿元	16.49	20.56	22.66	30.79	34.79
通信固定资产投资额	亿元	9.64	9.79	14.52	16.10	17.00

2003—2007 年徐州市通信网络基础设施发展情况

指标名称	单位	2003 年	2004 年	2005 年	2006 年	2007 年
光纤总长度	皮长千米	3639	21001	24087	51500	53500
长途光纤总长度	皮长千米	652	1480	4476	5813	6013
局用交换机容量	万门	226	306	649	870	876
移动通信交换机容量	万门	188.5	195	200.5	310	310

2003—2007 年徐州市电话用户发展情况

项目名称	单位	2003 年	2004 年	2005 年	2006 年	2007 年
电话用户总数	万户	331.98	365.82	446.53	510.19	544.23
固定电话用户总数	万户	195.10	223.15	278.53	290.65	281.81
移动电话用户总数	万户	136.88	142.67	168	219.54	262.42

2003—2007 年徐州市电话普及情况

单位:%

项目名称	单位	2003 年	2004 年	2005 年	2006 年	2007 年
通话行政村比重	%	100	100	100	100	100
主线普及率	(部/百人)	19.3	24.3	30.1	54.6	57.84
移动电话普及率	(部/百人)	15.06	15.56	18.16	23.5	27.89

三、广播电视

2003—2007 年徐州市广播电视发展情况

项目名称	单位	2003 年	2004 年	2005 年	2006 年	2007 年
卫星地球站点数	座	93	227	197	197	197
微波站	座	5	5	4	4	4
微波通信线路	千米	252	252	127	83	83
广播综合人口覆盖率	%	100	100	100	100	100
广播电台	座	8	7	8	7	7
广播节目套数	套	10	9	10	11	11
无线广播每日播出时间	小时	117:50	49018:10(全年)	136	167	167
电视综合人口覆盖率	%	98.70	98.66	100	100	100
电视台	座	8	7	8	8	8
电视节目套数	套	10	10	11	11	11
电视平均每周播出时间	小时	1067:56	48894:50(全年)	1015	1172	1172
有线电视用户	万户	42.32	55.98	81.6	102.7	123.48
有线电视入户率(有线电视普及率)	%	15.57	21.79	28.85	36	44.21
有线电视传输网	万千米	1.76	1.72	1.97	2.73	2.73
年末从业人员总数(含非正式职工)	人	2432	3164	2411	3077	3096

四、计算机与网络

2003—2007年徐州市计算机及上网用户发展情况

项目名称	单位	2003年	2004年	2005年	2006年	2007年
计算机社会拥有量	台/每百户	26.70	31.67	41.33	54.6	58.09
上网用户总数	万户	19.23	20.79	22.26	26.28	36.51
专线上网用户数	万户	5.80	10.55	22.19	23.38	33.71
拨号上网用户数	万户	10.26	5.10	0.07	2.9	2.8

2003—2007年徐州市计算机软件业基本情况

项目名称	单位	2003年	2004年	2005年	2006年	2007年
软件主营收入	万元	—	38673	61388	70000	73000
软件企业数量	家	—	60	58	60	65
软件开发人员数	人	—	1500	1840	1900	2100

五、科研与人才

2003—2007年徐州市科研与人才基本情况

项目名称	单位	2003年	2004年	2005年	2006年	2007年
专利授权数(科研成果)	项	518(247)	596(163)	779(156)	1129(179)	1448(214)
专利申请数	项	1136	1355	2205	3389	6174
科研与开发(R&D)经费支出额	亿元	6.15	8.11	9.75	10.5	17.25
R&D经费支出占GDP比重	%	0.68	0.74	0.89	1.05	1.03
教育经费占GDP比重	%	1.27	1.28	1.29	1.3	2.1
科技人员总数	万人	16.05	16.05	21	21	22
在校大学生人数	万人	7.18	7.46	8.58	9.12	10.62

常州市信息化相关指标统计数据

一、电子信息制造业

2002—2006 年常州市电子及通信设备制造业主要经济指标 单位:万元

项目名称	2002 年	2003 年	2004 年	2005 年	2006 年
全年总产值	1058985	1275089	1672227	1556543	1943203
产品销售收入	1082815	1305232	1631614	1574778	193117
工业增加值	209903	283734	382499	396145	485464
实现利税	61395	76044	114970	117664	177839
其中:实现利润	38344	50869	88318	93149	145082

注:2002 年统计口径为全部国有及年销售收入 500 万元以上的工业企业。

2006 年常州市电子及通信设备制造业从业人员构成情况

企业类别	企业数/个	从业人员年末人数合计/人
合　　计	217	44313
内资企业	150	19495
# 国有企业		
集体企业	7	836
股份合作企业	11	1784
股份制企业	115	15364
私营企业	114	12662
港澳台商投资企业	43	15952
# 与港澳台商合资经营	25	13400
外商投资企业	24	8866
# 中外合资经营	13	1855
外资企业	11	7011

注:统计口径为全部国有及年销售收入 500 万元以上工业企业。

电子及通信设备制造业在新中民经济行业中改成通信设备、计算机及其他电子设备制造业。

2006年常州市主要电子信息产品产量

产品名称	单位	产量
通信产品：		
程控交换机	线	6548
电话单机	部	287179
通信电缆	千米	229112
计算机、配套及外设产品：		
打印机	部	—
广播电视及信息家电产品：		
收录放机	部	—
彩色电视机	部	364735
激光视盘机	万台	365.5
其他基础电子信息产品：		
半导体分立器件	万只	903339
集成电路	万块	209

二、通信业

2002—2006年常州市通信业务主要经济指标完成情况

项目名称	单位	2002年	2003年	2004年	2005年	2006年
通信业务收入	万元	217664	252039	287969	315000	351615
电信业务收入	万元	95703	105120.98	111700	122700	131801
邮电通信业增加值	万元	160884	172971	205896	234500	237766
通信固定资产投资额	万元	68776	76676	43957	73158	39885

注：邮电通信业增加值包括邮政业、电信业。

2002—2006年常州市通信网络基础设施发展情况

项目名称	单位	2002年	2003年	2004年	2005年	2006年
长途光缆长度	皮长千米	296	—	—	—	—
长途光缆纤芯长度	芯千米	11781	17803	—	—	—
电话交换机容量	万门	144.44	162.83	162.39	160.33	171.26
局用交换机容量	万门	113.23	146.81	146.81	114.46	
移动通信交换机容量	万门	167.5	208	257	306	358

注：电话交换机容量不包括长途电话交换机容量。

2002—2006 年常州市电话用户发展情况

项目名称	单位	2002 年	2003 年	2004 年	2005 年	2006 年
电话用户数	万户	230.36	290.76	359.17	372.09	428.97
固定电话用户总数	万户	106.79	129.95	165.17	164.63	173.92
移动电话用户数	万户	123.57	160.81	194	207.46	255

2002—2006 年常州市电话普及情况

单位:%

项目名称	2002 年	2003 年	2004 年	2005 年	2006 年
全市电话普及率	63.87	83.98	103.3	106.2	129.1
通话行政村比重	100	100	100	100	
主线普及率	31.1	37.2	47.52	47	57.2
移动电话普及率	36	46.45	55.8	59.22	71.9

三、广播电视

2002—2006 年常州市广播电视发展情况

项目名称	单位	2002 年	2003 年	2004 年	2005 年	2006 年
广播综合人口覆盖率	%	100	100	100	100	100
广播电台	座	4	4	4	4	4
广播节目套数	套	7	7	7	7	7
无线广播每日播出时间	小时	110	108.3	116.16	125	123
电视综合人口覆盖率	%	100	100	100	100	100
电视台	座	4	4	4	4	4
电视节目套数	套	15	15	15	15	8
电视平均每周播出时间	小时	818	868	786	932	1015.8
有线电视用户	万户	60.24	71.01	74.36	78.19	68.6
有线电视入户率(普及率)	%				64.28	83.68
年末从业人员总数(含非正式职工)	人	1634	1620	2810	2419	2595

注:电视节目套数为无线传输电视节目套数。

四、计算机与网络

2002—2006 年常州市上网用户发展情况

项目名称	单位	2002 年	2003 年	2004 年	2005 年	2006 年
上网用户总数	万户	22.05	23.22	24.67	23.23	29.19
专线上网用户数	户	240	200	—	—	—
拨号上网用户数	万户	6.53	—	—	—	—
专线和拨号上网兼用用户数	万户	—	—	—	—	

2002—2006 年常州市计算机软件业基本情况

项目名称	单位	2002 年	2003 年	2004 年	2005 年	2006 年
软件业销售收入	万元	30000	86400	100100	157900	82328

注:自 2003 年起按信产部嵌入式软件折算标准将嵌入式软件纳入统计范围。

五、科研与人才

2002—2006 年常州市科研与人才基本情况

项目名称	单位	2002 年	2003 年	2004 年	2005 年	2006 年
专利授权数	项	816	922	1175	1240	1553
科研与开发(R&D)经费支出额	万元	84427	115564	170841	208352	—
R&D 经费支出占 GDP 的比重	%	1.11	1.05	1.55	1.6	—
科技人员总数	万人	22.3	23.7	25.51	27.59	—
在校大学生数	万人	3.52	5.31	7.39	9.54	10.77

六、产业规模

2002—2006 年常州市信息产业发展规模

项目名称	单位	2002 年	2003 年	2004 年	2005 年	2006 年
信息产业增加值占 GDP 比重	%	6.9	7.5	7.7	7.3	7.9

苏州市信息化相关指标统计数据

一、电子信息制造业

2003—2007 年苏州市电子制造业主要经济指标完成情况 单位:万元

项目名称	2003 年	2004 年	2005 年	2006 年	2007 年
全年总产值	15661283	25610000	37992000	46578043	58540612
产品销售收入	15420463	25300000	32000000	46544134	58274872
工业增加值	4044936	64900000	80000000	10945840	11743247
出口创汇额	—	—	—	32331582	42073885
实现利税	—	—	—	2029200	2709544
其中:实现利润	—	—	—	1789374	235844

2007 年苏州市电子信息制造业从业人员构成情况

企业类别	企业数/个	从业人员年末人数合计/人	所占比例(%)
国有企业	2	750	—
集体企业	13	1637	—
中外合资经营企业	41	17545	—
中外合作经营企业	2	1045	—
联营企业	1	148	—
港澳台合资经营企业	43	11990	—
外资独资企业	634	690379	—
股份制企业	213	46543	—
合　计	1357	1034021	—

2007年苏州市主要电子信息产品产销及出口情况

产品名称	单位	产量	销量	实际出口	
				数量	金额(美元)
通信产品:					
程控交换机	万线	9.37	9.37	—	—
移动通信交换机	—	—	—	—	—
移动通信手机	万台	13.43	13.54	—	—
调制解调器	—	—	—	—	—
传真机	万台	1.17	—	—	—
电话单机	—	—	—	—	—
路由器	—	—	—	—	—
网桥	—	—	—	—	—
光通信设备	—	—	—	—	—
计算机、配套及外设产品:					
微型计算机	万台	5752.78	5699.54	—	—
计算机服务器	—	—	—	—	—
软件产品	—	—	—	—	—
打印机	万台	16.16	16.19	—	—
磁卡	—	—	—	—	—
磁盘	—	—	—	—	—
广播电视及信息家电产品:					
彩色电视机	—	274.03	274.41	—	—
录像机	—	—	—	—	—
激光视盘机	—	—	—	—	—
组合音响	—	—	—	—	—
游戏机	—	—	—	—	—
其他基础电子信息产品:					
电子元件	亿只	1888.85	—	—	—
电子器件	亿只	2.39	—	—	—
集成电路	亿块	15.72	15.54	—	—
显示器	万台	1758.53	1756.11	—	—
彩色显像管	—	—	—	—	—
数码相机	万台	1614.51	1754.75	—	—

二、通信业

2003—2007年苏州市通信业务主要经济指标完成情况

项目名称	单位	2003年	2004年	2005年	2006年	2007年
通信业务总量	亿元	92.5	142.1	202.0	232.8	280
电信业务总量	亿元	85.8	135.0	194.0	223.3	260.0
移动通信业务总量	亿元	41.2	67.5	102.8	122.8	156.5
通信业务收入	亿元	73.9	86.3	104.5	118.8	133.0
电信业务收入	亿元	26.2	31.29	37.0	42.0	44.0
通信业增加值	亿元	46.5	51.2	60.4	72.0	76.0
通信固定资产投资额	亿元	17.2	19.1	22.2	22.1	23.4

2003—2007年苏州市通信网络基础设施发展情况

指标名称	单位	2003年	2004年	2005年	2006年	2007年
光纤总长度	万千米	48.8	66.3	91.0	108.0	138
长途光纤总长度	万千米	5.0	5.0	5.0	5.0	6.9
固定交换设备总数	万户	367	450	570	580	582
局用交换机容量	万户	301	320.8	324	340	255.2
移动通信交换机容量	万户	452	580	705	638.0	918

2003—2007年苏州市电话用户发展情况

项目名称	单位	2003年	2004年	2005年	2006年	2007年
电话用户总数	万户	665.8	874.8	1028	1171.4	1692
固定电话用户总数	万户	280.1	383.4	430.0	533.4	774
移动电话用户总数	万户	385.7	491.4	598.0	638.0	918
无线寻呼用户数	万户	—	—	—	—	—

2003—2007年苏州市电话普及情况

单位:%

项目名称	2003年	2004年	2005年	2006年	2007年
全市电话普及率	47.4	64.0	70.8	86.6	89
通话行政村比重	100	100	100	100	100
主线普及率	47.4	64.0	70.8	86.6	89
移动电话普及率	64.9	82.1	98.6	103.6	147.1

三、广播电视

2003—2007 年苏州市广播电视发展情况

项目名称	单位	2003 年	2004 年	2005 年	2006 年	2007 年
卫星地球站点数	座	—	—	50	50	61
微波站	座	6	6	6	6	6
微波通信线路	千米	185	185	287	287	273
广播综合人口覆盖率	%	100%	100%	100%	100%	100%
广播电台	座	1	1	1	1	1
广播节目套数	套	9	9	9	9	9
无线广播每日播出时间	小时	—	—	—	—	—
电视综合人口覆盖率	%	100%	100%	100%	100%	100%
电视台	座	1	1	1	1	1
电视节目套数	套	10	10	10	10	10
电视平均每周播出时间	小时	—	—	—	—	—
有线电视用户	万户	98.41	141.53	145.23	159.92	202.57
有线电视入户率(有线电视普及率)	%	53%	69.07%	75.41%	77.32%	97.5%
有线电视传输网	万千米	—	1.72	2.46	2.68	3.18
年末从业人员总数(含非正式职工)	万人	0.21	0.32	0.33	0.41	0.44

四、计算机与网络

2003—2007 年苏州市上网计算机发展情况

项目名称	单位	2003 年	2004 年	2005 年	2006 年	2007 年
计算机社会拥有量	台	—	—	—	—	1460000
上网计算机总数	台	—	—	—	—	1000000
专线上网计算机数	台	—	—	—	—	20000
拨号上网计算机数	台	—	—	—	—	135000

2003—2007 年苏州市上网用户发展情况

项目名称	单位	2003 年	2004 年	2005 年	2006 年	2007 年
上网用户总数	万人	11.13	26.01	49.85	76	100
专线上网用户数	万人	—	—	—	1.3	2
拨号上网用户数	万人	—	—	—	10.01	13.5
专线和拨号上网兼用用户	万人	—	—	—	—	—
使用其他设备上网用户	万人	10	26	46	69	97.8

2003—2007年苏州市计算机软件业基本情况

项目名称	单位	2003年	2004年	2005年	2006年	2007年
软件业产值	万元	98790	129340	128000	1500000	2720000
软件企业数量	家	250	272	300	350	420
软件开发人员数	万人	1.0028	1.0713	1.1813	6.8592	8.2817

五、科研与人才

2003—2007年苏州市科研与人才基本情况

项目名称	单位	2003年	2004年	2005年	2006年	2007年
专利授权数(科研成果)	项	2593	2783	3315	4855	9157
科研与开发(R&D)经费支出额	万元	—	358800	587900	747100	969000
R&D经费支出占GDP比重	%	—	1.04	1.46	1.55	1.7
教育经费占GDP比重	%	—	—	—	1.51	1.8
科技人员总数	万人	—	—	—	—	—
在校大学生人数	万人	8.05	9.50	11.31	13.06	15.24
与信息专业相关在校大学生人数(理、工科专业)	人	—	—	—	—	—

六、产业规模

2003—2007年苏州市信息产业发展规模　　单位：%

项目名称	2003年	2004年	2005年	2006年	2007年
信息产业增加值占GDP比重	14.44	18.82	20	21.4	20.6
信息产业从业人数占全社会劳动人数比重	—	—	—	—	—
信息产业出口额占出口总额比重	—	—	—	—	—

连云港市信息化相关指标统计数据

一、电子信息制造业

2003—2007年连云港市电子信息制造业主要经济指标完成情况　　单位:万元

项目名称	2003年	2004年	2005年	2006年	2007年
全年总产值	93592	120000	160000	200000	282000
产品销售收入	63182	113700	135739	160000	—
工业增加值	21178	66707	54430	33780	—
出口创汇额	36910	60000	64000	64009	—
实现利税	7372	23000	32150	—	—
其中:实现利润	5572	—	20823	25592	—

2007年连云港市主要电子信息产品产销及出口情况

产品名称	单位	产量	销量	实际出口	
				数量	金额/万美元
网络交换机	万台	3.5	3.5	—	—
电子元器件	亿只	—	—	—	—
电线及加工品	万米	20000	20000	—	—
ABS传感器	万只	1200	1200	—	—
环氧模塑料	吨	1.2	1.2	—	—
大规模集成电路	万块	—	—	—	—
电子仪器	台	—	—	—	—

二、通信业

2003—2007年连云港市通信业务主要经济指标完成情况

项目名称	单位	2003年	2004年	2005年	2006年	2007年
通信业务收入	万元	105274	114209	123734	138553	135264
电信业务收入	万元	51000	59457	67141	66705	69112
通信业增加值	万元	—	—	—	—	—
通信固定资产投资额	万元	61921	53000	53400	57782	66898

2003—2007 年连云港市通信网络设备发展情况

指标名称	单位	2003 年	2004 年	2005 年	2006 年	2007 年
光纤总长度	皮长千米	5501	6261	—	15985	13213
长途光纤总长度	皮长千米	1295	—	—	1894	1428
固定交换设备总数	万户	101	148.1	—	231	—
局用交换机容量	万户	126	110	86.68	104	—
移动通信交换机容量	万户	100	114	120	179	227

2003—2007 年连云港市电话用户发展情况

项目名称	单位	2003 年	2004 年	2005 年	2006 年	2007 年
电话用户总数	万户	149.56	189.00	225.00	254.28	294.70
固定电话用户总数	万户	78.68	126.15	152.00	148.14	141.70
移动电话用户总数	万户	67.47	62.85	73.00	106.14	153.00
无线寻呼用户数	万户	3.41	—	—	—	—

2003—2007 年连云港市电话普及情况

单位：%

项目名称	2003 年	2004 年	2005 年	2006 年	2007 年
全市固话普及率	16.92	25.80	32	31.52	—
通话行政村比重	100	100	100	100	100
主线普及率	16.89	18.92	—	28	—
移动电话普及率	14.5	13.5	16	22.58	31.88

三、广播电视

2003—2007 年连云港市广播电视发展情况

项目名称	单位	2003 年	2004 年	2005 年	2006 年	2007 年
微波站	座	2	2	2	2	1
微波通信线路	千米	150	150	130	130	7
广播综合人口覆盖率	%	100	100	100	100	100
广播电台	座	5	5	5	5	1
广播节目套数	套	5	7	7	7	7
无线广播每日播出时间	小时	106:00	106:00	72:00	110:00	98:81
电视综合人口覆盖率	%	100	100	100	100	100
电视台	座	1	1	1	1	1
电视节目套数	套	5	7	7	7	7
电视平均每周播出时间	小时	1365	3075（市台）	280（自办台）	735	831.40
有线电视用户	万户	23.8	29.35	40.13	55.04	69.5256
有线电视入户率(有线电视普及率)	%	18.4	24	30	40.38	50.66
有线电视传输网	千米	5842	2205（光缆）	5191	7466.5	15615.50
年末从业人员总数(含非正式职工)	人	900	900	1588	1595	1677

四、计算机与网络

2003—2007 年连云港市上网用户发展情况

项目名称	单位	2003 年	2004 年	2005 年	2006 年	2007 年
上网用户总数	户	104962	117715	162689	158714	180000
专线上网用户数	户	—	116	—	—	—
拨号上网用户数	户	75971	117599	162689	—	—

2003—2007 年连云港市计算机软件业基本情况

项目名称	单位	2003 年	2004 年	2005 年	2006 年	2007 年
软件业销售收入	万元	5030	6100	6500	7000	7500

五、科研与人才

2003—2007 年连云港市科研与人才基本情况

项目名称	单位	2003 年	2004 年	2005 年	2006 年	2007 年
专利授权数(科研成果)	项	139	175	268	284	322
科研与开发(R&D)经费支出额	万元	34871	27480	34826	34807	—
R&D 经费支出占 GDP 比重	%	0.99	0.66	0.76	0.66	—
教育经费占 GDP 比重(预算内)	%	1.97	1.99	2.37	2.46	3.36
科技人员总数(专业技术人员)	万人	11.83	—	—	—	—
在校大学生人数	万人	2.42	2.50	4.00	2.81	3.02
与信息专业相关在校大学生人数(理、工科专业)	万人	0.61	0.63	0.43	0.31	0.32

六、产业规模

2003—2007 年连云港市信息产业发展规模

项目名称	单位	2003 年	2004 年	2005 年	2006 年	2007 年
信息产业产值占 GDP 比重	%	4.66	5.76	6.17	7.13	7.10

淮安市信息化相关指标统计数据

一、电子信息制造业

2003—2007 年淮安市电子制造业主要指标完成情况 单位:万元

项目名称	2003 年	2004 年	2005 年	2006 年	2007 年
全年总产值	64842	118000	159960	385615	—
产品销售收入	55200	95010	152418	384691	667300
工业增加值	24452	60280	40931	96403	180000
出口创汇额	5612	—	—	—	—
实现利税	3700	5940	8842	19459	60400
其中:实现利润	893	820	4654	11045	29200

二、通信业

2003—2007 年淮安市通信业务主要经济指标完成情况

项目名称	单位	2003 年	2004 年	2005 年	2006 年	2007 年
通信业务总量	万元	—	96434.55	—	—	—
电信业务总量	万元	—	—	—	—	—
移动通信业务总量	万元	—	21262.1	—	—	—
通信业务收入	万元	—	—	—	140196.4	159400
电信业务收入	万元	56957	64258	70043	—	—
通信业务增加值	万元	30650	25394	—	—	—
通信固定资产投资额	万元	28990	90811	50554.47	56309	55300

2003—2007 年淮安市通信网络基础设施发展情况

指标名称	单位	2003 年	2004 年	2005 年	2006 年	2007 年
光纤总长度	万千米	5.16	8.93	10.69	9725.35(皮长千米)	—
长途光纤总长度	万千米	2.43	4.17	4.31	2128.65(皮长千米)	47095.80(对芯千米)
固定交换设备数	万门	131.61	138	147.77	234(台)	280.542
局用交换器总量	万门	107.90	140.7	145.25	308.62	376.25
移动通信交换器容量	万门	100	157.5	178.5	246.05	284

2003—2007年淮安市电话用户发展情况

项目名称	单位	2003年	2004年	2005年	2006年	2007年
电话用户总数	万户	163.08	226.42	233.44	286.64	283.33
固定电话用户总数	万户	102.44	134	118.85	114.33	101.71
移动电话用户总数	万户	53	92.42	81	129.91	145.99
小灵通用户总数	万户	7.64	22.2	33.59	42.40	35.63

2003—2007年淮安市电话普及情况

单位：%

项目名称	2003年	2004年	2005年	2006年	2007年
全市电话普及率	29.76	30.01	28.8	—	29.6
通话行政村比重	100	100	100	100	100
主线普及率	21.26	—	73.3	—	—
移动电话普及率	—	86.5	—	—	23.5

2003—2007淮安市广播电视发展情况

项目名称	单位	2003年	2004年	2005年	2006年	2007年
卫星地球站点数	座	10	10	10	10	10
微波站	座	1	1	1	1	1
微波通信线路	千米	100	100	100	100	100
广播综合人口覆盖率	%	100	100	100	100	100
广播电台	座	7	7	7	7	7
广播节目套数	套	8	8	9	9	9
无线广播每日播出时间	小时	78	70	88	88	88
电视综合人口覆盖率	%	100	100	100	100	100
电视台	座	2	2	7	7	7
电视节目套数	套	2	3	7	7	7
电视平均每周播出时间	小时	172	200	76	340	340
有线电视用户	万户	26	30	35.8	43.5	51
有线电视入户率(有线电视普及率)	%	20	20	22	29	34
有线电视传输网	万千米	0.2294	0.7	0.75	0.8	0.85
年末从业人员总数(含非正式职工)	人	1634	—	2265	2265	—

四、计算机与网络

2003—2007 年淮安市上网用户发展情况

项目名称	单位	2003 年	2004 年	2005 年	2006 年	2007 年
上网用户总数	万户	5.75	5.03	12.33	11.1760	16.94
专线上网用户数	万户	2.56	2.63	7.53	0.0479	—
拨号上网用户数	户	1.69	2.40	4.53	11.1217	2.26

2003—2007 年淮安市计算机软件业基本情况

项目名称	单位	2003 年	2004 年	2005 年	2006 年	2007 年
软件产业值	万元	354	2449	1268	4907	5000
软件企业数量	家	1	1	3	12	14
软件开发人数	万人	0.0013	0.0102	0.0131	0.0196	0.0231

五、科研与人才

2003—2007 年淮安市科研与人才基本情况

项目名称	单位	2003 年	2004 年	2005 年	2006 年	2007 年
专利授权数(科研成果)	项	143	212	285	367	1995
科研与开发(R&D)经费支出	万元	—	—	19383.79	35558.12	46886.26
R&D 经费占 GDP 比重	%	—	—	0.345	0.55	0.62
教育经费占 GDP 比重	%	1.85	1.75	2.03	2.15	3.53
在校大学生人数	万人	3.5	5.1	6.1	6.2	6.5
与信息专业相关在校大学生人数(理、工科专业)	万人	2.8	4	1.8	2.3	2.7

盐城市信息化相关指标统计数据

一、电子信息制造业

2002—2007 年盐城市电子制造业主要经济指标完成情况 单位:万元

项目名称	2002 年	2003 年	2004 年	2005 年	2006 年	2007 年
全年总产值	49047	33403	167020	184230	241692	—
产品销售收入	42999	31718	158650	171180	217286	—
工业增加值	8829	6707	31730.26	61201.43	74126	—
实现利锐	1596	1608	17643.61	28817.16	34328	—
其中:实现利润	374	838	2173.3	3346.78	4122	—

二、产业规模

2002—2007 年盐城市信息产业发展规模

项目名称	单位	2002 年	2003 年	2004 年	2005 年	2006 年	2007 年
信息产业增加值占 GDP 比重	%	2.1	2.43	2.6	3	3.3	—

三、通信业

2002—2007 年盐城市通信业务主要经济指标完成情况

项目名称	单位	2002 年	2003 年	2004 年	2005 年	2006 年	2007 年
通信业务总量	万元	107751	116602	180158.4	223897.7	299404	—
电信业务总量	万元	78751	79102	122658.37	140897.68	150153	—
移动通信业务总量	万元	29000	37500	57500	83000	130841	—
通信业务收入	万元	144523	166665	188721.37	224108.68	288232	—
电信业务收入	万元	77387	89771	102734.21	108869.33	146153	—
通信业增加值	万元	107752	108578	110737.89	114738.03	234862	—
通信固定资产投资额	万元	77100	192000	75188.56	78158.41	351265	—

2002—2007 年盐城市通信网络基础设施发展情况

指标名称	单位	2002 年	2003 年	2004 年	2005 年	2006 年	2007 年
光纤总长度	万千米	10.89	14.41	17.88	28.55	32.6	—
长途光纤总长度	万千米	2.46	2.62	2.47	2.47	3.02	—
固定交换设备总数	万门	166.84	178.3	240.5	266.7	291	—
局用交换机容量	万门	105.99	111.83	118.37	124.04	136	—
移动通信交换机容量	万门	136	189	226	268	294	—

2002—2007 盐城市电话用户发展情况

指标名称	单位	2002 年	2003 年	2004 年	2005 年	2006 年	2007 年
电话用户总数	万户	221.85	285.55	343.73	417.8	462.9	462.9
固定电话用户总数	万户	129	161.37	223.6	241.7	252.7	252.7
移动电话用户总数	万户	92.85	124.18	150.63	176.1	210.2	210.2
无线寻呼用户数	万户	3.74	2.03	0.2	0.05	0	0

2002—2007 年盐城市电话普及情况 单位:%

项目名称	2002 年	2003 年	2004 年	2005 年	2006 年	2007 年
全市电话普及率	28.08	36.14	38.12	40.77	52	61
通话行政村比重	100	100	100	100	100	100
主线普及率	24.49	20.28	25.1	28.63	33	35
移动电话普及率	10.59	15.6	21.6	29.3	26.3	33

四、计算机与网络

2002—2007 年盐城市上网用户发展情况

项目名称	单位	2002 年	2003 年	2004 年	2005 年	2006 年	2007 年
上网用户总数	万人	4.52	6.78	8.86	14.89	21.2	29
专线上网用户总数	万人	0.91	0.65	0.42	2.05	1.2	1.5
拨号上网用户总数	万人	3.65	6.27	8.27	11.05	20	26

五、科研与人才

2002—2007年盐城市科研与人才基本情况

项目名称	单位	2002年	2003年	2004年	2005年	2006年	2007年
专利授权数(科研成果)	项	215	276	335	372	429	533
科研与开发(R&D)经费支出额	万元	24322	24858	51410	—	81254	96897
R&D经费支出占GDP比重	%	0.37	0.34	0.59	0.63	0.55	0.59
教育经费占GDP比重	%	2.1	1.97	2	2.02	3.01	3.4
科技人员总数	万人	19.1072	17.6099	10.3877	10.1726	14.5	
在校大学生人数	人	21508	23513	27803	32569	39256	4.5
与信息专业相关在校大学生人数(理、工科专业)	人	—	—	2748	3108	5105	6200

六、广播电视

2002—2007年盐城市广播电视发展情况

项目名称	单位	2002年	2003年	2004年	2005年	2006年	2007年
微波站	座	10	10	10	10	10	10
微波通信线路	千米	275	275	275	275	275	275
广播综合人口覆盖率	%	100	100	100	100	100	100
广播电台	座	10	10	10	10	10	10
广播节目套数	套	11	11	12	12	12	12
无线广播每日播出时间	小时	62	62	62	88	120	130
电视综合人口覆盖率	%	98.87	98.87	100	100	100	100
电视台	座	9	9	9	9	9	9
电视节目套数	套	11	12	12	12	12	12
电视平均每周播出时间	小时	700	700	861	861	926	966
有线电视用户	万户	67	80	85	100	100	138
有线电视入户率(有线电视普及率)	%	28.8	40	42.5	50	62	65
年末从业人员总数(含非正式职工)	人	700	700	950	950	2123	2438

扬州市信息化相关指标统计数据

一、电子信息制造业

2005—2006 年扬州市电子信息制造业主要经济指标完成情况　单位:万元

项目名称	2005 年	2006 年
全年总产值	1434293.60	2318925.80
产品销售收入	1316752.00	2220666.10
工业增加值	373350.00	530736.70
出口创汇额	244271.00	482709.00
实际利税	7897.90	123073.80
其中:实际利润	3961.40	69147.00

2006 年扬州市主要电子信息产品产销情况

产品名称	2006 年	
	单位	产量
通信电缆	万对千米	244.46
半导体分立器件	万只	32830

二、通信业

2005—2006 年扬州市通信业务主要经济指标完成情况

项目名称	单位	2005 年	2006 年
通信业务总量	万元	240000	152126.35
通信业务收入	万元	226000	202395.4
通信业增加值	万元	14000	773196.1
通信固定资产投资额	万元	65200	55562.49

2005—2006 年扬州市通信网络基础设施发展情况

指标名称	单位	2005 年	2006 年
光纤总长度	皮长千米	24700	21057.9
长途光纤总长度	皮长千米	2510	2236.86
电话交换机总容量	万门	254.4	263.99
局用交换机容量	万门	158.28	147.1
移动通信交换机容量	万门	197.3	232.3

2005—2006 年扬州市电话用户发展情况

项目名称	单位	2005 年	2006 年
固定电话用户总数 （其中：小灵通用户）	万户	179.3	192.34 (52.45)
移动电话用户总数	万部	160	165.64

2005—2006 年扬州市电话普及情况

项目名称	2005 年	2006 年
全市固定电话普及率(%)	66	70.8
通话行政村比重(%)	100	100
移动电话普及率/(部/百人)	35	36.8

三、广播电视

2005—2006 年扬州市广播电视发展情况

项目名称	单位	2005 年	2006 年
卫星地球站点数	座	7	7
微波站	座	10	10
微波通信线路	千米	200	200
广播综合人口覆盖率	%	100	100
广播电台	座	6	6
广播节目套数	套	8	8
无线广播每日播出时间	小时	175.2	173
电视综合人口覆盖率	%	100	100
电视台	座	6	6
电视节目套数	套	8	8
电视平均每周播出时间	小时	994	1019.3
有线电视用户	万户	79.1	83.4
有线电视入户率(有线电视普及率)	%	69.8	73.5
有线电视传输网	万千米	6.74	7.03
年末从业人员总数(含非正式职工)	人	2757	2310

四、计算机与网络

2005—2006 年扬州市上网用户发展情况

项目名称	单位	2005 年	2006 年
上网用户总数	万户	21.8	24.2
拨号上网用户数	万户	6.1	1.36
宽带上网用户	万户	15.7	22.84

2005—2006 年扬州市计算机软件业基本情况

项目名称	单位	2005 年	2006 年
软件业产值	亿元	1.66	1.9
软件企业数量	家	34	40

五、科研与人才

2005—2006 年扬州市科研与人才基本情况

项目名称	单位	2005 年	2006 年
专利授权数(科研成果)	项	769	1189
科研与开发(R&D)经费支出额	亿元	11.68	14.3
R&D 经费支出占 GDP 比重	%	1.27	1.3
教育经费占 GDP 比重	%	1.6	2.56
在校大学生人数	万人	4.8	6.67

六、产业规模

2005—2006 年扬州市信息产业发展规模

项目名称	单位	2005 年	2006 年
信息产业增加值占 GDP 比重	%	7.4	7.8

镇江市信息化相关指标统计数据

一、电子信息制造业

2001—2005 年镇江市电子制造业主要经济指标完成情况

项目名称	单位	2001 年	2002 年	2003 年	2004 年	2005 年
全年总产值	万元	252271	393500	588700	654200	679500
产品销售收入	万元	250202	385635	581432	582498	588023
工业增加值	万元	30623	45604	68226	92566	98621
出口创汇额	万元	139378	84541	310251	322314	342441
实现利税	万元	9349	19600	19623	39871	40987
其中:实现利润	万元	6456	13495	14544	20919	24186

二、通信业

2001—2005 年镇江市通信业务主要经济指标完成情况

项目名称	单位	2001 年	2002 年	2003 年	2004 年	2005 年
通信业务总量(1990 年不变价)	万元	213531	255000	284696.8239	443842.416	454826.5
电信业务总量(现价)	万元	61907	67213.76	80059	124812	13963
移动通信业务收入(现价)	万元	62340	69600	70119	72024	
通信业务收入(现价)	万元	67245.14	142169	140025	157070	148680
电信业务收入(现价)	万元	77243.2	65269	67906	124812	129080
通信业增加值(现价)	万元	31973.46	43761.95	79240	83208	81217
通信固定资产投资额(现价)	万元	77000	73800	72987	65026	62035

2001—2005 年镇江市通信网络基础设施发展情况

项目名称	单位	2001 年	2002 年	2003 年	2004 年	2005 年
光纤总长度	皮长千米	7334.3	8673.3	11469	14136	14937
长途光纤总长度	皮长千米	495	545	1699	1714	1795
局用交换机容量	万门	105.2	109.33	124.2	149	161
移动通信交换机容量	万门	104	104	159	191	207

2001—2005 年镇江市电话用户发展情况

项目名称	单位	2001 年	2002 年	2003 年	2004 年	2005 年
电话用户总数	万户	120.86	147.8	195.44	206.69	226.76
固定电话用户总数	万户	76.36	87.04	103.21	120.69	138.76
移动电话用户总数	万户	44.5	60.76	92.23	86	88

2001—2005 年镇江市电话普及率

项目名称	单位	2001 年	2002 年	2003 年	2004 年	2005 年
全市电话普及率	%	79.75	88.7	104.78	121.9	128.8
通话行政村比重	%	100	100	100	100	100
主线普及率	%	28.7	32.34	38.69	44.7	46.9
移动电话普及率	%	19.69	22.75	34.52	32.2	33.5

注:全市电话普及率=固定电话用户数/全市总户数；
移动电话普及率=移动电话用户数/全市总人口。

三、计算机与网络

2001—2005 年镇江市上网计算机及用户发展情况

项目名称	单位	2001 年	2002 年	2003 年	2004 年	2005 年
上网用户总数	万户	20.47	13.54	12.2654	12.71	14.47
专线上网用户数	万户	1.8	2.17	0.1134	0.12	0.2
拨号上网用户数	万户	18.15	9.96	8.292	6.27	4.25
使用其他设备上网用户数	万户	1.41	3.86	6.32	6.5	

2001—2005 年镇江市计算机软件业基本情况

项目名称	单位	2001 年	2002 年	2003 年	2004 年	2005 年
软件业销售收入	万元	9013	14255.4	22287.9	52876.5	98564.2

注:2004 年部分电子产品按信息产业部的规定进行了软件含量折算。

四、科研与人才

2001—2005 年镇江市科研与人才基本情况

项目名称	单位	2001 年	2002 年	2003 年	2004 年	2005 年
专利授权数(科研成果)	项	295	422	909	1262	1520
科研与开发(R&D)经费支出额	万元	62900	78600	85598.8	150158	221360
R&D 经费支出占 GDP 比重	%	1.24	1.4	1.33	1.92	2.21
预算内教育经费支出	万元	55056	71072	86254	10263	
专业技术人员总数	万人	11.05	11.5	12.12	12.28	12.93
在校大学生人数	万人	3	3.76	4.22	4.57	4.87
与信息相关专业在校大学生人数	万人	0.5	0.5	0.51	0.54	0.57

泰州市信息化相关指标统计数据

一、电子设备制造业

2003—2007年泰州市电子设备制造业主要经济指标完成情况

单位:万元

项目名称	2003年	2004年	2005年	2006年	2007年
全年总产值	83046.4	61652.7	103300	194167	446276
产品销售收入	57253.9	58877.3	83200	178546	422370
工业增加值	20771.7	16950.8	24700	42967	92915
实现利税	3644.6	6935.4	8100	16462	30985
其中:实现利润	1216.3	3426.2	4400	7754	15556

二、通信业

2003—2007年泰州市通信业务主要经济指标完成情况

单位:万元

项目名称	2003年	2004年	2005年	2006年	2007年
电信业务总量	173700	—	194299	192075	255874
移动通信业务总量	67800	—	52938	74042	99352
通信业增加值	116500	103300	116300	127400	151400

2003—2007年泰州市通信网络基础设施发展情况

项目名称	单位	2003年	2004年	2005年	2006年	2007年
电话交换机容量	万门	171.13	—	162	167	—
移动通信交换机容量	万户	137	143	—	—	—

2003—2007年泰州市电话用户发展情况

单位:户

项目名称	2003年	2004年	2005年	2006年	2007年
电话用户总数	2353000	2585109	2905908	3330125	3767369
固定电话用户总数	1066980	1624744	1724481	1835398	1808090
移动电话用户总数	941003	960365	1181427	1494727	1959279

2003—2007 年泰州市电话普及情况

单位:%

项目名称	2003 年	2004 年	2005 年	2006 年	2007 年
全市电话普及率	42.03	51.4	57.8	66.1	75.2
主线普及率	26	—	—	—	—
移动电话普及率	15.08	19.1	23.5	29.7	39.1

三、广播电视

2003—2007 年泰州市广播电视发展情况

项目名称	单位	2003 年	2004 年	2005 年	2006 年	2007 年
广播综合人口覆盖率	%	100	100	100	100	100
无线广播节目套数	套	6	6	6	6	8
无线广播平均每日播出时间	时:分	90:46	95:19	95:37	100:32	134:40
其中:泰州人民广播电台	时:分	40:15	40:00	39:16	37:36	52:27
电视综合人口覆盖率	%	100	100	100	100	100
制作广播节目时间	小时	17327	22791	26209	25698	43005
电视节目套数	套	7	7	7	7	7
无线电视平均每周播出时间	时:分	644:12	716:09	778:22	803:40	821:32
其中:泰州电视台	时:分	348:34	361:49	384:44	393:35	406:43
制作电视节目时间	小时	1983	3746	8238	8352	9286
有线电视入户(普及)率	%	48.4	44.25	64.36	51.81	63
有线电视网络总长(含分配网)	千米	20483	22959	26584	26451	29277
有线电视用户数	万户	58.46	64.78	76.17	88.8	101.3
其中:数字电视用户	户	—	701	2823	3841	4602

四、计算机与网络

2003—2007 年泰州市上网用户发展情况

单位:万人

项目名称	2003 年	2004 年	2005 年	2006 年	2007 年
互联网用户总数	5.82*	15.62	20.69*	14.24	20.01
专线上网用户数	1.26	—	—	—	—
拨号上网用户数	4.56	4.0	—	0.79	—

*为因特网用户数。

五、科研与人才

2003—2007年泰州市科研与人才基本情况

项目名称	单位	2003年	2004年	2005年	2006年	2007年
科研与开发(R&D)经费支出额	万元	46549	70520	93113	118486	156967
R&D经费支出占GDP比重	%	0.91	1.0	1.1	1.2	1.4
教育经费占GDP比重	%	1.80	1.83	1.85	—	2.09
科技人员总数	万人	15.08	15.18	—	—	—
在校大学生人数	人	—	13724	20062	25618	35432

注:—为截至目前统计局未提供的数据。

第九部分

附 录 篇

信息机构

南京市国民经济和社会信息化工作领导小组办公室　副主任　唐建荣
单位地址:南京市北京东路43-2号台城办公楼
邮政编码:210008
单位电话:025-83376266
南京市信息中心　主任　童隆俊
单位地址:南京市北京东路41号29栋
邮政编码:210008
单位电话:025-83603996

无锡市发展和改革委员会
无锡市信息化办公室　主任　张士怀
单位地址:无锡市解放南路634号
邮政编码:214001
单位电话:0510-82765688
无锡市信息化办公室　副主任　范春虎
单位地址:无锡市清扬路7号
邮政编码:214021
无锡市信息中心　书记　赖有源
单位地址:无锡市永乐路恒鑫源大厦6楼
邮政编码:214023
单位电话:0510-85032156
江阴市发展计划局　局长　赵一鸣
单位地址:江阴市澄江中路市政府大楼10楼
邮政编码:214431
单位电话:0510-86861001
宜兴市发展计划局　局长　黄浩南
单位地址:宜兴市人民南路52号
邮政编码:214200
单位电话:0510-87073670

徐州市发展和改革委员会　副主任　蔡成绥
单位地址:徐州市解放路8号
邮政编码:221003
单位电话:0516-83727947
徐州市信息中心　主任　宋京渝
单位地址:徐州市解放路8号
邮政编码:221003
单位电话:0516-83732147
传真:0516-83736383
贾汪区信息化小组　组长　朱蔚荣(常务副区长)
单位地址:贾汪区前委路18号
邮政编码:221011
单位电话:0516-87715382
贾汪区信息化办公室　主任　阚月华(区办公室副主任)
单位地址:贾汪区前委路18号
邮政编码:221011
单位电话:0516-87717554
贾汪区信息化办公室　主任　李春林
单位地址:贾汪区前委路18号
邮政编码:221011
单位电话:0516-87715382
睢宁县发展改革与经济贸易委员会　副主任　田传国
单位地址:睢宁县睢城镇人民西路
邮政编码:221200
单位电话:0516-88331961
睢宁县信息中心　主任　李　琳
单位地址:睢宁县睢城镇人民西路
邮政编码:221200
单位电话:0516-88325642

常州市发展和改革委员会
常州市信息办　副主任　薛建南
单位地址:常州市局前街180号市政府大院5号楼
邮政编码:213003
单位电话:0519-6802128
溧阳市发展计划局　副局长　刘来兴
单位地址:溧阳市溧城镇南环路18号
邮编:213300
电话:0519-7269092
金坛市发展和改革局　局长
金坛市信息化办公室　主任　赵国平

单位地址:金坛市金城镇弘化路8号
邮编:213200
电话:0519－2830001

苏州市发展和改革委员会（市信息办）　主　任　申建华
苏州市信息化办公室　副主任　陈淑丽
单位地址:苏州市三香路998号5号楼5楼
邮政编码:215004
单位电话:0512－68615587
苏州市信息中心　主　任　陈淑丽
单位地址:苏州市三香路998号5号楼7楼
邮政编码:215004
单位电话:0512－68615729
常熟市信息化办公室　主任　严　新
单位地址:常熟市海虞北路38号
邮政编码:215500
单位电话:0512－51530601
Email:csdpc@pub.sz.jsinfo.net
常熟市经济信息管理中心　主任　袁　震
单位地址:常熟市海虞北路38号
邮政编码:215500
单位电话:0512－51530603
Email:cseic@pub.sz.jsinfo.net
张家港市信息化办公室　副主任　钱锦东
单位地址:张家港市杨舍镇长安路324号
联系人:周荣兴
邮政编码:215600
单位电话:58222024
太仓市发展计划委员会、太仓市信息化办公室　主任　赵建初
单位地址:太仓市太平南路30号
邮政编码:215400
单位电话:0512－53572854
太仓市发展计划委员会　副主任、太仓市信息中心　主任　樊　荣
单位地址:太仓市太平南路30号
邮政编码:215400
单位电话:0512－53580689
吴江市发展计划委员会、吴江市信息化办公室　主任　倪福民
单位地址:吴江市江陵路77号世纪大厦22层
邮政编码:215200
单位电话:0512－63493011
昆山市信息化办公室　主任　黄雪林
单位地址:昆山市政府大楼2楼
邮政编码:215300
单位电话:0512－57304959

南通市发展和改革委员会　副主任、南通市信息化工作领导小组办公室　主　任　戴泽晖
单位地址:南通市世纪大道6号
邮政编码:226001
单位电话:0513－85098656
南通市信息中心　主任　李　俊
单位地址:南通市世纪大道6号
邮政编码:226001
单位电话:0513－85099398
海安县发展和改革委员会　副主任　顾晓东
单位地址:海安新城人民中路9号
邮政编码:226600
单位电话:0513－88859902
海安县经济信息中心　主任　申　峰
单位地址:海安新城人民中路9号
邮政编码:226600
单位电话:0513－88859916
如皋市发展和改革委员会　副主任　阮汝国
单位地址:如皋市如城镇环城南路280号工业大厦5楼
邮政编码:226500
单位电话:0513－87651273
如皋市信息化办公室　主任　陈正祥
单位地址:如皋市如城镇环城南路280号工业大厦5楼
邮政编码:226500
单位电话:0513－87651976
如皋市经济信息中心　主任　夏建中
单位地址:如皋市如城镇环城南路280号工业大厦5楼
邮政编码:226500
单位电话:0513－87652651
如东县发展和改革委员会　主任　冯力如
单位地址:如东县掘港镇日晖东路8号
邮政编码:226400
单位电话:0513－84185913

如东县经济信息中心　主任　赵卫东
单位地址:如东县掘港镇日晖东路8号
邮政编码:226400
单位电话:0513－84162253
通州市信息化工作领导小组办公室　主任　吴建林
单位地址:通州市建设路16号
邮政编码:226300
单位电话:0513－86512837
通州市发展和改革委员会　副主任
通州市经济信息中心　主　任　耿其伟
单位地址:通州市建设路16号
邮政编码:226300
单位电话:0513－86548088
海门市发展和改革委员会　主任　邵成礼
单位地址:海门市解放中路39号
邮政编码:226100
单位电话:0513－82106968
海门市经济信息中心　主任　施友新
单位地址:海门市解放中路39号
邮政编码:226100
单位电话:0513－82216303
启东市发展和改革委员会　副主任　王　凯
单位地址:启东市人民中路647号
邮政编码:226200
单位电话:0513－83350607
启东市经济信息中心　主任　黄祖琴
单位地址:启东市人民中路647号
邮政编码:226200
单位电话:0513－83316796
南通市崇川区信息中心　主任　施瑞林
单位地址:南通市跃龙南路36号
邮政编码:226006
单位电话:0513－85529515
南通市港闸区信息中心　主任　李　健
单位地址:南通市城港路56号
邮政编码:226005
单位电话:0513－85609870

连云港市发展和改革委员会主任　董春科
单位地址:连云港市朝阳东路69号
邮政编码:222002
单位电话:0518－5811407
连云港市信息中心　副主任　赵化明
单位地址:连云港市朝阳东路69号
邮政编码:222003
单位电话:0518－5825193
东海县发展和改革委员　副主任　钱加田
单位地址:东海县牛山镇和平东路21号
邮政编码:222300
单位电话:0518－7213492
赣榆县发展计划局　副局长　刘人兵
单位地址:赣榆县青口镇文化西路10号
邮政编码:222100
单位电话:0518－6214969
赣榆县经济信息中心　主任　程洛善
单位地址:赣榆县青口镇文化西路10号
邮政编码:222100
单位电话:0518－6214969
灌云县发展计划局　副局长　刘东平
单位地址:灌云县伊山镇胜利西路
邮政编码:222200
单位电话:0518－8811419
灌云县经济信息中心　主任　张朝如
单位地址:灌云县伊山镇胜利西路
邮政编码:222200
单位电话:0518－8811419
灌南县发展和改革委员会　副主任　侍　军
单位地址:灌南县新安镇人民中路20号
邮政编码:222500
单位电话:0518－3221194
灌南县经济信息中心　主任　朱　健
单位地址:灌南县新安镇人民中路20号
邮政编码:222500
单位电话:0518－3222193

淮安市发展和改革委员会　副主任　李庆林
单位地址:淮安市健康西路116号5号楼
邮政编码:223001
单位电话:0517－3606353
淮安市信息管理中心　主任　宋建平
单位地址:淮安市健康西路140号5号楼
邮政编码:223001

单位电话:0517－3920673
清浦区发展和改革委员会 主任 徐华明
单位电话:0517－3515079
清浦区统计局 局长 叶中华
单位电话:0517－3515104
淮阴区政府办公室 主任 张植林
单位电话:0517－4931478
楚州区发展和改革委员会 主任 刘春林
单位电话:0517－5924688

盐城市发展和改革委员会 副主任 陈守年
盐城市信息化办公室 主 任 陈守年
单位地址:盐城市文峰路37号
邮政编码:224001
单位电话:0515－8190525
盐城市经济信息中心 主任 邓 伟
单位地址:盐城市文峰路37号
邮政编码:224001
单位电话:0515－8361793
东台市信息化办公室 主任 高叔文
单位地址:东台市计委
邮政编码:224200
单位电话:0515－5233552
东台市信息中心 副主任 李 明
单位地址:东台市政府大楼3楼
邮政编码:224200
单位电话:0515－5214609
大丰市信息化办公室
单位地址:大丰市政府大院内(大刘路16号)
邮政编码:224100
单位电话:0515－3818337
大丰市经济技术信息研究中心
单位地址:大丰市政府大院内(大刘路16号)
邮政编码:224100
单位电话:0515－3818337
射阳县人民政府信息中心 主任 陈 东
射阳县信息化办公室 主任 陈 东
单位地址:射阳县政府大院内
邮政编码:224300
单位电话:0515－2358140
阜宁县信息化办公室 主任 周曙光
单位地址:阜宁县政府办公大楼801室
邮政编码:224400
单位电话:0515－7238801
阜宁县信息中心 主任 王本飞
单位地址:阜宁县政府办公大楼801室
邮政编码:224400
单位电话:0515－7238801
盐都县信息化办公室 主任 薛 涛
单位地址:盐都新区行政中心科技局
邮政编码:224001
单位电话:0515－8426056
盐都县信息网络中心 副主任 庄信富
单位地址:盐都新区行政中心0433室
邮政编码:224001
单位电话:0515－8426276
建湖县信息化办公室 主任 冯万龙
建湖县经济技术信息中心 主任 冯万龙
单位地址:建湖县政府大院内
邮政编码:224700
单位电话:0515－6211090
滨海县信息化办公室 主任 王忠文
单位地址:滨海县政府新大楼9楼933室
邮政编码:224500
单位电话:0515－4108558
滨海县工程咨询信息中心 副主任 刘亚男
单位地址:滨海县政府大院内
邮政编码:224500
单位电话:0515－4223031
响水县信息化办公室 主任 宋永标
单位地址:响水县政府办公室
邮政编码:224600
单位电话:0515－6883976

扬州市发展和改革委员会 主 任 王康华
单位地址:扬州市文昌西路8号西大楼6层
邮政编码:225009
单位电话:0514－87863500
扬州市信息化领导小组办公室 主 任 唐正元
副 主 任 王长庆 杨福喜 王洪俊
单位地址:扬州市文昌西路8号东大楼17层
邮政编码:225009

单位电话:0514－87864340
传真电话:0514－87868670
E－mail:xxb@yangzhou.gov.cn

扬州市无线电管理办公室　主　任　杨福喜
单位地址:扬州市淮海路26号－23
邮政编码:225002
单位电话:0514－87939311
传真电话:0514－87939311
E－mail:wgb@yangzhou.gov.cn

扬州市政府信息网络管理中心
副主任　王云飚　韩义森
单位地址:扬州市文昌西路8号西大楼5层
邮政编码:225009
单位电话:0514－87863527
传真电话:0514－87863527
E－mail:xxzx@yangzhou.gov.cn

江都市信息化办公室　主　任　李　健
单位地址:仙女镇市政府大院
邮政编码:225200
单位电话:0514－86299173

仪征市信息化办公室
仪征市无线电管理办公室　主　任　巫　晨
单位地址:仪征市解放东路48号
邮政编码:211400
单位电话:0514－83418402
传真电话:0514－85707000

高邮市信息化办公室　副主任　陈增清
单位地址:高邮市海潮东路28号
邮政编码:225600
单位电话:0514－84689223

宝应县发展和改革委员会
(宝应县信息化工作领导小组办公室)
主　　任　周文秀
副主任　李　荣
单位地址:宝应县泰山西路104号
邮政编码:225800
单位电话:0514－88222330
传真电话:0514－88237441

邗江区发展和改革委员会
(邗江区信息化工作领导小组办公室)
主　　任　羊汉江
副主任　吴诗军
单位地址:扬州市邗江路443号
邮政编码:225009
单位电话:0514－7862033
传真电话:0514－7862038

广陵区科技局
(广陵区信息化工作领导小组办公室)
局长(主任)　王一愚
单位地址:扬州市解放北路3号
邮政编码:225002
单位电话:0514－7259332
传真电话:0514－7259332

维扬区信息化办公室　主　任　徐永清
单位地址:扬州市维扬区行政中心院内
邮政编码:225002
单位电话:0514－87636083

镇江市发展和改革委员会　主任
镇江市信息化办公室　主任　尹名年
单位地址:镇江市正东路141号5号楼
邮政编码:212001
单位电话:0511－4412659

镇江市发展和改革委员会　副主任
镇江市信息化办公室　副主任　吴志优
镇江市信息产业局　局　长
单位地址:镇江市正东路141号5号楼
邮政编码:212001
单位电话:0511－5912209

镇江市信息化办公室　副主任
镇江市信息产业局　副局长　贾云平
单位地址:镇江市正东路137号尚友大厦7楼
邮政编码:212001
单位电话:0511－5912208

镇江市信息化办公室　副主任
镇江市信息产业局　副局长　刘建宁
镇江市无线电管理办公室　主　任
单位地址:镇江市正东路137号尚友大厦7楼
邮政编码:212001
单位电话:0511－5912205

镇江市信息化办公室　副主任
镇江市信息产业局　副局长　于建武
镇江市信息化推进中心　主　任

单位地址:镇江市正东路 137 号尚友大厦 7 楼
邮政编码:212001
单位电话:0511 - 5912205
丹阳市信息产业局　局长　魏建胜
单位地址:丹阳市画院路 1 号
邮政编码:212300
单位电话:0511 - 6578983

泰州市发展和改革委员会　副主任　栾钉锁
单位地址:江苏省泰州市凤凰东路 58 号
邮政编码:225300
单位电话:0523 - 86839241
泰州市信息中心　主　任　栾钉锁
单位地址:江苏省泰州市凤凰东路 58 号
邮政编码:225300
单位电话:0523 - 86839241,86839223
传　　真:0523 - 86839241
电子邮箱:sfj.xxzx@taizhou.gov.cn
海陵区发展和改革委员会　副主任
海　陵　区　信　息　中　心　主　任　沈遐龄
单位地址:江苏省泰州市海陵区府前路 26 号
邮政编码:225300
单位电话:0523 - 6224819
单位传真:0523 - 6221735
高港区发展和改革委员会
高港区信息化领导小组办公室　主任　李达华
单位地址:江苏省泰州市高港区港城路 8 号
邮政编码:225300
单位电话:0523 - 6966092
单位传真:0523 - 6966092
泰兴市发展和改革委员会　副主任　张志善
泰兴市信息中心　主　任　叶兆辉
单位地址:江苏省泰兴市新区市政府十二楼
邮政编码:225400
单位电话:0523 - 7656572
单位传真:0523 - 7618567
姜堰市发展和改革委员会　副主任　王晓翔
姜堰市信息化领导小组办公室(设在发改委)
信息化管理办公室(设在综合科)　负责人　石宝荣
单位地址:江苏省姜堰市振兴北路 1 号
邮政编码:225500
单位电话:0523 - 8237895
单位传真:0523 - 8210524
兴化市发展和改革委员会　副主任　卞爱昌
兴化市信息中心　主　任　周红章
单位地址:江苏省兴化市行政中心 7 号楼 4 楼
邮政编码:225700
单位电话:0523 - 3326706
单位传真:0523 - 3326700
靖江市发展和改革委员会　副主任　常金林
靖江市信息化领导小组办公室
靖　江　市　信　息　中　心　主　任　王荣明
单位地址:江苏省靖江市政府大院
邮政编码:214500
单位电话:0523 - 4823116
单位传真:0523 - 4899252

宿迁市发展和改革委员会
宿迁市信息化工作领导小组办公室　主任　李明尧
单位地址:宿迁市南湖路 1 号市党政办公大楼
邮政编码:223800
单位电话:0527 - 4368201
传真:0527 - 4368210
宿迁市信息中心　副主任　吴鹏程
单位地址:宿迁市南湖路 1 号市党政办公大楼
邮政编码:223800
单位电话:0527 - 4368286
宿迁市政府信息网络管理中心　副主任　叶　强
单位地址:宿迁市南湖路 1 号市党政办公大楼
邮政编码:223800
单位电话:0527 - 4368286
宿城区信息化工作领导小组办公室　主任　赵　彬
单位地址:宿城区人民政府办公室
邮政编码:223800
单位电话:0527 - 4239796
宿豫县信息中心　主任　李民富
单位地址:宿豫县政府办公大楼
邮政编码:223800
单位电话:0527 - 4465026
泗阳县信息化工作领导小组办公室　主任　田　诚
单位地址:泗阳县广电文化局 2 楼信息中心
邮政编码:223700

单位电话:0527－5212358

泗洪县信息中心　主任　于长贵

单位地址:泗洪县发展计划局

邮政编码:223900

单位电话:0527－6222263